中国教育年鉴

1990年

《中国教育年鉴》编辑部

人民教育出版社

《中国教育年鉴》编纂委员会

主任委员　朱育理

副主任委员　李　键　张保庆　马樟根

委　　员　周承业　张天保　龙正中　陈德珍　杨金土　董明传　张仁贤

金长泽　朴胜一　赵永魁　侯春山　荣文珂

《中国教育年鉴》编辑部

主　　编　李　键

副主编　张保庆　马樟根　荣文珂

责任编辑　吴伯康

编　　辑　喻晓宪　孙溶溶

(京)新登字 113 号

中国教育年鉴

(1990)

《中国教育年鉴》编辑部　编

*

人民教育出版社出版发行

新华书店总店科技发行所经销

中国科学院印刷厂印装

*

开本 787×1092 1/16　印张 57.25　插页 4　字数 1317,000

1991 年10月第 1 版　　1991 年10月第 1 次印刷

印数 1—13,320

ISBN 7-107-10848-4

G·2391　　定价 30.65 元

YEARBOOK OF EDUCATION IN CHINA

1

2

1 1989年9月8日江泽民、李鹏等领导人在教师节表彰大会上接见优秀教师代表　刘全聚摄

2 李铁映在山东省平邑县保太成人教育中心视察　刘全聚摄

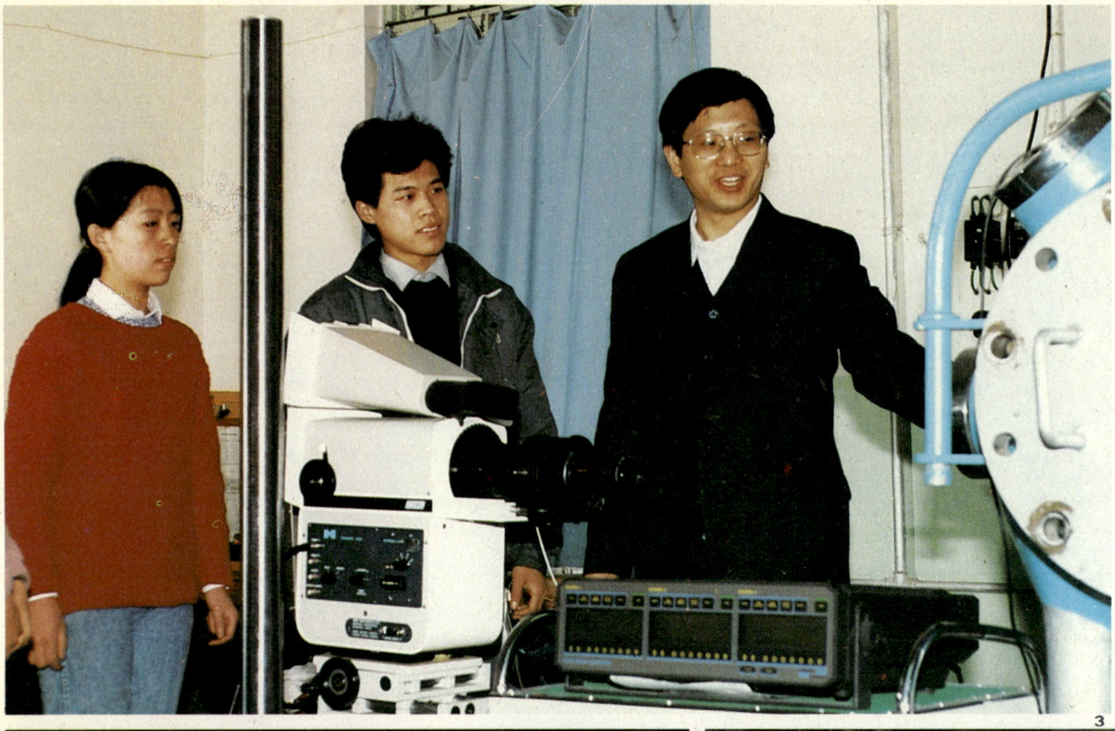

3

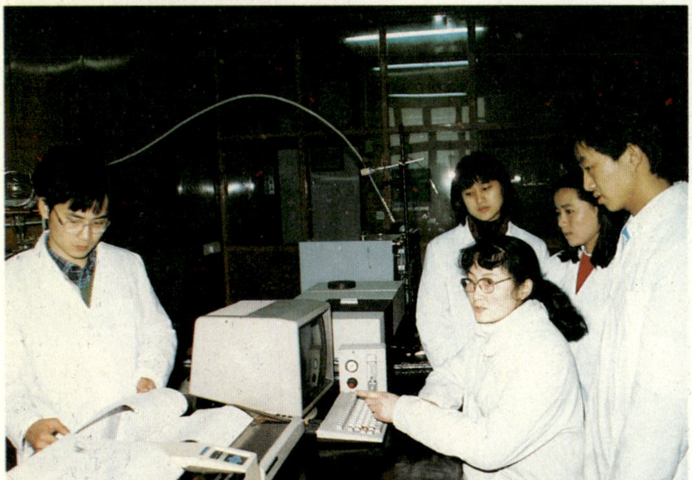

4

5

6

3 “全国青年十杰”之一，北京理工大学教授冯长根在指导研究生 李刚摄

4 南京师范大学实验室 刘全聚摄

5 清华大学核能所成功地研制出世界上第一台核低温供热反应堆 周滋麟摄

6 东北师范大学教师在为来华留学生上课 周滋麟摄

7

8

7 清华大学核能所所长王大中教授和副所长林家桂研究员（女）在研究核低温供热堆运行情况　宋焕成摄

8 同济大学张昌律副教授带领学生练太极拳　刘全聚摄

9 中央民族学院的学生在进行军事训练活动　张汝涛摄

10 东北师大附中与东北师大教育系的老教师在认真研究中学教学教材的改革　周滋麟摄

9

10

11

12

13

11 马鞍山钢铁公司红星中学用自己研制的系列地理教具进行教学 刘全聚摄

12 济南14中西藏班藏语教师在上藏语课 刘全聚摄

13 南京特殊教育师范学校在上哑语课 刘全聚摄

14 合肥一中学生在上试验课 刘全聚摄

14

15

16

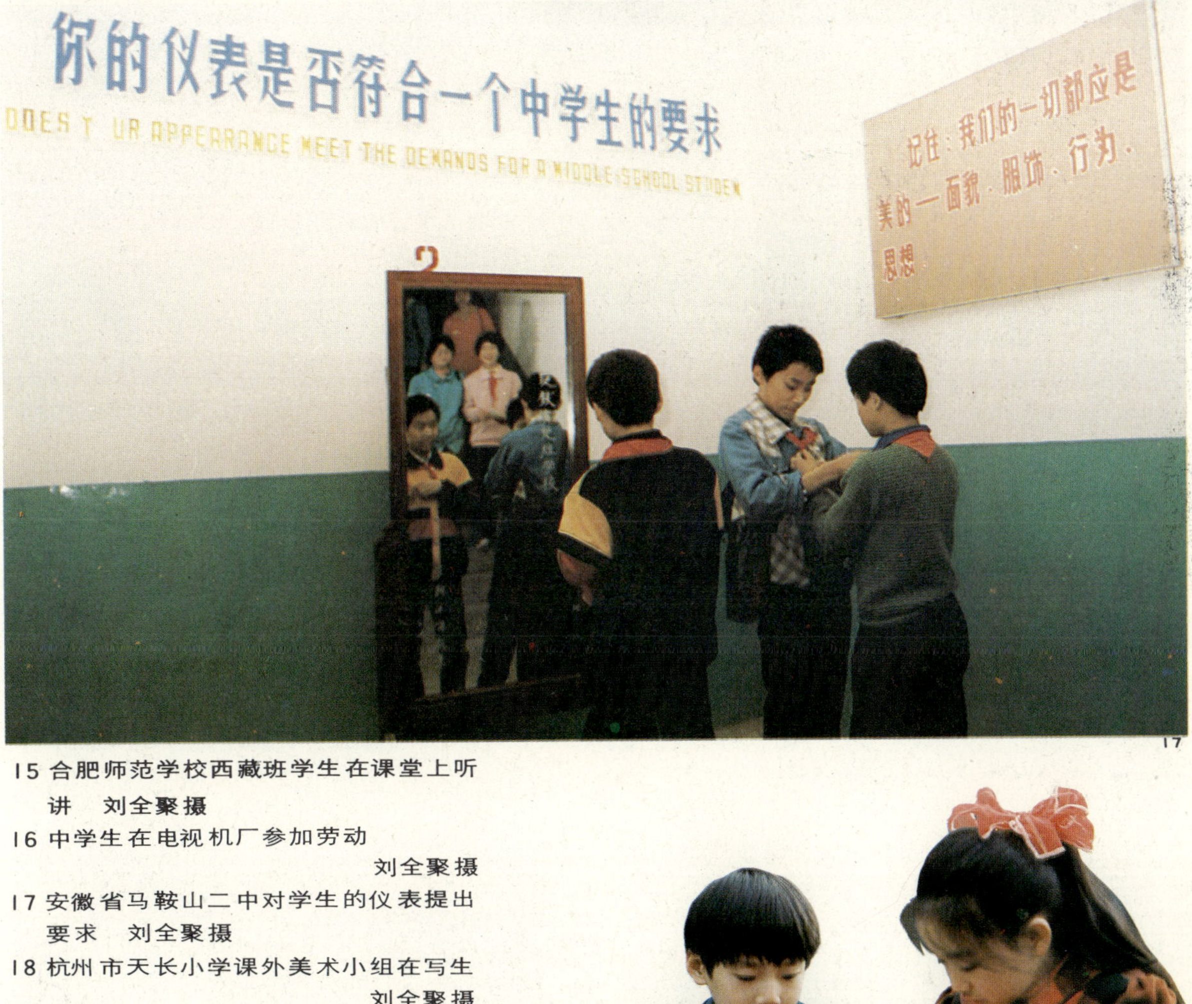

17

15 合肥师范学校西藏班学生在课堂上听讲　刘全聚摄

16 中学生在电视机厂参加劳动　刘全聚摄

17 安徽省马鞍山二中对学生的仪表提出要求　刘全聚摄

18 杭州市天长小学课外美术小组在写生　刘全聚摄

18

19

20

19 杭州15中学学生自制蝴蝶标本，曾获华东6省市中小学生昆虫标本竞赛一等奖　刘全聚摄

20 北京市第五幼儿园开展适合幼儿特点的教育活动　韩树民摄

21 少先队员在天安门广场举行“学先锋、做主人，为五星红旗添光彩”主题大队会　韩树民摄

22 全国“十佳”少先队员在长城相聚　韩树民摄

21

22

23

24

25

26

23 上海市虹口区第三中心小学老教师毛蓓蕾在对青年教师进行师德教育　周滋麟摄

24 南京雨花台区实验小学在雨花台对学生进行革命传统教育　刘全聚摄

25 苏州丝绸职业中学的学生在学校实习工厂实习劳动　刘全聚摄

26 山东省滕州市大坞镇成人文化技术学校　刘全聚摄

27 长春市电视职业高中的学生在认真上课 周滋麟摄

28 江苏省职业中学学生在进行钳工技术竞赛 江苏省教委供稿

29 1989 年教师节，北京市朝阳区白家庄小学的少先队员向优秀教师祝贺 刘全聚摄

30 1989 年园丁之家开幕式上少先队员向优秀教师献辞 姜岱林摄

27

28

29

目　录

TABLE OF CONTENTS

编 辑 说 明

一、《中国教育年鉴》是一部资料性工具书。它是各级教育行政部门、各级各类学校认真执行党和国家的教育方针政策，努力做好教育工作的经验总结，是我国教育事业不断发展和改革的忠实记录，也是教育战线的管理、研究人员沟通信息、交流经验的窗口和园地。

二、年鉴的基本栏目有：党和国家有关教育工作的重要文件，党和国家领导人有关教育工作的重要讲话，国家教委负责人的讲话或专文，教育改革与综合管理，基础教育，师范教育和师资管理，普通高等教育，职业技术教育，成人教育，少数民族教育，学校体育、卫生与军训，教材建设，电化教育，教育技术装备和勤工俭学，基本建设，对外教育交流与合作，教育科学研究，国家教委主办的教育报刊，各省、自治区、直辖市教育（按行政区划顺序排列），文件选编，教育大事记和教育资料等。各卷根据内容会有所调整。

三、按目前国际国内通例，当年的年鉴，反映上一年教育工作的基本情况。某些多年才能完成的工作任务，主要突出记述当年的工作进展情况。本卷还适当反映了建国40年和改革开放10年来的教育事业发展成就。

四、国家教委各司局、各直属单位，各省、自治区、直辖市教育行政部门是本年鉴的主要撰稿单位。

五、全国性统计数字，由统计部门提供，引用应以此为准。某些条目中的统计数字，因统计口径不一，可能有不尽一致之处，望读者使用时注意。

六、台湾省教育事业发展情况和数据，暂缺。

七、编纂过程中，虽注意到内容力求全面系统，资料力求准确无误，文字力求简明精炼，但由于我们水平有限，因而肯定存在许多需要改进之处，希望读者批评指正。

《中国教育年鉴》编辑部

1990年12月

江泽民同志在庆祝中华人民共和国成立四十周年大会上的讲话（节选）

（1989年9月29日）

回顾四十年的历史，我们至少可以得出以下四个方面的基本结论：

社会主义制度的确立、巩固和发展，体现了中国现代社会运动的客观规律，是中国历史上最伟大、最深刻的变革。如果不进行以社会主义为前途的人民革命，就不可能推翻帝国主义、封建主义、官僚资本主义，不可能把黑暗的中国变成光明的中国。如果新中国建立以后不走社会主义道路，不坚持人民民主专政，就不可能维护国家的统一和民族的独立，不可能逐步实现人民共同富裕的愿望。如果今后不坚持社会主义，而是像有人主张的那样退回去走资本主义道路，用劳动人民的血汗去重新培植和养肥一个资产阶级，在我国人口众多、社会生产力水平很低的情况下，只能使大多数人重新陷入极其贫困的状态。这种资本主义，只能是原始的、买办式的资本主义，只能意味着中国各族人民再度沦为外国资本和本国剥削阶级的双重奴隶。总之，正如毛泽东同志和邓小平同志所指出的，只有社会主义才能救中国，只有社会主义才能发展中国。

社会主义制度是在自身基础上不断发展和完善的制度。在社会主义条件下，我们的根本任务是以经济建设为中心，大力发展社会生产力。立足本国国情，总结实践经验，根据社会生产力的现实水平和进一步发展的客观要求，自觉调整生产关系中与生产力不相适应的部分，调整上层建筑中与经济基础不相适应的部分，这就是我们所说的社会主义改革。如果不进行这样的改革，就会窒息社会主义内在的活力和生机，就会严重妨碍社会主义优越性的发挥。十一届三中全会以后，我们党把改革开放纳入党的基本路线，开创了我国社会主义事业发展的崭新局面。十年的巨大成绩证明，改革开放的总方针、总政策是完全正确的，必须坚定不移地贯彻下去。

发扬爱国主义精神，坚持独立自主、自力更生的方针，是中国革命也是中国社会主义建设取得胜利的一条根本经验。在当代中国，爱国主义和社会主义，本质上是统一的。历史证明，坚定捍卫中华民族尊严、期望中国繁荣昌盛的爱国者，大都会成为忠诚的社会主义者或社会主义的可靠朋友。中国人民的爱国主义和自力更生精神，是社会主义现代化建设的强大力量。我们的社会主义事业，就是在打破外国敌对势力对我国的孤立、封锁和挑衅的过程中巩固和发展起来的。中国人民从来没有、今后也决不会屈从于任何外来压力，决不会放弃社会主义道路和民族独立来换取别人的施舍。我们一贯欢迎和争取各国人民对我们事业的支持。在新的形势下，我们更加重视利用有利的国际条件，坚持对外开放，以加速我国的社会主义现代化建设。

用马克思列宁主义、毛泽东思想武装起来的中国共产党，是中国工人阶级的先锋队，是中国各族人民利益的忠实代表，在国家独立和发展的过程中担负着极其重要的使命。

中国共产党成为中国革命和建设的领导核心，是人民在长期实践中做出的正确选择。党是在战胜困难、克服失误、总结历史经验的过程中逐步成熟起来的。四十年来的成就，是在我们党的正确领导下，依靠全国人民的努力取得的。错误和挫折的发生，问题也往往主要出在党内。党的状况如何，对于国家和民族的命运具有决定性的意义。我们必须严肃地毫不留情地剖析和坚决纠正工作中的失误，解决党内存在的问题。我们必须科学地历史地总结经验，客观地全面地认识现实。只要坚持这样做，我们党一定能够不辜负人民的期望，在实现新的历史任务中写下灿烂的篇章。

立足于以上的基本结论，我们要更加坚定不移地把马克思主义普遍真理和我国的具体实际结合起来，走自己的路，建设有中国特色的社会主义。邓小平同志关于建设有中国特色社会主义的理论，是经过十年实践检验而为亿万人民所认识和接受的科学理论，是指引我们继续前进的旗帜。在整个社会主义初级阶段，我们必须坚定不移地执行党的十三大制定的基本路线：领导和团结全国各族人民，以经济建设为中心，坚持四项基本原则，坚持改革开放，自力更生，艰苦创业，为把我国建设成为富强、民主、文明的社会主义现代化国家而奋斗。当前，我们必须同心协力，巩固和发展制止动乱、平息反革命暴乱的胜利成果，巩固和发展安定团结的政治局面，努力实现国民经济的稳定发展。

这里，我着重讲一下当前党和国家工作中需要特别注意统一认识的若干重要问题。

……略

（七）关于社会主义民主和法制建设的问题。建设高度的社会主义民主和完备的社会主义法制，是我国社会主义现代化建设的一个重要目标和任务，是党和人民群众的共同愿望。建国以来特别是近十年来，我国的民主和法制建设取得了显著成就，在国家和社会生活的主要方面已经基本有法可依。同时要看到，我国的民主、法制建设仍是一项十分艰巨的任务。没有民主就没有社会主义。社会主义法制是社会主义民主的体现和保障。破坏社会主义法制，必然危害社会主义民主。要严格遵守宪法和法律。要继续完善我国的人民代表大会制度和共产党领导的多党合作与政治协商制度，建立和健全民主决策、民主监督的程序和制度，扩大同群众联系、对话的渠道，提高公民参政意识，保证广大人民的意志和利益在国家生活、社会生活中得到切实的体现。这同经济的发展一样，是我们国家长治久安、繁荣昌盛的重要保证。我们的民主法制建设必须从我国的实际出发，沿着社会主义的方向和轨道有领导有秩序地逐步进行。在这个过程中，我们可以借鉴资本主义国家的某些做法，但绝对不能照搬。我们必须划清社会主义民主与资本主义民主的界限，划清社会主义民主与极端民主化、无政府主义的界限。极少数人鼓吹所谓的“精英”政治，鼓吹政治多元化、多党制，其实质是要把广大人民群众排除在民主之外，否定共产党的领导地位，用资产阶级共和国取代社会主义的人民共和国。极端民主化与无政府主义思潮在中国有比较广泛的社会基础，对我们的事业有很大的破坏性，而且很容易为极少数反动分子所利用。我们要高度警惕和坚决抵制这种思潮的泛滥。这样做，正是为了保证绝大多数人的民主权利，保证社会主义民主和法制建设的健康发展。人民的民主和对敌对分子、反社会分子的专政是密切结合、相互统一的，只要阶级斗争还在一定范围存在，专政的职能就不能削弱。

（八）关于社会主义精神文明建设问题。社会主义不仅要实现经济繁荣，而且要实现社会的全面进步。坚持社会主义物质文明和精神文明一起抓，是我们的基本方针。精神文明建设，说到底，是要提高全民族的素质，培养有理想、有道德、有文化、有纪律的社会主义新人。不能设想，一个没有强大精神支柱的民族，可以自立于世界民族之林。我们要深刻吸取近几年来物质文明建设和精神文明建设一手硬一手软的教训，在努力发展物质文明的同时，切实抓好精神文明建设。发展教育和科学是百年大计，对社会生产力和民族素质的提高具有重大的深远的意义。我们的教育和科学还比较落后，更要采取有效措施，自觉地抓好这项工作。要紧密结合现代化建设和改革开放的实际，结合人们的思想实际，大力加强和改进意识形态领域的工作，加强和改进思想政治工作，坚持不懈地向全国人民特别是青少年进行爱国主义、集体主义、社会主义和自力更生、艰苦奋斗的思想教育以及革命传统教育，对共产党员、共青团员和先进分子还要经常进行共产主义的思想教育。要用马克思主义和社会主义思想去指导理论、宣传、教育、新闻、出版、文学艺术等部门的工作，去占领思想文化阵地和舆论阵地，丰富群众的精神生活。要积极引导广大群众自觉地抵制各种错误思潮和腐朽思想的影响，培养科学的健康的文明的生活方式，使他们真正成为奋发进取的社会主义劳动者和建设者。各级各类学校不仅要建立完备的文化知识传授体系，而且要把德育放在首位，确立正确的政治方向。我们要继续坚持为人民服务、为社会主义服务的方向和百花齐放、百家争鸣的方针，繁荣和发展科学文化事业。要积极吸收我国历史文化和外国文化中的一切优秀成果，坚决摒弃一切封建的、资本主义的文化糟粕和精神垃圾。当前在这个问题上，要特别注意反对那种全盘否定中国传统文化的民族虚无主义和崇洋媚外思想。

（九）关于加强工人阶级领导、巩固工农联盟和增强全国各族人民大团结的问题。工人、农民、知识分子是社会主义现代化建设的基本力量。全心全意依靠工人阶级，是由我们党和国家的性质决定的。工人阶级特别是产业工人同现代化大生产紧密联系，是先进生产力和生产关系的代表，有高度的组织性和纪律性。在长期革命斗争和建设实践中，他们表现出了坚定的政治立场和自我牺牲精神、艰苦创业精神、历史主动精神，不愧为我们国家的领导阶级和社会主义事业的中坚。任何贬低工人阶级地位和作用的观点，都是完全错误的。极少数人企图在中国制造一个所谓"中产阶级"，作为他们的依靠力量，来颠覆我们的社会主义制度，更从反面证明了我们必须全心全意依靠工人阶级。我国广大农民历来是工人阶级的天然同盟军，是社会主义制度和党的领导的坚定拥护者。我们要进一步加强工业对农业的支援，加强城市对农村的支援，从政治、经济、教育、科学、文化等方面，不断采取切实措施，在新的基础上巩固工农联盟。这是国家和社会稳定的根本条件。我国知识分子已经是工人阶级的一部分。没有知识和知识分子，不可能建设社会主义。我们党的这一基本观点和十一届三中全会以来的知识分子政策，没有也不会因为不久前发生的政治风波而改变。我们已经有了一支坚持走社会主义道路的很好的知识分子队伍。各级党委和政府要继续贯彻"尊重知识、尊重人才"的方针，努力为知识分子创造、提供良好的工作条件和生活条件。党和政府历来把广大青年包括青年知识分子看成是祖国的未来和希望，对他们一贯采取热情爱护和严格要求的态度，殷切地期待他们健康成长，迅速成才。我们也诚恳地希望广大知识分子特别是青年知识分子，认真学习马列主义、毛泽东思想，坚持同社会实践相结合，同工人、农民相结合，不断从人民的历史创造活动中汲取营养，在祖国社会主义建设中充分发挥自己的聪明才智。

我们要在巩固工农联盟的基础上，进一

步发展全体社会主义劳动者、拥护社会主义的爱国者和拥护祖国统一的爱国者的最广泛的统一战线，增强全国各族人民的团结。我国是一个统一的多民族国家。我们的一切革命、建设和改革的成果，都是全国各民族人民共同创造的。在党和政府的领导下，各民族之间不仅建立和发展了平等、团结、互助的新型关系，同时通过实行民族区域自治，保证了少数民族当家作主管理本民族内部事务的权利。少数民族地区的政治、经济、教育、文化等各项事业也得到了很大的发展。我们要坚定不移地继续贯彻执行民族平等、民族团结和各民族共同繁荣的方针。要充分信任和依靠各民族干部群众，旗帜鲜明地对一切妄图分裂祖国的阴谋活动进行坚决的斗争。要加强民族区域自治的法制建设，大力培养少数民族干部和各种专业人才，保障民族自治地方充分行使自治权利。要采取必要的措施，继续帮助和支持民族地区发展经济、教育、文化和其他事业，为逐步消除历史遗留的民族间在不同程度上存在的差距而进行长期不懈的努力。

坚决贯彻治理整顿和深化改革的方针

——李鹏同志在第七届全国人民代表大会第二次会议上的政府工作报告（节选）

（1989年3月20日）

五、在治理整顿中确保科技和教育的发展

科学技术的发展和进步，是实现我国经济振兴的真正希望所在。在国民经济的治理、整顿和调整中，必须把推动工农业生产特别是重点产业的技术进步作为重要目标，依靠科学技术和科学管理实现产业结构的优化和提高经济效益。为保证科技事业的发展，今年各级政府要继续增加科技经费，并在调整投资、信贷结构时实行有利于科技进步的政策。企业和农村也要千方百计加强对技术开发活动的投入。当前，科技工作要面向经济建设的主战场，抓紧第七个五年计划期间国家科技攻关计划、技术改造计划以及“星火”、“丰收”计划的组织实施，积极推广有普遍实用价值的科技成果。技术进步的有关指标应当纳入到企业承包经营的指标体系中去。大中型企业要努力增强技术开发能力，小型企业包括乡镇企业也要有自己的技术依托。农村要建立健全农业技术推广和服务体系。为增强国力和支持经济、社会的未来发展，有步骤有重点地研究和开发高技术。通过实施“火炬”计划等措施，促进高技术成果的商品化和产业化。同时，重视与支持基础研究和应用基础研究工作。近几年，科技体制改革取得了明显的进展。要进一步做好改革的配套和完善工作，促进科技同经济密切结合机制的形成。充实和健全科研基金制度，充分发挥专利制度的作用，培育和发展技术市场，大力促进科技单位与企业的多种形式的联合和协作，动员和组织广大科技人员为经济建设不断作出贡献。

从根本上说，推动科技进步和提高经济效益，乃至整个社会主义现代化目标的实现，都取决于劳动者素质的提高和专门人才的培养。近年来我国教育事业发展较快，涌现出一批重视教育并取得显著成绩的地区和部门。但从总体上看，我国教育事业是落后的，教育发展和改革还不适应社会主义建设的需要。七届人大一次会议以后，国务院组织国家教委等有关部门就教育工作中的一系列重大问题进行了广泛深入的研讨。国务院将继续听取各方面的意见，抓紧制订到本世纪末我国教育发展和改革纲要。各级政府、各部门和各行各业都要进一步提高对教育的认识，高度重视教育的长期重要战略地位，并且在治理整顿期间努力保证教育事业的发展。1989年，在紧缩各方面财政开支的情况下，国务院决定对教育经费不仅不减少，而且有较大幅度的增加。政府的教育经费将达到374亿元，比去年增加50亿元，增长15.4%。此外，城乡教育费附加等预算外教育经费，也将有较多增加。当然，这同教育发展的实际需要还有较大差距，国务院和各级政府要在执行预算中通过增收节支尽可能增加教育经费。从长远看，解决教育经费不足的问题，只靠增加政府财政拨款是不够的。必须通过改革，使教育事业成为全民的事业、全民的责任，增加全社会对教育的投入。在继续增加政府财政拨款并明确各级政府财政所必须负担的教育经费比例的同时，要积极改革办学体制，发展社会力量办学，开辟筹措教育经费的新渠道，并切实加强对教育经费使用的管理和审计监督，杜绝挪用、浪费现象。近些年，一些地方积极采取各种措施调动社会各方面和人民群众发展教育的积极性，促进了教育事业的发展。实践证明，教育关系到人民的切身利益，社会上蕴藏着很大的发展教育的积极性。只要各级领导重视，认真总结这些新鲜经验，不断加以完善，完全有可能逐步增加教育经费在国民生产总值中的比重。

发展教育事业，要从我国的实际情况出发，合理规划发展的速度、规模和重点，确定适当的结构层次比例，不断提高教育的投资效益和社会效益。由于各地经济文化基础差异较大，发展教育要在加重地方政府责任的同时，赋予地方政府更大的统筹权和决策权，使他们能够根据当地的情况来决定教育工作的重大问题。要努力适应社会主义建设的需要，进一步调整教育结构，搞好教育改革，把不断提高教育的普及程度同发展职业技术教育密切结合起来，使教育更好地为提高劳动者素质服务。各级政府要认真贯彻《义务教育法》，按照积极坚定、保证质量、分区规划、因地制宜的原则，进一步修订好实施义务教育的规划并建立目标责任制，推进义务教育的实施。为广大农村培养中、初级科技人才和提高农村劳动者素质的“燎原计划”，是进行农村教育综合改革，促进农村发展的一项具有深远意义的社会工程。各地要抓紧安排实施，努力做出成绩。城市要探讨企业和学校结合发展职业技术教育的办法，进一步贯彻执行“先培训、后就业”的原则，积极进行中等专业和技术教育的改革。要稳定高等教育发展的总规模，把工作重点放到提高教育质量上来。认真做好高等教育的综合改革试验，进一步调整科系结构，增强专业的适应性，完善供需见面、双向选择的毕业分配制度。高等学校开展多种形式的社会服务，目的在于密切学校同社会的联系，提高教育和科研的社会效益，要坚持由学校统一组织安排，健全和完善有关制度。成人教育要以加强对在职职工的培训为重点，并采取有力措施，制定具体规划和目标，抓紧扫盲工作。注意把社会力量办学的积极性引导到支持发展基础教育和职业技术教育的方向上来。要进一步活跃教育学术空气，加强教育科学和理论的研究，积极探索教育思想、教育内容和教育方法的改革，不断提高教育质量。

教育的发展和改革，必须坚决依靠和充分发挥广大教师的积极性和创造性，努力培养一支素质优良的教师队伍。要有计划、有步骤地加强教师培训工作，扩大教师的来源和培养途径。要继续采取措施，改善教师的工作条件和生活条件。同时，要深入进行学校内部管理体制的改革，优化教师队伍，不断提高广大教师的思想和业务素质。

学校的根本任务是育人，各级各类学校都要把改进和加强思想品德和政治教育放到重要位置，并切实抓好校风、校纪建设。对当前少数学校中存在的乱收费、滥发文凭、师生经商、教学纪律松弛等某些混乱现象，以及一些地方出现的中小学生辍学、弃学问题，各级政府和教育部门必须高度重视，采取有力措施予以纠正，努力造就良好的教书育人环境。

振奋精神，把教育搞上去

——李铁映同志在国家教委1989年工作会议上的讲话(1989年2月17日)

同志们：

我们这次会议很重要。会议期间，大家对10年来教育事业的发展和改革进行了研究，总结了经验，对今后的教育工作提出了许多很好的意见。可以说，这是一次总结经验的会议，也是一次解放思想、振奋精神的会议。对1989年教育工作的部署以及教育面临的形势和任务，大家充分交换了意见，进一步统一了认识，明确了任务。会议期间李鹏同志听取了汇报，与到会的部分同志进行了座谈，并就当前教育工作的一些重大问题作了重要指示，我们要认真学习和贯彻。这次会议开得是好的，同志们回去以后，要向各地、各部门的领导汇报会议精神，抓紧部署落实工作。

教育是建设社会主义现代化的基石。加快我国教育事业的发展和改革，提高全民族的素质，培养有理想、有道德、有文化、有纪律的劳动者和专门人才，是建设社会主义所必须遵循的一条根本方针，是当前社会各方面和人民群众深为关切的重大问题。下面，我就这个问题讲几点意见。

一、教育的成绩和问题

关于教育工作的形势，当前教育战线和社会各方面有许多议论，总起来看是希望教育事业有一个大的发展，改革的步伐更快一些。各方面对教育工作的关切，是促进教育发展与改革的动力。为了更好地把教育工作推向前进，需要实事求是地分析形势，进一步统一认识。党的十一届三中全会，将我们党和国家的工作重点转到以经济建设为中心上来，开创了我国社会主义现代化建设的新局面。十年改革和建设取得了历史性的成就。与此相应，我国教育事业也有了很大的发展，教育改革正在不断深入。全党和全国人民对教育的重要地位和作用的认识有了提高。在全国出现了许多重视教育的先进地区和单位，涌现出一大批献身教育事业的优秀教师和办得好的学校。

——各级各类教育有了很大发展，教育结构有所调整。普及初等教育的县已达1326个，占全国总县数的66.8%。中等教育结构有很大的改善，中等职业技术学校在校生数已有542万人，占全国高中阶段学生的比例从1978年的7.6%提高到42.1%。多种形式的成人教育发展很快，岗位培训规模不断扩大，自学成才的考试制度逐步完善。高等教育的总规模已接近400万人，10年来普通高等学校向社会输送毕业生324.6万人，超过建国后前30年毕业生的总和。

——教育改革在许多方面展开，改革的目标、重点和实施步骤进一步明确。在一些地方和学校开始进行了教育综合改革的试验。特别是农村的“三教统筹”和教育综合改革进行了有益的探索，“燎原计划”已开始实施。基础教育分区规划、分类指导、分级管理的地方负责制正在形成，大大增强了地方政府发展教育的责任和义务。教学管理、教材教法、师资队伍建设等许多方面的改革试验，也都在积极地进行。

——教育对外开放不断扩大，打破了教育长期封闭和半封闭的状况。这10年是我国教育对外交流最活跃的时期，通过“派出去、请进来”，使我们打开了眼界，学习到先进的科学技术和文化知识以及国外教育工作的有益经验。出国留学工作的方针政策逐步完善，得到了各方面的拥护。

——教育投入逐年增加，办学条件有一定改善。1988年，国家财政预算内的教育经费达到321亿元，比1978年增长3.2倍，年平均增长率为15.46%。与此同时，社会各界和群众捐资助学、集资办学等预算外的经费也不断增加，成为教育经费的重要组成部分。许多地方在动员社会和人民群众支持教育事业上，摸索和创造了许多值得认真总结的经验。有的地方明确地提出，不解决中小学的危房，就不能搞楼堂馆所。

10年来我国教育工作的实践证明，党中央和国务院所确定的发展教育的一系列方针政策是正确的。还在1977年百废待兴的时候，邓小平同志就以无产阶级革命家的胆识和气魄，推倒了“两个估计”，使教育工作从“左”的思想束缚中解放出来。之后，小平同志多次指出教育在社会主义建设中的重要作用，强调了发展教育事业的重要性。党的十二大把教育列为经济发展战略的重点之一，1985年中央作出了关于教育体制改革的决定。1986年国家颁布了义务教育法。党的十三大进一步把教育摆到突出的战略位置。1988年，党中央和国务院多次研究教育工作，中央领导同志对教育工作提出了许多重要意见。中央对教育工作的重视，从根本上保证了教育事业的健康发展。

我们的教育事业在一年一年地进步。教育所取得的这些进步，是千百万人民教师、广大教育工作者和各级党政领导积极努力的结果，是全国人民关心和支持的结果。在此，我们要向为教育事业作出积极贡献的同志们表示崇高的敬意和衷心的感谢！

在正确认识和肯定教育工作所取得的成绩时，必须清醒地看到教育工作所面临的许多矛盾和实际困难。在一些长期困扰教育事业发展的问题还没有得到较好解决的情况下，由于物价上涨，许多学校的实际经费下降，加上社会环境的影响等，又产生了一些新的问题。新老问题相互交织，使教育工作中的某些矛盾和困难更加尖锐和突出，引起了教育界和社会上的关注和忧虑。教育经费紧缺，生均公用经费下降，教师待遇偏低，教育结构仍不合理，基础教育薄弱，职业技术教育很不发达，教育的投资效益和社会效益不高；教育改革尚未形成整体配套改革的格局，包得过多、统得过死的办学体制还没有从根本上得到改变，教育仍然存在着脱离社会经济发展需要的问题；思想品德和政治教育不适应新形势的要求，学生在思想政治、理想道德、文明礼貌、法纪观念等方面，都存在一些十分值得重视的问题；教育内容和方法不同程度地脱离实际，教育质量不高等等。这些问题中有的还相当严重，如不认真对待，将会产生十分严重的后果。

造成这些问题的原因是多方面的，从思想上讲最主要的，一是对教育在社会主义建设中的重要地位和作用的认识还不够高。至今仍有相当一部分同志认为对教育的投入是非生产性投入。在实际工作中，一些地方和部门对教育经费的安排采取“剩余原则”等忽视教育的现象大量存在，使一些本来可以解决的问题，没有及时得到解决。二是落后的教育思想、观念还束缚着许多同志，教育改革的步伐跟不上形势的要求，教育不能适应商品经济发展和民主政治建设的需要。这是教育的方针、政策还不能得以很好贯彻落实的一个重要原因。

总之，对教育工作的形势，我们既要看到10年来的发展和成绩，又不能忽视存在的问题。当前，要清醒地看到教育的落后状况与现代化建设的不相适应的矛盾，抓住经济调整的时机，努力解决教育面临的各种问题，促进教育事业的发展。

二、必须充分认识教育对推动社会的巨大作用

我国处于社会主义初级阶段，主要任务是发展社会生产力。我们是在一个人口众多，资源相对不足，资金严重短缺的国家里进行社会主义建设。在这样一种情况下，依靠什么发展生产力？依靠什么实现社会主义现代化？党的十三大明确提出必须依靠科学技术、依靠教育、依靠人才，必须把经济建设转到依靠科学技术进步和提高劳动者素质的轨道上来，这个方针是在实行党和国家工作重点的伟大转移之后，我们党在经济建设指导思想上一个重大发展。是在总结我国社会主义建设的历史经验和借鉴世界各国发展经验的基础上，得出的科学结论。

教育作为开发人的智力和提高人的素质的主要手段和途径，在现代化建设中已经越来越成为一个决定性的因素。当前，我国经济建设存在的低效率、低质量、低效益和高消耗的状况，根本原因在于劳动者素质不高和缺乏大量合格的专门人才。我国人口众多，要把沉重的人口负担转化为丰富的智力资源，提高生产力，必须努力发展教育事业，舍此没有其它出路。建设社会主义现代化国家，必须全面地提高国民素质，不仅要提高文化科学素质，而且要提高思想道德素质。贫穷不是社会主义，愚昧也不是社会主义。一个文盲充斥、民族素质低下的国家，不可能实现现代化。治穷必须治愚。我们一定要充分认识教育对推动社会进步的巨大作用。

当前，国际竞争正向争夺综合国力优势的方向发展，综合国力的竞争，归根结底是智力竞争、人才的竞争。从这个意义上讲，谁掌握了21世纪的教育，谁就会赢得21世纪战略发展的主动权，谁就能跻身于世界先进民族之林。许多国家在研究未来发展的战略中，毫无例外地把发展教育作为增强综合国力的一个最重要的对策。他们把教育看作是最强大的经济发展力量，认为教育与科学需要的经费虽然数量很大，但它们落后了，付出的代价就会更高，将来国力更多的是依靠智力，必须把教育置于头等优先的地位。很明显，重视教育，增加教育投入和改革教育制度，已成为世界性的趋势。

1977年，邓小平同志就指出："我们要实现现代化，关键是科学技术要能上去。发展科学技术，不抓教育不行。"1985年又指出："中央提出要以极大的努力抓教育，并且从中小学抓起，这是有战略眼光的一着。如果现在不向全党提出这样的任务，就会误大事，就要负历史的责任。"他还说："忽视教育的领导者，是缺乏远见的、不成熟的领导者，就领导不了现代化建设。"1988年9月12日，小平同志再次指出："我们要千方百计，在别的方面忍耐一些，甚至于牺牲一点速度，把教育问题解决好"，"不论怎么困难，也要提高教师的待遇"，"要分几年解决，使他们感到有希望。"邓小平同志的一系列重要指示，深刻阐明了教育与现代化建设的关系，指明了教育发展和改革的方向。各级党政领导干部和广大教育工作者，要认真学习、深刻领会小平同志关于重视教育工作的战略思想。我们必须清醒地看到，我国的教育事业在总体上还是很落后的。现在全国有2亿多文盲，国民平均受教育年限不足5年。教育的这种落后状况，同经济和社会发展的需要存在着尖锐的矛盾，同实现现代化宏伟目标的要求存在着很大的差距，实际上制约了现代化建设的速度。尽管造成这种情况有这样或那样的复杂原因，但是，历史的脚步绝不会因此而作稍许的停留。如果我们现在不作出极大的努力，把教育搞上去，就会丧失时机，就可能被开除“球籍”。我们要增强紧迫感和责任感，下决心克服困难，使我国教育事业有一个较快的发展。

三、积极研究和制定教育发展战略

制定我国教育发展战略，必须从我国国情出发，综合考虑各种因素，这主要是：我国经济建设的第二步战略目标和下一世纪社会经济发展对教育提出的要求；我国还处于社会主义初级阶段，人均国民生产总值居世界后位，制约着教育的发展；我国各个地区之间经济发展很不平衡，文化水平有很大差异；我国今年4月将达到11亿人口，包袱很重，人均资源列世界后位，我国教育体制和教育布局、结构不合理，教育的普及程度还很低，质量不高。从上述基本情况出发，规划我国教育事业的发展，必须把发展教育同发展经济结合起来，坚持教育为社会主义建设服务，形成“教促富、富促教”的良性循环；必须把需要与可能结合起来，采取积极而又实事求是的态度，合理确定教育发展速度、规模和重点；必须把发展同改革结合起来，加快和深化教育改革，在发展中改革，以改革促进发展。在整个工作中要始终注意调整教育结构，注重办学效益，实行分区规划，坚持协调发展，加强社会参与，增加教育投入，优化教师队伍，提高教育质量。争取到本世纪末，建立起适应社会主义建设需要的、为21世纪经济振兴服务的具有中国特色的社会主义教育体系的基本框架。

教育的发展总要受到经济基础的制约。在教育投入有限的情况下，发展教育必须注意提高教育的投资效益和社会效益。提高效益的关键在于调整教育结构。教育结构不合理，造成培养的人与社会需求脱节，这种结构性浪费是最大的浪费。我国经济建设特别是广大农村的建设，在相当长的一段时间里更大量需要的是中、初级人才和大量合格的劳动者。这就要求教育结构进行相应的调整，把加强基础教育、发展初等和中等职业技术教育摆到突出的位置上来。

实施义务教育是整个教育的奠基工程，必须以更大的决心抓紧抓好。当前要着重克服那种坐等条件、无所作为的消极态度。各级政府要按照积极坚定、保证质量、分区规划、因地制宜的原则，修订好义务教育的实施规划，确定目标年限，并逐级建立责任制。目前在我国同龄人口中只有3％能够进入高等学校，97％的人在受完初等教育或中等教育后，就要进入社会劳动岗位。他们的素质如何，对现代化建设影响极大，我们过去的基础教育存在以升学为单一目标的偏向。这种偏重升学的教育严重脱离社会主义经济发展的实际需要，也脱离了广大学生的要求，影响了教育事业的健康发展。这种状况必须改变。教育的根本意义在于提高人的素质。建设社会主义可以引进先进设备和技术，但民族的素质不能引进。基础教育要适应社会主义建设的需要，必须把提高全民族素质、培养大量合格的劳动者作为主要任务。

发展职业技术教育和以岗位培训为重点的成人教育，是社会化大生产的必然要求，是现代教育的重要组成部分，是把我国丰富的人力资源转化为智力资源，把智力资源转化为生产力的重要桥梁。世界上一些国家能够迅速摆脱落后状态，实现了工业化，很重要的一点是依靠发展职业技术教育。有的认为这是他们经济发展的“秘密武器”。忽视职业技术教育是一种落后于现代社会的表现。我们必须转变那种鄙薄职业技术教育的旧的教育观念，在加强基础教育、不断提高教育普及程度和教育质量的同时，把坚决普及义务教育同大力发展职业技术教育结合起来，真正改变长期存在的脱离实际、片面追求升学率的状况。要继续搞好中等教育结构改革，特别是在农村要下决心将一部分普通高中改为农、职业学校。要积极创造条件，努力开展与当地经济建设密切结合的小学后、初中后、高中后的劳动技能和适用技术培训。要进一步搞好中专、中技学校的改革，充分发挥它们在发展职业技术教育中的骨干作用。

我国高等教育近些年发展很快，已具有相当的规模。今后一段时间应适当控制发展规模和速度，重点抓好教育改革，提高办学质量。要稳定老校的规模，加强新校建设。高等教育内部要继续调整科类层次结构。当前重点是发展社会需求量大的应用学科。成人教育要把岗位培训作为重点，探索建立资格证书制度。要把社会力量办学的积极性引导到加强基础教育和支持发展职业技术教育的正确方向上来。

我国的教育的发展不能搞一个模式，不能采取“一刀切”的办法。要充分考虑我国各地经济和文化发展的巨大差异，区别城市与农村的不同情况，区别经济发达与不发达地区的不同情况，根据分区规划、因地制宜、协调发展的原则，进行分类指导，使不同地区都能按照各自的情况和特点确定教育发展目标、规模、速度、重点和办学形式。改变“千校一面、万人一书”的状况。

发展教育必须努力增加教育投入。当前，我国教育经费拮据的状况比较严重。要积极开辟筹措教育经费的多种渠道。国家各级财政拨款，是教育经费的主体部分。各级领导干部要树立教育投资是战略性生产投资的观念。要尽最大努力增加教育拨款，挤出一切可以节省的资金办教育。今年在国家进行经济调整，紧缩财政金融的形势下，中央仍下大决心要保教育，增加了教育的投入。在当前治理整顿的情况下，可以说政府已经作了相当大的努力了。从长远看，发展教育事业只靠增加财政拨款是难以解决问题的。一方面，要继续增加各级财政的投入，另一方面，要通过改革，使教育事业真正成为全民的事业。在政府办学为主的同时，积极发展社会团体、企业单位和公民个人办学。在合理确定政府财政所必须承担的教育经费比例的同时，积极研究建立通过社会多种渠道筹措教育经费的新体制，以增加教育经费在国民生产总值中的比重。

山东、辽宁、四川、广西等地方近几年采取多种渠道，集资办学的经验证明，教育关系到人民的切身利益，社会和群众中蕴藏着极大的办学积极性。只要各级党政领导重视，正确引导和组织，就有可能把多年想办而没有办到的事办成功。发展教育必须依靠社会和群众参与。各地经验证明，关键的问题在于提高认识，更新观念，进行宣传教育。使社会各方面和人民群众都能认识和理解，振兴和发展教育事业，是同整个国家的兴旺和每个家庭的幸福紧密联系着的；教育好子孙后代，既是国家的百年大计，也是每个家长的心愿和应尽的义务。当然，把发展教育作为政府、社会和人民群众的共同任务，决不是说政府可以减轻责任。这里要特别强调，在经济调整时期，各级政府一定要遵照中央确定的保教育的方针，努力增加对教育的财政拨款。同时，要把有限的教育经费管好用好，坚决制止挪用、挤占、浪费教育经费的现象。

四、努力深化教育改革

教育事业的发展必须依靠改革。在发展中改革，以改革促进发展。教育体制改革是教育改革的关键。我国现行的教育体制，是同过去的经济体制联系着的。随着经济体制改革的展开，教育体制不适应社会经济发展的情况就日益突出起来。积极建立适应社会经济发展需要的教育体制，以及建立相应的运行机制，是摆在我们面前的紧迫任务。几年来，各地、各级学校对改革进行了探索，取得了一些经验。但是，从总体上看，改革还刚刚开始，我们要认真总结前一段的经验，促进改革的发展。

教育改革的出发点和落脚点，就是要充分调动学校办学和教师教书育人的积极性，使学校具有主动适应社会经济发展需要的能力。这是教育发展和改革的一个重要的指导思想。要继续改变政府对学校包揽过多、统得过死的状况，改变过于集中的单一计划管理模式。在改善宏观管理的同时，进一步扩大学校办学的自主权，确立学校的独立法人地位。教育的发展和改革必须依靠各级政府的领导和支持。在加重地方政府责任的同时，要赋予地方政府更多的教育统筹权和决策权，使地方政府能够根据当地的情况来解决教育工作的一些重大问题。教育体制改革不是孤立的，必须同计划、财政、劳动、人事、工资制度的改革有机地结合起来，配套进行，才能奏效。国务院将有计划地部署这方面的工作，各地、各部门在研究部署教育改革时，也应充分重视这一点。

这几年，我们进行的教育改革大多是单项的、局部的改革。由于配套不够，难以在总体上建立起新的教育体制和运行机制，学校和教师的积极性、创造性还没有充分发挥出来，教育依然缺乏应有的生机和活力。要把改革引向深入，必须不失时机地进行教育的综合改革，首先要搞好试点。经国务院批准的"燎原计划"是进行农村教育综合改革试验，把治愚同治穷紧密结合起来的一项具有深远意义的工程。前两年，国家教委和河北省政府在河北阳原、青龙、完县进行的教改试验证明，实施"燎原计划"促进了农村的脱贫致富，促进了广大干部群众重视和支持教育。各地一定要抓紧搞好"燎原计划"的实施安排，通过这一工程把农村基础教育、职业技术教育、成人教育的改革以及扫盲工作统筹起来，把农业发展同科技、教育的发展统筹起来，使教育与经济相互促进，协调发展，形成良性循环。城市要探讨企校结合发展职业技术教育的办法。积极进行由学校负责基础文化知识教育，企业负责职业技术培训的"双元制"教育体系的试点工作。北京市在中小学进行的内部管理体制改革，已取得了初步经验，各地应根据自己的实际情况研究借鉴。高等教育的综合改革也要积极着手进行试点，探讨建立既有办学自主权，又有自我约束机制，有利于教学、科研水平不断提高的办学模式。

教育要培养能够建设现代化的人，教育自身就要现代化。应当看到，我国的教育科学和教育理论研究还不够活跃，脱离实际就教育论教育的传统观念仍然束缚着人们的头脑，影响着教育发展和改革的实践，障碍着教育观念的现代化。在重视实践的同时，必须重视教育科学和教育理论的研究，努力培养和壮大科研和理论队伍。我们一定要进一步解放思想，大胆进行教育内容和方法的改革试验。教育是全民的事业，教育发展和改革政策、措施必须让人民知道和理解。要广泛发动社会各界和人民群众参与教育政策的讨论，增强教育决策过程的透明度。

五、努力提高教师的待遇和地位

振兴民族的希望在教育，振兴教育的希望在教师。教师是教育发展和改革的实践者、开拓者。办好教育，必须坚决依靠和充分发挥广大教师的积极性和创造性，培养一支素质优良的教师队伍，并从中培养出一批教育家。这是发展教育事业的希望和保证，是教育工作的一个根本指导思想。

教师担负着教书育人的神圣职责，理所当然地应当受到全社会的尊敬和爱戴。尊师重教是中华民族的优良传统，也应当是当今社会的良好风尚。党的十一届三中全会以来，教师的经济待遇和社会地位有所提高。但从总体上看，教师特别是中小学教师的待遇仍然偏低，影响了教师的积极性和教育事业的发展。这种状况必须尽快加以改变，否则后果将是严重的。党和国家对提高教师待遇十分重视，已责成国家教委会同有关部门积极进行研究，提出对策，逐步加以解决。各地方、各部门要努力采取措施，努力解决教师的住房、医疗和社会福利等问题。要通过大力宣传、表彰和奖励优秀教师，制定优待教师的各种政策，在全社会进一步发展尊师重教的风气。

要切实抓好教师队伍的建设和提高。教育基本建设投资应优先安排师范院校的建设。要扩大中小学教师的来源和培养途径，不仅师范院校要培养教师，也应有计划地安排各类高等院校开展师资培养和培训工作。对现有教师要加强培训，不断提高他们思想和业务素质。一个好的校长可以带动一大批教师，办好一所学校。我们要特别重视培养和选拔各级各类学校的校长。今后几年，各地都要狠抓一下校长的培训工作。校长要在教育发展和改革的伟大实践中，努力把自己锻炼成为社会主义的教育家。

六、努力做好1989年的工作

对1989年的教育工作，何东昌同志已做了具体部署。这是国家教委根据中央和国务院的有关精神研究确定的。我完全同意。这里我再强调几点。1989年，我国建设和改革的重点是搞好治理经济环境、整顿经济秩序。教育工作必须根据中央的统一部署，结合自己的实际情况，认真加以安排。在这一年里，我们要在党中央和国务院的领导下，使教育发展和改革的一系列重要指导思想成为全党和全国人民的共同认识，并朝着我们既定的目标迈出坚实的一步。

教育的根本任务是培养有理想、有道德、有文化、有纪律的劳动者和专门人才。现在的学生将是开创21世纪大业的生力军。他们的健康成长关系到民族的兴衰。我们必须把德育放在学校教育的重要位置上。1987年中央就加强和改进高等学校思想政治工作作出了决定，最近又就加强中小学德育工作发出了通知。这些文件根据改革开放和商品经济发展的新形势，提出了思想品德和政治教育工作的一系列重要方针政策。各地方、各部门和学校要认真贯彻执行。今年是建国40周年，“五四”运动70周年。我们要主动利用这些时机，深入开展形势教育、中华民族优秀文化传统教育和爱国主义教育，激发广大学生的历史责任感，在“实现四化，振兴中华”的共同理想旗帜下，把广大师生团结起来，发展学校安定的局面，不断优化教书育人的环境。

对当前教育战线的某些突出问题，各地方、各部门和各级学校一定要采取坚决有力的措施加以解决。

——对少数中小学生辍学问题，要从宣传、贯彻执行《义务教育法》入手，并采取必要的行政措施认真加以解决。雇用童工是违法的，必须坚决制止。

——对一些学校存在的乱收费现象，各地要加强检查，制止这种错误做法。同时各地应制定合理的收费标准和制度，并公开宣布，以利群众监督。

——对少数地方和高校盲目扩大招生规模，以及滥发文凭的问题，各有关地方和高校应当认真清理整顿。今年，要从国家教委直属高校开始，做好核定学校规模的工作。

——对一些学校存在的管理不严、纪律松弛的现象，要根据去年国家教委第十次、第十五次全委扩大会议的精神，继续抓好整顿工作。要明确指出，学生的主要任务是学习，不得进行经商活动。

——对社会力量办学要积极加以引导，并完善办学的法规条例。对极少数打着办学幌子牟取私利的，要坚决查处，以至取缔。

——对高等学校开展多种形式的社会服务，要明确根本目的是加强学校同社会和经济的联系，以利提高教育质量。要坚持以进行技术开发和有步骤地发展校办企业为主，切实加强学校的统一组织和管理，完善有关制度。

——对一些地方中小学存在的危房，各级政府要制定规划，限期解决。今年必须先解决一类危房。对由于不负责任，措施不力而造成的危房倒塌事故，要追究有关领导的责任，严肃处理。

上述这些问题，一些地方已经开始进行整顿和解决。实践证明抓与不抓，大不一样。只要各级领导重视，这些问题就可以得到较好的解决。

为保证教育事业健康发展，必须加强教育立法工作。我国教育工作的最基本法规《中华人民共和国教育法通则（草案）》以及“教师法”、“未成年人保护法”等重要的法律、法规、条例，要抓紧拟定。使教育工作逐步走上有法可依、依法治教、以法促教的轨道。国家教委在新机构建立和运转以后，将及时抓好职能转变的工作，改善和加强宏观管理，以新的面貌、新的作风努力为教育战线做好服务工作，欢迎教育战线广大同志提出意见，监督促进。

同志们！教育发展和改革的任务十分艰巨。各级党委和政府要切实加强对教育工作的领导，每年要办成几件实实在在的事，每年都要争取有新的进步。前进的道路上会有许多困难和曲折，我们必须振奋精神，坚定不移、百折不回地走下去。教育的发展和改革是大有希望的。我们坚信，在党中央和国务院的领导下，经过广大教职员工和全国人民的共同努力，我们的目标一定能够实现！

关于我国教育工作若干问题的汇报(摘要)

——李铁映同志在第七届全国人大常委会第11次会议上(1989年12月23日)

我受国务院的委托，就教育工作中的若干问题，作如下汇报。

一、关于我国教育工作的基本状况

在发生了今年春夏之交的严重事件之后，如何正确地估计我国教育工作的基本状况，这是社会各界关注的问题，也是确定今后工作方针和任务的重要依据。总的说，应当充分肯定四十年来特别是近十年来教育事业的巨大成就，充分认识教育工作中的失误和存在的问题，以及解决这些问题的紧迫性和艰巨性。

党的十一届三中全会以来，邓小平同志对教育工作作了一系列重要指示。党和国家确立了“教育必须为社会主义建设服务，社会主义建设必须依靠教育”、“教育要面向现代化、面向世界、面向未来”等根本指导思想，提出把教育放在优先发展的战略地位。教育在社会主义精神文明建设和物质文明建设中的地位日益受到重视，这是推动教育事业发展和改革的重要保证。

在有11亿人口、经济文化发展很不平衡的我国，普及九年义务教育是整个教育的一个难点。1986年，全国人民代表大会通过了《中华人民共和国义务教育法》，在全国范围内分阶段、有步骤地实施九年义务教育。到1988年，我国小学适龄儿童入学率达到97.15%，在校学生巩固率达到96.9%。除城市外，已有1326个县通过了省级人民政府普及初等教育的检查验收，约占全国总县数的66.8%，在占全国人口80%的地区普及了小学教育。前几年困扰中小学教育的几个突出问题，正在向好的方向转变。从1981年到1988年，全国修缮改建校舍2.6亿平方米，总投入达319.2亿元。大多数地区教师的待遇有改善，少数地区有了明显改善，这些地方中小学教师队伍基本稳定，一度严重外流的状况得到缓解。中小学生中途辍学蔓延的势头有所控制。

十年来，经过调整和改革，各种类型的职业技术学校发展很快。到1988年，高中阶段职业技术学校学生总数占全国高中阶段学生的比例已从1978年的7.6%上升到42.7%，改变了中等教育结构单一化的状况，为我国各条战线输送了大量适用人才。

高等教育的发展迅速。1988年，全国普通高等学校已达1075所，在校本专科学生270.1万人(包括普通高等学校函授、夜大学学生63.5万人)，在校研究生11.3万人，分别比1978年增长了0.8倍、1.5倍和9.4倍。连同成人高等学校在内，我国高等教育的总规模已近400万人。十年来，普通高等学校共向社会输送毕业生324.6万人，超过建国后前30年的总和。到1988年，我国依靠自己的力量，已培养硕士110148人，博士2956人。高等学校在培养专门人才的同时，还积极开展了科学研究。

函授、夜校、广播电视、自学考试等多种形式的成人教育的发展，对提高亿万劳动者的思想道德、文化科学素质和劳动技能，起了积极作用，受到社会的欢迎。

在农村，实行了基础教育管理体制改革，基础教育、职业技术教育和成人教育“三教统筹”，教、科、农结合的试点取得了明显效果。“燎原计划”已在786个县、2870个乡的范围内开始实施。原来单纯面向升学的农村教育体制已开始向为当地社会主义建设服务的方向转变，为找到符合我国国情的农村教育发展的路子，积累了有益的经验。

在充分肯定我国教育取得了巨大成就的同时，必须看到，同社会主义现代化建设的要求相比较，我国教育在总体上还比较落后。教育事业的发展和改革还存在许多问题，其中有的问题比较严重。我们在工作中也有失误。当前比较突出的是：在办学指导思想上，轻视德育的倾向比较突出，思想政治教育薄弱，管理松弛，学校特别是高等学校程度不同地受到资产阶级自由化思潮的侵蚀，情况比较严重。在事业发展方面，教育结构不够合理，教育投入不足，办学效益不够高；教师待遇偏低；教育思想、教育内容和教育方法程度不同地脱离实际，教育质量不高；教育体制和运行机制还不适应经济和社会发展的需要。我们要总结经验教训，纠正工作中的失误，逐步解决教育工作中存在的问题，使整个教育事业纳入长期、稳定、协调发展的轨道。

二、关于坚持教育的社会主义方向问题

党的十一届三中全会以来，经过拨乱反正，摒弃“以阶级斗争为纲”，实现全国工作重点的转移，教育工作转到为社会主义建设服务是完全必要的。但是，不能不看到，在现代化建设的整个历史时期里，争夺教育阵地、争夺青年一代的斗争将长期存在，有时甚至是很激烈的。今年发生的动乱和反革命暴乱深刻地说明了这一点。青年学生的思想历来是社会思潮的晴雨表，学校尤其是高等学校始终是这场斗争的重要场所。我们必须坚持党对教育工作的领导，坚持教育的社会主义方向，坚持用马列主义、毛泽东思想教育学生，坚持把培养社会主义事业的建设者和接班人作为学校工作的根本任务，坚持把坚定正确的政治方向，始终放在教育工作的第一位。如果模糊教育的阶级属性，就会付出沉重的代价。

近年来，各级教育部门和学校的干部、教职员工，努力贯彻党和国家的教育方针，在艰苦的条件下做了大量工作；对于资产阶级自由化思潮的泛滥，广大教师表示不满和忧虑，许多同志还有所抵制；在动乱和反革命暴乱中，绝大多数学校的领导班子经受了严峻考验，表现是好的和比较好的。但是，前一个时期，党中央个别领导人放松社会主义精神文明建设、淡化党的领导和思想政治工作，消极对待反对资产阶级自由化的斗争，使斗争几次夭折，这使得学校工作处于十分困难的境地。在这种情况下，由于我们对国际反动势力“和平演变”的图谋和国内阶级斗争的状况认识和警惕不足，对于改革开放条件下办好社会主义教育缺乏经验，未能始终如一地把培养社会主义事业的建设者和接班人放在首要位置，学校德育受到削弱。国家教委对于这方面的问题正在认真反思，吸取教训，把端正办学方向这一根本大计落到实处。

近几个月来，在党中央和国务院的领导下，国家教委会同各地党委和政府采取了一系列措施，认真贯彻执行中央〔1989〕4号文件精神。对广大青年学生，我们本着热情爱护、严格要求的方针，进行正面教育和引导。对于一般地参加了游行、罢课、绝食、声援活动的师生，不予追究。目前，学校局势比较稳定，总的趋势是向上的。当然学校思想政治工作薄弱是长期积累造成的，一些深层的问题更不是靠短期工作可以奏效，不稳定因素仍然存在，需要做长期艰苦的工作。我们拟采取如下几项措施：

（一）加强学校党的建设和教职工队伍政治思想建设。高等学校原则上实行党委领导下的校长负责制，党委要把主要精力放到保证中央方针政策的贯彻执行，加强党的建设和做好师生的思想政治工作上，校长要对学生德智体全面发展负责。中小学逐步实行校长负责制，上级党委和政府要加强对德育工作和教师的思想政治工作的领导，并充分发挥学校党组织的政治核心作用和监督保证作用。

（二）遵循学生身心发展规律，把坚持四项基本原则、坚持改革开放、反对资产阶级自由化的教育贯穿到学校教育过程中去，努力加强和改进学校德育工作。逐步形成大中小学相衔接，学校教育、家庭教育、社会教育相配合的，符合中国实际的社会主义德育新格局。

要着力解决高等学校某些哲学社会科学专业业务方向不明确，教学内容反映时代特点和中国实际不够，甚至偏离马克思主义指导的问题。

（三）坚持教育同生产劳动相结合，加强对学生的劳动教育，并积极创造条件，使学生更多地参加社会实践。

（四）完善政策导向，加强学校管理。在招生、毕业生分配、职务评聘、工资晋级和出国留学等方面，要逐步体现和完善政治思想品德的考核评定标准，坚持德才兼备的正确导向。各级各类学校要健全各项规章制度，严格学校管理，加强学校民主建设，同时要引导学生开展有益的课外活动，使学生生动活泼、健康地发展。

（五）拟订有关法规，依法保护青少年的健康成长。

加强学校的思想政治工作，不仅仅是教育部门的事，全社会都应关心、支持和密切配合。党政领导人要亲自过问学校工作和思想战线的工作，协调新闻出版、思想理论、广播影视和文化等部门，为青少年提供丰富而健康的精神食粮，优化育人环境。对于毒害青少年身心的违法犯罪活动，应坚持依法制裁。

三、关于各级各类教育事业的发展方针问题

今后十年内，我国教育事业在发展规模、速度上，应当避免大起大落，努力做到持续稳定协调发展。在结构选择上，应当以九年制义务教育为基础，积极发展职业技术教育，把提高劳动者素质、培养初中级人才摆到突出位置；同时，有计划地培养高级专门人才。在地区发展布局上，应当从各地经济、文化发展不平衡的特点出发，区别城市与农村、沿海与内地、各民族之间的不同情况，因地制宜，制定区域性教育发展战略。在实施步骤上，要结合国家经济、社会发展的进程，采取分阶段推进的方针。各级各类教育事业发展的基本方针是：

基础教育是提高民族素质的奠基工程。应当以积极进取的精神，贯彻落实《中华人民共和国义务教育法》，有步骤地推进九年义务教育。当前要注意把保证教育质量作为工作的重点。政府、社会、家长要通力合作，采取法律、行政和思想教育等多种措施，努力制止学生的辍学和新文盲继续产生，对雇佣童工者依法制裁。

积极发展职业技术教育。要根据积极发展、按需施教、灵活多样、注重实效的方针，充分调动各方面的积极性，通过兴办职业技术学校和开展职业技术培训等多种途径，逐步形成全社会兴办职业技术教育的局面。特别在农村地区，要把发展基础教育同发展多种形式的职业技术教育结合起来，使农村教育更好地为农业的振兴，以及整个农村经济建设和社会发展服务。

高等教育的重点是优化结构、提高水平。在层次结构上，要根据经济建设和社会发展的需要来确定研究生教育规模和本科教育规模，适当发展专科教育。在学科结构上，适当调减基础学科的规模，逐步发展社会需求量较多的应用学科。在专业结构上，要减少专业种类，进一步拓宽专业业务范围，增强适应性。

成人教育在整个教育事业中占有重要位置。要本着学用结合、按需施教的原则，把开展岗位培训和职业技术培训作为重点并逐步作到规范化、制度化。成人学历教育的规模要根据学用一致、保证质量的原则加以控制。各级政府特别是农村的各级政府，要统筹规划，坚持标准，力争在本世纪末扫除青壮年文盲。

在治理整顿期间，教育工作要把更多的精力集中到调整内部结构，提高教育质量方面来，着眼于为下一步的发展打下坚实的基础。

四、关于教育体制改革问题

在教育管理体制改革方面，今后改革的方向是：在发挥中央主管部门规划指导作用的同时，加强省、自治区、直辖市的教育决策权和统筹权，以及中心城市和县对于中等以下教育的统筹管理权，让学校在国家法规指导下享有更多的办学自主权。同时，加快立法进程，改革计划体制，加强和完善宏观管理体系。

我国的办学体制应以国家办学为主体，鼓励和支持社会各方面包括公民个人办学，并欢迎港、澳、台同胞和海外侨胞按照国家有关法规在大陆捐资助学。由于法规不完善和监督不严，一度出现的滥发文凭、乱办学等混乱现象，已经引起注意，并且正在逐步解决。

在高等学校毕业生分配制度改革方面，从 1986 年开始改变统包统配制度，实行在国家计划范围内学校与用人部门供需见面。与此同时，在少数学校进行了适当定向、双向选择的改革试点。实践证明，实行“供需见面”和“双向选择”，密切了学校与社会的联系，促进了教育改革和用人制度的改革，方向是正确的。

需要说明的是，“供需见面”和“双向选择”是为了扩大毕业生和用人单位在国家计划范围内的选择余地，并不是不负责学生的就业。对于实行“双向选择”分配的学生，教育行政部门和学校应积极指导学生择业；要教育和引导学生根据社会需求调整自己的择业取向，到基层、到农村、到边远地区和艰苦行业去工作；国家在治理整顿期间要采取人才保护政策，按毕业生人数下达增干指标，保持一定的人才储备。总之，对于合格毕业生，只要服从国家需要，国家将负责分配他们适当的工作。

在教学改革方面，各地作了许多探索，积累了不少好经验，但是总结推广工作没有跟上。从总体上说，教学改革仍然不能适应社会需要。要贯彻教育与生产劳动相结合的马克思主义原理，克服不同程度存在的脱离实际、脱离工农、脱离生产劳动的倾向。中小学要加强劳动技能教育和校外实践活动，高等学校要适当增加招收有实践经验的学生的比例，加强生产实习和社会实践。希望社会各方面尤其是企业、事业单位，积极支持学校的生产实习和社会实践活动，帮助学校解决学生实习中遇到的实际困难。

五、关于教师队伍建设问题

我国各级各类学校教师中绝大多数人忠诚社会主义教育事业，为培养社会主义建设人才辛勤劳动，作出了贡献。经过多年的考验，证明这支队伍在总体上是好的，是可信赖的，过去是、今后仍然是发展和改革教育的依靠力量。

近十年来，各级政府采取了一系列措施加强师资队伍的建设，主要是：

重视发展师范教育和在职教师培训。根据全国人大常委会建议，在“七·五”期间国家安排了专款，用于发展师范教育。各级地方政府也普遍增加师范教育经费，努力改善师范院校办学条件。1979 年至 1988 年，全国普通高等师范院校和中等师范学校为中小学培养了 280 多万名毕业生，充实和加强了教师队伍。同期全国有 240 万名在职教师参加了广播电视大学、教师进修学院（校）、函授、夜大学的进修学习，促进了教师业务水平的提高。

提高教师的经济待遇和改善工作条件。教师几次调整了工资，特别是对中小学教师，国家给予了特殊政策，包括实行中小学教师教龄津贴制度、班主任津贴制度，把中小学教师工资标准提高10％，允许各地根据财力情况实行超课时酬金制度，等等。

建立表彰和奖励教师制度。仅今年全国就有 30 万名教师受到各级政府和中小学、幼儿教师奖励基金会的表彰，其中约有 2 万名优秀教师受到国家教委、人事部和全国教育工会的表彰。

必须指出，我国教师队伍的现状同教育发展和改革的要求还很不适应。在中小学教师中，还有相当一部分教师学历未达到国家规定的要求。各级各类学校部分青年教师在政治和业务上的素质还有待提高，教师队伍青黄不接的问题相当突出。全国教师的平均工资水平低于国民经济 12 个行业的平均水平，民办教师待遇更低。为了解决教师队伍存在的问题，我们拟从以下几方面采取措施：

加强师资培养，大力办好师范教育。要制订特殊政策，如增加师范专业奖学金，免收学杂费等，吸引优秀中学毕业生报考师范院校，鼓励各类大专院校的优秀毕业生到中小学任教。除师范院校外，有条件的综合大学等其他科类院校也应承担师资培养和培训任务。要十分重视校长的选拔和政治业务培训，努力使校长成为社会主义的教育专家。

实行符合教育工作特点的教师工资制，逐步提高教师工资待遇，达到在国民经济 12 个行业中居较高水平。教师工资水平不搞全国“一刀切”，允许各省、自治区、直辖市根据当地情况，在国家规定的工资标准基础上，提高本地区教师的工资待遇。在工资总额包干的前提下，允许有条件的学校进行内部工资制度改革试点。

改革教育系统劳动、人事制度。学校在定任务、定规模的基础上，定编定员，精简人员，使师生比例趋向合理。社会各方面要积极协助安置学校转移下来的人员。

六、关于教育经费问题

在新的历史时期，党中央、国务院一再强调教育在社会主义建设中的战略地位。确保教育经费的稳定来源和增长，是落实教育优先发展战略地位的一项根本措施。党的十一届三中全会以来，我国教育经费有了较大增长。1988年中央和地方财政对教育拨款达到 331.02 亿元，比 1978 年增长了 3.34 倍，年平均递增 15.8％，超过同期国家财政支出的增长速度。社会各界和群众集资办学、捐资助学的资金逐年增加。1988 年财政预算外教育资金收入达到 127.22 亿元。但我国教育经费仍不能适应教育事业发展的需要。除了“人头费”以外，各级各类学校实际用于教学的公用经费所占比例逐年下降。1988年比 1980 年，中学公用经费所占比例由 33.1％下降到23.5％，小学公用经费所占比例由 22.1％下降到14.9％，教育事业的发展依然处于比较困难的境况。解决教育经费问题，要从我国国情出发，逐步建立和完善以财政拨款为主、多渠道筹措教育经费的新体制。初步想法是：

随着国家经济的发展和财政收入的增加，本着优先保证教育发展的原则，逐步提高国家财政预算内教育经费支出所占的比例。在治理整顿期间，对教育必须采取保的方针，教育经费不能压缩，还应适当增加。

要通过征收用于教育的税和附加费，鼓

励厂矿企业、社会力量和群众集资办学，适当收取非义务教育阶段学生学杂费，建立校产和开展勤工俭学，设立教育基金等多种渠道筹措教育经费，增加社会和个人对教育的投入。

国务院要制订多渠道集资的有关法规，以法律形式保证教育经费的稳定来源与增长。同时，努力提高办学效益。

七、关于当前教育工作中的几个具体问题

(一)关于控制普通高等教育事业的发展规模问题。

近十年来，我国普通高等教育事业发展很快。但是，也出现了片面追求数量，盲目追求高层次，学校及专业重复设置等种种问题，这既影响了教育质量的提高，也造成了结构性浪费。为此，拟采取以下两项措施：

(1)严格按计划招生。近几年，年度招生计划一再突破。1988年计划招生64万人，实际超招10万人，一些学校超负荷运转状态十分严重。不仅影响了教学质量，而且成为诱发学校不安定因素的一个重要原因。经过反复研究，下决心将今年原定招生64万人调减了3万多人。这次调减，虽然曾在一定范围内引起反响，但从长远看，有利于高等教育稳步、协调发展，有利于提高质量和优化结构。

(2)严格控制增设新的高等学校。我国普通高等学校前几年增加过快，在1984年1985年，每年增加100所新校，平均近4天就新增一所高等学校。因此，近几年内，要抓紧进行普通高校的调整、整顿工作。对于达不到国家规定设置标准的学校要充实、加强，有的要进行撤并。要把社会各方面兴办高等学校的积极性引导到充实、加强现有高等学校方面来。从现在开始，全国高等学校总数不再增加，国家教委原则上不再批准增设新的高等学校。对高等学校从低层次向高层次升格，原则上也不再批准，鼓励各学校、各专业在所在层次上办出特色和水平。

(二)关于中小学勤工俭学和高等学校社会服务问题。

中小学勤工俭学是教育与生产劳动相结合的重要途径之一。十一届三中全会以来，70%以上中小学恢复和发展了勤工俭学活动，使小学高年级以上学生能适当参加劳动，取得了良好的育人效果，也有少量收入，有利办学条件的改善。今年国务院转发了国家教委等部门《关于进一步发展中小学勤工俭学若干问题的意见》，进一步明确了政策界限，教师经商的问题已经解决。此外，一些学校未经有关部门批准，向学生乱收费用，今年各地普遍进行了检查纠正，情况有较大好转。对少数重点学校降低录取分数线招收自费中小学生的问题，也正在进行整顿。

1980年以来，高等学校通过校办工厂、科技服务、兴办科技企业等多种形式开展社会服务，取得了较好的社会效益。高校在保证教育质量和科研工作的前提下，挖掘潜力开展社会服务，有利于推动教育、科研和生产的结合，加强学校与社会的广泛联系；也有利于增加学校收益，改善办学条件。但有些学校脱离学校的中心任务，一味追求经济收益，严重冲击了教学和基础研究。

高校开展社会服务，应区别不同情况，本着"兴利除弊"的原则进行整顿。今后高等学校在社会服务工作中，要认真贯彻国务院文件精神和治理整顿的有关方针政策。在指导思想上，必须把保证和促进教学与科研工作放在首位。那种纯粹以赚钱为目的，以降低教育质量为代价的错误做法，必须坚决制止。在学校内部管理上，要坚持有计划、有组织，人员要合理分工。教师从事"第二职业"要加强管理。在收益分配上，要坚持统筹兼顾，合理分配。

(三)关于出国留学生工作问题。

自1978年实行对外开放政策以来，我国共派出公派留学人员（包括国家公派和单位公派）6万多人，其中访问学者和进修人员4万多人，研究生约2万人，大学生1千多人。同期自费出国的留学人员2万多人。到目前为止，已学成回国的近3万人，其中访问学者和进修人员占95%以上。派遣出国留学人员，对于吸收外国先进的科学技术和经营管理经验，培养高级专门人才，缩小我国同世界发达国家经济和科技上的差距，起了积极作用。但是，在出国留学生工作中，也存在许多突出的问题，有必要认真改进这方面工作。

我国教育国际交流和合作仍将继续，并且逐步扩大。我们将按照"按需派遣，保证质量，学用一致"的方针，继续派遣出国留学人员。今后，在国家公费留学人员中，要增加选派在第一线工作、政治和业务优秀的访问学者，博士生的培养应基本立足于国内；在学科结构上以应用学科为主；要加强政治和业务考察，保证派遣人员的质量。对于自费留学要正确引导，加强管理。对于学成回国的留学人员，要为他们创造必要的工作环境和生活条件。同时，也要相应地改善国内培养的博士生的工作条件和生活待遇。

在平息反革命暴乱之后，我国政府明确表示，对一些留学人员在不明真相的情况下，参加过游行、集会，有过一些过激言行等一般活动，一律不予追究。在这里，我要特别指出，公派留学人员要回国服务，这是国际惯例。中美双方也确认中国公派留学人员学成后应回国服务两年。在对一些公派留学生回国服务的实际问题上，我们采取了通情达理的态度。但令人遗憾的是，在美国总统否决了美国参、众两院《1989年紧急放宽中国移民法案》后，美国政府又决定通过采取行政手段，实施国会通过的法案中对在美的中国学生的全部措施。我们对美方违背中美教育交流协议，粗暴干涉中国内政的举动，将不得不被迫在适当时候作出必要的反应。我们希望美国政府以中美关系为重，采取有效措施，确保中美教育交流协议得到切实执行，使中美两国的教育交流重新得到健康发展。

反思这场动乱和反革命暴乱的教训，加强和改进中小学的思想品德和政治教育

——何东昌同志在北京师范大学中学政治教师暑期培训班上的讲话(节录)

这场50多天的严重的政治斗争是一本大的教材。它可以给我们以深刻的启示。痛定思痛。首先要有痛切感。希望每一位中小学的老师、校长和教育管理部门的同志都认真联系这场斗争的实际，深入地学习四中全会和邓小平同志讲话的精神，弄清楚这场斗争的性质，背景，严重性和必然性。它关系到社会主义人民共和国的命运。每个中小学的教育工作者都应该从中获得教益，只有这样，才能把中小学的思想品德和政治教育提到应有的地位上来认识。十年最大的失误在教育方面，这里讲的教育是指全民性的。动乱充分暴露了这个失误的恶果，当然也包括中小学教育上的问题。所以当前的学习一定要抓好。不能走过场。只看看材料，宣读一下文件，空洞地表个态那是不行的。也不要以为主要表现在大学，或只是在北京特别表现得尖锐，就可以不加以重视。

为此我提出几个要研究的问题，几点意见，供大家参考。

一、抓德育要认识到西方反动势力亡我之心不死。1949年，中华人民共和国建立了，这是帝国主义的一次重大的失败。美国统治集团内部为此发生了争议。当权的一派公布了“白皮书”来证明他们作出了一切可能的努力，毛主席称之为无可奈何的供状。1950年，美国入侵朝鲜，实际是企图把我们“掐死在摇篮里”。中国人民进行了抗美援朝的斗争，这场斗争的胜利大大提高了人民的爱国主义觉悟，事实批判了亲美、崇美、恐美等半殖民地奴化思想。以后，帝国主义在侵略战争中一再碰壁，就越来越寄希望于和平演变这一手。这次动乱的国际背景中，有许多事实证明，国外、境外反动势力是插了手的，甚至发展到直接支持国内资产阶级自由化政治势力的颠覆活动，在建国四十年的首都掀起了反革命的暴乱。暴乱平息以后，反共势力在西方一些大国中掀起反华的浪潮，有些美国统治者中有一种失落感，感到这是1949年后第二次失去了中国，这不能不引起我们的警惕。我们一定要坚持开放，绝不能闭关锁国，那样就会落后，落后就要挨打。但有和平演变就要有反演变，要有办法对付他们的思想政治渗透。这里关键是争夺一代一代的青年人。他们要对我们开展攻心战，离心战，腐蚀战。这就要求我们从儿童起就要抓紧德育。

二、要加强爱国主义的教育。我国有一百年的半封建半殖民地的历史，这带来了殖民地奴化思想。这几年这种思想有明显的回潮。像“河殇”这样鼓吹民族虚无主义，否定人民革命的作品出现了，像方励之这种卖国主义的代表人物，在青年中一度有了市场。而刘晓

波这个"文学博士"居然胆敢鼓吹"中国要经历三百年的殖民地才能现代化"。这场动乱中出现了这样的矛盾现象，一些学生一边唱着"国际歌"这个无产阶级的战歌，一边又听信"美国之音"这个垄断资本的喉舌。这不能不引起我们高度注意。中央领导同志一再提出要我们加强爱国主义教育和民族气节的教育，这实在太重要了。

爱国主义要与爱社会主义、爱共产党的教育统一起来。鼓吹资产阶级自由化的人，目的是要在中国建立资产阶级共和国。但中国国内的资产阶级政治、经济势力是很小的，他们就必然要依附于西方的大国，所以这个资产阶级共和国只能是附庸的。也就是为什么这场斗争中那些鼓吹资产阶级共和国的人，必然要一面鼓吹、崇拜西方某些大国的政治经济制度和文明，一面全盘否定我国十年改革和建国四十年的成就，五四运动七十年来的历史进步，以致整个中华民族的优秀传统，用"攻其一点，不计其余"的方法诋毁社会主义和党的领导，造成了很大的思想混乱。

进行爱国主义教育就要进行历史优秀传统的教育，这里要注意加强中国人民遭受美帝国主义侵略和反抗这种侵略的教育，内容要从望厦条约讲到这场动乱的教训，使年轻人懂得世世代代都不要忘记历史事实。但他们没有受到殖民地压迫和剥削阶级剥削的痛苦，也不大了解第三世界中在资本主义制度下的劳动人民的痛苦。在新的历史条件下，如何进行好这种教育还要在实践中总结经验。许多课程，特别是语文、历史和思想政治课都要注意加强这方面的教育，并使它们符合时代的需要。要把爱国主义教育与国情教育结合起来。要解决我国是一个什么样的国家，将要变成什么样的国家这个问题，要讲国情。有的鼓吹资产阶级自由化的人，否定进行历史的比较，即"纵的比较"，实际上是反对我们讲历史的成就，他们只主张进行"横的比较"，即脱离中国的国情片面地去与西方发达大国在经济、科技、教育水平比高低，用这种违反科学的方法，他们得出的结论就是社会主义不如资本主义。我们就要从中国的国情出发来借鉴外国，做到"洋为中用"。结论就是中国的现代化只能搞社会主义。

三、要加强思想品德教育和社会主义的法制教育。从这场斗争中可以看到极端个人主义和拜金主义是青年人容易接受资产阶级自由化的政治观点和接受无政府主义的思想根源。这是一切剥削阶级的价值观的核心。这个问题必须从小抓起。在开放条件下，坏的东西会进来，商品经济的发展，对思想道德的作用有积极的方面，也会诱发消极的方面。这也就是西方反动势力所要进行的"腐蚀战"的核心。我们要进行共同理想的教育，并提倡最高理想，进行社会主义集体主义教育，并提倡共产主义的无私奉献的精神。

四、抓德育要明确不能淡化政治教育。我们中学的德育，到底包含什么内容？我们讲德育即思想、品德和政治教育，德育包括这三个方面的内容。去年讨论德育问题时，实际上是有争论的。有的同志就是主张德育内容只是指品德教育，要把政治教育去掉。当然，我们过早地给低年级学生讲很深的政治概念是不行的，他们不懂，就没有效果。但是，我们讲爱国主义，爱什么国家，既是思想品德教育，也是政治教育，它包含了政治内容。我国宪法第一条规定："中华人民共和国是工人阶级领导的、以工农联盟为基础的人民民主专政的社会主义国家。"我们的国家观念有特定的阶级内容。今年春，很多大学生喊了半天爱国，但他对爱什么国家不清楚。淡化政治教育，这是不正确的。

现在是不是把阶级观念都取消？是不是世界充满了爱？一定要反对以阶级斗争为纲，因为大量社会矛盾不是阶级矛盾，更不是敌我矛盾。但是在社会上我们还会碰到腐败、丑恶现象，要不要对它们进行阶级分析？要不要讲剥削与压迫的现象？这些现象世界上还继续存在，中国历史上有，阶级斗争现在也没有完全熄灭。在意识形态领域也是如此。一定要采取历史唯物主义的科学的态度，但不能简单化和扩大化。

五、要认识教育是有阶级性的。我们教育到底有没有阶级性，这是有争论的。有的人提出来，教育就是抽象地为提高民族素质服务的。民族素质怎能与前进的方向，与经济、政治条件无关?!有的同志反对提教育为社会主义服务，认为这样教育就变成了工具和附属品。事实上，教育作为上层建筑的一个领域，任何一种教育思想、教育制度都是为它所在的社会制度的统治阶级服务的。因此社会主义教育必须为社会主义的物质文明和精神文明建设服务。教育不仅有阶级性，而且阶级性的问题在教育上是首位的。我们要吸取西方社会学说、教育学说的精华，同时对这些学说要做科学的阶级分析，不然就会盲目地崇拜西方社会学、教育学，就会放弃马克思主义的立场、观点和方法。文艺学对青少年儿童影响大，也有同样的问题，也要用阶级分析的方法来思考问题。否则，我们在思想文化开放中就不设防了，好的进来了，坏的我们不设防，也进来了，影响是很坏的，会产生严重的后果。

这次50几天的政治动乱和反革命暴乱象本大教科书，我们要系统整理，由此得出相应的正确结论。我们培养出来的接班人，政治、思想、道德素质好，坚定地走社会主义道路，社会主义祖国的美丽江山不变色就有了重要的保障。

这几年中小学思想品德课和思想政治课课程的改革有进展，或者说有相当大的进展，但是，改革的任务远远还没有完。这次政治动乱和反革命暴乱又给了我们深刻的教训。为了认真学习和贯彻党的十三届四中全会的精神，希望省、市、县各级教育部门和我们所有的老师，开学后把形势教育、马克思主义常识教育都抓好，使我们中学的思想政治课改革、德育工作的改革，取得良好的教育效果。

从农村看我国普及教育的路子

何东昌

我国的教育发展很快，但在总体上还较落后。这突出地表现在教育的普及水平比较低，人均受教育程度不足5年。教育问题引起各界有识之士的忧虑是有道理的。要根本改变这种状况，决非一日之功，必须及早予以筹划。这中间农村教育问题尤为重要。现在谈一点我的看法，以期引起讨论。

充分认识农村教育的战略地位

在我国学校教育系统中，学生人数已达2.18亿人。其中接受中等以下（含中等）教育的学生人数为2.14亿人，他们中有80％在农村。这就决定了我国普及教育的大头在农村，难点也在农村。特别是在人口居住十分分散或者流动不定的山区、牧区和缺乏近代教育传统的某些少数民族地区，普及教育的难度更大。不充分考虑这些特点，就会脱离我们的国情。

要振兴我国的经济，农业将是长期的制约因素。而农业生产面临的现实是：全国约有70％的早已成熟的农业技术成果没有得到推广应用，施肥的有效率平均只有30％，果树剪枝、家禽防疫这类最普通的简易技术也没有为广大农民所掌握。我国尚有2.2亿文盲、半文盲，其中92％在农村。县乡镇企业普遍缺乏技术人才和管理人才，缺乏素质较好的劳动者，长时间存在消耗高、污染大、产品质量低的状况。

从教育改革的角度看，农村教育与当地建设的关系比较直接和明显。与城市教育相比，对劳动、人事、工资等制度配套改革的依赖要少得多，教育改革易于着手。这与经济体制改革从农村开始有某些相似之处。

农村教育必须大力改革

建国以来，特别是党的十一届三中全会以来的十年，我国农村教育有了巨大的发展。但由于在教育指导思想上，没有重视研究教育与经济的关系，往往习惯于用城市教育的模式去要求农村教育，致使农村教育在总体上依然存在脱离农村实际的倾向。不少县可以自豪地讲有多少本地学生大学毕业后进入全国智力最密集的北京中关村地区。但是当地山河面貌依旧，农民的贫困状态没有多少改变。为脱离农业生产而升学的传统教育思想、城乡差别的客观存在和商品经济的不发达，使这些地方往往把帮助学生升入国家包分配的大中专学校作为最好的教育结果。这部分离开农村的学生绝大多数是不返回本地的。而回乡参加生产劳动的小学、初中、高中毕业生又大都在思想上、职业技术上和劳动技能上缺乏准备，往往要经过很长时间才能适应。而所谓适应也大多是按传统的落后的生产技术从事生产劳动，没有充分发挥出教育应有的作用。近两年来初中学生中辍学流失的比率有所增长，有的商品经济开始发展的省份，一度高达14％以上。这其中固然有家长和社会的短视行为，要用法律和思想教育的手段加以制约，但是初中教育本身不能给学生以致富的本领和技术，对学生和家长缺乏吸引力也是一个重要原因。去年公布了大学毕业生今后将逐步实行不包分配以后，这个矛盾进一步突出了。

我国在40年间已建设起一批面向农业的农、林、水产等高等学校和中等专业学校，每年毕业生可达7万人以上。按此数字计算，全国每个乡每年都可以分配到1名以上这样的大学或中专毕业生。但是建国以来这类学校一直存在着招生困难、学生毕业改行的问题。至今仍有50%甚至更多的毕业生改行从事其它工作。在农业第一线，科技人员的比例很低。更突出的问题是，教育不能造就大批有社会主义觉悟的、有文化、有技术、懂经营的新型农业劳动者，以致形成了农业大学教授面向文盲、科盲推广农业科学技术的局面。这好比向现代化进军中，这支大军只有指挥员，而缺乏大批用现代科学技术武装起来的合格的战斗员。还要看到，农业高等学校和大部分中专学校的毕业生是一直拿工资的，要到全民所有制单位去，这在农村生产水平落后的条件下是找不到多少合适岗位的。

农村经济体制改革的第一步完成以后，农村生产力有了明显提高。农村迫切需要科学技术和经营知识，急需农村教育的相应改革。

农村教育的普及要走与职业技术教育相结合的路子

社会需要是教育发展和改革的根本动力。农村社会生产力的发展对农村教育的推动，是不以人的意志为转移的。在这种形势下，农村逐渐出现了教育综合改革的势头。县以下的教育主要是中等以下的教育。在接受这些教育的学生中，只有3%左右的同龄人能够进入高等学校，绝大多数要回乡或留在县镇就业。因此，县以下的教育主要应该为本地区培养人才。农村教育大体可以分为三类：基础教育、职业技术教育和成人教育。成人教育是指学校后的教育，除了扫盲以外主要是职业技术教育。因此就内容来区分，农村教育只是基础教育和职业技术教育两类。现在农村职业技术教育和成人教育有了一定发展。但其发展速度仍然低于城市，内地又低于沿海，发展极不平衡，远远不能适应农村建设的需要。

职业技术教育的发展，对于促进农村生产力的提高，增加农民收入具有明显的作用。典型调查表明，农民收入水平是与其文化结构成正比例的。受教育程度较高的，家庭人均收入也相应较高。而有了一定文化水平，又学习一些农业科学技术的，其收入比没有学习技术的要高得多。这说明，从培养合格劳动者的角度看，只教给学生文化科学知识还不够，还必须进行职业技术教育。

山东省平度县在发展农村基础教育的同时，基本形成了职业技术教育和成人教育的网络，促使当地工农业生产明显增长。国家教委与河北省合作，在河北省三个国家确定为贫困地区的县进行教育综合改革的试点，主要是探索出一条基础教育与职业技术教育相结合的路子。对这三个县除了在培训师资方面给予少量支持外，国家对教育改革没有任何经费上的优待。现在这三个县的农村教育改革已经取得了一些经验，在促进经济发展上已开始产生作用。三个县的人均收入连续两年以较大幅度增长，不少乡、村已经脱贫。这些事实说明，不论比较富裕的地方还是相对贫困的地方，农村教育有共同的规律。

关键是建立教育与经济社会发展的“互促”机制

实行普及教育与发展职业技术教育结合，需要进一步改革教育体制。首先，职业技术教育的发展，必须与当地经济和社会发展结合起来。这就需要县一级政府把经济发展、科技推广和教育发展统一加以规划，统一组织实施，把教育转向主要为当地建设培养初、中级人才和提高劳动者素质服务。

从教育内部讲，基础教育要全面培养学生的素质，不断提高教育质量。在组织学生系统学习好文化课程的同时，要在一定阶段增加劳动技术课；在课程设置中要联系当地生产和生活实际适当增加乡土内容；学生还可以选修一些实用技术的内容；学生课外活动也可以学点初级实用技术。

职业技术教育，除了县里举办的职业技术高中和职教中心作为骨干以外，当前大多数地方要重点发展初中阶段的职业技术教育。形式要多样化。有的地方，也可以在学生小学毕业后，学习一些简单的实用技术。

发展职业技术教育，必须有专业技术师资、实习实验场地等必备条件。为了充分利用现有条件，充分发挥效益和潜力，应当改变基础教育、职业技术教育、成人教育原来三方面各成体系的状况，做到专业教师、实习实验场地统筹使用。县里要统一安排各系统的专业人才到学校兼课。

从已有的经验看，农村教育这样改革，使教育转向为当地培养人才和提高劳动者素质服务，可能会大大缓解片面追求升学率的倾向。教育与农民群众的致富愿望结合起来了，增强了农民送子女上学的积极性。基础教育的社会效益要经过较长时间才能显示出来。而职业技术教育，只要针对当地建设的需要，在开始时搞一些“短平快”的实用技术培训，在一两年内就可以在经济上看到效果。因而容易引起县乡村三级领导干部和广大群众的重视，从而促进了学校办学条件的改善、教育经费的增加等。

中国的农村迫切需要文化科学技术．生产经营知识和现代文明的信息。只要教育真正转到为当地建设服务的轨道上来，农村学校可以办的事情多得很。这将使广大群众中蕴藏着的办学积极性极大地激发出来，形成教育与建设之间互相促进的良性机制，“教促富、富促教”，教育上的许多困难都可以比较顺利地解决。河北省青龙县草场村，是个不大的村庄。全村在十年间投入1.7万元举办农民文化技术学校，常年不懈抓业余教育，普及科学技术加上开展了普法教育等，不仅促使人均收入从1978年的50元上升到1987年的700元，而且村里赌博、打架、偷摸、迷信和不尊敬老人的现象也消失了。村里的干部群众从实践中深深体会到“对教育的投入是效益最大的投入”。

农村教育改革的试验，也为城市教育改革提供了新的思路，那就是逐步建立起教育与城市经济和社会发展的“互促机制”，把整个教育搞活。农村教育的改革还必将引导为农村建设服务的如农业、师范、医学等高等教育加速改革，并寻求到新的发展机制。

中国教育的大头是普及中等以下的各类教育，从农村可以得到启示：一定要努力探索适合我国国情的教育发展途径，只要路子找对了，教育事业的前景就会越来越光明。

做好当前大学毕业生分配工作需注意的几个问题

朱 开 轩

高等学校毕业生分配制度的改革，在前几年工作的基础上，从1986年起，在教育界内外经过三年多的反复研讨和酝酿，国家教委已经提出了新的方案(即中期改革方案)。并且于1988年在广东省所属的高等学校招收的新生中宣布试行。1989年3月初，国务院正式批转了国家教委《关于改革高等学校毕业生分配制度的报告》。随后，国家教委和国务院部分部委以及北京市，分别向其所属的高等学校今秋入学的新生宣布实行新的方案。对中期改革方案，今后几年内，国家教委将有计划、分步骤地组织全国的高等学校逐步实施。在从现行的分配制度向中期改革方案过渡的过程中，毕业生分配工作要注意以下几个问题：

1. 学校要对应届毕业生早出“安民告示”，凡按国家任务招收入学的应届毕业生，仍实行计划分配为主的分配体制与原则，凡是合格的大学毕业生或毕业研究生，只要他们服从分配，国家均负责安排工作。但分配的方法要进一步改革，可以实行在征求学生意见的基础上，上下结合和供需见面的办法制定分配计划，也可以试行在一定范围内有领导地采用用人单位招聘、学生选报志愿、学校推荐、用人单位择优录用的办法来确定分配计划。必要时，各级政府的计划、教育、人事部门可以进行行政干预，使分配计划尽可能符合国家的长远利益和当前需要。不管采取那一种分配方式，都应当遵循统筹安排，合理使用，加强重点，兼顾一般和面向基层、加强生产第一线等国家确定的分配工作方针。

2. 现阶段的毕业生分配工作，在收集用人信息方面，学校要起中介作用，在确定毕业生分配方案方面，学校是主要责任者。学校为了取得更多的用人信息，除了参加全国性、地区性、行业性的供需见面会以及请用人单位来校招聘外，也可以发动校内各级领导以及专业教师去社会联系用人单位，还可以允许学生通过生产实习、毕业设计和社会实践等活动了解用人单位的用人信息。但是，这些信息的使用要由学校统筹考虑，每个学生提供的用人信息与本人的挂钩关系如何，学校可以灵活掌握。一定不要给学生造成一个错觉，以为现阶段毕业生分配方法的改革就是国家、学校不再管学生毕业后的分配了，让每个学生自己找职业了，以免造成学生思想上不必要的压力与教学秩序的混乱。同时，要注意抵制社会不正之风对毕业生分配工作的干扰，增加分配工作的透明度。要加强同学生的对话，对他们的合理要求与正确意见，能做到的应予支持，一时做不到的要做耐心地说服工作。各用人单位去学校选拔毕业生时，要派懂专业、爱惜人才、作风正派和经过训练的干部，配合学校做好分配工作。

3. 随着机构调整和管理体制改革的不断深入，国务院有关部委相当一部分企业已经或正在下放到地方管理为主，面向全国的国家教委直属高等学校毕业生的分配，自然也是主要面向地方（包括国务院部委在各地的企事业单位）。希望各高等学校在拟定分配方案、了解用人信息时，要充分考虑生源与专业培养方向这两个重要因素，也希望各省、自治区、直辖市和国务院有关部委，除了要安排好本地区、本部委所属高等学校毕业生的工作外，还要做好充分准备，顾全大局，接纳好本地区、本部门以外的高等学校，特别是国家教委直属院校的毕业生，并且应当做到一视同仁，贯彻优才优分、优才优用的原则。学校应允许极少数品学兼优的高材生在国家规定的政策范围内有更多的优先挑选工作单位的机会，包括允许他们跨地区选择单位。只要用人单位急需并同意接收，希望所在地区的人事、教育部门给予大力支持。只有正确引入择业竞争机制，毕业生分配制度的深化改革才会有生气、有活力。

4.在择业导向上，学校要及早向毕业生作引导，并扩大信息的收集范围。由于大城市及条件较好的大单位的人才需求在减少，而一些基层单位（包括乡镇企业）和边远地区仍非常急需人才，因此，学校在收集信息时，视野要宽，要注意这些地区及基层单位的需要，要帮助毕业生了解择业的形势，并进行服从分配的教育。对某些社会需求量少的专业，学校要作具体分析，有的应着眼于长远，采取必要的保护措施，动员有关用人单位储备人才。有的应着眼于寻找专业基础相近的工作岗位。这部分同学虽然专业针对性有一些差异开始时工作可能会生疏一些，但只要基础打得好，后劲会是大的。我们还鼓励文史类和理科类专业的一部分毕业生到实际部门去工作，到中学作师资，这些学生基础雄厚，只要致力于事业，安心工作，持之以恒，会对社会主义现代化建设事业作出自已应有贡献的。

5.要向社会大声疾呼，在毕业生就业中不要歧视女生，不得歧视女生。我国是社会主义国家，应该为知识程度较高、数量又不大的这批女大学毕业生、女毕业研究生在建设“四化”大业中充分发挥才能提供一个广阔的舞台。一方面，学校要鼓励女大学生在遇到暂时挫折时不要灰心，讲明合格的大学生，不分男女，学校都是负责到底的；另一方面，对那些明显不合理的性别限制，学校要出面做用人部门的工作，取得用人单位的理解与支持。地方人事、教育部门也要出面疏通渠道。总之要切实解决好女毕业生择业难的问题。

关于优化师资队伍的思考

柳　斌

师资队伍的优化关系到义务教育的成败。我们讲“紧迫感”，主要是在师资队伍问题上。现在在职骨干教师外流比较严重；师范院校又很难招到优秀的中学毕业生；师范院校的毕业生分配不到位的现象还十分严重。这些不能不严重影响中、小学教师队伍的优化。而中、小学教师队伍优化的问题不解决，义务教育实际上就不可能完成。近几年教育部门在师资队伍方面做了大量的工作，各级政府也采取了很多措施来改善和提高中、小学教师的地位和待遇。在中、小学教师的进修培训方面也花了很多钱，做了很多工作，是有成绩的。小学教师1987年学历达标的已达65.6%，比1986年提高2.8个百分点；初中教师学历达标的已达32.7%，比1986年提高3.6个百分点；高中教师1987年学历达标的是40.1%，比1986年提高0.8个百分点。最近三年里中、小学教师通过各种进修取得了合格学历的达70万人，差不多每年有23万人取得各种合格学历，应该说这个速度还是不慢的。按照这个速度有5～7年时间，中、小学教师大部分可以学历达标或者是取得专业合格证书。

这两年师范招生数量也比较大，1987年师范招生占全国高校招生总数的比例达到35%，是解放以后最高的一年，师范院校在校生已占高等学校在校生总数的29%。师范专科招生，由1986年的5.5万到1987年的17.19万，也增加了两倍，师范专科的在校学生已经占整个高等师范类的74.9%，按这样的培养规模，到本世纪末，需要补充初中师资137万左右的任务，基本上能够完成。无论是在新师资的培养或在职教师的进修提高方面，大家做了很多工作，成绩是很大的。但是问题也相当严重，主要是师范毕业生分配不到位，在职教师大量外流。1984年7月到1987年7月，三年中培养了师范本科生12.5万，但是中学本科学历的教师在这三年中不但没有增加，反而减少1万人。专科也是这样，三年中培养的专科生25万，而中学里面具有专科学历的教师三年中仅增加7.7万人。三年中，师范本专科毕业生分配不到位，加上具有本专科学历的在职教师流失，总计达30万之多。这是一个很严重的问题。结果造成两个“拔高使用”，专科毕业生拔到高中任教，中师毕业生拔到初中任教，小学得不到中师生，只有大量吸收民办教师。这样一来，就将三个层次的具备合格学历的教师变成了三个层次的不具备合格学历要求的教师。再加上由于“脑体倒挂”，学生不愿意报考师范的现象一年比一年严重。因此，在这个问题上要有紧迫感。最近几年，既要下力量改善办学条件，更要下力量提高教师的工资待遇，要把提高中小学教师的工资待遇作为我们第一位的任务来抓。教师不稳定，主要是跟其他行业的收入差距在拉大。高素质是由高待遇决定的，没有高待遇就没有高素质。从世界各国的情况看，行业与行业之间如果收入差距超过三分之一，从业人员就会大量流动。现在中小学教师的收入与全国职工的平均收入，相差差不多四分之一，所以队伍很不稳定，如能接近全国职工的平均收入，那就基本上可以稳定了。如果中、小学教师的平均收入高于全国职工的平均收入15～30%，那就好了，优秀人才就会进入中小学教师队伍。我们的目标是争取近两年中小学教师的平均收入接近全国职工的平均收入。以后要做到高于全国职工的平均水平，在各行业中居中上水平。

优化教师队伍的另一项重要措施就是要优先发展师范教育。各级教育行政部门和政府都要重视师范教育，要使师范教育得到优先发展。这是改变师范教育落后状况的需要，也是我们实现社会主义现代化、实现繁荣经济的总目标的需要。道理很简单，要发展经济，必先发展教育，而要发展教育，师资必须先行。必须使各级干部懂得这样一个道理：办好了师范，整个基础教育就可能是一潭活水；师范办不好，基础教育就可能是一潭死水。办好师范，一方面要充实和加强师范院校本身的师资队伍；一方面要采取措施，改善师范学校的办学条件。国家从1986年起五年内拨出13.6亿元作为补助师范教育的专款，这就从政策上体现了支持师范教育优先发展。近期内要重点抓师专和中师的建设。中师全国一千多所，比中小学少得多，把它们办得比重点中学好一点，完全是有可能的，也完全是必要的。今年国家教委要表扬一批办学思想端正、服务方向明确、教育质量好的师专和中师。

社会的收入分配不公平，使人们的社会心理状态扭曲了。我们一方面固然要解决社会分配不公的问题，但另一方面还要提倡有理想、有献身精神。不能只讲钱，不讲理想，不讲献身精神。现在有一些舆论是值得研究的，比如讲“蛇口风波”的讨论，有一部分同志，赞成一种说法：“主观上为了赚钱，客观上为社会主义建设。”造成的影响是很不好的。大家如果都这样，那么社会主义怎么建设？谁去保卫祖国？

许多家长都要求有好的、高水平的教师来教育自己的子女，但不愿意甚至不允许自己的子女报考师范院校；许多老师深知教育事业后继乏人，而且常常为此奔走呼号，但是指导学生填志愿时，却动员优秀学生不要报考师范院校。这种矛盾的现象是相当普遍的。这种现象不是有了钱就可以解决的。不讲理想，不讲献身精神，只讲钱，这不是社会主义的原则，也不应该是社会主义初级阶段的原则。教育战线的同志必须清醒地看待这个问题，现在舆论比较混乱，我们要善于识别。我们有许多宝贵的东西被某些人错误地当作封建主义的、僵化的东西而丢掉了，这是很可惜的。

我赞成小学和初中的教师来源地方化，高中教师则应在较大范围内交流。中小学生90%在农村，中小学教师85%在农村，初中和小学大部分在乡里，其教师来源地方化，有利于教师队伍的稳定，也有利于他们更好地发挥作用。为此，师范专科学校和中等师范学校招生，定向到县还不够，必要时要定向到乡，对某些乡长期分不到一个中师毕业生的问题，要用定向招生到乡的办法予以解决。

师范院校要以分配定招生。所谓以分配定招生，就是按需招生，招生计划要尽可能落实到乡、到校。这种做法可能有利有弊，从目前的情况看，可能是利大于弊。有些地方如果起点实在太低，也可以办预科，让学生能够完成学业，毕业后能够回到最需要教师的地方，这总比长期分不到教师要好。另外，我还赞成对于非师范院校统筹规划，举办师资班，以解决中小学的师资问题。非师范院校的毕业生当教师，这是我们国家一贯的传统。解放前，北大、清华的毕业生就有许多是去当教师的。从目前来看，这既可解决某些非师范毕业生的出路问题（因为现在有的专业毕业生分配不出去），也可解决中小学师资的出路问题。

努力加强与改进教育统计信息工作

邹时炎

1.重视教育统计信息工作，充分认识统计信息工作肩负的历史重任

信息是社会的重要财富，管理工作离不开信息。如果做管理工作的人没有信息，就会耳目不灵。为了使我们的决策建立在实事求是的基础上，统计信息系统必须严格做到：准确的统计数据、丰富的统计资料、灵敏的反映速度。教育统计信息是从数量方面描述教育现象、揭露矛盾、反映规律、解决教育存在的问题。为了使教育研究、制定教育规划、支持教育决策、调节教育活动有可靠的依据，教育战线的各级领导同志，要切实把统计信息工作抓上去。

从事教育统计信息工作的同志，要始终不渝地忠于职守，肩负起国家赋予的任务。责任心、使命感是统计信息建设得以顺利进行的根本保证。数据准确、资料丰富、信息灵敏，是统计信息工作的奋斗目标。统计信息人员提供的每一笔数字，都是负有重大责任的。有时一个数字不准确，会把事情搞乱。因此，在工作中都要树立质量第一的观念，在各个环节上实行严格的质量控制。在进行统计调查、开展统计分析、提供咨询服务、实行统计监督方面，全面地提高质量水平。

2.理顺关系，健全管理体制

理顺关系，健全统计信息管理体制，是统计信息管理系统的工作得以正常运行的组织保障。

教育统计信息管理系统的中央一级由国家教委的计划建设司和教育管理信息中心组成。计划建设司在国家教委领导下，在国家统计局指导下，代表国家教委，归口管理教育统计信息工作，负责拟定教育统计规章制度；向国家统计局报送教育统计信息资料；发布教育统计信息公报、年报；归口管理国家教委各司的业务统计；负责指导、协调和组织实施省、自治区、直辖市及计划单列市的教育统计信息工作。管理信息中心主要任务是将现代化信息技术引入教育系统，以计算机为主要手段，搜集、处理、分析、传播教育信息和情报资料，为国家教委各司局、教育战线和社会提供信息、技术服务；受计划建设司委托，具体实施“国家教育管理信息系统”的开发建设与管理。在实现《规划纲要》中提出的建立(统计)机构时，地方怎么搞，允许从实际出发，视条件不同，因地制宜地设置既有行政管理职能、又有技术服务职能的统计信息单位。

从全国范围来讲，中央一级为整个系统的核心，省、自治区、直辖市一级(以下简称省)是整个系统的枢纽，地(市)一级是省级系统的中间环节，县级和各级各类学校是统计系统的基础。同时，省地(市)县级系统又是本地的教育信息中心，是实体。可以充分发挥各自作用，为本地区教育改革与发展服务。

3.充实力量，提高素质

要想提高信息质量，没有稳定而素质好的队伍是不成的。各地要重视提高现有统计信息人员的政治、业务素质。要吸收一些既懂统计信息业务又有教育研究能力的人员，以及计算机应用人员充实统计信息队伍。一般讲，省级可考虑配备统计人员和信息技术人员各3—4人；地(市)级可考虑配备1—3人；县级和各级各类学校，可考虑配备专职或相对稳定的兼职统计人员。各级统计信息队

伍，如缺少行政编制，可以用事业编制。也可以考虑聘任一些相对稳定的兼职人员。各级领导要关心统计信息人员思想业务上的进步和生活上的困难，充分调动他们的工作积极性。统计信息人员也要努力学习马克思主义和钻研业务，积极地创造性地工作，为领导当好参谋。

4. 从基础建设做起，设立基层数据库或基层基本统计表制度

统计信息工作，包括统计调查、汇总、分析和监督等，其中统计调查是基本的、经常的。长期以来，我国各级各类学校大部分没有设立基层基本统计表制度，也没有统计档案资料，填报统计报表时，随意性很大。我们要从基础建设做起，设计一套全国统一的基层基本统计表，各地不能减少或更改表中的项目，但可根据本地需要增设项目。

5. 用新的教育统计指标体系的设计，带动教育统计规范化、标准化、系列化建设

高质量的统计，表现在准确的统计数据上。数字的准确除了原始记录真实外，关键在于需要有一个科学的指标体系，也就是说要有一个规范化、标准化、系列化的指标体系。新的指标体系应注意适用，便于操作和执行。过去的统计指标，有的由于统计口径不规范，难以开展比较研究；有的由于含意解释不确切，界定范围不严格，导致统计数据不准确；有的由于统计要求不明确，基层统计制度不健全，导致统计结果随意性很大。为了避免统计指标的设置重复遗漏和相互矛盾，国家教委计划建设司从全口径角度已经拟订了一个初稿。它的设计是按照统计口径规范化、统计项目标准化、统计指标系列化的指导思想提出的，大家可以研究，并在实际工作中进一步加以完善。

6. 充分利用现有条件，加速统计信息技术现代化进程

经过几年的努力，我国的统计信息自动化建设，已经取得了很大进展。目前，已经做到了省一级计算机处理和软盘报送汇总资料。但是，统计信息技术落后于需要的状况仍没有从根本上改观，制约着统计信息资源的开发应用。

《规划纲要》规定了系统的长远目标和近期的主要任务，各级领导要结合本地实际情况逐步实施，逐步提高我国教育统计信息系统的自动化水平，根本改变教育系统统计信息工作的面貌。当前，有一些设备没有充分发挥作用的问题应当解决。加强教育统计信息现代化建设必须发扬自力更生精神，立足于挖潜，充分利用已有设备。要抓紧技术开发，在数据汇总上实现软件通用化。要搞好推广应用，这就要抓好技术培训。有了设备，有了软件，有了掌握技术、热爱统计信息工作的人才，统计信息工作的面貌就会大大改观。

7. 要综合运用多种调查方式

统计信息工作是参与管理和决策的综合性工作，要结合教育管理部门的中心工作和现实中的"热点"、"难点"问题，开展抽样调查研究。统计工作的时效性很强，在搞好一年一度的统计公报、统计年报和统计报告的同时，还要结合中心工作对信息的需要，设立某些指标项目的季报或年中报告，也可以绘制教育地图。统计信息工作要感觉灵敏，通过设立县级教育发展动态观测网和信息站，配合有关业务部门，搞好农村教育综合改革实验县等项目的观测、调查工作。统计信息工作人员要深入基层，到点上去了解情况，指导工作，总结经验，增长才干。

提高认识，坚持不懈地抓紧扫盲工作

王明达

（一）

建国以来，党和政府很重视扫盲工作。四十年来，我国由80％的文盲率下降到现在的20％左右，这是很大的成绩。我国自1981年开展国际扫盲日活动以来，已先后有四川省巴中县、吉林省、山东省五莲县、湖南省、贵州省松桃苗族自治县获得国际扫盲奖。但各地的扫盲工作发展很不平衡，还有不少问题。

当前，主要任务是认真贯彻国务院《扫除文盲工作条例》，扎扎实实地落实《条例》中的各项要求。从各地实践来看，对扫盲工作的认识程度也决定了当地扫盲工作发展的水平。从经济、文化基础看，并不总是经济、文化水平高的地方扫盲的进展就一定快。有的地方经济比较困难，可是扫盲工作进展比较快。大量的调查证明，凡是领导重视，抓得紧的，扫盲进度都比较快、比较好。这是多年来扫盲工作当中一条很重要的经验。很多同志也强烈地呼吁，首先领导要重视扫盲。因此，为了继续推进我国的扫盲工作，很有必要在全社会、在各级领导中认真宣传国务院《扫除文盲工作条例》，各级政府有责任贯彻国务院的《条例》。

我国80％的人口在农村，而90％以上的文盲也在农村。要发展农村的经济，提高农民的生活水平，促进社会主义精神文明建设，必须抓紧扫盲。党和国家提出了发展我国农业生产的方针是一靠政策，二靠科技，三靠投入。从长远来看，根本的出路还是要真正落实党的十三大所提出的把经济建设转到依靠科学技术进步和提高劳动者素质的轨道上来。这里的关键是要提高劳动者的素质。劳动者素质低，你想依靠科学技术进步，也很难落到实处。前几天，我到河南省的栾川县，县长介绍说，当地推广一些常规的农业技术都有困难，要下很大力量农民才能接受。1988年到云南省澜沧拉祜族自治县，当地的少数民族中83％是文盲，所以在这里很多生产技术都没有被推广。养猪、养鸡死亡率很高，还发生过因看不懂农药说明书而中毒的不幸事件。各地都有类似的事例，极大影响了农村的进步。文盲大量的存在，也是精神文明建设的极大障碍，谈不上提高人口的素质。如象计划生育、优生优育在文盲中更难贯彻。大量文盲的存在，也使落后愚昧的习俗很难改变。在有些边远山区，人口素质在下降，不仅是人的智力、文化素质下降，人的身体素质也下降，身高降低，呆傻的人数在增加。这些现象使我们都应该高度重视扫盲工作。

现在不时地听到一些说法，中国文盲这么多，值不值得花大力气去扫盲？扫盲的效益到底怎么样？有的人甚至认为，祖祖辈辈不识字也一样种田。这些思想障碍不解决，很难真正按照国务院的要求落实扫盲工作。实践证明这些看法是没有根据的。1988年在全国扫盲工作会议期间，介绍了很多经验。湖南省澧县用非常生动的对比事例，来说明扫盲与不扫盲对当地经济、社会的发展有显著的影响。多一个文盲，不仅使家庭收入水平比有文化的人要低，就是承包的土地产量也比一般有文化的人要低。所以县里下决心，无论怎么困难，都要尽快扫除文盲。他们已经从扫盲中看到了效益，政府决心很大，成了全国扫盲的先进县。这种例子各地都有，因此，要提高认识，就要广泛宣传这些先进的事例。

国际上对扫盲工作也很重视。1990年是国际扫盲年，联合国教科文组织把支持扫盲放到头等重要位置。1990年要召开世界教育大会，扫盲是讨论的重点。一些发展中国家如埃塞俄比亚、巴基斯坦、印度、泰国都在抓紧扫盲。如果我们不抓紧扫盲，这不仅影响我国经济、社会的发展，也有损我们国家的形象。

国内社会舆论也强烈地要求加快扫盲。每年的人大、政协会上，都有代表建议要抓紧扫盲。国家教委已经把扫盲工作放到重要的位置。扫盲不仅是一项文化教育任务，也是经济任务、政治任务，一定要下决心高标准地抓紧扫盲。国务院批准的“燎原计划”中，实施“燎原计划”示范乡头一条标准就是必须扫除文盲。那种不重视扫盲，不认真抓扫盲是不对的，是不符合国家根本利益的，也是脱离群众的。

在认识上还有另一种情况，就是觉得扫盲工作困难很大，其他工作已经很多了，扫盲抓不过来，经费也很紧张。这还是与认识有关系。扫盲工作确实很困难。在各项教育工作当中，扫盲可能是最困难的。尤其是在边远山区，困难更大。但是，为了国家根本利益，我们要振作精神，迎着困难上。不管扫盲工作怎么难，总比计划生育工作要好搞。只要给群众说清楚，他们还是愿意来学习的。这一年来扫盲工作有了新的起色，也说明只要认真去抓，坚持奋斗，扫盲工作是可以前进的。关键是要坚持不懈地抓紧扫盲。

（二）

虽然现在扫盲工作有困难，但是，我们也很高兴地看到在不同层次的范围内都有了一批扫盲先进的典型，有省、地、县、乡、村的典型，也有大批先进工作者。1988年表彰了100个县，这次又表彰了100个先进个人，被邀请发言的单位和个人都是全国扫盲工作中的典型代表。他们的事迹给我们很大的鼓舞和启示，增强了大家扫盲工作信心。要认真研究如何推广各类扫盲先进典型的经验。他们的先进经验是全国各级党政领导部门、教育部门和扫盲战线上广大工作者共同努力的结果，也是全国扫盲战线上的宝贵财富。他们中的有的经验已经引起了国际上的重视。我们要结合本地实际，努力推广这些先进经验，把我国的扫盲工作大大地推进一步。

首先是领导重视，建立目标责任制，建立领导机构，要有专人负责，要把扫盲作为一个硬任务，逐级签订合同。特别是县一级是关键，在县政府领导下，实行分片包干负责。对现有的文盲要摸清底数，搞好规划，逐人建档立卡。

其次是要把思想动员与行政措施相结合。要宣传，作思想工作，还要采取一些行政措施，督促乡村抓扫盲，督促文盲参加学习。现在各地都有很多好的措施。但各地情况很不一样，经济情况和群众的接受能力都有差别。在借鉴各地的经验时一定要从本地实际出发，要根据当地的情况因地制宜地去对待。

第三是要坚持识字与学技术、学习生活常识密切结合。各地实践证明，凡是结合好的效果都比较好。

一定要坚持一扫二堵三提高的方针。其中重要的是堵盲，一定要和当地普及初等义务教育结合起来。要特别强调脱盲后的提高，认真解决复盲问题。

对扫盲要加强领导管理和检查评比，还要多种渠道筹集经费。扫盲不是教育部门一家的事，要在政府领导之下，动员组织各部门、社会团体参加，教育部门要做好组织协调工作，共青团、妇联、科协等各方面都可以对扫盲做很多工作。农村妇女文盲占了相当大的比重，一定要依靠妇联的同志，动员妇女参加学习。各地的扫盲机构要充实，要保证必要的人员，要有专门机构和专人负责。今后每年都要开会推动扫盲，要鼓励表彰先进。

经费问题，要提倡多渠道解决，各级教育经费要安排一定费用作扫盲。还应该争取社会各方面的支持，有条件的地方可以建立基金，也可以向扫盲对象收取一定的费用。

要强调一点，由于我国还是一个发展中国家，经济发展水平不高，而文盲数量又这样大，应当提倡艰苦奋斗，提倡献身精神进行扫盲。过去五十年代有很多这样的先进人物，他们不计较个人报酬，就是一心扑在扫盲上面。我们这次表彰的人当中，也有不少这样的同志。

（三）

联合国已经决定，1990年是国际扫盲年，教科文组织已经提出到2000年以前在世界上基本扫除文盲的设想和要求。我们要利用这个机会，在国内广泛地进行宣传、动员，进一步提高社会对扫盲的支持。扫盲是一项社会性很强的工作，需要社会广泛支持。提高认识是关键。在这个基础上落实明年的扫盲规划，初步设想，还是按照今年400万人的要求，因地制宜来制定规划。订扫盲规划，有一个观念要解决，不仅是要着眼于基本扫盲的要求，国务院《条例》规定非文盲率85％是一个基本要求，1988年已提出落实扫盲任务，要高标准。没有完成扫盲基本任务的首先要完成《条例》规定的要求。在这个基础上还要继续努力，扫除剩余文盲。已有些省提出，在扫盲对象的年龄上，上限定为40岁是低了一些，有的省已动员45岁或50岁以下的文盲参加学习。

1990年计划动员一些高等学校和研究机构认真研究扫盲的教学方法、教材，包括评估、验收工作，提高扫盲的实际效益。不要追求高指标，要实事求是，如果未完成，也不要虚报。现在河南使用一些新的扫盲方法，各地可以探索。

要抓紧扫盲教师的培训。扫盲是有规律的，参加扫盲工作的人也需要进行培训，才能提高效益。联合国教科文组织在我国办了一些培训班，效果很好，今后要加强这方面工作。各地都要建立扫盲人员培训的基地，取得经验后，逐步推广，使扫盲人员都能得到必要的培训。

为了推动指导各地的扫盲工作，各级都应集中力量抓一些点，进行试验，总结经验，然后推广。现在全国780多个县的2 700多个乡在实施“燎原计划”。国家教委和各省、自治区、直辖市在这些县中抓115个县，作为农村教育综合改革实验县。这些县要成为实施“燎原计划”的示范县，高标准地扫除文盲。

扫盲关系到提高我国民族素质，是利国利民的大事。要充分总结经验，肯定成绩，看到困难。要继续努力，振奋精神，积极推广先进经验。只要各级政府重视，坚持不懈地抓紧工作，我国的扫盲工作一定会出现新局面。

国家教育委员会 1989年工作要点

1989年在我国教育事业发展的进程中将是十分重要的一年。在这一年里，中共中央、国务院将继续研究教育发展和改革的若干重大问题。在经济整治中，国家已提出确保教育的方针。通过各方面的努力，教育在国家建设和发展中的战略地位将进一步得到落实。但是，由于整个国家的建设面临治理和整顿的形势，加之教育内部还存在不少问题和困难，今年的工作也将是相当艰巨的。因此，必须继续解放思想，振奋精神，增强信心和责任感，努力把1989年工作做好。

1989年的工作方针是：认真贯彻落实十三大和三中全会、七届人大二次会议的精神，以及中共中央、国务院有关教育工作的指示精神，统一认识，争取各方面对教育的支持；创造良好的育人环境，建立教育新秩序；推动教育的改革和发展，不断提高教育质量和办学效益，使各级各类教育协调发展，更好地为社会主义建设服务。

1989年的重点工作是：

1.加强教育舆论宣传工作，组织好教育发展和改革的若干重大问题的广泛讨论。

2.研究开辟教育资金来源的具体措施，进一步解决教育经费严重不足的困难，改善办学条件。将召开现场会，推广山东等地筹措教育资金、改善办学条件的经验。近两年，省市要基本解决中小学校舍的危房问题，今年一定要消灭严重危房。

3.落实国家已确定的提高教师待遇的具体政策规定，年内进行两次检查。拟订中小学教师工资制度改革方案，并向国务院提出建议。通过调查研究，提出系统解决民办教师问题的具体政策，推动各地落实民办教师的待遇。组织好教师节的活动，表彰一大批教师。

4.组织好一批教育综合改革的试点，为推进各级各类教育协调发展和深化改革提供有益的经验。

5.要逐步建立教育新秩序，首先要对中小学学生辍学，学校乱收费，普通高等学校超计划招生，以及学校管理不善等问题进行整顿，以期取得明显的成效。

6.认真落实《中共中央关于改革和加强中小学德育工作的通知》精神，切实改进高等学校党的工作和思想政治工作。

7.国家教委要完成机构改革的任务，大力精简会议和文件，转变机关职能和工作作风，加强对教育工作的领导和宏观管理。

一、有关优化育人环境与深化改革方面的工作

(一)改善教育环境

1.从宏观上控制高等教育事业的发展规模。今年普通高等学校的总数原则上不再增加，招生规模要稳定在去年的计划水平上。要研究制订《关于加强普通高等学校招生计划宏观管理的意见》，通过计划、行政等调节手段以及改变经费核拨办法，坚决制止普通高等学校超计划招生。对1988年普通高等学校严重超计划招生的问题要进行严肃处理。对普通高等学校的最大发展规模和近期规模重新进行核定，按重新核定的近期规模安排招生；提出《关于改革经费核拨办法的意见》，逐步实行“经费核定基数，年递增包干”的办法；宏观上要严格控制学校人员编制，试行工资总额包干办法。

2.推动各有关部门、地方成人高等学校

和成人中等专业学校的调整、整顿和联合。成人高等学校要注意面向乡镇企业培养人才，控制学历教育的招生人数，适当提高统考录取标准，严格控制招收应届高中毕业生的人数。

3.按照《关于社会力量办学几个问题的通知》精神，以北京市为重点，会同市政府对跨省、市设置分校和“办学点”的“学院”、“大学”进行全面清理、整顿。对民办大学问题进行调查研究，提出管理办法。

4.颁布关于禁止大中小学教师、学生在校园内经商的规定和制止学校乱收费的规定，并检查落实。

5.制订普通高等学校开展社会服务活动的实施细则，加强指导，使之走上健康发展的道路。要帮助有条件的高等学校有步骤地建立或发展校办或联办产业。

6.制订解决义务教育阶段学生流失问题的指导性文件，推动各地严格控制流失生，争取今年将流失率控制到常年一般水平。会同有关部门，对各地执行《关于严禁使用童工的通知》的情况进行检查和监督。要落实义务教育法的执法部门。

7.制订强化高等学校校园管理和校风校纪建设的原则性规定，建立主管部门对学校工作检查、督促的责任制，大力整顿学校秩序，加强治安保卫工作，使校风、校纪今年有明显改观。

8.调整普通高等学校的基建投资方向，创造较为宽松的办学环境。建议主管部门从今年起对学校的基建投资适当集中使用，以便缓解一些学校超负荷运行的状况。高等学校应将基建投资优先用于修建学生宿舍和教职工住房，争取在五年内基本改变学校生活用房的紧张状况。

9.提出1989至1995年学校装备设施建设规划的指导性意见和改善教育系统装备、物资供应体制的意见，强调保证基础的教学设备和仪器的装备；制订教学仪器生产、开发、供应体制的总体改革方案。

（二）深化教育改革

1.推进城市教育综合改革的试点工作，通过试点，取得城市教育中筹措教育经费、学校管理体制和教育如何为当地经济建设和社会发展服务等方面的经验。国家教委将会同有关省、自治区、直辖市和部门抓好沙市、无锡、沈阳等一批城市和一个企业集团的试点。会同有关部门落实一批大、中型企业开展职业技术教育和岗位培训的试验。

2.继续深入地开展农村教育综合改革的实验工作。国家教委在抓好现有3个实验区的基础上，会同各省、自治区、直辖市在本地区建立实验区，力争今年在全国100个县建立实验区。

3.指导、协助有关省、自治区、直辖市制订“燎原计划”的具体实施方案和计划。督促、检查地方完成今年示范乡建设的规划目标。组织省、自治区、直辖市搞好“燎原计划”生产项目的审批和实施，以及贷款的发放工作，力争使其中部分项目初见成效。

4.与国家民委联合召开民族教育工作会议，研究民族地区以实施九年义务教育为重点的各级各类教育的发展和改革问题。

5.积极推进高等学校综合改革的试点工作。除国家教委要联系几所试点的高等学校外，各地方和各有直属高校的部委也要分别抓好1—2所高等学校的综合改革试点工作。

6.继续做好高校招生和毕业生分配制度的改革工作。制订自费生的招生和管理办法。推广上海市在高中会考基础上改革高考科目的办法，争取今年再有几个省、市开始试行。总结推广招聘录用毕业生工作的经验，在一定范围内，继续试行双向选择就业的办法。要向社会宣传重视录用基础学科的人才。

7.研究和制订综合大学和其他院校培养

中学教师及职业技术学校师资的办法，并进行试点。提出促进地区师范专科学校和教育学院的联合、合并的实施意见。

（三）加强思想品德和政治教育

1.在十三大理论、路线指引下，高等学校要开展好庆祝建国四十周年和纪念“五四”运动七十周年的有关活动。

2.贯彻《中共中央关于改革和加强中小学德育工作的通知》，指导各省、自治区、直辖市制订实施工作条例。组织试行中小学生日常行为规范，拟订操行评定的具体办法；编写适合中小学生年龄特点的思想品德和政治课教材；研究制订对小学生进行爱国主义教育的基本制度和要求；提出每个年级学生必读的课外读物书目；会同有关部门制订社会文化设施免费向中小学生提供服务的办法。研究提倡城市中小学生穿学生服的试行方案。

3.深化高等学校的形势政策教育，进一步改进高等学校的公共社会科学理论课教学，积极组织学生参加社会实践活动。

4.充分利用高等院校社会科学研究队伍的力量，组织一批专家、学者就青年学生关注的重大理论的实际问题进行研究，参与探讨。

5.加强教师队伍的思想政治工作，研究修订教师职务评审办法，鼓励广大教师教书育人。在今年教师节期间，开展表彰优秀教师的活动，树立一批教书育人的先进典型。

6.国家教委党组要贯彻全国党员教育工作会议精神，加强学校党组织的建设，认真研究新形势下发挥党组织的核心作用和党员的先锋模范作用的问题，总结推广这方面的先进经验。

二、各个教育领域及有关业务方面的工作

（一）基础教育方面

1.积极推进义务教育的实施。在明确指导思想的基础上，推动各省、自治区、直辖市修订九年义务教育的实施规划，建立地方各级政府实施义务教育的目标责任制。

2.进一步加强中小学的劳动教育，推动各地积极创造条件，使小学、中学都能按教学计划安排开设劳动课、劳动技术课和组织社会实践活动，并推动地方编写有关教材，尽快建立和落实校内外劳动基地。

3.采取措施，加快小学、初中“五四制”的实验，选择几个不同特点的县、中等城市和若干所学校进行试点。

4.进一步明确普通高中的性质、任务、培养目标，修订教学计划方案。研究普通高中的布局和事业规划，提出进一步办好一批具有较高水平的普通高中的意见。

5.制订中小学校长负责制的指导性意见。推动各地扩大校长负责制试点范围。研究制订中小学校长任职条件，提出培训方案，推动各地实施岗位培训。在有条件的地方，试行工资总额包干制，促进教师合理组合。探索城市中小学管理体制的改革，总结推广社区教育委员会等动员社会力量参与、支持学校教育的经验。

6.完善中小学教师专业合格证书考核制度。表彰一批办得好的中等师范学校，推动中等师范教育的改革。

7.研究在基础教育地方化的条件下教材多样化问题，落实九年义务教育教材编写规划，抓好几套不同特点的教材编写和试验工作。

8.贯彻全国幼儿教育工作会议的精神，表彰一批依靠社会力量发展幼儿教育事业的市、县。

9.检查各地贯彻落实全国特殊教育工作会议精神及制订特教事业发展规划的情况。

10.检查中小学勤工俭学“七五”规划的执行情况，拟定1995年以前勤工俭学的发展规划。推动各地结合本地实际，重点落实进一步扶植和发展勤工俭学及校际联合办产业有关政策意见。

11.进一步加强督导工作，拟订有关建立教育督导制度的文件，报请国务院审定。推动各省、自治区、直辖市积极建立、健全教育督导机构，充实一批督导人员。教委拟对几个省、自治区、直辖市实施义务教育和纠正片面追求升学率的情况进行督导。

(二)职业技术教育方面

1.拟订职业技术教育发展和改革的意见，并研究高中后教育多样化问题。着手研究培养技师的高等职业学校的试点方案。

2.制订各级各类职业技术学校的办学规范，分期分批对现有的职业技术学校进行评估验收，逐步建成一批符合规范的职业技术学校。

3.会同国家计委、劳动部，探讨职业技术教育管理体制的改革，在已确定进行教育综合改革试点的城市，进行中专、技校、职业高中招生和毕业分配统一政策、统筹安排的试验。

4.制订《关于改革中专招生、毕业生分配制度的意见》，今年将扩大定向招生和跨部门招生，着重解决为多种经济成份、为农村服务等问题，并选择若干省、市进行试点。

5.提出由企业和学校联合培养技工的“双元制”试点方案，在沈阳、无锡、沙市、苏州、常州和芜湖等6个试点城市开始实施。

6.制订职业技术教育教材建设规划，拟定管理规章，今年组织编审职业中学6个通用专业的教材，引进并编译一批国外教材。制订《关于解决中等职业技术学校师资的意见》。

(三)普通高等教育方面

1.对办学条件尚未达到《普通高等学校设置暂行条例》规定标准的普通高等学校进行整顿、调整和充实。研究确定各省、自治区、直辖市调整未达标的普通高等学校的方案，这类院校今年原则上暂停或减少招生。计划采取多种形式组织一批老校有经验的领导干部和教授、副教授到新校帮助办学。通过这种学校对口支援以及其他有关措施，争取在今年内能使其中一部分学校的主要办学条件达到设置标准。

2.进一步优化高等教育内部的学科结构，逐步发展需求量大的应用科学，根据不同情况有区别地压缩并调整基础学科的规模。同时研究保护基础学科的具体措施。召开理科教育工作会议和文科教育工作会议，分别就上述问题提出意见。

3.召开专科教育工作会议，提出《关于加强高等专科教育工作的意见》。制订专科基本教学文件，组织编写专科教材。

4.提出《关于普通高等学校本科专业设置和调整的几点意见》，进一步减少专业种数，拓宽专业口径，增强专门人才的适应性。

5.会同有关部门系统研究高等农林、医药教育如何适应农村经济建设和社会发展的需要问题，提出具体改革意见，建立相应的部门间协调机构。

6.组织政法、财经5个专业应用型硕士生培养试点，进一步开展工程类型硕士生的培养试点，健全临床医学博士生培养制度。总结实行研究生中期筛选制度的经验，拟订研究生学籍管理办法。制订研究生兼任助教、助研、助管工作的制度，并选择几所研究生院先行试点。制订高等学校重点学科管理办法。

7.做好普通高等学校优秀教学成果等各项奖励工作。与农业部、林业部联合表彰奖励高等农林院校在支农、扶贫、为农林生产服务中做出突出成绩的教师。表彰一批办学成绩显著的师范专科学校。

8.推动有条件的高等学校形成一批技工贸结合的高技术、新技术企业，加强科技开发和成果商品化的工作。参与筹建1—2个科技工业园区或科技开发试验区。部署、落实一批国内领先或具有国际水平的基础研究和高技术开发重点项目，提出列入“八·五”国家计划的攻关项目建议。召开全国高等学校科技工作会议，全面部署高科技开发和基础研究、应用研究工作。做好世界银行贷款的重点学科发展项目建设计划，拟订开放型实验室的管理条例。提出高等学校校办产业发展的有关方针、政策和措施，拟订《高等学校校办产业管理试行办法》（初稿）。成立国家教委社会科学学术咨询委员会。

9.做好第四批研究生学位授予权的审定工作。

10.研究提出“八·五”期间高等学校教材建设规划的指导性意见。筹建高等学校文献情报资料中心。

（四）成人教育方面

1.会同国家体改委、劳动部、人事部等有关部委制订《关于开展岗位培训工作的暂行规定》，提出《关于各行各业尽快制订各级各类岗位规范的意见》，报请国务院批准，并选择2—3个行业先行试点。

2.推动各省、自治区、直辖市制订年度扫盲计划。建立检查验收制度，实现今年脱盲400万的目标。组织编写新的扫盲教材和脱盲后教材。

3.制订《关于成人中等专业学校招生工作改革的若干意见》。积极推动联合学分制及单科累积制的试点工作。

4.完成《高等教育自学考试暂行条例》配套文件的制订工作，制订高等教育自学考试专业设置管理办法，合理规划调整开考专业结构，克服开考专业的盲目性。

5.办好卫星电视两个频道的教育节目。协助、指导、检查各地制定卫星电视网点建设规划和年度实施计划。制订调整广播电视教育结构的方案，提出促进广播电视教育与学校电化教育相沟通的意见。研究制定从事远距离教学的教师的职务评审办法。

（五）学校体育卫生与艺术教育方面

1.制订《学校体育工作规定》、《学校卫生工作规定》的细则和工作实施计划，并提出检查验收办法。

2.在学校推行修改后的《国家体育锻炼标准》。研究制订大学生体育合格标准。会同国家体委提出进一步办好传统项目学校的意见和措施。制订小学、初中健康教育纲要，落实九年义务教育阶段体育教学与健康教育结合的试验。

3.制定颁发《学生体质健康监测实施方案》，建立学生体质监测制度。

4.颁发《全国学校艺术教育总体规划》，并推动各地制订实施计划。

5.召开全国艺术教育工作会议，研究、部署全国学校艺术教育工作及高等师范艺术教育的改革，提出加速培养基础教育所需艺术师资的措施。

6.制订艺术教育科学研究的五年规划，编制课题指南。

（六）教育国际合作及留学生工作方面

1.落实1989年双边和国际组织等与我教育合作援款项目，争取新的教育合作项目。做好世界银行的职业技术教育项目和重点学科项目的贷款工作。

2.改革国家公费出国留学人员的选拔办法，组建留学基金委员会。改进单位公派出国留学和自费出国留学工作的管理办法。健全留学服务中心，安排好回国留学人员的工作。

3.改进来华留学生招生办法，健全来华留学生管理规定。准备筹建来华留学生奖学金委员会。

4.制订出国任教教师管理工作办法和对外汉语教师任职资格条例。

（七）教育法规建设方面

1.报送《中华人民共和国教育法通则（草案）》（送审稿）。

2.报送《中华人民共和国教师法（草案）》

(送审稿)。参与拟订《中华人民共和国未成年人保护法(草案)》(送审稿)。

3.报请国务院批准发布《〈中华人民共和国义务教育法〉实施细则》。

4.完成《中华人民共和国职业技术教育法(草案)》的前期调研工作,并起草出初稿。

5.起草《幼儿园工作规程》、《残疾人教育条例》、《全国中小学勤工俭学条例》、《研究生工作条例》、《普通高等学校本科专业设置暂行规定》、《普通高等学校评估暂行办法》、《高等学校教师学衔条例》、《优秀教师奖励办法》、《捐资助学嘉奖条例》等行政法规和规章。

6.制订《国家教委法规起草制定暂行规程》和《国家教委发布行政法规、规章的办法》,健全教委法规工作制度,使国家教委的法规起草、制定、备案、发布工作规范化。

7.完成建国以来教育规章的清理工作,编纂《中华人民共和国现行教育法规汇编》。

(八)机关建设方面

1.落实经国务院批准的《国家教委"三定"方案》;做好委属事业单位的"三定"工作。拟订加强国家教委与中央业务部门联系和协调的意见。

2.组织国家教委干部认真学习中共中央、国务院关于发展教育事业和深化教育改革的有关指示精神。做好地方和教育行政部门领导干部的培训工作。

3.大力精简会议和文件,提出《关于精简教委机关会议的意见》和《关于大力精简文件提高公文质量的意见》。

4.加强教育研究和咨询机构的建设,强化教育服务体系。着手组建中国教育科学院、高级教育行政学院、教育考试院和教育拨款委员会等机构。健全、加强国家教育发展研究中心。

5.改进和加强教育系统的统计、信息工作,为教育改革和发展服务。要制订颁发《国家教育管理信息系统总体规划纲要》。推动各省、自治区、直辖市教育主管部门和部分高等学校加强信息管理系统建设。建立覆盖全国、样本含量为若干县的全国县级教育基本信息抽样调查系统,重点完成中、小学及其教师抽样调查数据的采集和处理工作。编制"教育地图"。

国家教育委员会1989年工作会议

经国务院批准，国家教委1989年工作会议于1989年2月12日至17日在北京召开。这次会议的主要议题是：讨论修改拟提交中央讨论的《中共中央关于深化教育体制改革的决定》(代拟稿)；进一步研究《中国教育发展和改革纲要》、《教育法》(草稿)；部署1989年的教育工作。

出席会议的有：辽宁、山东、江苏、湖北、陕西、甘肃、四川、北京、天津、上海等10个省、市主管教育的副省(市)长；各省、自治区、直辖市及计划单列市教委、教育(高教)厅(局)负责同志；部分高等学校校院长、党委书记；中央、国务院有关部委教育司(局)长；以及国家教委领导和有关司局的负责人和新闻单位的同志，共计203人。此外，会议还特邀了部分教育界的老同志和专家参与了对《决定》和《纲要》的讨论。

国务院总理李鹏以及李铁映、王丙乾、罗干等同志在中南海听取了部分会议代表关于教育情况的汇报，倾听了大家对今后教育事业发展、改革的意见和建议。李鹏同志作了重要指示。会议期间，中共中央政治局常委乔石也召集会议的部分代表就高等学校如何加强党的建设与思想政治工作进行了座谈。他要求各级党委和政府要加强对高等学校党的建设和思想政治工作的领导，帮助他们解决所面临的各种问题。

2月17日，中共中央政治局委员，国务委员兼国家教委主任李铁映就教育的成绩和问题，必须把发展教育，加强智力开发作为一项根本方针，积极研究和确定教育发展战略，努力深化教育改革，不断提高教师的待遇和地位，尽力做好1989年工作等问题作了总结。他强调指出，教育是建设社会主义现代化的基石，加快我国教育事业的发展和改革，提高全民族的素质，是建设社会主义所必须遵循的一条根本方针，是当前社会各方面和广大人民群众深为关切的重大问题，必须下大力把教育搞上去。同时要求大家一定要努力做好1989年的教育工作。

撰稿人　郑晓恩
审稿人　张保庆

教育综合改革与管理

教育事业深化改革稳步发展

1989年全国教育战线在党中央和国务院的领导下，贯彻治理整顿和深化改革的方针，进一步加强对学校的领导与管理和加强思想品德教育，在稳定发展中注意提高质量，调整教育结构，使各级各类教育事业取得新的发展。教育事业发展中的主要问题是：各级学校思想政治工作还应引起足够重视和切实加强；教育思想、教学内容和教育方法程度不同地脱离实际问题也亟待克服；教育投入不足，办学经费依然紧张，贫困地区的学校办学条件困难问题更加突出。

一、高等教育

1989年高等教育加强了计划管理，严格控制发展规模、整顿不合格学校和专业。对办学条件未达到国家规定办学标准的院校压缩招生，对办学方向不明确的少数专业暂停招生，控制自费生的招生比例，使普通高等学校师生工作、学习、生活条件得到改善。成人高等学校学历教育规模得到控制。1989年全国有普通高等学校1075所，没有增设新校。其中：中央各部委所属院校353所，地方所属院校722所。全国招收研究生2.85万人，比1988年减少0.37万人，在校研究生10.13万人，比1988年增加0.05万人。其中：普通高等学校招收研究生2.6万人，在校研究生9.1万人。全国普通高等学校招收本专科学生59.71万人，其中：本科生30.05万人，专科生29.66万人，本专科招生总数比1988年减少7.26万人。本专科在校学生达到208.21万人，比1988年增加1.62万人，增长0.78%。1989年人才培养科类结构得到进一步调整。普通本专科招生比例由1988年的1:0.96调整为1:0.99，科类招生人数与1988年比较，工科、医科、师范、艺术等科类均有所提高，农科、林科、体育持平；文科、理科、财经、政法科类则有所降低。

全国各类成人高等学校1989年总校数为1333所，比1988年减少40所。成人高校本专科招生达57.84万人，本专科在校学生174.11万人（包括：普通高校函授、夜大、广播电视大学招收的普通专科班学生4.33万人，在校学生13万人）。高等教育在调整中稳定发展。

二、职业技术教育

中等职业技术教育进一步发展，中等教育结构又有新的调整。1989年，中等职业技术教育在校学生达626.8万人，比1988年增长4.3%，其中高级中等职业技术教育在校学生人数580.8万人，占整个高中阶段教育在校学生总数的44.8%，比1988年提高2.1个百分点。1989年中等职业技术教育在总规模继续扩大的同时，各类中等职业教育发展不平衡。中等专业学校达到3984所（其中：中等技术学校2940所，中等师范学校1044所），比1988年减少38所。招生73.5万人，比1988年减少4.15万人，在校学生217.8万人，比1988年增长6.1%；技工学校4102所，比1988年增加106所，招生47万人，比1988年增加1.11

万人，在校学生126.7万人，比1988年增长8.8%；农职业中学9173所，比1988年增加219所，招生118.3万人，比1988年减少1.29万人，在校学生282.3万人，比1988年增长1.0%。在农村，基础教育、职业技术教育和成人教育“三教统筹”，教、科、农结合的试点取得明显的效果。“燎原计划”已在786个县、2870个乡开始实施。过去单纯面向升学的农村教育已开始逐步向为当地建设服务的方向转变。农村普通高中在校学生176.4万人，农、职高中在校学生75.1万人，农村中农职高中在校学生占全部高中在校学生的比例由1988年的29.3%上升到29.9%。

三、基础教育

各地坚持因地制宜，从实际出发，采取统一性与多样性相结合的办法，充分发挥各级政府的积极性，调动人民群众重教、支教的积极性，有计划地推进了基础教育事业的扎实发展。小学学龄儿童入学率继续上升，初等教育普及程度又有新的提高。1989年学龄儿童入学率97.4%，比1988年提高0.3个百分点，小学在校学生巩固率97.1%，比1988年提高0.2个百分点，通过省级人民政府检查验收普及了初等教育的县达1389个，比1988年增加63个。小学毕业生升入初中的升学率达到71.5%，比1988年提高1.1个百分点。初中毕业生升学率38.3%，比1988年略有上升。由于适龄人口减少，小学和初中在校学生规模缩小。1989年全国有小学77.7万所，在校学生12373.1万人；初中校7.4万所，在校学生3837.9万人，小学、初中在校学生均比1988年减少。普通高中规模有所控制，学校1.7万多所，比1988年减少470多所，在校学生716.1万人，比1988年减少29.9万人。1989年控制中小学生流失工作喜忧参半，小学生流失得到控制，流失率比1988年降低0.1个百分点，初中流失率比1988年提高了0.6个百分点。

四、成人教育

成人教育在转到以岗位培训为主的思想指导下，认真进行学历教育的整顿工作，开始取得成效。1989年成人中、初等教育发展迅速，参加成人中等文化基础教育的人数大幅度减少，参加技术培训的人数有较大增加。为适应农村经济发展的需要，调整了专业，加强了实用技术的推广应用，极大地调动了广大农民接受技术培训的积极性。1989年成人中等专业学校4970所，招生56.2万人，在校学生170.6万人。成人中等技术培训学校41982所，比1988年增加1003所，招生1467.6万人，比1988年增长50.5%，其中：农民技术培训学校34112所，比1988年增加669所，招生1204.3万人，比1988年增长54.7%。成人中学9387所，比1988年减少1907所，招生86万人，比1988年减少8.7%，在校学生102万人，比1988年减少13.8%。成人初等教育也有所发展，成人初等学校21.4万所，比1988年增加了2.9万所，在校学生1946.1万人，比1988年增长20.9%。

1989年扫盲工作取得一定进展，全国共扫除文盲200.1万人，比1988年增长38.6%，目前还有395.6万人参加扫盲学习。

高、中等教育自学考试成绩显著，1989年共有12.2万人获得了高等教育自学考试毕业证书，有1.5万人获得中专自学考试毕业证书。

五、幼儿教育、特殊教育

党和政府十分重视儿童的健康成长，城乡幼儿教育近年来发展较快。1989年全国幼儿园共17.3万所，入园幼儿达到1847.7万人，幼教教师达70.9万人。

残疾、弱智儿童也受到关怀，得到良好的教育。1989年全国共有盲聋哑学校483所，专任教师0.9万人，弱智儿童辅读学校179所，专任教师0.3万人。目前在校就读的盲聋哑儿童有4.7万人，弱智儿童1.7万人。

六、教师队伍

1989年，全国各级各类学校教师队伍得到进一步充实，师资水平有了提高。全国各级各类学校教职工达到1403.88万人，比1988年增加22.36万人，其中：专任教师1061.82万人，比1988年增加15.86万人。普通高等学校教师高级职务比例上升，学历层次提高。教授、副教授由1988年的9.4万人，发展到9.8万人，教师中研究生以上学历的人数占17.4%，比1988年提高2.1个百分点。成人高等学校专任教师中高级职务人数也有较大增加，教授、副教授由1988年的1.09万人增加到1.4万人。中等职业技术教育教师队伍得到进一步充实，教职工由1988年的106.41万人发展到110.40万人，专任教师由1988年的55.29万人发展到57.15万人。中小学教职工队伍扩大，专任教师合格率提高，接受专业培训人数增加。中小学教师由1988年的846.09万人增加到852.42万人。高中教师略有减少。小学专任教师学历合格率达到71.4%，比1988年提高3.3个百分点。此外，还有23.1万名教师取得了"专业合格证书"。初、高中专任教师合格率分别为41.3%和43.5%，比1988年分别提高5.7个和2.2个百分点，此外，还有4.9万名初中教师和1.3万名高中教师取得"专业合格证书"。

七、人才培养

1989年，全国共培养高、中级专门人才181万人。其中：研究生毕业生3.72万人，普通高等学校本专科毕业生57.62万人，成人高等学校毕业生49.93万人，普通中等专业学校毕业生59.09万人，成人中等专业学校毕业生10.63万人，为各条战线输送了新生力量。此外，还有技工学校毕业生36.84万人，农职业中学毕业生86.31万人，为各行各业充实了大批技术工人。

撰稿人　林志华

审稿人　周承业

附

□各级各类教育发展统计

1989年各级各类普通学校基本情况

单位：万人

	学校数（所）	学生数			教职工数	
		毕业生数	招生数	在校学生数	计	其中：专任教师
普通高等学校	1075	57.62	59.71	208.21	100.40	39.74
中等学校	106929	1559.90	1790.55	5180.49	503.88	355.35
中等专业学校	3984	59.09	73.49	217.75	48.21	22.85
技工学校	4102	36.84	47.03	126.70	29.58	12.92
普通中学	89575	1377.45	1551.46	4554.02	398.14	298.04
农业、职业中学	9173	86.31	118.30	282.27	32.61	21.38
工读学校	95	0.21	0.27	0.60	0.34	0.16
小学	777244	1857.07	2151.54	12373.10	619.52	554.38
特殊教育学校	662	0.50	1.36	6.40	1.79	1.22
幼儿园	172634	—	—	1847.66	101.24	70.91

1989年成人学校基本情况

单位：万人

	学校数（所）	学生数			教职工数	
		毕业生数	招生数	在校学生数	计	其中：专任教师
成人高等学校	1333	49.93	57.84	174.11	19.69	8.75
成人中等学校	56339	1673.85	1609.72	1541.11	39.27	21.80
成人中等专业学校	4970	58.14	56.20	170.55	19.20	10.14
成人中学	9387	76.07	85.96	102.03	5.48	3.41
成人技术培训学校	41982	1539.64	1467.56	1268.53	14.59	8.25
成人初等学校	214310	1628.84	1896.85	1946.10	18.09	8.87

1989年各级学校中女学生数和女教师数

单位：万人

	女学生		女教师	
	人数	占学生总数的%	人数	占教师总数的%
普通高等学校	70.16	33.70	11.44	28.79
中等专业学校	98.78	45.36	8.39	36.71
普通中学	1887.32	41.44	77.17	31.80
农业、职业中学	125.73	44.54	9.82	30.13
小学	5676.94	45.88	236.01	42.57

1989年各级学校少数民族学生数和教师数

单位：万人

	少数民族学生		少数民族教师	
	人数	占学生总数的%	人数	占教师总数的%
普通高等学校	13.16	6.32	1.75	4.40
中等专业学校	16.23	7.45	1.40	6.10
普通中学	283.54	6.23	17.39	5.83
农业、职业中学	13.65	4.84	1.03	3.15
小学	1052.13	8.50	46.25	8.34

1989年小学分城镇农村的学校数和学生数

单位：万人

	学校数（所）	学生数		
		毕业生数	招生数	在校学生数
总计	777244	1857.07	2151.54	12373.10
城市	28671	194.43	255.52	1333.36
县镇	43476	209.25	229.68	1310.55
农村	705097	1453.39	1666.34	9729.19

1989年小学分办别教职工数

单位：人

	合计	专任教师数	行政人员数	工勤人员数	校办工厂、农场职工数
总计	6195210	5543818	476289	147096	28007
教育部门办	3320993	2825798	401951	79720	13524
其他部门办	411291	346087	35783	27352	2069
民办	2462926	2371933	38555	40024	12414

小学毕业生和初中毕业生升学率

单位：万人

	小学毕业生升学率			初中毕业生升学率		
	小学毕业生数	初级中等学校招生数	升学率(%)	初中毕业生数	高级中等学校招生数	升学率(%)
1988年	1930.3	1359.0	70.4	1157.2	439.6	38.0
1989年	1857.1	1328.4	71.5	1134.3	434.6	38.3

1989年学龄儿童入学率及在校学生巩固率

单位：万人

	学龄儿童入学率			在校学生巩固率		
	全国学龄儿童总数	已入学学龄儿童数	入学率(%)	学年初学生数	学年末学生数	巩固率(%)
1988年	9655.84	9380.35	97.15	12769.00	12372.98	96.90
1989年	9699.13	9450.73	97.44	12124.54	11770.48	97.08

1989年普通中学分城镇农村的学校数和学生数

单位：万人

	学校数(所)	学生数		
		毕业生数	招生数	在校学生数
总计	89575	1377.45	1551.46	4554.01
城市	11676	286.56	270.93	822.06
县镇	14068	309.96	333.87	1007.45
农村	63831	791.58	946.66	2724.5
高中	16050	243.17	242.14	716.12
城市	5207	75.90	73.27	217.02
县镇	5851	108.30	108.06	322.69
农村	4992	58.97	60.81	176.41
初中	73525	1134.28	1309.32	3837.89
城市	6469	191.01	197.66	605.04
县镇	8217	201.66	225.81	684.76
农村	58839	732.61	885.85	2548.09

1989年普通中学分办别教职工数

单位：人

	合计	专任教师数			行政人员数	工勤人员数	校办工厂、农场职工
		计	初中	高中			
总计	3931369	2980438	2426580	553858	514955	348178	87798
教育部门办	3041752	2322498	1851464	471034	442718	232873	43663
其他部门办	449300	325606	244675	80931	61284	56468	5942
民办	440317	332334	330441	1893	10954	58837	38193

1989年农业职业中学分城镇农村的学校数和学生数

单位：万人

	学校数（所）	学生数		
		毕业生数	招生数	在校学生数
总计	9173	86.31	118.29	282.27
城市	2493	28.91	37.39	96.69
县镇	2301	21.72	30.69	71.50
农村	4379	35.68	50.21	114.07
高中	7673	70.92	99.11	236.28
城市	2465	28.44	36.88	95.40
县镇	2203	20.06	28.40	65.81
农村	3005	24.42	33.83	75.07
初中	1500	13.40	19.18	45.99
城市	28	0.47	0.51	1.29
县镇	98	1.66	2.29	5.69
农村	1374	11.26	16.38	39.01

1989年农业职业中学分办别教职工数

单位：人

	合计	专任教师数			行政人员数	工勤人员数	校办工厂、农场职工
		计	初中	高中			
总计	326080	213805	27366	186439	57913	36615	17747
教育部门办	254421	172028	21157	150871	48203	25399	8791
其他部门办	51271	32319	310	32009	8970	7181	2801
民办	20388	9458	5899	3559	740	4035	6155

1989年中等专业学校分类别学校数和教职工数　单位：人

	学校数（所）	教职工数					
		计	其中：专任教师				
			小计	高级讲师	讲师	助理讲师	教员
总计	3984	482120	228536	24182	74045	77389	52920
中等技术学校	2940	376184	170925	17801	57437	59201	36486
工业学校	900	153581	65526	6868	21896	24061	12701
农业学校	379	48095	20447	2620	6766	6316	4745
林业学校	49	8158	3330	453	1008	1138	731
医药学校	554	64621	31325	3886	11366	11144	4929
财经学校	546	57533	27557	2034	7977	9786	7760
政法学校	134	13506	5861	379	1705	2103	1674
体育学校	147	10111	5357	437	2181	1562	1177
艺术学校	139	13307	8116	844	3436	1992	1844
其他学校	92	7272	3406	280	1102	1099	925
中等师范学校	1044	105936	57611	6381	16608	18188	16434
其中：幼儿师范学校	63	6887	3648	447	1113	1166	922

1989年中等专业学校分科学生数　单位：人

	毕业生数	招生数			在校学生数
		计	招高中毕业生的	招初中毕业生的	
总计	590876	734861	188600	546261	2177480
中等技术学校	364696	507662	159690	347972	1492853
工科	98612	170239	43933	126306	525517
农科	28111	40575	8209	32366	125724
林科	5934	8083	1361	6722	26946
医药	82783	93142	10782	82360	306506
财经	109151	147043	74281	72762	374758
政法	20520	19324	16817	2507	44133
体育	4541	9768	156	9612	29874
艺术	6491	9834	881	8953	33611
其他	8553	9654	3270	6384	25784
中等师范学校	226180	227199	28910	198289	684627
其中：幼儿师范	18063	18422	490	17932	56789

1989年普通高等学校规模　单位：所

学校数	300人及以下	301人至500人	501人至1000人	1001人至1500人	1501人至2000人	2001人至3000人	3001人至4000人	4001人至5000人	5001人及以上
1075	61	76	230	221	147	167	69	35	69

1989年普通高等学校设置专业数

单位：个

	合计	工科	农科	林科	医药	师范	文科	理科	财经	政法	体育	艺术
种数	870	378	53	17	25	47	75	129	48	16	14	68
个数	13875	4716	702	137	576	3320	1120	964	1600	197	69	474

1989年普通高等学校校数和教职工数

单位：人

	学校数（所）	教职工数 计	其中：专任教师 小计	教授	副教授	讲师	教员	助教
总计	1075	1004049	397365	15318	82899	148192	14111	136841
综合大学	49	114796	45794	2340	11365	17351	1032	13706
理工院校	286	404756	147552	5613	33048	57998	4335	46558
农业院校	59	69506	24642	1074	5382	8629	417	9140
林业院校	11	11145	4459	169	953	1563	22	1750
医药院校	121	110241	44393	3335	9027	15138	1703	15190
师范院校	256	170116	76809	1598	13966	28809	2999	29437
语文院校	14	11538	4737	157	986	1871	322	1401
财经院校	81	47590	20417	419	3122	6535	1241	9100
政法院校	25	13036	5010	116	865	1571	399	2059
体育院校	16	7706	3485	115	752	1379	55	1184
艺术院校	30	12090	5645	253	1280	2109	412	1591
民族院校	11	10641	4484	73	866	1908	392	1245
短期职业大学	116	20888	9938	56	1287	3335	782	4478

1989年普通高等学校分科学生数

单位：人

	毕业生数	招生数	在校学生数 人数	%
总计	576242	597113	2082111	100.00
工科	186582	201425	740109	35.55
农科	25585	22922	90339	4.33
林科	5385	5117	19494	0.94
医药	38366	46245	199305	9.57
师范	182427	183797	532333	25.57
文科	32543	25977	104713	5.03
理科	27058	21313	100861	4.84
财经	56754	68519	219110	10.52
政法	13030	11119	41948	2.02
体育	4109	4206	14699	0.71
艺术	4403	6473	19200	0.92

1989年普通高等学校工科分大类学生数

单位：人

	毕业生数	招生数	在校学生数	
			人数	%
总计	186582	201425	740109	100.00
地质	7654	5252	25216	3.40
矿业	6306	5845	24038	3.25
动力	7749	9097	32072	4.33
冶金	5985	5717	23280	3.15
机械	44801	48630	176282	23.82
电机、电器	4707	6951	20469	2.77
无线电技术及电子学	35380	38726	145264	19.63
化工	15082	16975	61516	8.31
粮食食品	5357	6271	20654	2.79
轻工	5869	6792	23753	3.21
测绘、水文	1705	1290	3474	0.47
土木建筑	30943	33938	124020	16.76
运输	3941	4774	15553	2.10
通信	3198	3213	11854	1.60
其他	7905	7954	32664	4.41

1987年分学科门类研究生数

单位：人

	毕业生数	招生数	在学研究生数
总计	37232	28569	101339
其中：博士生	2046	2776	10998
硕士生	32890	24953	87948
研究生班学生	2296	840	2393
哲学	693	469	1937
经济学	2155	1887	5817
法学	1406	1319	4015
教育学	643	618	1922
文学	2212	1755	5248
历史学	843	503	1971
理学	6800	5347	20152
工学	16379	12257	44030
农学	1773	1172	4354
医学	4328	3242	11893

1989年幼儿园基本情况　单位：万人

	园数（所）	幼儿数	教职工数 计	教职工数 其中：专任教师
总计	172634	1847.66	101.24	70.91
教育部门办	11234	378.89	15.40	11.27
其他部门办	28123	323.80	40.18	18.96
民办	133277	1144.96	45.67	40.67

1987年盲聋哑学校和弱智儿童辅读学校基本情况　单位：人

	学校数（所）	学生数			教职工数	
		毕业生数	招生数	在校学生数	计	其中：专任教师
总计	662	5026	13638	63974	17932	12169
一、盲聋哑学校合计	483	4648	8948	47230	14813	9487
1、盲聋哑学校	41	930	1483	7640	2211	1434
盲生部	6	296	369	1076	305	237
聋哑生部	23	634	1114	6564	1906	1197
2、聋哑校	418	3470	6982	37761	11659	7508
3、盲校	24	248	483	1829	943	545
弱智儿童辅读学校（班）	179	378	4690	16744	3119	2682

1989年成人高等学校基本情况　单位：万人

	学校数（所）	学生数			教职工数	
		毕业生数	招生数	在校学生数	计	其中：专任教师
总计	1333	49.93	57.84	174.11	19.69	8.75
广播电视大学	39	13.12	12.45	41.74	2.57	1.03
职工高等学校	848	8.86	6.71	25.42	8.16	3.73
农民高等学校	5	0.03	0.03	0.07	0.04	0.02
管理干部学院	172	2.71	2.84	6.30	3.98	1.46
教育学院	265	9.16	10.01	28.04	4.87	2.46
独立函授学院	4	0.24	0.53	1.59	0.07	0.05
普通高校举办的函授部	—	11.83	18.77	53.08	—	—
夜大学	—	3.98	6.50	17.87	—	—

1989年成人中等专业学校和技术培训学校基本情况 单位：万人

	学校数	学生数			教职工数	
	（所）	毕业生数	招生数	在校学生数	计	其中：专任教师
成人中等专业学校	4970	58.14	56.20	170.55	19.20	10.14
广播电视中等专业学校	139	10.63	10.80	42.29	0.92	0.42
职工中等专业学校	2041	17.98	21.66	53.02	8.61	4.31
干部中等专业学校	352	2.20	2.65	6.41	1.46	0.67
农民中等专业学校	285	2.91	4.24	8.86	0.97	0.57
教师进修学校	2153	24.42	16.85	59.97	7.24	4.17
成人技术培训学校	41982	1539.64	1467.56	1268.53	14.59	8.25
职工技术培训学校	7870	343.69	263.29	230.74	6.23	3.41
农民技术培训学校	34112	1195.95	1204.27	1037.79	8.36	4.84

1989年 成人中学基本情况 单位：万人

	学校数	学生数			教职工数	
	（所）	毕业生数	招生数	在校学生数	计	其中：专任教师
成人中学总计	9387	76.07	85.96	102.03	5.48	3.41
职工中学	4745	43.51	45.76	51.41	4.25	2.53
高中	4205	33.38	38.59	44.08	3.86	2.31
初中	542	10.13	7.17	7.33	0.39	0.22
农民中学	4642	32.56	40.20	50.62	1.23	0.88
高中	471	3.46	3.78	4.73	0.19	0.13
初中	4171	29.10	36.42	45.89	1.04	0.75

1989年成人初等学校基本情况 单位：万人

	学校数	学生数			教职工数	
	（所）	毕业生数	招生数	在校学生数	计	其中：专任教师
成人初等学校总计	214310	1628.84	1896.85	1946.10	18.09	8.87
职工小学	5115	39.72	37.81	46.73	1.14	0.65
农民小学	209195	1589.12	1859.04	1899.37	16.95	8.22
其中：扫盲班	—	200.13	352.83	395.55	6.15	2.96

城市教育综合改革实验工作

一、成立城市教育综合改革领导小组

为了加强对城市教育综合改革实验工作的领导，协调委内外有关单位的工作，国家教委于1989年8月25日决定成立城市教育综合改革领导小组。领导小组由王明达副主任兼组长，郭福昌(国家教委专职委员、民族地区教育司司长)、董明传(国家教委成人教育司司长)、王文湛(国家教委职业技术教育司副司长)、仲哲明(国家教委基础教育司副司长)、张怀西(江苏省无锡市副市长)为副组长，郑启明(国家教委督导司司长)、金长泽(国家教委师范教育司司长)、邢纯洁(国家教委电化教育司司长)、陈光复(国家体改委干部培训司司长)、李亨业(劳动部培训司司长)、盛丽华(中汽总公司教育培训部经理)、蒋妙瑞(国家教委高等教育司副司长)、张金惠(国家教委政策法规司副司长)、徐敦潢(国家教委计划建设司副司长)为成员。领导小组的任务是：在国家教委的领导下，对各城市和企业的教育综合改革实验进行宏观指导，协调解决改革实验中的有关政策，组织改革实验中的理论研究、人员培训、经验交流和检查评估。领导小组同时在北京召开了第一次会议。并决定下设办公室，由郭福昌兼办公室主任。其职责是：负责落实和处理改革实验中的日常事务，编辑资料；交流信息，组织各项活动，为城市和企业的改革服务。

二、在101个企业开展教育综合改革实验

从1987年起，国家教委已先后确定辽宁省沈阳市、锦州市，黑龙江省佳木斯市，江苏省苏州市、无锡市、常州市，浙江省绍兴市，安徽省芜湖市，山东省烟台市、威海市，河南省洛阳市，湖北省沙市市，湖南省长沙市，广东省江门市，四川省自贡市等15个城市为城市教育综合改革实验试点城市。在此基础上，为了深化和促进城市教育综合改革，1989年经与有关部委、省、直辖市、计划单列市共同研究，国家教委确定在鞍钢、大庆石油管理局、深圳赛格集团公司等101个大、中型企业进行教育综合改革实验。在领导小组第一次会议上通报了试点城市教育综合改革实验进展情况，讨论并通过了参加企业教育综合改革实验的101家企业名单(名单见附件)，无锡市副市长、中汽总公司教育培训部经理分别介绍了本单位进行教育综合改革实验的进展情况和深化改革的设想。王明达副主任就城市教育综合改革实验的意义、作用、指导思想讲了话。会议讨论、通过了国家教委《关于在一百个企业进行教育综合改革实验的通知》，会后于9月25日正式发出。《通知》强调：大、中型企业对我国经济发展有举足轻重的作用。为了增强企业的活力和竞争力，提高产品质量和生产效益，加快企业的技术进步，提高企业职工素质是一个关键。《通知》指出：“通过综合改革、实验，要进一步提高企业领导对企业教育重要地位和作用的认识，切实加强企业教育工作；明确企业教育的指导思想、办学模式、工作重点，进而优化企业教育结构。通过综合改革、实验，要逐步建立符合我国大、中型企业实际的企业教育发展的政策和管理体制；形成有先进水平的社会主义企业教育格局；探索和建立行之有效的提高企业教育质量和办学效益的规律和制度。”“促进职工队伍素质和企业素质的提高、生产的发展；加强企业社会主义精神文明建设，为

发展、提高全国的企业教育起示范作用”。

三、召开企业教育综合改革实验座谈会

1989年10月21日至22日在无锡市召开了15家大、中型企业主管教育负责人参加的企业教育综合改革座谈会。参加会议的企业负责人介绍了各自企业教育的基本情况和改革成果，无锡市和第二汽车制造厂分别介绍了制定教育综合改革的方案。与会同志就改革实验的指导思想、目标、任务、方法、步骤等进行了深入的研究、讨论。国家教委副主任王明达参加会议并讲了话。他说，党和国家对教育工作非常重视，江泽民同志在国庆讲话中明确指出：“发展教育和科学是百年大计，对社会生产力和民族素质的提高具有重大的深远的意义。我们的教育和科学还比较落后，更要采取有效措施，自觉地抓好这项工作。”李铁映同志对企业教育事业十分关心，明确提出要通过抓典型进一步搞活企业教育。经过讨论，与会者一致认为，企业教育综合改革实验最根本的目的是要使企业教育更好地面向企业需要，为全面提高企业职工队伍素质、提高经营管理水平、提高产品质量、提高经济效益和社会效益服务。能不能实现这个目标、达到这个目的，是考察改革实验成功与否的根本标准。会议前期，代表们还列席了中国一联邦德国“双元制”职教研讨会，考察了无锡油泵油嘴厂“双元制”试点工作。会后，国家教委办公厅印发了座谈会纪要，并随文转发了第二汽车制造厂教育综合改革方案(草案)和宝钢职工教育培训工作情况汇报材料。

各有关部委、省、市在座谈会后陆续召开会议，组织所属企业进行讨论、研究，着手制订综合改革实验方案，截止到1990年2月，已有纺织部、铁道部、中国统配煤矿总公司、中国石油天然气总公司和天津市、湖北省、广东省、四川省、无锡市等召开了会议，对改革的指导思想、政策措施、起步项目等进行了部署。

四、各试点市教育综合改革进展顺利

1989年各试点城市按照各自制定的方案，根据国家教委对各市方案批复的精神，着重在教育与经济结合、理顺教育管理体制、完善教育政策、调整教育结构、进行内部管理改革等方面全面展开，取得了可喜的成效。

(一)根据李铁映同志关于城市教育综合改革试点工作尽快展开的指示精神，国家教委组织制订了《沈阳、无锡、沙市教育综合改革试行方案(草案)》，并于1989年4月下达通知，要求3市政府加强领导，发挥统筹协调作用，运用地方决策权限，加快综合改革试点工作。

(二)沈阳、无锡等11个城市完成了市教育委员会的组建工作，其他市在积极筹建中。其职能由以微观教育管理为主转向以宏观规划、协调、指导、决策为主。初步理顺了教育管理体制，加强了对本市各级各类教育的统筹作用。

(三)进行了城市中等教育的结构改革，结构趋于合理。各个试点市的高中段教育，普通高中与各类中等职业技术学校在校生、招生数之比，大部分达到或超过了1:1。

(四)试点城市普遍加强了德育工作。如广东省江门市建立完善了市县两级青少年教育的五大网络(教育研究、校外活动、家庭教育、文化生活、治安保护)，形成了全社会齐抓共管德育的可喜局面。

撰稿人　茅广儒
审稿人　郭福昌

附

□全国企业教育综合改革试点101个单位名单

中建总公司一局
北京市第六建筑公司
天津市公用局
上海市自来水公司
湖北省二建公司
哈尔滨市市政一公司
南京734厂
天津712厂
深圳赛格集团公司
太原重型机器厂
东方汽轮机厂
哈尔滨锅炉厂
济南第二机床厂
兖州矿务局
平顶山矿务局
通化矿务局
华北电管局
山东电力局
葛洲坝水电工程局
大庆石油管理局
胜利石油管理局
华北石油管理局
大连核设备制造厂
404厂
北京西郊粮库
天津八一面粉厂
南京市肉联厂
广州东方宾馆
浙江萧山市供销联社
武汉市武汉商场
鞍山钢铁公司
武汉钢铁公司
宝山钢铁总厂
太原钢铁公司
马鞍山钢铁公司
首都钢铁公司
包头钢铁稀土公司
仪征化纤公司
无锡国棉二厂
上海十七毛纺厂
济南针织厂
浙江湖州丝绸印染厂
哈尔滨亚麻厂
上海自行车三厂
厦门福达感光材料有限公司
广东紫坭糖厂
山西杏花村汾酒厂
吉林造纸厂
烟台北极星钟表公司
北京塑料制品厂
541厂
人民银行河南省分行
人民银行重庆市分行
沈阳铁路局
广州铁路局
柳州铁路局
株洲电力机车工厂
铁道部第三工程局
齐齐哈尔车辆厂
北京铁路局
吉林化学公司
大连化学公司
四川化工总厂
上海石化总厂
荆门炼油厂
兰州炼油化工总厂
第一汽车制造厂
第二汽车制造厂
南京汽车制造厂
潍坊柴油机厂

长沙汽车电器厂
北京包装装璜制品厂
北京市新新时装公司
北京市食品公司
北京有机化工厂
上海市第六制药厂
亚明灯泡厂
上海五金机械公司
上海港务局
上海市市内电话局
上海手表厂
上海电线电缆集团公司
天津石化公司
天津碱厂
天津轧钢三厂
静海油脂厂
锦州炼油厂
大连重型机器厂
大连机车车辆厂
黎明发动机公司
茂名石油公司
万宝电器集团公司
文冲船舶修造厂
广州白云山制药厂
西安电力机械制造公司
西安航空发动机公司
咸阳彩色显像管总厂
西北电管局
重庆市红岩机器厂
重庆市第八建筑公司
成都无缝钢管厂

积极推动农村教育综合改革实验工作

我国人口的80%在农村，教育的大头和难点也在农村。为了加速农业现代化的进程，使农村经济和建设真正转到依靠科技进步和提高劳动者素质的轨道上来，近几年来，国家教委十分重视并实施以"燎原计划"为重要内容的农村教育综合改革实验，取得了显著成效。

一、成立领导小组及办公室

为了加强对农村教育综合改革工作的领导，1989年4月28日，国家教委成立了农村教育综合改革实验领导小组。由王明达（国家教委副主任）任组长，郭福昌（国家教委专职委员）、杨金土（国家教委职业技术教育司司长）、李家林（国家教委成人教育司副司长）、陈逖先（河北省教委副主任）等任副组长，成员有国家教委、农业部、国家科委、中国人民银行总行等有关司（处）负责人。

领导小组的任务是：在国家教委领导下，负责制定农村教育整体改革实验的方针政策和发展战略、实施"燎原计划"的规划和部署，协调各方力量参与并支持实施，对实施过程及其结果进行指导、检查和监督。

领导小组下设办公室（即农村教育综合改革实验办公室），其主要职责是负责对改革实验及"燎原计划"的实施情况进行调研，为领导小组就方针政策、规划部署等提出意见，供领导决策。

二、建立百县农村教育综合改革实验区

截止1989年，全国已进行农村教育综合改革实验，并开始实施"燎原计划"的有786个县，2870个乡。为了更好地指导农村教育综合改革，推进"燎原计划"的实施，国家教委于1989年5月23日作出决定，在实施"燎原计划"的县（市）中，首先重点抓好约115个县（市），作为农村教育综合改革实验区（见附一）。通过实验区为实施"燎原计划"提供经验和示范，推动全国农村的教育改革。

三、举办了农村教育综合改革实验县工作研讨班

1989年7月17日至8月5日，国家教委农村教育综合改革实验办公室与中央教育行政学院共同举办了115个实验县主管教育的县长、教育局长、教委主任等210人参加的研讨班。

在研讨期间，国务委员兼国家教委主任李铁映与学员进行了座谈，国家教委副主任何东昌、柳斌、邹时炎、王明达，农业部部长何康、国家科委副主任蒋民宽等分别讲了话。河北省教委、吉林省教委、北京市昌平县、安徽省滁县地区、湖南省汨罗县、甘肃省庆阳地区等介绍了实施教育综合改革的经验。李铁映在座谈时指出，农村办教育的关键是县委书记、县长。农村教育最重要的是从当地实际出发，为当地经济服务。人民的前途和教育紧密相连，我们的劳动者素质低，要靠教育来提高。职业教育大规模、规范化地培养劳动者，是教育改革中最有活力的部分，它面向绝大多数学生，要让学生看到前途。这次一百多个县的县长来参加研讨班的办法很好，今后还要长期办下去。

通过研讨，学员们从中得到了启发和鼓舞：（1）进一步加深了对农村教育发展及综合改革的认识，提高了抓好农村教育综合改革的自觉性与能动性；（2）进一步明确了农村教育综合改革的目标、任务及其与实施“燎原计划”的关系；（3）对进一步搞好农村教育为当地经济建设服务的运行机制，即“三教”统筹、“农科教”结合等进行了探讨。

四、召开全国“燎原计划”与农村教育改革实验县工作会议

1989年10月25日至31日，国家教委与湖南省政府在长沙市联合召开了全国“燎原计划”与农村教育改革实验工作会议。国务委员兼国家教委主任李铁映参加了开幕式并讲了话。国家教委副主任何东昌也到会讲话。会议期间，代表们现场参观了郴县等先进单位，交流了各地经验。会上，国家教委表彰了100个示范乡（见附二）；围绕国家教委《全国农村教育综合改革实验区工作试行纲要》（征求意见稿）进行了研讨。闭幕会上，国家教委副主任王明达作了题为“总结实施‘燎原计划’经验，大力推进农村教育综合改革”的总结发言。他说，湖南省郴县发展和改革农村教育的经验，把我国农村教育综合改革提高到一个新水平。要求到会同志学习郴县坚持把教育放在优先发展的战略地位，自力更生，艰苦创业办教育的精神。学习他们坚持社会主义物质文明与精神文明一起抓，坚持教育同国民经济发展要求相适应，为当地社会主义建设服务，搞好“三教”（基础教育、职业技术教育、成人教育）统筹的办学思路和埋头苦干抓教育的务实作风。会后，各省、自治区、直辖市派人先后到湖南参观学习，并对照先进典型找自己的差距，从而强化了干部廉政兴教、依靠群众艰苦办学意识，增强了对学校实行规范化管理的意识，进一步明确了农村教育主要为当地建设服务的办学思路。

五、一年来的成效

实施“燎原计划”一年来，我国农村教育事业的发展和教育体制的改革，对农村的经济发展和社会发展起到了重要作用。

（一）促进了农村“三教”的进一步协调发展，加快了农村教育综合改革的步伐

据对1989年全国实施“燎原计划”的500多个示范乡的几项指标进行的综合分析结果表明，这些乡的基础教育、职业技术教育和成人教育都取得了较显著的成效：青壮年文盲率由1988年的8.3%下降到7.4%；校舍危房率由1988年的6.9%下降到5.4%；小学普及率由1988年的97.6%提高到98.4%；初中普及率由1988年的80.4%上升为84.5%；对未升入高一级学校的小学生、初中生、高中生普遍开展了一二项职业技术培训。据500多个乡的统计，小学后职教普及率平均由1988年的51%上升到56.9%；初中后职教普及率平均由1988年的56.6%上升到64.8%；高中后职教普及率平均由1988年的58.1%上升到64.6%；乡和村的技校数由1988年的4736所增加到6845所，比1988年增加了45%；实用技术培训人数由1988年的177.76万人次增加到299.17万人次，比1988年增加了68.3%；学校劳动基地面积由1988年的164466亩增加到214884亩，比1988年增加了31%。

（二）促进了农村经济的发展

据对500余个示范乡的抽样统计，1989年，在国家安排少量贷款的情况下，推广和新上技术4584项次，可创产值286576万元，可获效益79375万元。农民的人均收入由1988年的616元，增到659元。如广西博白县亚山一中，1989年初“燎原计划”贷款20万元，增加养殖实验和龙眼种植两个实验基地，使学生掌握了科学养猪、龙眼种植技术。学校又利用两个基地为当地办培训班37期，培训人员达5189人次，促进了该县经济发展，1989年财政收入比1988年增长28%，农民人均收入比1988年增长15.4%，学校纯收入达14800元。

在“燎原计划”示范县中，“星火计划”、

“燎原计划”、“丰收计划”正在形成合力，推动着农村教育、农村经济和社会的蓬勃发展。

撰稿人 陈德才 赵伟
张玉兰
审稿人 郭福昌

附一

□全国“百县农村教育综合改革实验区”实验县名单

北 京 昌平县
天 津 静海县
山 西 临猗县 壶 县 大宁县 代县
内蒙古 镶黄旗 奈曼旗 敖汉旗
辽 宁 海城市 黑山县 大连市金州区 沈阳市于洪区 凤城县
吉 林 东丰县 蛟河县 农安县
黑龙江 讷河县 桦南县 密山市
上 海 青浦县 嘉定县
江 苏 江宁县 丹阳市 宜兴市 昆山县 铜山县 大丰县 东海县
浙 江 绍兴县 德清县
安 徽 休宁县 蒙城县 庐江县 金寨县
福 建 闽清县 晋江县 永安市 沙县 建阳县
江 西 宜丰县 弋阳县 宁岗县
山 东 平度县 平邑县 平原县 肥城县 胶南县 梁山县 诸城县 莱州市
河 南 栾川县 辉 县 淅川县 扶沟县 长葛县
湖 北 潜江县 南樟县 红安县 宜城县
湖 南 桃江县 汨罗市 郴 县 江永县
广 东 南雄县 从化县
海 南 琼海县 白沙县
广 西 横 县 博白县 浦北县
四 川 仁寿县 大竹县 叙永县 涪陵市 温江县 江北县 江油市 简阳县 广汉市
贵 州 清镇县 黔西县 独山县 贵阳市乌当区
云 南 禄丰县 陆良县 泸西县
西 藏 堆龙德庆县
陕 西 宝鸡县 合阳县 南郑县 洛川县
甘 肃 陇西县 合水县 武威市 清水县
宁 夏 盐池县 吴忠市
青 海 湟中县 乐都县
新 疆 轮台县 吐鲁番市 阜康县
河 北 阳原县 完县 青龙满族自治县 获鹿县 丰南县 丘县 三河县 安平县 南宫市 任丘市 丰宁县 藁城县

附二

□1989年度表彰实施“燎原计划”先进单位名单

北京市
朝阳区黑庄户乡
昌平县上苑乡
天津市
宝坻县袁罗庄乡
静海县大丰堆乡
河北省
阳原县马圈堡乡

丰南县倴子庄乡
武邑县清凉店镇
青龙满族自治县隔河头乡
任丘市陵城乡
获鹿县大河乡
藁城县岗上镇

山西省

临猗县嵋阳镇
清徐县马峪乡
长子县大堡头乡

内蒙古自治区

赤峰市当铺地乡
哲盟奈曼旗青龙山镇
乌盟青水河县王桂夭乡

辽宁省

海城市接文镇
新金县星台镇
金州区得胜乡
凤城满族自治县青城子镇
沈阳市苏家屯区姚千户屯镇

吉林省

德惠县同太乡
扶余市善友乡
公主岭市毛城子乡
汪清县百草沟镇

黑龙江省

讷河县巨河乡
桦南县柳毛河乡
绥化市西长发镇
密山市连珠山乡

上海市

青浦县赵屯乡
宝山区江湾乡

江苏省

宜兴市新庄乡
东海县青湖镇
吴县陆墓镇
赣榆县金山乡
江阴市申港镇

浙江省

德清县南路乡
绍兴县华舍镇
湖州市南浔镇

安徽省

休宁县汐口镇
来安县新河乡
潜山县黄柏乡
怀宁县腊树乡

福建省

永安市大湖乡
东山县陈城乡

江西省

宜丰县新庄乡
萍乡市芦溪区宣凤镇
弋阳县葛溪乡

山东省

胶南县泊里镇
平度县蓼兰镇
莱芜市杨庄镇
平原县恩城镇
济南市长青县归德镇

河南省

淅川县荆紫关镇
桐柏县黄岗乡
罗山县涩港乡
汝南县水屯乡
开封县罗王乡

湖北省

宜昌县鸦鹊岭镇
荆门市东宝区麻城子乡
江陵县资市镇
红安县紫云乡

湖南省

郴县华塘镇
桃江县龙拱滩乡
澧县澧澹乡

长沙县双江乡
汨罗市大荆乡

广东省

南雄县古市镇
从化县棋杆镇
四会县罗源镇

广西壮族自治区

博白县亚山镇
浦北县六硍乡
横县马山乡

海南省

白沙县土场镇
琼海县文市乡

四川省

长寿县石堰乡
眉山县张坎乡
大竹县妈妈乡
德阳市中区蟠龙乡
威远县永民乡

贵州省

贵阳市乌当区新场乡
印江土家族苗族自治县木黄镇

云南省

昆明市西山区团结乡
禄丰县仁兴镇
宣威县热水乡

陕西省

扶风县召公镇
三原县城关镇
西安市大桥区水流乡
洛川县后子头乡

甘肃省

安西县瓜州乡
会宁县中川乡
临夏市枹罕乡
民勤县大坝乡

青海省

乐都县雨润乡
民和县巴州乡

宁夏回族自治区

平罗县高庄乡
青铜峡市小坝乡

新疆维吾尔自治区

阜康县九运街乡
伽师县夏甫桃乡

基础教育规划

根据1985年国家教委、国家计委、劳动人事部联合下发的《关于进行地区人才需求预测和制订十五年教育发展规划工作的安排意见》要求，在各省、自治区、直辖市和计划单列市政府直接领导下，省、地(市)、县三级分别组建由计划、财政、教育、人事、劳动、计生委等部门负责同志参加的基础教育规划领导小组及工作班子，从1985年下半年起，普遍开始工作。经过四年多努力，截止1989年底，绝大部分地区已完成了本地区基础教育规划工作。

这次基础教育规划工作，坚持从本省(市、地区、县)实际出发，研究实施义务教育的目标、步骤和规模，体现了积极创造条件、以条件确定发展速度和普及水平的原则。

规划从基础工作入手，认真做好学龄儿童人数的预测，注重调查研究，结合本省(市、自治区)实际情况，制订师资、校舍、设备等办学条件标准和定额，多次对规划方案进行了修改和论证。并认真听取当地人大、政协和社会各界人士的意见，打破了过去单纯由教育部门搞规划的局面，增强了透明度，使教育决策变成当地政府的决策，并把基础教育规划纳入当地经济、社会发展总体规划，使规划具有可行性。

一　基础教育规划总的图象

从地区基础教育规划的结果看，各地普遍注意从本地经济承受能力和文化基础出发，坚持师资和教学条件的办学标准，分类分步进行规划。在城市，以区(或不设区的市)为单位，在农村，以县为单位(并落实到乡、镇)，确定义务教育的实施时间，普遍调整了原来的基础教育规划方案，适当放慢了义务教育的推进速度。

根据16省(自治区、直辖市)自报的义务教育实施步骤，并对另外12省(自治区)的义务教育实施步骤作了参照推算，得出义务教育总的图象如下表。

全国小学阶段义务教育实施情况表

年　份	学制	覆盖人口数(万人)	占人口比例(%)
1990—1995	计	75761.5	71.9
	5	19031.7	18.1
	6	56729.8	53.8
1996—2000	计	22728.5	21.6
	5	9559.0	9.1
	6	13169.5	12.5
2000年后	计	6917.4	6.5
	5	1828.4	1.7
	6	5089.0	4.8

注：覆盖人口数及百分比计算均以1986年人口数为准(初中同)。

从全国范围看，到2000年前，占全国人口93%左右的地区，可以完成小学阶段义务教育的任务，还有约占全国人口7%左右的地区实施小学阶段义务教育的任务将在下世纪初才能完成。从分省情况看，到2000年，北京、上海、天津、辽宁、山东、广东、吉林、江苏、浙江、山西、湖北、黑龙江、湖南、福建等14个省(直辖市)可望完全实施小学阶段义务教育，其余的省(自治区)还将有少数困难地区实施小学阶段义务教育的任务需在2000年以后完成。

实施初中阶段义务教育时间的图象如下表：

全国初中阶段义务教育实施情况表

年份	学制	覆盖人口数（万人）	占人口比例（%）
1990—1995	计	49181.6	46.6
	8	5805.1	5.5
	9	43376.5	41.1
1996—2000	计	38252.1	36.3
	8	7803.5	7.4
	9	30448.6	28.9
2000年后	计	17965.5	17.1
	8	2380.2	2.3
	9	15585.3	14.8

实施初中阶段的义务教育，到2000年前，全国人口覆盖率达83%左右。还有约占全国人口17%左右的地区将在下世纪初期完成实施初中阶段义务教育的任务。

从分省情况看，到2000年，可望完全实施初中阶段义务教育，人口覆盖率达到100%的有北京、上海、天津、江苏、浙江、广东、吉林7个省（直辖市）；可望达到90%左右的有辽宁、山东、山西、河南、河北、安徽、四川7个省；可望达到80%左右的有湖南、江西、福建、黑龙江、内蒙5个省（自治区）；可望达到70%左右的有湖北、陕西、宁夏、甘肃4个省（自治区）；其余的省（自治区）实施初中阶段义务教育的人口覆盖率，可能在60%以下。

各地区基础教育规划方案与全国基础教育规划方案比较，如下表：

2000年在校生两个方案比较表 单位：万人

项目	全国规划A	地方规划B	A/B	A－B
小学在校生数	14500	13264	1.09	1236
初中在校生数	5500	5127	1.07	373
普高在校生数	800—900	1024	0.09	－224，－124
职高在校生数	400—450	585	0.77	－185，－135

从地区规划方案与全国规划方案比较中可看出，各地基础教育规划方案比较稳妥，小学规模明显偏低，初中规模基本可行，有些省普通高中和职业高中发展速度似稍快。

总之，要实现上述规划方案的目标，90年代前几年时间，大多数地区基础教育的重点首先是集中人力、物力、财力办好小学，积极推行小学阶段的义务教育，同时，做好现有初中阶段教育的调整、改革和提高工作，尤其注意加强薄弱初中建设，充实办学条件，将校舍、教学仪器设备和实验室建设同步规划，以保证和尽可能提高教学质量。在此基础上，90年代中后期，有条件的地区将可能积极全面推行初中阶段义务教育。

二、学龄人口预测与基础教育规划

除了社会发展需要与经济可能提供的条件外，未来年度的学龄人口预测数据是制订基础教育规划的主要依据之一。它直接涉及到未来年度基础教育的招生、在校生和毕业生人数的涨落状态。由于我国从70年代起贯彻落实计划生育政策，给我国基础教育事业正常发展带来了十分有利的人口条件，减缓了多年来教育人口膨胀所造成的就学压力。

据国家统计局人口司测算，我国从现在起将进入第三次人口高峰，如果今后严格计划生育工作，确保人口控制计划完成，我国2000年总人口将有可能控制在12.86亿人。从现在起到2000年，我国学龄人口总数呈下降趋势，但小学学龄人口明显增加，见下页表。

近几年出生人口猛增，到2000年前的小学学龄人口数（7—12岁）将达到1.42亿，考虑到有40%左右的五年制小学在校生，以及按小学毛入学率控制在109%左右计算，我国小学在校生2000年将达到1.45亿人。

地区基础教育学龄人口预测结果显示，小学学龄人口大部分呈上升趋势，初中和高中学龄人口呈下降趋势。

从各地基础教育在校生规模看，据16个省市汇总情况，2000年小学在校生比1987年

我国学龄人口预测 单位：万人

	小学学龄人口（7—12岁）	初中学龄人口（13—15岁）	高中学龄人口（16—18岁）	中学学龄人口（13—18岁）	大学学龄人口（19—23岁）	总学龄人口（7—23岁）
1990年	11642	6174	7408	13582	12459	37684
1995年	12014	5874	5705	11579	11578	35170
2000年	14233	6005	5929	11934	9347	35515

增长大约在8.1—28.4%之间，其中天津、河北、上海、福建、湖南、广东、新疆是增长的，山西、吉林、黑龙江、江苏、山东、河南、湖北、甘肃、辽宁是减少的。增长较多的是天津(28.4%)，下降大的是黑龙江(15.6%)。

初中在校生，除辽宁、黑龙江、新疆略有减少外，其它13个省的初中在校生均呈增加趋势。增长情况：天津(50.3%)、广东(40.3%)、山东(45.0%)、上海(35.8%)。

普通高中在校生：除河北、甘肃、新疆有所减少外，其他13个省普通高中在校生均有增加。增加幅度依次为：天津(76.4%)、上海(63.7%)、福建(46.1%)。新疆减少(20%)。

职业高中在校生普遍增加较多，依次是：湖南(386.1%)、河南(211.3%)、天津(210%)，增加最少的是吉林(51.4%)。

三、落实基础教育规划需进一步解决的问题

(一)义务教育学制问题。这次规划工作大部分省都是按现行学制进行的，小学6年制约占60%，5年制约占40%；初中按3年学制规划的，若实行“五・四”制后，初中一律由三年改为四年，初中生将增加1000多万人，相应地需增加1/3左右的教师和仪器设备等办学条件，恐怕在短时期内难以满足。

(二)全部实行6周岁入学有困难。《义务教育法》规定入学年龄为6周岁，1986年全国6周岁入学的约24%。这次规划起点学龄是7周岁，少数地区考虑了6周岁入学问题。根据各地经济条件、地理、气候环境条件，南方地区6周岁比重会高于北方地区，预计本世纪末实行6周岁入学的全国可能达到60%左右。

(三)师资规划问题。从建设一支数量足够、素质合格、学科配套的能够坚持四项基本原则、培养社会主义接班人的教师队伍长远建设目标出发，必须合理确定中小学教师的学历和学科结构，按照每个学校的实际需求，测算师资需补量。(1)要研究师生比问题。不宜简单地同国外师生比高的国家对比，也不能简单同我国所谓历史曾达到过的高比例对比。要根据我国国情，尽快重新制定科学的教师编制标准，以利于基础教育事业发展和提高。(2)要研究教师学历层次提高的问题。现在即应研究下世纪初期中小学师资队伍素质和合理的学历、专业结构问题，以利早做培养准备。

(四)要切实解决教育投资落实问题，多年来教育经费短缺，办学条件保障系数过低。应在继续落实“两个增长”的同时，做到逐年生均公用经费的增长。要下决心，战略上做出合理安排，舍得拿出更多的资金和多渠道筹集资金用于义务教育事业。

各地区推进义务教育时，必须把中小学校舍建设、教学仪器设备和实验室建设同步规划。为实施义务教育，全面提高教育质量创造有利条件。

撰稿人 杨晓青 葛华
审稿人 周承业

教育立法工作

一、发布法规、规章情况

经国务院批准,国家教委发布《幼儿园管理条例》,该条例就幼儿园管理的主要问题做了全面规定。

国家教委制定、发布的规章共12项,其中属普通高等教育的有:《普通高等学校档案管理办法》、《普通高等学校校办工厂管理的规定》,《普通高等学校学科专业设置暂行规定》、《普通高等学校收取学杂费和住宿费的规定》;在电化教育方面的有:《地方教育电视台站设置管理规定》、《电视师范教育管理办法(试行)》。为使国家教委制定、发布规章的程序制度化、规范化,发布了《国家教育委员会行政法规、规章发布办法》。

二、地方教育立法

地方教育立法是指省、自治区、直辖市和省、自治区的人民政府所在地的市和国务院批准的较大的市的人民代表大会(或人大常委会)通过的地方性法规,以及人民政府制定、发布的规章。为了加强全国各地教育立法信息的交流,促进教育立法工作,国家教委政策法规司编印《地方教育立法情况》。据统计,上述各省、市1989年共立法38项,其中:人民代表大会或人大常委会通过的地方性法规10项;人民政府发布的规章28项。38项中,按教育类别划分:基础教育立法28项,职业技术教育立法1项,成人教育立法9项。

三、起草法律、法规情况

《中华人民共和国教育法(草案)》,在1987年北京师范大学进行前期调研起草的基础上继续进行修改。1989年8月,在江苏连云港市召开了《中华人民共和国教育法(草案)》研讨会,邀请京、津、沪、江苏、武汉、西安等地教育、法律专家、学者出席讨论。

《中华人民共和国教师法(草案)》及国家教委与共青团中央共同草拟的《未成年人保护法(草案)》,正式上报国务院审议。

1989年上报国务院审议的行政法规有《学校体育工作条例》、《学校卫生工作条例》两项行政法规草案。国家教委调研起草的有:《教育督导条例(草案)》、《义务教育法实施细则(草案)》。

四、教育立法课题的委托研究

为了加快教育立法进度,提高教育立法的质量,国家教委委托河北、福建省教委及华东师范大学进行《职业技术教育条例》、《捐资助学嘉奖条例》、《师范教育条例》等法规草案的前期调研起草工作。为了搞好教育立法及其贯彻实施,委托华东政法学院、西安交通大学分别进行“教育纠纷现状及对策研究”及“教育法律责任的研究”。在研讨的基础上,将调研取得的部分教育纠纷的案例,编成案例评析选。

五、清理法规、规章

自1987年第二季度起,国家教委在清理行政法规的基础上,对建国以来至1988年底由国家教委(含教育部、高等教育部、国务院科教组)制定、发布的规章进行了全面清理,通过此次大规模的清理,共计废止与自行失效规章及规章性文件415项,于1989年8月7日发出通知,公布目录,停止执行。通过清理,促进了现行法规、规章的有效实施,为依法治教创造了较好的条件。

六、编印教育法规资料

为适应教育法制建设的需要,便于各级教育行政部门、各级各类学校、研究机构及广大公民了解、掌握和运用教育法律、法规，编辑了《中华人民共和国教育法规汇编》，该汇编共收入法律、法规、规章和规章性文件340件，是我国40年来第一部全面、完整的教育法规汇编。

在历年收集、翻译外国教育法规资料的基础上，选编出版了《外国教育基本法选编》一书，该书包括若干国家宪法中有关教育的条款及教育基本法。

选编了外国教育立法参考资料共20件，其中：联邦德国的职业培训等法规11件。

撰稿人　罗宏述

审稿人　张天保　张金惠

重视人大代表建议、政协委员提案，推动教育事业的发展

1989年，国家教委承办全国人大、全国政协七届二次会议提出的建议、提案共501件。教委领导高度重视"两会"提出的批评和建议；何东昌、邹时炎副主任多次批示，要求各司局把做好对建议、提案的答复、办理工作，提高到改进机关工作作风、促进廉政建设、主动接受民主协商、民主参政、民主监督的高度去认识，并作为深入教育改革的一次重要工作来完成。

经过深入的调查研究和多方面协商，在办理的501件建议、提案中，所提问题已经解决或基本解决的133件，占案件总数的26.5%；正在解决或列入计划争取逐步解决的有246件，占案件总数的49.16%；因目前条件限制或其他原因，需要以后才能解决的96件，占案件总数的19.16%；留作参考的26件，占案件总数的5.18%。这些案件中所反映的主要有以下几个问题：

一、关于教育投入和教师待遇问题

国家对教育投资不足，教师工资待遇偏低的问题，是历届人大代表、政协委员所关注的主要问题之一。1989年全国人大、全国政协七届二次会议期间，张承先等40名代表，许学受等101名代表，杨辉等32名代表，朱宣人等36名代表提出建议和议案，要求通过立法保证教育经费的增长。他们指出，"目前，我国教育投入严重不足，教育经费紧缺，教师待遇低，队伍不稳定，使教育特别是基础教育面临严重困境，已成为影响我国教育事业发展的一个最为突出的问题"。代表们的建议内容主要有：（1）以法律形式明确规定教育经费在国家财政预算内支出的比例，1990年做到不低于15%，省、自治区做到20%以上（直辖市可略低），具体比例由省、自治区、直辖市人民代表大会决定。（2）以法律形式明确规定，国家开设新税种。（3）以法律形式明确规定，国家教育总投入占国民生产总值的比例在1990年达到4%以上，2000年达到6%以上。

关于教育投入问题，国家教委在答复中说明，没有相应的教育法规，是造成我国教育经费的增长与教育事业发展不相适应的重要原因之一。教育经费不立法，不确定具体比例，是难以保证稳定实现"两个增长"的。对此，国务院正组织有关部门作进一步的研究和论证。

目前也有不少地方的党委和政府把增加教育经费来发展教育同发展当地的社会主义建设联系起来，全国许多省市开展了集资筹措教育经费的活动，取得了较好的成绩。1989年12月，国家教委、财政部在山东省召开现场会，推广了该省10年来通过多渠道集资30亿元用于办教育的先进经验。

关于教师待遇问题，从全国情况看，教师待遇近几年有明显提高，一些省、自治区、直辖市除转发并严格执行中央的有关提高教师工资、福利待遇的文件外，还普遍制定了一些地方法规和政策，确保教师经济待遇的提高，保证了多数教师的基本工资、各种津贴、补贴及奖金、福利的兑现。如新疆自治区的5个地（州、市）公办教师的工资和各种补贴都已落实，无拖欠现象。据和田地区统计，在12个行

业中，教师的平均收入已居首位。公办教师的医疗补助和当地党政干部享受同等待遇。为了进一步改善教师的待遇，国家教委、人事部等部门正在研究分步骤实施方案及近期出台措施。

二、关于教育立法工作和贯彻义务教育法问题

近几年，根据全国人大代表、政协委员对教育立法提出的若干建议，国家教委于1989年建立了政策法规司，大力加强了这方面的工作。

为了进一步贯彻执行《义务教育法》，1989年国家教委重点抓了两项工作：(1)制订《中华人民共和国义务教育法》实施细则；(2)开展关于教育经费、教师经济待遇，中小学校舍危房改造，中小学生流失，乱收费和贯彻《中共中央关于改革和加强中小学德育工作的通知》等五项督促检查，以进一步推动全国实施义务教育的各项措施的落实。

三、关于加强学生思想政治工作

历届人大代表和政协委员都非常关心青少年的健康成长，提出了许多关于加强高校学生思想政治教育和中小学德育工作的意见、建议。1989年，全国政协教育文化委员会和北京市政协教科文卫体委员会组成的联合调查组在北京11所高校进行了为期两个月的调查，提出了“首都高校思想政治工作调查报告”。报告认为，高校教师和学生的主流是好的，思想政治工作队伍是有成绩、有贡献的。高校教育在大环境不良影响下出现的一些失误主要表现在五个方面：在办学指导思想上存在着严重忽视德育的倾向；有些高校党的组织，尤其是部分基层组织存在着软弱涣散的现象；部分高校的思想政治工作缺乏强有力的领导；在思想教育和理论教育的内容方面，无产阶级的革命原则被削弱了；高校管理工作比较松懈。

报告提出了加强高校思想政治工作的建议，主要内容有：加强教育立法，已草拟的法律、法规应尽快出台，并考虑制定《高等教育法》，在这类法规中应明确规定政治思想道德教育在社会主义教育中的法律地位；对严重损害教育事业、严重损害青少年身心健康的行径，坚决实行法律制裁；在对教育进行总体研究的基础上，制定幼儿园、小学、中学、大学上下衔接，学校、家庭、社会相互配合的《各级学校政治思想道德教育纲要》和《思想政治工作规程》；对当前人民群众和青年学生所关心的问题，特别是对一些思想扣子和疑点、难点、热点要及时给予理论上的解答，并编写出坚持马克思主义基本原理，联系社会主义实际和学生思想实际的高水平的政治理论课教材；进一步端正办学指导思想，明确思想工作在高校的地位和作用，绝对保证党的政治核心作用；要在教育立法中明确规定工业、农业、军队及各企事业单位把欢迎青年学生参加社会实践作为一种社会责任和义务。

国家教委对青少年的思想政治教育采取了一系列重要措施。对高校学生进行加强坚持四项基本原则、反对资产阶级自由化，树立正确人生观的教育；对中小学生进行热爱社会主义祖国，拥护中国共产党领导的教育；进一步全面加强并改进德育工作，明确提出了进一步建立健全中小学德育机构，加强德育工作队伍的建设，整顿、净化中小学办学环境的措施。

四、关于减轻学生课业负担，严格控制辅导材料发售问题

邵方铨等人大代表，对小学生课业负担重，辅导材料泛滥的情况提出了批评。对此，国家教委十分重视。1990年2月20日，国家教委副主任柳斌在新闻发布会上强调，各地教育部门要坚决贯彻1988年国家教委发布的《关于减轻小学生课业负担过重问题的若干规定》，把小学生的课业负担降下来，使孩子们能够全面发展，健康成长。解决小学生课业过重问题，关键在于教育部门和学校的干部、教师端正教育思想。1990年暑假前，各地要对所属小学贯彻《规定》情况进行一次全面检查，对一切违反《规定》的作法，要坚决予以纠正。

为了严格控制辅导材料的发售，国家教委办公厅于1989年5月22日发出了《关于加强教材、图书、资料管理工作的通知》，要求各省、自治区、直辖市编写的乡土教材、劳动技术课教材，以及供本省使用的各种练习册及寒暑假作业，必须经省、自治区、直辖市教材审查委员会审查通过，并报国家教委备案。各级教育部门和其它任何单位、个人，不准向学校征订、发行未经国家教委、省级中小学教材审查委员会审定或审查的各种教学参考资料，更不准与课本搭配、强行销售这类教学资料。对违反规定的出版、发行部门，教育行政部门可会同工商管理部门予以查处。

五、关于教育发展形势和深入教育改革问题

国务委员兼国家教委主任李铁映等教委负责人多次向全国人大常委会汇报教育工作并与人大代表、政协委员进行座谈，倾听他们的意见和建议。

1989年3月23日，李铁映向出席七届全国人大二次会议代表汇报了10年来我国教育事业的发展情况。一是基础教育稳步发展，到1988年，学龄儿童入学率达到97.1%，已有1326个县普及初等教育，占全国总数的66.8%；二是过去十分薄弱的职业技术教育有了较快发展，其中，中等职业技术学校的学生已有542万多人，占全国高中阶段学生的比例从1978年的7.6%提高到42.1%；三是为提高在岗劳动者的素质的成人教育得到发展，接受成人高等教育的学生达到109万多人，接受中等专业教育的学生有1112.8万人。此外多种形式的成人教育和培训也有广泛发展，特别是自学考试制度的建立和电视教育的开通，为社会上人们自学成才的愿望提供了更多的实现机会；四是基本改变了由于“十年动乱”造成的高级专门人才青黄不接的局面。现在我国高等教育培养总规模已近400万人；这10年仅普通高校向社会输送的毕业生就有324万多人，相当于建国后前30年毕业生的总和。

1989年12月23日，李铁映受国务院委托在七届全国人大常委会第11次会议上作了“关于我国教育工作若干问题的汇报”。

撰稿人　郭伯诚

审稿人　张保庆

中小学教育工作五项督导检查

1989年初，国务院委托国家教委牵头，请有关部、委参加，对全国各省、自治区、直辖市的中小学教育工作进行督导、检查。重点督导、检查各地贯彻《中共中央关于改革和加强中小学德育工作的通知》的情况；教育经费增长政策和教师经济待遇的落实情况；校舍中危房的改造情况；中小学生流失的制止情况；乱收费的纠正情况，简称“五查”。1989年4月，国家教委发出《关于对中小学教育工作开展五项督导、检查的通知》。5月26日，国家教委副主任柳斌在全国教育电视大会上讲话，具体部署“五查”工作。1989年下半年，在各地自查工作基本结束后，国家教委会同全国人大教科文卫委员会、国家计委、财政部、人事部、劳动部、国家工商行政管理局、全国教育工会等部门，先后组成18个督导、检查组，分两批对26个省、自治区、直辖市进行了抽查。

“五查”结果表明：《中共中央关于改革和加强中小学德育工作的通知》正在逐步得到贯彻。尤其是制止动乱和平息反革命暴乱后，在党的十三届四中全会和五中全会的精神指引下，经过认真反思，中小学德育工作特别是思想政治工作得到了加强和改进。各地组织传达和学习了中央《通知》的精神，19个省、自治区、直辖市召开了德育工作会议，提出了加强德育工作的要求和措施。20个省、自治区、直辖市成立了由党委和政府领导牵头，有关部门参加的德育工作领导小组或协调委员会。吉林、湖南等省在县级教育行政部门内建立党委，加强党对中小学思想政治工作的领导。省（自治区、直辖市）、市（地）教育行政部门一般都设立了德育处(科)，县教育行政部门有专人负责德育工作，规模较大的完中也都设立了德育处或在教导处内有专人负责。社区教育已在部分中心城市开展起来，其中，上海、天津市的社区教育工作成效比较突出。上海市教育督导室开展了对中小学德育工作的专项督导、评估。各地正在逐步加强德育工作队伍的建设。天津市政府下发了《关于加强中小学德育工作队伍建设的决定》，对德育工作机构设置、人员编制、人员待遇等，作了明确规定。各地试行了中小学德育大纲、德育纲要。行为规范的养成教育普遍开展，效果明显。一批学校开始重视劳动教育。上海市部分区、县建立了中小学劳动技术教育中心、生产劳动基地、社会实践基地和学生军训营地。为抵制黄色书刊对中小学生的影响，北京市投资400万元，编印了《儿童文库》、《少年文库》、《青年文库》，发到全市中小学校。在德育工作中，出现了一批先进学校，如江苏省无锡市一中、南京市雨花台区实验小学、辽宁省抚顺市望花区雷锋小学、上海市向明中学、黑龙江省牡丹江市立新实验小学等。学生中也涌现了不少好人好事。在1989年春夏之交发生动乱期间，各地中小学的干部、教师坚持四项基本原则，维护安定团结，经受住了严峻的政治考验，中小学教学秩序基本稳定。在平息反革命暴乱后，各地对中小学生普遍进行了热爱社会主义祖国、热爱中国共产党、热爱中国人民解放军的教育，对高中学生进行了形势教育。中小学德育工作已出现了新转机。但是，也有一些地方和学校对德育工作的重要性认识不够，没有始终一贯地把德育工作放在学校工作的首位，片面追求升学率的倾向依然存在。教师的政治学习和思想教育亟待加强。全社会关心和支持青少年健康成长还缺乏具体政策和切实可行的措施，中小学德育工作薄弱的状况还没有根本改变。

教育经费增长的政策基本落实。在抽查的26个省、自治区、直辖市中，1985—1988年4年中做到财政预算内教育拨款年均增长率高于同期地方财政经常性收入年均增长率的有23个，除个别年份外，各地中小学生生均教育事业费也都做到了逐年增长。北京市不仅做到"两个增长"，而且基本上做到了中小学公用经费在中小学教育事业费中所占比重逐年增长。1985—1988年，多数省、自治区、直辖市的预算内教育拨款占地方财政总支出的比例有所提高，其中吉林、海南、山西3省每年预算内教育拨款占地方财政总支出的比例都在20%以上。辽宁、海南等省在1988年遭受特大自然灾害的情况下，克服困难，不减教育拨款。地方各级政府还千方百计发动社会力量多渠道筹措教育经费。包括发动群众和厂矿企业集资、捐资办学；提高教育费附加的计征率；征收城镇职工的教育费附加；提高城镇建设维护费中用于教育的比例；建立校产和扶持学校的勤工俭学活动；建立中小学教育基金等，使预算外教育经费收入逐年增长，在一定程度上弥补了预算内教育拨款的不足。事实证明，实行以财政拨款为主，同时依靠人民群众的支持，多渠道筹措教育经费的政策是可行的。但教育经费的紧缺仍是当前存在的突出问题。预算内教育拨款在各地财政总支出的比重仍偏低，教育事业费中的公用经费比例普遍呈下降趋势。1988年与1984年相比，全国中学公用经费在中学教育事业费中所占比例由35.31%下降到23.5%，小学公用经费所占比例由24.33%下降到14.6%。部分省、自治区中小学生生均公用经费额有所下降，个别省1988年小学年生均公用经费仅有1.2元。有的县中小学教育事业费只够人员经费开支，基本上无公用经费，维持正常的教学活动有困难。

中小学教师的工资和社会福利待遇有了不同程度的提高。据"五查"中统计，有16个省、自治区、直辖市已基本落实了国家颁布的提高中小学公办教师工资待遇的各项政策，教师的工资水平有了明显提高，中小学教师队伍开始趋向稳定。10个省、自治区、直辖市做到民办教师报酬中的国家补贴部分全部或基本按时兑现。北京、上海两市已无民办教师。河北、福建、浙江、宁夏、山东、黑龙江、青海、贵州、甘肃等省、自治区政府下发了解决民办教师老有所养问题的文件，并制定了实施办法。四川省抓了扶助农村教师家庭脱贫工作，各级教育行政部门和工会直接扶助了11000多户，已脱贫的有8000多户。但是，大多数省、自治区、直辖市的中小学公办教师工资收入在当地全民所有制12个行业中还处于中等偏下水平。据20个省、自治区、直辖市的"五查"统计，只有5个省、自治区的中小学公办教职工人年均工资收入超过当地全民所有制12个行业职工人年均工资收入的平均值。城镇公办中小学教师住房紧缺，医疗费不足，子女就业难等问题还没有得到妥善解决。民办教师报酬偏低，拖欠现象依然存在。

中小学校舍危房改造工作成绩显著。大多数地方政府都把中小学校舍危房改造工作列入重要议事日程，有组织、有领导、有规划、有制度、严把质量关，发动社会力量集资建校。1981—1988年，全国用于改造中小学校舍总投资达319.2亿元，新建、翻建校舍面积2.6亿平方米，接近现有校舍总面积的50%。截止到1989年9月，全国中小学校舍中的危房比例已由1980年的17%降至4.44%，其中辽宁、浙江、上海、河北、山东、北京、河南、吉林8个省、直辖市的中小学校舍中的危房比例已降至2%以下。部分省、自治区、直辖市在基本解决"一无两有"的基础上，建造了一批标准化、规范化的学校。山东省1978—1988年的10年中，群众集资23亿元用于改建中小学校舍，新建、改建校舍140万间、2800万平方米，相当于1979年实有校舍的106%，使全省广大农村中小学校舍面貌焕然一新。在1988年12月由国家教委、财政部召开的全国筹措教育经费、改善办学条件山东现场会上，受到了国务院的表彰。人口仅450万的宁夏回族自治区，1988年投资5200万元用于改建中小学校舍，其中群众集资2600余万元，消除了“窑洞小学”。广西壮族自治区在这项工作中也做出了突出成绩。在危房改造工作中，各地进展很不平衡，有的地区程度不同地存在着“等、靠、要”思想。据全国统计，到1989年9月，甘肃、新疆、贵州、青海、海南等省、自治区中小学校舍中危房面积仍占当地校舍总面积的10%以上。“五查”中发现，中小学教学必需的实验仪器、文体器材、图书资料仍相当匮乏。1988年，全国基本配齐实验仪器设备的小学仅占学校总数的10%，中学仅占50%。进一步改善办学条件，使教学所需设备配套，还需做很大努力。

小学生流失已初步得到控制，初中学生流失率仍居高不下。近两年，不少地方中小学生中途辍学流失的人数增加。1987—1988学年度，全国城乡小学在校学生平均流失率为3.3%，初中在校学生平均流失率为6.7%，与1986—1987学年度相比，呈上升趋势。经过各方面努力，小学在校生的流失已初步得到控制，但初中在校生的流失率继续上升。1988—1989学年度全国城乡小学在校生平均流失率为3.2%，比上一学年下降了0.1个百分点。初中在校生平均流失率为7.3%，比上一学年上升了0.6个百分点。抽查的26个省、自治区、直辖市中，有18个省、自治区的初中在校生流失率高于上一学年。中小学学生流失的原因是复杂的，既有社会和家庭的因素，也有教育自身的因素。在今后相当长的时期内，应把工作重点放在严格执法，制止小学生流失方面，这是堵住新文盲，提高民族素质的重要环节。至于初中阶段，在师资、办学条件不具备，教育质量不能得到保证的情况下，高入学率必然带来高流失率，应着重在适当控制发展速度，进行教育改革，改善办学条件，加强师资队伍，在提高教育质量上下功夫。

乱收费问题有所纠正。据“五查”统计，已有23个省、自治区、直辖市的有关部门联合制定下发了中小学收费的有关规定，并向社会公布、接受群众监督。还有不少地方将不符合规定的收费立即退还给学生家长。在一些地方，高价招收计划外学生、复读生和有关部门向学校强行搭配推销各种复习资料等现象依然存在。

这次“五查”，是各级政府对下级政府教育工作的专项督导、检查，也是第一次全国规模的教育督导实践。采取了自下而上的自查与上级政府的抽查相结合，以自查为主的方法，以查促改，注重解决存在的实际问题，引起了各级党政领导和教育行政部门的高度重视。抽查结束后，各地政府在当地报纸上公布了“五查”情况。国家教委于1990年2月向国务院送交了“五查”报告。1990年6月11日国务院转发了《关于中小学教育工作五项督导、检查的报告》，对中小学教育工作提出了改进意见。6月，国家教委还通过新闻媒介发布了“五查”情况，并在《中国教育报》上全文发表了《关于中小学教育工作五项督导、检查公报》。1990年国家教委除继续完成余下的云南、江西、内蒙古3省、区的“五查”抽查外，还将开展以德育工作为重点的“五查”复查工作。

“五查”工作使各级政府对中小学教育的现状有了更加全面、准确的了解，发现了一批先进典型，明确了存在的问题和实际困难，推动了中小学教育事业的发展和义务教育的实施，推动了我国教育督导制度的建立和完善。各地反映很好，普遍认为是为中小学教育事业办的一件实事。

撰稿人　轩兴平

审稿人　郑启明

教育审计工作

为了使教育审计工作在治理整顿教育内部经济秩序、深化改革、振兴我国教育事业中更好地发挥作用，1989年教育审计工作继续贯彻执行党的十三届三中、四中、五中全会精神，围绕治理整顿和深化改革的中心任务，紧密结合教育方面的实际，在加强直接审计、查处违纪行为、建立健全审计制度、加强行业审计业务指导以及开展专题调查研究等方面都发挥了积极的作用，取得了新的进展。

一、加强年度教育审计的指导工作

(一)召开全国教育系统审计工作会议，传达贯彻全国审计工作会议精神，部署安排年度工作要点

1989年3月8日至11日，国家教委在武汉召开全国教育审计工作座谈会。29个省、自治区、直辖市及国家教委直属高等学校和部分企事业单位的代表86人参加了会议。会议期间，传达了全国审计工作会议精神，学习了李鹏总理、姚依林副总理关于“审计工作在当前治理整顿中应发挥重要作用”、“凡是有经济活动的地方，都要依法进行审计，这要形成制度”的指示；并传达了国家教委1989年工作会议精神，学习讨论了国家教委副主任邹时炎的书面讲话。会上有8个省、市及高校的同志从不同角度总结交流了1988年审计工作的经验；讨论、修改了《1989年教育审计工作要点》。《要点》提出要认真学习、贯彻党的十三届三中全会精神，继续执行“抓重点、打基础”的方针，要切实着重抓好六个方面的工作：

1. 继续推行定期审计，使委属单位逐步建立起正常的审计制度。

2. 积极开展基本建设停缓建项目跟踪审计和自筹基本建设投资审计工作。

3. 认真开展对委属单位现行财务规章制度的检查工作。

4. 加强对社会集团购买力计划执行情况的监督工作。

5. 搞好经济效益审计。

6. 积极开展专题审计调查，主动了解和及时反映教育经费管理中的重大问题或带倾向性的问题，并提出建议，为领导宏观决策服务。

《要点》最后强调：要认真学习贯彻《审计条例》，进一步加强审计工作的基础建设。与会同志一致表示，要认真贯彻落实国务院领导同志的指示和全国审计工作会议精神，在治理整顿中加强审计工作并充分发挥审计监督作用，为全面深化教育改革和振兴教育创造一个良好的环境。这次会议的召开，为在1989年内开拓教育审计工作的新局面，奠定了有利的思想基础。

(二)制定教育战线审计工作规章制度

根据国务院及审计署有关自筹基本建设投资管理规定的精神，由驻国家教委审计局起草，经过广泛征求意见，反复研讨修改，于1989年7月18日以国家教委名义发布了《国家教委关于委属单位自筹基本建设投资审计试行办法》。《办法》规定：凡国家教委及委属单位利用自有资金进行基本建设的投资，在各单位向国家教委申报年度自筹基本建设投资计划前，对自筹资金的来源及落实情况，各单位审计部门和委审计局都必须依法进行审计。

审计内容主要是：

（1）自筹基本建设项目资金是否落实，包括年度投资的落实和跨年度建设项目后期投资来源的保证。

（2）是否遵守先存后批、先批后用、存足半年方可使用等自筹基建资金管理规定。

（3）自筹基建资金来源是否正当，有无挪用教育事业费和各种按照有关规定不得用于基本建设的专项资金，以及违反规定挤占成本费用、截留国家税利，使用银行贷款或以乱收费、乱摊派、乱集资等作为自筹资金的来源。

（4）自筹基本建设项目审批是否遵守国家规定程序和批准权限；有无擅自提高建设标准和扩大投资规模问题。

（5）自筹投资建设楼堂馆所是否遵照国务院《楼堂馆所建设管理暂行规定》办理。

（6）上年未完工程投资是否按规定纳入本年度计划；是否按规定缴纳建筑税等。

（三）加强信息交流，表彰先进，推动、指导工作

1989年，驻国家教委审计局编发了《湖北省浠水县教委认真做好审计监督工作提高经费使用效益》、《北京市教育局关于普教系统中等职业技术教育投资效益审计调查的报告》等9期《教育审计简报》；组织编撰了《教育审计的实践与探讨》一书。为进一步加强对各地审计业务的指导，鼓励先进、推动工作，又于1989年10月28日发出了《关于评选全国教育系统内部审计工作先进集体、先进个人的通知》。决定于1990年第一季度内适当时间，表彰在教育系统内部审计工作中做出突出贡献的先进集体和个人。《通知》就有关评选条件和办法做了规定。

二、发挥驻部门审计机构双重领导的优势，加强直接审计工作

（一）完成审计署1989年下达的审计任务

1989年，审计署下达驻国家教委审计局直接审计项目5个，截止1989年底，已经完成直接审计项目7个，共查出违规违纪金额3489万元，其中应收缴罚没款374.65万元，已上交或抵交365.05万元，应交未交款9.6万元。此外还协助中央广播电视大学收回所属单位隐报应上交学校利润400多万元，并就上述被审计单位财、物管理和会计核算等方面存在的问题提出了改进的建议。对所审计单位审计结论和处理决定，已分别报送审计署。

（二）积极开展审计调查

1989年，审计署下达驻国家教委审计局专题审计调查项目2个，实际完成了3项。其中对武汉大学、华中理工大学校办公司情况进行专题调查和对山西省部分地（市）县1988年中央专项补助款安排使用情况的调查，均于1989年5月前完成，并分别写出题为《亟待清理、整顿、加强管理的校办公司》和《关于山西省1988年中央专项补助款安排使用情况》的专题调查报告。报告分送国家教委领导及有关司、局后，引起委领导及有关司局的重视。国家教委副主任邹时炎对两个报告分别作了批示，提请有关司局认真研究，提出意见。其中前一报告为有关司局研究治理、整顿公司和加强宏观管理提供了依据；后一报告作为经验材料载于《国家教育委员会简报》第49期，向全国介绍、推广，并抄报党中央、国务院、人大常委会和有关部门。

（三）认真完成国家教委交办的审计工作任务

1989年，国家教委向驻委审计局交办了7项任务，其中有参加财税大检查工作、清理整顿公司工作等。驻委审计局还受国家教委条件装备司的委托，首次对中国教学仪器设备公司经理进行了离任审计，历时两个月，较好地完成了任务，并锻炼了干部。

三、在各级党政部门直接领导重视下，推动了全国教育审计工作的进展

（一）机构组建工作有了新的进展

截止1989年底在全国各省、自治区、直辖市的35个教委、高教、教育厅局中，已有21个省、区、市的23个教委、高教、教育厅局建立了审计机构（含审计局派驻机构），占应建机构数的65.7%；尚未建立审计机构的省级教育主管部门有河北、福建、广西、河南、海南、甘肃、宁夏、青海、西藏等省区教委（教育厅）及上海市、广东省教育厅局。1989年内，又有一批地、县教育主管部门和高等院校克服了各种困难，建立了独立的内审机构。

（二）审计监督活动开始向纵深发展

各地报来的资料表明，1989年在加强财务管理、定期审计的同时，在审计监督内容方面拓宽了领域，使工作开始向纵深发展，取得了很好的效果。如：黑龙江省桦南县教育审计科和西北大学监察审计处狠抓了基建审计这个重点，几年来分别为县、校节省了十几万、几十万资金；辽宁大学审计处一直注意狠抓经济承包合同审计，不仅正确处理了国家、集体和个人三者利益关系，加强了学校的经济管理，保证了改革的健康进行，而且为学校增收节支了大量资金，有力地支援了教学、科研工作的发展；湖北省浠水县教委审计科，在过去几年中根据群众反映和审计中发现的问题，对于教龄津贴、遗属补助和教职工个人借款等开展了审计，不仅节省一大笔开支，收回了17万多元的借款，而且纠正了在发放教龄津贴和遗属补助中的不合理现象及违背国家现行规定的问题；黑龙江省萝北县教育局审计股在清理全县教职工借款审计中，协助财会部门收回欠款8.5万元，到1989年11月底，又审计了调离人员71人次，收回各种借款1.7万元。

（三）审计调查工作效果显著

1989年，各地教育部门的审计机构，针对教育行业中的一些重大问题和带倾向性的问题，开展了专题调查，为部门领导了解情况和决策提供了大量重要资料和依据。如山东省教委审计处一直把教育费附加征管用问题作为重点工作之一，几年来，他们直接抽查审计了8个地（市）、14个县（市）、47个乡镇，审计总金额1177万元，查出有问题金额257万元，并写出调查报告，对征管用方面的好经验、好作法，予以肯定推广，对发现的问题提出要求，使许多问题得到了及时纠正。上海市高教局审计室、吉林大学监察审计处分别对21个重点学科经费使用情况和学校大型精密进口仪器情况，开展了专项调查，也都取得了比较明显的效果。

（四）审计覆盖面不断扩大，违规违纪金额不断减少

由于不少单位在工作中坚持“一审二帮三促进”和在监督中体现服务的正确思想，因此，通过定期连续审计和专项审计，使本地区、本单位的违规违纪现象大幅度减少。如湖北省荆门市教委审计科几年来先后对所属二、三级单位实行定期审计，基本建设投资效益审计、专项资金审计和教育费附加的联合定期审计。共审计142个单位，查出各种有问题的金额771.48万元，其中压缩基建投资453.7万元，处理、纠正违纪金额60.78万元及违规金额257万元，效果很好。至1989年，违规违纪金额已经下降到0.95%，比1984年的7.7%下降了6.75个百分点。

北京市朝阳区、大兴县，天津市河北区、和平区、河西区等教育审计部门，克服人员少、任务重、工作新等困难，卓有成效的开展工作，使定期审计覆盖面达到100%。

（五）结合教育战线的实际，加强审计理论研讨工作

在不断实践的基础上，审计理论研讨工作也有新的进展。如对部门、单位审计工作的地位、作用和内审工作的优势，对教育投资经济效益审计和社会效益审计，对承包经济合同审计和对厂长（经理）任期目标离任经济责任审计，对基建审计、内控制度审计等问题

的探讨，以及如何开展大型精密仪器管理使用和专项经费的安排使用情况开展专题调查等等，并撰写论文，在有关报刊上发表，有些还被评为优秀论文而获得奖励。南开大学、华南理工大学和清华大学、北京大学等单位对电子计算机在学校审计工作的应用问题的研究，取得了可喜的成果。

撰稿人　王祖怡　崔巧珍
审稿人　高　环

教育监察工作

一、组建教育行政监察机构

根据国务院《关于监察部设置派出机构的批复》和监察部、人事部《关于监察部派出机构人员编制的通知》，监察部驻国家教委监察局于1988年7月5日正式设立。

监察局既是监察部的派出机构，也是国家教委负责内部行政监察工作的一个职能部门。监察局受监察部和国家教委双重领导，监察业务工作以监察部领导为主。监察局的监察对象是国家教委各行政职能部门及其工作人员和由国家教委任命的委直属高等学校、直属企事业单位的行政领导干部。监察局的主要职责是：协助监察部、国家教委监督检查监察对象贯彻实施国家法律法规和政策以及贯彻执行国家教委决议决定、规章制度的情况；受理对监察对象违反国家法律法规和违反政纪的检举、控告；受理监察对象不服政纪处分的申诉；调查处理监察对象违反国家法律法规和违反政纪的行为；配合监察部或有关单位调查处理教育系统重大或复杂的违反政纪的案件；开展遵纪守法、勤政廉洁的宣传教育等。监察局通过履行职责来促进国家教委机关及其工作人员清正廉洁、遵纪守法，改善和加强行政管理，提高行政效能，保障社会主义教育事业的振兴和发展。

监察局为尽快建立教育监察工作网并有效地开展执法监察和廉政建设工作，于1988年11月以国家教委名义向委属企事业单位和挂靠单位发出了《关于配备行政监察干部的通知》。转发了清华大学关于建立监察工作委员会及其暂行条例的报告和武汉大学关于建立监察处的报告，对国家教委系统内设监察机构的设置、监察干部的配备等提出了要求。1989年1月，监察局召开了京津地区国家教委直属高校、直属企事业单位有关负责同志参加的座谈会。会议传达了1988年全国监察工作会议精神，请清华大学监察工作委员会负责人介绍了组建监察机构并开展工作的情况。1989年底，监察局先后组织调查组到广州、武汉、西安、成都及京津地区，对委属19所高校组建监察机构和开展监察工作的情况进行实地调查，并给予推动促进。1989年，监察局以简报的形式分期转发了浙江省监察厅、浙江省教委要求全省大专院校设立行政监察机构的文件和四川省部分高校监察工作会议纪要（摘要）。简报指出：“教育系统，特别是省、自治区、直辖市教育部门和高等院校建立健全行政监察机构，以接替党的纪律检查机构现在不再管的那部分政纪工作，已经成为新形势的迫切需要，并且势在必行了。”

经过1988年下半年以后一年多的努力，国家教委直属36所高校全部建立了行政监察机构；委直属企事业单位和挂靠单位中，应按照《关于配备行政监察干部的通知》落实的单位全部配备了专（兼）职行政监察干部，有的还设立了监察机构。据了解，各省、自治区、直辖市教育部门中也已有监察机构22个。一支教育行政监察队伍开始形成。

二、逐步开展以廉政监察为重点的行政监察工作

监察局以党的十一届三中全会以来的路线、方针、政策为指导思想，在监察部、国家教委领导下，边组建机构，边开展了以廉政监察为重点的行政监察工作。

（一）在国家教委领导下，结合实际情况，监察局参与制定了委机关廉政建设方面的规

定、措施,并对落实情况进行了监督检查工作。为了贯彻执行《中共中央关于党和国家机关必须保持廉洁的通知》,把国家教委建设成为廉洁、高效、遵纪守法的机关,监察局协助国家教委党组制定并于1988年9月印发了《国家教委机关保持廉洁的若干规定》,《规定》对国家教委机关的各级机构和全体工作人员,特别是担负领导职务的人员,提出了必须保持廉洁的要求,并把廉洁与否作为考察干部的一项重要内容。《规定》重申:严禁机关及其工作人员经商办企业;坚决反对和抵制送礼受礼、大吃大喝、公费旅游等不良风气;必须严格外事纪律等。《规定》明确指出,对于贪污贿赂、弄权渎职、严重官僚主义等违法违纪行为,由监察局履行报批手续后立案调查。经查实后,属触犯刑律的,移交司法部门依法处理;该作政纪处分的,由监察局负责办理;该作党纪处分的,由机关纪委负责办理。为了建立并逐步健全人民检举制度,在监察局设立举报中心,接受并及时处理群众的检举、揭发和控告。9月21日,《人民日报》详细报道了国家教委制定措施、改进作风、保持清廉的消息,并向社会公布了监察局举报中心电话号码。

党的十三届四中全会以后,中共中央、国务院于1989年7月作出了《关于近期做几件群众关心的事的决定》。遵照这一决定精神,监察局配合国家教委办公厅、机关党委,共同起草和修改了关于国家教委近期做几件群众关心的事的建议,经委党组研究讨论,提出了加强廉政建设的7项措施。主要内容包括:严格控制和精简会议;严格禁止请客送礼;严格控制领导干部出国;积极创造条件,使主要委领导逐步换用国产车;进一步清理整顿公司;机关干部必须保持廉洁;建立群众性廉政监督机制。1989年9月,监察局又发出《关于调查委属院校廉政建设情况的通知》,要求各院校对本单位廉政建设情况进行自查。随后,监察局派出调查组到部分委属高校进行了检查,同时注意收集了基层对国家教委机关干部执行廉政措施情况的反映。通过书面和实地调查,对国家教委系统廉政建设情况有了一个较为切合实际的初步了解。

(二)围绕治理整顿、深化改革,监察局认真开展了执法监察工作。1988年3月至8月,根据监察部的部署,监察局和国家教委审计局对委直属企事业单位和直属高校共49个单位的5400多份涉外经济合同进行了清查,查出各类问题48个,并将其中2起万元以上贪污受贿案移交地方检察、监察部门立案查处。1988年11月,监察局依据中共中央办公厅、国务院办公厅《关于县以上党和国家机关退(离)休干部经商办企业问题的若干规定》,在调查研究的基础上,对国家教委退(离)休干部经商办企业情况提出了调整意见,经国家教委领导批准实施。1989年4月,监察局和监察部三司派人参加了中国教学仪器设备公司和中国教学仪器设备行业协会联合举办的全国普教仪器年度订货会,对端正会风起到监督和促进作用。1989年8月,最高人民法院和最高人民检察院公布了《关于贪污受贿投机倒把等犯罪分子必须在限期内自首坦白的通告》,监察部公布了《关于有贪污贿赂行为的国家行政机关工作人员必须在限期内主动交待问题的通告》。两个《通告》公布后,监察局立即协助国家教委组织了学习、宣传和贯彻落实。1989年,中共中央、国务院制止动乱、平息反革命暴乱之后,监察局除坚决贯彻执行党的十三届四中、五中全会精神,做好本局各项工作外,还派人参加了委机关干部清理、清查和考察工作。

(三)监察局把查办案件作为惩治腐败、促进廉政建设的一项重要措施。一是重视群众来信来访,注意从中发现案件线索,特别是对反映本局监察对象的问题的来信来访,做到件件有着落。二是结合教育战线的特点，对乱办班、乱收费、乱发文凭的问题做了重点查处。1988年11月，监察局印发了青海省出现乱招自费生、委托代培生情况的通报，指出这种情况的危害性，提出了4条要求：1.请各地教育部门会同监察部门严肃查处乱招生的问题，并要督促高等学校对乱招生的情况进行清理。2.对违反规定录取的学生一律限期退回，在处理方法上要考虑得仔细一些，但决不能就此认可。3.对主要责任者要按有关规定予以严肃处理，对违章内招子弟的要从严。4.各地教育部门对社会上乱招自费生、委托代培生问题的查处情况应及时报告国家教委。1989年，监察局会同委内有关司局，着重调查处理了天津市大学招收体育运动员的问题、中山大学超计划招收自费生的问题以及内蒙古自治区高等学校计划外招生失控问题，使违反国家有关政策纪律的情况得到了制止或纠正。三是开展反腐败斗争，重点查处国家教委机关和教育战线较大的案件。1988年，根据来信来访提供的线索，监察局会同监察部三司调查了中国教育服务中心北京公司一位负责人严重官僚主义失职问题；根据检举揭发和国家教委领导同志批示，监察局与中共河南省纪委共同调查了黄河大学招收研究生试题泄密问题；由中纪委牵头、监察局派人参加，调查核实了湖南财经学院一学生违法违纪案及其责任人的问题。1989年，根据群众举报，监察局会同委机关纪委、行政司组成联合调查组，调查了国家教委昌平招待所一位负责人的经济问题；根据委领导指示，监察局派出调查组，调查核实了陕西师范大学《中学教学参考》杂志社数学编辑部违章编印试题汇编及经济问题；遵照中央领导同志批示，监察局会同监察部三司、国家计委经贸司联合调查了上海交通大学“121工程”案。上述案件均已得到严肃处理，有关责任人受到了党纪政纪处分。

为了沟通教育行政监察工作的信息，交流工作经验，并利用正反两个方面的典型开展惩治腐败、推进廉政的宣传教育，监察局于1988年9月创办了《监察工作简报》，已编发8期。

撰稿人　郭锦宇　钟　燕
审稿人　郝维谦

保密工作

一、国家教委保密委员会的机构及职责

国家教委保密委员会成立于1987年1月。委员会设主任1人(由主持机关工作的委领导兼任),专职副主任1人,兼职副主任7人,分别由办公厅、机关党委、人事司、科技司、留学生司、科技管理中心、考试管理中心等单位的负责人担任。委员22人,由有关司局办公室主任兼任。委员会下设办公室,设主任1人,副主任1人。

国家教委保密委员会是国家教委党组领导下的职能部门,以做好机关保密工作为重点,兼顾指导教育系统的保密工作,其主要任务是:

(一)贯彻执行《中华人民共和国保守国家秘密法》和《中华人民共和国保守国家秘密实施办法》,制定保密规章,根据情况变化,依照法律程序,修订《教育工作中国家秘密及其密级具体范围的规定》;

(二)布置、督促、检查全委的保密工作,防止失、泄密事件的发生;

(三)协同有关部门组织追查窃密、重大失、泄密事件,并提出处理意见;

(四)总结交流经验,进行业务指导;

(五)向上级保密部门反映情况和报告工作。

二、制定教育工作中国家秘密及密级具体范围

1989年12月18日国家教委会同国家保密局发布了《教育工作中国家秘密及其密级具体范围的规定》。

教育工作中国家秘密的具体范围包括:

(一)地区(市)级以上政府教育行政部门及其所属考试机构组织的各类高等及中等教育统一考试在启用之前的试题(包括副题)、参考答案和评分标准,命题工作及其人员的有关情况;

(二)全国出国人员的选派计划、名册,国外留学人员的党务工作,来华人员计划、名册,双边和多边交流项目及协议(含备忘录),在国外留学人员中特殊人员情况及其处理意见;

(三)全国性学潮和秘密结社情况及防范、处理措施;

(四)国家批准的重大科研项目(不包括已公布的专利),高等学校的科研项目中可能成为发明的阶段成果及其研究过程中未公布的资料,国外虽有但系保密的其他科研成果及其研究过程中未公开的资料,高等学校为国防和国民经济建设的保密工程配套科研项目及其科研工作进程;

(五)尚未公布的全国各级各类学校统计数字、年度计划、发展规划。

教育工作中国家秘密的密级具体范围如下:

(一)绝密级事项

各类高等及中等教育全国统一考试在启用之前的试题(包括副题)、参考答案和评分标准。

(二)机密级事项

1.全国性学潮和秘密结社情况及防范、处理措施;

2.国外留学人员中特殊事件、特殊人员情况及其处理意见;

3.各类高等及中等教育省级和地区(市)级统一考试在启用之前的试题(包括副题)、参考答案和评分标准。

（三）秘密级事项

1.地区（市）级以上高等及中等教育统一考试前的命题工作和人员的有关情况；

2.全国出国人员的选派计划、名册和在国外留学人员的党务工作；

3.来华人员的计划、名册和尚未公布的双边和多边交流项目（含备忘录）；

4.尚未公布的全国各级各类学校统计数字、年度计划及发展规划。

撰稿人　张鸿治

审稿人　李保中

中央教育行政学院结合形势开展教育行政干部培训工作

1989年，结合制止动乱和平息反革命暴乱后的政治形势和全国教育战线深入改革的实际，遵照国家教委的指示，中央教育行政学院与国家教委有关司局联合举办了高等学校思想政治工作研讨班、农村教育综合改革实验县工作研讨班、职业技术教育研讨班、成人高等教育管理研讨班、高校法律基础课教师培训班、大学生心理咨询与心理治疗培训班、高等学校医疗卫生保健管理研讨班等。培训全国各类教育行政干部、教师等共702名，其中高教465名，普教237名。1989年中央教育行政学院培训工作的特点是：(1)紧密配合国家教委的工作部署；(2)由城市教育深入到农村教育；(3)由普通高等教育扩大到成人高等教育。

一、高等学校思想政治工作研讨班

为了配合制止动乱和平息反革命暴乱后各大学面临的清理整顿和清查工作，促进高等学校组织党员、教师、学生深入学习邓小平同志的讲话和党的十三届四中全会文件，大力加强对广大青年的思想政治教育，使之切实提高坚持四项基本原则，识别和批判资产阶级自由化的自觉性，遵照国家教委指示，中央教育行政学院和国家教委人事司、社会科学研究与艺术教育司、思想政治工作司于1989年7月28日至8月11日联合举办了高等学校思想政治工作研讨班。来自全国18个省市和中央部委所属部分高等院校的党委宣传部长、学工部长及省市教委(厅、局)政教处长、委属教育管理干部培训中心主任等120人参加了研讨班。

中共中央政治局委员、国务委员兼国家教委主任李铁映到学院看望了学员并作了重要讲话。他指出：教育的根本问题是培养什么人的问题。社会主义教育只能用马克思主义、社会主义和共产主义思想来教育青年学生。高校必须坚持社会主义方向，为社会主义服务，培养社会主义事业的接班人，这是社会主义制度决定的。高校的教职工都是教育工作者，都负有培养社会主义事业接班人的责任。高校必须加强党的领导和思想政治工作。高校思想政治工作很重要的一点是使学生有基本的马克思主义观点，了解社会历史发展的基本规律。高校必须开展对资产阶级自由化思潮的批判。国家教委副主任何东昌在研讨班开班典礼上就这次政治动乱和反革命暴乱的性质、根源、严重性和不可避免性作了深刻的阐述，要求将思想认识统一到党的十三届四中全会和邓小平同志讲话的精神上来。

为了帮助学员剖析资产阶级自由化的主要观点，深刻认识这次政治动乱和反革命暴乱的根源和性质，研讨班邀请了中国人民大学和北京大学一些著名专家学者作了“社会主义时期的阶级斗争问题”、“坚持改革的社会主义方向”、“树立正确的民主观”、“坚持集体主义的价值导向”、“文艺界资产阶级自由化的表现及其危害”等专题报告。联系高校的实际，组织学员对下列五个问题进行了深入的讨论：(1)近几年来，有哪些资产阶级自由化观点对青年学生影响最深，如何深入开展坚持四项基本原则，反对资产阶级自由化的教育？(2)当前，如何组织学生学好四中全会文件和邓小平同志的讲话，提高认识，统一思想，做好学校的清查工作？(3)改革开放以来，高校思想政治工作面临着哪些新的情况，如何分析大学生的思想特点，有针对性地开展工作？(4)近几年来，高校思想政治工作有哪些深刻教训应当吸取，有哪些新鲜经验值得肯定，新中国成立后，高校思想政治工作有哪些优良传统需要发扬？(5)高校如何建设一支强有力的思想政治工作队伍？当前应该着重解决哪些问题？

在学习、研讨的基础上，学员们结合实际，撰写了几十篇具有较强现实意义的文章，如《高校思想政治工作的反思》、《简析高校思想政治工作的薄弱点》、《赵紫阳是怎样削弱党的思想政治工作的》、《要加强高校思想教育课的建设》、《对大学生进行国情教育刻不容缓》、《加强法制教育，抵制无政府主义思潮》、《帮助大学生跨越道德生活的“迷茫地带”》、《总结经验教训，加强高校思想政治工作》等，并先后在报刊发表。

国家教委副主任滕藤在研讨班结业典礼上作了重要讲话。他说，当前要抓住有利时机，帮助学生解开思想扣子。今后要把思想政治工作纳入高校正常的教学计划，要理直气壮地宣传马克思主义基本原理。同时要把马克思主义理论教育同形势政治课、德育课、党团组织生活和政治学习等有机结合起来。把思想政治教育与学校的严格管理结合起来。既要坚持党的思想政治工作的指导思想和原则，又要不断改进工作方法，发扬我党长期以来形成的思想政治工作的优良传统，在新的历史时期不断总结探索，走出一条新的路子来。

二、农村教育综合改革实验县工作研讨班

为推动农村教育综合改革，中央教育行政学院与农村教育综合改革实验办公室从7月17日至8月5日联合举办了农村教育综合改革实验县工作研讨班。全国115个农村教育综合改革实验县的主管教育工作的县长、教委主任或教育局长共210人参加了研讨班。

研讨班以党的社会主义初级阶段理论为指导，认真学习了党的十三届四中全会文件和国务院将要发布的《中国教育发展和改革纲要》的有关精神以及教学和教育理论等基本知识。同时，贯彻理论联系实际的原则，从我国当前农村教育的实际出发，把学习理论与总结经验、研讨问题紧密结合起来。

在研讨班上，国家教委副主任何东昌传达了十三届四中全会精神；国家教委副主任王明达作了《积极实施燎原计划，推进农村教育改革深入发展》的报告；国家教委副主任柳斌作了《关于当前基础教育的几个问题》的报告；农业部长何康作了《我国当前农村经济形势和农村发展战略》的报告；国家科委副主任蒋明宽作了《关于“星火计划”》的报告。国家教委有关司局负责同志和专家分别作了农村职业教育的改革与发展、关于农村教育改革实验县的电教、体卫工作以及外国农村教育的改革与发展等专题报告。

通过学习，学员明确了深化农村教育改革，就是要把农村教育综合改革实验县变成实施“燎原计划”的示范县，通过推广农村教育改革的先进典型经验，推动教育改革的深入，为“燎原计划”的全面实施打下基础，以促进农村经济、社会的发展。学员们认为，实施“燎原计划”决不是单纯推广实用技术，而是通过改革和发展农村各类教育，立足于全面提高劳动者的思想、品德、文化技术素质，促进农村社会主义建设，这是开展农村教育综合改革实验的总目标。其总任务是以“教育必须为社会主义建设服务，社会主义建设必须依靠教育”为指导思想，全面贯彻党和国家的教育方针，端正教育思想和办学方向，使农村教育主要为当地经济和社会的发展培养人才，兼顾向高一级学校输送合格生，以克服片面追求升学率的错误思想。要针对农村教育存在的弊端，改革教育思想、结构、内容、方法与管理体制，实行“三教”统筹与农、科、教统筹，提高教学质量与办学效益，逐步形成教育与经济、社会发展互相促进的机制。

为了进一步总结经验，打开学员思路，按照国家教委要求，研讨班组织学员到北京市昌平县5个教育先进点和河北省的南宫、安平两地实地参观考察。在参观考察的基础上组织学员交流经验。河北省介绍了农村教育改革的情况；吉林省介绍了“改革初等教育，使其在农村发挥更大的作用”的经验；安徽省滁县地区介绍了“大力发展职业技术教育，为全区经济建设和社会服务”的经验；广东省雄县介绍了“依靠教育，改革教育，推动南雄经济发展”的经验；湖南汨罗市介绍了“大力发展职业教育，为本市经济建设培养对路人才”的经验；甘肃省庆阳地区介绍了“发展职业技术教育，促进老区经济建设”的经验。这些经验概括起来是：（1）省、地、县领导对教育综合改革十分重视，把教育综合改革看成是科教兴农的重要保证；（2）方向对，路子正，教育思想明确，坚持教育为当地社会发展和经济建设服务的方向，与当地人民致富脱贫直接联系起来；（3）进行农、科、教统筹与普教、职教、成人教育统筹这种全方位的教改总体设计模式，结合本地实际，具有鲜明特色；（4）促进当地精神文明与物质文明建设，为农业现代化提供了充分的条件。特别是河北省安平县北郭农中，经过30多年办学经验的积累，在办学思想、办学模式与办学方法上都具有自己的鲜明特点，取得了显著的社会效益。这些经验对于中国农村教育如何办这个大课题，具有重要的理论与实践价值。

中共中央政治局委员、国务委员兼国家教委主任李铁映专程到中央教育行政学院看望学员并讲了话。他指出，党的十三届四中全会以后，教育必然受到更大的重视，能够更快地发展，改革开放仍将继续指引教育事业的发展。今后农村教育在农村经济建设的要求下必然面临一个大发展的趋势。在农村教育综合改革中，大力发展职业技术教育，占有突出的地位。要在初中、小学就开始引进职业教育成分。把文化教育与技术教育适当结合起来，把教育与当地资源和农村经济发展的需要结合起来。各方面的教育改革措施，都要围绕提高当地劳动者素质这一主要任务，通过教育思想、观念、结构、内容、方法和管理体制等全方位的改革，使教育与当地经济建设和人民幸福更密切地联系起来，改革当前教育发展中存在的种种弊端。他强调指出，各级党政干部，尤其是主要负责同志必须责无旁贷地抓好教育工作，并把这作为一个成熟的马克思主义者的重要标志。实验县要积极为全国农村教育改革探索一条适合我国国情的发展模式。各位县长都要当好教育县长。

在结业典礼上，80多岁高龄的原教育部副部长、中央教育行政学院第一任院长董纯才向各实验县赠送了《中国大百科全书》教育卷，以表示对这一非常光荣，非常有意义的开拓性工作的关心和支持。

在开办农村教育综合改革实验县工作研讨班的同时，举办了职业技术教育研讨班，各省市教委职教处长在一起研讨了职业技术教育改革与发展问题。

三、成人高等教育管理研讨班

中央教育行政学院于9月20日至10月10日举办了第一期成人高等教育管理研讨班。学员为来自全国24个省、自治区、直辖市的职工大学、业余大学、管理干部学院、教育学院、成人教育学院、电视大学及教育行政部门和普通大学的成人教育部门的校院长、党委书记、教务处长等共70人。

研讨班以党的十三届四中全会精神为指

导思想，认真学习成人高等教育管理的理论，交流成人高等教育管理改革的经验，研讨如何深化改革，提高成人高等教育的教学质量和办学效益。

研讨班认真学习了中央有关文件和李铁映、何东昌、滕藤同志在高校思想政治工作研讨班上的讲话，国家教委成人教育司负责同志作了《关于我国成人教育改革和发展若干问题》的报告，有关教授、专家作了《关于当前国际成人高等教育的发展与改革》、《校长的管理职能》、《教育与经济、政治的关系》、《高等教育管理》等专题报告，首都钢铁公司教委介绍了企业成人高等教育管理的经验。国家教委成人教育司专门召集了座谈会，听取了有关成人高等教育工作的意见，解答了有关问题。

学员在学习理论、交流经验与深入研讨中，深刻认识到成人高等教育在社会主义现代化建设中起着普通高等教育无法替代的重要作用。10年来我国成人高等教育事业有了很大的发展，为各行各业培养了大批急需的专门人才，各地成人高等院校在办学中积累了许多成功经验。学员们认为，从各级教育行政部门到成人高校都需要在总结经验的基础上，制定与完善各项政策措施，深化成人高等教育的管理体制改革，改善外部环境和内部机制，增加办学活力，突出成人高教的特色，发挥针对性强、实用性强、专业设置灵活、办学形式多样的优势，进一步搞好成人高等院校建设，以推动我国成人高等教育的进一步发展。

撰稿人　柴玉彬

审稿人　来汉宣

教育管理干部培训

一、大力加强中小学校长培训工作

(一)调查研究，制定并下发中小学校长培训文件

1989年，中小学校长培训工作得到高度重视并获得新的发展。国家教委确定了由国家教委人事司负责管理此项工作，改变了一段时期以来存在的全国中小学校长培训工作无对口机构进行宏观管理的状况。

国家教委人事司首先对全国中小学校长培训工作的现状进行了调查。调查结果表明，自教育部1982年发出《关于加强普通教育行政干部培训工作的意见》后，各级教育行政部门采取多种形式，积极开展中小学校长培训工作，提高了这支队伍的政治觉悟和工作能力，中小学校教育与管理工作有所改善。但从全国中小学校长队伍的整体上看，其政治、业务素质还不能适应基础教育事业发展和深化改革的需要。现职校长中的大多数同志是从教师队伍中走上领导岗位从事管理工作的，任职年限较短，缺乏系统的马克思主义理论知识和管理理论与经验。以山东省为例，1988年底，全省在职中小学校长中有65.3%是1983年以后任职的，有76.5%未参加过任何形式的培训。即使是在校长岗位上工作时间较长、经验丰富的老同志，在改革、开放时期也面临着根据形势发展的需要重新学习、更新知识的问题。针对上述情况，需要进一步搞好中小学校长培训工作，积极推进这支队伍的“四化”建设。

在广泛调查研究、多方听取意见的基础上，1989年12月，国家教委发出了《关于加强全国中小学校长培训工作的意见》，其主要内容是：

培训的目标和要求：争取用3至5年时间将全国中小学校长轮训一遍，并逐步建立起比较完善的中小学校长培训制度。通过培训，要求大多数中小学校长的政治、业务素质得到较大提高，能够具有一定的马克思主义理论和政治素质，自觉地坚持四项基本原则和社会主义办学方向，反对资产阶级自由化，正确理解和贯彻执行党和国家的教育方针，确立正确的教育思想，掌握教育基本理论和学校管理知识与方法，基本适应学校办学、育人以及基础教育改革与发展任务的需要，还应通过长期努力，培养一批具有较高马克思主义思想水平和丰富管理经验、办学卓有成效的中小学教育专家。

培训的内容与方式：开展岗位培训，是中小学校长培训工作的重点。要求中小学校长按照岗位职务规范标准，学习马列主义、毛泽东思想基本原理、中国社会主义建设基本问题，党和国家的教育方针、政策、法规，教育基本理论，学校管理知识与方法等内容。在培训过程中，做到理论联系实际，按需施教，学用结合，注重实效。中小学校长的岗位培训，以业余、自学、短期脱产为主，有组织地配合高质量的辅导；对已经过岗位培训或已较系统地学过教育管理知识的校长，以多种方式开展继续教育；对文化程度尚未达到规定要求的校长，采取多种方式支持他们学习教育管理专业或进行专业证书培训，还要利用卫星电视教育手段。

培训的主要措施：（1）中小学校长培训工作及校长素质提高情况，列为考核、评估各级教育行政部门领导水平、工作实绩的基本内容之一；（2）中小学校长培训工作所需经

费、教学设施等，列入地方教育事业发展计划，地方核定的教育事业费、教育附加费以及中央拨给的师资培训专项经费中，应有一定比例用于培训中小学校长工作；（3）国家教委将制定和发布中小学校长岗位规范和岗位培训指导性教学计划，并组织力量编写中小学校长岗位培训系列教材；（4）中小学校长参加较系统培训的成绩，存入本人档案，与工作实绩一起，作为其被考核、任用、晋级的重要依据之一，对将任校长职务的，先进行岗前培训，并经考核合格后，再上岗任职。

（二）组织中小学教职工学习党的十三届四中全会文件

国家教委于1989年7月4日发出《关于认真组织中小学教职工学习四中全会公报等文件的通知》。《通知》要求各级教育行政部门积极组织中小学管理干部、教师和职工认真学习有关文件，通过学习，深刻认识春夏之交的政治动乱和反革命暴乱的性质及其产生和发展的原因，澄清是非，统一思想，提高觉悟。认识关于“一个中心、两个基本点”的党的社会主义现代化建设的基本路线。要求中小学校长、教师在认真学习的基础上，帮助、教育学生了解并认清暴乱、动乱的事实真相，并通过各种活动，积极宣传党的方针、政策，用自己与党中央保持一致的言行教育学生、影响社会。要求学校积极开展教书育人活动，注重对中小学生进行有效的思想品德教育、爱国主义教育、艰苦奋斗教育以及热爱中国共产党和社会主义的教育，促进学生德、智、体全面发展。

（三）组织中小学校长收看学校管理电视讲座

1989年6月，国家教委办公厅发出《关于征集各地中小学学校管理先进经验的通知》，确定了北京四十一中、北京看丹小学、北京实验一小、上海七一中学、上海实验小学、天津一中、天津吉林路中学、天津月牙道小学、南京师大附中、南京琅琊路小学、湖北武昌实验小学、辽宁大连瓦房店三十五中、安徽马鞍山二中、福建福州师范一附小为首批总结先进经验的学校，并要求学校所在地区教育行政部门协助学校紧紧围绕“如何办学育人”的主题总结经验。

1989年11月16日，国家教委利用中国教育电视台正式开播了上述14所管理与改革搞得好的中小学的典型经验，并为此发出《关于组织中小学校长收看学校管理电视讲座的通知》，要求各地组织中小学校长收看讲座。《通知》指出，这些经验的共同特点是，努力以正确的教育思想为指导，搞好学校的管理与改革，因而在办学育人方面取得了较明显的成效。中小学校长学习上述先进经验，要与总结本校经验相结合，以邓小平同志和党中央、国务院关于我国发展基础教育的一系列指示精神为指导，对本校管理与改革的实践进行一次认真的回顾与总结，从而进一步坚定正确的政治方向，端正办学的指导思想，努力把中小学教育从“升学教育”的轨道转到为全面提高未来公民素质打好基础的轨道上来。

讲座播出后，许多省、市利用卫星电视地面接收站、放像点，采取多种方式组织中小学校长收看，仅湖北省就有13000多名中小学校长收看。各地普遍反映，这次学校管理电视讲座方式灵活，内容丰富，既有理论知识，又有经验介绍，既能为实际工作提供依据和途径，又能从理论上提高认识，直观生动，针对性强，效果明显。

（四）建立国家教委中学校长培训中心

为进一步提高中学校长的素质，推动我国基础教育事业的改革与发展，国家教委于1989年10月7日发出通知，决定建立国家教委中学校长培训中心（设在上海华东师范大学），作为我国培训重点中学校长的重要基地。其主要职责是：

1.根据国家教委关于教育管理干部培训的总体规划和要求，主要以短期脱产研修方式培训中学校长，安排其学习党和国家的教育方针、政策、法规以及教育理论、学校管理科学等知识，并组织专题研究，总结经验和进行有关国际交流活动，从而树立正确的教育思想和教育要“三个面向”的观念，掌握学校管理科学及其它有关必要知识，在各地逐步形成一支中学教育改革和管理科学化的带头人队伍。

2.较系统地组织有关中学管理方面的科学研究，汇集国内外有关信息资料，编写培训教材和参考资料，积极为各地提供教学、研究成果以及教学示范和信息咨询等多种服务，沟通中学校长培训业务的交流，大力促进我国中学领导干部队伍的建设。

二、继续抓好高等教育管理干部培训工作

1989年，高等教育管理干部培训工作在已往的基础上又有新的发展。

截止到1989年底，中央教育行政学院和国家教委分设在6所师范大学的各大区教育管理干部培训中心，以及设在天津大学的高等工程教育管理干部培训中心共举办各种类型培训班近40期，培训教育管理干部约3000人。

在培训工作中，坚持政治培训与业务培训并举，在开展教育管理理论培训的同时，加强了马克思主义政治理论的教育。1989年6月30日，在北京平息反革命暴乱后，国家教委人事司发出通知，要求各教育管理干部培训基地积极行动起来，认真学习和坚决贯彻中央有关精神，抓好自身建设，并调整办班计划，使干部培训工作与政治斗争紧密结合起来。7月28日至8月11日，在中央教育行政学院举办了高等学校思想政治工作研讨班，来自全国90多所高校和部分省、市教育行政部门负责思想政治工作的同志参加了学习。研讨班通过学习邓小平同志的重要讲话和党的十三届四中全会文件，剖析资产阶级自由化的主要观点，认识动乱和暴乱的根源与性质，总结高校思想政治工作的经验教训，取得了许多成果。学员撰写了70多篇论文，其中一部分在《光明日报》刊登，在社会上产生了较积极的影响。随之，其它各干训中心也相继举办了同样类型的政工班。

在培训形式上，除继续举办原开办过的高校政工管理班、高校教务管理班、高校后勤管理班、教育外事工作人员培训班等专业进修班及各种讲习班、研讨班、高等教育管理专业本科班、第二学士学位班等外，还试办了教育管理干部岗位职务培训班。如华东教育管理干部培训中心受上海市教卫党委的委托，举办了上海高校总务处长首期岗位职务培训班。组织学员在一年时间内，采用自学、业余为主，每周脱产学习一天的形式，学完了以岗位知识规范为依据开设的4门课程，即心理学(包括普通心理学、社会心理学和管理心理学)、教育经济学、现代管理科学基础、高校后勤管理概论。完成岗位培训任务后，47名学员获得了岗位职务培训合格证书。另外，华东教育管理干部培训中心还开办了高校教务处长岗位职务培训班。又如华北教育管理干部培训中心受国家教委考试管理中心委托，举办了考试管理干部岗位职务培训班。培训班对象为各省、自治区、直辖市招生办正、副主任。教学科目主要有：标准化考试、教育统计学、计算机初步、组织管理学、光电阅读器初步、专题讲座。其他培训中心也分别举办了教育管理干部岗位职务培训班，为探索在教育系统如何开展干部岗位职务培训积累了经验。

撰稿人　季明明　宋永刚

审稿人　陈文博

培训在职机关干部

为了正确理解和贯彻执行党的十一届三中全会的路线和方针、政策，提高干部的马克思主义理论水平和工作能力，原教育部党组于1980年决定成立机关干部培训班，负责培训在职党员司处级干部及后备干部。经过调整后，目前更名为党训班，归国家教委机关党委直接领导。

截止到1989年底，干部培训班已先后举办了3期轮训班，1期培训班（1年），9期进修班，每期4—5个月左右，共培训了机关及直属单位在职党员领导干部和后备干部257人。

干训班是根据中央国家机关党委关于加强国家机关党员领导干部的马克思主义基本理论教育，扩大中央党校的培训范围，依靠中央党校的教学力量，加快培训进度的精神成立的。国家教委干部培训班在组织上，是中央党校国家机关分部的组成部分；教学上，执行中央党校教学计划、学籍管理规定。国家教委机关配备了专职人员，加强培训班的组织领导、教学管理与教学辅导。

培训班的主要学习内容，以研究我国社会主义建设的路线方针和实践中的重大理论与现实问题为中心，学习马克思、恩格斯、列宁、毛泽东、邓小平的经典著作，学习党的建设具有中国特色的社会主义的重要文献。重点学习马克思主义哲学、政治经济学基本原理；根据新形势下的方针政策，在课程设置上有所侧重和调整。同时，鉴于国家教委培训班的对象，系不同层次的教育管理干部，因而每期教学计划安排了一定的教育理论和教育方针的学习内容，加强了调查研究活动，即每期选择不同城市和地区，利用半月左右时间，深入实地调查研究经济、教育发展状况，学习各地不同的改革及工作经验，加深对所学理论的理解。

培训班的教学力量，主要是由中央党校的各专业教授（教师）进行录音授课和一定的面授辅导；学习教育理论与方针政策时，由教育部门有关领导作相应的形势、政策报告和教育专家讲授教育理论。

培训班的学习方法，以自学为主，读原著为主；在单元（专题）结束前，有一定时间进行综合讨论；以撰写论文形式进行毕业考试，经中央党校国家机关分部评卷，自1982年起考试合格者均发给中央党校毕业证书。

撰稿人　庄益群
审稿人　王光义

高等学校档案工作

1989年10月10日，经国家档案局会签，国务委员兼国家教委主任李铁映签署了国家教育委员会第6号令，发布施行《普通高等学校档案管理办法》（以下简称《办法》）。

《办法》是我国建国以来发布的第一个关于高等学校档案工作的综合性法规文件，是《中华人民共和国档案法》在高等学校贯彻执行的具体表现。它标志着我国高等学校档案工作进入“依法治档”的新的发展阶段。

《办法》分总则，领导体制和机构设置，高校档案工作人员，经费、库房和设备，文件材料的归档、移交和接收工作，档案管理，档案的利用与开放，考核、奖励与处罚，附则等9章，计48条。

其主要内容如下：

1.规定了高校档案机构的设置、基本任务和档案馆的性质。

《办法》指出：高校档案工作是办好学校的重要基础工作之一。各高等学校应建立综合档案室或档案馆。高等学校档案馆属事业单位档案馆。它既是学校档案工作的职能管理部门，又是永久保存和提供利用本校档案的科学文化事业机构。

2.提出了关于高校档案工作人员编制、经费、库房和设备等条件的基本要求。

《办法》指出：高校档案工作人员列入学校事业编制。高校档案工作所需经费，应单独立项，列入学校预算，统筹解决。高等学校必须为档案部门提供专用的、符合档案管理要求的档案库房。应有计划地为档案部门配置复印、录音、照像、录像等设备，逐步实现电子计算机管理与档案缩微化。

3.划分了高校文件材料的归档范围。

《办法》规定高校文件材料的归档范围为党政管理、教学、科研、基本建设、仪器设备、产品生产、出版物、外事、财会等9类。归档文件材料包括纸质、照（胶）片、录像（录音）带等各种载体形式。

4.明确了高校档案的归属。

《办法》指出：高校档案原则上由各校档案部门永久保管。高校中的个人在其从事教学、科研、党政管理等职务活动中形成的文件材料，必须按照规定向本校档案部门移交，任何个人不得据为己有。对于个人在其非职务活动中形成的文件材料，高校档案部门可通过征集、代管等形式进行管理。

5.规定了高校档案的利用办法及向社会开放档案的范围和基本要求。

《办法》指出：高校档案馆应按照规定向全校和社会开放档案。高校综合档案室所保存的档案，主要供本校利用。

国家教委办公厅起草了《关于制订〈普通高等学校档案管理办法〉的说明》，并在《学校档案》杂志1990年第1期上发表。

撰稿人 海 滨

审稿人 马樟根

1989年公文工作情况

1989年国家教委办公厅贯彻国务院办公厅召开的全国政府系统公文处理工作座谈会精神，结合国家教委机关实际情况，制订了《关于压缩文件提高公文质量的意见》，于4月30日下发各司局和直属单位执行。

1989年的文书工作着重抓落实《意见》中提出的各项要求，取得了成效。

一、压缩文件，发文数量有所下降。经过层层把关，严格办文程序，对可发可不发的公文做到坚决不发；对凡能用便函、口头交办或其它方式处理问题的，坚持不行文；对一般批复件改用格式公文。经过大力压缩，1989年以国家教委、教委办公厅和业务司局名义发出的正式公文共6874件，比1988年少发1924件，减少了27%。

二、层层负责，公文质量有了提高。办公厅要求各单位按照国务院办公厅发布的《国家行政机关公文处理办法》的规定，认真草拟文稿，力求做到情况确实，观点明确，条理清楚，文字通顺，篇幅简短，书写工整；要求各单位层层把关，人人负责，重要文件要由领导干部亲自动手或亲自指导起草；要求各级领导在核稿时，注意把好五关（行文关、政策关、协调关、文字关、格式关），凡需要会签的文稿，必须送有关单位会签或进行协商，防止政出多门。文稿经主管同志签发后，文书部门在文件印制过程中，还要严格核稿，拾遗补缺，把好最后一关。为了促进公文质量的提高，办公厅还不定期地在委机关内部刊物上进行公文评述。经过层层严格把关，1989年教委发文、办公厅发文和司局的重要文件，均能达到要求的质量，基本符合公文格式。

三、提高工作责任心，办文速度加快。根据有关文件的规定，办公厅要求在办理公文中提高工作效率。对中共中央、国务院或中央领导同志批交办理的文件，均在一周内作出答复，特急件通常在当天办理完。对各地区、各部门、各学校要求答复的来文，一般做到按时答复，不能如期答复的，向来文单位作了情况说明。各单位建立了公文催办的制度，做到件件有交待。

同时采取措施加快了文印速度。如1989年全国人大代表、政协委员对教育方面的提案有500多件，对提案的答复意见，随时送来随时打印，比1988年提前一个多月打印完毕。1989年打字室完成879万多字的文印任务。委机关印刷厂全年共拣排606万多字。

四、举办文书工作学习班，提高干部办文质量。办公厅于5月下旬举办了第一期为期一周的文书处理学习班，培训委机关各业务司局办公室主任。学习班授课共分六讲，其中文书处理及公文写作知识部分占四讲。题目是：办公室如何做好公文处理工作；公文写作知识；文书处理中常见弊病及应注意事项；文件的催办要求和程序。分别由办公厅副主任和文书处长主讲。学习方法是讲课与讨论相结合，辅以公文实例展览。结业时要求学员结合所学知识，运用到实践中去。

五、建立公文发布制度。国家教委正式公文原有3种，即：国家教育委员会文件、国家教委办公厅文件和司局发文（用“中华人民共和国国家教育委员会”信笺纸印）。从3月份开始，增加了“中华人民共和国国家教育委员会令”一种。凡经国务院批准，授权国家教委发布的行政法规或国家教委根据法律、行政法规的规定，在职权范围内发布的法规，均由委主任签署发布令。1989年国家教委共发布了6号令。

六、办公厅编排了《教育类公文主题词表》。按照国务院办公厅关于公文要标注主题词的要求，从3月份开始，对上报党中央、国务院的正式公文均标注主题词，从5月份开始，所有以国家教委或教委办公厅名义下发的公文也一律标注了主题词。与此同时，于6月份编排出《教育类公文主题词表(试用)》。这个主题词表是《国务院公文主题词表》的补充，属自由码区，分十一类。计：(1)高等教育；(2)基础教育；(3)职技教育；(4)成人教育；(5)师范教育、民族教育；(6)体育卫生、科技；(7)计划建设、财务；(8)学生管理、学位；(9)外事；(10)文书处理、综合；(11)直属高等学校。经几个月的实践，现共收216个主题词。将在进一步充实完善修订后，扩大试行。

一年来还按照国家技术监督局发布的《国家机关公文格式》标准，对委发公文格式作了进一步改进。如发文字号改按"机关代字、发文年度、发文顺序号"的次序排列，使公文更加规范化。

撰稿人 陈 陵

审稿人 张保庆 马樟根

10年来的人民来信来访工作

党的十一届三中全会以来，党中央、国务院进一步明确信访工作作为联系人民群众的重要渠道。原教育部于1978年在办公厅设置了信访处。主要任务是：负责受理教育系统师生员工和人民群众的来信来访；办理中央领导同志交办的信访问题和其他部委转交的信访问题；检查和指导全国各级教育部门的信访工作。截止到1989年的10年内，信访处共受理群众来信59.5万件；接待群众来访5.7万多人次，妥善处理了100多起集体上访。

一、近10年来信来访涉及的主要问题和特点

（一）落实政策，解决历史遗留问题。党的十一届三中全会提出了要为建国以来历次政治运动中的冤、假、错案落实政策，解决历史遗留问题。反映这方面问题的群众来信来访数量很多。其中有：60年代初期精简回乡参加生产劳动的教职工，来信来访要求复工复职；60年代初期撤并下马的中专学校的学生，按原教育部有关文件补发学历证明后，许多在农村务农的人员还要求安排工作。党的十三大以后，截止到1989年要求解决历史遗留问题的来信来访显著减少，仅占来信来访总数的2%左右。

（二）工资福利问题。主要是中、小学教职工要求提高工资和福利待遇，解决住房困难和医疗费偏低等问题。也有部分教职工要求解决离休、退休后的政治、经济待遇和家属"农转非"等。

（三）民办教师的问题。占国家教委信访量的10%左右。要求提高民办教师地位，解决与公办教师同工同酬，民办转公办以及老有所养问题。随着民办教师政策的不断完善，民办教师来信来访数量逐渐减少。

（四）职称评定问题。大多数是中、小学教师反映符合规定条件，评不上相应职称，以及要求纠正评职中存在的一些不合理现象。

（五）招生和毕业分配问题。一些全日制普通中等专业学校、高等院校和各级各类的成人业余中等、高等学校，在历年的招生工作中，由于各种原因未被录取的考生，要求解决入学问题；以及有些学生入学后要求解决学习、生活、学籍管理和毕业分配等方面的问题。曾有一度不少群众来信来访，要求纠正地区或部门在发展成人业余教育中，乱招生、滥办班，不顾办学质量问题。

（六）学历问题。由于各种历史原因，一些干部群众要求补发同等学历证明，也有一些违反计划招生的"专修班"、"培训班"和业余教育的学生要求承认学历问题。

（七）教育教学方面的问题和建议。一是反映要加强中、小学和大、中专学校学生的思想政治教育，培养学生德、智、体、美、劳全面发展；二是对教学方法、教学内容和教学管理方面存在的问题提出批评和建议；三是各行各业的干部、群众和国外友好人士，对发展我国教育事业提出许多好的建议。

（八）校舍设备问题。如中、小学校舍、场地被挤占，校舍危房亟需解决，以及要求增加和更新教学仪器、实验设备等问题。

（九）批评检举。对党政机关中的一些不良现象提出批评意见，揭露个别教育行政部门和学校的领导人以权谋私，搞不正之风等问题，并要求严肃查处。

（十）一些教职员工在工作中、日常生活

中遇到的各种需要组织排忧解难的问题。

二、对群众来信来访中提出的问题的处理情况

10 年来，信访处坚持全心全意为人民服务的思想，围绕党的中心工作，认真处理人民信访中提出的问题和要求，努力为教育事业的发展和广大师生员工服务。

(一)认真处理初信初访。对人民群众来信及时登记，认真阅信，根据来信的不同内容和情况，按照“分级负责，归口办理”的原则，及时转交有关业务司局或地方有关部门处理。做到件件来信有着落，有结果。对来访群众主动热情，文明接待，耐心听取申诉。对咨询性质的问题和按政策不能解决的问题，做好宣传解释工作。对上访群众的合理要求，除认真负责地落实到有关部门处理外，并督促检查办理情况。对来信来访中的重要问题，及时向领导反映，发函交地方有关部门调查处理。认真解决和妥善处理群众信访中的合理要求与实际问题，努力减少重信重访，提高工作效率和工作质量。

(二)反映社情民意，为领导提供有价值的信息。处理来信来访注意分析研究，筛选信息，以信访摘报、简报等形式进行综合或专题反映，为完善教育政策和宏观决策，扩充信息来源。10 年来，信访处对重要信访问题编发信访摘报、简报上千件，有关领导曾作过多次批示，使有关政策不断完善，不少问题得到妥善处理。

(三)重视对重点信访问题的落实处理工作。对上级领导交办的重要信访问题，对群众来信来访中的较重大问题，疑难案件和典型案例，立案后交由有关地方或部门处理的，抓紧催办、检查和落实，直至处理结案。10年来信访处共收到地方有关部门上报重要信访的处理结果 3900 件，结案率在 75%以上。

三、对教育系统信访工作进行检查指导

为了加强信访工作，解决群众越级写信或上访的数量过多问题，1982 年 5 月，信访处在京召开了 10 省教育厅、局办公室主管信访工作的主任和信访工作负责人会议。认真学习了 1982 年 3 月第三次全国信访工作会议文件，结合10省来信来访数量较多的情况，研究了把群众要求落实政策方面的信访解决在基层的问题。并向与会同志交办了经常滞留在京的 33 名上访人员的案件。

1987年 5 月，国家教委办公厅又在重庆召开了各省、自治区、直辖市及计划单列市教委、高教局、教育厅(局)办公室主任会议。四川省教委在会上介绍了做好信访工作的经验和体会，国家教委信访处负责同志在会上介绍了处理人民来信来访的工作情况，讨论了《关于加强信访工作的几点意见》稿。会后由国家教委办公厅下发。《意见》进一步明确了新时期教育部门信访工作的主要任务。要求各级教育部门和行政领导：要提高对信访工作的认识；进一步加强对信访工作的领导；要正确理解和贯彻“分级负责，归口办理”原则；各级信访机构的设置与人员配备要与当前信访工作的任务相适应；要提高信访工作人员的素质。

1988 年，国家教委办公厅为了交流办案情况，互相学习办案经验，转发了山东省信访局认真处理60年代初撤并的中专学校回乡学生，补发学历后要求工作的办法和意见，要求各省、自治区、直辖市教育行政部门参照执行。

四、1989 年的信访工作

1989 年，继续坚持全心全意为人民服务的指导思想，围绕党的中心工作，认真处理群众在信访中反映制止动乱，加强党的领导和马克思主义教育的意见和要求，为稳定社会秩序和教育事业的发展服务。全年共处理群众来信 29708 件，接待群众来访 2145 人次，其中接待处理集体上访 16 起 348 人。经办的案件结案率为 78%。

在1989年北京发生政治风波期间，群众来信来访数量明显增加。人民群众纷纷给国家教委写信，对极少数人反对共产党，反对社会主义制度感到愤怒，要求制止学生游行、绝食。信访处干部努力工作，及时将来信转请有关部门处理，并有选择地印发给北京高校的一些学生，以促使他们提高认识，辨明是非。对少数反动信件，转往有关单位或公安部门处理。并及时与一些省的教育行政部门沟通情况，做好上访人员的思想工作，从信访渠道减少和避免出现不安定因素。信访处还多次召开会议，研究做好几起有关动乱的来访。其中，有10多名在京滞留的上访老户，经反复疏导被动员回省；连续发生三起共170余人的集体上访，经过反复进行思想工作和法制教育，被及时动员回省。首都平息了反革命暴乱之后，人民群众为戒严部队和烈士家属寄来了慰问信和慰问品，信访处都做了妥善处理，保证信访渠道畅通，及时传递人民群众的心愿。

1989年人民群众在来信来访中，提出了加强教育战线党的领导和思想政治工作的建议；有一些学校教师反映淫秽书刊泛滥成灾，严重污染育人环境；也有来信反映有的高校教师在课堂上宣传资产阶级自由化观点；以及其它有关教育管理和教学方面的问题和建议。信访处经过筛选分析，对苗头性、倾向性问题及时予以综合或进行专题向领导反映。

对于群众来信来访中要求组织排忧解难问题和揭发检举案件，以认真负责的态度处理。能自己办的就自己办，需要地方或有关部门处理的问题，及时批转，对其中重要的问题和案件还负责催办。群众的一些具体问题得到了解决，少数违纪案件得到了严肃处理。有的地方还从中吸取教训，制定了廉政措施，公诸报端，便于群众监督。

撰稿人　郝广钧

审稿人　马樟根

基础教育

基础教育地方负责分级管理

基础教育实行“地方负责、分级管理”的体制，是指基础教育除大政方针和宏观规划由中央决定外，具体政策、制度、计划的制定和实施，以及对学校的领导、管理和检查，责任和权力都交给各级地方政府。

实行这种体制的根本目的是要克服管理上统得过死的弊端，充分调动省（自治区、直辖市）、地（市、州、盟）、县（市、区、旗）、乡（镇、苏木）各级政府和村发展基础教育事业的积极性，使教育以为当地的两个文明建设服务为主，从而促进教育与经济、教育和社会发展的良性循环。这一体制的主要特点是把办学权与管理权适当分离，强调办学权适当下放，管理权统筹分工；在筹措经费、改善办学条件方面，要求分级完成，而在学校负责人任免、教师培养、聘用、管理，教育和教学工作的指导等方面，则注意分工负责。

这种体制是10年教育改革中具有中国特色的重要成果。80年代初期，山东、河北、安徽、新疆等省、区，就实行了分级办学、多渠道筹措教育经费，在改善基础教育的办学条件，提高民办教师待遇上颇有成效。1985、1986年，在《中共中央关于教育体制改革的决定》及《义务教育法》中又正式确立“基础教育实行地方负责、分级管理”的原则。1987年以来，国家教委又拟订了《关于农村基础教育管理体制若干问题的意见》和《关于进一步加强对企事业中小学领导的意见》等文件，对城乡各级人民政府在分级办学、分工管理方面的各种职责，企事业和社会力量办学的管理等等都有较明确的阐述。

与此同时，全国绝大多数省、自治区、直辖市也先后制订了《基础教育分级管理暂行条例》或《中小学领导体制的暂行规定》等地方法规，把基础教育地方负责这一体制立法化和具体化。有的地方，还开始对这一体制作了完善和发展，正在向着以普通教育、职业教育、成人教育三教统筹，经济、科技、教育结合，地方分级统筹管理的方向发展。

目前，各地实施分级办学、分级管理体制方面有5种主要模式：市区小学区办区管，中学市、区共办共管；县、乡两级办学，县、乡两级管理；县、乡、村三级办学，县、乡、村三级管理；县、区、乡、村四级办学，县、区、乡、村四级管理；县、乡、村三级办学，县乡两级分工管理。各种模式的产生和发展都受当地经济水平、社会习俗、文教条件等影响和制约，应因地制宜，不搞一刀切。

我国基础教育实行这一管理体制以来，已显示出“人民教育人民办”的蓬勃生命力。它使各级地方政府明确了自己在发展教育中的责任、权力和义务，近8年中全国各级地方筹集用于改造中小学危房费用就达319.2亿元，有力地促进了九年义务教育的实施；强化了职业教育、成人教育；实施了“三教统筹、经科教结合”；为城乡经济的发展培养了更多的实用人才。

撰稿人　张光喜
审稿人　邵金荣

严格控制中小学生流失

近几年来，不少地方中小学生中途辍学的人数增加。据1987—1988学年度统计，全国城乡小学在校学生流失了428万多名，平均流失率为3.3%；初中在校学生流失287万多名，平均流失率为6.9%，均比1986——1987学年度有所上升。针对这种情况，国家教委于1989年1月30日发出《关于严格控制中小学生流失问题的若干意见》，强调了以下几点：

一、要认真贯彻执行《中华人民共和国义务教育法》。只有政府、社会各界、家庭和学校都严格履行法律规定的义务和职责，才能从根本上解决中小学生流失的问题。为此，要求深入地进行《义务教育法》的宣传教育，使干部、群众树立起依法治教的观念。

二、加强中小学学生学籍管理，建立学生流失情况的报告制度。

三、认真贯彻执行劳动部等单位《关于严禁使用童工的通知》，发现城乡企业单位和个体工商户违反国家规定，擅自招用学龄儿童少年做工、从商的，应交当地劳动、工商等行政管理部门处理。情节严重、屡教不改的，应责令其停业整顿，或吊销其营业执照。诱骗虐待童工的包工头，应交人民法院依法追究刑事责任。

四、对不按规定送儿童少年入学的父母或其他监护人，当地人民政府应及时进行批评教育，经教育仍不改正错误的，应强制其送子女入学。

五、地方教育行政部门要指导中小学端正教育思想，改进教育教学工作，大面积提高教育质量。

对学习有困难的学生，要认真辅导，热情帮助。留级生的数量要严格控制，一般不得超过学生数的5%。防止学生因多次留级丧失学习信心，流入社会。

中小学在办学形式、教育内容等方面，都要从实际出发进行改革，探索文化知识教育同劳动技术教育结合的途径。

六、对因年龄较大、不宜随班就读的小学生，和未考入初中的小学毕业生，可因地制宜地采取非正规教育形式组织他们学习。

七、重视解决造成农村中小学女学生流失的特殊性问题。在少数民族聚居地区，还可根据群众需要，举办女童班、女子中小学、女子职业技术学校。

八、加强对中小学收费工作的管理。学校一律不得自立项目、自订标准、滥收费用。

九、建立责任制和检查制度。乡（镇）政府主要负责人员和分管负责人员、中小学校长、教师对中小学学生辍学，不掌握情况，不分析原因，不采取措施解决，也不如实向上级报告的，应视为失职行为。

经过各地的大力工作，到1989年秋季开学时，小学在校学生的流失已初步得到控制。1988—1989学年度全国城乡小学在校生平均流失率为3.2%，比上学年下降了0.1个百分点。但初中在校学生平均流失率仍居高未下，为7.3%，比上学年上升了0.6个百分点。

撰稿人　张杰仲

审稿人　陈德珍

农村初中开展劳动技术教育综合实验

为了推动农村普通初中教育的改革在今后几年内能有一个较大的发展，国家教委1989年9月决定，在全国“百县农村教育综合改革实验区”建立农村初中教育改革实验联系校。实验首先从开展劳动技术教育改革实验起步，经过试点，取得经验，逐步推广，以推动农村初中劳动技术教育的发展。

农村初中开展劳动技术教育综合实验总的要求是：将热爱党、热爱祖国、热爱社会主义的教育同热爱家乡、建设家乡的教育有机地结合起来，培养学生树立建设社会主义新农村的志向和艰苦奋斗、科学实干的精神，并使学生初步学会一些基本的生产技术知识和劳动技能。综合实验初中劳动技术教育的主要内容是：（1）按照教学计划规定的课时和中学劳动技术课教学大纲要求认真开设劳动技术课。注重实践环节，建立讲求实效的考核制度。各校应结合当地实际，制定适用于本校的教学计划方案。（2）其他各科教学要贯彻理论联系实际的原则，根据各科特点，补充当地经济建设和社会发展需要的知识和技能的教学内容。（3）编好、用好乡土教材，介绍本地经济、社会状况和发展前景，当地资源和致富途径。（4）开展社会实践活动。进行了解家乡、热爱家乡的社会调查和参观活动，参加当地工农业生产劳动或开展生产、生活用具的维修服务，学习和运用劳动生产技术。（5）开展课外科技、劳技活动。课外兴趣小组应增加学习当地实际需要的生产劳动知识和技术的内容。有条件的学校还可以开设选修课。（6）建立劳动技术教育基地，既满足学生的生产实习之用，又逐步发挥推广先进技术的示范作用。（7）在初三学生毕业后，再设一定时间的实用性强、见效快、易于掌握的技术培训。

在全国百县农村教育综合改革实验区建立的农村初中教育改革实验联系校约200余所。第一轮实验为期4年；第4年（1993年）9月，对1989年入学的初一学生三年劳技教育和毕业后一年的跟踪调查，写出成果分析报告。该项实验由各县农村教育综合改革实验领导小组统一领导管理。国家教委将组织交流信息，总结经验，表彰先进。

撰稿人　傅国亮
审稿人　陈德珍

在中小学生中开展“三热爱”教育活动

为了进一步落实《中共中央关于改革和加强中小学德育工作的通知》中提出的任务，国家教委于1989年6、7月先后发出《关于在小学生中开展热爱中国共产党、热爱社会主义祖国、热爱中国人民解放军教育活动的通知》、《关于对高中学生进行形势教育的通知》和《关于组织应届高中毕业生学习平息北京反革命暴乱有关文件的通知》。要求在新学年开始后，全国各地的中小学都要认真进行“三热爱”教育和形势教育。

要根据小学、初中、高中学生的不同特点，把平息北京发生的反革命暴乱作为教材，结合中小学德育纲要提出的教育内容和要求进行。要联系社会实际和学生思想品德实际，通过思想政治（品德）课及其它各科教学、班会、校会、团队活动等多种教育途径和形式，生动活泼地开展好教育活动。要坚持正面教育的原则，在“八·一”、“十·一”、“十·十三”（少先队建队日）等重要节日和纪念日前后，可集中开展教育活动。要不断总结经验，逐步建立和完善爱国主义教育基地和制度，并形成传统。

各级教育部门和学校要在当地党委和政府领导下，组织干部、教师认真学习有关文件，统一思想，提高认识，发挥教师教书育人、为人师表的作用。还要注意发动和依靠学生家长及校外各方面的力量共同做好学生的教育工作。为了配合全国各中小学深入开展“三热爱”教育，国家教委基础教育司编写了《学习当代最可爱的人》和《高级中学形势教育学习材料》两本书，供各地使用。

各地各级教育部门和学校从实际出发，认真贯彻三个通知精神，在开学前做好了教师的培训工作，并通过各种形式开展教育活动。北京市教育局在普遍进行形势教育和普遍建立升国旗、唱国歌制度的基础上，总结推广了崇文区宝华里小学通过升国旗仪式对学生进行爱国主义教育的经验。南京市教育局开展了以“南京的昨天、今天、明天”为主要内容的爱国主义系列教育活动。并与文化、宣传、文物管理等部门密切配合，在全市范围内建立了固定的爱国主义教育基地，编写了乡土教材。雨花台区实验小学倡议全省小学生节约零用钱，集资兴建了雨花台红领巾广场。福建省教委组织编写了《知我中华，爱我中华——小学国情教育讲话》，供各校选用。湖北省教委要求全省中小学把爱国主义教育与坚持四项基本原则教育相结合；与贯彻实施中小学德育纲要和中小学生日常行为规范相结合；与坚持升国旗、唱国歌教育制度相结合；与开展学雷锋、学赖宁，树立共产主义道德风尚相结合，使“三热爱”教育收到了较好的效果。

撰稿人　唐淑芬　周长祜
审稿人　姬君式

在中小学语文、历史、地理等学科教学中加强思想政治教育和国情教育

针对近年来资产阶级自由化思潮的影响和片面追求升学率的干扰，一些中小学和教师把学科教学看成是单纯的知识灌输，严重削弱了学科教学中的思想政治教育和国情教育的状况，1989年11月国家教委印发了《关于在中小学语文、历史、地理等学科教学中加强思想政治教育和国情教育的意见》(以下简称《意见》)。

《意见》明确了进行思想政治教育和国情教育要突出的内容。(1)结合当前国际、国内阶级斗争的形势和特点，加强渗透与反渗透、颠覆与反颠覆、和平演变与反和平演变斗争长期性、复杂性的教育。(2)加强历史特别是中国和世界近现代史的教学，使学生牢记历史的经验，不忘帝国主义侵略中国和中国人民英勇反抗的历史。(3)教育学生了解当代资本主义世界存在的阶级矛盾和社会矛盾，了解我国解放40年来，尤其近10年来在政治、经济、科学、技术、文化、教育等方面所取得的巨大成就。(4)讲解我国的自然国情(地理环境、自然资源等)和人文国情(政治、经济、人口、文化、教育等的传统及现状)。

《意见》强调了思想政治教育和国情教育最经常、最有效的途径是通过各学科的教学活动进行灌输和渗透。要求各级教育行政部门和学校校长必须坚持社会主义办学方针，把坚定正确的政治方向放在首位，帮助广大中小学教师进一步端正教学思想，把教书和育人结合起来，确保思想政治教育和国情教育在各学科教学，首先是语文、历史、地理等学科的教学中真正得到落实和加强。各级教研部门要进一步端正教研工作的指导思想，与广大教师一起认真钻研教学大纲，发掘教材本身的思想政治教育和国情教育内容，结合学科的特点，以熏陶感染、潜移默化的方法进行教育。

《意见》规定从1990年春季开始，初中和高中各年级语文教学每学期增加一册以时文为主的补充教材，高中历史教学增加了中国近现代史的教学内容，教学时间由每周3课时增加为每周4课时。从1990年秋季开始，提供一本有关我国自然资源、人口、民族、社会主义建设成就等国情教育的参考资料。

撰稿人　刘　辉
审稿人　马　立

召开全国中小学教学工作座谈会

1989年12月17日至21日，国家教委在北京召开了全国中小学教学工作座谈会。参加会议的有各省、自治区、直辖市的教研室主任和部分省市的普教处长。国家教委副主任何东昌、柳斌、邹时炎到会讲了话。

柳斌同志在讲话中指出，要减轻学生负担，深化教育、教学改革，要端正教育思想，实行多层次分流，改革课程和教材，制订科学的评估标准，改革考试制度，进行就业指导等。还要更好地发挥中小学教学研究室的作用，进一步加强教研队伍的建设，明确教研室的职能和任务。要求各地教育行政部门从组织机构、人员编制、经费、待遇等方面把各级教研室的问题解决得更好。邹时炎同志就教研室工作的指导思想、工作任务、工作方法、教研队伍建设等作了补充讲话，指出教研室工作的指导思想要进一步明确；各级教研员要进一步加强学习和研究，努力提高自身的政治水平、业务水平和工作能力；要深入基层，抓好实验点；要加强县和学校的教研工作等。

座谈中与会代表一致认为，近10年来，我国中小学教学改革发展较快。教育思想和教学观念逐步更新，很多学校在学制、办学模式、课程、教材、教法和教学管理等方面进行了多种多样的改革实验，教学质量有一定提高，为进一步改革积累了有益的经验。但是，从总体上看，目前中小学基本上还是单纯地为上级学校培养新生的模式，教学思想、教学内容和教学方法还不同程度地存在脱离社会生产，脱离社会生活，脱离学生实际的倾向，必须进一步加强和推动教学改革。与会代表一致认为，要充分发挥教研室在教学改革中的作用，教研室和教研员的教学研究工作要明确指导思想，立足于为教学第一线服务；为大面积提高中小学的教育质量，全面提高未来劳动者和整个民族的素质服务。根据这些精神，会上草拟了《关于改进和加强教学研究室工作的若干意见》稿。

会后，各省、自治区和直辖市结合本地区的实际情况，分别召开了地（市）、县（区）教研室主任会，传达了座谈会的精神，讨论了《关于改进和加强教学研究室工作的若干意见》稿，制订或修改了本地区教研室的工作条例，进一步加强了中小学教学研究和学科教学业务管理工作。

撰稿人 刘 辉
审稿人 马 立

加强少年儿童艺术教育实验工作

为了全面贯彻党的教育方针，推动少年儿童艺术教育的开展，普遍提高广大少年儿童的艺术素质，国家教委从1987年开始，在吉林省磐石县、陕西省西安市新城区、湖北省潜江县等地区进行少年儿童艺术教育工作实验。为了总结三年来的实验工作，推广先进经验，加强对少年儿童艺术教育实验工作的指导，国家教委与文化部在1988年联合召开全国少年儿童艺术教育经验交流会的基础上，于1989年2月又联合发出了《关于加强少年儿童艺术教育的意见》。

《意见》指出：艺术教育是美育的主要内容和教育形式，是基础教育的重要组成部分。实施艺术教育的根本目的在于提高广大少年儿童的艺术素质，促进少年儿童在美育及德、智、体诸方面全面而和谐地发展。

《意见》强调：开展少年儿童的艺术教育，要面向全体少年儿童，面向学校，面向农村，从我国国情与各地实际出发，因地制宜，扎扎实实、讲求实效。要有民族的、时代的特色，符合少年儿童生理、心理发展的规律和审美能力发展的特点，符合不同年龄段教育对象的知识水平、理解能力和兴趣爱好。要克服“成人化”和“专业化”的倾向。

《意见》要求：各地教育部门要全面贯彻实施《全国学校艺术教育总体规划》，做好艺术师资的配备和培训工作，有计划有步骤地改善艺术教学设施和设备，与文化部门密切配合，争取社会各方面的支持，大力开展课外、校外艺术教育活动，推动少年儿童艺术教育工作进一步蓬勃发展。

《意见》下发后，各地陆续进行艺术教育实验工作。四川成都、甘肃兰州、辽宁抚顺以及北京、上海等地各自拟订了《美育纲要》，并在本地区试行，推动了少年儿童艺术教育工作的开展；各地教育行政部门在中小学加强艺术学科的教研活动，对音乐、美术教师进行培训，积极创造条件，开满课时，添置必要的器材设备，不断提高艺术学科的教学水平；各地中小学校积极开展课外艺术活动，组织了合唱、器乐、美术、书法、舞蹈、戏剧等各种艺术活动小组，在普及的基础上，举行了各种比赛或汇演活动，使少年儿童的艺术教育工作向更深更广的方向发展。

撰稿人　陈月丽　陈　纲
审稿人　姬君式

全国各类文化设施向中小学生免费或优惠开放

根据《中共中央关于改革和加强中小学德育工作的通知》的有关精神，国家教委、文化部、广播电影电视部、国家体委、全国科协、全国总工会、共青团中央、全国妇联、解放军总政治部等9个单位于1989年6月1日联合发出了《关于全国各类文化设施向中小学生免费或优惠开放的意见》。要求各博物馆、纪念馆、科技馆、文化馆、体育场(馆)、影剧院等公共文化设施和国家机关、部队、企事业、社会团体所属的礼堂、文化体育设施，每年应免费向学生开放一至二次。开放的时间，最好安排在国家法定的节假日。博物馆、纪念馆、展览馆等，应根据学校教育教学需要，免费或低费接待集体参观。各营利性文化设施，应在寒暑假期间，举办学生专场，实行低费或免费服务。一切向学生开放的文化设施的工作人员，都要树立为学生服务的思想，提供优质服务。

《意见》强调，各级文化、科技、体育等有关部门要创造条件、落实这项工作，并制订免费或低费开放的具体办法。各文化设施向学生开放的内容应符合青少年儿童的年龄特点，有利于他们的身心健康成长。要严禁向学生开放那些“未成年人不宜”的场所和活动。

各地教育行政部门和学校要与开放单位密切协作，积极做好组织工作。各开放单位要对开放设施进行安全检查，学校要加强对学生的安全教育。教师和家长要教育学生在参加各项活动时，遵守社会公共秩序，爱护公共财物，团结友爱、助人为乐。

《意见》发出后，各地根据文件精神，制订了相应的具体措施，为少年儿童提供了优惠服务。在纪念鸦片战争150周年活动中，广东虎门纪念馆、福建林则徐纪念馆都免费接待少年儿童参观。各地正在实践中不断总结经验，逐步完善各项管理办法，形成制度，使此项工作能健康持续地进行。

撰稿人 高 颖

审稿人 姬君式

发布《幼儿园管理条例》和《幼儿园工作规程（试行）》

1989年6月5日，国家教育委员会令（第2号）发布《幼儿园工作规程（试行）》（以下简称《规程》）。并于1989年9月11日，国家教育委员会令（第4号）发布经国务院批准的《幼儿园管理条例》（以下简称《条例》）。上述两个法规，均于1990年2月1日起施行（试行）。

《条例》共分六章、32条。《条例》确立了幼儿教育事业发展方针，强调动员和依靠社会各方面力量举办幼儿园；明确了幼儿园的管理实行地方负责、分级管理和各有关部门分工负责的原则；规定了举办幼儿园的基本条件和审批程序以及幼儿园保育和教育工作的主要目标和基本原则。

《规程》共分十章、60条。《规程》对幼儿园的性质、任务、保育和教育的主要目标、幼儿园的园舍和设备、工作人员必备的条件和保育、教育、组织管理等工作都作出了明确具体的规定。

《条例》和《规程》是政府加强对幼儿教育的领导和管理的两个重要行政法规，各级教育部门、广大幼教工作者以及社会各界普遍反映，两个法规的发布，表明国家对幼儿教育的重视和关怀，今后，幼教工作有章可循，有法可依，将使我国幼儿教育逐步走上以法治教的轨道，促进幼教事业的健康发展。

为推动这两个法规的贯彻，12月初，国家教委基础教育司召开了贯彻实施两个法规的座谈会。柳斌副主任在会上强调，在治理整顿期间，幼儿教育要继续贯彻从当地情况出发，稳步发展的方针，要发挥社会各界的积极性，多渠道地发展幼儿教育事业。会后，国家教委于12月中旬印发了《关于实施〈幼儿园管理条例〉和〈幼儿园工作规程〉（试行）的意见》。《意见》要求各级教育行政部门必须把实施《条例》和《规程》作为大事，认真抓紧、抓好；要通过各种媒介、采用各种形式，广泛宣传两个法规，使各有关部门、广大幼教工作者、幼儿家长以及社会人士都能知晓。《意见》强调实施两个法规必须坚持因地制宜，实事求是的原则；应根据需要，制定相应的地方行政性法规和必要的规章、制度；还要搞好幼儿园管理体制的改革。各级教育行政部门要认真履行职责，充分发挥综合管理作用，并主动同政府各有关部门和妇联、工会等人民团体密切配合，广泛动员和依靠社会各方面的力量，共同推动《条例》和《规程》的施行，促进幼教事业健康发展。

各地根据《意见》的要求，普遍举办了不同形式的培训班，学习和领会两个法规的基本精神和要求，并深入基层调查研究，着手制定本地实施法规的办法或方案。

撰稿人　陈巧兰

审稿人　姬君式

表彰幼儿教育先进县、市、区

为进一步推动幼儿教育事业的发展，国家教委于1989年8月30日在北京举行表彰仪式，对85个县、市、区授予全国幼儿教育先进县（市、区）称号。王明达副主任宣读了国家教委《关于表彰幼儿教育先进县、市、区的决定》。会上，辽宁省沈阳市、广东省顺德县、山西省太原市南郊区和河北省青县介绍了经验，柳斌副主任讲了话。全国人大常委会副委员长、全国妇联主席陈慕华，全国人大常委会副委员长、民进中央主席雷洁琼向受表彰的单位颁发了奖杯。中国教育电视台转播了表彰仪式实况。

这次受表彰的县、市、区，是党的十一届三中全会以来涌现出来的依靠社会各方面力量发展幼儿教育事业的先进典型。他们的基本经验是：(1)根据我国幼儿教育发展的方针，不仅重视政府办园，尤其重视依靠社会各部门、各单位和集体或个人办园。(2)坚持因地制宜，适应当地群众生产和生活的需要，灵活多样的原则。(3)坚持采取地方财政投入，社会各界和群众集资、捐资，家长缴纳学费等办法，多渠道筹措资金、不断改善办园的物质条件。(4)加强师资队伍建设，不断提高他们的政治和业务素质。(5)端正办园的指导思想、不断改进工作，提高保育和教育质量。

国家教委汇集部分先进县、市、区的经验，编印了《全国幼儿教育先进县、市、区经验选集》，供各地学习。

这次表彰活动是建国以来的首次，影响很大，促进了各级领导、有关部门以及社会人士更加重视和关怀幼儿教育。吉林、辽宁、山西、贵州、上海等省（市）也分别召开了表彰先进县（市、区）的大会和经验交流会，对今后工作提出了要求，广大幼教工作者深受鼓舞。受全国表彰的沈阳市、北京市顺义县、太原市南郊区等先进单位纷纷制定今后三年或五年工作规划，促使幼教工作更上一层楼。

撰稿人　陈巧兰
审稿人　姬君式

附

全国幼儿教育先进县、市、区名单

北京市　崇文区、西城区、顺义县
天津市　和平区、河西区、静海县、武清县
河北省　青县、任丘市、晋县、武安市
山西省　太原市南郊区、临猗县、洪洞县
内蒙古自治区　赤峰市郊区、乌兰浩特市、呼和浩特市回民区
辽宁省　沈阳市、大连市金州区、丹东市振兴区、海城市
吉林省　农安县、扶余市、和龙县
黑龙江省　双城市、哈尔滨市道里区、佳木斯市永红区
上海市　嘉定县、静安区、闸北区、杨浦区
江苏省　江阴市、大丰县、常熟市、海门县、南京市玄武区
浙江省　嵊泗县、海宁市、余杭县
安徽省　滁州市、萧县
福建省　福州市郊区、厦门市杏林区、顺昌县
江西省　赣州市、上高县

山东省　新泰市、平度县、莱州市、昌邑县
河南省　郑州市金水区、开封市龙亭区、扶沟县
湖北省　沙市市、宜昌市、武汉市江汉区、天门市
湖南省　郴县、衡山县、桃江县
广东省　顺德县、新会县、深圳经济特区、梅县、广州市越秀区
广西壮族自治区　玉林市、合浦县
海南省　海口市、琼海县
四川省　绵竹县、江津县、渠县
贵州省　遵义市、贵阳市云岩区
云南省　昆明市五华区、牟定县、玉溪市
陕西省　大荔县、宝鸡市金台区、高陵县
甘肃省　兰州市城关区、敦煌市
青海省　西宁市城中区
宁夏回族自治区　石嘴山市大武口区
新疆维吾尔自治区　乌鲁木齐市

发展特殊教育事业

一、基本概况

1989年全国特殊教育事业有了较大的发展，各类特殊教育学校共662所，其中盲校24所，盲聋校41所，聋校418所，弱智学校179所。另有普通小学附设的弱智班811个。在校学生总计63974人，其中盲生2905人，聋生44325人，弱智学生16744人。与1988年相比，各类特殊教育学校增加85所，附设弱智班增加212个；在校学生增加6357人。

二、制订进一步发展特殊教育的方针

1989年5月4日，国务院办公厅转发了国家教委、国家计委、民政部、财政部、人事部、劳动部、卫生部、中国残疾人联合会《关于发展特殊教育的若干意见》（以下简称《意见》），对我国特殊教育的进一步发展作出了若干规定。

(一)关于特殊教育的方针

——发展方针：《意见》要求发展特殊教育要贯彻普及与提高相结合，以普及为重点的原则。在当前和今后一个时期内，发展特殊教育的基本方针是：着重抓好初等教育和职业技术教育，积极开展学前教育，逐步发展中等教育和高等教育。要求各级教育部门把残疾少年儿童教育切实纳入普及义务教育的工作轨道，同当地实施义务教育工作统一规划、统一领导、统一部署、统一检查。

——教育方针：各级各类特教学校都要贯彻执行德、智、体、美、劳全面发展的方针，在对残疾学生进行思想品德教育、文化教育和身心缺陷补偿的同时，切实加强劳动技能和职业技术教育，为他们参与社会生活，适应社会需要创造条件。

——办学方针：一是实行国家、集体、个人多种渠道办学。二是要采取多种形式办学，逐渐形成以一定数量的特殊教育学校为骨干，以大量的特教班和随班就读为主体的特殊教育格局。

(二)特殊教育的布局

盲童教育，原则上以省、自治区、直辖市为单位划片设校，或以地市为单位设校；在聋校和普通小学附设盲童班，或吸收掌握盲文的盲童在普通小学随班就读。聋童教育，原则上以县为单位办班办校。弱智教育，城市可以办校、办班或随班就读；农村实行就近入学，随班就读；有条件的县、乡（镇）也可以办班或建校。

(三)目标与任务

《意见》提出，到1993年，盲童、聋童入学率要达到10%和15%，弱智儿童入学率要有大幅度的提高；到2000年，力争全国多数盲、聋和弱智学龄儿童能够入学。各地要根据实际情况制定特殊教育发展规划。

(四)领导与管理

《意见》明确了遵循地方负责，中央给予指导帮助，有关部门分工协作，社会各界积极支持的原则。在各级人民政府的统一领导下，以教育部门为主，民政、卫生、劳动、计划、财政和残疾人联合会等部门和组织紧密配合，各司其职，共同做好特殊教育工作。

(五)办学经费和基建投资

发展特殊教育所需经费，由地方政府负责安排。根据中央关于教育经费“两个增长”的原则，特殊教育经费应随着教育事业费的增加而逐步增加。

国家举办特殊教育学校（班）所需的基建投资，由各级地方政府统筹安排，列入当地基建投资计划。

(六)师资队伍建设

《意见》强调各省、自治区、直辖市要积极创造条件，筹办特教师资培训机构，采取多种形式培训师资。国家教委在部分高等师范院校开办特教专业。各地普通中等师范学校、幼儿师范学校在有关专业中，可根据当地需要适当增加特殊教育内容。高等师范院校应有计划地增设特殊教育选修课程。

《意见》还就各类特殊教育学校(班)的学制和特殊教育教材、科研等问题作出了规定。

三、设立特殊教育补助费

为扶持各地发展特殊教育事业，经国家教委、国家计委、财政部、民政部、中国残疾人联合会、中国社会福利有奖募捐委员会等单位共同商定，自1989年起设立特殊教育补助费，并于2月3日联合发出《关于印发〈特殊教育补助费使用办法〉的通知》，其主要内容有：

(一)补助经费的来源

补助费的来源：由财政部专项拨款；国家教委在国家计委和财政部拨给的有关专项补助费中划拨的基建投资和经费；中国社会福利有奖募捐委员会和中国残疾人福利基金会募集的资金。

以上资金由国家教委、民政部、中募委、中残联成立协调小组，提出分配方案，并商国家计委、财政部等有关部门后下达。

(二)使用办法

1.对下列学校基建投资和设备购置费不足部分的补助：

新建、扩建或由普通学校改建的各类残疾少年儿童学校和普通小学附设的特教班；

新建的特殊教育师资培养、培训机构；

省、自治区、直辖市新建或改建的残疾青年职业教育机构。

2.残疾少年儿童学校统编教材编写费。

3.残疾儿童早期教育机构的教学设备补助。

4.少量其他特殊需要的残疾人教育项目。

(三)补助原则

各地申请补助的项目必须是地方安排的基建投资和设备购置的主要部分已经落实，经过补助即可形成招生能力；参照当地对项目的投入情况确定补助金额。

四、开展盲童和弱智儿童随班就读试验

为了探索在农村地区推行残疾儿童随班就读的经验，1989年8月，国家教委基础教育司委托北京、江苏、浙江、山东、辽宁、黑龙江、河北、甘肃等8个省、市进行盲童和弱智儿童随班就读的试验，试验的内容主要有以下几个方面：

1.随班就读的对象。何种残疾程度的盲童、弱智儿童适合随班就读，如何掌握随班就读对象的残疾程度；如何组织残疾儿童入学。

2.随班就读的师资。如何做好教师的思想发动工作；如何组织业务培训和指导；需要帮助解决哪些具体困难。

3.教育教学安排。教学内容、教学要求、教学方法、教学评估等如何安排，才能既照顾残疾学生的特点与需要，又不影响全班的正常教学。

五、编写全日制九年制弱智学校教学大纲

为适应全国弱智教育的发展需要，1988年底，国家教委初等教育司委托北京、上海、江苏、山东、江西、大连等6省、市承担语文、数学、常识、劳动技能、音乐、美术、体育7科大纲的编写任务。

1989年6月下旬，国家教委在北京召开了弱智学校教学大纲研讨会。会议确定编写大纲的指导思想是：贯彻德、智、体、美、劳全面发展的方针，结合弱智儿童的个性特点，加强思想品德教育。各学科都要从本学科的特点出发，补偿弱智儿童的身心缺陷，加强学生生活自理能力、适应社会能力和职业劳动能力的培养和训练。

会议确定编写弱智学校教学大纲时，要遵循思想性、科学性、实用性和可接受性的原则。

会议还提出要注意各学科之间的相互衔接，以及大纲编写体例等问题。

根据会议精神，各科大纲编写组经过积极工作，于1989年10月完成了大纲初稿的编写工作。11月，国家教委基础教育司组织了审查修改，形成征求意见稿，印发各地进一步征求意见，再经修改后将形成送审稿，然后送全国中小学教材审定委员会审定。

撰稿人　赵永平　王　洙

审稿人　李仲汉

师范教育

发布《中等特殊教育师范学校教学计划(试行)》

1989年11月16日,国家教委发布了《中等特殊教育师范学校教学计划(试行)》(以下简称《计划》)。这是我国历史上第一个中等特殊教育师范学校的教学计划,是对全国中等特殊师范学校的教育教学工作具有指导性质的文件。

《计划》中规定中等特殊教育师范学校的培养目标是:培养学生热爱社会主义祖国,热爱中国共产党,初步树立马克思主义基本观点,具有良好的社会公德和艰苦奋斗、求实创新精神,热爱并愿意从事特殊教育事业,理解和尊重残疾儿童,掌握从事初等特殊教育所必备的中等文化科学知识与专业技能,具有健康体魄,使他们成为合格的初等特殊学校教师。

《计划》适用于培养盲、聋、智力落后(弱智)儿童初等教育教师的三年制或四年制中等特殊教育师范学校(或班)。

《计划》包括时间安排、课程设置、教育实践、课外活动、教学时数参考表和特师专业必修课程说明等。

国家教委在《关于颁发〈中等特殊教育师范学校教学计划(试行)〉的通知》中要求各省、自治区、直辖市教育委员会、教育厅(局)参照执行此《计划》,也可根据本地区培养特殊教育师资的实际需要,对此《计划》作适当调整。有条件的中等特殊教育师范学校还可在此《计划》基础上进行整体改革的试验。

撰稿人　唐京伟　包同曾
审稿人　孟吉平

发布《三年制中等师范学校教学方案(试行)》

为了深入进行中等师范学校的教育教学改革，适应社会主义现代化建设的发展和实施九年制义务教育的需要，国家教委于1989年6月21日发布了《三年制中等师范学校教学方案(试行)》(以下简称《方案》)。这是一个对全国中等师范学校深化教育改革具有指导性的文件。《方案》的基本思想体现了深化改革的精神，符合我国国情。《方案》按照中等师范学校办学的特点和规律提出教育教学的规格要求。

《方案》明确规定:“中等师范学校是培养小学教师的中等专业学校。三年制中等师范学校要坚持四项基本原则，主动适应社会主义现代化建设发展的需要，培养学生热爱社会主义祖国，热爱中国共产党，热爱小学教育事业，初步树立马克思主义的基本观点，具有良好的社会公德和教师的职业道德，艰苦奋斗和求实创新的精神；使学生掌握从事小学教育教学工作必备的文化知识、技能和基本能力，懂得小学教育教学的基本规律，具备一定的审美能力、初步的生产劳动知识和技能，养成良好的卫生习惯，具有健康的体魄，使他们成为合格的小学教师。”

《方案》分三部分：一、制定三年制中等师范学校教学方案的原则；二、三年制中等师范学校教学方案的内容(包括时间安排，课程设置，教育实践，课外活动)；三、关于实施本方案的几点说明，明确四年制中师可依据本方案的原则精神，制定相应的教学计划。民族师范学校(或班)，艺术、体育、外语等类中等师范学校(或班)根据其培养目标，由各省、自治区、直辖市依据本方案精神从实际出发制定教学计划。

《方案》主要有三个特点：第一，扩大地方的办学权。《方案》规定“国家对中等师范学校的教学工作规定统一的基本要求，各省、自治区、直辖市教育行政部门依据国家的基本要求，从本地经济、文化的发展和九年制义务教育对于小学教师的需求出发，确定本地区中等师范学校的教学内容并制定相应的教学计划”。第二，加强师范性。《方案》根据中等师范教育对未来小学教师进行职前教育的需要，科学地安排文化课、教育专业课、艺体课和教育实践，贯彻理论联系实际的原则，加强实践环节，注重培养能力和训练技能，使学生全面掌握从事小学尤其是农村小学教育工作必备的中等文化知识、专业知识、技能技巧以及科学的教育教学方法。第三，进行整体改革，突破单一的必修课模式。根据中等师范教育的特点和规律，实行以课堂教学为主，必修课与选修课相结合、课堂教学与课外活动相结合、学校教育与社会实践相结合的原则，使中等师范学校的教育教学活动成为由必修课、选修课、课外活动和社会实践有机结合的整体。

国家教委在关于发布《三年制中等师范学校教学方案(试行)》的通知中要求各地有计划、有步骤地认真组织实施，并及时掌握实施的情况和问题。暂不具备实施本方案条件的省、自治区、直辖市要积极创造条件，深入开展教育教学改革，待条件成熟后实施本方案。

撰稿人 唐京伟 包同曾
审稿人 孟吉平

世界银行贷款培训中学在职教师项目开始执行

经国务院批准，利用世界银行贷款加强中学在职教师培训基地的建设，即培训中学在职教师的项目，已于1989年开始执行。

经核算，本项目的总成本为3.88亿元人民币，相当于1.04亿美元。其中，世界银行的软贷款为5000万美元，主要用于购置必要的教学仪器设备、图书资料及聘请国内外专家和在国内外进行人员培训；为保证项目目标的顺利完成和发挥项目效益，各贷款省(自治区、直辖市)国内配套投资约为2.03亿人民币(相当于5400万美元)，主要用于必需增建的校舍和家具，设备运输、安装以及项目执行中的有关经常性费用。

项目执行一年来，仪器设备采购已进行了两次招标，使用的贷款额约为3500万美元；利用贷款在国内培训教师已完成计划任务的50%；派出人员已安排语言强化训练，并有部分教师出国进修；聘请外国专家来华讲学和图书采购工作，正在计划协调之中，并将于1991年执行。

根据本项目的贷款协议，实施项目的院校在项目执行后期将取得以下的效益（指标）：

1. 在校生规模将比项目执行前增加50%—54%；

2. 教师的授课时数将由平均周课时4—8课时，提高到6—12课时；

3. 参加培训的女教师数要达到应培训教师的40%；

4. 省级项目院校对初中在职教师的培训规模应占70%；

5. 贷款省（自治区、直辖市）初级中学教学仪器，在项目执行最后一年将按国家要求配备齐全。

6. 项目结束前，将有50%的项目院校对中学在职教师开设双学科教学培训。

撰稿人　安邦勋

审稿人　孟吉平

改进和完善中小学教师考核合格证书制度

1987年试行中小学教师考核合格证书制度以来，中小学教师《专业合格证书》文化专业知识考试已经进行了三年。总的来看，考试工作是健康的、正常的，取得了较好的社会效益。1989年按计划进度是中学教师开考科目最多的一年，共67门（初中37门，高中30门）。据25个省（自治区、直辖市）统计，共约有26万中学教师报名考试，其中高中教师约5万人，初中教师约21万人。小学和幼儿园教师分别约有51万人和10万人。另据20个省（自治区、直辖市）统计，中学教师实际参加考试人数共约有24万人，其中高中约4万人，初中约20万人；平均及格率高中为49.11%，初中为42.96%。

为了进一步完善中小学教师考核合格证书制度，1989年从实际出发，对今后考试工作做了如下改进。

一、根据国家教委考试管理中心建议和命题教师及一些专家的意见，从1990年起，高中教师和初中教师的“教育学、心理学基本原理”考试科目合并。

二、为提高考试工作的总体效益，拟于1992年，即第一轮考试科目全部结束后，将中学教师考试命题工作交给省（自治区、直辖市）教育行政部门负责。国家教委提出原则性要求，省（自治区、直辖市）教育行政部门根据本地情况安排考试科目和考试时间。为给1992年考试工作的权力下放做好准备，并能加强宏观指导，提高考试质量，从1990年起，拟搞两项试点工作：

1.进行中学教师考试命题由省（自治区、直辖市）负责的试点。试点限于全国统考中已经考过，当年又不开考的科目，其命题工作由省（自治区、直辖市）教育行政部门负责，不得下放给地（市）县和办学单位。

2.进行办班培训，经省（自治区、直辖市）教育行政部门组织考试，对合格者发给科目合格证书的试点。这项试点限于应考人数少的学科，培训对象应是教学骨干教师，培训时间和内容应符合中学教师《专业合格证书》文化专业知识考试教学大纲的要求。

撰稿人　王源林
审稿人　孟吉平

召开全国师范专科学校工作会议

1989年12月19日至23日，国家教委师范教育司在石家庄召开了全国师范专科学校工作会议。主要议题是：(一)如何坚持社会主义的办学方向；(二)如何实现为基础教育服务的办学思想；(三)如何主动适应基础教育改革的需要，培养合格的初中教师；(四)如何加强学校的管理工作。

会议回顾了师范专科学校10余年来的发展历程。1977年我国有14所师范专科学校，现在发展到183所。1989年招生人数已达13.3万人，在校生人数31.4万人，分别占普通高等学校招生和在校生总人数的22.3%和15.1%，成为我国高等教育的一支重要力量。师范专科学校10余年累计培养了83万名初中教师，缓解了初中教师数量不足的矛盾，提高了师资队伍的素质，使初中教师的学历合格率由1977年的9.8%提高到现在的41.3%。

会议广泛地交流了经验。如南通师范专科学校加强思想政治工作，努力提高学生政治素质和实行提前单独招生的经验；曲靖、鞍山师范专科学校坚持为农村初中教育服务，加强学校教学工作的科学化、规范化、严格化管理的经验；绍兴师范专科学校把专业思想教育贯穿于招生、学校教育、毕业分配的全过程的经验；洛阳师范专科学校注重环境的教育作用，精心营造教师的摇篮的经验；四川省各师范专科学校和湖北荆州等师范专科学校实行主辅修制的经验；绥化师范专科学校开展“五练一熟”，加强教师基本功训练的经验；河北省张家口、保定师范专科学校积极参加农村教育综合改革试验区的做法等，受到与会代表的高度赞赏。认为这些经验或试验对办好师范教育带有方向性和指导性的作用。

会上，讨论了师范教育司起草的《深化高等师范教育改革的几点意见》、《关于当前师范专科学校工作的几点意见》和《师范专科学校规程》3个征求意见稿。代表们充分肯定了3个文件所确定的工作方针，提出了具体修改意见，希望国家教委尽快修订下发，以指导师范专科学校的工作。

会议期间，还就组织编写、出版国家教委推荐的师范专科学校教材问题，进行了专题研究。争取两三年内基本出齐师范专科学校各专业的教材，并努力做到教材品种的多样化，供各学校选用。

会后，国家教委于1990年3月2日发出了《关于当前师范专科学校工作的几点意见》。

撰稿人　林奇青
审稿人　金长泽

修订二年制师范专科学校8个专业教学大纲

为了更好地体现师范专科学校的办学特点，端正办学思想，适应九年制义务教育和农村教育改革的需要，1988年，国家教委修订了二年制师范专科学校8个专业的教学计划。与此同时，国家教委分别委托黑龙江、山东、广东、江苏、浙江、湖北、福建等省教委、高教（教育）厅（局）牵头组织编写和修订了二年制师范专科学校8个专业的84门课程教学大纲。初稿写成后，经过征求各师范专科学校的意见，召开教学大纲的审订会和组织有关专家、教授评审，于1989年由国家教委师范教育司定稿并发布执行。

这次编写和修订教学大纲的原则是：

1.以马列主义、毛泽东思想为指导，科学地、系统地阐述本学科的规律，贯彻理论联系实际的原则。

2.充分体现我国的教育方针，符合师范专科学校的培养目标和规格要求。加强本门课程的基础理论、基本知识的教学和基本技能的训练，培养和提高学生的自学能力、思维能力和表达能力。

3.正确地反映本门课程在教学计划中的地位、作用。在教学内容方面，必须在保证本门课程科学体系的前提下，注意同有关课程的联系和配合；同时要根据教学计划所规定的教学时数，抓住基本内容，突出重点，合理安排，留有余地。

4.实验课程的教学，要同本学科的水平相适应；对列入教学大纲的实验项目要经过论证，类型要齐全，数量要适当；既要考虑培养的需要，又要考虑教学实验的设备条件。

5.根据课程的性质和学生的接受能力，适当地介绍本课程所属学科范围内的新成果，有选择地吸收国外的有益经验，实事求是地总结社会主义革命和建设的经验，积极而稳妥地进行教学内容的改革和更新。但科学上不成熟的内容不应写入教学大纲。

6.贯彻“百花齐放”、“百家争鸣”的方针，正确对待不同学派的理论和观点。可以选择已经科学论证、确认的一种意见为基础，同时介绍不同学派的观点；对于有不同内容体系的课程，必要时可以编写两种教学大纲，供学校选用。

这次编写和修订的二年制师范专科学校8个专业教学大纲是：

1.汉语言文学专业：中学语文教材教法，现代汉语，古代汉语，写作，文学概论，中国古代文学，中国现当代文学，外国文学，形式逻辑。

2.政治教育专业：中学思想政治课教学法，中国共产党历史，国际共产主义运动史，政治经济学，马克思主义哲学，科学社会主义，中国通史，世界通史，道德概论，法学概论，写作概论，普通逻辑，马克思主义原著选读。

3.历史专业：中国历史教材教法，中国古代史，中国近代史，中国现代史，中华人民共和国史，世界古代简史，世界近代简史，世界现代简史，中国历史要籍介绍及选读，史学概论。

4.数学专业：中学数学教材教法，解析几何，高等代数，数学分析，概率与数理统计，计算机算法语言，几何基础，普通物理。

5.物理专业：中学物理教材教法与实验，力学，热学，电磁学，光学，原子物理学，电工学及实验，电子技术基础与实验，理论力学，普通物理实验，数学分析，解析几何与线性代数，计算机算法语言。

6.化学专业：中学化学教材教法，无机化学，无机化学实验，有机化学，有机化学实验，分析化学，物理化学，化学工艺学，高等数学，普通物理，计算机算法语言。

7.生物专业：中学生物教材教法，植物学，动物学，人体解剖及生理学，生物化学，微生物学，植物生理学，遗传学，农业基础，基础化学。

8.地理专业：中学地理教材教法，地球概论，气象学与气候学，水文与地貌，地质学，土壤地理与生物地理，地图学，人文地理学概论，中国地理，世界地理，计算机算法语言。

撰稿人　廖舒力

审稿人　金长泽

制定《高等师范学校本科化学专业化学学科教学基本要求》

根据高等师范学校本科化学专业毕业生在化学教学基础理论、基本知识和基本技能方面的规格要求，1989年国家教委制订了《高等师范学校本科化学专业化学学科教学基本要求》(试行稿)。

1980年教育部印发了高等师范学校化学专业本科教学计划和教学大纲。这对于恢复高等师范学校的正常教学秩序，提高专业理论课程的教学质量起了积极作用。但是由于当时的历史条件限制，教学计划和教学大纲存在着重理论课教学、轻实践课教学，课堂教学内容偏多、偏深，总学时、周学时和必修课程的学时数安排过紧的倾向。因此，1985年10月，在石家庄市河北师范大学举行了高等师范学校化学专业课程结构改革研讨会。讨论了高等师范学校化学专业教学改革的方向和指导思想。会议认为，根据坚持为中等教育服务的办学方向，努力培养合格的中等学校教师，本科教育的目的是直接培养社会主义经济建设和文化建设的专门人才等原则，有必要从培养化学教育工作者的角度出发，深入研究化学学科各主要分支的横向联系和相互交织，结合各分支的纵向发展的现状和趋势，对高等师范学校化学专业本科生的化学知识水平与实践能力，提出基本要求。

1987年10月在上海华东师范大学召开了第二次高等师范学校化学专业课程结构改革研讨会，研究了制定《基本要求》的工作步骤、具体分工和原则。会后由北京师范大学、华南师范大学、华东师范大学、华中师范大学、上海师范大学、贵州师范大学、哈尔滨师范大学分别起草了无机化学、有机化学、分析化学、物理化学、化工基础、结构化学、化学教学论基本要求的初稿，于1988年在反复征求意见、修改的基础上，形成了《基本要求》的送审稿。1988年11月国家教委师范教育司召开了高等师范学校本科化学专业化学学科教学基本要求审定会，并于1989年9月正式发布试行。

《基本要求》制定的原则是：(1)要坚持高等师范学校本科教育的培养目标，体现合格中等学校教师的规格要求；(2)要从我国中等教育事业和社会经济发展的实际出发，把对教师素质的某些要求渗透到各学科中去，以适应学生毕业后直接参加教学工作的需要；(3)根据全国大多数高等师范学校师资力量、仪器设备等办学条件的实际，使其有较广泛的试行基础；(4)要适应我国90年代中等教育事业发展，使学生的知识结构能适应今后中等教育发展的需要。

《基本要求》根据理论教学和实验教学中不同内容的要求，采用掌握、理解、了解三个不同的层次，从原则上规定了教师在传授知识时应掌握的尺度和学生在学习某项知识时应达到的相对标准。它分无机化学、有机化学、分析化学、物理化学、化工基础、结构化学、化学教学论等7个二级或三级学科。按学科分别列出培养合格的中等教育化学教师的基本教学要求。《基本要求》不同于7门课程的教学大纲，其中某学科的教学要求，视各校的情况可以在一门课程中完成，也可以在二或三门课程中完成；同时其中某学科的某项教学要求，既可以在这门课程中完成，也可以在另一门课程中完成。它是教学的基本目标，规定了教学内容，但不确定课程设置，不按章节顺序编排，不规定教学时数。各高等师范学校可以根据各校的教学实际，确定课程设置方案，制定教学计划、教学大纲和选编教材。

《基本要求》的制定，有利于发挥学校教学改革的积极性、主动性，同时也有利于国家教委加强宏观管理，保证本科教学质量。

撰稿人　林奇青
审稿人　金长泽

普通高等教育

高等教育体制改革

1989年高等教育体制改革是10年教育改革的继续，是整个国民经济治理整顿和深化改革的重要组成部分。高等教育体制改革从有利于坚持学校的社会主义方向，有利于增强高等学校适应经济和社会发展需要的动力和活力，有利于改善高等教育的结构和布局，提高教育质量和整体效能出发，在几个方面逐步展开，并收到了良好的效果。这些改革主要有：

一、继续调整和完善高等教育结构，普通高等教育的层次、学科结构和布局继续朝着优化的方向发展

1989年与1978年相比，财经、政法和文科的全日制本科在校生数分别增长了12倍、32.2倍和2.3倍。函授部和夜大学财经、政法和文科学生的增长也很快，1989年分别达到14.6万人、3万人和5.6万人。一批新兴、边缘学科和社会急需的专业，例如电子技术、计算机、能源、环境、材料、生物技术、医疗技术等等，相继发展。

专科教育，是社会需要量大而又在高等教育内部结构中长期处于薄弱状态的层次。这几年，经过调整，加快了高等专科教育的发展。1989年，在普通高等教育方面，专科类型学校数从1982年的190所增加到458所，专科招生数从8.4万人增加到29.66万人，占招生总数的比例从27%上升到近50%，专科在校生数从22.5万人增加到76万人，占在校生总数的比例从19%上升到36%。在成人高等教育方面，1333所成人高校接受学历教育的161万在校生中，86%是专科层次的学生。经过多次调整，研究生、本科、专科在校生的比例由1979年的2.3:100:51.9改善为1989年的6.9:100:57.6，层次结构渐趋合理。

从总体上看，我国高等教育的布局已得到相当大的改善，特别是边远、少数民族地区和一些中心城市高等教育事业得到加强，多数省、自治区、直辖市已初步形成了适应本地需要、科类基本齐全的高等教育网络。但由于种种原因，高等学校的布局还存在一些问题，主要表现在单科性学校设置过多，同一地区相同或相近科类的高等学校重复设置的问题突出。需要依据社会的实际需求和提高质量、提高效益的原则，对高等学校布局进一步进行调整，适当撤并一些学校，减少学校的重复设置。

二、完善教师职务聘任制

改革职称评定，实行教师职务聘任制度，是高等教育和人事制度改革的重要组成部分。1989年，高等学校进一步健全教师考核制度，把工作实绩作为聘任与晋升教师职务的主要依据，修订教师考核工作的细则，使考核进一步科学化、制度化，高等学校教师的结构有所改善。1989年，全国普通高校专业教师

39.74万人，其中：教授1.53万人，占专任教师总数的3.85%；副教授8.29万人，占20.86%；讲师14.82万人，占37.29%；助教12.68万人，占34.44%。同1978年相比，教授增加1.26万人，副教授增加7.74万人，教授和副教授的比重由4%提高到24.7%。

三、继续扩大高等学校的办学自主权

教育主管部门改革对高等学校的管理方式和方法，由过多的日常行政干预和管理，逐步转变为综合运用立法的、经济的间接调控手段和必要的行政干预，进行宏观的目标管理。教育行政部门逐步把工作重点放到制定方针政策、立法、监督、计划、人才需求预测、信息服务以及教育质量的评估等方面来。在计划工作上，缩小了指令性计划的范围，主要保证国家重点建设项目、国防建设、发展文化卫生教育事业、基础学科和高技术以及边远地区和某些艰苦行业所需要的专门人才。高等学校在保证完成国家指令性计划的同时，有权根据社会需要和自身条件，面向非主管部门办学，签订人才培养或科学研究合作的合同。

四、改革招生和毕业生分配制度

高等学校招生计划已经从完全的指令性计划改为国家任务计划和调节性计划两种形式：国家任务计划指中央和地方教育部门为保证国家重点需要下达的指令性计划；调节性计划指为满足社会各方面的需要，由学校根据自身培养能力确定的计划，包括联合培养、委托培养和招收自费生的计划。

在毕业生分配上，推行新的毕业生就业制度。几年来，随着经济体制和教育体制改革的不断发展，毕业生分配工作的某些方面也进行了一些较大改革。改革的总构思是：在加强宏观计划管理的同时，逐步把分配工作有领导、有步骤地放开与搞活。近期改革的重点是：大多数学校在国家分配计划指导下，以学校为中介，通过供需见面，落实分配方案；少数学校（约100多所）试行在一定范围内，经学校推荐，由毕业生和用人单位“双向选择”的办法。不管是采用哪种分配方式，凡是合格的毕业生，只要服从组织分配的，国家都负责安排工作。

1989年3月，国务院批准了国家教委提出的《高等学校毕业生分配制度改革方案》，即中期改革方案。决定在条件成熟的时候，将根据不同学校的具体情况，除了对师范学科和某些艰苦行业、边远地区的大学生继续实行在一定范围内定向就业以外，对于大多数的毕业生，都要在国家计划指导下逐步放开，普遍实行由毕业生根据需求信息，自行选报志愿，学校推荐，用人单位择优录用的新制度。这一方案将根据情况逐步推行，目前正在进行这一改革的试点工作。

五、改革研究生招生制度

1978年恢复研究生招生以来，我国建立了一批高层次人才培养基地，促进了高等学校教学和科研的发展，一定程度上缓解了高级专门人才青黄不接的局面。但在1984和1985年，研究生规模发展过快，在学生素质和服务上面向与社会的实际需要存在着差距。为此，近年来，国家教委采取措施克服这种偏向，具体做法有：贯彻按需招生的原则，控制研究生教育规模；招生对象中逐步扩大招收有实践经验的优秀在职人员的比例，1989年录取的硕士生中，在职人员所占的比例超过50%；在一些学校试行应届大学本科毕业生录取为研究生后，保留入学资格，先到业务对口的实际工作单位工作1至3年后，再入学读研究生；除了经过研究生途径申请学位外，为开辟在职人员申请学位的渠道，培养社会需要的多种层次、多种规格的高级专门人才，我国还进行了在职人员以同等学力申请学位的试点工作。研究生培养，也逐步从以教学、科研人员为主的方向扩展到同时面向当前经济、文化建设等实际工作部门的需要。1989年

10月，国家教委发出通知，指出对于社会需要量极少，毕业分配十分困难的学科可以暂时停止或少招，纠正以往那种不问社会需要，单纯按培养力量分配名额的作法。为有利于德、智、体全面考核，对应届本科毕业生，在部分学校试行推荐少数优秀应届本科毕业生免试入学的基础上，进一步普遍实行由应届本科毕业生所在学校推荐（也可以由学校进行一次资格考试和招生单位考核相结合）的办法录取研究生。以上的改革措施，推动了我国研究生教育的健康发展。从1981年实行学位制度以来，到1989年为止，我国已有14万人获得硕士学位，4610人获得博士学位。

六、高等学校实行党委领导下的校长负责制

党委以主要精力研究学校的重大方针、政策问题，加强党的建设和思想政治工作，支持行政领导充分行使职权。坚持党管干部的原则，按照干部管理权限负责干部的选拔、教育、培养、考核和监督工作。校长全面贯彻党的教育方针，坚持把德育放在学校工作的首位，执行党委的集体决定，在其职责范围内积极主动、独立负责地做好教学、科研和行政管理工作。学校的发展规划、重大改革措施、师资队伍建设、重要机构设置和学年工作计划等重大问题，由校长在广泛听取各方面意见的基础上提出方案，党委集体讨论决定，校长统一组织实施。

经上级主管部门和地方党委确定继续进行校长负责制试点的学校，要做好试点工作。在这些学校，党委要发挥政治核心作用，坚持党管干部的原则，全面领导学校的思想政治工作，参与对教学、科研和管理工作重大问题的决策。

撰稿人　宋德民

审稿人　张天保

国家教委成立直属高等学校工作咨询委员会

为了进一步办好国家教委直属高等学校，发挥直属高等学校领导参与宏观管理和协调直属高等学校工作的作用，建立科学化、民主化的决策机制，并增加决策工作的透明度，国家教委于1989年8月成立了国家教委直属高等学校工作咨询委员会（以下简称“咨询委员会”）。同时发布了《国家教委直属高等学校工作咨询委员会章程（草案）》[以下简称《章程（草案）》]和首届国家教委直属高等学校工作咨询委员会成员名单。这45名成员是（以姓氏笔划为序）：韦钰、方惠坚、方福康、王长楷、王学珍、王建华、王国俊、王洛林、王显明、王茂根、王福祥、龙正中、田国光、李文海、李德焕、朱新均、华中一、任心廉、伍卓群、庄明英、曲钦岳、吴咏诗、陈之安、陈敏恒、金长泽、庞正、张幼峰、屈忠、胡之德、胡孟浩、施正铿、饶用虞、袁运开、徐敦潢、钱冬生、高廷耀、翁史烈、顾乐观、陶遵谦、章开沅、黄启昌、蒋妙瑞、谢锡卯、路甬祥、潘季。

《章程（草案）》规定，咨询委员会是国家教委直属高等学校工作的咨询机构，其主要任务是对直属高等学校的办学方针、事业发展方针及重大改革方案等进行咨询，以利于国家教委研究、探索办好具有中国特色的社会主义大学的路子，不断提高教育质量和办学效益，更好地为社会主义建设服务。

咨询委员会由国家教委聘请所属高等学校校长或党委书记和国家教委有关司的司长组成。咨询委员会下设综合大学、工科大学、师范大学及外语、语言院校四个分组委员会。咨询委员会根据咨询议题，不定期地召开全体委员会会议、分组委员会会议或专项议题会议。咨询委员会的成员以专家身份参加有关直属高等学校全局性议题的咨询活动。咨询委员会设执行主席一人，执行副主席三人，秘书长一人。主席、副主席由国家教委直属高校工作司与咨询委员会协商产生，秘书长由直属高校工作司司长兼任。

咨询委员会成立后，于1989年8月起分别召开了工科大学、师范大学、外语语言院校和综合大学等四个分组委员会的首次会议。各分组委员会围绕高校社会主义办学方向、落实学校为国家培养社会主义建设者和接班人的根本任务等问题，分别提交了《深化高等工程教育改革的几点思考》、《深化高等师范教育改革的几点思考（草稿）》、《深化高等外语教育改革的几点设想》、《加强、改革高等理科教育的方针、任务》、《深化高等文科教育改革的几点思考》及《国家教委直属高等学校“四定”工作的初步设想》等会议咨询性文件，并进行了充分地讨论与咨询。

国家教委主任李铁映、副主任何东昌、滕藤、朱开轩、柳斌等先后到会听取意见，并就有关问题做了重要讲话或发表意见。

直属高校工作咨询委员会综合院校、工科院校、师范大学和外语语言院校四个分组会首次会议后，已分别将李铁映、何东昌的讲话摘要及四个分组会的咨询、讨论意见形成会议纪要，印发国家教委有关司和委属院校。

撰稿人　陈小娅

审稿人　陶遵谦

核定国家教委直属普通高校近期发展规模

国家教委于1989年2月发出《关于调整核定委属普通高等学校发展规模的通知》，正式部署了对直属高校重新核定近期发展规模的工作。

1983年原教育部曾根据国家对高等教育事业发展的需要和直属普通高校承担的任务、办学条件及以后发展的可能，审定了直属普通高校1990年的发展规模，总计为38万人。此后，随着改革开放和国民经济建设的需要，高等教育事业迅速发展。截至1988年底，国家教委直属36所普通高校日校学生规模已达到30.5万人。但由于前几年高教事业发展过快，给学校提高办学质量和改善办学条件带来了不少困难。为贯彻落实党的十三届三中全会提出的治理经济环境、整顿经济秩序、全面深化改革的方针，国家教委确定在今后一个时期内高等学校要以稳定规模、优化结构、深化改革、改善办学条件、不断提高质量做为工作重点。因此，国家教委在调整核定直属普通高校近期发展规模的工作中，又提出对直属高校进行“四定”，即定近期工作任务、定近期发展规模、定人员编制和经费分配原则，1989年所进行的核定直属普通高校近期规模的工作，是“四定”工作的组成部分。

直属普通高校的近期发展规模，系指1992年所达到的全日制学校在校生的规模。近期发展规模的构成，包括国家任务、联合办学和委托培养、自费生3种招生形式招收的研究生、本专科生、留学生、进修生和干训生等全部日校学生。核定的原则是根据国家需要和直属高校承担的任务，以学校1988年底实际在校学生规模为基础，综合考虑社会需求和学校的学科、专业、办学方向，以及土地、校舍、师资、设备、图书等现有办学条件和国家近期可能拨给的办学经费及基建投资等因素，使之有利于尽快改善办学条件，不断提高教育质量。在稳定委属高校总规模的前提下，对培养的人才的层次和结构，根据社会需求进行适当调整。

国家教委经过审核直属高校报送的近期发展规模建议，在调查研究和广泛征求委属高校和直属高校工作咨询委员会的意见的基础上，核定直属普通高校的近期发展总规模应控制在30万人以内，比1988年底实际在校学生总规模减少0.5万人，其中主要是适当减少了综合大学的在校生规模。在核定的总规模中，各类学生的构成为：本专科生24万人，占80%，研究生4万人，占13.3%，留学生、进修生、干训生2万人，占6.7%。国家教委在核定直属高校近期发展规模过程中，根据“四定”的要求和部署，还提出了以下原则意见：

1. 为使直属高校培养的人才更好地与我国社会主义经济建设实际需要相结合，广辟学校办学经费来源，学校可依据地区和有关部门的实际需求，适当提高委托培养和联合办学、自费生占总规模的比重。近期内，应把委托培养和自费生占总规模的比重控制在15～20%，国家任务比例应占80～85%。

2. 直属高校近期发展规模核定后，即作为学校的全部计划内规模。学校应据以编制

1990年至1992年的事业发展规划。国家教委将按照近期发展规模，安排学校年度事业计划和招生计划。还将按照核定的近期发展规模，进一步核定直属高校的人员编制和年度事业经费。

3. 近期内直属高校的基本建设投资应按核定的近期发展规模优先安排用于改善学生和教职工的生活条件，争取1992年委属高校学生的生活居住条件达到国家规定标准，教职工特别是中青年教师的住房问题得到缓解和改善。

4. 1983年原核定的直属高校1990年发展规模，除个别学校因土地不足需要适当调减外，原则上仍可作为学校的长远发展规模和学校建设长远规划的依据。今后一个时期内不再安排学校新征土地用于扩大规模或办分校和分部。

国家教委直属普通高校近期发展规模的核定，将有利于进一步推动直属高校的治理整顿、深化改革、优化结构、加强管理、提高质量、改善办学条件等，并积极促进直属高校走上持续、稳定、协调发展的轨道。

撰稿人　董长侠

审稿人　温　纯

北京大学1989级新生试行军政训练一年

为了贯彻党的十三届四中全会精神，使高等学校更好地为国家培养能坚持社会主义方向，德、智、体诸方面都得到全面发展的社会主义建设人才，进一步推进高等教育改革，由国家教委建议并经国务院批准，安排北京大学1989级新生试行军政训练一年。

北京大学是国家教委直属的、有着悠久历史和光荣革命传统，在国内外都很有影响的全国重点大学之一，同时也是国际上敌对势力和国内少数坚持资产阶级自由化立场的人进行渗透和和平演变的主要目标。选择北京大学的新生试行军政训练一年，是探索我国重点大学培养全面高质量的社会主义建设人才途径的一次尝试。

北京大学的新生，在石家庄陆军学院进行军政训练，培训目标是：进一步明确政治方向，拥护四项基本原则，热爱党，热爱社会主义，热爱人民，热爱劳动；培育和发扬集体主义精神，养成较强的组织纪律观念、法制观念和良好的道德情操；基本完成从一个普通高中生到具有一定军政素质的革命大学生的转变。教学计划原则上按陆军学院本科班第一学年教学计划并考虑衔接北京大学第二学年教学内容进行安排，以政治教育和军事训练为主，辅以部分大学公共基础文化课。其中政治课占37.2%，主要开设中国革命史、思想品德教育、法学概论、我军优良传统和国防教育等课程；军事课占30.5%，主要开设条例教育、队列、射击、投弹、单兵作战、军事思想等课程；文化课占26.7%，开设的课程有大学语文和英语；综合性野营拉练和社会调查占5.6%。

北京大学1989年共招收新生815人。除部分干部专修科学生外，实际参加军政训练的为738名本科学生，其中男生475人，女生263人；少数民族学生占5.8%。北京大学新生于1989年10月7、8两日直接到石家庄陆军学院报到。入学后统一着制式军服，佩带学员军衔，按军校学员伙食标准集体就餐，根据军队和军校的有关条令、条例及规章制度进行管理。除伙食费由学生个人负担一部分外，被装费和伙食费差额由北京大学负担。北京大学新生军政训练期间不办理入伍手续，不计军龄。10月12日，北京大学1989级新生训练队身着军装在石家庄陆军学院大礼堂举行了隆重的开学典礼。

解放军总参谋部、北京军区及石家庄陆军学院对接受北京大学新生军政训练均极为重视。陆军学院为此作了充分的思想和物质准备，从院内外选调了一批军事、政治素质较好的干部充实教员队伍，并对有关教员进行了集中培训，重新备课。在教育训练中认真贯彻以提高学员政治素质为重点的教学指导思想，发挥了政治教育的优势，在教书育人的同时，坚持了管理育人、环境育人和服务育人。经过几个月的军政训练，北京大学新生的精神面貌已开始发生可喜的变化。

中共中央政治局委员、国务委员兼国家教委主任李铁映，副总参谋长韩怀智，北京军区政委刘振华等有关负责同志，国务院发言人袁木曾先后前往陆军学院看望北京大学新生，对试行一年军政训练的做法给予充分肯定。

北京大学新生试行军政训练，预计1990年7月21日结束。届时将由军教双方共同组织考核验收，颁发石家庄陆军学院结业证书。

撰稿人 张爱龙
审稿人 温 纯

奖励全国普通高等学校优秀教学成果

为深入贯彻落实党和国家的教育方针，动员高等学校进一步重视和加强教学工作，推动教学改革，全面提高教育质量，促使学校更好地培养能够坚持社会主义道路的，德智体全面发展的专门人才，国家教委决定，1989年在全国普通高等学校开展优秀教学成果奖励工作。

这次奖励的范围，是党的十一届三中全会以来全国普通高等学校全日制高等教育在教书育人、教学改革、教学管理、提高质量等方面取得优秀教学成果的个人或集体（含教师、教学辅助人员、教学管理干部）。

奖励分学校、地方（指省、自治区、直辖市）和国家三级。只有地方级的获奖成果及其获奖者，才有资格被推荐到国家级。位于同一省（自治区、直辖市）的所有普通高等学校（包括国务院部委、计划单列市所属普通高等学校）的优秀教学成果奖励工作，由地方教育主管部门统一组织，军队院校按系统由其教育主管部门组织。

整个奖励工作的基础在学校，只有先在校内获奖才有资格被推荐到地方级，校内获奖和准备推荐到地方级的优秀教学成果及其获奖者应张榜公布，充分听取群众意见。

获国家级奖的成果，是在教书育人、教学改革、教学管理、提高质量等某一方面具有国内先进水平或突出成绩，并有两年以上的实践检验。其中成果特别突出或成绩特别优异的，可获得国家级特等奖。获奖个人或集体的主要成员（一般不超过3人），应坚持四项基本原则，坚持改革开放，忠诚人民的教育事业，教书育人，为人师表。教师在党的十一届三中全会以来曾在连续四年内累计满三年教学工作量；教学管理干部和教学辅助人员必须在本岗位连续工作四年以上。

在全国普通高等学校开展优秀教学成果奖励工作，是建国以来的第一次，受到广大教师、教学辅助人员、教学管理干部和各级教育主管部门的欢迎与支持。他们认为，这是加强教学工作、提高教育质量的重要措施。奖励的条件具体、办法明确、透明度高，是历来在高校开展的奖励活动中做得较好的。

经国家优秀教学成果评审委员会评审通过，国家教委批准，52项成果获国家级优秀教学成果特等奖（含军队院校3项），381项成果获国家级优秀教学成果奖（含军队院校15项）。国家教委于1989年12月28日发布《关于奖励全国普通高等学校优秀教学成果的决定》。

1990年1月17日，在人民大会堂召开了全国普通高等学校优秀教学成果奖励大会，党和国家领导人江泽民、李鹏、王震、李铁映、严济慈、钱伟长等出席大会并向获奖代表颁奖，李鹏总理作了题为“重视教育、重视教学、重视教师”的重要讲话。指出“教学工作是学校经常性的中心工作，学校应该把提高教学质量当作学校工作的重点”。

在全国普通高等学校开展的优秀教学成果奖励工作，产生了很好的效果，高校教师、领导增强了重视教学工作的自觉性，教学工作已出现了十分有利的好势头。

国家教委决定，全国普通高等学校优秀

教学成果的评审、奖励活动，以后每四年进行一次，逐步形成科学的教学评价奖励制度。

撰稿人　乔著生
审稿人　龙正中

附

□国家级普通高等学校优秀教学成果奖获奖名单

特　等　奖

项　目　名　称	学　　校	获奖者(集体主要成员)
北京市　(8项)		
把握基础、充实更新，全面提高——普通物理实验课程的建设和改革	北京大学	普物实验教研室　谢慧瑗　龚镇雄　陈怀琳
高水平、严要求，努力建设世界第一流的高层次人才培养基地	清华大学	模式识别与智能控制博士点　常　迥　李衍达　边肇祺
电子学课程的建设与改革	清华大学	自动化系电子学教研组　童诗白　阎　石　胡东成
在教学——科研——推广中建立农科实践教学体系	北京农业大学	毛达如　黄铁城　蓝林旺
中国诗歌艺术研究等六门专题课的建设	北京大学	袁行霈
电磁学课程教学	北京师范大学	梁灿彬
小提琴教学	中央音乐学院	林耀基
运用现代技术，优化乒乓教学	北京体育学院	乒乓球教研室　王家正　吴修文　顾正平
天津市　(2项)		
中国古建筑测绘实习——提高建筑教育质量的重要综合性实践教学环节	天津大学	建筑历史教研室　冯建逵　杨道明　王其亨
实验针灸学新学科建设	天津中医学院	实验针灸学教研室　汤德安　徐汤苹
河北省　(2项)		
坚持社会主义办学方向，实行教学、科研、生产三结合	河北农业大学	三结合研究课题组　杜怡斌　徐海光　王如英
以马克思主义为指导治史、执教、育人	河北大学	漆　侠
内蒙古自治区　(1项)		
中国自然地理课的改革与中国地理课的建设	内蒙古师范大学	孙金铸
辽宁省　(3项)		

提高有机化学教学质量的实践与研究	大连理工大学	袁履冰
改造老专业，培养高质量人才	东北工学院	钢铁冶金系教学改革小组 芮树森 许允元 曹云凤
模拟实践教学法	辽宁商业专科学校	单凤儒

吉林省 (1项)

计算数学及其应用软件专业建设	吉林大学	李荣华 黄明游 冯果忱

黑龙江省 (4项)

研制推广系列热工教学实验设备	哈尔滨工业大学	严家騄 尚德敏 刘纪福
为农村培养乡土型医师的探索与实践	牡丹江医学院	阴兆峰 林玉庄
注重资料开发与研究，创造性开展学术情报服务	黑龙江大学	冈晋麟
高师学生教师基本功训练	绥化师范专科学校	陈荆珊 宋公然 盖绍普

上海市 (5项)

坚持教学改革，高质量培养机制专业人才	上海交通大学	机制工艺与设备专业 洪迈生 沈德和 蒋锡藩
坚持社会实践，毕业设计出成果出人才	同济大学	城规系 陶松龄 董鉴泓 李铮生
公共卫生学院教学基地	上海医科大学	公共卫生学院 俞顺章 顾学箕 蔡文玮
政治经济学课程的教学改革	复旦大学	经济系 蒋学模 伍柏麟 洪远朋
声乐表演艺术教学	上海音乐学院	周小燕

江苏省 (6项)

普通地质学教学研究与课程建设	南京大学	普通地质学教学小组 夏邦栋 陈智娜
大学教学管理研究与实施	南京大学	教学改革组 冯致光 丁承懋
材料力学实验教学改革	南京航空学院	材料力学教研室 陶宝祺 汪 炼 陈棣忠
多功能实践教学基地——实验变电所的建设与开发	南京化工动力专科学校	实验变电所建设小组 韩廷臣 吴莉芬 萧希武
无线电技术专业教学改革的示范性成果	东南大学	无线电技术专业 沙玉钧 祝宗泰 柯锡明
高师中学物理教材教法课程的建设与	苏州大学	物理教材教法研究室

改革		许国樑　束炳如　倪汉彬
河南省　(1项)		
增强牧业专科教育有效机制的探讨	郑州畜牧兽医专科学校	教务处　阮银岭　周全立　樊自励
湖北省　(3项)		
分析化学课程建设和教学改革	武汉大学	分析化学教学组　赵藻藩　尹　权　王洪英
机械设计教学基地建设	华中理工大学	机械设计教学基地建设课题小组　王　昆　赵国钦　秦　敬
建设植物遗传育种专业，培养合格人才	华中农业大学	刘后利
湖南省　(2项)		
机械制造专业改革的理论、实践与评估	湖南大学	机制专业改革课题组　李传乾　孙宗禹　黄义源
切实强化职业技能训练，为山乡初中培养合格教师	零陵师范专科学校	黄裕民　罗尔康　陈宏能
广东省　(2项)		
根据高校研究机构特点精心培养高层次人才	中山大学	高分子研究所　林尚安　李卓美　梁兆熙
综合改革给我系带来活力	华南理工大学	应用数学系　张正寅　汪国强　吴　满
四川省　(5项)		
教书育人，提高中国革命史教学质量	西南交通大学	朱　铃
矢志育人，硕果累累——探索我国培养高技术人才的有效途径	电子科技大学	林为干
六十五年育才之经验与艺术	四川大学	缪　钺
三年制师专主辅修制度的探索与实践	乐山师范专科学校	罗加云　谭显孝　杨　桦
大学体育配套改革的成功实践	成都科技大学	体育教研室　沈际洪　沈其谁　李杰文
陕西省　(2项)		
运用德育电教加强思想政治教育的探索	西安交通大学	电教中心　学生工作部　社科系思想政治教研室　任组扬　龚兰芬　杨　光
锐意改革，全面提高热工课程教学质量	西安交通大学	热工教研室　陶文铨　吴沛宜　王启杰
新疆维吾尔自治区　(2项)		
探索民族教学规律，培养民族专业人	新疆工学院	李耀增

才		
改进维吾尔语言教学	新疆大学	木哈白提·哈斯木

解放军（3项）

建立由理论教学、社会实践、业余生活三大课堂组成的马克思主义理论课教学体系	海军勤务学院	政治教研室 李树林 孙育才 唐洪鑫
坚持教学、科研、生产三结合，促进计算机学科建设	国防科技大学	计算机系及研究所 陈火旺 李 勇 彭心炯
海军图上战役演习改革	海军指挥学院	吴树照 徐执提 许心文

优 秀 奖

项目名称	学校	获奖者(集体主要成员)
北京市(29项)		
马克思主义理论教育新课程建设	中国人民大学	理论工作小组 吴树青 许征帆 杨先材 冯特君
总结经验，不断改进研究生的培养工作	北京大学	化学系 唐有祺 邢其毅 徐光宪 冯新德
量子力学教学研究与教材建设	北京大学	曾谨言
高等化学教育研究与实践		高等化学教育研究中心 华彤文 忻新泉 谢高阳
金工教学实习的发展与突破	清华大学	金工教学实习教学组 张万昌 金问楷 马二恩
仿真与化工原理实验改革	北京化工学院	化工原理实验教学改革小组 姚 飞 杜俊琪 戴治海
研究生拔尖人才的培养	北京航空航天大学	研究生院 宁 榥 高镇同 张启先
材料力学优质课程建设	北京航空航天大学	材料力学教研室 单辉祖 潘孝禄 方汝璐
电路分析基础课程体系内容与教学方法的改革	北京理工大学	李瀚荪
材料力学课程改革与创新	清华大学	材料力学教研室 蒋智翔 范钦珊 张小凡
开拓者的丰收	北京邮电学院	周炯槃
教学、科研、生产三结合办学道路的理论和实践	北京林业大学	水土保持专业 高志义 孙立达
科研追踪是培养临床医科学生的重要环节	首都医学院	儿科系 刘莲香 胡亚美

开展医学科研实习，培养学生能力	北京医科大学	北京医科大学第一附属医院　方裕谦　张鸣和　李齐嶽
商周考古课教学改革与收获	北京大学	邹　衡　李伯谦　刘　绪
大学英语教学改革	清华大学	外语系　吴古华等
电子计算机在会计中的应用课程开创与改革	中国人民大学	会计系电算化会计教研室　郭雪亭　王景新　张孟春
从中国实际出发创建企业管理学科	中国人民大学	工业经济系　李占祥　邓荣霖　李宝山
模拟法庭为刑事诉讼法教学改革开路	中国政法大学	刑诉教研室　樊崇义　周士敏　张家春
关于组织师生参加社会实践活动的探索	北京经济学院	姜汝真　李英成
粒子系统方向的研究生培养	北京师范大学	粒子系统方向教学小组　严士健　陈木法　刘秀芳
历史系本科课程体系改革	北京师范大学	白寿彝　龚书铎　唐赞功
民族声乐教学	中国音乐学院	金铁林
创建具有中国特色的芭蕾舞教学体系，培养具有国际先进水平的芭蕾舞演员	北京舞蹈学院	曲　皓　王家鸿　许定中
承担民族地区课题，开展民族教学实习	中央民族学院	民族学系　马启成　徐仁瑶　徐万邦
优化本科教学过程的改革	北京航空航天大学	曹传钧　陈孝戴
博士生培养和管理改革	清华大学	吴佑寿　林功实　罗延秀
试题库建设实践与教学质量控制	北京科技大学	高颂烈　朱荣华　秦明达
本科教学管理改革	清华大学	李传信　周远清　周兆英

天津市　（10项）

建立教学与科研生产三结合的教学新体系	南开大学	高分子化学研究所　何炳林　陈洪彬　孙君坦
艰苦奋斗十年，建成“自组式”实验教学体系	南开大学	物理系实验物理教研室　谭成章　靳　健　刘子臣
提高数学研究生教学质量	南开大学	定光桂
建设工程造价管理学科的创立和发展	天津大学	建设工程造价管理学科组　徐大图　刘尔成　尹贻林
化工原理实验教学改革	天津大学	化工技术基础实验教研室　冯亚云　冯朝伍　胡瑞杰
力学与结构课教学与教材体系的改革	天津大学	慎铁刚
价格学专业课程建设	南开大学	价格学学科组　贾秀岩

		薛仲章　万成林
普通心理学教学改革	天津师范大学	沈德立
创建现代文学专题教学新体系	天津师范专科学校	邱文治
努力探索、刻意求新，使手风琴专业教学达到国际水平	天津音乐学院	手风琴教研室　王域平　王树生
河北省　（11项）		
电力系统继电保护课程建设与改革	华北电力学院	电力系统继电保护教学小组　高中德　沈有昌　杨奇逊
教学过程整体优化改革的研究与实践	河北工学院	化工系教学研究组　张留成　董伟志　任宝山
微机化生理实验系统在教学中的开发应用	华北煤炭医学院	李亚平
外语教育技术课程建设及教学实践	河北师范大学	戴正南
计算化学教育的开拓与建设	河北师范学院	结构化学教研室　郑世钧　蔡新华　孟令鹏
在高师开设汉语口语表达课	沧州师范专科学校	万　里
发挥文科知识优势创造性地教书育人	河北师范大学	陈　慧
坚持体育教学改革，努力提高教学质量	河北农业大学	体育教研室　黄　燮　任国平　鲍振国
电化教育的发展与教学方法的改革	河北医学院	电化教研室　张国动　庞仁春　汤士珍
不断深化教育改革，努力提高教学质量	河北师范学院	历史教改研讨组　范书义　孟繁清　王　柯
遵循专科教育规律，进行综合配套改革	张家口农业专科学校	白秀玉
山西省　（5项）		
电子技术实验改革	太原机械学院	电子技术教研室　张建华　毕满清　叶相臣
机械设计基础课程的教学改革	山西矿业学院	王　堃
通过科研生产，提高教学质量	太原工业大学	地基教研室　范维垣　史美筠　周绍彬
生理学课程建设	山西医学院	乔健天　赵荣瑞　李　亮
对计算技术教学内容的几点突破性创造和更新	山西财经学院	王令九
内蒙古自治区　（5项）		
生态学与环境生物学专业的创办与发展	内蒙古大学	生态学与环境生物学专业（小组）李　博　雍世鹏

		刘钟龄
教学同科学研究和教学研究相结合，全面提高教学质量	内蒙古工学院	佟天夫
植物分类学教学的全面改革	内蒙古农牧学院	富象乾
蒙医、蒙药专业的建设及其发展	内蒙古蒙医学院	苏荣扎布
蒙语授课教学管理	内蒙古师范大学	那音太　通拉嘎　宝　奎

辽宁省（20项）

实验改革促进教学改革	沈阳工业大学	姜立贵
课堂教学、实习、毕业设计系统改革	阜新矿业学院	朱淑伦　海国治　张永吉
对港口及航道工程专业的专业课程改革	大连理工大学	洪承礼
开放型的建筑设计课教学	沈阳建筑工程学院	陈伯超
金属切削过程静态显微观察与动态显微电视观察	东北工学院	刀具教研室实验教改小组　田春芳　石赓儒　吴凤春
立足专科培养目标加强实践技能训练	本溪冶金专科学校	自控系实践教学改革小组　高元春　吕桂复　胡学林
医学微生物学实验教学模式的探索与改革	大连医学院	微生物学实验教改组　张卓然　崔丕业　黄　敏
人体解剖学教学的创新与优化	中国医科大学	人体解剖学教研室教学组　于　频　吕永利　段坤昌
实验针灸学科建设及对针灸教学的贡献	辽宁中医学院	刘　凡
实施公共英语教学改革，全面提高学生的英语水平	中国医科大学	范玉英　王　琔　金魁和
计算机辅助教学系统的研制和应用	东北财经大学	陈有刚
对师专中文系学生进行常用字读写的集中训练与单项考核	鞍山师范专科学校	周谨驯
教育实习改革的探究与实践	抚顺师范专科学校	教育实习研究实验组　王恒程　薛喜元　李松文
坚持理论联系实际的教学原则，努力提高教学质量	锦州师范专科学校	李秀山
加强专业基础课程建设，更新教学内容，全面提高教学质量	鲁迅美术学院	构成课研究组　赵殿泽　赵国志
运动训练学新学科建设	沈阳体育学院	董国珍
从实践研究着手，改革体育教学	大连理工大学	体育教改小组　邹继豪　赵广复　韩有林

强化教务管理，开展教学评估，推动教学改革	辽宁师范大学	赵树仁　王　鹏　屈　光
组织在职学位进修，加速中青年教师的成长	东北工学院	胡永翔　魏向前　刘泰强
实行预分配制度，改革毕业实习	大连海运学院	洪声振　郭　禹　殷佩海

吉林省　（12项）

普通物理实验与演示实验课程建设	吉林大学	王秉超　陈秀玲　赵立娟
开放实验——普通化学的开放式实验教学法	吉林工业大学	化学教研室　曲保中 郑贻基　刘德珍
物化课程教学过程系列优化	吉林工学院	郭余年
基础地质实习教学建设	长春地质学院	杨丙中　张喜发　仇甘霖
高等专科粮油食品学科建设	吉林粮油食品专科学校	李英杰
动物解剖学课程改革与实践	吉林农业大学	何春林
高起点免疫学研究生培养、教学十年实践	白求恩医科大学	杨贵贞
坚持教书育人和教改	延边大学	许龙九
英语教学模式的改革与教学内容的更新	长春建筑专科学校	外语教研室　安晓灿 邹雅莉　丁秀芹
写作教学系统工程	四平师范学院	都本忱　邱安昌
物理实验教学改革与教学仪器研制	东北师范大学	基础物理实验教学组 周　辉　杨述武　魏德祥
加强本科教学的配套管理改革	吉林工业大学	顾品琦　何小林　于东满

黑龙江省　（13项）

高质量硕士、博士研究生的培养体制	哈尔滨工业大学	雷廷权　李庆春　田锡唐
电路课程综合改革	哈尔滨船舶学院	陈式据　陈哲时　郭　志
改革机械设计教学内容和方法，培养高质量人才	哈尔滨科技大学	王永乐
流体力学课程建设的研究与实践	哈尔滨建筑工程学院	刘鹤年
石油地质专业学生能力培养方案的设计与实施	大庆石油学院	王子文
建设食品工程专业，培养商业急需人才	黑龙江商学院	吴　孟
改革课程结构、培养专业师资，推动全国医学生物学教学工作	哈尔滨医科大学	李　璞
生物教学基本建设	佳木斯师范专科学校	张雨奇
教学与科研相长，造就学术型师资	哈尔滨师范大学	张锦池

创设声乐曲分析及处理课	哈尔滨师范大学	常肖梅
普通高校体育课教学综合改革实验研究	东北农学院	姜天日
在全面建设教研室的过程中保证高质量本专科教学的机制	哈尔滨工业大学	王　铎　安为民　王宏钰
物理课程建设和质量评估的理论探索与实践	十所工科院校	洪　晶等

上海市 （25项）

物理化学课程改革与教学实践	复旦大学	邓景发
泛函分析的课程建设与人才培养	复旦大学	严绍宗
以能力训练为目标的开放式实验教学体系——电子学实验教学改革	复旦大学	电子工程系电子学与信息系统室　陈瑞涛　吴皖光　陆廷璋
培养高质量博士，推动学科建设	上海交通大学	张钟俊　吴智铭　施颂椒
开拓实验教学新模式	华东化工学院	物理系实验室　张兆奎　刘沛源　薛　敏
工程图学课程改革与建设	中国纺织大学	工程图学教研室　朱　辉　唐保宁　曹　桄
化工原理课程建设与改革	华东化工学院	化工原理教研室　丛德滋　方图南　陈同芸
计算机及应用专业教学改革与专业建设	上海交通大学	计算机科学及工程系　孙永强　盛焕烨　白英彩
专科机制专业教学特色的探讨	上海纺织专科学校	许先绪　严庚辛　杨培元
自动控制系统课程的改革与建设	上海工业大学	陈伯时
多种教学手段在大学物理中的应用	同济大学	于立淮
钢结构系列课程建设	同济大学	沈祖炎　王肇民　沈德洪
以临床问题为引导的基础医学教程(PBC)教学改革方案	上海第二医科大学	以临床问题为引导的基础医学教程(PBC)教学改革小组　李学敏　章有章　丘祥兴
创立具有中医特色的新型系列解剖学科	上海中医学院	严振国
医学试验设计与分析课程建设	上海第二医科大学	金正均
临床医学教学改革	上海医科大学	医学系　施寿康　王申生　陆培廉
大学英语听力教学	华东师范大学	大学英语听力教研室　李慧琴　武凝秋
高等学校基础英语分级教学的理论与	上海外语学院	戴炜栋　姚天宠　华　钧

实施		
会计学专业教学改革	上海财经大学	娄尔行
研究生培养	华东师范大学	钱谷融
植物学教学改革	华东师范大学	马炜梁
少数民族班表演教学	上海戏剧学院	86届内蒙班教学组 陈明正 卢若萍 尤俊杰
适应经济发展需要，培养复合型应用人才	上海大学	国际商业学院 卢关泉 金建华 章关培
新建院校教学管理与改革	上海城市建设学院	金成棣
学校教育管理改革	华东化工学院	陈敏恒

江苏省(25项)

联系改革、开放实际，改革政治理论教学	南京大学	李乾亨
无机化学课程的教学与建设	苏州大学	王恤民
有机化学教学理论研究与实践	南京大学	化学系有机化学教学组 段康宁 丁 漪
深化物理化学课程的教学改革，搞好课程建设，改进教学方法，提高教学质量	南京大学	化学系物化教学组 沈文霞 姚天扬
科学史的教学改革与教材建设	南京大学	林德宏
物理类力学课程教学改革	南京大学	梁昆淼
创建我国学科型电气技术新专业	东南大学	电气技术专业 徐德淦 周泽存 周 鹗
加强实验环节实行“讲、习、做”结合——数字电子技术课程改革	东南大学	数字电子技术课程改革小组 丁康源 戴义保 黄春生
管理专业建设与企业管理学教材体系改革	常州工业技术学院	马国柱
根据专业培养目标，首创顶板灾害防治课	中国矿业大学	岑传鸿
数字电路与逻辑设计课程建设与改革	南京航空学院	数字电路教学组 沈嗣昌 蒋 璇 易仲芳
理论力学教学改革	镇江船舶学院	王充德
微型机原理及应用课程的教学改革	华东工学院	金惠娟
生物化学教学改革	苏州医学院	蒋 滢
注重教书育人，加强临床实践，提高教育质量	南京医学院	陈钟英
统计专业教学改革研究及实践	江苏商业专科学校	杨家栋

在中国近代史教学中积极开展第二课堂活动	镇江师范专科学校	郭孝义
根据师范特点、改革古代汉语教学，努力开发学生的智力因素和非智力因素	南京师范大学	马景崙
中学物理教学法课程改革	南京师范大学	刘炳昇
工艺美术教学中素描和色彩基础课程改革	南京艺术学院	冯健亲
不断深化改革体育教学——努力提高学校体育整体效应	东南大学	体育教学改革小组 王志苏 刘维清 李勒基
公共体育教学改革	扬州师范学院	潘昌宏
现代化教学技术的研究及其应用	河海大学	陈定圻
教学管理改革的探索与实践	南京航空学院	阮宝华 杨为柱 李洪兴
加强信息反馈，实行科学管理	东南大学	陈笃信 李樟云 高 辉

浙江省（13项）

面向社会深入教改，努力培养高质量的专门人才	杭州大学	心理系 陈 立 朱祖祥 汪安圣
应用学科高级人才培养的成功之路	浙江大学	工业控制研究所研究生导师组 吕勇哉 王骥程 孙优贤
毕业设计教学与学生能力培养	浙江丝绸工学院	服装设计教研室 郭建南 郑 健
普通化学教学改革	浙江大学	李明馨
立足经济建设，努力培养应用型人才	绍兴高等专科学校	朱成胜
教学与科研相结合，积极培养适应社会需要的多层次人才	杭州大学	吴熊和
开拓新路，改革教育实习管理体制	湖州师范专科学校	潘润身 潘可为 徐林祥
书法教育学研究	浙江美术学院	陈振濂
体育教学系列化改革的探索	浙江农业大学	体育教研室 李赵来 朱 桦
加强教学管理，推动教学改革与研究	浙江师范大学	黄伟娣 金康伟 张乐初
预分配——联合培养	浙江大学	李 菊 韩兆熊 吴星义
大胆探索，求是创新——浙江大学高等工程教育改革与实践	浙江大学	路甬祥 吕维雪 薛继良
迎击二十一世纪医学教育的挑战——医学教育模式转变的改革与实践	浙江医科大学	郑 树 姚竹秀 丁德云

安徽省　（13项）

少年班超常教育	中国科技大学	超常教育部 肖臣国 陈宏芳 汪惠迪

抓教学促科研——研究生培养的好方法	合肥工业大学	王有成
机电一体化(机械电子工程)试点	合肥工业大学	机电一体化研究室 李兴邦 方维坤 刘光复
坚持教学科研生产三结合的道路创建新专业，提高应用型工程人才的培养质量	华东冶金学院	冶金工程系热能教研室 王璋保 许永贵
改革教学方法开发学生智能——“211”教学法	合肥工业大学	材料力学教研室 刘其昌 张衍华 杨佰源
解剖拖拉机、汽车，制作大型教具	安徽农学院	拖拉机教研室解剖组 陈道游 许光溱 王继先
坚持教学、科研、生产三结合，加强药理学科建设，提高教学质量	安徽医科大学	徐叔云
古典小说戏曲多层次教学	安徽大学	李汉秋
创建合作经济新学科，建设合作经济新专业	安徽财贸学院	周万钧 石秀和
加强毕业实习为重点的教学实践环节	安徽大学	法律系 荣民泰 常俊山
研究教材教法，狠抓教育实践，着力培养学生的工作能力	安徽师范大学	罗 超
文心雕龙教学教材建设	安徽师范大学	祖保泉
初等几何研究教材教法改革	芜湖师范专科学校	吴雪庐

福建省(11项)

坚持教学、科研、生产三结合，努力提高培养的人才质量	华侨大学	生化工程教研室 林文銮 王连阳 刘 幸
利用最新科技成果，改革教材，拓宽教学内容，改善学生知识结构	华侨大学	王永初
加强实践性教学环节，建立校实习基地	福建建筑工程专科学校	卢 循 魏祖铭 蔡雪峰
我国第一个中医骨伤专业的创建与发展	福建中医学院	张安桢 王和鸣
大面积提高大学英语教学质量	厦门大学	外语教学部 张承襄 陈裕秀 郭绥龙
创建独树一帜的财务会计教材体系	厦门大学	葛家澍
深入中学指导教改，促进高师教学法课的改革	福建师范大学	中学物理教法教研室 白炳汉 王 纬 陈章镇
充分发挥电教作用，促进教育质量提高	福建师范大学	电教中心 宋 解 程思岳 陈余全
全面提高教学质量——制定、实施量	福州大学	张永烈 徐书确 林公逵

化评估标准和培养实践能力		
发挥教研室在现代化教学管理中的积极作用	福州大学	林齐芬　陈芝玉　郑明学
以三学期制为主要内容的教学管理制度配套改革	厦门大学	王增炳　刘金桂　吕子玄

江西省(8项)

矿机专业课改革与新学科建设	南方冶金学院	机械系装载教学小组　姚践谦　李德麟　管荣根
坚持教学、生产紧密结合，建设金工教学实习基地	南昌航空工业学院	实习工厂　王　维　谢纪坊　叶文丰
农机专业的新课程设置及教学改革	江西农业大学	乔振先
高等医学专科教育模式的改革	九江医学专科学校	医学教育研究室　李振宗　涂明华　陆怡田
公外教学改革与管理	江西大学	公外教学部　赵国杰　李泳川
农业经济学教学内容及方法改革	江西财经学院	谭训鸣
培养数学基础理论研究能力的方法	江西师范大学	胡　克
加强考试管理，促进学风建设，教学仪器设备应用计算机科学管理	江西工业大学	汪茂湘　王惠英　夏庆明

山东省(19项)

创建先进的分子细胞生物学基础课	山东大学	韩贻仁
泛函分析方向人才培养与教材建设	山东大学	郭大钧　黄春朝　梁方豪
物理演示实验研究	山东大学	段吉辉　张承琚　王　燕
走“三结合，两基地”的办学道路搞好专业的全面建设	山东工业大学	铸造教研室　王维倜　马家骥　王孝华
以教育评估为动力加强专业建设	山东工业大学	机制专业　艾　兴　田志仁　陈方荣
加强基础、提高能力、改善沉积岩石学教学	石油大学	赵澂林　刘孟慧　管守锐
加强专业建设，提高办学效益	山东农业大学	园艺系蔬菜专业　赵德婉　邢禹贤　张启沛
培养高等农业人才的新体制和新模式	山东农业大学	农学系　李晴祺　杨景林　冷寿慈
“三才”建设的系列改革，是全面提高教学质量的关键	山东医科大学	人体解剖学教研室　栾铭箴　李人光　张光旨
外科基本操作练习包	青岛医学院	吴绍硕　乐兴详　王国柱
搞好田野考古发掘教学实践，促进考古专业建设	山东大学	于海广　栾丰实

大学英语改革十年成果	石油大学	外语教研室 吴铭方 王基鹏 栾述文
大学英语教学管理的改革	青岛海洋大学	外语系大学英语教研室 张春寿 李世珍 梁德成
系统改革，为全国高师物理专业建设做贡献	山东师范大学	理论物理教研室 张怿慈 李法和 俞学珍
全方位整体优化教学法	临沂师范专科学校	陈毛美 姚承宪
电子技术基础课程规范化建设	烟台师范学院	电子技术基础教学组 王至正 张福玲 朱汉荣
油画教学成果	山东艺术学院	83届油画班教学组 赵玉琢 张洪祥 曲志刚
开拓山东工艺设计事业填补山东工艺设计空白	山东工艺美术学院	沈祝华 陈 奇 王 智
电视录像在农业高校中的应用	莱阳农学院	教务处电教室 赵晓春 董成双 唐建军

河南省（12项）

人文地理专业的更新与建设	河南大学	李润田 金学良 黄以柱
画法几何及工程制图课程建设	焦作矿业学院	基础部制图教研室 白泓韧 阎衍浩 马秀鹏
实验室是教好动物学“三基本”的重要纽带	河南农业大学	崔淑贞 王秀珍 牛安敏
发扬艰苦奋斗精神，搞好考古发掘实习	郑州大学	匡 瑜等
大学英语教学整体改革	郑州工学院	外语教学部 徐锦凤 乔思明 赵 梅
改革教学结构，开设专业实践课	河南职业技术师范学院	张维成 杨怀森
汉语口语教学	开封师范专科学校	赵林森
“严全”教学法	安阳师范专科学校	王爱民
“基础、能力、创新、概括”——数学教学实践与认识	河南师范大学	夏兴国
声乐教学改革与民族歌剧专业的创立	河南大学	武秀之
实施综合管理，培养合格人才	郑州大学	郑世斌 袁忠信 王金铎
革新教研室的管理工作，狠抓人才培养和教材建设	河南医科大学	李鸿勋 王雨若 姚运玮

湖北省 （22项）

用马列主义启迪学生的心灵	华中理工大学	蓝毓娟
政治理论课教学改革	武汉水运工程学院	黎德扬

无线电信息类计算机辅助教学系统	武汉大学	CAIS课题小组 陈淑珍 张梦涛 王淑融
内河船舶引航实践教学的重大突破——内河雷达引航模拟器的研制和使用	武汉河运专科学校	赵一华 周志峰 卞湘豫
地质类工科专业课教学改革成果	中国地质大学	电法勘探课程教学组 张桂青 刘崧 潘玉玲
电磁场课程的教改	湖北工学院	张文灿
专业改革系统工程	武汉测绘科技大学	航测与遥感系 王之卓 金为铣 李德仁
优化电子技术基础课程建设的研究	华中理工大学	康华光 邹寿彬 梁宗善
建设教学基地，提高教学质量	武汉水利电力学院	教学基地领导小组 刘肇祎 陆述远 李良民
寄生虫学教学新模式	同济医科大学	寄生虫学教研室 石佑恩 何昌浩 牛安欧
创建教改协作体，探索教育实习新体制	湖北大学	王文卿 罗炽 李之戊
图书馆学情报学教学体系的深刻变革	武汉大学	彭斐章 谢灼华 王昌亚
培养经济理论研究生的途径与方法	中南财经大学	社会主义经济理论研究生导师组 张寄涛 夏兴园 胡逢吉
系统模拟教学法	湖北公安专科学校	陈瑞兰
把近代物理实验室建成教学、科研、生产三结合基地	华中师范大学	近代物理实验教研室 祁守仁 刘万华 方治元
文学教学的总体探索	华中师范大学	黄曼君
“三步走”实验教学法培养学生能力取得成效	黄冈师范专科学校	物理科实验室 刘职全 熊新阶 夏明
结合地质专业特点，改革体育教学	中国地质大学	体育部 胡燕生 张雪芹 朱发荣
师专教学管理研究	孝感师范专科学校	严秀玉
师专师资队伍建设目标管理模式	荆州师范专科学校	白崇礼 王齐洲
重点课程规范化建设的探索与实践	武汉工业大学	课程规范化建设实施组 袁润章 沈大荣 钱芝宇
坚持从严治学，改革教学管理，切实提高教育质量	华中理工大学	黄乃瑜 傅湘甫 武金渭

湖南省(13项)

中共党史和中国革命史教学改革的理论研究与实践	湖南财经学院	李时中
电气化专业实验教学改革	湘潭机电专科学校	电气工程系 张永丰

		叶国恭 彭雪林
工科结构力学教学研究与教材建设	湖南大学	结构力学教研室 杨茀康 李家宝 罗汉泉
机械原理及机械零件课程教学内容、方法改革的探索与实践	中南工业大学	机械原理、零件教改组 梁镇淞 周明 吕志雄
改革专业课实验教学旧体制，建设实践性教学新体制	湖南农学院	农学实验课教研室 王锄非 向远鸿 陈学贞
以实验技术手段现代化为中心的生理学教学实验改革	湖南医科大学	李云霞 周衍椒 庄义皋
为社会主义培养急需专业人才	衡阳医学院	教务处、附二院 余麟 郭渌盛 黄家逵
中学语文教学法学科建设	湖南师范大学	张隆华 周庆元 满元龙
写作课的改革与建设	湘潭师范学院	写作教研室 彭建明 陈靖武 高梁
中文专业作文科学化系列训练法	常德师范专科学校	刘赤符
高师体育专业生理学课程建设	湖南师范大学	王步标 曾凡弟 肖泽亮
端正办学思想，加强本科教育	长沙铁道学院	曾俊期 钟桂岳 罗润泉
教学管理中良性循环运行机制的研究与实践	中南工业大学	梅炽 时章明

广东省(17项)

物理化学、计算化学教学软件的研制和应用	中山大学	陈志行
适合多层次的计算机语言课程教学及教材的改革与创新	华南理工大学	邓自立
以实践性教学改革为中心，建立职业大学的教学体系	广州大学	张士勋
搞好教学基本建设提高教学质量	华南理工大学	弧焊电源教学组 黄石生 李绍斌 侯迈
锐意改革，从严治学，培养德才兼备人才	华南农业大学	范怀忠
优化实践教学体系，培养学生能力	华南农业大学	农学系实验课教研室 张乐庆 谭中文 李玉潜
进行“自学为主”和“讲授为主”的对比试验，加强学生能力的培养和智力的开发	中山医科大学	彭文伟 卢光启 谭绪昌
开辟第二课堂，提高教学质量	广州医学院	卫生学教研室 杜应秀 蔡文超 陈小薇
培养眼科学高级人才，促进眼科教、	中山医科大学	中山眼科中心眼科教研室

医、研事业发展		周文炳 吴乐正 毛文书
结合使用录相、语言实验室与电脑辅助英语教学	暨南大学	黄 钧 叶玉兰 陈爱玖
语言学与应用语言学重点学科建设	广州外语学院	桂诗春 伍谦光 何自然
努力培养师专学生的教学能力——改革数学教学法的课程教学	广州师范专科学校	关永强
发展独立能力 培养开拓精神	韩山师范专科学校	罗英凤
教学、科研、生产三结合，创办我国第一个电化教育专业	华南师范大学	电化教育专业 李运林 李克东
田径教学训练方法与手段的改革研究	广州体育学院	陈业韩 吕乙林 关淑贞
广东省高等医学院校医学专业办学水平评估的实践与研究	广州医学院	医学专业评估方案起草小组 王庆炜 张晓珠 熊匡汉
图书馆计算机管理集成系统	深圳大学	毛卓明 徐秋生 崔晓松

广西壮族自治区（8 项）

紧跟科技发展，改革专业教学	桂林电子工业学院	陈尚松 莫 玮 王 娟
广西灌阳地质填图实习基地建设	桂林冶金地质学院	灌阳实习基地建设小组 欧阳成甫 张家志 方积义
创建教学实验基地，培养品学兼优的高层次人才	广西大学	磨削研究室 曹硕生 雷力生 温筱茜
坚持教学、科研、生产三结合，提高教育质量，促进粮食增产	广西农学院	三结合教学小组 莫家让 周天生
运用启发式教学法、猜想教学法，培养学生思维能力	广西师范学院	李叶明 陆秀媛 李翠英
古代汉语教学研究	河池师范专科学校	杨汝福
改革、创新，坚持教学、科研相结合，不断提高体育教学质量	玉林师范专科学校	陈志强
教学管理的基础建设	广西师范大学	阎金童 黄 刚 林祥任

海南省 （1 项）

教学、科研、推广三结合	华南热带作物学院	黄宗道 项斯桂 潘衍庆 裘森芳

四川省 （25项）

光学课的改革与全面建设	四川大学	郭永康
工科数学知识结构系统教学法	四川建筑材料工业学院	杨翰深
发扬老唐山交大重视力学教学传统，	西南交通大学	工程力学系 奚绍中

培养有竞争能力的工程技术人才		江晓崙
高分子材料学科建设及高层次人才培养	成都科技大学	徐 僖
培养学生动手能力的探索与实践	电子科技大学	龙方洁 肖恩照 李秉才
在改革中建设石油地质与勘探国家重点学科	成都地质学院	罗蛰潭 彭大钧 黄仰洲
建筑学专业体系化改革	重庆建筑工程学院	建筑学专业教改小组 李再琛 梁鼎森 李先逵
教学与科研相结合，促进新学科建设	西南石油学院	泥浆教研室 罗平亚 杨坤鹏 崔茂荣
机械设计直观教学基地建设	重庆大学	机械设计直观教学基地建设小组 何小柏 王世隆
金属切削原理及刀具课程教材建设及教学改革	重庆大学	肖诗纲
工业产品造型设计课程的创立、建设及实践	重庆大学	高 敏
适应农村两个转化的需要，努力办出农业专科教育的特色	绵阳农业专科学校	深化教改办出专科特色课题组 龙太康 陈见超 雷德成
加强能力培养，全面提高研究生教育质量	四川农业大学	杨 凤 陈可容 张慎容
革新实验设备，提高教学质量	西南农业大学	艾 平
开创我国理工医综合性口腔材料学新学科	华西医科大学	口腔材料学教研室 陈治清 雷贤康 刘小青
坚持汉语史教学内容、教学方法的改革	四川大学	张永言
外语学院外国文学课程的建设和教学	四川外语学院	林亚光
适应金融体制改革，更新教学内容	西南财经大学	曾康霖
判例、观摩、模拟教学法	西南政法学院	判例、观摩、模拟教学法小组 廖俊常 谭 兵 张 旭
现代汉语教学中培养学生分析和运用语言能力的探索	自贡师范专科学校	冯志纯
中学数学教材教法改革实验	西南师范大学	中学数学教改实验组 陈重穆 宋乃庆 项大蓉
改革课程、教材、教法，培养合格的中学物理教师	四川师范大学	中学物理教法研究室 李俊伦 李代志
加强基础培养能力，坚持教学内容和	四川师范大学	封小超

教学方法的改革与更新		
创建立体构成基础教学新体系	西南师范大学	赵　健
考试成绩管理科学化的系列研究	重庆医科大学	颜家珍　王世迪　段美芬

贵州省　（3项）

开发工业造型设计和工程美术新学科	贵州工学院	明方成
面向农村因地制宜培养能讲会做的合格初中教师	遵义师范专科学校	张相文　罗泽琴　李凤华
在数学教学中如何加强对学生思维方法的培养	贵州师范大学	庞之垣

云南省　（9项）

奇异摄动方法及应用的教学与研究	云南大学	谢应齐
矿井通风防尘课的全面建设	昆明冶金专科学校	周洵远　徐石铮　汪德淇
人体解剖学教学法的研究	昆明医学院	解剖教研室　余发昌　王爱莲　叶　铮
计算机科学理论学科人才培养质量	云南师范大学	刘声烈　林毓材　卢学妙
高师几何系列课程的建设	云南师范大学	朱德祥　朱维宗　熊民福
编写便于自学的逻辑教材，调动学生学习的主动性积极性	昆明师范专科学校	何名申
编写民族语文教材，培养民族语文干部	云南民族学院	民族语言文学系　陈相木　张秋生　金学良
创办高等农业技术师范教育	云南农业大学	尹日庄　陈琴英　苏柄德
实行挂牌选课，提高教学质量	昆明工学院	孙隆熙等

西藏自治区　（2项）

教学改革和教书育人经验	西藏民族学院	张元坤
藏族美术教学的创新	西藏大学	丹巴热旦

陕西省　（19项）

改革光学课的有效途径——形象化教学	西北大学	物理系光学课教学组　张振杰　马致考　王玉文
立足西北，造就直达国际前沿的理论物理研究生	西北大学	侯伯宇
材料力学教学改革和课程建设	西安交通大学	材料力学教研室　张镇生　闵　行　蔡怀崇
电子学课程十年改革	西安交通大学	信息与控制系电子学教研室　沈尚贤　叶德璇　张锡赓
高等数学课程教学与改革	西安交通大学	数学系　马知恩　龚冬保　杨泽高
提高机械原理课程教学质量的措施及	西北工业大学	孙　桓

教学过程的最优化		
《Calculus with Related Topics》及其使用实践	西北工业大学	孙家永
计算机组成原理课程综合配套改革	西北工业大学	白中英
加强教研室建设，坚持教学改革，提高本科高等数学课程教学质量	西北工业大学	高等数学教研室 赵镇西 薛俊瑶
计算机辅助教学研究与应用	西安交通大学	CAI研究中心 刘甘娜 王瑞禹 严子敏
从严、求新、重导的教学方法	西北工业大学	周尧和
计算机绘图新学科建设	西安交通大学	计算机绘图学科研究组 卢振荣 朱燕萍 张建民
结合国际设计竞赛进行毕业设计	西安冶金建筑学院	国际设计竞赛教学小组 张缙学 佟裕哲 侯继尧
西安交大大学英语教学与改革	西安交通大学	大学英语教研室 王监龙 葛元璋 周淼冬
心理学学科体系基础建设	陕西师范大学	欧阳嵛
物理化学、物质结构、物化实验、标准化考试题库及计算机管理程序	陕西师范大学	物化教研室 胡秋芳 杜奇石 张 昕
端正办学思想，提高本科教育质量	西北工业大学	王乃行
教学管理系统运行机制的建立与实践	西安交通大学	李能贵 张发荣 杨基民
联合办学	西北大学	张岂之 张 棣 肖兴民
甘肃省 （7项）		
量子力学教学研究及教材建设	兰州大学	钱伯初
基础数学高层次人才的培养	兰州大学	基础数学博士点 陈文嵘 罗学波 郭聿琦
坚持教学改革，努力提高化学专业基础课的教学质量	兰州大学	化学专业主干基础课教改小组 周效贤 沈凤嘉
材料力学教学与教材建设	兰州铁道学院	罗 亚
一个实验教学改革的方案——焊接实验工学	甘肃工业大学	焊接专业实验室 陈越耿 樊 丁等
基础化学理论的定量化教学研究	西北师范大学	蒲生森
兰州大学本科教学改革与管理	兰州大学	李 希 杨 峻
青海省 （3项）		
综合治理实验室，提高普物实验教学质量	青海师范大学	物理系 魏 臻 薛友于 张 岷
加强科研、锐意改革、严格管理，提高教学质量	青海大学	体育教研室 刘 戈 张昱宙 张生杰
从少数民族学生实际出发，探索提高	青海民族学院	几何教研室 王学功

教学质量的新路子		赵德让　王俊芳
宁夏回族自治区　（3项）		
多值解析函数和数学分析题解方法的教学	宁夏大学	刘士强
农经科学教学、科研、社会实践三结合的探索	宁夏农学院	王兴祥
组织学与胚胎学教材建设与教学方法改革	宁夏医学院	组织胚胎教研室　舒志俊
新疆维吾尔自治区　（3项）		
化学系四大基础实验课的教学改革	新疆大学	化学系　夏　熙等
严格要求，为提高民族生质量，认真教好基础课	新疆八一农学院	安峥皙
视听教材建设和研究	新疆医学院	电化教研室　李干臣　王宝英　王疆燕
解放军　（15项）		
改革马克思主义理论教育的实践与探索	南京政治学院	马克思主义理论教育改革小组　张俊选　马根生　李作民
思想政治理论课“三基本一综合”教学法	第四军医大学	政治理论教研室　刘大军　郭照江　郭　明
献身国防精神的“三到一长期”教育	空军雷达学院	何善昌　喻承久　李敬真
油品应用化学学科发展的研究与实践	后勤工程学院	董浚修
建立航空维修工程理论，深化维修专业教学改革	空军工程学院	维修管理教研室　陈学楚　魏邦明　秦毓麟
解剖学课程建设	第一军医大学	训练部解剖教研室　胡耀民　徐达传　李忠华
优化体育教学、促进全面发展	郑州高炮学院	体育教研室　张文和　靳建设　赵凤忠
教育传播技术在外语教学中的应用系统	洛阳外国语学院	卞铁坚
突出使用工程特色，培养新型人才	第二炮兵工程学院	张士英　傅备篪　王治军
季卜枚教学法	通信指挥学院	季卜枚
空军指挥军官战役战术综合实验的教学改革	空军指挥学院	训练部　周松涛　陈材保　樊鲁生
合成军队指挥理论系列教学成果	陆军指挥学院	训练部　吕克谋　王可矢　章祖霞
“五位一体”培养目标	大连陆军学院	赵树峰　梁文兴　刘伟男
歼击机飞行学员训练体制和内容改革	空军第三、第七飞	杜志军　李渊臣

开创培养部队“用得上、信得过、留得住”合格人才的医学教育新路子

行学院

北京军区卫生学校　朱学时　赵秀路　张书民

普通高等学校教育评估工作取得进展

从1985年开始，根据《中共中央关于教育体制改革的决定》中关于开展教育评估的要求，国家教委组织了高等工程本科教育评估和硕士、博士学位授予质量评估的研究与试点工作。经过近5年的努力，探讨了在我国开展普通高等学校教育评估的目的、作用、理论和方法，并积累了一定的试点经验，取得了显著的成绩。主要表现在：（1）开展了普通高等学校教育评估工作的理论研究，对在我国开展高等教育评估的目的、作用和方法，取得了基本一致的认识；（2）进行了广泛的多层次、多类型的教育评估试点工作，促进了高等工程本科教育和研究生教育工作，并根据积累的经验，提出了《普通高等学校教育评估暂行规定》（建议稿）；（3）初步建立了一支高等教育评估的骨干队伍，出版了一批专著，举办了《高等教育评估信息》内部刊物；（4）教育评估的开展及其信息的反馈，促进了高等教育管理和决策的科学化和民主化，已经开始成为高等学校及其教育主管部门进行自我调节、加强管理、主动适应社会需要的有效手段。

为了进一步搞好高等教育评估工作，1989年12月国家教委在河南省郑州市解放军高炮学院召开了高等教育评估工作会议。参加会议的有11个部委、18个省市、26所高等学校和12个课程教学指导委员会的代表。会议认真总结了5年来高等教育评估的研究和试点工作；交流了不同层次、不同类型的评估试点工作的情况和经验，表彰了在评估试点工作中的先进个人；并研究和部署了下一阶段普通高等学校的教育评估工作。国家教委副主任朱开轩参加了这次会议，并就高等教育评估工作发表了重要意见。

全国高等教育评估工作会议提出，从1990年开始以后的5年中，我国高等教育评估工作将继续深入研究、扩大试点、逐步开展。今后5年教育评估工作的基本思路主要有以下几点：

1.高等教育评估的根本目的是为了推动高等教育事业的发展、改革，提高高等学校的办学水平和教育质量，使高等教育更好地为社会主义建设服务。当前，在我国开展高等教育评估，一定要坚持高等教育的社会主义办学方向，有利于稳定规模、优化结构、深化改革、提高质量，培养能够坚持社会主义道路的、德智体全面发展的专门人才。

2.高等学校的自我评估，是加强学校管理的重要手段，也是整个高等教育评估的基础。在学校自评中，应以课程、专业（学科）的评估为重点，坚持德智体全面衡量，重视毕业生跟踪调查和听取用人部门的意见，经常改进工作，不断提高办学水平和教育质量，主动适应社会的需要。

3.新建高等院校的鉴定，是高等教育评估的基本内容，也是当前充实、整顿高等学校的迫切要求。国家教委将制订新建高等学校鉴定的具体标准和办法，按照学校隶属关系，由省、自治区、直辖市和国务院有关部委教育管理部门组织实施。

4.组织教育界、知识界和用人部门对高等学校的课程和专业（学科）的教育质量进行社会评估，是高等教育评估工作的重点，主要由省、自治区、直辖市和国务院有关部委教育管理部门具体实施。这项工作要有领导、有计划地进行，以学校自评为基础，充分重视和发挥专家在社会评估中的重要作用。超出本部门所属高等学校范围内的专业（学科）评估，需将计划报国家教委，经批准后才能进行。

5. 由学校主管部门对其所属高等学校的教育工作进行自上而下的评估和监督，是高等教育评估的一种重要形式，也是各级教育管理部门的一项基本职责。积极推广航空航天工业部建立评监制度的经验，做好这项工作，并在实践中不断完善。国家教委在今后5年内，将有计划地选择若干本科、研究生教育的课程和专业（学科），组织社会力量进行自上而下的评估和监督。

6. 为了进一步全面探讨建立具有中国特色的高等教育评估制度，今后几年内将有计划、逐步地扩大试点范围，除了将教育评估试点逐步扩大到高等教育的各个科类外，经过准备也将着手开展高等专科教育和职业学位授予质量的评估试点。

7. “具有中国特色的高等教育评估制度的研究与实践”，是教育科学研究“七五”规划国家教委重点课题，这项研究工作将继续进行下去，主要任务是提出《中华人民共和国普通高等学校教育评估条例》（建议稿）。与此同时，进一步加强评估工作骨干力量的培训和国内外的学术交流。

8. 要充分认识教育评估在实行科学管理中的重要作用，加强高等学校和各级教育管理部门对高等教育评估工作的领导。各高等学校和省、自治区、直辖市、国务院有关部委的教育管理部门，要把教育评估工作作为一项经常性的工作，长期坚持下去，建立必要的机构，配备专职人员，拨给专项经费。

撰稿人　毛永祺

审稿人　王冀生

召开部分高校文科教育座谈会

1989年12月25日至28日，国家教委在广州中山大学召开了部分高校文科教育座谈会，总结从党的十一届三中全会以来高等学校文科教育改革的经验教训，研讨深化文科教育改革问题。参加会议的代表有综合大学、师范院校、理工大学主管文科教育的校长、教务处长和哲学、政治学、社会学、新闻学系的主任以及北京、上海、天津市、广东省高教局主管文科教育的处长，共计55人。8位大学校长在会上介绍了深化文科教育改革的情况和意见。国家教委副主任滕藤参加了座谈会，作了题为“认清国际形势，明确社会科学工作者面临的任务和责任”的报告，指出坚持用马克思主义理论教育青年是关系到社会主义中国生死存亡的重大问题，当前，高校文科教育改革的首要任务是用马克思主义批判资产阶级自由化，把过去失去的阵地一个个地夺回来。

会议根据党的十三届四中全会和五中全会精神，讨论了国家教委高教司草拟的“深化高校文科教育改革的几点意见”，以及哲学、新闻学、社会学、政治学的办学方向、培养目标等问题。通过讨论，与会代表在当前文科教育中的一些重大问题上统一了思想。

一、关于对文科教育形势的估计问题

与会代表认为，认清形势，明确面临的任务和责任，是深化文科教育改革的关键。党的十一届三中全会以来，高校文科教育事业得到了较快的恢复和发展，初步形成了多层次、多形式、学科专业门类基本齐全的文科教育体系，为国家培养了一大批专门人才；同国外广泛开展了学术交流活动；在改革教学内容、教学方法和教学管理等方面进行了初步的尝试和探索；一支老中青相结合的教师队伍逐步成长起来；办学条件程度不同地有所改善。

但是，经过认真反思1989年春夏之交发生的政治风波，必须看到文科教育中也存在不少问题，有些问题的严重性不可低估。当前文科教育比较突出的问题是：在办学方向上，对争夺青年学生的尖锐斗争放松了警惕，忽视了思想政治教育和品德教育，削弱了马克思主义的基本理论教育，以致使一些学生和青年教师在资产阶级自由化思潮的冲击面前缺乏应有的抵抗力，在大是大非面前迷失了方向；在培养过程中，政治要求比较虚，业务要求比较实，业务与政治“一手硬，一手软”，实践教学环节未受到应有的重视，不同程度地存在着理论脱离实际的倾向；在事业发展上，有不顾客观条件，片面追求“高大全”的倾向；有的学校教学管理松弛，学风不够端正。

与会代表认为，既要看到这10年来文科教育取得的成绩，又要看到存在的问题。在今后的文科教育工作中，要发扬成绩；同时，也要分析问题产生的原因，研究解决问题的办法，继续推动和深化文科教育改革。

二、深化文科教育改革的意见

与会代表经过深刻反思1989年春夏之交发生的政治风波和分析国际国内形势后，认为高校文科教育在社会主义建设事业中所处的地位非常重要。而国际国内形势的发展又为社会科学工作者提供了用武之地，是深化文科教育改革的有利时机。

首先，高校文科教育必须坚持社会主义办学方向，坚持德智体全面发展的方针，大力加强思想政治教育和品德教育，把转变学生的思想，树立坚定正确的政治方向放在第一位。要坚持用马列主义、毛泽东思想对学生进行爱国主义、社会主义和艰苦奋斗的教育，使学生树立正确的人生观、世界观，成为能够坚持四项基本原则，抵御资本主义腐朽思想侵蚀，反对资产阶级自由化的战士。

第二，要牢固地确立马克思主义在文科教育中的指导地位。必须大力加强马克思主义哲学和政治经济学的教学，以使学生系统地掌握马克思主义的立场、观点和方法，提高分析问题和解决问题的能力。要认真抓好各专业“马克思主义原著选读”课程的建设工作，以“马克思主义原著选读”课程联结基础课、专业课，使文科各专业的课程体系成为一个以马克思主义为指导的有机整体。要对资产阶级自由化思潮在文科各学科领域中的表现进行分析批判。对现有文科教材进行一次认真清理：对于政治观点正确，学术水平较高的教材，先推荐给学校继续使用；对于基本观点正确，有一定学术水平，但不能较好地对现实的有关理论与实际问题进行回答的教材，可以继续使用，但要组织修改；少数基本观点不正确的教材，要停止使用。对某些不加分析批判地介绍西方学术观点和宣扬资产阶级自由化思潮的课程和专题讲座，应予停开。与会代表一致赞同国家教委关于编写文科教材的规划，即会同有关方面组织全国水平较高的教师、专家，先用5年时间统一编写文科10类学科专业（包括语言文学、历史学、哲学、新闻学、政治学、社会学、教育学、法学、经济学、艺术）的基础理论课程和主要专业理论课程约100门左右的教材；再用5年时间成龙配套，统一编写一般专业课程和部分选修课程的教材及有关参考资料。认为这是深化文科教育改革，提高教育质量，培养社会主义现代化建设人才的重要措施之一。

第三，要贯彻理论联系实际的原则。从1989年春夏之交发生的政治风波中看，在部分文科学生思想上存在着不少问题。产生这些问题的原因，除了学校思想政治教育和马列主义理论教育薄弱之外，还与学生缺乏社会实践经验，不甚了解国情民情有关。因此，必须加强文科学生的社会实践。除了安排学生参加劳动、军训和结合学科专业的业务实践活动外，还要注意安排学生去工厂、农村搞调查研究，以接触工农，了解国情民情。参加社会实践的时间，本科生在校学习4年中不得少于4至6个月。研究生也要参加必要的社会实践活动。

当前，学生参加社会实践活动的问题较多，如经费缺乏，没有固定的实习基地，指导学生实习的力量较弱，以及一些同志不重视社会实践等。但最为突出的问题还是经费严重缺乏，以致于使社会实践的安排越来越困难，这个问题亟待解决。解决经费的办法：一方面要争取国家能够给予较多的投资；另一方面，学校在分配经费时，要充分重视文科这一特殊需要，予以必要的经费保证。同时，要继续发扬艰苦奋斗的精神，勤俭节约，坚持“就地就近”、“互惠互利”的原则，多种渠道争取经费来源。

第四，控制文科专业发展速度，适当压缩部分专业的培养规模，密切结合社会需要，多种规格培养文科人才。为了保证培养文科人才的质量，必须控制文科专业发展速度，适当压缩部分专业的培养规模。对一些学科专业点偏多，培养规模过大，毕业生分配比较困难的学科专业点，要根据社会需求调整培养规模。国家教委拟组织专家评估，对那些师资力量薄弱，办学条件较差的专业点，予以撤销或停办。所有高等学校文科专业，凡未按规定程序办理专业审批手续的，应一律撤销。要把主要精力放在加强学科建设、教学建设和提高教育质量上。

文科各专业都要注意密切结合社会需要，多种规格的培养人才。目前，社会上需要大量的应用型人才，因此，文科各专业本科教育的重点，应该放在培养应用型人才方面。不同层次的学校要根据实际情况，发挥自身的优势，办出特色。必须进一步拓宽专业口径，有条件的学校可以试行按院、系招生，然后采取淡化专业，分段教学，强化基础，按需分流的办法，培养基础扎实，实际工作能力较强的合格人才。要重视复合型人才的培养，除做好第二学士学位生的培养工作外，有些本科专业可以考虑实行主辅修制，以加强毕业生适应工作的能力。文科某些专业要招收一些有实践经验的工人、农民和干部入学。在一些文科专业，试招与本专业对口的行业中具有大专学历、有实践经验的在职人员，带薪学习两年，取得本科毕业文凭。

第五，要严格教学管理，切实加强对文科教育的领导。各校都应抓学风建设，认真解决文科学生“浮”、“松”等问题，严格教学管理，努力建设勤奋、严谨、求实、创新的优良学风。要逐步压缩课堂讲授时间，努力做到少而精，积极开展课堂讨论，改变灌输式的教学方法。要相信，依靠教师，充分发挥教师在文科教育改革中的作用，本着“稳定、鼓劲”的精神，团结一切可以团结的力量，切实做好教师队伍的管理工作，努力建设一支坚持四项基本原则，热心改革开放，能够教书育人，为人师表的教师队伍。

有些学校对文科教育领导力量薄弱，这种状况必须改变。要继续深刻反思，认真总结经验教训，克服轻视文科教育的错误思想，把文科教育放在培养社会主义事业接班人，提高全民族素质和文化水平的战略地位，给予高度重视。要配备得力而又熟悉文科教育的同志主管文科教育工作。与会代表希望各级党政部门、社会团体都来关心、支持文科教育，重视文科人才的培养。

三、关于深化哲学、政治学、社会学、新闻学专业的教育改革问题

哲学、政治学、社会学、新闻学专业政治性比较强，是几个比较敏感的学科专业。因此，这次座谈会除讨论文科教育的共性外，还座谈了这4个学科专业的教学改革问题。

与会代表认为，哲学是反映时代精神的，是认识世界和改造世界的强大精神武器。办好哲学专业是物质文明、精神文明建设的需要，是防止和平演变，巩固和发展社会主义的需要，也是提高整个中华民族素质的需要。因此，要充分认识办好哲学专业的重要性。代表们指出，对全国29个哲学专业点要组织专家评估，分高、中、低三个层次办学，明确各层次的培养目标。高层次专业以培养研究生、培训师资和学术研究骨干为主，少招收一些本科生。本科生的培养目标应以培养理论型人才为主，应用型人才为辅。中层次专业以培养本科生为主，少招些研究生。本科生的培养目标应以培养应用型人才为主，理论型人才为辅。低层次专业主要招收本科生，不招或少招研究生和纯哲学的本科生。本科生的培养目标是培养应用哲学方面的人才。对哲学专业三个层次的划分，要进行科学研究，组织专家评估。

政治学专业的办学方向和培养目标，是这次会议讨论的热点之一。与会代表指出，以马克思主义为指导，以中国政治为中心，建设具有中国特色的社会主义政治学，应是政治学系办学的基本方向。对于政治学专业的培养目标，代表们认为，以提高培养国家各级权力机关、各级政府的一般实际工作者的理论知识与技能，以及本专业教学与科研工作的德才兼备的专门人才为好。要注意把培养城乡基层政权干部和思想政治工作干部作为重要的培养目标。课程设置、教学安排等，都要紧紧围绕政治学专业的办学方向和培养目标进行。

与会代表指出，近几年来，社会学专业教育存在着较为严重的盲目引进、机械照搬、食洋不化的倾向，再加上对学生的课外阅读缺乏指导，西方社会学的一些错误观点在青年中广为传播，没有得到应有的抵制和批判，其教训是非常深刻的。大家认为，要切实加强马克思主义的理论教育，用马克思主义的立场、观点和方法评介西方社会学理论，建立有中国特色的社会学课程体系。为了把马克思主义理论课落到实处，与会者一致同意于1990年暑假期间举办一次马克思主义社会学理论课任课教师研讨班，交流教学经验，研究解决教学中存在的问题。社会学概论课和西方社会学理论课等，也拟采取同样的办法。要下决心把社会学专业的理论课一门一门的建设好。

新闻学专业需要调整，这是与会者的一致意见。近几年来，新闻专业教育发展很快，据不完全统计，全国已有50多个办学点，现在已经出现毕业生难分，“小高炉”挤占“大高炉”的情况。代表们经过协商，拟于1990年上半年召开第一次由十几所院校新闻系参加的系主任联席会，研究新闻学专业的办学方向、培养目标和专业调整问题。建议国家教委在适当时机，组织专家评估小组，对全国新闻学专业教育进行评估。凡是师资力量薄弱，办学条件较差，达不到培养人才基本要求的新闻学专业点，予以撤销或停办。努力做到合理布局，规模适度，保证重点，提高培养人才的质量。

撰稿人　刘凤泰

审稿人　龙正中

财经类专业核心课程建设

国家教委在执行世界银行货款第二个中国大学发展项目期间，于1987年8月在上海复旦大学召开了财经专业教学计划国际研讨会。在这次会上，20多位中、外著名经济学教授从培养现代经济管理人才的基本要求出发，建议从不同的财经类专业的课程体系中，选定若干门课程作为各专业的共同必修课。经过论证，国家教委同意将政治经济学、西方经济学（宏观经济学与微观经济学）、高等数学、计算机应用、会计学、统计学、货币银行学、财政学、国际贸易与国际金融、比较经济发展等10门课程列为普通高等学校财经类本科专业的核心课程。这10门课程包括了基本经济理论课、工具技能课和主要应用经济课。

1988年5月，国家教委原高教一司委托北京大学、中国人民大学、复旦大学、南开大学、武汉大学、厦门大学、对外经济贸易大学、上海财经大学等8所学校，分别起草有关核心课程的教学大纲草案（每门课程由3所学校同时提交草案）；同年11月将草案分发到50所院校征求意见。1989年4月，国家教委高等教育司在天津南开大学召开了核心课程教学大纲编写研讨会。会议进一步明确了编写教学大纲的指导思想，研究了核心课程在财经类各专业教学计划中所占的比重和各门课程教学内容的适当分工，并通过协商确定了除“政治经济学”之外的各门课程教学大纲的主编人选，并决定将“高等数学”更名为“经济数学基础”，“计算机应用”改为“计算机应用基础”，“国际贸易与国际金融”、“比较经济发展”分列成“国际贸易”、“国际金融”、“发展经济学”、“比较经济学”4门课。鉴于比较经济学学科尚不成熟，加之师资缺乏，决定暂不列入核心课程，但教学大纲的编写工作仍与其它课程同步进行。这样，财经类专业核心课程由原来的10门最后确定为11门。这11门课程的学分数大致是：政治经济学8学分、西方经济学（宏观经济学与微观经济学）6学分、经济数学基础12学分、计算机应用基础4学分、会计学4学分、统计学4学分、货币银行学3学分、财政学3学分、国际贸易3学分、国际金融3学分、发展经济学3学分。在普通高等学校财经类本科专业的教学计划中，11门核心课程的学分约占总学分的40%。

研讨会以后，各门核心课程教学大纲的主编或主编领导下的编写组根据会议讨论的意见，对草案稿进行了修改，并本着博采众长的原则，吸收了同一课程不同草案的优点，形成了送审稿。1989年7月和9月，国家教委高教司分别在北京和上海召开审稿会，对经济数学基础、计算机应用基础、国际贸易和会计学、统计学、货币银行学、财政学、国际金融等8门课程的教学大纲进行了审定。1989年11月，国家教委高教司、外资货款办公室在上海复旦大学召开了西方经济学（宏观经济学与微观经济学）、发展经济学、比较经济学教学大纲国际研讨会。20多位中、外专家就3门课程的教学、研究和编写教学大纲的有关问题进行了交流和讨论，并在会上由中方专家对教学大纲进行了审定。审定过程中，中方专家对一些西方经济理论作了必要的、科学的分析和批判。鉴于政治经济学在核心课程中的重要地位，1989年10月下旬，国家教委高教司和社科司在山东大学召开了政治经济学课程改革研讨会。会议明确了教学的指导思想，并就政治经济学的主要教学内容和一些重大理论问题进行了广泛的讨论。会议成立了政治经济学教学大纲编写组和教学改革研究课题组，拟通过若干专题研讨，完成教学大纲的编写和审定工作。

11门核心课程的教学大纲预定从1990年暑期陆续出版发行，供各校秋季开学使用。从1990年下半年开始，国家教委高教司将继续组织编写核心课程的教材，并着手进行师资培训和其它配套工作。

财经类专业核心课程的建设，是深化我国高等财经教育改革的一项重要措施，其目的是逐步克服目前我国高等财经教育仍然存在的专业划分过细、口径过窄、教学内容比较陈旧、课程结构不够合理、培养质量悬殊较大等缺陷，为提高我国高等财经教育的总体办学水平，同时也为开展我国高等财经教育的评估工作奠定基础。

撰稿人　王泽农　李建聪

审稿人　蒋妙瑞

深化改革，推进高等农林专科教育发展

在国家教委高教司的指导下，全国高等农林专科教育研究协作组于1989年11月30日至12月4日在云南农业大学召开了第五次年会。

年会以党的十三届四中全会和五中全会精神为指导，总结交流了几年来高等农林专科教育研究与改革的成果、基本经验，分析了当前存在的主要问题，研究、探讨了如何深化高等农林专科教育改革的基本思路，部署了下一步的工作。与会同志普遍认为，此次年会既比较全面地交流总结了几年来高等农林专科教育发展和改革的经验，又认真研究了高等农林专科教育的深化改革，对于推进高等农林专科教育的发展，具有重要的指导意义。

会议将几年来高等农林专科教育研究、改革和教学基本建设工作的主要成果，概括为以下几个方面：

1.在农林专科教育特色的研究方面，取得了初步成果。提出农林专科教育要“突出应用性，加强实践性，强调针对性，注重灵活性”。并指出“四性”是相互联系的，要具体体现在农林专科生的培养目标、规格，专业设置，课程设置，教学内容和教学环节等方面。

2.研究并初步制订了农林专科生培养目标和基本培养规格。基本培养规格强调了坚持四项基本原则和学农林、爱农林、立志务农林、积极为社会主义农林事业现代化建设服务的要求。

3.提出了修订教学计划的基本要求，并对如何处理二年制与三年制的有关问题，取得了以下一致认识：

（1）二年制和三年制同属专科教育层次，培养目标和基本培养规格相同，因此教学计划内主要课程的名称和学时数应当大体一致。

（2）三年制应在二年制的基础上，加强技能训练，适当拓宽专业的知识面，适当加强主要专业基础课，不宜平均增加每门课的学时数。

4.研究并初步制订了农学、畜牧等5个专业的参考性教学计划及其课程教学基本要求。这对于促进教学改革、加强教学管理、提高教学质量起到了一定的指导作用。

5.加强了教材建设。建立并初步完善了农林专科基础课程教材编审组织，制订了教材建设五年规划，并组织了实施。

6.主动适应经济建设和农村、林区社会发展的需要，不断调整专业结构。专业设置由原来单纯为产中服务的结构，转变为产前、产中、产后兼顾的新的专业结构。提出了专业面宜宽则宽、宜窄则窄、宽窄并存的原则。

7.优化培养过程，培养全面发展的、适应社会主义建设需要的合格人才。豫西农业专科学校的“建立高校思想教育体系‘六要素’”的研究与实践；郑州畜牧兽医专科学校建立的“保证基础、拓宽知识、校场（校外养禽场）结合、强化训练”的家禽与禽病防治专业教学改革实施方案；熊岳农业专科学校的“深化教育改革，建立实践教学新体系”的研究与实践，以及各校在建立教学、科研、社会实践三结合办学体制，改进教学管理等方面所进行的一系列改革试验，均取得了显著的成效。

8.改革招生分配制度，打通人才通向农村和生产第一线的渠道。部分院校进行了定向招生、定向分配，对口招生和单独招生等改革试验，取得了较好的效果。

9.积累了本科院校如何办好专科教育的经验。

会议将农林专科教育工作的经验、体会归纳为以下四个方面：

1.研究农林专科教育，要紧密联系农林业生产、农林建设事业的现状和发展趋势，不能就教育论教育；

2.研究农林专科教育，要在整个农林教育的大系统中进行，不能就专科论专科教育；

3.农林专科教育研究要密切结合农林专科的办学实践，优先选择那些既是农林专科教育发展中的重大理论问题，又是办学过程中急待解决的重大实际问题作为研究课题，先研究、后实施，或边研究、边实施；

4.从实际出发，将近期任务与长远目标结合起来，处理好需要与可能的关系，分别轻重缓急，逐个研究、解决，分阶段完成。

年会认真分析了存在的问题与不足。认为：在高等农林专科教育中同样存在思想政治工作薄弱，重智育、轻德育，重理论、轻实践的倾向；在高等农林专科教育中加强思想政治教育的研究，还没有纳入协作组重点研究课题。

年会针对今后如何深化高等农林专科教育的改革，提出了下一步研究、探索的重点议题和专项研究课题。

重点议题是：

1.如何进一步端正办学指导思想，坚持社会主义办学方向，全面提高教育质量。侧重在：

（1）如何落实坚持党对教育工作的领导；坚持用共产主义的思想体系教育学生；坚持把培养社会主义事业接班人摆在工作的首位。

（2）如何针对当前教育在一定程度上脱离国情、脱离实际、脱离工农的倾向，采取有效措施，加强理论与实践的结合，加强实践教育，培养学生解决实际问题的能力。

2.如何真正办出高等农林专科教育的特色。要在已有研究成果的基础上，进一步深入研究、探讨高等农林专科教育特色的质的规定，要从理论和实践的结合上，研究、探讨高等农林专科教育特色在培养过程中的具体体现。侧重在建立实践教学体系的研究、探讨。既要研究建立实践教学体系的必要性、科学性(理论依据)、基本模式，又要研究、探索师资队伍建设、实验室和实习基地建设、教学管理等方面，如何适应建立实践教学体系的需要。

专项研究课题是：

1.高等农林专科教育发展战略的研究。要针对高等农林教育存在的突出问题，对农林教育进行系统地研究。要在深入研究新形势下适合中国国情的高等农林教育的层次结构和进一步明确高等农林专科教育在高等农林教育体系中的地位及作用的基础上，着重研究、探讨高等农林专科教育的发展战略，包括发展方针、规模、速度、途径等。

2.关于招生与分配制度的改革。为尽快改变“招不进、分不出、下不去、用不上、留不住”的状况，要进一步研究、探讨招生和分配制度的改革，进一步打通人才通向基层和农林生产第一线的渠道。

撰稿人　刘贵友
审稿人　王　镭

表彰奖励高等农林院校教师

党的十一届三中全会以来，特别是近几年，高等农林院校在“教育必须为社会主义建设服务，社会主义建设必须依靠教育”的方针指引下，坚持教学、科研、社会实践三结合，主动为农林生产服务，支援农村、林区，普及推广农林科学知识和技术，帮助贫困地区人民脱贫致富，对繁荣农村和林区的经济，促进农林生产发展做出了有益贡献，取得了明显的经济效益和社会效益。同时，通过支农、扶贫、为生产服务，密切了学校与社会的联系，加强了理论与实践的结合，使广大师生在实践中了解国情、丰富知识、增长才干、培养和树立良好的学风，不仅提高了教育质量，而且为深化教育改革，提供了新的经验。

在开展上述工作中，涌现出一大批热爱农林事业、献身农村、林区建设的先进模范人物。他们的先进事迹，不仅在农村和林区广大群众中传颂，而且为高等农林院校的广大教师和学生树立了榜样。为了弘扬他们艰苦奋斗、不畏困难、无私奉献的精神，进一步推动精神文明建设，引导广大教师，特别是青年教师走与工农相结合、与社会实践相结合的道路，充分肯定高等农林院校主动为农村、林区经济建设服务的正确方向，国家教委、农业部、林业部于1989年11月7日联合召开了全国电话表彰大会，表彰奖励高等农林院校在支农、扶贫和为农村生产服务中做出突出成绩的教师。受表彰的有全国68所高等农林院校的195名教师。三部委的领导同志出席了表彰大会，并向在京高等农林院校受表彰的教师颁发了荣誉证书。

这次表彰活动收到了良好的效果，不仅对高等农林教育的改革起到了推动作用，而且在社会上引起了强烈反响，对促进科技兴农也产生了重要影响。

撰稿人　王言根
审稿人　王　镭

附

□表彰奖励高等农林院校教师名单

北京农业大学	杜玉川　张仲威　王经武　孟昭清　邓方棣　杨奇华
南京农业大学	刘克钧　盛炳成　徐汉涛　丁克冲
华中农业大学	杨新美　汪兴旺　李明佩（女）　阎淳泰　徐才国
西北农业大学	孙益知　贺普超　朱玉权　陈锦屏（女）　钟雪美（女）
沈阳农业大学	肖祖荫　郭殿荣　钟文田　谭成君　韩俊彦
西南农业大学	侯光炯　刘心恕　刘佩瑛（女）　任昌福　唐以巡
华南农业大学	刘树基　陈德新
北京农业工程大学	白人朴　陈益善　吕忠孝　孙衍庆

华南热带作物学院	黄光斗　吴井光
石河子农学院	田庆璋　王荣栋　李蒙春(女)
塔里木农垦大学	阎春雨
西藏农牧学院	徐凤翔(女)
上海水产大学	季家驹　纪成林　徐森林
湛江水产学院	刘思俭　周树江
大连水产学院	杨志平
厦门水产学院	王云昇
安徽农学院	江光辉　游庄信(女)　黄仲青
江西农业大学	肖文俊　邓毓华(女)　王唐生　刘开树
内蒙古农牧学院	马成麟　张家骅(女)　王守清　李家渊　张占柱
上海农学院	赵则胜
江苏农学院	彭永欣　严登丰　何凤仁
甘肃农业大学	陈杨钧　王小阳(女)　朱文祥　刘育昌
广西农学院	莫家让　龙国夏(女)　周天生　陈育新　陈琼珍(女)
吉林农业大学	王玉芝(女)　姜　岩　韩　宇(女)　皇甫淳
延边农学院	朴昌一　金永烈
天津农学院	刘茂春
东北农学院	王云生　蒋光华
山西农业大学	苗果园　李连昌　朵振华　张济道　傅耕夫
山东农业机械化学院	汪遵元　胡敦俊
河北农业大学	王如英　李振卿(女)　周厚均　徐　劭　周吉柱
河南农业大学	王立之　郭桂周　魏克循　梁金城
浙江农业大学	汪琢成　徐立幼　奚文斌　纪孙瑞(女)　徐耀恒
浙江水产学院	毛锡林
福建农学院	庄王壁　洪桂蕃　傅坤仁　郑云雨
黑龙江八一农垦大学	刘惕若　杨方人　郭庆雨
哲里木畜牧学院	季庆瑞　罗文君(女)
山东农业大学	余松烈　邵宁华(女)　束怀瑞　李晴祺　高登文
四川农业大学	余广海　王宗尧　田彦华
贵州农学院	牟君富　陈振强　张庆勤　暴祥林
云南农业大学	许义由　罗鹏清　沈嘉祥　张兴旺
湖南农学院	李宗道　盛承师　王继承　朱先明
莱阳农学院	刘绍棣　刘恩训
北京农学院	刁福山　杜兴华
河南职业技术师范学院	杨永光　魏永超
河北农业技术师范学院	朱通顺　王洪发
新疆八一农学院	那吉若·满吉　钟元伦　张珍余　赵　杰
宁夏农学院	徐　杰　郜吉祥　李培德
张家口农业专科学校	徐长金　杨　正
江西省宜春农业专科学校	罗宏度
吉林农垦特产专科学校	孙文山
熊岳农业专科学校	吴国兴
豫南农业专科学校	吕德治　司辉清
豫西农业专科学校	刘丰明　申林江
郑州畜牧兽医专科学校	阎文华　赵世昌

佛山兽医专科学校	杨明汉
苏州蚕桑专科学校	沈增学
浙江农村技术师范专科学校	竺修高
北京林业大学	孙立达 林惠斌(女) 查多禄 火树华(女) 罗菊春
东北林业大学	向开馥(女) 邹兴淮 迟文彬 陆仁书 王玉斌
南京林业大学	徐锡增 林文棣 徐咏兰(女) 张大成 郝庆恺
中南林学院	唐永裕 赵思东
西南林学院	赵冠英(女) 司徒英贤
西北林学院	高绍棠 张付舜 邱明光
河北林学院	安建昌 于宗周 杨镇
内蒙古林学院	张恭 郭继崇
吉林林学院	侯星晔
浙江林学院	黎章矩
福建林学院	田镇江 黄克福

成立全国高等医药教育领导管理协调委员会

经国家教育委员会、卫生部、国家计划生育委员会、国家医药管理局、国家中医药管理局及中国人民解放军总后勤部共同批准，全国高等医药教育领导管理协调委员会（以下简称委员会）于1989年4月6日在北京正式成立。

委员会是在国务院有关业务部门之间建立的跨部门的协调组织。其工作依据《全国高等医药教育领导管理协调委员会章程（试行)》进行。《章程》规定：

委员会由国家教委高等教育司牵头，卫生部、国家计生委、国家医药管理局、国家中医药管理局和解放军总后勤部卫生部等部门教育司参加。国务院其他有关部委教育司局亦可列席参加。

委员会的主要任务是就国家教委在高等教育及高等医药教育等方面的重要决定、工作计划、改革动向以及各业务部委的有关重要决定、工作计划和改革动向，及时沟通信息，交换意见，研究讨论，统一步调，以促进全国高等医药教育的协调发展。

委员会将发挥部门间交流、协调作用，而不取代国家规定的各部委行政职能。

委员会由国家教委高等教育司司长担任主任委员，国家教委高等教育司主管医药教育的副司长和卫生部教育司司长担任副主任委员，其他部委教育司司长担任委员，国家教委高等教育司医药教育处处长和卫生部教育司高等教育处处长担任秘书，具体工作由国家教委高等教育司医药教育处承担。

委员会第一次全体会议于1989年4月30日召开。会议决定，首先要共同制订本世纪内的《全国高等医药教育发展和改革纲要》，从而使各部门在高等医药教育发展和改革方面，有一致的方向、目标。

撰稿人 姜常胜 康 凯

审稿人 王 镭

高等医药院校建设进一步发展

全国67位知名的医学教育专家曾于1987年9月和1988年8月，先后两次上书国务院李鹏总理，恳切吁请国家选择一部分基础好、师资力量强的高等医药院校，在充分挖掘办学潜力的前提下，由国家适当投资建设，以解决当前高等医药院校办学条件较差，不能适应我国社会主义现代化建设及医药卫生事业发展需要的问题。李鹏同志对医学教育专家们所提建议十分重视，两次批示国务院有关部门研究解决，并做了原则性指示。

根据李鹏总理的指示精神，在国务院刘忠德副秘书长主持下，国家教委、国家计委、财政部、卫生部、国家医药管理局、国家中医药管理局曾多次会商，拟定方案。由于国家经济暂时困难，决定在1989年先拨出6000万元专项基建投资（其中中央补助投资2000万元，地方配套投资4000万元），用于改善9所高等医学院校的办学条件，并侧重发展医学专科教育。1989年11月，国家教委、国家计委、中国人民建设银行共同下达文件，要求9校所在省、区的有关行政部门，认真落实，用好此项专款，以促进高等医学教育的发展。

撰稿人　林惠青

审稿人　王　镭

学 位 工 作

1989年，国务院学位委员会部署并开展了第四批博士、硕士学位授权学科、专业的审核工作；发布了《关于授予国外有关人士名誉博士的暂行规定》；继续开展了学位制度的科学研究工作；继续进行学位授予质量的检查工作；积极开辟在职人员以同等学力申请学位的途径并取得可喜进步。学位工作认真贯彻治理整顿、深化改革、稳定规模、保证质量的方针，有效地保证了学位工作的科学性和严肃性，为改革开放和经济建设不断输送了大批合格的高层次专门人才，促进了我国教育、科学事业的蓬勃发展，并使我国学位赢得了良好的国际声誉。

一、国务院学位委员会部署第四批博士、硕士学位授权学科、专业的审核工作

1989年3月1日，国务院学位委员会发出《关于做好第四批博士和硕士学位授权学科、专业审核工作的通知》。《通知》指出：第四批学位授权学科、专业的审核工作，要认真总结前三批审核工作的经验，切实贯彻改革精神，继续贯彻坚持标准，严格要求，保证质量，公正合理的原则；要从适应经济建设和社会发展对高级专门人才的需要出发，结合已有博士、硕士学位授权学科、专业点的实际情况，从严审核，按需授权。这次审核工作的指导思想是：在巩固提高现有博士点、硕士点的基础上，通过第四批审核，补充一些博士点、硕士点和一批博士生指导教师，调整学科比例、地区布局和博士生指导教师的年龄结构，理顺关系，使之更好地适应社会主义经济建设和发展的需要，适应改革开放对高级专门人才培养的要求。同时，要按照以下原则搞好审核：（1）要在巩固现有博士点、硕士点的基础上进行；（2）贯彻充实调整、理顺关系的原则，稳定规模，区别层次，努力做到按需授权；（3）调整博士生指导教师的年龄结构，逐步使导师队伍年轻化；（4）贯彻质量第一的原则；（5）改革审核办法，有利于高等教育办学层次的调整，加强大学本科教育，促进科研机构与高等学校合作培养研究生，进一步体现学位授予体系以高等学校为主的原则。

为稳定规模，严格控制新增博士、硕士学位授予单位的申报，防止此次申报中可能出现的过热现象，国务院学位委员会及其办公室又相继发出了《关于做好第四批新增博士、硕士学位授予单位申报工作的通知》和《关于认真贯彻国务院学位委员会第八次会议精神，严格控制申报数量，做好第四批学位授权申报工作的通知》，强调博士、硕士学位授予单位要稳定一个时期，第四批一般不再新增，个别确需申报的单位，需经主管部门论证后，推荐申报；进一步明确第四批学位审核工作要有利于高等学校办学层次的调整，优化结构，严格控制新增博士授予单位，从严掌握新增博士点。

3月20日，国务院学位委员会办公室召开有国务院有关部委教育司（局）、京津两市高教局以及有关高等学校和科研机构负责人约500多人参加的会议，全面部署了第四批学位授权审核工作。会上，国务院学位委员会主任委员何东昌作了《统一认识，加强领导，认真做好第四批学位审核工作》的报告，

指出第四批学位授权审核工作要严格控制发展数量，保证质量，调整学科结构，以适应国家建设的需要；增加部分具备条件的中青年博士生导师，以改善导师队伍的年龄结构；严格控制新增学位授予单位。会后，中国教育电视台向全国播放了何东昌讲话的电视录相。

这次学位申报和审核工作采取了行政部门宏观控制和专家审核相结合的审核办法，对各学科的发展做了切合实际的估计和控制，并采取一系列措施，以保证宏观控制总体目标的实现。博士点和博士生导师的初审工作由以往的部门分别组织改由国务院学位委员会办公室统一聘请专家组成若干个评议组进行通讯评议和召开初审会议评议；依托计算机管理研究协作组，使用计算机软盘报送学位申报情况；在初审中采取行政宏观控制与专家审核相结合；在审核中注意政治思想，在文科初审时，特别强调申报的博士生指导教师必须坚持马克思主义立场，注意学术研究的正确指导思想和政治倾向；部分下放了硕士学位授权的审批权。这些措施在审核中均起到了积极的作用，保证了学位审核工作的顺利进行。

二、发布和实施《关于授予国外有关人士名誉博士学位暂行规定》

根据几年来授予国外有关人士名誉博士学位的情况和积累的经验，为更好地适应改革开放的需要，1989年2月27日，国务院学位委员会发布了《关于授予国外有关人士名誉博士学位暂行规定》。我国授予国外有关人士名誉博士学位，是经国务院学位委员会批准，博士学位授予单位授予的一种荣誉称号，目的在于表彰国外卓越的学者、科学家或著名的政治家、社会活动家在学术、经济、教育、科学、文化和卫生等领域，以及社会发展和人类进步事业中的突出贡献。

名誉博士的授予对象主要是国外卓越的学者、科学家，适当考虑著名的政治家、社会活动家。授予国外卓越的学者、科学家名誉博士学位的条件是：(1)在学术上造诣高深，在科学界享有盛誉，曾在某一学科领域取得重大成就，获得国际学术界公认的奖励；(2)以自己的学术活动或科学成就，在促进我国与他国之间的学术交流，友好合作，以及发展我国经济、教育、科学、文化和卫生等事业方面作出过重要贡献。授予国外著名的政治家、社会活动家名誉博士学位的条件是：(1)对于维护世界和平与人类进步事业，或对支持我国在国际上的合法权益，扩大我国在国际上的影响等方面作出过特殊贡献并享有国际声望的政治家；(2)对于发展我国与他国之间的友好关系，促进友好往来和全面合作，对于繁荣我国经济，发展我国教育、科学、文化和卫生等事业方面作出过重大贡献的社会活动家。《暂行规定》还就报批程序、审批办法及授予工作等作了明确的规定。

三、国务院学位委员会批准河北林学院等校为学士学位授予单位

1989年7月3日，国务院学位委员会、国家教育委员会根据《关于改进学士学位授予单位审核工作的通知》规定，对申请为学士学位授予单位的普通高等学校进行了审核，正式批准河北林学院、沈阳大学、上海电力学院、上海建筑材料工业学院、苏州城市建设环境保护学院、南京纺织工学院、镇江医学院、扬州医学院、赣南师范学院、青岛大学、郑州航空工业管理学院、湖北农学院等12所普通高等学校为学士学位授予单位。

四、国务院学位委员会撤销方励之和苏绍智的博士生指导教师资格

1989年7月31日，国务院学位委员会做出决定，鉴于方励之一贯坚持资产阶级自由化的反动立场，因反革命宣传煽动罪，业经检察部门批准逮捕，现畏罪潜逃，公安机关正在通缉，根据《中华人民共和国学位条例》、《国务院学位委员会学科评议组试行组织章程》等规定，经中国科学院学位委员会建议，撤销方励之的国务院学位委员会学科评议组天文学评议分组成员和博士生指导教师资格。

1989年10月16日，国务院学位委员会做出撤销苏绍智博士生指导教师资格的决定。决定指出，苏绍智长期坚持资产阶级自由化的反动立场，在动乱中起了极为恶劣的作用，根据有关规定，经中国社会科学院学位委员会提议，国务院学位委员会决定撤销苏绍智的博士生指导教师资格。

五、在职人员申请学位工作取得新进展

在职人员申请学位的工作已经进行了几年，积累了一定的工作经验。1989年，这项工作又取得了可喜的进展。国务院学位委员会办公室对1989年度在职人员以毕业研究生同等学力申请博士、硕士学位试点工作进行了检查验收。检查验收主要是检查试点开展这项工作的单位是否坚持与同专业毕业研究生同一标准，即按同一培养方案的要求，同一考试标准，对未具备本科学历申请硕士学位者如何考核其已具备本科水平等，同时检查各试点单位是否按照《国务院学位委员会关于在职人员申请博士、硕士学位的试行办法(修改稿)》的规定进行这项工作。在各有关单位提交验收的学位申请者中，申请硕士学位的173人中，有122人达到提交所在单位学位评定委员会审批标准，占70.5%；基本达到要求的29人，占16.8%，为历次验收中合格或基本合格人数的比例最高的一次。申请博士学位的6人中，有5人完全符合规定，仅有1人需补做工作后再审议，合格率也是以往少有的。通过这次验收表明，1989年度在职人员申请学位具有以下特点：(1)学位申请者中脱产学习的人数减少，在职学习成为突出特征；(2)接受外单位在职人员申请学位的人数呈逐年上升趋势；(3)在工作岗位上刻苦自学，在一年内完成课程考试及论文答辩的人数有所增加。这批申请学位的在职人员，学位授予质量一般不低于毕业研究生，而在论文方面更有一批结合实践，面向经济建设，其水平高于在学研究生的佼佼者。这些人员获得学位，达到了开展在职人员申请学位的目的，意义深远。这项工作，适合中国的国情，已在青年科技工作者和教师中引起了较大的反响，对提高他们的业务素质，稳定教学、科研队伍，鼓励青年刻苦学习，促进我国高层次人才的成长，起到了积极、良好的作用。

六、继续开展学位制度科学研究工作

为了总结我国实施学位条例以来的实践经验，吸取国外的有益作法，为建设和发展有中国特色的学位制度提供科学依据，1989年，国务院学位委员会在全国组织落实了国内外学位制度科学研究重点课题计划。对国内外学位制度的科学研究，要求坚持社会主义方向，坚持学位教育为国家建设需要服务，坚持理论联系实际以及总结国内实践经验与借鉴外国有益作法相结合的指导方针，重点研究我国学位制度建设过程中迫切需要解决的重大理论问题和实际问题，为建设和发展具有中国特色的学位制度服务，使研究工作为宏观决策提供科学依据，逐步实现决策的科学化。1989年5月15日至19日，国务院学位委员会办公室在镇江召开了全国"七五"学位和研究生教育科学研究重点课题负责人座谈会。座谈会共收到"七五"重点课题阶段性研究成果50余篇论文和15份工作经验交流材料，有关同志介绍了抓好"七五"课题研究工作的基本作法和成功经验，还介绍了重点课题的部分研究成果。因此，国务院学位委员会组织落实的国内外学位制度科学研究重点课题计划，是"七五"学位教育科学研究工作的继续。重点课题主要包括以下内容：(1)我国学位制度的总体设计、战略构想的研究；(2)在我国高等专科教育中设置副学士学位的研究；（3）我国硕士和博士学位类型设置、规格要求的研究；（4）建立在职人员以同等学力申请硕士和博士学位（含论文博士）授予制度的研究；（5）学位国际对等问题的研究；（6）授予来华留学生中国学位问题的研究；（7）我国学位管理体制的研究等。

为认真总结近年来培养工程类型硕士生的经验，2月21日至25日，国务院学位委员会办公室会同国家教育委员会研究生司在北京召开了有33所工科院校、7个大型厂矿企业和7个国务院部委教育司局的代表参加的高等学校培养工程类型硕士生经验交流会。会议交流了1984年以来各校培养工程类型硕士生的经验，讨论修改了有关培养工程类型工学硕士生的文件。会议认为，随着形势的发展和社会需求的变化，今后工科研究生教育在继续培养高校师资和科研人员的同时，应面向经济建设主战场，大力为厂矿企业、工程建设等实际应用部门培养高层次工程技术人员。这是工科研究生教育在办学指导思想上的一次重要转变。会议要求，工科院校要加强和厂矿企业、工程建设等实际应用部门的合作，大力培养工程类型硕士生，积极组织好生源，制订好培养方案，切实保证培养质量，并注意加强硕士生的就业指导。

为探讨在医学门类建立专业学位的必要性和可行性，国务院学位委员会批准组建医学职业学位研究小组，着手对建立医学职业学位的问题积极组织调研和论证。

七、继续开展学位授予质量的检查和评价工作

1989年，国务院学位委员会继续组织专家组对有关单位部分学科、专业授予的学位质量进行检查和评价工作。1月中旬，在国务院学位委员会办公室通知全国有“马克思主义哲学”（原“辩证唯物主义与历史唯物主义”、“马克思主义哲学史”两个专业）博士、硕士学位授予权的42个单位的50个硕士学位授权专业点、9个博士学位授权专业点进行学位授予质量自检，组织10位专家组成的专家组分别对这些单位进行全面认真的实地考察的基础上，专家小组又集中对已有毕业研究生的36个单位的44个硕士点和9个博士点的学位授予质量进行了定量和定性评价。标准分为五档，以B⁻以上为合格。36个单位中，A档5个，占13.9%；A⁻档7个，占19.4%；B⁺档9个，占25%；B档11个，占30.6%；B⁻档4个，占11.1%。专家小组认为，这一结论基本符合实际情况，肯定了哲学研究生培养和授予工作的成绩，总结了各自的经验。同时，专家们还分析了当前哲学研究生培养中存在的主要问题，明确提出了改进意见。专家们指出，马克思主义哲学是基础理论性和现实意义都很强的专业，不仅负有培养青年马克思主义理论队伍后备人才的重任，而且同当前和今后社会意识形态建设及提高全民族素质的任务都有着密切的联系。因此，高等学校的哲学课程只能改进和加强，不能削弱。特别要充分发挥博士点的作用，使博士点成为培养马克思主义理论人才的重要基地，以适应我国以马克思主义、毛泽东思想为立国之本的需要。

1989年，卫生部组织了对医学门类中的生理学、微生物学与免疫学、病理解剖学3个专业医学硕士研究生教育与学位授予质量检查和评价的总结。受检单位包括22所医学院校和科研机构，其中有卫生部属院校，军队医学院校和科研机构，具有一定的代表性。通过单位自检和专家实地考察，进行了定性和定量评价。这次受检的22个单位1978年以来招收硕士生1742人，已毕业820人，其中获得硕士学位781人，占95.24%。从论文发表情况、毕业后继续攻读博士学位、出国深造以及用人单位的反馈信息来看，这3个专业培养的硕士研究生的质量是好的，多数人理论和专业知识扎实，具有较强的教学和科研工作能力，后劲比较大。其中多数人已成为各单位的骨干，是我国医学科研队伍中一支生气勃勃的新生力量。专家小组还对这3个专业研究生培养和学位授予的基本经验予以充分的肯定，并提出了存在的主要问题以及改进的建议。

为贯彻国务院学位委员会《关于授予成人教育本科毕业生学士学位的暂行规定》，1989年1月11日至17日，国务院学位委员会组织专家组对独立设置的成人高校——上海第二工业大学授予成人本科毕业生学士学位的试点工作进行了全面的检查。检查工作采取学校自查和专家组检查相结合的方式进行。专家组在考察学校基本条件和设施的基础上，还重点抽查了计算机专业，审查了教学大纲、教学计划、有关试卷等，分别进行了英语和高等数学的水平测试，并对部分学生进行了专业知识的现场测试。专家小组分别就政治理论课和思想政治工作情况、规章制度和管理工作、学士学位授予情况和计算机专业情况提出了定性和定量分析的报告及检查总体报告。报告认为：该校基本能够保证成人本科教育质量和学士学位授予质量。1989年6月10日，国务院学位委员会批准上海第二工业大学为我国第一所独立设置的成人高等学校学士学位授予单位。

八、学位授予情况

1、名誉博士学位的授予。1989年，根据国务院学位委员会发布的《关于授予国外有

附表一

□1989年授予博士学位人员统计表

学科门类	授予人数		
	合计	高等学校	科研机构
总计	1904(16)	1518(9)	386(7)
哲学	32	21	11
经济学	48(1)	27	21(1)
法学	20	19	1
教育学	10	10	/
文学	39	35	4
历史学	36	31	5
理学	576(7)	328(4)	248(3)
工学	824(8)	743(5)	81(3)
农学	48	45	3
医学	271	259	12

注：括弧中数字为总数中所含在职人员获得学位人数

附表二

□1989年授予硕士学位人员统计表

学科门类	授予人数		
	合计	高等学校	科研机构
总计	37285(1843)	35448(1805)	1837(38)
哲学	629(81)	614(81)	15
经济学	1708(187)	1505(166)	203(21)
法学	1132(161)	1019(157)	113(4)
教育学	640(89)	632(89)	8
文学	1633(98)	1614(94)	19(4)
历史学	809(27)	791(27)	18
理学	6682(274)	6469(273)	213(1)
工学	16682(712)	15687(704)	995(8)
农学	1578(85)	1531(85)	47
医学	3949(129)	3781(129)	168

注：括弧中数字为总数中所含在职人员获得学位人数

关人士名誉博士学位暂行规定》，经国务院学位委员会批准，北京大学授予日本著名社会活动家宇都宫德马名誉法学博士学位。

2、博士学位授予情况。1989年，我国共授予博士学位1904人(见附表一)，使我国授予博士学位人员的总数达到4872人。这标志着我国能够依靠自己的力量培养出大批优秀的高级专门人才，逐步实现博士生的培养立足于国内这一宏伟的战略目标。

3、硕士学位授予情况(见附表二)。

4、学士学位授予情况(见附表三)。我国自1981年实施《中华人民共和国学位条例》以来，授予学士学位人数逐年递增，到1989年为止，授予学士学位的人数已达180多万人。

撰稿人　王崇东　李　军
审稿人　王忠烈　梁桂芝

附表三

□1981—1989年授予学士学位人员统计表

学科门类	授予人数
总计	1806138
哲学	23044
经济学	97304
法学	49253
教育学	47437
文学	171248
历史学	36774
理学	295630
工学	790475
农学	112529
医学	181440
军事学	1004

高等教育招生考试工作改革与管理

1989年，国家教委考试管理中心（以下简称考试中心）积极承担了国内考试命题和国外考试的组织工作，并为全国实行高中会考作了准备；进一步推进了考试标准化的试验，开展科学研究，加强法规建设、国际交流和行政管理等工作。

一、国内考试命题与国外在华考试的组织工作

1989年，考试中心承担了全国普通高校入学考试、成人高校入学考试、研究生入学考试、中学教师《专业合格证书》文化专业知识考试、思想政治教育专业第二学士学位入学考试、北京大学等7所院校在港澳地区招生考试的命题、考务管理、成绩分析等工作，参加上述考试的全国考生总计约390万人。

在做好国内考试工作的同时，还组织实施国外招生在华考试工作。1989年共承办了国外TOEFL、GRE、GMAT 等7项在我国的报名及考试的组织工作，全国参加以上国外考试的考生总计57426人。国外考试协调处在组织实施国外在华招生考试的过程中，先后赴河北、湖南、山西、甘肃等省新建了考点，并对主考教师和工作人员进行培训、处理违章事件等，取得显著成绩。

考试中心在实施高校入学考试的过程中，与国家教委有关司局配合进行了全国高中会考的试点和准备工作，与基础教育司组成调查组，先后赴浙江等地实际考察高中会考试点工作效果，总结试验经验。在此基础上，1989年7月发出了《关于试行普通高中毕业会考制度的意见》，为在全国推行会考打下了基础。

二、继续进行高等学校入学考试工作改革，完善标准化试验

新中国成立以来，我国高考一直是当年命题、当年考试，完成了若干届考生的入学考试，选拔了大量合格的人才进入大学深造。随着社会发展和教育工作的改革，这种突击性的命题，存在着起落点不够准确，学科内容的继承与衔接、深度与难度等都不够科学等弊端，影响到测试考生实际的学习水平。同时也影响了中学教学的积极性。

1978年，邓小平同志指出：“要认真研究试验，改进考试的内容和形式，使它的作用完善起来。”为了落实这一指示，从教育部到以后的国家教委逐步进行了考试工作的科学研究和标准化考试的探索。学生管理司先后于1982年、1985年两次召开了全国高考科研讨论会。1989年，考试中心召开了第三届高考科研讨论会，并进行深入的调查研究，总结和分析了改革开放以来我国高考的经验与不足，对考试标准化问题进行了方向性和可行性的论证。在此基础上，国家教委确定了高考标准化试验的常规方案。

1985年，高考标准化试验首先在广东进行，试验科目为英语、数学两种，共8万多考生参加。1986年，广东增加了物理科试验，英语科则扩大到山东、辽宁、广西，共20万考生参加。

1987年6月27日考试中心成立。当年就扩大了试验的学科，增加了语文、化学，参加试验的省扩大到四川、湖北、陕西，考生共

40余万人。1988年，除在原来的省(区)继续进行英语、数学、物理、语文、化学试验外，英语科试验扩大到全国17个省(区)，约100万考生参加。1988年11月，考试中心在广东召开了高考标准化试验评估会，对标准化试验中命题、考务管理、评分、分数解释等各方面内容进行了总结和研究，认为这项试验对高校选拔合格学生、对中学教育的改革起到了积极的作用。

1989年，英语科扩大到全国所有考生参加，共约270万人。不少省、自治区、直辖市还广泛做了分卷试验。为了进一步加强评卷手段现代化的研究，11月召开了光电阅卷机测试会，推出了4种国产自动型阅卷机样机。在考试管理手段现代化方面迈出了可喜的一步。

三、加强法规建设

在总结4年高考标准化试验经验的基础上，为了使试验向科学化、正规化、法规制度化方向发展，1989年6月国家教委发布了《普通高等学校招生全国统一考试标准化实施规划》，决定从1989年起，选择题以机器评卷为主，实现初步目标，到1995年达到标准化考试的基本要求。《规划》对实施步骤、措施都作了原则规定。

《规划》规定1989年要完成的公布英语考试说明、分卷评卷、成立化学等学科命题委员会、评价试题质量、发表年度工作报告等7项任务，至年底已基本完成。

1989年，考试中心还制定了《中国国外考试协调处考务管理规则》，于5月开始试行。

四、对全国考试管理干部进行培训

为了落实国家教委关于对干部进行岗位培训的指示，提高考务管理干部的业务素质，考试中心制订了对全国考试管理系统中省、地、县各级主要干部进行岗位培训的规划，并在试点的基础上开班培训。1989年在北京、上海、广东、江西、吉林、四川等地共开设6个考试管理干部培训班，有260人参加。制定了培训教学大纲，正式编辑出版了一套培训教材，有《考试的教育测量学基础》、《考试的统计分析方法》、《标准化考试》、《计算机在考试管理中的应用》。

五、大力开展科研工作

1989年，考试中心进一步落实"七五"科研项目，组织科研课题，在题库、题型、主观题评分误差控制、能力考查、考试的测量学理论及考试史、考试制度等方面进行了研讨。并编辑出版了《第三届高考改革科研讨论会论文选编(考试部分)》。

为了更好地发挥考试对教育的评价、导向作用，1989年在对几项考试成绩进行了全国抽样统计分析的基础上，考试中心对命题的水平、考生考试的水平等情况进行了初步的分析、研究工作。出版了普通高校入学考试、成人高校入学考试、中学教师专业合格证书文化专业知识考试的考试年报，分别发送到主管教育部门及有关院校参考。

六、国际交流

1989年，考试中心还组织筹备了国际教育评价协会第15次年会，接待了两批英国访华代表团，组织了浙江等4省和广东等9省两批赴美、英的团组出访。

七、改革考试经费拨款方式

1989年，在行政管理工作中，开始改革考试经费的拨款方式，试行在各类考试中收取一定比例的报名考试费。来弥补国家所拨考试事业经费之不足。使考试事业经费由国家全额拨款过渡到差额补助，为最终实现以考养考的目的，逐步创造条件。

撰稿人　姜莹绯
审稿人　马金科

召开首届全国高等学校学籍管理工作暨科研讨论会

1989年10月下旬，国家教委高校学生司在安徽召开首届全国普通高等学校学籍管理工作暨科研讨论会。26个省、自治区、直辖市及44所高等学校学籍管理部门的负责同志共70多人参加了会议。

在向讨论会递交的300多篇论文中，包括了高校学生管理模式，学籍管理，校风校纪建设，德、智、体综合测评，成绩考核管理，教学管理制度（如留级、试读收费，学分制，双学位，本、专科交叉等）的改革与试验6个方面。会议就这6个方面的问题进行了交流和重点讨论。

会议肯定了自1977年恢复高考招生制度以来，学籍管理作为高等学校管理工作的重要组成部分，在保证贯彻党和国家的教育方针，稳定高等学校教学秩序和提高教学质量，培养合格的社会主义现代化建设人才方面发挥的重要作用；强调学籍管理的规章制度是高校的行政法规，教、学双方都应遵守。近几年来，高校学籍管理工作总体说是比较好的，规章制度比较健全，管理有章可循，有法可依，工作逐步制度化、法规化。随着教育改革的发展和社会对毕业生需求的变化，高等学校在教与学方面进行多种改革试验，取得一定成果，积累了不少经验。但是，如何健全和完善现行规章制度，调动学生的学习积极性，达到管理育人的目的，要作为当前学籍管理工作的重要课题进行研究。

会议认为当前学籍管理工作有几个问题需要认真研究：

一、教学管理制度中试行、试验的办法种类多，如已有学分制，双学位主辅修制，本、专科交叉、中期筛选制，留降级、补考收费，退学收费试读等等，但在学籍上如何相应进行管理，应认真研究与总结。

二、考试方法和形式应在理论上加以研究，在实践上逐步改革。同时严肃考试纪律，端正学风和考风。

三、解决有章不循的问题，严格管理措施。目前高等学校学生管理的规章制度已较健全，但存在执行不严，督促不力的现象，缺乏严格管理的机制。要真正使现有制度具有约束力，起到管理育人的作用。

会议呼吁各地和高等学校领导切实重视和加强学籍管理工作，充分发挥学籍管理的作用，促进学生健康成长。地方和高等学校领导要重视学籍管理队伍的建设，关心管理干部的工作和待遇问题，帮助他们提高素质、提高工作效率，充分调动他们管理育人的积极性。同时加强对这项工作的研究，推动学籍管理工作逐步规范化、科学化。

撰稿人　张浩明

审稿人　赵亮宏

高等学校毕业生分配

1989年全国普通高等学校共有本专科毕业生近49万人(专科19万人),其中地方所属院校28.6万人,国务院有关部门所属院校14.2万人,国家教委直属院校5.9万人。1989年全国有毕业研究生3.65万人,其中国家教委直属院校毕业研究生1.38万人,国务院其他部委所属院校、科研单位的毕业研究生1.56万人,地方所属院校和科研单位的毕业研究生0.7万人。

一、1989年毕业生的分配工作有了进一步的改进

经国务院批准,1989年1月国家教委、人事部联合发出了《关于改进1989年高等学校毕业生分配工作的报告》。报告中强调:

(一)在加强计划管理的同时,要进一步将毕业生分配工作放开、搞活。采取主管部门与学校上下结合的办法制订毕业生分配计划。从1989年起,国家教委直属院校,实行由学校根据国家的分配方针、政策和社会需求,结合毕业生的实际情况,提出建议分配计划,经国家教委审定后,作为国家分配计划下达执行的办法。国务院有关部门和各地方可参照这一办法,结合本部门、本地方的具体情况,制定分配办法。

(二)逐步实行推荐录用的办法向社会输送毕业生。在总结上海交通大学、清华大学等院校经验的基础上,有领导地试行在国家分配方针政策指导下,按主管部门审定的计划进行推荐录用的办法,即由学生选报志愿、学校推荐、用人单位择优录用。

(三)逐步实行提前一年预分配的办法。近几年有少数学校对毕业生试行了提前一年预分配,对促进教育改革,提高教学质量,培养适需对路的人才,效果是好的。从1989年起,各部委和地方主管分配部门都要积极选择具备条件的学校进行试点,以便进一步取得经验,逐步推广。

(四)广泛开展供需信息交流活动。学校和用人单位要采取多种形式,加强相互之间的联系,交流供需信息,疏通分配渠道。学校要参照社会需求人才的信息反馈,适时调整专业,改进教学,提高教育质量;要通过生产实习、毕业设计和社会实践等活动,让学生了解社会,使他们正确认识自己在社会上的位置和作用,以主动适应社会需要。

(五)加强横向调剂,促进人才交流。国务院有关部委在分配所属院校毕业生时,要兼顾学校所在地方的需要。地方主管部门在分配所属院校毕业生时,要兼顾各部委在本地方企事业单位的需要。双方要参照近几年相互调剂的所需专业的人数,或根据双方签定的协议,安排落实好分配方案。

(六)认真执行毕业生分配计划。按照规定,目前在校学生,毕业时仍然实行主要由国家负责按计划分配的制度。对经过协商落实的计划,必须认真执行。未经学校和用人单位双方复议,学校不得改派毕业生,用人单位不得退回毕业生。对不顾国家需要,无理拒不服从分配的毕业生,要按有关规定严肃处理。

(七)加强毕业生分配工作的领导,增加分配工作的透明度。各级领导干部和负责分配工作的人员,都要坚持原则,秉公办事,坚决抵制不正之风。

(八)根据新的情况和深化改革的要求，对毕业生分配工作中的具体问题做了补充规定：1.政府机关补充大学毕业生，要实行考试录用。2.对普通高等学校未取得毕业资格的结业生，国家不负分配工作的责任；如三个月内无接收单位的，将其档案、粮食户口关系转回家庭所在地，由本人自己择业。3.鉴于“有偿分配”的提法，在社会上容易产生把毕业生视为“商品”的消极影响，不利于调动毕业生的积极性，为此，今后不再沿用“有偿分配”毕业生的提法。

二、稳定高校形势，做好毕业生分配派遣工作

1989年春夏之交，在我国发生了一场政治风波，当时正值毕业生分配派遣前夕，为了做好高等学校毕业生分配派遣工作，国务院办公厅转发了国家教委《关于当前高等学校毕业生分配的几个问题的请示》。内容主要有以下6个方面：(1)今年高校毕业生分配计划已经基本落实，毕业生的派遣工作应力争按期进行。考虑到个别地区的部分高校的特殊情况，地方主管高校毕业生调配部门，可酌情允许少数学校提前或推迟进行毕业生派遣工作。(2)各高等学校在毕业分配前，都要对毕业班学生集中地进行一次形势和思想政治教育，认真地组织他们学习邓小平同志的讲话及有关文件，联系实际，明辨是非，提高认识。(3)规定了毕业生分配中的某些政策界限及应掌握的原则。(4)对短期内难以为应届毕业生进行毕业鉴定的部分高等学校，可采取由毕业生根据其本人在校期间，尤其是近两个月以来的实际表现，写出自我小结，而后由学校核实。(5)各地区和部门应依据已落实的毕业生分配计划，做好接受高校毕业生的工作。考虑到目前形势，各用人单位应从全局出发，接受学校准予毕业的，按计划派遣的高校毕业生。(6)根据国家教委和原劳动人事部发布的《高等学校毕业生见习暂行办法》，建议各地区、各部门及各用人单位，要将应届毕业生适当集中安排在领导力量较强、条件较好的基层单位去实践一年，视其见习期的表现，再作具体安排。

三、制订了高等学校毕业生分配制度改革方案

国务院于1989年3月2日批转了国家教委《关于改革高等学校毕业生分配制度的报告》，并指出：改革高等学校毕业生分配制度是高等教育体制改革的重要组成部分。通过这项改革，逐步把竞争机制正确引入高等学校，增强其活力和动力，从而使高等教育更好地为社会主义建设服务。各地方、各部门要切实加强领导，结合本地区、本部门的实际情况，宣传这项改革的意义和要求，采取积极稳妥的步骤，制定可行的实施方案和改革措施，推动这项改革的顺利进行。报告的主要内容如下：

(一)现行分配制度存在的问题及改革的必要性

我国现行的高等学校毕业生分配制度是在建国初期形成并逐渐发展、延续下来的。这种制度与我国当时高度集中的、以产品经济为基本模式的经济体制相适应，在历史上曾起过积极作用。但是，这种以统和包为特征的毕业生分配制度存在着一些明显的弊端，不利于调动学生学习、学校办学、用人单位合理使用人才的积极性。特别是随着我国经济体制改革的深入，社会主义商品经济的发展，劳动制度和人事制度的改革，这种分配制度越来越不适应形势发展的要求，与新的经济运行机制越来越不相协调。因此，必须改革现行的高等学校毕业生分配制度。

(二)改革的目的与要求

1.要有利于加强学校与社会的联系，努力提高教育质量，充分发挥教育投资的效益，使学校切实按照社会需要培养合格的“四有”

人才。

2.要有利于调动学生学习的积极性，全面提高学生自身的素质，激发他们努力进取与奋发有为的精神，促进他们努力掌握社会所需要的知识和能力，使他们更好地为社会主义现代化建设事业服务。

3.要有利于促使用人单位关心和支持教育，尊重知识，珍惜人才，努力做到学以致用，人尽其才，为充分发挥毕业生的作用创造良好的社会环境。

（三）改革的目标及改革方案中主要考虑的问题

高等学校毕业生分配制度改革的目标是：在国家就业方针、政策指导下，逐步实行毕业生自主择业，用人单位择优录用的“双向选择”制度。

现在提出的改革方案，是根据目前的改革条件和环境制定的过渡性方案。这个方案主要考虑了以下几个问题：

1.本方案实施初期，考虑到人才（劳务）市场还没有完全形成，毕业生主要还不是靠自己找职业，而是以学校为中介向社会推荐就业，在一定范围内“双向选择”。对经推荐未被录用的少数毕业生，则由本人自谋职业。

2.考虑到地区、行业的不平衡性，为解决某些边远地区和工作条件比较艰苦的行业及重点单位的需要，在国家任务的招生计划中要安排一定比例，实行定向招生、定向就业。

3.根据现行的办学体制，毕业生的就业范围除有特殊规定外，一般仍按学校的隶属关系在本行业、本地区选择职业，并通过一些政策措施，促进部门和地方之间的横向交流。

4.为了改变办学单一靠国家财政拨款的状况，学生培养费按国家任务招生和社会调节性招生两种不同计划，分别由有关方面承担。国家要继续支持联合办学和委托培养。毕业生若被经营性单位录用，经主管部门同意，学校可以接受录用单位的适当资助。学生上学除特殊规定外，一般要交纳学杂费。考虑到一般学生家庭目前的经济收入水平和实际承受能力，开始时收取学杂费的数额不能太高，一般掌握在每学年100至300元为宜。

5.今后国家对高等学校的招生规模和毕业生就业的宏观管理，主要通过搞好人才需求预测，安排好年度招生计划，以尽量保证社会的总供给与总需求大体上协调一致，并适当运用政策法规、计划指导、经济吸引、思想教育等机制和手段来调节控制，以适应各方面的实际需要。

撰稿人　王路江

审稿人　焦述清

附

□高等学校毕业生分配制度改革方案

根据中央关于教育体制改革决定的精神，把竞争机制正确地引入高等教育，调动广大青年学生的学习积极性，增强高等学校主动适应经济和社会发展需要的活力与动力，促进用人单位尊重知识、珍惜人才和社会各方面关心、支持教育事业，决定把高等学校的招生计划分为国家任务招生计划和社会调节性计划，相应地改变高等教育培养费拨付办法，建立各种奖学金和某些收费制度，逐步将毕业生计划分配就业制度改为社会选择就业制度。

一、国家任务招生的学生及其就业方式

1.国家任务招生计划招收的学生，培养费由国家提供，学生上学一般应交学杂费。经济困难者可申请贷款，符合条件者可享受优

秀学生奖学金。学生毕业后可在国家方针、政策指导下，按照有关规定在一定范围内选择职业，用人单位择优录用。

2.师范（含各类师范专业、不含师范院校中非师范专业）、农林、体育、民族、航海等专业招收的学生，可按规定享受专业奖学金，免交学杂费，毕业后在本系统、本行业内择优录用。

3.对矿业、地质、水利、石油等部门及工作、生活条件比较艰苦的地区所需要的高校毕业生，可根据工作需要实行定向招生，按照国家有关规定设立定向奖学金，定向生免交学杂费，毕业后在定向的行业或地区内择优录用。

4.国家在必要时可以制定当年部分指导性就业计划。提倡和鼓励国家任务招收的学生（不含享受专业和定向奖学金的学生），到工作、生活条件比较艰苦的重点单位就业，用人单位可以在国家规定的政策范围内给予优惠待遇。

5.按国家任务招收的学生（不含享受专业和定向奖学金的学生），毕业后，可以到企事业单位就业，也可考任国家公务员。毕业生若被经营性单位录用，经主管部门同意，学校可以接受录用单位的适当资助。毕业生经学校推荐以及与用人单位“双向选择”后，未被录用的毕业生，介绍回家庭所在地自谋职业。

二、社会调节性计划招收的学生及其就业方式

6.社会调节性计划招收的学生，是指联合办学、委托培养和自费上学的学生。

7.联合办学、委托培养的学生，由学校、学生与联合单位或委托单位签订合同（内容包括双方的权利、义务和服务期限等），培养费按合同或国家有关规定执行。

8.联合办学、委托培养的学生，凡与本方案第2、3条的情况相同者，学杂费和享受的专业或定向奖学金，由联合办学或委托培养单位根据有关规定向学校支付，将来逐步实行由学生向用人单位申请后向学校交付；其他学生应交学杂费，可以争取优秀学生奖学金，经济困难者也可以申请贷款。

9.联合办学、委托培养的学生，毕业后，到合同规定的地区、行业或单位择优录用。

10.自费生应按学校规定交纳培养费与学杂费，也可以争取优秀学生奖学金；毕业后自主择业，也可以请学校帮助推荐就业。

三、有关配套措施

11.教育、计划、人事、劳动等有关部门要做好人才需求预测，制定高等教育总体发展规划，安排好年度招生计划，力求使专业人才的社会总供给与总需求协调一致。

12.教育部门和高等学校要建立新的学生学籍管理办法，并对定向生及联合办学、委托培养的学生学习期间的管理做出相应规定。

13.制定必要的方针、政策及择优录用、“双向选择”的有关规定和办法，以保证享受专业奖学金的学生及定向生，毕业后到规定的地区、行业就业及择优录用工作的顺利进行。

14.高等学校毕业生实行定期服务制度。服务期一般为5年（不含见习期一年），随着人事、劳动制度的改革，具体服务年限和办法也可以由用人单位与学生根据实际情况商定。

15.计划、人事、劳动部门安排干部计划和职工计划时，要根据当年高等学校毕业生人数，为毕业生解决就业指标。同时，逐步研究制定少数毕业生待业期间社会保险等有关规定。

16.人事部门应建立和健全人才交流服务机构，逐步完善人员合理流动的调节机制，为待业毕业生选择就业提供服务。

17.各地方、各有关部门和高等学校应建立毕业生就业指导机构。该机构由教育、人事等部门联合建立。中央的就业指导机构以国家教育委员会为主，人事等部门参加；地方的就业指导机构以哪个部门为主，由地方政府确定。就业指导机构的主要任务是：贯彻国家关于毕业生就业的政策、法令，发布毕业生供求信息，沟通毕业生、学校、用人单位之间的渠道，对毕业生进行就业指导，为毕业生创造公平竞争的客观条件，指导“双向选择”工作的正常进行，研究解决工作中出现的矛盾和问题，为学校提供反馈信息。

四、实施步骤

18.对1988年以前入校的学生，原则上仍实行以国家计划分配为主的制度。但要进行改革，逐步实行在国家方针、政策指导下的招聘、推荐、择优录用的办法。

19.本方案1988年在少数省属院校招生时试行，1989年在国家教委直属院校中实行。国务院其他部委和各省、自治区、直辖市所属院校，凡条件成熟的，也要求在1989年起步，要积极创造条件，争取在1990年全面实行。其具体实施办法参照本方案制定，并报国家教育委员会审核备案。

20.随着经济、政治体制改革的深化，特别是劳动人事制度、工资制度的改革和毕业生供求矛盾的变化，将逐步减少定向招生，按长远改革方向，毕业生将主要通过人才(劳务)市场自主择业。

毕业生就业指导工作

一、建立全国高等学校毕业生就业指导中心

根据国务院批准的《高等学校毕业生分配制度改革方案》的要求，我国的高等学校毕业生统一分配制度将逐步进行改革，在国家有关分配、就业方针政策指导下，实行在一定范围内毕业生选择职业，用人单位择优录用的“双向选择”就业办法。为此，国家教委决定建立全国高等学校毕业生就业指导中心（列为国家教委直属事业机构），以加强对毕业生的就业指导，组织供需信息交流，沟通分配就业渠道，推动毕业生分配制度改革的顺利进行。

就业指导中心成立后，与国家教委高校学生司在职能上按事业指导和行政管理进行分工。就业指导中心的主要职责任务是：(1)宣传贯彻高等学校毕业生（含研究生）就业方针、政策、法令，组织开展毕业生就业指导和思想教育工作；(2)收集、汇总全国高等学校毕业生供需信息，组织信息交流活动，指导招聘录用毕业生工作；(3)指导各省、自治区、直辖市及各部门毕业生就业指导机构开展工作，调查了解有关工作情况，组织交流工作经验，培训就业指导工作人员；(4)调查了解高等学校毕业生就业和用人单位使用毕业生情况，提出改进高等学校招生、培养工作的意见；(5)编辑出版《毕业生就业指导》报，组织编写有关就业指导和思想教育方面的宣传教育材料。

二、就业指导中心已开展的工作

全国高等学校毕业生就业指导中心从1989年1月开始边筹建边开展工作。

1.编辑出版《毕业生就业指导报》。（参见“国家教委主办的教育报刊”部分）

2.组织开展毕业生思想教育工作。根据1989年全国高等学校毕业生供需形势和毕业生分配工作任务的要求，5月份代国家教委起草了《关于做好高校毕业生思想教育工作的通知》，6月份在北京召开了部分高校应届毕业生代表座谈会，并通过《毕业生就业指导》报宣传了一部分毕业生积极准备服从国家需要的思想和精神。为了及早提出1990年加强毕业生思想教育工作的意见，12月份配合国家教委高校学生司组织召开了部分省市及高校参加的毕业生思想教育工作座谈会，会上座谈了近年来的工作经验，分析研究了毕业生思想情况和工作中存在的问题，讨论修改了代国家教委起草的《关于进一步加强高等学校毕业生思想教育工作的通知》。在《通知》中强调，要结合当前的形势任务对毕业生深入进行坚持四项基本原则教育、面向基层艰苦创业教育和分配政策及分配纪律教育，并提出要认真抓好毕业生鉴定工作。《通知》还要求逐步开展毕业生就业指导工作，有条件的学校要开设就业指导课或讲座，帮助毕业生了解社会需求的全面情况和用人单位对毕业生政治、业务素质的要求，主动做好分配、就业前的各种准备，并根据不同学科的特点进行职业道德教育，提高毕业生走向社会后，正确处理各种问题和适应社会环境的能力。

3.着手抓了就业指导机构和队伍建设工作。调查了解了各地和高校建立、健全就业指导机构和开展工作的情况，初步研究了如何抓好人员培训工作，并考虑了培训工作计划，为今后有计划地组织培训各级分配工作和就业指导工作人员，搞好队伍建设作了准备。

撰稿人　张德民
审稿人　焦述清

高教战线关于制止动乱与反思的工作

1989年春夏之交的政治风波，高教战线为制止动乱、平息反革命暴乱、恢复高校正常秩序作了很大的努力。暴乱平息后，高教战线进行了深刻反思，已经在高校和广大师生思想上发生了可喜的变化。

1989年4月中旬至6月上旬，极少数人利用学潮，掀起了一场有计划、有组织、有预谋的政治动乱，进而在北京发展成反革命暴乱。在政治风波中，高等学校成了"始发地"和"重灾区"。在党中央、国务院和各地党委、政府的领导下，高教战线广大干部、教职工和学生骨干在极其困难的情况下，为制止动乱、平息反革命暴乱，恢复高校正常秩序，做了大量工作。从4月中旬到6月上旬，国家教委向各地教育部门和委属高校发出有关制止动乱、平息反革命暴乱的电报33件，向中央有关部门报送各类动态报告130余件。

这场政治风波的发生是由国际大气候和国内小气候所决定的。中华人民共和国建立后，国际敌对势力一天也没有放弃对我和平演变的图谋，他们利用我国改革开放之机，加紧了和平演变的步骤；国内阶级斗争仍在一定范围存在，有时还相当复杂和激烈。特别是近几年，资产阶级自由化思潮屡次泛滥。国内外敌对势力互相勾结，里应外合，妄图在我国挑起政治动乱，推翻中国共产党的领导和社会主义的人民共和国。1988年下半年到1989年春，国内外敌对势力的活动急剧加强。在他们的策动下，报刊上大量发表散布资产阶级自由化思潮的文章，北京等地陆续出现了一些政治倾向十分错误乃至反动的集会、联名上书、大小字报和其他活动，并酝酿在"五四"运动70周年纪念日期间采取大规模行动，挑起动乱。当时，已经形成一个"山雨欲来风满楼"的政治形势。

在这种情况下，高校一些同志在1989年1月末召开的座谈会上发出紧急呼吁："在'四、五'到'五、四'期间出现大的学潮不是没有可能的"。国家教委于2月24日发出《通知》，特别提醒各地教育部门和高校，"有人企图借纪念'五、四'运动70周年之机煽动学潮"，"对此，我们应高度重视，要有出现事端乃至学潮的准备，"并对进一步做好稳定高校局势的工作提出意见。

4月15日，胡耀邦同志逝世，使酝酿已久的学潮和动乱提前爆发。当天下午起，北京等地高校开始出现以悼念胡耀邦同志为名，恶毒攻击党和政府、攻击社会主义制度的大小字报、传单、标语和挽联等，并呈急剧增加和蔓延的趋势。16日起，北京、上海、湘潭等地一些高校学生未经批准，连续举行非法游行。这种非法游行很快扩展到其他一些城市的高校。

针对上述情况，国家教委连续向各地教育部门和委属高校发出电报，要求"对悼念胡耀邦同志的活动"，"必须加强组织领导"。要警惕校内外个别别有用心的人借此把矛头指向党和政府"，"维护学校正常的教学、生活秩序和悼念活动的秩序”。

4月18日白天，在极少数别有用心的人的策划下，北京大学等一些高校的少数学生在人民大会堂前静坐请愿，提出具有政治纲领性质的“九条要求”。18、19日夜至翌日凌晨，连续发生少数学生聚众冲击新华门事件，要求李鹏总理出来对话并答应他们的请愿条件。当我公安干警奉命将冲击新华门的学生强行带离现场后，又有人造出所谓“四·二〇血案”的谣言蛊惑人心。21日晚，在极少数别有用心的人策划煽动下，北京一些高校3万余名学生提前行动，游行并抢占天安门广场，致使第二天的胡耀邦同志追悼会受到严重干扰。追悼会后，又有人制造“跪哭请愿”的丑剧，煽动群众的不满情绪，进而造成4月24日北京6万余名大学生和天津部分高校学生罢课。

在这段时间内，北京、天津等地一些高校率先出现非法学生组织，其他高校也纷纷效法。4月23日，成立“高校临时行动委员会”(后改称“北京高校学生自治联合会”，简称“高自联”)。一些社会渣滓趁机泛起，先后在西安、长沙制造打、砸、抢事件，个别大学生同流合污。国内少数报刊舆论推波助澜，海外敌对势力遥相呼应，纷纷插手。

学潮和动乱刚刚兴起时，各地党和政府，各高等学校就根据党中央、国务院的指示精神，做了大量艰苦的疏导工作，但未能奏效。至4月25日，风波已不同程度地波及全国28个省、自治区、直辖市的一些高校。其中，在18个城市有80余所高校的约15万人次上街游行。

4月25日晚，中央人民广播电台、中央电视台先后播出《人民日报》社论《必须旗帜鲜明地反对动乱》。社论指出，极少数别有用心的人利用青年学生悼念胡耀邦同志的机会制造动乱，“其实质是要从根本上否定中国共产党的领导，否定社会主义制度”。社论号召全党和全国人民要充分认识这场斗争的严重性，团结起来，旗帜鲜明地反对动乱。25日夜，国家教委向各地教育部门和委直属高校发出电报，要求首先要在领导干部中认真学习和领会社论精神，同时要组织好干部、党员、教师和学生中的积极分子学习社论，统一认识，“学校党团组织和干部、教师要深入到学生中去，做耐心细致的思想教育工作”。《人民日报》4月26日社论发表后，各地党和政府，各高等学校坚决贯彻党中央的指示，积极开展工作，取得一定成效。

社论迫使动乱的策划者、组织者改换策略。4月26日，北京“高自联”发出改变策略的《新学联一号令》，要求4月27日在“拥护共产党的旗帜下游行到天安门”。27日，北京38所高校的3万余名学生和一些教师上街游行，队伍打出“拥护共产党的领导”、“拥护社会主义”等横幅，但游行时散发的传单中，仍有大量的反党反社会主义的内容。其他城市非法游行接连不断的状况得到有效遏制。

4月29日，国务院发言人袁木、国家教委副主任何东昌等，同北京16所高校的45名学生代表对话。他们重申了《人民日报》4月26日社论的原则立场，回答了学生代表提出的问题，表明了不承认非法组织的严正态度。

对话会得到高校多数师生的赞同，但极少数制造动乱的人恼羞成怒。北京一些高校出现的大字报称，“不承认‘4·29’对话”，要求政府直接与“高自联”对话。5月2日下午，一些大学生以北京40多所高校学生代表的名义，向全国人大常委会办公厅、中共中央办公厅、国务院办公厅的信访局递交了实为最后通牒的《对话请愿书》。

5月4日，全国30个城市有130所高校约9万名学生和一些教师上街游行。其中，参加北京游行的学生减少到2万人，情绪也较为缓和，但游行队伍中出现了一支约200人的所谓“首都新闻界”的队伍。游行队伍到达天安门广场后，北京“高自联”的头头宣读了所谓《"五·四"宣言》，并宣布复课。

但是，在5月4日下午，赵紫阳同志利用接见亚洲开发银行理事会第22届年会代表的机会，发表公开谈话，否定中央关于这场动乱性质的正确判断，将他与中央的分歧公诸于世。这种做法使动乱的策划者、组织者从中受到鼓舞，使本来已趋于平缓的局势骤起变化，变得更加严重。

5月5日，北京、天津一些已宣布复课的高校的部分学生重新罢课。5月9日，北京1万多名学生再次上街游行。为进一步扩大事态，动乱的策划者、组织者玩弄两面手法，一方面表示愿意同政府"对话"，另一方面宣称政府无对话诚意，发动了加剧动乱的绝食请愿活动。5月13日至19日，北京高校约300名学生(后扩大到约3000名)组成绝食团，在天安门广场和新华门前绝食请愿。这时，一些顽固坚持资产阶级自由化立场的所谓"精英"纷纷走上前台，又是发动知识界和社会各界参加声援，又是发表所谓"紧急呼吁"，要党和政府让步。他们还多次到天安门广场发表煽动演说，企图成立非法的"首都知识分子联合会"。绝食活动引起社会上关心学生健康的群众的关注和同情，加上社会舆论的错误导向，北京多次发生人数众多的不明真相的群众的声援游行。举世瞩目的中苏高级会晤受到严重干扰。北京出现严重的无政府状态，并波及全国。在这一期间，66个城市的高校学生约121万人次游行声援，16个城市的2500名高校学生绝食声援，5万多名高校学生来京声援。

5月19日晚，根据中央政治局常委的决定，党中央、国务院召开首都党政军干部大会，要求紧急动员起来，采取有力措施，旗帜鲜明地制止动乱，恢复正常秩序。5月20日，国务院总理李鹏签署了《关于在北京市部分地区实行戒严的命令》。

但是，动乱的策划者、组织者不甘心失败，他们提前得知北京市部分地区将实行戒严的消息后，抢先调整策略，于5月19日晚9时，将天安门广场的绝食改为静坐，企图长期占据天安门广场；并于当晚组织力量，在北京各主要路口设置路障，阻截进城执行戒严任务的部队。在宣布戒严后的头几天，北京市的220辆公共汽车被劫作路障，市区和近郊所有的重要路口被堵塞，党中央、国务院的驻地被围堵，煽动反对党和政府的街头演讲随处可见，数万人的游行示威在北京接连不断，一些所谓的"社会精英"公开进行"保卫紫阳"和反对李鹏、杨尚昆等同志的鼓噪。动乱的策划者、组织者还纠集"飞虎队"、"敢死队"，扬言要"软禁"党和国家领导人，要用"攻打巴士底狱的方式"夺取政权。北京的动乱久未平息，全国各地的局势也始终不能稳定。在一些城市里，数万人的声援游行频频出现，成千上万的学生继续强乘火车赴京声援。至5月31日，约有20万学生先后到京。北京的非法组织也派人"北上南下，东走西行"，到全国各地串联。

在这种情况下，国家教委多次向各地教育部门和高校发出电报，要求认真做好高校学生的复课工作。各地教育部门和高校为尽快复课做了最大努力，一些高校还派出工作组到京做学生的返校工作。然而，这些努力又被北京发生的反革命暴乱打断。

6月3日凌晨起，在极少数动乱的策划者、组织者的预谋操纵下，北京的动乱演变成一场骇人听闻的反革命暴乱。他们利用6月2日夜间在木樨地发生的一起翻车撞死行人的交通事故，大造谣言，说是进城戒严部队的开道车故意轧死学生，煽动不明真相的学生和市民阻拦解放军进入市区执行任务。市内数十个路口相继发生设置路障、拦截军车、围困和殴打战士、抢夺枪支弹药和其他军用物资的暴乱，有些暴徒还围堵和冲击国家机关和重要部门。3日傍晚，事态进一步恶化，非法组织“高自联”和“工自联”的头头在天安门广场分发菜刀、匕首、铁棍、铁链和带尖的竹竿等凶器，叫嚣“要拿起武器推翻政府”。他们进一步策划，利用第二天是星期天的时机，煽动更多的人上街，发动更大规模的打、砸、抢、烧，造成一个群众暴动的态势。

在这万分紧急的关头，中共中央、国务院、中央军委命令在首都郊区待命的戒严部队向城区开进，平息反革命暴乱。在开进过程中，面对暴徒混杂在不明真相的群众中的复杂局面，戒严部队以极其克制的态度，忍辱负重，从容推进。然而，少数暴徒却对进城部队疯狂进行打、砸、抢、烧、杀。为迅速平息反革命暴乱，避免造成更大损失，戒严部队不得已鸣枪示警，强行开进，进行反击，击毙了一些肆虐的暴徒，也有一些群众遭误伤。4日凌晨，在没有发生死亡的情况下，戒严部队完成了天安门广场的清场任务，取得了平息反革命暴乱的初步胜利。在整个暴乱期间，有1000多辆军用汽车、装甲车、警车被砸毁或烧毁，戒严部队、武警官兵、公安干警负伤6000多人，死亡数十人。

北京平息反革命暴乱后，国际敌对势力加剧了反华大合唱，国内敌视党和社会主义的反动分子进行了疯狂反扑。“美国之音”等海外新闻媒介和国内极少数人编造和大量散布了诸如“血洗天安门广场”一类的谎言。在短短的几天里，北京和其他一些城市街头巷尾一度被谣言笼罩，极少数人煽动一些不明真相的学生和市民抬花圈游行，开所谓“追悼会”，阻断城市交通和铁路运输。上海、成都等地出现骚乱，一些暴徒纵火焚烧列车、商场，袭击维持秩序的武警战士和公安干警。

在党中央、国务院的领导下，中国人民顶住国际敌对势力的巨大压力，坚决打击了国内反动势力的反扑。各地采取果断措施制止动乱。6月8日，北京市人民政府、戒严部队指挥部发出第10号通告，明令“高自联”、“工自联”等非法组织必须立即解散。此后，各地也先后取缔了当地的非法组织。全国局势迅速趋于稳定。高教战线广大干部、教师按照中央、各地党和政府以及国家教委的部署，积极工作，使得大多数高校迅速复课，少数高校根据实际情况提前放假。

6月9日，邓小平同志在接见北京戒严部队军以上领导干部时发表了重要讲话，对制止动乱和平息反革命暴乱作了深刻、精辟的总结。

动乱和反革命暴乱刚平息，从中央到地方，特别是高等学校即展开深刻反思。在6月中旬到7月中旬，国家教委连续两次召开部分高校党委书记座谈会及全国暑期高校工作会议，统一认识，深入反思，形成了近期加强高校工作的一致意见，并上报中央。中共中央在听取各方面意见的基础上，于7月下发了《关于当前高等学校工作中的几个问题》的文件。

中央文件下达和全国暑期高校工作会议后，各省（自治区、直辖市）结合贯彻邓小平同志讲话和党的十三届四中全会精神，普遍召开高校工作会议，部署了贯彻落实中央4号文件的工作。各高校认真组织学习邓小平同志和江泽民同志讲话精神，以贯彻落实中央4号文件为加强政治思想工作的有力转机。在贯彻落实中央4号文件精神的过程中，各地教育部门和高等学校主要做了以下工作：第一，初步整顿了高校党的组织，并在考察了解的基础上，对部分高校领导班子作了调整和加强；第二，在高校中认真严肃地开展了清理清查工作，仅半年的时间就基本摸清了学生和职工卷入动乱的情况，查清了大多数重点事和重点人的基本情况，为进一步处理打下了良好的基础；第三，1989年暑期后，各高校发动党内同志、教师骨干和学生积极分子，经过充分的准备，对师生集中进行政治形势教育，并取得较好的效果；第四，高校的管理工作普遍有所加强。许多高校加强了对教学的管理，还普遍重申或修订了各项管理条例和规章制度，加强对学生课外活动和校园秩序的管理，及时处理了一些严重违反校纪的学生，维护了学校正常秩序；第五，根据实际情况，减少和暂停部分系科招生的计划，并顺利完成了应届毕业生的派遣工作。

到1989年底，在中央、各地党和政府的领导下，经过高校广大干部、教师和学生积极分子的努力工作，加上社会各方面政治思想工作的加强，高校的政治面貌发生了稳定向上的变化。

撰稿人　张晋峰

审稿人　朱新均

组织编写政治教育有关材料与丛书

一、组织编写形势与政治教育专题教育材料

1989年，国家教委社会科学研究与艺术教育司根据国际国内形势发展变化的特点，为配合高等学校的形势与政策教育，会同有关方面组织高等学校社会科学教学和科研力量及有关部门的实际工作者，积极开展形势与政治教育专题研究，并为高等学校的形势与政治教育提供了部分急需的专题教育材料。

根据国家教委党组的要求，1989年7月，社会科学研究与艺术教育司、思想政治工作司和北京市委高等学校工作委员会联合组织北京地区部分高校从事马克思主义理论教学与研究的教师和思想政治工作干部，针对制止动乱、平息反革命暴乱后部分高校师生思想上存在的疑点和难点，对由学潮、动乱发展到反革命暴乱的政治斗争的真相与实质，产生的国内外背景与条件，所涉及的民主与法制问题，以及这场政治斗争的经验与教训等进行了专题研究。并编写了《五十天的回顾与反思》，做为1989年秋季开学后高等学校集中进行政治教育和法制教育的专题教育材料。

1989年下半年，东欧几个社会主义国家的局势发生重大变化，并成为我国高校广大干部、教师和学生关注的热点。社会科学研究与艺术教育司组织有关高校研究人员开展了对东欧局势变化和发展的专题研究，力求通过对东欧问题的研究，总结对我国社会主义现代化建设事业有益的经验和教训。1989年12月，组织编写了有关专题参考材料，供进一步开展东欧问题研究和高校师生政治学习及形势教育内部参阅。

撰稿人　赵　军

审稿人　王茂根　莫爱麟

二、组织编写《当代社会主义与资本主义丛书》

1989年，社会科学研究与艺术教育司组织高校教师编写《当代社会主义与资本主义丛书》。《丛书》是以大学生和青年理论工作者、实际工作者为主要对象，兼顾高中、大学政治理论课教师需要的大型政治理论教育读物。编写工作的宗旨是：在马列主义、毛泽东思想指导下，从读者的实际出发，注重实效，在认真分析青年学生关键性的思想问题和思想方法的基础上，以正面教育为主，客观地反映和科学地分析历史与现实，着力揭示各种复杂现象掩盖下的本质问题，努力使青年学生从感性到理性，自然地得出社会主义必然代替资本主义的正确结论。《丛书》编写工作坚持科学性、针对性、可读性的原则，努力做到从书名到内容、从体例到文字，既发人深思，又生动活泼、喜闻乐见，寓教于理。

北京大学教授陈岱孙、中国人民大学教授宋涛、北京师范大学教授陶大镛、中国人民大学教授高鸿业担任《丛书》顾问。

《丛书》编委会成员有国家教委副主任何东昌、北京大学校长吴树青等。

《丛书》第一批编写课题26个，可望于

1990年国庆节前开始陆续出书。这项工作已纳入国家教委哲学社会科学研究规划。

撰稿人　赵晓光

审稿人　王茂根　莫爱麟

三、组织编写《中国近现代国情丛书》

为了落实邓小平同志关于要"用中国的历史教育青年"的指示和江泽民同志发出的要对青年加强国情教育的号召，1989年，国家教委有关部门组织高等学校的著名学者编写《中国近现代国情丛书》。《丛书》着重从政治、经济、文化、社会等多方面多视角展示中国近现代的国情。包括中国人民在三座大山压迫下所遭受的苦难和屈辱，中华民族先行者追求真理，探索救国救民道路的曲折过程和最终选择，中国人民气壮山河的英勇斗争和可歌可泣的光辉业绩。以帮助青年更好地了解旧中国和新中国是在怎样的基础上建设起来的。

编写这套《丛书》的要求是：1.有针对性。针对青年的思想实际，生动活泼地进行近百年来中国历史的教育，中华民族优秀传统的教育，爱国主义和民族自尊心的教育，社会主义必然性的教育，经济文化发展现状的教育，四项基本原则和反对资产阶级自由化的教育。摆事实、讲道理、以理服人、以情动人。2.有科学性。以马克思主义、毛泽东思想为指导，力求做到材料和观点的统一，在科学研究的基础上做到正本清源，通过丰富多采、具体生动的可靠材料阐述历史，不搞影射和比附。3.有可读性。内容要真实、朴实、充实，要史论结合，寓论于史，寓教于史，突出重点，深入浅出，生动活泼，使读者乐于接受。《丛书》拟分期分批进行编写。经过申报和评定，第一批10个选目已定，第二批10个选目也已基本确定。

撰稿人　田　珏

审稿人　夏自强

中国高校人口学研究与教育的发展

1980到1989年是中国人口科学恢复和发展的重要时期。经过10年的发展，高校人口学的研究与教学工作已初具规模，初步形成了具有特色的科研和教学体系。

一、已形成了一支以科研机构为主体的人口学研究队伍

全国高校人口研究机构已发展到34个，其中研究所16个。它们分设在全国重点综合大学、地方综合大学、医学院校、工科大学、财经院校内，分布在22个省、自治区、直辖市，已形成一个布局合理各具特色的科研网络。其中有22个人口研究机构参加了与联合国人口基金合作项目。据统计，22所大学人口研究机构共有人口学工作者409人，其中研究和教学人员326人，包括教授25人，副教授90人。

二、建立了人口学培训体系，培养了一批中青年学者

1.本科生：1981年，经教育部批准，中国人民大学设置了人口学专业，招收了四年制本科生，这是我国教育史上首次设置这个专业。1985年，第一届有31名学生毕业。1983年，中国人民大学建立了人口学系，至1989年底已培养本科生160名。此外，复旦大学在经济系设置了人口学专业班。

2.研究生：为培养人口学高级人才，1984年，国务院学位委员会批准中国人民大学人口研究所有人口学博士学位授予权。高校现有人口学（中国人民大学）、人口经济学（南开大学、西南财经大学）、人口地理学（华东师范大学）、系统工程（西安交通大学）等有关人口学学科博士点5个，博士导师7位；硕士点13个；学士点2个。已培养博士生4名，硕士生77名，在校博士生17名，硕士生94名。

3.留学生：在立足于国内培养人才的同时，选拔优秀人员出国学习，这是我国培养人口学人才的一条渠道。自1980年以来，利用联合国人口基金及其他合作项目经费共选派一年以上留学生96名，其中一部分已学成回国。他们在国外刻苦钻研，学习成绩优秀，有的获得了硕士或博士学位，有的获得各种奖励，受到国内外人口学界的赞誉。已回国的人员大都是教学或科研骨干，已有10个人口研究所的所长或副所长由他们担任。

4.培训班：有专题培训班、短期培训班、半年班、大专班等不同形式。如河北大学人口所接受河北省计划生育委员会的委托，举办了计划生育干部大专班，学制二年。10年中，高校人口学研究与教育机构共举办培训班76个，培养7253人次。

三、开展了一系列重要学术活动，取得了一些重要成果

1.面向实际，深入开展调查研究，围绕人口政策的贯彻执行和人口与经济的协调发展撰写出大量的调查报告、咨询报告，为国家控制人口增长及政府决策起了重要参谋作用。如《人口系统定量研究及应用》（西安交通大学人口所蒋正华教授等）获1986年国家科技进步一等奖；《关于人口政策的五点建议》（中国人民大学人口所刘铮教授等）获北京市1987年社会科学二等奖；《中国八大区人口密度与人口政策》（华东师范大学人口所胡焕镛教授）、《上海流动人口调查》（复旦大学郑桂珍等)获上海市1985年社会科学一等奖;《近十年来中国人口增长控制评估》(北京经济学院人口所魏津生)获1988年纪念党的十一届三中全会10周年理论讨论会优秀论文奖。这些成果取得了重大的社会效益,对政府及有关部门决策具有重要的参考价值。

2.10年中,出版了大量人口科学论著。据不完全统计,到1988年底高校共撰写出版了专著50余部,教材100余种,论文2900篇。用外文发表的论文100篇。有的论著填补了国内空白。如利用第三次人口普查资料撰写的《中国人口》丛书(32分册)、《人口理论教程》(刘铮等著)、《人口学辞典》、《人口统计学》、《人口经济学》、《人口社会学》、《中国人口地理》、《中国人口问题研究》等。

3.主持召开了一系列重要的学术会议。如1980年12月召开的国际人口学家北京圆桌会议,1984年12月召开的北京人口与发展国际学术讨论会,1987年10月召开的城市化和城市人口问题国际讨论会等。10年中高校共主持召开各种专题学术会议40个。

4.承担了国家及地方政府委托的一批重点研究课题。22所大学的研究机构共承担了国家或国家教委及有关部门、地方政府委托的科研项目78个,其中国家社会科学基金项目5个,国家教委项目24个,有关部委及地方政府项目49个。绝大部分是应用性题目,有的已取得了重要成果,对国家人口与经济、社会发展决策具有重大现实意义。

5.创办了一批刊物,促进了学术交流。目前高校办有人口学刊18种,其中国内外公开发行的10种。主要有《人口研究》、《西北人口》、《人口与经济》、《人口学刊》等。

6.开展了国际交流。10年中,高校人口学界与世界人口学界开展了大量的双边和多边学术交流活动。尤其是与联合国人口基金的合作项目,即从1980年开始的CPR/80/P01项目和1985年开始的P47项目,从各方面促进了中国人口学界与世界人口学界的交流。通过项目活动,引进了一批先进的研究设备,武装了人口研究机构;购进了人口书刊7000余册(种);派到国外讲学、合作研究、考察、进修80余人次;聘请国外专家讲学60余人次;主办国际学术会议、研讨班71个;派出参加国际学术会议50余人次;在国外各种刊物发表论文约100余篇。

四、学科建设取得了突破性进展

10年来,我国人口学科的发展不仅表现在人员、机构发展等方面,更重要的是在学科的内容上有了突破性进展。首先在人口理论上,否定了所谓人口不断增长是社会主义人口规律的观点,确立了马克思主义关于两种生产的理论。由两种生产的原理到"两种生产一起抓",标志着理论已经转化为实践,有力地支持和推动了计划生育工作。同时提出了人口发展要与社会主义现代化生产相适应,有计划地调节人口数量,不断提高人口素质是社会主义人口规律的论断。与此同时,还批判地吸收了当代西方人口学关于控制人口的理论、人口转变论、适度人口论、人类生态理论等。其次,对社会主义现代化建设中提出的许多实际人口问题进行了研究。1982年进行的第三次人口普查,高校人口学者利用普查资料编写了大型人口学专著《中国人口丛书》,全书共32分册,分中英文出版。除此之外,利用普查资料对我国的生育率、死亡率、年龄性别结构、行业职业结构、民族、家庭等方面进行了深入研究分析。随着社会主义建设和改革的深入,对实践提出迫切需要解决的问题,如城镇化的问题、人口迁移与流动、老龄问题、独生子女问题等进行了深入调查研究,为国家决策提供了重要科学依据。第三,在人口学科建设上,经过10年的发展,人口学已成为独立学科,而不再归并于社会学或经济学科。它既是一门综合性学科,同时又有明确而独特的研究对象。并且已形成了许多人口学科的分支学科，如人口统计学、人口经济学、人口社会学、人口地理学、人口生态学、民族人口学、人口遗传优生学、人口思想史等。

撰稿人 阚延河
审稿人 王茂根 莫爱麟

中等专业学校政治理论课和高等学校马克思主义理论课教学

一、中专政治理论课教学大纲的制定及教材修改

1989年，中等专业学校政治理论课教学主要抓了教学大纲及教材的完善和配套工作。国家教委社科司组织编写并颁发了"马克思主义概论"、"中国革命和建设基本问题"、"马克思主义基础"3门课程教学大纲。组织编写了《马克思主义基础》（上、下册）、《政治经济学》（上册）、《人生与道德》教材。同时还完成了《辩证唯物主义与历史唯物主义》教材的修订工作。

二、普通高校马克思主义理论课教学和教学大纲、教材修订

国家教委于1989年7月发出了《关于新学年对学生集中进行政治理论教育和理论课教学的通知》。《通知》对马克思主义理论课教学提出了原则意见。要求高等学校马克思主义理论课教学内容中认真贯彻党的十三届四中全会精神，要针对1989年春夏之交政治风波中资产阶级自由化大肆泛滥造成的严重思想混乱，阐明马克思主义基本理论观点，帮助学生分清理论上的是非。

为了结合马克思主义理论课各门课程的学科特点，深入进行坚持四项基本原则，反对资产阶级自由化的教育，国家教委转发了东北师范大学、清华大学、南开大学等高校在理论课教学中贯彻四中全会精神的初步意见供各地高校参考；并在《关于转发在高等学校马克思主义理论课教学中贯彻四中全会精神的几份材料的通知》中指出，高等学校的马克思主义理论教育，要根据四中全会精神和当前的实际需要，针对资产阶级自由化泛滥在本学科和学生思想上有重要影响的观点，对教学内容和教学重点作必要的调整。

马克思主义理论课教学在既定课程内，注意抓了各门课程教学大纲编写及教材修订工作。《〈世界政治经济与国际关系〉教学要点》（试用本）于1989年4月修改、定稿。由国家教委社科司组织编写，供理、工、农、医类院校开设自然辩证法课程使用的《自然辩证法概论》教材完成定稿工作，于1989年秋季使用。

社科司和高等教育出版社共同编辑的《马克思主义理论教育参考资料》在1989年继续出版发行。《资料》编选了适合高等学校思想政治教育需要的有关材料，还刊登了坚持社会主义道路系列讲座材料。

撰稿人　徐维凡

审稿人　王茂根　莫爱麟

学校普通艺术教育

一、进行全国学校艺术教育情况调查

为制订《全国学校艺术教育总体规划》，国家教委于1987年2月至10月委托东北师范大学、北京师范学院、南京师范大学、西北师范大学、西南师范大学、湖南师范大学、清华大学、北京航空航天大学和九江船舶工业学校，通过点面结合的方式，对全国各级各类学校普通艺术教育情况（包括管理、教学、科研、师资、设备等方面）进行了一次较广泛而深入的调查。调查表明，党的十一届三中全会以来，我国学校普通艺术教育进入了恢复和发展的新阶段。主要表现在：

（一）越来越多的教育行政部门开始重视学校艺术教育，并采取了一些有力措施来加强学校艺术教育工作。如北京、广州、南京等市相继召开了美育或艺术教育工作会，并拨专款用于培训师资、补充设备、建立学校艺术教育活动中心；江苏、山东、吉林、福建、河南、湖北、陕西等省下发了有关文件，召开座谈会，部署学校艺术教育工作。上述措施，有力地推动了当地学校艺术教育工作的发展。

（二）艺术师范教育有了较大的发展。据统计，到1988年底，高等艺术师范教育的专业点已从1979年的78个发展到210个（其中音乐91个，美术119个），在校学生达1 4000余人。上海、广东、福建、四川新建或恢复了中等艺术师范学校，一些省、市的中等师范学校增设了音乐、美术班。艺术师范教育的办学形式也逐渐多样化。高等师范院校除了招收全日制本科生、专科生及少量研究生外，还举办了委托代培、干部专修班、夜大学和一些短训班，开展了函授教育，并开始承担成人自学考试的任务。

（三）中小学艺术课教学改革开始起步。一些教师在总结长期教学实践经验的基础上，积极探索改革教学内容和方法，并取得可喜成绩。如上海陈寿鹏老师的手工课教学，河南开封张兆瑞老师开发儿童智力的音乐教学实验，以及北京耿玉蕙老师的“活动音乐教学法”等。还有一些教师借鉴国外先进教学法，结合本地本校实际，编写新的实验教材，摸索新的教学路子。这些活动，都促进了教学改革的深入发展。

（四）普通高等学校陆继开设了艺术选修课。据初步统计，至1988年底，全国1062所普通高校中已有近1/3的学校开设了艺术选修课，艺术选修课已成为学校最受欢迎的课程之一。艺术选修课的开设，对于陶冶学生情操，提高审美趣味，优化校园环境起到了积极的作用。

调查结果还表明，尽管近些年来学校艺术教育有了较大发展，但由于历史和现实的种种原因，学校艺术教育在整个教育中仍十分薄弱。学校中重智育、轻德育和美育的现象仍很普遍；全国多数省市的教育行政部门中缺少专门机构或专人来管理学校艺术教育，近1/3的省、市没有配备省级音乐、美术教研员；艺术教育师资流失严重，数量奇缺，质量亟待提高。全国近9万所中学仅有35000多名音乐教师和28000多名美术教师，这些教师大多数分布在大中城市；艺术教育设备经费普遍不足；各级各类学校间的教学缺少衔接，这些现象严重制约着学校艺术教育的发展。

二、制订《全国学校艺术教育总体规划》

在调查研究的基础上，国家教委于1987年10月至1988年9月组织力量制订了《全国学校艺术教育总体规划(1988年至2000年)》。该规划是指导、管理和检查全国学校艺术教育工作的法规性文件。主要内容包括：(1)到本世纪末，我国学校艺术教育发展的目标及主要任务；(2)学校艺术教育行政管理和教学业务管理的主要任务，以及管理干部的规格与培训；(3)各级各类学校艺术课教学的基本要求及课程设置、课外与校外艺术教育活动、教学大纲和教材建设、考核等方面的规定；(4)师资队伍建设的主要任务，师资的规格与配备，以及培养、培训、稳定师资的措施；(5)教学设备器材配备的基本要求与配备措施；(6)科学研究的基本要求及其管理等。

为贯彻落实总体规划，国家教委于1989年11月30日至12月2日在南京召开学校艺术教育工作会议。这是建国后教育系统召开的首次学校艺术教育工作会议。会议的主要议程是：正式发布《总体规划》，研究、讨论《总体规划》的贯彻和实施工作，部分省、市介绍、交流试行《总体规划》的经验及实施计划。江苏、陕西、吉林3省及北京、南京市的代表在大会上介绍了本省、市近几年艺术教育工作的经验，以及近一年来试行《总体规划》的工作情况及经验。会议要求各级教育部门从全面贯彻教育方针的高度出发，抓好《总体规划》的实施工作，根据本地实际，认真制订出各级实施计划，使《总体规划》真正落到实处。

三、发出《在普通高等学校中普及艺术教育的意见》

为推动普通高等学校艺术教育的发展，国家教委于1988年5月发出了《在普通高等学校中普及艺术教育的意见》。《意见》要求各校要围绕“普及艺术教育”的要求，着重从三个方面开展工作：(1)端正和提高对艺术教育性质和功能的认识；(2)逐步开设艺术选修课，选择具有较高思想价值和审美价值的作品，使学生受到良好的教育；(3)加强对艺术教育的领导和管理，有条件的学校要成立艺术教研室，同时要合理解决教研室的编制、经费及教师的职称评定和住房等问题。

撰稿人　杨　力

审稿人　王茂根　杨瑞敏

国家重点实验室建设与开放

1988年和1989年，国家教委商同国家计委，继续贯彻、落实《国家重点实验室建设项目计划》，在高等学校又装备和建设了11个国家重点实验室(见表一)。至1989年底，建在高等学校的国家重点实验室总数达到38个。

表一 1988、1989年建在高等学校的国家重点实验室

实验室名称	建设单位	起建时间
北京分子动态及稳态结构	北京大学、中国科学院化学研究所	1988年
生物膜与膜生物工程	清华大学、北京大学、中国科学院动物研究所	1988年
现代配位化学	南京大学	1988年
高速水力学	成都科技大学	1988年
土木工程防灾	同济大学	1988年
三束改性表层优化	复旦大学、大连理工大学	1988年
煤燃烧	华中理工大学	1988年
热带作物生物技术	华南热带作物学院、华南热带作物研究院	1988年
医学遗传学	湖南医学院	1989年
金属基复合材料	上海交通大学	1989年
机械传动	重庆大学	1989年

根据国家计委发布的《国家重点实验室建设管理办法》的规定要求，1988年和1989年，国家教委组织验收了6个国家重点实验室（见表二），并批准其向国内外开放。至1989年底，经批准开放的国家重点实验室总数达16个。

表二 1988、1989年高等学校开放的国家重点实验室

开放实验室名称	单位	起建时间
结构强度与振动	西安交通大学	1985年
软件工程	武汉大学	1985年
摩擦学	清华大学	1986年
视觉与听觉信息处理	北京大学	1986年
内燃机燃烧学	天津大学	1986年
激光技术	华中理工大学	1986年

为了支持国家重点实验室向国内外开放，进行高水平科研工作，吸引、汇聚优秀中青年学者，国家科委于1989年开始对重点开放实验室（含国家重点实验室和部门开放实验室）实行运行费补助。根据《重点开放实验室运行费补助管理办法》，采取实验室申请，主管部门资格审查，同行评议，择优资助的办法，按实验室工作绩效，分为三级给予资助。

为了加强国家重点实验室的开放工作，各实验室根据国家教委1987年发布的《高等学校开放研究实验室暂行管理办法》，选聘了实验室主任和学术委员会主任，结合本实验室的实际情况，制定了管理细则，筹措了开放基金，发布了课题计划指南，创造条件吸引优秀中青年学者、博士后研究人员前来实验室参加科研。至1989年底，正式开放的16个实验室都不同程度地采取了上述做法。

世界银行贷款重点学科发展项目评估

为了增强科学研究的能力，培养高质量的专门人才，国家教委在1988——1989年间，通过同行评议，在高等学校1501个有博士学位授予权的学科点中，择优确定了417个重点学科点（其中文科78个，理科86个，工科164个，农科36个，医科53个），并制订了重点学科发展规划，争取与有关方面共同扶植。

为了分期分批建设好这批重点学科点，在国家计委、财政部支持下，国家教委利用世界银行贷款，组织实施“重点学科发展项目”。经过同行专家论证选点，国家计委专家组综合评议，在1989年初完成了项目的前期工作，利用世界银行近1亿美元贷款，在高等学校理工科部分重点学科点上建设和装备57个重点实验室（约120万美元/个）和58个专业实验室（约45万美元/个）。世界银行代表团多次来华考察和评估“重点学科发展项目”，对我国提出建设和装备重点实验室和专业实验室表示赞同。为了摸索加强重点学科发展项目的管理经验，中方和世界银行代表团商定，有3个重点实验室和2个专业实验室作为跟踪项目（见附表）。到1989年底，此项目还在进行中。

附表

□世界银行的跟踪项目

实验室名称	建设单位	主管部门
煤的高效低污染燃烧技术重点实验室	清华大学	国家教委
高分子材料工程重点实验室	成都科技大学	国家教委
测绘遥感信息工程实验室	武汉测绘科技大学	国家测绘局
电子功能材料专业实验室	西安交通大学	国家教委
海岸带与海岛开发专业实验室	南京大学	国家教委

高等学校试办工程研究中心

1987年，国家教委在《关于改革高等学校科学技术工作的意见》中，提出了高等学校与产业界合作，建立以培养新型工程技术人才、承担继续工程教育、开展基础工程科学研究和综合性技术开发试验为目标的工程研究中心的原则意见。目的是为了克服教学、科研和生产的结构性脱节，发挥高等学校智力密集、学科综合、研究与开发配套的优势和既出成果又出人才的特点，促进科研成果尽快、有效地转化为生产力并形成规模商品生产。1988年，国家教委又在《中国教育发展和改革纲要》(草案)中，将“建设好一批工程研究中心”做为发展方针加以明确。

从1988年底到1989年11月，经国家教委科技司同意，共有4所具备一定基础和条件的大学开始试办工程研究中心，它们是：大连理工大学的铸造工程研究中心、西安交通大学的压缩机工程研究中心、成都科技大学的磷复肥工程研究中心和浙江大学的电力电子技术及应用工程研究中心。国家教委的意图是，在目前尚无国家计划支持的情况下，依靠大学自身的技术实力和有效的组织管理，逐步得到产业界支持，从中总结经验，为即将开始的工程研究中心建设规划打下基础。

上述四个试办的工程研究中心有许多共同特点：其依托的主干学科均为国民经济发展的重要技术领域；研究方向覆盖的企业面宽，以基础性技术、共性技术和导向性技术为研究内容；与若干大中型企业有多年的稳定的合作关系；所培养的大学生和研究生思想业务素质较高，一般是连人带技术同步向生产单位辐射；初步具备了工程化研究的物质条件，如设备、基地、分析测试手段和加工试生产能力；能提供国内外研究动态、市场信息和工程技术人员的培训等多种服务。

从将近一年的试办情况看，这几个工程研究中心较好地发挥了多学科交叉的优势，结合人才培养和当前生产中重大技术难题的攻关，已开始为企业带来经济效益，逐渐吸引相关企业向学校靠拢，形成大学智力技术与企业生产制造能力和资金的有机结合。大连理工大学的铸造工程研究中心以熔铸、工艺、合金新材料等为主要研究方向，引入了各个学科的新成就新技术来改造传统铸造业，在提高铸件特别是大型铸件质量、降低能源和原材料消耗上产生了明显效益，形成了包括鞍钢在内的27家企业的合作网。西安交通大学的压缩机工程研究中心拥有独立开发具有80年代国际先进水平的技术，具有从家用冰箱所用的小型压缩机到化学、化工、石油、冶金、航空等大型压缩机的能力。1989年在吉林化肥厂投入运行的第五代制氧机中的两个技术台阶，就是由该中心为主完成并取代进口的；在参加有关部门组织的消化引进技术的攻关中，独立开发出全可控涡三元叶轮技术，其中全可控涡节能转子技术的性能价格比已超过国外80年代中期的先进水平。近两年来中心推广到生产中的技术，年经济效益均接近2亿元。成都科技大学的磷复肥工程研究中心推出的“中和料浆法制取固体磷胺”新技术被评为1988年国家科技进步一等奖，国家计委已将这一技术补列进“七五”计划，投资

65亿在国内建造90套3万吨级的设备，为我国化肥工业做出了重大贡献。浙江大学的电力电子技术及应用工程研究中心正在开发的自关断晶闸管和各类指标的中频电源，均为需求量大而国内又属空白的器件和整机，已完成的MOS功率器件等已接近或达到国际同类产品水平。

“七五”国家科技攻关项目取得进展

国家教委直属高等院校在国家“七五”攻关项目中，共承担了1500多个合同任务，总经费约2.4亿元。为了管好这些项目，1989年4月对这些项目实行了分类管理。首先选择了一批重大项目作为重点，由国家教委直接管理。这些项目大部分被国家计委纳入重点抓的“20项重大成套技术装备；100项新技术、新工艺；400个新品种、新材料；30个数据库及试验基地”（简称2、1、4项目）项目中，从经费、人员、设备、原材料等方面都给以保证，使这些项目1989年有了重大进展。

例如，由国家教委主持的“低温供热堆技术开发”项目中的5MW低温试验堆的设计建造，经过3年多的努力，于1989年5月完成全部工程建设、设备安装和调试，9月28日通过国家核安全局审查，颁发了装料批准书，11月11日正式临界启动，12月15日顺利通过满功率运行考验，开始供热。运行表明各项性能指标都达到设计要求，证明5MW堆的建造圆满成功，其具有的固有完全性比预想的还好。在研制过程中先后解决了13项重大关键技术问题，为我国大型低温供热堆的发展提供了重要依据。同时这也是国家核安全局成立后第一个通过安全审批的反应堆，其先后制定的完整的安全保证文件和安全法规已通过国家核安全局审评及国家环保局的审批，将成为我国核供热技术领域的宝贵资料和示范性文件。

又如，“激光全息散斑无损检测”项目，1989年与济南铸锻所及马宁江机床厂等共同开展了全息散斑在机械结构刚度与强度、精密自动车床刚度薄弱环节等方面的分析与诊断，取得了明显的效益。马宁江机床厂过去多年仿造某国机床，总达不到精度要求，经过上述分析，找到了问题的关键所在，解决了关键技术，使其生产的机床达到了精度要求，并已出口创汇。

总之，高等学校承担的“七五”国家科技攻关项目，在1989年普遍有了较大进展。1989年，在国家教委主管的项目中共验收鉴定了33项成果，一项获国家发明奖二等奖，一项获国家教委科技进步奖一等奖，一项被批准为1990年全国重大推广项目。

1989年，国家计委、国家科委、财政部对攻关项目中进展好的项目进行了表彰。全国共表彰了210个专题，其中，由国家教委直属高等学校为第一承担单位的有16项，占7.6%；有高等学校参加的有44项，占21%。

面向"八五"制定高等学校基础性研究规划

1989年10月，国家教委科技司开始编制面向"八五"和本世纪末的高等学校基础性研究规划，以推动高等学校贯彻国家教委《中国教育发展和改革纲要》(草案)和国家科委《基础性研究中长期发展纲领与纲要》，努力完成好培养高层次专门人才和发展国家科学技术文化的双重任务。为制订规划，先后组成了包括高校专家和机关管理干部在内的规划工作组、国家教委科技委规划专家组，计划用两年时间，完成高等学校基础性研究规划和"八五"计划要点的编制工作。到1989年底，规划工作已经铺开，先后有40余所重点大学提交了优先发展领域和重大项目建议报告，征集到的意见共涉及32个学科的340名专家教授。

规划的范围，包括基础科学、工程科学、新兴交叉学科及应用研究领域的基础研究和应用基础研究。

规划的指导思想是，高等学校开展基础性研究，首先要符合我国国情及高校办学方向，积极贯彻"经济建设必须依靠科学技术、科学技术工作必须面向经济建设"的方针，为经济和社会发展提供急需的知识支撑，提高全民族的科学文化素质与水平；同时要尊重基础性研究本身的客观规律，通过不懈的探索与积累，努力创造和发展科学知识，跟踪并逐步赶上国际科学技术发展的前沿，力争在某些具备条件的领域或方向上进入世界先进行列。

规划的任务是，按照中国《教育发展和改革纲要》(草案)和《基础性研究中长期发展纲领与纲要》提出的目标与原则，针对我国"八五"计划及本世纪末经济、社会发展，以及高等学校自身发展的需要，制定高等学校基础性研究的方针政策、目标、优先领域、重大课题、实施办法和措施。

规划要力争实现的具体目标主要有五方面：

1. 有计划、有步骤、多渠道地创造条件，建设好一批重点学科；加强应用及工程学科的基础研究，努力开拓新兴交叉学科及方向。按照四化建设的需要，把一批确有优势和条件的重点大学真正办成既是教育中心，又是科学研究中心。

2. 加强国家重点实验室的建设与管理工作，使之真正成为开放型的先进的教学与科研基地，能够吸引国内外高水平的专家学者前来工作，不断在一些前沿领域推出国内领先、能在国际学术界产生重大影响的一流成果。

3. 加强博士点的科研工作，提高博士生培养质量，促进新思想、新发现、新认识、新原理的萌芽与成长，确保到本世纪末实现高级科技人才基本上立足于国内培养。

4. 在一些重要科学技术领域，抓好基础研究、应用研究和技术开发的配套与衔接，为经济发展与技术进步以及长远科技储备提供充足的科学技术源泉。

5. 加强高校科研队伍的思想与作风建

设，注重年青学术骨干的选拔与培养，造就一批植根于祖国大地、思想敏锐、眼界开阔、踏实严谨、能推动我国科学技术文化不断发展的年青学术带头人。

规划的重要内容是选择优先发展领域和提出重大项目建议。其原则依据可主要归纳为6条，即：1、对于国民经济建设可以带来重大应用前景；2、科学价值显著、酝酿重大突破；3、结合我国自然环境和资源特点；4、我国已具有研究优势和很高水平，可望较快达到国际领先；5、高校优势明显，对创造知识和培养人才有重要意义；6、能综合多学科的最新成就，开辟极有价值的新领域。

改进科技经费管理与重点科技项目的安排

1989年，国家教委根据科技拨款制度改革精神和国家计委、国家科委、财政部对科技经费的使用要求，对直接掌握分配的自选课题科研经费和科技三项费用（新产品试制、中间试验和重大项目补助）实行了分类分级管理。自选课题费主要用于支持有苗头的基础性研究课题，由学校直接管理。科技三项费用主要用于支持应用开发项目，其中下达给高等学校的部分，由学校安排应用开发项目；由国家教委掌握的部分，安排重点应用开发项目，由国家教委直接管理。

1989年，国家教委为促进科技成果尽快转化为直接生产力，推动高等学校科技产业的形成与发展，根据学校申请、同行评议，从申请的73个项目中，优选出天津大学的“互穿网络聚合物堵水发泡剂”等15项水平高、周期短、效益大的应用开发项目，实行有偿使用，年息5％，三年还清本息。项目总经费729.5万元，1989年下达634.5万元。由国家教委与各项目有关学校签订了合同。与此同时，对3项具有较高水平、处于学科发展前沿的基础研究项目给予较大强度资助，总经费90万元，分3年拨付。

撰稿人 陈清龙 高文兵 胡龙孙
审稿人 张酉水 梁 森

高等学校的科技开发

一、积极组织高校参加国家各类科技开发、推广计划，共获拨款1132.1万元，贷款2521.2万元

(一)组织高校参加国家“火炬计划”

1988年和1989年，国家科委共批准“火炬计划”272项，其中，高等院校承担了42项(1988年10项，1989年32项)，占计划总数的15.4％。1988年“火炬计划”的经费，高校共得到450万元;1989年的经费，据23个项目统计，高校获1600万元。由高校承担的这些项目，都是国家重点发展领域，具有水平高，效益好，生产周期短以及有广泛的国内外市场等特点。

(二)组织高校参加科技成果“全国重点推广计划”

为了促进高新技术产品产业化，并在全国形成规模经济效益，1989年，国家计委和国家科委实行了科技成果全国重点推广计划。据此，国家教委分别向国家计委和国家科委推荐了高校的高技术成果。国家科委第一批公布的列入1989～1991年国家科技成果重点推广计划的项目共40项，其中高校有7项(国家教委直属高校5项)，占总数的17.5％，共得到拨款40万元，贷款360万元；以这些项目作技术依托的工厂有29个，从国家得到贷款1700万元，地方匹配贷款3600万元。清华大学的“新型空冷贝氏体钢”和北京科技大学的“高效零件轧制技术”除列为国家重点推广计划外，还在国家科委的倡导下，由两校分别成立了研究开发推广中心和研究开发集团，对这些科技成果加以进一步的开发利用。

国家计委还同意将华中理工大学的“平头涡尾船的研究”列为全国重点推广的重点项目。

(三)组织高校参加“1989年度国家级重大新产品试产计划”

1989年，国家教委科技管理中心组织高校向国家计委申报的“国家级重大新产品试产计划”共59项，经有关部门审定，批准了39项，选中率为66％，占全国批准总数(2394项)的1.62％。由高校研究、开发、试产的新产品，在技术水平上有很大优势。据统计，达到国际先进水平的项目数，占全国同类水平项目总数的12％；从预期达到的经济效益看，三年项均利润为569万元，高于全国的项均利润(338万元)。

(四)高等院校承担的“十二条龙”的任务已完成

“国家重点引进技术消化吸收和国产化计划”(简称十二条龙)的实施计划是原国家经委于1986年下达的，全国有29所高校承担了73个课题，其中国家教委所属的11所高校承担了40个课题，有4个为组长单位。按计划要求，1990年应全部完成验收。1989年，高校所承担的课题已按计划基本完成。

二、高校科技企业在艰难中求发展

据1989年年初对25所国家教委直属高校(不包括清华大学、上海交通大学等)的初步调查，已创办独资科技企业141个，合资科技企业78个，1988年产值约为2.05亿元，税后利润为4200万元，创汇1290万美元。但高校科技企业都存在经费不足，队伍不稳定和

市场信息不灵等问题，还常受到法制不够健全的困扰。1989年各高校都加强了对科技企业的领导。

三、杭嘉湖绍科技开发试验区一年来取得了初步成绩

为推动杭嘉湖科技开发试验区的工作，在浙江省政府和国家教委的支持与领导下，杭嘉湖科技开发联络协调办公室和杭嘉湖科技开发公司，于1988年7月正式成立。

一年多来，“试验区”主要做了以下几方面的工作：

（一）组织专家学者分别对杭州、嘉兴、湖州、绍兴4个地区进行综合考察，为开发该地区提供了一些很有价值的意见。

（二）以杭嘉湖科技开发公司为中介，促进高校与企业结合，累计发放了60个项目2967.3万元的开发资金，1989年已有11个项目投产，均已初见成效。其中已有6个项目出口创汇。

（三）先后为新昌兔羊毛衫厂、绍兴县空气压缩机厂、桐乡建筑装饰材料厂、湖州金属型材厂等提供了无偿技术咨询服务，并帮助解决技术难点。

（四）发展自身实力，以投资形式与复旦大学光源公司等5个企业进行了联营（不参与经营）。

（五）出版了《杭嘉湖开发通讯》。

在由国家计委、国家科委、国防科工委、国家教委和中国科学院联合召开的第三届高技术产业发展研讨会上，国家科委的同志肯定了试验区的工作，认为杭嘉湖绍科技开发试验区是国内搞得较好的8个试验区之一。

四、《中国高校技术市场》受到订户欢迎

《中国高校技术市场》月刊，原由高校科技联合开发中心主办，国家教委科技管理中心合办。机构调整后，从1989年7月开始，由国家教委科技管理中心主办。该刊于1988年7月创刊，到1989年底已发行78期，发行面达29个省、自治区、直辖市，为103所高校刊载了近900条信息，简要介绍了16所大学和开发集团的专业状况及其开发方向，以促进地方和企业与高校的联合。

1989年7月至12月，已接到读者来信300余封，对该刊的反映较好，认为该刊“最有特色”，“信息量大”，是高校“科研成果走向生产的媒介人”。

加强科技基金管理

一、为改进1989年度"高等学校博士点专项科研基金"的管理工作，国家教委科技管理中心于1989年4月28日召开了基金办公室会议。出席会议的有理工、农、医、文、军5个归口部门的代表及国家教委有关司局的同志。会议总结了几年来"博士点基金"工作的基本情况、成绩和问题，集中讨论了《高等学校博士学科点专项科研基金管理暂行办法》(草案)，会议决定从1990年起按该《办法》对科研基金加强管理。

二、为贯彻国家教委领导关于每年主动抓一批项目的指示精神，1989年在高等学校博士学科点专项科研基金中，抓了少量基础研究重点资助项目。在通信评议的基础上，经国家教委科技司、科技管理中心审定，拟资助5项，经费共90万元。

三、1989年度"高等学校博士学科点专项科研基金"通过同行专家的通信评议，评出自然科学类资助项目490项，经费共1684.7万元。社会科学类1989年缓评。

四、为加强对高等学校科学研究工作的项目管理和学术管理，在原按三级学科分类建立的专家库的基础上，1989年又增补2万名德才兼备、学术上有一定造诣、近期内取得了新的成就、具有相当于副教授以上技术职务或具有中级技术职务的优秀年轻教师或科研工作者，扩充专家库，以承担高等学校科学基金、重点研究项目论证、成果奖励和成果鉴定的同行评议工作。

五、1989年，国家教委科技管理中心受理优秀青年教师基金250项。通过通信评审，并提交该基金领导小组讨论通过，最后确定自然科学类资助45人，共281.4万元，其中外汇额度18.4万美元；社会科学类资助8人，共28万元，其中外汇额度0.9万美元。

六、为落实国家教委领导关于"每年选拔几十名年轻科技、教育专家，并给予重点资助"的指示，推动优秀年轻教师脱颖而出，1989年国家教委科技管理中心组织专家从获得国家教委优秀年轻教师基金和霍英东教育基金会青年教师基金，青年教师奖的人员中择优评出了32名年轻教师，作为基金项目的重点管理对象。1989年已对在国内的23名青年教师追加资助153万元，其中外汇额度3.5万美元。

七、通过通信评审，并经霍英东教育基金会第四次理事会和顾问委员会审定通过，1989年评出霍英东青年教师基金77项，共119.44万美元，青年教师奖141项(其中研究类奖41项，教学类奖100项)，奖金总额共计21.3万美元。

高校科技成果奖励与专利管理

一、1989年国家科技进步奖共奖励了502项，其中特等奖3项，一等奖34项，二等奖152项，三等奖313项。高校获特等奖1项，一等奖5项，二等奖23项，三等奖52项，共获奖81项。其中国家教委直属高校获特等奖1项，一等奖1项，二等奖7项，三等奖18项，共获奖27项。高校申报的项目，技术水平大部分达到国际先进水平，有的还属国际领先或首创，但由于项目规模不大、经济效益和推广面小，因而获高等级奖受到很大影响。

国家教委直属高校获1989年国家科技进步奖的项目(不包括国防项目)共23项，各项目名称和主要完成单位如下：

特等奖：

金川资源综合利用(金川资源综合利用技术开发中心、金川有色金属公司、北京矿冶研究总院、长沙矿山研究院、昆明贵金属研究所、北京有色金属研究总院、北京有色冶金设计研究总院、长沙矿冶研究院、西北矿冶研究院、北京钢铁学院、中国科学院地质研究所、地质科学院地质力学研究所、清华大学、北京大学、国家地震局地壳应力研究所、中国科学院上海有机化学研究所、冶金部建筑研究总院、中南工业大学、地矿部矿产综合利用研究所、兰州有色金属建筑研究所)

二等奖：

1. 集成电路CAD二级系统(内含LSIS——II自动布图子系统)(清华大学、中国科学院半导体所、复旦大学、上海交通大学、机电部北京机械工业自动化研究所、杭州电子工业学院、北京工业大学)

2. 中国学生体质与健康研究(国家教委体育卫生司、国家体委科教司、卫生部防疫司、国家民委教育司、北京体育学院、北京医科大学、北京师范大学)

3. 城市污水处理和再利用(清华大学)

4. 气浮净水新工艺(同济大学)

三等奖：

1. 通用单片微机在线仿真器SICE(复旦大学)

2. 新长征四号火箭遥测用低值过载加速度测量仪(上海交通大学)

3. JTR—1型教学机器人(西安交通大学)

4. 微机远程通信系统(航空航天工业部631研究所、清华大学、北京航空航天大学、原航空部计算机办公室)

5. WT—3高性能微机图象处理系统(上海交通大学)

6. 新型二甲苯不饱和聚酯树脂902—A3(华东化工学院)

7. HK40炉管超声检测技术(大连理工大学)

8. $W_3Mo_2Cr_4VSi$低合金高速钢(重庆特殊钢厂、重庆大学)

9. 激光多普勒测量法电子钟表微型步进电机动态特性测试系统(天津大学)

10. 我国首见四种真菌致病性的研究(第二军医大学、中国医学科学院医学真菌保藏管理中心、复旦大学)

11. 高活性的新型鱼类催产剂(中山大学)

12. 船舶操纵性试验研究（上海交通大学）

13. ^{14}C 测定年代用中国糖碳标准（中国社会科学院考古研究所、北京大学、中国科学院地球化学研究所）

14. 正交设计在国民经济中的应用（北京大学）

15. 城市能源管理模型系统（天津大学）

16. 中国季度宏观经济计量模型（复旦大学；原国家经委经济信息中心）

17. 火电厂热系统节能理论及其应用（西安交通大学、西北电业管理局、北京第二热电厂、天津市电力工业局）

18. 35千伏小型化变电站微处理机和集成电路WJBX型四合一集控台及推广（河南省计经委节能监测中心、河南省驻马店地区电业局、清华大学、湖南省长沙市湘南电器设备厂、河南省泌阳县电业局）

二、1989年国家自然科学奖的评审结果已经公布，待疑异期结束即生效。共评出60项，其中一等奖2项，二等奖19项，三等奖24项，四等奖15项。全国高校共获奖29项（含香港的大学2项），占获奖总数的48.3%，其中获二等奖7项，三等奖13项，四等奖9项。国家教委直属高校共获奖16项，占获奖总数的27%，其中二等奖5项，三等奖8项，四等奖3项。高校获奖项目中，北京大学涂传诒的“太阳风中阿尔芬脉动的波能串级理论”是空间物理基本课题之一，它的突破有很大的理论意义。该理论以统一的观点阐述了脉动的波动性和湍流性，解决了过去长期存在的矛盾，是目前唯一能解释脉动功率谱径向发展和质子加热率的理论模型。这一成就得到国际行星际权威们的一致赞扬，特别是世界公认的两个行星际物理研究中心（哥达德空间飞行中心及喷气推进实验室）都在涂传诒的理论基础上进一步开展工作。该项目被评为二等奖。

“空间机构位移分析”是由北京邮电学院和北京航空航天大学联合研究的，主要研究者廖启征是这次获奖者中最年轻的副教授。廖启征、李宏友、梁崇高、张启先在导师的指导下，采用了新的复数法与新的矢量法解决了7连杆空间机构运动分析的问题，这个问题曾被国际机械学元老Fieadenstein称为机械学的珠穆朗玛峰。据此届国家自然科学奖新闻发布会介绍该项目就水平而言应评一等奖，只因应用面有一定限制，故被评为四等奖。

高等学校获1989年国家自然科学奖的项目如下：

二等奖：

1. 太阳风中阿尔芬脉动的波能串级理论（北京大学）

2. 声波在水雾中传播特性的研究（南京大学）

3. 中国变质地质图（1:400万）及中国的变质作用与地壳演化（长春地质学院、中国地质科学研究院）

4. 量子场论大范围性质的研究（中国科学院理论物理研究所、西北大学、北京大学、中国科技大学、中国科学院应用数学研究所）

5. 群论方法在量子化学中的新应用（厦门大学）

6. 高分子缩聚、加聚和交联反应的统计理论（吉林大学）

三等奖：

1. 拟共形映射与Teichmulier空间（北京大学）

2. 氧化物超导体在液氮温区的约瑟夫逊效应研究（南京大学）

3. 天气和次天气尺度系统发展的动力过程和分解方法（北京大学）

4. 类星体的搜索（北京师范大学）

5. 固体表面上流动膜沸腾与液滴蒸发的机理研究（清华大学、河海大学）

6.8次对称、10次对称及12次对称准晶的发现与研究(中国科学院科学仪器厂、物理研究所、金属研究所、北京科技大学)

7. 中间体、过渡态和反应途径势能面理论研究(北京师范大学)

8. 拉格朗日余流和长期输运过程的研究——一种三维空间弱非线性理论(青岛海洋大学)

9. 关于某些代数数域的结构(中国科技大学)

10. 权为3/2的 Eisenstein 级数(中国科技大学)

11. 采场上覆岩层活动规律(中国矿业大学)

12. 典型群与紧李群上的调和分析(中国科技大学、安徽大学)

13. 南海珊瑚化学成份及其生理活性的研究(中山大学)

四等奖:

1. 蒸汽二聚物激光与介质中非线性过程的研究(哈尔滨工业大学)

2. 列阵光学(杭州大学)

3. 分布参数系统的最优控制理论(复旦大学)

4. 空间机构位移分析(北京邮电学院、北京航空航天大学)

5. 非线性前馈网络的频谱分析与信息保密(西安电子科技大学)

6. 粉末压制理论(中南工业大学)

7. 逼近论中的极值问题及调和分析中若干逼近问题(北京师范大学)

8. 福建省寄生虫病病原生物学及流行学研究吸虫、绦虫及植物线虫(厦门大学)

附:香港的大学获奖项目

1.有限条法

2.鼻血循环与气道阻力的研究

三、1989年国家级发明奖共奖励148项,这次没有评出一等奖。其中,二等奖13项,三等奖65项,四等奖70项。高校共获奖46项,占获奖总数的31.08%,其中二等奖6项,三等奖20项,四等奖20项;国家教委直属高校共获奖15项,其中二等奖3项,三等奖7项,四等奖5项。这次高校获奖项目中,有不少是既有高水平,又有经济效益的项目。如浙江大学阙端麟、李立平发明的"减压充氮直拉硅单晶技术",打破了国际上公认的氮不能作为直拉硅单晶保护气的传统偏见,首先发展了氮保护下控制直拉硅单晶的整套技术,将它应用于生产,仅一个厂的年增利润就达800万元。清华大学徐旭常、王云山、金茂庐发明的"火焰稳定船式直流煤粉燃烧器",结构新颖独特,达到国际先进水平,年经济效益1000万元以上,为电厂锅炉节能节煤节油开创了新路。

国家教委直属高校获1989年国家级发明奖的项目(不包括国防项目)如下:

二等奖:

1. 火焰稳定船式直流煤粉燃烧器(清华大学)

2. 双线圈回归法偏转磁场测量及精度自检验系统(南开大学)

3.减压充氮直拉硅单晶技术(浙江大学)

三等奖:

1. 8—09、9—12化铁炉高压离心风机(浙江大学、浙江省宁波风机厂)

2. 一类痕量稀土显色剂及其应用(武汉大学、包头稀土研究院、湖南省分析测试研究所、大冶钢厂、北京钢铁研究总院)

3. 连续退火——复绕工艺用CW——A型防氧(天津大学)

4. 低塑性AC—si—Cu合金连杆铸锻联合工艺(上海交通大学)

5. 新原理电液比例压力控制阀(浙江大学)

6. 插入式微波高温凝固治癌机(四川大学、中国人民解放军成都军区总医院)

四等奖：

1. 提高2—二氯甲基苯骈咪唑收率联产阳离子嫩黄7GL新工艺(山东省淄博市博山染料化工厂、北京大学)

2. 远距光幅射测量望远物镜（浙江大学）

3. 凹形电介质测试腔新的刻度和测试方法(浙江大学)

4. 用于云纹干涉法中的闪耀衍射光栅及其试件栅的制备工艺(清华大学、北京光学仪器厂)

5. 固体饮料酒及其载体(中山大学)

四、1989年国家教委科技进步奖的评奖工作在总结以往工作的基础上进行了改革：将每年评审一次的自然科学基础研究和应用基础研究项目改为每两年评审一次，与国家自然科学奖的奖励周期相对应。应用于社会主义现代化建设的各项科技成果，按照国家级科技进步奖的奖励周期，仍每年奖励一次；在通信评审中，从以往由学校推荐同行专家进行评议改为从专家库中选出同行专家进行评议，提高了通信评审的公正性；规定通信评审的得分权重为0.3，专家会评审的得分权重为0.7。按两项之和得出评审结果，改变了过去通信评审只供专家会议评审时参考的做法；从高校的实际出发，各校按奖励条件申报，改变了过去对各校限额申报的办法。1989年国家教委科技进步奖共评出118项，其中一等奖15项，二等奖103项，获奖单位213个，获奖人数772人。

1989年国家教委科技进步奖获一等奖的项目如下：

1. 北大2号对虾饲料的研制和开发(北京大学)

2. 自适应和专家系统相结合的高炉铁水含硅量预报计算机系统(清华大学、鞍山钢铁公司炼铁厂、钢铁研究所)

3. 宁波经济开发区污水排海工程环境影响评价及可行性研究(清华大学、南昌有色冶金设计研究院、浙江河口海岸研究所、国家海洋局第二海洋所)

4. 多变量优化励磁控制系统（清华大学、西北电管局总调度所、天津电气传动设计研究所、碧口水电厂、西北电力试验研究所)

5. GGN型光纤工业内窥镜系列（天津大学、徐州光学仪器厂)

6. 30万吨/年乙稀装置汽油分馏塔技术改造(天津大学、燕山石化公司)

7. 半刚性基层沥青路面的研究(同济大学、广东省公路管理局、西安公路学院、长沙交通学院、哈尔滨建筑工程学院、广东省惠州市公路局、广西区交通科研所、泸嘉高速公路工程指挥部)

8. 硅钢用特种氧化镁生产技术(华东师范大学、武汉钢铁公司硅钢片厂、上海奉贤振泰化工厂)

9. 经济发达地区村镇建设综合开发研究(东南大学、中国科学院南京地理与湖泊研究所)

10. 高韧性易切削塑料模具钢(5NISCA)的研究(华中理工大学、大冶钢厂)

11. 2D、3D—SRAT—1型二维、三维表面粗糙度自动测量分析仪(华中理工大学、中国科学院科学仪器厂)

12. HSC——900激发全息散斑检测分析系统及应用研究(西安交通大学、西安飞机工业公司、宁江机床厂、济南铸锻研究所)

13. 制冷压缩机与百叶窗式冷凝器的数字模型及应用（西安交通大学、青岛工具三厂、商业部洛阳制冷机械厂、天津第二冷气机厂)

14. 中国分类（区域）模型生命表(西安交通大学、国务院第三次人口普查办公室、四川省计经委电子计算站)

15. 强流中子发生器(兰州大学)

五、高等学校获5项“中国专利金奖”，

获7项“中国专利优秀奖”

1989年9月上旬，中国专利局和世界知识产权组织联合颁布了10项“中国专利金奖”，这是中国专利发明的最高大奖，高等学校被评上5项；中国专利局颁发的“中国专利优秀奖46项，高校被评上7项。

高等学校获中国专利金奖的项目是：

1. 高分辨率汉字字形发生器（北京大学）

2. 带火焰稳定器的煤粉燃烧器（清华大学）

3. 高中低碳空冷锰硼贝氏体钢（清华大学）

4. 序列脉冲激光瞬间全息摄影仪（华东工学院）

5. 微机化增强型体外反搏装置（中山医科大学）

高等学校获中国专利优秀奖的项目是：

1. 直拉（切氏法）硅单晶的氮保护气氛（浙江大学）

2. 微氮中温气体渗碳工艺（陕西机械学院）

3. 高电压合成绝缘子（武汉水利电力学院）

4. 铁路车辆减速项（哈尔滨工业大学）

5. 管接头多向模锻装置（华中理工大学）

6. 船舶斜唇口回流尾轴密封（武汉水运工程学院）

7. 改型环性离心泵（西南石油学院）

六、第四届全国发明展览会上高校148项成果获奖

第四届全国发明展览于1989年11月12日在成都闭幕，共有63个展团942项发明成果参加展出，565项获奖，其中金牌奖48项，银牌奖106项，铜牌奖411项。101所高校的226项发明成果参加展出，有148项获奖，占展览会奖励总数的26.19%，其中16项获金牌，31项获银牌，101项获铜牌。高校获奖比例及获高等级奖的比例都较大，充分体现了高校的科研力量。

七、1989年度经贸部科技进步奖共奖励了50项，其中一等奖3项，二等奖9项，三等奖18项，四等奖20项。这些成果已直接和间接出口创汇3000多万美元，新增利税1300多万美元，节约资金1600多万美元，取得了较好的社会效益和经济效益。高校共获奖7项，其中一等奖1项，二等奖2项，三等奖3项，四等奖1项。

八、为展示建国40年来我国基础研究工作成功的经验和主要成就，宣传基础研究对我国社会、经济、文化、教育以及科学技术本身发展所起的重大作用，国家科委出版了《基础研究100例》一书，其中高校被选入了32例。

九、19所高校（不包括北京大学、南京大学、天津大学、南开大学等校）推荐1989年鉴定的重大科技成果499项，经审查择优选定了水平高、效益好的407项报送国家科委进行成果登记。其中理论成果80项，应用成果327项。理论成果中，属国际领先水平的5项，国际先进水平的10项；应用成果中，属国际领先水平的10项，国际先进水平的98项，国内领先的110项，国内先进的109项。

十、为加强对委属高校专利工作的管理，国家教委于1989年10月19日下发了《关于加强高等学校专利工作的几点意见》，明确了国家教委的专利管理机构，对学校设立专利事务所和专利代理人的编制、职称等问题作了进一步的规定。

1989年4月中旬，在上海交通大学成立了中国高校专利代理人协会作为中华全国专利代理人协会的高校分会，靠挂在上海交通大学。

撰稿人　张秀梅

审稿人　杨仁宝

职业技术教育

1989年职业技术教育概况

1989年，全国职业技术教育事业继续稳步发展。中等专业学校（不含中师）为2940所，招生为50.77万人，毕业生数为36.4万人；在校生为149.29万人，比1988年增加12.47万人；教职工数为37.62万人，比1988年增加0.58万人。

技工学校有4102所，比1988年增加106所；毕业生数为36.84万人，比1988年增加57200万人；招生为47.03万人，比1988年增加0.86万人；在校生为125.88万人，比1988年增加9.8万人；教职工数为29.58万人，比1988年也有增加。

职业初级中学的学校数为1500所，比1988年增加84所；招生数为19.18万人，比1988年增加0.61万人；在校生为45.99万人，比1988年增加0.72万人，毕业生数13.39万人。职业高级中学为7673所，比1988年增加135所；招生数为99.12万人，比1988年减少1.9万人；在校生为236.28万人，比1988年增加2.19万人；毕业生72.92万人。职业中学教职工32.21万人，其中，专任教师21.38万人，比1988年增加1.1万人。

1989年，全国中等职业技术学校在校生总数已占整个高中阶段在校生总数的44.8%，当年招生数占47.6%。

1989年，全国有职业大学117所，招生数为24855人，毕业生为24639人，在校生为74925人，教职工数为20888人。

城市职业技术教育的深化改革

（一）1989年，无锡、苏州、常州、芜湖、沙市、沈阳6个城市职业技术教育“双元制”试点工作取得新发展

1.加强领导，制定试验方案，落实试点单位。6市都成立了以主管副市长（有的是市长）为组长，教育、劳动、人事、计划等部门负责人参加的“双元制”职业教育领导小组。组织制定了职业教育改革试点方案，并确定了下列试点学校：无锡油泵油嘴厂技工学校，无锡市技工学校，江苏省无锡机械制造学校，江南大学机械制造系，苏州市丝绸职业中学，苏州市技工学校，苏州市电子职业中学，常州市职业技术教育中心，常州市技工学校，常州冶金机械厂技工学校，芜湖市机电“双元制”职教中心，芜湖市南郊职业技术学校，沙市市职业技术教育中心，湖北汽车电机厂技工学校，沈阳市高级技工学校。

2.改革招生办法。各试点学校在招生时，除要求考生参加统一的中学考试外，增加了面试及有关专业实践动手能力的考核。6市共计招收340名培训生。

3.制定了教学计划和大纲，编选了教材。教学计划和大纲中突出了“以实践为主”的原则，理论教学与实践技能教学的时间比为1∶2。

4.培训专业师资，扩建实习场地。各市选调了一批有实践经验和技术水平较高的工程技术人员（包括技术工人）充实师资队伍，共计有60名。同时加强了实习、实验基地的建设。实习基地建设以企业为主，实验室建设以学校为主。据统计，新建、扩建实习车间12000平方米。各校的实习基地，基本上达到了每生有一个工位。

5.制定了与“双元制”试点有关的配套政策。如：招生办法、毕业生的使用及待遇、经费的筹措办法等政策，明确“双元制”培训生为计划内技工，毕业时考核定级，考取那级发给那级证书，录用后给予相应待遇等。

（二）改革管理体制，采取切实措施解决城市职业中学毕业生的就业问题

1989年全国共有职业高中毕业生72.9万人，其中城镇职业高中毕业生48.4万人。尽管当年就业形势趋于紧张，劳动力供大于求，但在各地政府统筹安排下，在劳动、人事、计划、经济等部门的大力支持和教育行政部门与学校的共同努力下，毕业生就业安置工作仍取得较大成绩。据对24个省、自治区、直辖市的不完全统计，共有职业高中毕业生328316名，到年底，按“三结合”就业方针，安排到全民、集体、个体企事业单位及自谋职业和临时就业的人员达212324人，占毕业生总数的64%。其中安置较好的有浙江、天津、上海、北京、山东等地，安置率在80%以上。浙江省当年毕业生19340人，共安置19330人，就业率达99%。取得成绩的主要原因是：

1.贯彻“先培训，后就业”的原则和择优录用的政策。1989年，全国许多地方陆续制定和发布了有关地方性法规和文件，贯彻先培训后就业和择优录用职业高中毕业生的政策。山东省教委、计委、科技委、财政厅、劳动局、农业厅、多种经营乡镇企业局共同制定的《关于进一步发展职业技术教育的意见》中

规定:“各单位在招工时,应首先从专业对口的职业技术学校毕业生中择优录用或聘用,专业对口的不再参加社会上统一招工的文化考试”。广西壮族自治区教委、计委、劳动厅、人事厅联合发出的《关于职业高中毕业生使用及待遇问题的通知》中指出:“今后,凡遇有国营企、事业单位和集体单位招工招干,在同等条件下,应优先录用各类中等职业技术学校毕业生,专业对口录用时,可免文化课考试。”

2.改革管理体制。加强地方政府对职业技术教育的宏观统筹管理,是职业技术教育管理体制改革的方向。合肥市政府在这方面创造了比较好的形式。该市在市委、市政府的直接领导下,成立了由市教育局和劳动局参加的合肥市职业技术教育办公室,把教育部门和劳动部门的管理职能结合在一起,实行“统一管理、双轮趋动”,根据企事业单位用人需求计划,统一确定各类职业技术学校的招生计划、学校布局和专业设置以及毕业生录用计划等,并明确规定:今后无论是全民还是集体企业招工,一律从经过职业技术培训的合格人员中择优录用,职业中学对口联办的毕业生都要推荐到联办单位,保证职业中学毕业生的录用率不低于毕业生总数的80%。

3.深化教学改革,调整专业设置,加强技能训练,增强毕业生就业的适应能力。国家教委要求各地、各学校根据当地经济和社会发展的需要,调整更新专业,修订教学计划,以培养“适销对路”的合格人才。北京、天津、上海、青岛、厦门、杭州等市根据当地经济发展和产业结构的变化,不断调整职业中学的专业设置,减少干部类专业,增设技工类专业。前几年北京市培养干部的专业在校生为学生总数的50%,到1989年已调整到35%。

为加强职业中学职业技能训练,以培养合格人才,在国家教委组织制订的电子电器、服装制作、文秘档案和财经类专业教学计划中突出强调:增加实践性教学时间,着重技能训练。如服装制作专业的教学总时数为3496学时,其中文化课约占30%,专业课程约占25%,实习约占33%,选修课占12%;实验、实习等实践性教学时间占总学时的50%。财经类专业教学计划则采用“模块式”结构,将各类课程合理搭配,可组成会计、统计、金融等若干种专业教学计划。使用时,若能预先确定专业方向,可将几类课程穿插设置,选取最优搭配结构。预先不能确定专业方向的,可先开公共课程,然后再根据社会需求,选定专业课程,这样,大大增加了人材培养的针对性。

4.开展职业指导,转变就业观念。各级教育行政部门和职业中学重视对学生的职业指导,强调职业中学毕业生要更新就业观念,引导学生到中小集体企业就业或自谋职业。与此同时,还在普通中学开展了职业指导工作。

1989年2月,国家教委办公厅转发了上海市卢湾区教育局在中等学校开展职业指导工作的经验,在《通知》中指出:“我国普通中学的毕业生,除少部分升入高一级学校外,大部分都准备就业。为了引导青少年树立正确的职业观,并帮助他们按照社会主义建设的需要和自己的特点,选择比较合适的职业或专业,目前迫切需要在普通中学及时对学生开展职业指导工作。”《通知》强调:职业指导应贯穿于整个中学阶段,以初中阶段为重点,从初二年级开始,有计划分步骤地进行职业导向教育。态度要积极,步子要稳妥,1989年先行试点,1990年逐步扩大范围并推广。

开展职业指导,要注意与学校思想教育结合起来,与中学毕业教育、指导填写志愿结合起来,与劳动技术教育结合起来,要注意对学生进行职业道德教育。要有计划地培养、培训职业指导教师,逐步建立一支职业指导教师队伍。

农村职业技术教育改革向纵深发展

1989年，农村职业技术教育坚持“教育必须为社会主义建设服务，社会主义建设必须依靠教育”的方针，深化改革，取得了一些新进展。

（一）深化改革农村职业技术教育的管理体制，实施农科教统筹，促进农村经济和社会发展

为了大面积提高广大农村劳动者的科技文化素质，发挥农业、科技和教育部门相互结合的整体效益，使“燎原”计划、“星火”计划、“丰收”计划密切结合，同步进行，共同促进农村和林区的经济开发和社会发展，1989年8月，农业部、国家科委、国家教委、林业部、中国农业银行联合成立了农科教统筹与协调指导小组。下发了《关于农科教结合，共同促进农村、林区人才开发与技术进步的意见（试行）》。

农科教统筹的任务是：大力提高农村劳动者素质，推广普及科学技术，振兴农业，加速农村“两个文明”建设。为此，要求各地要积极推进农村、林区各类教育的协调发展，做到三教（基础教育、职业技术教育、成人教育）统筹，广泛开展实用技术培训；加强对乡镇企业和林区集体企业职工的技术培训和岗位培训；统筹安排培训任务和技术推广项目，提高培训效益。

一年来，各地农科教统筹的积极性很高。安徽、河北、云南等省都由省政府牵头，农业、科技、教育等厅局的主要负责人参加，组成了农科教统筹协调指导小组，制订工作目标、规划，抓了典型经验。农科教结合在实践中显示了强大的生命力。

（二）根据分类指导的原则，加强了对边远地区、少数民族地区农村职业教育的指导

为了推动边远地区和少数民族地区农村职业教育的发展，国家教委职业技术教育司于1989年5月在甘肃省庆阳地区召开了西北、西南地区和山西、内蒙、广西等11个省（自治区）农村职业技术教育工作座谈会。会议就农村职业技术教育的办学方向和路子、经费的筹措、骨干职业学校建设等问题进行了认真的研讨。会上，甘肃省政府和庆阳地区行署重点介绍了贫困地区如何办好农村职业教育的经验。

甘肃省是一个经济、文化比较落后的省。1988年，农民人均收入只有345元，连续7年都是全国最后一位，全省有75%是财政补贴县。省委、省政府通过调查研究，认识到穷的原因主要是缺乏懂技术的人才。要想改变贫穷落后的面貌，应当把提高劳动者素质，发展职业技术教育作为突破口，培养大批留得住、用得上、懂技术、会经营、善管理的实用人才。为此，他们采取有效措施，大力发展农村职业技术教育。其主要经验是：

1. 加强地方政府统筹，提高办学总体效益。甘肃省从强化各级政府职能入手，加强政府统筹。提出了8个统筹（即人才需求统筹预测，发展规划统筹制定，培训任务统筹

布置，各科教师统筹使用，教育经费统筹安排，教育设施统筹利用，培训质量统筹评估，培训机构统筹管理)，统筹的重点在县一级政府。具体措施是：

（1）建立统筹管理机构。全省14个地、州、市86个县，已有10个地、州、市，60多个县成立了以专员和县长为首的有计划、经济、财政、劳动、人事等部门参加的职业技术教育委员会。通过发挥地方政府的统筹作用，把分散在农林、科技、教育各个部门的办学力量适当集中，既解决了办学条件，又发挥了整体效益。

（2）充分发挥各级政府的宏观调控和决策作用，制定法规和规章，保证农村职业教育顺利发展。如庆阳地区，对职业技术学校的办学经费做了规定，将职业中学事业费提高到普通中学的3倍，由县财政单列直拨。从1988年开始，每年给职教切块120万元，连切3年；并从老区扶贫费中划出一定比例用于购置教学设备。地区行署还决定从1989年起，连续两年筹集2000万元经费用于职业教育，其中财政拨款400万元，群众集资1600万元。要求领导干部带头集资，规定地区级干部每年拿出一个月收入的60%，县级干部为50%，科级干部为40%，一般干部为20%。

2.建立适应经济需要的服务体系。为了把职业技术教育提高到新水平，甘肃省从建立适应经济需要的服务体系入手，充分发挥职业学校和毕业生的酵母作用，通过学生向千家万户提供良种，推广技术，传播信息，帮助农民致富。目前，一个以职业中学为中心，以在乡初、高中毕业生为骨干，以县、乡科技推广机构为支撑点，以专业户、重点户为纽带的农村职业教育服务体系正在逐步形成，并显示了极强的生命力。

甘肃省的经验，对经济不太发达地区的职业技术教育的发展，起到了很好的促进作用。

1989年9月，职业技术教育司还委托河北省教委举办了云南、甘肃、青海、新疆等4个省（区）部分少数民族地区主管教育的县长、教育局长、农村职业学校校长培训班。培训班采取参观先进典型单位，现场交流经验的方式进行学习，使少数民族地区的干部从理论和实践的结合上，进一步明确了办学的方向和路子，从而增强了办好少数民族地区职业教育的信心和决心。

（三）举办农村职业学校校长培训班，进一步端正办学指导思想，提高办学水平

1989年，国家教委职业技术教育司委托河北省农业技术师范学院举办了4期农村职业学校校长培训班，每期100人，培训时间为1个月。培训内容主要是请有关领导和专家作农业与科技形势报告，进一步学习、明确“燎原”计划的内容与任务，介绍国内外适合农村推广的实用技术，参观先进典型单位，互相交流办学经验，同时还开设了学校管理等理论课程。通过学习，校长们一致认为，开阔了眼界，增长了知识，明确了方向，增强了信心，鼓舞了斗志。培训班结束时，学员们结合本校的实际情况，分别制定了发展规划和深化改革的措施。

中等专业教育的深化改革

一、中等专业学校招生分配制度的改革

随着我国政治经济体制改革的深化，中等专业学校统一招生、统一分配的制度亟待进行同等改革。1989年，农、林、卫生等中专学校招生分配制度改革的试点工作取得了新的进展，其中，农业中等专业学校试行招生分配制度的改革已进行了6年，目前试点地区已发展到26个省、自治区、直辖市。据统计，1989年，农牧学校共招收不包分配生12557人，在校不包分配生已达25664人，占农业中专在校生总数的15%。四川省农业中专1989年招收不包分配的学生已占招生总数的58%。

为了总结农业中等专业学校招生分配制度改革试点的经验，农业部、国家教委于1989年10月6日至11日在河北省吴桥县联合召开了全国农业中专深化改革现场会，重点讨论了如何搞好农业中专不包分配制度的改革，发挥毕业生的作用以及需要解决的政策和措施等。会议总结了6年改革实践的主要经验是：

1. 坚持"县校共管"（分校、厂校共管班）的办学形式，使学校教育、人才培养和地方经济发展紧密结合起来。

2. 坚持立足培养创业型人才。使毕业生"下得去"，"留得住"，创业致富。

3. 坚持抓好"招生、培养、发挥作用"三个主要环节，严格把好人才质量关。

会议认为，要进一步提高对农业中专改革的认识，坚定改革的信心和决心，克服困难，坚持试点，加快改革步伐，将改革不断引向深入。

二、深化中专教学改革

国家教委职教司于1989年11月9日至12日在北京召开了全国中专课程组工作会议。会议总结了首届课程组的工作；宣布组聘第二届中专课程组；研究了下一届中专课程组的工作任务。职教司司长杨金土作了题为"坚持社会主义办学方向，进一步深化中专教学改革，加强教材建设"的报告，对首届中专课程组的工作给予了充分肯定。第一届课程组根据国家教委提出的工作安排，完成了中专4门课程的41种教学大纲的修订和制订工作。与此同时，课程组组织落实了第三轮中专教材规划中70%的教材的编审和出版工作；开展了全国范围内的中专教改经验交流活动，积累资料、编印刊物，加强了同行间的了解，在中专教学改革中起到了推动作用。会议报告提出了深化中专教改工作的三个任务：第一，要切实把德育工作放在学校一切工作的首位。中专学校既要办成培养具有社会主义觉悟，德、智、体、美全面发展的中等专门人才的阵地，同时也必须办成抵制资本主义思想文化腐蚀，反对资产阶级自由化的阵地。第二，要加强师资队伍建设，特别是思想建设。同时要搞好中专教师队伍结构的群体优化，不断提高实践性教学环节的师资水平，注意选拔一部分工程技术人员充实教师队伍，要有正确的政策导向，使教师重教学、重技能、重实践，当前要特别提倡重技能。第三，要根据培养目标进行教学过程的整体优化，当前不能只追求单一课程的优化，而要特别

注重教学计划的整体优化。从全国范围看，重理论、轻实际的倾向依然存在，今后，应进一步加强实践性教学环节，正确处理好基础课、专业基础课与专业课的关系，搞好实践实习基地建设。

关于第二届课程组的工作，除继续做好第三轮教学大纲和教材的建设外，要配合中专教学的改革，研究本课程的改革思路和方案，参加一些行业的专业教学计划改革的试点。同时，要积极开展对国内外教材的研究工作，搞好课程组的建设。

第二届中专课程组共有成员69名，其中，具有高级职称的59名，占成员总数的85.5%。

职业技术教育法规性文件起草工作

为了使职业技术教育逐步走上以法治教的道路，国家教委职业技术教育司与政策法规司会同成人教育、基础教育、高等教育等司于1989年11月21日至25日，在河北省石家庄市召开了职业技术教育法规文件起草工作讨论会，就起草法规文件的指导思想、改革思路、文件的结构框架以及2000年职业技术教育的发展目标、职业技术教育的体系构成、领导管理体制等，进行了专题讨论。一致认为，加强职业技术教育法规性文件的起草和建设工作，是推动我国职业技术教育事业健康发展的有力措施和可靠保证。要通过法规性文件的起草，总结职业技术教育成功的经验，解决发展中的重大问题，促进我国职业技术教育事业协调、稳步的发展。会议要求法规性文件的起草应贯彻教育必须为社会主义建设服务、社会主义建设必须依靠教育的方针，从我国实际出发，结合职业技术教育的特点及发展规律，正确处理好理想性与现实性、原则性与可靠性的关系。

会议确定委托7个省、市教育行政部门会同有关部委及协作省市，组成文件、法规起草小组，分别承担《中国职业技术教育条例》、《中国职业技术教育改革与发展纲要》、《关于职业技术教育管理体制的若干意见》、《关于建立我国职业技术教育体系的研究报告》、《省级重点职业高级中学标准的暂行规定》、《关于加强职业技术教育师资队伍建设的意见》、《关于职业技术学校生产实习基地建设的若干规定》等7个文件的前期调研和起草工作。

职业技术教育师资队伍建设

一、中等专业学校教师职务评聘工作

1989年，全国中等专业学校教师职务评聘工作，在总结1986～1988年经验的基础上继续向前推进。到1989年底，全国中等专业学校（含中师）已评聘高级讲师24182人，占专任教师总数的10.6%；讲师74045人，占专任教师总数的32.40%；助理讲师77389人，占专任教师总数的33.9%；教员50920人，占专任教师总数的22.3%。

几年来全国中等专业学校教师职务评聘工作的实践表明，中等专业学校教师职务聘任制的方向是正确的。各地、各部门开展中等专业学校教师职务评聘工作的基本经验是：（1）加强领导，健全机构，先行试点，精心指导，逐步铺开。（2）做好广大教师的思想政治工作。（3）坚持标准，保证质量，全面考核，择优评聘。做到思想政治条件与业务条件并重，理论知识与实践技能并重。（4）把教师职务的评聘工作与教师队伍的长远建设结合起来，认真搞好定编定岗，建立教师考核制度。

通过教师职务评聘工作，促进中等专业学校师资队伍建设，取得了明显效果。（1）调动了广大教师提高教学水平、专业技术水平及履行职责的积极性。许多教师关心学校工作，主动承担教育教学任务；钻研教材，努力学习教育理论、外语，钻研业务；积极撰写教育改革论文，从事技术开发，技术推广，并积极承担学生思想政治教育。（2）促进了中等专业学校教育教学质量的提高和教学改革的开展。（3）推动了教师队伍科学管理工作。（4）为优秀中青年教师脱颖而出创造了条件。

二、建立职业技术教育学院

为了加强职业技术教育师资和管理干部的培训，国家教委于1989年10月4日批准成立天津大学职业技术教育学院和浙江大学职业技术教育学院，在业务上接受国家教委职教司指导，干部培训工作由国家教委人事司负责协调。每校发展规模暂定为200人，纳入学校总规模之内，随事业发展逐渐扩大。

三、广泛开展职业技术教育师资的国际交流活动

1986年，国家教委职教司和外事局协商，计划每年选派50名职业技术教育师资出国进修。进修专业有：金融保险、美容、饲料加工、仓储管理、服装设计、计算机辅助设计、室内装璜、餐厅、旅馆管理、汽车维修、办公室文秘、制革、保健、食品加工、眼镜配光、机械加工、市场管理、家用电器维修、职业技术教育管理、教学教法。派往国家有：美国、加拿大、日本、英国、丹麦、瑞士、联邦德国、瑞典、澳大利亚和泰国。

1987—1989年，共录取出国进修人员114人，派出学习的有83人，学成归国工作的有62人，正在国外学习的有21人。

职业技术教育国际交流

一、中国职业技术教育管理国际研讨会

为了汲取国外发展职业技术教育的有益经验，改进我国职业技术教育的管理工作，推动我国职业技术教育事业的改革与发展，国家教委职业技术教育司、计划财务司与世界银行经济发展学院联合于1989年2月20日至3月1日在京召开了中国职业技术教育管理国际研讨会。美国、南朝鲜等国专家学者37人参加。

会议交流了经济发达国家、发展中国家发展职业技术教育的经验，研讨了经济建设和社会发展与职业技术教育的关系，分析了我国职业技术教育的现状和形势，提出了相应的对策与建议，听取了中外专家与学者的报告，内容涉及职教经济——外部效益，职教经费，人力需求与劳务市场的发展，中国教育的改革思路，中国职教的现状与问题，中国职教的规划和管理，中国职教管理体制改革的设想等。

二、中国—联邦德国职业教育研讨会

1989年10月17日—20日，国家教委在江苏省无锡市召开了中国——联邦德国“双元制”职业教育研讨会。总结交流了中德两国职业教育合作项目10年来的成果和经验，研究了“双元制”试行中存在的问题和解决办法，以推动我国部分城市职教“双元制”试点工作的开展，促进我国职业教育的深化改革。

以联邦德国伯克博士为团长的39名官员和专家参加了会议。中方参加的有：6个双元制试点城市、75个大企业、12个双元制职业培训中心和有关部委、城市的代表共74人。国务委员兼国家教委主任李铁映在闭幕式上作了书面发言，指出：“职业技术教育是教育同经济、社会发展的一个重要结合点，是把我国众多的人才资源转化为智力优势，把智力优势转化为现实生产力的一个重要桥梁。”他强调，发展职业技术教育要因地制宜，形式多样，充分发挥企业的作用，特别要注重实际操作技能培养，同时，还必须加强对学生思想政治教育和职业道德的培养。

三、首次利用世界银行贷款发展我国职业技术教育

从1984年开始酝酿的世界银行职教贷款工作，经过考察、评估，国家教委于1989年3月撰写了《世界银行贷款职业技术教育项目可行性研究报告》。4月28日至5月11日由财政部率团，国家教委、国家计委派员参加，赴华盛顿与世界银行谈判并草签了协议。9月26日在青岛市召开了世界银行贷款职教项目省、市厅(局)长和项目院校长会议，从而使职教项目贷款工作进入了执行阶段。

第一批使用贷款的额度为5000万美元，贷款学校分布在北京、上海、天津、辽宁、江苏、山东、广东、湖北、湖南、四川、福建、江西、河北、河南、陕西、吉林、浙江等17个省、市，共有12个职业技术师范学院(系)和59个中等职业技术学校，其中普通中专学校20所，职业高中35所，技工学校4所。主要专业有机械类、电子类、食品类、化工类、服装类、计算机类等。

这次职教贷款的目标是：利用贷款，改善办学条件，改进学校管理，以达到两个目的，一是培养出更多的通用专业和空白短线专业的合格师资，缓解专业师资的供求矛盾，初步形成一个以项目院校为基地的职业技术教育专业师资培训与进修的网络。二是把59所中等职业技术学校办成职业技术教育中心。这些中心在办好中等职业技术教育的同时，将举办各种形式的职业技术培训，其教学设备和设施，除为本校师生服务外，还要发挥辐射作用，使其成为能起骨干和示范作用的中等职业技术学校。

撰稿人　刘占山　刘玉林
　　　　王孟春　王兰英
　　　　富祥武　牛梦成
　　　　杨　进　张东英
审稿人　杨金土

成人教育

扫盲教育开始进入新的发展阶段

1989年是我国扫盲历史上很有意义的一年，国务院《扫除文盲工作条例》和1988年全国扫除文盲工作会议精神在全国范围内得到贯彻，各省、自治区、直辖市普遍加强了对扫盲的领导和管理，积极开展扫盲工作，结束了少数省（区、市）扫盲工作多年停顿的状况。扫盲工作正在向各级政府加强领导，各有关部门齐抓共管，定期布置、检查，定期报告、公布进展情况，定期表彰先进、督促后进的制度化方向发展。经过各级政府、各有关方面的共同努力，1989年全国有395万人参加扫盲学习，其中200万人脱盲。入学和脱盲人数分别比1988年增加150万和60万，扭转了1985年以来扫盲入学和脱盲人数连年下降的趋势，标志着我国扫盲教育开始进入新的发展阶段。但是，扫盲教育仍然面临很多困难：还有不少地方对扫盲不够重视，没有形成政府负责、有关部门分工协作、全社会关心支持的局面；对扫盲投入不足，经费紧缺；初等教育尚未完全普及，新文盲不断产生；扫盲质量、效益有待提高，复盲现象尚未消除。

为了推动扫盲教育，1989年主要做了如下工作：

一、国家教委高度重视，大力加强了对扫盲工作的领导和管理，建立了定期布置、检查、报告、公布扫盲情况，定期表彰先进、督促后进的制度

新年伊始，扫盲首次列入国家教委1989年度工作要点，要求"推动各省、自治区、直辖市制订年度扫盲计划。建立检查验收制度，实现1989年脱盲400万的目标"。3月，国家教委办公厅印发《关于1989年各省、自治区、直辖市扫盲计划的通报》，明确了各省（区、市）的扫盲任务，要求各地认真组织文盲入学，开展检查，解决存在的问题，确保扫盲计划的完成，并提出将于9月通报各省（区、市）扫盲任务完成情况。国家教委成人教育司还在河南省郑州市召开了19省（区、市）扫盲工作汇报会，并于会后检查了部分省的扫盲工作。

3月下旬，国务委员兼国家教委主任李铁映就筹备1990年国际扫盲年活动问题，提出编写教材、培训干部教师、制定计划、筹集经费、总结推广经验、广泛宣传教育等项要求。国家教委在认真调查研究的基础上着手制订了1990年国际扫盲年活动的方案。

9月，国家教委在甘肃省兰州市召开1989年度全国扫盲工作会议，并与甘肃省政府、中国联合国教科文组织全国委员会、中国成人教育协会联合纪念国际扫盲日。会上国家教委表彰了100名扫盲先进工作者，颁发了证书、光荣册和奖金。甘肃、江苏、黑龙江、四川、山东、河北省邯郸地区等扫盲先进单位和部分扫盲先进工作者介绍了情况和经验。会议通报了各省(区、市)1989年度扫盲任务完成情况。国家教委副主任王明达总结了一年来扫盲工作进展情况,要求进一步提高认识,坚持不懈地抓紧抓好扫盲工作,并对今后的工作提出了具体要求。会议还讨论修改了《关于开展国际扫盲年活动,大力推动扫盲工作的意见》,安排了我国与国际扫盲年的有关活动。

二、各省(区、市)人民政府和教育行政部门加强了对扫盲工作的领导和管理

1989年,有十几个省(区、市)人民政府和二十几个省(区、市)教委、教育厅(局)印发了推动扫盲工作的文件。

一些省(区、市)正在形成政府负责、有关部门齐抓共管的制度。河南、北京、贵州等省、市政府先后成立了扫盲工作领导小组,组织教育、农业、科技、共青团、妇联、解放军等部门、团体联合开展扫盲工作。河南、甘肃、青海、黑龙江等省已组织有关部门联合对扫盲进行检查或考核验收,有力地推动了扫盲工作。北京、江苏、山东、河南、云南、青海等省市增拨了扫盲农民教育经费。河北、山西、江苏、安徽、河南、湖南、四川、贵州、陕西等省分别表彰了扫盲先进单位和个人。

三、扫盲教材建设、教学内容和方法改革有了较大进展

1989年,国家教委继续组织安徽、河南、湖南、甘肃等省编写出版扫盲和扫盲后继续教育示范教材。7月,在安徽省铜陵市召开了扫盲和扫盲后教材编写第二次研讨会暨扫盲后教材编写人员国家培训班,11个省(区)教育部门及人民教育出版社的29名代表参加了培训班。交流了扫盲和扫盲后教材,研讨了教材编写的指导思想和基本原则,评估了《扫盲后教材编写与制作指南》,审定了农村成人初等文化技术教育《实用语文》、《实用算术》、《实用科技》三科教学大纲。

近一年来,北京、上海、江苏、浙江、河南、四川、陕西、甘肃等省市新编了扫盲教材,湖南还编写了专供妇女学习的扫盲和巩固提高教材。

河南省教委组织的"双拼注音识字"和"汉语拼音注音识字"试验,以及其他省市举办的实用技术扫盲班等试点,都推动了扫盲教学内容和方法的改革。

四、扫盲人员培训工作得到开展和加强

8月,国家教委成人教育司与中国联合国教科文组织全国委员会秘书处在黑龙江省牡丹江市共同召开扫盲人员培训工作暨培训教材研讨会,来自17个省(区、市)成人教育部门和院校的35位代表交流了扫盲人员培训情况,评估了教科文组织编印的《扫盲人员培训教材》,研讨了今后的培训工作。会议提出:各级教育部门要十分重视培训工作,进一步明确培训的指导思想,争取1995年前绝大多数省(区、市)都建立省、地、县、乡分级培训的基地和网络,形成培训工作的新局面。

五、加强了调查研究和科学研究工作

9月,在甘肃省兰州市召开的西南西北农牧民教育第六次协作会上,西南西北各省区教育部门筛选出十几个协作研究的课题,国家教委成人教育司也选择了几个课题,组织有关省区成人教育部门、院校和科研机构开展了研究。

撰稿人 张昭文
审稿人 李家林

农村成人教育研讨班暨全国农民教育联系点协作会

1989年11月2日至6日，由联合国教科文组织资助，国家教委成人教育司在四川省成都市组织召开了农村成人教育研讨班暨全国农民教育联系点协作会。有17个省和23个农民教育联系点的代表参加。会议的中心议题是，总结交流农村成人教育的新情况和新经验，研究探讨加强农民教育联系点建设的基本思路。

会议认为，1986年以来，农民教育联系点根据中央和国家教委的有关方针、政策，不断深化农村成人教育改革，为探索农村教育综合改革提供了信息、经验和依据，基本起到了示范、带头、窗口作用，应该继续深入开展下去。

会议强调，农民教育联系点要把加强自身建设和改革探讨结合起来。今后的工作要点是：

一、端正指导思想。各级政府和教育部门要将联系点工作纳入农村教育综合改革总体规划，作到农科教结合，“三教”统筹。坚持以政治思想教育为指导、以相应的文化教育为基础、以实用技术培训为重点，遵循“实际、实用、实效”的原则，直接有效地为振兴农业经济和促进农民脱贫致富服务，为农村两个文明建设服务。

二、进一步明确地位和作用。农民教育联系点是国家教委研究、探索农村成人教育改革和发展的实验场所；是出经验、出成果，推动面上工作的示范点；是积极实施农村教育综合改革，反映农村成人教育新情况、新特点的窗口。

三、努力达到以下目标。1990年前，联系点所在的县、乡(镇)、村都要建立农村成人学校。在此基础上，每年要有20%的乡镇建立起教学条件较好、办学效益较显著的示范性学校。积极参与和配合实施“燎原”、“星火”、“丰收”计划，广泛开展以在乡初、高中毕业生为重点的各种实用技术培训，使他们熟练掌握1至2项实用技术。要坚持不懈地抓好扫盲工作。1995年前，要使15至40周岁青壮年农民中非文盲率达到95%以上。

四、加强领导，落实措施。各级政府和教育部门要关心和支持农民教育联系点的建设，要健全机构、充实人员、制订规划、培训干部和教师、编写乡土教材、检查评估办学质量，切实加强对农村成人教育的指导和管理。要多渠道筹集农村成人教育经费，在教育事业费中，应安排2%用于农村成人教育事业；在农村教育税附加中，用于农村成人教育的比例应不少于10%；要积极开展勤工俭学以弥补经费的不足。

五、加强联系和协作。国家教委成人教育司将采取多种形式，与农民教育联系点加强联系。农民教育联系点每年年初和年末要向国家教委成人教育司汇报工作要点和实施情况，定期报告有关农村成人教育改革和实践中的信息、政策、经验和成果。

六、开展农村成人教育理论研究。研究

课题是：农村成人教育在提高劳动者素质方面的任务和对策；农村成人教育在实施“燎原”计划中的作用、途径和效益；乡(镇)农民文化技术学校的性质、任务、基本条件、办学效益和发展前景；建立各级农村成人学校经济实体的可行性及其作用；农村成人教育办学效益综合分析；对农村青年开展实用技术培训的目标、措施、特点和方法；农村成人教育教学、教法、教材研究。

附

□农民教育联系点名单

河北省　衡水地区、武邑县、丰南县
吉林省　梨树县
上海市　川沙县
江苏省　江阴市
河南省　郏县
湖北省　天门市
湖南省　益阳地区、桃江县
广东省　湛江地区、东莞市、东莞市农校、遂溪县、遂溪县农校
四川省　内江市、简阳县
贵州省　黔东南苗侗族自治州、天柱县
甘肃省　酒泉地区、酒泉市
重庆市　长寿县
大连市　瓦房店市

撰稿人　孙凤岐
审稿人　李家林

岗位培训继续健康发展

国务院批转《国家教育委员会关于改革和发展成人教育的决定》提出要“把开展岗位培训作为成人教育的重点”。为了贯彻《决定》精神，国家教委抓紧制定指导性的配套文件。组织力量在北京、天津、大连、沈阳、西安等地进行了调查，先后邀请部分部委教育司(局)的同志进行座谈，还在12城市职工中等教育协作组和中国职工教育研究会课题组进行多次专题讨论。并在国家教委成人教育指导协调工作委员会第三次、第四次工作会议上向全体委员汇报了工作进展情况，听取了各成员部委对文件讨论稿的意见。

调查结果表明，《决定》发布以后，许多地区、部门和企事业单位切实把开展岗位培训作为成人教育的重点，积极进行了试点，取得了初步成效。到1989年底，据对27个省、自治区、直辖市的统计，参加各种学习培训的职工共有2982.8万人，其中接受岗位培训的为2480.6万人，占参加学习职工总数的83.2%。大中型企业厂长(经理)、党委书记、总工程师、总经济师、总会计师的岗位培训几年累计培训达2.7万人，占应参加培训对象的38%。班组长参加学习培训的为217.3万人，占同类人员的39.6%。开展岗位培训在一定程度上克服了学用脱节的弊端，有利于提高劳动者素质，直接有效地提高了经济效益和社会效益。按照岗位需要实行定向培训的观念正在逐步被社会有关方面所接受。

岗位培训试点提供了初步的有益经验，也在开展岗位培训的指导思想、岗位培训的实施、考核使用等相关政策以及管理体制分工等方面反映出一些问题。

为了加强指导，推动岗位培训工作进一步健康地发展，国家教委发言人于1988年8月召开了新闻发布会，对于开展岗位培训工作的几个问题发表了谈话。同时，与劳动部、人事部、国家体改委、全国总工会共同制定并于1989年底印发了《关于开展岗位培训若干问题的意见》。文件就开展岗位培训的指导思想和目的、要求，岗位培训的实施，岗位培训的考核与发证，岗位培训的宏观管理和分工，健全和完善相应的政策措施等方面提出了指导性意见。

撰稿人　王英儒　瞿延东
审稿人　李英惠

加强成人高等教育试行《专业证书》制度管理

1988年4月国家教委、人事部联合发布《关于成人高等教育试行〈专业证书〉制度的若干规定》(以下简称《规定》)之后，全国各省、自治区、直辖市及计划单列市和国务院有关部委根据《规定》的文件精神，结合本地、本部门的实际情况，积极进行试点，受到用人部门的普遍欢迎。一致认为，《专业证书》制度的建立突破了成人教育单一的培养规格，改变了办学机制，适合我国的国情，符合成人教育的特点，是成人高等教育一项重要改革。但是在试行中也出现了一些不容忽视的问题。主要表现在以下几个方面：

1. 对《专业证书》教育的性质和用途的认识问题。在对《专业证书》的理解上，有的部门把《专业证书》按大专文凭对待，有的学员把《专业证书》视为“简易大专”；在办学过程中，有些教学班的教学计划不是根据岗位规范的要求制定，而是按学历教育的模式，将同类专业大学专科教学计划压缩课时；教材也照搬普通高校教科书。

2. 用人部门对本部门哪些岗位哪些人需要进行《专业证书》教育缺乏总体规划。在学员入学资格审核上降低条件。有些普通工人去学习企业管理专业，一般会计人员却纷纷要求上财会大专《专业证书》班，致使《专业证书》办班规模过大，人数过多。

3. 有些高等学校办学指导思想不够端正，管理松弛，教学质量得不到保证。有的学校没有用人部门的委托，擅自刊登广告面向社会招生；有的学校不按要求设置专业；有的学校把《专业证书》班转交给其他单位承办，缺乏严格的管理和检查。

4. 国家、部门、地方教育行政部门宏观指导、统筹和调控工作也亟待加强。

针对上述问题，国家教委通过多种形式要求各地、各部门加强领导，统筹规划，精心组织和指导。强调先行试点，在总结经验的基础上有计划、有步骤地实施。切实做到专业对口、按需培养、从严要求、保证质量。为此，许多省、自治区、直辖市和部委发出通知，要求加强对《专业证书》教育的检查和管理。

在省、自治区、直辖市和部委进行检查和加强管理的基础上，经过多次研讨和征求意见，1989年12月，国家教委、人事部联合发出《关于加强成人高等教育试行〈专业证书〉制度管理的若干意见》，进一步明确以下几点：

1. 要严格执行《规定》的有关规定，目前应主要抓好《专业证书》制度的试点工作，严格控制办班规模，在总结经验的基础上有计划、有步骤地实施。

2. 《专业证书》的办学机制是用人单位按工作需要选送学员，委托学校培养，学校不得自行招生办学。

3. 参加《专业证书》学习的学员，要由用人主管部门根据岗位和工作的需要组织推荐和选拔，学校不得以任何借口刊登广告面向社会招生。

4. 国家机关单位、社会团体、培训中

心、中等专业学校和未经国家教委批准备案的高等学校等不得承办《专业证书》教学班。《专业证书》教学班的教学管理，应由承办学校负责，不得由其他单位代管。

5. 以函授、广播电视、自学考试方式举办《专业证书》教学班要从严控制，个别确需举办的，由国家教委审批。

6. 加强人事部门参与管理。今后，《专业证书》的审批工作由教育主管部门会同人事部门共同负责。

7. 加强对《专业证书》制度的检查和监督，发现问题及时纠正或处理，有的要限期整顿，有的取消办学资格，有的要追究有关部门和当事人的责任，作出严肃处理。

撰稿人 刘军谊

审稿人 李英惠

高等教育自学考试考籍管理办法

1989年6月13日，全国高等教育自学考试指导委员会制定了《全国自学考试考籍管理试行办法》(以下简称《试行办法》)，内容包括总则、报名与考试、转专业、转考、停考与寄考、毕业审定与颁发毕业证书、考籍档案、奖励与处罚等共31条。《试行办法》是为贯彻和落实国务院发布的《高等教育自学考试暂行条例》(以下简称《条例》)的一个配套性文件，总结了我国实行高等教育自学考试制度以来考籍管理工作的实践经验，是指导全国自学考试考籍管理的重要规定和依据。

关于报名与考试

根据历年的实际情况，高等教育自学考试的应考者(对象)主要是在职人员，凡是中国公民，不分民族、性别及受教育程度，不分工种和工作岗位，均可自愿报名参加自学考试，接受国家对其学历的检验。《试行办法》规定应考者“到户口所在地自学考试机构办理报名手续”，目的是把自学考试纳入国家培养专门人才的总体计划，并适应各地区、各部门对人才的需要情况，充分发挥自学考试的社会效益和经济效益。

自学考试报名，是应考者申请应考取得资格的必办手续，是考试机构进行考务工作的编排考场、组织考试、评卷、登分建档，以至后期发放合格证书等一系列考籍管理的先行步骤。近几年来，每年约有360多万人次报考，《试行办法》对报名作出统一规定，既方便了应考者，又易于考务活动的计划管理。

自学考试，每年春秋各进行一次。考试均采取单科考试和学分累计的办法，考试及格一门发给一门的合格证书，积累到学科成绩相应的程度，就发给专科或本科的毕业证书。对课程考试合格者，《试行办法》规定由省考委发给单科合格证书，并按规定计算学分，考试机构通过课程考试来检验应考者的学历基础。

关于考籍档案

考籍档案是自学考试的主要档案。《试行办法》规定，应考者取得一门课程的单科合格证书，即应为其建立考籍档案。包括应考者的登记表、考试成绩记分表、单科合格证书存根、合格成绩试卷、考试期间的奖励与处分记载、思想品德鉴定等。截止到1989年底，全国已建立400多万份考籍档案。各地考试机构对档案进行了科学管理，建立了许多规章制度。实践表明，考籍档案有重要的使用价值，它为应考者提供了成绩资料，也为查询应考者学历提供了证据。

关于转换专业和寄考

自学考试开考的专业很多，而应考者绝大多数是在职人员，包括工人、农民、解放军官兵、教师、工程技术人员、医护人员、机关干部、企事业管理人员、离退休职工和个体劳动者等，因此，多年来，积极提倡应考者结合实际工作选学专业，既可较好地处理工学矛盾，又利于学以致用。对取得某一专业课程合格成绩的应考者要求转换专业的，各地考试机构根据《试行办法》“从严掌握”的要求，原则上不允许转换专业，但确有因专业不对口等原因需转换专业者，一般只准其转换一次。对有些应考者由于长期(一年以上)在外省工作，难于按规定时间返回本省参加考试的，《试行办法》规定，可以在外省办理寄考手续，参加当地考试。

关于毕业审定

自学考试是一个系统工程，毕业审定是最后的一个程序，是保证自学考试质量的重要环节。审定的内容包括：（1）应考者的政治、思想品德和工作表现；（2）应考者的考试成绩；（3）应考者在考试过程中遵守纪律的情况。只有在经过毕业审定，确认应考者达到了高等教育毕业水平和要求条件者，才承认其学历，按《试行办法》规定，由省考委和主考学校共同签署颁发毕业证书。

从历年考试结果的实际情况看，每年有十几万人考试合格取得毕业证书，毕业者的质量是好的。据各级自学考试机构的跟踪调查，绝大多数毕业生在工作或生产中是骨干、中坚力量，既有专业知识，又有多年工作的实际经验，在本职岗位上发挥了很好的作用，受到了各级领导干部的欢迎。

关于奖励与处罚

自学考试是社会性的大规模的考试活动，应考者与考试服务者人数众多，因此，《条例》和《试行办法》对考试和考务工作的奖励及处罚作了明确规定。对考试成绩特别优异的学员，从事考试工作做出重大贡献的及自学考试社会助学的人员取得显著成绩者，都给予奖励。1989年，全国高等教育自学考试指导委员会共表彰162个先进单位和141名先进个人。同时还表彰了100名残疾人自学考试毕业生。各级考试机构还表彰奖励了一批先进学员和考务工作者。

在《条例》和《试行办法》中，对违纪行为的处罚都作了原则的规定。为严肃考风考纪和加强监督管理，在各个考试环节上还制定了《保密工作守则》、《考场规则》、《监考守则》、《对违纪作弊应考者的处理规定》等规章，基本保证了考场纪律严明、秩序井然。各省考委对个别违纪者，也给予了严肃处理。

撰稿人　张展平

审稿人　杨伯熙

企事业办学情况

企事业办学是适应我国国情的一种办学形式，是我国教育事业的重要组成部分。它直接面向交通、能源、工业、林区、垦区、军工生产和国防科研等部门广大干部职工的子弟。据1985年统计，全国企事业举办中、小学29608所，在校生人数989.36万人；农职业中学959所，在校生294619人；此外，还举办了大量中等专业学校、技工学校和职工大学。

我国一向重视企事业办学，《中华人民共和国宪法》、《义务教育法》及中共中央、国务院的有关文件都鼓励企事业单位举办教育事业，强调要充分发挥企事业的办学积极性。企事业兴办学校，为发展我国的教育事业和提高职工队伍素质作出了积极贡献。但在办学过程中，也存在一些问题，如在管理体制上，特别是国家教育主管部门与各部委及企事业单位之间的相互合作和协调有待改进；在师资队伍建设上，企事业中小学师资短缺、无固定来源；在办学经费上，用于改善办学条件的经费没有固定的来源。另外，分散的企事业单位所办的学校与周围地方学校的关系没有完全协调好。

1980年以来，各部委相继建立健全了教育的管理机构，加强了对企事业办学的领导。许多部委召开专门会议，讨论存在问题，制定发展规划。1987年7月4日，国家教委发出《关于进一步加强对企事业中小学领导的意见》，把指导企事业办学列入了议事日程，指出了企事业办学的重要性以及急待解决的问题。黑龙江省、甘肃省教育部门对企事业办学指导采取了积极的态度，积累了好的经验，使企事业办学从原来单纯的福利办学（解决企业职工的后顾之忧）发展到为培养人才而办学。企事业办学有多种形式：大中型企业单独办；中小型企业联合办；企事业单位联合起来委托办学。在职业技术教育方面，发展了就业前培训班，职业高中，技工学校组成的职前教育和以职工业余学校、职工中专、电大工作站、职工大学等组成的职工教育系统，初步形成了门类齐全、成龙配套的教育体系。1989年，部委系统小学的入学率、巩固率、毕业率、合格率已达到国家教委普及小学教育的标准。普及初中教育正在稳步地发展，部分部委系统已普及了九年义务教育，师资队伍的建设和办学条件也得到了明显的改善。

撰稿人　郭剑平

审稿人　张天保

民 族 教 育

交流民族地区职业技术教育改革经验

为了端正办学指导思想，推动民族地区职业技术教育和电化教育的发展，国家教委、国家民委于1989年4月20日至23日在湖北省鄂西土家族苗族自治州恩施市联合召开了全国民族地区职业技术教育及电化教育研讨会。全国11个省（区）和8个地区（州、盟）教委职教、民教、电教处（科）长以及民委文教处（科）长共103人参加了会议。会议通过交流经验、参观考察、学习讨论，使大家进一步认清了形势，并联系民族地区的实际，确定了进一步发展民族地区职业技术教育和电化教育的办法和措施：（1）修改了《关于加强民族地区电化教育工作的意见》，进一步明确电化教育在民族教育发展中的地位和作用；（2）端正了办学指导思想，进一步调整教育结构，使民族地区的教育切实转到为民族地区经济发展和社会进步服务的轨道上来；（3）办好示范性职业中学，总结推广先进经验；（4）搞好电教与职教、基础教育与职教的结合；（5）抓好小学后、初中后的实用技术培训，试办“三加一”和推广“五、四”学制，初中加授职业技术课程的作法；（6）加强管理，进一步提高民族地区基础教育质量。

撰稿人　杨明刚

审稿人　韦鹏飞

民族文字教材建设

1989年3月，国家教委民族地区教育司在内蒙古呼和浩特市召开了全国民族文字教材出版发行工作座谈会。四川、贵州、广西、西藏、青海、吉林、内蒙古等省、自治区民族文字教材编译出版部门的代表共20多人参加了会议。

这次会议对党的十一届三中全会以来民族文字教材编译出版工作进行了全面的总结，大家一致认为：改革、开放10年来，民族文字教材的编译、出版工作有了很大的发展。

一、充实和扩大了编译队伍。各省、自治区在原有编辑人员的基础上，从多年从事教育工作、具有丰富的教学实践经验和一定编译能力的教师及大专院校毕业生中，选拔了一批人员充实编辑队伍。同时，对在职编辑人员通过业务进修等方式进行培养，提高他们的业务素质。经过长期努力，现已形成了一支近1000人的，具有一定马列主义理论水平和专业知识的，兼通民族语文和汉语文的教材编译队伍。

二、建立了教材审定制度。根据民族文字教材建设的实际，规定了凡是跨省、自治区使用的民族文字中小学教材，由国家教委牵头会同有关省、自治区教育部门共同协商，成立民族文字教材审查委员会进行审定；凡是本省、自治区范围内使用的民族文字中小学教材的审定工作，均由省、自治区教委牵头成立相应的民族文字教材审定委员会并负责审定。根据这一精神，1985年成立了全国中小学教材审定委员会朝鲜文教材审查委员会；1986年分别成立了全国中小学教材审定委员会藏文教材审查委员会和蒙古文教材审查委员会。建立民族文字中小学教材审查、审定制度后，加强了民族文字教材的建设，提高了民族文字教材的质量。

三、十几年来，在中小学民族文字教材的编译、出版工作中，首先把坚持四项基本原则作为这一工作的根本保证。并在遵循国家制定的统一的各学科教学大纲的前提下，从各民族的实际出发，编译出版了符合少数民族教师业务水平和民族学生的实际接受能力的教材，体现了教材的思想性、科学性、实践性、民族性和地方性。

会议在总结经验的基础上，着重分析和研究了当前民族文字教材建设中存在的问题。一是对民族地区进行双语教学和编译、出版民族文字教材的重要意义认识不足；二是民族文字教材的出版管理体制与新形势的要求不相适应，特别是那些起步晚、基础较差的省、自治区问题更突出；三是经费严重不足，由于纸张的大幅度涨价，印刷工价的提高，民族文字教材印数少而成本高，亏损严重，面临困境；四是各省、自治区普遍存在着编译任务重而编译人员少的问题。与会代表结合各省、自治区的实际，对以上问题提出了许多很好的建议：

1.提高认识，加强领导。民族文字教材是民族教育三大基本建设之一，是学校组织教学活动的基本条件。为了保证各级各类民族学校使用本民族语言文字进行教学的需要，使民族教育事业得到健康发展，首先必须编辑出版民族文字教材，这是贯彻执行党和政府制定的民族语文政策的重要内容。但是，近一段时期来，一些地方对民族语文教学工作认识不足，因而，民族文字教材的编译、出版工作没有得到应有的重视。一是没有建立教材的编译机构，也没有正规的教材编译人员；二是对民族文字教材出版支持不够，尤其在纸张供应方面得不到保证，给民族文字教材的编译和出版带来的困难，难以保证教学的需要。所以，提高认识，加强对民族文字教材建设的领导是至关重要的。

2.改革教材的管理体制，协调编译、印刷、发行各个环节的关系。目前，在一些省、自治区民族文字教材往往不能按期供应，影响了学校教学进度和学生的学习。这主要是在教材的编译、出版、印刷、发行各个环节形成多头领导，使民族文字教材拖期供应。为实现教材“课前到手，人手一册”的要求，编译、出版、印刷、发行四家要共同签订合同，以合同的形式明确各自的任务和责任。编译单位要按时交稿，出版部门要按时发稿，印刷厂要按时出书，发行部门要保证将教材课前送到学生手中。

3.国家要拨出专项补贴经费扶持民族文字教材出版工作。出版民族文字教材只亏不盈，出书种类越多，亏损额越大，形成恶性循环。由于地方财力有限，难以承担越来越多的民族文字教材出版亏损。针对这种情况，国家拨出专项补贴经费，国家和地方共同努力，来保证教材出版。

撰稿人　沙玛·加甲

审稿人　朴胜一

教育援藏工作

一、内地五院校对口支援西藏大学

为贯彻国务院第二次援藏工作会议精神，落实国家教委、国务院西藏经济工作咨询小组《关于内地对口支援西藏教育实施计划》，全面实施1988年北京对口支援西藏大学协商会议《纪要》，进一步搞好支援西藏大学的工作，内地五院校和西藏大学第二次协商会于1989年3月27日至31日在拉萨召开。

会议由国家教委民族教育司主持，北京市高教局、西藏自治区教科委、北京经济学院、西北师范大学、北京联合大学旅游学院、北京农业学院和西藏大学的负责同志共25人出席了会议。西藏自治区党委副书记丹增、自治区人民政府副主席图道多吉先后到会祝贺。图道多吉副主席还就援藏工作的意义和如何进一步做好对口支援西藏大学的问题作了重要讲话。

会议总结了一年来的援藏工作情况，交流了经验，协商确定了下一步对口支援西藏大学的计划，听取了西藏大学校长次旺俊美所作的《关于内地四院校支援西藏大学一年工作的总结》报告。

会议经过协商，一致达成了以下协议：

（一）积极帮助西藏大学师资队伍的建设工作。建设一支具有一定数量和质量的以藏族教师为主的师资队伍，是办好西藏大学的关键问题，要采取多种渠道来解决。除西藏大学自己培养提高外，内地有关院校要积极给予支持和帮助。

（二）继续做好选派骨干教师的工作。西藏和西藏大学师资队伍现状表明，援藏将是一项长期的任务，要本着既照顾受援院校的需要，又考虑支援院校可能性的原则，采取“长短相结合”的办法，支援院校尽力定期选派骨干教师援藏。援藏教师除承担一定的教学任务外，主要是指导受援学校青年教师提高教学业务水平，帮助搞好学科建设，起到学科带头人的作用。西藏大学应注意把援藏教师的主要精力放在本校教师尤其是民族教师队伍的建设上。经协商，会议制定了1989—1991年选派援藏教师计划。

（三）继续完成1988年北京协商会《纪要》确定的任务。支援院校为西藏大学代培研究生、本科生、进修生和管理人员，是帮助西藏大学从根本上解决师资问题的重要措施之一。为此，决定从1989年下半年开始，西藏大学每年选派符合一定条件的人员送往对口支援院校深造，经培训，按标准考试，合格者发给证书。对口支援院校为西藏大学培养研究生、本科生、进修生的经费，由西藏负责，支援院校应本着援藏精神，尽量予以优惠。

（四）进一步拓宽援藏工作面，通过多种渠道、采取多种形式援助西藏大学。支援院校同意帮助西藏大学购买教材和图书资料、加强学术交流、开展科研协作等活动。

（五）为维护祖国统一，加强民族团结多作贡献，并进一步贯彻中央的援藏方针，落实国务院第二次援藏工作会议精神，做好对口支援西藏大学的工作，不断总结经验，会议决定每年召开一次协商会议。

二、落实内地西藏班初中毕业生的分流

内地十六省市西藏初中班自1985年开办

以来，至1989年在校生已达5300多人，并有1200多名首届初中毕业生。对于藏族初中毕业生的升学分流，遵照中央领导同志关于"这件事必须认真做好"的指示，国家教委、国家计委、国家民委、人事部于1989年5月24日发出《关于内地西藏班1989年初中毕业生分流问题的通知》(以下简称《通知》)，指出：

(一)根据中央领导同志关于内地帮助西藏办学以培养中级专业技术人才为主的指示精神，以及创办内地西藏班(校)的办学宗旨，除部分(20%左右)成绩优秀毕业生升普通高中之外，大部分将就地转入有关省市中等专业学校学习，学制与所在学校其他学生相同，毕业后回西藏参加各项建设工作。

(二)要充分发挥有关省市所属中等专业学校现有办学条件和师资力量的优势，帮助西藏培养人才。根据西藏自治区教科委和计经委提出的人才需求方案，拟定1989年首批初中毕业生的分流计划，其中有些专业将采取适当集中办班的办法，除安排普通高中300名外，中师为300名，14个专业的中等技术学校603名。

(三)内地西藏班初中毕业生每年的升学计划，根据西藏自治区提供的人才需求，经国家教委、国家计委审核后，列入当年招生计划，作为计划内招生定向培养，并直接下达有关省市及学校具体落实。各有关部委、省市及学校要统筹安排，分担培养任务。

根据《通知》精神，组织了初中毕业考试，并结合西藏的需要和学生个人的志愿，对分专业招生作了如下安排：高中，北京、天津、成都各100名；中师，河北、河南、陕西、安徽各75名；卫生，山东60名、江西40名、江苏20名；公安，浙江40名；文秘，上海40名；汽车维修与驾驶，上海30名；林业，湖南40名；工民建筑，湖南30名；财会与统计，湖北63名；翻译导游，辽宁40名；畜产品加工，辽宁30名；兽医，江苏40名；电力，山西40名；广播电视，广播电视部30名；银行，中国人民建设银行总行30名；气象，国家气象局20名。

三、建立藏族师资培训中心

根据国务院第二次援藏工作会议决定和国家教委、国务院西藏经济工作咨询小组《转发"关于内地对口支援西藏教育实施计划"的通知》精神，1989年11月6日，国家教委、国家计委、财政部三部委办公厅发出《关于西北师大藏族师资培训中心资金安排问题的意见》，指出：(1)在西北师范大学建立的藏族师资培训中心，是为西藏培养、培训中学师资的永久性基地，在校培养规模为200人，计划拨付资金380万元，其中基建投资200万元，作为在西北师大建立的藏族师资培训中心的固定资产投资，包干建设，不得突破。另180万元，作为近期培养西藏师资所需事业费。(2)180万元事业费，作为西藏自治区培养本科生200人、专科生150人的经常费，包干使用，不足部分由甘肃省人民政府负责解决。从1990年开始招生，每年具体的招生人数和专业设置，由西藏自治区教科委和西北师大协商确定，并将双方商定的意见分别报国家教委、国家计委、财政部备案。有关招生计划，由西北师大统一报国家教委审批。(3)完成上述任务后，西藏自治区若还需在西北师大藏族师资培训中心培养、培训师资，则由西藏自治区负责解决经常费，中央不再拨给基建投资和经常费。甘肃省及西北师大应本着积极支持西藏自治区发展教育事业的精神，在上述第(2)条培养任务以外增加的培养或培训人员的事业费收费标准上给予特别优惠的照顾。

撰稿人　莫保文

审稿人　韦鹏飞

民族高等教育

我国少数民族高等教育为适应民族地区社会主义建设和社会发展的需要，在稳定规模的基础上，优化教育结构，提高教育质量，各项改革工作都取得了一定的成效。

一、民族学院的专业建设

全国现有民族学院11所，即中央民族学院、中南民族学院、广西民族学院、西北民族学院、青海民族学院、西南民族学院、贵州民族学院、湖北民族学院、广东民族学院、西藏民族学院、云南民族学院。此外，西北第二民族学院、东北民族学院正在筹建。民族学院既是我国高等教育的组成部分，又是培养少数民族社会主义建设人才的重要基地。

民族学院专业建设的一项重要任务是清理、编写这类院校的专业目录。为做好这项工作、国家教委民族地区教育司和国家民委教育司于1989年2月联合在北京召开了有关院校参加的编写全国民族学院本科专业目录工作座谈会，对这项工作做了部署。

这次座谈会根据国家1989年工作会议精神，对做好清理、编写民族学院本科专业目录的一些重要问题，进行了分析、讨论并形成了《〈全国民族学院本科专业目录〉编写工作座谈会纪要》。《纪要》肯定了全国民族学院专业建设的成绩和清理、编写新专业目录的重要意义。指出：随着改革的深入发展，科学技术的不断进步，民族学院的不少专业已越来越不适应民族地区经济建设和社会发展的需要。因此，对各民族学院本科专业进行一次认真的清理，并在此基础上编写《全国民族学院本科专业目录》是非常必要的。这不仅保证了学校培养目标的实现和国家对培养人才的宏观管理，而且通过加强专业建设，进一步端正办学方向，使民族高等教育改革与民族地区的需要更紧密地结合起来。

关于编写民族学院本科专业目录的指导思想和基本原则，《纪要》作了明确规定：在编写过程中，要认真贯彻中央关于改革、开放的总方针和经济体制、教育体制改革的精神，专业的设置和调整要面向和适应民族地区社会主义现代化建设的需要。同时要坚持以下几条原则：（1）民族学院本科专业（特别是民族学科）的设置，一定要突出民族地区的特点和民族特点，发挥民族学院自身的优势；（2）要处理好稳定性和灵活性的关系。拟定专业名称、学制、培养目标、业务要求和课程设置等方面，既要考虑民族地区当前发展的迫切需要，也要考虑民族高等教育的长远发展，把稳定性和灵活性结合起来，以利于提高教学质量和加强人才培养的针对性和时效性；(3)专业设置要考虑基础厚一些，专业面宽一些，改变过去专业划分过细、学生知识面狭窄不适应现实需要的状况；(4)专业设置要反映学科发展的趋势，具有一定的预见性。这不仅能反映民族学院专业的现状，而且能考虑专业的发展，并能促进专业的建设更新；体系要科学。划分专业应以学科为主，同时适当兼顾业务部门的需要，体例要完整，内部结构合理。每个专业都应有自己的培养目标和业务要求的基本规格，有独立的课程体系。同一专业的名称必须统一，力求准确地反映口径较宽的专业方面和业务范围。

这次民族学院专业目录的编写范围主要是全国民族学院已经上级主管部门正式批准的现设的所有本科专业。

二、内地与新疆维吾尔自治区高等教育支援协作

为了贯彻党的十三届四中全会和江泽民同志国庆讲话精神，适应改革、开放和开发我国大西北的战略需要，促进新疆教育事业的发展，加强民族团结，巩固祖国边防，国家教委、国家民委于1989年10月在北京联合召开了内地与新疆维吾尔自治区高等教育支援协作规划会议。会议的主要任务是总结近几年来内地支援新疆发展高等教育事业的经验，研究当前存在的问题以及进一步搞好支援新疆高等教育的规划和措施。参加这次会议的有国务院有关部委教育司(局)，新疆有关委、厅、局负责人和清华大学、北京大学、大连理工大学、河海大学、新疆工学院等55所高等学校院校长共90多人。

会议在总结了内地与新疆在高等教育方面开展支援协作经验，落实1990年至1992年内地与新疆高等教育支援协作规划的基础上形成了有关文件，会后由国家教委、国家民委印发了《〈关于内地与新疆维吾尔自治区高等教育支援协作规划会议纪要〉的通知》。

《会议纪要》肯定了内地对新疆高等教育方面支援协作的成绩。近两年来，尽管教育管理体制有所变化，教育经费比较紧张，但支援新疆高等教育的工作一直在积极进行。国家教委及中央一些部委安排的内地高等学校在新疆招生人数保持稳定，内地高等学校通过办新疆民族班等形式共招收少数民族学生1500多人，定向招收新疆研究生180人，接受新疆进修教师200人次，并与新疆高等学校开展了各种形式的学术交流活动。同时，国家教委给新疆公派出国留学人员名额在逐步增加；有关部委分别给新疆有关院校进行了资助、物资支援等。

对落实支援新疆发展高等教育规划问题，《会议纪要》提出了具体意见：(1)为了适应新疆近期经济建设和社会发展的需要，并为本世纪末、21世纪初新疆大规模开发建设准备人才，近些年内地高等学校每年在新疆招生人数应不少于现在的招生人数。但专业要适当调整，以便为新疆培养急需人才。要在认真协商的基础上，制定一个近期的支援协作规划，使校际的支援协作工作有组织有计划地进行。(2)内地为新疆举办高等学校民族预科(班)、本、专科民族班，均列入国家计划。重点招收牧区、边远山区、特别是人口较少的少数民族学生。学生入校前确定专业，毕业后回新疆分配。内地高等学校特别是全国重点院校招生时，新疆方面要优先选送品学兼优的学生报考，以保证招生和培养质量。(3)近3年内内地普通高等学校民族班每年平均招生人数控制在800人左右。民考民录取的学生应先进高等学校少数民族预科学习两年，学习汉语文，提高文化基础知识水平。有条件或已办民族预科的高等学校，应积极办好预科。目前尚未具备条件办民族预科的院校，可委托中央民族学院、西北民族学院或新疆高等学校代办。(4)内地与新疆高等教育支援协作的一个重点是帮助新疆高等学校培训教师，提高学术水平，建设一支合格的教师队伍。一是为新疆定向培养迫切需要的研究生，并根据需要，帮助新疆高等学校扩大研究生专业和学科点，提高培养研究生的能力；二是以优惠条件多接受新疆高等学校进修教师，提高教师的政治、业务素质；三是派出专家教授到新疆讲学或短期任教，以提高教学质量，促进学术交流；(5)国家对新疆在国际教育交流和派遣出国留学人员方面要放宽政策，制订规划，采取一些必要措施，给予支持。

三、普通高等学校少数民族预科教育

为了进一步办好全国普通高等学校民族预科(班)，国家教委民族地区教育司于1989

年11月在四川省成都市召开了全国部分高等学校少数民族预科(班)教育及改革座谈会，主要研究高等学校少数民族预科的教学和改革，交流办好高等学校民族预科的经验。参加会议的有中央民族学院、西南民族学院、中南民族学院、大连理工大学、陕西师范大学、广西民族学院、东北师范大学、云南民族学院、华中师范大学、西北民族学院、西北第二民族学院、西南师范大学、青海民族学院、西藏民族学院、广东民族学院、贵州民族学院、湖北民族学院预科部(班)或教务处的负责同志及四川省教委、国家民委教育司的负责人共30多人。

会议除交流加强预科政治思想教育、教学改革、教材建设等有关专题改革经验外，着重讨论了国家教委提出的《普通高等学校少数民族预科管理办法》等文件，经批准后将在适当时候发布施行。

撰稿人　易先培
审稿人　韦鹏飞

学校体育、卫生与军训

学校体育教育改革

1988年6月30日，国务委员兼国家教委主任李铁映和国家教委、国家体委的负责同志座谈了学校体育工作，就改进和加强学校体育工作提出了重要意见。按照“要全面加强学校体育工作”的精神，1989年，国家教委在体育教育改革方面，重点做了以下几项工作：

一、普通高等学校体育本科专业设置审定工作

1989年4月17日，国家教委下发了《普通高等学校体育本科专业设置审定意见》。这次专业审定，是按照国家教委1988年11月发出的《关于印发〈全国普通高等学校体育本科专业目录〉等文件的通知》的规定，各校上报国家教委的体育专业设置整理登记意见，经学校申请主管部门初步审核后，由国家教委最后审定的。对经过科学论证，确需重新布点、合理安排的个别现设专业，进行了调整，撤消了部分专业点，同时还审批了部分学校申请于1989年增设的专业。

这次专业整理、审定及新增专业审批后，共保留原设专业点71个，新增11个，总计设置专业点82个。同时，国家教委还指出：今后，体育本科专业设置管理办法按国家教委有关规定办理。除《全国普通高等学校体育本科专业目录》已注明的试办专业（体育新闻专业、体育保健康复专业、运动心理专业、警察体育专业）暂由国家教委负责审批外，仍暂由国家教委负责审批的体育本科专业有：(1)运动训练专业；(2)体育管理专业；(3)武术专业。

二、《中学生体育合格标准的试行办法》的检查工作

为了全面贯彻党的教育方针，促进学生德、智、体全面发展，国家教委1987年制订了《中学生体育合格标准的试行办法》（以下简称《办法》），经过试验、修订后于1988年正式发布实施。同时宣布，国家教委将于1989年组织检查《办法》的实施情况，并将检查结果在报刊上公布，以引起各级教育行政部门和全社会的重视，保证《办法》的贯彻执行。《办法》发布后，许多地方教育行政部门和学校认真执行，并制订了实施细则。

1989年是《办法》实施的第一年。为了保证这项工作的贯彻执行，3月和6月，国家教委办公厅和学校体育卫生司先后发出了《关于检查〈中学生体育合格标准的试行办法〉实施情况的通知》、《关于对部分高校89级新生进行“体育合格标准”检查的通知》，部署了检查《办法》实施情况的工作。《通知》指出：各地招生办公室要严格执行“体育不合格的学生不得报考高一级学校”的规定；国家教委确定10所面向全国招生的高校，各地方教育部门确定1所地方高校，对1989年入学的新生进行一次检查。检查应届高中毕业生的档案中，是否有“体育合格标准登记卡”或其它证明材料，然后进行三项身体素质测试，根据测试结果，对三项总分排列在最后的10%的学生，再逐个进行调查。《通知》还明确指出：年底公布检查结果，对执行《办法》不力的地区和学校将提出批评。同时强调：今后要每年检查一次，形成制度。

检查工作于1989年12月结束。共检查了35所高校，29172名学生。多数省(区、市)教育行政部门、承担检查任务的高校，十分重视这项工作，采取各种有力措施积极做好。但是，少数省(区、市)教育行政部门和学校，没有认真研究有关文件，对《办法》的意义，检查的目的、要求，认识不够，对检查工作不积极，没有把查出的问题反映上来。

国家教委于1989年底总结了检查结果，1990年初发表公报，表扬了积极采取各种措施贯彻实施《办法》，努力争取达到“体育合格标准”，坚持原则，严格把关，抓好检查验收的地区和学校；对实施《办法》不力，随意停开体育课，滥发“体育合格证(卡)”，不坚持原则，把关不严的地区和学校提出了批评。

这项工作的开展，有利于纠正忽视德育、体育，片面追求升学率的错误倾向，推动了体育教育的发展。

三、高考增加体育科目的准备工作

国务委员兼国家教委主任李铁映强调指出：“高考录取时，体育至少要成为一个重要的内容。”国家教委、国家体委、财政部、人事部、建设部在修改《学校体育工作条例》时，明确提出：“体育课是学生毕业、升学考试科目”。国家教委学校体育卫生司在《体育卫生工作情况反映》第6期上，向各地介绍了河南省周口地区、广东省湛江市、辽宁省锦州重点高中招生进行体育考试的经验，以促使各级教育行政部门和学校进一步加强学校体育教育，为高考增加体育考试做好准备工作。

四、体育教育专业进行实行“主辅修制”的试验工作

体育教育专业实行“主辅修制”，培养大批新型的体育师资，是整个体育教育体系改革的重要环节。从1987年开始，雷州师范专科学校等几所院校的体育教育专业进行了“主辅修制”的改革试验。“主辅修制”，即体育教育专业的学生，除学体育教育专业之外，还兼学一个其它专业，如生理卫生、地理、历史等等，毕业后既能教体育课，又能兼教一门其它课程。

从雷州师范专科学校两年的试验情况看，效果良好。招生时，考生激增，文化素质也较高；培养过程中，学生的专业思想巩固，精神面貌好，重技术轻理论学习的现象得到了克服；实习过程中受到了实习学校的欢迎。

五、普及农村小学体育教育工作

普及农村小学体育教育是当前一项十分重要而又紧迫的任务。为推动这项工作的开展，1989年，国家教委学校体育卫生司在《体育卫生工作情况反映》第二期上，以“全面贯彻党的教育方针，推动农村小学体育教育改革深入开展”为题，介绍了山西省临汾市普及农村小学体育教育的经验。临汾市是山川相间、城乡相依的县级城市，全市人口56万，其中农业人口36万，占64%；普通小学762所，其中农村小学691所，占91%。临汾市自1986年以来，在短短的3年之内，能够普及农村小学体育教育的主要经验是：

(一)提高认识，更新观念。他们通过学习党的有关方针政策，提高了认识，树立了以下几个新观念：德、智、体三育并重，全面发展的观念；体育要从小抓起的观念；体育要面向全体学生的观念；自力更生办体育的观念。他们认为：体育是党的教育方针的重要组成部分，任何时候都不能偏废；小学体育是培养体育人才的基础，更是全面提高民族素质的基础。着眼点不应该只盯着金牌，而应该首

先面向全体学生的体质，广大农村学校，尤其如此。过去只重视智育，而忽视体育，只重视中学体育，而忽视小学体育，只重视城市学校体育，而忽视农村学校体育，只重视体育代表队训练，而忽视体育课堂教学的作法，实际上是一种很大的失误。

（二）领导重视，身体力行。市委、市政府的主要领导亲自审定教育改革方案；分管教育的副市长深入教学第一线检查指导工作；市政协充分发挥参政议政的职能，关心支持学校教育工作；市体委有关领导在指导体育教育研究方面付出了卓有成效的劳动。

（三）加强辅导，组织观摩。其具体做法是：把全市体育教师按质按量配备在市区中、小学和农村初、高中，按新颁体育教学大纲施教；农村五年制以下的小学，体育课由班主任施教；由市教育局组织专业人员编写了一套适合农村小学的教案，并对班主任进行轮流培训，为全市36个乡（镇）教育办公室，各配备一名专职体育辅导员，负责辅导、督促本乡（镇）各学校的班主任上好体育课；定期组织市、乡（镇）两级的观摩课，使班主任都有观摩学习的机会。

（四）勤俭办事业，自制器材。各学校根据教学的需要，自己动手整修场地、研制器材，改善了体育教学和课外体育活动的物质条件，保证了体育教育各项工作的正常进行。

临汾市普及农村小学体育教育的经验，打破了在经济不发达的农村不能进行体育教育，德、智、体无法同步发展的观念。临汾市普及农村小学体育教育的效果主要表现在两个方面：一是学生的体质进一步增强，多发病的发病率有所下降；二是巩固了初等教育的成果，学生厌学、弃学的人数减少了。1989年3、4月间，《中国教育报》连续三次报道了临汾普及农村小学体育教育的经验，对全国普及农村小学体育教育工作起了积极的促进作用。

六、加强管理，深化体育教育改革工作

为了加强管理，进一步推动学校体育教育深化改革，国家教委学校体育卫生司在1989年《体育卫生工作情况反映》第1期上，以“实行评估管理、建立运行机制”为题，介绍了广东省湛江市加强管理，深化体育教育改革的经验。

广东省湛江市教委，从提高决策人的认识入手，使湛江市逐步形成了全社会重视学校体育的局面。他们的具体做法是：建立校长任期目标管理责任制，确定任期的管理目标，其中体育卫生工作是管理目标中必不可少的一项重要内容；制订学校体育卫生工作各个方面的评估管理办法（中小学体育卫生基础建设工作规划，中小学体育卫生处工作职责范围，中小学体育教师目标管理考核评分办法，中小学卫生人员目标管理考核评分办法，中小学课外体育活动评分办法，中小学体育场地器材建设工作检查评比细则）。这些做法都有力地促进了学校体育卫生工作的改革，取得了显著的成绩。

七、体育教学与健康教育相结合的试验工作

为深化体育教学和健康教育改革，1989年9月，国家教委学校体育卫生司在天津市、广东省湛江市开始进行九年制义务教育体育教学与健康教育相结合的试验。这项试验是把小学、初中的体育课、健康教育课以及自然课中人体部分、初中生物课中人体生理卫生部分的内容结合起来，按不同年龄阶段的特点，合理安排教学进度，以探索在不增加九年义务教育教学计划规定的课程、时数的前提下，更有效地增进学生健康、增强学生体质的途径，建立切实可行的体育与卫生相结合、理论与实践相结合的新的学科体系。

八、中小学体育器材设施配备目录制订工作

1989年11月，国家教委印发了《中学体育器材设施配备目录》、《小学体育器材设施配备目录》和《关于中、小学体育器材设施配备目录的说明》，要求各省、自治区、直辖市教委、教育厅(局)结合本地实际情况，规定分期分批、逐步配齐的时间，采取有力措施贯彻执行。国家教委将于1990年对各地贯彻情况进行检查。

撰稿人 杨宏松 顾美蓉
审稿人 宋尽贤

学校卫生工作

为调动广大学校卫生人员的积极性，推动学校卫生工作的深入开展，1989年5月9日，国家教委办公厅下发了《关于表彰全国中小学卫生工作先进集体和先进个人的通知》，决定在全国范围内开展中小学卫生工作先进集体和先进个人的评选和表彰活动。《通知》确定了先进集体、先进个人的评选条件和名额分配；明确了这次表彰的先进集体为中小学校及中小学卫生保健所，先进个人为中小学校校医、保健教师和中小学卫生保健所卫生技术人员；还确定了由各省、自治区、直辖市教育行政部门按照先进集体和先进个人评选条件及名额分配自下而上进行等额评选的评选办法。经过基层单位推荐，省、地（市）教育行政部门评审，国家教委主管部门审定，共评选出先进集体44个、先进个人215名。1989年11月18日，国家教委办公厅发出《关于全国中小学卫生工作先进集体和先进个人评审情况的通报》，对评选出的先进集休和先进个人进行通报表彰，并要求各省、自治区、直辖市教育行政部门认真总结经验，大力宣传和充分发挥先进集体和先进个人的模范作用。表彰根据中共中央关于双增双节的指示精神，没有召开全国性表彰大会，不举行颁奖仪式，由各省、自治区、直辖市教育行政部门代发奖状和证书，在全国性的报刊杂志登报表彰和宣传。这次全国性的中小学卫生工作先进集体和先进个人的表彰活动是建国以来第一次，各级教育行政部门都予以高度重视和积极支持。表彰活动的开展，促进了各级领导对学校卫生工作和学校卫生队伍建设的重要性的认识，调动了学校卫生工作者的积极性，有力地推动了学校卫生工作的开展。

□全国中小学卫生工作先进集体和先进个人名单

先进集体：

北京市师大附属实验中学
北京市朝阳区中小学卫生保健所
天津市河西区上海道小学
天津市河北区建国道小学
河北省石家庄市第四中学
山西省太原市第五中学
内蒙古自治区赤峰市翁牛特旗教育局卫生保健站
辽宁省凤城满族自治县中小学卫生保健所
辽宁省沈阳市皇姑区中小学卫生保健所
吉林省长春市南关区中小学卫生保健所
吉林省安图县教育局学校卫生保健所
吉林省松江河林业局第二小学
黑龙江省牡丹江市立新实验小学
黑龙江省哈尔滨市道里区中小学卫生保健所
黑龙江省佳木斯市郊区大莱镇中心小学
上海市黄浦区昌邑小学
上海市复旦中学
江苏省南京师范大学附属中学
江苏省徐州市第三中学卫生室
浙江省杭州市安吉路小学
安徽省怀远县教委卫生保健所

福建省福州市第一中学
江西省南昌市属学校校医工作研究组
山东省淄博市第五中学
山东省青岛市第十七中学
河南省实验中学
河南省郑州市中小学卫生保健站
湖北省武汉市江汉区教委体育卫生保健站
湖南省祁东县过水坪镇中学
湖南省益阳市中小学卫生保健所
广东省佛山市学生保健所
广东省汕头市外马路第三小学
海南省琼山中学
广西壮族自治区南宁地区横县中学医务所
四川省重庆市沙坪坝区中小学卫生保健所
四川省绵阳市中区普明中学
贵州省遵义市文化小学
云南省昆明市教育局中小学卫生保健所
西藏自治区山南地区实验幼儿园
陕西省西安市新城区中小学卫生保健所
甘肃省兰州市第三十三中学
青海省西宁市第四中学
宁夏回族自治区银川市第九中学
新疆维吾尔自治区乌鲁木齐市中小学卫生保健所

先进个人：

北京市　刘淑英　李冠英　刘　丽　张淑英　孔宪文　刘龙祥　杨祝君　司肇琴　常品媛　刘淑芬

天津市　蒋万荣　范宝荣　吴淑兰　张芝普　马秋英　扈慰慈　张国庆　李雅静

河北省　陈素清　李静祥　杜淑秀　李桂荣　杨翠萱　郭亦农　杨子臣　王腊梅

山西省　王东菊　杨秀茹　刘凤英　张铁山　阎登伟　杨瑞华

内蒙古自治区　王学迅　吕桂春　冯克诚　韩绍侠　孟令威

辽宁省　王丽艳　李桂芝　郑文荣　阎介琳　王端珠　高春兰　王英华　潘秀珍　彭凤山　张镇西　宋先昌

吉林省　李英香　邱凤茹　李忠芝　吴兰秀　朱淑琴　杨兴新　张德宇　宗树屏

黑龙江省　陈　岩　庞淑兰　赵冰瑶　李淑华　范秀荣　赵育坤　王秀云　梁田芹

上海市　吴月琴　魏一梅　李玉华　陈季安　朱丽珍　严菊娣　陆志平　张亚贤　陆金仙

江苏省　李公望　高瑞华　张慧英　徐彩云　梁恩超　张富尧　徐兰英　陆晓玲　金素芬

浙江省　洪志锐　林国杰　钱小春　丁卫民　姚坚红　王祖慰　吴湘玲

安徽省　袁　渊　杨凤珠　张铭之　孔祥琳　董书亭　于君南　肖玫瑰　凌湘萍

福建省　游文钦　许怀渊　黄钦妹　欧阳鸿辉　陈萌芽　陈金钗

江西省　陈光英　邓建秋　刘连实　罗常伍　张小珍　梁淑云

山东省　毕永兰　王玉华　张忠玲　王淑云　刘惠君　艾　玉　郑惠敏　张立英　姚仕忠　耿谦忠

河南省　李　鸣　杨玉芳　高吉安　张沐庆　周士贵　张志轩　冯玉玺　周振华　万鹏岐

	张传梅		
湖北省	高梅章	王树仪	孟宝庆
	张菊珍	李小双	彭映宏
	刘培康	王海传	
湖南省	李灶凤	李日初	李应兰
	蒋宝莲	周东焯	彭正祥
	周清华	陈美君	欧阳蒲秀
广东省	彭锦雩	陈剑萍	徐　胜
	陈运嫦	苏　双	李瑞勤
	陈凡成		
海南省	王广镇	韩国准	符国顺
	郑爱华		
广西壮族自治区		秦性忠	莫朗琼
	周彩连	李并连	周健贞
	李美莲	黄丹阳	
四川省	刘婉钦	王嘉凤	李淑英
	陈兴才	朱国屏	胡学素
	沈伟才	马德钧	王淑华
	唐光芸	张攀琴	张成贤
贵州省	刘素华	王莉仙	葛成芳
	谢名芝	石桂容	章本琼
云南省	周嘉福	姜　莹	李志洲
	王琼兰	余正志	杨曾恕
西藏自治区		杨鹏飞	
陕西省	李定元	杨英才	刘志清
	何建文	段淑茹	袁贤钰
甘肃省	阎春兰	张伟哲	吴久琴
	孙惠芳	童得仓	
青海省	郝世英	刘学东	赵三岐
	甘永华		
宁夏回族自治区		肖凤珍	刘效真
	郝　锦	王淑贞	
新疆维吾尔自治区		帕提古白合提	
	哈提曼	娄晓燕	佟卫兵

充分发挥中国红十字会及有关群众性学术团体的作用是抓好学校卫生工作的有效途径。几年来，省(市)、地区的学校卫生学术性群众团体不断发展，为开展学校卫生工作做了大量工作；但由于缺乏统一的管理和指导，这些群众性学术团体的作用还不能充分发挥出来。1989年国家教委在积极支持这些群众性学术团体开展工作的同时，加强了对它们的管理和指导，并与中国高等教育学会、卫生部等部门配合，分别于1989年1月15日和1989年10月31日批准成立了中国学生营养促进会和中国高等教育学会高校保健医学研究会。这些群众性学术团体组织广大学校卫生工作者开展各项专业研究，进行学术交流和工作交流，做了大量的工作，取得了成绩。

1989年中小学健康教育不断深入，形式多种多样，覆盖面逐步扩大。到1989年底，已有北京、上海、黑龙江、辽宁、湖南、福建、山西、浙江、广东、四川、天津、广西、吉林、云南、甘肃、河南等省(自治区、直辖市)在不同范围内开设了健康教育课(或卫生课)。这些地区从当地实际出发，对健康教育课程进行了统筹安排，制定了教学计划，安排了课时(每二周一学时)，不少省(市)还编写了教材，以保证健康教育的顺利进行。除此之外，利用小学的常识课、初中的生理卫生课、高中的人口教育课讲解有关生理卫生和健康教育的知识，通过墙报、板报、讲座、广播、学生自办卫生小报、晨检、午检、红十字青少年活动等形式开展卫生宣传教育，督促学生养成良好的卫生习惯，均收到了良好的效果。为了合理安排教育课时，探索开展健康教育的更有效的途径，国家教委学校体育卫生司在调查研究的基础上，于1989年部署了体育课教学与健康教育相结合的试点。这项试验将在教学内容、课时安排、授课师资、教学效果评价等方面进行探索，然后作出合理选择。试验已从1989年9月正式开始，试验期限3年。

为落实经国务院批准，国家教委、国家体委、卫生部、国家民委、国家科委、财政部1987年12月联合发出的《关于中国学生体质、健康状况调查研究结果和加强学校体育卫生工作的意见》，逐步使学生体质、健康调研工作制度化、科学化，国家教委、国家体委、卫生部、国家民委、国家科委又于1989年6月22日联合发出了《全国学生体质、健康状况监测实施方案》，对学生体质、健康监测工作进行了总体规划和具体部署。《实施方案》要求，全国将从1991年开始统一按照实施方案进行学生体质、健康状况的监测工作，今后每3年进行一次监测，并与每10年至12年一次的全国学生体质、健康调查研究相衔接。监测对象为汉族、蒙古族、回族、藏族、维吾尔族、壮族、朝鲜族、黎族的7—22岁的普通大、中、小学生，监测人数为138720人。监测内容包括身高、坐高、体重、胸围、肩宽、骨盆宽、肺活量、月经初潮、首次遗精、50米跑、立定跳远、斜身引体、仰卧起坐、引体向上、50米×8往返跑、800米跑、1000米跑、立位体前屈、内科体检、视力、龋齿、牙菌斑、血红蛋白、粪蛔虫卵、因病缺课、因病休(退)学等26项。为保证监测工作的科学性，要求采用统一的仪器设备、统一的检测卡片和登记卡片，统一检测时间(3—7月)，监测数据实行计算机管理，全国统一数据处理软件，当年上报数据，当年公布结果。

撰稿人　廖文科
审稿人　宋尽贤

学校课余体育训练

为尽快建立大中小学"一条龙"的课余训练体系，探索出一条符合我国国情的发展学校体育事业的新路子，按国家教委1987年发布的《关于部分普通高等学校试行招收高水平运动员工作的通知》和1988年发布的《关于中学培养体育运动后备人才试点工作的几点意见》的文件精神，近年来，国家教委学校体育卫生司大力开展大中小学课余体育训练一条龙体制的试点工作。1989年全国已有57所试点高校，289所试点中学，以及由各省、自治区、直辖市部署的与试点中学挂钩的小学体育传统项目学校开展了这项工作，基本上形成了一条龙的课余体育训练体系，培养了一批德、智、体、美全面发展的优秀体育运动后备人才。同时，对学生体育竞赛办法进行改革，并形成制度：规定每四年举行一次全国大学生运动会，每三年举行一次全国中学生运动会。不举行综合性运动会的年份，组织单项比赛。到1989年底，已举行了大、中学生田径、篮球、排球、游泳、足球等项目的比赛。根据小学生身体发育的生理特点，规定不举办小学生全国性的大型比赛，只举行区域性、校际之间的小型单项比赛。同时，中学生比赛与世界中学生的体育比赛相衔接。每年参加世界中学生体育联合会（简称I·S·F）组织的各项比赛，自1986年开始至1989年，已参加了越野、篮球、足球、田径、艺术体操、体操、游泳等项目的比赛，获金牌26枚、银牌11枚、铜牌20枚，参赛的运动员全部是中学生。

进行课余体育训练工作并建立体系，有三个特点一个核心。三个特点：一是教育部门自己投资主管课余训练试点工作；二是体育部门支持教育部门进行试点工作；三是社会各界支持教育部门的工作。一个核心是：坚持贯彻义务教育法，使每个学生都接受九年义务教育，在保持完整的教育体系的前提下，开展课余体育训练并形成了"一条龙"的课余训练体系，即：小学校代表队──→试点中学──→试点大学。

撰稿人　邱　汝

审稿人　宋尽贤

学生军事训练

1989年，学生军事训练在国家教委和军委三总部的统一领导下，继续深入发展。各级教育部门、军事部门和参训高校认真总结经验，克服困难，采取措施，努力探索，为使学生军训逐步纳入制度化轨道做了大量工作。

一、部署1989年学生军事训练工作

1989年8月国家教委会同总参谋部、总政治部联合发出《关于1989年学生军训有关问题的通知》，《通知》规定，1989年高等学校学生军训的规模为143所。军事训练内容继续参照1987年7月国家教委、总参谋部、总政治部颁发的《高等学校军事训练大纲》和1989年编印出版的《高等学校军事课教材》执行。《通知》强调：学校和承训部队在组织实施学生军训中，要严格要求，严格训练，保证训练人员、时间、内容、效果的落实，要严密组织，防止发生事故；要针对动乱和反革命暴乱给学校带来的不良影响，切实抓好学生军训中的思想政治工作；学校要重视和加强军事理论课教学条件的建设，切实把高校学生军训工作提高到一个新的水平。高级中学学生军事训练，仍按照1985年以来有关文件执行。

遵照《通知》精神，参训高校和高级中学克服困难，积极开展军事训练。但是由于动乱和反革命暴乱的影响，承训部队任务相应调整，部分高等学校未能按计划实施军训。

二、加强国防教育师资队伍的建设

为加强国防教育师资的培养和提高工作，1989年5月国家教委办公厅发出《关于举办全国高等学校国防教育师资〈专业证书〉教学班的通知》。《通知》指出：根据高校国防教育师资状况，为进一步提高大专院校国防教育师资质量，委托山东省教委举办高等院校国防教育师资《专业证书》教学班。教学计划由山东师范大学与有关军事院校负责实施。《通知》规定：招生范围一般为军训试点高校具有5年以上人武工作、军事教学工作经验的在职人员，要求培养对象年龄在35岁以上，具有高中文化程度；办学形式为半脱产，共开设高等教育学、军事教育学、军事心理学、现代军事科技等12门课程；总学时为1000学时，集中学习时间不少于800学时；学完教学计划规定的全部课程，考试合格者，发给成人高等教育《专业证书》，即证明学员已达到本岗位所要求的大专层次专业知识水平。可作为学校国防教育系统内评定、聘任专业技术职务、管理职务任职资格的依据之一。

撰稿人　谭　钢
审稿人　宋尽贤

电化教育

卫星电视教育

卫星电视教育，几年来已形成了一个包括电教教材制作、地面收转传输网络和教学管理所组成的完整的教学系统，到1989年底，全国教育系统已建立教育电视台、收转台280座，卫星地面接收站3000多座，放像教学网点26000多个。同时，各教育部门还与当地广播电视部门合建教育电视台400多座。教育电视的传输系统已逐步形成网络并不断扩大，为我国广播电视教育的发展奠定了初步的基础。

为了推动各地建立教育电视台站，并加强管理、充分发挥效益，1989年8月，国家教委主任李铁映签发了国家教委第3号令《地方教育电视台站设置管理规定》，规定了各地教育电视台站，在地方政府领导下，由教育行政部门统筹规划，统一管理。省、地(市)、县可建立相应的教育电视台和收转台，教学单位可建立卫星教育电视接收站。同时还规定了地方教育电视台站建设的有关具体政策。要求教育电视台、站播出的节目必须坚持四项基本原则，严禁播出有害于青少年身心健康的节目。并应建立严格的管理制度和操作规程，采取各种措施确保台站的安全运行。

教育电视台站的发展，改变了我国广播电视频谱资源为单一事业服务、由一个部门使用和管理的格局。按照李鹏总理的指示，无线电管理的任务之一，是要为社会主义建设服务，教育事业是战略重点，合理利用电视频谱资源为教育事业服务是十分必要的。为此，经过国务院协调和李铁映、邹家华同意，国家无线电管理委员会于1989年4月发出《关于地方小功率教育电视台频道管理的通知》。《通知》规定，各地小功率教育电视台的频道，在有可能时应选用米波。选用米波频道确有困难的地区，可选用分米波频道。由当地无线电管理委员会牵头组织，广播、教育部门参加，在不干扰已建的广播电视台站的服务区，并考虑即将兴建的广播电视台服务区的基础上，通过电磁兼容计算或实地测试，共同协调确定。教育电视台站，由各级教育行政部门管理。

卫星电视教育在我国是一项新的工作，国务院各有关部门和国家教委把它作为专项工程给予了支持。国家计委、机械电子部将卫星电视教育所需的录像机、监视器列入国家年度生产计划。从1986年到1990年初，海关总署已批准免税进口散件组装录像机26000多台。其中，1989年海关总署批准免税进口录像机12359台。

1989年5月，国家教委在安徽省阜阳市召开了全国电教处长培训研讨会，交流、推广了安徽省阜阳地区八县(市)建立小功率米波收转台的经验。

各地教育部门重视对教育电视台站的管

理。1989年检查结果，各教育电视台站始终坚持了正常播出教学课程和教育节目。同年9、10月，国家教委分别在河南省郑州市和四川省成都市召开了教育电视台站管理工作座谈会，20个省、区80个教育电视台的负责人，交流了教育电视台站使用和管理的经验。各地方也都总结和推广了一批典型，它们为教育电视台站的建设和使用管理提供了经验，为当地的师资培训、职业教育、成人教育以及对中小学生教育方面提供了播课服务。教育电视台站为农民提供实用技术的培训节目，为农村实施的“燎原计划”服务，促进了农村教育的改革，为当地经济发展培训了人才，收到明显经济效益。

撰稿人　阮阳陵

审稿人　邢纯洁

电视师范教育的发展

1989年我国电视师范教育发展取得新的成绩。

一、总结卫星电视培训师资的经验

1989年4月，国家教委电教司、师范司和中国电视师范学院联合召开了全国卫星电视师范教育管理经验交流会，会上总结了各地办学的主要经验。

(一)中央组织一支精干队伍，即建立中国电视师范学院，同全国高等师范院校和普通高等学校合作，选择最优秀的教师授课，组织制作高质量的电视教材，为地方办学和中小学教师在职学习提供服务。

(二)地方各级政府和教育行政部门，解决好收看条件和各种培训形式的互相沟通，方便中小学教师在职、业余就近收看、学习。

(三)依靠原有的教师进修院校、师范院校和其它教学单位，搞好教学组织管理，认真组织教师收看中国电视师范学院的课程。

(四)电视与函授相结合。建立一支稳定的高水平的辅导教师队伍，加强面授辅导。辅导教师队伍的组成：一是在职的中小学的优秀教师；二是进修院校、师范院校的教师；三是其它高等院校、中等专业学校的教师；四是各地教育战线离退休的同志。

(五)搞好学员自学的文字教材。文字教材要作为长远建设来抓，与声像教材互相配套。

(六)加强考试和发证管理。各地有很多好的作法，有的是省里出题，由地方组织考试，有的把考场设在县，由县里组织考试，一门门地考。对自学收看的在职教师，按照自学考试的有关规定，根据中国电视师范学院的教学大纲和教材，组织命题，严格考试发证。

二、增设了专业

1989年9月，电视师范教育开播了高等师范专科政治、音乐、美术专业课程。加上原已开设的高师汉语言文学、历史、地理、物理、化学、生物、体育、数学、英语等专业，电视师范教育高等师范专科共开播12个专业的课程。

三、增开了培训中小学校长的课程

为推进中小学校长培训工作，提高校长素质，国家教委从1989年5月开始筹备，11月起通过卫星电视师范教育途径播出了“中小学管理讲座”17讲，由国家教委副主任柳斌、邹时炎以及全国一些具有多年教育管理经验并取得显著业绩的中小学校长担任主讲，受到各地教育行政部门和中小学校长的欢迎。

四、发布了管理办法

1989年9月，李铁映主任签署了国家教委第5号令，发布了《电视师范教育管理办法(试行)》。规定电视师范教育的主要任务是：

(一)开展在职中小学教师培训。小学教师未达到中等师范毕业的、初中教师未达到高等师范专科毕业的，通过电视师范的系统学习，达到国家规定的学历要求。

(二)开展中小学校长岗位培训，提高管理学校的能力。

(三)开展中小学教师学历达标后的继续教育，提高教学业务水平。

电视师范教育的教学计划、文字教材和视听教材的拟定与编制，由中国电视师范学院负责；招生、教学组织与管理、成绩考核、颁发结业毕业证书等工作，由省、自治区、直辖市及计划单列市教育行政部门统筹安排组织落实。高等师范专科的教学组织管理工作，依托教育学院、教师进修学院、广播电视大学或其它高等学校；中等师范的教学组织管理工作，依托教师进修学校或其它培训小学教师的机构。承办教学组织管理的单位根据招生和教学的实际情况，配备相应的专职或兼职辅导教师。电视师范的招生数及报名要求，由省、自治区、直辖市确定，并组织统一招生考试。未经统一招生考试而自学收看的学员，可参加自学考试。

撰稿人　于宗海

审稿人　邢纯洁

中央电教馆在改革中前进

中央电化教育馆是国家教委直属的教学研究性质的事业单位，1978年经国务院批准成立。按照“中央电教馆与省、自治区、直辖市、计划单列市电教馆是业务指导关系，当前应在电教教材、资料、研究等方面开展工作，重点为基础教育服务”的精神，1989年在改革的道路上进一步开展了多项实践活动。

一、为基础教育和职业技术教育服务，组织协作编制并出版发行了一批电教教材

在基础教育方面，与国家教委有关部门联合编制与实施九年义务教育新大纲文字教材相配套的多媒体电教教材；组织32个省级电教馆协作编写了小学自然常识课的电视教材；组织了4个幻灯制片厂参加110集投影电视教材的制作与发行，现已完成87集和242框投影片的编制、审定工作。为了加强政治思想教育工作，组织编制了反映全国优秀思想政治教育工作者经验的德育系列片《教育与艺术》、介绍优秀班主任任小艾先进事迹的《爱，为了新的一代》以及《赖宁》等。少年儿童歌曲录音带《七彩的歌》、《美的童心》等。为了适应劳动技术课和职业技术教育的需要，组织编制了《照像和暗房技术》、《自行车原理与维修》、《烹调技术》、《电子与电器》、《营业员规范》等。为满足学校开展青春期教育和性教育工作的需要，组织译制了31部录像资料片。

二、积极配合形势教育和教学改革，自制一批电视教材

自制的电视教材有：卫星电视教材《中国现代史》、《动乱·考验·反思》、《交响乐欣赏讲座》、《中国画技法》、《轮子》、《纸桥》、《浮沉》等，其中《蓬勃发展的电化教育》曾在中央电视台播出；《中学生日常行为规范》向全国发行后，又同时在中央电视台、中国教育电视台和北京电视台播放多次。

三、收集和清理各种资料，积极为基层服务

中央电教馆对储存的2000余种国内外电教教材、资料进行了清理，充分挖掘和发挥馆藏教育影视资料的作用。通过译制、复制、出借等方式提供各地交流使用。编印了《1978——1986馆藏资料综合目录》供使用单位参考，内容包括收藏的30个学科、9种载体的1872个节目。为实现电教教材资料的科学化管理，组织并参与编写了《非书资料著录规则》和《非书资料分类法》，经专家审定在电教部门推广使用。中央电教馆组织编译出版了联合国教科文组织1984年出版的《英汉教育技术词典》。该词典选取教育技术术语1882条，是一部科学性强、实用性突出的电教工具书。为便于中国读者使用，编译者专门编译了中文词目索引，使之具有英汉、汉英两用词典的功能。此外，馆藏资料还复制交流了理、化、生、地、音、体、美等学科资料1300多小时。

四、在研究推广、组织培训、业务指导方面做了大量工作

通过召开各学科电化教学经验交流会，各种专题研讨会，推动电化教学的深入发展。为在我国电教战线试行《非书资料分类法》培训骨干，在山东省泰安市举办了全国非书资料分类法培训班，来自各地电教机构和大学从事电教资料管理的工作者参加了培训。在山东省青州市还召开了部分地区电教实验交流座谈会，交流了实验研究的经验。

五、《电化教育》杂志创刊10年来坚持正确的政治方向和办刊宗旨，受到广大读者欢迎

中央电教馆编辑出版的《电化教育》杂志，主要是宣传电教的方针、任务和作用，介绍电教基本知识，交流国内外电教工作经验。1989年《电化教育》杂志社还在江西景德镇召开了通讯报道工作会议，着重讨论和贯彻党的十三届四中全会精神，更好地为广大读者服务，为促进教育改革的不断深化和电化教育的健康发展做出贡献。《电化教育》编辑部还与广州经济技术开发区天河育华公司组织了“育华杯”电教通讯有奖征文活动，讴歌10年来为电教事业做出突出贡献的开拓者和先进集体。

撰稿人　周君达
审稿人　李　奈

中央广播电视大学开展非学历教育

1986年，中央广播电视大学在进行大专层次学历教育教学改革的同时，为进一步提高办学质量和办学效益，在稳步发展以高等专科为主的学历教育的基础上，确定大力发展初、中级职业技术教育和多层次、多规格、多种形式的非学历教育，将学历教育和非学历教育的协调发展，作为中央广播电视大学近年来以及今后的发展战略。目的是通过这一战略部署，致力于完善主动适应经济建设和社会发展的教学、科研和社会服务相结合的教育管理和运行机制，拓宽教学服务面，为更好地适应国民经济发展需要服务。坚持按需施教、学以致用的原则，以自学和短期培训为主，讲究社会效益，使电视教育真正为社会主义现代化建设服务。

自1986年11月1日起，中央电大利用通讯卫星，在中国教育电视台正式开播非学历教育课程，播出时间主要利用学历教育的寒暑假、星期日和少量的平日时间，全年约700多个学时。连同1990年下半年至1991年上半年将要播出的461学时，总共为38个课题（项目）、64门课程、2020学时。据不完全统计，到1989年底共播出31个课题、1535小时。全国各类非学历教育结业生有300余万人，在学人数约200万人。

开设的课程大致可分两类：一类是系列讲座，其中包括多门课程，如现代工程师继续教育、家政系列讲座等；另一类是专题讲座，如阻燃科学及其应用、大众传播学等。具体内容主要有：岗位专业知识培训、专业证书教育、大学后继续教育、职业培训与实用技术教育以及社会教育。

办学特点：第一，以现代电子信息技术为基础，利用卫星电视，大面积地开展非学历教育，使之覆盖面广、收视率高、见效迅速。同时发挥广播、电视、录音、录像及印刷教材等多媒体教学手段，课程内容具有针对性、应用性、先进性、通用性。第二，充分利用全国电大系统的优势，有组织、有计划地开展非学历教育。第三，为保证教学质量，每门课程的主讲教师从全国范围内选聘具有较高的学术水平、有教学经验的教授、专家、学者。第四，与有关部门联合办学，进行广泛的合作，建立多种办学方式。充分发挥用人单位的积极性，特别是政府部门的政策把关作用，同时调动全国各级电大的办学积极性，在全国形成一个非学历教育信息网络。

中央广播电视大学校长办公室供稿

全国电大毕业生首次追踪调查

经国家教委批准，全国电大毕业生首次追踪调查作为世界银行贷款项目，于1986年8月正式立项。1987年7月，该项目作为子课题列入国家级重点科研项目“以电子信息技术为主要教学手段的远距离教育研究”。1989年底，调查工作基本结束。

这次调查采用了分层随机抽样法，把电大八二、八三和八五届，共32899名电大毕业生作为总体来进行描述。还请毕业生所在单位填写了反映情况表，使调查结果更客观。总共发放表格12311套，毕业生情况调查表的有效回收率为80.7%，用人单位反映情况表的有效回收率为78%，回收率之高在国际上同类调查中是罕见的。每套问卷表设计了231个数据项，总共录入的数据量为3兆字节，为电大开展教育研究、进行科学决策积累了一批可靠的、宝贵的资料。在整个数据处理过程中全部使用了计算机，并选用了国际上知名度较高的SPSS软件包（社会调查通用统计软件包），还自行开发了接口软件，充分发挥了现代化设备的优势，大大提高了工作效率和数据结果的可靠性。1990年3月，在厦门召开的全国电大毕业生首次追踪调查总结暨研讨会上，中外专家对此项目给予了高度的评价，认为这次追踪调查的“方法是科学的，组织是成功的，手段是先进的，达到了国际先进水平。”

将毕业生本人自评和其所在工作单位的评定加以综合分析，电大毕业生的质量是好的和比较好的，达到了高级应用型专业技术人员的水平。用人单位对电大毕业生质量总的评价为信任和比较信任的占86.2%。电大生毕业后，有57.6%的人取得了各种成果或成绩；有33.9%的人主持或参与了国家级、部级、省级、地（市）级和厂级业务或技术革新项目。曾被授予地（市）级以上荣誉称号的占3.1%，曾被评为厂级以上先进的占17.9%。有73.6%的毕业生在毕业后还继续学习，62.9%继续自学或参加短期培训，4.1%获本科学历或第二大专学历；考上研究生或出国留学深造的约为0.2%。

电大生毕业后，工作得到了适当的安排。有76%被安排在要求大专或大专以上知识技术水平的工作岗位上。从事工作与所学专业完全对口和基本对口的比例为77.2%。在专业对口的前提下，有88.7%的毕业生能够独立胜任工作。有62.3%的学生上电大后改变了职业，主要转为干部、技术员或以工代干（工人做干部工作）。

这次调查还对电大的办学方向、学科类别等问题进行了探讨。统计数据表明，边远地区的电大生比其它地区的电大生更受重用，边远地区应是发展广播电视高等教育的重点地区。

调查数据有力地说明了中国电大系统在办学上是成功的。电大在为国家培养应用型专业人才和提高在职人员的素质上，发挥了积极的作用。

中央广播电视大学校长办公室供稿

师资管理

关于民办教师问题

民办教师是我国中小学教师队伍的重要组成部分，是农村发展基础教育、普及九年义务教育的重要力量。

建国40年来，广大民办教师热爱党的教育事业，不畏艰苦，不计报酬，任劳任怨，为教育事业做出了很大的贡献，如果没有这样一支队伍，我国基础教育事业是不可能取得今天的成绩的。1989年，我国有民办教师300多万人，约占全国中小学教师的1/3。民办教师的分布相对集中：一是集中在广大农村地区。据统计，全国民办教师的92%在农村；二是集中在小学。小学民办教师有256万，占84%；三是集中在河南、山东、安徽、湖北、陕西、江苏、江西、甘肃、湖南、河北、山西、内蒙、黑龙江、辽宁、广西、四川、广东等十几个省区。在农村的民办教师中，专任教师占94.8%。他们当中，中青年占90%以上，绝大多数通过了教材教法考核，有较丰富的教学经验。其中，相当一部分人担任班主任工作，不少人还担任学校的领导工作。河南省罗山县农村学校里，30%的校长和70%的班主任是由民办教师担任的。黑龙江五常县的农村学校里，44%的校长和64%的班主任是由民办教师担任的。不少民办教师被评为各级模范教师、先进工作者或劳动模范。

民办教师队伍中仍存在一些问题，集中表现在相当一部分民办教师待遇偏低、队伍不稳定。为了提高民办教师待遇，稳定民办教师队伍，中央和地方都采取了一些积极有效的措施。近年来，国家拿出了一定的劳动指标，把一些教龄长、业务能力强的民办教师转为公办教师；不少省明文规定，在国家补助费的基础上，为民办教师增加了一部分工资；为解决民办教师的退休问题，1988年6月14日，国家教委、财政部、人事部联合发出了《关于农村年老病残民办教师生活补助费的暂行规定》，对达到、超过退休年龄或接近退休年龄而有病不能坚持正常工作的民办教师，实行退休政策。

综合各地经验，解决民办教师问题主要有以下几种途径：（1）继续整顿民办教师队伍。据抽样调查，现有民办教师约10%的人不合格，需辞退或调离教学第一线。（2）继续有计划地、分期分批地将合格民办教师转为公办教师。（3）扩大中师和师专招收民办教师的数额。（4）适当提高民办教师待遇，逐步做到与公办教师同工同酬。

从长远看，到本世纪末，九年义务教育师资的补充，虽然从总的数量看，师范院校毕业生可以满足需要，但由于师资的外流、师范生被截留、中师毕业生“拔高”到初中任教诸因素的影响，农村的民办教师，一时还难以大量被新的师范生取代，在相当长的一段时间里，现有的民办教师仍将是农村普及义务教育的一支不可缺少的重要力量。

撰稿人　郭剑平
审稿人　张天保

全国募集中小学幼儿教师奖励基金概况

中国中小学幼儿教师奖励基金会自1986年“教师节”成立以来，全国各地积极响应王震理事长的倡议，26个省、自治区、直辖市及10个计划单列市和300多个县(市)相继成立了教师奖励(教育)基金会，现已初步形成募集奖励基金的网络。

近5年来，基金会在各地党委和政府的关怀和社会各界的支持下，开展了大量卓有成效的工作。截止1989年底，全国共募集教师奖励基金达4亿多元。1989年，在中华人民共和国成立40周年和教师节5周年之际，中国中小学幼儿教师奖励基金会会同国家教委、人事部和全国教育工会等单位，联合开展了建国以来较大规模的表彰奖励优秀教师的活动，共提供奖励资金4000多万元。全国共有30多万名教师受到各级政府和基金会的表彰奖励。其中，国家级优秀教师2万人；省级优秀教师3万人；县(市)级优秀教师25万人；约占教师总数的3.5%。此次表彰奖励活动，得到社会各界的支持与赞赏，使广大教师受到了激励和鼓舞。此外，基金会还组织大批优秀教师参加夏令营、园丁之家、健康疗养和多种形式的学术、教学经验观摩、交流活动。1989年10月，由中国中小学幼儿教师奖励基金会和中国教育国际交流协会联合组织的全国优秀中小学、幼儿园教师赴日本考察，取得了良好的效果。

1989年3月26日，国家副主席、中国中小学幼儿教师奖励基金会理事长王震在人民大会堂主持召开了基金会第三次理事会。王震说：“提高中小学教师的地位和待遇关系到中华民族后世子孙的素质。各省、市、县都应该成立中小学幼儿教师奖励基金会这样的社会团体。希望各级政府、各企业、事业单位和个人慷慨解囊，在全国形成一个募集中小学幼儿教师奖励基金的热潮。”国务委员兼国家教委主任李铁映在会上强调，成立中小幼教师奖励基金会是动员和促进全社会尊师重教的一个好办法。要提高教师的地位，在全社会开展尊师活动，建立正常的教师奖励和授勋制度。他希望各级政府大力表彰奖励教师，提倡全社会用更多的实际行动尊师支教，尊师重教。要建立有关条例和法规，使我国教师队伍建设法制化。

撰稿人 韩云昌
审稿人 尹凤合

教师的地位和待遇不断得到提高

尊师重教，提高教师的社会地位和经济待遇，是党的十一届三中全会以来我国教育政策的一个基本点。10年来，从中央到地方，各级党组织和政府，从战略的高度认识教师在教育发展和改革中的重要地位和作用，积极采取措施，倡导尊师重教的社会风气，努力提高教师地位，改善教师的生活条件和工作条件，做了大量卓有成效的工作。

一、提高教师工资待遇

(一)改革工资制度，提高教师工资水平

10年来，先后出台的措施主要有：

1979年调整部分教职工工资，升级人员人均增资约6元。1982年机关事业单位调资，全部教职工普调一级，约20%的人升二级，人均增资约8元，其中中小学教职工提前一年从1981年1月补发工资。1985年改革工资制度，高等学校教职工人均增资18元。中小学实行新工资制度的时间提前半年，从1985年1月1日起执行，人均增资23元，高于全国平均增资水平。1986年重点解决部分教授、副教授、讲师及相当职务的中小学教师工资问题，按教职工总数计人均增资1.8元。高等学校和中小学分别从1986年、1987年起实行专业技术职务聘任制，部分教师通过职务聘任增加工资，人均增资约10元。1987年给部分中级职务教师即讲师、中学一级、小学高级教师等调整一级工资，人均增资约1.4元。同年又将中小学教师工资标准提高10%，人均增资约8元。1988年改善部分高级专家待遇，凡1957年以来未升过级当时仍在职的原四级以上老教授，提高一级工资。

1989年，根据国务院文件规定，在普调基础上，将各类教师及其他专业技术人员工资标准分别提高两档，同时适当解决教师和行政人员工资待遇方面的突出矛盾。教育系统有80%左右的人可以升两级，初步测算，人均增资约15元。为体现按劳分配、鼓励先进的原则，在1989年调整工资工作中，对有突出贡献的中青年教师及科研人员给予重点照顾，在普调和提高档次的基础上予以奖励升级。

(二)建立模范教师奖励晋级制度

对1989年荣获全国教育系统劳动模范称号的教师和教育工作者，国家予以表彰和奖励，除每人一次性奖励500元之外，每人奖励晋升一级工资。各地也相应建立了各种形式的奖励晋级制度。在高等学校，破格提高了一批有突出贡献的中青年专家学者的工资，以资鼓励，创造条件使优秀人才脱颖而出。

(三)根据教师劳动特点，逐步建立并完善教育系统的奖金津贴制度。

1. 1979年在中小学建立了班主任津贴制度，津贴标准分别为6元、5元，约有40%的中学教师和70%的小学教师担任班主任。1988年国务院文件规定，提高中小学班主任津贴标准，授权地方制定实施细则。已有十几个省落实，津贴标准一般在1979年的基础上翻了一番，即12元、10元。

2. 1985年建立中小学教龄津贴制度，津贴标准为3元、5元、7元、10元。

3. 1988年国务院文件规定在中小学教师中实行超课时酬金制度，有部分省、市落实，每课时酬金中学为1.5元，小学为1.2元。

4. 中小学教师奖金一般执行国家机关每年1.5个月工资额的标准。1989年国务院批准中小学勤工俭学收入的一部分可以用于教职工的集体福利及个人分配。奖金税免征点为4.5个月工资额。

5. 高等学校从1980年开始实行奖励制度，奖金标准为一个月工资额；1986年改为1.5个月工资额。1988年奖金税免征点放宽到4.5个月工资额，劳务酬金不计征奖金税；1989年国务院文件规定，高等学校基金的60%可以用于改善教职工工作和生活条件。

通过上述措施，教师工资水平呈逐步上升的趋势。根据国家统计局的数据，教育系统年平均货币工资，1978年为559元，1989年增加到1903元，增长2.4倍。

二、改善民办教师待遇

据1988年统计，全国有民办教师304万。为改善民办教师待遇，10年来，主要采取了以下措施：

1979年，1986年国务院两次划拨28万个专项劳动指标用于从民办教师中选招公办教师。师范学校每年招收一部分优秀民办教师入学。同时，国家规定民办教师工作时间可与转正后工作时间合并计算连续工龄。1981年全国公办教师普调工资时，国家相应提高了民办教师补助费，从原来的每年210元、170元分别提高到260元、220元。1985年公办教师工资制度改革、1987年中小学教师工资标准提高10%、1988年提高班主任津贴标准和中小学教师实行超课时酬金制度的同时，国务院授权地方政府根据当地实际情况，对民办教师采取相应的措施。1988年国家教委等部门联合发布了《关于农村年老病残民办教师生活补助费的暂行规定》，给予退休民办教师一定的生活补助费。并规定，民办教师离职后的医疗待遇与原单位在职民办教师同等对待。使农村年老病残民办教师离岗后的生活得到比较妥善的安排。国家教委还要求各地积极创造条件，逐步建立民办教师基金等社会性保险福利制度。

三、改善教师住房条件等福利待遇

过去各级政府对中小学的基建投资只限于校舍建设，不包括教职工住房建设。1978年以来，中小学教职工住宅建设逐步纳入了国家基建计划。1978年到1989年间，全国城市中小学教职工住房建设共投资35.5亿元，建房1681万平方米。高等学校住宅建设投资也有较大增长。教职工住房紧张的状况正在改变。与此同时，国家采取鼓励政策，支持教育部门和学校兴办集体福利，改善教师生活条件。

四、充分发挥地方的潜力和积极性

近年来，各级地方政府在贯彻落实党和国家尊师重教的一系列方针政策的同时，从当地的实际出发，积极采取措施提高教师地位和待遇。一些地区通过地方性法规和政策，建立了包括教师工资、住房、福利、退休、子女就业、医疗保健、购物等方面的一整套优待教师的制度，创造了很好的经验。具体做法主要有如下几个方面：

（一）通过信贷优惠和减免税收扶持高校有偿服务和中小学开展勤工俭学、发展校办工厂、扩大学校基金、改善集体福利、修建教师住宅、发放奖金。这方面成绩比较显著的有北京、辽宁、江苏、吉林等省市。

（二）建立人民教育基金和中小学教师奖励基金。根据不完全统计，全国26个省市和300个县（市）建立了人民教育基金或中小学教师奖励基金，专门用于奖励教师和改善教师的生活条件。

（三）实行工资总额包干制，把改革内部管理体制、优化组合、精减人员和提高工资待遇有机地结合起来，改革学校内部分配办法，建立校内工资制度或附加工资，使多劳者多得。中小学内部管理改革主要在北京、上海等地试行。

（四）地方财政划拨专项投资用于中小学教职工住宅建设；将部分统建住宅分给中小学教师；商品住宅的租赁、出售，对教师优先优惠；对教师自建房，在用地用工、建筑材料供应等方面给予照顾。

（五）因地制宜，实行多种形式的民办教师报酬制度，保证并提高民办教师工资待遇。许多地方规定民办教师报酬不低于公办教师或不低于当地中上等劳动力的收入水平。绝大多数省区实行了民办教师职务聘任制和职务工资。河南省汝南县，人均收入仅350元左右，通过建立人民教育基金制度，解决民办教师待遇问题，保证按月发放民办教师工资，民办教师年收入逾千元。

（六）通过制定地方性政策，解决民办教师老有所养问题。不少地方实行了民办教师退休退职制度。

（七）建立民办教师福利基金会。在不增加国家财政负担的情况下，通过各种途径，筹集资金，解决民办教师的实际困难，提供社会保险。湖南省100多个县先后建立民办教师福利基金会。湖北省蒲圻市全部建立民办教师福利基金会。

（八）地方政府划拨专项劳动指标，并将学校自然减员指标交由教育部门集中使用，逐步将一部分优秀民办教师骨干转为公办教师。近年来，在就业紧张的情况下，许多地方政府仍然安排一部分劳动指标用于民办教师转正。

（九）为了解决中小学教师就医难的问题，有的地方规定教师可以优先就诊，或定期进行免费体检。一些地方拨出专款解决教师医疗费报销问题。同时，采取优先安排教师子女就业、对中小学骨干教师的家属在“农转非”政策上给予照顾，在资金、技术、物资上扶持农村教师家属脱贫致富等措施，解除教师的后顾之忧。

（十）对退休教师实行较为优厚的退休保险待遇。目前全国已有北京、上海、河北、福建、江西、甘肃、宁夏、新疆等12个省、自治区、直辖市和重庆、宁波等计划单列市作出规定，对教龄满30年的教师给予奖励，退休金比例按照原工资全额计发，以鼓励中小学教师终身从事教育事业。

通过以上政策和措施，许多地方中小学教师的待遇得到了较大提高。一些地方如江苏宜兴县、山东平度县、湖北沙市、广东顺德县、东莞市等，中小学教师的平均收入已超过当地工人的平均水平。教师其他方面的待遇也有了较为明显的改善。

在重视教育事业，改善教师待遇、稳定师资队伍方面，也涌现出一大批先进地区和先进单位。

北京市从1988年6月开始，由市长亲自抓点，进行包括校长负责制、定编定员、教职员聘任制、工资总额包干、校内结构工资制以及发展校办企业等内容的学校内部管理体制综合改革试验，并在市区中小学逐步推开。通过改革，提高了办学效益，改善了教师工资待遇。1989年试点学校月平均工资一般在200元左右，骨干教师有的最高月收入达300—350元左右。稳定了教师队伍，调动了教书育人的积极性。

山东省平度县从1984年起建立人民教育基金。基金由县、乡两级提留，主要用于改善教师尤其是民办教师的工资待遇，民办教师的收入与公办教师大体相当。

大连市金州区政府多方面采取优待教师的措施，稳定了师资队伍。1987年全区民办教师年平均工资1630元，最高的达2675元。许多乡镇做到了凡是公办教师享受的待遇，民办教师都享受。多数乡镇民办教师的平均工资高于公办教师，并能按时兑现。大中专毕业生到农村任教，工资浮动一级，有4个乡浮动两级。具有30年以上教龄的教师，享受原工资百分之百的退休金。1987年到1988年,县乡两级投资为教师建房1万多平方米,缓解了中小学教师住房困难。此外,在教师医疗保健、家属"农转非"、子女就业、升学、承包土地等方面,也采取了一系列优惠政策,如民办教师不承担义务工,除口粮田外不承包责任田,转正后不承包责任田,转正后不收回承包地等。

辽宁、吉林、江苏等省积极发展中小学勤工俭学,在不增加财政负担的情况下,利用勤工俭学收入,有效地改善了教职工的工作条件和生活条件。许多勤工俭学搞得好的单位,教师待遇普遍得到改善,师资队伍稳定,教学质量逐步提高,形成良性循环。

1988年9月,国家教委、财政部联合表彰了在筹措教育经费,改善办学条件和教师待遇方面作出显著成绩的37个先进县。提倡和推广先进典型的经验,进一步推动了这一工作的进行。

10多年来,党和国家为提高教师的地位和待遇进行了不懈的努力。教师待遇在原来的基础上有了较大提高,突出矛盾有所缓解,但仍存在许多问题。如工资水平仍然偏低,在国民经济12个部门中,教育系统工资居第九位;福利待遇较差,教师住房紧、医疗条件差的矛盾仍然十分突出,不少省、自治区、直辖市反映中小学教师平均住房面积少于当地职工平均住房面积,由于教育经费紧缺,中小学教师医疗保健条件也较差,不少地方反映教师看病医疗费无法报销。因此,要从根本上解决教师工资保险福利待遇偏低的问题,必须进一步调整社会收入分配政策,改革现行的工资制度、社会福利保险制度,进一步扎扎实实地采取措施。在治理整顿期间,要充分发挥中央和地方两个积极性,鼓励地方政府挖掘潜力,因地制宜改善教师待遇,使教师的地位和待遇继续不断的得到提高。

撰稿人 管培俊 段长春
审稿人 刘来泉

国务院授予教育界223名全国劳动模范和先进工作者名单

1989年，国务院授予全国劳动模范和先进工作者光荣称号中，教育界有223名获得这一殊荣，其中教育界人士获全国劳动模范者5名，获全国先进工作者218名，名单如下：

□全国劳动模范

王希富(北京) 李文福(黑龙江)
杨玉志(河南) 黄启文(湖南)
沈健吾(新疆)

□全国先进工作者

北京市
王大中 毛二可 陶祖伟 李素静(女)
金熙寅 朱容年(女) 沈 湘
天津市
刘宏泉 张华民 李槛惠(女) 李宝震
河北省
曾凡巨 李素兰(女) 靳秋荣(女)
朱理璇(女) 杨 正 董秀静(女)
李以德 王庆祥 苑书田 杨柱楼
山西省
路林印 秦市义 曹 文 徐 重 刘 波
内蒙古自治区
崔素梅(女) 清格尔泰 海力布
辽宁省
章梦涛 张秀芸(女) 沈 智 陈洪铎
李锦韬 张再华(女) 隋庭升 李传成
王慧筠(女) 冯振飞 齐 莹(女)
吉林省
牟丽芳(女) 田同德 华淑秋(女) 赵 润
黑龙江省
袁乃超 赵玉霞(女) 张万祥 高敬芳(女)
李桂欣(女) 孟庆芬(女) 刘惕若
杨 山 吴 林
上海市
顾玉东 刘瑗如(女) 郑风胡 王沪宁
杨庆尧 刘高联 石成岳 柯元炘
于 漪(女) 朱秋云 顾泠沅 华大年
江苏省
史仰山 顾蕴玉(女) 王美卿(女)
阮长耿 陈秀凤(女) 连万能 莫惠栋
李吉林(女) 陈延伟 耿方珠 丁康源
武家兴 张远芬 方中达
浙江省
路甬祥 郑小明 李承龙 殷志毅 蒋传一
杨岳生 陈云仙(女) 赵生妹(女)
陈平文(女) 张庆仁 舒里红(女)
安徽省
汪 伟 李树深 杨家涛 王鹤龄 常家喜
马华英(女) 衡世斌 邵承林 陈远来(女)
徐叔云 包忠谋
福建省
陈醉珍(女) 葛家澍 黄幼雄 黄静绵
苏玉桂(女)
江西省

陈茀成　黄又卿(女)　黄恕伯　段承鑫
贺耀武　薛妮珍(女)

山东省

胡宏智　蔡重民　张连聿　谢立信　赵文禄
阎梅林(女)　任秀禄　傅　均(女)
丁士海　蒋民华　江　森

河南省

侯　恒　马文玉　张　祥　邓致中
林　芬(女)　刘振东　何水云(女)　张常鑫
陈万福　侯惠普　张维新　赵文芳(女)

湖北省

鄂栋臣　张景龄　詹炳炎　安志慧(女)
赵班胜　张正林(女)覃遵荣　陈振翠(女)
谢汝英(女)　刘晨晖

湖南省

杨云桂(女)　贺大国　张海燕(女)
滕绍蓉(女)　陈国达　李必湖　刘建中

广东省

何静贤(女)　陈月清(女)　方仰群
江汉廉(女)　程儒章　赵北严　刘丽娟(女)
黄立新　郭寿龄　黄活权　丁有宽　李宝健
杜传书

广西壮族自治区

曾硕生　田济川　郭秀英(女)　蒋炳光
李树秀

海南省

林润霞(女)　梁启圣　陈汉平　叶毓贤

四川省

高　敏(女)　周万国　周开达　吴云鹏
刘泽民　徐济文　傅秀华(女)　尼　玛
杨莉莉(女)　侯光炯　冯达仕　李乐民
罗邦安

贵州省

牟永秀(女)　王小维(女)　李德俊

云南省

郭　锡　张毓吉　张呈纬　李云林　李树楠

西藏自治区

旦　巴　西绕生格

陕西省

张继亭　禹长荣　侯伯宇　蒋正华　赵长军
王惠芹(女)

甘肃省

闹日草(女)　王云普　张克让

青海省

刘让贤　李守娴(女)　赵盛世

宁夏回族自治区

张德澄　胡介文　吴生才　戴寿之

新疆维吾尔自治区

努尔木哈买提　阿什卡木沙克(女)
吐尔地·乌斯满

中央机关

徐　行　祖振铨

国家教委、人事部、全国教育工会评选和表彰优秀教师和优秀教育工作者

1989年9月,国家教委、人事部、全国教育工会联合表彰了19769名全国优秀教师和优秀教育工作者,其中1479名被授予全国教育系统劳动模范称号,并享受省部级劳动模范待遇。

一、表彰工作的有关规定

(一)问题的提出。党的十一届三中全会以来,我国教育事业蓬勃发展,各级各类学校在深化教育改革、提高教育质量、培养社会主义现代化建设所需要的人才方面做出了重大贡献,涌现了一大批优秀教师和优秀教育工作者。为了充分肯定广大教师和教育工作者献身于我国教育事业所做出的贡献,激励他们的光荣感和责任感,树立和发扬尊师重教的社会风尚,国家教委决定在1989年开展大规模表彰优秀教师和教育工作者的活动,并于1988年12月发布了《嘉奖优秀教师和教育工作者暂行办法》(以下简称《暂行办法》),作为表彰工作的指导性文件。

(二)表彰的数额、名称和范围。1989年2月16日,国家教委、人事部、全国教育工会依据《暂行办法》的规定精神联合发出《关于认真做好1989年表彰优秀教师和教育工作者的通知》(以下简称《通知》),决定在建国40周年暨教师节5周年之际,表彰全国优秀教师和优秀教育工作者2万名,其中1500名授予全国教育系统劳动模范称号,享受省部级劳动模范待遇,并向获得全国教育系统劳动模范称号的教师颁发"人民教师奖章"和相应的证书,其他受表彰人员颁发"全国优秀教师奖章"、"全国优秀教育工作者奖章"和相应的证书。凡受表彰的优秀教师和优秀教育工作者由中国中小学幼儿教师奖励基金会发给奖金(500元)。《通知》规定,这次表彰的范围是党的十一届三中全会以来,特别是最近几年来,在各级各类学校从事教育、学校管理、服务工作并作出显著成绩的教师、专业技术人员和学校、教育行政部门的管理人员以及学校中的其他职工,重点是在教学第一线的教师,教师中又以中小学、幼儿教师和职业技术学校教师为主。

(三)获奖者必须具备的条件和标准。《暂行办法》规定:获奖人员必须是坚持四项基本原则,坚持改革开放,具有良好的职业道德,在献身于人民的教育事业中堪称表率,并具备下列条件之一者:

1. 全面贯彻国家的教育方针,教育思想端正,关心学生德、智、体、美全面发展,在学生思想品德教育、培养人才方面,成绩卓著的;

2. 在完成教育、教学和科学研究工作中积极改革,勇于探索,提高教育、教学质量方面有突出成绩的;

3. 在学校管理和服务、学校建设方面有

突出成绩的。

（四）名额分配办法。原则上是按各地区1988年底各级各类学校职工总人数的1.47‰左右分给各省、自治区、直辖市（名额中的7.5%左右为全国教育系统劳动模范），由各地教育行政部门会同人事部门、教育工会统一组织分配。各地在分配名额时，注意了不同层次、类别和系统的学校均占有适当比例，对从事教育管理和其他服务工作的人员表彰数额占表彰总人数的比例控制在10%以内。

（五）组织领导和申报、审批程序。评选和表彰工作由国家教委会同人事部、全国教育工会统一领导并组成评审小组，负责评审全国优秀教师、全国优秀教育工作者和全国教育系统劳动模范人选，其重点是全国教育系统劳动模范人选。各省、自治区、直辖市也成立了相应的机构，负责获奖人选的审定和申报工作。根据上述原则，1989年4月，国家教委会同人事部、全国教育工会和中国中小学幼儿教师奖励基金会成立了全国表彰优秀教师和教育工作者领导小组，由国家教委副主任邹时炎任组长。领导小组下设办公室，负责日常工作，办公室设在国家教委人事司。同时，各地也成立了相应机构，负责本地区表彰工作的组织和领导。

二、申报与评审情况

（一）根据国家教委的部署，各地认真开展了评选和推荐工作，许多省市根据有关规定精神，结合本地区实际情况制定了具体办法。在评选和推荐过程中注意走群众路线，并贯彻了重在基层、逐级申报、严格评审、保证质量、择优推荐的原则。

（二）在工作中注意对获奖者的思想政治表现进行严格要求。1989年春夏之交的政治风波平息后，国家教委于6月15日发出紧急通知，要求各地对每个被评选为全国优秀教师和全国优秀教育工作者的人员进行政治审查，每个优秀教师和优秀教育工作者必须旗帜鲜明地反对动乱，拥护中央关于制止动乱、平息反革命暴乱的各项决策，其具体标准由各地根据实际情况，在当地党委的领导下制定。各级教育行政部门克服了种种困难，按时完成了审查任务，做到了人人有鉴定材料，把好了政治关，保证了表彰工作的严肃性。

（三）8月10日，全国表彰优秀教师和教育工作者领导小组办公室组成评审小组，根据《暂行办法》、《通知》及其有关规定，对各省、自治区、直辖市报送的全国教育系统劳动模范、全国优秀教师和全国优秀教育工作人选进行了严格的评审。最后经国家教委、人事部、全国教育工会批准，决定共表彰全国优秀教师和全国优秀教育工作者19769人，其中，1479人被授予全国教育系统劳动模范称号。

（四）获奖人员基本情况。受表彰人员主要是在教学第一线的教师（约占90%），并且是以中小学教师为主。据统计，这次表彰的19769人中，女教师占30%，共产党员占75%，民主党派占1.3%，少数民族占6.8%。从学校类别看，高校1245人，约占6.3%；中学7674人，约占38.8%；小学6318人，约占32%；幼儿园665人，约占3.4%；特殊教育53人，约占0.3%；成人教育789人，约占4%；职业技术教育（含中专、中师）1820人，约占9.2%；教育行政669人，约占3.4%；其他536人，约占2.7%。从职称情况看，受表彰人员中具有专业技术职务的共计13667人，其中教授571人，约占4.2%；副教授464人，约占3.4%；讲师210人，约占1.54%；中学高级教师2842人，约占21%；中学一级教师3232人，约占23.6%；中学其他教师职务1602人，约占12%；小学高级教师3836人，约占28%；小学其他教师职务920人，约占7%。从年龄结构看，中青年占多数。受表彰人员中，30岁以下的739人，约占3.7%；31—40岁的3762人，约占19%；41—50岁的7870人，约占39.8%；51—60岁的6701

人，约占33.9%；61岁以上的697人，约占3.5%。

三、召开隆重的表彰大会

1989年9月8日，国家教委、人事部、全国教育工会在人民大会堂召开了隆重的表彰大会，党和国家领导人江泽民、李鹏、宋平、李瑞环、王震、李铁映、王平、王首道、习仲勋、方毅等出席了大会，并向全国优秀教师代表发奖。

在这次表彰活动中，各地还表彰了省级优秀教师和优秀教育工作者3万人，县（市）级优秀教师和优秀教育工作者25万人，全国共有30万教师和教育工作者受到各级政府的表彰和奖励，约占全国教职工总数的3.5%。表彰的规模和声势之大，范围之广，在建国以来还是第一次，它产生了较大的政治影响；它表明了党和政府重视知识分子、重视教育、重视教师，这对提高教师的社会地位，对尊师重教的社会风尚的形成，具有积极的作用，因而受到了社会各界的支持和赞赏。通过这项活动，充分激发了广大教职工的荣誉感、责任感和工作积极性，他们表示决不辜负党和政府的关怀以及全社会所寄予的厚望，为培养一代有理想、有道德、有文化、有纪律的新人而奋斗。

撰稿人　程剑平
审稿人　刘来泉

关于1989年表彰全国优秀教师和教育工作者的决定

党的十一届三中全会以来，我国教育事业蓬勃发展，各级各类学校在深化教育改革，提高教育质量，培养社会主义现代化建设所需要的人才方面做出了重大贡献。在教育系统也涌现了一大批优秀教师和教育工作者。他们热爱党、热爱社会主义，坚持四项基本原则，坚持改革开放，政治立场坚定，旗帜鲜明地反对资产阶级自由化。他们热爱人民教育事业，热爱学生，在教书育人的实践中，坚持社会主义办学方向，坚持全面贯彻教育方针，他们品德高尚，忠于职守。他们是我国教育战线上的优秀代表。在各省、自治区、直辖市认真评选推荐的基础上，经审查决定表彰全国优秀教师和教育工作者19775人，其中授予全国教育系统劳动模范称号 1475 人，并颁发奖章和证书，以资鼓励。

国家教育委员会、人事部、全国教育工会要求教育战线的同志向这些优秀代表学习。同时希望这次受到表彰的同志谦虚谨慎、戒骄戒躁、继续努力、不断前进，并且和广大教职工一道，坚决按照党的十三届四中全会的精神，进行创造性的工作，为造就有理想、有道德、有文化、有纪律的新一代而努力奋斗。

中华人民共和国国家教育委员会
中华人民共和国人事部
中国教育工会全国委员会
一九八九年九月七日

附一

□全国教育系统劳动模范

北京市

高景丽　北京市地安门中学
王毓铸　北京市东城区少年宫
翟京华　北京市西城区育民小学
刘德彰　北京教育学院崇文分院
陈国焜　北京市第二〇九中学
马　捷　北京市回民学校
凌爱宜　北京市朝阳区沙板庄小学
董明臣　北京市延庆县延庆中学
胡秀清　北京市六一幼儿园
崔淑芳　北京市丰台区师范学校附属小学
石元春　北京农业大学
焦文俊　北京理工大学
高镇同　北京航空航天大学
周新城　中国人民大学
席葆树　清华大学
白兰璧　北京化工学院
凌　远　中央音乐学院附属中等音乐学校
王　遵　北京市农业学校
郝永成　北京市门头沟区西辛房中学
王瑞国　昌平县师范学校
胡德林　大兴县大皮营乡中心小学
宁　珩　北京市通县后南仓小学
李　先　顺义县第二教师进修学校
彭明友　怀柔县喇叭沟门乡中心小学

景淑霞 北京市平谷县大华山中心小学
董宝华 北京市教育局教学研究部
朱立恩 海淀财贸中等专业学校
陈　伟 市第六建筑公司职工大学
周小军 市化工局职工大学
彭赓先 北京市电机总厂技工学校
穆祥荣 建国门街道中心园
孙文彬 大安栏营幼儿园
张玉凤 顺义尹家府乡中心园
李烈先 华北电力设计院幼儿园
王瑜元 拖拉机公司幼儿园
王凤云 第三市政工程公司幼儿园

天津市

南炳文 南开大学
蔡高厅 天津大学
任中原 天津医学院
李家琪 北郊区职业中专
邢春丰 育婴里小学
李炳德 三十一中学
郭雅素 十九中学
吴迪生 九十八中学
段淑云 第二幼儿师范学校
郭永华 二号路小学
房世霖 第二师范附属小学
董椿英 武清县教学研究室
席柱云 西郊王稳庄中学
冯域周 南郊双港联合校办厂
贾长河 东郊四合庄中学
邵玉茹 蓟县洇溜乡八里庄小学
陈国旺 宝坻县一中
童继红 宁河县芦台一中
方庭瑞 静海县二中
冯　玲 塘沽六中
丁桂华 棉纺四厂职工学校
金殿庠 天津市农业学校
王子彬 天津市委党校
魏淑琴 一轻局技工学校
孙世贤 天津钟表厂幼儿园

河北省

吴振德 河北师大数学系
邢君纯 河北工学院化工系
滕大春 河北大学教育系
徐木侠 河北机电学校
刘素莲 廊坊劳动技工学校
申竹箴 石家庄市第一中学
顾守乙 河北师大附中
吴让利 正定县解放街小学
丁荣秀 省直机关第一幼儿园
阎泽泉 丰润县丰润镇中学
刘建双 滦县二中
史淑莲 唐海县一中
刘素芬 唐山市新区李庄子小学
籍大成 武安市第一中学
张福荫 沧州市第一中学
王增田 邯郸地区教委
薛文秀 磁县张二庄学校
杨景旭 涉县中学
武金云 永年县施庄幼儿园
时　泰 南宫市第一中学
郑雪珍 平乡县北牌小学
杨绍秋 巨鹿县育红小学
刘虎林 沙河县栾卸学校
李振芳 宁晋县教委
杨柱英 高邑县马村小学
段荣军 赵县大夫庄乡中
王学臣 辛集市第一中学
王泮述 河北辛集中学
王淑英 唐山市东新街小学
李玉华 唐山市卫校
杨洪山 开平区郑各庄小学
李万岭 丰南县第二实验小学
仉倩华 抚宁县教师进校
薛文成 昌黎县第二中学
张宝贵 卢龙中学
王墨森 邢台市第一中学
郭　宗 保定市第一中学

杨重功 张家口市第一中学
王永华 张家口市盲聋哑学校
李 寅 承德县双峰寺镇中学
陈金生 邯郸市峰峰矿区二小
冯秀云 邯郸市第十一中学
李国荣 康保县城关小学
凌雪朋 廊坊一中
王同刚 大城县第一中学
谢德润 永清县第一中学
周长柳 冀县老周庄小学
郑艾玉 衡水师专
刘景川 深县中学
常希平 故城县郑口中学
马新江 河间中学
路满金 沧州师范学校
王增林 海兴县教研室
徐景新 吴桥县农职中学
任淑梅 献县白娄小学
江铁英 泊头市第三中学
齐瑞泽 晋县第一中学
董金成 保定师范
李玉梅 曲阳燕南小学
齐鹤堂 易县师范
魏玉兰 徐水小学
黄树茂 涿州市中学
王宪军 阜平中学
张 田 涞水县蛟龙口小学
王兴国 丰宁满族自治县教委
王凤珍 滦平县第三小学
胡东池 平泉县榆树林子中学
程玉忠 尚义县八道沟完小
乔淑彩 蔚县第一中学
廉润昶 怀来县沙城中学

山西省

赵梅生 太原师范
张宜亚 太原十一中
张俊华 太原星火二中
张玉兰 太原新建路小学
续梅英 太原桃园小学
江家宏 大同矿务局一中
马桂英 大同城区十四校
胡 朗 盂县中学
朱爱所 阳泉七中
缑国禧 长治市二中
桂云峰 沁县中学
张喜腾 长治城区职业高中
张更旭 长子县大堡头乡
李书堂 武乡县石盘乡内义小学
张金针 晋城城区三小
袁天斗 晋城二中
赵德英 阳城县教育局
赵秀兰 朔州市朔城区牛市街小学
许 莹 怀仁县第三中学
张汉奎 浑源县城镇二小
陈聚宝 忻州市庄磨中学
张宁生 原平范亭中学
岳奋飞 静乐县堡子会中心小学
郭万林 太谷中学
刘安远 晋中地区教育学院
梁天文 平遥县东泉中学
施炳权 愉次市白家庄学校
刘玉香 柳林县柳林镇小学
王志峰 临县一中
成绛卿 文水县城镇中学
任瑞玲 汾阳县府学街小学
刘大勇 翼城县中学
梁鸣时 襄汾县贾岗中学
高 峡 侯马市教育局
葛友梅 吉县东关小学
杨恩选 运城康杰中学
何淑娴 运城临晋中学
金文辉 运城中学
戴香莲 永济县西厢小学
柴培勋 万荣县教研室
吕镜明 芮城县教研室
李增福 山西省实验中学

萧树文 山西师范大学地理系
吴聚华 太原重机学院
刘开瑛 山西大学计算机系

内蒙古自治区

阿　荣 呼和浩特市教育局
王明明 呼和浩特市土左旗南什轴学校
孟和乌力吉 包头蒙古族中学
张祖炯 包头教育局教研室
王金玲 乌海市海勃湾二完小
陈肇基 赤峰市教育局
杨振和 赤峰市克什克腾旗新开地乡广华中心校
穆春英 赤峰市阿鲁科尔沁旗天山实验小学
呼和吉乐图 赤峰巴林右旗大板一中
于翠琢 呼盟满洲里市二中
斯布金格 呼盟新巴尔虎左旗嘎苏木中学
索公孝 呼盟鄂伦春自治旗朝阳小学
张月英 兴安盟乌兰浩特市兴安一小
钦　英 兴安盟科右中旗白颜胡硕一中
张正贤 哲盟实验中学
曹韵环 哲盟奈曼旗衙门营子中心小学
图布要斯图 哲盟科左后旗满斗苏木中心校
温玉珍 哲盟通辽市明仁小学
都达古拉 哲盟扎鲁特旗格日朝鲁总校
却吉曾格 锡盟蒙族师范学校
段秀珍 乌盟丰镇马桥街小学
朱占仁 乌盟兴和县大同乡一间夭村学校
曹　勇 乌盟集宁二中
王林玉 伊盟鄂托克旗一中
张兰荣 巴盟乌拉特前旗先锋乡根子厂学校
哈斯格日勒 巴盟乌拉特中旗川井苏木总校
阎克恭 阿盟阿左旗一中
齐日迈 内蒙古医学院
李祚煌 内蒙古农牧学院
王治兰 内蒙古农业学校
王长清 内蒙古二机厂培训中心
袁　舜 乌盟兴和县技工学校
刘国柱 锡盟镶黄旗一中
白云翔 呼盟伊敏河矿区二小
王世荣 乌盟集宁新市区小学
蔡敏勋 大兴安岭乌尔其汉林业局一中
李明先 伊盟准格尔旗特布乌苏学校
王　锦 包头市土右旗仁义昌小学

辽宁省

孔祥骥 沈阳市第一二〇中学
郭东亚 沈阳市第五十一中学
张奉临 沈阳市和平区南京街第一小学
朴在生 沈阳市于洪区朝鲜族中心小学
刘长青 东北工学院
吴玉斌 沈阳市沈河区教师进修学校
程中光 沈阳市第二运输公司职工学校
谢志雪 沈阳市铁西区勋望小学
刘印春 沈阳市新民师范学校
郑长富 沈阳新阳机器制造公司技工学校
曹永方 沈阳市联合职工大学商学院
付士和 沈阳市第七十四中学
刘庆春 沈阳市新民县高级中学
韩　玲 大连市中山区桃源小学
宋振镇 瓦房店市第八中学
张廷祥 大连市庄河县大营镇中心小学
丛吉长 大连市第一〇三中学
王立堂 旅顺第一职业高级中学
王林钧 大连市新金县第三十五中学
刘业成 大连市西岗区教师进修学校
迟玉兰 大连理工大学
黄书贤 旅顺 37001 部队后勤部幼儿园
杜　欣 大连理工大学附属小学
何永利 鞍山市第九中学
尚世南 鞍山钢铁学院
姜玉香 鞍山市立山区弱智学校
王素娟 鞍山市胜利小学
刘素芝 鞍山市白鸽幼儿园
王　琳 抚顺市第一中学
邹吉双 抚顺市第三中学
张凤兰 抚顺市露天区东安二校
潘桂兰 抚顺市清原县第一中学

高桂兰 抚顺市新宾满族自治县实验小学
姜淑兰 本溪市桓仁县实验小学
崔凌华 本溪市高级中学
张元仲 本溪市平山区群力小学
王维礼 丹东市东沟县十字街镇东升小学
鲁振洪 丹东市凤城满族自治县第一中学
关德俊 丹东市岫岩县洋河镇中学
张秋梅 丹东市岫岩满族自治县第一幼儿园
陈爱明 锦州市义县稍户营子中心校
曹承厚 锦西市第一高级中学
贾锡蓉 锦州市北镇县实验小学
梁玉环 锦州市凌河区解放路小学
李华实 锦州市第一师范学校
侯鸿烈 锦州市实验小学
夏廷林 锦州市教育教研中心
陈敏行 锦州市绥中县第一高级中学
邱振声 营口市盖县第五中学
匡绍升 营口市营口县实验小学
王俊岭 营口市高级中学
赵永成 阜新市海州区滨河路小学
赵德祥 阜新市高级中学
杜金才 阜新市彰武县四合城中学
朱淑伦 阜新矿业学院采矿系
张德民 辽阳石油化纤公司高级中学
赵明明 辽阳市文圣区永乐小学
张高峰 辽阳市白塔区职工学校
解振连 朝阳市朝阳县教研室
殷子华 朝阳市北票市教研室
王汉学 朝阳市建平县叶柏寿二小学
刘连阁 朝阳市凌源县第一中学
赵淑英 朝阳市建昌县第一初级中学
陈树玉 朝阳市喀左县蒙古族高级中学
廉庆民 铁岭市第一中学
张淑安 铁岭市西丰县高级中学
陈景芳 铁岭市铁岭县新台子镇八里庄小学
高　林 铁岭市法库县登仕堡小学
宋儒中 铁岭市昌图县老城中学
李明阁 铁岭市高级中学

吉林省

苑维宗 长春市第九十八中学
鲁宝凤 长春市第五十二中学
全哲范 长春市宽城区朝小
张亚贤 长春市郊区教师进修学校
张靖国 榆树县实验中学
贾宝喜 农安县第二中学
张玉峰 九台市第十二中学
刘树文 双阳县第六中学
张鸿顺 德惠县升阳乡中心校
杨志明 长春市实验职业高中
杜静英 长春市制药厂
车哲柱 永吉县朝一中
栗怀杰 烟筒山杏树小学
侯绪让 蛟河县第一中学
冯桂兰 吉林市郊区江南乡中心校
贾绍白 吉林市船营区四小学
宫守义 吉林市联合大学
吴海友 吉林市教育委员会
蒋德嘉 吉林市第一中学
高铁军 公主岭市教育局
方士元 四平市一马路小学
李亚茹 梨树县第四中学
李　敏 伊通县路家小学
程绍卿 抚松县第一中学
于青年 浑江市教育局
李德奎 通化市第二十一中学
刘淑兰 通化市东昌区教育局
李汉升 梅河口市曙光中学
王　甫 通化县第七中学
杨占衡 辽源市第三中学
于喜成 东丰县第二中学
张术良 镇赉县第三中学
刘凤鸣 通榆县第一中学
刘广武 大安市第一职业高中
吴凤兰 乾安县第二小学
李明育 长岭县第三中学
张云峰 洮南市永胜乡中学

包玉梅　前郭县蒙古族中学
费金兰　延吉市向阳幼儿园
朴惠顺　安图县实验小学
金镐声　延边第一高中
姜东信　珲春市教育局
周振丰　吉林工业大学
李在琉　延边医学院
王雅清　长春第一汽车厂职工大学

黑龙江省

洪　晶　哈尔滨工业大学
刘敬圻　黑龙江大学
陈润生　东北农学院
何祚镛　哈尔滨船舶工程学院
郑焕能　东北林业大学
钟贞一　呼兰师范专科学校
张　元　佳木斯农业学校
赵修齐　大庆石油管理局技工学校
高洪文　绥化地区肇源技工学校
吴俊贤　哈尔滨市委党校
赵　刚　黑龙江省农业管理干部学校
雷冰洁　哈道里四十一中
苗鸿媛　哈南岗医大附小
关永海　哈道外钱塘小学
石冬梅　哈呼兰建国小学
李荫越　哈市商委教育处
刘兰菊　哈市十三中
赵永才　讷河县团结中学
赵凤春　克山县第一中学
周天卉　克东县实验小学
宁福琴　齐齐哈尔龙沙小学
畅广贵　齐齐哈尔第六职业高中
马　哲　齐齐哈尔钢厂三中
王立忠　齐齐哈尔商业职工中专
郭惠华　海林县高级中学
薛成仕　东宁县一中
张志辉　宁安县一中
朱文福　牡丹江师范学校
卢清发　密山市第一中学
孙希斌　佳木斯市郊区教育局
张大鹏　佳第十小学
张新林　依兰县一中
刘文华　佳木斯一中
石淑梅　佳木斯三中
柳淑娟　富锦市第四中学
许旭善　鸡西市第一中学
赵淑杰　双鸭山师范附小
常玉琮　鹤岗市师范学校
林晨华　勃利县第四中学
韩凤会　伊春市第二中学
胡增祥　木兰县教育委员会
王玉明　巴彦县天增乡大河校
文　岩　方正县实验小学
关仁辅　五常县聋哑学校
滕佩荣　宾县满井中心校
刘　炯　肇源县第一中学
曹茂泰　安达高级中学
王国君　肇州县丰林乡中学
姚忠范　海伦县向阳小学
邹艳琦　肇东市七中
王丽云　望奎县第一中学
杨伯威　绥化市一中
杨淑珍　漠河县第一中学
李淑琴　大庆市大庆一中
金春菊　大庆市大庆中学
于　华　黑河市黑河中学
杨立漠　八五三农场教研室
田　斌　克山农场第五中心校
滕兆祥　牡丹江农垦职工大学
崔国胜　海林林业局一中
任　虹　桦南林业局东风小学
唐玉春　苇河林业局一中
朱锦慧　鸡西矿务局第一小学
刘继荣　哈铁分局第五小学

上海市

邓景发　复旦大学
徐匡迪　上海工业大学

华泽钊　上海机械学院
顾国维　同济大学
王宇平　上海大学
王大任　上海市向明中学
郑谷兰　上海市光明中学
潘和德　上海市黎明中学
方仁工　上海市市北中学
石国标　上海市行知中学
沙明贵　上海市商业职业技术学校
毛蓓蕾　虹口区第三中心小学
杨文瑛　杨浦区控江二村小学
范庆沩　普陀区江宁路小学
朱祖愔　长宁区紫云路第二小学
朱月升　静安区新闸路第三小学
邓瑞弟　闸北区第三中心小学
季佩玉　上海市第四聋哑学校
阮惠英　上海市实验幼儿园
郦海英　南市区学前街幼儿园
钱梦龙　嘉定县实验中学
翁志勋　青浦县实验中学
邱锦泉　川沙县六团中学
杨玉泉　上海县友爱实验中学
黄有诚　松江县第二中学
钱齐乐　崇明县聋哑学校
徐庆余　奉贤县四团中心小学
钱天鸣　南汇县周西中心校
朱菊民　金山县廊下中心小学附幼
张琴芳　上海第一仪表电子工业学校
俞安国　上海上钢三厂技工学校
朱万康　上海市机械施工公司
郑明同　上海标准件七厂

江苏省

陈国强　南京市实验幼儿园
张玉生　华东工学院附属总校
李昌英　南京雨花台区实验小学
詹明道　江宁县文教局教研室
史有志　溧水县白马中心小学
邱在善　高淳县城区小学
蒋祖霖　宜兴市中学
郑志远　无锡县梅村中学
邹石溪　江阴市江苏省南菁中学
言穆安　无锡市师范附小
朱雪珩　无锡市向阳中心小学
李武学　丰县实验小学
刘厚义　沛县体育中学
李玉瑶　铜山县郑集中学
武家兴　睢宁县睢城镇小学
鲁瑞兴　邳县东夫职中
王兴荣　徐州市云龙区公园巷小学
秋　坪　徐州市矿务局权台矿校
张世功　徐州市一中
韩　涛　江苏省常州中学
李绍棠　金坛县实验小学
史祥钧　溧阳县埭头乡水产小学
张祖望　江苏省苏州中学
欧阳斐荧　苏州市轻工职业三十八中学
莫　年　苏州市郊区实验小学
徐本坚　常熟市教育局教研室
金倚城　昆山县蓬朗中心校
马澄玉　吴县木渎中学
李庚南　南通市启秀中学
储有杰　海安县中学
姚　智　如东县栟茶中学
郁大华　南通县金郊中学
屈宝贤　海门中学
张志荣　启东县惠丰中学
方　弢　如皋县薛窑中学
徐学元　灌云县中学
程　磊　赣榆县中学
纪春风　东海县实验小学
曹　英　连云港孙庄小学
陈水能　灌南县花园中学
吴荣坤　泗阳县中学
侯小谷　淮阴市清浦区黄码中学
任树贤　江苏省淮阴中学
赵吕森　泗洪县实验小学

薛鸿刚　洪泽县渔民子弟小学
徐慧文　金湖县中学
陈　庄　金湖县实验幼儿园
沈金凤　盐城市郊区教育局
徐振邦　滨海县东坎第三中学
胡正元　江苏省阜宁中学
邵成朗　射阳县教师进修学校
唐　华　建湖县中学
徐一山　大丰县教育局
丁从干　东台市第二中学
余汝霖　泰州市第二中学
韩成林　兴北市荻垛乡成吾小学
刘　义　宝应县中港乡港口小学
朱结如　泰兴县古溪镇中心初中
楼文英　泰县实验小学
傅国奎　仪征市大巷初级中学
陈一兵　扬州市梅岭小学
许白虹　江苏省扬州中学
王一美　靖江县中学
张达明　江苏刊江县中学
沈华方　丹阳市界牌镇中心小学
向丽芳　句容县石狮中学
吴德怀　丹徒县高桥中心小学
潘旦君　南京市业余工业大学
张觉民　苏州昆山南港乡成教办
金良福　无锡江阴市山观乡成人中心校
刘树德　连云港市锦屏磷矿
王鲁捷　江苏青年管理干部学院
梁昆淼　南京大学
刘景麟　河海大学
贺安之　华东工学院
沈嗣昌　南京航空学院
金树德　江苏工学院
柯文进　中国矿业大学
王敬良　南京医学院
杨克成　苏州医学院
孟中岳　南京师范大学

浙江省

吕子里　杭州市学军中学
张文花　杭州市上城区胜利小学
陈丽卿　杭州市东园新村幼儿园
徐云龙　富阳县新登镇小学
章熙琤　淳安中学
陈妙恩　奉化县莼湖区校
娄月娥　象山县石浦镇中心小学
蒋　坚　余姚市新建中学
王惠娣　鄞县朝阳乡幼儿园
陈守德　温州市第九中学
陆忠权　瓯海中学
吴梦菊　永嘉县实验小学
章丽茳　苍南县金乡中学
陆经民　乐清县实验小学
杨身永　嘉善县大舜乡红菱村小
张宏良　桐乡县留良乡初中
童坚心　嘉兴市郊区新丰镇中心
马建福　湖州中学
董小白　长兴县包桥乡中学
商伯逊　新昌中学
杨建华　诸暨县城关幼儿园
许炳松　绍兴县鉴湖区校
毛应铎　金华一中
朱桂香　金华市婺城区环城小学
戚凤菊　义乌市苏溪镇初中
童克祖　浦江县堂头乡初中
黄昌明　江山中学
汪祖林　开化县西坑镇初中
许国华　舟山市定海区第二中学
杨铭焜　缙云县新建中学
傅亚芹　遂昌县王村口上垟小学
葛新民　临海市教师进修学校
徐方林　温岭县箬横区中心校
吴友法　仙居县官路乡萍溪小学
金少闲　余杭县彭公乡成人教育中心
程　伟　德清县高林乡成人文化技校
章中春　绍兴卫生学校
吕勇哉　浙江大学

朱寿民 浙江医科大学
叶柏村 浙江师范大学
吕光洪 温州市职业技术学校

安徽省

刘开贵 金椒县草庵中学
查灿云 天长县天长中学
江树铭 凤阳师范学校
周希定 青阳县教委
陶德甫 东至县第二中学
陶龙甫 贵池县梅龙学区
陈小平 宣城中学
胡治瀛 宣州市市区第四小学
肖必位 泾县凤村成人技术学校
都振礼 蒙城三义高级职业中学
侯立法 临泉县黄岭实验小学
王云铭 阜阳县中学
张鹤天 颍上县师范附小
海国隆 阜阳市第三中学
尹正路 宿县聋哑学校
张广东 泗县山头小学
胡立达 萧县中学
陆永安 六安市城北小学
刘自朝 舒城县第一中学
贾本昌 霍邱县陈埠职业中学
李传楠 寿县第一中学
蒋百川 无为县赫店乡初中
干方杏 含山县林头镇陈墩小学
朱儒奎 巢湖市第一中学
万先广 合肥市聋哑学校
蔡　春 合肥市第三十六中学
朱勤民 肥东县第一中学
焦瑞瑜 合肥市第四十六中学
韩来宣 合肥市一机公司技校
权循斌 怀远县第一中学
孙立均 蚌埠市第二中学
张凯荣 五河县第一中学
李仁凤 蚌埠市第一实验小学
郑起瑞 芜湖市第十一中学
夏猷余 繁昌县荻港鹊江小学
牛广平 镜湖区环南幼儿园
吴礼门 太湖县北中区莲花初级中学
夏明眉 安庆市第四中学
胡列扬 枞阳县长风中学
吴森林 黄山区新丰盛村小学
杨淑贞 歙县桂林乡宋村小学
曹抱平 铜陵师范学校
江孝明 铜陵县第一中学
陈礼仁 马鞍山市第二中学
徐佩玲 马鞍山钢铁公司四村小学
朱子兰 淮南市第三中学
吴在龙 凤台县桂集初级中学
许锡鸿 淮北市杜集房庄小学
李长秀 濉溪县中学
金问桓 淮北矿务局杨庄高级中学
丁启鹏 安徽大学
岳书仓 合肥工业大学
石　颖 淮北煤炭师范学院
刘学锴 安徽师范大学
黄谷良 蚌埠医学院
江家元 皖南医学院
吴诗华 安徽农学院
郭静贤 安徽教育学院

福建省

张乾二 厦门大学化学系
俞新妥 福建林学院
余宝笙 华南女子职业学院
陆光裕 福建卫生学院
钟英希 福州第十六中学
王盈昌 漳浦县前亭水产职业中学
姚乾隆 晋江县陈埭民族中学
朱鼎丰 福州第一中学
王性复 福州第三中学
黄正华 龙海第一中学
何崇亮 泉州第五中学
施天水 莆田第一中学
邓衍森 三明第一中学

张烺官 尤溪第一中学
黄修桂 连城第一中学
黄月卿 建阳第一中学
黄昌隆 寿宁县鳌阳中学
游炳进 福州市仓山区第二中心小学
蔡琼珍 厦门市演武小学
李宝珠 漳州市实验小学
彭和平 泉州市鲤城区第三学区
谢一涛 莆田县东峤学区
骆春莲 沙县实验小学
马树勋 长汀县实验小学
张学霖 顺昌县实验小学
周康盛 蒲城县山下学区洋村小学
施承汉 古田县水口学区
陈爱菊 福鼎县桐城学区浮柳小学
曾秀钦 福州幼儿师范学校附属幼儿园
戴光禄 福州教育学院
许金和 同安县教师进修学校
庄振伟 泉州幼儿师范学校
张刊治 龙海县机关干部业余学校
陈玉璋 漳州市教育局
庄海舟 惠安县成人教育办公室
张肇炜 龙岩地区初教教研室

江西省

郑元喜 万年县汪家乡中心小学
邹玑孝 德兴县教师进修学校
沈国新 玉山县一中
周金伟 波阳县东流湖小学
朱觉民 上饶县中学
管伯温 弋阳县第一中学
黎伟明 新余市渝水区教育局
吴福章 余江县第一中学
刘江生 崇仁县第一中学
黄秋云 南城县盱江小学
赖世英 南丰县付坊中学
殷大明 东乡县陈皂村小学
汪瑞昌 南昌县莲圹一中
刘美萍 南昌市豫章路小学
虞华来 南昌市第二中学
涂雪松 江西橡胶厂子弟学校
顾力兵 南昌师范学校
邓鸿德 新建县第一中学
傅振球 上高县大庙乡中心小学
彭家玫 铜鼓县二源乡中心小学
黄陶之 高安县灰埠中学
张年甲 宜春医学专科学校
陈茶娣 丰城市小港刘家幼儿园
樊昉亚 上饶市第一中学
肖可夫 泰和中学
吴耀华 永丰县恩江小学
刘年香 宁冈县农业中学
曹光发 金南县龙源坝乡瑶山小学
郭定坚 会昌县西江镇千工村兰田村小
张继桂 瑞金县壬田初中
张安生 宁都县田厚乡中心小学
胡仕芬 大余县水城幼儿园
田允曙 南康中学
钟达章 龙南中学
林道福 兴国师范附属小学
邱光洗 江西大学法律系
刘新明 萍乡矿务局高坑矿小学
钟珍彩 萍乡中学
吴春兰 乐平县乐平镇第一小学
刘荣亮 景德镇市第一中学
余昌徐 修水县第一中学
傅　悠 彭泽县海形初级中学
李振宗 九江医学专科学校
邱美凤 永修县新城小学
崔永庆 湖口县付垅乡徐凤小学
王学贤 新干县教育局
陈志红 遂川中学
卢雪霞 吉安县富田乡花岩小学

山东省

文圣常 青岛海洋大学
陈庭根 石油大学
艾　兴 山东工业大学

尹承俏　山东农业大学
章志敏　曲阜师范大学
陆瑶华　烟台大学
李威周　青岛大学
王廷础　山东医科大学
徐国仟　山东中医学院
曹来宾　青岛医学院
安　黎　济南三中
吴彩霞　济南市经五路小学
孟宪菊　济南市制锦市街小学
张金岭　济南市历城区遥墙镇教委
孙广信　济南第二机床厂技工学校
吴昌源　济南卫生学校
张　凤　济南市平阴县一中
易友政　青岛市十九中
李忠民　青岛师范学校
李行杰　青岛师范专科学校
孙韵梅　青岛市江苏路小学
纪玉恂　青岛崂山城阳镇前桃林小学
王梓贤　即墨二十八中
曲慧敏　胶州市实验小学
陶德芳　平度县蓼兰镇中心小学
史建民　莱西县实验小学
庄守常　淄博师范学校
初泽修　张店第二职业中专
朱于敬　临淄区实验小学
薛忠玺　淄博盲童学校
官景成　滕州市第一中学
苗德珍　枣庄市薛城区教育局教研室
王建琦　枣庄市一中
李　缙　东营市一中
刘建祥　广饶一中
王焕新　寿光县成人中专
吴兰婷　潍坊市一中
徐春江　潍坊市普教教研室
唐宗学　临朐一中
郎　钦　潍坊市北大街第一小学
朱敬芸　五莲县实验小学
吕秀芹　昌乐县毕都乡中学
王志尚　青州市实验小学
王圣元　高密县二中
韩佃花　潍坊市四中
周敦进　诸城一中
李克运　莱阳市六坊联中
刘淑美　烟台市建委幼儿园
李裕恭　龙口市一中
赵善夫　牟平一中
原立堂　招远一中
董宝贤　烟台第二职业中专
孙传忠　烟台二中
杨国正　莱州市一中
王在传　海阳县榆山街学校
王敬东　乳山县教师进修学校
龙启科　荣城市一中
赵培亨　泰安市三中
童　玲　泰安市泰山区第一实验小学
侯家珍　东平县实验小学
刘传雯　莱芜市实验小学
张积山　肥城县二中
李应林　泰安市一中
杜长武　宁阳县一中
李　晃　新泰市一中
朱兴运　曲阜市实验小学
王凤远　嘉祥县疃里乡中心学校
王常绣　泗水县马家庄乡东贺二小学
亓卓范　邹县一中
朱绍玺　济宁市郊区唐口中心中学
李素一　金乡县实验小学
张格森　汶上县一中
侯荣良　微山县一中
杜丕缇　济阳县一中
傅丙林　商河县郑路镇中心小学
张希武　乐陵市实验小学
王哲兴　平原县一中
杨　宪　夏津县夏津镇东关学校
康永泉　陵县神头乡东街小学

张光辉　德州市一中
王世慧　邹平县邹平镇城里小学
李宝珉　阳信县第一职业高中
张忠华　北镇中学
李济惠　临沂师范专科学校
王　宁　临沂一中
陈久沛　临沭县三中
李庆志　费县一中
车野长敏　平邑县三中
赵欣刚　蒙阴县一中
洪国梁　莒县一中
刘乃祺　沂源县实验小学
高迎熙　临沂市教育局教研室
杨朱华　沂南县教育局教研室
苏同远　日照市虎山乡前水车初中
戚树成　沂水富官庄中心小学
罗衍库　定陶县一中
张宗岚　鄄城县一中
张忠阳　单县城关一校
张种谊　郓城县一中
鲍扬倜　梁山县一中
袁新法　东明县一中
谢　林　曹县四中
王宗英　巨野县一中
姜岳厚　聊城二中
李宝銮　高唐县一中
孙绍棠　茌平县城关镇中学
牟留柱　冠县一中
王希凤　莘县一中
张言志　胜利油田二中

河南省

郝立薰　郑州第一中学
胡锡钧　郑州市南学街小学
张尽孝　郑州中原区伏牛路小学
吉大群　巩县第二高级中学
刘金海　密县苟堂乡槐树岭小学
陈存仁　登封一中
侯宗民　郑纺机职工子弟中学
张玉洁　开封市县街小学
李树声　杞县高中
姜贵杰　尉氏县岗李乡中心小学
顾淑琴　开封鼓楼区包府坑街小学
马艳荣　通许县北关小学
郭秀英　嵩县幼儿园
刘中山　栾川教育局
李振书　洛阳拖拉机第一中学
李　路　洛阳机车工厂小学
黄振海　洛阳矿山厂职大
徐希贤　洛二师附小
王春棉　洛宁杨坡乡中学
段德寅　新乡县一中
冯增荣　长垣县第一中学
段清秀　新乡市新华区姜庄小学
朱政华　新乡市第一中学
吴新亚　新乡市第二中学
刘艳萍　解放区幸福街小学
程志英　焦作孟县城关乡北街小学
陈兴煌　济源市第一中学
罗时霖　焦作教育学院
孙乃骏　焦作市第十一中学
刘文童　平顶山襄城高中
张惠玲　平顶山新华区继红小学
张　灿　鲁山县土门乡土门小学
李建军　宝丰县小店乡中学
王占海　平顶山职业中等专业学校
张婷媛　安阳市第一实验小学
张照华　安阳市五中
卓玉琴　安阳市人民大道小学
郭天书　安阳市一中
魏记生　林县河顺镇初级中学
高风标　清平县第一中学
刘行军　濮阳师范学校
贾远朴　濮阳县第一中学
孙贤俊　许昌市郊第二中学
黄双岭　鄢陵县高中
赵献琮　长葛县一高

王树毓 许昌实验中学
张名震 渑池县城关高中
张秦镇 三门峡湖滨区会兴中学
贠兰霞 陕县西张村乡张村小学
陈玉亭 舞阳县教师进修学校
陈素琴 漯河高中
苗滋旺 浚县第一实验小学
唐赶林 鹤壁市鹿楼乡故县小学
刘吉安 淅川农民中专
王选华 方城县一中
秦明新 邓州市一中
潘喜玉 南召县留山镇马湾学校
王英杰 内乡县高中
傅洪涛 唐河县一中
李莲芝 南阳市十二小学
王书跃 镇平县四中
周化平 新野县一中
朱福之 社旗县唐庄中心小学
陈学云 桐柏县城关第二小学
高锦中 信阳地区高级中学
吕志道 罗山县教育局教研室
张世月 新县高中
陈洪轩 潢川县上油岗乡良种场小学
祝孔宝 淮滨县期思乡染坊小学
鲍思成 商城县一中
赵金林 太康县第一中学
刘瑞章 项城县老城高中
赵精华 郸城高中
刘国忠 淮阳师范
叶清继 商水县高中
李子民 沈丘县纸店镇教研室
苏润珪 淮阳中学
王德平 西华县教育局教研室
黄万端 民权县高中
崔玉玲 虞城县城关镇惠民小学
高祖琛 商丘县第一高级中学
李怀明 夏邑县业庙乡中心校
王庆一 睢县高级中学
汤绍亮 商丘市一中
胡济航 正阳县同中镇芦庄小学
刘国传 泌阳县城关一小
张友轩 驻马店市第一中学
伍振英 汝南县张岗乡张岗小学
王运堂 上蔡高中
李明选 确山县李新店乡王楼小学
魏国超 遂平县第一高级中学
李树新 河医大一附院放射科
高　敏 郑大历史研究所
周守正 河大经济研究所
柏秋圃 河南农大畜牧系
蔡　崑 河南师范大学化学系
赵　祥 郑州铁路机械学校
李　健 中原油田第一中学
姚绍钧 郑州市技工学校
高兰英 河南省教育工会
刘长性 河南省实验小学

湖北省

张士海 荆门市后港中学
郭令菊 黄石广场路小学
张易焜 黄石市大冶一中
刘道尊 黄冈红安县教委
刘斌华 黄冈麻城市第二中学
方　矩 黄冈罗田县教委
王矜学 黄冈英山县瓦前中学
朱绍希 黄冈蕲春一中
陈爱国 黄冈武穴市教委
徐兴成 黄冈中学
姚承忠 沙市七中
罗菊仙 十堰张湾区上河中心小学
肖慈仁 鄂西自治州高级中学
杨宝坚 鄂西恩施市一中
卢承芳 鄂西巴东县教研室
张国威 鄂西来凤县一中
黄善容 鄂西鹤峰县燕子小学
黄必政 鄂西建始县一中
杨立础 鄂州市高级中学

周志新　襄樊枣阳市一中
万永明　襄樊市谷城县黄畈职中
王　容　襄樊南漳县城关镇中学
曾丽君　襄樊老河口市第六小学
钱遂生　襄樊市人民路小学
李国伟　襄阳农校
苏兵民　襄樊市师范学校
郑楚英　孝感肖港镇初中
谢志祥　孝感汉川一中
徐海镛　孝感应城市一中
郭令钫　孝感安陆市一中
刘宏潮　孝感广水市白路岗职中
吴传清　孝感大悟县教委
田清炽　宜昌县高级中学
彭先明　宜昌地区枝城市陆城一小
晏瑞藩　宜昌枝江县一中
谈心发　宜昌当阳市红光中学
杨云峰　宜昌夷陵中学
温昌金　宜昌当阳市教委
李帮武　荆州江陵县江陵中学
何定崑　荆州松滋县松滋中学
谢学政　荆州公安县公安三中
吴玉阶　荆州石首市桃花山小学
王文成　荆州洪湖市洪湖一中
白忠鹤　荆州仙桃市沔阳中学
胡兴虎　荆州天门市实验小学
张兰秋　荆州潜江市园林高中
赵豫才　荆州京山县京山一中
杨忠勤　荆州钟祥县实验小学
邱德鹏　咸宁鄂南高中
吴生民　咸宁嘉鱼县老官中学
艾敦雄　咸宁崇阳县白霓高中
傅斯均　咸宁阳新县一中
刘玉宝　咸宁通山县一中
许超梅　郧阳丹江口市
王守玉　郧县一中
张崇志　郧西一中
朱秀兰　郧阳竹溪县一中
李国强　郧阳房县一中
欧朝君　宜昌市实验小学
安志慧　武汉市七十五中
朱达仁　武汉市汉阳区二桥小学
戴铁垣　武汉市喻家山中学
杨志顺　武汉市汉阳县新农中学
袁隆兴　武汉黄陂县王家河中学
钱展望　武钢三中
任桂清　武汉市直健康幼儿园
佘复明　武汉市建筑总公司职大
张　军　神农架林区第一中学
李喜尔　武汉水利电力学院
张本仁　中国地质大学
石佑恩　同济医科大学
张国光　湖北大学
王元璋　荆州师范专科学校
林光松　江汉石油职工大学
鲁智育　湖北省纺织工业技校
陈碧华　湖北省一轻学校
黄瑞云　湖北师范学院
郭子申　二汽第一职高

湖南省

邹新明　长沙县一中
王运莲　望城县郭亮中心小学
娄佑香　浏阳县普远乡国井小学
喻纯武　宁乡县宗一职业中学
陈丽明　长沙市南区长塘里小学
杨纯白　长沙市第十九中学
李长贤　长沙市第一中学
刘德恒　株洲市南区教育局
张开景　醴陵市石亭乡老屋塘小学
陈俭祥　茶陵县浣溪中学
肖行模　湘乡市第一中学
王诚恒　江南机器厂子弟小学
黄里河　湘潭县姜畲区中小学联校
刘成祥　衡阳市六中
孙素娟　衡阳市南区西站路小学
蒋玉仙　衡阳市政府第二幼儿园

刘启发 祁东县过水坪学区
邓玉冰 常宁县宜阳小学
陈民生 来阳市东湖乡中学
陶于韶 衡阳县界牌区中学
李义安 邵东县教育委员会
吴福华 新邵县田心乡联校
陈小柏 洞口县第一中学
杨亚非 城步苗族自治县第一民族中学
王兆丰 邵阳市第二中学
胡 辉 邵阳市东区偕进小学
张紫燕 武冈师范红星附小
陆美玲 岳阳市六中
邱寒光 临湘县一中
徐端英 华容县新河乡华丰学校
姚本才 安乡县五中
覃道桃 石门县一中
汪隆英 澧县洞市乡联校
黄子才 汉寿县第一中学
张友文 常德市鼎城区武陵中学
李季益 津市一中
符兴肃 桑植县一中
赵荣寿 南县一中
肖镇斌 益阳市工业职业中专学校
龚浩康 益阳师范学校
陈洁雅 长沙农业学校
薛伯钧 桃江县工农教育办公室
吴瑞华 沅江市一中
罗鸣周 新化县一中
张特世 娄底师范学校
胡正山 冷水江市委党校
严琼华 涟源市双江小学
曹太琪 永州市一中
文绍勇 东安县教研室
胡芳桂 江永县城关镇实验小学
贺菊莲 新田县一中
伍仲仁 祁阳县四中
刘冠群 安仁县一中
黄忠英 郴州市一中
邓土成 嘉禾县盘江学区
周 轮 怀化地区教育科学研究室
邓成佐 怀化市第三中学
陈昌郁 溆浦县沿溗乡中学
孙佑熙 洪江市幸福路小学
汤坚贞 通道县民族中学
张文孝 湘西自治州民族中学
危克忠 花垣县农民中等专业学校
官春云 湖南农学院
陈 修 湖南医科大学
罗铸楷 湘潭大学
贺学礼 桃江县教育局
罗方华 株洲市中级技工学校

广东省

黄敬恕 广州市第二中学
陆钊珑 广州市二十一中学
盛祖俊 广州市知用中学
李华钿 广州市越秀区朝天路小学
苏二飞 广州市番禺县大岗镇中学
朱绮华 广州从化县中学
容妙玉 珠海市一中
郭淑华 韶关市南雄县教育局
林敏明 韶关乐昌县第一中学
饶纲范 韶关始兴县太平镇一小
潘甲乎 佛山市顺德一中
赵不滚 阳江市三山中心小学
林文楼 阳江市阳春县一中
韦 龙 湛江教育学院
郑侯远 湛江市遂溪一中
罗斯文 湛江廉江三中
骆俊峰 湛江吴川一中
林才贤 湛江第十二小学
陈鸿昌 茂名市电白县电城镇教办
张雪梅 茂名市化州县化城镇一小
凌大铨 茂名市信宜钱排钱上小学
冯巨义 茂名市第一中学
郑增炎 汕头市潮阳县棉城二小
陈德豪 汕头市揭阳县第一中学

方书添　汕头市普宁师范学校
吴彦芳　汕头市揭西县金和和东小学
葛浙森　汕头市金山中学
陈佩辉　汕头市金砂区金砂小学
王新坤　河源市连平县中学
庞　文　河源市龙川县老隆师范
李文卿　河源市源城镇下城小学
蔡绍荣　梅州市丰顺县汤坑镇一小
朱文澎　梅州市梅县东山中学
江新璞　梅州市大埔县长治乡小学
钟志豪　惠州市惠东县惠东中学
何美婵　惠州市龙门县龙城镇小学
钟祖岳　汕尾市陆丰县教师进修学校
梁　强　东莞市附城职中
李英贤　中山市石岐镇实验小学
丁继开　江门市一中
陈金陵　江门市新会县荷塘职中
郑彩秀　江门市恩平县恩城镇一小
袁婉文　江门市开平县达德学校
邓泽棠　佛山市第九小学
郑庆怀　佛山市三水县乐平镇新旗小学
李宝健　中山大学
刘振群　华南理工大学
杜传书　中山医科大学
骆世明　华南农业大学
李　展　暨南大学
莫熙穆　华南师范大学
李国全　广明业余大学
关国华　广东业余财经学院
郭广源　轻工业部广州轻工业学校
龚辉祥　广东省高州农业学校
卢　嘉　广州市西村幼儿园
苏日雄　惠州市惠阳县崇雅中学
黄乃英　肇庆市高要县金利镇小学
严仁威　肇庆市广宁师范学校
张荣初　肇庆市怀集县一中
穆占强　肇庆市第二中学
廖建香　清远市连山县三水中学
庄梅钰　清远市清远中学
曾兰芳　清远市英德县浛光镇教育办公室
裴文彬　潮州市高级中学
洪祥光　潮州市昌黎路小学
叶夏方　华南师范大学附中
郑剑辉　广州化工厂职工学校
刘惠础　江门市技工学校
冯应焖　广东省粤西农垦火炬中学

广西壮族自治区

廖树带　扶绥县新宁镇一小
伍廷津　大新县下雷中学
臧海映　崇左县江南一小
蒋寅年　宾阳县芦圩完小
马培礼　横县教研室
骆永新　柳州地区高中
陈显忠　融水县中学
张有光　象州县教育局
叶树清　荔浦县教育局
吴桂兰　资源县资源中学
黄汉永　全州县教育局教研室
曾令禧　贺县教育局
曾才恒　藤县中学
林士奇　昭平县昭平镇第一小学
谭鸿彬　平南县平南镇中心小学
陈人桢　博白县教育局
党开裕　贵港市高中
李鹤年　桂平县浔州高中
唐受斌　容县师范
卢训常　北流县高中
温文柏　陆川县良田镇石垌小学
苏锡祥　玉林市玉林镇古定小学
陈干良　钦州地区教育学院
黄怀惠　浦北县浦北中学
曾淬儒　灵山县灵山中学
卢光排　德保县城关一小
宋多耀　田东县田东中学
黄金荣　百色市达江乡能布小学
谭炳法　河池市拔贡乡拔贡小学

林　琚　都安县教师进修学校
韦周潭　东兰县拉岂小学
卢柳明　南宁市第十七中学
樊健仁　武鸣县武鸣高中
朱沧平　柳州市柳州高中
覃瑞江　柳城县古砦乡大岩崗小学
王若彦　临桂县六塘镇清塘小学
车家苍　梧州市第六中学
凌国松　合浦县廉州镇初中
赵建民　广西矿业建设公司子弟学校
王宗宜　广西农业学校
阳成秀　大厂矿务局巴里小学
龙炳宓　柳州铁路局第一中学
伍纯道　广西师范大学
薛声家　广西大学
沈康年　广西医学院

海南省

傅映柏　海口市第二十七小学
吴坤鸿　琼山县中学
程作玉　定安县二小
杨发强　澄迈县善丰小学
王喜花　昌江县十月田小学
朱玉珍　保亭县小学
张景英　乐东县黄流中学
陈汉棠　海南第二中学
赖瑞光　海南农垦中学
张　伟　海南大学

四川省

李明英　重庆市育才中学
艾晚霞　重庆南岸区珊瑚小学
尧正文　重庆市中区教师进修校
徐克非　重庆沙坪坝区教师进修校
傅成仁　四川省水产学校
富雅琴　重庆绒布总厂
徐泽民　江北县广厦中学
刘建辉　巴县师范学校
陈大旭　綦江县莲石乡初级中学
蔡昌荣　江津县中学
周祥礼　合川县康传乡木龙村小学
孟其祥　铜梁县南郭乡河东村小学
郑万清　永川县永昌镇红星幼儿园
陈光明　长寿县十字乡农技校
谢征淮　璧山县丁家中学
徐永宁　成都市第七中学
李利荣　成都市第二十中学
阎小雄　成都市实验小学
张品跃　解放军5701厂子弟学校
赵维碧　都江堰市北街小学
杨斯琳　金堂县赵镇第一小学
杨玉芳　双流县华阳镇第一小学
周文良　崇庆县怀远中学
杨安福　邛崃县南宝乡小学
胡桂琼　大邑县三坝小学
王信道　新都县第一中学
徐淑琼　自贡市沿滩区农团小学
黄贵银　荣县东兴乡小学
王麟秋　富顺县城关初级中学
陈俊杰　米易中学
朱仁容　攀枝花矿务局十一中
刘高田　泸州市第六中学校
贺玉麟　泸州市梓橦路小学
张奇瑞　古蔺县石鹅乡中心小学
古大成　德阳孝泉师范学校
董纪明　绵竹县绵远乡西坪村小学
胡晓明　什邡县云西中学
刘友福　内江县文教局
邹淑贤　内江艺体师范附属小学
张鸿钧　江油市教育委员会
温昌泉　盐亭县云溪小学
李福燊　三台县建设镇农技校
奉孝宇　遂宁市中区黄茅沟村小学
钟天爽　射洪师范学校
杨宗林　蓬溪师范学校
代世忠　广元师范学校
田际秋　剑阁中学
王光焰　青川县姚渡乡小学

李兴智　达县市第一中学
郝怀畅　达县蒲家中学
宁顺安　宣汉县鸡唱乡中心校
杨仁忠　万源县罗文镇四村小学
张誉贤　内江市中区国光乡教育办公室
李光荣　简阳师范学校
喻才香　安岳县兴隆镇摩岩村二小
曾宪荣　隆昌县第一中学校
苏崇德　乐至县桂林乡中心小学
王国成　资中县球溪中学校
李德海　乐山市草堂高级中学
周长珊　犍为师范学校
廖大权　峨边中学
廖怀琨　仁寿县一中
吉达曲沙　马边县大院子区初级中学
李亚非　洪雅县实验小学
赵树年　梓潼县金宝初级中学
石伟民　南江中学
罗宏朗　平昌中学
阳光友　大竹县蒲包乡初级中学
杨守润　巴中县麻石垭乡小学
赵光太　渠县青神乡平六村小学
焦玉凤　南充市大北街小学
何元震　南充县高坪镇第一小学
何光琼　岳池县东街小学
姜宝森　广安第一中学
王淑德　阆中县江南镇小学
杨德敏　南部县大桥中学
蔡文成　武胜中学
杨仕才　南充地委党校
曹运权　宜宾县改进乡中心校
刘丽华　筠连县沐爱中心小学
郑金铮　兴文县兴晏乡小学
陈远强　南溪县第一中学
卫家裕　涪陵市第五中学
陈家瑶　垫江县第二职业中学
郑先贵　垫江县高峰乡大山民校
何世汩　雅安中学
任怀兰　天全县大坪乡任家小学
马培中　石柱县南宾镇小学
吴明昌　酉阳县第一中学校
钱宗尧　万县市第二初级中学
陈黄甲　万县中学
刘诗白　西南财经大学
蒋书楠　西南农业大学
余卓群　重庆建筑工程学院
徐静村　西南政法学院
沈　锦　重庆医科大学
杨泉明　四川师范大学
丁厚本　核工业第九研究院职工工学院
舒　蕙　乐山市中区演武幼儿园
周忠群　西南师范大学
潘泽光　梁平县虎城初级中学
周传兰　忠县精华乡小学
陶虹夷　云阳中学
左旭高　奉节县庙垮乡金凤村小学
李功敏　巫溪中学
李新成　喜德县中学
曲木烈日　普格县西洛区特子乡小学
申澄学　越西中学
蔡荣庄　汶川县映秀初级中学
王彦平　九龙县沙坪职业中学
吴运泰　成都飞机公司技工学校
谭济德　重庆水泵总厂技工学校
严隽耄　西南交通大学

贵州省

蒋应铨　贵州省经济管理干部学院
贺跃彩　乌江水电局八局子校
冯文轩　务川县淀水区茅天完小
章洪通　遵义教育学院化学科
宋小兰　湄潭县玉泉镇中心小学
夏体治　遵义县新舟区辅导学校
欧有福　从江县城关小学
顾泽忠　黎平县口江乡振岗学校
姚通洲　天柱县民族师范
杨万华　麻江县碧波中心小学

刘庭阶　贵阳市第八中学
黄银华　贵阳市第六幼儿园
王亚英　贵阳市南明区都市路小学
杨尚毕　普安县青山小学
杨正祥　兴义市向阳路小学
刘纯斗　贵州省六枝矿务局一中
崔向儒　盘县特区羊场中学
龙向东　龙里县中学
罗美池　都匀市第六小学
张世忠　瓮安县中学
张建业　贵州省商业学校
刘明奎　黔西县素扑区素丰民校
李明亚　金沙县龙坝乡职业初级中学
张从宜　毕节县海子街区沙邵小学
陈世珍　纳雍县阳长区阿斯坡民校
皮晓霞　普定县城关镇第一小学
王正芳　息烽县南门小学
张迎合　国营枫阳液压电磁元件厂子校
涂志祥　思南县师范学校
郭发群　松桃县松江区巴坳乡木溪小学
冉启友　沿河县官舟中学
朱润衡　贵阳医学院附属医院皮肤科

云南省

熊应仙　昆明市第二幼儿园
查圣荣　昆明市盘龙区拓东一小
刘应天　东川市第一中学
郭　锡　大关县教师进修学校
黄开金　威信县高田乡大湾完小
李泽让　宣威县得绿乡永乐村小学
谢　楚　曲靖市教育局
刘　建　曲靖师范专科学校
王爱康　楚雄卫生学校
徐仕诗　楚雄市云龙中学
杨千成　通海县第一中学
马子善　峨山县小街镇由义办事处小学
董建英　凤庆县庆甸中心完小
李绍福　陇川县教育局
马全志　宁蒗县跑马坪区羊安山完小
张文勋　云南大学中文系
林毓材　云南师范大学数学系
吴佩琨　云南省财贸学校干训部
李元禄　云南工学院化工轻工系
陈能瑶　昆明市船舶设备工业公司技工学校
温茂芬　云南教育学院政教系
舒毓锦　云南省委党校社科教研室
曾万良　云南省交通学校
李黎明　昆明铁路三中
杭祖娟　个旧市大屯小学
刘明玉　开远市第一中学
段宜明　马关县金厂民族小学
余礼报　文山州第一中学
蔡德明　江城县康平乡勐康小学
李庆尧　普洱县普洱中学
陶发生　景洪县教师进修学校
窦金和　漾濞县秀玲完小
邢正良　云龙县农业技术中学
杜生葵　腾冲县瑞滇乡腊辛完小
张功杰　迪庆州民族中学
李石甲　兰坪县石登乡来登村小学

西藏自治区

索朗多布杰　日喀则地区师范学校
多布杰　山南乃东县完小

陕西省

米金梅　西安市雁塔区大雁塔小学
付五经　西安市阎良区关山中学
黄建祥　临潼县骊山初级中学
李素玉　长安县第一中学
张随安　坝桥区长乐坡小学
沈松炯　西安市第八十三中学
聂生贵　国营西北光学仪器厂子弟学校
彭福州　户县成人教育办公室
汪占荷　铜州市第二中学
田致效　扶风县建筑学校
马来焕　凤翔师范学校
张　宇　太白县咀头镇蒿谷堆小学
杜梅菊　宝鸡市渭滨区清姜小学

赵秀民　渭城区教育局
刘海霞　兴平县槐巷小学
崔纪成　泾阳县泾干中学
房振平　永寿县常宁镇吴家小学
师民生　三原县中山街小学
李小艾　渭南市北塘实验小学
田曾伦　渭南市瑞泉中学
奕鸿新　韩城市教育局
雷养斌　韩城新农高级职中
安兆甲　富平县立城中学
张舜龙　蒲城东槐院小学
何天申　城固县文教局
高景山　洋县教研室
饶　恕　勉县第一中学
黄惠林　宁强第一中学
刘世贵　石泉县池河中学
王继贤　安康教育学院
屈印文　旬阳县教研室
党广沂　洛南县中学
胡克智　洛川县农业职业中学
白桂兰　延川县城关小学
赵三元　陕西省米脂中学
杨子荣　横山县朱家沟小学
王瑞芳　靖边县张家畔小学
张学文　商州市中学
张敦大　第九冶金建设公司技校
霍松林　陕西省师范大学
何其莘　西安外语学院
邓云山　西安医科大学
杨彭基　西北工业大学
刘水翠　西北大学附中
张钟秀　陕西农业机械学校
黄自治　陕西省林业学校

甘肃省

丑纪范　兰州大学
刘鸿勋　甘肃省兰州市第一中学
程应矩　甘肃省兰州市第二中学
汪学信　榆中县甘草中学
李玉琳　金昌市第一中学
马子海　武威市第三中学
罗思哲　张掖中学
陈松友　静宁县第二中学
王毓伦　宁县早胜中学
次智木　玛曲县藏族中学
陈临录　临夏师范学校
严南雪　兰州市金城关回民小学
杨新兰　兰州市七里河区下西园小学
王兆奎　秦安县兴国第二小学
尹聚臣　景泰县兴泉小学
龚　峰　敦煌市东街小学
荀芳兰　临洮县西街小学
朱进武　华亭县安口小学
袁宗仁　合水县蒿咀铺小学
吕智全　西和县稍峪小学
余广训　武威地区幼儿园
安　荣　定西县幼儿园
佘庚荪　西北师范大学
李继锋　武都县第一中学
雷维鹏　武山县洛门中学
牛郁贤　会宁县第二中学
李念儿　北道区元龙学区

青海省

才仁玛　海西州乌兰县民中
赵生花　西宁市第十二中学
马主寿　大通县多林乡教委
王明华　湟中县鲁沙尔二小
何京鹏　互助县第一中学
郭长忠　乐都县教育局
马喜福　共和县恰卜恰镇二小

宁夏回族自治区

李大民　宁夏平罗中学
刘光明　永宁县永宁中学
马玉英　中卫县柔远乡砖塔小学
拜　锋　泾源县新民学区
胡兴华　宁夏国营玉泉农场中学
胡蔚康　银川师范专科学校

白振文　宁夏建筑工程学校

新疆维吾尔自治区

哈斯木江　兵团农八师一三三团民族中学
罗秀芳　兵团农一师中学
梁学琪　兵团农二师师范学校
张　达　兵团农六师一〇六团子女学校
吴明明　兵团农二师三十五团小学
张念慈　新疆财经学院
亚尔·买买提　新疆工学院
赛丽帕木·司马义　吐鲁番地区托克逊县依拉乎乡团结小学
哈力旦木　伊犁地区霍城县芦草沟二中
马　兰　昌吉州米泉县羊毛工回民小学
刘　策　昌吉州奇台县一中
张玉珠　巴州和硕县一中
多来提尼牙孜
买买提努尔　和田地区洛浦县职业高中
毛荣富　哈密市四中
博尔格斯　博州温泉县查干屯格乡寄宿学校
姚维江　新疆石油管理局独山子第二中学
马力开·托乎提　克州阿图什市哈拉峻乡皮羌小学
李　竹　石河子市第五中学
向隆恩　喀什地区巴楚县二中
阿不都克日木
买买提　喀什地区疏附县高中
刘淑琴　塔城市第一小学
陈玉姗　乌鲁木齐市第三小学
吐尼沙·托合提　阿克苏地区乌什县第一小学
吐尼沙·牙森　喀什地区伽师县古力克乡小学
吴国良　自治区煤碳厅哈密矿务局职教中心
巴依库尔曼　伊犁地区巩留县阿尕尔森乡阿合塔木学校
尔斯别克　阿勒泰地区富蕴县喀拉布勒根乡牧业寄宿学校
侯绪兰　石油管理局教育培训中心

中国人民解放军

刘隆和　航空工程学院401教研室
弓晋强　空军第八飞行学院第三训练团
季朴枚　通信指挥学院训练部
袁鸿锦　解放军兽医大学兽医公共卫生系
周淑敏　解放军81101部队幼儿园
梁万友　52935部队幼儿园
谭庆华　广西军区机关幼儿园
王三社　西藏军区拉萨八一校
赵秦君　陕西省军区幼儿园
孟　敬　沈阳军区空军直属机关幼儿园
邓永湘　89950部队子女学校

武装警察部队

张汉良　武警技术学院法律教研室

附二

□全国优秀教师和教育工作者

北京市

王　楚　赵家祥　周沛耕　白永富　李标国
陶文达　方汉奇　夏光仁　康仲远　林定基
张广华　井文涌　任泽霈　童诗白　陈仲颐
吴佑寿　李瑞伟　惠宪钧　吴淑荣　吴国璜
冯长印　葛明浩　华有年　李椿萱　何国瑜
彭育麒　梅凤翔　王秉鉴　杨　宾　高颁烈
邹家祥　田秋占　孙思先　邵作田　金关泰
马锐之　章继高　钟义信　常近时　章勇行
魏志刚　谭家岫　陈光远　吴惠祥　曾士迈
阎龙飞　关君蔚　张炳常　龙振洲　楼之岑
张鸣和　孔光一　王世强　胡华旦　朱智贤
朱正威　苏崇德　王绍宗　孙民治　王　还
程美珍　王　纬　姜维壮　王正富　金家瑞
徐秀义　巫昌祯　吴焕宁　沈　湘　陈阜东
耿予芳　田国庆　林德懋　陈汉民　尚毛妮
徐崇喜　蒋凤兰　赵锦全　陈小宁　李国绩

王健群　李福菱　马秀英　吴逸钊　赵沛之
龚彦平　陈焕平　李大田　朱绍曾　全 毅
庄仪珍　陈向荣　邓鼎泓　刘玉裘　高振海
臧龙光　刘若芝　李本初　谷变香　陈 杰
陈振英　付宝琦　孟慧兰　曲全乐　于大全
魏淑彦　张 军　王淑敏　王少芳　高玉琛
高维诚　杜宗华　韩大成　章连殷　涂克昌
孟繁深　张慧君　孙学英　狄英敏　李玉琴
赵佩德　王桂香　王金荣　胡秀清　马成营
刘锡伦　周 烈　高惠娟　王露平　吴昌顺
邹法瑜　刘淑苓　董淑媛　沙永珍　周 立
程彦如　许高生　王振山　周 越　王毓铸
李俊谷　孙焕文　丁肇晏　郑 屹　张树森
陈学敏　郭英俊　顾德希　王兆骥　廖 洪
陈春雷　俞伟顺　陈隆涛　史 征　于 丽
刘际蓁　陈 娴　张景恺　姚尚志　林永霞
王娜萍　李友仁　杨绍波　卢姗姗　杨 杰
张 平　孔祥舒　林特淏　张 凯　潘玉英
施大坤　王卫军　王兰萍　耿文芝　刘先贵
曹安琪　张光瑛　张玉珍　姚德喜　张学曾
纪晓材　王汉长　王春英　张问善　王素清
韩长明　李玉英　王宗显　陆 禾　陈锡秋
杨德贞　季如生　杨希亮　王凤琴　刘秀清
朱国平　刘开敏　欧阳炽　王 鑫　胡锡林
刘 娅　史金芬　刘玉辉　曹殿森　高唯平
刘秀莲　王治玉　欧学广　瓮淑英　董国良
王世明　李永鹏　陈玉宏　刁振芳　郑文琴
胡德林　单福琪　马振民　韩启庭　刘洪霞
王淑香　张维清　梁志军　金熙寅　朱公显
李 岱　杨乃兰　王振河　朱连利　高怀玲
郑世兰　翁伯学　张培芳　张 磊　焦士英
尹振水　权正泽　贺心滋　王国富　蔡建华
崔建贤　吴兰新　柯淑珍　刘 荫　刘存孝
史树方　刘尚永　李时毓　王爱莲　刘享文
蒋素珍　张朝相　李继英　王善福　崔尚云
周凤英　周东金　董凤珍　何怡生　钟雄英
尹德奇　杜明韬　路怀恩　郭瑞华　张伯方
刘少泉　郝育檀　王自光　周福勤　张淑兰

陈春莲　陈桂兰　巩福利　董 隽　李俊福
秦显贵　张 兴　关久莲　武彩霞　张 泉
程汉杰　刘瑞成　王秀芹　周举智　申永奎
高瑞花　王东华　宋萍云　郭守荣　王文知
蒋 苇　韩 江　桑亚民　李辅仁　吴金城
董秀敏　李朝凰　李 水　黄家灿　李素静
蔡舜琴　解世隆　徐永惠　王淑东　郝洪生
韩 山　张之强　桂履济　崔友河　韩庆祥
刘汝明　许万珍　黄付宝　潘明芳　胡淑珍
王钦田　范青平　史晓东　陈 斯　夏佩迪
卞学婉　何秀广　许惠云　李居强　鲍润苍
顾执中　李焕章　李世镇　尹智麒　常 恺
马月才　朱 虹　周树廉　孙 宇　蒋凤起
冯宝林　喃映一　陈德生　崔复升　杨美渠
金为敏　张瑞华　沈炎金　卢福海　刘志伦
都玉栋　薛树棻　张玉祥　范 平　汪朝阳
关希均　王美琪　祁亚萍　李泽珍　张士育
张玉燕　付肇华　徐静生　邓淑珍　付筱君
杜秀珍　刘秀媛　田穆芝　屈淑琴　赵淑云
李金荣　李 立　马凤英　汤绍琪　邢丽芳
李冬华　成丽英　赵玉兰　魏俊萍　赵秀清
贾秀辉　王健美　臧秀敏　李 涛　王玉华
贾 玲　徐 艳　孙俭美　王景鹤　张晓丽
喻舜华　杨秀珍　张连春　李秀荣　宋秀云
王金慧　史永荣　赵希华　魏 娜　刘 洁
孙立新　赵亚琴　王 红　马素庚　刘立文
李萼锦

天津市

徐学乾　张文雁　王 石　杨培玺　师婉茹
路振国　林月珠　杨凤仪　孔曼华　师德会
马文兰　曾 明　张新欣　庞富英　严锡珍
孙佩德　邓永健　钱克元　冯玉珍　陈云龙
吕淑明　张树立　王素琴　张其昌　张玉芳
赵家瑞　韩之云　陈津生　张淑钰　马淑敏
郭 明　薛书文　范若冰　李诚惠　李怀蓉
张玉田　姜家瑞　胡德媛　王华胜　庞树义
刘敬声　刘祝林　孙志权　陈洪昌　杨淑琴
诸葛凤祥　张克茹　陈海燕　张秀贤

游玉芬 陈公荣 王惠杰 徐春芬 付广金
王德平 冯元骏 金恭淮 孟昭录 曲宝新
侯秉琛 王　瑛 王惠玲 刘宗明 赵桂允
孙连文 阎宝山 侯士义 吕淑霞 陈少敏
蒋春晖 杨振廷 李淑玲 赵庆丰 赵金惠
高仰山 李　澄 董淑珍 阎　琨 经德伟
高淑贤 庞少起 王子贵 王春平 顾伯儒
冯学英 张玉华 王　云 王广元 刘文俊
肖　琛 王达生 王恩智 王炳林 姚仲成
任增凯 韩雅廷 殷翠阁 钟长泰 邢修胜
曲锡玲 张士鹏 张秀云 周秀兰 李贺儒
赵翠兰 毛玉香 刘长河 田桂芬 阎金祥
刘继业 王淑芬 刘玉龙 高青山 刘金芳
陆恩诚 吴淑懿 胡占慧 郝际侠 罗永亮
张福蕙 徐雅琴 艾淑敏 刘翠霞 董长茹
李秀华 李　林 尹晓临 宁胜英 刘炯辉
李　琴 康继芬 葛淑芬 马腾骧 葛树平
李宝震 梁家昌 王序昆 陈洪彬 臧尔信
王庆文 范　竫 崔冠英 田汝川 买秀英
王春融 刘宝利 房　力 何佩婵 王惠兰
张淑琪 黄艳芬 张福清 郭　洁 陈明铎
许丽华 云希聪 王修美 王　容 陈玉芙
董春驹 董志刚 张世昌 范亦云 苑泉木
崔光智 王可瑶 王志刚 马德纯 贾雪琳
张惠芬 鲍玉静 李玉泉 李世麟 张祥林
李蕴珍 吴淑兰 侯桂荣 王延年 衡庆凤
申寿鸿 徐连芳 王家祥 吴金波 刘春荣
李宗凤 从惠玲 卢贵友 周瑞安 赵之珩
刘芝奎 高玉珍 马俊豹 王连笑 韩春珍
徐祖迁 王志玲 郭　莹 陈树勇 李鉴蕙
万德林 于连昶 张正甫 任义芳 夏桂珍
高照祥 杨宗生 王慧娟 余淑纯 白淑英
王俊秀 张井全 陈光星 邢桂敏 王如兰
周　刚 陆传丰 蒋仲良 孟宪荣 王乃伟
李郁荪 蔡锡清 周纪埙 霍桂华 赵桂丰
倪桂荣 王淑华 秦德明 徐连珍 杨志刚
左宴亭 张善忠 张松林 杨广才 寇世昌

河北省

刘明远 李永祥 王荣珍 李永宁 朱荣秀
赵瑞芝 仇　岷 肖邦娟 付夫长 苗孟礼
田中华 崔新森 李秀元 吴旭初 马凤华
高长明 刘锡铭 朱淑华 卢云山 韩福魁
王莲荣 陆坤英 王士良 李俊秀 唐云燕
梁万科 杜拉文 吴林柱 窦瑞根 郑巧珍
侯庚辰 刘秋梅 李建芬 张文森 张崇汉
陈怀林 王士芳 田小敏 任亚敏 冯荣艳
刘凤全 陈家隆 张志玲 高奎玉 陈景辉
李景辉 李长春 李翠花 高翠云 张善荣
张贵彬 阎文贺 黄立新 杨凤兰 李宝堂
赵佐华 李乃杰 徐求实 李梦得 王志荣
王玉荣 熊梦海 季书田 史福新 张进波
张艺霞 商风和 李梦柏 刘焕然 刘满生
张桂平 高素飞 李佩华 张素兰 李福荣
李素珍 蔡玉兰 贾永年 张迎春 刘桂芝
刘志清 朱家祯 齐素文 许百勋 秦学浚
李士文 李国翠 卢翠林 张淑琴 宁文翰
洪　莹 吴春翠 窦桂兰 孟昭华 张顺奇
信贺华 胡中柱 马德衡 史志山 韩　华
娄艳秋 姚丽霞 郑万庭 路　红 王恩芬
江文彦 孙永恩 杨东庭 赵丽萍 张绍禹
黄贵金 耿　田 常国瑞 洪久玲 陆秀连
倪书元 刘　博 张兴泽 宋国明 汪海渊
杨会庭 刘士华 许广合 鲁保中 杨明林
田永红 田印钰 岳新通 张金荣 宋通礼
陈守山 顾孝民 吕兴亚 郝书铭 何圆明
齐宪瑞 李艳芬 程丽娟 曹广生 刘铁林
邸贵良 李素贤 刘景学 胡孟军 张兆桔
张占儒 孙炳仁 肖丽茹 薛国富 张建荣
高思斌 刘瑞申 王海林 郭兆华 刘永春
李金胜 周庆余 冯中年 边桂珍 邢寿石
李顺芹 高伟忠 阎增果 马秀芹 施丽萍
尤淑静 王庆先 张淑琴 王浩文 王玘合
李重惠 方义田 赵玉芳 王银花 吴彦同
赵玉琴 徐同芬 马九江 王柏秋 吴昌国
李铁双 高其正 孙秀英 王庆丰 许斯朴
刘少克 张秀芹 宁双哲 马秀勤 周玉凤

陆长河	张启江	殷玉林	白富志	徐国锋	刘兰伏	杨景辉	杜怀昌	何俊杰	谷奎景
王训声	郝廷栋	屈秀华	李爱兰	陈惕生	潘泽民	胡林声	郭洪钦	潘国胜	卢光俊
张诚厚	杨春霞	李明武	袁俊义	张　谨	李素珍	武贵文	栾成明	郭印路	史美华
张文典	肖向前	许建中	肖根英	杨雪浴	杨家楣	张百柱	于润和	刘铁夫	任长林
翟如珍	吴　唐	杜玉民	伊　策	李士昌	刘民福	陈一民	陈玉美	吉仁申	刘景林
刘桂田	任克禄	林宝珍	于占江	禹崇华	辛士杰	田春田	吕修业	窦荣启	张玉兰
邢　俊	刘秀芹	马秀文	杨仁浦	陈志夫	王　宽	郭琴棉	吴淑君	王淑欣	田进峰
孟　进	童连亨	张世和	顾文均	杨淑光	王双春	赵小友	李英章	高新荣	曹育英
周莉娜	肖永明	靳秋荣	刘小玲	杨立军	刘瑛国	冯呼忠	李玉江	孟玉花	戎泽会
孔素平	温中燕	张树华	王淑德	侯得舜	王庆卫	田清敏	许保申	杨敬民	黄清淇
李春富	张爱民	谭佩芬	李玉芝	翟风海	赵明祥	孟茵霞	时惠敏	李敏辉	孟锁辛
孙建菊	阎书云	曾革格	辛克礼	宋术元	张素省	王志敏	肖俊卿	任连指	曹献民
田宜春	王忠智	蓝燕来	代树金	陈景轩	范秀英	张县芬	田清心	智素文	孔书彦
杨庆海	张之瀚	林桂培	姜志华	贾金良	牛夕辰	贾成旺	张吉文	枟士英	梁更庆
卞泽元	杨福才	白文琴	杨静敏	王桂峰	焦士文	封世谦	梁秋灵	刘淑芳	赵荣芹
李香女	路鸿娴	孙玉芹	裴秀兰	刘广欣	黄瑞臣	唐振敏	陆不兰	马考成	钱富山
修呈侠	董秀云	齐书亭	舒连芹	张士金	崔富江	习仓珍	王朝争	杨金英	刘建波
雷宝森	周欣荣	王洪贵	高宝山	姬淑芳	陈淑一	齐俊清	赵亚男	马胜奎	赵建萍
陈桂英	杨伯臣	李瑞兰	聂玉德	王弘光	贾博东	殷树明	王玉祥	张焕岚	张继珍
王建民	高文霞	门书阁	王玉玲	齐秋云	孙仲和	吕淑芳	阎同福	董义刚	周易瑞
孙慧贞	王素侠	刘荣本	赵世娥	马春辉	杨士忠	洪英翰	李殿奎	李荣会	贾庆福
蔡俊玲	曹贺兰	崔德兴	张承骞	徐有时	王　勃	杨荣肖	刘建国	田国学	王俊好
杜耀珍	邹秀云	展德发	杨士先	李付江	吴　崑	周裕仁	胡玉霞	苗连生	王晋平
郭明启	霍振祥	郭振忠	杨智英	冯怀璞	解俊楷	齐国丰	贺凤莲	王香忍	胡宝琛
左　文	李　英	焦德雨	刘春得	苗　治	刘红霞	王瑞兰	刘兰英	李秀茹	牛昭元
赵兰荣	许志勇	胡英福	侯志政	王春玲	郝建刚	张子忠	张秋平	岳忠瑶	李进喜
郭贵月	于希明	孟令旗	王献文	吴玉凤	宋锦万	解俊卓	刘秀芬	张绍武	李国臣
吕双信	张素霞	李恩孝	郭宝源	牛化贞	王春良	韩文瑞	刘崇礼	马俊雄	赵剑英
吴　芳	董风朝	薛怀信	杜　云	樊国宝	高宝山	张双五	姬杏芳	邢祝平	王文斌
靳英君	李文有	王振中	戴玉花	叶志鸿	杨保琛	田永丰	曹章哲	李文衣	刘小军
韩洪彦	张文柱	王素红	杨文海	武士宗	周登录	张长胜	门玥珍	阎道浓	刘书明
岳美淑	邢现清	张玉才	郭凤莲	董瑞珍	杨俊英	陈建兵	苑桂民	杨贯一	刘瑞英
王乐同	李秀武	杨丙利	秦建生	李小任	徐淑兰	李树忠	张浩衡	张子敏	赵春荣
邓学玲	李密环	贾计生	刘天挺	米风根	金天斌	杨永葆	侯卫平	李春生	董艳玲
李秀章	王庆新	李喜梅	王香芝	孙长春	王向新	汪汇源	冯　林	陈桂亭	杨泽民
赵金中	张仲良	刘月珍	焦友华	冯友风	吴金平	刘瑞乔	赵　琪	戴维恒	郝建华
刘玉琦	刘密堂	马淑敏	朱香花	牛其彬	尹风枝	丁瑞莲	白桂芳	郭正礼	胡　荣
吴梦辰	田大藏	李培昌	孙全木	阎建国	衡作勤	贾　爽	安志新	康丽萍	李甲祥

赵永发　王文芳　刘桂侠　缪九华　杜学联
徐振恒　黄桂录　张占才　刘桂英　张　珽
邵　奎　刘振华　曹桂兰　谢天才　井桂芬
吴慧兰　杜永智　韩建国　李振德　郁文有
韩　旺　徐爱菊　夏玉成　赵桂荣　邵　林
高永才　樊淑珍　康寿满　刘建云　杨婉茹
张学文　包年丰　任世旺　张世兴　田增瑞
冀文祥　彭　贞　肖玉恒　王玉梅　卢风兰
丁世琦　赵佃兰　王振东　王占江　何有平
张　明　王广泽　邵秉和　傅金蕴　曹四维
全桂兰　蒋连生　肖藏岩　李金池　史爱华
张立长　高全通　李新娥　张春录　解　欣
李洪宝　李月华　王新安　白玉格　袁振恒
梁振全　李重九　高宝鉴　徐德功　代玉珍
韩双居　王成章　白永强　殷嘉欣　郭云翔
王全库　董跃进　范雨田　王焕起　刘金贵
刁兰菊　王会刚　王洪星　路秀彦　周明智
靳同轩　阎承英　王景民　戈同英　张晋生
马良池　齐金秀　于书相　王家培　阎崇如
邱铁城　任书歧　薛新爱　顾铁为　李玉芬
石明生　刘淑丽　周延生　陈玉琦　朱太喜
杜向如　刘瑞芝　王瑞秀　田文芳　范桂芬
马世强　康桂芬　李若芬　米书伟　高文蒲
王洪俊　孙增印　王庆祥　何爱华　杨进才
张凤英　刘绍敏　张文良　耿会敏　程家儒
吴连玺　刘观宁　魏佳忠　赵忠艳　冯景国
张春兰　丛景芬　李凤侠　李洪印　陈玉兰
董连猛　马玉华　刘香芝　石广文　张义才
袁书林　申文才　张道通　朱汝松　王群苏
王俊英　李　义　刘淑艳　付延泰　李润龙
吴秀芝　蒋守规　欧阳丽祁　孙执中
罗耀武　马宝焜　崔起麟　关合珍　刘文杰
陈　惠　田　纲　韩向午　高中德　陈惠生
魏占军　王仲涛　于志恒　王万祥　李友善
卢和乐　宋　实　史继忠　刘光亚　郑世钧
王惠云　王庆康　李槐清　王连仲　武万亮
董至庸　张宝林　骆长里　裴保华　郭忠印
姜宇清　朱永茂　宋春华　刘信荣　王振河
赵瑞堂　赵桂庭　王敬文　王继英　刘天奇
周宏大　田晓池　鲁　皓　陈贤栎　罗挺前
孙志忠　卜桂贞　刘黔声　程振豪　詹子龄
张习之　赵庆普　史绍贤　李贵棠　张国林
张绍禹　邸　荣　镡国棵　史志广　郭煜恒
许廷喜　李桂兰　孙士斌　王金鼎　赵镜武
路培珍　杨　尉　杜勋民　梁爱栓　李林昌
郭德儒　马永利　曹庆禧　李竞敏　孙占希
郭步池　杨晓军　裴印林　吴江泽　杨　达
鲍万贵　周少亭　仲德玉　李锡时　李学之
赵　炎　王锡伯　程万良　张凤友　李绍山
李洪义　张宝贤　李宗佑　袁会云　张其昌
玉林宗　边守正　董文科　张中民　胡　铸
韩礼勤　苏青树　刘喜太　阎会学　焦振芳
宁　野　王林晓　曹庆瑞　任才兴　张福录
刘丙恒　陈清杰　崔金利　郭连合　郝振士
张春常　郭　勤　王志民　白玉山　王天佑
蔚步庭　赵富来　刘国桐　韦树成　包献军
张恩昌　张长武　肖振宏　李春法　于世皋
温同铎　封潮清　张鹏程　陈桂生　王焕章
李平均　李敬芳　王建纲　何长春　张奎林
陈晓东　边呈记　王丙池　张法孔　曹玉梦
龚淑卿　杨金廷　冯学曾　张文勇　王明珩

山西省

张晓红　郑素卿　李　芬　张秀媛　黄忠如
韩祖猛　李　玲　郑瑞兰　李步洲　詹素卿
张复新　沈世瑞　王晋荣　张月仙　王友竹
崔风仙　李志德　王慧聪　赵东连　史小兔
牛惠芬　范玉凤　田震华　郝继蜀　张风英
王月亭　徐书蝉　李衡录　高振霞　高映岷
李从虎　杜进生　姚翠娥　王凤兰　王如月
朱淑敏　荣树德　段存变　冀朝愚　乔　宏
丁秀秀　田鸿志　周秉翠　李学森　孙　定
曹立秋　石广元　柴天录　耿梦成　柳　亚
张绍坤　李志宏　张一斌　王变英　郭志伟
王映如　聂三敏　靳紫云　王桂花　许　珍
牛秀梅　王敦信　张　慧　徐安峰　牛生蔚

李汝信	邵致忠	马芝兰	张德生	夏麒麟	李　英	李佩谦	孟梅荣	马　启	王　忠
王淑梅	王秀英	安月英	穆仙如	杨笃文	蔡碧昌	杨国栋	田润升	张爱芳	任秀娥
张　彭	林　燕	燕作淑	白　耀	冯怀玉	崔祥珍	续俊谦	池先梅	王利平	郭云开
王汝耕	盛　欣	海玉美	盛世泰	杨玉林	张媚锁	白宪英	王润平	曲万年	郭五珠
何淑敏	韩生发	杜香娥	任瑞祥	赵温慧	张爱新	邢增全	邢双凤	王文莲	杨秀田
王仲卿	郭拉玉	张廷莲	赵彩昌	但荣爱	石齐科	程润身	李凤英	左根贵	侯广垦
杨水仙	冯四如	东玉秀	刘玉英	金惠廷	赵平生	郭秀清	郭秀峰	李金才	智培洲
陈学勤	王永安	郑小虎	尹耀中	白晋宁	王翠兰	司补全	丁月娥	崔　贤	王建宏
孙建荣	刘和平	郗　述	刘永桂	王燕文	田翠英	郭利萍	张迎瑾	何永光	王玉凤
宋贵仁	薛瑞锁	董占春	钱英杰	周国斌	樊有师	韩月娥	戴梅花	崔廷跃	白怀兴
王润保	姚恩波	曹　龙	于幼梅	王小林	刘公然	杜建华	李美英	段爱琴	高玲华
靳云生	常爱智	张志秀	周海文	王　葆	徐金遂	唐　丽	王志伟	马改莲	郭宏鸿
陈德修	王炳森	江锡惠	程反根	李宝山	罗爱花	常士运	任美英	温绍日	杜碧华
张文平	孙震宙	高爱莲	鲍喜堂	张恋凤	杜云瑞	王振胜	武振兴	张静如	孙嘉琛
蔡金水	鱼兆林	张遂印	郭占考	张水明	郭佃勤	赵逢荣	王树禄	李怀义	荆素丽
李留柱	原荣贵	孙晚香	吴计有	张泉水	李玲萍	段鸿达	何家麟	程旭晨	刘翠梅
秦家丰	李天林	张根智	张有才	岳根生	王巧梅	张秀清	杨永泰	霍士科	申春花
孙迪文	蒋逢春	谈文玉	杜苏红	史明扬	药向明	张云周	李保堂	杨东林	吕继昌
曹秀英	吴润娥	黄本荣	赵秀珍	杨玉清	霍跃贵	侯素兰	周小萍	任慧卿	李新全
王存秀	王淑贤	田禹定	张谦兰	岳　毅	赵润棠	张世英	赵贵明	郝　俊	刘坚强
龙秀春	何士平	高一君	张天心	韩恩浚	程瑞仙	祁文林	陈中秋	师德贤	张育青
郭俊文	冯聚盛	任忠淮	孔庆余	郑麦祯	裴守忠	赵慧香	戴联林	徐兰香	宋化卿
孔松柏	靳福炯	胡　炎	张茂泽	庞书旺	郝雨芃	任林海	李世魁	张　一	阎宏义
司花扁	张小天	段永刚	赵买旦	陈坤瑞	李树雨	马拉仙	成大忠	李敬密	张兴旺
卫温信	杨保兴	王竹梅	董国兴	丁启善	胡新娥	雷守敬	侯绳纲	任玉千	武济恒
刘翠琴	郭赛萍	张孝良	田玉太	毕建新	张凤英	李梅梅	郝宝连	乔启生	张绍良
牛钟秀	邢宝珠	郭志胜	马忠魁	刘爱莲	姚孝文	梁最香	宋应强	任克温	武林生
王保年	姚启发	王俊玲	侯德山	杨志栋	韩寅卯	贺存让	高清儿	张春娥	薛乐明
杜未娣	李振跃	秦真发	李有喜	马翠珍	薛　凌	杨永华	郭玉连	乔玉明	林风至
赵成仁	卢瑞兰	武金卫	李生才	刘爱花	李永文	刘全恩	武作福	刘玉连	赵国祥
王　骥	邵书恩	赵仲华	刘建伦	刘海德	吕增高	徐少侠	温巧婵	胡秀娥	丁继荣
孙　武	王资慧	王宏跃	黄　礼	孙增祥	李保明	李天柱	高富香	梁安清	张爱玲
李瑞林	马汝业	张泽民	刘成礼	范　录	曹　敦	周建平	梁国权	景荫芳	贺瑞华
李明月	张东涛	武慧贞	刘达观	孙　玉	周希兰	方　熔	董天祥	张桂英	刘芝兰
马登云	赵大贤	杨　果	苏桂兰	刘照天	刘　玥	阎景亨	宋世华	尹开柱	荀月娥
王立富	马文有	张世平	康桂荣	石俊文	解凤梅	张子玉	李俊高	荆连吉	王玲玲
梁玉贵	张台山	张　选	石作美	孟有胜	张松峰	陈兴无	赵治川	宋润娥	崔学武
裴建军	杨丕儒	张书铭	郝日午	王　祥	韩云龙	高　深	董承秀	田锦祥	薛宝贞

韦杏平 刘明星 程国瑛 刘宗元 邱东贵
侯百竹 李春昌 柏青锷 刘敏祥 郝生明
阎 晶 王发胜 刘菊敏 房舒明 苏贻萍
刘永明 张金山 庞绪荣 武彩平 李善元
尉民屏 史玲珍 崔红章 高名慧 陈化周
温州安 韩义裕 张建武 秦 瑞 郭向一
杨翠萍 张明亮 姚奠中 陈衍翊 刘楚芳
聂维清 王宗德 任兰锁 滕崇德 祝庆华
王嘉琦 杨海金 冯彦山 吴俊兰 王中英
陈金戈 郝桂颖 倪圣道 关好学 王兰草
薛 辽 南双裕 梁迎春 畅改幸 谭 超
杨淑亮 荆竹玲 朱玉龙 关双全 杨守义
张守强 董焕金 王诚信 李生泉 郭子亮
贺宝善 何淑贞 陈银枝 卫广发 王思路
张改明 薛生英 郭建民 丁振邦 李财旺
薛全喜 崔三民 吴恩道 郝烈臣 光寂霖
权著良 王爱炬 王怀斌 杨茂生 杜喜娃
乔兆科 高毅刚 贺满光 张西山 王淑珍
周石锁 胡印元 吴义恒 邓大庆 李云霄
王茂春 李长水 党晓明 廉雪兰 宋新变
张之敬 周武文 王随义 毛香惠 武智德
裴翠屏 徐君智 陈春花 李振英 穆建军
令狐天管 赵忠鑫 冯安康 宋柏珍
邵壁华 陈维彦 张建国 王鸿昌 雷先典
张盛元 陈儒英 代权珠 张万灵 费月芳
王和亭 李致富

内蒙古自治区

袁琳根 王正卿 苗存富 张凤典 张茂林
张宏英 张建国 洪 峡 阿布日古
马 裕 王兆忠 王慧筠 王 真 路秀清
房鸿颐 温丽君 李 荣 张多杰 张日亮
陈 孝 傅 贵 杨如霞 张赐福 李兰亭
吴 斌 陈良瑜 韩其武 张 岩 熊先毅
苏布达 要守瑞 李建民 吴秉华 李秀筠
石歧凤 李 祥 赵兰英 梁秀芬 赵爱萍
白秀清 许 平 孙秀琴 赵燕生 王致忠
贾秀兰 尹 俊 李美娟 李志刚 李怀忠
周文华 刘智海 胡明池 杨继雄 王爱生
郑香娥 赵文贵 李永昌 齐 坤 王振基
马友奎 王 铭 袁懋榕 章文容 王 录
刘希忠 徐 清 赵元兰 王玉茹 寇越先
张天志 刘成江 王殿义 李宣觉 卢贵民
任凤森 宝音乌力吉 徐元诚 张素芝
宁志凡 赵祥林 刘国芹 李国海 聂国峰
考悦华 侯振民 王有柱 高文友 安志文
巴 图 刁立国 梁桂芝 张若宇 王青云
关意志 舒孝春 李德刚 王自升 王凤阁
杜 林 金国栋 刘志强 郭玉喜 郑国芹
张秀文 车本会 刘书孝 白瑞新 赵兰香
董玉兰 侯景瑞 于献贞 张喜廷 张振泉
王占文 高占廷 张淑兰 叶繁荣 于桂兰
魏学军 许 泉 韩丽萍 王玉林 段国清
陈桂枝 莫云翔 王 珠 杨秀芬 田彦华
刘学荣 李化文 刘国金 拉玛扎布
福 根 杨双奎 马海斌 义特格勒图
富 昊 郑万巨 孙国秀 张德仁 童文忠
张淑芳 赵 敏 张茂伟 刘志民 耿慧芳
曹凤霞 焦永利 白 丽 敖德珠 乌 恩
哈斯额尔敦 哈斯格日勒 孙立珍
戴福千 徐兰芬 马秀英 王桂英 党凤云
郭丽霞 付淑兰 徐启梅 刘春兰 宝香玉
唐玉华 刘淑珍 李桂元 苏 和 夏佩琴
赵兴文 达 来 周文霞 王桂芹 武雅明
柳正日 杨桂兰 韩立荣 白淑琴
斯琴其木格 曾祥艳 宋靖石 朱玉华
胡玉环 那 瓦 八 月 孙家奎 马敦成
杨正居 巴 图 高成恩 杨海楼 巴达玛
郭宝安 王玉梅 青 梅 尹万芝 孔繁珍
陈宝玉 乌 由 郁成山 寇凤芹 相皆录
韩景歧 海 宝 吐 雅 包保成 林秀真
萨茹丽 顾凤珍 左 辉 董 永 孙凤姝
万岱山 芮泽永 王古儒扎布 李洪成
旺申扎布 罗金山 任桂贤 齐文俊
席景春 国赫乎 孙宝堂 吐宝音 胡继兴
李宝琢 于福和 胡廷林 李洪彬 吴海山
王铁柱 李霭云 刘玉珍 林渊心 陈志勤

王龙昌　郃结小　王丽华　徐桂霞　乌日图
巴达玛其其格　敖特根仓　乌吉玛
王素荣　祁　岫　徐振义　韩扎木苏
武定芬　岳　钦　王桂云　马春田
哈申高娃　伊西扎木苏　昆　都
扎　布　石玉芝　裘桂新　杨连才　李玉宝
张廷廷　色吉德玛　嘎普勒玛　齐淑环
娜仁其其格　其布格　董玉珍　陈素英
李桂兰　娜　仁　利金格　张慕贞　李锦锋
刘　耀　阴　科　殷煌文　全保夫　吕子明
罗　瑛　胡秀英　李　珍　杨亚萍　孙正德
田学和　刁富黎　韩美凤　武　斌　傅　杰
张　静　宋德英　李　敏　李存厚　刘秀兰
杨培义　范履祥　郃玉金　任志梅　宇跃廷
刘汉臣　宁金香　贺学军　新　夫　董翠仙
丁建中　史志安　罗桂芬　王翠平　陈喜柱
庆格勒　巴登朝　索凤仙　李玉梅　张俊连
黄时正　李文芝　李安福　哈斯朝鲁
霍　林　荣赛娜　王　亮　郑思忠　杨占林
茹拉玛扎布　朱新华　于镇生　刘彩霞
张剑飞　额尔德尼花　高　娃　白进廷
刘正义　王爱兰　刘继平　莫日根高娃
云桂香　刘　海　刘亚中　彦　平　赵建忠
赵成智　许炳荃　孔其林　王建民　宋怀瑾
张凤英　黄凤英　李玉兰　额尔敦其其格
樊俊杰　田　琪　娄凤仙　李凤仙　刘汝记
敖其尔　其木格　王继君　吕兰英　张月英
王　静　王翠莲　马景山　王力川　马如贤
布仁巴雅尔　任培玉　王惠群　孟根岱
王旗荣　乌云其其格　贾福祥　白俊岭
庞广祺　陈福和　张景宇　汤文波　张　拯
焦世珉　姚喜兰　郑钟根　管国裕　王淑洁
蔡廷芳　黄树田　董翠兰　徐克英　高锦福
张庆伯　杨玉京　田子赤　曲诗伦　李学博
赵云昌　原跃生　乔爱中　塔里亚　赵永强
查　干　刘希圣　于淑芝　田汝刚
胡达古拉　张晶一　王　全　李景玉
赵金枝　谭淑梅　李宝训　陶德斯钦
梁国华　杜志亮　彭兰英　李　丽　孙国新
廉玉淳　王俊杰　朱承祺　关家绅　崔连武
乌日吐　姜家骅　王化痴　金　明　李国良
赵国芳　王志军　孙国学　图格扎布
王慕尧　叶良能　姚中孚　巴明星
梅其其格　张鹤龄　确精扎布
吴持哲　窦伯菊　赵逢三　李希玉　佟天夫
琪格其图　文历东　门福义　李元惠
赵美华　石　山　沈弘照　刘国香　都　仁
散布拉　赛汉其其格　王淑英　王荫宝
裴　茂　武增胜　李界山　双　龙
恩和吉日嘎拉　李永亮　全　新　刘峙山
樊绍杰　色　音　阎秉衡　贺友多　任功铎
郭光祖　杨秀凤　高　波　孟根泰　张宝华

辽宁省

刘隆复　宋则行　马龙光　郭庆鼎　魏玉霖
孟宪嘉　陈健发　陈伯超　初显章　贾魁林
张永泰　吕乃群　张德英　徐效勉　郑　重
沈　炎　关永顺　陈鸿滨　王树茂　张文泽
侯锡五　栗　纯　刘英杰　王庆洪　郎业仲
张兆发　徐永杰　马友发　佟文彬　高国辉
高成云　何玉凤　孙继凡　佟凤清　朴善英
边桂兰　李国武　崔玉香　张素芳　刘车文
白淑杰　朱海金　段素芳　商广心　柏洪林
张洪雁　邵兴华　黄凤芝　全　然　张玉春
高淑华　张容环　董立言　董德铮　李广江
安淑艳　裴　钧　袁守信　于凤臻　赵继成
葛淑香　王凤敏　于　萍　齐耀先　年秀坤
王素春　王书莲　施　震　刘永舫　周雪菡
王云珠　范崇娟　戴樱村　王丽云　王继堂
马兰英　刘凤霞　车秉俊　韩桂媛　朱乃璋
叶淑兰　何　伟　宋凤兰　彭　群　张　薇
刘玉芳　郭静秋　尹久贵　王凤琴　李淑珍
王庆春　张秀梅　刘　锦　马淑清　陈　芳
於　旸　尉文霞　张澍荃　雒丽铭　白铭洁
张佩纶　薛　昆　李艳萍　肖云鹏　吴银实
牛菊香　段婉荣　高秀娟　田淑荣　赵丽莲

张子林　李国琪　吴花太　罗　力　于桂芳
程玉文　王戎祥　孙英杰　周艳华　麻方久
孙大明　孟秀丽　姜忠厚　张英连　曹香菊
栾士梅　侯乃茹　孙景新　张志荣　董桂凤
巴启金　任国强　耿素云　曲宗琴　王桂华
康玉敏　宋凤廷　张玉琴　刘金界　吴光宇
吴铁金　崔文琴　李玉荣　吴凤丽　李兴国
聂志才　施长新　杨洪生　宋守勤　徐国勋
马桂梅　王立坤　李素霞　刘冠唐　祖承斌
王春堂　张立华　刘贤森　王君有　石永年
吕德望　刘金柱　赵晓杰　王淑娟　于朝纲
林宪忠　徐世政　王玉英　孙静华　顾国忱
黄万书　孙　伟　林秋桂　宋和家　马桂芬
汤悦娜　梁守功　张廷永　王明泰　赵修武
崔学惠　胡　赪　石治源　陈卫兵　王玉英
贾代弟　李毅杰　吕桂兰　高　民　杜玉环
刘国柱　杨树勇　李艳丽　董秀华　杨景华
王宝林　于有爽　葛长春　孙殿英　孙宪缙
乔艳菊　原美荣　王善广　吴庆陶　殷瑞珍
迟生英　张安义　王福元　越淑丽　靳　英
张庆洲　范德义　车盛枝　生　利　武淑琴
王德珠　那桂芝　侯玉春　林　洁　阎世琴
杨晓兰　杨会超　任开明　李永芹　马瑞春
刘仁堂　孙敏玲　李武凤　石长文　高锡良
姜桂英　宋绪章　孙德林　陈福利　孙乐廉
赵永春　王桂娟　李桂贤　姜秀珍　王淑荣
孙圣荣　于克奎　张守鹏　孙金寿　张双初
徐庚武　郑芳怀　赵德有　王逢辰　吴兆麟
林继肯　谷　祺　查健禄　郎志谨　丛风廷
胡振开　杨基厚　李大琦　田玉山　梁志平
马秀凤　李晓景　纪元君　杨淑华　单淑芳
刘仁福　孙景波　吴蕴恒　戴金桂　周凤文
徐正修　马喜臣　宋镇河　战庆多　王永春
林春阳　谷永峰　陈玉海　石德恒　滕福君
潘明久　孙永麟　李玉贵　张德福　万淑林
张铁栋　马淑敏　许淑娟　周兆群　刘素兰
李美芬　刘永立　王　复　苏德成　张庆坤
钟丽芬　蒋永梅　赵　炜　王绍富　李玉环

李玉强　倪　拥　李景和　秦隆生　张德印
何玉范　罗继东　吴志杰　刘素珍　张天民
卢　环　英　玉　刘成山　聂治福　吴玉坤
朱悦云　陈丽华　左云雷　李庆兰　尚德兰
崔金山　邢万民　李词山　万士学　齐振香
李维宜　徐秀娥　袁素芹　郑永清　尹世镇
白　艳　崔淑芳　吴　青　肖兰英　唐桂秋
胡玉华　周　全　于成蛟　金宝源　孙贵凤
邢绍忠　杨金翠　刘松媛　张维菊　于志达
齐光复　周谨驯　刘培锷　金大鹰　马俊顺
沈钟玉　赵才忠　李彦英　薛　涛　李国明
孟庆龙　毕兆忠　韩树春　李为明　池秋实
刘玉安　齐长青　顾小允　赵亚琪　丁秀芝
王慧新　李玉玲　宁　艳　梅文华　王　斌
李淑琴　肖润华　商文兰　李新萍　吴红斌
于振兴　魏洪昌　陈　坤　张树人　荣树心
佟秀华　林　杰　赵瑞民　关秀清　桂玉缀
韩锦玉　常桂芳　郑洪文　于　爽　陈兴家
张立珍　王会帮　徐春恒　郑龙范　李成森
张靖文　王国珍　解同义　崔灿鹤　王志君
王立山　佟明凯　汪　雨　张淑艳　郑孝吉
徐广连　孟昭军　李春德　姚　宏　刘纯孝
张庆儒　李炳钢　裴兆田　宋成玉　胡荫森
孙占成　何圣奕　辛丽华　马桂荣　王炳藜
屠明君　相如杰　李淑兰　夏小萍　薛世涛
徐志洲　李恩来　桑树岩　马德新　王长礼
侯秀兰　刘桂梅　钟　莉　李惠琴　傅振旭
孙若男　金文荣　刘亚坤　崔淑芬　崔玉莲
张元祥　王玉丽　陈　彦　贺玉珠　李亚振
王　淳　梁绍华　张家福　康晶荣　和奉琴
白凤英　林福英　石桂萍　李光宗　王玉芬
董永杰　朴福龙　曹光南　李秀梅　贺照辉
曲立朝　宋伯孝　何淑芬　李惠盛　肇家振
蔡学温　成吉实　王淑清　毛德贤　焦砚芳
葛俊英　吴光滦　丛生珠　马述文　周建军
卢淑贤　黄　杰　崔美琴　丛淑华　顾元斌
姜胜林　孙文求　鞠锦芳　赵万千　刘淑琴
赵旭春　张　静　孙德润　刘淑范　宋淑玲

郭胜利 王凤文 曲凤琴 马成全 杜文斧
金德华 崔铁珊 安丰尧 刘也愚 王广富
于纪诚 王洁珍 王淑清 阚文艳 崔宝荣
范茹兰 王崇林 苏文华 费国清 王寅生
徐 君 张书伦 马静娴 刘占福 王殿凤
于春梅 金万才 许绍英 李 岩 李靖臻
王德余 梁书杰 孙凤琴 刘多纯 李晓英
李雅珍 李 炜 赵玉甫 康忠德 孙艳秋
王雅岩 魏淑英 王殿忠 罗 巍 崔树新
陈胜开 刘庆臣 杨瑞琦 孙文涛 陈淑杰
黄桂珍 王玉明 丛丽珍 李述伦 石俊吉
黄福珍 顾恩学 苗桂珍 张茂茹 陶长君
马冰莹 全景唐 杨蔼如 李桂荣 贡淑云
岳质清 仇维国 张凤芝 黄秀杰 高 炎
佟钟晨 张凤芹 王奎富 王 杰 金永玉
张志超 李维庆 孙庆林 贾荫春 田庆丰
逯秀珍 尹成贵 才玲辉 刘振环 刘兴周
杨素侠 任国柱 史建平 傅逢义 王鲁男
冯 凭 苏居宁 张桂祥 杜占先 李守生
潘成珉 夏长连 刘云芝 王亚凤 李家林
王以斌 赵素坤 刘忠斌 黄金茹 张 广
蒋 翔 周加林 张永泽 靳维勤 肖修槐
由昌言 刘雅彦 史义平 庞庆振 陈育哲
吴 兵 马承慧 王桂芬 林 曼 张春生
张 罡 王洪甲 刘淑君 费秀仁 李 彤
初芝馥 张玉珍 吴德珍 宋凤芝 李绪和
李文俊 吴家禄 张家生 刘德惠 陈素芳
郭增益 郭勤宣 张桂芬 邹德山 马作文
丁瑞芳 姜树彬 马立华 门熙昶 唐秀丽
李明月 郭乃玲 阮翠珍 吴志东 刘玉林
程庆山 邓素荣 李中山 潘云峰 刘春意
孙洪海 吕素芳 孟繁枢 邓文钧 李素芬
栾怀忱 刘桂芬 刘玉先 张素莲 张振有
张朝瑞 张弘玉 楚新红 王玉英 张 勃
刘淑坤 孙艳华 王凤桐 姚曙荣 王秀英
徐中祥 池福仁 赵长汉 赵焕义 朱庆成
张玉科 白桂珍 何英忠 迟 良 唐贤英
刘冬梅 王继秋 丛淑霞 白福山 朱洪芹

霍淑珍 孙兆兰 张凤环 刘维杰 吴玉华
高淑云 孙阿敏 刘树人 李淑清 师占德
韩希秋 皮相友 邱晓萍 耿文芝 张跃敏
李志芹 武凤芹 许明义 于凤荣 李梅娟
金玉芝 双维熙 李凤珍 魏铁光 王忠智
张 楚 王宏奎 刘国友 刘存镇 曹敬玉
齐治国 于海洁 梁永祥 张 晖 金秀英
蒋万金 薛世新 周钖志 辛明亮 夏素坤
张大可 李景玉 兴连影 胡 艳 张永武
王福阁 李希普 李振安 王殿文 王 敏
熊素娟 孟宪文 徐秀丽 尹春忠 朱 怡
赫素坤 郭业俭 周艳芝 韩丽颖 遇虹华
艾秀姝 李薇娜 王瑞英 王学军 刘春泽
鲁 捷 黄贵全 王文利 高振芳 宋瑞林
谢 学 纪廷珠 孙立芳 李化民 姚显兰
董百顺 明志有 张桂英 王会忠 纪洪夫
刘文君 黄凤驰 王云学 崔雅琴 陈本凯
于振国 高秀珍 张庆楼 陈连学 潘国凤
汤春贵 沙伟丽 高秀琴 薄海云 陆桂英
寇 贺 石秀云 赵素珍 李 秀 于树成
葛景德 张青梅 丰殿春 张承信 王宪军
李绍顺 裕笑英 潘玉堂 张锦学 焦淑琴
张恩德 李殿武 郭全生 张德娟 王玉梅
石有为 陈宝儒 刘洪权 陈淑芝 戈凤云
田润华 王恩惠 李化荣 崔煜方 张永仁
张 明 张惠宗 白 峰 刘红梅 李中仁
郭慧娥 范友贵 马化俊 商家成 阎福田
高云香 李秀兰 崔大燮 迟宝珠 王丽芳
王之仁 王占元 张世杰 李淑媛 王建经
金大熔 戴淑贤 赵 维 刘英华 庞秀和
范春祥 朱玉平 李桂秋 云玉珍 吴厉程
张 鹏 孟 杰 张颂秋 柳春胜 张淑媛
薛宗成 李春兰 张凤兰 李福成 赵恩科
王银廷 张福成 秦俊霞 于俊昌 王 德
于国江 金丽娟 洪伯达 郑彤云 杨雨钧
朱成杰 董晓环 齐德媛 唐金荣 齐凤娟
戴艳池 杨淑杰 胡桂芝 阎淑文 王玉珍
刘淑兰 王玉华 李洁忱 潘学芳 李春林

孙彩杰 周玉玲 方敏 李淑琴 袁晓慧
王淑霞 李占江 郭凤云 郭凤阁 张颖秋
吴贵清 金法成 丁淑芬 刘昕 孙占清
王莲亭 李耀中

吉林省

刘学贤 曹助芳 富静杰 张玉书 刘立茹
周树德 杨国杰 赵丽华 阎业学 赫彦芳
王永祥 邢伟 王春芳 苏德义 高玉华
邸志军 刘钦志 陆洪庭 王永杰 张庶民
贝世琴 张立杰 谢守宽 谢在皋 李杰
刘香春 高淑珍 冯志坚 王素凤 王秀芹
张晓菲 王燕 汪彦杰 刘秀瑚 刘香清
陈忠礼 孙瑞芬 蒋文生 关晓兰 朴明子
张亚萍 马敬民 姚启迪 徐国民 周雅雄
唐连方 姜永海 马浩人 张淑杰 马明善
方景山 王克玲 刘占举 张杰奇 郑玉荣
钟凤茹 李元昌 姚洪达 魏森 刘淑云
刘卫东 麻淑芝 谷守芹 于德发 于志辉
张云举 许艳梅 郑永田 范作民 刘文才
张洪芹 王玉芹 衣守玉 王树歧 李满玲
孙敬伟 杨占华 刘喜荣 张殿玲 刘艺珍
徐立民 王凤莲 赵忱 胡长江 刘强
孙佩孚 唐喜生 张学忠 华曾平 陆慧
吕庆春 王忠仁 张先昌 吴国信 尚尔芬
董春华 张咸录 刘作范 于桂荣 马焱
李凤香 钟秀云 王志军 冷宝山 刘若兰
李月珠 韦秉坤 孙淑娟 左振文 刘占文
郑淑权 张志琴 王柏秋 张永忱 夏学惠
李广志 杜国珍 聂玉春 林玉艳 陈庆香
姜淑英 刘万金 邢贵才 王育功 李国荣
王必成 米庆春 刘锦团 刘芝馥 林紫生
王宗达 周淑珍 朱雪军 孙承秀 夏爽
白丽杰 唐秀云 隗福杰 李英筠 栾凤鸣
马继新 王泽云 皇甫岩 赵淑华 李淑云
张菊芬 姜应九 徐桂生 田淑温 张纪圣
田成子 胡笑光 王立南 刘英超 徐庆勋
石渊奎 初牟超 王桂仁 柳忠仁 许在吉
陈承海 郭克俭 郑淑春 王淑云 李淑英
于文清 陈国顺 程丽芬 姜义 许玉述
纪宝琴 权吉云 孙连云 许成蓉 李勃生
张娟 贾湘云 付菁云 陈莉 顾同才
付连志 钟兰影 权俊南 郭淑霞 洪魁福
宋云清 张玉梅 武忠玲 曲春明 关丽娟
李钟成 吴凤珍 崔凤云 陈占铎 赵胜斌
于文义 李玉子 付文芳 杨淑芳 金荣国
王振家 金钟顺 王凤云 宋岱华 王春香
李忠 李长生 姜桂芝 王丽敏 郑合义
翟丽娟 王润岚 杜燕 郑萍 郭启伦
崔静 李铁英 宫秀芳 李福俊 张志茹
陈晓明 李秀琴 刘庚久 刘洪汉 李志伟
张艳茹 赵德林 宋凤英 罗光明 徐有德
杨清亮 李颖 夏振沛 李秀云 栗学新
申玉晖 杨丽君 赵淑英 张淑文 李艳君
吕忠柏 张奎林 韩世清 杨国志 李宪民
吉文录 王铎 王隶书 赵国钊 苏立章
蔡歧峰 郑向阳 张彦山 赵红旭 王国有
陈淑兰 郑玉琴 王玉珍 李士丹 董俊清
杨忠和 刘淑春 郭耀祖 王爱菊 张勤
赵克敏 叶丽芝 苏曼莉 曲柏义 李成福
王峰 张其武 梁相存 高明一 蔡秀清
李贵久 孙国良 于艳平 雷耀枢 张英杰
王德山 尹淑琴 王丽娟 王淑琴 刘德言
陈桂兰 杨永胜 宋成凯 肖桂珍 孟立真
柳玉峰 张子祥 孟庆梅 苏立荣 林昌宇
宋平 赵品良 滕宝春 杜蕴璞 葛桂兰
张新美 李长山 贾玉华 刘淑芳 李忠仕
曹阳 张秀珍 魏忠霞 李秀媛 姜华
宋宜德 王春实 杨淑娟 马海涛 王宏
刘景琦 姜文艳 董贵库 崔成吉 王金霞
祝艳芝 杨雨梅 解淑梅 崔顺今 李新华
雒晓霞 杜亚军 徐志华 徐春玲 栾俊山
迟福莲 李成浩 王振兰 郭锋明 金永漫
杨晓虹 姜永祥 张秀敏 迟乃梅 任政忠
崔昌永 吴思义 王源清 郭景库 姜显国
佘万才 孙昌善 王秀琴 孙淑荣 徐伯秋
陈国茂 宋玉兰 王贺 洪乃玲 李长云

单丛和　于　萍　盛桂霞　孙瑞梅　金吉顺

王其志　毛兴良　卢延春　朴寅春　曲厚金

姜喜斌　刘殿英　王文占　罗继文　黄玉海

王新灵　刘春兰　王　耀　吴凤山　孙玉香

邹太和　陈学智　蔡元琦　于桂莲　李世成

刘树忠　王成章　马秀荣　肖鸿民　康淑珍

李淑珍　金莲淑　韩尚石　李玉梅　黄凤洙

金福万　朴宗寿　姚恩华　刘德敏　李占奎

赵德胜　金春玉　王业忠　李建斗　刘长生

刘逢春　邬星琴　权顺洙　李子良　张俊芬

崔凤镐　许承律　金畅雪　李应植　王　平

李友兰　宋荣哲　朴贞姬　曹东柱　全万春

郑衡培　金辰淑　梁秀琴　金道铉　朴凤来

李宝泉　舒凤霞　陈毓经　孙桂珍　邱照荣

朱锡玉　姜今丹　张秀云　廉桂淑　边国山

朴贞玉　刘凤子　王青云　李全友　高雅洁

全必心　崔美善　姜桂芳　张斗星　关大奎

张淑清　顾淑梅　王金兰　赵忠会　刘景权

徐成会　王晓安　马丽云　才玉杰　隋艳君

梁世文　王　浩　窦建国　索洪声　李　健

张国良　刘永兰　董桂清　刘兴才　刘志清

胡秀琴　王守贤　王淑清　乔国梅　郭清臣

贾凤祥　杨宝琴　吴建华　赵　军　郝瑞霞

刘　芳　郭凤仙　孙桂珍　张喜春　刘　艳

刘文元　吴文信　常俊义　武金英　郑钧龄

赵淑兰　白鸣琴　王　敏　张守元　李桂珍

郭绍武　葛　伶　王治臣　张乃士　张金凤

邵树清　王文祥　郭淑云　颜景茂　刘建文

谷玉环　王雅雯　孙元信　哈斯巴根

蔡桂兰　项伯芳　初吉齐　李化祥　胡嘉珍

张文振　孙　逊　邢德平　刘士华　孙桂珍

王永福　刘宝珍　张景春　彭显彬　孙汝三

王吉川　王志国　邢洪德　张云福　于亚芬

王淑珍　米伟华　吴振祥　王凤云　韩秀峰

殷亚贤　于长云　王庆余　叶树根　刘晓莉

阎淑珍　黄万芝　耿勉之　方纯明　李高咏

左成革　聂玉芝　宋　军　张亚军　严锡敏

李正才　刘世义　唐敖庆　刘树铮　屈庸博

林　君　王林祥　丁则民　杨贵贞　胡希荣

许龙九　苏魁武　侯云龙　程永昌　严福俊

刘振东　张　纯　田玉林　陆学明　尹昌熙

金滢完　王文臣　周全光　葛玮珉　石成龙

牛林宗

黑龙江省

汤树德　张之一　丁　泽　朱振岗　朱　权

李绍贤　王家勇　吕利泰　翟志群　陈心田

白明华　黄　真　范仲臻　崔振华　佟兆俊

张明厚　刘鹤年　关　柯　张庆珊　张庆华

郭雅彬　戴遗山　王立忠　王　英　李国忱

李哲生　张儒生　常　青　徐仲刚　倪元增

陈学允　王仲奇　吴从炘　孙景泰　牟景林

陈曼平　康　见　郑维忠　刘　汞　李锡胤

段富津　牛德林　申家恒　辛培之　李　震

田语琳　邱守义　吴士元　何叔愚　王梦林

何乐年　陈　衍　杨铁彬　吴纪元　王化博

刘永才　王　英　罗杞明　姜振声　李　耀

封久钧　王桂岚　孙光仁　张礼建　李翠芳

张昭海　杨大伟　马向东　周作彬　李洪儒

李荣海　宋玄义　佟桂芹　张　冰　姜丽华

吴桂萍　曹兰生　迟福海　王七妹　周　青

黄素兰　赵成璧　刘　杰　王滕桢　韩永贵

李宏志　曹　平　孙桂茹　郑万石　王世学

梁瑞华　郭桂华　杨钟声　王艳萍　刘　环

蓝少环　王　玲　宋春生　张效侠　吴淑珍

陆拜伦　刁荣琦　高淑滨　丁长青　赵慧茹

王淑波　王本荣　李立春　李振芳　宋姣娣

张　雁　赵　辉　李秀兰　吕晓兰　王梅生

向为瑞　周　力　常兆忠　杜景芳　刘玉芝

陈玉萍　姜淑秋　曹　飞　郑福纯　刘彦波

朴惠玉　唐淑珍　齐　和　孔繁英　张文金

鄢　义　生淑英　岳桂珍　刘凤国　王学智

何洪涛　徐振亚　王秉侠　周建华　李家琍

史永军　叶彩娟　王殿臣　赵维芬　张淑君

王　莉　秦天霞　张庆富　邹凤秋　黄海昌

王立新　杨文芝　韩文杰　李广润　李茂胜

郭兆云　蔡正国　赵永库　徐振录　史秀云

赵玉田	田晓升	张凤云	吴玉良	申作济	贾丽君	曹国荣	车秀男	柳恩山	葛向阳
黄玉凤	张裕山	孙 凤	王淑琴	林清峰	林汉华	李广库	汤立东	方桂欣	赵桂荣
李秀云	丁长山	董科研	邵德昌	刘兰军	孙慧芳	关艳云	白祥文	于洪源	韩继珍
吴桂英	彭美健	魏桂珍	高玉珍	戴长田	彭淑清	关加伦	吴秀文	徐瑞恒	张爱型
张德林	武 安	陈振辉	任静芳	兰书玉	白 杰	牛雅君	关秀珍	赵大波	那洪飞
朱桂范	陈宏伟	程振业	王志霞	黄士范	杜占君	徐国敏	姜文芝	林宝山	薛殿文
董志强	王颜明	董 军	焦殿伦	康贵辉	马玉聪	程亚云	徐敬东	马洪生	韩建侠
刘 雷	李国仁	曲常臻	王岫峰	梁 彬	刘淑华	徐 超	黄秀民	金祥凤	金惠淑
王玉清	张永吉	张文芝	唐 军	徐佩兰	李秀芬	李 琳	董桂兰	李云霞	于凤兰
吕景兰	林志敏	宁齐堃	王 锋	多奎英	刘景芳	赵玉芬	李春鸣	谢朋生	潘化臣
卜忠贤	吴维杰	齐人象	刘奇船	孙李明	刘 卉	金英子	卢明远	李淑艳	高桂华
许长艳	郑立中	严升华	贾立新	张秀兰	胡海林	全凤乐	苏文清	牛洪波	王树奎
刘淑琴	宫 琦	许 克	赵探生	朱 臻	徐文成	王凯兴	李福兴	牛会珍	姜点东
董桂秋	金永三	王玉华	李茂彬	吕兆明	王文学	徐景贤	李恒君	卢亚复	庞玉霞
张德堂	杨德增	许家洪	周景霞	盛观秋	吴彩云	钱洪义	张 谦	王凤亭	李凤莲
李凤杰	李钟民	于桂芬	陈丽慧	邹祥久	王英华	马 明	于世民	高淑华	展 坤
朴永焕	王根才	刘淑贤	郭淑清	邱兰一	苗先志	傅淑英	司丙福	肖久成	孙亚范
黄秀芹	祖淑芝	金锦玉	王晓芬	李华有	王慧心	胡凤琴	姜长海	邵芳芝	丁大伟
郑晓红	吴跃忠	王尔兰	邱学亮	高云成	李 振	吕德春	刘凤云	吕 森	李红萍
孟 岩	刘福荣	周富成	曹秀玉	倪秀啬	孙士德	徐景田	张莉敏	徐 友	王守笑
邓俭秋	刘淑清	刘善文	王晓光	李克刚	程志河	于 成	刘世华	殷国凤	刘玉成
陆凤梧	李东勋	胡玉兰	林桂贞	刘锡山	宋艳秋	宋淑琴	杨凤兰	孙儒祥	毋哲元
宋克俭	金桂荣	李 江	张玉范	田祖华	段桂琴	徐伟才	朱忠孝	胡振清	于瑞玉
王淑芹	姜源兰	张会生	金日石	国金生	詹洁人	高玉敦	颜景庄	赵桂清	吴桂琴
刘英菊	刘宝海	朴龙洙	李莲娣	赵晓琴	李琪瑄	肖 强	王淑英	张梦鸿	张玉舫
王守民	陆 毅	朱 君	梁艳秋	刘克明	李丽娟	方学安	乔荣业	颜庆华	焦月芝
王淑华	金淑兰	杨淑华	魏育枢	金星允	唐 序	李景兰	陈柏林	刘凤朝	董绍琴
潘玉香	柴守国	丛丽敏	宁喜玉	韩建国	周亚范	陈庆荣	贾惠芝	邵耀春	王永芝
李凤芹	佟淑清	方瑞军	王丽华	赵洪臣	梁玉秋	宋 文	赵春荣	傅玉珍	张丽玲
薛双莲	王秀堃	李建秋	尤玉镯	原春香	孙国范	玄钖允	陈力华	王玉海	王 伟
李会深	宫长城	白蕴琦	赫群英	赵桂芳	张先一	李亚芹	孟庆珍	李秀华	蒋希琴
姜玉英	张君道	李宏伟	单秉珍	张凤华	赵俊泽	赵树有	刘显礼	胡淳奕	于国友
胡美清	申玉英	赵景贵	曹志卿	马淑凤	高凤芝	赵 树	张革丽	孙桂杰	安季云
张鸣琴	姬书兰	李淑贤	徐学文	杨永俊	张翠云	李殿平	刘 莉	吴丽华	潘万林
李树德	王 文	崔长河	甘敏祥	何艳玲	毕德印	徐庆林	龙淑华	赵秀范	温 俭
朱佑珍	洪秀芬	吴 发	张桂芹	袁桂华	白雪贞	刘桂华	孟常青	田秀丽	王 玉
孔祥惠	金英钖	李永江	张玉珍	赵玉林	张玉敏	许洪伟	王振方	刘惠祥	李秀琴
曲雪梅	刘淑贵	庞 呈	邢淑珍	周宝华	王伟光	王佩芬	李喜玲	赵歆彤	李 伟

崔景先	陈淑英	王丽华	王子玉	张迎旭
刘福祥	李浮萍	周静姝	李凤云	齐艳艳
胥淑文	任传莲	孙亚莲	李新安	张桂兰
徐 芳	符景海	李 英	王 川	陈永聪
钱庆林	张新途	廖洪涛	李珠男	刘宝玉
钱宇年	张守玉	梁秀云	王秀云	孟德生
王秀峰	闻乐仁	王惠敏	张劲才	赵永瑞
周道荣	杨 勇	倪金珠	刁兴奇	黄玉姬
王学礼	侯雅范	袁春玲	王恩阳	赵增凤
吴振江	王丽雅	刘玉清	王乃芝	林桂芳
贾玉双	希 翊	葛洪斌	韩普维	孔令淼
赵亚茹	燕 晶	陈英辰	石 兵	车凤芝
曲胜娟	古启毅	孙凤珠	王常荣	王淑芹
战淑娟	赵国英	梁纯玉	何文媛	龚宝泽
席大恒	陆久臣	于淑学	马淑荣	关永康
谷秀芝	邵丹生	李凤英	马文荣	宋连茹
张为杰	段国庆	倪乃奎	王景全	吴鸿图
项桂芝	赵连发	鲁亚杰	高淑兰	刘福清
夏永珍	潘玉兰	赵英伟	宋学成	王岭娣
姜龙钖	王克馨	姜春山	王文敬	苏长海
于艳宾	李小可	王大申	于忠国	王秀华
贾玉祥	吴玉成	倪喜云	林 湘	胡玉杰
宁德君	郭芸苓	康 凡	李文福	吴友华
姚家尧	吴文叔	于桂珍	周智本	杨秀芝
常 青	孙吉儒	孙永章	唐志平	刘光华
赵温茹	王群熙	伊丽君	宋立志	刘玉莲
宋彦玲	苗松君	吴 枫	张坤伟	钱淑华
白淑卿	姜忠媛	汪学清	汪作斌	王 荣
单广祥	赵一凡	杨骏标	王彦波	石淑珍
李荣才	宋长生	刘克俭	李学志	黄瑞生
刘彤宇	周 芳	王志今	李胜超	尹德才
鲁兆广	于钦读	闻立斌	王伟英	李广金
南京祐	吴凤石	王登福	李洪德	程凤志
吕 凡	梁 斌	索惠忠	巩 发	姜福生
王占才	赵延彬	修泉川	宁举田	杜庆丰
张 枫	韩忠生	赵芳志	郭广贵	欧阳辉
王中伟	庞双生	姜淑吟	刘雪丹	曹喜臣
刘忠民	张福康	李中会	方锡美	王国昌

果桂玲	刘兆权	郭永明	刘淑君	李中兴
关富义	秦忠彬	黄朝贵	蒋国英	谭介珍
赵博令	谢绪宗	左文学	程杰范	罗瑞山
马文君	周明远	田吉校	王作人	孙延生
吴 峰	胡忠贤	黄桂森	王福山	刘兴华
盛向君	李殿喜	齐 飞	邹长海	于兆堂
张 莹	李艳慧	吕海林	焦本良	刘世英
辛 丰	张玉珩	林万友	韩永发	石基英
田中华	刘培恩	张祥元	唐新民	范连庆
王新民	王庆璋	李炳义	张 志	魏 荦
陈光明	古林茂	单永江	张玉璞	肖吉贵
潘宏兰	周福祥	关喜峰	李秀春	陈鹤皋
李钦正	孟昭书	万淑云	王一民	张秀珍
孟常惠	陈育春	何龙潜	徐龙江	

上海市

宗祥福	张熏华	张根度	王大璞	樊启泰
盛振邦	唐耀宗	朱章玉	席裕庚	张瑞璠
盛宗范	杨介信	陈敏恒	施亚钧	蒋慰孙
黄祥荣	王履安	陈兴国	曾耕宝	王 瑗
张兆奎	李观仪	左焕琛	蔡文炜	华大年
王善元	薛有义	曹善华	柴佩琪	朱伯钦
戴炜华	王大伟	李杰仁	胡 谋	胡寄窗
陆锡正	唐波儿	李 灿	蓝维鳌	罗茂尧
陈铭志	丁罗男	王新奎	潘守彝	冯子强
沈 亮	金荣驹	孟庆闻	张兆扬	邱蔚六
陈诗书	许威汉	郭本瑜	龚振邦	毛忠明
王乃樑	沈振兴	董永华	马元璐	张宝凤
凌罗庆	孙仲彝	胡建国	王式正	胡颂纯
盛善权	许先绪	李瑜祥	张炳乾	朱锡仁
曹得超	张维宾	许云祥	唐雪芬	何建民
谢万钧	邢凤岐	李宗鹤	顾海林	姜树森
高福余	康美娟	顾德明	汤成祥	张莉珍
徐 煊	顾宝珍	蒋蔚芳	钱巧玲	沈亚平
李士权	裴芳华	吴加林	黄镇渊	徐 欣
夏桂林	徐绥琪	徐 奋	章永清	顾小牛
凌国强	邢 东	乔永洁	黄美英	朱吉铧
席炳祥	张国兴	陶月宝	施桂芳	杜秀英
毛家雄	陈 权	施惠芳	王盛安	黄建香

袁秀英 朱带成 徐忠荣 周洪勋 沈璇敏
宣水仙 王慧琴 季菊清 倪中华 王建飞
倪志军 赫凤云 季达明 裴铭玉 俞秋捡
翁肇刚 刘远彬 詹水桃 徐亚明 忻贤华
刘春富 秦应顺 周雅莺 聂家德 张玉阶
徐海根 屠自强 顾宝琮 裘建华 俞伯华
汪红 杨世康 施品金 胡银裴 许兵
盛云林 张富源 陈榴英 蒋伟 王戟
王承英 潘琍 徐家良 朱传贤 杨小异
张志芳 邹洪发 沈忠 郑少鸣 顾剑敏
施仁绵 张允贞 谢慧萍 费莉霞 王怡红
俞仁杰 陈美琪 曹洁 郑洛 周国华
杨菊娣 戎丽菲 杨昌兆 张韵梅 毛懿飞
周鸣 李慷夫 屠良萦 胡家琪 张奕茂
颜鸣斌 陈国庭 孙希权 金明洁 伍贤德
曹冰洁 邵黎柳 潭清韵 周崇业 吴小莲
王兆祎 李慰宜 王丽强 周继光 马光达
裘世风 任展宏 宋金发 武振君 张惠良
李明曾 王松波 邱韩生 孙小青 周长根
奚天敬 顾履丰 喻昌榍 王洪兴 王亦民
蒋婕 吴小仲 张越 张凤琴 张家祥
顾其瑞 肖洪梅 孙世路 孙兆桂 黄良福
朱寄元 张继芬 林胜英 蒋光勇 吴钰湘
陈昌富 顾丽萍 张惠英 戴淑萍 赵赫
周淑英 吴震芹 孙利崑 汤维德 俞珍
刘炳生 朱德明 董丹犁 洪晓琴 吴汝威
华仁榜 史慧芳 张旭泽 李伟为 沈家善
麦嘉馨 金长荣 沈辑益 胡钟萍 韦凤瑜
于雪英 方之良 张金爱 张军 陆兰英
郭宗莉 梅舜南 边根华 徐善龙 韩钰姝
吴慕莲 黄秀英 叶季明 胡泰泉 陆剑鸣
丁盛宝 陈国声 贺梦霞 陈燮荣 瞿月清
胡秀贞 丁玉英 卜静雯 陈真真 周晓虹
俞宁彰 严月芬 罗宝和 宋伟颖 吴素兰
罗苞龄 许德明 陈尚霖 陈建中 周菁
董言 顾剑豪 裴保真 林青 刘佑民
戴慧玲 张思中 朱枚候 王锦秀 施一仁
蔡正芬

周其昌 严思远 张承佑 张瑞华 王惠娟
于卓诠 孟文龙 胡国芳 朱离 胡蕴琪
张飞云 杨伟贤 李建君 卢逸明 赵根植
汤耀基 周兴葵 陈宥东 曾容 王通钦
杨道公 陈志中 李学忠 柏国祥 王砚君
王筱玲 沈金坤 柴常龙 张洪珍 姚蓓华
胡苹 徐淬珍 邓其珍 周祖锦 彭德荣
张德明 林秉中 施荣范 倪浩俊 高志芳
王凤章 凌志新 李树明 沈冲 潘小明
黄玉龙 陈奇 顾文琴 鲁宝珍 韩菊芬
周清屏 郭桂琴 纪洪天 曹福民 丁三一
陈本寅 周志梁 宋屏 岑惠英 陈瑞玉
何蕊影 李丽月 祁惠民 周德配 丁载元
季灏 毛克勤 舒鸿康 钟华林 童敏梓
江铭 王孟斑 戴仁德 管宜振 童维芳
朱宗麟 戈萃 吴有美 朱觉民 林美华
徐明苏 董学顺 赵垠芳 王明天 甘文波
陆长根 邱彦瑜 顾永琪 蒋顺茂 金印鹤
张佩伦 任登琪 周和兴 冷家瑞 曹已淼
金其忠 陆其兴 吴信全 郭则勤 胡秉钧
龚亦修 吴根发 孙元清 周玉琴 邵启金
杨丁

江苏省

卜位义 鲍子坤 游少铮 徐骧 饶鸿来
李国材 阎广德 孙美英 胡爱华 李敬光
沈从众 聂明霞 姚如葆 俞铮 刘锡琪
李振权 法素言 窦翔 孔令骏 陈效祖
温演岁 沈幼芳 王伦元 周崇滨
周健 林双泉 张成文 张义方 庄业富
王建人 王玉楼 左迅 杨德山 孙继岭
陈遵仕 梁隆香 张学仁 章昕福 沈炳华
郭重成 王国璋 狄增富 马志荣 孙仁华
王国明 张汝生 张新妹 雷万钧 狄水凤
张国 夏诚 杨雅隽 张福洪 曹志敏
黄法明 钟士模 朱世林 曹雪芳 刘达民
王兴球 薛薇菁 李昌锦 赵德兴 费婉霞
陆俭伟 汤耀衢 龚福明 葛晓明 冯伯荣
邵松岑 陈佐清

许志平 周新华 娄群红 樊祥林 于锦春
周永树 丁修元 陈元祥 彭惠堂 邵汉志
施彦才 顾敦沂 程广友 曹仅凡 沙 冰
严仲清 葛 忠 丛 琏 刘汉屹 何 杰
吴锡生 朱崇汉 陈义升 姜奎恩 王光琳
孟繁学 李光乃 徐锡平 储永平 胡宗俊
王金凤 杨明国 卜宗泽 张立泉 蒋本端
赵登书 浦德欣 陶锦成 赵立春 杨脩忠
李静亚 鲁亚东 戚燮生 柏汉鹏 邹成荣
包庆石 俞峰柱 严金谷 王士昉 陈尊法
徐兆全 史根昌 黄佑谷 陈寿柏 孙建康
彭绍福 朱立俊 朱渝生 杨进林 王 森
钱一武 陈祥雨 印步成 高润生 丁泽民
肖咸宁 严宜柔 柳 骥 王伯荣 陆苏菁
盛寿华 汤国荣 王承祖 袁双荣 顾以聪
王祖德 赵炳生 徐柏林 贡家义 丁承懋
朱兴根 张素成 王崇艺 宗 盟 岳春海
承欣茂 李功杰 李鸿志 朱明霞 许士熙
吴爱珍 李蕙云 杨文泰 黄 涵 张晓行
金 城 胡厚龄 张爱琴 李向东 施文美
叶其亮 鲁延军 李国华 刘士萍 张志宏
陈正桐 王长禄 周 怡 周 菲 赵典昌
朱新苏 周芷祥 刘启银 周水英 杜和林
张寿恭 姜贤来 孙存录 任刚青 曹光坤
王香云 张康梓 丁鲁曾 汪锡椿 赵啸萍
余玉茹 孙丽谷 裘淑蓉 金 玲 陈定荧
赵淑贞 徐兴昶 赵秀英 王永生 陈必亮
王翠珠 徐仁元 朱是农 黄翠英 卢雪仪
张治山 王定桃 吴银卓 吴水英 沈长华
闵传华 忻将英 钱荷香 王毅力 王文中
季国梁 刘经涵 卢银汉 王永建 江啸霞
贾培善 高小明 黄大星 丁正义 李明才
童宝祥 唐玉仙 柳玉清 凌 洵 张萱佑
吕继贤 李建华 徐祖铭 吕望平 吉赛春
周秉钧 朱士雄 孙仁根 臧金玉 陈蒋泉
林维燕 王明华 孙 强 李亚庭 许益超
沈蓉娜 孙云光 许寄尧 祝泉鑫 丁谓道
秦寿诵 徐瑞龙 陈宝洪 丁冠伦 陆蔷星

堵望成 倪炳兴 俞杏棣 颜传钰 华应棣
陆汉卿 张正熙 蒋菊英 臧俊才 诸良文
裴丽生 谢文忠 缪啸冬 高乌英 张雪英
王亚丽 顾美云 仇庆言 朱钟荻 杨美琳
尤仁德 曹珍丽 董秋庭 朱鼎荣 陆修伯
孙志云 王竹平 倪秋声 沈焕华 刘瑞汉
黄颂九 张逸群 朱 琦 王治中 周宗濂
玥 仙 鹿士钦 孟宪贞 程希岚 陈玉侠
庄广鑫 李开信 臧继英 徐学淑 拾方云
孙远亮 李治山 何敬仁 侯湘浦 刘逸卿
刘怀喜 史志鹏 吴大月 姚守法 张钖世
杨万里 刘 灏 孙化济 杨传仁 严华年
黎书图 宋庆丰 刘献军 沈登茂 马立业
张友诚 朱光明 张世明 张承华 郝敬宇
庄新举 李 静 陶保生 杜长俊 任义侠
顾秀英 张振莉 齐为民 王 怡 刘 苏
张天赐 李春山 卢怀亮 郁光麟 朱效明
阎泗举 臧茂喜 张继萱 窦才达 张继英
张善本 韩光民 神成全 丁桂兰 张启钊
张 华 徐勤俭 麻克宁 陈会兰 李训永
张朝立 孙秀英 王月琴 温敖庚 陶曼绮
钱璬之 邓其邦 倪月如 荆大川 谢 敏
童寿康 刘逸安 张兴武 蒋侠玲 耿德科
孙凯惠 罗德安 刘 汐 李全富 刘堃群
李 蔚 王彤珊 许宝民 徐 娟 蒋锦华
季凤祥 李美贤 朱琦琦 周家喜 祁开文
李厚坤 朱以勋 席凤发 王祥义 刘升灿
郭永法 李翠平 孙立柱 叶遐林 邵继海
刘金良 安宜斌 黄 江 黄蕴兰 徐钖斌
刘百钧 葛荣顺 陶德钧 蒋兆一 何广余
王 笃 曹津源 杨锦达 顾凤英 查 俊
周锦荣 黄彦祥 朱荣贵 周一兵 赵振平
梁安培 储祥珊 蒋顺国 庄 燕 熊豫慎
巢曼琪 程苏元 陈亚春 刘敬烈 潘家珍
丁国诚 徐继达 邹兆荣 张庆庆 汤泽民
路国安 王学观 柴前胜 杨银娣 杨元承
殷明欣 赵杏中 殷高华 桑乃钧 倪国昌
冯瑞娟 叶裕美 成惊涛 顾惠平 陈文珊

俞汉臣	许秀龙	郭载义	周学仁	张振清	张连文	李宗林	沙冰若	杨伯石	杨友庭
郭志明	季 勇	杨炽刚	邱雅吟	王容芳	方言贤	吴其祥	彭冬时	李体民	谢成文
张育新	费钟娟	胡香生	王婉华	张 惠	陈志勇	朱玲珑	朱君达	徐大鹏	严任之
肖芝宁	马 沄	何季良	钱馥伦	盛大启	曹乃华	李加祥	勒育会	张祝琪	周慕白
王 菁	吕淑芳	王甘言	万 勤	叶顺琴	曾庆志	周 鹏	蒯 骞	苗夫华	俞安江
施振勋	倪素平	袁 娥	严楚兰	张兴华	张文虎	邹 铨	李加农	祝久光	何如淦
赵云峰	龚建良	陈红云	宋淦雷	陈恒德	王祥新	胡玉书	袁彩平	刘素玲	王翠兰
周火生	王蓉仙	姚荣荣	李世刚	唐琴兰	张继泽	徐文光	骆培云	李月珍	王继珊
王曼瑜	徐德郁	许小英	刘大同	周鉴清	谢 翔	韦宗银	张义美	刘 华	周宝莲
鲁履绥	张惠仙	周薇馨	雷应行	姜茂生	张开梅	张巨美	罗晓云	冯殿铎	孙允琪
凌宏初	孙志翔	赵玉堂	杨 栋	王成志	皇甫秀泽		许慎忻	赵立波	王士宏
周庆钟	谢秋庆	吴迪平	汤瑞祥	沈恒希	魏淑娴	赵建来	张保玲	杨新富	吴素芝
吴锦贵	张 容	沈履康	林天润	邱克远	于炳华	姚 健	申守仁	浦 迈	赵 正
孙象钧	夏福庚	赵纯熙	陈其纯	刘寿民	张书林	纪明文	萧 骅	林正加	张亚元
秦美株	杭炳森	刘纪才	黄顺达	武勇敏	朱兆丰	杨德权	任子平	王怀彪	洪兆荣
陈丽冷	许默理	曾根兴	钱文明	王庸柏	孙静涵	孙地将	郑以生	陈瑞荣	许士春
张东辉	陆卫其	鲍殿洪	徐健民	吴学宏	刘 玉	陆友仁	陆为友	李树屏	管士安
陈蓉初	史永康	范晞熊	张泉明	汪兆龙	吕伯男	朱明昌	梁俊清	金玉珍	吴汉鼎
沈俊方	吴振鹏	胡家桢	孙梦林	俞膺栋	吴兆熊	李志成	陆家云	陈君实	刘德芳
徐济川	许 燕	夏莲芳	朱建华	瞿明德	周振铭	孙喜超	苏寿扬	濮明堂	仇宗仁
冯融武	黄介明	任孝渝	张 泳	程芳兰	董若子	伍崇炜	俞卫国	林定远	王桂江
杨善德	刘孝允	张义壮	王锡雯	曹映侯	吴志甫	张 攸	张健元	张爱丽	王桂英
顾春仁	席宇法	万惠绪	周瑞平	穆继绪	徐向妹	李 瑛	嵇如芬	王广华	于建成
李敬德	相庆延	刘明凯	李兴成	万邦栋	蒋翠英	李 芳	顾维生	陈克志	祖爱芬
王百云	冯同蓉	文茹萍	赵同光	徐有韵	刘艳梅	顾 华	尹爱学	路书华	唐秀涛
吴华英	刘如琪	徐育才	徐世博	刘东昌	单如芬	肖连秀	许步楼	朱为琪	董美凝
丁维彩	嵇丽华	黄永言	赵伦忠	林昕光	赵维沂	孙连珠	程惠林	仲 兰	王中和
陈立佳	朱 敏	徐习恒	马建平	丁 洹	徐 芬	李 娟	黄殿奎	黄凌云	陈国俊
田荆华	闵抗生	陶 涛	张福州	戴进华	荆根川	魏润之	曹六元	高腊根	韦旭林
秦安浩	李汝兰	李浩明	朱肇翔	张长清	贡永和	朱智隆	凌 巧	任蔚华	王本孝
孙志强	翁庆雨	王 朴	许兴元	刘兆国	傅绍曾	丁锡庆	赵衡泽	郭桂华	姚春保
陆家骏	单际光	陈永伟	王宗耀	史经成	杨 钧	王希元	杨慎德	季章虎	刘德珠
刁爱珍	于连云	陈继勋	周文海	丁林松	高菊芬	陆永斌	巫 玲	李自慧	谢筱玲
孙步顺	庄同文	胡保华	李 淼	刘贯英	周其金	成家网	宣 琴	何连元	庄鸿福
刘 武	魏家禹	曹宗熹	徐锡琥	曹衡武	吴慧玲	常庆龙	周伯海	刘中涵	何浙生
徐承祐	王恭寅	卢克虎	刘淑桂	王学臻	黄勤忠	沐盛荣	徐 铎	管惟山	袁 浩
李广修	冯羽金	邵前彩	张廷林	周怀波	吴建民	任桂宏	胡元翔	徐晓师	戎风雨
张以桃	朱亚邦	张文林	余贵清	刘庆生	李玉德	张 瑜	夏志强	潘永德	邹正厦

王长春 徐东升 徐秀红 衡志凤 王承先
徐　玉 鞠振华 张杏淑 黄桂林 南兴波
陈松岳 陆文龙 许玉珍 王少尧 韩鸿仁
方开瑶 冯典谕 朱瑞足 卢永仁 孙桂华
朱云英 赵玉珍 刘　彤 宋雨章 章志辉
殷宝盈 王厚宏 蒋　维 鞠德元 丁翌平
张金根 顾学大 仲维根 陈允坎 翟人才
张　铸 蒋蕴山 吴孝安 刘宏锁 陈增爱
倪宏谷 卞永隆 朱友信 毛红根 吴振明
柏懋乐 刘士俊 李纪珍 李留群 解　颐
吕炳友 戴西健 田文昂 邓余欣 刘余良
徐德培 奚贞禄 黄金才 王记明 张兰生
冷宗成 徐　育 冒士云 李生麒 宋广秀
王元衔 张洪元 李继龙 成秀珠 郭荣伟
刘迪吉 丁文仁 胡道和 金正芳 沈　钟
关醒凡 王来生 白　伦 王贤琴 徐明华
穆绍林 方福矩 杨家栋 汤学珍 顾仲圻
沈茂棠 张本悟 时　萌 刘士堉 朱寿彭
李式军 邓昭春 张海宝 殷祥源 顾铭洪
王明时 屠锡德 赵寄石 王身省 卢润德
王祖纳 陶驰东 朱学义 朱乾根 张涵清
王士同 姚惠源 朱启锭 刘士焜 王雪芹
陈万鹏 江咬林 郭景泰 张华林 杨恒圣
陈克武 林　彬 蒋本珠 赵静安 张震甲
王　文 王昌瑾 夏金南 吴培亨 周新民
陆　升 王恤民 宋　烈 张保民 金惠娟
范德银 张幼桢 许剑敏 蔡洪亮 张芳荣
陆维钰 陆佶人 高　亹 蒋永生 骆志斌
陈　光

浙江省

张炳琪 张　清 施刚毅 寇鉴华 徐　侃
李升根 方向明 宋光宇 范子清 何伟贤
姚　坚 李慎德 褚贤镩 王静涵 周振华
严新民 沈法良 童振家 郑绍诚 葛南尧
潘战资 倪文丁 周梦熊 吴行恭 王　鹏
徐寿松 徐金芳 仇祖华 张桂尧 金才华
周来根 何鼎潮 叶家应 沈尧根 周素英
孙定远 徐钖准 张森贵 方超明 娄道明
李关荣 冯圣太 何兴德 徐翊鸣 傅松燕
诸松华 柯吉榜 钱乾存 郑继永 葛文华
赵依韩 张国伦 毛根民 王仁雄 郑锦棠
季金生 张启忠 何明胜 翁祖荫 龚方波
欧阳明 梁祥权 金志权 陈项忠 朱谷炎
曾清华 殷学义 顾德贞 朱志立 陆　锋
严振来 潘和英 兰法明 徐新霞 应如友
黄元德 徐道忠 洪道河 刘道洲 马　健
诸葛庆生 刘克申 江永林 徐应根
叶正中 徐国华 胡建雄 屠金尔 陆明德
余其樟 胡琴碧 杨明明 裘华芬 陈成福
叶彩玉 盛树萍 冯毓英 方　伟 陈志相
朱淑明 郭芬联 傅克中 傅士成 谭养然
章朝福 楼淑云 徐育民 宋　俊 沈惠之
胡加玲 沈素娟 杜玉敏 俞春松 许希常
邱华利 茅蔚然 须同明 蒋思贤 汪一平
严国忠 沈掌娥 俞家飞 方　殿 冯之铿
程小戎 方钧三 陆永明 周茂水 唐敏芳
王羡雯 吴思杰 束沛如 戴敬德 竺绍生
陈生娟 沈水阁 王琳和 王瑞年 王济华
姚招琴 徐庆祥 马银兰 沈瑞萍 汪丽英
叶文骥 周　书 方林成 吴荣清 包培壅
汪星灿 殷志强 褚世强 费纯中 俞宏琪
吴炳宏 王卫达 刘瑞琦 许宝娣 王　超
董　锋 翁志行 张力鸣 虞知行 黄均荣
贺杏仙 汤兰君 应　斐 郑瑞芳 刘一民
曾善仁 李启杰 徐焕香 易会育 郑肖文
朱成准 罗碧华 王　峰 朱仲玲 应赛连
岑利锋 苏正芬 葛素梅 翁俊民 曹丽君
顾永安 史美杰 殷志毅 陈向阳 项逢春
施秋声 卢维连 焦东铭 陈志冲 金爱莲
郭华华 林　丛 张维德 李高凤 林子才
阮华鑫 周望潮 臣春莲 王月妹 曹云和
黄笑莲 叶　钢 潘月娟 朱昌培 卓东健
叶茂仕 唐洪象 黄宝胜 杨须友 季朝英
沈福明 张国良 周永华 郑九玄 蒋雨华
蒋兴国 王宗津 陈娟玲 戴宗敏 孙克森
娄国盛 兰仕环 林振康 许祖钧 姚轶凡

钟巾一 沈藕芳 赵敏娇 沈丽英 胡培璟
郭 竑 张玉梁 韩婉云 顾忠华 沈纪顺
张仁谋 钱伊林 张坚民 郑仁江 方震根
陆宣平 沈水林 厉汉杰 苏德香 陈万钧
沈燕飞 赵湘祖 周开山 石雅贞 潘国权
魏纪春 周伟光 王伟成 王松英 郑以运
高丽娟 张惠珍 陆诗熊 俞瑞华 施健辉
孙乃英 王有林 沈 倩 孔文娟 朱德华
汪丽娟 张箕裘 金惠娟 董先春 章文渊
马张荣 钱柱东 孙昌羽 杨文治 魏修明
黄龙海 陈一民 汤如城 黄光星 钱明生
黄晋献 王火英 徐志龙 牟守荣 郭厦琴
董雪娟 王德银 徐珊珊 冯爱芳 巫怀英
赵士良 陈志英 胡金土 裴广兴 乔慧敏
蒋香宾 潘雅琴 胡雪丹 徐樟生 潘杏妹
魏仲良 王仲生 张 都 郑 平 方顺扬
王伯筠 叶芹芝 蒋樟洪 王水莲 叶春兴
朱建生 董闺聪 胡岩火 方 录 朱梅珍
李克勤 陈军望 钦永基 程明教 胡秋迁
叶秀珍 郑璧如 陶 镇 徐孟爱 王基舜
徐才信 孔菊香 周能保 徐漠贻 楼起雄
胡晓星 林福进 卢双珠 蔡池清 章毓祥
童华忠 童月宾 李 园 王礼夏 罗大明
徐谷成 顾莉娅 陈永平 邵友娣 陈平文
王素华 胡裕民 徐锦生 陈晓帆 吴小妹
吴美勤 虞廷敏 金允潘 王政熙 骆光忠
张爱卿 虞菊莲 陈国辉 王单要 孙素琴
李慧娟 陈贤珍 张晚秋 戴茂荣 梁岳平
章叙龙 金学录 陈德信 傅章平 陈大清
余德植 邵志文 徐水森 袁明月 李丽霞
陆 珠 赵锡法 胡红月 朱明华 金 沙
范世坤 蔡福通 吕 乐 金彩霞 程继伍
陈立民 刘建荣 贺金林 徐怡君 周建环
周竹娅 汤益群 季水翠 王德菊 周谊纲
方红光 屠文彬 许素青 陈良梅 吕信权
夏彩增 陈竹青 徐道荣 詹显璋 鲍先玉
杨耕野 何在田 李雪琴 任学宝 陈美芬
张素琴 徐仙女 冯瑾米 王人操 周曼丽
邵再炘 王天宣 宋济平 万 易 陈宗明
王绍基 闻诗鸿 金春发 陈培德 郁云泉
顾正果 张兰珠 林桂冬 郦仙娟 鲍澄华
梁绍方 王大桂 丁一仁 林菊花 张宗勋
洪雯卿 陈观春 张建美 孟侠君 卢显林
钟祖耀 苏祖应 金耀耿 潘沛海 张润秀
周盛桥 郑一奇 杨建武 王洪日 许世鑫
庞志平 陈严广 王 骏 林 哨 彭兴祥
唐永娴 刘鸿文 叶挺秀 邵 件 姚庆栋
蒋绍忠 郑朝宗 黄华新 夏越炯 徐秀登
石一复 刘祖生 徐立幼 周执明 张 澄
屈华荣 郦定一 杜曼华 喻华芝 高镇五
金福春 吴汉民 汤启陇 何建贵 孙立鑫
王志荣 张 达 张家琨 欧阳光中
黄达礼 楼基余 陆干文 陈菊云 吴昌卿
沈莲成 王成恕 符洪铭 楼红斌 蔡志菊
方秋爱 郑岳娣 林阿忠 颜爱娣

安徽省

朱玉生 周惠兰 卜传斌 刘玉明 郑瑞林
曹建元 汪文朝 周维芳 肖昌民 李栋先
叶百和 唐传阳 江 群 肖学楧 王积礼
程光普 金琪高 燕登朝 杭守本 嵇美媛
雷自平 陈长文 郝 岭 唐乃胜 吴如美
李义兰 桑祝庆 易永年 申维思 邱如江
周奋图 刘药石 刘凤兰 林业蓉 蒋高远
钱振环 许雪怀 王存贵 曹世忠 牛传华
马大钰 易正富 何秀兰 李金鹏 黄艾仁
贾 松 张有理 范仲木 谢咸敬 王敏俊
方梅生 倪宏明 陈宏荣 刘万栋 裴修琢
王伯文 孙茂文 沈和均 章善义 汪仁霞
王可清 霍尚仓 徐泳霞 倪建华 陈存瑞
杨正方 陈修珑 方一文 周逢珍 潘恒俊
曹 为 宋师焜 汪立苹 叶艳华 洪盟华
林贤文 丁 琼 徐松生 高本务 张惠莉
朱光照 葛茂珍 钱扬海 金传惠 房仕九
孙继钦 王久江 卜广锦 金 辉 沈如津
吴胜英 肖明晖 张延铸 施开明 朱康玉
徐瑞麟 翟宗富 王同春 王立坤 吕 慧

张爱新 丁光文 陈国斌 郭荣康 邢水根 韩鸣岐 巩清晨 郑明成 刘伶俐 陈　平
邵禄招 夏文宝 高松豫 王孔俊 俞求深 李思行 代学桂 丁文华 杨健元 李建敏
何兰城 崔继志 谢孔山 章灶顺 叶大椿 丁延龄 徐振同 王承廉 杨同庆 郑华国
程有为 程松鹤 朱家春 沈学清 汪祥生 王银其 许华林 孙志刚 王国顺 苗玉玺
戚荷敏 张昭才 符勤发 周书信 翟大健 郑瑞彬 刘明仁 任登才 张西嶽 孙以璋
陈国柱 黄长诚 郑兴能 吴龙珠 周渭贤 马培贤 潘之岩 王书臣 孙儒林 吴　昊
程期期 熊积林 吴文宁 陆培心 王麟祥 雷修文 张开举 邬继风 周文贞 董正芝
周保寅 杜其秀 王可义 范修平 方英花 杨克祯 徐成彬 李民生 陈　虹 李月华
周大志 程明志 蔡澄清 杜绍华 王自珍 吴明言 周建华 任爱梅 郭瑞云 张淑珍
张祖来 章　程 张隆华 钱峻枝 陈咏华 冯志立 刘广坤 崔吉亚 赵继友 高汝善
王绍兰 吕芳坤 王　云 吴玉英 黄仁发 崔素梅 纵封兰 武钦祥 光寿田 邵正业
杨汉生 方旭标 程永新 钟同烈 杨文兰 刘心海 王作仁 张西民 刘云侠 吴卓甫
李光军 陈德厚 赵文兰 钱律元 王和欣 赵孝陵 辛明俊 张幼玲 李翠英 张正秀
王克琏 许时珍 徐　锐 陈金龙 何晓平 苏化英 高　鹏 凌先昭 单兆臻 邱跃鸿
吴振中 胡必正 周亨妹 张传忠 蒋福云 杨存良 刘思利 郭永平 武克轩 阎建侠
沈金平 陈绪刚 曹日升 刘宇明 胡祥和 李述坤 尹正厚 刘翠兰 陈太岭 周菊华
刘廷荪 李加胜 朱春阳 汪耀华 刘剑波 梁　岭 朱庆龙 汪惠群 沈凤棠 王教顺
邢　军 王汇海 张绳初 张学礼 张保金 张长青 张桂灿 洪　涛 李运亚 彭　辉
刘云彩 梁俊领 杨文兰 高汉杰 韩桂分 柏家莹 卓淑培 戚爱庆 张国伦 赵彦松
王　飞 明淑媛 王效光 锁成娣 王亚祥 叶国青 邵明祥 沈传廷 王聿成 刘崇知
刘凤强 段如林 吴天民 李松涛 王灿章 陈德宗 任喜久 赵厚昌 耿兴璞 王玉芳
阎自忠 李兴忠 李相芝 范兴席 黄文虎 孙玉廷 朱良贤 朱爱英 储结友 吴功林
卢　浩 陶亚民 王明洪 丁士香 李桂体 洪浴波 谢宜生 余登俊 朱材良 叶佩琼
代翊祥 王培勋 张国荣 张海澄 陈素英 徐金华 郑菊珍 潘晓惠 江振霞 鲁令琨
常新亚 朱桂莲 郑先鸿 张广业 陈家英 周克敏 陈士煌 吴义明 张良镁 潘筱妹
马庆平 黄玉兰 蒋　评 崔银修 旦金元 傅朝圣 张立雄 张嘉朝 汪鹏华 陈宝明
彭法群 张炳灿 李富英 王跃芬 许梦日 朱瑛莲 陈日新 刘　奇 方钖龙 赵敬和
周本兰 赵士分 刘文英 倪志兰 刘学光 张绍月 倪钟鸣 阎惠兰 吴永清 张恒元
王　鲁 韩磊生 李国忠 张学云 张素娥 陈红宇 周尚斌 方华珍 华金山 钱鹏飞
唐成保 刘玉忠 孙士杰 张凤龄 徐德纯 吴秀章 潘济贵 刘和勋 何倩玉 汪令谋
李树伦 董仲达 张懿明 叶维群 牛宗汉 王焕华 董玉法 丁小平 韩宗秀 陈冬生
支文田 王明见 李荣真 耿敬斋 李文谦 杨林璋 徐　骎 周海乐 王　琴 徐雪球
程效宗 蒋昭勤 刘金合 张书伦 刘正申 张留火 刘新民 刘彩华 曹天纵 吴雪生
张竹青 任兴江 詹秀岚 杨从良 刘孝廉 史秀杰 石普济 邓夏兰 黄咏梅 虞联华
陈素真 刘朝忠 王显廷 王连云 孟召群 胡茂华 刘本立 余栖桐 宋王保 宋冬生
王法海 靳灼贵 赵东曦 吴淑琴 刘俊贵 王　龙 王堂应 吴贻训 储岳峰 杜庆霞
李书名 王　鼐 贾应春 阎廷彬 任怀邦 李　永 陈兆海 王正龙 张汉华 秦永增
杨华翠 宋效荣 邓学培 刘新民 程中一 李国英 吴伟信 丁德之 丁常余 巢善荣

李忠胤　唐家声　倪有才　陈必伦　胡友茂
郑德章　张锡武　曹恒广　何远章　韩志明
杨贤兵　谢长泉　施星华　姜胜玉　张秀珍
王浩堂　刘承乾　邢序武　姚本华　俞成功
胡礼华　方晓沛　汤秀娣　瞿绍芳　陈酉珍
黄书彬　林　千　谢发全　高国裕　刘宝铭
吴芳华　李思华　孙豹生　陈发清　杨　丹
唐崇龄　郭景春　张文槐　刘鹤龄　徐家祯
曾德仁　牛信俊　胡秉毅　朱　玲　程春元
夏长风　陶琴云　邵雪娟　俞辛仁　吴丽丽
祖惠林　李树深　史学文　戴志新　卢庆喜
张树新　梅素云　张学志　符玉英　褚淑文
陈尧先　张新星　石亨虎　张举荣　刘翠娥
纪汉华　王绪龙　张德文　许传芝　张华惠
王术新　汪祥英　陈继龙　乔兆鸾　汪修慧
彭金书　王正才　王惠萍　胡尚仁　蔡竹轩
唐秀兰　张　萍　顾雪华　李文政　杨承年
贺跃洪　席麟松　黄德孚　黄宗仪　蒋学联
张同生　王仰珍　董明富　张国良　王乃富
马先禄　张安民　刘大志　李能均　余学田
朱开明　陈　攀　张纯斌　高德存　程小彦
张有文　王顺生　朱国泰　代祥之　秦广秀
李成杰　陈善义　薛　芳　熊玉成　陈谨祥
卞言振　陈宝铸　赵明亮　马　骏　李坤元
许光义　孙自荣　窦义敏　方心亮　张恂之
顾　复　黄士裕　杨凡瑞　黄光银　陈广金
潘大伦　崔贤珍　孙友成　杨立金　李昌昊
王吉元　董成海　吕友芳　李克建　周永英
高本定　黄崇华　陶传栋　许化银　屠宗财
鲍家英　张经玺　刘大国　李用勋　张一校
姚　毅　田继恒　陈守如　张成良　葛智良
周汝泽　胡永继　金业长　程开英　杨秀祝
俞贤达　王御凤　王小文　袁　圻　阎孔哲
吕保强　苑丽芳　詹可英　贡仁森　徐济生
刘世怀　马良富　邓隽民　尹学训　郑　植
张　敏　廖光谦　孙自勤　王中才　李春和
李长仁　张万伟　孟庆云　朱国定　范玉英
丁国屏　江家琪　杜可平　费文正　江传炤

方恩集　汪彩琴　汪大密　洪艳娟　宋公时
童彩琴　费维荣　程跃海　余意定　孙子良
郑永华　王裕升　李丽珠　吴天寿　胡绳基
汪秀华　吴　正　蔡　领　郁楚候　昝连生
张崇斌　宋万秀　宋仲耆　周道祥　安成祥
陈心昭　吕齐芳　王其申　薛耀卿　张树强
张书年　叶钟文　毕敏明　张怀德　李文真
陆泽俭　张笑平　林培琰　成立庚　徐克尊
刘　勇　彭心田　方慧仙　程玉书

福建省

郑　重　韩国磐　未力工　郑厚生　许承晃
黄志明　黄金陵　张永烈　石俊明　江修山
邱治民　陈碧芬　俞慎初　陈启锋　吴文礼
洪正福　许崇信　俞元桂　章文贡　蔡清波
夏祖恩　康锦堂　陈翼柱　高　平　庄建灵
施祖烈　赵　峰　高文征　翁其金　林维根
陈　骏　吴心治　吴继松　郑孝敏　林顺佳
章　拓　林传成　潘荣环　葛文松　陈久信
林启远　王　正　史今飚　林　载　陈文星
潘庆联　郭雨声　林添发　黄文彬　叶凤仪
方元澍　卢元禄　陶翼霆　许书川　雷　斌
林　涛　汤祖钦　林耀欣　吴国修　孙福清
蔡金波　王蔼群　林良英　戴　俊　汪淑铨
吴志华　黄述丹　杨　松　刘文叔　白希云
林　飞　陈光铣　何在耿　张宝秋　魏公庆
王金通　王玉华　宋发霖　宋中文　黄敬衡
胡　贞　鄢庆钰　殷承典　黄金根　汤秀奎
林肇和　洪思齐　周惠民　李振平　刘宗端
周广深　黄全孝　林永盛　吕开银　黄华星
吴惠天　郑景章　马宜平　赖荣富　安　宁
蔡尧坤　施秉舟　丁泽岩　苏小桂　林柳生
张习辉　戴春良　许哲智　谢国珍　林全福
蔡世居　郑文灶　郭建守　李美焕　陈梅英
陈春如　陈先来　林育村　张鸿涛　关本基
余飞跃　欧玉和　曾昭鉴　陈扬斗　王昌盛
林世甲　徐集添　涂良赵　吴用晋　郭琼良
顾鸿雁　江振奋　黄诞春　陈承禄　雷庆萱
卢柏坤　黄源灿　陈荣辉　蔡雨钦　郭升远

丘馨岚 张蔚文 谢仰林 陈采兰 林朝荣
兰盛兴 郭达鑫 李志超 郑桂儿 黄昌旭
林庆昌 林硕炳 陈声政 陈良生 黄寒柏
黄文魁 陈嘉铬 沈妮娜 陈邦才 李燕仔
韩芝秀 陈雅生 刘耀炫 李逢振 陈明棣
林柏善 缪宾 吴恩银 刘元久 胡嘉谋
陈德课 卢如刚 谢世欢 蔡雅珠 林瑜
郭孔汉 林炳武 陈尤清 姚镔 林宝英
樊万里 刘友舰 陈瑞芳 张仁桃 肖美珠
余凤钦 林秀 何宗建 李日华 陈建安
陈齐陵 刘恩惠 吴正和 潘子新 陈昭银
石云俊 陈金蕊 林金珠 刘鹏杰 张文秀
唐传梓 林为平 陈彪 余美耀 郑昆清
蔡秀莲 张国香 许金珠 杨厚枝 陈丽金
潘芙初 吴和发 苏鸿源 颜素花 黄琪诚
卢万发 许顺利 方少亭 陈逢发 陈囊萤
林爱珠 黄仁汉 林章祥 戴珍玲 林水刁
曾兴旺 陈玉州 庄炳宗 吴启木 戴宗瑞
王绍碧 康天金 王嘉聪 林培玲 林琼华
曾育人 黄明哲 吴开河 江锦达 庄法成
张秋汀 张道南 柯贤镇 施教碧 刘小坤
吕辉潮 吴翠琴 赖秀莲 洪敦铭 王梦鲲
裴回元 杨连居 吴连生 郑娇英 戴镇春
郑友炉 郑乾年 陈文斌 叶宏新 吴新焕
王金晃 刘万明 李国胜 郭金山 梁一梅
朱元芳 潘淑金 郑文治 陈金渡 林舜芳
郑森坤 严崇豹 黄日声 李番娥 王升平
黄美玲 叶清河 陈新民 郭常勋 林天星
杨生潘 林恩杏 林金顺 连水旺 方文茂
伊一平 熊爱群 陈柏玲 黄丹心 江水生
张仙禄 张家驹 施永鸿 林曼萍 梁士诚
赖启泉 马荣亮 陈景琪 卢寿桂 林云瑞
林允祺 钟为新 刘松祥 林录华 李永忠
童远铭 沈璋秀 汤东源 林宝金 张文源
郑东堂 黄典燧 杨纯柏 杨德成 张著偶
许国梁 翁淑铮 吴澄平 陈良样 叶于蔺
蔡其文 柯维信 柯墅沧 杜秀山 何舒
范素美 翁保爱 陈泉源 董绳祖 潘乐生
林金清 黄云镇 叶涛 黄富忠 周如贞
叶碧如 李光国 张云礼 郭清 黄荔生
吴丹芳 郭日荣 王秀中 郑宝仙 李敏助
苏良标 林一玉 黄梅玉 黄建镃 周初远
吴家俭 蔡运登 张集忠 林正山 饶元熊
杨振家 吴瑞珍 汤丽玉 林建耕 黄凤娟
余美淑 林志英 叶娇英 林敏治 杨莺
郭秀英 连麦秋 苏凤台 胡景春 黄莲英
王人美 傅玎儿 罗雪芳 郭星白 程复强
胡全军 许更生 林起源 唐伯可 洪建国
林爱民 陈琼英 黄锦山 洪我权 林博厚
刘秀美 郑金辉 王蓉荪 蒋国松 张加盛
蒋宗尧 蔡雪华 王德周 林兴政 孙圻
郑则云 林文干 林应珠 李维群 张清水
孙乐为 叶存玲 黄乃霖 林中和 陈训敬
李平武 吴家佩 吴德瑜 殷勤 陈高捷
翁天明 吴世抛 齐子义 张家祉 徐天连
曾庆禹 葛德贵 庄明华 卢桂荣 游通杰
林培森 巫宏毅 陆淋椿 邱宏宜 陈舜华
林燕美 陈声铿 林天泳 吴兹岁 杨君坚
庄展初 黄世楷 陈金亮 林铭荪 纪丽珍
林素心 陈永年 傅学才 林中和 吴维义
周谨绥 庄大志 孙士荣 吴秀治 陈启华
朱成兴 卢承光 陈文钊 晏永乾 黄佩媛

江西省

沙善谋 傅索 叶忠光 李冠理 廖竹秀
熊北斗 刘承训 袁芬亮 赖九堡 陈文经
吴明锦 贺贤忠 刘胜圹 黄桂英 王阁
赵文杰 王向红 余普华 张如庆 晏崇度
何其健 丁群华 夏尚铎 朱忠安 王胜炎
肖荣元 艾根华 徐正禄 王章河 吴昭荣
应荣茂 吴延辉 李传模 谭凤银 黄贵荣
彭公华 南国忠 胡昌洋 曾楷祥 郭炳光
刘长生 孙乘风 邹镜清 敖烟生 梁伯元
潘克飞 刘炎生 周明上 朱金根 王广立
李海罗 陈明生 樊国伦 黄紫福 陈和春
夏爱玉 胡满荣 周秋鼎 王祖洪 潘庆祥
罗道生 黄清芬 童兆麒 周社眼 胡菊香

陈金妹	樊四凤	熊武保	龚冠民	肖荼花	邓莲兰	彭有燕	薛振波	黄义宽	任翠凤
胡珠印	熊达明	甘树芝	肖华淦	熊先珍	胡辅勇	张教民	刘　伟	叶国强	唐善煌
张淑兰	闵尊海	余守英	杜德满	朱　明	余梅英	黄为宣	廖文钦	陈举舜	易光强
周杏秀	邬有荣	花媛珠	盛赤黎	熊高文	曾宪森	李贤敏	陈运源	温大松	林孚宜
万国泉	熊大棋	冯焕玉	张　敏	舒家瑶	钟翠云	陈自胜	任焕珍	罗少武	康生长
陈喜梅	熊中晰	谈忠玉	李先明	曹小毛	徐紫苓	段德山	严致泉	龚先善	李　青
黄国林	余贞一	郑砰玫	匡敏莉	王翠梅	黄云芳	刘晓明	刘水娇	杨人河	邹祥生
邓庆余	陈本如	贺剑虹	胡玉华	胡湘兰	钟同有	谢远谱	王太润	廖经柏	钟官凤
吴世荣	陶嵩狱	钟采池	张玉兰	吴云凤	欧阳纪涵		徐秀英	李福鑫	陈启英
杨蓉清	胡为民	刘仁炳	王玉珍	胡园枚	吴洪仁	孔松年	黄钖根	白玉田	刘维平
张铨晖	汪大梁	熊地根	李德焱	黄桂英	罗圣尧	肖如九	石水煌	钟毓兰	叶培均
盛火枝	王　焕	柯永芳	金梅莲	严会宽	何承好	李少权	朱　清	潘行英	董彩金
程茂福	濮传儒	樊爰娣	钱立秋	程美珍	章学郭	郑红卫	滕田生	杨金水	占观涛
陆贤忠	吴慧燕	曾毅芳	唐秋霞	彭兰香	汪翠弟	查固生	许琼芝	曹根秀	杨健元
娄林英	叶文花	邬冬明	李小玉	彭蜀松	孙钱文	刘　萍	占应祥	程接科	程长彬
王丽兰	文兆兴	王毓清	刘友清	雍桂英	张兆焰	顾小波	江名波	徐秋凤	李水荣
赖伦昌	刘建明	李海云	陈忆勤	彭红莺	周清英	王根元	占广才	郑火旺	邱宏象
曹颖坤	李伦法	刘克尧	唐光银	冯隆发	张扬周	童报春	罗冬顺	刘　琦	陈有金
杨贵书	封寒英	谈华咏	冷旭日	袁观梅	王健辰	徐春香	周启宇	周巧荣	叶胜利
邱逢英	王传凤	陈登凤	傅金凤	李任秀	余灵英	陈孝达	张克勤	江伏娥	张鹤寿
黄英水	熊光庭	龚昌琴	熊运秀	王钖山	李迎祺	朱良建	刘金保	李菊香	方兆祥
胡焕莲	龚绵国	张文谟	唐美丽	洪长旺	余坦怀	徐渭清	黎晓明	江惠玲	姜如标
段训礼	谭天佑	吴崇旺	黄九珠	余昭志	罗满荣	余秋云	吴扬洲	高有权	高宪娥
程平安	梅仕华	徐晓峰	崔文健	司耀斋	杨志明	杨盛才	徐遂云	高报元	黄家金
陈瑞芳	施　奎	吴建中	赵祖珍	陈淑艳	王章彩	罗晓明	江院龙	汪鉴如	邓必正
陈长水	饶玉树	刘金娥	胡　智	刘国胜	吴志清	周华娟	王长华	吴　彪	唐蔚兰
吴维德	陈　忠	丁绍民	张丽英	熊园群	舒景茂	李淑琴	周亦凡	兰　英	易长来
陈庆雅	胡笑芳	范俭文	程良慧	岳新莹	陈世昌	易启岚	江小兰	钟次梅	苏　青
郑远兰	赵　勇	简安国	龚晓宝	张志新	陶继文	崔文智	甘宗贵	夏玲珠	钟演堂
晏小平	张九根	刘国振	周秋艾	张香保	谢报古	袁玉娇	甘茜芝	邹立竞	甘荣芝
李建芬	李秀英	刘根集	万丽清	丁晓斌	甘继勇	宋立敬	刘瑞洪	卢秋娣	周文昌
谭宝慈	周　萍	严秀玉	何梅芬	刘龙开	徐理德	陈永沅	陈冬梅	熊辉如	丁宝珍
范火荣	林映珠	周全兴	张水花	汪绍海	金蝶来	谢祥援	吕功萍	涂淑英	黄桂典
项祥娥	王富英	邓立才	钟文先	兰光寿	李绍禹	黄帅娥	周天恩	卢菊香	张恒初
温显光	池瑞华	钟烈生	赖家绶	陈和林	刘文伟	邬明初	胡吉生	卢富林	周文定
邓惕坤	刘光健	曾庆琐	申其燕	肖　平	高永康	黄爱民	刘志清	刘文耀	陈金海
谢　兵	张得衔	刘贤英	叶家钟	顾凤军	况飞燕	黄昌君	周仕华	范禹华	卢毅红
温太英	郭六凤	张铨庆	赖启姣	陈厚山	罗嵩森	乐幼玲	肖正贞	胡熔中	胡绍林

肖应臣　陈　文　王辉祥　刘大任　田承招
罗珍生　郭新民　孔火根　黄海红　罗年英
刘宏育　巫文省　杨金瑞　邓奇峰　皮天成
刘松美　刘菊如　孔运甫　罗昭镇　王和铨
肖常钰　肖凌秋　古彩莲　颜永柏　梁传积
郭名辉　李满香　汤建国　胡　晓　许庆玉
欧阳克宝　赖平福　李永华　彭然英
李　斌　刘仁辉　唐晓玲　周学娅　周转龙
刘义华　王家初　贺全娇　郭国清　左力生
薛德麟　肖先明　蔡方吉　曾昭萱　刘荣华
肖世琥　刘建生　何　坚　裘淑贞　甘莉娟
汤书金　孙珍发　杨义根　张木荣　邱海清
邹发根　赵剑平　付汉兴　张淑芳　尧裕兰
熊国华　曾良孙　纪际球　洪新亮　刘晋君
胡求龙　袁伙生　付梅生　罗素珍　鄢国钦
程寿安　李才英　桂秀霖　陈华英　黎东风
余长秀　陈显汉　陈国生　姜朝宇　李必盛
徐吉顺　詹梅鸾　杜荣仙　李井水　肖　斌
陈茴香　林柏轮　严维新　帅宝强　程辉龙
罗传奇　李筱林　刘　奇　王凤华　陶玉兰
陈福生　何大智　杨鑫辉　薛娓珍　章士美
乔振先　孙祖龙　刘邦珍　季中亮　尹　力
蒋　琳　叶如美　范崔生　邹盛根　许德丰
杨福运　刘序球　庄俊鸿　何志邦　郑茂玉
刘炳文　晏　清　雷仲庄　张靖和　吴跃琼
蒋慎兴　叶启晋　魏候邦　刘荣玉　古自纯
周国强　黎声振　岳忠宪　龙启南　李国生
陈建华　刘贤琳　万荣福　张　峰　王亚平
郑德炜　周文英　刘光显　曹国明　徐志恩
曾仲连　武玉枝　谢鉴泉

山东省

刘玉柱　杨廷法　吴大刚　林迪生　郭　玮
张逸民　王滋然　张庆梅　王长钧　牟善芬
刘月英　常振广　原进兴　李文新　郭良柱
费振海　郭兴杰　李嘉祺　姜浩先　张兆鹏
李殿芳　哈洪途　宫莲香　康绍华　丁爱民
王成会　刘惠卿　姜宏德　萧怀沾　高孝传
孙乐康　李本兴　李勤田　于尚鲁　刘殿锋
杨保田　张长宁　谢广才　黄汝英　李汉杰
彭高群　巩汝训　隋顺兴　段雷激　巴立峰
周效增　衣瑞吉　徐金龙　王庆福　张志学
王树欣　郭玉梅　詹其骅　于泮希　张景武
李廼仁　于继生　王金钺　程清君　陈光煜
席振璞　刘新德　邹吉勤　姜铭安　綦瑞英
王允贞　于祥平　宋学法　王策懋　迟汝舟
王守佐　刘孟振　王清泉　高敬民　丁新志
马龙湖　刘玉亮　房义祥　潘礼访　赵传儒
张怀泽　边佑之　李勤农　韩仁先　边德顺
陈福君　张成柿　陈志民　阎法政　李清祥
韩绍明　孔令珠　刘德和　李洪杰　赵明君
陈华敏　韩洪臣　金福祥　刘全福　潘兴甲
康清柱　苑修宪　张俊福　曹子敏　齐　晋
朱润章　齐敬富　吴玉贵　黄元宏　薛炳文
高志洲　马承彦　张树琛　田宝杰　张学民
孟繁信　冷相鲁　刘清时　陈良忠　田衍涛
田敬止　徐淑亮　李玉琦　白林福　陈自修
任　君　姜培英　陈殿敏　魏之林　李长和
赵振荣　赵玉琦　刘景彦　刘太栋　宗文渊
刘秀珍　郭立兴　郭培振　刘卫东　王　彪
王树范　迟寿云　邓从豪　陈剑华　袁益让
许　东　壮志伟　孙元璋　王至正　张学惠
张怿慈　丘潜璋　王南勋　李芳荣　王延祥
杨荣泉　聂健军　龚为邦　李燕余　赵斌华
孙彦泉　康秀芸　田友三　孔　珑　马家骥
崔戢勤　汪人俊　洪舜华　魏述众　杨清芝
马伦业　陈鸣皋　霍传贵　刑凤石　苏永道
钟美兰　梁敬泗　苏贻勋　时正印　鞠晓东
路永明　陈于萌　吴哲辉　白浚仁　马致山
刘思训　陈建新　王慧才　邵庆余　王　玫
高　荆　徐北文　洪　杰　张长林　周茂俊
孙桂英　刁汉杰　杜喜亮　李丁基　陈文英
刘艳华　綦荣宁　马淑琴　王金丽　芦连霞
郭淑华　刘新杰　赵宝山　王杜娟　马新华
王　群　林丽琴　王佐卿　刘秀芬　王以泉
王焕学　李继英　李秀芬　郭士宽　王顺云
崔振荣　赵志泉　渠敬明　赵林娜　金丞雪

胡朝芹　高洪英　赵延忠　安子本　王彦甲
张兆瑄　张俊淼　董慧卿　张少杰　王兆远
刘云烈　孟庆俊　陈明文　魏士功　吴向军
徐文成　石敬东　赵文平　孙传武　赵玉兰
张兆锋　刘德华　丁宪荣　马文来　刘景林
张玉祥　李鸿业　谢　瑜　孟国华　穆英琳
吕玉民　李荣华　姜思俊　孙治正　董宝鼎
东　江　刘琴安　张采英　裴振美　王志敏
夏清兰　王璀平　张　伟　王继光　矫恒敬
王志珍　郭宗简　胡家伟　范桂娥　刘云林
胡维华　赵扬臣　吕淑舫　陈　蕾　朱光彩
王玉环　李　媛　高爱香　王敦勤　张中安
王珍芸　孙志英　刘显章　于东志　宋正世
李瑞龄　马洪吉　顾秉省　陈志杰　李和欣
代庆旭　张明先　匡志仁　孙淑芳　谢存仁
柳邦耀　刘承洲　王　勋　高吉绪　张云廷
唐起法　滕天杰　李学信　王怀玲　黄桂富
孙建民　董延章　刘恩来　刘向正　黄佳范
赵思政　王锡林　薛志信　赵凤鸾　王宗先
曹冠成　刘玉敏　陈秀善　郭维冬　李庚煦
王宝全　姜汇源　张树林　许克林　张祥云
王恒顺　赵美玉　万明瑞　吕道妍　胡玉文
李洪友　宋其山　万庚娥　李永考　刘永春
李玉信　张文奎　邱明扬　杨成新　孙书生
张积显　张吉显　吴先民　李祝建　姚德华
赵蔚芝　赵同光　张宗修　王登岱　刘载中
杨金云　庄月香　杨玉英　李可海　毕衍海
王　霞　张振环　孙　英　孙即良　丁修德
柳汝芳　王世珉　李作珠　车献云　赵可义
隋广敏　李育方　孙兆星　杜本玉　王鉴玖
李克火　裴爱华　耿佃春　崔建中　毕义星
訾文成　刘金源　于春祥　崔　博　刘爱芹
边敦让　何晋春　徐乃文　田连栋　宋希双
季秀兰　梅永滋　司继宗　鲍延毅　王李李
贾一岚　宋均珍　赵尧舜　张裕涛　秦佑静
满福寅　王加祥　王广来　董　敏　李淑臣
吴修杰　周子明　陈庆标　徐占伟　刘庆中
贺　炜　程协森　孙启迪　李传斌　张兆东

晁贻岭　孙秀銮　聂士武　于爱玲　王端田
张继光　王士孝　顾相振　张晓耘　王牧天
黄道权　任世淦　刘允国　平宪莲　刘宗迎
杜以榜　高贵元　王明义　赵增昌　白桂芬
张学谦　解本功　杜培全　王吉香　姜竹村
郭金玉　孟宪兴　冯文明　刘继华　徐五臣
聂作东　崔金甲　李可智　张启栋　郝武先
齐长增　李钦州　侯召英　邵忠毅　王生云
林存东　崔　峰　刘晋伦　窦长永　牟连喜
张乃国　刘爱青　岳德福　栾诸夫　祁世洁
李元慧　纪乐刚　魏法元　苏乃谦　尹景尧
王即馨　周金生　李瑞义　张玉娥　周桂香
王玉清　王光明　刘惠敏　刘玉亭　孙半华
张秀云　周素华　李言山　吴素芝　杨瑞芳
王衍志　李　昕　李忠义　杜乃胜　冯佃元
阎仲铭　穆乃珍　张世忠　牛建功　李淑杰
柳金东　陈　青　孙立平　夏金玉　王明永
杨保亭　张太平　商法亭　李玉之　王爱萍
刘云亭　陈肇奎　刘文广　鞠法全　杨瑞莲
范志莲　泮好礼　李宝成　马文臣　赵兴常
任安吉　马传力　丁和田　史福道　魏长庚
孙万田　魏振恩　汤文学　郝子贵　韩学庆
赵泽福　邱义仁　马金岭　籍星华　袁振东
孙绳顺　张炳孝　刘含茹　刘凤强　王法玉
徐振学　李群昌　王美珠　麻得志　付宪尧
周罗池　王明远　窦在章　戚风乾　刘翠英
齐桂英　邹桂兰　张月梅　魏　杰　姜言富
焦淑贞　张尔璞　李玉敏　鹿云义　宋学光
田兆功　孙述波　赵来盛　杨喜林　杜洪文
李秀兰　辛绮雯　苑德践　王瑞夫　穆召修
徐衍相　寇淑明　马金建　刘兆元　宋培瑞
马曰忠　李士仁　崔洪礼　刘太福　李培远
张瑞云　宋诸诚　别顺熙　刘振澧　任尚玉
李崇贤　单旭光　刘鲁家　尹维香　刘维霞
单玉姗　徐东媛　盛玉芹　王春香　张　健
马恒敏　石礼明　曲艳芳　肖景煜　史纪官
潘立恩　赵志苓　邹积玉　孙成华　宁宣范
王自宏　马希纲　马珠铭　沙明高　刘德东

张德礼	乔翠兰	王之荣	张临津	吕廷江	陈景玉	李翠云	申长芝	张以明	仲跻筠
初　恕	高培理	郭淑玲	陈永丽	常乃飞	梁淑贞	邵永希	盛宝法	卢玉宽	江良友
娄敏全	隋吉信	丛堂仕	孙清敏	王春松	张保安	史作生	高还勋	孙守宇	杨宗荣
王文高	徐志立	刘忠诚	王成章	王茂太	李汝栋	张丙礼	张洪香	殷玉玲	王玉振
陈德政	张洪发	姜铭鼎	李淑琦	李玉岩	孔令其	刘志娥	乔慧敏	赵艳秋	范锡寅
王书臻	刘栋荣	提秀彦	孙来臣	丁信忠	马立志	王次卿	陈大正	朱培生	祝玉真
刘奎祥	李复光	初美英	王玉录	李世平	时东明	李奉武	秦佑乾	袁继光	王代富
刘恒顺	王守玟	高立安	姜忠欣	刘秀清	李嘉善	陈明祥	曾跃林	刘德成	安保先
林桂英	庞加明	李修文	朱学用	马瑞礼	李学山	胡广会	张尊恩	赵耀祥	魏增明
陈宝民	张玉宝	杜荣安	陈广礼	王文禄	沙同力	李义昭	聂永福	张庆莲	王守兰
刘　柱	刘媛翠	包信湖	孙建斌	辛占岭	袁汝亮	张五琪	胡树青	周广明	杜忠勤
包淑贞	刘泽勤	孙肇明	林国深	李焕腾	韩庶祥	李著霞	李宗文	梁承祥	曹百篇
高承模	肖洪永	曲健民	孙立基	王晶新	阎中原	董公顺	马长锁	谷长业	范兴金
李培植	杨　鸿	胡素清	李云波	郭春田	李甲凯	王启志	常广贵	王树龙	张祥英
刘凤德	伏维良	范敬时	李惠修	侯宪云	胡全彬	石立玲	张延杰	侯昭玲	王正群
王新开	曲荣坤	连忠威	王立国	刘玉英	孔祥华	蔚成芳	王现良	赵成顺	王云庆
王淑华	阎　玲	张淑玲	陈福贵	刘珣增	贾秀艳	刘虹珍	赵仁杰	马春华	司荣香
刘锁云	田明生	周庆模	滕永波	董礼忠	任秀芹	李秀英	郭延成	王秀清	宋敬道
王基清	毕可峰	宋心红	张孝松	毕庶春	刘桂珍	曹　鼎	赵恩城	汪怀智	崔淑敏
李继收	张志芹	王剑文	于景松	赵延龄	张玉英	阎凤芹	曹玉兴	许振刚	陶英兴
曲庆增	夏锡乔	宋继祯	马端士	韩汝仙	赵永贞	王培义	张文彬	姜鸣凤	谭荣福
曹朋玉	李开芳	丁德祥	孙洪绪	秦绍奇	于元昌	韩成甲	孙玉成	任万珍	武景正
朱焕章	崔效禄	秦敬祥	崔玉岭	纪荣忠	朱秉昌	张印义	聂秀兰	王金林	侯显山
许竹修	王连明	赵存生	赵永军	刘振敏	赵名华	史冠武	张玉新	袁宗峰	李宝瑛
赵宝骐	李东升	肖兴学	姜新秋	李怀武	刘玉珍	时从祥	王传让	孙宪芳	王桂英
赵方生	李淑娟	刘新安	路克常	程丙存	刘春山	王保凤	彭汉祥	靳素杰	李春花
李建文	张成波	程贯昌	张中金	王厚龙	王开贞	周志国	汪中义	索建利	董书俊
尚延亮	王　辉	尚其杰	齐凤君	孙　丽	王兴仁	胡尊正	格崇军	李光和	王广城
张　衡	于家昌	孙殿纯	董文华	刘　蓉	纪新生	马成福	陈允久	王秀岗	孙兆俊
吴培增	王乾生	刘长军	杨圣安	谢庚校	张立波	王凤华	张文芳	刘在玉	韩祥俊
张永义	赵广学	李心诚	吴玉柱	薛法芬	杨玉民	高永福	宋连娥	李广成	王俊成
张广信	刘会彬	宋绍东	张　勇	宗德胜	刘兴汉	曹秋荣	陈玉河	高法孔	郭建民
朱承林	桑运英	孔庆杨	张秀芳	臧传勇	王维栋	张曼瑛	吕念彬	汪华岳	王可丽
张同岱	阎秀珍	刘宝琇	郭新胜	王善贞	田兆杰	杨增荣	尚小云	王荣娥	高吉祥
张一鸣	曹维震	郑楚曼	张桂芳	李爱芹	王秀智	冯淑华	肖宪河	孙丙寅	张亮之
李彩云	李杰铭	李万常	刘瑞端	满运才	孙成增	石桂芝	尚晓芹	魏俊波	詹易书
张　平	李兆江	牛祺龙	万守宝	张继生	高淑琴	颜廷仙	王同仁	马延民	舒舍卫
李长城	朱跃英	刘学祝	李　岷	李信忠	王泗海	刘五杰	董云燕	郭维祥	傅开滨

李振英 王象宾 张伟 李树民 李传展
刘登祥 段修动 侯志 张玉环 张旭堂
李凤仪 刘玉金 郑天峰 张金刚 杨连印
孙兰荣 尹秀山 郝敬兰 杨儒真 孟宪韫
王化民 韦朝乾 张景艾 李正明 王玉平
刘凤现 甄洪祥 董恩范 郭颖华 吴凤军
朱广塀 杨继存 张芸 赵言芝 黄克强
张则友 杨士华 相继光 杨进信 尹群
贾辉 王在坦 李公恕 马金鉴 杨主健
刘福堂 刘庆国 刘文清 李桂英 韩永吉
冯尚真 赵玉恒 孙钰 张志英 黄元吉
刘俊银 杨金广 刘兆俊 胡序知 蒋奇岩
张立政 李兆禹 刘春荣 荆玉坤 于宝元
孙家坤 陈维连 岳安明 刘守民 白瑞花
王兰芝 于锦英 徐志芸 冯佃学 孙朝忠
徐恒璟 李德全 尤洪平 左兴俊 孙希贤
刘福田 王厚秀 吉立启 韩敬藻 严修密
秦秀金 张洪雪 于守平 肖惠民 曹为庚
杨善聚 李志华 傅成忠 苏昭思 徐桂春
左成建 庄茂波 田德云 李克松 扈继亮
赵玉祥 靳同升 张敦瑁 魏代祥 张成君
谭正 张焕义 曹明乐 郝象礼 王健吾
王秉信 杨方升 徐寿长 宋健 王大孟
牛金亭 徐景堂 赵效岐 刘明东 王洪霞
沈桂芝 袁继军 隋长博 李焕骏 华文奎
吕荣侃 宋新山 张清云 黄吉珍 陈庆恒
李绍庭 孙宁玲 孟繁禔 曲智中 杜凡胜
刘培华 赵永光 韩剑华 刘洪星 徐文东
李卫平 赵光田 常义传 李庆华 赵元吉
孙芳清 马善敏 马寿堂 王星波 刘钖珊
赵涵义 冯衍堂 李艳春 刘克政 李邦卿
张统环 李宏儒 刘福元 胡铮 曹志刚
孙培武 卜献一 孙颖民 戴灵恩 杨景耀
杨淑华 贺平 胡乐亭 申泮远 郭力嫱
时新华 宋凤来 宋琦 王光明 戴春祥
王爱群 陈德良 张秀锦 丁为国 余正钦
姚淑娟 解保运 曹秀田 申合修 韩善亮
刘湖清 吕宪惠 阎之民 赵仲普 周传玲
葛宝田 俞位澂 刘继孟 李祥兰 张素芳
李钟林 范平生 王忠义 周传玺 杨尊孔
李崇军 毛广春 李鹏程 曹务海 耿桂珍
任宪登 李传珍 刘来秘 周合元 李林芳
夏保成 贾雪华 王寿新 杨奉先 许洪江
邱树条 丁书莲 宋文英 刘要晤 曹继彬
张树奎 张云俊 王茂存 刘保增 高凤民
王学民 王世新 李连生 王留善 杨化喜
王学坤 逄增美 刘厚德 王克礼 陈茂华
崔秀兰 刘春青 张文福 董学政 曹道平
李瑞英 方绍轩 姜振平 宋擎柱 安萃平
邱悌 米传德 王兴毅 裴林春 史仰峰
董淑珍 董树营 丁炳洲 杜淑珍 贾宝亮
王思林 高贵云 王兆华 王兰青 马仁卉
王丕录 宋雪莲 常太安 裴庆祥 赵百文
周长荣 刘修岚 李忠华 王鲁晋 赵宪寅
崔胜科 史乃启 张洪芝 刘兆明 周长民
宋玉岭 刘兆亭 张广德 谢寅君 张瑞云
董学田 马兆兰 阎岩 刘世月 黄河清
夏广涛 孔祥珂 王钤武 李敬昆 童香云
林清瑞 许兆增 张建全 丁继娥 唐恭利
廉茂洲 李茂文 许克英 丁凯 孙述瑞
寻明玉 古庆香 赵广才 晁宏 胡建华
许良 朱建华 万伟之 郭士诚 姬传玉
王守轩 张友德 胡广亮 宋辛平 李慕舜
赵魁兰 周继祥 荣守运 谢松山 王建和
刘继勋 王献骥 吕克 孙世立 张德敏
齐华林 何项 韩棣 曹玉蓁 赵宪昌
范业兰 张全良 牛瑞钦 张玮 况敬坤
岳宋梅 辛德宽 季广伟 孙玉梅 朱建林
周友太 李家恕 丁耀宏 英长龙 卢玉柏
臧书俊 韩晓云 李宪政 孙思暧 孙云珠
李圣业 李占玉 张学英 张方友 林化彬
周安廷 孙百胜 王立民 田秀珍 丁增昌
张丹霞 朱明渠 魏允连

河南省

王素荣 雍凤琴 梁二喜 李淑梅 杨庄付
马云崇 司根成 乔方义 李秀珍 明天中

王运开	王国昌	高桂花	赵宋华	王万年	金会云	王月玲	许素巧	张会枝	朱建国
傅爱书	高培欣	王留金	徐万山	赵文赞	段长立	马华图	丁中良	权德卿	姚丽珍
郭忠江	龙明善	施湘云	杨爱远	何天保	蔡志发	张棣君	徐月娣	杨淑政	刘美君
刘爱仙	李志刚	丁光振	郭嵩生	孙秋花	谭宗英	骆永生	谢学仁	蒋　玉	童隆钧
张光耀	李新芳	马福来	张天奇	李秉乾	徐建新	赵海军	宋玉玲	魏金柱	马秀贤
徐殿庭	王长智	李天佑	曹西祥	张松茂	聂登银	段荣昭	曾庆熙	王秀玲	赫巨成
孙喜仙	郑凤英	孙广庭	王树森	张来应	徐欣臣	徐连成	王知事	鹿子卿	吕富文
车文奎	杜年多	王重华	刘丰祥	巴广亮	王千里	牛春科	柳　杰	刘德占	张冠芳
卢文昭	何赛时	黄书勋	吴兆兰	潘正俊	焦红梅	刘福庆	周素芳	李兴亚	李克仁
王星亮	陈　斌	阎月萍	叶启云	许　雍	刘温俊	杨伯平	杜　宏	程春莲	赵新景
黄蕴英	孙玉茹	胡寿康	胡君芳	刘美英	刘裕芳	付德海	苗润来	李瑞英	韩庆芬
冯　琨	王凤仙	李德明	连文华	骆传枢	张冬梅	李逢魁	潘文启	郝秉松	朱　芸
宫　奇	杨毅民	武松峰	钦玉良	郭济生	周光芬	姬秀荣	赵志敏	魏冠周	曹七泉
郭孟清	张荣田	张延杰	马自力	李　凯	李国河	王玉成	原　永	刘兰清	李高岭
李恒芳	司庆平	徐桂珍	王生海	葛少纪	洪凤英	余德刚	徐世安	张世宾	赵世民
刘爱英	胡顶山	刘玉鸾	普春雷	张大江	崔中吉	张秀荣	刘广博	李志刚	张绍周
夏宝鼎	张凤霞	宋富华	刘二林	裴元顺	豆玉进	郝清普	代　武	马富昌	张旭辉
刘静平	李　林	杨　辉	茹建国	姬传新	宋思俭	席德恭	白茵鹤	孙奉先	焦胜航
张淑玉	于建华	赵永安	胡佩珍	班跃成	吴椿庚	王继祥	扣田均	李丙金	王广随
李平平	刘自立	沈家莲	高弘仁	王　勋	李鸿举	卢梅玲	刘同杰	聂敏荣	李瑞莲
乔爱针	张贵民	付允恭	周俊章	张学寅	陈秀娥	翟明安	段兆秀	时云霞	任育德
于桂莲	张宏德	张秀玲	王翠鸽	王化礼	韦兴旺	金长有	马晓根	常本铭	王秀萍
仇乃会	王道启	叶春杰	张延芝	吴传新	吕炳礼	冯清申	肖品修	张同华	孔祥义
耿化明	孔祥利	柳文灿	王清芝	庞明仁	乔保来	郭居温	宋大公	王保申	唐丙申
张武臣	张克政	王清年	徐新凯	刘恩国	张芸香	李文波	田福云	崔久义	武作朋
洪巧菊	邵爱香	阎秀兰	阎美娥	代明暟	姬怀全	李英仁	李广禄	张小红	张安黎
杨玉团	邢元普	刘书德	赵景昭	马建章	赵全喜	薛新芳	林得坡	陈立明	聂继兴
宋淑芳	马根民	刘淑娥	邢正坤	王信主	赵龙英	李随群	蒋与文	张世忠	孔繁翠
李世太	王长明	裴红菊	赵松辰	生广寿	武桂梅	李世安	李庆超	刘振东	周亚平
张稳芳	李占京	曹质亮	王维池	马春霞	王稔郑	王桥童	张家驹	张增民	原奇秀
李竞西	邓少云	武笑天	王卓然	李建国	张守彩	刘绍恩	钟香云	张金铣	李香玲
翟正立	乔永创	郭现堂	史红川	李高兴	郭书旺	毛西林	张吉林	魏中现	岳　斌
张江彬	孙自刚	李亚乾	韦书斌	李现伟	李雪山	徐中和	辛春晨	朱继鸿	远中信
蒲万欣	刘贵献	张春堂	乔平安	李　萍	张国昌	傅中坡	李　华	石宽立	王贵中
张应战	郭进贤	王文沛	马文和	周兴业	侯维召	魏　华	赵玉生	宋长科	王　正
王刚峰	侯　耀	黄克智	李振作	马丙振	窦厚华	娄山寅	张龙顺	张秋娟	李　莉
吴宗岳	吕清章	张善倍	高涛娃	贾振现	杨发亮	张　撑	田秀花	赵松海	程相义
王苏秦	赵天爵	管合成	薛东川	邵进法	张从旭	牛怀玉	岳朝宾	刘花荣	郭晓波

王登科	刘振兴	徐全德	梁海潮	安玉花	张志明	张玉亭	梁宏池	张月生	项永生
谷桂花	王留廷	邓荣欣	姜振元	马铁成	薛惠茹	刘永栓	刘爱英	伍栓景	赵德昌
毛新彬	张振帮	边德训	刘兆莉	高　喜	赵四法	杨国富	王金锁	范官俊	杨文学
蒲桂芬	王梅芳	耿　壮	刘　秀	藏树芝	牛振昌	李　明	乔北海	王文端	邢国森
张启超	董恩俊	姜少华	张喜珍	张玉花	王志根	朱飞鹏	王书合	马东海	刘志民
余君萍	苏风申	渠清团	吕冲舟	王钧大	宗殿卿	符德铭	王贺基	喻景娥	张金栓
常二才	张秋生	吴长志	李　喜	张合明	魏海彦	李法合	孟庆吾	陈增焱	胡溯颖
尚留记	赵玉秀	邢桂荣	管峰云	李振英	李守业	骆秀元	赵连生	杨副昌	王占平
张嘉骏	孙加森	于志红	刘瑞云	杜尚书	孙丙欣	付玉州	杨国贞	朱银婉	梁花蝶
武振华	孙棣芳	王建华	李玉凤	焦　凯	李国成	钱学锋	张金水	王耀海	徐万祥
孙玉英	武　秋	杨振华	史秀荣	张英钦	冯文忠	苏光道	常东华	朱焕珍	高福堂
贾风录	陈富清	陈爱梅	阎继梅	于秀兰	邵从生	罗恩平	张秉和	池秀莲	张守贵
李福生	张建华	乔仁瑞	赵海林	杨子昌	康景彦	李可湘	姚守花	赵克俭	权学章
王才奇	翟福保	李海印	胡银让	柴保顺	王修德	刘文武	田振国	赵新英	韩延武
岳爱学	邢德然	梁学文	卢印林	崔有书	李成全	丁培忠	刘可珍	王振华	景文栓
李培荣	唐黎明	张敬娥	张朝平	孙青海	余泽洲	徐亚凡	梁国安	饶　兴	霍本旺
王中书	杜印堂	石　峰	杜连民	张明言	张保华	孙秀敏	龚广雪	杜海洲	武清群
朱爱山	部东林	王文庆	温同林	莱伍太	盖根柱	吴天增	黄建中	崔彩霞	丁先朋
葛巧云	李俊生	樊殿祥	周始林	王清斋	陈好兴	赵香云	杨四高	丁心庚	王道均
冯学诗	胡爱玲	王广才	孙秀敬	管海本	魏秀华	王照贵	杨新宽	李春辉	李振敏
王春梅	洪学深	贾朝军	雷顺周	刘文正	王崇文	陈荣强	党光德	赵文生	高金富
苏世芳	赵秀珍	靳增顺	谷胡玺	阎明印	申先锋	辛春枝	王寅华	马灵芝	张丙昌
崔玉丰	崔会丰	孙守正	郭俊贤	张福禄	付国范	张庆文	金成双	兰德年	李田大
李学修	杨存来	朱佃存	肖培宗	刘士修	李晓京	刘改云	付建良	孙起占	张大刚
王存儒	李伯忍	刘延义	王万森	李东池	周延俊	别良桂	刘兰英	时海法	蔺国军
刘胜玉	盛振平	陈书修	李九梅	赵式谦	常礼聘	刘玉娥	刘国轩	江贵海	贺文魁
宋民一	康二风	耿松乾	摆根香	王国永	马哲夫	王延超	刘振荣	王春香	杨付兰
苗孝茹	张怀乾	王留柱	王永顺	白丙乾	孔宪红	朱维太	仝运献	李庆华	马立社
李信香	孙丙辰	李森杏	苏海洲	吕雪兰	王类升	陈荣生	李雪峰	毛玉敏	李桂印
金秋芝	王桂花	刘　扛	张洪木	陈申申	刘兰堂	尚天祥	褚金明	石金兰	刘启福
王显英	李甫森	岳瑞章	王风英	阎松显	孙震延	靳红超	张春玲	马子青	刘呈海
吴富彦	李廉青	王树德	罗宏武	邢立群	冯俊泽	吴代书	李保印	徐志富	张春林
程义峰	赵玉玲	张喜成	吕水旺	席晓敏	金　玺	王万秀	张万军	宋同爱	孙文玉
周彦增	陈　英	苏培仁	张新茂	孟书亭	祁恩亭	陈绍松	范伦业	杜平甫	王松兰
宗发有	李玉亭	胥爱荣	李金全	高风阁	王德禄	张根成	卢秀枝	于景兰	张书金
詹春福	孙元宗	赵省三	杨秀业	蔺万盈	刘付友	苏增胜	牛自力	冯朝贵	孙学兰
韩保群	阴育超	刘改花	常育贤	李崇茂	徐　衷	王永泉	刘　林	宋培琴	李汉亭
常秀锋	李吉晖	孙同福	高丰年	吴振江	冯文忠	陈振信	宋海成	李中全	肖知欣

孔祥鹏	张立全	鞠长茹	李怀长	王有岑	冯学义	张　健	赵韶华	潘仙菊	王连营
岳德有	程允主	贺显贵	王成荣	惠书先	张宝善	王凤玲	朱俊亭	刘彦林	郭相才
杨志中	贾身桂	庞文定	侯本州	孔庆林	平宗诚	王绍清	赵英锋	朱慎吾	任广川
吕国华	周彩芝	尚士敏	贾有举	袁　斌	马朝延	李中印	汲效华	李耀行	任克锋
李志炳	范泽荣	祝政菊	李尚德	程学淼	孙志强	蒲桂贞	王　东	屠长情	李建民
王道君	熊家舫	刘金柏	刘光禄	李太龙	袁望东	焦供太	潘世坤	甘思贤	刘学芝
叶兆祥	常启文	张德才	吴孔发	彭可堂	张庆乐	于传珍	张志强	宋本聚	张西坤
何祖文	吴玉珍	孟仲良	叶先春	陶大如	曹家民	张壮力	刘存良	苏　迅	张俊亭
陈德银	季鸿来	李道伦	张永祯	丁科远	李海云	杜秀荣	邵元森	秦均文	夏俊荣
李春花	单　灿	付国儒	唐善成	毛银珍	李秀云	杜敏秋	赵学先	吴凤仁	张丙祥
李晓霞	陈国桂	梅秀波	孙学英	李　平	陈传亭	张文修	王殿文	石绍虞	赵介亮
赵桂卿	季玉珍	郭淑云	徐新中	王鹤九	李凤英	朱加安	杨芝献	张进华	王世忠
徐立道	王之熔	胡名运	周正仁	徐达镜	潘学云	李天芳	弓士珍	付仑玉	郭爱玲
阮成国	谢复成	徐朝友	吴敬才	马振举	刘继学	李　炬	曹洪堂	张心彦	孙宜良
陈　达	赵主贵	王兆珍	简金凯	胡同庆	阎世良	王幼华	刘凤仙	卢凤喜	高秀兰
程秀芝	周秀英	丁宗仁	敖中芝	王玉兰	吴承君	李忠正	何思玉	张金华	魏克敏
张士黄	项　前	周时恪	夏炎午	李泰登	张心正	张云业	杜心汉	吕学书	华道锋
韩守炜	童金寿	何辅仁	桂尊三	曹祖智	朱允芝	张秀真	郭秀远	蒋成喜	阎德书
江敏忠	翁湍珍	罗明义	曹兴启	吴玉成	董泽明	冯传玺	戴继荣	孟义芝	苗瑞兰
潘广珍	郭崇玺	张广地	李清华	李　俐	林　枫	赵继法	王景朝	杨振江	王礼勤
王爱玥	吴世珍	王启富	李济中	戴　培	丁太真	李祥仁	赵瑞林	梁建华	刘树英
艾丽珠	牛现龙	张秀云	吴高琨	李正侠	高河莉	李培芝	赵华南	沈　喜	王国纲
刘传钰	王景源	许宝华	姚新生	何访秋	王新成	王改玲	韩凤歧	郑全中	吕鲁豫
张深明	褚敬尧	郁留根	王天德	高保庆	李清奇	李立特	康进业	曹长川	张　嵩
卢改先	任荣林	刘长安	马翠娥	宋彦生	周彩琴	邓钦荣	冯朝坡	孙保林	彭玉法
赵金泉	杨国良	李景亮	梁翠兰	工安喜	张桂芳	苗玉芬	张爱莲	杨世海	李敬堂
刘翠兰	张水圈	周心芳	李德仁	赵连明	门志中	冯世斌	孙行义	赵和宇	马保家
阎心同	孔令灿	宋登敏	张启延	杨素平	刘东成	张书珍	姚翠英	陈　华	周大正
秦学军	邹素芹	徐如俊	陈复礼	张之义	张惠安	葛晓瑞	刘天义	武洪臣	张凤兰
韩东振	丁守义	周景印	郭秀真	葛云英	姬光华	侯兰洲	刘国风	李　叶	肖五毛
朱心敬	刘文清	董景传	张学习	刘学春	苏桂轩	胡天义	王中亮	黄体林	吴相远
杨松连	任建新	李同和	刘海清	李中兴	王友民	周祥民	陈瑞英	李中彦	梅中山
王怀昌	胡天宗	董效贤	张德敏	罗文英	刘世文	徐朝山	许泽林	杨德元	李焕平
王瑞云	孟祥林	刘道荣	张常营	李德强	代同友	代国权	王淑锦	代龙光	阎士龙
张锦俊	李培林	程守德	师怀坦	李本刚	胡安民	董天文	屈志高	陈爱琴	陈明德
王清延	夏锡纯	王兴华	袁启丽	崔书林	王宇林	刘连梅	李幼林	王悦梅	李志云
余海生	范德山	孔祥来	余显东	张翠兰	孙建鼎	陶得喜	赖登山	何永茂	任冠正
郑余粮	王广林	王秀荣	杜献尤	张小孝	吕守清	张俊田	牛全信	韩广义	田爱玉

苏中英 岳朝瑞 苏应臣 游泽浚 张甦奇
张新华 张西豹 秦 瑛 李嘉宾 韩瑶香
胡在矶 高凯年 曹发根 吕宗鼐 孙全声
赵建树 何汉英 方光力 张鸣龙 陈锡柱
胡来容 孟繁顺 窦宝忱 申楚襄 钱经馥
于佑民 高明俊 娄多峰 王春衵 顾德娴
尹昌言 任留运 丁宝章 韩永华 郑新灵
龙国瑞 和瑞芝 宋文成 李 斌 张绍衡
杜俊义 李积广 张道新 石 斌 卢光明
沈宁福 许秀成 寿楠椿 刘华莲 徐恩惠
梁本中 彭学敏 赵林森 王严平 郭启庶
张群义 李小江 宋光华 吴 涛 司九敏
徐景稚 杨振海 王恩福 邹文生 朱东明
李之鉴 凌培炎 辛 未 蒋达权 姚舜娥
傅文彦 董西欣 赵乾德 郭志新 薛 松
张银环 姚娟娟 江定一 杨振华 马文亮
王春芳 马宏彰 仵治才 赵贺琴 许永香
宋香竹 孙 斌 王学仁 杨素芹 林茂华
刘继田 王嘉云 丁坤奇 曹光玉 王天修
姜 同 牟万珍 熊英鑑 叶新德 郝立德
刘 迅 李金华 方国柱 鲁元卿 刘国忠
韦承功 朱中嵩 董玉淑 陈 萍 董玉歧
邢宝枢 陈 娴 吕顺华 张富云 于恩庭
曹 建 李义安 徐今虎 徐兆乾 王长青
王忠仁 刘兴川 沙仁伟 黄学诗 屠新民
蔺克仁 吴警旭 张方田 翟瑞祥

湖北省

庄志生 寸亮炯 申锡明 李祖秀 刘静仁
胡继芳 陈登虎 王毅华 徐志华 车洋柯
胡文友 宋青琳 吴以平 杨学兵 刘启贵
李 平 解玉文 谢培华 廖启荣 罗传芳
贾贤达 郑孝荣 贾宜民 孙丽春 樊淑仁
程为民 武修玲 夏晓明 刘松林 丁凤英
姜美香 沈元英 黄艳珍 潘 杰 万 玲
刘恒发 周乃仁 董家清 廖 斌 董益民
尹玉枝 王艾群 游加水 余名秋 曹茂海
程启贤 皮祖林 宋学武 金之宏 余藻香
李昌贵 周文涛 崔东谱 占一元 李定金

李仁慧 汪绪荣 秦巨贵 徐焱清 余婉珍
王松青 张天明 奚水清 王友明 卢仲元
陈耀徽 曹锡年 鲍名荣 梅继权 周子良
徐凤珍 张大炳 夏世祥 阎福祥 付益成
彭宽义 甘绪彦 肖毅源 张祖芹 陈文浩
张介荣 余义章 洪国平 方接宗 谭建华
周敏思 胡文朗 阎生元 周同益 陈文斗
汤凝友 南志军 张仁华 周梅英 严南舟
徐长松 程金祥 张长松 邹国良 陈照豫
李春梅 陈焕章 许俊春 张 昊 殷幼斌
张帮俊 张 宽 王汉青 干建亚 邹和平
李晓东 张基香 贾汉漠 吴碧海 李白记
白云深 李东火 胡冬升 周洞求 刘美池
吴艳芳 冯汉青 石长江 王维仁 陈是迩
汪小芬 凌文浩 陆华金 周光钊 刘培高
邵同善 孙宝琦 陈泽安 夏 升 朱伯儒
许炳亚 黄正元 蔡安琪 黄年玉 黄宇生
黄威凤 黄传经 黄祥成 黄爱华 熊盛珍
许传盛 朱定符 胡性梅 袁晓春 苏大德
王克勤 刘爱青 李 桦 金毓方 尚敬平
赵子泠 叶梅芳 周祖钰 张 兰 刘少先
王可铭 王本长 谢太康 丁启友 杨顺泌
宗功贵 周秀英 周 烽 徐祥发 杨智清
归顺海 张文权 关国隆 赵四海 冉崇德
冯长青 张必贤 刘承堂 胡青会 张世洲
林 建 范钦文 郑益民 肖民泽 谭联英
田明国 康心一 卢 阳 冯明礼 张世荣
马文举 章仁德 邹昌仁 王河润 田凤云
朱大清 田庭秀 周存辉 曾昭僚 方安兴
吕玉贤 黄元山 吴柏林 龚发政 廖圣龙
王昌银 王爱亲 陈家阳 吴继安 胡太池
周景发 吴行园 汪泽恒 王友香 伍梅香
张友元 李求运 陈盛凡 刘德生 邓来玉
朱美珍 刘国先 汪和刚 祁仕举 毛运鹏
胡纯德 魏先来 李家庆 阎华明 马玉峰
潘钊秋 陈荣根 严开雄 刘明国 万运智
徐 涛 张国民 杨大江 陈瑞清 陈克淳
苏志嘉 晏明江 杨照漠 章旺安 周传高

严启国	余启波	冷明忠	宫　恳	胡宏恩	朱玉兰	袁立珍	周功应	杨发珍	冯汉卿
蔡秀元	邓世培	陈富根	赵保明	王稼强	宋兴宏	熊传清	李胜郁	熊南孩	李传璠
崔华海	米启荣	王学英	刘圣德	王国兵	吴书鸿	周万珍	王相民	李良凤	卢必柱
王开国	王志润	李文英	姚有风	张志险	胡凤亭	刘先琪	阳代舫	姜荣华	宋传佑
乔焕堂	余洪运	余文俊	琚兴广	李达成	李井林	王鸿铭	徐先华	万信珍	李仁慷
张荣甫	邓秀云	戴丽芳	曹恒芝	符光敏	黄犀夫	方印中	谭化宣	万茂福	余诗海
牛学元	李积成	莫彦华	朱顺尝	武麟书	姚国洪	彭清文	熊帮祯	刘本福	余大军
李均志	吴调安	熊慧勤	任少兰	盂成秀	李毓淮	林瑞芳	夏先江	董太文	邹先炳
吴德全	张兴明	刘本清	包经国	余保平	刘恒惠	梅启珍	徐志强	袁万象	贺文川
朱林波	赵成芳	龚学文	蔡必鹏	宋孝纯	陈德沛	龙　莉	熊家淑	王忠新	覃佐奇
陈兴玉	孔庆福	蔡克柱	李明义	吴天伟	李振汉	胡祖英	杨世平	周仁贵	曾昭明
任树芳	尹家广	张建修	昝吉才	刘明华	肖大刚	卢业荣	夏　艳	彭先春	方恩放
陈　俊	李明惠	王开江	许兴起	刘明忠	熊翠英	樊　华	罗　琍	陈健基	曾谷良
马　俐	王士恺	王心义	谢大才	冯光华	幸春玲	赵精华	熊定英	罗素菊	邓虹争
陶宏金	曹迪夫	饶泽民	王维聪	贾信远	彭　鹰	张久春	吴方清	穆金陵	贺道汶
朱鸿儒	黄邦富	徐勋慧	王明亚	陈泽安	黎清灿	邱服德	解春林	苏厚璇	叶强佳
祝大必	张志国	刘厚清	石美玉	邹青山	林玉华	杨元章	张诗新	罗翠兰	余梅春
张承恕	刘国初	舒文拯	郭汉平	黄庆玉	张爱文	郑庆松	曾祥干	刘敦厚	文振刚
李显春	廖秋兰	戴普庆	成观方	李佐拓	杨秀英	陈洪峰	刘兴涛	刘子成	陈文乔
汪业森	李刁发	胡介岩	程金阶	李　坚	刘长玉	陈大经	黄玉萍	魏尚美	张干洲
闵梦兰	张雄进	张英战	万欢乐	舒久炼	杨玉明	袁良圣	杜子仪	吴乃华	胡碧英
吴慧敏	杨发祥	江有铮	刘彦伯	黎耀明	陈祖枝	程义茂	付超华	黎　枫	梅孝敦
周中华	王长斌	黄凤英	丁建堂	王联群	王志富	郭景炎	陈一繁	杨文堂	王纪林
柴迎宪	程世国	万厚志	陈聪直	秦华文	刘继英	郭中义	郑纪贤	何尊平	熊衍松
马国鑫	周世耀	俞莉莉	方举平	毛庆福	王兴圣	贺章亮	李红英	蔡能凯	桂翠兰
朱家华	陈守笋	赵运英	曹至勤	阙国顺	万会清	范明春	丁致烈	张家秀	刘奇君
付玉珍	王哲培	刘继国	吴宗金	张喜洲	吴远槐	陶继德	李德华	常序森	全长林
吴楚波	李淑英	梁克坚	吴国凰	刘绪煌	马秀芝	陈宗元	周友兵	冯进铀	李树森
彭启绵	李爱国	蔡玉菊	彭淑娴	胡必华	彭泽福	杨玉祥	陶世沛	张妙斌	王家寅
陈淑珍	段盛章	王兆琦	范喜望	李家贞	沈礼芳	张丽君	张凌云	魏开祥	吴定邦
黄章忠	晏贤林	徐海镛	郭令钫	刘宏潮	张君公	傅家宝	刘云秀	胡正华	罗国成
吴传清	刘才雄	覃未旻	梅敬威	钟裕容	毛亚金	张清峰	张运吉	朱茂涛	胡圣年
江兴盛	易仁荣	牟菊英	秦德斌	郑家旺	苏玉秀	熊　瑛	肖方明	张楚斌	黄火林
张德念	丁其宝	汪大洲	李圣江	李明富	罗新发	金凌云	张清品	文宗夫	卢世宙
张贤清	钱殊玉	翟凤春	张正品	曾宪海	魏屯久	熊佑德	魏成鹏	朱新宇	黄明霞
徐玉元	余应武	周宗签	向清德	王玉华	毛国祥	王汉林	张登香	蒋国珍	熊铁二
赵晓燕	杨常平	姚明鑫	侯家鑫	陈少元	陈天佐	黄乃琅	孙道友	佘承祥	佘拱焰
谢文谟	王圣静	刘士清	陈信阶	秦士勋	谭继彪	雷鼎铭	吴正川	陈世金	江德培

潘传仁 李克玲 余德琦 郑 坚 严昌仪
贺大明 胡陶才 周 瑛 郭婉英 胡金珍
曾雪村 毕文明 曹正威 王松波 余以美
华值桂 朱同升 黎皇恩 罗会儒 夏承璋
李绪仁 李辉球 刘文斌 沈飞飞 廖国良
黄正良 陶宏尤 王天生 曹崇新 阮荣春
石明权 刘会中 汪太泉 石义法 张德平
舒克兴 吴高金 肖绪月 李朝义 尹定权
樊友忠 全树德 马俊超 侯光宗 李绍鼎
陈群安 潘耀合 张正洪 陈玉兰 杨少云
蒲万海 杨心亭 段昌荣 常公均 钟明强
杜克亭 张复兴 王太舜 张进兴 刘明秀
瞿德基 王甲润 彭勤守 王荫豪 王德怀
汪允江 杨明翠 张宜国 罗安友 陈洪盛
程 进 许谷生 江玉民 袁本普 陈步远
程学栋 柯尊泗 雷春波 咎光军 魏香声
卢扬恕 张幽兰 周 杰 喻广香 范正梅
王为芳 付春英 孙维珍 周祖玲 雷宜凤
庞德欣 蔡楚恒 聂炎生 付厚光 刘凤芸
袁晓明 朱震东 唐 文 周家骏 余常礼
杨向玲 潘长俭 陈秀雄 闵传礼 徐晓梅
治胜利 田佩琼 刘安邦 罗先鸣 黄咏秋
吕金秀 曹 锋 龚 桦 周湘云 李树华
余爱霞 朱士文 卞 华 李桂兰 李柏林
苏慕隽 俞文华 代宗培 蔡贤驹 何瑞华
李本仁 郭淑华 朱善昌 陈天感 罗 铿
张楚南 胡益华 刘应琴 戴朝杖 陈家明
徐 萍 梅安妮 余素兰 杨 杨 雷全乡
徐世忠 林应日 戴英丽 刘世策 吴云霞
胡全华 张天雄 蒋自立 何艳华 高银萍
孙德玉 伍义璞 邓桂运 童学勤 张书香
范秀铭 陈玉枝 王鸣凤 刘顺英 朱宏利
刘岂荣 郭远珍 陈汉城 程应鉴 王大平
黄岳嵩 吴承家 徐勇先 洪子林 叶崇福
刘华章 周用成 李国卿 肖云卿 王能发
朱莉纹 万碧荣 张运清 雷亚珍 石建明
邓俊范 江长毅 冷善炎 刘少成 陈祖和
李忠洲 罗启瑜 施保洲 王千林 汪启福

黎家充 刘汉武 游先芝 罗桂桃 周幼木
邵喜平 黄和发 余 萍 蔡桂菊 王幼麟
李 华 胡湘铭 孙玉贤 沈若愚 徐敬之
卜治平 孙永鹏 喻淑芳 汪开秀 贾瑞玲
苏德化 王齐贤 江会生 连志远 谢能泳
方向明 彭丁贵 王海林 张玉晶 陈贤威
曹树村 王敦惠 罗菊梅 谭信玉 熊大寅
陈建国 涂继兴 叶守泽 陈维贤 林天成
吴信才 张一球 张仲伯 刘纪麟 余家林
马道瑜 阮华芳 蒋箴予 黄祥清 王克亚
汪复银 任德麟 李贤沛 黎星翼 张纯桂
蔡宏道 梁扩寰 田孝坤 刘君安 李培生
何业枞 杨振玉 叶启云 曾祖荫 廖晓晰
梁妙园 周西林 李水生 孙年春 王文卿
闵以恒 梁荫中 汪德容 吴方玲 黄乃瑜
杨叔子 裴先登 陈德树 李佐宜 郑权族
黄炳灵 吴正明 周 帆 朱昆泉 高以统
吴学尧 张乐天 陈永楚 王旺恩 赵德龙
李自俊 田时芸 甘以炎 伍德荣 高德玉
宋建生 孙利生 杨弘远 马建离 侯杰昌
郭吴新 胡泽民 李卫华 宋昭华 李运茂
袁淑贞 李代白 祝正英 胡大琨 胡仁保
冯玉珍 周晓梅 徐节南 苏 凌 杨玉荣
杨秀峰 黎尚豪 陈国瑞 孙光珍 宗贤珍
徐国芳 罗珩珍 廖绍基 鲁智育 刘江一
代光世 徐 源 孙忠祥 陈佐浪 李忠国
史达伟 徐 英 周永睦 邓正英 刘志光
梁春波 隋思忠 邓兰英 杨绍璋 姜友友
张益城 陈 影 王祖诒 彭小莹 范海沧
任学全 李雍民 王芝茂 柯松枝
欧阳敏昌 樊玉珍 曹德义 陈义森
王明银 孙开新 肖沛霖 王复芸 黄必森
郑泽楠 向国思 李朝民 李明星

湖南省

张明乃 邹树梁 柳祖汉 周述洪 柳思维
张 轸 田罗生 陈永清 孙云仙 陈 铎
张桂珍 刘明国 刘 英 徐胜斌 罗 燕
周振国 吴 辉 郭茂发 罗志平 李健英

伍仪瑛 邓日 曹造时 王伍金 刘竹清 陈寿康 王祖惠 郭敦桂 辜伟 李伟群
邹细萍 易宗文 李建武 倪鸿浩 刘雅 陈军华 王春阳 孙任已 李怀建 谷耀连
叶若华 彭方虎 郭炯凡 欧阳柱 周午生 陈技芳 陈碧辉 肖克仕 成岳 胡保成
颜健平 黄伟民 熊楚山 郭崇丽 杨介夫 贺翠凤 胡开云 易克立 沈祖风 章顺宜
陈代兴 林丞 姚守拙 章兢 章晋新 胡福裕 黄谷祥 胡建平 朱绍陶 肖志全
何显慈 徐望华 周一谋 黄又歧 王悦曾 舒政辉 余良骞 谢竹安 王尤贵 凌春锡
黄琼瑶 徐立吾 黄宗镇 傅崇说 刘尚威 文锋 陈玉亨 李国陶 罗三元 罗煦桃
朱建光 曾觉先 董来炜 杨永宗 孟天雄 李秋云 黄昊武 蒋雄 陈列荣 刘坤铎
梁继周 林增平 林立炟 李绍唐 陈敬夫 潘臻 洪玉梅 屈明德 陈立新 冯锡林
李泽南 海镇环 韩明 姚开泰 罗正曜 宋华生 刘新奇 张湘君 孙华翘 李西萍
龚耀先 胡笃敬 李建常 张范群 苏烈诚 杨臣健 费锡盛 龙启增 阳世凤 贺正荣
何方 吴今培 田嘉猷 黄在中 赵瓒瑜 刘礼书 向合兰 董仁媛 贺时雨 张庆桢
颜家壬 朱蔚文 尹懋谦 吴年翔 邓淼源 黄爱梅 欧澄清 尹菊秀 曾金良 龙细英
唐罗生 杜爱华 王庚士 盛海兰 彭建军 唐慕德 王俊香 李孟泉 伍先春 周伯辉
吴定远 章斌元 甘国华 杨汝康 李南英 张映湘 尹健 钟振安 肖长寿 廖中英
雍思廉 洪德林 徐翠英 李光荣 黄负舟 王组亚 王晶飞 王道明 罗祚缙 邹金秀
龙富云 李谟远 刘汉明 贺学禹 曾锡琪 黄礼明 李金镛 李次白 王群芳 李跃
徐惠仁 王振华 刘元凯 聂忠林 寻安恬 杨状元 孙德一 周华美 周书荣
谭劲行 张觉先 郑伟 邓嘉年 邱先睦 欧阳荣懋 王美霞 曾绥来 吴焕宜
贺焕璜 谢至平 钟玲 李灿霞 喻望蟾 李顺民 曾玲先 黄锐 刘志魁 曾庆稀
张秀辉 董桂洪 周金莲 肖光跃 姜相尧 谢定武 李扬辉 曾雄翔 刘运才 吴丕绩
周宗明 谈志桴 谢珍秀 李宽怀 莫剑芳 谭月林 周笔章 刘知俭 刘孟卿 钟延寿
张伟良 杨瑞华 李敬怡 苏兰芳 刘开典 姜端堂 杨藕云 郑建民 廖郁山 王清泉
华吉元 谢芝兰 吴泰安 李支应 魏娟民 曾应其 邓启贻 李桂连 龙桂珍 陈砚庄
肖建成 李朝伟 陈华初 刘自英 刘务本 姚龙波 覃行方 朱春山 艾安德 戴荣华
林路 余学银 夏朝章 张世渊 陈国玉 康兴健 屈杰先 唐雪花 高柏军 钟解放
涂玉梅 向前 张君辉 邓振声 姜庆湘 易伯邑 龙腾岱 陈卫民 杨韵璈 杨平乐
熊懿云 卢烈 杨信兰 张云峰 邓国杨 李艳 袁幼襄 肖敬荣 陈富昌 廖承绪
王惠培 刘起玲 彭放 周杰夫 戴君璞 李满香 奉宋楚 周银辉 方迪亨 刘翠莲
廖南泉 王采云 聂富华 龙章文 尹惠宗 陈崇德 阳钟瑞 袁愈生 肖初元 马建元
刘皇甫 蔡攸嵩 王金文 张松吾 谭元秀 严弟及 肖调坤 邓桂云 尹全建 潘日升
黄件香 欧阳镇源 唐勇 尹田田 梁开喜 姜子华 周乐民 舒增银 柳录炎
许惠澄 何铁华 刘藏庭 熊光亚 阎建安 毛顺华 唐圣地 毛善友 钟介澍 黎正秋
范志强 王乃乐 贺泉清 李启云 傅长碧 唐玉香 曾辉南 刘应胜 缪泽南 莫仁才
张声健 陈月英 彭泽华 王继志 吴运华 颜家明 刘先堂 徐成建 肖健知 黄英
宁锦衷 陈铁山 胡荣华 凌星嫦 许斌松 罗蒲香 郑远绍 唐益祥 程凯华 刘立球
易映华 严珏明 王旋宫 刘焕利 张欣平 羊蔚彬 邓唤群 李智明 伍运球 韩景文
葛燕毓 唐日林 唐嵩谌 李华亭 罗择纯 雷飞玲 余宣明 徐成柳 刘建平 刘昆壁

李叔益 李隆岳 陈文振 肖彩莲 杜有刚 王政仁 张启元 欧阳美清 王运钧
李胜利 刘戌桃 袁皇初 刘丽华 文大健 刘租高 蒋吉富 周 森 陈阜生 罗东海
吴艳平 何冬枝 陈兴祥 绕翊贤 龚本扬 梁芳姣 李海涵 邓雪昭 曾世庆 刘正升
付红卫 陈戒旦 刘炎初 李立芬 柳腊年 曾庆祥 伍爱贞 潘传照 童旺兴 钟友爱
张世楣 祝再华 毛国文 梅日荣 唐玉容 张息波 阳吉卿 吴振翔 罗任初 杨德桃
谈荣棣 曹步植 王翠英 何素兰 黄传忠 彭梦林 林小阳 伍胜天 陈远明 贺品珍
张金玲 冯昌荣 高丙南 刘建兰 李百福 陈庚长 彭作魁 李丽华 杨玉芝 阳 平
沈愿来 方玉娥 方敬荣 王安题 何光远 刘兆毅 龚吉群 谭池堂 杨东生 刘春建
毛桂荣 徐继成 盛孝绪 陈天育 谭玉芬 唐寅初 石元俊 姚洁文 李资源 王正均
叶兴汉 袁雨生 严振国 华松溪 陈仲儒 李美和 刘玉良 熊仁中 张博彦 王菊伍
胡松如 甘雨能 蔡春林 范丙南 黄仕媛 谢国青 金冰辉 周光荣 朱仪武 李文英
游惠明 方会云 张耀初 程有庚 王盛国 李继衡 李西林 李静芝 吴楚杰 张国贤
刘仲秋 张淑芳 刘双十 吴铁尤 林菊英 梁复华 陈英伦 彭詹圣 邓士翠 谢开栋
周新中 熊舜英 谭家耀 王育筑 杨丕振 曹万流 何明俊 曹立德 杨寿元 何绩雄
黄国美 杨陆桂 金行琳 梅运秀 肖晓秋 郭家义 唐桂英 吴本通 刘启雄 欧凡兴
黄忠汉 彭茂才 张均林 袁吉庆 陈明善 李国珩 王方宦 代儒德 李劲燕 许永教
孔先枝 余道蕴 剪碧爱 徐百钧 万云峰 邝允唐 唐 韵 陈振中 李祖长 雷晋甲
吴子樵 聂立清 胡运华 燕明镜 陈福儒 肖定民 邓大告 张日宗 谭代法 祝优秀
李培诚 陈家主 彭声浩 蔡明德 郭云青 黄秋英 何学易 谢联民 朱亮云 方绪远
王道炎 覃事丕 杨万龙 刘顺甄 刘崇聆 钟祖欢 罗贵雄 李 珪 唐颂德 谭华杨
肖步庄 谭晓华 肖德权 钟舜华 王元栋 欧阳义 邱干荣 李安华 杨香益 周兴旺
祁怀玉 李明杰 庹登磊 马伯准 鲁孔坤 陈世大 李泽忠 唐金花 周 杰 文新潮
庹国庆 张金兰 陈本腊 程克传 黄百炼 李主义 罗玉荣 张雨发 熊钧笃 程家忠
郭宗庆 童汉山 廖桂荣 董克明 李盈先 陈培协 彭干庆 唐继青 李定钧 甘耀贵
李中泉 张绍荣 冯家强 聂双清 谈新荣 宋学义 李桂南 唐雪梅 唐世祯 李贻耀
张小茅 崔子新 肖勋芳 葛主君 罗巨生 刘安华 文素媛 蒋孝友 方桂元 王成瑞
刘本珍 曹兴照 王 溧 彭思享 黄彬英 周善甫 邓四卿 汤黔生 何兆述 何花媛
盛镇华 徐晓涛 陈清泉 胡力文 邬谷生 吴高英 何定文 李翠兰 朱庆维 郑际都
吴文彬 易梦霞 桂小美 聂其伟 吴素庵 周大贵 吴圣婉 卢体强 卿宝华 陈本汉
陈奎生 段玉兰 马家训 方向阳 刘鹏程 黄民菊 黄德福 谢贵生 郑东辉 张芳庭
阳培德 薛孟清 谢治平 谭述林 曹华湘 龚继纯 刘伯朝 罗桂芳 周承国 刘俭生
许政明 龙珊媛 黄长庚 刘平贵 彭坤初 黄 嵩 王斌生 黄喜竹 肖学祥 伍达生
宋联青 周杏春 曾 新 张绮云 鲁利平 胡孟明 文锦菊 张初荣 胡兴瑞 郑 适
李艳青 刘有仁 陈守凡 曾秉轩 石长庚 何吉兰 吉典坤 王承尧 陈朝荣 杨玉璋
周鼎年 蔡烈吾 钟光保 陈健兰 卿三余 蒋洪春 罗柱和 麻燕娜 谭玉梅 舒孝川
汤觉明 方月兰 陈永忠 龚笑容 张清泉 朱义成 杨 涛 唐芳瑾 米凤仙 易叶青
夏乃文 胡艾安 蔡引勋 温文君 刘国新 雷启义 潘绍祥 陈先武 唐德山 赵子安
杨仲华 莫吉安 杜泮才 周楚雄 胡曼妮 周三元 宋善军 王福萼 侯其林 唐家珍

吴玉芝　陈代宣　彭筱英　王佑清　冉启书
凌以湘　胡光湘　易建湘　张顺顺　王宗文
罗启富　欧阳悦　吴钢生　贺竹菊　张在强
向延甲　周有礼　舒铁辉　杨奉先　武焕然
武文荣　王学成　陈孝志　刘冠群　郑帮海
王开宣　陈春融　杨荣兴　梁宏镐　刘盈科
禹云英　陆顺祖　李小平　李玉忠　许　杰
黄健珍　吴礼明　周鉴德　欧　莲　陈克屏
熊楚毅　吴廷禧　彭武胜　符辰钇　周成林
刘显忠　陈作良　彭竹元　彭光文　刘序光
李国良　龙泽光　杨传蒂　代立本　向泽桂
姚本富　龙再发　王若芳　杨东生　吉中兰
杨玖华　黄自莲　莫伟才　王真江　朱滨炎
麻显花　赵竞成　胡长安　刘本忠　于健雄
王永锡　刘际贵　杨圭兰　谭敦平　陈秀兰
李元娥　张运本　钟为胜　刘业总　谭贵立
王兴华　吕学川　覃章永　覃育英　黄占先
汤先胜　张宏田　屈国满

广东省

林苑秀　梁锦汉　古耀华　李辅贤　李建步
余涌秋　曹菊兰　涂玉兰　梁悦华　谢绛先
许向阳　王肖梅　邝慕贞　莫大欢　龙均海
吴金转　于会茯　曾纪坚　蔡　婉　温慧恩
霍奕宽　冯洁贞　程少霞　江　东　刘伯萱
梁倩芬　黄丁仁　温钻儿　许　汉　黄锦芬
赵尔为　郭巧智　陈焕昌　刘乃铨　盘桂凤
张更生　成为伦　钟美嫦　何小珊　沈　坚
区秉亨　谭振强　张茹梅　陈济生　幸瑞筠
熊雅玲　吴少欢　梁权威　叶穗英　郑可仪
刘志棠　黄懿庄　梁慈祥　刘令仪　吴硕南
杨嘉仪　漆书兰　聂　苓　刘淑贤　宋渐强
陈耀汉　许　鉴　黄涵煦　谭淑璇　周美崧
罗惠琼　谢棣娟　陈波儿　潘慧敏　林惠芳
张幼珑　立德纲　李荫民　苏绍兰　郑今妍
黄卓标　麦穗笙　林兆慈　何美珍　戚炯煌
刘志英　李宗杞　戴明瑱　钟学赞　孔庆彤
钟镜明　危国亨　罗长莲　韩芳伟　叶少平
陈少芝　王培基　植福潮　黄丽媛　黎少坤
温　文　马科芹　黄必胜　冼桂华　刘湘霞
张振芬　黄少梅　单满洪　蓝房有　张余庆
陈锦方　朱素兰　王世明　刘建辉　梁雄成
宁旭红　麦风琼　李身立　朱灼葵　刘汉强
沈礼彬　杨玉娴　陈永智　周美娟　周高亮
高淑蕊　唐连贵　李宽荣　刘东生　苏茂杰
林向真　陈　教　廖运宪　崔文广　王仲诚
陈为竞　陈　准　李上尧　王　典　梁世理
袁仁权　周宗常　刘光廷　赖美琼　梁敬生
颜永邦　霍志伟　巫振昌　陈国奎　彭浩宇
陈文昭　吕建芳　李祖储　苏年生　罗广辉
董阳春　钟光明　张宗瑞　崔耀珍　黄秀英
钟永国　陈佩芳　黄宗贵　张元新　黄笑恩
姚良笃　徐永锐　陈惠尧　陈政绍　陈金涛
李兆洪　钟永祥　李永庆　杨泽南　刘　清
黄有佗　陆云波　陈玉权　欧阳宝翠
余　仲　白美英　梁国才　陈楚森　陈芳玉
潘世平　郭荣和　张冬娣　曾豪儿　华宏桥
叶加平　曹亦文　黄泽民　叶和娣　欧世美
钟月沂　何继桐　黄裕忠　廖盛海　凌运春
黄沛祥　熊铁翼　蔡莲英　潘历兴　成联青
梁贤国　易幼卿　董水房　李素文　宋维好
刘殿雄　廖远宏　潘洁贞　房子宏　孙富盛
谭国荣　林小金　沈秀华　翁华英　梁　燕
蔡新华　李麟佑　罗耀星　王江玲　郑乃时
谢　益　欧秀华　罗予瑄　黄立伟　林嘉仁
陈本立　梁　屏　卜秀琴　庞兴中　梁广仁
梁　芳　陈绍馨　汪全球　符玉英　罗树春
黄宗权　董存录　陈井基　赖桂辉　李元华
张翼翔　李　权　肖景均　吴兆清　梁煜萍
赵宗和　林　虹　梁水生　吴均豪　庞倩影
李帝河　庞适之　陆士镇　杨　斌　阮汝樞
赵　和　彭康爱　吴国卿　孟　华　张汝芝
麦才润　梁国荣　李景萱　陈玉萍　陈英琼
占炜迪　钟鹤龄　韦　龙　李明森　张玉芳
郑振茂　刘月雨　许建章　邹显桥　张金妹
韩道芳　马日光　柯曾华　陈荷娇　曾郁杏

陈月初　张水森　苗理正　陈炯彪　李建华
翟惠齐　陈宏光　汤志祥　李向辉　朱少文
张春源　叶玉微　涂林生　陈天造　姜　琰
刘克庭　郑汉全　谢　挺　唐永聪　冯远征
潘邦兴　杨群熙　罗真焜　何　斌　张存辉
李少良　黄翰纲　黎胜祥　蔡宗伟　陈碧玉
廖干勋　钟甫荣　周值强　肖　山　陈畅辉
关国键　金　镛　袁宝珊　黄维永　黄廷锦
蔡桂楠　舒柏高　陈景锋　文剑辉　黄　石
谭宗荣　王贤正　陈　澈　詹文清　李燮尧
钟秀媚　甘学优　万志鑫　胡仲演　魏柱能
李胜青　罗贵中　缪德良　李展祥　张访泰
李锦荣　谢银泰　盘新玉　陈华高　郑春兰
李各民　张泰金　陈德华　杨青海　陈家强
邓汝机　刘优民　赖美柱　张高仁　戴　标
段兰英　唐仲生　叶婵金　李惠珍　李继生
陈亮贤　梁柏昌　叶荣造　黄志红　王永权
李美浩　蔡新梅　熊兆瑞　蔡秉强　邓妙芳
黎丽娟　陈季柔　高燧芳　王宜宣　周玚娟
黄永强　傅素梅　谭华邦　饶长堃　李金全
谢文光　许德诗　林尚安　刘　嵘　李根洲
周泽华　钟佩衡　孙庆文　彭文伟　周文炳
刘焯霖　李明启　颜文希　黄建华　柯木火
李辉利　罗国民　刘瑞郎　关浩书　张立新
周泽榕　刘德周　龙　斯　张尚仁　候德富
蔡仲淑　黄英森　潘观光　陈金章　苏树珊
周镇宏　王启华　庄汉城　张鸿亮　马颂明
宗永生　庄和诚　邱震源　章必功　彭博彦
梁念慈　甄辑铭　劳承万　罗英凤　李镜春
郭学彦　赖绍鑫　曾祥焕　刘正纾　冯国正
蔡亚娜　陈培鹏　黄　英　李伯洲　赖鸿华
杜镇环　张明通　郑立群　伍穗生　黄富昌
马桂芝　陈汉韬　刘瑞芳　王博文　周爱雷
林光远　徐水英　王兴洲　龙航源　林秀莲
柯铨宗　李菊芳　邝彩姬　马惠兰　全承雄
陆　云　冯婉文　杨绍华　黄亨典　陈仍懿
吴伟成　戚林娣　邓焯光　崔炳辉　曹宜南
李槃芳　刘　洁　刘宝藏　陈国盛　吴智诚

伍丽梅　冼立刚　甘志泉　梁鉴光　刘金好
邓沛珠　吴慕源　黄挺元　黄卓华　伍剑华
董开章　梁锦卿　麦丽斯　许泽民　钟　艾
曾玉芳　江泽炯　黎殿钜　梁爱花　伍　平
林天罗　石为业　郭玉兰　梁连卿　李超良
黄鉴波　陈灼阶　谭新发　陈炳南　温伟洪
郑桂泉　朱必贤　谢焕炳　罗卓龙　陈维庄
欧南彬　邬广桃　王维妙　卢松芳　谭金才
覃方进　苏许林　林荣华　李寿兰　袁桂荣
钱成意　余群喜　覃昌模　张文芳　梁新权
潘贤建　练　武　冯霖勋　李灵芳　张佩莲
谢伟成　聂光辉　廖　源　冯兴颜　陈达权
刘绮芬　伍海成　游建业　苏小冰　黎　明
何珠朱　关少帆　张振辉　陈自浐　梁雪琼
招梓垣　张英和　李经世　李英健　黄福祥
陈惠娴　麦间开　关绮华　李三屏　曹巧惠
范志成　李爱华　李浩源　谭灶基　李跃婵
陈淑明　杜慧贤　李哲翘　邱　革　陈励俊
陈淑贤　元永诠　李定邦　赵瑞光　蔡楚蝶
魏俊尤　李哲明　郑绍昌　张烈安　李连坚
李薏丽　陈丽莹　陈华侬　何培尧　杜绍铨
刘平子　翁绳武　李普荣　林诗宏　汤雪芬
林生早　蔡惠敏　詹木良　陈昌赐　张应坚
范思涛　姚学义　李洪标　陈悦英　蔡婵娟
郑钟予　林婵云　吴捷丰　吴成祥　江潮吉
郑国栋　林获鹏　黄泽音　林正齐　江经瑶
孙益松　林尤雄　林秀卿　陈惠珍　林木豪
黄丽珊　张奕群　陈金华　章振熹　曾建文
张汉荣　郭汉生　柯礼权　黄绪泽　李香豪
许浮智　陈志意　赖佩娟　陈廷武　江建慧
黄永泽　杨联发　陈素贞　邹友文　唐文涛
吴汝强　陈锡梧　许锡庭　陈俊和　吴灵光
胡世宁　李则锋　方桂锋　余辉泽　邱和添
张国光　张仁守　张美兰　张振铎　姚锦云
余天从　余元亮　刘清质　钟惠生　陈铿华
林雄州　王其孝　王维炎　郑穗儿　谢湘芸
刘凤莲　陈泽霖　叶淦培　何景昭　陈为豪
钟永玠　翟宗礼　张婉笑　陈桂莲　梁建江

曾庆荣　赵素娟　何成根　周润标　李细妹
叶淦平　李　桥　陈惠芳　张奋忠　谢彦升
何业衡　林德芳　熊春儿　陈辉耀　陈辉彬
蔡杏英　黄光庆　蓝　图　龙家汉　王作桂
谢沼熺　杨　和　梁昌伟　阮葆甦　林秀芳
韦莲体　岑有植　许世兴　陈文青　候　站
谢　华　罗志中　李文卿　欧阳斐　许可图
张三才　钟学广　林瑞莲　谢日泉　麦国帆
张超宏　钟惠英　刘桂兰　徐名伟　陈裕生
谢名洲　谢水秋　袁　木　黄太城　叶耀文
邓声初　林晖标　谢　强　黄其平　张彬源
李良银　谢灵群　温少强　李经纬　彭荫根
谢宏邦　钟保元　廖子焕　张晋田　黄王钊
萧琼珠　赖厚芳　余乱英　刘裕坤　江德美
刘广昌　何振贵　翁艾云　何巧玲　李惠玲
林石稳　战晓东　梁维栋　刘爱珍　黄佩娟
罗伟琼　徐　文　潘秀琼　钟雅颂　曹宝琨
卢秀娟　朱伟申　文梦熊　蓝　田　赵北严
许佩霏　黎玉玲　陈子万　陈玉华　张帝兵
吴华根　李松安　梁瑞兰　蔡贤操　霍柏庆
区顺太　林丽华　汤彦铮　王凤美　陈雁贤
朱换秀　赵勤英　赵金城　许凯媛　蔡群邦
朱元均　李　国　李　华　李荣协　李振城
邱　彬　谭宇舟　邝天竟　陈健彬　伍　熙
邝天炽　岑超鸿　聂协超　陈　亮　岑礼垣
尹润华　徐道衡　李　炎　何　国　姜鸿儒
程国兴　余国权　吴四端　吴伟贤　吴少玲
徐　鹏　柳　青　许应府　陈盛强　李标俊
傅瑶如　霍兆森　杜本然　邓汝锐　李育润
饶绍群　张横湖　莫春强　尹荣光　金怀貂
李子准　严　峻　冯连奎　梁尧阶　钟　洪
肖乐延　彭光华　黄　娜　林立全　刘连景
梁振华　朱华丰　张杏春　罗道维　冯树星
罗相阁　罗传厚　黄棣棠　容妙芬　郑溥材
余湘得　石少康　梁剑辉　汤伦恩　麦惠庄
李和昆　蔡玉媛　肖家欢　郑容礼　蔡玲坚
陈　鉴　庄世松　林万光　林少东　朱水林
叶定南　叶哲生　冼其彬　张荫邦　陈添智
曾庆根　郑锦全　聂经锁　何克然　叶镜南
陈风春　石桐华　黄汉光　罗粤克　陈惠英
黄标泉　张锡群　温伟英　林伟良　李育旋
张德宏　李泉新　王国桢　刘宗煦　曾昭井
李汉儒　刘允球　颜伦衡　林世群　黄蕴慧
陈水应　李乙衡　林静夫　林友心　陈鸿宇

广西壮族自治区

史道康　凌元干　黄丽芬　马秀明　廖秀娥
郑宝文　苏秋月　周　军　胡瑞聪　张元蓬
陆义英　黄怀瑞　覃修帮　张增珠　赵达新
闭才忠　黄玉棉　陈东珍　赵万侯　张　杰
黎中佼　黄寿晗　黄总榜　黄都昌　农　勇
陆世久　黄玉南　古康生　李小华　陆建芳
黄建坤　刘文亮　农卫东　潘萃龙　韦光礼
蓝永一　李俭康　韦秀珍　蒙　亨　吴定斌
黄功凯　江耀玉　廖英贤　黄东棉　王联志
陆玉楷　磨文群　陈耀祖　陈奕琼　乐昌铎
刘润莲　宁秀森　闭秀生　袁大秋　施丹宁
周荣伟　谢秋海　赵仁泽　甘石林　韦廷辉
沈合邦　蓝月松　蓝志宝　蓝茂催　覃　志
谭绍芬　吴建华　苏建球　戴尚绵　肖雪华
陈　耿　何赛梅　覃远春　张庆兴　覃志荣
黎来福　何善宣　董辉球　覃冠家　邓桂婵
谭怀荣　韦秀林　周世雄　杨生辉　吴德善
张昌光　胡先云　张炳梅　银荣宣　覃庆明
曾札传　覃惠芬　钟瑞文　李　平　游华显
韦业琦　杨自堪　温承忠　李学渊　梁惠兰
韦春茂　卢秀英　苏钜荣　梁承武　赵成彬
陈茂国　钟泰基　吴嗣芳　杜俊崇　汪继红
韦善瑶　刘承林　黄惠琳　陆俊义　刘遵应
文永明　曹桂华　邱　陵　何春秀　吕姮箫
李寒竹　罗玉娥　何湘源　盘定保　张紫利
杨世琼　盘　袭　陶启浦　龚维发　梁益山
唐　琳　兰瑞荣　周培勋　秦景麟　涂凤妹
阳顺海　俸成旺　侯正佺　袁木兰　李群生
宋　宁　胡荣玉　文秉柏　刘宏强　陈焕英
陈伟东　李士浩　谢泰源　庞仕桂　李荣坚
曾盛辉　陈宁训　谢良昌　程万登　陈英杰

黄存贵　李孝洪　黄长胜　孙春兰　马海青　王冠丰　梁安青　黄应昌　黄必功　周袭绒
古泽恩　陈典贞　江文记　邓兴美　江　田　黄俊标　劳耀伦　崔宝洋　覃蔚峰　张启明
苏汉琼　许林明　刘宗才　关志超　林　海　凌世辉　何廷相　潘祖耀　邓崇宪　黄启学
赖运森　邓伟林　陈美莲　刘厚运　黄登琳　吴　英　李献平　覃芳权　刘玉梅　梁之骥
覃昌英　陈钊华　马盛勋　韦克坤　黄兆维　何东丰　韦显洁　岑锦鹏　谭玉毛　黄宝兰
黎　清　陶宗勤　卢运福　李超榕　李柱礼　冉孟儒　刘　燕　黄正周　黄观宇　张亚竞
莫庆文　庞宏政　梁晋钦　赖超芝　严致端　施金泰　曾文礼　韦成锋　韦联珊　蓝宏芳
钟盛菁　梁寿亿　甘书贤　滕传良　朱增胜　陆向玲　邓慧贞　韦志忠　施丽士　罗善怀
李少娟　沈京文　陆润叶　郑丽珍　廖永能　吕忠正　杨校宁　汤荣达　刘胜豪　覃义雄
赖冠业　韦珍兰　黄寿松　韦一匡　黄文杰　黄治远　卢森业　韦少肯　韦安成　韦海魁
罗云添　梁志伟　黄维茂　林仿周　覃定章　韦俊坤　黄　敏　容国明　郭乃熙　黎启宗
谭初福　李以报　曾杰夫　张树法　罗显耀　韦秀文　韦景林　余荣佳　樊萍红　蔡元椿
韦明超　吴天标　唐志光　邝松全　杨星辉　苏品枝　陈一诚　陆仁俊　侯景生　李尚实
陈月容　黄信来　陈丕允　卢坤华　付贵松　周作相　李　玲　樊炳任　谭树芳　樊惠玲
郭桂周　蒙祖尼　高汉荣　黎振华　蒋敏泉　钟洁华　黎晓梅　张冰如　严予端　唐茂林
张俊华　郭起强　张法贤　林有志　曾秀玲　周积宁　黄高峰　廖永康　时毓桂　王生竹
方春海　吴开占　韦伟坤　赖绍信　刘小曼　邹　莉　石士桐　王祖强　黎少莲　黎　东
刘肖容　彭英杰　梁耀广　伍美彬　钟惠周　方美琼　郑天基　陶仕珍　韦志民　方新琪
陈甲龙　董柳元　邓月华　顾振容　梁小宇　梁莲英　敬大林　邓国梅　林焕新　熊梦贤
邹春林　黄华基　党广福　肖兴秀　陈祖华　陈贻源　邓天马　覃少初　冯水生　郭雁萍
罗　威　苏兰光　李旺英　陈启梁　吕柱森　傅芳焰　莫义英　覃慧娟　黄德容　朱洁芳
谢开振　刘春临　苏　党　沈贤良　张福成　林宪清　张杏英　徐汝杉　黄抗美　吴威侯
廖兴廉　宁加贞　李奕婷　朱光金　李伟钧　周天安　覃少宏　韦仁成　廖达强　何立生
蒋徽荣　庞建清　刘　闯　庞小良　陈振凌　莫之霞　王萍筑　英艾璋　曾　福　黄定国
戴良朝　鲍学融　岑强华　高舜锦　苏爱和　陈　珠　唐松云　唐红玉　高应常　吴国强
凌乙德　陈业伟　蔡　勇　黄秀媛　凌旭球　蒋荣珍　贲桂英　唐宏光　张平英　邹忠勇
江　渊　黎甘源　邓德扬　黄振华　谢启钦　熊力慎　黄莲凤　罗钜声　肖绍林　卢桂鸣
郑　霓　刘　绢　翁兆琪　陆瑚光　杜　明　李月清　潘志妹　苏龙庆　李庆辉　罗李洁
黄卓元　范泉林　梁全绪　农　彬　黄贵信　黄茂森　苏　勇　覃必盛　刘　姜　于光杰
黄志高　周创鉴　谭汝赓　劳善强　韦海平　王林英　罗庆烈　陈祥理　陈钦豪　许大全
黄增洁　劳传镜　黄济兴　容德珍　龙　驰　梁建珍　李玉婵　李经清　郭铭鑫　苏志清
陈延嵩　刘德言　徐尚娟　莫开基　陈玉锦　陈　辉　郭李耀　裴世坚　林国栋　范　均
容泽锦　江新成　莫康基　邓荣辉　韦剑波　叶卓豪　黄家英　陈家珍　杜嘉聪　梁金城
蒙振荣　潘华松　黄景祥　朱汝声　邓云海　庄应烘　翁　坚　卢克焕　黄海澄　钟文典
方日品　农梅伍　赵冠廷　邝国宁　卢绍作　姚舜安　孔星朗　班秀文　陆克兴　韦贵康
梁泰岳　岑承良　黄天荣　黄世泽　韦　钧　刘家驹　朱袭祖　卢保江　陈志强　张志敏
梁　飚　刘先华　罗瑞琪　杨光陆　何炳生　韦瑞杰　黄传林　骆祖琼　苗正戎　魏道藩
韦贵芳　罗寿年　劳梦开　黄元能　杨宗勇　杨开喜　李安泉　杜云华　谢华西　何庆光

练耀凡 蒋莉钢 刘运峰 刘达芬 罗昭能
黄一明 张国兴 黄中杏 鲍若玫 游玉凤
何志强 韦以明 梁丽乔 吕　汉 唐玉云
赵宗隆 杨　凡 覃鸿植 林仰德 林胜章
王　珏 韦日宁 陆兆华 王镜芝 陈旦旦
冯寿泉 肖冰如

海南省

韩玉玲 谢源强 张国旺 陈大万 蔡衍藻
董国安 谢先凤 吴捷胜 李　彪 王惠兰
王秀凯 吴多鉴 陈道清 罗绪川 吴凤盛
钟心贤 潘正结 林明汉 潘正国 马贵谦
林诗联 吕诗福 林明三 孙琼英 谭振焕
王业侯 卢业炳 许世蓉 黄循轩 陈达东
吴琼文 符春福 黄德用 林鸿仕 王光雷
黄国贤 符新庆 韩素卿 吴孔超 李耀贤
王丕高 曾祥利 蔡泽厚 王龙保 李月琼
王明儒 郑庭进 李昌滋 刘道达 郑维宝
符文奇 张　琪 林大鹏 符致胜 劳瑞珍
蓝仕光 陈　力 杨学颐 卢文光 胡祥云
梁玉芳 张国桂 邱玉英 孙人尧 李爱卿
布兴杨 孙基烈 韦迪壎 何安才 刘文新
王隆章 林镜华 刘其全 蓝田玉 黄文正
欧阳红 陈历昌 颜明南 麻凤鸣 邹福如
陈文彬 王博文 陈昭畅 胡世棣 曾纪馨
林方香 杨勋淑 王如芬 陈泽思 岑启和
蔡秀娟 王福兴 韩爱定 邝琼芳 杨　萍
叶云兰 刘君健 文江山 王碧玲 董积光
王崇集 钟振侯 肖鼎鸿 潘德旺 陈蓉芳
周乃安 许木兰 朱南国 冯玉珍 魏向杰
冯剑峰 张惠兰 冯健辉 韦润荣 陈雪梨
王家銮 陈晁铭 涂福元 梁　刚 李有杰
钱泽均

四川省

张定国 邹　济 张明碧 何大金 袁　戈
王玉兰 郭志国 冯昌麟 李治烈 宋世荣
李成良 成会涵 刘雪芬 王隆生 许登孝
薛良华 童明树 叶开旭 乔林钦 陈洪长
许元明 杨正达 钱克昭 李长衡 肖衍儒

白琏声 刘虹书 肖信珊 唐大焱 郭德旭
方明成 杨洪荣 邬书俊 唐承渊 陈世文
徐玉成 陈仕楷 张克举 朱永华 何朝金
刘治全 赵家骥 李文弟 文良玉 张栋良
伍泽民 方兴元 王长吉 邱闽富 张显澄
薛吉兴 李雯章 应世凤 罗元明 李祥富
刘述源 邓世体 尹大友 孙世鑫 杜人全
张官华 王联跃 王怀安 莫力杰 李耀忠
邓述型 柳子棚 陈文龙 王玉玺 陈鼎节
胡　全 李大鹃 冯明理 罗兴旅 唐时森
景光武 刘伯琳 唐昌雄 李承杰 毛一裕
刘大丰 邹菊华 张年永 袁荫乔 陈位齐
应宽福 毛明亮 郑钦尚 王志富 吴孝君
文德权 杨克昌 陈明枢 彭舫秋 欧淑章
鲜开体 马超俊 熊锡珧 袁名章 白国伦
余纯德 陈可楷 陈定凡 余宗鹃 朱俊兰
刘兴权 谢宗龙 王明辉 陶光碧 陈福明
郭学明 杜裕泉 齐永红 呷绒洛吾
李之贵 何文廷 杨育东 李英华 郑宗凯
罗长秀 敖以莎 罗建中 谷声政 王德增
周志祥 曹卫东 胡昭曦 程地全 彭　毅
柴　源 肖师表 刘京美 史之权 高地尚
梁錡襄 罗加云 李作述 樊瑞庚 裴家华
戚后果 周宝瑛 熊福盛 胡熙时 汪严渝
付永梁 金　永 蒲华琴 邱时春 张骊玲
林德裕 周光志 古建华 赵渊智 张金瓯
申　毅 稽彭年 陈继森 胡承懿 徐厚高
张秉文 刘崇芳 罗永清 董安东 牟芝秀
卢贤蓉 付　平 刘崇光 曾家骏 文兰森
胡秀渝 刘盛嶷 叶万珍 王芝兰 谈重华
林德跃 石翌春 王　美 刘致哲 高珊莼
李展子 刘文恒 马天学 刘大春 张忠榜
罗吉昌 李安玲 刘光汉 郭蕊英 杨文钦
王子芬 沈　利 刘惠莉 车　璞 李贵明
唐明理 唐化菊 荆秀清 陈开学 卓雪珍
罗江环 张绍全 卢贤盛 唐霞宾 刘邦立
贺国俊 兰恒福 邹平禄 邓泽义 王静波
周才雄 牟定国 陈邦让 况浩节 徐宏柄

周钦银	徐淑玉	郑晋云	黄智勇	陶启厚	杨家培	杨林学	戴先洪	杨华蓉	马 麟
崔桂芝	唐贤明	张金容	李常珍	李道珍	吴元华	唐文松	钟树梁	费绍康	李道全
彭胤萍	何代菊	丁寿湄	何代福	袁先春	黄淑英	徐宝诚	鄢用泽	杨文聪	黄季瑜
陈 柯	欧文同	陈卫东	封洪金	何毓昭	陈而松	周永碧	周安琼	王志容	唐如宁
杨有碧	何意英	徐维亚	何雁雁	王光富	李缉熙	李莉娜	周子泰	于民勤	王淑一
曾素萍	邓朝喜	彭纯毅	徐应华	李泽亮	尚齐瑞	钟兴泰	陈惠敏	陈志翔	宋纯华
王先秀	王吉平	卞伯钊	吴湘衡	李肇林	井秀莲	蔡永凤	陈淑芳	苏超尘	李隆绩
胡德琼	毛泽金	郑世芬	罗晓虹	谢伯庸	游兆祥	门华先	温子琴	邓仁坤	陈伯禄
刘裔芳	王相芳	周泽群	黄中杰	李福岗	屈志乐	李维书	陈先知	凌华光	邱平泽
聂建明	肖先兰	廖文胜	唐秋碧	蒋洪珍	卢长华	陈桂芳	葛方森	高尚仁	张耀泉
汤献录	蒋保平	杨克澄	陈锡岳	许友良	王建平	申德权	李伯华	朱德中	范奇鑫
蒋忠孝	王丹杰	杨若愚	李林蔚	何淑琼	李木君	刘立炎	曹述康	郑鸿秀	詹国锦
张模良	李隆喜	徐绍康	刘应登	周继造	田晚丰	赵艳春	李淑华	贾宗敏	梁 峻
秦开科	阎廷栋	余长荣	苟春银	蒋纯禄	左淑娥	苏志泽	廖隆萱	刘慧乔	李启芬
郭淑琴	潘先萍	张德炳	何淑娟	文正荣	李 萍	胡兴顺	严述芬	林依翠	杨忠明
刘洪恩	唐赐财	黄顺元	唐德昭	兰观学	邱 奕	聂云湘	钟昭蓉	周 行	吴宗兴
陈德方	周俊中	周 怡	苏清玉	李长玉	陈淑华	曾维江	王秋兰	黄朝忠	徐之庆
薛明馨	丁隆玉	胡素德	黄联魁	杨 萍	刘国兴	陈明勋	蒋培基	罗 飞	唐廷友
吴家碧	高建中	蒋明俊	高大智	陆文熔	张生金	代宗全	李尧盛	陈必惠	蒲蓬先
任德良	李果林	谷章秀	张光辉	蒋世新	王三本	钱灵其	周 殷	罗书俭	陈俊甫
赵丽贤	杨德昌	刘贤莉	孙剑蓉	韩忠慧	田明权	彭哲夫	郭洪林	马永宽	张益广
张金蓉	袁根祥	张显碧	秦宗兴	代树才	冯万柏	曹锡良	黄兴明	周尤同	肖金英
张成琳	白永庸	李天信	徐学芬	刘忠惠	蒋武凤	刘孝琼	廖清轩	文多银	杨隆林
陈通孝	钟家同	徐道宏	邓玉光	胡德文	唐 莉	胡利群	叶华芝	邓开媛	王怡冰
李玉田	刘重光	徐可能	陈齐英	徐绿蕉	李美君	陆堂书	樊仕超	周希金	付淑君
吴昌旭	向方良	骆坤芳	段成玖	尹世明	刘方后	毛雪清	沈华都	徐少丁	周正榜
刘兴贵	罗远万	廖希德	刘西奠	任 熔	王维萍	刘永光	李钱江	王道明	周培龙
陈必涯	杨满华	叶华芬	夏奠基	苏长白	黄兴勤	刘应刚	李支甫	李文艺	刘光荣
王开泉	杨光辉	陈述容	张志常	戴启麟	陈一兵	邓文柱	李玉和	赵 诚	周永康
曹加明	吴汝澜	王月辉	郭汝云	都水琴	莫顺洪	罗明忠	王 献	赵绍芬	赵胜铸
赵绪根	刘远志	郭其曾	蒲喜良	蒋德仁	宋学成	徐光芹	尹华曼	何仕先	吴兴仁
黄秀英	唐伦如	黎菊琴	骆志菊	方 兰	郭晓玲	李 琳	全月华	孙仲琼	吕鼎立
王有富	张 渝	廖绍琪	廖世泽	周玉新	杨富山	张仲凡	戴 峰	何显福	付学诗
谭显国	杨文友	郑开诚	李 纯	林增民	边孝先	代贞寿	张筱玉	陈德宽	邓永宏
曾先泽	杨晓东	杨雪莲	李柏林	唐毓春	邓定慧	向中枢	李光宇	周洪福	赵洪泉
左玉芳	周大珍	黄成全	余旭芬	廖昌福	吕尚林	杜正方	姚青英	唐秀珍	欧蜀琼
曾 敞	赵明康	吴昭义	郑守凡	苏步康	贾怀山	肖 燕	许景馥	蒋慧深	周学伦
杨洪清	王志强	闵家俊	郑春方	唐国琼	陈曼庄	曾庆洪	李培武	薛良健	廖翠华

张丽君 朱鹏 谢崇琦 秋秀兰 唐孟霞
任德安 宋韵秋 黄瑞琴 伍孔淦 鲁涛
章建勋 刘玉成 李文彬 张秀花 苏玉川
王书林 杜彬文 叶蓁 谭永超 彭素珍
李淑君 周琼芳 张在刚 寇际施 王天甫
陈应时 彭树容 卢正体 郑金炳 周桂芳
朱均玉 熊启贵 廖添义 王丽佳 范汉生
李富伦 肖文忠 魏宜军 张在根 钟龙贵
黄君忠 翟保安 王伯江 王位林 童高玉
余汉启 王素琼 余邦辅 彭尹元 胡文彬
赵世纯 杨海 胡淑华 卢伟 冯军
黄慧珍 陈永年 杜富君 李尼达力
张光介 杨明楚 魏亚虢 吴永年 张素英
付佑君 丁志明 宁国盛 魏银松 陈昭懿
谢奉清 何玉霞 余强 罗载鼎 杨玉菊
曾斌 谢开燮 杨碧君 刘铭铭 孙素辉
李锡新 宋远金 吕文彬 易正容 龚平
黄经纬 吴素君 饶子良 陈富俊 李增福
郑雪丰 杨时雨 肖锡华 林文渊 陈元善
李阳贤 童继和 范简棣 王佑勋 卿明勋
汤兴明 左永扬 陈序中 都国培 刘宗贵
郭燮南 蒋源林 宋种蕙 付逢春 鄢传质
李忠昌 刘纬度 夏建都 吴幼明 杨玉琼
邱祥彬 周自强 段泽涵 王泰桢 周兴明
薛运辉 吴金华 彭扬名 廖贵凤 黄谦享
徐华明 卢孔昭 王登高 喻朝新 吴敏昭
冷定一 杨昌瑜 王代君 肖开远 蔡以成
张贵贤 戴思义 梁安书 刘祖康 刘代芳
田俊文 周瑞琼 罗大青 曾志军 郭明鑫
张伦中 蒋德明 杨经文 陆正刚 刘惠
廖必柱 何启芬 刘黎 王超群 秦寿高
陈合林 熊慧妗 李汉章 翁天泉 尹大琼
黄国忠 杨昌兰 邓克昌 杜明 金际会
林茂华 张晓聪 谢若谷 张元和 李柱宇
代世礼 刘光坦 罗岗 王周清 杨天喜
周启垠 刁龙会 刘正桃 李慧民 黄宜芬
楚从仁 周学泉 何云吉 庄成韵 何家祥
李宗富 刘高明 赵荣誉 李生儒 赵成生

彭德轩 景素荣 许美华 李艳芳 马静蓉
江大良 张怀志 张志仁 曹忠桐 张淑芳
王道银 赵秀英 张先卓 梁庆凤 赵桂芳
黄玉芳 赵国亨 欧济湘 张崇朴 赵心倍
袁德荣 刘祁贵 张峪 任久惠 汤际平
何富堂 何明荣 赵良攀 黄世训 谢治安
刘述琪 郝最祥 袁仕祥 易再湘 周如梁
李玉峰 李远淮 刘崇英 陈正芬 黄浦
王定勇 黄明成 刘桂华 李心平 林仁锡
罗虹 陈正群 陈淑德 肖忠礼 覃谷昌
李代尚 廖洪武 廖绍华 李大煊 周茂勇
杨开忠 李行佑 黄永康 包孟炳 蒙启珍
郝琼仁 杨志权 罗盛林 谢德嫦 肖曼莉
周清碧 万光菊 郭祖云 邓朴 崔吉海
吴福刚 张盛莲 戴发国 李立州 庞瑞凡
何朝清 张敏芳 冯春艳 张世清 屈济敏
杨代平 周永卓 欧阳琪 赵夏彝 赵祥远
冯光荣 伍蔚中 杨绪文 何涛 李茂才
李维玉 黄忠诚 黎明学 赵利生 岳登河
赵大明 李永方 李仕芳 李祖国 喻英华
佘登贤 罗必玩 朱永松 陈嘉均 高尚穆
税蔚洪 李其中 张丕升 任本君 曾贤礼
谢运鹄 胡文祥 孙治会 黄太志 蒋道玉
姚光富 王任贤 郝传政 陈如民 李昌清
潘贞年 黄芝骅 喻孝美 谢学励 雍朝育
陈真见 王敏 楚家映 邹学源 杨海盛
胡绍平 刘定雍 石启尤 黄绍贤 赵远志
杨绍贵 徐伯福 秦文钦 甘在清 杨碧玉
胡学玉 吴小玲 王碧兰 童光瑜 王开智
赵世涛 郭再高 杨国志 舒成义 郭俊华
王镛铮 陈文华 刘忠信 何明全 何懋玲
陈乃松 何跃华 任绍清 曹永德 青明琛
张作华 陈斌 何富信 姚明杨 李明超
马锡超 曾庆明 庞悦明 王道喜 龙晓华
秦延才 屈纪英 兰良志 陈道平 彭家荣
付安清 李志远 傅仪德 肖道平 袁昌德
郑兴痴 张宗玺 贺代文 王代荣 蔡定寿
赵润双 李国福 荀载郁 王亚清 廖香吉

唐国敬　王广祥　苟兴富　李义操　邓寿南　刘安学　谢帮楠　关厚忠　王朝培　万世玺
王子兰　杨秀清　杨荣辉　刘洪兆　周立新　李家元　杨平安　李世亮　徐汉成　顾文平
何守章　苟华元　李先杰　杜春桐　张顺发　钟绍麟　潘文生　常天东　杨宗权　赵启蓉
陈绍琼　杨天其　曹灿林　黄永固　王永杰　肖英胜　邓安明　蒋以元　李述斌　石学纯
谢绍学　陈明渊　任国光　杜先福　李庆林　陈绍坤　程友明　吴国刚　宋本三　谭昌达
敬洪初　徐光华　马大明　蓝天华　邵义学　肖品佩　吴纯言　李建初　李相臣　张怀春
张延春　唐恩光　刘光秀　陈玉兰　张太平　蒋茂如　吴志远　蒋吉科　刘正权　向松林
董绍园　李克莉　沈文孝　林绍良　蒋洪波　熊尚碧　瞿世礼　李维光　周雪峰　徐志才
刘兴智　余碧清　李荣藻　李应雄　袁邦俊　康孝益　费德英　葛遂元　谢作清　陈宗培
杨相芝　曹银瓶　杨兴余　李光前　曾兴俊　唐永年　刘其冰　万春英　牛若阿曲
张玲芳　侯己傅　张寿彭　杨淑芳　杨树宜　王典英　徐学琳　龚文犀　王钟英　张仲襄
范方长　张祖均　刘光正　陈一清　黄映兰　卢德华　沙马木里　林纲华　刘乾炳
胡德媛　刘善述　毕永华　王水章　李家良　黄文景　彭德英　黑日呷日　杨鲁日
唐文伟　赵立屏　陶　冶　邓正友　陈开地　李淑芳　薛才恒　李光华　罗华云
吴高荣　王克仁　刘　锐　王尚明　罗奠川　呷绒降初　王惠彤　王崇义　李顺华
唐世富　丁世泽　刘韵秋　饶玉中　舒秋元　高海洋　陈廷柱　陈先纯　马绍华　郭念芬
皮惠琳　银执中　叶维芬　彭南安　陈代富　赵兴方　赵琼尧　沈云凤　支贵荣　谭志昌
雷崇融　宋希莲　何文尹　赖德明　何国伟　张桂媛　吉启芬　王崇亮　阿苏尔则
赵显康　冉庆光　秦月华　向允中　宁忠伏　甘敏志　马秀珍　刘国权　顾诗泉　伍邦云
邓光荣　张建周　邹维智　王海鳌　王晓琴　陈道银　王芝理　胥志杰　张龙芳
陈文发　冯君贤　李开仁　沈世林　邵志红　贡秋让窝　甘国栋　莫惠凡
牛希麟　王子芬　赖云凌　韩最镛　熊思德　九翁次里　四郎赤勒　阿　穷
杨小红　江会兰　胡传锡　孙宗权　黄守余　吴　健　蒋科周　徐开举　朱刚秀　刘祥祖
李林霞　雷泽军　邓王泽　刘　元　王承珲　戴大禧　李阳蕙　王新吾　黄诗元　张永贵
李裕华　黄金桂　李　红　韦志成　桂明义　叶冬云　刘隆坤　王中惠　潘成福　祝润华
赵光昭　白清鑫　江清元　帅有忠　李善娴　董金生　王永衡　余修荣　罗延龄　邓祥禄
张洪锦　曹德晶　孟德励　刘祖永　赵聪慧　于继荣　丁振德　胡学敏　赵忠江　王连海
谭洪谦　张克全　谭小林　欧全平　舒清志　曹代义　钟显奎　文光全　魏世荣　张振国
王德凤　黎锡德　艾亿珍　张举和　何北琪　刘德本　赵大富　许继光　周天龙　杨菊英
谢光镒　陈光烈　庹德现　孙力军　向　阳　何安兰　文成清　黄祖让　张纯智　方兴法
赵锦珍　洪　洁　王金富　杨孝志　黄家仁　周兴儒　熊　蓉　高家锐　鲜学福　肖诗纲
袁登光　刘廷才　张　毅　何也沛　王积章　张汝清　韩其顺　刘应明　杨明照　石柱成
郑启星　谢安邦　谭争鸣　程正玉　郑忠琼　罗　鹏　熊　瑜　成建波　陈耕云　陈岳军
潘光秀　宋益树　叶国隶　王　岷　周济民　袁心平　付英定　李泉源　吴技恭　李大成
傅开国　程良勤　周　真　杨绍华　袁兰芳　熊寿华　夏传惠　秦少伟　徐亚莉　李睿谟
袁天信　刘　捷　李秀萍　傅绍奎　杨应彬　蒋爵光　王元良　车惠民　梁荩忠　王翰章
周绪明　卿召元　吴道兴　唐学泽　王本中　吴福临　王永贵　周光埙　韩天森　曹廷华
杨荣昌　徐步健　金朝鼎　秦静平　刘文荣　古治芳　曾允孚　栾世伟　张本奎　董奉城

王德中 封小超 韦茂荣 田守铭 陈肇聪
胡锦矗 杨成章 李良信 周绥平 李忠勇
王 韧 何 宁 达哇洛智 熊 斌
张世钧 古光熊 端木道 邱祥聘 汪载生
冯国灿 李庭柱 颜怀梁 胡信革 林亚光
陈恒选 石玉琴 余荣光 陈善菊 董天富
姜 希 刘芳卿 姜 泓 赖守国 苏明武
代智富 罗长青 白朝林 邹克敌 王维玲
曾向东 廖福海 俞德槐 刘洪苓 卿天乐
董士淇 陈家耀 罗达仁 廖文俊 樊臣源
王国华 黄育云 邓佑忠

贵州省

段家荣 张云清 王文斌 赵 斌 张均文
桂福森 吴嘉源 保安能 覃国富 刘朝梁
朱明扬 伍家文 王昆仙 杨秀川 肖明成
李振人 柯荣华 李宗万 吴德才 叶桂邦
陈光辉 袁昌贵 王大经 李培胜 王乾圣
肖梅芬 罗余俊 易为之 吴鹏翔 邹邦琦
封家林 胡群怡 张启华 胡世全 吴富毫
王仁必 罗春红 卢香俊 谢宜治 陈先鸣
韦荣会 曹兴典 王德元 陈正昌 官向珠
石觉顽 张光伦 张元伟 张邦汉 胡 鹍
王远行 庄汝琴 黄启凡 岑美凤 苟菊芬
池滨泉 刘义昌 罗延寿 易如虎 刘湘渊
胡家明 吴洪芬 陈显琼 潘承宗 莫建利
陆运庸 蒋富会 刘刚盛 周福淮 陈文举
罗振亚 朱家俊 刘传珍 冯大翠 糜崇植
曾永龙 谢达祯 陈全刚 李家森 罗时发
王师旦 张先达 黄超元 刘德华 包志超
何喜贵 许玉琴 章泽玲 黄安富 蒙秉源
丁定国 金祖余 张 森 米瑞书 陈家益
尹庆华 黄时光 吴光棣 于秋颖 王朝会
何昌义 郭正敏 何先凤 龙长桄 罗明祖
王声德 沈世凤 邓月明 刘开明 柳绍清
陈卫环 陈 燕 熊敏祥 郭琼华 王道寿
秦保和 杨天元 赵 炜 李 郁 赵恒勋
史金荣 王宗孝 陈远庆 姜方学 曾家荣

伍荣椿 刘世雄 汪友山 章正言 李思华
李先怡 龚建华 张家孝 李世忠 陈国贤
李寿登 刘鉴明 洪世良 刘祖应 隋德元
陈启洪 李烈夫 宋铭庚 杨正举 戴晓曚
赵国芬 冯中林 李庭富 王厚安 杨志伟
程 圃 陈福英 卢永康 廖国节 彭建令
李国栋 张春柳 戴传声 张玉英 刘汉瑛
毛梦卉 李崇尤 程可惠 傅澄珠 王传荣
王火纯 罗吉义 洪福江 王顺成 刘廷琴
张茂林 杨维藩 周洪学 何朝举 龚国权
张德荣 范允龙 杨洪学 范寿全 许家骅
华发明 黄黔影 湛银华 车仕锦 余毓芬
李凤珠 罗云清 杨型鑫 胡小玲 邓书国
罗江松 张文杰 王宗莹 温镇源 谢昌琼
盛乃银 郎开世 项筱玫 张以勤 吴黔源
许琼若 张智荣 赵家珠 朱昌徽 郝 钊
徐岳英 蒋智雄 何兆玲 蒲昭坤 刘家寿
林泽洪 卢起中 秦大洲 洪正祥 吴荣阳
唐有忠 文后强 周先敏 潘文德 程家玉
刘彩姜 方从豪 黄凤荣 李舜斌 李盛刚
胡政文 潘永义 杨复兴 黄大胜 李 忠
杨通瑞 王绍凡 张承正 陶光伟 杨琼芳
韩谓祥 姚友国 李戎俊 陈光美 杨作成
龙连云 龙光亮 杨廷忠 秦玉文 关兰珍
姚云碧 龙启江 李秀荣 娄性珍 刘延贵
龙景良 沈红华 李伯波 黄学容 谢世良
刘浩洋 黄德明 邬安全 张伯勋 王相珍
柳希和 李明娣 杨朝炳 缪登品 赵光华
黄荣淑 赵立伦 杨秀品 曹廷柱 娄必强
闵朝杰 程治南 丁明月 彭其江 陈昌槐
罗玉梅 杨 麟 张方启 凡 超 彭贵思
刘文显 丁育南 王洪淦 朱大纲 付安隆
梁坤明 付自蓉 吴登富 任明军 王凤鸣
冉凌屹 孙定康 李家康 阮居敬 刘 青
彭光前 周 非 袁 琪 袁家业 李丽华
王庆宜 徐明明 马振声 胥启兴 王友仙
张跃培 李福宇 邓正友 贺孝忠 刘发义
邓 全 李树勋 陈绍明 周介敏 黄乃武

王国良 梅再智 王应森 王本立 汪德芬
王通富 林世清 杨必强 崔宗琴 修建英
汪明祥 罗宗汤 江毓钢 梁天河 任明凯
邱云奎 包党明 谢庆常 滕树祥 龙启富
洪加玫 刘泽焕 沈大启 龙通祥 石维彪
田永平 周鹄鸿 田宏强 符志中 谢中华
付景班 李世福 杨国琴 赵运智 胡有通
张廷海 谢国珍 肖植坤 李文梅 陈宝成
徐恭敬 李秀兰 周福卿 李力红 黄平安
肖洪全 秦曙红 任玉仙 赵远奎 刘 政
刘应昌 刘松源 王兆华 袁曼群 周曼玲
陈慕兰 张新遇 齐剑英 王季叔 吴学芹
陈淑辉 彭京宜 朱立奇 赵 寅 陈华嘉
魏振宇 徐和声 王海波 黎继昌 王学孟
安义贤 母泽民 利家祥 张耿光 陈桂贻
严志鹏 彭 江 冯济文

云南省

金碧岑 周金碧 钱桂菊 金志学 武招华
李 伟 丘祖英 龚琼芬 金 源 杨 祜
刘世良 陶荷珍 刘正光 夏天彩 张 炜
甘丽艳 李广安 王德芳 杨吉美 张文丽
马丽君 顾蔼丽 段淑瑶 王 珏 沙志昭
龚琼仙 张敬荣 陈伟民 刘铮敏 赵仲英
于书芬 魏顺国 赵鸿伦 郭鑫铨 李奇卢
孔祥能 李宝珠 段承祺 杨孝文 戴世模
王清莲 孙 琨 张兴友 杨丽辉 马 毅
赵家安 黄筑龙 冉兴群 雷大鹏 马才体
舒兴国 张 潮 陈明英 冯恒芳 李德荣
周东家 胡兴红 陈昆璘 刘仁碧 姚思俊
钟升平 朱德泽 孙文俊 朱德渊 张华宣
肖庆仙 曾德一 谢德富 凡兴武 尹明启
罗代伦 江录芝 李绍锌 刘思才 蒋修明
吴探林 钟道源 李明德 吴江田 罗国光
王治均 年德贵 高永升 张淑湘 李金学
何永佐 庄开智 王世泽 张德明 陈尔奖
杨吉兰 魏成吉 陶兴让 卢兴德 杨学渊
胡继尧 史克攸 沈震岳 袁连珍 王立帮
何石苍 赵金芳 赵光学 何家彰 叶九客

郑绍堃 吴发枝 杨树芳 张兰芬 陈国樟
赵 勇 周松良 杨树福 杨保成 杨立伟
董於礼 马才周 杨寿卿 王新诚 王庆中
黄承明 许乃浩 刘文唐 钟必科 王宗善
王光宇 李廷骧 李长清 李云才 李福斋
李承先 王 因 冯美贤 吴大年 李守先
周镇国 李维忠 李国学 李继儒 周惠英
何同春 罗国铭 周道厚 李成璜 董祥兴
柴集瑞 任之敏 早麒珍 李惠英 张国光
史云剑 杨琼华 张 戈 刘秉清 杨士奎
李正坤 童汝良 李益群 任吉太 李正苑
周明伦 杞秀莲 徐安帮 杨庆俊 朱凤元
李仲清 龚家祥 方光福 李 剑 李星皋
林尚尉 王思荣 李兴汶 刘中坚 王翠英
杨元祉 朱美泉 李淑芳 曲桂芝 张建华
肖晓萍 刘自廷 火光辉 蔡嘉馨 金万镒
白启元 李安儒 程鼎贤 贺 伟 李文有
杜炳仁 魏之铸 陈凤彪 马树华 虾永芬
饶向前 杨发新 周建文 甘永祥 张景谷
普天文 赵 植 杨松平 魏希周 王丽波
戚永和 彭效兰 李甲林 付纯仁 张立贵
山宝香 姜志新 杨善兰 纳克俭 李琼媛
何文忠 严 玲 王毓兰 褚玉书 罗在全
陆兴祥 周光尧 李华扬 赵汝新 王凤英
可新华 曹祖庆 瞿光德 唐广龙 蒋亚雄
陈德玉 祝正武 杨 富 闻廷荣 张荣珍
钟宏坤 李祖跃 易廷良 邓立言 张光前
王廷才 康玉林 汪英瑜 许志华 周丕智
谭祖龙 李莲芬 黄丕纯 杨忠伟 罗从富
陈世梅 任文贵 康希明 杨智美 杨 格
李攀和 刘 科 李振华 张敬芝 李世培
罗廷忠 山以芬 朱 志 何韵林 罗应堃
李 慧 段小平 杜清泉 孙维宏 罗向东
黄桂轩 张承品 杨光荣 王萍漂 王长寿
岩叫香 刀正平 张怀芬 马文伟 李 旗
张绍绪 杜荣华 钟耀明 杨天兴 杨仁孝
字体信 张何光 尹畅宣 赵思治 汪启贤
郑腾云 杨星堂 李朝勋 段士道 彭文虎

张光照　李越新　张家洪　杨杏林　张　铬
杨　洪　肖　勤　董永义　张天材　杨　相
郭相珍　凹开明　字学昌　赵泽生　杨唐凯
张光亮　尹龙章　赵成龙　赵体仁　罗林芝
赵明玉　屈在纲　苏　远　赵进武　普晋昭
徐文昭　刘兰齐　杨剑和　杨映中　李映春
江汉勋　兰素芬　杨自保　郭嘉燕　梁逢吉
尹以芳　马良全　赵志刚　孙留新　周光炳
岳品勋　邹广昌　徐廷吉　董　平　尚秉有
蒋焕芬　和庚良　姚长贵　唐秀珍　赵荣先
周荣廷　赵立德　刘启正　罗万金　王文富
白玉清　梁永华　刘正林　贺德尧　和国臣
杨怀亮　和学仁　李明辉　付兆金　和文光
陈世贤　周建华　林云程　周龙柱　王泽兰
陶枝高　王立新　张　召　赵中莹　曹渭贤
李恒祥　杨淑英　张光明　杨宗白　周建明
蔡武军　茶育新　字凤鸣　许英才　龙济洲
李成钧　马仲恒　李伟山　肖淑珍　徐惠曾
屈超纯　谢应齐　陈尔纲　陕直顿　伍雄武
张运贵　刘声烈　高德润　马显良　陈辅德
卢美榕　毕　谦　任　显　刘纯鹏　盛登科
余永强　王方材　李为善　聂家武　况梦佛
刘尔斯　刘厚福　莫国强　李　荫　余发昌
普同金　张　燮　徐　盈　曾定中　郑学文
李继斌　刘广泰　李先基　周洵远　司宜南
土广信　陈学增　秦凤嵩　言娴辉　沈俊杰
刘曼丽　罗立民　李　友　张轴云　陈　鹏
杨榆云　周正权　罗锡林　龙云文　郑孝儒
张　涛　李　藻　胡光显　何文华　龚云汉

西藏自治区

次仁卓嘎　洛桑平措　索朗多布杰
普　训　格　来　旺　诺　王逢箴
杨朝济　多吉才旺　西绕生格　洛松泽培
白　珍　巴桑次仁　强久曲珍　那　托
李喜梅　根堆顿登　扎　西　土登占堆
嘎玛桑旦　加　措　达　穷　罗　杰
刘长荣　王学礼　刘雅珍

陕西省

任希禹　谷仰羔　韦宏良　刘贵荣　赵秉文
何业盛　张仁义　李淑惠　谢淑兰　许予秦
谢福娟　陈湘元　张　虹　胡冬仙　杨通性
刘明儒　王加奇　袁桂兰　张孝文　张小娟
徐长安　袁桂菊　凌群祥　李安国　刘万荣
李瑞萍　窦燕南　李瑞鸾　谢弟瑛　王芝兰
王直金　艾兰英　刘古桢　张芳贤　王志毅
吴恩让　强瑞林　王敏生　康惠兰　郭雪莉
胡梦兰　许银珍　蔡金诚　陈水莲　车兆南
王翠兰　董敬清　王远凤　胡笃庆　王　瑛
牛芳侠　韩荣庆　蔺红英　吴凤侠　杨丽君
成清荷　程彩兰　李有恒　田　征　韩买道
赵举良　魏恭茂　胡生民　李存虎　张旭富
卢夏志　贺信荣　雷玉贤　韩福林　郭敬民
庞秀云　张淑琴　安永明　李秋娥　赵先云
马天才　李兴勤　吴景文　刘清兰　任玉兰
鲍会芳　巩树龙　陈效友　谭建全　孙　格
杜宇峰　何育英　郭旭彦　李智迅　李昌荣
薛振文　王汉萍　寇灵西　陈文才　郭淑香
金定国　邢明义　张延英　张玉芳　韩生荣
贺西玲　朱　寒　王国正　文天祥　姚迎春
韦杭周　郭绪仑　颜新长　梁永明　王新立
党志远　李科海　马宗昌　邢宗学　朱志强
王玉亭　钟宽和　邵宽仁　荆世林　王育林
张永常　杨炯华　李轶成　张纯信　高志明
孙志强　刺自珍　吕建军　刘凤兰　高　达
王成苍　何凤兰　郭乃莲　王志立　李凤侠
卓拉省　薛浩智　李志发　李维汉　苏会明
于恩礼　梁宇哲　刘乃鸣　张银儒　亓贤英
吴秀莲　李素英　孙彬玉　白英莲　吕建存
李润香　王益华　李士德　张珠明　陈改朝
屈俊卿　牛有力　陈兰洲　刘新振　孙启荣
刘建中　董元明　王海林　葛　林　马明远
张德俊　张淑兰　田俊玉　党克英　马志忠
弓民通　郑信民　胡孝宏　高戊寅　刘浩杰
刘利成　董廼斌　刘秉吉　王雪侠　刘彦忠
郭　悠　张碧英　张智忠　雒　慧　赵云锋
赵宏涛　白景宪　吴天源　张继高　刘志华

席伟儒	郭海鹏	师应选	景　超	郑满群	全月娥	贺育忠	石引香	邹联珊	黄炳霞
李忠德	张永长	高仓儒	张德生	王应喜	张长树	程淑霞	董嬴实	杨秀明	张桂连
程秀莲	张耀民	杨恩洲	姚　玲	杨建设	李纯华	张其昌	李占军	皇兴信	刘海泉
王志慷	赵克礼	孙玉梅	赵宏杰	阮韵珍	秦文涛	康国芳	张宏新	刘玉凤	薛清益
解德信	马世洁	刘晓梅	张建长	李俊实	范　民	刘玉燕	吴光明	柴宝仪	孙竹爱
陈恩宽	郭桂琴	霍建民	邢万杰	同来全	李爱琴	马桂香	高德雄	李智山	王莲玉
辛云山	任金明	赵改仙	陈嘉猷	李玲肖	魏春林	郭双成	李彩云	李秀英	王养云
王福平	王花秀	李淑云	吴俊贤	赵学朝	刘增民	李凤英	田树森	马金芳	陈蕊莲
庞淑琴	肖　龙	康菊霞	马正学	赵彩琴	景润华	贺胜谋	高生霞	屈惠锦	延国民
王新福	杨秀爱	张天时	薛改仙	陈彩云	王　华	耿永君	薛茂峰	刘海兰	王彩萍
杜爱玲	孟宪俊	薛永乾	任金福	吕焕英	拓凤莲	张怀国	武万里	罗守斌	罗　煜
王伯阳	郭世孝	马玉祥	康德州	蔡鹏飞	田　铎	高美和	刘秀宏	杜焕成	白玉生
连西江	党积庆	贾富民	曹亚烈	王安民	艾克秀	李爱如	陈冬莲	徐美英	李季清
李少白	阎进昌	王永诚	吴月凤	樊建章	付　瑄	乔美霞	刘兴汉	张世卫	白润强
李向田	赵文斋	杨海林	庚常宁	赵文忠	李亚平	马建平	崔天骥	于海河	宋增章
鱼东来	苏清玉	王善民	齐增弟	方逢安	贺　军	阎承仕	董发琦	梁振元	杨　敏
陈记牢	党茂兴	赵步杰	袁峰德	王法合	姜　毅	夏雅满	刘宗光	夏志胜	边黎明
杨学良	杜文会	刘忠胜	苗永福	韩新银	刘景才	张思恩	胡学云	张志诚	王自强
柏建墉	郑婉菊	刘桂芳	李荣祥	马吉安	陈　莉	高美玲	魏步孝	胡　征	蔡希尧
者兆华	马云兰	李雪枫	陈安国	李高培	戴树荪	任歧生	张以杰	黄　义	乔志德
常咏红	熊建民	何贵成	杨明成	蒙　玉	濮良贵	康继昌	胡锡林	倪惠凤	杨　苗
何弟禧	张天径	李素云	杨树理	殷克文	强笃学	于永昌	沈昌培	车印惠	周志喜
王兴元	何宣立	赵　君	张永华	熊体健	彭钟为	张伯雅	黄贤俊	张尤健	刘福公
朱玉良	黄宝珠	王宏吉	丁惠云	周瑞兰	贺苏萍	张玉成	李　林	童岳生	张永高
杨冬梅	刘　兰	任怀信	欧秀英	李培锦	魏常林	邱嗣明	李令举	张伯声	曹尔琴
方孝友	李国林	李斯才	马茹锦	贾维礼	夏遇南	刘明俊	耿　介	沈　晋	黄自瑾
陈永明	丁金生	曹立国	冯存录	李宏忠	马泗春	王树惠	傅则绍	陆　昕	武永年
刘秉钊	谢克源	黄忠仁	左庐真	王继安	王　晓	崔福荫	王兴林	赵伯善	于志秋
单连洪	张开茂	王孝均	张凤云	张兆文	傅维斌	陈万榜	简林根	杨延箎	李能贵
李荣斌	刘素婵	孙启州	何　波	邓功森	庄懋年	叶德璇	徐新符	王运路	顾俊生
张代林	汪有元	王纯静	张治新	程久军	廖可常	李兴怀	杨永华	刘铭汤	郭敏厚
王曾仪	鲁周存	盛　燕	祝志强	张永生	张守基	王先知	李尊贤	杨凯元	张积玉
李成芳	刘静风	张天培	李坤乾	罗显成	刘怀恒	李文治	王天富	张国伟	陈运生
吴应鹏	王永珍	王业贵	程必呈	王惠芹	王拴才	宋玉槐	陈正岳	吴　山	何文俊
谢玉秀	周克华	李银成	杨树学	戈启棠	黄英娴	吕庭风	金　丹	杜新农	高自健
孙自强	黄裕福	曾丕刚	谭绪光	周德仓	徐长明	胡代本	沈　鹰	张好强	贺长志
赵长青	吴道祥	南俊彦	何安运	刘瑞贤	屈治民	李述瀚	马传久	周志明	杨继福
陈松平	朱文才	杨齐前	范良增	王福乾	钟亦农	任怀珠	屈秀梅	吉廷坤	邓隆芳

袁长顺　王春娟　邵景义　李建林

甘肃省

陈文嵘　段一士　王廷湘　苏致兴　程兆雪
许铁生　曹致中　戴朝曦　华　侃　赵邦华
郑魁山　侯家骥　王玉珍　林秦平　李仲立
王　琳　张鸿勋　向叙典　甘戍辉　杨天录
严忠锦　王家廉　高启仁　李　荣　周有寿
马以忾　王潘瑜　叶梅芳　西饶加措
沈克勇　李作宾　黄鸿初　宁鼎三　杨来鹗
刘　溥　杜正杰　郑学良　王克明　李自仁
张家骅　宁浩荣　王树甡　范汝宜　余志新
南若偍　胡建中　刘保华　陈慕蕃　雷尚仁
王振国　李惠智　马友肃　尤海江　李忠民
关国栋　马　林　裴　浩　吴道矿　沈利民
兰佩林　郝纪平　李国云　李永谦　刘志仁
梁兰馨　董天祥　张玉珍　牛仁举　刘忠军
陈美芬　林静芳　李延祐　王维范　毛有直
胡立业　王康录　于天宝　王兆瑞　张爱民
杨文仓　马承恩　贾恭生　王天奉　张仰胜
张秀荣　董　义　张宏勇　周　冕　宋维杰
张　颖　杨慕振　张仁炎　侯万福　段远富
杜银绪　党　群　刘秀君　张国安　张克宽
王柏松　马序锭　杨文章　冯国荣　王子悟
达文全　韩　湘　许向东　李正和　陈国菊
杨继诚　王怀德　王道明　毛泽新　李加桂
张文亮　刘克昌　陈光国　吴福祯　丁银生
王　懋　阿布都木拉提　赵孝生　张古先
陶宏亮　彭一鸣　张建忠　朱永生　王永明
李迎春　郎孝良　虎志岺　魏同俊　郑立三
方振元　陈　祥　魏兴智　雷全瑞　何建华
郭振华　李正堂　郭梦华　许美茹　高居首
宋康国　李维仓　党世雄　宋文祥　王凤歧
李明亮　杜金奎　宋鸿军　徐风云　曹金妹
陈诗增　王伯平　杜恩富　冉玉文　唐春生
刘兴国　雪海峰　李忠荣　石　镜　赵汉杰
高其昌　杨旦加木措　王守德　特尔玛
陈守敬　冯佩蓉　黎世享　王建明　陈　镛
马国瑞　白象弼　董世和　轩辕世云

刘　燕　叶秀花　付春芬　彭孝礼　王玉梅
杨秀英　张福民　施助善　朱克俊　杨报兰
窦桂荣　孙瑞珍　郭希雯　刘晓军　李宗才
杨效华　李文智　宋锡珩　魏应孔　史义前
沈芝芳　任永华　魏仁武　张荣胜　彭耀增
杨　钦　朱桂兰　韩鸣琴　卜九才　段双顺
王爱碧　马国恩　胡明福　王仲三　罗总邦
曾秀兰　粟建周　路克勤　丁佐忠　张自泰
沈渭民　狄玉兰　朱琴英　李怀国　刘焕瑞
韩淑贞　库顺川　卢溪山　薛好友　王寬同
罗忠义　杜国英　仝曰霞　金万禄　尚全太
王进汉　鲁敏贤　聂瑞声　韩惠茹　李仲杰
潘进才　蒲三英　秦益国　张玉生　刘中秋
王国栋　阿力腾　鱼忠秀　赵兴位　唐克仁
陈显德　张玉贤　张至诚　王虎全　田世英
王克勤　张明德　成淑阜　何志仁　李桂英
赫虎明　刘长春　卢生义　姚志锋　朱振武
严振华　韩彩琴　李应珍　王友嵇　白金叶
陈悦华　耿　睿　张惠芬　豆百全　郧生旺
高步勳　刘述儒　蔺宗贤　李俊仁　田兆丰
杨树楠　童廷瑞　任友文　马守让　穆世新
冯润青　刘育书　王仲伯　王淑仪　李建新
袁学宗　柳春才　李龙云　杨瑞琪　彭居海
贾便芳　肖宁汉　谭正强　陈碧莲　马月萍
辛有元　马祥福　孔祥孝　龙振甲　范培杰
骆淑德　王希文　魏筱玉　王育兰　曹春梅
王丽殊　路玉兰　苏翠琴　邹桂芳　卢惠琴
郑锡鹏　王天保　任家浩　苏俊涛　杨重琥
陆元龙　丁治田　赵春明　马启明　罗福海
王仲翰　刘世英　张汉玲　马千里　凡延太
巩显纲　张维亮　覃尚文　马元龙　魏著鑫
李　桀　张德增　郑光周　黄炳林　李洪元
马清鹏　舒昌龄　吴贵峻　范汉森

青海省

王必芬　马幸福　王国华　鞠培斋　张淑清
许有道　李永吉　王冬梅　王彩云　沈如春
郗居里　张淑芝　吴　谨　王永庆　马积芳
周平生　兰立言　常有福　刘文琮　李献龙

张慧芳　马成彪　杨国秀　马启琇　李延月
刘文敏　曹仲俭　石海峰　贾生财　蒋焕东
祁世明　王存梅　曹得泰　柳全海　邓仲威
文成章　张富山　张丽娟　甘玉芬　管得忠
张秀英　杨恒银　谢咏梅　尉香莲　侯守孝
王忠良　于秀兰　白生福　白丽珍　安桂秀
丁芝珍　杨树和　才让太　袁迁谟　才　保
角巴太　卓　果　王　琛　孙泽荣　看　本
三排敖吾　张养廉　谢家骥　久　谢
申文庆　然木杰　仁　桑　赵才文多杰
董　林　蔡兰懋　王荣羲　伦泉隆　王学功
叶才苗　杨培芝　冯天魁　骆宗岳　张景明
杨贵源　李广德　冯伊莉　刘义亭　张凡安
刘延刚

宁夏回族自治区

鲍玉兰　熊成富　王自宽　丁学智　韦凤萍
张　珏　贾仲钰　霍占龙　胡自由　马生虎
施庆云　汪泽民　殷家琛　王志厚　锡国兰
王金国　王生贵　赵光明　张学仁　马俊林
林学忠　涂开科　宋永厚　麦兴旺　杨兴礼
田淑贤　谭国柱　李尚廉　吴生才　徐家林
刘中慧　张其慧　马进忠　张玉坤　朱凤英
刘光祖　黄小吉　马玲秀　殷秉第　李春荣
李学贵　张国华　王国华　马占胜　康国荣
陶定章　余秉金　陈益清　阎玉海　宋满仁
于书忠　吴玉琪　王玉英　戚伟夫　太　璞
马卫民　李成绪　马进文　贺鸿亮　李风生
张俊仓　马进宝　阎薛忠　杨家骏　葛瑞峰
朱增国　刘桂花　李生铭　陈颖虹　陈顺英
卢飞虎　朱秀英　朱明磊　张惠贤　陆生祥
王福昌　温　端　梁大用　苏振宇　刘嘉宇
陈信贤　彭精忠　任守政　陈希明　王金花
张根发　吕彦新　史盛义　王世英　方才亭

新疆维吾尔自治区

钟图英　顾其謇　林　栋　郭兰训　孙士云
宋身堂　林秀云　伍锦文　夏尚志　袁生堂
彭清国　瞿振国　潘海元　乔风光　罗乾昌
何晓曙　韩景城　牙尔买买提·依孜木
苏春富　阿不都外力·吾马尔
吾马尔江　高建仁　纳斯开　杨植盛
张新民　刘生智　马步青　张兴民　廖良骏
张庆康　赵幻纶　艾仁恰拉
买买提吐逊艾则孜　努尔买提·巴克
买合苏提·肉孜买提　巴克尔·买买提
司提塔里木　依明尼牙孜·吐米尔
杨　琪　汪宗茂　齐　伟　再吐娜　钦正雄
拉提帕　吐尔干哈孜·哈斯木　陈泽原
买买提衣不拉音　依地日斯克然木
阿拉布江　王世泽　吾　肯　哈皮帕
吐尔克亚　郭明书　库尔班乃吉米了
李宝松　王兰生　阎焕文　郭　英　许树魁
王俊萍　郑开杰　韩长庚　张仁兴　徐海东
傅静华　方国宝　范贵荣　袁崇岳　李凤英
庄玉斐　吾甫尔·西力甫　付主浩　尹卫国
燕福星　夏拉帕旦　王香冠
阿布里克木　潘凤珍　范钦芳　杜修琪
阿斯汗　阎世忠　王如森　王春志　李　湫
蒋冰冰　文先彩　全宪章　肖代秀　朱建勇
王鸿飞　庄延勋　李竹安　张好义　丁翠卿
宋丽华　哈布列希　杨淑英　孜乃提
沈授芬　王　平　郑科甲　朱光绮　陆梅一
舒志学　陆　峰　王镜英　赵郁冰　郑国华
阎春雨　韩奎元　曹成雅　吴拙奇　郑雅仙
梁君怡　华　兰　王国珍　鲍敦全
哈力克·尼亚孜　崔乃然　莫正一　王文娟
吴士俊　何志平　刘祥麟　陶　铮　曾玲玲
阿吾来提　崔福强　宿泽民　王泽民
吐尔尼沙汗·努尔　尼亚孜·艾山
阿布力米提·尼亚孜
马合木提·买合苏提　艾尼·热合曼
陈华麒　阿合买提汗　佟文兰
艾可兰木·吾斯曼　时圣洁
帕哈尔丁　阿不里·米吉提　吴俊杰
买子江·吾拉子拜　玛里克·依玛西
师友亮　阿力玛尔旦　艾里玛
玉素甫·依拉洪　梁敬周　库勒台

艾尼沙·玉素甫
热孜江·依布拉音拜 萨塔尔 张昉林
吾布勒斯那 黑力恰木·达吾来提
杨桂兰 吐尔逊娜依·达吾提 顾伯英
魏后俊 沙合道拉 陈 刚 李雪萍
王玉佩 孟兆孝 史 琼 刘世恩 李洪敦
米吉提 刘秀芳 赛利古丽 李能瑞
阿不都卡地尔·吐尔迪 冠秀珍 白永红
耐德来提 沈金龙 杨 华
托合提汗·艾力 帕太木·吾守尔
肉孜·色皮 托乎提·买买提力
谢玉兰 姜宏洁 拉 杰 排孜拉·吾守尔
吾布里哈斯木·库尔班 金日华
艾沙·依明 买买提卡地尔
阿依夏木孜克肉拉 艾地日斯·巴克
克米斯·吐尔逊 张 宇 布艾西·买色提
买买提依明·尼牙孜
买买提依明·巴拉提
吐尼沙汗·那尤夫
买提斯地克·买提热衣木
买提托乎提·艾合买提
帕尔哈提吐逊尼牙孜 依明热西丁
卡玛勒·吐鲁甫 阿依汗·塔衣尔
瓦依提·阿西尔 于永惠
再娜甫·阿不都拉
艾西木拉提·萨帕尔·哈力 黄静波
牛彩芹 努尔斯坦 白 岚
拉西旦木·阿吉 阿米拉·毛拉洪 魏 勃
翁为杰 克木嘎孜 李 信 李若波
张孟臻 倪正性 吴 博 李玉洁
再娜甫·热合满 徐家骏
司马义阿不都热依木
买买提明·司马义 阿吉卡德尔
台互库力·赛买提 库尔班库力
吾布利·毛拉洪 阿不都克里木巴克
阿巴白克日苏里唐 帕提曼阿西木
艾尔肯耐吉米 王强邦 买买提加马力
瓦格扎艾里木汗 帕提古力阿米提

吐尼沙·买买提 米吉提牙生
托合提汗吾布力 阿不里米提哈斯木
内孜艾买提 海仁尼沙依明
吾斯曼阿不都苏甫尔
阿依夏木·玉苏甫
玉苏甫哈德尔多来提 巴克阿布都拉
海仁尼沙哈斯木 沙吾提·哈斯木
吐尼沙·瓦斯力 肉孜赛来
阿米尼古力·卡吾力 拜克日吾斯满
哈斯木赛皮 阿吉尼沙·吾斯曼
米吉提提力瓦力德 沙克咱尔克拜
阿吉阿提克米尔艾合买提 瓦哈甫江热孜克
阿巴白克热长地尔 卡买托合提
木沙·吐拉克 牙生·吾拉音 张文武
李建国 张贵生 康云瑞 李岳汉
古丽买热木·阿不都热曼
居努斯汗·巴卡耶夫 赵梓辉 吐尔逊
热比亚 郭敦廉 沙 黑 梁玉双 马媛君
哈斯木 哈 尼 吐尔逊汗布尔夏克巴叶瓦
居努斯汗 黄新泉 别 肯 炮德格
阿德勒汗 肖华贞 付瑞秀 马海龙
哈力要拉 王继宗 贺德尔汗
曹瑞风 夏皮哈提 方伯勉 李 玲
李 青 吾马尔别克 严 敦 徐秀华
尤努斯苏里旦 苏 玮 李声聪 庞怀胜
朱 荣 王学华 热沙来提 张玉珠
文家瑞 托合塔生 谢桂芳 热比亚
麦学洵 特留汗 赵兰芬 巴的加马力
刘桂萍 肯吉拜 吾秀尔塔依尔
玉山艾山 阿不都热合曼艾维拉
阿吾提买合苏提 张榴芳 艾则孜艾力
艾山买苏木 热亚南术·克为尔
牙生·阿西木 朱蕙兰 买合木提卡德尔
吾守尔艾乃克 马 恒 肉孜买买提
买买提·买米提 苏皮然木
艾比赞木·哈斯穆 艾合买提米吉提
牛德兰 吐尔地衣力牙 唐建中
依马木买买提 库图鲁克依明

中国人民解放军

徐凤珍 孙文丽 于桂芳 王彩玉 赵　敏
商淑兰 刘淑清 范奉秀 张纪英 徐玉兰
艾宏淑 刘树珍 宋银秀 黄恩兰 赵华滨
肖玉英 翟秀荣 成翠双 张　红 王笑惠
王晓雅 龙淑芬 罗瑞英 吕寒珍 陈志成
黄小青 李玉蓉 林　萍 周霞辉 谭湘君
杨双华 吴炳秀 林善华 罗玲英 唐惠芬
张慧珍 张桂芬 陈运霞 陈云秀 胡志先
王菊秀 薛彩瑜 王　玉 柴玉兰 秦书华
张德慧 何喜瑞 杜长文 李淑兰 言丽英
杨秀茹 曾祥卿 龚　桦 曾月屏 陈　玲
李静庄 胡翠彰 关秀英 李春明 姚建华
商春风 王文姝 杜　志 焦文君 张明敏
戚凯莉 牛光华 王蓉芬 孙瑞霞 石文范
梁淑治 彭晓莉 黄丽珍 张风英 黄治青
胡秀英 周树珍 吴凤香 纳加玲 刘洵若
薛春霞 张新蓉 黄　蔚 陈义华 李作秀
周皂拴 汝美玲 刘述通 李　德 王庚建
郑克来 杨运忠 刘洪芳 龚绍裘 雷启骏
牛亚平 朱世辉 黄振伟 赵卫国 刘文钦
许国信 史滇生 郑学龄 杨福渠 全庆武
梁高权 邓乃友 冷浩然 陈学楚 王传裘
谢秉正 熊衍仁 王光忠 张　翰 李子贵
马世超 贾宏业 朱松山 毕文波 王雪琴
刘怡昕 张秀芳 杨振宇 王英华 刘　栋
徐　飞 甘仲民 钟玉征 周锦君 祝宇辰
钱曾波 张本正 卢厚明 钟世镇 孔宪涛
陈曼娥 李继硕 刘尚合 王兵山

武装警察部队

苏志安 王玉珍 王晨旭 高志民 郝志义
邵建华 艾买提·吐乎提

1989年教师节庆祝活动

1989年是全国人民代表大会常务委员会通过建立教师节的5周年，根据王震、李铁映同志的指示，在报请国务院批准后，国家教委安排了较为隆重的庆祝表彰活动。

一、以国家教育委员会、人事部、中国教育工会联合，并成立评审领导小组，在全国教育系统开展了评选先进活动（由中国中小学幼儿教师奖励基金会出资）。表彰奖励了在教书育人工作中做出显著成绩的优秀教师，颁发人民教师奖章并发给奖金。

根据各省、自治区、直辖市的评选推荐，经优秀教师评审组审查批准，这次共表彰19775名全国优秀教师和教育工作者，其中，被授予全国教育系统劳动模范称号的有1475人。对人民教师奖章获得者中的部分成绩特别卓著的教师，给予享受全国劳动模范或部级劳动模范的待遇。

为使表彰奖励活动在教师节前夕推向高潮，经中共中央批准，于9月8日在人民大会堂隆重召开表彰大会。各省、自治区、直辖市，人民解放军，武警总部均派代表参加，党和国家领导人江泽民、李鹏、宋平、李瑞环、王震、李铁映、王平、王首道、习仲勋、陈希同、方毅等出席了大会。由李铁映同志主持大会；国家教委副主任何东昌宣读了表彰决定；党和国家领导人向优秀教师代表颁发了奖章；首都少先队员向大会献贺词；全国教育系统劳动模范、北京市门头沟区西辛房中学教师郝永成，代表全体受表彰的优秀教师发言。中共中央政治局常委、国务院总理李鹏作了重要讲话，并代表党中央、国务院向受表彰的优秀教师表示热烈祝贺，向全国各族广大教师致以节日的慰问和崇高的致意。

党和国家领导人与全体受奖代表合影留念。

二、通过新闻媒介，从中央到地方大张旗鼓地宣传了广大教师教书育人和社会各界尊师重教的事迹，许多报刊作了系列报道。

三、国家教委会同辽宁、山东省教委为庆祝教师节联合录制了一台《共和国之光》的文艺节目，于9月9日在中央电视台向全国播出，该节目在全国第四届电视文艺“星光奖”评比中，获得一等奖。

四、国家教育委员会和中国中小学幼儿教师奖励基金会联合举办了全国优秀教师夏令营活动。共设了北戴河、烟台、贵阳、西宁、深圳五个营地。于7月下旬开始，到8月上旬结束。来自各省、自治区、直辖市的300名优秀教师先后参加了夏令营活动，使教师们得到了休息。通过参观工厂、农村、码头、特区以及学习有关材料和交流教书育人经验等活动，营员们普遍反映，举办夏令营是一件极有意义的活动，更加激发了作为一名人民教师的光荣感和责任感。

撰稿人　郑晓恩

审稿人　张保庆

教材、图书馆建设

中小学教材及图书馆建设

1989年中小学教材及图书馆建设主要进行了下列几项工作：

（一）中小学语文、数学实验教材审查会议

近10年来，各地教师及研究人员在认真研究、借鉴国内外中小学教材编写的理论、经验的基础上，编写出多种中小学教学改革实验教材。1989年，国家教委为了总结教材建设和改革的经验，提高教材编写质量，加强实验教材的管理，对23套中小学语文、数学实验教材进行了审查。

审查工作坚持群众审议与专家审查相结合的原则。为了搞好这次审查工作，国家教委全国中小学教材审定委员会办公室进行了充分的准备。在语文、数学实验教材汇报会的基础上，确定了送审的教材；制订了审查工作的具体实施办法。各教材送审单位按规定报送了实验教材推荐报告、送审报告、实验报告。全国中小学教材审定委员会办公室根据审查工作的需要，编制了审查表（由审查委员填写）、审读表（第一线教师审读教材后填写）、调查表（委托部分省市调查后填写）。审读表及调查表均提交审查委员会。

在准备工作的基础上，国家教委于1989年8月3日至17日，在山东长岛召开了中小学语文、数学实验教材审查会议，由中小学语文、数学学科审查委员会，依据《全国中小学教材审定委员会工作章程》规定的审定标准，对23套中小学语文、数学实验教材进行审查，写出对教材的审查意见。经审查，23套送审教材中，有2套小学语文、3套中学语文、3套小学数学、3套中学数学教材修改后可扩大范围试用。其余教材需继续试验。

（二）义务教育文科教材编写研讨会

1989年12月11日至15日，国家教委在北京召开了义务教育文科教材编写研讨会。讨论了如何贯彻党的十三届四中、五中全会的精神及江泽民同志国庆讲话的精神，对学生进行国情教育、社会主义教育、爱国主义教育、反和平演变教育等问题，还讨论了九年制义务教育教学大纲（初审稿）的修改问题。参加这次会议的有：中学语文，小学语文、历史、地理，中学政治，小学社会、思想品德7个学科在京的全国中小学教材审定委员会学科审查委员，国家教委规划的八套九年制义务教育教材编写单位有关学科的主编以及中国社会科学院、中央教育科学研究所、中宣部教育局、国家教委有关司局的代表等。国家教委副主任柳斌主持了会议，国家教委副主任何东昌作了重要讲话。

何东昌在讲话中指出，一定要用爱国主义、社会主义、艰苦奋斗、独立自主这些思想来教育我们的青少年，要把德育工作放在学校教育工作的第一位。何东昌就如何在中小学教材的编写中进行政治思想教育的问题，指出在基本观点讨论清楚以后，各门课程应有的任务，各科（语文、历史、思想政治等）间要相互配合。要充分考虑学生的年龄、生理、心理的特点，知识、经验积累的程度，不能搞成人化。对中小学的政治教育总的讲还是正面教育。但也要讲一点反面的教训，资本主义、封建主义的丑恶东西，它的剥削本质、压迫的本质。要教会学生懂马克思主义。

会议还邀请著名学者教授周新城、吴树青、郑杭生、罗国杰、沙健孙等，针对东欧局势、我国的经济、民主自由的问题、法制建设及只有社会主义才能救中国的问题作了报告。各学科代表经过认真的学习讨论后，根据本门学科的特点，对如何在本学科教材中加强国情教育、爱国主义教育、社会主义教育及反和平演变教育问题，分别写出了纪要。此外，还分别对九年制义务教育教学大纲（初审稿）提出了修改意见。

（三）加强中小学图书馆建设

中小学图书馆是中小学校的图书资料中心，是为学校教育、教学和教学研究服务的教育机构，是学校贯彻党的教育方针，培养学生能力，提高教学质量，建设社会主义精神文明必不可少的组成部份。为了加强中小学图书馆建设，推动中小学图书馆工作的进一步开展，国家教委中小学教材审定委员会办公室在1988年至1989年初主要做了以下工作：

1.1988年5月6日，向各省、自治区、直辖市教委、教育厅（局）发出了《关于对中小学图书馆情况进行调查的通知》，要求调查了解本地区中小学图书馆建设的基本情况、存在的问题，提供典型材料，填写中小学图书馆情况调查表，并对如何搞好中小学图书馆建设提出意见。《通知》发出后，又派出干部对沿海、内地、老少边穷等地区的中小学图书馆进行了重点调查，掌握第一手资料。

各地提供的情况和调查结果反映出中小学图书馆的图书缺乏、图书质量不高、管理不善，工作极需加强和引导。

2.在大量的调查研究工作基础上，针对目前全国中小学图书馆建设急需解决的问题，起草了《中小学图书馆工作的若干规定》（征求意见稿），并将此件发至各省（区）、市教委、教育厅（局），请他们组织中小学图书馆工作人员及有关行政部门领导进行讨论、论证，提出修改意见。

3.于1989年1月5日至9日在北京召开了建国40年来第一次全国中小学图书馆工作会议。

国家教委副主任何东昌到会作了题为《中小学图书馆工作的地位和作用》的讲话。国家教委副主任柳斌就中小学图书馆的基本情况、要重视中小学图书馆的建设、以实际行动加强中小学图书馆的建设、要积极开展馆员培训工作、建设一支高素质的管理队伍、要加强领导共五个方面的问题做了报告。

会上，由中小学图书馆工作搞得好的地区和学校做了典型发言，介绍他们的工作经验和成绩。与会代表对征求各地教育部门意见后修改的《中小学图书馆工作的若干规定》进行了深入认真的讨论，并提出了进一步的修改意见。

会议期间，代表们就成立中小学图书馆学会问题进行了讨论，代表们一致认为，为了促进中小学图书馆之间的信息、经验交流，开展学术交流和人员培训，以推动中小学图书馆在学校教育中发挥更大作用，筹备成立全国中小学图书馆学会十分必要。与会代表对《全国中小学图书馆学会章程》（草稿）进行了认真、仔细的讨论，就学会的组织形式、活动方式等问题也进行了研讨。

撰稿人　李　英　骆桂明
慕　京
审稿人　游铭钧

人民教育出版社教材建设与教育图书出版工作的十年改革综述

1978年以来，人民教育出版社为适应我国教育事业发展和教育结构改革的需要，在加强中小学教材的编辑与研究工作的同时，加强了大学前各级各类学校和高等学校教育、心理类教材的建设与教育图书的出版工作。

一、 编写与修订中小学教材

1977年秋，教育部根据邓小平同志提出要编写全国通用的中小学教材的指示，集中人民教育出版社主要编辑人员和各地一批大、中、小学优秀教师，以“中小学教材编写工作会议”的形式，在调查研究的基础上，经过反复讨论，草拟了全日制十年制学校中小学各科教学大纲，据此编写了全国通用的中小学教材，由人民教育出版社出版，从1978年秋季起供全国试用。这是建国以来第五套全国通用的中小学教材。

1981年教育部颁布了五年制小学、五年制中学、六年制重点中学教学计划修正草案；1984年教育部又颁布了六年制小学教学计划草案，对原有课程及其授课时数作了调整。1983年，教育部根据一些地方反映有些教材“深、难、重”，决定适当调整高中数学、物理、化学、生物、外语的教学内容，实行较高的和基本的两种教学要求。根据上述教学计划和有关决定，人民教育出版社在研究1978年试用的教材在教学实践中发现的问题的基础上，新编或修订了中小学教材，到1984年基本完成。这时，除了有小学五年制、中学五年制教材以外，还有小学六年制和中学六年制教材，后者在高中阶段，理科还分甲种本和乙种本。这是建国以来第六套全国通用的中小学教材。

1987年春，国家教委本着“适当降低难度，减轻学生过重的学习负担，教学要求要明确具体”的原则，对1978年教育部颁布的全日制十年制中小学各科教学大纲进行了修订，对各学科的教学内容和教学要求作了调整。为此，人民教育出版社对中小学各科教材进行了修订，于1988年秋季供各地使用。这是建国以来第七套全国通用的中小学教材。

为了适应我国社会经济发展的需要，探讨课程、教材、教法的进一步改革，人民教育出版社在研究国内外课程教材改革经验的基础上，先后编写了小学自然、初中语文、小学数学、高中语文、高中数学试验教材，分别于1981年、1982年、1984年、1985年、1988年，在全国部分学校试用，为编写九年义务教育教材和适应培养人才的不同需要而编写不同层次的教材，积累了经验。

1988年春，国家教委颁发了九年义务教育小学和初中各科教学大纲初审稿，作为各单位编写九年义务教育实验教材的依据。根据国家教委的部署，人民教育出版社承担了编写供全国大多数地区和大多数学校使用的“五·四”制和“六·三”制两套（也适用于“五三”制）小学和初中各科教材的任务。这两套教材是以教科书为基础的系列化教材，它包括教科书、教师教学用书、学生课外读物、实验手册、习题集（练习册）、教学挂图以及音像教材等，其目的是力求体现全国统一的教学要求，即义务教育教学大纲的要求，使学生打下共同的最必要的扎实的基础，力求适应各地学校师资、学生基础、办学条件的不同，以及学生的天赋和爱好的不同状况，以利于各地因地因校制宜和因材施教。这两套教材正在进行紧张的编写工作，拟于1990年秋季在全国部分地区和学校进行试验。经审定后，1993年秋季供全国小学和初中选用。

二、编辑出版中等师范学校教材

1980年10月，教育部颁布了中等师范学校教学计划试行草案。1981年至1984年，教育部又先后颁布了语文、数学、物理、化学、生物、生理卫生、教育学、音乐、美术、体育等10科教学大纲。人民教育出版社受教育部的委托，以上述教学计划和教学大纲为依据，编辑出版了语文、数学、物理、化学、生物、生理卫生、教育学、心理学、体育等教材，从1981年秋季起供全国中等师范学校试用。

1986年8月，国家教委根据上述教学计划、教学大纲、教材在试用中存在的问题和中等师范学校发展变化的情况，发出《关于调整中等师范学校教学计划的通知》，着重解决有些学科的课时偏多，学生学习负担较重，自学时间和课外活动少的问题，对课程门类和教学时数作了调整，特别是三年制中等师范学校的课时减少较多。为此，人民教育出版社除编辑出版四年制中等师范学校教材外，还编辑出版了供三年制中等师范使用的语文、数学、物理教材，以及新编历史、地理等教材。到1989年，供三年制和四年制中等师范学校用的全套教材已出齐。

三、编辑出版我国第一套幼儿师范学校教材

建国以来，我国幼儿师范学校用的教材是借用中等师范和普通高中的教材，给教学带来很多困难。1980年教育部颁布了幼儿师范学校教学计划。各地普遍反映，没有适合幼儿师范学校用的教材，教学计划很难落实。1984年，人民教育出版社受教育部委托，草拟了幼儿师范学校数学、物理、化学、幼儿心理学、幼儿教育学、幼儿卫生学、计算教学法、常识教学法、体育、美术、音乐、舞蹈等学科的教学大纲，经国家教委审查后颁布施行。根据上述教学计划和教学大纲，人民教育出版社从1986年起，先后编辑出版了教材，到1988年出齐。这是我国第一套幼儿师范学校用的教材。

四、编辑出版职业高中用的文化课教材

为了适应各地中等教育结构改革和职业高中发展的需要，人民教育出版社编辑出版了一套供职业高中用的文化课教材，从1986年秋季开始供应，到1988年全部出齐。这套教材注意职业高中的特点，重视基础知识的教学，增加教学内容的弹性。教材分理工类和文史类，各有侧重。除必学内容外，还安排一些选学内容。在编写教材时注意实用性，重视理论联系实际，加强实验、实习等环节的教学。

五、编辑出版成人业余初等学校和中等学校文化课教材

1980年，人民教育出版社出版了一整套工农业余初等学校和中等学校文化课教材。1982年，又根据职工业余初中的特点，出版了职工业余初中语文、数学、物理、化学教材。1985年，编辑出版了农民业余初等学校语文、算术课本（分南方版、北方版）。1986年，编辑出版了职工业余中等学校初中和高中文化课整套教材。

六、编辑出版卫星电视教育小学教师和初中教师培训教材

国务院决定开辟卫星电视教育专用频道，培训中小学教师以后，国家教委责成人民教育出版社负责编辑出版供小学教师进修中等师范学校课程的全部文字教材和初中教师进修高等师范专科学校的教育学、心理学、初中各科教材分析和研究等文字教材。到1987年底编辑出版了小学教师培训教材9个学科34册。这些教材先后在中国教育电视台播出。到1989年初中教师培训教材10册全部出齐。

七、按照国家教委下达的高等学校教育类专业教材编选计划，10年来，人民教育出版社出版这类教材有70多种，包括经典教育论著，如《马克思恩格斯论教育》、《列宁论教育》、《斯大林论教育》等；高等院校公共必修课《教育学》、《心理学》和教育类、心理类专业课教材；教育史和比较教育，如《中国古代教育史》、《中国近代教育史》、《中国现代教育史》、《中国心理学史》、《比较教育》等。

此外，为适应幼儿教育事业的发展，人民教育出版社编辑出版了七种幼儿园教师培训教材和不同层次的幼儿园教学用书。

八、编辑出版教育改革文献、教育科学研究成果和教育理论著作

教育改革的文献、资料和教育科学研究成果主要有：《教育改革重要文献选编》（选编了十一届三中全会以来党和政府颁布的一系列有关教育改革的重要文件，党和国家领导人有关教育问题的重要讲话）、《普通教育改革》（汇集教育部"六五"期间重点科研项目研究成果）、《中国学生体质与健康研究》（国家教委、国家体委、卫生部、团中央联合研究成果）、《中国教育年鉴》（1988年）、《世界中等教育发展与改革的趋势》、《发达国家教育改革的动向和趋势》（第一、二集）、《第40届国际教育会议文献》，以及《中国高等教育结构研究》、《现代教育改革探讨》、《中国中学数学教育史》、《化学重要史实》、《数学教育学》等。

教育理论著作主要有：《中国古代教育论著丛书》（共10本，已出版5本）、《外国教育名著丛书》（共46本，已出版14本）、《教育学文集》（共26卷，已出版6卷）等4套大型丛书。还出版了《外国教育丛书》、《课程研究丛书》、《师范教育丛书》、《婴幼儿教育丛书》等。

九、编辑出版学生和教师用的工具书和学生课外读物

1986年人民教育出版社出版了《新编小学生字典》（供小学中高年级学生用），1988年又出版了《儿童图画字典》（供小学低年级学生用），深受社会好评。

为适应中小学教学的需要，编辑出版一批学生课外读物，主要有：中学各科课外习题集和练习册共56种，《小学语文阅读文库》（共12辑，120本），中学生课外读物《现代科学技术丛书》（52本），《中学生英语读物》（50本）等。

撰稿人　陈宏伯

审稿人　叶立群　张健如

高等教育出版社1989年纪事

高等教育出版社(以下简称高教社)是国家教委直属的出版多种学科、多种层次教材的出版社,是我国年出书品种最多、印量最大的出版社之一。1989年,高教社在教材出版工作方面取得了新进展。

一、纪念建社35周年

高教社创建于1954年,1989年5月1日是建社35周年纪念日。35年间,高教社共出书7240种,4.72亿册,为我国高等教育、成人教育及职业技术教育作出了较大的贡献。1989年,高教社举行了建社35周年纪念活动,邀请有关领导和兄弟单位的同志、在京的各学科教材编审委员会委员或课程指导委员会委员及作者参加,并分别举行多次座谈会。高教社领导向与会者汇报了高教社35年的经历和教材出版工作,并听取了与会者对高教社工作的意见、建议和希望。这一纪念活动既宣传了高教社的工作,增强了高教社与各有关方面的联系,又进一步促进了教材工作的建设。

在纪念35周年期间,高教社编印了《书林征途35年》画册一本,系统介绍了高教社35年的历史及1983年恢复建制以来至今的发展情况。35年来,高教社与人民教育出版社有几次合分,但是出版高等学校理科各专业及工科基础课和共同技术基础课教材及中专基础课教材,始终把为高等学校和中等专业学校服务作为自己的主要任务。建社初期,用3年时间完成了翻译出版苏联高等学校和中等专业学校的教学用书,解决了当时无教材施教的问题;从1961年起,又用3年时间自编和出版一部分高校教材,满足了适合中国国情的教育教学的急需;从1977年至1980年,又解决了十年“文化大革命”对教育的破坏所面临的教材荒,使本社所负责的每门课程都有一到几种通用教材供选用。

1983年重新恢复高教社。经过6年创业,到1989年,高教社在以下几方面取得了成绩。1.完成了高校理科和工科基础课、技术基础课1981—1985年教材建设规划;2.较大地扩大了出书范围。从学科看,扩展了文科、管理科、公共政治课、师范体育科和公共体育课、农科、艺术科、电化教育等教材;从层次及办学形式看,增加了大专、职工大学、自学考试、成人高考、职业高中、技工培训等教材,还录制和编辑了声像及学生课外读物;3.年出书规模扩大到1700多种、3200万册左右;4.现代化印刷厂正在建设,京、津、沪三地印刷基地网初具规模;5.初步建立起能补充新华书店发行主渠道不足的销售系统;6.初步建立起能与大规模出书相适应、各类人员比例渐趋协调的机构;7.发展了直属单位,正在形成以教材出版为中心的集团;8.进行了办公和生活基地的建设。

高教社重视图书质量,已形成一套质量管理制度。从1981到1989年间,高教社共有179种图书在全国性教材及图书评奖活动中获奖。

1977年到1988年的12年间,高教社总共发行图书36324万册,用纸388.3万令,分别是前22年(1954年到1976年)的3.6倍和3.5倍。

二、1989年的教材出版工作

1989年,全社同志共同努力,及时克服动乱与暴乱所造成的影响和困难,共发稿13266.4万字,出书1778种,3167.9万册,超过1988年。春秋两季教材准时出书率均达100%，完成产值 7547.3 万元。

高教社继续坚持出版事业为社会主义服务的方针，把社会效益放在首位。1989 年没有出版过一种有资产阶级自由化观点、黄色内容或格调低下的图书。为了宣传马列主义，坚持出版《马克思主义理论教学参考资料》；平暴之后不久，以少见的速度编辑加工和出版了一批供高校师生学习的政治理论读物，发行二百多万册，为稳定高校秩序、适应教学与政治学习的需要作出了贡献。

1989 年，高教社在治理整顿深化改革方面前进了一步。为了加强内部各个环节的管理，使之更加协调，以便更好地为发展教育事业服务，在总结经验的基础上，制定出了“综合部、室综合目标任务责任制试行办法”；进行了第三次机构改革，将编辑部门划分为理、工、文、职教和国际合作五个子系统，还建立了印制、销售、技术开发、劳动服务等子系统。

1989 年，高教社在选题组稿工作和出版品种方面，取得的新进展有：较大地发展了马克思主义政治理论课程教材和书刊的编辑出版；开始着手编写工科大专基础课和技术基础课通用教材，制定出 21 门课程 35 种教学基本要求的征求意见稿；配合“燎原”计划，出版了农村职教教材 32 种；开始出版卫星电视师范的政治、美术、音乐三个新专业的 38 门课程 43 种教材，其中卫星电视师范 9 个专业的教材已为社会广泛肯定，并被确定为教师合格证书考试和教育学院师资培训的教材。1989年，高教社有 5 种图书获优秀图书或优秀教材奖，它们是：《旅游心理学》（李灿佳）、《中国古代经济思想教程》（蔡一）、《电路理论基础》（周长源）、《俄语（第二外语用）》（鞠广茂）、《工程热力学》（严家骆）。

1989年，高教社在对国外和港台地区的合作与交流方面也取得了很大进展：共出访三次，其中包括应邀派团访问苏联，初步打开了与苏联交流合作的通道；接待 6 个访华团体，同 9 家出版社洽谈了版权贸易；参加国际书展（新加坡华文书展、法兰克福国际书展）2 次；达成版权贸易 14 项，其中向台湾及香港出让繁体字版权的有以下几项：《普通动物学》（武汉大学等著）《无脊椎动物学》（江静波等著）《脊椎动物学》（丁汉波等著）《生物学概论》（费原哲等著）《环境保护概论》（刘天齐等著）《气功导论》（曹健主编）《材料力学》（刘鸿文主编）《水环境化学》（陈静生主编）《数学分析》（陈传璋著）《鸟类分类及生态学》（傅桐生等编著）《环境学概论》（刘培桐主编）

购进版权的有两种：《Modern English》修订版及《最新大学生英汉词典》。

高教社在1989年还出版了与高校、中专课程相配合的物理、力学、地理、金工、体育、化学等教学录相带 10 种，母带长度达 29.5小时；计算机教学录相带 5 种，母带长度达89小时。全年共生产录相带 2000 盒，录音带 4.5万盒。

高教社建在天津市的印刷厂，1989 年取得了明显的进展。印刷装订楼、照排制版楼、培训管理楼等 9 项工程已全面施工，其中 4 项的 17090 平方米土建工程已全部竣工。印刷厂建成投产后，将主要承担高等教育教材的印装任务。

撰稿人　张元直　苏福才

审稿人　祖振铨　杨陵康

基本建设与财务管理

教育基本建设

一、1989年教育事业基本建设投资完成情况

1989年国家预算内安排的教育事业基本建设投资仍按领导体制分为中央预算和地方预算两部分。国务院各部门所属中央教育事业的国家预算内基建投资由中央预算安排；地方教育事业的国家预算内基建投资基本由地方预算直接安排，但在国家教委的中央预算投资中，国家安排了专项投资用以补助地方教育事业。此外，教育基建投资的来源还有地方自筹、利用外资、无偿捐赠、地方和群众集资等。

1989年在国民经济进行治理整顿和继续大力压缩基建投资规模的情况下，党中央和国务院坚持把教育放在优先发展的战略地位，对教育事业的基建投资计划不但未压缩，而且较1988年增加2亿元。其中增加国家教委直属院校基建投资1亿元；增加国务院科学、文化、卫生部门所属院校基建投资3670万元；增加补助地方教育事业基建投资6330万元。

1989年在中央预算内安排给国家教委用于补助地方教育事业的专项基建投资计划共为26950万元，比1988年增加7000万元。其中：补助老少边穷地区普及小学基建投资为11500万元，比1988年增加2000万元；补助地方师范教育基建投资为7700万元，比1988年增加2000万元；补助城市中小学教职工住宅基建投资为3850万元，比1988年增加2000万元；机动补助基建投资为1900万元；另新增加补助医学专科教育基建投资2000万元。至1989年底已基本完成。

根据国务院各部门和地方教育行政部门报送的1989年教育基建统计年报汇总，全国普通高等学校和教育部门所属普通教育事业共完成基建投资818806万元，竣工校舍建筑面积2389万平方米，其中高教投资300146万元，竣工校舍398万平方米；普教投资518660万元，竣工校舍1991万平方米（含中师投资26692万元，竣工校舍64万平方米；教育学院及教师进修学校投资16643万元，竣工校舍46万平方米；中学投资211551万元，竣工校舍788万平方米；农业职业中学投资23266万元，竣工校舍84万平方米；小学投资202599万元，竣工校舍879万平方米；其他投资37909万元，竣工校舍131万平方米）。上述完成投资及竣工校舍面积中均未包括国务院各部门和地方业务厅(局)所属的中等专业学校、技工学校、职业学校以及企事业单位所属中学、小学、幼儿园的数字在内。

从全国普通高校和教育部门所属普通教育事业基建投资完成情况看，1989年比1988年完成投资有较大幅度的增长，共计增加16.74亿元，增长25.7%，其中除全国普通高校增加0.75亿元外，主要是地方普教事业投资增加15.99亿元，比1988年增长44.6%。在地方投资中，自筹及群众集资增加13.76亿元，增长44.8%。

1989年地方普教事业投资比1988年增加的投资15.99亿元中，按学校类别分析，小学投资增加较多，已达8.02亿元（其中自筹及群众集资即为7.42亿元），比1988年增长65.5%；中学投资增加3.42亿元，增长19.3%。这是各级政府和群众重视普及义务教育，调动全社会支持教育事业的可喜成果。按各地统计年报数分析，山东、江西、河南、广西、云南、江苏、湖南等省、区在筹集资金建校舍方面取得了突出的成绩，中小学校舍，特别是农村校舍的面貌有了显著变化。其中山东省筹集教育经费（包括基建投资）的成绩最为突

1989年全国普通高等学校和教育部门所属普通教育事业基本建设投资

单位：万元

投资总额		全国普通高等学校基建投资				教育部门所属普通教育基建投资			
总计	其中：国家预算内投资	合计	占总计的%	其中：国家预算内投资		合计	占总计的%	其中：国家预算内投资	
				小计	占投资总额中预算内投资的%			小计	占投资总额中预算内投资的%
1=3+7	2=5+9	3	4=3/1	5	6=5/2	7	8=7/1	9	10=9/2
818806	304546	300146	36.66	230267	75.61	518660	63.34	74279	24.39

1989年全国教育部门所属普通教育事业各类学校基本建设投资

单位：万元

教育部门所属普教投资		中等师范学校投资		中学投资		小学投资		其他投资	
合计	其中：国家预算内投资	小计	其中：国家预算内投资	小计	其中：国家预算内投资	小计	其中：国家预算内投资	小计	其中：国家预算内投资
1=3+5+7+9	2=4+6+8+10	3	4	5	6	7	8	9	10
518660	74279	26692	9804	211551	28788	202599	20886	77818	14801

1989年全国普通高等学校和教育部门所属普通教育事业基本建设投资所占比重

单位：亿元

全国基本建设投资总额		文教、卫生、科研行业投资	全国普通高等学校和教育部门所属普通教育事业基建投资				
总计	其中：国家预算内投资		合计	占全国基建投资总额的比重（%）	占文教、卫生、科研投资的比重（%）	其中：国家预算内投资	
						小计	占全国基建投资总额中国家预算内投资的比重（%）
1	2	3	4	5=4/1	6=4/3	7	8=7/2
1551.74	323.33	131.21	81.88	5.28	62.40	30.45	9.42

1989 年全国普通高等学校和教育部门所属普通教育事业基本建设竣工建筑面积

单位：万m_2

竣工建筑面积		全国普通高等学校竣工面积		教育部门所属普通教育事业竣工面积					
总计	其中：住宅	合计	其中：住宅	合计竣工面积					其中：住宅
				合计	中师	中学	小学	其他	
1=3+5	2=4+10	3	4	5=6+7+8+9	6	7	8	9	10
2389	553	398	146	1991	64	788	879	260	407

出，受到国家教委、财政部、国家计委的表彰和奖励。

在 1989 年高教基建投资使用方向上，国家教委根据近期高教工作的重点是"稳定规模、优化结构、深化改革、改善条件、提高质量"，明确提出了基建投资应重点向师生生活用房倾斜的原则，以逐步缓解师生生活用房紧缺的矛盾。如国家教委直属高校 1989 年用于师生生活用房的建设资金已占基建投资 50%以上。

二、国家教委对委属建设单位开展了清理在建项目，压缩固定资产投资规模的工作

根据国务院《关于清理在建项目、压缩投资规模，调整投资结构的通知》，1988 年底，国家教委成立了清理固定资产投资在建项目领导小组，结合委属单位具体情况，研究部署了清理压缩工作。经过一年多的工作，共停建、缓建项目 9 个，压缩建筑面积 11.3 万平方米，压缩投资12500万元；另停缓建单项工程13个，压缩建筑面积 5 万平方米，压缩投资3000万元。

三、《中小学建筑设计图集》获全国优秀建筑科技图书二等奖

由国家教委基建局和南京工学院（现名东南大学）建筑设计研究院编辑，华中工学院（现名华中理工大学）出版社于 1986 年 2 月出版发行的《中小学建筑设计图集》，于 1989 年获全国优秀建筑科技图书二等奖。

该图集是在教育部1984年举办的全国中小学建筑方案设计竞赛获奖方案的基础上编辑的。内容包括各获奖方案的总平面、平立剖面、主要建筑立面、主要庭园空间透视、标准设计单元组合等图例，并附有设计说明和主要经济指标。这些优秀方案普遍重视创造优美的校园和良好的教室环境；合理利用地形、屋顶平台布置活动地和绿化；建筑造型活泼新颖；设计构思富有时代新意，突破了过去千篇一律的老框框。并在创新基础上对设计标准化进行了有益的探索。这本图集是新中国建立以来第一部有关中小学校建筑设计的专集，它填补了我国中小学校建筑方案设计图书的空白；促进了技术交流，活跃了设计思想，繁荣了设计创作；对改变我国中小学校建筑设计工作中多年存在的单调、呆板、功能单一的现象，起到了推动作用。该图集已被部分高等学校在建筑教育中参考应用，对开拓建筑学专业学生的设计思维，培养他们设计实践的能力起到了积极作用。

该图集内还附有教育部于 1982 年发布的《中等师范学校及城市一般中小学校舍规划面积定额（试行）》，和国家标准局于1983年发布实施的《学校课桌椅功能尺寸》国家标准。因此，该图集实际上还为各级建设管理部门提供了建设管理工作的依据，并开阔了有关部门对中小学校建筑发展的视野。

此外，该图集于 1986 年 3 月在印度召开的亚非国家学校建筑国际学术讨论会上交流展出。其后，又相继赠送给菲律宾、泰国、印度、日本、缅甸、埃及、美国、英国、加拿大等十余个国家的教育建筑专家，以及联合国教科文组织亚太地区办事处，均受到好评。

撰稿人 温 纯 朱宝铜
张必信 杨明奎
审稿人 王 华

教育财务管理

一、坚决制止中小学乱收费现象

近年来，少数地方的一些中小学擅自向学生家长收取名目繁多的费用，或向学生家长所在单位摊派索要财物，社会各界对此反映强烈。为此，1989年5月，国家教委、国家物价局、财政部联合发出《关于清理整顿中小学收费项目有关问题的通知》。《通知》强调，在治理经济环境、整顿经济秩序中，各地人民政府应采取措施，认真清理、整顿中小学收费项目，划清合理收费和不应收费的界限，坚决制止乱收费现象，为教育事业发展、教书育人，创造良好的社会环境。根据《中华人民共和国义务教育法》规定，实施义务教育的地方，小学生和初级中学免收学费，但各地应根据实际情况，经过批准可适当收取杂费。非义务教育的高级中学应收学费和杂费。家庭经济困难的学生，可酌情减免学费、杂费。杂费、学费标准和收取办法，由省、自治区、直辖市教育、物价、财政部门根据当地群众经济收入水平和承受能力研究制订方案，报人民政府批准后执行，并报国家教委、国家物价局，财政部备案。

《通知》指出，中小学校应按当地人民政府规定，接收入学或转学的学生，除依统一规定标准收取学费、杂费外，不得额外收取其他费用。更不得借机向学生家长和家长单位索要财物。

学校原则上不接收借读的学生。如确因学生家长工作、生活方面的特殊情况，学校需接收其户口不在本地的子女借读时，必须经当地教育行政部门审查批准，可适当收取借读费。学校不得借此接收不符合借读条件的学生就读；也不得巧立名目，招收“计划外”学生，或片面追求升学率而举办全日制复读班、补习班及接收已毕业学生插班复读。

中央提倡大、中型厂矿企业开办普通中小学，鼓励社会捐资助学和群众集资办学。集资办学应贯彻自愿、量力和群众受益的原则，所需资金，企业在税后留利，行政事业单位在预算外资金中解决。具体办法由当地人民政府制订，学校不得自行向群众和社会有关单位硬性摊派费用。

农村中小学聘用民办教师所需开支的补助费，应由县（市）、乡（镇）人民政府通过征收教育事业费附加，或由乡人民政府统筹解决。不要通过学校向在校学生征收民办教师补助费。

学校要严格控制代收费项目。必须由学校统一代收的费用，如订购教科书等，应向学生家长说明情况，并另行开具收据，事后，应及时结算公布帐目。

教育是全社会的事，全社会都要关心和支持教育，各部门、各单位均不得以任何理由向学校擅自摊派各种费用。对有些按规定收取的社会公共费用，可酌情减免。

《通知》要求，各省、自治区、直辖市人民政府要在当年对中小学现有的收费项目标准进行清理。各地教育、财政和审计部门要对学校收费工作加强管理和监督。对不按规定擅自提高收费标准、扩大收费范围的，除责令退还多收的款额外，情节严重的，应对学校负责人和有关责任人员按照国家有关处罚规定严肃处理。

二、普通高等学校收学杂费和住宿费

长期以来，我国普通高等学校招收学生实行免收学杂费制度，这种制度同当前我国经济、社会发展与改革很不适应。继续实行这种制度，不仅国家财政难以承担，而且也不利于高等教育进一步发展和提高。经国家教委、国家物价局、财政部研究确定，从1989年度新学年开始，对新入学的本、专科学生（包括干部专修科和第二学士学位班学生）实行收取学杂费制度。收取的标准，本着起点从低，逐步调整的原则。考虑到当前各地经济发展水平、人民群众的收入水平和经济承受能力，一般地区以每学年100元为宜。经济特区和广东、上海，等经济比较发达的地方可适当高一些，但最高不超出每学年300元。

同时，从1989学年度开始，对新入学的住学校宿舍的本、专科学生要收取住宿费。一般每学年20元左右。住宿条件好的，可适当多收一些。住学生公寓的，仍按各地规定执行。

对师范院校享受专业奖学金的学生免收学杂费和住宿费。其他享受专业奖学金和定向奖学金的学生免收学杂费，只收取住宿费。

对家庭经济确有困难的学生，可以酌情减免学杂费，住宿费不予减免。对实行收费学年度以前入学的在校学生不执行本规定（不含留级到1989学年度的学生）。

国家教委、财政部、国家物价局认为有些地方或部委所属院校，如1989学年度实行收取学杂费和住宿费条件尚不具备，要创造条件，争取在1990学年度实行。

三、加强中小学危房修缮、改建工作

为了保障中、小学生有一个安全、适用的学习环境，除中央和地方财政逐年增拨教育经费外，还发动群众捐资助学、集资办学，使中、小学危房的修缮、改建工作取得了显著成绩。但到1989年上半年，全国中、小学仍有4000多万平方米的危房，需要各级政府进一步重视，抓紧并加强对中、小学危房的修缮、改建工作。1989年5月，国家教委发出了《关于中、小学危房修缮、改建工作的通知》。

《通知》要求，各地要对现有危房情况进行全面清查，核准危房面积。严重的危房要全部封闭，停止使用。一般危房要进行修缮加固。要根据具体情况制订修缮、改建中小学危房规划和措施，并建立目标责任制。要切实保证校舍修建质量，建立严格的设计、施工、验收等管理程序。凡因不负责任，玩忽职守，偷工减料造成严重质量后果的，要追究责任，严肃处理。

同时要求各级政府要努力增加中小学危房修缮、改建资金，以推动早日消除危房。各地要定期向社会公布中小学危房修缮、改建工作情况，以便让人民群众了解、关心和监督。

从1989年7月1日起，各省、自治区、直辖市及计划单列市，每半年向国家教委报告一次危房修缮和改建情况。发生校舍倒塌事故，要及时报国家教委。国家教委将对各地情况进行汇总，定期登报公布。对校舍倒塌造成伤亡的事故进行通报，对中小学危房修缮和改建工作抓得好的、成绩显著的地方予以表彰和奖励。

撰稿人　王　辉
审稿人　任振东

教育财务制度建设

一、制定《高等学校会计制度》，促进会计工作规范化

为了促进高等学校会计工作规范化、制度化、科学化，提高会计核算质量，发挥会计工作的重要作用，经财政部同意，国家教委于1988年底制定了《高等学校会计制度（试行）》。对全日制普通高等学校的会计工作，包括会计工作总则、会计工作任务、会计机构的设置、会计人员的配备、会计核算原则、会计科目的设置和使用、会计凭证的填制、取得和审核、会计帐簿的设置和登记、会计报表的编制与报送、会计监督方法、会计交接方法、会计档案管理方法等提出了一套较系统、具体的要求，自1989年1月1日起在国务院各有关部门所属高等学校和部分地方高等院校中试行。这一制度的建立与推广，为搞好高等学校的会计基础工作提供了可靠的依据，对引导高等学校的财务管理工作走上正轨，对逐步提高高等学校的财务管理水平有着深远的影响。

二、制定《关于适当集中财权加强财务管理的意见》，保证财务改革的健康发展

1989年5月，根据党的十三届三中全会提出的治理经济环境，整顿经济秩序，全面深化改革的方针，针对部分高等学校近些年出现的资金分散、管理混乱状况，国家教委制定了《关于适当集中财权加强财务管理的意见》，首先要求各委属高等院校（事业单位参照执行）切实治理校内经济环境，整顿校内经济秩序，认真做到如下几点：

（一）结合税收、财务、物价大检查工作，认真检查、总结会计核算和财务管理权限现状，对凡不符合管理要求或不具备独立核算条件的基层单位，均应收其会计核算或财务管理权归上一级财务部门；对今后凡涉及下放权限问题的均须报经校长办公会议讨论决定。

（二）财务管理改革必须纳入学校整体改革方案中统一规划实施，各项改革措施必须衔接配套。

（三）学校财务部门必须加强对基层单位财会业务的领导，建立健全规章制度，充分发挥财务监督作用。

（四）认真清理银行帐户，凡不具备独立开户条件造成帐务、资金管理混乱者，必须立即停止使用现帐户，必要时还要予以注销；今后基层单位和各种挂靠学校的社团申请开设新户时，必须经学校财务主管部门审查同意，并报校领导批准。

（五）实行综合财务计划和由一名主要领导同志负责的“一支笔”审批制度，加强预算内外资金的统一管理和综合平衡。

（六）建立健全规章制度，加强对开展有偿社会服务工作的组织领导。

（七）严格财会人员聘用制度，保证财会队伍的质量。

（八）有条件的院校应及早建立校长领导下的总会计师负责制，以总会计师为专业主管，加强对财会工作的领导，并协调本单位财务、审计和经济管理部门，加强财务和经济管理工作。

这一文件的适时发布，对理顺学校财务管理体制，综合学校财力，集中统一领导学校的财务管理工作起到了较好的推动作用，保证了学校财务改革的顺利进行和健康发展。

撰稿人　田祖荫
审稿人　任振东

全国筹措教育经费、改善办学条件山东现场会

党的十一届三中全会以来，各地认真贯彻党中央、国务院关于发展教育事业的一系列方针、政策，依靠人民群众，多渠道筹措教育经费、改善办学条件等方面，取得了显著成绩，涌现出以山东省为代表的一批先进典型。1989年12月17日至24日，国家教委和财政部联合召开了全国筹措教育经费、改善办学条件山东现场会，总结和交流以山东省为代表的全国各地集资办学的经验，对今后进一步推动集资办学工作提出了具体要求。

全国筹措教育经费、改善办学条件山东现场会分两个阶段进行。第一阶段，从12月17日至20日，与会代表分6路到山东省12个地、市，对筹措经费、改善办学条件情况进行实地考察、学习；第二阶段，从21日至24日，集中4天时间在济南开会。

参加这次现场会的有国务院副秘书长李昌安，国家教委和财政部的负责同志，各省、自治区、直辖市主管教育工作的副省长、副主席、副市长及教委和财政厅的负责同志，计划单列市主管教育的副市长或教委主任等。

国务委员兼国家教委主任李铁映17日至20日到山东沂蒙地区考察，沿途看了一些中小学和师范学校，同干部、师生和群众进行了座谈。21日出席了现场会开幕式，受李鹏总理的委托，代表国务院对山东省10年来依靠人民办教育，在筹措教育经费、改善办学条件，促进教育事业发展方面所取得的突出成绩给予肯定和表彰，并作了重要讲话。

国家计委、财政部、国家教委向山东省人民政府赠送了写有“依靠人民办教育，办好教育为人民”的锦旗，并奖励山东省1000万元。

在现场会上，财政部副部长刘积斌讲了话，山东省省长赵志浩介绍了山东的经验，辽宁、河南、甘肃、江西、广西等5省(区)也介绍了经验。还组织观看了山东、浙江、河南、甘肃、广西5省(区)筹措教育经费、搞好校舍改造的录像，讨论修改了进一步搞好集资办学的有关文件。国家教委副主任何东昌在现场会结束时作了总结讲话。

这次现场会认真总结和充分肯定10年来以山东省为代表的全国各地依靠人民办教育，多渠道筹措教育经费、改善办学条件方面的成功经验。概括起来有四条：第一，各级党政领导特别是党政第一把手关心和重视教育；第二，充分依靠人民群众，确立“人民办教育，教育为人民”的思想；第三，改革管理体制，根据自愿、量力和受益的原则，制定多渠道筹措教育经费、改善办学条件的规划和措施；第四，财政、计划、物价、税务、农业、工商等各部门大力协同，紧密配合。

会议认为，我国是一个幅员广大，人口众多，经济还比较落后，教育规模庞大的国家，是穷国办大教育。要解决和摆脱教育经费不足的困境，必须有新的思路，新的办法。党的十一届三中全会以来各地的实践证明，坚持“两条腿走路”的方针，实行“分级办学、分级管理”，充分调动社会各方面的积极性，依靠人民群众，多渠道筹措教育经费、改善办学条件，是发展我国教育事业特别是农村教育事业的成功经验，是一条符合中国国情的路子。“人民办教育，教育为人民”是办教育的指导

思想和实际措施上的重大发展，是群众路线的体现。通过学习和总结山东省的经验，对发展我国教育特别是农村教育路子进一步明确和具体化了。与会同志相信：这次现场会不仅对多渠道筹措教育经费、改善办学条件工作将产生很大的推动作用，而且对全国的教育工作，特别是基础教育、农村教育的发展都将产生深远的影响。

李铁映对今后各地进一步推动集资办学工作提出了四条具体要求：第一，要把会议的精神，山东省及各地的经验向省、自治区、直辖市党委常委会汇报；第二，要结合本地区的实际情况，认真学习山东省及各地包括本地区在多渠道筹措教育经费、改善办学条件方面的经验，因地制宜制订各自的规划和实施办法，争取尽快在全国各地消灭中小学的危房；第三，要发动群众，充分调动人民群众办学的积极性，依靠人民办好教育；第四，要坚持社会主义的办学方向，把德育摆在首位，全面提高教育质量。

国家教委、财政部从1990年起在全国范围内继续推广山东省依靠人民办教育，多渠道集资办学的经验，将根据不同的经济发展水平抓好几个点，分类进行指导，总结经验，表彰先进，以进一步推动这项工作沿着正确轨道健康发展。

撰稿人　黄　尧

审稿人　王显明

利用外资贷款促进我国教育事业发展

1981年，原教育部在国家计委、财政部的支持下同世界银行签订了第一个教育贷款项目协定，即“第一个大学发展项目”。这也是我国政府自1980年恢复在世界银行的合法席位后，同世界银行签订的第一个贷款协定。从那时起到1989年的9年间，我国同世界银行共签订了6个教育贷款协定，总额达6.57亿美元，约占我国政府同世界银行所签协定总额的10%。国内为贷款项目提供配套投资约14亿元人民币。贷款和国内配套投资主要投向包括理、工、农、医等学科在内的大学教育、专科教育、广播电视教育和中学在职教师培训等方面。已初步达成协议但尚未签订贷款协定的还有“职业技术教育”和“重点学科建设”两个项目，计划由世界银行提供贷款1.75亿美元。已签和未签订协定两项合计贷款总额为8.32亿美元。

我国教育项目的贷款主要用于三个方面：一是购置教学仪器设备（一般占贷款总额的85—90%）；二是派遣留学人员和聘请外国专家来华讲学；三是开展专项交流或组织专题研究活动。9年间，利用世界银行贷款购置设备多达5亿多美元，派出留学进修人员5000多人（其中1/3已学成回国）。

由国家教委归口管理的世界银行贷款项目情况如下：

一、已签贷款协定项目情况

1.第一个大学发展项目。贷款总额2亿美元，主要资助28所全国重点高等院校（包括国家教委、中国科学院、农业部、卫生部的院校）的理工农医实验室建设。该项目于1981年11月签约，1982年2月生效，1985年6月完成。这个项目购置了价值约1.52亿美元的仪器设备，450万美元的图书；选派了2676人出国进修。共计装备并建立了26个分析测试中心和27个计算中心及理化生实验室。这个项目已经执行完毕，效果比较显著，受益单位在教学和科研方面都取得了不少成果。

2.广播电视大学/短期职业大学项目。贷款总额0.85亿美元，主要用于装备中央和省、市、自治区的29所广播电视大学（其中支持建设了9个省、市的教育电视台）以及17所地方所属短期职业大学。该项目于1983年10月签约，1984年1月生效，1988年12月执行完毕。这个项目在执行期间还调剂贷款150万美元支持中国教育电视台购买卫星电视上行、播出设备；另用60万美元支持中央教育科学研究所建立情报检索系统和心理学实验室。该项目的建成，使得我国以现代化教学手段为依托的远距离教育体系初具规模。

3.第二个大学发展项目（也称中央部门大学项目）。贷款总额1.45亿美元，共有23个中央部门的34所重点高等院校和2个建在国家教委直属高校的师资培训交流中心受益。该项目的建设目标是优先重点支持一批工程和财经政法类的学科，并为这些学科装备分析测试中心、计算中心和电化教学中心。该项目于1985年3月签约，1985年6月生效，计划于1989年12月执行完毕。

4.地方大学项目。贷款总额1.2亿美元，共有56所地方政府所属重点高等院校和国家教委直属4所师范大学受益。该项目的建设目标主要是集中支持一批理、工、农、医及师范专业的学科，同时为这些学科建设分析测试中心和计算中心。该项目于1986年7月签约，1986年10月生效，计划于1990年12月完成。

5.中学在职教师培训项目。贷款总额0.5亿美元，共有72所省属和地市级所属教育学院受益。贷款主要用于培训初中在职教师，以适应我国九年制义务教育的发展。该项目于1988年3月草签协定，1988年8月正式签订协定，1989年1月生效。计划于1993年12月完成。

6.教材建设项目。贷款总额0.57亿美元项目建设目标是通过改进中央和地方一批印刷厂的排、印、装技术和设备，培训教材编审和出版管理人员，使全国大部分地区的大、中、小学教材品种有所增加，教材质量得到较大提高。在项目建成后，将实现小学一年级课本彩印国际标准版本。

二、尚未签订贷款协定项目情况

1.职业技术教育项目。项目计划贷款0.5亿美元。项目建设目标是通过在劳动部系统和经济比较发达的北京、辽宁、江苏等17个省市，装备12所职业技术师范院校和59个中等职业技术教育中心。项目建成后将初步形成一个以项目院校为基地的中等职业技术教育专业师资培训网络。目前已完成同世界银行贷款协定的谈判工作。

2.重点学科建设项目。项目计划贷款1.2亿美元。其中1亿美元用于国务院有关部委以及浙江省的高等院校，另外的0.2亿美元用于中国科学院所属研究所培训研究与教学人员。该项目的立项目的是为加快实现中央关于“培养高层次人才立足国内”的战略决策，建设一批学术和科研水平较高，能为国家经济建设解决重大难题，能吸引留学生回国工作，能发挥教学科研中心作用的国家级重点实验室和高等院校的专业实验室。目前业经国家计委和国家教委2个专家组评审，初步确定了133个实验室为子项目单位，其中114个分布在13个部委和1个省所属的46所高等院校。世界银行已于1989年9月来华完成了项目评估工作。计划于1990年上半年同世界银行正式谈判贷款协定。

撰稿人　尤少忠　向木初
审稿人　汪原仁　王显明

教育技术装备建设与勤工俭学

教学仪器设备行业管理

一、1989年教学仪器设备生产情况

项目 统计数 普高教	工厂数(个)	职工数(人)		固定资产(万元)		定额流动资金(万元)		工业总产值(万元)	工业净产值(万元)	产品销售收入(万元)	利润总额(万元)	税金总额(万元)	全员劳动生产率(元/人)	流动资金周转天数(天)
		合计	其中:技术人员	原值	净值	年末实际占用	年平均余额							
普教	535	26787	2819	18668.8	12172.9	18723.4	16872.0	35377.1	16372.0	37064.8	5073.0	1615.0	13103	238
高教	488	47271	7773	59437.7	41198.0	60416.8	57668.0	87536.8	35279.7	94538.3	21864.4	5278.6	18502	296

在普教的统计数字中，河北、海南、广西等省(区)和广州市暂缺。在普教35377.1万元工业总产值中，包括教学仪器设备25379.2万元；在16372.0万元的净产值中，包括教学仪器设备11790.5万元。在37064.8万元产品销售收入中，包括教学仪器设备26979.0万元。

普教完成工业总产值1000万元以上的单位如下：

江苏省　3863.0万元
四川省　3519.7万元
上海市　3354.4万元
福建省　3097.7万元
浙江省　2647.0万元
湖北省　2555.3万元
广东省　1997.4万元
湖南省　1896.8万元
山东省　1552.0万元
江西省　1321.8万元
安徽省　1282.9万元

在高教的统计数字中，吉林、山东、湖北、海南、云南、甘肃、青海、宁夏等省(区)暂缺。在高教87536.8万元工业总产值中，包括科教仪器8421.4万元；35279.7万元净产值中，包括科教仪器3929.5万元。在产品销售收入94538.3万元中，包括科教仪器9149.6万元。

在国家教委直属高校中，工业总产值超过500万元的单位如下：

浙江大学　3134.5万元
南京大学　2333.5万元
清华大学　2180.4万元
南开大学　2151.4万元
天津大学　1338.1万元
华南理工大学　717.7万元
华中理工大学　639.0万元

北京大学 618.9万元
上海交通大学 609.9万元
中山大学 532.6万元
华东化工学院 518.1万元
武汉大学 515.0万元
大连理工大学 508.6万元

1989年科教仪器新产品试制项目40项，国家教委拨新产品试制补助费35万元。

1989年技术改造更新措施共安排资金1500万元，其中用于土建部份的投资为233万元，占总投资的15.5%。

二、教学仪器设备行业的管理

按国家统计局的要求，1989年国家教委完成了教学仪器设备产品1990年不变价格的审定工作。共审定1990年不变价格511种产品，其中高教产品296种，普教产品215种。其余的品种（约300种）的不变价格由地方制定。

为加强机械电子工业的宏观管理，适应规划和计划工作的需要，国家统计局和机械电子工业部联合发出通知，要求机械电子产品的各归口部委都要建立统计资料的月报制度。国家教委归口管理的教学仪器设备行业从1989年12月起执行月报制度。

在产品质量管理方面，国家教委严格限制无生产许可证产品的生产与销售，并继续推行全面质量管理。由于某种原因，1989年发放生产许可证工作暂停一年，发证计划没有执行。开展了教学仪器优质产品的评选活动（详见教学仪器的研究及技术工作部份）。

1989年上半年，国家教委监督检验了6种物理仪器产品，平均合格率65%；下半年监督检验了20种产品（包括上半年6种产品的补检），平均合格率67.9%。合格率低的主要原因是生产厂对产品标准不熟悉，执行不力。受检验的产品有感应起电机、两用气筒、空气压缩引火仪、演示电磁继电器、电磁继电器、洛仑兹力演示器、力矩盘、阴极射线管（示磁场偏转效应、直进、机械效应、静电偏转效应）、学生万用表、共振音叉、F256和F512音叉、交流毫安表、直流微安表、碰撞实验器、气体定律实验器、等势线描绘实验仪、以及手摇交直流发电机。

在标准化工作方面，1989年，全国教学仪器标准化技术委员会发布了《教学仪器标准起草、复核、审查、审定、审核责任约定文件（试行）》、《关于改进教学仪器订标任务申报审查和编制年度订标计划的意见》和《教学仪器标准订标补助费使用管理暂行办法》。并审查了14个行业标准，其中4个经国家教委批准予以发布。到1989年底，标准累计数已达301个，其中行业标准6个，部委标准295个。

在销售环节的管理方面，国家教委除组织好1989年高、普教仪器设备补充订货会和1990年高、普教仪器设备订货会外，还对浙江省温州一带的个体不法商贩多次盗用国家教委名义，编造所谓“国家教委劳动局89全国教具仪器推广会”，向全国各地散发“邀请书”，公开行贿、骗取钱财的行为进行了揭露，并通报各地。指出所谓“国家教委劳动局89全国教具仪器推广会”纯属冒名，是非法的，必须取缔。通报要求各级教育行政部门加强教学仪器经费的使用管理，不给不法商贩以可乘之机。

在教学仪器设备行业管理方面，为进一步使“教学仪器设备行业协会”在教育主管部门与会员单位之间发挥桥梁作用，在行业管理上发挥指导作用，维护会员的合法权益，为会员做好各项服务工作，国家教委1988年向民政部申请将“教学仪器设备行业协会”改名为“中国教学仪器设备行业协会”，并已经民政部认可。民政部于1989年4月10日正式批复同意，这为今后全国教学仪器设备行业的宏观管理提供了更有利的条件。

三、教学仪器生产、开发、供应总体改革方案

教学仪器生产、开发、供应总体改革方案的研讨是1989年国家教委的重点工作之一。从4月到12月，经四次会议研讨，已按专题完成了讨论稿。

四、教学仪器企业管理

国家教委决定，从1989年1月6日起，将沈阳教学仪器厂下放到辽宁省，由省教委全权管理。明确沈阳教学仪器厂应坚持为教育服务的方向，不断开发新产品，提高生产水平。国家体改委于1989年10月24日复函国家教委，“同意将沈阳教学仪器厂下放给辽宁省教委管理”。但是由于某种原因，指标划转工作在年内没有完成。

为深化企业改革，增强企业活力，提高经济效益，国家教委和辽宁省教委组成联合工作组，在沈阳教学仪器厂推行承包经营责任制，确立责权利结合的经营机制，使企业做到自主经营，自负盈亏。承包形式为上交利润基数包干，超收分成，欠收自补。在风险抵押的条件下，实行“三保一挂”，即保上交国家利润，保企业发展，保完成教学仪器设备生产任务，工资总额与实现利税挂钩。承包期限为1989年1月23日至1991年12月31日。该厂承包后，工厂面貌有较大改观，生产有较大增长。

1989年委属教学仪器设备企业财务决算表（摘录）

单位：万元

决算数 企业名称 项目	合计	沈阳教学仪器厂	武汉教学仪器厂	西安教学仪器厂	中国教学仪器设备公司
工业总产值	1717.9	1181.0	201.7	335.2	
销售收入	37399.3	960.2	251.4	404.7	35783.0
实现利润	1088.9	31.7	9.2	4.5	1043.5
调整后利润	1289.4	38.0	12.0	7.8	1231.6
转来利润	37.5			10.0	27.5
补以前亏损	31.7	31.7			
利润总额	1045.8	−48.9	9.2	14.5	1071.0
企业留利	871.0		8.4	12.4	850.2
其中：新产品开发基金	2.0		0.8	1.2	
生产发展基金	537.6		3.4	5.0	529.2
后备基金	194.0		1.1	1.7	191.2
福利基金	68.1		1.3	1.9	64.9
奖励基金	69.3		1.8	2.6	64.9
固定资产原值	2704.2	1507.1	688.8	930.7	934.0
固定资产净值	2916.0	1019.0	465.7	646.4	784.9
定额流动资金	9699.9	958.3	329.4	320.6	8091.6
其他流动资金	8354.1	310.7	104.9	166.3	7772.2
年平均职工数（人）	2276	984	434	529	329
年末职工数（人）	2276	992	434	521	329

五、高校工厂管理

1989年1月28日，国家教委、财政部联合印发了《普通高等学校校办工厂管理的规定》，进一步明确了高校工厂的性质、地位、作用和任务，在管理体制、教学管理、科技管理、生产管理、劳动人事管理、财务管理和奖惩办法等方面都做了明确规定。根据“高校工厂要做好全员培训工作，不断提高职工队伍的思想政治、文化、技术和管理素质”的要求，并针对高校工厂整顿验收中暴露出来的问题，组织力量编著了《高校工厂管理》一书，已于1989年7月出版，供从事高校工厂管理的人员参考。

撰稿人　张润兴
审稿人　周克平

高校图书情报工作稳步发展

1989年3月，国家教委在北京召开了全国高等学校图书情报工作委员会秘书长会议，布置了本年度高校图书情报方面的几项重要工作。这次会议使高校图书情报界理清了思路，明确了精神，交流了经验，沟通了信息。经过一年的准备，这次会议所确定的几项工作基本上得到了落实。

一、高校图书馆发展的基本现状

经过广大高校图书情报工作人员的不懈努力，全国高校图书馆发展迅速，已成为我国图书情报事业的一支中坚力量。到1989年初，全国高校图书馆总共拥有馆舍面积349万平方米，文献累积总量3.68亿册（件），图书馆正式工作人员3.38万余人，年文献购置费总计1.8亿元，比1986年增长22.4%，接纳校内读者总量为328万人。此外，高校图书馆现代化建设也有了明显进步。目前高校图书馆已拥有微型计算机514台，贮存的数据库文献记录量达3966万条。复印机已基本普及，有的图书馆采用了现代光盘技术。在计算机应用方面，不少高校图书馆研制了有本馆特色的业务管理软件系统，有的还设立了国际联机检索终端，进行国际联机检索服务，极大地提高了高校图书馆的工作效率和服务质量。

二、高校图书情报工作的协作、协调

我国高校系统图书情报的协作、协调工作起步较早。1984年10月，成立了第一个地区性的图书情报工作协调机构——西北五省（区）高等学校图书馆工作委员会协作组，负责加强新疆、宁夏、青海、甘肃、陕西五省（区）高校图书馆之间的协作。之后，又陆续成立了华北地区、东北地区和华东地区的高校图书情报工作协调组织，开展了一系列卓有成效的工作。1987年，由国家科委牵头，文化部、国家教委、国防科工委、中国科学院等11个部委联合成立了部际图书情报工作协调委员会。针对当时国外书刊价格上涨和人民币与外币比价调整、图书馆购书经费日益紧缺等矛盾，该组织为顺应图书情报界的共同呼声，采取措施，不断探索，迈出了图书情报资源共享、馆际合作的可喜一步。国家教委直属华东地区高等学校图书馆协会于1987年春成立了外文原版期刊协作网络，开展原版外刊的采购协调工作。经过3年的努力，到1989年，该协作网累计节约订购原版外刊经费110余万元。在经费困难的情况下，既保证了所需外文原版书刊的品种，又满足了高校教学科研的需要，同时还积累了一些经验。在1989年12月部际图书情报工作协调委员会主持召开的全国图书情报协调工作经验交流会上，华东地区馆协介绍了开展这一工作的经验，得到同行的好评。

三、“全国文献资源调查”高校系统调查进展顺利

“全国文献资源调查”是一项全国性的图书资料调查评估工作。它也是国家“七五”社科研究的重点项目之一。由部际图书情报工作协调委员会领导，国家社会科学基金会赞助，于1987年6月正式立项，1988年下半年调查工作全面展开，1989年底调查工作结束，进入集中汇总分析、撰写全国综合研究报告阶段。参加这次调查的单位包括全国各系统的图书情报机构。调查的目的是考察图书情报单位的文献收藏状况和支持研究与决策的能力，以便掌握我国文献资源的优势、薄弱环

节和空白等状况，为调整全国的文献布局和建立国家文献资源保障体系提供决策依据。

参加本次调查的全国重要的图书情报单位达600家，其中属高校系统的近400家，占全国调查对象的67%。高校系统调查任务完成的好坏直接影响到全国调查工作的成败。国家教委对调查工作非常重视，除在人力、物力方面给予大力支持外，还组织领导了高校系统的文献资源调查工作。依据各地区的实际情况，采取不同的组织领导形式，取得了较好的效果。从整个文献资源调查的情况看，普遍反映高校系统的调查工作进展较快。现基层调查已接近尾声，不少地区正在进行地区汇总研究。通过这次调查，既摸清了家底，掌握了高校系统研究级馆馆藏现状，为调整高校及全国文献资源的布局提供了可靠的科学依据；又推动了高校图书馆各项工作的发展，并可产生以下研究成果：1.撰写“关于我国高等学校系统文献资源现状的分析研究报告”；2.提出“关于加强我国高等学校系统文献资源建设和开发利用的改进方案”；3.编辑“全国高校系统文献资源利用指南”；4.建立“全国高校系统文献资源事实数据库”。

四、高校图书馆自动化研究工作

近年来，高校图书馆自动化研究工作发展非常迅速。1988年9月，在国家教委组织举办的全国高校图书馆计算机应用成果展示会上，即有23个高校图书馆展出了自已的各类实用系统36个和实验系统7个，充分显示了高校图书馆在我国图书馆自动化研究领域中的实力。为了加强对高等学校图书馆应用现代技术手段的宏观规划和指导，促进高校图书情报事业的整体化和现代化建设，1988年10月国家教委决定在全国高等学校图书情报工作委员会下设现代化技术委员会，作为国家教委在规划、组织和协调高校图书馆整体化和现代化建设、特别是开展高校图书馆自动化课题研究时进行咨询的机构。同时，国家教委还专拨了图书馆自动化研究科研经费，安排24个项目由14个院校图书馆承担（项目名称、承担任务单位见附录）。主要研究高校图书情报工作计算机应用通用软件、技术标准、有教育系统特色的数据库和有指导意义的软课题等。1989年11月，国家教委逐个检查了这些项目的落实及进展情况。

高校图书馆自动化的建设尚属起步阶段，还不适应高校图书情报事业发展的需要。因此除各校继续给予支持外，国家还应投入一定的财力，用于其骨干工程的建设。

撰稿人　张　环
审稿人　高炳章

附

□高校图书馆自动化研究项目一览表

项　目　名　称	承担任务单位
全国高校图书馆事实数据库（CULIS）	全国高校图书情报工作委员会秘书处
CD　ROM的物理、逻辑及应用标准研究	复　旦　大　学
图书馆自动化软件评价准标研究	福建师范大学
国内图书馆自动化现状及发展战略研究	西安交通大学
图书流通管理用条形码标准	南京大学
中国高校图书馆代码标准	清华大学
图书馆自动化通用软件开发工具	南京大学

项目名称	承担任务单位
国外图书馆自动化现状及发展趋势研究	武汉大学情报研究所
图书馆自动化技术、产品资料中心	武汉大学
图书馆自动化技术、产品资料中心	北京师范大学
中国高校学报文摘数据库（CUJA）数据质量控制及生产过程自动化研究	清华大学
北京地区西文图书联合目录数据库	北京大学
华东地区西文图书联合目录数据库	上海交通大学
华东地区外文期刊联合目录数据库	复旦大学
中国大学博士论文文摘数据库(CUDA)研制	上海交通大学、清华大学
西南地区外文期刊联合目录数据库	四川省高校图工委、四川大学
面向中大型图书馆的通用集成系统	上海交通大学
面向中小型图书馆的通用集成系统	西安交通大学
面向中小型图书馆的通用集成系统	成都科技大学
面向中小型图书馆的通用集成系统	福建师范大学
面向中小型图书馆的通用集成系统	东北电力学院
教育文献数据库	北京师范大学
中文图书采访数据源合作研究	南京大学等
中文书目合作回溯建库研究	北京大学等

高等学校实验室工作

一、基本情况

在80年代，高等学校实验室工作取得了很大成绩。特别是1983年10月全国高等学校实验室工作会议后，随着高等学校的迅速增加，实验室建设也有很大发展(详见下表)。

全国高等学校实验室情况表

	1983年	1989年	增加比例%
实验室数量(个)	21269	33171	56
使用面积(万平方米)	334.7	607.3	81
专职人员(万人)	10.20	13.52	33
仪器设备量(万台件/亿元)	343.67/38.58	491.39/96.92	43/151
统计学校数(所)	762	1031	35
备　注	普通高校805所	普通高校1079所	

由于物质条件的改善和人员的补充，以及管理工作的加强，从全国看，已部分地实现了1983年全国高等学校实验室工作会议上提出的奋斗目标。据对全国普通高等学校实验教学情况的统计，教学实验的平均开出率已达89%；建立了一批比较先进的现代化实验室，如分析测试中心167个，计算中心230个，以及一大批电教中心、复印中心和37个国家重点实验室。为高等学校承担研究生教学和国家科研任务创造了条件。

二、管理改革与效益

1. 高等学校的分析测试中心和计算中心的体制有利于教学、科研工作。截止到1988年的统计，在全国普通高校中已建立分析测试中心167个，计算中心230个。这些中心多数为校级管理，少数为系(处)级管理的实验室，向校内开放，仪器设备为多个学科服务，为联合开展科学研究项目及培养研究生做出了贡献。如南开大学的校中心实验室，实行新的管理体制后，充分发挥了中心具有仪器设备先进，人员有多学科知识与技能的优势，迅速取得了成绩，仅1988年校中心实验室就为本科生573人开课292学时，为109名研究生开课935学时，为1807人上计算机工作6万多机时，直接指导研究生16名，进修生6名，承担了25个科研项目(其中国家级项目5个)，完成技术成果鉴定及转让的有5项，发表学术论文64篇，完成52万字的科学专著1部，与国外合作开展的研究项目3项，参加国际学术会议5次，全年创收26万元。

2. 调整"小而全"的实验室，提高了教学质量和投资效益。有不少高校进行了实验室的整顿，对"小而全"、重复分散、技术落后的实验室进行了合并，对人员结构进行了调整，改革了领导体制，发挥了效益。如兰州铁道学院1984年合并了5个"小而全"的实验室，成立了由系主任直接领导的电信基础实验室，人员从15人调整为11人，4年来年平均开出8门课79个实验项目，计4.2万学时人次，实验开出率由88%上升到95%，实验任务逐年增多。由于采取了独立开设实验课，设计型和综合型实验的比重由17%增加到42%；还开展了学生第二课堂和科技小组的实验活动，实现了提高实验教学质量的目标；开展了科研和社会服务工作，提高了实验室的整体效益。再如河北机电学院1987年6月在机械二系将三个专业十几个教研室管理的“小而全”实验室调整成系管中心实验室，密切了各专业的协作关系，集中了50万元的通用仪器设备，清理出近8万元的积压物资，减少实验用房180平方米，精简了专职人员4名，规定了严格的岗位责任制和实验教学程序，从而增加了学生实验的组数，编写了全系各专业所有课程实验教学大纲和教学规定等文件。除完成规定的教学实验项目外，还主动设计并开展了学生科技实验活动，开展了社会服务工作。同时，对实验室工作人员进行培训，提高了实验教学效果，成绩显著。

3.校际及高校与科研单位之间实验室联合开放，有利于科研协作和人才培养。1983年，原教育部曾提出要鼓励高校发挥人力资源的优势进行科研协作，“由各省、市、自治区、中央各部委及科研单位提供投资或设备，在院校内建设实验室”的意见，经试点后已经取得了成功的经验，除了国家计委自1984年逐年专项投资，利用现有条件，在高校中建设37个国家重点实验室外，江苏省于1985年在扬州市组织江苏农学院、扬州师范学院、扬州工学院、扬州医学院、江苏省商业专科学校、江苏省水利工程专科学校的分析测试实验室，对30台套500万元的精密贵重仪器、计算机和23名专职实验室工作人员进行协调安排，并由省高教局予以经费支持，成立了扬州高校联合实验中心。每年有近40名研究生在联合实验中心工作，开展了“银杏综合利用”、“饲料营养成分快速测定”、“水稻品质测定”、“农副产品及环境污染背景调查”等6个部委级与省级研究课题，还承担了10个同当地工厂、医院、研究所协作的科研项目。该实验中心已成为扬州市计量网成员，承担有关产品计量测试及部分进出口商品的检验任务，已测试鉴定样品5000多个，并为新疆、上海、南京、徐州、镇江等地区的一些单位进行测试服务和培训人员。由国家科委倡导，由国家教委、中国科学院和北京市科委联合组织的高档分析测试仪器对外开放的横向联合体——北京中关村联合分析测试中心，每年设立开放基金105万元。1988年利用这笔基金为51所高等学校2115名师生295个科研项目，提供1.04万个机时的服务，为588名研究生提供了先进的分析测试仪器和技术，为培养高层次人才、完成高水平的科研成果提供了条件。例如，在培养研究生方面，在“多功能图象分析仪”上，就完成21名博士生和硕士生论文的数据测试分析与处理工作。清华大学的一名博士生由于有条件使用高档的透射式和扫描式电子显微镜，在金属材料的研究方面，完成3篇高水平的论文。再如，在高技术、学科前沿及我国国民经济应用领域的科研中，通过充分利用上述仪器和技术，取得了9项重大成果。包括北京大学制造出了“氘试剂”，并向西德出口50立升；中国药科大学在“蕃荔枝科植物的化学成分”的分析测试中发现了新的天然产物；北京农业大学找到了“泡桐木材变色”的重要因素，清华大学对焦化废水的有效处理流程”等。1989年，这个联合分析测试中心又为66所高校的298个科研项目提供9844个机时，避免了高校重复购置这些高档仪器，为国家节省了大笔资金，也节省了人力和物力，开创了跨部门联合开放实验室，高水平的人员协作共用先进仪器，为培养人才和完成高水平的科研任务做贡献的新局面。

三、实验室管理的研究

高等学校实验室管理研究会于1989年7

月召开了24个省、自治区、直辖市及3个部委、2个军事系统高校实验室管理研究会秘书长会议，回顾了近年来的工作。据不完全统计，共召开学术报告年会、讨论会76次；发表论文1811篇，出版专著14部、期刊7种；举办技术人员与管理人员的培训班31次，开办专业证书班2个，在230余所高校进行了调查研究；在4个省、自治区、直辖市开展了高校基础课实验室评估的试点工作，有12个省市的高校研究会600多人参加了国家教委"七五"期间的重点软课题——"实验室建设与人才培养"的研究。这次会议还提出了"要在党的十三届四中全会精神的指引下，研究解决当前高校实验室工作中存在的问题"的意见。会议认为：各级领导要充分认识实验教学不仅在培养学生智育中和动手能力方面有重要作用，而且对学生的德育培养方面也是很好的手段。通过实验课，可以培养学生辩证唯物主义的观点和方法、理论联系实际、实事求是的工作作风，严谨的科学态度。加强实验教学，增开实验课对改变我国高等教育目前存在的脱离生产、脱离实际、脱离国情、脱离工农群众的倾向也将会起到积极的推动作用。

撰稿人　李景奇

审稿人　周克平

中小学校实验室工作

一、实验室发展规划的目标及进展

为贯彻全国中小学实验室和仪器设备工作会议精神，国家教委于1988年3月发布了《1988年至1995年全国中小学校实验室发展规划要点》(以下简称《规划要点》)。在《规划要点》中，明确地提出了中小学实验室建设的发展目标和指导思想："中小学实验室建设要适应全国普及九年制义务教育的进度，并按所划分的三类地区进行"，"还要和中等教育结构改革的进度同步"，"根据学校负担的任务，分层次、分阶段、有步骤地进行。"并且对已建成的和准备建设的农村、城镇的普通学校、师范、职业学校的各类实验室发展规划提出了原则和目标。还指出了规划应注意的三个问题：(1)不同地区不同层次的学校，配备实验室人员、仪器设备和房舍建筑的标准应有所不同；(2)大力提倡自制教具；(3)在仪器的配置中，首先解决好学生受益面最大的基本仪器，不要盲目追求个别项目高标准，要面向学生的大多数。为实现上述目标，国家教委提出的主要措施为：加强领导，健全机构，加强实验队伍建设，多渠道集资，改进普教仪器的研制、生产、供应和服务，加强管理、健全制度等六个方面。《规划要点》下达后，各地积极传达贯彻。山东、广东、江西、福建、四川、湖北、湖南、黑龙江、河南、吉林、江苏、新疆、内蒙古、北京、上海等15个省、自治区、直辖市以及哈尔滨、长春、沈阳、杭州、成都等计划单列市，都根据本地情况制订了中小学实验室发展规划，并落实措施，积极进行建设。根据对吉林、山西、陕西、山东、安徽、湖南、贵州7个省的27万所中小学的抽样统计：上述27万所学校中，1987年时只有7.4％的学校有实验室，到1989年底已有16.6％的学校有了实验室；27万所学校拥有的教学仪器量从1987年的2.7亿元上升到1989年的4.1亿元；实验室的家俱量从0.85亿元上升到1.9亿元；实验室的专职工作人员从1.7万人增至3.2万人；实验室用房面积从394万平方米上升到504万平方米。不少省市在工作中建、配、管、用一起抓，在增加仪器设施的同时，还抓了实验教学方面的师资培训，如江西省近二年来共培训中小学实验教师和管理人员达5000多人次，并组织实验教学示范课，开展实验教学研究等活动，明显地提高了理科教学质量。如贵州省兴义市第四中学每年招收学生的生源都是全市素质最差的，但由于1985年以来抓了实验室建设，开展了实验教学，学生的物理、化学成绩显著提高。1984年，参加中专、中师升学考试学生的物理、化学及格率分别为47.8％和65.2％，到1989年时则分别达到95％。

二、上海市和河北省中小学实验室工作的特点：

上海市于1989年10月完成了市郊乡(镇)中小学实验室和教学仪器、人员按配备标准配齐的目标。全市233个乡(镇)中有208个乡(镇)各有一所中学配备物理、化学、生物实验室各一间，中心小学配备科学实验室一间，并抓了实验室用房与设施配套、仪器与桌凳橱柜配套、实验室与实验员、实验教学与管理制度配套的推广工作。到1988年底，全市12个区9个县的3612所中小学有各类实验室4358间，拥有各类教学仪器设备总值达到1.12亿元(其中音乐、体育、美术器材1811万元)。中小学实验室建设和实验教学得到各级政府和教育部门的重视，教育技术装备水平及实验室建设已成为上海市1989年教育督导、评估一所学校是否具备普及九年义务教育办学条件的依据之一。实验教学的开展成为评估学校教学改革的指标之一。使中小学、中师、职教、特教的教育技术装备与全市普教“七五”事业发展同步进行。他们首先采取措施健全工作机构，充实人员，明确工作职责，然后抓郊县教育技术装备这个薄弱环节，扩大教育技术装备的领域，为特殊教育、职业技术教育、中等师范教育服务；开展了实验教学和实验室建设的检查评比与研究；不断扩大现有实验室的功能，充分发挥了投资效益。上海市的做法和经验，引起了各地教育部门的关注。

河北省教委1988年决定在全省小学校普遍开展自然科学启蒙教育，小学的自然常识课被列为必开设的考试课程，并规定中心小学配备专职自然常识教师。为了普遍开展实验教学，加快小学教具仪器的配备，省教委总结了河北省多年来在中小学开展自制教具工作的经验，确定了小学教学仪器、教具实行自制与购买相结合的方针。1989年制订了全省《小学教育技术装备目录》，按照实验小学或城市中心小学、区乡中心小学和城市一般小学、农村其他不同形式小学三个类别的学校及班额学生数，全面地制订了教育技术装备标准。包括数学、自然课、劳动技术课、音乐课、体育课、美术课需要的器材、图书、医疗卫生器械、办公家俱设备及开展电化教育的器材等八大类的配备明细项目，为小学校提供了一项建设和发展的科学依据。为了培训小学实验教师，解决小学教学仪器自制与购买相结合的问题，河北省教委推广了保定市河北小学张国成老师自制教具和开展实验教学、电化教学的典型经验，并多次开办了小学教师培训班。保定市河北小学张国成老师的经验是：坚持为教学服务的方向，按照小学课本中的教学内容搞自制，因陋就简，就地取材；师生共同动手制作；不断创新，增强直观性，突出重点演示或实验部件的改进。他从事教学近40年，自制教具2000件，按照小学自然常识课本第一册至第六册，基本上成龙配套。这些教具的价值约合2万元，自制仅花原材料费2000元。通过自制教具，开展实验教学和少年科技活动，培养了学生的思维能力和学习科学知识的兴趣，提高了教学质量，也提高了教师的业务水平。这些经验正在推广之中。

撰稿人　李景奇

审稿人　周克平

教学仪器研究及技术服务工作

一、中国教学仪器设备研究会在北京成立

1989年12月2日至4日，中国教学仪器设备研究会成立大会暨首届学术报告会在北京召开。来自全国各地的67位代表参加了成立大会。中国教育学会常务副会长张健，国家教委条件装备司司长蒋景华以及中国教育学会副秘书长董树森到会并讲了话。

会议通过了研究会章程，选举产生了第一届理事会。第一届理事会由42名理事组成，其中常务理事9人，理事长由高景德教授（中国科学院学部委员、原清华大学校长）担任，副理事长为刘济昌（国家教委教学仪器研究所副所长、副研究员）、周克平（国家教委条件装备司副司长、副教授）、谭成章（南开大学教授）、王继慧（吉林省教委教育技术装备处处长、高级工程师），秘书长由刘济昌兼任，副秘书长由王继慧兼任，秘书处挂靠在国家教委教学仪器研究所。

会议还决定国家教委教学仪器研究所主办的期刊《教学仪器与实验》兼作研究会的会刊。

首届学术报告会的主题是教学仪器设备研究方向和发展战略。这次报告会共收到论文70篇，其中39篇收入论文集。内容涉及实验教学在教育中的地位和作用、实验教学改革、教学仪器的理论建设、教学仪器研究开发中的政策问题、教学仪器的设计原理、质量剖析和价格政策、自制教具、新技术在教学仪器中的应用、教学仪器国产化、高校物理教学仪器研究、农职技教育设备和小幼教玩具研究等方面。

截止到1989年底，全国已有21个省、市成立了教学仪器设备研究会（或筹备组），下属团体会员414个，个人会员457人。全国性的教学仪器设备研究会的成立，必将团结广大教师和教学仪器专业人员积极投身教学仪器研究活动，对促进教学仪器的发展产生推动作用。

二、评选教学仪器优质产品

1989年度国家教委教学仪器优质产品审定会于9月14日至15日在北京召开。审定会听取了审定委员会秘书处及各测试机构对16个产品的评比检测报告，审查了评议材料，在充分研究、讨论协商的基础上，评选出9家工厂生产的11个产品为1989年度国家教委教学仪器优质产品，它们分别是：

1、北京青锋机床厂生产的MUJ-1型存贮式多用计数器；

2、上海华师科教仪器厂生产的CS-Z型数字毫秒计；

3、武汉大学科教仪器厂生产的SSM-5C型计时一计数一计频仪；

4、西安交通大学科教设备厂生产的SJ-10型机构学电动示教板；

5、江苏省靖江县季市光学仪器厂生产的J2508型光的干涉、衍射、偏振演示器；

6、江苏省靖江县季市光学仪器厂生产的J2515型双缝干涉实验仪；

7、苏州市教学仪器厂生产的J0414-1型交流毫安表；

8、苏州市教学仪器厂生产的J0415-1型直流微安表；

9、南京教学模型厂生产的J3301型人体头颈躯干模型；

10、浙江省温州市五星教学仪器厂生产

的J3303型眼球仪；

11、四川省隆昌玻璃仪器厂生产的川J0006型配套玻璃仪器。

会议推荐的江苏省靖江县季市光学仪器厂生产的光的干涉、衍射、偏振演示器，经国家质量奖审定委员会审查通过获国家银质奖。

三、发布了8个不同学科的配备目录

随着教育改革的深入，为适应不同的需要，国家教委继发布中学、小学、幼儿园、中师等教学仪器和电教器材配备目录之后，1989年又组织编制并发布了8个不同学科的配备目录。它们分别是：

1、全日制小学音乐教学器材配备目录（试行）；

2、全日制小学美术教学器材配备目录（试行）；

3、全日制小学劳动课教学器材配备目录（试行）；

4、全日制初级中学音乐教学器材配备目录（试行）；

5、全日制初级中学美术教学器材配备目录（试行）；

6、普通中学劳动技术课教学器材配备目录（试行）；

7、综合大学及师范院校普通物理演示实验及仪器参考目录；

8、工科院校大学物理演示实验及仪器参考目录。

以上目录的发布，使我国中小学校中主要学科都有了可参照的仪器设备配备标准。

撰稿人　王长毅

审稿人　冯振家

教学仪器设备供应

一、1989年教学仪器设备供应的新成绩

1989年，中国教学仪器设备公司系统在国家银根紧缩、市场疲软的情况下，坚持为教育事业服务的宗旨，克服种种困难，继续发挥教学、科研仪器设备供应的主渠道作用。全年向教育系统供应了约5.6亿元的仪器设备，其中，各种计算机5606万元，电教设备19096万元，实验室仪器1048万元，机电产品977万元，其它设备4688万元，4次全国性订货会成交额2.46亿元。全年出口额90万美元。

1989年，国产教学仪器设备的出口工作有了较大进展。总公司着手建立了一套出口的基本制度，编辑出版了《中国教学仪器》出口商品样本。总公司还代表中国首次参加了在新加坡举办的东南亚国际教具博览会。博览会期间成交额为8万美元，并与世界上23个国家的40多个厂商建立了业务联系，扩大了中国教学仪器在世界市场上的影响，加快了我国教具工业迈向世界的步伐。

中国教学仪器设备公司系统为了配合全国教学、科研的需要，大力开展进口工作。1989年，总公司为全国487所大专院校供应各种仪器设备112590台/件。上海公司根据学校电化教育和中小学卫星电视教育需要，组织供应免税大1/2、3/4录相机2000余台。

1989年，总公司圆满完成国家教委交办的援外任务，落实了援助毛里塔尼亚小学教具箱4套，援助中非和乍得生物显微镜各20套；援助金额6万元。

1989年，总公司委托上海公司开展的“地方大学发展项目”国际招标，实现销售80万美元，占招标全部销售的95%；“中师培训项目”国内招标，实现销售3000万人民币，占招标全部销售的93%。

二、强化企业为教育事业服务的宗旨

1989年，中国教学仪器设备公司系统为教育系统节约经费共4887.93万元，其中，总公司3300万元，上海公司620万元，广州公司393.24万元，天津公司230万元，沈阳公司344.69万元。为了将更多的实惠让给学校，总公司进一步降低手续费标准，国拨外汇手续费降至1—1.5%；出口代理费的1—1.5%，出口创汇额的90%留创汇单位。公司系统充分利用国家为教育系统部分进口商品提供减免税的优惠条件，克服使用中央外汇中工作量大、利润小、资金周转慢等不利因素，积极组织了调剂外汇、地方外汇，集中为学校办理购买免税仪器设备。1989年，总公司仅进口商品减免税一项，全年为学校节约教育经费约2700万元，其中免税电教设备节约1700万元。公司系统业务人员在与外商谈判时，把握国内外市场变化信息，努力压低商品进价，将节约下来的经费无偿退回学校，仅总公司计算机处1989年向学校退款就达7.3万元。天津公司与天津大学精密仪器系合作生产、销售“内窥镜图像显示仪”，每套售价4万元，比进口价格低8万元。到1989年底已售出15套，为国家节约经费120万元。

1989年，公司系统进一步加强售后服务工作，出售的仪器设备免费维修一年。总公司全年保修微机300余套，维修各种型号长城计算机200余台/件，并组织了一次长城计算机技术培训班。在中央电视台举办的“全国计算机生产经销单位售后服务民意评比”中，总公司在全国1300家企业中同其中50家企业一起被评为优胜企业。沈阳公司大连营业部，急用户所急，1989年送货上门80余次。

撰稿人 侯 彤　　审稿人 林起和

教育系统书刊进出口管理

教育系统书刊进出口业务，自1987年5月中国教育图书进出口公司（简称教图公司）建立以来，逐步由该公司负责经办。二年多来，该公司边筹建边开展业务，至1989年底已基本完成了筹建工作，全面系统地开展了书、报、刊等方面的进出口贸易，初步建成为一个有一定规模的图书进出口企业。

一、中国教育图书进出口公司的成立

1986年冬，国家教委决定成立中国教育图书进出口公司。成立该公司主要依据是：我国高等学校已有1000余个图书馆，5000多个资料室，每年购买图书经费达1.5亿元以上，其中每年购买外文原版书刊的经费达8000多万元，占全国书刊进口量的2％以上。国家教委还承担全国文科学位点外文图书专款采购和世界银行贷款外文图书采购的任务。从1984年以来，我国的大学出版社有了迅速发展，至1989年底已有91家，担负教材出版任务的中央和地方出版社有70余家。每年出版的教材和专著约7000余种，还有一批学报、期刊和声像制品等。世界各国的100多个汉语专业点和许多华侨学校都迫切需要供应汉语教材。鉴于这种形势，迫切要求建立教育系统书刊的进出口渠道，以满足各方面的需求。

1987年2月，对外经济贸易部批准成立中国教育图书进出口公司。1987年5月，国家工商行政管理局正式核发营业执照。中国教育图书进出口公司的经营范围是：承担教育系统的教材、图书、报刊、工具书、教学参考书、学术专著和教学、科研用的音像制品、缩微制品和教学标本、模型的进出口业务，举办教育图书展览、展销会等。

二、边建设，边开业

国家教委十分重视教育图书进出口公司的筹建工作。1987年初，国家教委副主任刘忠德两次召集教委内有关司局研究讨论了公司的筹建工作。确定公司应按照“立足当前，放眼未来，由小到大，逐步发展”，“先开展业务，后铺摊子”的方针进行筹建工作，并对领导班子、人员编制、基本建设、办公用房、开办费用等作出了相应的安排。1987年中，按照国家教委确定的方针，建立了公司筹建小组，调配了经理和专职人员，并研究了高校书、刊进出口工作的情况和工作方针、步骤。与此同时，派出工作组筹建深圳公司。1987年10月27日深圳市政府批准中国教育图书进出口公司深圳公司成立。

1988年初，国家教委召开高等学校书刊进口工作座谈会，明确教图公司要贯彻执行“依靠学校，服务学校”和“优质微利”的经营方针。刘忠德在会上讲话，要求教图公司必须办成全心全意为教育系统服务的图书进出口企业。国家教委办公厅在会后转发了《中国教育图书进出口公司进口工作暂行办法》等会议文件。

公司在近两年来组织力量编制进口报刊征订目录，已经编辑出版了西文、日文、俄文报刊征订目录，总共收录各种报刊2.7万种，以后又补充编印了港澳台报刊目录。同时，又组织力量赴各地进行收订工作。在各地高校图书工作委员会（以下简称图工委）和图书馆的支持和配合下，完成了3万余年份的报刊收订任务。在图书收订和进口工作方面，编辑印发了5期图书征订目录，收录新书总计7000种，收到统订和零星订单9000多份。

1988年6月在北京举办了医学和理工类书展，参展图书近1000种；9月参加了北京第二届国际图书博览会；11月在上海举办了医学书展，参展图书800种左右。图书出口方面，向国外发行了4期图书和音像制品目录，举办了深圳红楼梦书展和香港内地大学书展。全年共销售图书3万多册。

1989年9月，公司召开了第一届董事会。会上传达了国家教委副主任何东昌、滕藤的指示，充分肯定建立教图公司的意义、作用和公司的经营方针。会议通过了《中国教育图书进出口公司董事会章程》，任命了董事长和总经理。

1989年12月31日，国家教委和国务院清理整顿公司办公室经过研究进一步明确保留教图公司。国家教委也明确了保留深圳公司。1989年12月2日，中央宣传部、新闻出版署发出文件，明确今后外国、港澳台报刊的进口和国内征订工作，教育系统的可由中国教育图书进出口公司经办。

经过1989年的努力，完成了30400年份进口报刊的发行工作，收订1990年进口报刊31900年份，比1988年略有增长。进口图书编印目录12期，共收订单18053份，较1988年增长46%。出口图书编印目录14期，共收订单6000份（书款合5.3万美元），约为1988年的5倍。1989年营业收入1838.81万元。

三、初步建成一个具有一定规模的图书进出口企业

两年多来，公司调入和聘用职工147人（其中正式职工86人），设立了办公室、报刊进口部、图书进口部、出口部、代销部、信息部、储运部、财务室等机构，建立了必要的规章制度。购置了超级微机3台、微机8台，逐步实现了报刊、图书等主要部门的计算机管理。财政部核拨了非贸易外汇额度，海关总署给予减免税等待遇（其中学校订购的书、报、刊享受全部免税）。完成了深圳公司的筹建工作，并在30余个城市建立了40余个转运站。通过学校集股和国家教委拨款，总计筹措了550万元的流动资金。一个具有一定规模的图书进出口企业已经初步建立起来。

到1989年底，进口报刊方面的业务已占全国高校订阅外刊的1/3左右，图书进出口都能定期编印目录，收到相当数量的订单。在国内外举办了多次进出口图书展览。目前，公司全年营业额达2000万元人民币。公司现与600多个高校有业务往来，与世界各主要书商和出版商均建立了业务联系。

教图公司坚持“依靠学校，服务学校”和“优质微利”的经营方针，采取把外商的折扣基本上让给订户，外汇按国家牌价折算，并实行“明码标价”，核收20%的手续费等措施，取得了良好的社会效果和经济效益。

随着科学技术的发展，书、报刊、音像、光盘、缩微制品等各种载体越来越多，教图公司的任务艰巨，潜力很大。目前，教图公司经过了清理整顿，正朝着建设一个新型的社会主义的图书进出口企业的目标前进！

撰稿人　杨福珍　李露
审稿人　沈友益

中初等学校勤工俭学

一、基本情况

1989年，全国中初等学校勤工俭学活动有新的发展。据统计，全国中初等学校中有83.1%的学校开展了不同形式的勤工俭学活动，建立了55.9万多个勤工俭学基地，勤工俭学总产值达193.2亿元，实现税利40.9亿元，学校勤工俭学纯收入为35.3亿元，其中补助教育经费达18亿元。勤工俭学纯收入超过1亿元的省、自治区、直辖市由1988年的13个增加到1989年的15个。它们是江苏、辽宁、山东、吉林、河北、黑龙江、四川、上海、湖北、浙江、广东、河南、湖南、北京、广西，其中江苏、辽宁、山东3个省勤工俭学纯收入均超过3亿元。勤工俭学纯收入按在校学生总人数平均，达到每生20.24元，详细情况见下表：

中、初等学校勤工俭学基本情况

开展勤工俭学学校数(所)	勤工俭学开展率(%)	勤工俭学基地数				接纳学生参加劳动的基地数(个)	接纳学生劳动的基地数占基地总数的百分比%	土地面积(亩)	校办厂(场)职工数		固定资产原值(千元)	固定资产净值(千元)	流动资金年末数(千元)	
		总计(个)	其中：农业基地数(个)	工厂数(个)	第三产业数(个)				总计(人)	其中：教师			计	其中：成品资金
731669	83.1	559304	399463	78175	81666	420475	75.2	6801467	1329029	96081	4704017	3551347	5313533	1444143

中、初等学校勤工俭学收益分配情况表

单位：千元

勤工俭学产值				勤工俭学总收益				税金		收益分配			学生人均收入(元)
合计	其中：农业产值	工业产值	第三产业营业额及其它勤工俭学收入	合计	其中：工业利润总额	农业纯收入	第三产业利润及其它收入	计	其中：上缴所得税	补助教育经费	统筹基金	企业留利	
19315710	1126627	13761427	4427656	3529376	1941336	486215	1101825	561333	27155	1795756	230934	1502686	20.24

补助教育经费使用情况表

单位：千元

本年支出总计	改善办学条件					集体福利			个人福利		
	合计	修建教学用房		购置教学设备	公用经费及其它	计	修建教职工宿舍		计	其中：	
		面积(m^2)	金额				面积(m^2)	金额		政策补贴	学生补贴
1746499	1078730	11156704	343079	274953	460698	278919	3278885	128641	388850	209650	89724

二、贯彻落实国务院[1989]9号文件

1989年，国务院批转了国家教委、财政部、人事部、国家税务局《关于进一步发展中小学勤工俭学若干问题的意见》(即[1989] 9号文件)，明确了开展勤工俭学的指导方针、政策和措施。各地通过认真贯彻落实文件精神，普遍加强了对勤工俭学的领导。有20多个省、自治区、直辖市召开了贯彻落实文件的专门会议，会议分别由省政府主持召开或教育、财政、劳动、人事、税务等部门联合召开。一些省的省委书记、省长、省人大主任、省政协主席到会并讲话。各地在贯彻落实文件过程中，结合实际制定了进一步扶持勤工俭学发展的优惠政策，有的省、市把从校办企业征收的产品税、增值税、营业税及专控商品附加费等返回教育管理部门，用作发展勤工俭学的周转金；有的省、自治区预拨教育事业费，利用“时间差”解决校办企业流动资金不足的问题；有的省给校办企业发放贴息或低息贷款；有的省规定，凡产权归学校或教育部门所有，收益用于发展教育事业的企业，均可享受国家和地方对校办企业的优惠待遇等等，有力地推动了全国勤工俭学活动的开展。1989年全国勤工俭学工作概括起来有以下几个特点：

(一)勤工俭学走上了健康发展的轨道。各地学校在开展勤工俭学活动中把育人放在首位，按教学计划组织学生参加力所能及的生产劳动，结合勤工俭学对学生进行艰苦奋斗教育、道德品质教育和职业技术教育，培养了学生的劳动观点、群众观点和集体主义观念。沈阳、大连、长春、哈尔滨、青岛等一些大中城市为了加强劳动教育，试办了由几个学校联合建立劳动教育中心，承担劳动教育课的任务。1989年全国共有42万个勤工俭学基地接纳和安排学生参加劳动教育。

通过贯彻国务院 9 号文件和中央关于治理整顿的精神，清理了靠挂学校而偷税漏税的“假校办企业”，纠正了出租校产等不妥做法，制止了向师生硬性摊派创收指标和教师、学生个人经商等错误做法。一些省份还采取措施，加强了财务管理等方面的基础管理。有一批校办企业实行了“所有权和经营权两权分离”的管理体制。有些省市加强了校办产业的技术改造和企业上等级等工作，企业管理水平有明显提高。

(二)勤工俭学成绩显著。1989年校办产业的规模和数量有一定发展，勤工俭学的经济效益和教育效益均有较大提高。据统计，1989年新增加勤工俭学基地4.6万个；勤工俭学总产值由1988年的144亿元增加到 1989 年的193.2亿元，增长34.2%；勤工俭学纯收入由1988年的27.4亿元增加到1989年的35.3亿元，增长28.9%；补助教育经费由 1988 年的14.4亿元增加到1989年的18.8亿元（包括统筹基金中补助教育经费部分)，增长30.6%。

(三)坚持因地制宜、持续稳定发展。1989年，在全国市场疲软、产品滞销的形势下，各地校办产业总体上还是稳步上升，其原因是各地坚持因地制宜、宜工则工、宜农则农，有条件的地方还兴办了第三产业。并且逐步形成了本地的骨干产业。黑龙江省在抓好骨干校办工业企业的同时，还重点抓了农村学校的勤工俭学，省、地、市、县勤工俭学管理部门的同志长时间深入农村，指导和推动广大农村学校的勤工俭学工作。四川、山西、青海等省，重点抓了校办农业，使校办农业纯收入比 1988 年增长 50%以上。湖北省决定用 2 至 3 年，分层次抓好一批勤工俭学骨干企业，使其在计划、经济、物资、银行等部门立上户头，列入省工业管理序列。广东省提出大力发展第三产业，积累资金，在此基础上重点发展实业，办好校办工业，规划了各地区的重点发展项目。多数省市认真进行调查研究和产业结构调整，做好新上项目的论证、安排和原有校办企业的调整工作，为以后勤工俭学工作持续稳定发展打下了良好的基础。

三、成立校办产业管理办公室

为了加强全国各级各类学校勤工俭学和校办产业的管理工作，进一步推动勤工俭学和校办产业的发展，1989年3月，经国家教委批准，成立校办产业管理办公室。其主要任务是：归口管理全国各级各类学校的勤工俭学和校办产业工作；拟定有关规章制度和实施细则；根据中央和国务院有关精神制定实施办法，协调解决有关问题；制定和实施长远规划和年度规划；总结交流经验。

撰稿人　石桂珍

审稿人　蒋景华

教育国际交流与合作

1989年，我国对外教育交流与合作尽管受到西方一些国家对我进行所谓"制裁"的影响，但由于我坚持独立自主的外交路线，坚持对外开放的政策，采取了积极主动的方针，仍取得了可喜的成绩，特别是与第三世界国家的教育交流与合作，有了进一步的发展。

出国留学工作

1989年，我国向61个国家派遣了国家公费留学人员2987人。其中高级访问学者和进修人员2444名，占81.8%；研究生411名，占13.8%；本科生132名，占4.4%。这些人员中，被派往西方国家和日本学习的占79.3%，派往苏联和东欧国家学习的占14.5%，派往亚、非、拉地区各国学习的占6.2%。

同年，由部门、地方、单位公费派出的留学人员5390人。其中，访问学者和进修人员4182人，占77.6%；研究生1154人，占21.4%；本科生54人，占1%。这些人员中，被派往西方国家学习的占90%；派往苏联和东欧国家学习的占3%；派往亚、非、拉地区各国学习的占7%。

1989年结束学业回国的留学人员为4188名。仍有3万余名公费留学人员继续在国外学习。

一、留学生司成立

为加强对出国留学工作的宏观指导，国家教委成立了留学生司。其主要职责是：拟定出国留学工作的方针、政策和计划；归口管理全国的出国留学工作；指导驻外使(领)馆教育处(组)做好有关留学人员的工作。

二、改进国家公费留学人员选派办法

根据中央关于深化改革的精神，1989年对国家公费出国留学人员选派办法进行了必要的改进。强调国家公费出国留学人员的选派应认真贯彻"按需派遣，保证质量，学用一致"的原则，根据国家经济建设的需要和财力的可能，以培养国内急需的高级专业人才为主。在保证国家当前重点建设项目需要的同时，兼顾长远需要和地方、部门的需要。在选拔人员的办法上，除了个别部门和地方外，不再采取分配名额的办法，改由各省、自治区、直辖市，中央和国务院各部委按照统一规定的项目，结合本部门的需要推荐人选，由国家教委组织专家评审后录取。1989年设立的国家公费出国留学项目有：访问学者、在学博士生、出国读博士学位以及根据需要设立的其他项目，要求各部门切实保证推荐人选的质量。

三、加强出国留学人员的培训工作

1989年9月，在成都召开了国家教委出国留学人员培训部工作会议。国内11个培训部的主任、党总支书记，部分院校分管培训部工作的院校长参加了会议。会议着重研究了在新形势下加强出国留学预备人员的政治培训和思想教育问题，明确了培训部不仅要进一步搞好对出国留学预备人员的外语培训，更要做好对他们的政治培训和思想教育工作。

四、召开驻外留学生管理干部会议

1989年7月和10月，两次召开了驻外留学生管理干部会议。与会同志认真学习了中央有关文件和领导同志的重要讲话，分析了当前出国留学工作的形势，研究了今后的任务和工作方针。会议还就国家公费留学人员的管理办法和实施细则提出了具体意见。

五、组织教授小组赴国外看望留学人员

1989年9月下旬至10月下旬，组成了以中国人民大学副校长、教授罗国杰，清华大学副教授李润海和北京理工大学副校长、教授马志清，北京大学研究生院副院长、教授赵光武等同志组成的两个教授小组，分别赴西欧和日本、澳大利亚等国看望留学人员。通过教授个人的亲身体验和认识，宣传党的方针、政策，听取留学人员的意见和建议。在国外期间，两个小组在5个国家的22个城市共召开座谈会42次，参加座谈的留学人员共1000多人。教授们还在一些地方参加了我留学人员举办的中秋和国庆晚会。通过这些活动，增进了师生情谊，消除了留学人员的一些思想疑虑，收到了较好的效果。

11月下旬，针对达赖喇嘛被授予诺贝尔和平奖、将于12月10日赴挪威领奖一事，中央民族学院研究西藏问题的专家王尧教授、清华大学林泰教授等同志先后赴挪威、丹麦、瑞士、瑞典等国，向中外人士介绍西藏问题，重点对广大留学人员进行爱国主义教育。

六、与美国国会"紧急放宽中国移民法案"的斗争

针对美国国会通过的《1989年紧急放宽中国移民法案》，1989年11月29日，北京10所高校的校院长联名发表了致美国大学校长的公开信，从维护中美两国和两国大学之间的友好关系出发，向他们呼吁，并通过他们敦促美国国会和政府停止违背中美两国人民意愿的错误决策。

11月27日，国家教委向有关记者和单位通报了美国国会通过上述法案前后的情况。留学生司向新闻界介绍了"六·四"后留学生归国及他们回来后工作和生活的情况。12月5日《人民日报》(海外版)和《中国日报》发了专题报导，以事实驳斥了美国国会散布的中国留学人员回国后会遭到"政治迫害"的谬论。

12月8日国家教委就美国总统布什采取的行政措施发表声明，抗议美方违背中美教育交流协议，干涉我国内政。12月9日《中国教育报》刊登了郑言的文章《布什否决美国国会众参两院"法案"真相》。文章剖析了布什的行政措施，指出它与"法案"并无实质差异，同样破坏了中美教育交流协议。

七、中国留学服务中心成立并积极开展工作

为适应国家机关职能转变的需要和加强对留学人员的服务工作，1989年4月成立了中国留学服务中心。该中心是具有法人资格的非盈利组织，其宗旨是为留学人员提供"快速、准确、热情、周到"的服务，并与国外相应的民间组织建立合作关系。

目前中国留学服务中心承办的主要业务有：为各类出国留学人员提供信息咨询服务，为公派留学人员办理护照、签证等有关出国手续，为各类回国工作的留学人员和国内用人单位提供双向选择服务，为公派出国和回国留学人员提供食宿和交通服务等。

1989年中国留学服务中心共为4463人办理了出国手续，接待学成回国的留学人员1379人，并为171人安排了工作。此外，还接待回国休假的留学人员392人，为11000多人次的留学人员提供了住宿和交通服务，为全国各地7150余人次提供了留学信息咨询服务。

为妥善落实即将毕业的国家公派研究生回国后的工作单位，使他们能够充分发挥作用，1989 年中国留学服务中心两次组织人才招聘小组赴国外工作。6 月初起先后赴法国、英国和联邦德国，10 月底至 11 月 20 日赴日本。在外期间，招聘小组向留学生们介绍了国内形势和拟招聘专业人才需求情况。经商定，有 50 多名博士研究生落实了工作单位，100 多名留学人员提出了回国工作的意向性意见。

撰稿人　白松来　陈泽滨
审稿人　王仲达

来华留学工作

1989年，我国通过政府途径接收外国留学生1393人，来自82个国家。据统计，在我国高等学校学习的外国留学生总数为6379人，来自124个国家和地区，分布在120多所高等院校。

1988年12月24日，由于河海大学个别来华留学生不遵守学校门卫制度引起的校内中外学生冲突的治安事件，在非洲驻华使团及有关国家的合作下，已于1989年初得到了妥善处理。

1989年4月，我国部分地方发生学潮后，国家教委向有来华留学生的省、自治区、直辖市教委(高教局)发出通知，要求各校深入、细致地做好来华留学生工作，安排好他们的学习和生活，不要因学潮而影响留学生正常的教学和生活秩序。5月、6月，国家教委又发出通知并召集在京高等院校留学生办公室的负责人开会，对来华留学生的教学、生活、安全等事宜进行了部署，由于学校对来华留学生工作的重视，保证了留学生的安全。在平息反革命暴乱后，针对西方新闻媒介的歪曲报道，国家教委将我国接受来华留学生的有关方针、政策通知了各国驻华使馆和我驻外使(领)馆，明确我对外开放方针不变，欢迎更多的青年来中国学习。同时，国家教委副主任何东昌还到北京语言学院看望了在校坚持正常学习的各国留学生。

1989年7月，国家教委又向有关省、自治区、直辖市教委(高教局)和国务院有关部委教育司(局)发出《关于做好来华留学生工作的通知》。《通知》要求："有关部门和学校的领导要特别重视来华留学生工作，解决存在的问题和困难，力争把来华留学生工作做得更好。"由于各方面的努力，保证了来华留学生正常的教学和生活秩序，1989年应届毕业生基本上都能按期毕业(或结业)。提前离校回国的学生90%以上都返回学校继续学习。新生招生任务完成81%。

1989年8月7日至9日，北京、上海、江苏、广东四省、市高等院校外国留学生工作研究会在北京科技大学联合召开了外国留学生工作研讨会，就中外文化差异等问题进行了专题研讨。12月15日至17日，国家教委国际合作司在上海同济大学召开了17个省、直辖市、自治区教育主管部门和90所高等院校外事处长或留办负责人参加的外国留学生工作座谈会，总结和交流了经验，并就加强来华留学生的教育和培养进行了专题讨论。12月18日在上海成立了全国高等院校外国留学生教育管理学会，秘书处设在北京语言学院内。

1989年，国家教委为了在较短的期限内为发展中国家培养出高水平的人才，以满足这些国家建设和发展的需要，开始从巴基斯坦招收直接用英语授课的博士生，并派出教育考察团赴伊朗考察，准备于1990年接受伊朗博士生来华学习。此外，国家教委决定从1990—1991学年起，对接受发展中国家奖学金生的结构层次做适当调整。增加接受具有大专毕业以上学历的在职人员人数，扩大进修生、研究生的招生比例。同时试办用外语(主要是英语)直接授课的专业班。

1989年6月，国家教委发布了《关于招收自费外国来华留学生的有关规定》。《规定》中明确了来华留学生在华的一切费用（包括学费、住宿费、伙食费、医疗费、教材费及教学计划之外的实验、实习、专业参观等）均由本人负担者，称自费生。《规定》还明确普通高等院校接受自费生，必须具备接受外国留学生的教学、生活、管理条件，要有管理外国留学生的机构。

国家教委鼓励和支持高等院校通过与国外高等学校校际交流与合作关系，接受外国留学生来华学习，以促进世界各国人民之间的相互了解和友谊。

撰稿人　李桂苓

审稿人　赵永魁

与亚非地区发展中国家的教育交流和合作

1989年，我国与亚洲和非洲地区发展中国家的教育交流和合作有了进一步的发展。

(一)同发展中国家的教育交流进一步加强

1989年11月，国务委员兼国家教委主任李铁映率中国政府代表团对乍得、中非、刚果、扎伊尔四国进行了友好访问，国家教委副主任王明达随团出访，同四国教育部门领导人进行了广泛的接触，对四国的教育情况进行了考察，并同扎伊尔高等、大学教育和科研部签署了《高等教育合作议定书》。10月底，国家教委副主任滕藤率中国教育代表团访问了扎伊尔、加蓬、尼日利亚、喀麦隆，同四国高教部门探讨了相互承认高等教育学位、文凭和学历，以及来华留学人员向高层次发展等问题，签署了《中加教育会谈纪要》、《中尼教育合作谅解备忘录》和《中喀教育会谈纪要》(由我驻喀麦隆大使代签)。11月下旬，国家教委副主任朱开轩率中国教育代表团访问了泰国、孟加拉国、尼泊尔、巴基斯坦，考察了四国的教育情况，同四国教育部门领导人就发展双边教育交流问题广泛地交换了意见，与泰国亚洲理工学院签署了《教育合作备忘录》。

此外，在1989年中，国家教委还组派了10个以大学校长为主的教育团组赴印度、马里、索马里、肯尼亚、赞比亚、坦桑尼亚、阿拉伯也门、埃及、苏丹、朝鲜、伊朗、毛里求斯、新加坡、巴基斯坦、毛里塔尼亚等近20个国家考察访问。

同年，国家教委邀请并接待了以约旦高教部秘书长艾哈迈德·且夏伊拉博士为团长的约旦高教代表团，由阿拉伯也门教育部顾问穆罕默德·叶里米博士率领的阿拉伯也门代表团，以及以诺斯院长为团长的亚洲理工学院代表团等13个亚非国家教育团组来华访问。

(二)智力援外工作进一步发展

为加强对非洲国家的智力援助工作，经贸部从1989年援外项目经费中拨出专款，由国家教委资助扎伊尔、喀麦隆、坦桑尼亚、津巴布韦等四国大学的各一个专业的发展和建设。对每个国家的援款为100万元，主要用于提供教学设备、图书资料以及派遣专业教师。此项援助工作于1989年底进入立项考察和政府换文阶段。

我国对阿拉伯也门的教育在继续向萨那和塔兹两所中等技术学校提供援助的基础上，1989年11月，国家教委与阿拉伯也门教育部就创办萨那实验中学问题达成了谅解，双方签署了有效期为5年的《萨那实验中学合作执行协议》。并由我国向也方无偿提供价值80万人民币的教学仪器设备，并每年派遣27名专业教师和实验员赴该校任教。新建的萨那实验中学于1990年9月开学。

国家教委还分别向乍得、中非、索马里、赞比亚等国家提供了价值人民币2万元的小额援助，为受援国购置教学器材和教学用品。国家教委向民主也门等5个国家派遣了19名数、理、化等专业的教师到对方的学校任教，1989年在亚非国家任教的理工科教师共49人。

撰稿人　唐中华
审稿人　赵永魁

与发达国家的教育交流

1989 年，我国与世界上 6 个发达国家新签定了 10 项教育交流协议、执行计划或教育交流会谈纪要；派出 31 个教育团组到发达国家访问考察，接待 24 个教育团组来华访问考察。

1989 年 2 月，奥地利教育和科研部长图波应国家教委邀请访问我国，签署了中奥教育交流与合作会谈纪要。

1989 年 5 月，苏联领导人戈尔巴乔夫访华期间，两国领导人共同宣布实现了国家关系正常化。随后，苏联国家教委副主任舒克舒诺夫应国家教委的邀请于 7 月访华，双方在京举行了中、苏教育合作工作小组第三次例会。会议回顾了以往双边教育交流与合作的情况，展望了实施一项新的五年交流与合作计划的前景。

1989 年 1 月至 5 月间，联邦德国经济合作部国务秘书冷格尔一行二次访华；同年 4 月，国家教委副主任王明达回访了联邦德国。上述访问促进了中、德双方在职业技术教育领域里的进一步合作。双方讨论了包括在中国建立职业技术教育研究所等长期合作的问题。

1989 年 10 月，又与联邦德国汉斯.赛德尔基金会签定了关于建立南京建筑职业培训中心和上海电子职业培训中心的合作协议等若干新的合作项目。汉斯·赛德尔基金会同意在 1990 年为上述项目再资助 1800 万马克。

1989 年，国家教委与欧洲共同体在人才培训、资料交换、职业技术教育等方面商订了若干合作项目。

1989 年 3 月，由厦门大学、青岛海洋大学、烟台大学、兰州大学、华中农业大学校长（副校长）组成的中国大学校长代表团访问了新西兰；同年 5 月末至 6 月初，新西兰教育部协理部长戈夫一行应邀访问了中国。

1989 年 11 月，为期三年的中澳教育合作计划已到期执行完毕。澳大利亚大学协会国际部派员来华商谈新的合作计划，双方初步同意继续有选择地支持双方大学间建立教学、科研联系与合作的项目，澳方计划投入 120万澳元。

1989年中，根据中国、加拿大大学管理教育项目的执行计划，中方继续派出 50 名留学生和访问学者赴加攻读学位或进修；加方派出 60 余名教学人员前往中方 8 所合作项目院校讲学。在人才培训的另一个方面，1989年 5 月，双方在上海复旦大学举办了第一届在职企业管理人员培训班；1989 年 2 月，中、加大学及附属医院机构合作项目双方联合指导委员会批准了对中、加大学及附属医院之间的合作项目。

1989年，中、美官方教育交流的项目只执行了一项，即美国全国外国留学生事务协会代表团一行 15 人于 1989 年 4 月来华访问两周。在非政府间交流项目方面，中方于1989年 5 月末至 6 月初，派出 10 人代表团出席了根据中美法学教育交流项目举办的民法及经济讨论会。根据中美经济学教育交流项目，双方在 1989 年中继续合作在中国人民大学与复旦大学举办为期一年的经济学培训班。1989 年 8 月，美方委员会负责人邹至庄教授一行来华，与中方委员会讨论了继续合作的有关问题。

美国政府在 1989 年我国发生动乱期间

和平息北京发生的反革命暴乱后干涉我国内政，宣布中断与我高级别人员的往来，使得1989年中美教育交流严重受挫。美国单方面决定撤走其在我国讲学的富布莱特项目教学人员。这一不恪守协议的不友好举动以及美国宣布的其他对中国的所谓"制裁"措施伤害了中国人民的感情。鉴此，国家教委被迫宣布与美方在富布莱特项目上的合作暂时中断一年。

撰稿人　刘京辉　王　翔

审稿人　赵永魁

互派专家学者任教讲学

1989年，我国通过政府途径向20个国家新派长期任教教师46人，其中汉语教师29人，其他专业教师17人。据1989年底统计，通过政府途径派出在国外任教教师为129人，分别在40个国家的高等及中等学校任教。

1989年，我国有600多所高等院校从国外聘请了文教专家和一般外籍教师来华任教。据1989年底统计，1988—1989学年度，高等院校共聘请文教专家2739人，一般外籍教师1226人。其中通过政府文化教育交流协议，从18个国家聘请了191名专家来华讲学和任教。国家教委直属高等院校1989年从52个国家聘请了457名文教专家，229名一般外籍教师，1059名短期专家来华任教或讲学。

撰稿人 张启峰 崔建国
审稿人 赵永魁

与香港、澳门、台湾地区的教育交流与合作

1989年，国家教委派出赴香港、澳门地区教育团组4个，163人次；接待香港、澳门、台湾地区教育团组3个，29人次；派出560人次赴香港、澳门地区参加学术会议、进修、攻读学位、任教、讲学、访问考察、合作研究、技术培训、科技开发、商讨业务合作等。其中国家教委1988年公费派往香港中文大学工商管理学院进修的11名青年教师，在平息反革命暴乱不久的8月，全部学成按时返回内地。香港、澳门、台湾地区共有174人次来内地（大陆）参加国际学术会议、任教、讲学、攻读学位，其中12名香港、澳门地区的人士获国家教委特别奖学金来内地攻读硕士学位。38名台湾幼儿教育工作者参加了在南京师范大学举办的幼儿教育讨论会，有这么多台湾学者参加在大陆举办的国际学术会议尚属首次。

1989年，香港电视广播有限公司董事长和邵氏影业公司董事长邵逸夫先生向浙江医科大学赠款7000万港元，向宁夏大学赠款100万港元。邵逸夫先生1986年向内地10所院校赠款的10个项目，截至1989年底，已有云南大学图书馆、华东师范大学图书馆、南京大学教学馆、西南师范大学图书馆竣工并投入使用，同时举行了落成典礼；其余6个项目将于1990年投入使用。第二批赠款项目进展顺利，可望于1990年底前完工。第三批捐款项目已有5所院校举行了奠基开工典礼。

1989年初在广州召开了霍英东教育基金会第四次理事会及顾问委员会联席会议，会议评选出青年教师基金获得者77名、青年教师奖获得者141名（其中研究类41名，教学类100名）。

撰稿人　张　栋
审稿人　赵永魁

多边国际交流与合作

(一)国际学术会议

1989年，国家教委直属院校和直属单位有1460余名专家学者赴国外出席了820个国际学术会议，参加国际学术会议的人数(不含赴港、澳、台地区)比1988年增加近20%。1989年出国参加国际学术会议工作的一个显著特点，是由单位自筹或利用国外资助出席会议的人数比例超过了50%，比往年增长20%左右。

1989年，国家教委直属院校和直属单位共在国内举办了61个国际学术会议，共有1600多名国外和港、澳、台学者与会。

(二)中学生国际体育交流

1989年5月，国家教委组团参加了国际中学生体育联合会在法国举办的国际中学生篮球赛，我女队获第三名。同年8月，派队参加了在新加坡举行的第十八届亚洲中学生足球赛，获第三名。

1989年，国家教委还派2人出席了国际中学生体联执委会(我国代表在执委会中任副主席)。

(三)与联合国开发计划署的合作

1989年，落实了“加强西南少数民族地区中学英语师资培训项目”。联合国开发计划署承诺此项目三年内投入150余万美元。

(四)与联合国儿童基金会的合作

1989年内与联合国儿童基金会合作开展的重要活动包括：

1989年11月，在河南郑州举办了与联合国儿童基金会合作10周年成果展览及经验交流。

1989年4月，国家教委副主任柳斌应联合国儿童基金会的邀请访问了其设在纽约的总部，商谈了1990—1994年周期合作项目的若干问题。7月下旬组织内地60余名幼儿教育工作者和专家赴香港出席“21世纪婴幼儿”国际学术讨论会。这是我国在平息反革命暴乱之后不久派出的规模最大的教育交流代表团。

1989年10月，在南京举办了国际幼儿教育研讨会，共有150名中外(其中台湾约有40名)幼教工作者、专家与会。

1989年内，顺利结束了与联合国儿童基金会1985—1989五年合作方案，已完成的项目有师资培训、教具开发、教材印刷、少数民族儿科医生培训、儿童生长发育研究、盲文教材印刷等等。五年内，联合国儿童基金会累计投入1459万美元。

1989年中，还就1990—1994年的五年合作项目的立项做了大量准备工作，已商定的合作项目领域包括师资培训、儿童读物彩色印刷、儿童教具研究开发、远距离教育、贫困地区的小学教育等。联合国儿童基金会承诺共投入1550万美元。

(五)与联合国人口基金的合作

1989年，与联合国人口基金合作项目中的重要活动包括：

1989年10月，在南京举办了中学人口教育10年成果经验交流会。会议总结了10年来开展中学人口教育取得的成果。

9月，派出高校人口学者代表团出席了在印度举行的第二十一届国际人口会议。中国学者向国际同行介绍了中国人口现状及发展，并就共同关心的问题进行了探讨。

1989年，顺利结束了与联合国人口基金合作的大学人口学培训与研究、中学人口教育、农民学校人口教育、人口丛书编写等6个项目。五年期间，联合国人口基金对上述项目累计投入630万美元。

1989年中，还就1990—1994五年期间的合作项目的立项做了大量准备工作，已商定的合作项目有：大学人口学培训与研究、中学人口教育、农民学校人口教育、少数民族地区人口教育、人口学人才培训中心等。联合国人口基金对上述项目承诺共投入570万美元。

撰稿人　崔建国　张启峰
审稿人　赵永魁

对外汉语教学

1989年，全国开展对外汉语教学的高等学校达到100余所，华侨学校5所。对外汉语教学在学科基础建设、教材编写、科学研究、学术交流等方面取得了进展。

（一）学科基础建设

1.为了对外汉语教学走向科学化、标准化和规范化，国家对外汉语教学领导小组办公室于年内组织编写了既体现汉语本身特点，又具有对外汉语教学特色的《对外汉语教学语法系统纲要》。

2.继续在国内推行并完善"汉语水平考试"（简称HSK）。年内建立了定时定点的考试制度，并向623名外国人和国内少数民族应试合格者颁发了《汉语水平证书》，出版了《汉语水平考试大纲》和《汉语水平考试研究》有关文件和著作。由扫描式自动阅卷机和计算机辅助HSK软件构成的汉语水平考试辅助工程基本研制完成。

3.高等学校的对外汉语教学专业进一步得到完善。自1983年起，在北京语言学院等院校陆续设置了以培养对外汉语教师为主要目标的对外汉语教学专业。为了更加完善这门专业，1989年10月，召开了对外汉语教学专业工作会议，研究了对外汉语教师的培养问题，讨论和修改了对外汉语教学专业的教学计划、课程设置及各门课程教学大纲的制订原则。

（二）教材建设

1.1989年完成出版了以下15个项目：

《汉语听力训练》（上下册）、《汉语会话》（上下册）、《开明初级汉语》、《高级口语》、《短期汉语课本》、《汉语口语》、《潮州话口语》、《中级汉语》（下册）、《高级汉语》（下册）、《现代汉语进修教程》（二种）、《普通汉语教程》（六种）、《汉语中级教程》（二种）、《中国普通话》（广播教材，意大利语解释）、《学汉语》（波兰语解释）、《学讲汉语普通话》（华侨用）。

2.1989年4月，专家评议组召开了第二次教材选题项目评议会议，讨论通过了19个项目作为第二批项目列入《1989—1990年对外汉语教材规划》。

3.组织落实了两部中国和美国汉语教师合作编写的专供国外使用的汉语教材。

（三）科学研究

1989年4月，国家对外汉语教学领导小组办公室召开了对外汉语教学科研课题评议组第一次会议，讨论通过了34个申报项目，正式列入了《1988—1990年对外汉语教学研究规划》。

（四）学术交流

1.国内民间学术交流活跃。1989年1月，中国对外汉语教学学会召开了第三次学术讨论会，会议共收到有关教师队伍建设、总体设计及教材编写、教学法、汉语研究、语言与文化、汉语与外语对比等方面的学术论文60余篇。参加会议的人员有内地、香港和澳门地区的汉语教师。旨在为世界各国汉语教学提供服务的世界汉语教学交流中心（设在北京语言学院）年内已完成组建工作并正式开展活动。该中心的成立，为各国汉语教学工作者全面开展学术交流增加了新的渠道。

2.国际交流与合作继续扩大。我国对外汉语教学专家组应邀赴澳大利亚协助制定全澳通用的《中、小学汉语课程词汇、汉字等级大纲》和《中、小学汉语课程语法大纲》，同时对澳大利亚和新西兰的汉语教学进行了考察。中国教育代表团对非洲毛里求斯、埃及、毛里塔尼亚三国的汉语教学进行了考察，为协助上述三国发展汉语教学，国家教委分别向埃及和毛里塔尼亚赠送了国产语言实验室设备和中文图书资料，向毛里求斯赠送了中文图书资料。以对外汉语教师为主体的中国语言学代表团参加了新加坡华文研究会主办的世界华文教学研讨会。内地四所院校对外汉语教师代表对香港地区的汉语教学近况作了考察。为鼓励日本人学习汉语的热情，国家教委和中国对外汉语教学学会向日中友协主办的 1989—1991 年度第七、八、九届全日中国语辩论大会提供了奖杯。

总部设在北京的世界汉语教学学会，年内创办了不定期的《世界汉语教学学会会员通讯》，与世界各地 399 名会员开展了广泛的联系。12 月，世界汉语教学学会常务理事会在新加坡召开会议，讨论落实了 1990 年在北京召开第三届国际汉语教学讨论会的筹备事项。

国家对外汉语教学领导小组办公室供稿

审稿人　赵永魁

民间教育国际交流

1989年4、5、6月份的政治风波之后，由于西方国家对我国施加各种压力，民间的教育国际交流也受到很大的影响，有些项目的规模缩小了，有些项目甚至被迫暂停。针对这种情况，中国教育国际交流协会及时开会研究新形势、新情况，调整了活动内容，充分利用民间组织的特点和过去工作的基础，区别情况，主动工作，全力继续推动民间交流。随着国内形势逐渐稳定，又积极寻机重开那些被停止和暂缓的交流项目，并开辟了新的合作途径。

（一）1989年5月10日至12日，中国教育国际交流协会在北京召开了第二届理事会议。总结了第一届理事会期间（1984—1988年）的工作，制定了1989—1993年协会发展规划要点，修改了协会章程。会议选举黄辛白为会长，李滔为常务副会长，王屏山、丁石孙、韦钰、吕型伟、邵宗杰、张岂之、顾明远和次旺俊美为副会长；聘请经叔平、季羡林、张维、谷超豪、黄仕琦为协会顾问；经会长提名，同意葛守勤任秘书长。国家教委向全国各省、自治区、直辖市教育行政部门转发了协会本届理事会纪要和中期发展规划要点，并对协会的工作给以充分的肯定和积极的支持。本届理事会还提出了以"开拓、创新、求实、奋进"的精神扩大民间教育国际交流的指导思想。

（二）继续推动中学和高等师范专科学校的外语师资的培训工作

1989年原计划聘用200名外籍教师，在19个省、自治区、直辖市举办32个有3000名学员参加的暑假培训班。由于动乱和暴乱的原因，1989年仅请了4名外籍教师，在山东和新疆办了两个班，培训学员100人。

1989年计划有65名英国海外志愿服务社的英语教师到高等师范专科学校任教，实到36人，其中新学年聘用的只有4人。原计划聘请120名国外退休教师来华教授英语，最后只来了24人。由于这两类教师未能如数聘到，致使数十所院校的教学活动受到一定程度的影响。但1989年协会仍为21个省、自治区、直辖市的41所院校聘请了72名长期英语外籍教师。他们中的绝大多数工作认真负责，受到学校的好评。经过做工作，国外组织希望与我继续合作，把1989年未办的事放到1990年，提前规划了1990年各类教师的聘用工作。

1989年，协会通过国际文化交流协团向美国、加拿大、澳大利亚、新西兰和日本派出了79名中学和师专外语教师出国进修，除个别国家比原计划有较大缩减外，其他基本完成了预派计划。此外，还和日本霞山会互换了五名奖学金留学人员。

（三）提高出国考察和参加国际会议的效益，扩大我国影响，促进民间交流

1989年协会派出考察、访问和参加各种会议的团、组共14起，60人次。人数比上一年减少40%。1989年派出的团、组有三个特点：

1.重视出访效果，明确考察要求。如10月份由协会副会长邵宗杰率领的优秀中、小学教师代表团着重考察了日本家庭教育如何与社会教育相结合以及对学校传统文化教育的要求等，取得了许多有益的经验。如8月份组派的无锡市普教团把考察经验运用到本地的教育改革跟踪实践中，收到较好的效果。

2.出席会议着眼于了解更多情况，寻机开拓新项目。如2月、9月、11月，协会分别应邀派员参加国际文凭学校校长年会，亚太

地区成人教育总会执委会年会，国际文化交流协团欧、亚、太平洋地区会议。参加这些会议有助于利用时机直接了解这些组织的活动能量、工作重点和特点，为改进、规划、扩展与这些组织的合作打下有利、可行的基础。

3. 配合国内外形势，扩大影响，推动民间友好交流活动。如7月份，协会组派了由国家教委秘书长朱育理为团长的13人代表团赴日参加日中美三国藏王研讨会。朱育理在会上作了题为"面向21世纪的中国教育兼论教育国际化"的发言。代表团还正面介绍了国内形势和5、6月份政治风波的真实情况，重申我国的对外开放政策，争取更多人的理解和友谊。

1989年来华的工作访问、交换团、组，自费团、组比上一年有较大幅度的减少。公费接待101人，分别为上一年的1/2和1/3，是原计划接待人数的1/4。

（四）1989年，协会开始承办政府委托的项目，并做了大量的准备工作

美国和平队派遣"美中友好志愿者"来华教授英语项目，双方虽已准备就绪，但由于形势突然变化，未能执行。12月底双方又开始接触，恢复商谈该项目，预计1990年9月可以正式接收"美中友好志愿者"来华任教。

加拿大国际开发署援助的职业技术教育项目（加方援助750万加元），准备工作已经就绪，有待于双方有关部门签字后实施。

1989年1月，协会在武汉召开了国际文化交流协团（ASS）项目研讨会，讨论和总结了派出工作的计划、选拔、审批、进修成效的考核、评估等问题，制定了管理制度。1989年10月，在北京和广州两地分别召开了座谈会，全面研究了举办暑期班的规划、教材、教法、考核、评估和学历认定等问题，为1990年工作做了充分准备。与此同时，李滔副会长等到湖南、河南、河北进行了外语培训的综合调查。12月份李滔、张岂之副会长在西北大学主持了美国州立大学蹲点考察专题汇报会。会议肯定了五位地方院校的校领导在美国州立大学蹲点考察的成果，并决定继续发展这一项目，推动地方高等院校更好地为发展地方经济、教育、文化服务。

1989年12月22日至23日，中国教育国际交流协会在北京召开了第二届理事会二次常务理事会。会议总结了1989年的工作，规划了1990年的工作，并对协会章程中集体会员的条例和筹集交流基金等问题进行了认真讨论。常务理事们认为，在当前形势下，应充分发挥民间教育交流这一渠道的作用，积极开展民间外交，扩大交流活动，为全国恢复和发展教育国际交流创造条件。

撰稿人　张德安

审稿人　葛守勤

联合国教科文组织第一次在我国召开“面向21世纪”教育国际研讨会

1989年11月27日至12月2日，联合国教科文组织在我国北京召开面向21世纪教育国际研讨会。国家教委国家教育发展研究中心和中国教科文组织全国委员会秘书处受教科文组织委托承担会议筹备、组织、会务和接待工作。包括中国在内的19个国家的代表、观察员和教科文组织高级官员共83人(其中外国学者35人)出席会议。万里委员长出席开幕式。李鹏总理接见与会全体中外代表和观察员。国务委员兼国家教委主任李铁映因出访在开幕式发表书面讲话。国家教委副主任何东昌致闭幕词。国家教委副主任、中国联合国教科文组织全国委员会主任滕藤和国家教委专职委员、国家教育发展研究中心主任郝克明分别被选为这次会议圆桌会议主席和专题讨论会主席。

李鹏总理接见与会代表和观察员时，介绍了我国国内形势和坚持社会主义道路、坚持改革和对外开放的基本方针，着重介绍了我国基础教育、职业技术教育、高等教育和成人教育的发展情况，提出我国教育方针概括起来包括三点：第一点就是“教育要面向现代化、面向世界、面向未来”。第二点是强调德、智、体全面发展。第三点是“教育必须为社会主义建设服务，社会主义建设必须依靠教育”。李鹏总理在介绍了中国教育在过去的40年中取得的成就以后指出，在政府各项工作中，教育还是一个薄弱的环节。我们制定了一个振兴教育的计划。核心问题就是要增加一些对教育的投入。这个投入不只是政府的，还包括社会的投入。

李铁映在开幕词中指出：“教育是面向未来的事业。现在的大学生、中学生、小学生，将是21世纪社会各个方面的主力军。他们现在通过接受教育所形成的各方面的素质，可能对21世纪开始三四十年产生重大影响。正因为如此，教育界应比任何人更关心21世纪，更感到责任重大。”他还指出，“在人类即将进入21世纪的时候，教育面临的挑战是严峻的、全面的，教育的使命是艰巨的、光荣的。谁能把握住21世纪的教育，谁就能在21世纪处于主动地位”。我国在实现分三步走的战略目标的过程中，将坚持把教育放在优先发展的战略地位，把经济发展逐步转到依靠科技进步、不断提高劳动者素质和劳动效率的轨道上来。教育发展战略将是我国整体发展战略的一个重要组成部分。

这次研讨会是教科文组织第一次以21世纪教育为主题召开的较高级别的国际研讨会。会议以可预见的21世纪可能的需求为依据，探讨当今教育应具备的质量要求，以迎接新世纪的挑战。这次会议前两天为圆桌会议，由经济界、科技界、政治和文化界知名人士与教育家对话，讨论未来教育面临的挑战及对策。后四天为专题讨论会，与会代表在圆桌会议讨论的基础上，对可能影响21世纪教育的四个问题进行研究。这四个问题是：(1)道德、文化价值观对教育的影响；(2)科技发展对教育的影响；(3)信息交流对教育的影响；(4)职业界未来的状况及其对教育的影响。会议收到中外代表和观察员论文近50篇，通过了圆桌会议和专题讨论会两个报告，题为《学会关心：21世纪的教育》。这些论文和报告反映了目前国际上对21世纪教育研究的关注、动向和一些基本观点，也反映了来自不同社会制度国家和具有不同世界观的与会者的不同看法，对我国学者继续进行这一课题研究有一定参考价值。

这次会议由于党和国家及国家教委主要领导人重视，会前准备工作充分，会议开得比较圆满和成功。与会外国代表、观察员和教科文组织官员对我会议组织安排表示满意。前来全面指导这次会议的教科文组织教育助理总干事波尔先生会后致函我全委会主任，对我组织会议的效率和辛勤工作表示赞赏，并在他向教科文组织总干事的内部报告中明确表示“中国有能力举办这类高级国际学术会议。”

撰稿人　王一兵

审稿人　蔡克勇

教育科学研究

全国首届教育科学优秀成果评选活动

一

1989年，国家教委首次举办了全国教育科学优秀成果评选活动。目的是检阅自党的十一届三中全会以来我国教育科学研究工作所取得的成就，进一步推动我国教育科学事业的发展。评选优秀成果的基本原则是以马列主义、毛泽东思想为指导，体现建设具有中国特色的社会主义，坚持四项基本原则，反对资产阶级自由化，坚持改革、开放精神，贯彻理论联系实际的原则。获奖成果要求体现我国教育科学研究的较高水平，具有一定的学术价值和应用价值，具有较强的科学性和一定的创造性。

这是建国40年来首次举办的全国性教育科学优秀成果评选活动。国家教委办公厅1989年2月发出了《关于教育科学优秀成果评选活动的安排意见》，制定了《全国教育科学优秀成果评审规则》。还组成了全国教育科学优秀成果评选委员会，由何东昌任主任委员，刘佛年、张健、王明达、郝克明、顾明远任副主任委员，委员有(以姓氏笔划为序)：王显明、王逢贤、厉以宁、史慧中、吕型伟、邢家鲤、伍棠棣、陈元晖、陈学恂、李卓宝、李冀、吴畏、杨葆焜、邹天幸、余博、张瑞璠、胡克英、夏自强、鲁洁、温寒江、滕纯、潘懋元、瞿葆奎。评委会下设办公室（由全国教育科学规划领导小组办公室代行)。

评选委员会聘请全国教育科学规划领导小组各学科规划组的90多位专家组成教育基本理论、教育心理、教育史、比较教育、德育、教育发展战略与教育管理、高等教育、普通教育、职业技术教育和成人教育等10个学科评审组。评选的基本程序是：由各地、各部门和有关群众性学术团体负责初评和推荐优秀成果；评选委员会办公室负责参评成果的资格审查；各学科评审组经过评审，提出获奖成果和授奖等级的建议；最后，由评选委员会通过表决，确定获奖的优秀成果。

参加这次评选活动并报送、推荐成果的有28个省、自治区、直辖市，13个计划单列市，36个国务院有关部、委、办、局及总公司，中国人民解放军教育系统，中国教育学会及中国高等教育学会所属的32个全国性专业研究会，中华职业教育社、中国职工教育研究会、中国职业技术培训学会、中国职业技术教育研究会(筹)，40多所高等院校，国家教委部分业务司局及直属单位。经资格审查合格的参评成果共计347项(其中，著作101部，论文183篇，实验、调查研究报告等63篇)。

这次评选优秀成果，分基础理论研究、应用性研究、综合实验研究三类。奖励等级设一等奖和二等奖。

全国教育科学优秀成果评选委员会于

1989年12月3日至8日在北京召开全体会议。会议的主要议程是：听取评委会办公室关于评选活动筹备工作的汇报；讨论、通过评选委员会的评审规划；审议并确定本届全国教育科学优秀成果评选活动获奖成果名单。评选委员会主任委员何东昌12月5日在会上作了重要讲话，充分肯定了长期以来，尤其是10年来我国教育科学研究所取得的成就以及对教育改革与发展所做出的贡献。评选委员会副主任委员王明达在闭幕会上作了总结。

经过会议发扬民主、集思广益，对评选中出现的有关重大问题形成了专门决议。并根据民主集中制的原则，采取无记名投票的方式，对各学科评审组提名获奖的成果进行表决：获一等奖的成果57项(其中，著作24部，论文15篇，报告等18篇)，获二等奖的成果100项(其中，著作32部，论文54篇，报告等14篇)。获奖成果由国家教委颁发获奖证书。

国家教委于1990年4月10日在京召开全国首届教育科学优秀成果评选结果新闻发布会，何东昌、张健等出席，王明达作了重要讲话。国家教委办公厅还于1990年4月和6月分别发出《关于全国首届教育科学优秀成果评选结果及有关事宜的通知》和《关于认真做好教育科学优秀成果推广应用工作的通知》，要求各地及有关部门根据实际情况，积极组织推广和应用教育科学优秀成果，使之在我国的教育建设与改革中充分发挥作用。

二

总结这次活动，大致有以下几个特点：

(一) 国家教委在纪念建国40周年和党的十一届三中全会召开10周年之际举办评奖活动，总结和检阅了10年来我国教育科学事业在理论研究、学科建设和队伍成长等方面所取得的成就，展示了目前我国教育科学研究发展的水平。同时，也大大鼓舞和调动了教育工作者从事教育科学研究工作的热情和积极性。

(二)全国各地、各有关部门及学术团体对开展这次活动高度重视、认真组织。各部门和单位按照通知的精神，及时布置、广泛动员、认真组织、严格把关，推荐了一大批有较高水平和应用价值的科研成果。通过层层发动与评选，极大地推动了基层教育科学研究工作的开展。

(三)评选结果表明，近年来我国教育科学研究工作有了长足地发展，基本体现了重视基础理论研究，把应用性研究做为重点，进一步加强教育改革实验研究的特色。据统计，这次获奖的成果，属于基础理论研究的成果54项，为获奖总数的34.4％，应用性研究的成果80项，为获奖总数的51％，综合改革，学科教改实验研究和有关调查研究报告等成果23项，占获奖总数的14.6％。

从获奖的优秀成果中反映出，我国的教育科学基础理论研究发展到一个新的水平。获一等奖的《马克思教育思想研究》(著作)，专家们认为该成果代表了80年代对马克思教育思想研究的较高水平，对当前研究社会主义教育目的，制定教育方针具有理论指导意义。获一等奖的《中小学生爱国主义、共产主义教育引论》(著作)，在德育理论的研究上有较大发展，是第一部全面、系统研究我国中小学生爱国主义和共产主义思想教育的理论专著。获一等奖的《中小学的劳动技术教育》(著作)，是一部关于我国中小学劳动技术教育的重要理论著作，它丰富和发展了劳动教育理论，并具有较强的应用性。

在这次评选中，以应用研究为主要内容的教育发展战略与教育管理，作为新兴学科和交叉学科受到很大的重视。获奖的成果有23项，占获奖总数的14.5％。这些成果对国家或地区(部门)的教育决策与规划、教育宏观管理等都起到很大的理论依据或影响作用，体现了教育科研为教育发展与改革服务的要求。获一等奖的《中国高等教育结构研究》(著作),对建国以来高等教育结构的历史和现状进行了深入、系统地研究,提出了我国高等教育结构调整、改革的建议,其主要观点已被国家教委采纳。获一等奖的《上海教育发展战略研究》(研究报告),从战略的高度通观上海教育发展的全局,从教育与经济、科技、政治、社会、文化共同发展的整体入手,探讨了上海未来各类教育的主要发展阶段和趋势,提出了不少新颖、独特的见解和一整套建议方案,既为上海市教育发展战略的规划与制定提供了重要的科学依据,也为全国其他地区开展此类研究提供了参考。

我国当前教育科学研究的主导方向是加强理论与实践的紧密结合,促进教育改革实验研究工作。这次获奖的各类教育教学改革实验成果有20多项,主要是农村教育改革实验、基础教育整体改革实验和一些学科教改实验等。有的成果实验周期长达十几年,取得的成效相当显著。获一等奖的《大面积提高数学教学质量的改革实践与理论探讨》(论文),从我国的实际出发,把广大教师的教学经验上升到理论,初步形成大面积提高数学教学质量的理论与可操作的科学方法,在全国许多地方得到推广和应用。获一等奖的《小学生语文能力整体发展实验》(研究报告),把儿童思维和语言的共同发展作为中心,贯穿于小学语文教学改革的全过程。在20多年的教改实验中,试点遍及全国城乡,均取得好的效果,被认为是面向全体受教育者,大面积提高教育质量的优秀教改经验。获一等奖的《农村小学整体优化教育实验》(研究报告),在宁波地区广大农村开展深入地实验研究,在使学生全面发展、教育为当地社会经济建设服务、大面积提高农村基础教育质量等问题上进行了理论探讨和教育改革。在实验过程中,又推出《宁波市九年义务教育阶段中、小学德育基本要求》及三个配套措施,收到了很好的效果。另外,北京市119中学任小艾的《我的班主任工作》(著作)、江苏南通师范二附小李吉林的《情景教学实验与研究》(著作),以及江苏省建湖县钟庄乡农村中小学实行"三制"管理体制改革的成果和山东省平度县教育整体改革的成果等在这次评选中也一致受到专家们的好评,分别获得奖励。

(四)这次评选活动,重视对教育科学领域中的新兴学科、边缘学科和交叉学科的扶持,对有关研究成果给予了充分肯定,展示了我国教育科学研究学科建设的基本状况。如《控制论、信息论、系统论与教育科学》(著作)、《教育评估的理论与技术》(著作)等均获奖励。同时,学科教育学的建设发展也很快,在理论研究和应用上有所突破,如《数学教育学概论》(著作)、《外语教育学》(著作)在这次评选中得到专家的好评,分别获得一等奖和二等奖。

撰稿人　王卫国　史习琳
审稿人　吴　畏

附

□教育科学优秀成果评选获奖名单

一 等 奖

著作类

学 科	成 果 名 称	作 者	工 作 单 位
教育基本理论	马克思教育思想研究	王焕勋等	北京师范大学
	教育经济学研究	厉以宁等	北京大学等
	数学教育学概论	曹才翰、蔡金法	北京师范大学
	中小学的劳动技术教育	刘世峰	山东省教育科学研究所
	中国教育方针的研究——新民主主义教育方针的理论与实践（上册）	王 铁	中央教育科学研究所
德 育	中小学生爱国主义、共产主义教育引论	王逢贤等	东北师范大学等
	高校政治理论课教学论	马寒之、张龙仁等	长春邮电学院
	皮亚杰理论与道德教育	陆有铨	山东师范大学
教育心理	思维发展心理学	朱智贤、林崇德等	北京师范大学
	小学生数学能力的测查与评价	赵裕春等	中央教育科学研究所等
	自学辅导心理学	卢仲衡	中国科学院心理研究所
教育史	卢梭教育思想述评	滕大春	河北大学
	中国佛教教育——儒佛道教育比较研究	丁纲	华东师范大学
比较教育	战后日本教育	梁忠义等	东北师范大学等
教育发展战略与教育管理	中国高等教育结构研究	郝克明、汪永铨等	国家教育委员会教育发展研究中心、北京大学等
	高等学校管理专论	集体	中国高等教育学会高等教育管理研究会＊
基础教育	我的班主任工作	任小艾	北京 119 中学
	情景教学实验与研究	李吉林	江苏省南通师范学校第二附属小学
职业技术教育	职业技术教育的理论与实践	集体	中华职业教育社＊
高等教育	高等教育评价概论	陈谟开、聂海清等	吉林省教育委员会
	高等教育学讲座	潘懋元	厦门大学
	现代教育思想论纲	集体	中国高等教育学会＊
成人教育	职工教育史稿	臧永昌	辽宁省职工教育研究室
	成人教育概论	王文林、余博等	黑龙江省教育学院、中央教育科学研究所等

学　科	成果名称	作　者	工作单位
论文类			
教育心理	运用系统分析的整体观点预测飞行能力	刘富坤、王纪昌	中国人民解放军空军第四飞行学院
教育史	游学日本热潮与清末教育	田正平、霍益平	杭州大学
比较教育	从国外比较教育学科的发展状况看我国比较教育教学中的若干问题	王承绪	杭州大学
教育发展战略与教育管理	教育评估的研究与实践	集体	北京轻工业学院
	舞蹈选才质量检测的一种方法——“复试百分制评定法”	朱清渊等	北京舞蹈学院
	实行“三制”，改革农村中小学校内部管理，提高教育质量	朱立俊等	江苏省建湖县钟庄乡政府
	开展横向联合是发展和改革高等教育的一条重要途径	张克忍等	陕西省高等教育局
	军队初级指挥院校战区定向教育理论	李文彬等	中国人民解放军昆明陆军学院
基础教育	大面积提高数学教学质量的改革实践与理论探讨	顾泠沅等	上海青浦县教师进修学校
	让学生通过自己的思维学习数学——论数学教学中的思维教育	郭思乐	华南师范大学
	关于改革小学数学教学内容和方法的实验研究	曹飞羽、李润泉等	课程教材研究所
高等教育	谈谈培养大学生的能力问题	樊恭烋	北京工业大学
	略论大学教学过程中学习和发现的关系	冷余生	湖北大学
成人教育	试论高等函授教育与其他成人教育形式的横向联合	齐国光、林凤举等	中国石油大学
	职工教育体制改革目标模式刍议	王继学	国家医药管理局培训中心
报告类			
教育发展战略与教育管理	冶金专门人才预测与数据管理系统	课题组	北京科技大学
	中国林业教育发展规划研究报告	修国翰、张观礼等	东北林业大学、林业部等
	上海教育发展战略研究	课题组	上海市人民政府教育卫生办公室*
	基础教育规划方法概论	吴郁英、李金凤等	贵州省教育科学研究所
基础教育	对中小学教育体系整体性改革第一轮实验的思考	恽昭世等	上海师范大学
	小学教育综合实验初探	李承龙等	杭州市天长小学
	农村小学整体优化教育实验	夏明华、庄允吉等	宁波市教育委员会、宁波市教育科学研究所

学　科	成果名称	作　者	工作单位
	一项崭新的教学改革实验对理论的挑战——关于"综合构建法教学新体制"的调查报告	冯国文、饶惠椿等	广州市教育委员会、广州星海音乐学院
	关于在西安市中小学试行"九年制义务教育目标教学与常模参照性测试"的研究与试验	集体	西安市教育科学研究所
	宁夏回族聚居六乡小学五年巩固率调查	周卫等	宁夏回族自治区教育科学研究所
	小学生语文能力整体发展实验	吕敬先等	中央教育科学研究所
	我国幼儿形态、机能、基本体育活动能力调查研究	佟静洋等	中央教育科学研究所
	中国学生体质与健康研究	课题组	中国教育学会体育研究会 中国高等教育学会体育研究会 *
职业技术教育	休宁县经济和教育的调查报告	王世杰等	安徽省教育委员会
高等教育	大面积、多层次、多规格开展因材施教	课题组	清华大学
	高等工程本科教育的研究与改革	张光斗、王冀生等	清华大学、国家教育委员会等
	关于应用学科高层次专门人才培养途径的研究	集体	国家教育委员会教育发展研究中心
	普通高校招生考试标准化广东试验区试验	杨学为等	国家教育委员会考试中心

二　等　奖

著作类

学　科	成果名称	作　者	工作单位
教育基本理论	教学论——教学理论的历史发展	吴　杰	东北师范大学
	教育评估的理论与技术	陈玉琨	华东师范大学
	教学原理和方法	董远骞	杭州大学
	现代教育测量	宋北鸿、刘世表等	暨南大学
	控制论、信息论、系统论与教育科学	查有梁	四川省社会科学院
	外语教育学	张正东	西南师范大学
德　育	青少年生理心理特征与教育方法	徐应隆	北京市朝阳工读学校
	新时期青少年学生思想政治工作散谈	张文选	河南省驻马店地区西平县教体局
	中学德育大纲设想	王屏山、李锡槐等	政协广东省委员会、华南师范大学等
教育心理	教育心理研究	张德琇	湖南师范大学
	后进生的心理特点与教育	李洪元、陆士杰等	青海省师范专科学校

学　科	成果名称	作　者	工作单位
教育史	东北农业教育史	樊期曾、王广忠等	沈阳农业大学
	中国教育史比较研究	陶愚川	曲阜师范大学
	中国封建社会教育史	杨荣春	华南师范大学
	中国高等教育史	熊明安	西南师范大学
	孔子思想在国外的传播与影响	杨焕英	中央教育科学研究所
教育发展战略	教育管理学	刘文修、韩宗礼等	河北大学
与教育管理	黑河地区教育发展战略	王世翠、李道平等	黑龙江省黑河地区行署等
	大学中专学生素质综合测评	杨德广等	上海市高等教育研究所
	大型精密仪器设备管理	诸葛濂	华东化工学院
	当代中国华侨教育	张泉林等	暨南大学
	生机勃勃的山东平度教育	丁日新等	山东省平度县人大常委会等
	高等教育发展战略简论	孟明义等	中央教育科学研究所
	高等教育管理学体系	余立、薛天祥等	上海市高等教育学会等
基础教育	小学语文教学论	田本娜、高恒利	天津师范大学
职业技术教育	职业技术教育学	刘鉴农等	中国社会科学院人口研究中心等
高等教育	高等学校开展横向联系的理论与实践	李超棠、王珂等	北京市高等教育局、北京理工大学
	大学教学原理	宓洽群	上海交通大学
	复旦大学的改革与探索	强连庆、杜作润等	复旦大学
	高等教育学	郑启明、薛天祥等	华东师范大学
成人教育	岗位培训研究及实例分析	刘子卿等	辽宁省教育委员会
	各类职业岗位和知识能力标准研究	茅鸿祥、肖学金等	上海市智力开发研究所

论文类

教育基本理论	体育与美育结合的研究	吴志超	北京体育学院
	教育与文化	傅维利	辽宁师范大学
	谈"情、知教学"	冷冉	大连市教育局
	社会主义初级阶段教育的基本特征	励雪琴	杭州大学
德　育	思想政治课改革实验的设计与实践	贺允清、张公武	北京师范大学
	探索对工读学生不良需要结构的矫正	韩登日等	呼和浩特市工读学校
	失足学生非智力因素缺陷的矫治	刘明芳、王汝春	上海市闸北工读学校
	班主任要善于通过活动教育学生	李仁厚	成都市东城区教育局
	中学生思想品德的测量与评价	孟海兰、白冬冰	山东师范大学
教育心理	关于培养创造力的研究	段继扬	湖北师范学院
	青海高原多民族儿童记忆与思维的比较研究	王骧业、陆士杰等	青海师范大学、青海师范专科学校

学科	成果名称	作者	工作单位
	国内23省市自治区在校青少年思维发展的研究	集体	中国教育学会儿童、教育、心理研究会＊
教育史	西藏教育学发展史略	东嘎·洛桑赤烈	西藏大学
比较教育	苏联高等工科教育发展与改革	李家宝、葛鸿翰等	哈尔滨工业大学
教育发展战略与教育管理	铁路高等学校办学经济效益评估	宋树勋、郑汉青等	北方交通大学、铁道部教育局
	商业高等教育发展战略与研究	钱章录	杭州商学院
	四川省师专教育的发展战略与深化改革的研究	王文肃、魏香茹	四川省人大常委会、四川省教育委员会
	西藏教育结构及对策研究	刘庆慧、张聚芳	西藏自治区民族教育研究所
	论人口与教育	田家盛、李利民	陕西省教育学院
	关于我国教育规划及发展战略若干问题的研究	周贝隆、周承业等	国家教育委员会
	教育经费与教师工资问题的研究	王显明等	国家教育委员会
	规范化模型与交通部专门人才需求预测	集体	交通部专门人才规划办公室
基础教育	关于深化农村教育改革的思考	纪芝信	辽宁省教育科学研究所
	普通中学生物科学教育的比较研究——回顾、现状与展望	赵锡鑫、陈皓兮等	东北师范大学、北京师范大学
	幼儿园综合教育结构的探讨	赵寄石、陈国强等	南京师范大学、南京实验幼儿园
	普通高中课程结构改革试验与研究	胡百良等	南京师范大学附属中学
	初中学生数学自学能力及其培养——论“自学、议论、引导”教学法	李庚南	江苏省南通市启秀中学
	关于安徽省民师归宿的探讨	王业春	安徽省教育委员会
	关于特殊教育师资培训的几个问题	陈云英	中央教育科学研究所
职业技术教育	职业技术教育与普通教育相沟通的浅见	戴淑君	南京金陵职业大学
	论联合办学	张薇之	江汉大学
	创办农村家庭经营专业实验研究	冯象钦等	湖南省教育委员会
高等教育	北京要办多种类型的高等学校	吴惠玲、于云岭等	北京市高等教育局、北京联合大学文法学院等
	培养和发展学生创造能力的研究	吴咏诗等	天津大学
	高校后勤“全员标准化管理”初探	李景松	天津大学
	我国建国后17年高等工科教育的基本估计	周长源、李家宝等	哈尔滨工业大学
	略论“学导式”教学法的几个理论问题	胥长辰、邓林源等	黑龙江省矿业学院
	体育科学研究促进教育改革	集体	上海建材学院体育运动委员会

学　科	成果名称	作　者	工作单位
	论高校体制改革与经济、科技体制改革的协同	王端庆	华东冶金学院
	理工科大学师资队伍合理结构模式的探讨	潘洪萱	上海市计划委员会
	预防医学教学与实践	金锡鹏等	上海医科大学
	普通高校音乐选修大纲的研究	徐定中	上海交通大学
	关于高校教学责任制问题的探讨	杨新生	安徽师范大学
	面向经济建设办出工程专科教育特色	顾正庭等	郑州纺织学院
	有色高校工科本科生培养目标和基本规格的设计及其论证	廖才英等	中南工业大学
	当前高校后勤服务工作改革之我见	邓煜明	华南师范大学
	试论普通高等医学院校的教育改革	吴国文等	遵义医学院
	高校师资队伍建设若干问题的研究	戴景宸等	西安交通大学
	关于军事院校课程设置的基本规律与原则的研究	匡兴华	国防科技大学研究生院
	略论发展普通高等教育的三个基本条件	王文友	国家教育委员会
	"航空院校适应社会需要的综合改革"的研究与实践	关敦等	航空航天工业部
成人教育	职工教育发展的宏观战略初探	林立、王润德	天津市第二教育局、天津市教育科学研究院
	成人教育、成人学校功能论	何树荣、韩吉人	哈尔滨市教育委员会、哈尔滨市成人教育学院
	军队企业职工教育理论研究	黄筱农	中国人民解放军4801厂

报告类

学　科	成果名称	作　者	工作单位
教育发展战略与教育管理	研究生招生、管理、培养与学位微机综合管理系统(软件)	苗若愚等	吉林建筑工程学院
基础教育	实现教育玩具系列化促进幼儿智力发展实验研究	方明等	北京市教育科学研究所
	瓦房店市初中全学科整体优化教学改革实验总结	宋庆泮、王景全等	大连市教育科学研究所、瓦房店教师进修学校
	"讨论式教学法"教改实验	李传成等	辽宁省鞍山第一中学
	聋儿康复及其后续教育的研究	张家范等	湖北省聋儿康复中心
	教育实验与全面发展——湖南师大附中整体教育实验的探索	王楚松等	湖南师范大学附属中学
	关于计算机电化教学系统与计算机语言实验法教学的一点实践和体会	徐声远	西南林学院
	中学化学能力培养的实验研究	课题组	中国教育学会化学教学研究会 *

学科	成果名称	作者	工作单位
高等教育	吉林大学大型精密仪器使用情况调查报告	王长儒、王树春等	吉林大学
	我国高师教育体制和结构的调整改革	薛天祥、谢安邦等	华东师范大学
	“自学为主”和“讲授为主”教学方法的对比性研究	彭文伟等	中山医科大学
	农业管理系统农科人才业务岗位规范及合理学历结构初探	陈应南、金佩瑜等	农业部
成人教育	2000年企业职工队伍建设战略目标及主要对策	王茂荣等	上海第二教育学院
	中国船舶工业总公司1988—1995年继续工程教育规划的研究	蒋小雄、郭大成等	中国船舶工业总公司

* 作者工作单位分散，此为成果推荐单位。

农村教育综合改革研究

1989年5月，由全国教育科学规划领导小组办公室召开了全国农村教育整体改革重点项目交流研讨会。与会人员参观了江苏省宜兴市和浙江省绍兴县的教育综合改革实验点，并对各实验县的改革经验与课题研究进展情况进行了交流和理论研讨。

中央教育科学研究所农村经济较发达地区教育改革研究课题组，于1985年在辽宁省海城市综合体制改革的基础上，与当地同志一道较早进行了农村教育综合改革实验研究，后又在北京市昌平县和山东省平度县建立了同类的改革实验县。1987年2月，国家教委与河北省政府决定，在阳原、完县、青龙3个贫困县建立对农村教育进行综合改革的实验区。中央教科所、北京师范大学、南开大学、河北农业大学等有关单位的教育和科研工作者与实验区的同志一起进行了教育综合改革的理论和实验研究。同时，南京师范大学在编写《农村教育学》过程中，也对农村教育综合性整体改革作了一些理论探讨。1987年7月召开的全国第三次教育科学规划会议上，规划领导小组把县以下农村教育综合性整体改革的研究摆在重要位置，确定了一批农村教育整体（或综合）改革重点研究课题。中央教科所、湖北省教科所、辽宁省教科所等科研单位，分别参与了江苏省宜兴市、安徽省当涂县、河北省完县、阳原县、青龙县、湖北省潜江县、辽宁省海城市等地的农村教育整体改革实验研究，并被纳入国家社会科学研究基金资助的重点研究课题。北京市昌平县、天津市静海县、河南省栾川县、浙江省绍兴县、四川省大竹县、广西壮族自治区横县、广东省顺德县、吉林省东丰县，也建立了教育整体（或综合）改革实验县及研究课题，被纳入国家教委资助的教育改革重点研究课题。

全国教育科学规划领导小组办公室在这种背景下，1989年在南京召开了全国农村教育整体改革重点项目交流研讨会。有关的省、自治区、直辖市50多人出席会议。研讨的主要问题有：（1）农村教育整体改革的指导思想；（2）农村教育综合改革的认识；（3）农村教育整体改革的目标；（4）农村教育改革的重点；（5）农村教育综合改革中的教育科学研究。与会人员通过参观、交流和研究讨论，在几个问题上初步取得了共识。

（一）关于农村教育整体性综合改革的指导思想。要从社会主义现代化建设的全面着眼，立足于社会主义初级阶段的国情和乡情，把“百年大计，教育为本”的指导思想真正落实在农村教育中，切切实实地加强改革。必须明确，教育必须为社会主义建设服务，一定要因地制宜为当地两个文明建设服务，切忌热衷于一个模式和同步要求。

（二）关于对农村教育改革整体性与综合性的认识。教育是整个社会大系统的一个子系统，农村教育是教育整体的一个组成部分。既要处理好教育同社会大系统，与两个文明建设的关系，又必须处理好教育整体中的普教、职教、成教之间的关系，做到外部农、科、教统筹与内部的“三教”统筹协调发展。一个地区的教育体制和教育结构应根据本地区的具体情况加以研究，既要强调教育为社会主义建设服务的功能，又要充分尊重教育的内在规律。农村教育整体改革这项系统工程，意味着全方位的综合改革，即内容上包括教育观念的转变、管理体制的改革、教育结构的调整、教学内容与方法的更新及与教育相关的社会政策配套改革等。

（三）关于农村教育整体性的综合改革的目标。与会者认为，最终目标就是要通过对人的培养，促进农村经济与社会的不断发展。就教育的外部来说，要建立起一种教育主动服务于建设和经济与社会发展主动依靠教育的运行机制。教育内部，要建立教育结构合理、体制适应的农村教育系统。目标的核心是培养有理想、有道德、有文化、有纪律的农村建设人才。

（四）关于农村教育整体改革的重点。各地农村教育整体改革实验方案应根据各地实际情况制定，对改革的重点和突破口有不同的选择。有的把建立管理体制与形成运行机制作为重点；有的把调整和优化教育结构，作为整体改革的重点，把加强职业技术教育作为突破口；有的把普通教育从升学教育向素质教育模式的转换作为改革的重点；也有同志认为，根本上是思想观念的转变，这是农村教育改革的重点。

（五）加强农村教育改革中的教育科学理论研究。与会者认为，农村教育整体性的综合改革，是一项十分重要、艰巨的系统工程，必须而且亟待理论支持和指导。在农村教育改革的实践中，应当加强对教育改革指导思想的研究，作好重大决策的科学论证，协助主管部门研究教育发展规划，抓好教育实验，及时总结经验，探索科学规律，推动教育科学理论研究与农村教育综合改革的结合。

1989年5月，部分农村教育改革实验县在陕西汉中地区召开了农村教育发展与改革研讨会，对农村教育综合改革如何实现突破进行了探讨。与会同志建议从10个方面去进行努力：（1）进一步提高领导干部和地方决策层的认识，明确农村摆脱贫困走向富裕，必须依靠教育来提高劳动者的素质，农村各级领导要增强办好教育的自觉性和紧迫感；(2)树立大教育观念，实施农科教统筹，完善“科教结合，为农服务”的有效机制；（3）明确教育与社会主义建设之间“服务”与“依靠”的关系，使农村教育切实促进当地经济、社会的发展；（4）实行普教、职教、成教“三教”统筹，推动农村教育内部的整体改革；（5）大力发展农村职业技术教育，建立农村发展的新模式；（6）进一步完善或形成农村教育经费筹措机制；（7）努力加强农村师资队伍的建设；（8）完善基础教育的分级管理，逐步完成实施义务教育的任务；（9）启动学校内部活力，提高学校的办学效益；(10)改革教育内容，落实生产实习基地，力求教育与农村两个文明建设需要相适应。

撰稿人　李少元
审稿人　吴　畏

振奋精神，继续深入教育科学研究

中国教育学会成立10年来，已在全国形成多学科、多层次、专兼结合群众性的教育科研组织。1989年又新建了3个研究组织（见附表)。现有全国专业性、学科性研究会35个，发展研究中心1个，省级学会29个，地(市)县级学会1400余个。会员逾70万人。

1989年，学会继续坚持以马列主义、毛泽东思想为指导，引导会员思考教育的过去和未来，研究中国教育改革与发展中提出的理论和实践的问题。

一、召开第三次全国学术讨论会

1989年11月21日至25日，中国教育学会在天津召开了第三次全国学术讨论会，以党的十三届四中、五中全会精神和邓小平、江泽民同志重要讲话为指导，总结和反思我国教育问题。会长张承先主持会议，副会长柳斌、张健、刘佛年、吕型伟、顾明远、韩作黎及专家、学者80多人参加了讨论会。张承先要求与会同志认真思考春夏之交发生动乱和暴乱对我国学校教育提出了哪些问题？我国教育应从中吸取哪些经验教训？今后我国教育应该怎么办？与会者围绕如何正确评价我国近10年教育工作和当前教育形势、教育失误、教育指导思想等3个问题，基本取得了共识。

二、关于德育的研讨

中国教育学会1989年在天津讨论会上和部分专业学科研究会召开的学术讨论会上，结合反思探讨了德育问题，围绕关于10年来对德育的评价、如何加强和改进德育问题，与会同志经过讨论，明确了以下几点：(1)教育部门和学校都要确立正确的政治方向，要把德育放在一切工作的首位，渗透到教学和各种活动中，要建立以校长为首的德育管理体系。(2)要从青少年的思想实际出发，针对国内外敌对势力搞和平演变的阴谋，加强四项基本原则的教育。(3)建立学校、家庭、社会一体化的教育网络，形成合力，优化育人环境、齐抓共管。(4)继续进行德育内容及教学方法的改革，激发学生学习兴趣，提高学生政治思想觉悟和道德水平。(5)加强德育理论研究和实践的指导，研究解决德育体系，结构、内容、序列、途径和对德育的评价等问题。

三、关于美育的研讨

1989年，音乐教学研究会和教育学研究会所属美育专业委员会召开了美育研讨会。研讨的主要问题是：(1) 关于美育的性质和定义；(2)关于美育的功能；(3)关于实施美育的问题。多数同志认为，美育的性质是审美情感教育，社会主义美育应以马列主义、毛泽东思想为指导，以培养共产主义审美情操为核心，是全面教育的组成部分，培养学生创造美、鉴赏美的能力。关于教育的功能问题，与会者认为主要是陶冶情感，辅助提高道德水平、开发智能，健美人体，促劳创美的功能。充分发挥功能，有助于学生形成心灵美，提高学生的道德素质、科学、文化素质和艺术修养。关于如何实施美育的问题，与会者认为，要正确处理好美育的标准、层次和内容。美育有自身的相对独立性，但又要与德、智、体、劳各育互相渗透。教师要善于用现实生活和各科教材中蕴含的美育因素教育学生。要运用音乐、美术、绘画等多种方式、塑造学生美的心灵，成为社会主义精神文明的建设者。

四、研讨深化教学改革，大面积提高教育质量的问题

1989年11月，教育学研究会教学论专业委员会在桂林市召开了全国性的深化教学改革、大面积提高教育质量的研究会。着重探讨在基础教育阶段，如何通过学校教育，使每个受教育者全面和谐发展，具有公民的基本素质，成为各级各类专门人才打基础的问题。会议认为，提高教育质量，最根本的是要认真贯彻党的教育方针和对基础教育的目的要求，要把片面的“升学教育”改变为提高国民素质的教育，面向全体学生。要深化教学改革，以课程、教材和教学方法改革为核心，遵循教育规律，使基础教育为提高民族素质服务、为社会主义建设服务。要建设一支合格的教师队伍，为保证大面积提高教育质量创造条件。

五、中国教育学会召开常务理事会，总结和研究学会工作

中国教育学会于1989年9月7日在京召开第三届二次常务理事会，总结和研究学会的工作。会长张承先主持会议并讲话，他指出：从教育战线在动乱中暴露的问题看，教育的根本问题是培养人的问题。要根据党的十三届四中全会精神，思考过去和未来，认真总结经验教训，使教育沿着“一个中心，两个基本点”的基本路线前进，培养出能够顶住各种风浪的社会主义接班人。学会应该在这方面很好地发挥作用，振奋精神，把教育改革继续推向前进。

与会同志就学会10年来的工作，进行了认真讨论，一致认为，主要经验是：

（一）坚持正确的政治方向。中国教育学会成立时就把坚持四项基本原则写进会章，并在10年来的工作实践中切实贯彻，学会在反对精神污染和反对资产阶级自由化方面旗帜是鲜明的。1983年以来，张承先会长就多次在会上强调学会自身不能搞，而且要带头抵制和反对来自各种渠道的精神污染和资产阶级自由化。10年来学会在坚持四项基本原则的同时，在学会活动中注意贯彻“双百”方针，强调敞开思想，各抒己见，学术空气比较活跃。

（二）坚持正确的学术导向。学会坚持以马列主义、毛泽东思想为指导，遵循“三个面向”的方针，从我国社会主义初级阶段的实际出发，引导和组织会员研究教育实践中提出的重大理论和实践问题，发挥学会在发展我国教育科学、促进教育与教学的发展和改革，提高教育质量的积极作用。

（三）加强学会自身建设。注意接受各级党政部门的领导，争取他们的关心和支持；通过实践逐步形成一支专兼结合的学会工作骨干和积极分子队伍；加强学会管理，逐步实现学会管理的科学化。

与会者还认为，学会处于初创阶段，学会工作与教育发展和改革的需要还不适应，学术活动的质量有待提高，学会配合行政开展活动，提供咨询服务不够，学会自身的建设也还存在不少的困难和问题，有待努力克服。

会议要求学会及其所属团体会员振奋精神，团结广大教育工作者，努力工作，为教育的发展与改革做出贡献。

六、纪念学会成立10周年，评选优秀科研成果

为了检阅群众性教育科学研究成就，在纪念学会成立10周年之际，对学会10年来学会、研究会所开展的科研成果进行了评选活动。经过一年时间的层层评选，于1989年11月共评出一等奖论文9篇，二等奖33篇，三等奖43篇，优秀论著4部。评出的优秀论文和论著题材广泛，有一定的理论深度，对指导教育有较好的现实作用。

获得这次一等奖的主要论文或论著的有：华东师范大学教育系叶澜的《论影响人发展的诸因素及其与发展主体的动态关系》；北京教育学院赵恒烈的《中学历史40年来的教学实践》；山西教科所陈会昌的《儿童品德的发展与教育》；河北省遵化一中胡中柱的《初中语文教改实验报告》；上海勤工俭学研究会

课题组的《2000年上海勤工俭学发展战略的研究》；国家教委教育经费研讨小组的《寻求建立解决教育经费问题的新机制》等。

此外，还评选出学会先进集体97个，先进个人96人。

1989年新建学科专业研究组织情况表

名　　称	建立时间	理事长 姓名、职务、职称	会址和电话
中国教育学会数学教育研究发展中心	1989年2月15日	董事长　张孝达 人民教育出版社编审	北京师范学院数学系。 电话：8414411—2352
中国教育学会少年儿童校外教育研究会	1989年8月26日	田淑兰　中国儿童少年活动中心副主任	北京官园中国儿童少年活动中心。电话：667831—193
中国教育学会教学仪器设备研究会	1989年12月3日	高景德　清华大学教授	北京国家教委教学仪器研究所。电话：8217027。

撰稿人：宋静常

审稿人：郭永福

坚持社会主义方向
为高教事业的改革服务

1989年，中国高等教育学会(以下简称高教学会)及其团体会员单位，积极开展多种学术活动，取得了比较丰硕的成果。

一、高教学会和各团体会员召开座谈会、专题讨论会，总结高校思想政治教育工作

(一)高教学会秘书处分别召开了在京全国专业研究会和国务院有关部门高教研究会秘书长座谈会，回顾近年来高教学会开展学术活动的指导思想和坚持社会主义方向的问题。大家回顾，高教学会在1983年5月成立时，会长蒋南翔就提出，高教学会要以马列主义、毛泽东思想为指导，坚持四项基本原则，实事求是地总结我们自己的经验。1985年8月第一次全国性学术年会上，又明确了办高等教育必须优先考虑和解决办学方向和教育质量两个问题。以后的历届年会都紧紧围绕上述的指导思想来开展学术活动。因此，大家感到这几年高教学会的学术研究活动，方向是正确的，目标是明确的，效果也是显著的。

(二)全国高校思想政治教育研究会召开第六次研讨会，研究当前大学生思想状况和加强高校思想政治教育工作的问题。会议认为，经过平暴后半年来学校进行的思想政治教育，大学生的思想发生了比较明显的变化，但一些深层的思想和理论问题，有待于深入的教育解决。对此，代表们提出了三条建议：(1)必须对学生进行共产主义思想教育，逐步使学生树立牢固的共产主义的理想和信念；(2)针对目前国内外的新形势，通过思想政治教育，使学生树立阶级和阶级斗争观点；(3)要巩固和扩大高等学校的马克思主义理论阵地，向学生传授系统的马克思主义理论知识，帮助学生树立科学的世界观、方法论，确立坚定正确的政治方向。

(三)广东省高教学会研讨改革开放10年来高校办学方向，当前大学生思想状况及如何坚持社会主义办学方向等问题。经过讨论研究，认为有以下几点值得反思，(1)近几年来党的领导作用有所淡化，导致高校思想政治教育被削弱；(2)办学思想和现行教育体制在许多方面表现是以智育为中心的，妨碍着思想政治工作战略地位的确立；(3)马克思主义理论教育被削弱，是高校思想政治工作中的一大失误。会议一致认为，今后一定要从这场政治风波中吸取教训，理直气壮地对学生进行马列主义教育，这是高校思想政治教育的基本功，是增强思想政治工作的科学性和战斗性的核心。高等学校要千方百计搞好马列主义理论课建设，帮助学生掌握马列主义的基本观点，用正确的立场、方法来分析和处理问题，抵制各种错误思潮的侵蚀。

(四)浙江省高教学会和高校思想政治教育研究会联合召开学术讨论会，总结高校政治工作经验，研究加强政治工作队伍建设问题。与会人员建议：(1)对现有高校政工队伍进行有计划的轮训，掌握马克思主义基本原理，提高科学文化素质，以适应新时期高校思想政治工作的需要；(2)学校党政领导要经常研究分析教师尤其是青年教师的思想状况，帮助他们树立正确的教书育人的思想；健全教工党支部、工会和共青团组织的建设，共同做好教师的思想政治工作；（3）有计划地组织青年教师和政工人员到基层去实践锻炼，使他们接触社会和工农群众、了解国情、研究改革的经验和问题，提高自己的思想认识水平；（4）要关心政工人员的学习、工作和生活，进一步完善职务评定工作，适当提高政治辅导员的配备比例；（5）积极提倡和开展老、中年教师对青年教师的传、帮、带活动。

二、各地和中央有关部门高教学会、研究会广泛开展学术研究活动

（一）煤炭高教学会适应煤炭工业现代化发展对培养人才的要求，提出了“七五”重点教育科学研究课题《具有中国特色的煤炭高等教育发展与改革的研究》，并组织了11个子课题的研究。经过研究认为，在1989年至2000年期间煤炭工业发展所需的人才，应进行数量和质量的预测，要提高高等教育的投入；在人才层次上要以本科生为重点，以稳定规模、充实内涵、提高质量为主要目标；要加强对学生的思想政治教育，培养他们学煤爱煤，不怕牺牲、吃苦和钻研精神。

（二）高校基本建设学会召开高校校园规划设计研讨会，就高等学校的校园规划有关问题进行研究，取得了一定成果。经过研讨，对校园规划的重要性，指导思想、总体规划布局、功能分区，合理利用和节约土地、交通、绿化、建筑的组合等问题，取得了基本共识。会议还认为，按照学校的不同层次，根据教学与科研的实际需要，坚持因地制宜、分类指导，充分利用地形地貌特点，创造不同学校的校园景观。研讨会对探索高校的基本建设规律，提高基本建设干部的专业技术与管理水平，提高投资效益起了积极作用。

（三）高校体育研究会，先后召开了全国高校课余体育训练专题研讨会，高校体育综合性论文报告会，全国高校青年教师、女教师关于体育研究学术论文报告会。会议交流了高校在运动训练和体育教学改革的研究成果和工作经验，探讨了今后高校在体育教学中如何加强教书育人等问题。与会人员认为，高等学校应积极进行不同层次的课余体育训练，要注意训练管理和方法手段的科学化，要加强课余训练教练员队伍的建设；对于青年教师、女教师的体育研究，要积极创造条件帮助他们成长，努力争取做思想红、业务精、合格的体育教师。

（四）全国高校实验室管理研究会召开团体会员负责人和“实验室建设与人才培养”研究课题负责人会议，针对当前实验室建设中存在的问题进行研讨。会议认为实验教学是培养学生智育和动手能力，对学生加强德育的重要手段，今后对实验教学应进行必要的调整改革，积极加强人员培训，严格考核，建立实验室人员工作量制度，实行优化组合，促进实验室体制改革与管理机构的建设。

（五）高教学会召开了各省、自治区、直辖市高教学会第五次秘书长工作会议，座谈了一年来的工作和学术活动情况，提出了1990年度工作计划和今后一段时期的15个科研课题。

此外，高教学会委托上海高教学会会长余立牵头、联合10个学会或研究会编写了《现代教育思想论纲》一书，获全国首届教育科学优秀成果一等奖。甘肃省高教学会组织全省高校政治理论课教师编写了《中国革命史纲要》、《马克思主义原理》两本教材，编写了《大学思想品德课概论》、《职业道德修养》等教学参考书。江西省高教学会组织力量编写出版了《高校思想政治教育与管理》。

三、高教学会各专业或地方学会举办各种培训班、讲习班，推动高教的发展和改革

（一）林业高教研究会受林业部教育宣传司的委托，举办了全国林业高等院校与华北地区农林教育协作组的教育研究和教学管理研讨班，聘请了一些专家，学会就9个题目为研讨班学员作专题讲座。经过研讨提出了农林教育改革与学校培养目标、人才规格、课程目标、教学等方面的改革思路。

(二)广西壮族自治区高教学会所属的高校思想政治教育研究会，近3年来连续举办了三期全国性的伦理学、思想品德教育、人生哲学理论讲习班，普及了思想教育学科知识、交流了思想政治教育工作的新经验。大学语文教学研究会，近两年相继举办了两期暑期讲习班，全国26个省、自治区、直辖市共200名教师参加了学习。图书馆研究会先后举办了图书馆改革信息与中文图书著录标准化、现代科技日语翻译、电大图书馆学等学习班、函授班，为社会各方面培养了680余名专业技术人员。

(三)甘肃省高教学会所属后勤管理研究会开办了二级和三级红、白案厨师、食堂会计、食堂管理员、营养配餐、锅炉供暖等各种培训班或研讨班，为各校培养了骨干、提高了有关人员的业务水平和技术水平，为高校后勤管理深化改革做出了贡献。

四、高教学会团体会员有所增加

海南省高教学会于1989年初成立。

高等学校保健医学研究会于1989年10月成立。

高等学校外国留学生教育管理学会于1989年12月成立。

截止1989年12月底，中国高教学会已拥有团体会员58个，其中全国性专业研究会17个，国务院所属部委、总公司的高教研究会14个，省、自治区、直辖市高教学会27个。

撰稿人　许人纯

审稿人　郝维谦　许德贵

附

□中国高教学会团体会员情况

名　　称	成立时间	办　公　地　点
高等教育管理研究会	1984.11	中央教育行政学院
新闻教育学会	1984.11	北京广播学院
高等学校思想政治教育研究会	1984.12	国家教委思想政治工作司
高等教育发展战略研究会	1984.12	中央教育科学研究所
高等学校师资管理研究会	1985.10	国家教委人事司
高等职业技术教育研究会	1985.11	武汉　江汉大学内
高等学校后勤管理研究会	1985.11	天津市高教局
高等学校科研管理研究会	1985.12	国家教委科技司
高等学校音乐教育学会	1986.8	上海交通大学内
高等学校实验室管理研究会	1986.11	国家教委条件装备司
中国高教学会体育研究会	1986.12	北京　清华大学内
高等学校基本建设学会	1987.9	国家教委计划建设司

名　　称	成立时间	办 公 地 点
中国高教学会高等师范教育研究会	1987.11	北京师范大学内
高等教育计划管理研究会	1988.3	国家教委计划建设司
中国教育会计学会	1988.8	国家教委财务司
高校保健医学研究会	1988.11	北京　清华大学内
高等学校外国留学生教育管理研究会	1989.12	北京语言学院内
冶金高教学会	1981.12	北京科技大学内
机械工业高教研究会	1983.4	北京朝外金台西路2号3号楼内
航空教育学会	1984.11	北京航空航天大学内
有色金属高教学会	1984.12	长沙　中南工业大学内
公安高教研究会	1984.12	公安部教育局
能源部电力高教学会	1985.1	北京朝阳区　定福庄　北京水利电力经济管理学院内
商业高教学会	1985.7	北京商学院内
煤炭高教研究会	1985.10	江苏徐州市　中国矿业大学内
电子高教学会	1985.12	西安　电子科技大学内
林业高教研究会	1986.5	北京林业大学内
建材高教学会	1986.11	国家建材局人才开发司
核工业高教研究会	1986.11	核工业总公司教育培训部
中医药高教学会	1989.4	北京中医学院内
化工高教学会	1989.11	北京化工学院内
北京市高教学会	1980.	北京市高教局内
天津市高教学会	1985.6	天津市高教局内
河北省高教学会	1982.2	保定　河北大学内
山西省高教学会	1983.11	太原　省教委高教处
内蒙古高教学会	1985.9	呼和浩特　内蒙教育厅内
辽宁省高教学会	1982.5	沈阳　省高教所内
吉林省高教学会	1983.12	长春　省教育科学院内
黑龙江省高教学会	1980.8	哈尔滨　省教科所内
上海市高教学会	1979.11	上海交通大学内
江苏省高教学会	1985.5	南京　江苏省教委内

名　　称	成立时间	办 公 地 点
浙江省高教学会	1985. 2	杭州　浙江省教委内
福建省高教学会	1983.12	福州　省高教研究室内
江西省高教学会	1987. 3	南昌　江西省教科所内
山东省高教学会	1982. 5	济南　山东大学新校内
河南省高教学会	1987.11	郑州　河南省教委内
湖北省高教学会	1982.11	武昌　湖北省教科所内
湖南省高教学会	1981.11	长沙　湖南省教委内
广东省高教学会	1985.11	广州　广东省高教局内
广西高教学会	1984. 8	南宁　广西农学院内
海南省高教学会	1989. 1	海口　海南省教育厅内
四川省高教学会	1988. 5	成都　四川省教委内
贵州省高教学会	1987. 1	贵阳　贵州师范大学内
云南省高教学会	1982. 3	昆明　云南大学内
陕西省高教学会	1983. 6	西安　陕西省高教局内
甘肃省高教学会	1984. 9	兰州　甘肃省教委内
青海省高教学会	1987. 9	西宁　青海省教育局内
宁夏高教学会	1986. 5	银川　宁夏大学内

中国陶行知研究会积极开展活动

1985年9月5日，中国陶行知研究会在北京正式成立。从1980年起，全国已有19个省、市相继成立了陶行知研究会（以下简称“陶研会”）。这是中国共产党十一届三中全会以来诞生的以配合教改而研究、运用人民教育家陶行知的教育理论和教育思想为任务的全国性教育组织。至1989年，陶研会会员已达数千名。其中大多数是关心国家教育改革的老同志、教育专家、学者以及各级各类学校的领导干部和教师，为探讨符合我国国情的教育改革途径而开展研究工作。近4年来，中国陶研会已召开4次全国性的学术研讨会，编辑出版了《陶行知教育思想研究文集》、《为中国教育改革探路》、《改革师范教育的新路》等3本共约80万字的理论著作。

1989年，中国陶研会在理论研究和实践经验总结中又做出了可喜的成绩。

一、调查、研究，总结、推广农、科、教统筹协调的成功经验

1987年，中国陶研会和安徽省陶研会联合在安徽省徽州地区进行陶行知关于“教育与农业携手”、“教育与科学机关充分联络”等教育思想的改革试验。经过3年实践，取得满意结果。为了总结和推广这一成功经验，1989年3月4日至6日，黄山市召开了农村教育综合改革工作会议。这次由黄山市党政领导主持、有乡级干部到会、共400多人参加的会议，受到安徽省党政部门、国家教委、中国陶研会和安徽省陶研会的重视，省委书记卢荣景、副省长汪涉云、国家教委有关同志以及中国陶研会和省陶研会的有关负责人都到会讲了话。

与会者对“农、科、教统筹协调”的提法作了回顾，它最初几乎同时在安徽省几个地方出现：蒙城县提出“农科教多位一体，党政群齐抓共管”；庐江县是“农科教互相沟通”；老徽州地区提出“科教结合，为农服务”。

与会同志一致认识到：（1）必须重新认识陶行知写于1926年的《中国乡村教育之根本改造》，并在新的历史条件下发展、创造；（2）“农科教多位一体”的出现增强了教育与科技的服务功能，使教育、科技与经济发展紧密结合起来，从而改变了教育脱离实际的倾向；（3）农、科、教相互结合的经验，突破了多年来学校教育孤立、封闭的模式，沟通了生活与教育、社会与学校的联系，使教育直接为发展农村经济、为两个文明建设服务。

1989年10月23日至30日，由中国陶研会牵头，与中华职业教育社、全国教育工会联合，方明、吕景星、张道正等7人组成调查组，采取参观、访问、座谈等形式对安徽休宁县进行了调查。

休宁县对农科教统筹协调实行了统一领导，成立了由县政府负责人挂帅，农、科、教等部门负责人组成的休宁县农科教协调领导小组；并先在溪口区试点，逐步在全县7个区、9个“燎原计划”和农科教结合试点乡建立了农科教协会。协会以发展经济为中心，以科技为动力，以职业高中和各类教育设施为依托，并同有关部门（或单位）联络、挂钩。促进了当地经济的发展，提高了农村劳动者的整体素质，推动了物质文明和精神文明建设。

12月21日至26日，中国陶研会、中华职业教育社和全国教育工会在农业部、国家科委和国家教委的积极支持下，在黄山市举办了农科教统筹协调研讨班。参加研讨班的有来自21个省、市的农、科、教部门和学校的187名代表。其中陕西城固县、泾阳县、云南江川县、黑龙江龙江县、山东博兴县、江苏武进县的县政府及农、科、教部门负责人整套领导班子都参加了研讨班。

研讨班采取介绍经验、实地考察、分组讨论、集体总结的方法，取得了较好成果。

二、召开“生活教育”理论研讨会

中国陶行知研究会于1987年和江苏省陶研会在南京市，1988年和广西自治区陶研会在桂林市，先后两次对陶行知先生影响最为深远、贡献最为卓著的“生活教育”理论组织学术讨论。1989年11月28日至12月2日中国陶研会和四川省陶研会在成都市又举办了一次全国“生活教育”理论讨论会。讨论会有21个省、市的28名专家、学者和“生活教育”理论实验单位的代表参加。会议收到30余篇论文与专著。这次讨论会受到四川省党、政领导的热情支持，也是中国陶研会成立以来较深刻、较广泛地对“生活教育”理论进行的一次探讨性研究。

会议着重研讨了3个问题：（1）“生活教育”理论体系及核心；（2）教育模式如何适应社会主义建设的需要；（3）“生活教育”理论的思想基础。

撰稿人 钟陶伴

审稿人 方明 张健

教育报刊

国家教育委员会政报

1989年7月，经新闻出版署批准，国家教育委员会创办了《国家教育委员会政报》。

《国家教育委员会政报》是国家教育委员会指导性刊物。主要刊登党中央、国务院有关教育工作的重要文件；国家教委（包括与其他部委联合）发布的行政法规、规章和重要通知；选登中央领导及国家教委领导的重要讲话等。

该刊的宗旨是为了加快公文运转，提高工作效率，增加教育工作的透明度，便于社会了解、关心、支持、监督教育工作，促进教育事业的健康发展。

该刊为月刊。截止1989年底共出版6期。

撰稿人　杨文海
审稿人　马樟根

中国教育报

1989年,《中国教育报》坚持党的基本路线和新闻工作的党性原则,为坚持社会主义的办学方向,深化教育教学改革,创造良好的育人环境,不断提高教育质量和办学效益,使各级各类教育协调发展,更好地为社会主义建设服务等方面,起到了积极的促进作用,作出了应有的贡献。

一、坚持正确的舆论导向

在1989年春夏之交的政治风波中,《中国教育报》在国家教委党组直接领导下,旗帜鲜明地抵制和反对动乱,与错误的、反动的言行进行了针锋相对地斗争,坚持了正确的舆论导向。

为维护安定团结,《中国教育报》对动乱中的游行、绝食、支援等活动不作肯定的报道。在报道4月27日首都部分高校学生上街游行时,明确指出这次游行未经批准,是违法的。并于5月6日发表采访中国人民大学教授卫兴华的通讯,揭露确有少数别有用心之徒混水摸鱼,企图达到不可告人的目的。尖锐指出少数学生提出的观点和口号是错误的。

针对动乱逐步升级并波及中学的情况,及时发表评论员文章《维护中学安定团结的局面》,指出:反对任何人以任何形式到中学煽动学生参予动乱;同时还刊登了部分中学校长和教师的呼吁,不容许搞乱中学的正常教学秩序。

针对极少数人大肆鼓吹资产阶级自由化、妄图否定四项基本原则的政治阴谋,《中国教育报》从6月1日起,连续五期在一、二版显著位置刊登邓小平同志关于坚持四项基本原则、反对资产阶级自由化的重要文章和论述,并加编者按语,帮助读者分清大是大非,认清当前这场关系党和国家命运和前途的政治斗争的性质和背景。

针对极少数人在这场政治风波中肆意践踏法律,一些学生法制观念淡薄,《中国教育报》在一版显著位置连续摘登中华人民共和国《宪法》、《刑法》、《全国人大常委会关于加强法制教育、维护安定团结的决定》等法律、法规的条文。还特别针对鼓吹资产阶级新闻自由的人,发表了《漫谈西方新闻自由与新闻法规》一文,有理有据揭露了资产阶级新闻自由的实质。

《中国教育报》及时宣传党中央、国务院关于制止动乱、平息反革命暴乱的一系列重大决策,同时积极组织配合报道,号召迅速恢复高校教学秩序,指出劝导高校学生尽快复课是当务之急。

平息反革命暴乱以后,《中国教育报》接连发表政论文章和报道,用铁的事实揭露极少数人的阴谋,揭露动乱和反革命暴乱的真相,引导广大师生深入反思,发表了《谁在公然煽动推翻合法政府》、《关于这场动乱的十个为什么》、《〈世界经济导报〉风波真相》、《为什么要制造蛇口风波》、《吾尔开希真面目》、《苏晓康的世纪末心态和〈心中的日出〉》等,对广大读者了解这次政治风波的真相和认识这场政治斗争的实质很有帮助,在社会上产生过重大的积极影响。

为总结经验,提高认识,《中国教育报》接连发表社论《反思最大的失误,加强思想教育》、《切实加强高校党的建设》、《严是爱,松是害》等,以及理论文章《爱国热情为什么会走向反面》、《意识形态领域的斗争千万不能放松》、《为什么从学潮发展到了反革命暴乱》、《反对资产阶级自由化必须坚持》、《严格要求是对青年学生的最大爱护》等。

由于《中国教育报》在这场政治风波中，自始至终坚持了正确立场，正确宣传了党的路线、方针、政策，以及国家和政府的法令和有关规定，受到广大读者称赞和中央领导同志的表扬。

二、加强关于德育工作、深化教育改革的宣传

1989年，《中国教育报》在中小学教育方面，紧紧围绕改革和加强中小学德育工作进行宣传。全文登载了《中共中央关于改革和加强中小学德育工作的通知》，并配发了题为《培养四有新人的奠基工程》的社论，大力宣传教育改革和加强中小学德育工作的重大意义，并对在中小学德育工作中出现的思想倾向，进行了分析。提出要把社会和家庭教育同学校教育密切结合起来，形成全社会关心中小学生健康成长的舆论风气。报道了吉林省四平市、北京市、陕西等地贯彻《通知》所采取的措施和经验。

根据中央"人民教育人民办，办好教育为人民"的精神，《中国教育报》1989年十分重视对各级党政领导发动群众，集资办学，改善办学条件方面的宣传。如：《流向校园的一股清泉》，报道了天津市水利局领导热情支持教育事业，捐资助学的先进事迹；《这里，教育事业欣欣向荣》，报道了广东珠江三角洲的各级党政领导重视教育，多渠道集资办学，提高教师的工资、福利待遇的先进经验。年底，国家教委、财政部在山东省召开了全国筹措教育经费改善办学条件山东现场会，《中国教育报》作了充分报道。

配合国家教委中心工作，在控制中小学生流失方面，报道了广东省中山市广泛宣传义务教育法，有效控制中小学生流失的经验。并请教育界名人从不同角度分析了中学生厌学的成因。"思想教育"、"教学园地"、"学校管理"、"家教"四个专刊也紧密配合报道中心进行宣传。

高等教育方面，针对一些大学生中存在的厌学现象，开展了整顿学风、加强校风校纪建设的宣传报道，如：《读书，清华大学的主旋律》、《南京大学校长曲钦岳寄语莘莘学子——要自励成才，切莫随波逐流》。还对浙江大学、南京大学、东北师大等高校的教育、教学改革进行了宣传；对高校招生和毕业分配也做了多侧面的报道。

职业技术教育方面，以宣传农村教育综合改革和实施燎原计划为重点，着重系统地报道了湖南郴县高度重视教育，深化农村教改的先进经验，在全国引起强烈反响。这些系列报道已被收入国家教委办公厅和湖南省政府办公厅合编的《农村教育综合改革的好典型》一书。

成人教育方面，围绕《国家教委关于改革和发展成人教育的决定》，突出报道了岗位培训、扫盲教育。这些报道对成人教育工作推动很大。此外，对乡镇农民文化技术学校、成人学校的改革、卫星电视教育等进行了宣传报道。

三、努力改进报纸宣传业务工作

《中国教育报》作为国家教委的机关报，始终把及时、准确宣传党和政府关于教育工作的方针、政策作为重要任务之一。1989年3月邓小平同志在谈到10年改革时说：我们最近10年的发展是很好的。我们最大的失误是在教育方面，政治思想工作薄弱了，教育发展不够。最重要的一条是，没有在经济得到可喜发展，人民生活水平得到改善的情况下，告诫人民，包括共产党员在内，应该保持艰苦奋斗的传统。有了这个传统，我们就能抗住腐败现象，老干部就能管好他们的子弟。他说，这方面的失误比通货膨胀等问题更大。《中国教育报》在新闻界最早完整地宣传了邓小平这一论述。针对当时有人别有用心地鼓吹“教育危机”论，《中国教育报》组织报道和文章，正确宣传教育形势，充分肯定建国以来，特别是改革开放以来，教育改革和发展取得的巨大成绩。同时正确地总结经验教训，明确努力方向，发表了李铁映的重要讲话《振奋精神，把教育搞上去》、何东昌的《从农村看中国普及教育的路子》等重要文章。

1989年，《中国教育报》加强了言论，多次发表评论文章。例如寒假开学，报纸发了评论员文章《努力优化育人环境——开学寄语》；针对出版发售污秽书籍的状况，报纸发了《清除文化垃圾，优化育人环境》的评论文章；七届人大、政协二次会议开幕前发表了题为《振奋精神，推动教育发展和改革——祝贺“两会”胜利召开》的评论员文章。所发言论针对性很强。

1989年，《中国教育报》继续注意抓好典型宣传，如：《爱，为了新一代——任小艾心中的歌》、《不信春风唤不回》、《他把心掏给孩子们》等宣传了任小艾、郭维素、武兴元等一批优秀教师的典型，在教育界有较大反响。

加强了理论宣传，组织撰写发表了一些较有份量的理论文章。如《对忧患意识的辨析》、《趋同论与资产阶级自由化思潮》、《四项基本原则和资产阶级自由化的对立》、《中国走社会主义道路是世界历史发展的必然》等。

报纸热情为广大教师服务，开辟“教师专页”，集中反映教师的工作、生活；配合中小学的时事政策教育，还开设了“时事”专刊。

为改进报纸文风和改进记者采访作风，积极参加首都主要新闻单位组织的“现场短新闻”竞赛，在一版开辟“现场短新闻”专栏，鼓励记者到第一线采写生动活泼的短新闻，受到读者的欢迎。

《中国教育报》经过这一年的努力，声望进一步提高。读者经过比较，普遍反映“《中国教育报》是信得过的报纸”。

撰稿人　宁守合　李　挥
审稿人　李兆汉　俞家庆

《人民教育》杂志

1989年,《人民教育》杂志坚持正确的政治方向,继续努力宣传和贯彻党中央、国务院以及国家教委关于基础教育、职业技术教育的方针、政策和工作部署,根据形势的需要,刊物在宣传上突出了加强学校的思想政治教育,并力求刊物内容更加接近学校实际,贴近教师,使指导性和可读性结合得更好。

一、在制止动乱和平息反革命暴乱期间,《人民教育》在宣传内容上始终与党中央暨国家教委党组保持一致,在社会上新闻宣传导向出现严重错误的时候,《人民教育》坚定不移地坚持正确的办刊方向。第4期以主要篇幅宣传加强中小学的思想政治教育,刊载了《从大学新生看中学阶段品德教育的重要性》、《谈谈新时期中小学德育工作的问题》、《思想政治教育要注重实效》等文章,对提高加强中小学德育的认识,起了很好的作用。第5期在首篇位置上发表了评论员文章《当代教师的历史使命》,针对社会上淡化思想政治工作的思潮,指出中小学教师的历史使命是提高学生的思想道德品质,要使学生增强民族自尊心和自信心。第7—8期合刊发表了《邓小平同志在接见首都戒严部队军以上干部时的讲话》等重要文件,及时地向教育战线的广大干部、师生传达了党中央的声音。第9期发表的何东昌的《反思这场动乱和反革命暴乱的教训,加强和改进中小学的思想道德和政治教育》及评论员文章《把坚定正确的政治方向放在第一位》,是平息反革命暴乱后,对全国中小学的办学方向具有重要指导意义的两篇文章。何东昌的文章为《人民日报》、《新华月报》等报刊转载,并在中央人民广播电台新闻联播节目播出。

二、尊重群众的创造,为群众的创造起传播、宣传作用。1989年,《人民教育》报道了一批全国各地教育、教学改革的新鲜经验。第3期发表《教育起步治愚致富》,介绍了山西省古县县委、县政府重视教育的经验。第10期发表《神圣的使命》,介绍了上海第二师范学校坚持社会主义办学方向的先进经验。第11期发表了《路子越走越宽广》,介绍了湖南省郴州地区农村教育改革的经验,还发表《综合构建数学教学新体系》,介绍了音乐教育家赵宋光教授设计的符合儿童心理特点的操作化、游戏化、儿童化的教学体系,应用于小学数学教学领域的经验。第12期发表《一颗璀璨的教育明珠》,介绍了吉林省浑江市建国小学思想政治工作的经验。第12期发表的《这样办学,农民欢迎》一文,介绍了河北省易县娄亭小学劳动教育的经验。

三、宣传报道教师中的先进人物。1989年《人民教育》以极大的热情发现和宣传全国各地基础教育、职业技术教育战线的先进教师、先进校长。第6期发表长篇报告文学《任小艾》,报道了北京市119中学优秀班主任、北京市劳动模范任小艾做好学生思想教育工作的先进事迹,在教育界引起强烈反响,《新华文摘》全文转载,北京人民广播电台广播。此外,还报道了广东省优秀教师、全国劳动模范丁有宽(第10期)、河北省保定市河北小学自然课教师张成国(第1期)、山西省永济县第二职业中学教师范志和(第4期)、北京市史家胡同小学校长梁文(第5期)、浙江省杭州市天长小学校长李承龙(第10期)等19名教师和9名校长的先进事迹。

四、反映教师呼声,关心教师的切身利

益。为了反映全国300万民办教师的心声，为他们做一些实事，从1989年第1期开始，《人民教育》与国家教委政策研究室、计划财务司联合举办了“大家都来关心民办教师”专栏。“教师咨询”专栏发表了《从事德育工作的人员是否可以评聘教师职务》、《关于小学教师合格学历的问题》、《国家对中小学勤工俭学有什么新政策》等12篇文章，回答了同教师切身利益有关的政策问题。

五、调整、改进、提高传统栏目。1989年，《人民教育》一批受读者欢迎的传统栏目有所调整、改进和提高。原“小学校长之友”改为“小学校长专访”，突出介绍工作成绩显著、经验丰富的小学校长对做好小学管理工作的见解；“班主任工作”改为“班集体建设”，为广大中小学班主任介绍搞好班集体工作的经验。此外，“怎样加强初中校建设”、“德育园地”、“当代师表”、“职业教育”、“教学研究”、“教学改革信息”、“考试工作研究”、“研究与探索”、“深化教育改革大家谈”、“师范教育”、“勤工俭学之路”、“幼儿教育”、“复式教学研究”、“中小学生卫生教育”、“外国教育”、“教育杂谈”、“怎样当个好教师”、“难忘的老师”等专栏，也都充实了新的内容。

六、举办“红烛奖”报告文学征文活动。为庆祝建国40周年和第5个教师节，《人民教育》从1989年第1期开始，举办“红烛奖”报告文学征文活动。以报告文学的形式反映教育战线的成就，歌颂人民教师的奉献精神。这项活动得到了中宣部副部长、文化部代部长、著名诗人贺敬之的热情支持，由原教育部副部长张文松任评委会主任，国家教委副主任滕藤任顾问，魏巍、柯岩、韩作黎、魏书生、丁榕等作家、教育家和优秀教师任评委。

七、改进版面。1989年《人民教育》的整体设计(包括四封、内文版式和美术装帧等)，继续按照“严肃、庄重、清新、活泼”的要求改进提高。第1期封面《走向未来》为新闻出版署主办的《新闻出版报》转载。第6期封面《希望》和第10期封面《祖国万岁》受到广大读者好评。

撰稿人　刘堂江
审稿人　朱世和

《中国高等教育》杂志

1989年，《中国高等教育》杂志以党的基本路线为指针，贯彻党的十三届四中全会和全国高等学校工作会议的精神，注重宣传坚持社会主义的办学方向、反对资产阶级自由化、加强思想政治工作和党的建设，搞好治理整顿、深化高等教育改革等，收到较好的效果。

一、积极宣传党的十三届四中全会精神，清除资产阶级自由化在教育领域的影响

为贯彻国家教委关于搞好新学年的政治教育和理论教学的部署，《中国高等教育》杂志刊登了以下几方面的文章：一是揭露资产阶级自由化的本质、特点和危害性，分析这场斗争的性质、根源和背景，论证党和政府为制止动乱、平息暴乱所作出的决策的必要性、正确性。如题为《资产阶级自由化和四个坚持的对立》的评论员文章和《析在动乱中资产阶级自由化思潮的特点》的署名文章等；二是阐明对青年学生集中进行政治教育的必要性和目的要求，并介绍一些学校开展这项工作的具体经验，先后刊登了《认真搞好新学年的政治教育和理论教学》、《抓住根本性问题进行教育，解开师生思想上的扣子》等文；三是针对大学生思想实际刊登理论文章，如《民主的阶级性不容否认》和《谈谈集会、游行、示威的自由》等。

二、宣传全国高等学校工作会议的精神，坚持社会主义的办学方向，培养社会主义事业接班人

《中国高等教育》第9期刊登了李铁映在全国高等学校工作会议上的讲话。这个讲话对高等学校如何贯彻四中全会精神，坚持教育的社会主义方向，深入持久地开展反对资产阶级自由化的斗争，深入进行教育改革等问题提出了重要的意见，并强调教育要为社会主义服务，培养社会主义事业的建设者和接班人，是教育工作的基本原则。为宣传这个指导思想，《中国高等教育》杂志发表了浙江大学校长的《坚持社会主义办学方向，深化高等教育改革》；中国人民大学党委书记的《关于加强高校思想政治工作的一点思考》；北京航空航天大学校长的《谈谈加强党对高等学校的领导》；桂林陆军学院的《坚定地把政治素质放在培养合格人才的首位》等文。在教育理论方面，刊登了《略论教育理论研究中的资产阶级自由化倾向》一文，提出了关于教育的阶级性等问题，有助于理论工作者进一步探讨。

三、加强了关于党的建设和思想政治教育的宣传

1989年共发表党的建设和思想政治教育方面的文章34篇，这些文章体现了以下几个特点：一是强调发挥学校党组织的核心作用，如《充分发挥高校党组织在思想政治上的核心作用》一文指出，高等学校能不能有效地抵制各种错误思潮的冲击，主要看学校党组织在思想政治上是否能够发挥核心作用。文章还对高校如何发挥党的核心作用作了阐述。二是结合纪念五四运动70周年加强爱国主义教育的宣传，发表了《“五四”爱国主义传统和高等教育的历史使命》和《“五四”与青年》等文。三是注重深入开展形势教育的宣传，如《关于当前形势教育的探索》和《发挥文科教师理论优势，广泛深入开展形势教育》等文，介绍了开展形势教育的新经验。四是注意宣传高校要大力加强教师的思想政治工作，如刊登吉林工业大学党委书记的文章，该文在肯定广大教师在政治上业务上所取得的主要成绩的基础上，分析了当前教师中存在的一些值得注意的问题，在论证中强调了加强教师的思想政治工作的必要性和紧迫性。此外，《中国高等教育》还发表了《论高校思想政治工作的加强、改革和建设》和《新时期思想工作的几点思考》等文，对如何改进思想政治工作进行了有益的探讨。

四、宣传治理整顿和深化改革的方针，继续推进高等教育的体制改革和教学改革

为了宣传贯彻治理整顿的精神，《中国高等教育》刊登了朱开轩的《结合治理整顿和改革，做好高校招生计划和招生工作》和《谈严格控制高等教育发展规模》的署名文章，对控制发展规模、加强招生计划的管理等问题提出了重要意见。在深化教育体制改革、加强横向联合方面，《中国高等教育》刊登了清华大学的《对高等学校加强经济界、科技界横向联合的几点认识》和西北大学校长的《开展联合办学，推动教育改革》等文，还介绍了浙江大学实行产学结合培养技术人才的经验。在不同层次、不同学科的教育改革方面，刊登了《深化高等专科教育改革的几个问题》和《对高校新闻教育改革的思考》，《从人才要求调查看理科教育改革的路子》等文。在高等学校综合改革方面，介绍了浙江大学实施综合改革的初步做法和设想。在教学改革方面，全年共发表文章37篇，内容包括搞好课程、教材的建设和改革，加强实践性教学环节，做好优秀教学成果的评选工作等。

五、搞好成人高等教育和中等专业教育的宣传

在成人高等教育和自学考试的宣传方面，全年共发表文章 16 篇，其中比较重要的有《成人高校招生“三项改革”的初步实践》，《以岗位培训为重点开展管理干部教育》，《谈高教自学考试全国统一命题工作》等文。

在中等专业教育宣传方面，全年共发表文章 28 篇，内容侧重探讨中专教育体制改革、加强宏观管理、调整专业设置和布局、搞好中专学生的思想教育以及实行教学、技术服务、生产实践三结合等。

撰稿人　曾繁铬
审稿人　李长征

创办《神州学人》杂志

《神州学人》杂志于1987年5月创刊，由中国教育国际交流协会和欧美同学会主办。

《神州学人》为双月刊，主要任务是面向我国出国留学人员，进行政策宣传、思想教育与信息服务。旨在与我广大留学人员“沟通思想、联络感情、促进交流、提供服务”，从而激励留学人员发扬爱国主义传统，刻苦学习外国的先进科学技术、有益的经营管理经验与文化知识，以使留学人员学成回国，投身于社会主义“四化”建设，为振兴中华贡献自己的聪明才智。

《神州学人》杂志创刊以来至1990年7月，已出版了20期，每期发行1.5万册左右。

从1990年7月18日起，《神州学人》同《人民日报》海外版合办“中国留学生之页”，每周三在海外版第二版与读者见面。

《神州学人》杂志的栏目丰富。“祖国大地”、“科教巡礼”，介绍我国改革开放、经济建设的成就和留学人员关心的国内科学教育发展的信息；通过“热门话题”栏目，使远离祖国的留学人员之间，谈心交友，相互切磋，激励上进；“留学史话”、“人物篇”、“新秀集”等栏目，既介绍老一辈留学科学家的光荣爱国传统和艰苦创业的事迹，也介绍当代留学人员的先进思想和事迹，以及在各条战线上留学归国人员的业绩；“留学生活”、“海外地区专页”等栏目报道我留学人员在海外的学习、生活、交往情况；“留学文艺”“游子吟”等栏目，刊登留学人员抒发思恋祖国和亲人的散文、诗歌等；“献计献策”、“读者信箱”中，刊登留学人员对“四化建设”、改革、开放的批评和建议；“服务台”栏目，提供有关留学工作和知识分子政策的规定、国内各单位对留学人才的需求信息，为留学人员回国工作提供热情服务。《神州学人》杂志自创刊以来，深受广大海外读者的欢迎。

撰稿人　张寅安

审稿人　黄宗煊

毕业生就业指导报

为适应高等学校毕业生分配制度改革的要求，经新闻出版署批准，1989年1月15日在试刊的基础上创办了《毕业生就业指导报》，主编：于英林，副主编：张德民、贾玉亭。全年共编辑出版20期，发行36万份。《毕业生就业指导》报创刊以来，在交流毕业生供需信息，增进高等学校、毕业生与接收毕业生部门、使用毕业生单位之间的联系，宣传毕业生分配、就业方针政策，指导毕业生根据社会需要选择工作志愿，帮助用人单位招聘录用毕业生等方面，发挥了积极的作用。

撰稿人　张德民
审稿人　焦述清

北京市教育

一、基础教育

(一)发展概况

1989年,北京市的基础教育事业与40年前相比得到了巨大的发展。

1949年,北京市仅有中学81所,在校学生42200人,小学3009所(含教学点),在校学生320000人。1988—1989学年度,北京市共有普通中学702所,小学3793所,分别是1949年的8.67倍和1.26倍;中学在校学生469297人,小学在校学生850577人,分别是1949年的11.12倍和2.66倍。

在基础教育中,发展最快的是幼儿教育。1949年,全市仅有幼儿园21所,入园幼儿2321人。1988—1989学年度全市共有幼儿园3563所,入园幼儿354367人,分别是1949年的169.67倍和152.68倍。目前,北京市城镇幼儿入园率达98.1%,农村地区幼儿入园率达53.9%。

为了扩大中小学的普及范围,大力发展了特殊教育。目前,全市已开办7所盲聋哑学校和8所弱智学校。此外,还有47所小学附设培智班,总计在校人数3030人。而1949年仅有盲聋哑学校2所,在校学生259人,根本没有弱智教育。

在贯彻"改革、开放"政策10年来,中等教育结构发生了很大变化。职业高中迅速发展,到1989年基本上扭转了高中毕业生"千军万马过独木桥"的状况。全市普通高中与各类职业技术学校招生人数的比例,从1980年的16.5∶1转变为目前的1∶1.3,使中等教育结构趋于合理。

40年来,基础教育的办学条件得到巨大改善。1949年全市中小学连同远郊地区农村小学,建筑面积只有90万平方米,而截止到1988年底,全市基础教育事业用房面积已达到853万平方米,是解放前校舍总面积的9.5倍。目前,全市已经做到校校无危房,班班有教室,并出现了一批花园式学校。

国家对教育事业经费连年增加。1949年北京市基础教育事业经费支出为257.6万元,而1989年国家财政预算教育拨款已达5.6亿元,40年间,基础教育经费增长了216.39倍。

1988年全市中、小学、幼儿园教师首次进行专业职务评定,中学共评出高级职务7258人,占中学教师参评人数13.8%;中级职务19160人,占参评人数36.4%;初级职务26225人,占参评人数49.8%。小学教师共评出高级职务216人,占小学教师参评人数的0.4%;中级职务15569人,占参评人数的30%;初级职务36113人,占参评人数的69.6%。幼儿园教师共评出高级职务24人,占幼儿园参评人数的1.1%;中级职务443人,占参评人数的21%;初级职务1645人,占参评人数的77.9%。

随着人民生活水平的提高,中小学生卫生保健工作不断加强,中小学生的生长发育和健康状况越来越好。1985年全国学生体质健康调研测试数据表明,中小学生形态发育达到历史最高水平。中小学男女学生身高分别比1955年增加8.06厘米和6.87厘米,体重平均增加5.13公斤和3.25公斤,胸围平均增加2.38厘米和1.72厘米。从北京市情况看,几十年来我国儿童青少年身高发育提前1—2个年龄组,如8岁男孩身高相当于1955年9岁男孩身高;14岁男孩身高相当于1955年16岁男孩身高；15岁男孩身高相当于1955年17岁男孩身高。很多研究资料表明，近10年来，我国儿童青少年身高每10天增长的平均值，超过了欧美儿童青少年的平均增长值。

撰稿人　范玉玺

（二）师资队伍建设

1. 重视师资培训，抓好继续教育。

1978年以来，北京市中小学师资培训工作得到恢复，10年来取得了显著成绩。在完成了对全市9万人次的教材教法培训的基础上，大力开展了对中小学教师的学历培训。从1986年开始，按照国家教委的要求，进行中学、小学和幼儿园教师的《专业合格证书》的考核工作。到1989年，北京市中学教师达到大学专科毕业以上学历的人数，从1979年的43%增长到70%；小学教师中，达到中师、高中毕业以上学历的人数，从1979年的63%增长到84%。随着社会和教育事业的发展，师资合格的标准，必然要求在政治思想、专业、教育观念和知识结构上也不断提高和更新。根据国家教委关于开展继续教育的精神和北京市师资的具体情况，市教育局制定了《北京市中小学教师继续教育暂行规定》（以下简称《规定》）。《规定》指出，继续教育的对象是：小学具有中师、高中以上学历，或40岁以上不具备合格学历，并具有中级以上教师职务的教师；中学具有大学专科以上学历，或40岁以上不具备合格学历，并具有中级以上教师职务的教师。继续教育的内容是：补充更新知识，不断提高文化水平；提高教学研究、教育科学研究的水平和能力；学习教育理论，更新教育观念，增强改革意识；加强四项基本原则和师德的教育，提高思想政治素质。继续教育的政策、措施是：建立制度，形成体系，凡属继续教育范围内的教师，每5年都要接受规定时间的继续教育。新分到学校任教的教师，在试用期内，要接受120学时的培训，其中60学时由教师所在学校负责安排，组织系统听课，观摩教学，进行教学总结；另外60学时参加教师进修院校的培训。小学和中学初级职务的教师，在5年内要接受100学时的培训。小学和中学中级职务的教师，在5年内，要接受240学时的培训。小学和中学高级职务的教师，在5年内要接受360学时的培训。以上工作，要与人事部门、财政部门密切配合，逐步建立和完善考核制度，把培训、考核、评职、聘任、晋级结合起来，从1989年开始实行，使中、小学教师的继续教育制度化，规范化。

撰稿人　范玉玺

2. 发展中等师范教育

北京市共有中等师范学校19所，包括幼儿师范1所。其中第一师范学校、第三师范学校、通县师范学校和幼儿师范学校由市教育局直接领导，其它师范学校均由所在区县教育局负责，学制均为三年。在编教职工2658人，其中专任教师1062人，高级讲师185人，讲师391人；大专以上学历占专任教师的90%以上。学校现有建筑面积近17.6万平方米。1989年市教育局用于改善中师办学条件补助经费突破1000万元。联合国儿童基金会为北京幼儿师范学校提供设备贷款15万美元，使幼儿师范内部设备，特别是电教设备得到加强，形成录像、演播、编辑配套的电教手段。幼儿师范学校有琴房72间，钢琴83架，风琴55架，手风琴185台，并有100人的管弦乐队。

北京中等师范招收初中毕业生，实行统一考试，择优录取。办学方向是为小学培养合格的师资。3年在校期间有计划地进行音、体、美、书法、理化生物实验技能、语言表达、组织能力和班主任工作等小学教师必备的能力训练，使师范毕业生成为小学教师中的骨干。

中等师范学校师资来源，一是从高校毕业生中挑选部分优秀毕业生分配到师范学校；二是保送一定比例的中等师范优秀毕业生到高等师范院校深造，毕业后回原学校任教；三是从高中教师中选调部分政治、业务素质好的教师充实到师范学校。

中等师范生毕业考核除文化考核外，还要根据达标等级进行毕业生能力考核，合格者才准予毕业。

1989年4月，召开了北京市中等师范教育工作会议，确定今后工作重点是加速中师办学条件标准化和中师学校管理规范化。

撰稿人 张 龙 陈燕慈

（三）幼儿教育

幼儿教育在北京城镇地区已经基本普及。农村幼儿教育也有很大发展，乡中心幼儿园已达238所，占乡镇总数的80%。1989年北京市幼儿教育发展进入一个新的阶段，有一批市、区（县）幼儿园步入全国幼教先进行列。崇文区、西城区和顺义县被批准为全国幼教事业的先进单位，受到国家教委的表彰。全市各级政府部门、各系统企事业单位、社会团体和广大农村办园积极性日益高涨。

目前，全市有幼儿教师1.7万余名。其中中师、高中毕业以上学历者占67%，受过学前教育专业培训的占50.38%。《北京市幼儿教职工职业道德规范》颁发3年来，热爱幼教事业、精心育人的职业道德教育逐步深入，赢得社会的好评。幼教培训和进修相结合的师资培训体系与幼教培训基地已经初步形成。

1988年，北京市教育局对各类幼儿园提出了“完成双重任务，坚持教养并重、保教结合，全面提高幼儿素质”的工作总要求，统一了思想，明确了办园方向，一年来取得显著效果。1989年，市教育局对办园水平和保教质量有显著提高的50所各类幼儿园进行了表彰。

为了进一步加强对幼教工作的科学管理，1989年市教育局和市政府文教办、市卫生局，共同对各类幼儿园、托儿所实行了行业管理，并制定了《北京市托幼园所分级分类标准》及《验收评分标准》，对全市、区（县）444个市立、街道或机关、部队、工厂园所进行了验收。为了进一步深化幼儿教育事业改革，提高管理水平，1989年市教育局举办了4次区县幼教管理干部参加的幼教行政管理专题讲座，学习现代管理知识，提高管理水平。在幼教改革的深化进程中，全市有123所市立幼儿园同中小学一道进行了内部管理体制改革的试点，实行园长负责制、教师聘任制、工资总额包干和结构工资制等，建立健全各项规章制度，提高了幼儿园教职工的待遇和保教工作水平。同时，市教育局还组织了幼儿园教育评价研究小组，制订出幼儿园工作质量的评价和园长工作评价的试行方案，在各区试行。

撰稿人 李家莹 陈燕慈

（四）勤工俭学及劳动技术教育

1989年，北京市开展勤工俭学活动的中小学有1790所，相当于1979年的2.7倍，普及率达56%。创建劳动基地的学校有877所，比1987年增长了67%，参加勤工俭学的学生达34万人。

1989年，全市中小学校办企业拥有固定资产净值1亿多元，厂房40多万平方米，机动车900多辆，生产设备6000台（件），流动资金2亿元。主要产品上千种，有教（玩）具、印刷、五金、化工、食品、家具、仪器仪表、汽车配件、塑料制品、日用百货等14大类。

1989年，全市勤工俭学创纯收入首次突破亿元大关，达1.17亿元，比1979年增长了10倍，创历史最好水平。年创利突破1000万元的区县有西城、朝阳、海淀、东城和丰台；年创利突破500万元的区县有通县、大兴。其中年创利突破100万元的学校有13所。

1979年至1989年，全市中小学勤工俭学累计共创纯收入4.23亿元，补充教育经费1.69亿元，占纯收入的40%。仅1989年就补充教育经费5053万元，比1979年增长了17倍。

目前，全市各区县教育局都设置了勤工俭学科，以校办工（企）业公司名义对外开展业务活动，并配备了专职干部。

开展劳动技术教育，北京市是从1981年起实施的。开始阶段，由于缺乏师资、场地、设备和教材，开课学校不多；或开劳动课多，开劳动技术课少。1986年召开了全市劳动技术教育经验交流会，认真总结经验，提出了发展全市劳动技术教育的四项指标。从1988年底到1989年底，市教育局与各区县教育局总共建立了70个劳动技术教育中心。目前全市劳动技术教育开课率已由1988年的30%增加到50%，城近郊区已达80%以上。还有一部分劳动技术教育中心正在筹备之中。现已投入使用的劳动技术教育中心，开设了英文打字、家电维修、缝纫、裁剪、照像技术、自行车修理、无线电修理、编织、小手工艺制作、机加工、舰模、航模、花卉、烹饪、篆刻、木工、钳工、食品加工、美容、美发、制图技术、科技纸工、测绘、蔬菜栽培、果树栽培、农田管理、养殖技术等十几个专业，辐射学校240多所。

撰稿人　谢六平　赵新华
赵维贤

（五）校外教育

北京市的校外教育，是建国后开创的新型的少年儿童教育事业。自解放初在北海公园建立第一个少年之家起，已有近40年的历史。党的十一届三中全会后，校外教育迅速发展。目前，全市有各类校外教育基地1565个。其中，市、区（县）教育部门办的少年宫16所，科技馆11所，地区性少年之家33所。此外，民办公助的街道居委会活动站1097所，市及驻京中央机关、部队、企事业单位办的少年之家、活动站等408所，初步形成多渠道、多层次、多形式的校外教育网络。这些基地占地面积约40万平方米，建筑面积35万平方米。有专职教师2500多人，兼职教师2000多人。少年宫、科技馆专职教师中，具有大专以上学历的达69%；少年之家专职教师中，具有大专学历的达30%，加上中专、高中及大专文化程度的共占65%。

校外教育开设有科技、艺术、体育等专业项目百余种，每年各专业兴趣培训班学员达5万人。群众性文化教育活动的年覆盖面已由1980年的100万人次，增加到1989年的1200万人次。近10年中，先后成立了市校外教育研究室、校外教育活动研究会，并陆续建立了声乐、器乐、舞蹈、木偶、工艺美术、书法、无线电、电子、航模、舰模、群众文化、行政管理等12个教研组，有近300名教师参加活动，编写了《北京校外教育》等各种文字资料200多万字。市教育局会同有关单位联合成立了青少年科技辅导员协会，同时还建立了天文、地学、生物、电子、航模、舰模等学科理论研究专业委员会，大大推动了北京市中小学校外科技活动的开展。

10年来，北京市校外教育效果十分显著，已有近2万名中小学生在国际、全国、市、区（县）组织的各类比赛中获奖8000项次。在连续四届全国青少年科技小论文、小发明比赛中，北京市共获奖49项，其中一等奖17项、二等奖18项、三等奖14项，每次比赛成绩均列全国之首。市教育局为了鼓励学生全面发展，对思想、品德优秀，有突出的先进事迹或在学科竞赛、科技、文艺、体育等方面成绩优异、表现突出的学生，设立了中小学生最高荣誉奖——金帆奖、银帆奖。目前，全市已有7名学生获金帆奖，47名学生获银帆奖。

1989年，是北京市中小学校外活动比较活跃的一年。主要活动有：

2月1日，北京市少先队队长学校成立。

4月25日，崇文区在全区4万多名少先队员中开展“星星火炬奔向亚运城”的思想品德系列教育活动拉开帷幕。活动分为三个阶段，即“点燃星星火炬”、“星星火炬在行动”、“星星火炬奔向亚运城”。向全市、全国少先队员发出了迎亚运、比贡献的倡议。

7月18日至8月16日在市少年宫举办了30期“红领巾爱红星”一日军帐夏令营活动。

为了纪念“一二·九”运动54周年，举办了第一届北京市中小学合唱节，全市近2000所学校组织了合唱团，近百万中小学生参加演唱活动。

10月，市科协、市教育局、团市委、市体委、市妇联联合举办“爱科学月”活动。组织9项大的竞赛，把思想性、知识性、趣味性融为一体，展出科技作品3000多件。

10月29日，北京市青少年科技馆在市少年宫举行恢复开幕仪式。李鹏、聂荣臻、李铁映等党和国家领导人及钱三强、王大珩、林兰英、吴阶平、王绶琯、谈镐生、杨乐等科学家，为青少年科技馆题了词。康克清、严济慈、焦若愚、钱三强、王大珩、吴阶平等同志出席了开幕式。

撰稿人 殷 焱 王宝祥

(六)北京市西藏中学落成

北京市政府为了落实中央关于内地各省市积极智力援藏，培养出更多建设西藏的人才的精神，积极筹建西藏中学。1987年5月奠基，1989年7月竣工。仅用两年时间，建成了一座现代化、具有民族特色的西藏中学。

北京西藏中学，座落在北京市亚运村的东侧，占地48亩，基建面积20000平方米。包括教学楼、科技楼、办公楼、男女学生宿舍、阶梯教室、音乐舞蹈厅、学生食堂、健身房、家属宿舍楼等。

学校教学设备先进，装有闭路电视系统。每个班都配有彩色电视机、投影仪。此外还有语言教室、计算机房、图书馆、阅览室、实验室等。学校操场建有400米跑道，健身房内设有篮球场；音乐舞蹈厅内有山墙大面舞蹈镜，乐器相当齐全。

现有教职工142人，其中教师49人。藏族学生380人，他们分别来自西藏自治区的拉萨、日喀则、那曲、昌都、山南、林芝、阿里等7个地区。其中农牧民子弟占80%。初中学生年龄为12—14岁，高中学生年龄为16—18岁，男生占2/3。目前设有预科、初中一年级、初中二年级和高中一年级四个年级。

在良好的管理和教育环境中，几年来藏族学生进步很快。到初中一年级学年结束时，基本上能与北京市同年级学生同步进行教学。利用区统考试卷测试，数学平均分达到88分。学生的课外生活丰富多彩。在课余时间组织了舞蹈队、管乐队、足球队、棒球队和藏汉语翻译小组。有的学生在金帆艺术团培养下，荣获“和平杯大奖赛”一等奖及三等奖；有的学生在北京晚报征文中获奖，很多学生的文章在报刊上发表，电视台也经常播放西藏中学的节目。《西藏日报》在1989年元旦头版发表文章《北京盛开的雪莲花》，对北京市西藏中学的办学水平、教育质量予以充分的肯定。

撰稿人 范玉玺 徐顺刚
审稿人 陶西平 范玉玺

二、高等教育和中等专业教育

(一)发展概述

1989年北京地区的高等教育事业在治理整顿中稳步发展。67所高等学校的本、专科在校生达到141744人；在校研究生18440

人；专任教师共有37161人；其中教授、副教授12504人，占总数的33.6%。有45所学校办夜大学和函授大学，在校生87741人。高等学校的基本建设得到发展。各项改革措施在继续深入进行。

1989年春夏之交，北京发生了学潮、动乱和反革命暴乱，给高等学校的工作带来了极大的冲击和干扰，各学校出现了不同程度的停课现象，正常的教学秩序和生活秩序遭到破坏。北京市委高校工委和市高教局在市委、市政府的领导下，与各高校密切配合和共同努力，积极地组织复课，挽回造成的损失。暑假过后，北京地区67所院校除1所外全部按时开学。在这期间，还克服了种种困难，顺利地完成了高校3.95万名本、专科新生和研究生新生的招生工作，完成了4.2万名应届各科毕业生的分配工作。10月1日，北京全体高校的学生参加了国庆40周年的庆祝活动，圆满地完成了上级交给高校的参加节日晚会的任务。

新学年开学之后，北京高校普遍加强了思想政治工作，积极组织师生学习党的十三届四中全会、五中全会精神和江泽民同志的国庆讲话。市高教局和市高校工委组织30多所高校的研究部门负责人召开了高校工作研讨会，就学校的办学方向、思想政治工作、教育改革、教师队伍建设等问题，进行分析和总结。与此同时，市高教局制订和发布了《关于加强校风校纪管理的若干规定》。各项措施的实施收到了较好的效果，学校中的秩序明显改善。

复课之后，市里统一部署各高校加强了教学管理工作。（1）强调在教学中坚持四项基本原则，对各类课程、教材等进行了清理。（2）抓了马克思主义理论课教学工作，召开了教学工作会议，确定了教学重点，针对重点、难点举办专题研讨、讲座、讲习班和示范课等；组织编写了教学参考材料，受到中宣部和国家教委的重视，并转发到全国。（3）开展了北京地区高校和中专校优秀教学成果评奖活动。共评出高校优秀教学成果300项，其中国家级特等奖8项，国家级优秀奖29项，市级奖72项。

1989年北京高校的科学研究工作排除了种种干扰取得了丰硕的成果。全年共出版学术著作728部，发表研究论文10145篇，有342项科研成果获得国家和部委、省、市级奖励。其中国家特等奖3项，国家一等奖2项，国家二等奖12项。清华大学研制的5兆瓦壳式低温核供热堆，受到中外专家的好评。

撰稿人 李 壑
审稿人 耿学超

(二)高校学生思想政治教育工作回顾

1989年，北京高校学生工作队伍经历了一次严峻的考验，在国际、国内大小气候相互作用下，发生了一场大规模的学潮，并逐渐演变为动乱和暴乱。风波之后，北京高校组织学生进行政治学习，广泛开展了思想教育。经过半年的艰苦工作，学生的思想情绪发生了明显的变化，思想政治工作出现了良好的转机。

1.紧紧抓住四项基本原则与资产阶级自由化尖锐对立的基本线索，旗帜鲜明地开展思想政治教育。

近几年，资产阶级自由化思潮侵蚀了一些青年学生，使他们迷失了社会主义的政治方向，据2月下旬至3月上旬对北京高校学生思想状况进行的抽样调查，有些学生在改革、民主和自由、现行政策等方面都存在一定的模糊认识。还有一些学生对四项基本原则发生动摇和怀疑，这成为他们后来卷入学潮和动乱的重要思想原因。因此，在下半年开展的政治学习和思想教育中，各校以50天的政治风波作为一本教科书，紧紧抓住四项基本原则与资产阶级自由化尖锐对立的基本线索，联系资产阶级自由化在思想理论战线、文艺战线和高等学校的反映，引导学生着重弄清政治风波发生的复杂的国外背景、事实真相、动乱的性质，党和政府为制止动乱、平息暴乱所采取的措施的正确性和必要性，以及应当从中汲取的经验教训。

2.精心准备，精心组织，增强教育的实效。

首先，积极组织政治教育队伍。这支队伍包括专兼职学生政工干部、专业课教师和党政干部。暑假期间，各校举办了教师和干部培训班，认真学习了中央和市委的有关文件以及介绍动乱、暴乱真相的材料。一些学校还根据教育中反映出来的重点和难点，组织理论课教师和宣传干部编写专题讲稿，反复征求意见和修改后发给教师和干部，走到学生中去，进行正面宣传，参加讨论和活动，做耐心细致的工作。

其次，认真准备教育材料。北京市委高校工委编写了《关于这场风波的一些国际背景材料》、《认识这场风波的一些思路》、《非法组织"高自联"的部分情况》、《北京地区发生的动乱和反革命暴乱中外电报道选摘》等教育参考材料，还与北京广播学院联合制作了《五十天的回顾和反思》电视片，作为政治教育的辅导教材。各校也收集了大量的报刊文章及音像资料作为补充的教育参考材料。

同时，许多学校利用假期举办学生党员和学生干部培训班，学习有关材料，武装骨干思想，提高认识，并及时将中央的有关精神、政治学习所要达到的目的和具体要求传达给学员。使学生骨干先学一步、先走一步，以在普遍展开的面上的教育活动中，起骨干作用。

3.坚持教育形式多样化。

许多学校在政治学习和思想教育中，注意形象的感染、实践的启迪和自我教育。

走出去。一些学校利用暑假或在平时，组织学生走出校门，到工厂、农村参观了解改革开放带来的巨大变化，在第一线听工人干社会主义的声音。北京大学从9月25日至10月6日，相继组织600多名学生干部到工厂、农村参观学习。学生普遍反映，学到了课堂上学不到的东西，得出了坐在教室里苦思冥想而得不出的正确结论。北京青年政治学院组织学生在暑假开展了以"在社会大课堂反思"为主题的社会实践活动，通过到150多个单位的参观学习，学生反映，"了解了国情，找到了分析社会现实问题的立足点。"

请进来。在集中进行的政治学习和思想教育中，从校外请了一些理论工作者、实际工作者、革命前辈和英烈亲属来学校做报告。国际关系学院请革命烈士李霞（电影《永不消失的电波》主人公李侠原型）的爱人裘慧英作报告，烈士的感人事迹使许多人流下了热泪。当裘慧英激动地喊出了"解放了，中国人民站起来了"、"只有共产党才能救中国"时，全场爆发出热烈的掌声。这是该学院一个时期内所举行的大型会议效果最好的一次。北京化工学院请全国化工企业思想政治工作先进单位、吉林化学工业公司的孙守信和刘士全两位同志到校做报告，在一个半小时的报告中，掌声达37次。该校二系一位女同学说："以前，我觉得把社会看透了，似乎每个人都是为了自己而活着。听了两位同志的报告，有了新的认识。看到了在我们的现实生活中的确有这样公而忘私的人。我们的社会这样的人越多，国家就越有希望。我们社会的主流还是光明的。"

经过广大干部、教师的艰苦工作，学生的思想和学校的气氛发生了明显的变化。第一，恢复了安定，重建了秩序。许多学生对稳定是压倒一切的政治任务取得了共识。对国内与国外发生的某些不安定因素，多数学生保持了平静。第二，多数学生不同程度地接受和承认了党的十三届四中全会关于政治风波的主要结论，思想情绪在经历了偏激、对立和消沉之后，初步认识到自身的弱点，开始走向正常的理智。第三，学生的政治热情有所回升。在庆祝建国40周年时，12000名大学生接受了参加天安门广场晚会活动的任务，他们在国庆之夜表现了良好的精神状态。许多学生积极报名参加建设“亚运村”的义务劳动；参加业余党校、党课学习小组；在学生中，西方社会思潮明显降温，注意研究中国国情和实际、阅读马列著作、兴起“寻找毛泽东热”的人越来越多，他们在反思之后，在探寻和重建自我价值尺度。

撰稿人　孙尧东

审稿人　任彦申

（三）六所中专改革试点

1984年北京市委、市政府批准在北京市卫生学校、建材工业学校、农业学校、第一轻工业学校、第二轻工业学校、化工学校等六所市属中专学校进行改革试点，以探索中专教育发展的道路。1989年六校总结了改革试点工作，五年来，主要从四个方面进行了综合性配套改革：

第一、改革单一的办学模式，逐步建立适合社会需要，多形式、多层次、多规格的办学新格局。

六校已从单一的中专学历教育，发展为学历教育与非学历教育、全脱产与半脱产业余教育、校内与校外联合办学、长期班与短训班相结合。共办了校外联合班52个，学生1937人；各种短训班54个，学生2166人。办学层次从单一的中专层次发展为中专与技工并举，有的还举办了函授或职工大专班。服务对象除一般单位外，并为京郊37个贫困乡、河南省驻马店灾区、残疾人等，分别举办畜牧、农林、医士、微机应用等专业班。五年来，六校在满足本部门需要，分配毕业生5391人的同时，还“广开大门、服务四方”，分配给全市企事业单位（含乡镇企业）929人，分配给外省市352人，出部门的毕业生占分配总数的19%。

六校五年中有740人次教职工深入生产第一线，参加各类社会调查，了解社会需要。并对5262人次的毕业生进行跟踪调查，掌握社会对中专教育的反馈信息。卫生、一轻、二轻等校，建立了教学委员会、顾问委员会、教育研究会等，吸收生产、业务单位的领导干部、专业技术人员、管理人员参加，指导学校的管理与教学工作，建立了与社会紧密联系的机制。各校都按社会需要，普遍实行“大专业小专门化”，在增设一部分急需的新专业的基础上，幅射建立了37个“专门化”。

第二、改革脱离实际的办学体制，逐步建立教学与生产、技术服务三结合的新机制。

六校根据社会调查与毕业生信息反馈，利用本行业的新技术、新水平，对课程设置及教学内容作了调整、充实、改革，重点是加强学生实践技能的培养。六校先后共派出青年教师261人次到工厂进行实践锻炼，提高教师的动手能力与实践水平。进行各种加强实践教学的试验，北京卫生学校逐步建立完整的实践教学体系，制定了药剂、检验、放射、中药、医学实验技士5个专业的专业实践能力培养大纲及学生实践能力考核标准，加强了非智力因素的开发。

各校努力办好校内实习基地，六校附属厂（场）在努力提高教学实习质量的同时，五年完成产值1920万元，实现利润305万元。在办好校内实习基地的同时，各校建立了45个固定、半固定的校外实习（三结合）基地。市化工学校建立的四个校外实习基地，满足了教学实习的要求，工厂不仅少收或不收实习费，还发给学生一定的津贴补助。各校还开展了大量的社会技术服务，其中重大项目32个，提高了师生实践能力。

第三、对学生实行严格管理、严格淘汰、奖惩分明、择优分配的管理新模式。

六校结合实际情况，制定了一系列学生管理的规章制度与奖惩条例，采取了宿舍公寓化管理新方法。把助学金改为奖学金。对学生普遍实行德智体全面考核量化管理，作为评优、颁发奖学金及毕业分配的重要依据。化工学校还试行了“追一管四跟三”的学生综合管理制度（即：掌握学生进校前一年的表现，管好学生在校学习的四年，跟踪了解学生毕业后三年的信息）。在毕业分配中，各校试行了在量化评估基础上的择优分配、预分配及收取培训费等制度。对面向农村乡镇企业的中专班，试行“入学不转户口，毕业不包分配。”

第四、改革学校内部体制，实行校长负责制、教育目标管理责任制、干部教师聘任制、按劳奖励制及后勤工作承包责任制。

六校建立了比较完整的行政指挥机构与体系，制定了党政职责范围与各种规章制度共258项2261条，初步建立了“党政共同负责，群团配合，齐抓共管，各司其职，共同育人”的德育工作新体制，成立了学生工作领导小组（或学生工作委员会），建立了学校、专业科二级管理学生的体制与对班主任的管理考核制度；建立了教职工代表大会，六校各届各次教代会议共有提案342件，审议了学校重大工作59项，评议校级干部60人次，评议中层干部257人次。

六校在教职工中普遍实行岗位责任制或工作目标责任制，定岗定责，共制定各种岗位职责条例525项4488条。北京卫生学校、市化工学校在推行教师、职工的工作量制、岗位责任制的基础上，进一步实行教育目标管理责任制，分层次、分阶段制订了每个部门、每个人的目标计划。建材工业学校结合全面开展优化组合，进行定岗定责，实行干部聘任制，已换任三届。第二轻工业学校、市化工学校从1988年起，实行了行政管理人员与教师的聘任制。

在后勤工作中，各校结合各部门的不同特点，普遍推行大包干、单项小包工、有限经济承包责任制、工时制等，调动了后勤职工的积极性，他们围绕教学与学校的全局工作，增加了55个服务项目，提高了工作效率与服务质量。

改革五年来，六所试点学校的面貌发生了较大变化，办学效益、教育质量、教职工队伍素质不断提高，学校教育更加适合社会需要，紧密地结合社会生产实际。学生精神振奋，学习积极性明显加强。在校生增长了114%，教职工与学生比例从1∶1.95提高为1∶3.86，北京卫生学校、市化工学校连续五年被评为局级先进单位，农业学校被农业部命名为“加强实践教学、为农村经济服务先进单位”，第一轻工业学校、农业学校还被评为高教局平暴先进集体。

撰稿人　朱兆勇
审稿人　林浦生

三、成人教育

1989年，北京市的成人教育继续贯彻《关于改革和发展成人教育的决定》，以岗位培训为重点，进一步深化成人教育体制改革，加强宏观管理，提高教育、教学质量和办学效益，为首都物质文明和精神文明建设服务。

一年来，参加各级各类成人教育学习的人数如表：

1989年独立设置的成人高等学校、成人中等专业学校共培养大、中专毕业生34762人。高等教育自学考试有47895人报考119329科次，单科合格47910人次，2651人取得专科毕业证书，72人获得本科毕业证书。

1．岗位培训。北京市各级各类成人教育以岗位培训为重点，经过几年试点，在培训内

	总　计	高等教育	中等专业教育	中、初等文化教育	技术教育
学习人数	1620143	286946	158710	54811	1119676
毕业人数	76861	43140	19340	14381	——
结业人数	1044216	53544	57078	22397	911197

说明：1.本表数字含独立设置的各级成人学校、函授、夜大学、社会力量办学。
2.高等教育、中等专业教育含学历教育和非学历教育。

容、培训形式以及管理办法等方面，又有新的发展。中共北京市委组织部对新任区县局级干部开展了以适应新岗位要求为目标的培训。市经委对百户重点企业正厂长进行以提高管理水平为目的的岗位培训。市商业委员会为迎接亚运会，对万名商店经理开展了以提高服务质量为目的的岗位培训。

为了进一步推动岗位培训工作的开展，一些试点单位把培训和使用结合起来，取得了明显的效果。北京市化工总公司在化工系统34个企业推行了工人持证上岗制度。北京市税务局把税务专管员的培训与使用、待遇结合起来。北京新新时装公司把对售货员的培训与工资、奖金挂上了钩。北京市建委规定施工工长承包工程必须持有岗位培训资格证书。这些单位的经验证明，把开展岗位培训，提高职工素质同劳动人事管理制度配套改革，能收到较好的效果。首都钢铁公司在全面修订了技术业务等级标准的基础上，采取多种形式进行全员培训，参加多种技能培训的达21万人次，参加业务培训的达2.2万人次，两项占应培训人数的90%以上。化工、煤炭、二轻、有色金属等总公司的岗位培训已全面铺开。

北京市成人教育局组织了18个区县和100多个局、总公司对27类189个通用岗位干部的情况进行了调查；对1.5万名干部、职工的素质进行了抽样调查，两项调查共收集数据6万多个，为岗位培训的规范化、制度化积累了资料。

岗位培训在一些企业已初见成效。市汽车工业总公司所属油泵油嘴厂偶件分厂，对6102长油嘴生产线的177名工人进行了两轮岗位培训，油嘴产量从17万支上升到60万支，针伐废品率从12%下降到8%，一次插配合格率从40%上升到85%。市农机总公司举办的高级钳工培训班，27名学员完成了41项革新成果，为企业创造了81.2万元的直接经济效益。

2.农村成人教育。1989年对北京14个区县进行了调查，15—40岁人口中有文盲、半文盲8万人。除其中确实没有学习能力的2万人外，实有扫盲对象6万人。1989年11月2日，北京市副市长陆宇澄召集了各有关委办局领导和区县主管教育的区县长参加的扫盲工作会议，对扫盲工作进行了动员和部署。成立了由陆宇澄任组长，成人教育局和有关部门及区县主管领导参加的扫盲工作领导小组。成人教育局内设领导小组办公室，负责日常工作。各区县和大部分乡也建立了相应的工作机构。市政府拨出120万元作为扫盲专项经费。市成人教育局推广了扫盲先进县昌平县的工作经验；组织编写了扫盲教材，到11月底已印发7万册。12月，京郊农村290个乡，4000多个村普遍开展了扫盲教学活动，到年底，进度快的扫盲对象已识字1200个。

大兴县人民政府规定，农民承包果树，必须取得培训合格证书。这种培训，使农村实用技术进一步专业化、规范化。农民经过培训，持证务农，被称为绿色证书制度。1989年初，市成人教育局和市科委在大兴县召开现场会，推广大兴县绿色证书的经验，并联合下发了《关于开展“绿色证书”培训工作的意见》。文件要求各郊区县结合本地工作特点，首先在专业性较强的行业中开展培训，实行持证务农、持证上岗。目前，丰台、平谷、房山等县的果树、种植、养殖等行业已实行了这一制度。

农村开展成人教育，办学基地十分重要。北京市要求每乡建立一所成人学校，作为农村开展实用技术培训的基地。到1989年底，市郊已建立成人学校279所，占乡镇总数的94%。市成人教育局印发了《北京市乡镇成人学校管理办法》，对成人学校的审批、管理等问题作了明确的规定，促进了农村成人教育的发展。丰台、通县、顺义、朝阳、海淀、昌平、房山、门头沟、大兴等区县已实现了乡乡有成人学校。

3．成人高、中等教育。北京地区有46所成人高等学校开展专业证书教育，在校13848人，已结业711人。94所成人中等专业学校开展了中专专业证书教育，在校8411人，结业6838人。专业证书教育为工作任务繁重，年龄较大，具有高中毕业文化程度和丰富实践经验的业务骨干开拓了一条迅速提高专业知识水平的途径，受到社会的欢迎。在试办过程中，也发现了审批不严，管理松散，忽视质量的问题。为加强对专业证书教育的管理，市成人教育局发布了《关于成人高等教育专业证书制度几个问题的意见》，对入学资格、学前复习考试、审查新生名单等作了明确规定。成人中等专业证书教育也在整顿的基础上，指定少数学校根据市成人教育局发布的《北京市成人中等专业学校专业证书续学换发毕业证书的试点实施方案》，试办续学换发毕业证书的教学班，以积累经验，引导中等专业证书教育健康发展。

成人高、中等学历教育，在直接、有效地为企业服务方面，进一步加强了改革。成人高等学校增设了家用电器维修、公共关系等服务性、技术性较强的专业。成人中等专业学校制订了通用的教学计划18个，教学大纲61种，出版教材21种。

为提高教学质量、确保成人教育的社会主义政治方向，市成人教育局设立了思想政治工作领导小组，明确了党组织在学校的核心地位，加强了政治理论课教学，对新生和毕业生进行了政审并组织了集中政治学习。12月中旬召开了成人高等学校思想政治工作经验交流会。要求各校把德育放在首位，抓好思想政治教育工作，保证教育的社会主义方向性。市成人教育局发布了《北京市成人中等专业学校学生学籍管理规定》，要求各校为国家培养有理想、有道德、有文化、有纪律的“四有”人才。1989年底，市成人教育局抽考了69所中等专业学校的41个专业，62门课程，8795人参加了考试。

1989年学历后的继续教育，贯彻补充新知识，学习高技术，并使之转化为现实生产力的精神，由各行业、生产部门组织实施。北京市科技干部局等单位取得了较好的成效。

4．社会力量办学。北京社会力量举办的各类学校共522所，在校生达63826人，对国家办学起到了补充作用。市成人教育局重点引导学校端正办学思想，积极为社会服务，同时也加强制度建设，完善管理办法，促进社会力量办学健康发展。

首先，建立了颁发办学许可证制度。1988年开始对社会力量举办的中等层次以下的学校进行了清理、登记，合格者发给办学许可证，不合格者撤销办学资格。

其次，对社会力量举办的高等教育进行了清理、整顿。市成人教育局从计划、招生入手，加强管理，发出了《关于北京地区社会力量举办的高等院校招生工作有关问题的通知》，对其招生工作作了严格的规定：

1.招生计划须经市成人教育局审批；

2.招生广告、简章一律在学校名称后注明“社会力量办学”，经市成人教育局批准后方可刊登、播放、张贴；

3.不得颁发毕业证书；

4.不得面向全国招生。

市成人教育局通过报刊发布消息，公布了学校名单，以加强社会监督。

市成人教育局对社会力量办学的规章、制度正逐步健全。已对社会力量办学的管理办法提出了方案，对学校的财务管理、招生广告管理等也草拟了办法。这些基本制度建立后，将有效地把社会力量办学引向依法办学的轨道。

附一

□北京市化学工业总公司开展岗位技术培训实行工人持证上岗

北京市化学工业总公司根据化工生产工艺线路长，工人在高温、高压、易烧、易爆、有毒、有害的环境下操作的特点，以及工人技术水平低、操作技能差、处理事故的能力弱等实际情况，从1987年开始，试行岗位技术培训，工人持证上岗制度，1989年在化工系统全面推行。

北京市化工系统有34个工厂，43721名工人，其中技术工种正式工人37494名，学徒工1204名；非技术工5023名，包括清洁工、门卫、壮工，以及部分以工代干的工人等。在技术工种中有操作、安全、工艺三个规程岗位生产的工人23409名，占技术工人的65%；有操作、安全两个规程岗位生产的工人14085名。总公司决定将两个规程以上的技术工人作为培训对象，包括学徒工在内全公司应培训38698人。

培训内容是以本岗位的操作、安全、工艺三大规程和操作技能为重点，通过培训使工人熟知本岗位的规程；掌握设备、电器仪表的使用和维护保养知识；具有本岗位的操作和运算技能以及独立工作的能力等等。各厂参照化工部技术等级标准，共制定出3904个岗位技术标准，877个培训计划和大纲，编写了3524种讲义。

教材和讲义分为两种，一种是共性的教材，如安全、环保、消防、化工设备、电器设备、仪表、计量和劳保纪律等，是解决操作工人必须了解的共同性问题，由厂教育部门牵头组织厂内有关科室的工程技术人员编写，其他有关单位修改补充后，做为基本知识教材。另一种是根据化工生产品种多、要求各异的特点，解决“干什么、学什么”的专业性问题，由各厂的车间主管技术的主任和工程技术人员编写，企业技术部门把关后，作为专业培训教材。

为了不影响生产，灵活安排培训时间，“应知”部分安排在工余和下班后的业余时间，在车间、班组集中授课；“应会”部分在生产过程中进行。培训时间一般为80学时，技术简单的工种也不少于15学时。

培训的组织工作是由总公司制定总体规划，提出要求和进行督促检查。各单位成立由厂长牵头，劳资、教育、工会、企管办公室、环保安全部门和技术部门参加的岗位技术培训领导小组，负责制定培训计划，各部门明确分工，各司其职。由教育部门聘请车间工程技术人员和有实践经验的老工人担任教师，并负责具体组织实施。

考核工作由劳资、教育工会以及技术部门组成考核小组负责安排与考核。“应知”部分采用闭卷考核方式，每个工种印刷多种试卷，按工人上班班次不同，用不同的试卷考试，以百分制计算成绩。“应会”部分的考核，本着干什么考什么的原则，按岗位操作规范对工人进行现场考核，事先确定一个考核期，以考核期内的产量、质量、消耗、工艺参数的控制，排除故障的能力、合理化建议等作为考核的内容，由考核小组根据考核成绩，群众反映以及领导意见综合进行评定。考核合格的由劳资和教育部门发给岗位操作证，不合格的发给学习证。持学习证的，只能在师傅的指导下操作。到1989年底，全公司已有32362人考核合格，取得了岗位操作证，有3322人取得了学习证，取证人占应取证人数的92.3%。

总公司规定，开展岗位技术培训和实行持证上岗制度，是企业上等级和评比双文明单位的条件之一，与企业的优化劳动组合以及工人晋升工资、评定奖金结合起来。工人只有考核合格才具备被组合的资格，只有取得岗位操作证才能享受岗位津贴和参加评奖。各厂还根据本厂的实际情况，制定了工人持证上岗的管理办法。

通过培训，工人们掌握了本岗位的规程，提高了操作技术，总公司质量产品稳定提高率达99.1%，能源和原材料稳定降低率达91.5%，两项指标均高于往年。安全事故1989年比1988年下降了17%。

附二

□北京市经委举办百户重点企业厂长研修班

北京市经委根据国家体改委的要求和市教育工作会议精神，决定委托北京市经济管理干部学院举办百户重点企业厂长研修班，对正厂长进行岗位培训，1989年第一阶段共培训94人。

北京市共有重点企业113户，职工人数占地方预算内企业的56.24%，产值占总额的71.1%，销售收入占71.1%，实现利税占83.9%。因此，提高百户重点企业的领导管理和生产经营水平，对北京市的经济发展有举足轻重的作用。三年来，市经委按“一长三总师一书记”的岗位培训要求，共培训厂长108人，但正厂长只占9.2%。市经委认为，抓好百户重点企业正厂长的培训，对开展岗位培训，提高职工素质，改善企业的经营管理有重要意义，因而把这一工作列为1989年的重要任务之一。

副市长吴仪到研修班作了动员报告。参加研修班的有机械、电子、化工、纺织、汽车、食品、制药等企业的正厂长。研修班的任务，第一阶段是研究在治理整顿、深化改革的新形势下如何当好厂长；第二阶段是结合关于厂长岗位培训的基本要求，就完善和发展北京市企业承包经营责任制等问题进行研究。

据对94名正厂长的统计，其中有大专以上学历的占85.1%，有中级以上职务的占80.9%，平均年龄为49.5岁。这些同志长期从事企业领导工作，有丰富的实践经验。不同行业的厂长在一起研修，可以开阔眼界、扩大知识面，增加信息来源，有利于对总体规划的理解和掌握，有利于领导者素质的提高。

对“百户”厂长的培训，既注意提高基本理论水平，又注意解决实际问题。在内容上重点围绕三个专题进行研讨。第一是结合我国国情和北京市经济发展的总体规划，研究国内外的先进经验。研究的问题有松下管理经验、国外企业管理、如何开拓市场——谈经营战略、企业的管理归根结底是人的管理等。第二是研究在治理整顿、深化改革中企业面临的新问题。研究的问题有北京市企业改革面临的新问题及措施、加强治理整顿深化企业改革、财政信贷双收紧与企业搞活的关系、企业税收与税制改革、治理整顿时期劳资关系面临的几个问题、中国企业如何面向世界等。第三是研究提高领导艺术，当好企业厂长。研究的问题有企业领导学、领导者的超前意识——谈先导市场等。

在培训方法上，把读书、听课、研讨紧密结合起来，把理论的研修和对企业先进经验的学习结合起来。研究班聘请了陈兰通、阎承宗、陈佳贵、蒋一苇等领导同志和经济问题方面的专家讲课，并组织厂长们学习了首都钢铁公司的计算机管理、燕山石化总公司的思想政治工作、第一机床厂的定置管理以及长城风雨衣厂的经营战略思想等先进经验。

正厂长培训的困难之一是时间问题。为了既能使厂长安心学习，又不致过于影响工作，研修班把一个半月的培训分为两个阶段进行，每次各脱产学习三周。两个阶段学习合格者发给国家统一印制的厂长培训合格证书。

在学习结束时，厂长们根据自己学习的体会，结合本厂实际，写出了论文。他们就北京市工业发展的宏观管理与控制、坚持和完善承包制、企业集团化、提高职工素质等提出了进一步深化改革的设想。《进一步搞活大、中型企业的对策和建议》、《企业成败在于人》《做好人的工作，团结广大职工走出困境》等文章，对北京市的工业建设提出了切实可行的建议，对如何当好厂长提出了新的设想，受到市经委领导的好评。北京齿轮厂、北京吉普汽车有限公司、北京玻璃仪器厂等三家的厂长回厂后立即举办了中层干部及班组长培训班。

附三

□大兴县在农村开展“绿色证书”技术资格培训

大兴县为了发展农村经济，决定开展技术资格培训，推行“绿色证书”持证上岗制度。1988年4月，县政府规划全县10.5万亩果树由多年徘徊的2500～2700万公斤，到1990年达到5000万公斤。并发布了《关于承包果树必须取得技术资格的几项暂行规定》，要求必须经过培训，取得“绿色证书”技术资格许可证，才能承包果园。

县政府专门成立了承包果树技术资格领导小组，负责统筹协调；县林业局提出承包技术标准和具体要求：凡承包50亩果园，应有1名经过培训取得“绿色证书”的作技术骨干，并负责制定证书；县成人教育局负责培训工作，并依托市农业广播电视学校大兴县工作站，举办“绿色证书”培训班，选定北藏村乡作为办班试点，计划到1990年分期分批培训2000人。

大兴县是果树集中生产基地，主要是苹果、葡萄、梨、桃四个品种，从生产实际出发，决定首先重点培训50亩以上果园和乡级的技术骨干。选用辽宁熊岳农校编写的《果园栽培学》和山西运城农校编写的《果树病虫害防治学》作为基本教材；县成人教育局组织编写乡土教材，着重讲苹果、葡萄、梨、桃四个品种的基本知识和栽培技能。用292学时授完，其中授课204学时，实践教学84学时，考试4学时。在教学内容安排上，栽培学，主要讲授大兴县果树现状及发展方向、果树分类、树体组成、生产变化规律、果园建立、水肥土管理、修剪等；病虫害防治学，主要讲授昆虫种类、果树病理学、病虫害防治等。在教学计划上，结合果树生产季节，安排教学进度，针对什么果树、什么季节、什么农活就讲授什么内容，学了就到果树实践作业，达到学用一致。

为了解决专业教师的配备，县农、科、教部门积极配合、县、乡两级政府积极支持，在全县中专学校教师及科技人员中选聘了31名兼职教师。其中大专以上学历9人，中专学历22人；讲师7人、技术员24人，其中有7人是从事果林专门教学或技术工作的。

截止到1989年3月，有116人培训合

格，取得了“绿色证书”。1989年全县果品总产达3200万公斤，比1988年增产18%，好果率由65%增到85%。北藏村乡的学员为乡果园嫁接14000棵果树，节约12300元。学员翟学应承包232亩果园，亩产由400公斤增到650公斤，产值由3万元增到6万元。

1989年初市成人教育局与市科委在大兴县召开了现场会，并下发了《关于开展“绿色证书”培训工作的意见》，要求进一步扩大培训面，并提出1989年在全市县、区农村要形成“一个网络、两个扩展”的局面，即普遍建立培训基地，在县、区内形成网络；由一乡试点扩大到多乡试点，由一业试点扩大到各业实行这一培训制度。

到1989年10月，全县27个乡，乡乡都建立了成人学校，从而建成了以县农民科学技术学校为中心，乡镇成人学校为基地的培训网络。果树培训班，通过县办、乡办、联办三种形式，又有793人经过培训取得了承包许可证。县成人教育局还与农业局联合举办了有500人参加的蔬菜培训班；与畜牧水产局联合举办了有30人参加的养鱼培训班；与乡镇企业局联办了有700人参加的乡镇企业班组长培训班；与司法局联办了有250人参加的法人法制培训班。另外，县农机局根据驾驶员素质低，不懂农田操作基本知识的情况，决定对驾驶员进行整地、耕地、播种、收割等主要作业的技术培训，已有1552人参加了培训，92.8%的驾驶员取得了绿色证书。

附四

□北京市科技干部局举办继续教育高级研修班

北京市科技干部局制定的《1987—1990年北京市专业技术干部继续教育规划》要求全市高级专业技术干部1990年前要参加一期高级研修班。1987年开始试点，到1989年底全市共办50期，参加学习的有工业、农业、城市建设、商业贸易、政法、卫生、教育等行业中担任高级专业技术职务人员1500多人。

研修班的研讨专题是结合各业务部门实际工作中急需解决和探讨的问题，如奶牛选育、饲养、疾病防治和发展战略、粮菜生产技术发展战略、计算机接口设计、棉纺技术、城市道路交叉、环境保护等。研修班采取了讲课、自修、研讨、写论文相结合，通过交流、参观、现场评议、咨询等开展研修活动。研修班每期不少于20天，其中讲课不超过总学时的1/4。有些班在教学时间安排上采取闲时办班，集中研修；忙时自修，避开工作高峰期等形式，并保证研修人员的出勤率。

在办班方式上，一是接受国家有关部门委托，由市有关局承办。如由国家人事部、国家建设部委托北京市科技干部局、北京市规划局、北京市规划设计院举办的三期全国城市规划专业高级研修班；另一是各业务局、总公司和各设计研究单位举办，如北京市园林局举办的两期园林绿化高级研修班。

研修班结束时，每人写一篇论文，经评议合格后，发给市科技干部局统一印制的北京市高级研修班结业证书。

参加高级研修班的学员，把研修学习同科研、技术、生产的实际工作结合起来，取得了较好的效益。如：工程设计质量管理高级研修班的学员对“京开公路北段道路排水工程”方案提出了修改建议采纳后，为国家节约投资400万元。城市道桥专业高级研修班提高了市政设计研究院的设计竞争能力，在全国5个单位参加的深圳立交桥投标中一举中标。环保专业高级研修班学员卞有生撰写的论文《留民营生态农业系统的建设与研究》获国家科技进步一等奖。废水污水处理高级研修班的一篇论文《AB法在染料废水中的应用》对北京印染厂的废水处理提出解决方案，已被厂方接受并准备实施。大农业高级研修班集体撰写的《关于搞好京郊农业技术推广工作的建议》提出了六方面的意见，受到市农林办公室的高度好评。全国奶牛专业高级研修班集体撰写的《关于我国奶牛业发展战略的建议》，已提供给全国奶牛发展战略调查组，并受到农业部的重视。经初步调查，有40%参加高级研修班的人员在工作中取得了新的成果。

撰稿人 蒋树英 马 宣 谢文艳 黎阳保 郁 蕾

审稿人 尤 文 孙玉华 胡余生 张锡昆 王茂才 焦学让

天津市教育

一、普通教育

(一)概述

1989年天津市普通教育工作，贯彻党的十三届四中、五中全会精神，取得新的进展。

1.数量稳步发展。1989年天津市普通中学734所，小学3275所，幼儿园292所，职业学校149所。在校学生：普通中学335735人，小学811460人，比1988年增54379人；职业学校26941人，比1988年增3766人。各类职校在校学生与普通高中在校学生人数的比例为1:0.81。幼儿园在园儿童达159071人，比1988年增8417人。

1989年天津市农村有46个乡(镇)实现了普及九年制义务教育，连同1988年实现普及的共有65个乡(镇)，占全市乡(镇)总数的29.4%。教育改革工作逐步深入。到1989年，校长负责制试点校扩大到147所。其中11所试行学校管理体制整体改革，14所学校试行了结构工资制，109所学校实行教职工聘任制。

2.质量逐年提高。初中：市区毕业合格率由1988年的90.91%，提高到1989年的96.14%；农村初中毕业合格率由1988年的74.6%，提高到1989年的90.38%。初中毕业合格率低于60%的学校，1988年有15校(占5.88%，其中14校在农村)，到1989年，毕业合格率不仅全部超过60%，而且毕业合格率达到100%的学校由1988年的49校，增加到105校。市里6个区毕业合格率达90%以上的有185校(占95.9%)，低于90%的只有8校。几年来，市区先后治理了基础薄弱校98所，其中毕业合格率达到100%的有32校，占治理总校数的32.65%，毕业合格率达90%以上的(包括达100%的32校)有78校(占76.44%)，其余20校毕业合格率均稳定在80%左右。

高中阶段的质量也明显提高。除高考录取最低控制分数线与高分阶段(即高分在500分以上)的学生人数都有所增加外，报考国家建设急需的农业、林业、矿业、地质、石油等专业的人数较往年有明显的增多。

职业技术教育在发展中也显示出强大的生命力。130个专业培养出的45000多名毕业生已先后走向工作岗位，改变了工矿企事业单位人才结构，提高了劳动者素质，促进了生产力的发展。

(二)建立德育工作新格局

1988年12月，中共天津市委、市政府召开建国以来首次专门研究中小学德育工作的会议。副市长钱其璈作了《统一认识，加强领导，为建设中小学德育工作新格局而努力》的报告。新格局的初步构想是，教育内容分层次，制订系统的较为稳定的德育大纲和规划，建立德育领导系统，形成网络。大体用5年至10年时间完成。1989年4月，市委书记、市长李瑞环在普教工作会议上作报告又特别强调中小学德育工作的突出地位。全市各区县贯彻落实，进展很快。

1.建立了两条管理系统。(1)从市到区县政府建立一条管理系统：市成立了由副市长钱其璈为主任，有关部、委、局及工、青、妇的负责同志任委员的天津市中小学教育协调委员会。各区县相继建立了有关组织。(2)从市、区教育局到学校健全了内部管理机构：

市教育局建立了德育处，区(县)教育局建立了德育科，各中学设德育处，各小学配备了主管德育的教导主任。使德育工作形成独立、完整的体系。

为加强德育队伍的建设，市教育局下发了《关于加强中小学德育工作队伍的决定》。对班主任、团队干部、政治课教师进行了调整，选派了一批党员、政治素质好的优秀教师做专职德育工作。全市共有专职德育人员8000余人。同时，对专职德育人员采取了一些鼓励性措施，如增加班主任津贴；从事德育的专职人员，其从事德育工作的年限合并计入教龄，并发给教龄津贴等。

2.校内校外形成网络。对中小学生的教育，社会、家庭、学校齐抓共管，使学校德育和社会教育同步进行。红桥区和河西区的区委、区政府充分发挥街道办事处的协调管理职能，动员社会各方力量，建立社区教育管理委员会。并组织了学校、家庭、社会一体化的青少年教育网，建立各种阵地，组织学生参加社会实践和娱乐等活动，把学生的课余生活纳入生动活泼的教育网络，减少了青少年犯罪，防止了学生流失，优化了街道的德育环境。全市于5月份召开现场汇报会，全面推广了这两个区的经验。11月，又在静海县召开郊县社区教育现场会，总结和交流了静海县、武清县、北郊区和西郊区的经验。武清县杨村供销社、驻津部队等28个小学生社会实践点和社会服务点，聘请老干部、老党员、解放军战士、先进模范人物、社会知名人士320人为校外辅导员，建立长期联系制度。静海县独流镇建立教育实践点65个、教育点27个、服务点39个、劳动实验基地5公顷。到1989年，除边远个别学校或不完全小学外，全市小学都成立了家长委员会。中学有43%的学校建立家长委员会或家长联席会；市区有91%的小学成立了家长学校，中学有64%的学校开办家长学校或不定期的家庭教育讲座。对优化德育环境起了重要作用。

3.分层次编出大纲、教材。德育教育内容分层次进行：在小学阶段着重培养学生良好的道德品质和文明行为。中学阶段在培养学生具有社会主义道德和法制观念的基础上逐步进行马克思主义最基本的立场、观点、方法及党的基本路线、方针、政策的教育。天津市从1986年开始，先后制定了中学、小学、职业中学、师范学校和幼儿园德育大纲，选择了17所中学和31所小学进行实验。从1988年下半年开始，同国家教委发布的德育大纲和中、小学生日常行为规范一并全面实施。

受国家教委委托，天津市于1986年开始编写中学政治课和小学思想品德课教材并承担教学改革实验任务。1988年又编写小学思想品德课本，经国家教委审查通过，推荐全国试用；中学已审查的四个年级的教材也获通过。新教材的特点是打破原有的教学体系，由过去的以理论发展为线索改为以青少年的思想、心理成长规律为线索，克服旧教材脱离社会生活、脱离学生思想实际的缺陷。同年，全市高中和初中毕业班全面进行了思想政治课考核的改革实验。考试既看学生卷面成绩，又看学生实际表现。依据《中学生日常行为规范》，通过自我评定、民主评议、班主任和学校领导审定，实行量化，实际表现按满分20分计算，计入政治课考试成绩。1989年4月，市教育局召开会议，交流中学政治课改革经验，并对新形势下学生思想政治工作遇到的新问题进行探讨。

4.德育科研出成果。1989年12月26日，天津市教育学会、政治教育工作研究会、班主任研究会、小学思想品德课研究会联合召开了德育年会，总结了德育的科研成果，对优秀成果进行了表彰。共征集德育论文98篇，评出优秀论文10篇，入选论文50篇。这些论文涉及面广、内容丰富，对经验的总结富有条理性、科学性，指导和促进了德育工作。

5. 寓教于乐，开展多项活动。1989年，市教育局推荐了20首适合中小学生学唱的歌曲，在全市中小学生中掀起了学唱健康有益歌曲的活动。在此基础上，18个区县相继举办了"校园歌声"歌咏比赛。10月，召开了天津市中小学第三届校园歌声歌咏比赛大会。全市共有5000名中小学生参加，评出一等奖3个，二等奖6个，三等奖7个，纪念奖12个，精神文明奖3个。为提倡读好书，市教育局与文化局、《天津日报》社、天津广播事业局联合举办了中小学"宋庆龄杯"读书竞赛活动。有15个区县，500余所中小学，近20万学生包括残疾儿童、港澳台属和少数民族子女及工读学生参加。共阅读各种书刊资料近百万册（份），写文章6000余篇。共有1200余名学生获得一、二、三等奖。

一年来，通过各项措施，学生的精神面貌有了新的变化。评出市级三好学生5764名，区级三好学生19855名，校级三好学生140288名。在校学生犯罪率下降到万分之二以下。在春夏之交北京发生动乱和反革命暴乱期间，天津市中小学教学秩序稳定。河北区在贯彻中小学生日常行为规范中坚持"六抓"（抓早、抓小、抓细、抓练、抓活、抓典型），全区64所小学连续两年全部被评为市级或区级容貌先进单位。27所中学被评为容貌整洁校，占全区中学的80%，并有11所被评为市级文明学校。南开区三十一中学引导学生读好书。"友爱、互助、求知、向上"，读书活动陶冶了学生的情操。自1985年以来，有1112名学生申请入团，17名学生申请入党，413名学生加入了团组织，全校无一名学生违法犯罪，被南开区命名为"德育工作先进校"。

（三）中小学教育五项督导检查

天津市政府从1989年4月下旬到9月中旬，在全市范围内，对中小学进行了五项督导检查。市教育局把"五查"工作列为1989年重点工作之一，组建了14人的专门工作班子。市政府组织专人重点对3个区（县）9个乡（镇）50多所中小学进行了调查，并派员参加了对6个区（县）乡（镇）学校的检查和对16个区（县）的随访督查。各区（县）都成立了以主管教育的区（县）长、各有关委办、局负责同志参加的"五查"工作小组，深入乡镇、学校进行检查，把"五查"工作纳入本区（县）的重要议事日程。各级检查组分别召开了人大代表、政协委员、民主党派、各委、局负责人、师生代表以及学生家长代表参加的不同类型的座谈会，广泛听取意见，并直接向学校师生进行了多种形式的调查。

1. 加强了德育工作。近几年来，德育工作越来越受到各有关方面的关注。德育的意识不断增强，进一步明确了德育是社会主义精神文明建设的奠基工程。在领导体制上，初步形成了全社会参与的管理系统；在德育目标上，在各类学校中制订了系统稳定的《德育大纲》和《实施规划》；在德育内容上，继续进行了小学思想品德课、中学政治课的改革。同时进一步开拓德育工作的渠道，建立了以学校教育为主阵地，以家庭教育为基础，以社区教育为依托的"三结合"的教育网络。德育队伍的建设工作得到加强，一支素质较好、专兼结合、工研结合的德育工作队伍正在形成。

2. 在教育经费方面：以国家拨款为主渠道，保持了教育经费的"两个增长"。（1）适当增加财政拨款。天津市普教经费1988年3.32亿元。1989年达到3.7亿元，比1988年增长16%，实现了人员经费、公用经费、生均经费三个同步增长。（2）提高教育费附加计征比例。从1989年开始，城市教育附加费的计征比例由1%提高到2%，全年多征收3000万元。对乡镇建筑、交通、企业征收农村教育经费附加按营业额的1%计征，一年约征收500万元。1989年共征收7493万元。其中城市为6000万元。（3）从校办工厂收益中提取30%左右用于改善办学条件。1989年，全市校办工厂(农场)发展到1117个(其中工厂:中学527个,小学454个;农场136个)。年总产值突破3亿元,年利润达到6405万元。利润比1988年增加1589万元,增长33%。人均产值9974元,人均利润2175元。收益分配,除了向国家缴纳1255万元税金外,用于扩大再生产2076万元;改善办学条件1519万元,比1988年增加411万元;用于师生福利1000多万元。(4)大力发展社会支教,鼓励工矿企业、社会力量捐资助学。1989年,社会支教总价值为5396万元,其中市区713万元,农村4683万元,连同1984～1988年(市区从1985～1988年)累计社会各方集资达2.19亿元。其中用于改善办学条件1.86亿元。共翻建校舍175.3万平方米,占农村中小学校舍总面积的62%。添置和修复课桌椅44万套,教学设备1155万元。用于改善教师生活和工作条件3300万元。新建教师宿舍8.5万平方米。1989年市区共新建、改建中小学22所,超额7所完成任务。市区初中一般有3个实验室,完中校5个实验室;郊区中学平均两个实验室,五县各校平均1.8个实验室。市区有1/3以上的小学建立了自然常识教室,395所中小学拥有各种型号计算机5000台,语音实验室140个,师范、进修学校基本上完成了卫星电视教育设施装备,投资1007.5万元。达到了区(县)、乡(镇)、学校三级卫星电视教育网络化。

教师经济待遇逐步提高。从1987年到1988年为教职工解决住房51万平方米,建房2800多间,使1万多户教工的住房困难得到了解决。

为了稳定农村教师队伍,几年来将11075名民办教师经考核转为公办教师(包括中师班毕业生转公办),使全市民办教师占农村教师总数的比例由28%下降到2.1%。为47名骨干教师配偶及未成年的子女农业户口转为非农业户口。为山区和半山区的教师每人每月补贴10元和6元。各区县政府为4800多名边远地区的教师向上浮动一级工资。(5)表彰优秀教师和教育工作者。1989年,市委、市政府利用筹集的奖励基金1146万元的利息,表彰奖励了包括全国优秀教师、优秀教育工作者及全国教育系统劳动模范在内的市、区、校三级优秀工作者10013名。

3.中小学危房的抢修、改造。市政府每年都把这项工作列为全市改善人民生活的十件大事之一。市领导经常召开会议研究,并深入到区、县学校查看危房修缮工作,解决有关问题。1980年到1988年,全市为修缮、改造中小学危房共投资2.57亿元,先后修缮危房233.6万平方米,使全市中小学危房率下降到4.8%。1989年,全市共集资8586.3万元(其中农村集资2723万元),全部用于改造和维修危漏校舍。到年底统计,全市中小学危房率已下降到1.15%。

4.中小学生流失问题基本得到控制。天津市1988～1989学年度小学生流失率为0.28%,比1988学年下降了0.16个百分点;初中生流失率为3.02%,与1988年大体持平;高中生流失率为1.4%。流失的特点是初中多于小学和高中,农村多于市区。为了严格控制学生流失,层层制定法规、民约。规定每年6月和9月为全市《义务教育法》宣传月。先后发布了《天津市控制中小学学生流失的若干规定》、《中学生学籍管理规定》等,对违犯义务教育法的,市区由人民政府委托街道办事处,其他地区由乡(镇)人民政府负责依照法律,采取经济、教育等综合手段,予以处罚。

5.制止学校乱收费的问题初见成效。1989年初,市教育局与物价局、财政局联合下发了《天津市中小学、幼儿园收费管理暂行规定》;市教育局重新修订了《关于中小学借读的规定》。市内6个区教育局都建立并公布了举报电话,设专人接待来信来访。同时层层开展自查、互查，市物价财务大检查办公室还进行了重点抽查。通过以上措施，基本上理顺了学校收费的项目和标准。据统计，原各类学校收费项目为45种，不合理收费达152万元，经过整顿清理，保留16项。对应该退还的8项收费全部退清；其他也都按规定进行处理。市教育局成立了教材审查委员会，还对中小学生525种用书进行审查，减少了149种。

（四）职业教育在改革中发展

天津市职业技术教育坚持改革，积极探索，发展迅速。到1989年，中、初级职业学校（班）已发展到149所。其中职业中专22所，中级职业学校71所，初级职业学校56所，共设150个专业，在校学生26941人。与普通高中在校学生人数的比例为1∶0.81，使中等教育结构趋于合理。职业学校从1982年培养出首届毕业生，到1989年，共为社会主义建设输送毕业生45000人。

1979年，天津市恢复、试办职业学校．1986年，为加强领导，建立了天津市职业教育委员会。1989年，是天津市职业教育恢复十周年，在全市范围内掀起“总结十年、宣传十年”的高潮。采取的措施是：

1.进一步明确培养目标，制订教育教学大纲，强调把四项基本原则的教育放在首位。同时，加强专业思想、职业道德教育以及遵纪守法、为经济和社会发展服务的教育，使职业教育逐步走向科学化、规范化。

2.坚持多种形式办学。积极发展教育部门与经济部门联合办学。到1989年，市区职业学校中联办、企业办的比例，由1983年的35.4%发展到78%。

3.加强基本建设、建立实习、实验场所，做到教学、实习、生产、科研“一条龙”，从而达到理论与实践结合，加强训练操作技能的目的。

4.根据社会急需，不断调整学校布局和专业设置，适应经济和社会发展形势，使职业学校成为多层次、多规格人才的培养基地。

5.加强师资队伍建设，建立了一支以专业为主、专兼结合、稳定合格、文化课和专业课相配合的教师队伍。到1989年，全市已有专业课教师2526人，是1980年的9.4倍。

6.市区（县）层层集中力量办好一批有特色的示范性的职业学校，以促进职业教育质量的提高。几年来国家教委和市财政专项拨款补助达2000万元，用于充实教学设备、加强实验室及实习基地的建设。1989年，首批确定示范校11所。

7.改革毕业生分配办法，采取不包分配，择优推荐，量才录用的政策。1982年，市政府批转了《关于职业学校毕业生录用问题的暂行规定》，确定了“三结合”的优先就业方针和择优录用的原则，并决定有关专业的毕业生可按干部录用。从1982年到1989年，市区职业学校毕业生的录用率一直保持在95%以上，最高年份曾达到99.38%。

8.加强科学管理，建全岗位责任制，保证职业教育健康发展。由于职业学校学生素质好，专业知识扎实，深受用人单位的欢迎。天津电冰箱厂以天津检测职业学校毕业生为主进行各项计量工作，在1987年企业定级考核中获得满分。计算机职业中专1989届学生在天津市钢材普查办公室实习期间，与该校早分配到这个办公室工作的1984届毕业生一起，共同编制了整套钢材普查系统程序，保证了钢材普查工作提前完成，使天津市成为全国钢材普查中受表扬的两个省市之一。南开企业管理职业学校在学生下厂实习期间，用所学计算机知识解决工厂生产工时定额计算和工艺定额计算问题，比这个厂原采用的香港宝时年公司的计算方法，每月可节约用线1386万米，折合人民币13000万元，促进了生产率的提高。

撰稿人 王 挥 刘 津
审稿人 叶文山 张金锋
高锋远

二、高等教育

(一)概述

天津市高等教育事业，在新中国成立40年来，特别是党的十一届三中全会以来，发生了巨大的变化。天津解放时，全市只有8所公立大学和3所私立大学，在校学生约5000人，专任教师441人。党的十一届三中全会以来，天津市的高等教育事业进入了改革开放蓬勃发展的新时期。1989年，全市普通高等学校22所，大学分校6所。在校本专科生52804人，较解放前增加了10.6倍；专任教师11124人，较解放前增加了25倍。1978～1989年，仅天津市属高等学校就完成基本建设投资额2.47亿元，校舍增加1.3倍，新建了14所高等学校。校舍建筑总面积251.2万平方米，较解放初增加24倍；天津市城乡每万人在校大学生数由11.5人上升到63人。办学条件明显改善，全市高等学校有实验室800个，总面积约14万平方米，实验仪器设备13万台(件)，设备总值约2.4亿元。天津市已建立起拥有综合大学和理、工、农、医、师范、语言、政法、财经、体育、艺术和短期职业大学等学科种类较为齐全的高等教育体系，形成博士后、博士生、硕士生、本科生、专科生、函授、夜大学等多层次、多规格的办学形式。13所学校在哲、经、法、教、文、史、理、工、医9个门类有硕士学位授予权，6所学校的58个专业有博士学位授予权。40年间，天津市高等学校先后培养出全日制本、专科学生18万余人，研究生1万余人。

改革开放以来，随着经济建设迅速发展，商学院、外贸学院、理工学院、城市建设学院、职业大学等一批新学校陆续建立。各学校的专业设置发生了较大的变化。为沿海地区对外开放而设立了国际经济合作、国际金融等专业，新上了税收、保险、商品养护、经济信息等专业。

对外交流不断进展，至1989年已与亚、澳、欧、美10个国家和地区的85所高等学校建立了合作关系，陈省身、李政道、杨振宁、吴健雄等知名学者被聘请为名誉教授前来讲学。天津市接受外国留学生的学校由解放初的5所18个专业发展到10所40个专业，先后共培养了来自40多个国家和地区的留学生2500人。

天津市高等学校发挥知识和人才优势，每年与社会其他部门签订技术合同200多项，并承担大量科研任务。1980年以来，全市高等学校共获得国家自然科学奖7项，国家发明奖38项，国家科技进步奖36项，部门科技进步奖167项，省市科技进步奖129项，并有一些项目在国际上获奖。

1989年，天津市高等教育事业在治理整顿中，学校规模保持稳定。全市共有普通高等学校22所，大学分校6所。在校本、专科学生52804人，较上年减少0.5%。其中本科生40525人，(占学生总数76.7%)，较上年减少3.4%；专科生12279人(占23.3%)，较上年增加10%。在校硕士研究生(含研究生班)3405人，较上年减少9.5%。在校博士研究生361人，较上年增加8%。在校研究生、本科生、专科生的比例为1:10.7:3.3。

1989年普通高等学校招收本科生8763人，较上年减少16.2%；招收专科生5313人，较上年减少2.2%；招收硕士研究生(含研究生班)1035人，较上年减少14%；招收博士研究生99人，较上年增加1%。招收委托培养生1963人，自费生594人，干部专修科230人，函授生2448人。当年毕业本科生10152人，专科生4232人，硕士研究生1210人，研究生班99人，博士研究生57人。

1989年天津市高等学校在校教职工

28201人，其中专任教师11124人。专任教师中，有教授596人（占专任教师总数5.4%），较上年增加7%；副教授2682人（占24%），较上年增加7.8%；讲师4734人（占43%），较上年增加2%；助教2567人（占23.1%）。

天津市属高等学校事业费较上年增加13.72%。经费使用继续实行并完善"综合定额加专项补助"的分配原则，坚持重点学校和效益好的学校优先发展，对条件较差的学校积极扶植的方针。专项经费集中用于校园房屋、设备维修和教学仪器购置。

高等学校科学研究和科技服务有新的进展。1989年，在28所高等学校及医学院校附属医院中，通过多种渠道拨入研究与开发经费3691.4万元，较上年增加2.6%。出版科学专著416部，发表学术论文4353篇。共获得理工农医类奖励89项，其中国家发明奖4项，国家科技进步奖5项，部门科技进步奖35项，省、市科技进步奖45项。

1989年，天津市对高等学校校办企业进行了治理整顿。市高教局重新审定了业务经营范围和外贸经营权，对党政机关干部在校办企业中的兼职进行了清理，进行了《经济合同法》执行情况的检查和对校办工厂的整顿验收。通过治理整顿，进一步明确了校办企业的发展方向：要结合本校的性质和专业特点，发挥自己的知识、技术优势。在天津市高新技术产业园区科技贸易街的100所企业中，高等学校自办或与其他部门联办的有24所，80余项实用技术或科技产品从这里推向社会，成为高等学校技术扩散的窗口。高等学校校办工厂的生产和经营范围已涉及轻纺、化工、机械、电子、医药、食品、塑料制品、印刷等行业，所得收入已成为教育经费的重要补充。至年底，全市高等学校共设有科技、商业、生产、管理等类型的公司54个，开发部58个，工厂78个，其他经营机构53个。

1989年开展了评选和表彰教学、科研、教书育人先进人物和集体活动。成立了优秀教学成果评审委员会，拟订了成果评估方案。在市级以上优秀教学成果评选前进行了案例分析。增加了民主评议的透明度。经逐级推荐和市评审委员会审议，国家教委批准，天津大学"中国古代建筑测绘实习——提高建筑教育质量的重要综合实践教学环节"和天津中医学院"实验针灸学新学科建设"获得1989年国家级普通高等学校优秀教学成果特等奖，10项成果获国家级优秀奖。21项获市级优秀教学成果一等奖，70项获二等奖，11项获鼓励奖。全市高等学校有14名教师获得全国教育系统先进教师（教育工作者）称号，43名教师被评为天津市教书育人先进工作者，18人被评为天津市优秀科技工作者。在高等学校学生中开展了创三好争先进活动，以树立一批立场坚定，德智体全面发展的典型，激发学生的政治热情和学习积极性。共表彰97名市级三好学生，30名优秀学生干部，17名单项先进个人，27个先进集体。

（二）维护安定团结的政治局面

在1989年春夏之交，天津有部分学生和少数教师、干部卷入了动乱，但高等教育战线绝大多数领导和干部，在政治上同党中央保持一致。市委教卫工委、市教工委、高教局负责同志深入高校，并组织了各校党政干部、教师对学生进行劝说和疏导，对于减轻动乱造成的影响发挥了重要的作用。

北京平息暴乱后，天津市进一步加强了对学生的思想政治教育，教学秩序迅速恢复。

1.引导学生认识中央采取措施制止动乱、平息反革命暴乱的必要性，动员师生和全市人民一起共同维护天津的安定局面。高等学校利用各种宣传工具反复宣传教育学生维护安定团结的局面。

2.复课复学、恢复教学秩序。市高教局于6月3日、6月12日分别发出《关于尽快恢复我市高等学校正常教学秩序的几点意见》及其《补充意见》，要求高等学校干部、教师坚守岗位，做好学生的思想工作和正常的教学科研工作。地方院校绝大多数学生6月中旬已正常上课和参加考试，毕业分配工作如期进行。

3.利用假期进行新学年工作的准备。各学校主动与学生家长联系，取得家长和社会的配合。对家在外地的学生还一一发出书面通知。学校增派人员加强迎新工作，新学年开始后，各年级学生按时到校人数超过96%。

4.培训学生骨干。开学初，各学校组织了学生干部短训班，由学校领导宣讲中央的有关精神和国内国际形势。学生党团组织和大批学生干部配合学校对全体师生进行坚持四项基本原则、反对资产阶级自由化教育。组织师生学习邓小平同志的重要讲话和党的十三届四中全会精神，收听收看录音录像材料，了解暴乱真相。各学校还用报告、讲座等方式进行了形势教育，一些老教师用亲身经历进行两种社会制度的对比，收到了积极效果。

5.加强党的领导和政工队伍建设。各学校对党的基层组织进行了思想、组织和作风整顿。同时，充实了班主任、辅导员队伍，健全了学生工作部门和组织。

6.加强校园管理，改善教学环境。在清理大、小字报的基础上，各学校重申了维护校园秩序的有关规定，加强了安全保卫工作。

7.深入反思。市高教局先后召开了三次高教战线老领导、老专家、老教授座谈会，多次召开学校党政领导干部座谈会以及高等学校学生工作干部、马列教研室主任、政治理论课教师和宣传工作者座谈会，学习党的十三届四中全会、五中全会精神和邓小平、江泽民同志的讲话，对一个时期以来由于削弱党的领导、削弱思想政治工作所造成的一系列问题，进行了分析，对把德育放在首位，加强学校管理工作，提出了积极的意见和建设。

1989年10月，中共天津市委教卫工委和市高教局召开了高等学校工作会议，强调坚持四项基本原则、反对资产阶级自由化、防止和平演变、培养社会主义接班人是高等教育战线一项长期、艰巨的任务。会议并对改进高校工作作出部署。

(三)改进教学环节，注重学生能力的培养

1.改革马克思主义理论课教学。市高教局针对教学中存在的问题，制定了《关于加强和改进天津市高等学校马克思主义理论课教学的意见》，明确这一课程既是学校教育的重要组成部分，又是党在学校进行思想政治工作的重要途径。强调了课程的思想性，理论联系实际的原则，使学生正确理解马克思主义的基本原理，初步掌握马克思主义的立场、观点和方法去分析问题，指导实践，逐步树立正确的世界观和人生观。对近年来开设的课程要进行分析和总结，根据少而精的原则修订课程大纲，明确各年级教学内容中阐述的基本内容、重点和难点，以及需要解决的学生思想实际问题。

为了提高马克思主义理论课的教学质量，市高教局决定对理论课教师进行集中培训，并提供经费，组织教师结合教学需要，轮流参加社会调查，了解国情，了解学生的思想实际，并承担一定的学生思想政治工作任务。市高教局还设立政治理论课研究基金，以鼓励教师根据教学和学生思想认识中暴露的问题开展科学研究，解决现实存在的问题。组织青年教师分批到实践中去锻炼，年底邀请部分专家组成天津市高等学校马克思主义理论课咨询小组，并组织力量，编写了三门政治理论课教学大纲，应用于教学过程。天津市还成立了高等学校思想教育课教材编辑委员会，出版了《大学生思想、修养》、《法学基础知识》等教材，使高等学校德育教育向系统化、正规化迈进一步。

2.坚持大学英语统测，提高英语教学水平。天津市坚持组织大学生参加全国英语四级、六级考试，还规定除天津大学、南开大学外的所有高等学校必须参加天津市举办的二级、三级考试，作为期末考试的成绩。改变了过去以语法教学为主、重阅读轻听说的倾向。将公共英语课分为精读、泛读、听力、写作等几门课。有的学校把公共英语课教师分为两个教研室，各包教一个级次；有的实行双向选择制，由系主任聘请教师承担某一班或专业的全部外语教学任务；有的根据课型选择任课教师，使教师在精读、泛读、听说、写作等不同课程中发挥业务专长，增强了教师的工作责任心和竞争意识。学生也普遍把英语分级考试作为检验外语水平的客观标准，学习外语的积极性明显提高。

市高教局拨款 85 万元，为中医学院、医学院、财经学院、城建学院、天津大学分校等 5 所市属非外语类学校新建或扩建语音实验室。天津市已连续三年举办二级、三级考试，经过不断改进，在命题、考题类型、考题方法、阅卷及评分标准等方面积累了一定经验，并为一些兄弟省所采用。1989年 1 月，全国高校英语四级、六级考试中，天津市四级通过率为34.4%，六级通过率为3.55%。

3.开展课程评估。1987年11月，市高教局组织企业高级工程师和学校教师对机械类专业学生的毕业设计进行课程评估。评估的指标体系分为选题、能力考核、图纸及说明书质量等三个部分，共包括10个具体项目。组成了专家评审组，评估对象实行学校推荐与随机抽样相结合，评审委员共同打分(本校教师回避)由高教局核算所得分数。

评估暴露出学校毕业设计教学过程中存在的一些问题，毕业设计的要求不够规范；对学生综合运用理论知识和基本技能从事实际设计重视不足；对应用外文资料和使用计算机进行辅助设计的要求不明确，等等。学生存在的主要问题是：毕业设计应用性不强，缺少经济分析，设计思路有较大局限，实践环节薄弱，等等。

机械类专业毕业设计评估，在工科类高等学校中引起很大震动，使学校进一步认识到了工科专业必须使学生掌握工程设计的基本方法和技能，具备综合运用所学理论知识解决实际问题的能力。1989年各工科类学校普遍加强了实践教学的环节。组织师生深入企业生产实际，承担实际应用的课题，将过去以假想题为主变成以“真题真做”为主，提高毕业设计的实用性和质量。天津大学分校等学校还举办了毕业设计(论文)展览，将真题真做的设计、方案新颖合理的设计以及结构不合理或有严重错误的设计加以展示，比较，收到教育、启发和促进的效果。高教局在此基础上颁发了机械类专业毕业设计课程评估指标方案，各学校参照方案开展了自评。

为了提高学生的文字表达能力，市高教局制定了《高等学校学生文字表达能力评估指标》(征求意见稿)。委托大学语文教学研究会对部分高等学校学生写的总结、论文、毕业设计等进行了检查。通过分析学生写作中的常见问题，为改进高等学校非文学类专业的语文(或写作)课及开展文字表达能力的统测和评估，提供了依据。

4.改革体育课教学，推进体育运动的普及和提高。

天津88%的高校将体育理论课作为基础教学中的规定课程，并对学生进行运动原理、生理、解剖等内容的考核。各高等学校根据学生年龄和运动基础的差别，实行一年级开设基础课，二年级开设选项课，三、四年级开设选修课的办法，对学生有计划、有步骤地进行运动基础知识、基本方法和运动技能的训练。并结合本校特点和传统，设立健美操、足球、排球、拳击等各种选项、选修课，使学生在校期间学会并掌握一至二种终身锻炼的方法。南开大学《学生体育发展标准》规定，每个毕业生要"三会"，即会做操，会打球，会游泳。该校还下力量狠抓运动习惯的形成，大多数学生坚持每天锻炼一小时。1989年天津市普通高等学校学生体育锻炼达标率达90％以上，中国民航学院被评为1989年全国学校体育锻炼达标先进单位。在体育教学质量提高的基础上，天津市组织了以群众性、趣味性、科学性为特点的全市高等学校体育节，5万余人次参加了体育节活动。在普及的基础上，各学校还组建了代表队参加校际或全市比赛，校内校外比赛结合，做到年有重点项目，月有比赛项目。

1989年，市高教局对高等学校的高水平运动队进行了调整，提出《关于进一步试办好高水平运动队工作的实施意见》，将1989～1993年间重点集体项目队确定为：南开大学女子排球队，天津纺织工学院男子足球队，天津师范大学、天津财经学院、南开大学、天津大学的田径队、天津财经学院女子篮球队、天津理工学院女子手球队、天津外国语学院国际象棋队。

在1989年全国女排乙级队联赛中，南开大学女排获冠军，并晋升为甲级队，成为天津市高等学校进入体委专业队系统的第一支队伍。在天津国际马拉松邀请赛上，天津师范大学运动员以2小时27分的成绩获得亚军，还分别获得女子10公里段成绩第一名和男子10公里段成绩第二、三名。在全国第二届青少年运动会上，天津市大学生运动员共得3枚金牌、1枚银牌和1枚铜牌。在天津市第十八届大学生田径运动会上，打破5项全国大学生纪录和7项天津市大学生纪录。在全国高等学校手球比赛中，天津理工学院男女手球队双获冠军。

天津市高等教育局供稿
审稿人　金永清

三、中专教育

10年来，经过恢复、调整、改革，天津市已形成了以工科为主体包括农林、医药、财经、政法、体育、文艺等多科类中专教育网络。到1989年暑期前，全市中等专业学校（不含中等师范学校）在校生30518人，年招收1万人，毕业7967人，分别是1979年的3.8倍、1.83倍、2.25倍。

1989年，天津市中等专业教育工作着眼点放在提高质量、提高效益上。到年底，全日制中等专业学校有61所（不含中等师范学校），在校生29396人。教职工8456人，其中专职教师3857人。在专职教师中，有高级讲师435人，占11％，讲师1352人，占35％。

（一）通过挖潜，扩大了招生规模

通过多种形式的联合与协作，1989年招收10002人，比1988年增长了7.8％。有17所学校与市内或外地的企业协作，招收委托代培生607人。1989年与1984年相比，学校数仅增加5所，年招生数却增长了86％，在校学生增长了116％。

（二）按照经济建设和社会发展的需要调整专业设置

1989年，撤销天津市工程机械学校，新建天津市税务学校，新增设了14个专业，并对9个专业采取停办、合并和压缩规模的办法进行了调整，加大了轻工、企业管理、医护、对外贸易、秘书档案方面的专业比重。

（三）打破单一的学历教育，实现了多规格、多层次、多形式培养人才

全日制中等专业学校不仅招收应届初、高中毕业生，1989年还有15所学校招收了在职职工学员672人，采取脱产、半脱产、业余及函授等形式培养人才。此外，还举办了在职人员短期培训班，学员1500多人。

（四）深化教学领域改革，不断提高教学质量

一年来，进行了调整工科教学计划、增强实践性教学环节、建立实践性教学体系等7个方面的改革实验，有9所学校被确定为改革试点学校。此外，还交流推广了语文、外语、制图、计算机等8个学科的教学经验，并编写出版了天津市中等专业学校语文课本第一册、第二册。

（五）全面加强和改进中等专业学校思想政治工作

12月中旬，召开了天津市中等专业学校思想政治工作会议，交流推广了天津铁路工程学校、天津无线电机械学校、天津市第一轻工业学校、天津市市政工程学校的经验，并试行了《天津市中等专业学校学生日常行为准则》、《天津市中等专业学校学生德育考核办法》、《天津市中等专业学校学生学籍管理的补充规定》、《天津市中等专业学校劳动课设置意见》、《天津市中等专业学校学生军事训练的安排意见》、《天津市中等专业学校学生违纪处分条例》以及《天津市中等专业学校教师工作暂行规定》、《天津市中等专业学校班主任工作条例》、《加强中等专业学校政工队伍建设意见》等9个基础性文件。

（六）组织开展文体活动，注重学生全面发展

1989年4月，制订印发了《天津市中等专业学校体育教学大纲》，编写了《天津市中等专业学校体育课本》第一册，改变了中等专业学校体育教学无大纲无课本的局面。此外，还组织了有40所学校参加的排球、篮球比赛活动。在全市迎春长跑比赛活动中，中专学生男女长跑队双双获得第一名。11月份，举办了中等专业学校文艺会演，有40多所学校的1300多名学生和教师登台演出了5场，其中14个优秀节目被天津电视台录像转播。

撰稿人　史万铎
审稿人　缪礼寅

四、成人教育

（一）概况

1989年，天津成人教育坚持治理整顿和深化改革的方针，坚持社会主义的办学方向，在保证质量的前提下，不断提高办学效益。

据统计，在全市83个系统、部门151万工人中，1989年参加各种培训和学习的达61.3万人，占40.6%。其中，参加岗位培训的7.4万人，参加技术等级培训的34.8万人，参加短期应急培训的13.4万人，参加文化学习的5.7万人。较1988年有明显增加。

干部教育。1989年，全市共培训干部18.6万人，占干部总数的39%。其中，接受高等教育的4.6万人，接受中等专业教育的2.2万人，参加各类岗位业务培训的11.2万人，参加其他文化学习的0.6万人。

农村成人教育。全市有郊区、县成人中等专业学校4所，成人中学8所，乡（镇）成人文化技术学校211所，村、厂业余学校2036所。仅上半年，全市参加学习的农民就有45.3万人，参加岗位培训的乡镇企业职工23.4万人。

社会力量办学，经过清理整顿、优化教学环境，也得到新发展。1989年底，在市、区教育行政部门登记注册的办学单位234个，比1988年增加107个，在校学员5.6万人。

高等教育自学考试。1989年，参加考试的33518人，74391科次，单科合格率为45.6%。全年有2428人获大学专科毕业证书，125人获大学本科毕业证书。

一年来，各类成人大、中专院校共培养大专毕业生10790人，中专毕业生6201人。有21102人高中毕业，1486人初中毕业。

天津成人教育师资队伍和办学条件进一步加强和充实。1989年底，全市各类成人学校共有教职工13347人，其中专职教师6241人（含高级职务691人），兼职教师6419人。校舍

总面积77.5万平方米。

撰稿人　任长元
审稿人　缪礼寅

(二)职工中等教育和岗位培训

1978年，天津市恢复职工中等学历教育，初、高中文化基础教育首先得到了大发展。职工中等专业教育也积极恢复建立。80年代开展了“全员培训”，进而将职工教育转为以岗位培训为重点。截至1989年已有职工中学、职工学校431所，职工中等专业学校70所。

1.积极开展岗位培训。(1)继续进行规范化资格培训试点。制定岗位规范标准，抓配套政策试点。据37个委、局统计，已制定出岗位规范523个，其中党政干部的10个、管理干部的244个、班组长的22个、工人的247个。天津市以城乡建设委员会为主进行了配套政策改革试点。例如，天津市公用局制定了《公用局岗位培训考核暂行规定》和《关键工种岗位规范》，全局已有15214名关键岗位职工，经规范化资格培训，获得了局颁发的岗位合格证。天津市冶金局所属20多个企业，结合优化劳动组合，进行了规范化全员培训。轧钢三厂优化劳动组合后，工种、岗位都减少40%以上，减员11%。培训当月，钢材产量超计划15.7%，钢产量超计划25.7%，产值超计划15.7%。积极开展技术工人等级培训。天津市“应知”培训结业102671人，“应会”培训结业60347人。市机械工业局、市纺织工业局、市电子仪表局、市化学工业局对“应知”、“应会”培训考核都合格的，颁发了技术等级证书。在班组长管理知识轮训基本完成之后，各局对班组长管理知识进行了测评。全市选出了100名优秀班组长和10名最佳班组长标兵，由市政府颁发了荣誉证书，并晋升了一级工资。(2)大力开展非规范化适应性岗位培训。1989年，结合引进技术，推行新技术、新工作法，改产转产，质量、事故等问题，开展了应急培训。全年共培训结业133933人。大港发电厂结合引进成套发电设备管理体制的改革，进行培训，由原来每班运行45人减为15人，实行“集控管理”，一改过去多事故状况，安全运行306天。

2.深化职工中等专业教育的改革。(1)突破单一办学模式，继续实行三种证书制度。体现“成人、在职、定向”特点，改革发毕业证的全科班的教学计划。在充分论证的基础上，统一制定下发了工科、财经、文科、医疗4类14个专业的教学计划。着手编写与之配套的教材。继续试办成人中专专业证书的专修班。1989年，全市已有48所职工中等专业学校、46个不同的专业试办了专修班，学员6590人。继续试办干部岗位培训和专业证书教育的“双证班”。

从1988年9月开始，试行了单科累积制。即按照发毕业证的全科班教学计划，允许学员根据自己的情况，选学一科或几科，单科成绩统考及格，发给单科及格证。待学员取得教学计划规定的全部课程的及格证，且毕业设计合格后，可换发毕业证书。至1989年底，全市有14所职工中等专业学校20多个不同的专业，试行了单科累积制，学员3200人。(2)实行职工中等同等层次的面授、电视教学、自学考试教学计划三统一，单科成绩互相承认。1989年，统一制定了4类14个专业三种教学形式共同执行的教学计划。全市有劳动经济管理和人事行政管理等几个专业的2000多名学员，学习电视中专课程，参加中专自学考试。(3)市区职工中等专业学校向郊区、县辐射办学，为乡镇企业培养人才。5所区办职工中等专业学校和建工局职工中等专业学校为郊区、县和河北省宁晋县经委的乡镇企业，举办了十几个专业的几十个班。(4)12所职工中等专业学校，招收600名应届初中毕业生，举办了半工半读普通中专班。

3.加强对职工高中的管理，全市实行统一考试。1989年，天津市对职工高中班实行了统考。参加统考的有13521人（含自学考试2529人），20735科次。各科及格率，除数学70%外，其他各科均在80%以上。

撰稿人 段 锋
审稿人 缪礼寅

（三）干部教育

1979年以来，天津市干部教育得到了恢复和迅速发展。1989年，天津市接受各种岗位培训、应急培训的干部149977人；接受高等学历教育的干部38777人，毕业18174人；接受大学专科层次专业证书教育的干部34405人，结业3683人；接受中专学历教育的干部19906人，毕业12146人；接受中专层次专业证书教育的干部10216人，结业4711人；接受高、初中文化基础教育的干部3705人，毕业10970人。

天津市现有管理干部学院8所（其中中央部、委属3所），在校全科学员2270人，教职工1452人，其中专职教师512人（教授3人、副教授69人、讲师212人、教员和助教228人）。有干部中等专业学校14所，在校学员440人。教职工705人，其中专职教师259人（高级讲师24人、讲师78人、教员和助教157人）。

1989年，管理干部学院继续开展企业系统的党委书记、厂长（经理）、总工程师、总经济师、总会计师和行政系统的办公室主任、人事处长、街道办事处主任、乡镇长的规范化岗位培训，共培训1761人。同时，还开展了多种形式的应急培训和短训，共结业4342人。为减少对干部的重复培训，天津市经委等系统实行了岗位培训和专业证书教育相结合的制度。

为了加强对不具备规定学历的专业技术人员任聘专业技术职务有关专业基础知识、专业知识的培训，1989年，天津市理顺了培训管理体制，规定了承担培训任务的学校。同时，实行了适合成人教育特点的单科证书制度。即在经审批立案的成人院校所取得的职称改革工作部门规定科目的单科及格证书，可作为继续参加全科班或专业证书班学习时免修相同课程的证明。

撰稿人 于立云
审稿人 缪礼寅

（四）农村成人教育

天津市农村成人教育，伴随着农村改革稳步发展。1979～1989年间，学员人数增长9倍，初步形成以区县成人中等专业学校为龙头、乡镇成人文化技术学校为重点、村厂办学为基础的三级办学网络。

1989年，市人民政府把加强农村成人教育建设作为为农村办10件好事之一列入了议程。7月，批准新建一所成人中等专业学校，全市农村已有成人中等专业学校4所和职工中学9所；10月，召开了农村扫盲工作会议，组织5179名文盲参加学习。同时，在11个区县的18个乡进行"燎原计划"试点，推广实用技术和农业科技成果；有近百个乡镇成人学校开展了勤工俭学活动；8月，召开京津沪农村成人教育协作会第三次会议，撰写文章13篇。一年来，12个区县和223个乡镇都办了成人教育，办学的村达2397个，占总村数的61.9%。学员766338人，其中，学技术的占98.5%，学文化的占1.5%；已毕业、结业的占75.5%，在学的占24.5%。1989年同1988年相比，农村成人教育有以下四点变化：

1.学员数量有所减少，质量有所提高。参加学习的减少24788人，即减少3.1%。但是，较高层次的学员人数增多，一是中专毕业2583人，增长1.7倍；二是送大中专学校学习的技术骨干5861人，增长45.9%；三是培训初级技术人才18749人，增长32.6%。

2.办学的重点突出。在乡镇的学员443652人，占学员总数的57.8%；而乡镇成人学校学员218964人，占乡镇学员总数的49.4%。村办企业学员151783人，占村学员总数的50.1%。

3.岗位培训和实用技术教育逐步发展。农业和非农业的学员同步增长。乡村两级企业直接办学培养的人占学员总数的42.9%，共培训329168人，增长10.8%。各种农业实用技术培训的人占学员总数的39.7%，共培训304451人，增长10.4%。

4."双基"建设加强，勤工俭学收益增加。乡镇成人学校有专用校舍的174所，增加9所；校舍建筑面积共33035平方米，增长18.6%；教学实习用房面积增长72.1%。1989年，共有98所乡镇成人学校开展了勤工俭学活动，其中93所共获利34.9万余元，增长31.6%。

天津农村成人教育改革逐步深入发展，主要表现在四个方面；

（1）实行"三教"统筹。静海县是农村教育综合改革试点县，实行三教（基础教育、职业技术教育、成人教育）统筹，三校（成校、职校、党校）一体，以乡镇成人学校为阵地，积极承担初中后和高中后的技术培训任务，1989年全县培训应届初、高中毕业生7000人左右。

（2）探索"教科农"结合的途径。大体有两种形式：一是乡镇教科农部门联合办学。塘沽区新城乡教育部门解决校舍和负责教学管理，科技部门负责安排技术教师和提供信息，农业部门提供教学实习场地和负责生产管理，充分发挥各自的优势，提高了办学效益。二是组织农民讲师团。武清县以乡镇为单位，从教育、科技、农业部门中选拔能人组成讲师团，深入村队巡回讲课和辅导。

（3）改革学校教育的传统办学模式。西郊区成人中等专业学校，变只办学历教育的单一功能为多功能，开设企业管理和会计统计两个专业，办中专班和专修班6个，学员236人；同时加强横向联系，为村队及其企业办岗位培训、实用技术培训和预科班15个，学员571人。

（4）试行教师聘任制。结合人事劳动制度改革，对从事成人教育工作一年以上，年龄在45周岁以下，具有高中文化水平的民办教师试行聘任制，经考试择优聘任224人。

撰稿人　杨春山
审稿人　缪礼宾

（五）职工高等教育

1979年以来，天津市职工高等教育得到迅速恢复和发展，到1986年全市有职工高等学校59所（其中广播电视大学1所），在校学员42078人。1986年以来，对全市职工高等学校的布局又进行了调整。1989年，全市有职工高等学校38所（含广播电视大学），在校学员46301人。

1989年，天津市在10所职工高等学校的13个专业继续举办高等职业技术教育试点，共招收学生356人。为了总结经验，对1988年举办的高中后高等职业技术教育试点班（14所学校的22个专业）进行了检查。结果表明：由于这类教育不包分配，所以学生学习努力，思想要求上进，又学到了一定的操作技能，深受企业的欢迎。

1989年，天津市有34所职工高等学校的115个专业继续试行"专业证书"制度，招收学员9495人。

为了进一步解决职工高等学校布局不合理的问题，1989年，将天津市机床工业公司职工大学，改为普通中等专业学校分校，将天津市电器工业公司职工大学和天津市石化通用机械工业公司职工大学改为技工学校。至此，天津市职工高等学校由1988年的41所缩减为38所。

1988年9月～1989年7月，天津市对“七·二一”大学毕业生学历进行了认定。对306所学校的15000名学员进行了审核，其中158个专业、405个教学班的9007人符合条件。经过考核，有7968人换发了大学专科毕业证书。

撰稿人　胡振裕
审稿人　缪礼寅

(六)高等教育自学考试

天津市从1982年试行高等教育自学考试制度，截止到1989年底，共举行21次考试，应考者累计达13万多人，已颁发单科合格证283833张，有15个专业的11138名考生获得大专毕业证书，1477名考生获得专业证书，170名考生获得本科毕业证书，其中50名获得学士学位。

1982年，首次面向社会开考了纺织工程、会计2个专业，到1989年底，开考专业发展到理、工、农、医、文、法、财经、外语等类的21个专业。高等教育自学考试设有三个学历层次，即大学本科、专科及专科专业证书，本科段采取专科接本科的衔接式考试方法。在上述21个专业中，本科已开考了纺织工程、汉语言文学、法律、英语和统计5个专业；专科专业证书开考了统计、财经、税收和价格4个专业。

1988、1989两年调整专业结构，改变以面向社会开考为主的旧的考试形式，逐步形成以部门委托考试为主的新格局，增强了适应性和针对性，提高了社会效益。到1989年底，已有近1/2的专业实行了委托考试。

天津市高等教育自学考试实行集中管理，分区考试的办法。每次考试设21个考点(包括外省考点)，1000多个考场。1986年起试行计算机管理。已完成从考试报名到打印单科合格证的计算机管理体系，成为全国首批使用计算机管理考试的省、市之一。八年来，逐步建立了组考工作的11个规定和办法。

天津市的社会助学主要以民主党派为骨干力量，现有40余个单位举办高等教育自学考试辅导班，常年接受辅导者万余人。助学单位由教育行政部门审批，并接受自学考试办公室的管理和指导。

撰稿人　陈应征
审稿人　缪礼寅

河北省教育

一、概述

从1949年中华人民共和国成立到1989年的40年间，河北省教育事业有了很大发展，特别是1978年党的十一届三中全会以后的10年里，各级各类教育的发展更为迅速，形成了适合河北省经济和社会发展需要的社会主义教育体系。1989年全省各级各类学校在校生达1054.2万人，相当于1949年230.6万人的4.5倍。每千人中平均在校受教育的人数由1949年的73.4人增加到177.7人。城乡共有幼儿园(班)2053所，相当于1949年27所的76倍，在园(班)幼儿117.7万人，相当于1949年0.12万人的980倍，其中3～6周岁儿童入园(班)率达45.6%，高于全国平均水平；小学48677所，相当于1949年32484所的1.5倍，在校生677.1万人，相当于1949年226.5万人的3倍。全省176个县(含县级市、区)已全部通过省人民政府检查验收，全省基本达到了普及初等教育的要求。普通中学5586所，相当于1949年50所的111.7倍，在校生207.9万人，相当于1949年2.05万人的101倍；包括中专、中技和农(职)业中学的中等技术学校673所，在校生22.6万人，占高中阶段在校生总人数44%。普通高等学校51所，相当于1949年5所的10倍，在校本专科生7.5万人，相当于1949年0.3万人的25倍，研究生756人；成人高等学校52所，在校生4.7万人。全省各级各类学校教职工总计62.7万人，其中专任教师50.3万人。

1989年，全省各级教育部门，各级各类学校和广大教育工作者，在经历了春夏之交的政治风波之后，进一步坚定了社会主义办学方向，加强了四项基本原则教育；扩大和深化了农村教育综合改革实验区的工作，并通过“燎原计划”开始向全省推广；完成了在80年代全省普及初等教育的任务，巩固发展了幼儿教育、职业技术教育和各类成人教育；开始调整了普通高等教育和成人高等教育发展规模、速度，使教育与本省经济发展、社会发展相适应，促进了社会主义经济建设和文明建设。

二、实施义务教育法，加强基础教育

1989年河北省在全省范围内开展了对中小学教育工作五项督导、检查工作。省政府成立了以王祖武副省长为组长的“五查”领导小组，省政府办公厅发了《关于对中小学教育工作开展五项督导、检查的通知》，召开了全省“五查”工作部署会议。在各地自查的基础上，省政府、省人大、省政协会同有关部门组成督导检查组，对石家庄、承德、廊坊、沧州、邯郸等地.市进行了检查。这次督导.检查，进一步引起了各级党政领导对基础教育的重视，推动了基础教育工作进一步发展。到年底，全省176个县(含县级市、市辖区)全部通过了省人民政府的检查验收，小学适龄儿童入学率达到98.92%，在校生巩固率为98%，毕业率为97.08%，12至15周岁少年儿童普及率为98%，达到了原教育部关于普及初等教育的基本要求，完成了中共中央、国务院关于在80年代基本实现初等教育普及的任务。主要做法是：

(一)宣传《义务教育法》

省政府在1989年第一次把每年4月

定为义务教育宣传月。省长发表了电视讲话；省政府、省人大联合召开了义务教育座谈会；《河北日报》等省内各级报刊刊载了义务教育文章；各级电台、电视台开设义务教育专题新闻，播放义务教育专题片；各地、市组织干部、教育工作者、师生学习《义务教育法》，进行义务教育调查；编印了《义务教育法》文选和宣传资料，举办讲座、知识竞赛、图片展览，利用群众喜闻乐见的各种形式进行《义务教育法》的宣传，使全省掀起了一个宣传、贯彻、落实《义务教育法》的热潮。宣传月活动，增强了干部和群众自觉执法的责任感，激发了群众办学热情。有18221名中、小学流失生返校读书。筹集教育资金2352万元。购置教学器材1.2万件，图书7.6万余册。

（二）落实《义务教育必备办学条件标准》

1988年，省政府制定了《河北省义务教育必备办学条件标准》并在全省试行。1989年，在进一步调查研究的基础上，又制定了必备办学条件标准的《补充规定》。各地依照《标准》和《规定》修建校舍、购置图书仪器、组织师资培训，为实施义务教育创造必备的办学条件。在试行过程中，省政府指出，不搞“一刀切”，按照各地经济发展水平和承受能力，分阶段、分步骤地进行。绝大多数地方分两步走，首先按照要求，集中力量搞好小学阶段必备办学条件的配套，普及小学教育；也有些地方一步到位，小学、初中一齐抓，实施九年义务教育。1989年底，全省已有271个乡（镇）达到了小学阶段实施义务教育必备办学条件标准的要求。经省政府的检查评估，晋县、藁城市、涿州市、迁西县、唐山市开平区成为达到了实施义务教育必备办学条件标准的县（市）。

（三）增加教育投入，改善办学条件

河北省委、省政府继续采取多渠道集资的办法解决基础教育的经费：一是全省的国拨教育经费达到“两个增长”。1985年至1988年，全省财政收入的平均年增长率为12.8%，教育经费平均年增长率为17.1%，高于财政收入的增长率。1989年国拨教育经费13.35亿元，较上年度增长12.64%。二是落实教育费附加。省政府规定，城市教育费附加由税务部门负责征收。农村教育费附加由乡（镇）政府征收，实行乡征县管。从1989年开始，城市教育费附加的征收比例由过去的1%提高到2%；农村教育费附加的比例也根据不同地区人均收入的多少适当提高。对于教育的基本建设投资，省政府规定：由城镇建设维护税总额中至少提取7～10%用于中小学校舍维修。三是搞好社会集资。省委、省政府主要负责同志多次申明：社会集资办学不是乱摊派，而是实行分级办学、分级管理发展社会主义教育事业的一条重要途径，必须坚持。省政府制定了捐资助学表彰奖励办法，对捐资助学贡献突出的集体和个人给予奖励。1989年共奖励25个先进集体，38个先进个人。四是积极扶持学校开展勤工俭学。1985年至1988年，全省勤工俭学收入用于改善办学条件和教师福利待遇达2.06亿元，1989年全省勤工俭学收入就达2亿元。

1989年河北省把改善办学条件作为普及初等义务教育的首要任务来抓，制订了规划，提出了具体要求，实行分类指导。对没有达到“一无两有”的学校，首先清除危险校舍，实现“一无两有”，在此基础上，逐步向标准化努力；已经实现“一无两有”的，要达到校舍、桌凳、围墙、校门、操场、厕所、水源、旗杆“八配套”。1989年省委、省政府规定：“今后凡是中小学还有危房的县（市、区）、乡（镇），一律不准新建办公用房。凡是再发生因校舍倒塌造成中小学生伤亡的，要追究当地政府主要负责人的责任。”各地、市、县都建立了由主管教育的领导同志挂帅的改善办学条件领导小组，层层签订责任书，广泛深入地宣传“百年大计，教育为本”的战略思想，进一步完善、落实分级办学、分级管理的体制，调动各方面集资办学的积极性。据统计，1981年至1988年，全省累计新建校舍2638万平方米，占校舍总面积的93.7%。1989年许多县（市）基本上达到了“一无两有”，有60多个县、市实现了“八配套”。

（四）改善教师待遇

1989年，河北省贯彻中央关于提高教师经济待遇和社会地位的各项政策，采取了一系列措施：省政府设立“园丁奖”，从1984年开始，每年拨款100万元奖励优秀的中小学和幼儿教师，1984至1989年6年里共有16500人次的中小学和幼儿教师受到省政府表彰奖励；对任教满30年的中小学和幼儿教师退休后增发补贴费，补贴到原工资的百分之百；在中小学国办教师提高工资标准10%的同时，省政府决定为民办教师每人每月增加工资5元；1988年省教委、财政厅、劳动人事厅联合制发了《河北省农村年老病残民办教师生活补贴费实施办法》，基本上解决了民办教师老有所养、病有所医的问题；全省22423名合格民办教师转为公办教师，其中国家下拨劳动指标1万个，省拨出劳动指标6000个，其余为自然减员补充指标；为54335名中小学教师家属及其子女办理了“农转非”户口和粮油关系。上述措施使中小学教师待遇有了明显的提高。据调查，1988年全省公办小学教师人均月实际收入（含工资、奖金和各种补贴）为143.57元，中学教师为145.55元；民办小学教师月平均工资为77.09元，民办中学教师月平均工资为81.53元。

（五）严格控制中小学生流失

1989年河北省采取法律、行政、经济、思想教育手段，对中小学生流失问题进行了综合治理。省政府制发了《关于严格控制中小学生流失的若干规定》，各级政府也制定了制止学生辍学的各种规定。主要内容是：明确依据《义务教育法》的执法责任，对违反义务教育法，不送子女上学的家长和招收童工的单位和个人规定了处分、处罚，直至追究法律责任；把学生流失工作列入考核各级党政领导和教育部门、学校领导干部政绩的重要内容；加强学校管理，建立健全各种规章制度；调整中小学布局，方便儿童入学学习，农村一般每10万人口1所高中，每1万人口1所初中，取消单轨制初中和“戴帽”初中。小学高年级相对集中，山区小学要适应当地群众生产、生活需要采取多种形式办学，有条件的山区、少数民族地区，尽量办一些寄宿制学校，制止对学校乱收费和乱征订资料的现象。由于采取以上综合措施，全省小学在校生流失率为0.65%，初中在校学生流失率为5.78%，分别比1988年下降了0.19%和0.61%。

（六）积极发展特殊教育

办好特殊教育是实现初等教育普及不可忽视的方面。1989年省教委、省民政厅联合召开了特殊教育和三项康复工作会议，制定了《关于发展我省特殊教育的意见》和《河北省盲童学校、聋哑学校、弱智学校（班）必备办学条件标准》以及《河北省特殊教育学校（班）班级定额和教职工编制暂行标准的意见》，分别由省政府、省教委、省编委下发执行。根据上述三个文件，省教委拟定了全省特殊教育发展规划，把全省各地.市按经济.文化发展状况划分为三个类别，分步骤实施。总的目标是到本世纪末，盲、聋哑和弱智儿童入学率要达到50%以上。1989年采取的具体措施是：1、邯郸市幼儿师范学校改为邯郸市特殊教育师范学校，专门培养特教师资。2、在晋县举办“金钥匙”盲童一体化教育试验班的基础上，全省“金钥匙”试点县由1个增加到10个。3、在张家口举办了聋哑、弱智学校师资培训班。4、省政府设立了特殊教育补助费，从1989年起每年拨款100万元。补助新建和扩建的特殊教育学校。到1989年末，全省已建各类特殊教育学校18所，在校生1500人。

弱智儿童教学班13个，在校生150人。“金钥匙”盲童一体化教育试验班10个，70名盲童就读。全省盲、聋、哑儿童入学率达到3%，特殊教育学校的所数和在校生数都比1986年增加了30%左右。

（七）贯彻党的民族政策，促进民族教育的发展

河北省境内41个民族，有4个民族自治县，159个民族乡，近3000个民族村，共有少数民族人口190万人。几年来省委、省政府全面贯彻党的民族政策，注重发展少数民族教育事业，采取了一系列措施：一是从1985年开始，每年增拨50万元专项民族教育补助费。各级政府和教育部门也都增拨教育经费和为民族教育集资，省教委1988年和1989年分别拨出35万元用于补助少数民族地区实施义务教育，为民族学校改善办学条件；二是加强民族地区师资队伍建设。注意为民族学校配备领导干部和骨干教师，各师范院校和教师进修学校，采取措施多为民族地区培养师资，并在民族教师转正、评模、农转非、经济待遇等方面都对民族学校有所照顾；三是每年在重点高中、县师范、大专院校招生、录取、分配工作中，对少数民族考生给予照顾；四是加强民族教育研究，编辑了《民族教育常识》，开设民族常识课，省复式教学中心为民族学校培训师资，不断提高民族教育的质量。1989年全省民族中小学发展到1540所，在校生35万人，教师13270名。

1889年在省委、省政府领导下，省教委成立了以分管普通教育的副主任为组长的领导小组，结合五项督导检查，对全省6个地市，24个县、市，80多个乡，进行了民族教育大检查。通过检查，进一步提高了各级党政干部和学校领导对民族教育的认识和贯彻落实民族政策的自觉性，肯定了已经取得的成绩，切实解决了一些问题，促进了民族教育的发展。

（八）进一步加强德育教育

省各级党政领导对广大中小学德育教育工作十分重视。《中共中央关于改革和加强中小学德育工作的通知》下达以后，省教委及时转发，并提出了贯彻意见。各地市也成立了中小学德育工作领导小组，进行贯彻落实。一些地、市、县党政领导亲自到学校了解情况，抓德育改革试点。各级教育行政部门都有一位领导同志抓德育，并设立了专门机构或责成专人分管此项工作。许多中小学校建立健全了德育规章制度，加强了以“五爱”为基本内容的思想品德教育和行为规范教育。1989年河北省继续加强学校德育工作，各级党政领导和教育行政部门，进一步明确了把德育工作放在学校工作的首位，学校各项工作渗透思想政治教育，加强了对德育工作的领导。省教委派出调查组，先后深入80多所中小学，调查了解各地德育教育情况和中小学德育大纲、中小学日常行为规范的贯彻情况，制定了《河北省关于加强中小学德育工作的暂行规定》，召开了全省德育工作会议，发了纪要，推广了唐山市部分中小学德育工作的经验。会后全省中小学普遍开展了形势教育，开展了热爱中国共产党、热爱社会主义祖国、热爱人民解放军的“三热爱”活动，并结合河北省1989年中小学艺术节和国庆40周年举办了部分城市“三热爱”文艺调演。由于进一步加强学校德育教育，广大中小学生的思想道德面貌和文明行为习惯有了明显的进步。1989年在校中小学生犯罪率为十万分之三，较1988年有了明显的下降。

（九）深化农村教育体制改革

河北省最早提出并实行了农村中小学分级办学、分级管理的改革。为了深化和完善农村教育管理体制的改革，1989年省教委在张家口召开了两次全省中小学校管理工作会议，推广了康保、尚义两县学校管理规章制度和档案管理建设的经验，并在全省搞了20个县的学校管理试点，争取二至三年内把全省

中小学的规章制度、档案资料全部建立、健全起来。《中共中央关于教育体制改革的决定》中提出的学校要逐步实行校长负责制的精神，1989年河北省本着既要坚决又要谨慎的原则，继续搞好试点工作。试点学校由原来的8所扩大到100所。对实行校长负责制、教职工聘任制、岗位责任制、结构工资制的试点学校，贯彻“巩固、消化、补充、完善”的方针，进行总结、提高。同时各试点学校普遍开展了教学改革和思想政治工作改革，加强了中小学劳动技术课和劳动教育课教学，落实了劳动场地、器材、师资。省教科所编发了劳动技术课和劳动教育课教材。省教委对各地劳动技术教育、教学情况进行了检查，全省小学劳动教育课开设率达95%以上，中学劳动技术教育课开课率达98%以上。

三、进一步深化农村教育综合改革实验

1989年，河北省农村教育实验区的各项改革实验继续深化，首先进行实验的阳原、完县和青龙三县，三年多来各实验项目成果日益明显，并且有了新发展。新增加的任丘、南宫、获鹿、藁城、丘县、三河、丰南、安平、丰宁等9个实验县(市)的各项改革全面铺开。通过实验积累的农村教育改革的经验开始在本省和其他兄弟省、市推广，先后有24个省、市、自治区近4000人次到河北省教改实验区参观、学习。联合国教科文组织官员沃尔古、尼加、穆巴拉克等先后到完县、南宫、任丘、获鹿、三河等实验县考察，对实验区取得的成绩给予赞扬和高度评价。4月，中共中央政治局委员、国务委员兼国家教委主任李铁映到阳原县视察了农村教育改革实验工作。5月，国家教委建立全国百县农村教育综合改革实验区，河北省12个农村教改实验县(市)均被列入。10月，国家教委在湖南省召开全国“燎原计划”与农村教育改革实验县工作会议，重点介绍了河北省的经验。

(一)各级党政“一把手”亲自抓改革实验

河北省农村教育实验区从一开始，就受到省委、省政府的高度重视。1989年，省委书记邢崇智、省长岳岐峰等主要领导同志，多次听取汇报，在有关文件上做出具体批示，亲自深入到阳原、完县、青龙、获鹿、安平、南宫等教育改革实验县(市)指导工作。1988、1989年，邢崇智连续两年亲自召集实验区县(市)委书记、县(市)长座谈会，1989年5月，又给各实验县(市)委书记、县(市)长发了公开信，代表省委要求各级党政领导进一步落实“百年大计，教育为本”和“教育必须为社会主义建设服务，社会主义建设必须依靠教育”的方针，扎扎实实地为实验区的教育改革做实事。1989年12月省委、省政府作出决定，成立河北省农科教统筹领导小组，省长岳岐峰任组长，分管科技、教育和农业的三位副省长任副组长，有关厅、委、局主要负责同志为成员，下设办公室，由省政府副秘书长兼任主任。

在省委、省政府领导同志带动下，12个实验县(市)及其所在地、市的党政“一把手”都把农村教育改革列入重要议事日程。张家口地区行政公署专员多次召集教育部门和阳原县负责同志了解实验县情况，先后两次在阳原县召开专员现场办公会就地解决教改实验中遇到的具体问题。石家庄市委书记多次到获鹿县研究指导教育改革实验工作。保定地委书记上任后，第一件事是到完县了解实验情况，与参加实验的同志共同研究如何深化农村教育改革问题。全省12个实验县(市)的县(市)委书记或县(市)长都亲自担任了农村教育改革实验领导小组组长或第一副组长(组长由所在地区主管专员担任)。县(市)委、县(市)政府定期研究教育改革工作。获鹿县委一个月内连续召开三次常委扩大会，专题研究教育改革问题。为了加强领导，保证实验工作的顺利开展，实验县(市)委书记、县(市)长分别向省委、省政府呈交了教改实验目标管理责任书。省政府还从高等学校和科研单位挑选了一批思想好并有专业技术的人员，下到实验县(市)担任科教副县(市)长，年底前已有10个县(市)的科教副县(市)长走马上任。12个实验县(市)也照此办法，配备了329名专、兼职科教副乡(镇)长。

(二)农科教统筹取得进展，"教促富，富促教"的良性循环开始形成

农业、科技、教育统筹是农村教改的重要实验项目，河北省实验县(市)都分别建立了农科教统筹领导小组，把经济开发、科技开发和智力开发有机地结合起来，做到项目统筹确立，培训统筹安排，经费统一筹措，师资统筹使用，设备统筹调配，规划统筹制订。清华大学、天津大学、南开大学、北京师范大学、北京农业大学、河北农业技术师范学院、张家口农业专科学校、唐山工程技术学校、天津轻工业学院等20所高等学校师生参加了实验区的经济、科技开发和教育改革工作，他们从引进信息、技术入手，帮助当地发展经济取得了良好效益。据统计，阳原、完县、青龙三县1988年工农业总产值分别比进行教改实验前的1986年增长95%、29.8%和33.8%，财政收入分别增长100%、32%和110%，人均年收入分别增长12.9%、13.2%和132.7%。许多乡村通过教育改革，促进了经济的发展和社会风气的好转，成为"致富乡""文明村"。

(三)"三教"统筹，建立农村人才培训和技术推广网络

基础教育、职业技术教育、成人教育统筹是实验区主要特点。各实验县(市)根据当地经济和社会发展需要，认真实施九年制义务教育，积极发展职业技术教育，办好成人教育。1989年，12个实验县(市)全部达到普及初等教育基本要求，消灭了中、小学危房，部分学校实现了校舍、桌凳、围墙、校门、操场、厕所、水源、旗杆"八配套"，办学条件有了明显的改善。职业技术学校和农民文化技术学校围绕当地经济发展的需要，"上挂、横联、下辐射"，充分发挥人才培养培训、技术推广、实验示范、信息传递、经营服务的多功能作用，基本形成了农村人才培训与农业科技推广紧密沟通的网络。1989年底阳原、完县、青龙三县县办职业技术学校均达到或超过12个教学班，生产实习基地占地100亩以上。三县共举办农民实用技术培训班340期，培训农民20多万人次，其中在乡初、高中毕业生9万多人次。新增加的9个实验县，紧密结合当地实际，把县办农(职)业技术中学办得各有特色。南宫市第二职业中学和丘县职业中学先建基地后招生，学生边上学、边生产、边致富；获鹿县综合职业技术学校由政府统筹，部门联办，融职业中学、县农业广播学校、农民中专、技工学校为一体；丰南县职业中学把农业人才培养与万亩稻田开发相结合，探索教育与生产结合之路；丰宁县职业中学在增加自身建设的同时，根据各乡(镇)产业结构特点，开办乡(镇)区域性分校，并且将职业中学农学专业毕业生组织起来，创办农业开发集团。

与此同时，各实验县普通中小学都把改革教学内容和方法作为教育改革的重要内容之一。注重了教育、教学与生产劳动相结合。完县的小学引进了霍懋征和吕敬先小学语文教学法，以提高教学质量。1989年底，12个教育改革实验县(市)为中、小学解决劳动实习基地总计1万余亩，达到小学每教学班半亩，中学1亩的标准。为帮助未能继续升学的初中毕业生掌握一至两种实用技术，各实验县(市)共有170所学校试行"三加一"学制和进行小学、初中"五四"制学制实验，青龙县已在36个乡(镇)中学推行，被国家教委确定为全国"五四"学制实验县。

(四)增加教育基础建设，为教改实验创造条件

为保证教育改革实验的顺利开展，12个教育改革实验县(市)狠抓了师资队伍、教材、经费等办好教育的基础性工作。1987年至

1989年，国家教委和省教委安排北京师范大学、河北农业大学等院校，通过定向招生或代培等形式，为阳原、完县、青龙三县招收了1500多名在职教师、干部和回乡知识青年，其中80%是农(职)业中学的专业技术课师资。此外各高校通过在实验县举办学科教师补习进修班、专业证书辅导班等形式，为三县培训教师2000余人次。各实验县自己也积极组织教师采取带职或脱产进修，参加电视师院和自学考试等方法，加强师资队伍的建设。1989年，三县小学教师学历达标率分别达到70%、78%、80%，初中教师达标率分别达到24%、35%、25%；县职业中学每个专业均配备了1至2名有较强教学业务能力的学科带头人，同时建立了一支专兼结合的职业技术教育师资队伍。省教委创办了《农村实用科技》杂志，并组织编写了《农村实用技术》系列丛书。

增加教育投入是各实验县(市)重视教改的重要标志。实验县(市)的各乡(镇)财政收入一半以上用于教育。阳原、完县、青龙三县分别建立了人民教育基金。教育经费逐年增加。据统计，1989年三县教育经费总支出分别达到649万元、1035万元、1000万元，按在校学生计算，平均每生教育经费分别为129.15元、238.9元、147元，较上年度有较大幅度的增长。1989年6月完县遭受特大洪水袭击，全县中小学新增危房902间，在省、地有关部门的支持下，当年年底就新建成学校7所，修缮房屋900多间。

(五)大力实施"燎原计划"

从1988年起，在国家教委指导下，河北省开始实施"燎原计划"，1989年取得很大进展。一是按照计划，全省共建立实施燎原计划示范省(市)52个，示范乡259个，示范县、乡都成立了以党政领导为主的领导小组，把经济、科技、教育统筹规划，确定具体项目，采取有力措施，同步实施。"燎原计划"示范县获鹿县，在县政府领导下由计经委牵头，联络各经济部门形成经济网络；由科委牵头，联络科技单位和科技人员形成科技网络；由教育部门牵头，形成包括中小学、农(职)中和各类成人学校的教育网络，三个网络相互沟通，同步实施燎原计划。二是抓燎原示范乡、村、户的建设。青龙满族自治县隔河头"燎原计划"示范乡，根据本乡经济发展规划，确定10个燎原项目，成立8个科普协会组织，确定7个示范村，35个示范户，形成乡、村、户培训、推广、经营、信息服务一条龙。1988、1989两年举办长期培训班8期，218人次，短班18期，1763人次；购买科技书刊4400多册，引进推广各种实用技术27项，大型咨询服务21次。与实施"燎原计划"前的1987年相比，1989年全乡社会总产值增长50%，粮食总产增加70万公斤，有10个村、445户被命名为"文明村"、"文明户"。三是扩大农村成人教育范围，开展多层次培训。河北省各地充分发挥现有县、乡(镇)企业培训中心、农业广播学校和农业职业中学的积极作用，县、乡、村(厂)层层制定培训规划，确定培训内容和方法，开展多层次科技培训活动，提高农民科技文化素质。1989年三河县共开办"燎原计划"示范乡(镇)中、短期培训班240期，培训农民技术骨干1.8万人次，推广实用技术110多项，其中仅小麦优种实验专业户2100户，种植面积1.9万亩。当年，全县粮食总产创历史最高水平，达1.92亿公斤。四是示范县抓一两个重点示范乡，发挥典型示范作用。清凉寺是地处京广线上的涿州市郊区乡，有11个行政村，1.4万人，经济基础比较薄弱，1987年在全市乡(镇)综合经济指标评比中名列倒数第二。"燎原计划"实施后，干部、群众掀起了"办学热"，拿出112万元改善办学条件，一幢幢整齐漂亮的校舍和教学楼相继建成，全乡行政村都有小学(包括学前班)，乡所在地办起乡办初中和成人综合学校各1所。全乡在校学习的青少年和回乡初、高中毕业生以及青年农民都能受到理想道德教育、文化教育和技术教育。学校根据阳原等教改实验县的经验，招贤纳士，引进技术、人才，进行培训和传授，呈现出教育直接为当地经济建设服务，经济建设自觉依靠教育的新局面。为了发展城郊型经济，乡政府决定把原来170亩旧农场辟为“燎原”基地，投资68万元建成蔬菜试验农场和养殖场，派人走访本省固安县和山东、东北一些地方，请来养殖、栽培、草编等方面技术人才，先办培训班，后向各村辐射，使蔬菜、养鸡、养猪、林果、花卉、草编等各种行业在该乡逐步发展起来，壮大了集体经济，增加了村民收入。1986年全乡财政收入只有50多万元，实施“燎原计划”后，1988年一跃增加到89万元，居全市之首，村民人均年收入达687元，创历史最高水平。1989年该乡又在乡政府所在地建起一所成人综合教育总校，村村办起成人综合分校，还有燎原计划重点示范户。据统计，全乡青壮年5162人，其中80％参加培训；回乡在乡中学毕业生820人，全部受过培训，并各有一技之长。

四、坚持四项基本原则，反对和制止动乱

1989年春夏之交，河北省各级党政和教育部门始终与党中央保持一致，采取积极措施，旗帜鲜明地反对和制止了动乱，维护了全省的稳定，全省多数高等学校坚持正常教学秩序，局势稳定。

（一）坚持党的领导

学潮一开始，省委、省政府成立了学生工作领导小组，省教委成立了相应的学生工作小组。确定工作方针，具体部署各阶段的工作。省教委制发了《尽快恢复高校秩序的通知》和《关于当前高校工作的几点意见》等文件，从本省实际出发，指导学校教育学生稳定局势。省委、省政府的主要领导同志，多次深入高校与学生座谈，帮助和教育学生。各教育部门、高校领导和任课教师、后勤服务方面的广大职工，也都做了大量细致的思想工作。4月17日至19日，省教委和团省委联合在河北农业大学组织了高校政工干部纪念“五四”运动70周年座谈会，强调要引导大学生正确继承和发扬“五四”光荣传统，组织好丰富多彩的校园文化，把学生的精力引导到努力学习、又红又专、立志为四化建设上来。

（二）及时组织师生学习上级有关文件

1989年4月26日《人民日报》发表了《必须旗帜鲜明地反对动乱》的重要社论，河北省高等学校及时组织师生认真学习。绝大多数学生党员、学生干部立场坚定，没有参加动乱，有的还主动协助学校领导做工作。5月20日播发首都召开中央和北京市党政军干部大会的消息后，各院校党委立即认真组织学习李鹏、杨尚昆同志的讲话，进一步教育学生认识到动乱发展下去的严重性、危害性，使一些学生很快冷静下来，大部分学校复课。6月初，各校又及时组织师生员工学习中共中央、国务院《告全体共产党员和全国人民书》和邓小平同志接见戒严部队军以上干部的重要讲话，向离校回家的学生发信、拍电报，动员家长一起做学生工作，通知学生尽快复课，很快稳定了全省高校局势，恢复了正常的教学秩序。

（三）充分发挥各级政工干部作用，坚持正面教育

在各级党委的领导下，从党委书记、校长到系总支书记、系主任、辅导员、班主任以及广大教师深入到学生中与学生谈心，说服劝导。很多教师、职工也和政工干部一道对学生进行疏导工作。

（四）集中进行形势教育

平息北京反革命暴乱之后，河北省各高等院校普遍开展了形势政策教育。层层培训骨干，组织师生认真总结、反思。在形势教育中主要联系三个实际：一是联系北京发生的反革命暴乱的实际，深刻认识这场风波的性质、根源和危害；二是联系河北省和本校实际，对一部分师生参加的事件进行分析、反

思；三是联系自己在这场斗争中的思想和表现，总结经验，吸取教训。河北省师院政教系和化学系一些学生，学习反思的讨论发言，电视台录了相，进行播放，使更多的学生从中受到教育。河北大学中文系一名学生写的反思文章《心灵的泪——一个大学生的忏悔》在沧州日报上登载。通过形势教育，广大师生对动乱的性质、危害有了比较正确的认识，也认识到年轻学生本身存在的缺点、弱点，表示今后要加强政治学习，在实践中不断提高自己。同时，通过形势教育，促进了校风校纪建设。为高校内部清理工作打下了良好的基础。

（五）进一步加强学校思想政治工作

风波之后，1989年7月省教委在承德召开了高校领导干部会议，认真总结这场风波中高校的情况，分析了师生的思想状况，提出了坚持社会主义办学方向，反对资产阶级自由化、加强党的建设的具体措施。会后，各高等学校着重抓三件事：一是健全政工机构；二是举办高校政工干部培训班，提高政工干部自身素质；三是加强校风校纪建设。1989年8月中旬，全省又在河北工学院召开了高校思想政治工作研讨会，进一步研究了在师生中开展形势教育和政治教育的问题。为提高政工干部素质，10月底，省教委在河北师范大学先后举办了两期高校思想政治工作培训班，培训了包括学校党委宣传部、学生处、团委会和系总支书记在内近百名政工干部。省教委还选派了15名高校政工干部参加了国家教委和全国重点高校举办的各种研讨班的学习。通过学习、培训，提高了广大政工干部的政治素质和政治理论水平。11月下旬，省教委党组批转了河北师范大学党委《关于加强学生政治辅导员队伍的若干规定》，对从事学生思想政治工作的辅导员，规定了任职条件，提出了严格要求，同时在政治上、生活上给予适当照顾，提供工作方便，对稳定政工队伍产生了良好的作用。在抓好政治思想工作的同时，各校狠抓了整顿校风秩序、优化育人环境、加强校风校纪建设的工作。本着从严治校的原则，总结"两乱"期间的教训，结合贯彻国家教委颁布的《高等学校学生行为准则》，进一步充实、完善学校各项规章制度，重点解决有章不循，有法不依的问题。对无故旷课、考试作弊、打架斗殴、破坏公物、赌博、偷窃等各种违法、违纪行为进行严肃处理。同时，积极发挥学生自我管理的积极性，充分发挥学生基层组织的作用，大力提倡学生自我管理、自我服务，把自我服务与劳动教育相结合，培养学生热爱劳动和艰苦奋斗的精神，学风、校风有了明显好转。

撰稿人　李　铭　傅中和
张志增　翟玉生
审稿人　周治华　崔志民
贾全庆　李　铭

山西省教育

一、发展概述

山西省教育在解放前极端落后。1949年全省只有1所高等学校，在校生528人；42所中等专业学校，在校生7041人；7所完全中学和27所初级中学，在校生9940人；20073所小学，在校生101.53万人。全部在校生仅占全省总人口的8.1%。

建国以来，山西教育在曲折的历程中取得了显著的成就。特别是党的十一届三中全会以来，受到各级党委和政府的高度重视，教育事业进入蓬勃发展的阶段。40年来，山西的人口增长了1.18倍，各级各类学校的在校生总数增长了3.7倍，全部在校生占全省总人口的比重由1949年的8.1%上升到1989年的17.2%。平均每万人中，在校大学生、中专生、中学生、小学生分别由1949年的0.4人、5.5人、7.8人和792.7人增加到1989年的18.3人、30.2人、563.7人和1064.9人。40年来共为各条战线培养出大专以上毕业生15.8万人，中专毕业生38.0万人，成人高校毕业生7.7万人，成人中专毕业生15.1万人，技工学校毕业生9.1万人，普通中学和农业职业中学毕业生1092.3万人。

40年来，山西的地方财政总支出由1949年的779万元增加到1989年的508539万元，增长了651.8倍。而同期教育事业经费由81.5万元增加到82251.7万元，增长了1008.2倍。同期教育经费支出占全省地方财政总支出的比重由10.2%上升到16.2%。山西的地方基建投资额由1950年的1057万元增加到1989年的169795万元，增长了159.6倍。而同期省拨教育基建投资额由37万元增加到8165万元，增长了219.7倍。由于教育投资的大幅度增长，教育设施也相应增加。小学的校舍建筑面积由1949年的143.1万平方米，增加到1226.6万平方米，增长7.6倍；农职业中学由0.5万平方米增加到69.2万平方米，增长137倍；普通中学由141.5万平方米增加到933.96万平方米，增长5.6倍；高等学校由1.72万平方米增加到184.56万平方米，增长106.3倍。

二、基础教育的新发展

1989年，通过治理整顿、深化改革，山西的九年义务教育稳步实施。

初等教育。1989年全省共有小学42360所，招生57.1万人，比1988年增长3.6%；小学在校学生达297.43万人，比1988年下降0.2%，初等教育规模逐年下降的趋势开始减缓。1989年小学学龄儿童入学率达99.1%；在校学生的年巩固率98.6%；小学应届毕业生的毕业率达97.9%；小学毕业生的升学率为76.4%。1989年又对左权、娄烦、离石等14个县(区)普及初等教育进行验收。全省共有99个县（区）基本完成了普及初等教育的任务，占全省县(区)总数的83.9%。同1988年比较，小学办学条件又有明显改善，全省达到统一标准要求的一类小学有522所，能基本满足教学需要的二类小学有6045所，能够保证正常教学的三类小学有30459所，分别占全省小学总校数的1.2%、14.3%和71.9%。未达标准的小学仍有5336所，占小学总校数的12.6%。全省已有33806所小学实现了“一无两有”(即校校无危房，班班有教室，学生人人有课桌凳)，占学校总数的79.8%，比

1988年增加332所。有3682所小学实现了图书资料、理化仪器、文体器材的“三配套”，占小学总数的8.7%，也比1988年增加1631所。1989年全省小学共拥有专任教师16.31万人，比1988年增长0.9%，其中有民办教师7.5万人，占小学教师总数的比重由1988年的47.6%下降为46%，民办教师数比1988年减少1863人。按规定学历标准统计，小学专任教师学历达标率由1988年的74.5%上升到76.9%。全省小学教师中已有13.54万人评聘了教师职务，占小学教师总数的比重由1988年的59.7%上升为83%。其中：被评为高级教师2.11万人，一级教师7.37万人，二级教师3.20万人，三级教师0.87万人，分别占小学教师总数的12.9%、45.2%、19.6%和5.3%。

幼儿教育。1989年全省有幼儿园6367所，比1988年减少539所，小学附设的学前幼儿班17673个，比1988年增长5.9%；在园幼儿达76.47万人，较1988年增长1.5%。幼儿教师队伍发展较快，1989年已有幼儿教师2.71万人，较1988年增长3.8%。其中民办教师有1.94万人，占幼儿教师总数的71.5%。

特殊教育。1989年全省有盲聋哑学校13所，在校生2315人，比1988年增长15.5%。为了加强特殊教育师资的培养，1989年经省政府批准在山西平定成立了山西省特殊教育师范学校，并已正式招生。全省共有特殊教育教师413人，比1988年增长22.9%。

普通中等教育。1989年全省普通中学有4139所，比1988年减少76所，其中：初中减少56所，高中减少20所。初、高中招生分别为38.42万人和7.35万人，比1988年分别减少14.4%和2.5%；初、高中在校生分别为126.98万人和22.03万人，比1988年减少8.2%和3.4%。1989年普通中学已达一类标准的学校有124所，二类标准学校983所，三类标准学校2841所，分别占普通中学总数的3%、23.7%和67%。未达到标准的普通中学仍有259所，占普通中学总数的6.3%。全省已有2917所普通中学实现了“一无两有”，有861所普通中学实现了“三配套”，分别占普通中学总数的70.5%和20.8%。普通中学有专任教师10.82万人，其中：初中9.06万人，高中1.76万人，比1988年增长0.7%。初中教师中已评聘职务的有6.8万人，占初中教师总数的75%，其中：高级教师0.07万人，一级教师1.86万人，二级教师2.88万人，三级教师1.99万人，分别占初中教师总数的0.8%、20.5%、31.8%和22.0%。高中教师已评聘教师职务的有1.52万人，占高中教师总数的86.4%，其中：高级教师0.24万人，一级教师0.63万人，二级教师0.48万人，三级教师0.17万人，分别占教师总数的13.5%、35.6%、27、4%和9.9%。按国家规定的学历要求，普通初中教师学历达标的为2.88万人，达标率为31.8%；普通高中教师学历达标的为0.58万人，达标率为33.2%。普通中学现有民办教师1.35万人，比1988年减少1154人，减少7.9%。

三、职业技术教育不断加强

山西省严格执行省人大颁发的《山西省职业技术教育条例》的规定，把发展职业技术教育作为兴晋富民和发展山西地方经济的根本大事来抓，使职业教育规模不断发展壮大，职业技术教育体系逐步形成，中等教育结构日趋合理。到1989年，全省高中阶段的职业技术学校在校生与普通高中在校生的比率，已由1988年的1∶1.31上升到1∶1.23。

中等农业、职业教育。1989年全省有农、职业中学374所（其中：初中149所，高中225所），比1988年增加20所。1989年农、职业中学招生3.5万人（初中0.99万人，高中2.51万人），较1988年减少16.2%；农、职业中学在校生为8.42万人（初中2.49万人，高中5.93万人），比1988年减少3.6%；

1989年为全省城乡输送农、职业初中毕业生0.89万人，高中毕业生1.89万人。农、职业中学的师资力量得到进一步充实，专任教师总数达0.66万人(初中0.18万人，高中0.48万人)，比1988年增长3.7%。农、职业中学专任教师中已评聘教师职务的有0.39万人，占教师总数的58.7%，比1988年增长10.5个百分点，其中：高级教师177人，一级教师1291人，二级教师1431人，三级教师967人，分别占总数的2.7%、19.6%、21.7%和14.7%，均比1988年有较大增长。农、职业中学教师平均学历达标人数为1024人(初中451人，高中573人)，达标率为15.5%；农、职业中学专任教师中有民办教师463名，占教师总数的7%。

中等专业技术教育。1989年全省中等专业学校已发展到124所，比1988年增加4所，即：太行师范学校，太原市、长治市、临汾地区和运城地区体育运动学校。经省政府批准在平定县成立了山西省特殊教育师范学校。将原太原工业学校改为太原机械学院中专部。1989年中专招生2.77万人，比1988年减少13.7%，中专在校学生达84391人，比1988年增长7.1%，平均每万人中，在校中专生由1988年的28.8人增加到30.9人。中等专业学校的科类专业结构又有调整，除政法科在校生略有减少外，其它科类的在校生均比1988年有大幅度增长。

全省中专在校生规模在600人以上的学校由1988年的53所增加到69所，占中专校总数的比重由1988年的44.2%上升到55.6%。1989年普通中专共有专任教师8702人，比1988年增长8.5%，其中：高级讲师864人，讲师2597人，助理讲师2650人，教员1961人，讲师以上的专任教师已占教师总数的39.8%，平均每一教师负担的学生数为9.7人。

高等职业技术教育。1989年全省有短期

中专在校生科类调整情况表

单位：人

	1988年		1989年		比上年增长	
	在校生(人)	%	在校生(人)	%	%	百分点
总计	78793	100	84391	100	7.1	—
工科	16582	21.0	17893	21.2	7.9	0.2
农科	5857	7.4	6541	7.8	11.7	0.4
林科	775	1.0	1012	1.2	30.6	0.2
医药	10890	13.8	11065	13.1	1.6	−0.7
师范	23907	30.3	25880	30.7	8.3	0.4
财经	13793	17.5	14589	17.3	5.8	−0.2
政法	2043	2.6	1919	2.3	−6.1	−0.3
体育	2130	2.7	2430	2.9	14.1	0.2
艺术	1931	2.5	2150	2.5	11.3	—
其它	885	1.1	912	1.1	3.1	—

职业大学2所，职业专科班7个，招生770人，在校生2373人，比1988年增长3.6%。1989年职业专科毕业生774人。

四、高等教育稳步发展

1989年山西省高等教育本着控制规模、优化结构和发挥规模效益的原则，进行了合理调整，将运城教育学院、运城师专和河东大学合并为运城高等专科学校；将吕梁师专和吕梁理工专科学校合并为吕梁高等专科学校；将临汾师专改建为山西师大体育学院，逐步撤销全省各师专的体育专业；将煤化分校、山西大学师院、汾阳高级护校，分别确定为太原工业大学、山西大学和山西医学院统一管理下的二级院校。1989年全省高等学校有26所，比1988年增加1所，即：山西中医学院。高等学校分校、大专班由1988年的21个调整为17个，实际安排了招生任务的仅有8个。调整布局以后，筹建院校由1988年的6所减少为3所，1989年招生207人，比1988年减少16.9%；在校研究生为757人，比1988年减少10.6%；毕业研究生294人。1989年全省普通高校招生15662人，比1988年减少10.4%；在校生达51203人，比1988年增长3.5%，平均每万人中，在校大学生由1988年的18.1人增加到18.3人。本、专科毕业生13842人。

高等学校在优化结构过程中，按照社会需求，逐步调整和改造长线专业，增设短缺专业，提高了高等教育同经济与社会发展的适应性。从1989年高校在校生分科增长情况看，财经、师范科类又比1988年分别增长13.6%和9.2%。高等教育的办学层次也相应得到调整，专科在校生的比例由1988年的39.1%上升到40.6%；在校研究生、本科生、专科生的比例由1988年的1:35.5:22.8上升到1989年的1:40.2:27.5。

高等学校教师队伍不断加强，师资质量明显提高。1989年全省高校有专任教师8903人，比1988年增长5.4%。其中：教授217人，副教授1831人，讲师3002人，教员533人，助教3320人。讲师以上的教师占教师总数的56.7%。31岁至50岁的教师占教师总数的1/3。专任教师中具有研究生毕业学历的（包括获得博士、硕士和研究生班毕业的）有1153人，比1988年增加259人，占教师的比重由上年的10.6%上升到13%。

高等学校充分发挥人才、智力、设备的优势，在科学研究方面又取得一批新成果。1989年全省高等学校获得国家重大科研项目奖的有5项。其中：国家科技进步奖2项，国家部门科技进步奖3项；获得山西省科技进步奖的有31项。其中：一等奖3项，二等奖6项，三等奖8项，理论一等奖5项，理论二等奖9项，获奖总数占全省的11%。1989年高等学校科技成果通过鉴定的有71项。其中：达到国际水平的9项，为国内首创的6项，达国内先进水平的53项，其它3项。山西农业大学的“棉花远缘杂交研究”，具有高产、优质、多抗、棉籽不含棉酚等优点，该项目达到国内领先水平。太原工业大学关于“煤矿综采支架立柱异种钢焊接材料及工艺”的研究成果，在生产应用后，已为国家新增利税140多万元，获省科技进步一等奖。山西省教委与山西大学、上海市高教局联合研制的“教育事业统计和分析预测微机处理系统”已在全国10多个省（市）推广应用3年，取得了较大的经济效益，该项目也获得山西省科学技术进步一等奖。1989年经国家教委评审，山西省有5项成果获全国普通高等学校优秀教学成果奖。1989年全省高校共发表学术论文1592篇，其中在国外学术刊物上发表的70篇，全国性学术刊物上发表的534篇，地方性学术刊物上发表的988篇。

高等学校积极开展引进国外智力、派遣出国留学人员以及国际间教育合作交流等项工作。先后有22所学校累计聘请长期外国文教专家、外籍教师321人次，短期科技专家123人次。这些专家帮助高等学校新建学科4个，开设新课15门，培训了2000余名教师和400余名研究生，为近万名本科生开设了外语课。与此同时，各高等学校利用外籍专家在校的有利条件，举办各类科技、管理培训班110期，各类学术讲座297次。为促进高等学校教学、科研工作起到了积极作用。几年来，先后派遣623名各类留学人员赴苏联、日本、美国、加拿大、英国、法国、意大利、西德等近20个国家进修或从事合作研究。截至1989年，已有近200名学成回国，大部分已成为教学科研骨干和学科带头人，有的破格晋升为教授、副教授。他们中的研究成果有的荣获了国家或省部级科研成果奖，其中一些发明创造还获得美、加等10几个国家的专利权或专利优先权。几年来，先后有11所高等学校与美、英、日等10多个国家和地区的33所高校建立了校际交流，累计接收外国留学生500余人，派出教育考察团29个达137人次，接待各类友好访问团组250余人次。有116人次应邀出国参加国际学术会议。中国教育国际交流协会山西分会与美国纽约市立大学共同发起的中美教育学术交流会，已经举行了3次。

五、成人教育重点开始转移

1989年全省改革成人教育的计划管理体制和单一的学历教育模式，把工作重点转移到岗位技术培训上来，学历教育的比重得到控制。以岗位培训、业余学习为主的多种办学形式有了较快发展。

1989年全省有成人初等学校2.4万所，其中农民初等学校2.21万所，占总校数的92.1%。招生数100.9万人(农民占93%)，在校生111.6万人(农民占93.5%)，共培训毕业或结业生75.5万人(农民占91.4%)。1989年全省共举办了农民扫盲班1634个，脱盲人数1.4万人。

成人中等教育，对职工、农民进行高、初中文化补课和实用技术培训也取得新成绩。1989年全省成人中学有632所，在校生2.8万人，毕业和结业人员2.4万人。全省有成人技术培训学校4949所，在校生53.1万人，毕业和结业人员49.1万人。

1989年全省成人中专已达到216所，比1988年增加16所，在校生7.86万人，比1988年下降10.1%。在校学生中业余或函授学习的人数6.68万人，占在校生总数的85%。1989年毕业生3.69万人，比1988年增长35.6%。成人中专非学历教育的各种进修班、短训班，共培训结业生1.23万人，在校生1.44万人。1989年成人中专有专职教职工5619人，其中有专任教师3073人，占教职工总数的54.7%。另有兼职教师1044人。

1989年全省有成人高等学校48所，包括普通高等学校举办的函授、夜大学，共招生1.55万人，比1988年增长1.4%，在校生为3.66万人，比1988年增长0.2%。平均每万人中，成人高校在校生14.0人。1989年成人大专毕业生1.22万人。各类成人高校举办非学历教育的单科班、进修班、短训班以及专业证书班，在校生9.38万人，比1988年增长6.3倍，培训结业0.39万人。成人高等学校现有专任教师2804人，其中：教授26人，副教授479人，讲师831人，教员412人，助教1056人。讲师以上的教师占专任教师总数的比重由1988年的41.3%上升到47.6%，教师队伍的结构正逐步趋向合理。

六、教育经费持续增长

1989年山西在筹措教育经费方面，主要采取了以下措施：一是在治理整顿、紧缩财政、控制固定资产投资的过程中，继续采取保教育的政策，力争各级政府对教育投资的正常增长；二是继续调动广大人民群众和社会各方面的办学积极性，鼓励集资办学和捐资助学；三是发挥各级各类学校的智力优势，开展多种形式办学和为社会提供服务，拓宽经费来源渠道，弥补经费空缺。因此，1989年全省教育投资继续保持了稳步增长，为发展教育事业奠定了良好的基础。

1989年全省各级教育部门用于教育事业的经费总支出为82251.7万元（其中：高教10578.4万元，普教71673.3万元)，比1988年增长14.8%(其中：高教增长20.2%，普教增长14%)。用于教育事业的经费支出占全省地方财政总支出的16.2%。在治理整顿，深化改革的过程中，各级教育部门重视发挥教育经费的使用效益，通过加强宏观管理，紧缩编制，控制人头经费，完善学校内部的各项经费包干责任制，使教育经费的支出结构趋向合理。各类学校公用经费的增长速度已高于个人部分经费的增长速度，公用经费占事业费总支出的比重也开始回升。

1989年省拨教育基建投资（包括中央专款）实际完成额为7984.1万元（其中：高教5334.4万元，普教2649.7万元)，比1988年增长7.9%(高教增长7.4%，普教增长8.8%)，高于同期全省地方基本建设投资增长4.5%的水平。省拨教育基建投资完成额占省地方基建投资的比重由1988年的4.6%上升为4.7%。此外，各级地方人民政府在教育投资上也下

1989年教育事业经费支出情况分析表

		教育事业费支出(万元)			生均占用的公用经费支出(元)	公用经费占事业费总支出的(%)
		计	个人部分	公用部分		
高教经费	1988年	9066.5	4045.6	5020.9	1248.9	55.4
	1989年	10578.4	4527.7	6050.7	1620.3	57.2
	增长%	16.7	11.9	20.5	29.7	3.2
普教经费	1988年	62606.7	48105.7	14501.0	29.3	23.2
	1989年	71673.3	52475.4	19197.9	42.8	26.8
	增长%	14.5	9.1	32.4	46.1	15.5

了较大的本钱。1986年由地(市)、县(区)各级政府自筹，用于教育基本建设的投资额为4028.3万元，相当于当年省拨教育基建投资实际完成额的50.5%。

1989年全省集资办学再度掀起高潮，全年共集资13988.1万元，比1988年增长57.1%，相当于当年省拨教育基建投资实际完成额的1.8倍。一年来，由省、地、县各级政府安排的各种专项经费和集体、群众集资额，共新建中、小学校舍36万平方米，维修改造校舍70.6万平方米，购置课桌凳20.2万套，添置教学仪器与文体器材35.3万件。

撰稿人　张忠政　段双灵
张静娴
审稿人　宋玉岫

附一

□中小学"五查"取得成效

据国家教委《关于对中小学教育工作开展五项督导检查的通知》的精神，山西省积极进行部署，摘编有关法规文件，培训骨干，成立了以副省长吴达才为组长，省教委、经委、计委、劳动、人事、财政、税务、物价、科委、工商、统计、建设、教育工会等部门参加的省"五查"领导小组。提出"五查"工作的指导思想是"加强领导，注重实效，边查边改，以改为主"。

各地、县、市(区)从6月份全面开展了自查工作，至9月份全省自下而上的自查与自上而下的抽查基本告一段落。9月中旬，国家教委检查组对部分县区进行了抽查。10月份，"五查"工作进入集中整改、健全制度、改进工作的阶段。除个别地方工作不力外，全省整个"五查"工作发展健康和顺利。

1.领导重视。各地(市)、县(区)都成立了由分管副专员(副市长)、副县(区)长挂帅的"五查"领导小组，并亲自部署、亲自协调，解决问题。多数领导还亲自参加检查，推动了"五查"工作的顺利进行。各地的有关部门也大力配合，一道参加检查，研究问题，落实责任，形成全社会关心教育的局面，为问题的解决提供了保证。

2.目的明确。各地坚持"边查边改，以改为主"。各检查组从发现问题、解决问题、健全制度、推进工作的目的出发，准备不充分不下去，情况查不清不离开，问题不落实不算成绩，扎扎实实地开展工作。多数地(市)、县(区)在查清问题的基础上，突出一个"改"字，不赶进度，不走过场，防止发生形式主义现象。

3.方法多样。在全省统一部署、统一要求、统一政策的前提下，各地创造性地开展工作，出现了不少好的经验和做法。如临汾地区的纵查与横查相结合、阳城县的交叉检查、黎城县的包片包校等办法都取得了良好的效果。

4.边查边改。各地在“五查”过程中切实解决了一批实际问题。大同市由市财政拨款100万元，作为人民教育基金，使基金达到150万元；为了解决中小学危房问题，市政府投资100万元，市长同各区区长签订协议，限期完成改造任务。临汾行署听取了“五查”领导小组的汇报后，当即表示把违纪小汽车罚没款526万元全部用于教育，弥补教育经费的不足。曲沃、临汾等县市在“五查”中发现不少人不理解《义务教育法》，于是就开展《义务教育法》宣传月活动。“五查”中不少地方注意建立健全各种规章制度。如太原市各县区建立了人民教育基金制度和实行学生品德行为量化考核制度；阳泉市政府同各区县签订了实施九年制义务教育的目标、任务及年度指标责任书，使教育作为考核各级领导政绩的内容落到了实处；左权县从当地经济条件和群众承受能力出发，制定了区分不同标准城乡教育事业费附加征收办法，使教育事业费有了比较稳定和可靠的来源。

通过“五查”，不少地方掀起了“三个热潮”：一是集资办学的热潮；二是尊师重教，全社会关心教育的热潮；三是宣传《义务教育法》的热潮。

9月11日至23日，由国家教委副主任柳斌率队一行九人，到太原、左权、平定、襄汾、五台、兴县等地进行督导检查，认为山西省各级领导重视“五查”工作，各地都认真地进行了自查，工作做得比较扎实，并注意边查边改，促进了工作。所到的地方，“五查”的各项政策基本得到了贯彻落实。

撰稿人 张忠政 张静娴
审稿人 宋玉岫

附二

□职业高中检查验收效果显著

山西省1987年至1989年连续三次对职业高中检查验收，全省城乡已有97所职业高中达到合格标准，其中，25所确定为省重点职业中学。

连续3年的检查验收，促进了全省职业中学的建设与办学条件的改善，使全省职业技术教育进入了一个新的发展阶段。

1.职业中学在改革中加强管理，改善办学条件。1989年，全省职业中学又有了新发展，职业高中达到225所，在校生59277名；初级职业中学149所，在校生24926名。职业中学专任教师6592名，其中专业课教师1996名。经过3年验收，已有97所职业高中达到合格标准，其中：厂矿7所、城市15所、农村75所，占全部职业高中数的43%。全省118个县（市、区）中，已有84个县（市、区）的职业高中达到合格要求。职业技术教育发展较快的长治、晋城、晋中、运城、阳泉、大同等地市，除个别县（区）外，大部分职业高中已达到合格要求。

为使合格学校继续巩固提高，不合格学校达到合格标准，各地在办学中加强管理。晋中、运城两地分别制定了《职业中学教育质量评估标准》和《职业中学优化办学的标准》、《运城地区合格职业中学评估意见》等文件，进一步端正职业中学教育的指导思想和办学方向，促进中等教育结构改革的调整，改革学校的管理制度、教学内容、教学方法和手段。

职业中学的管理开始向深层次的科学化、规范化、民主化方向发展。与此同时,继续改善办学条件,1989年,全省97所合格职业中学建筑面积已达49.7万平方米,平均每校5120平方米;实验、实习基地223个,总产值达到940余万元。已合格的75所农村职业中学实习基地达3800余亩,校均50余亩;仪器设备总价值达669.3万元,平均每校6.9万元;图书平均每校达到1.6万册;专业课教师已有1649名,平均每校17名(含兼职教师)。1989年师范院校为职业中学定向培养的435名专业课教师走上了工作岗位。

2.各级党政领导把职业教育纳入经济发展规则,加强领导。在全省84个有合格职业中学的县(区)中,大部分县(区)都成立了主要领导任组长,有关部门负责同志为成员的职业技术教育领导小组。祁县、长治县还成立了农、科、教协调领导小组。84所县(区)职业中学,大部分都由县(市、区)主要领导同志兼任学校校长。职业中学领导工作的加强,加快了办学基本条件的改善。近两年来,山西省将1865万元职教补助款戴帽下达到办得好的重点校和合格的学校,对促进职业中学的建设和发展起到了积极的导向作用。1989年,全省职业中学共完成基建投资577万元,是职业中学发展10年来完成基建投资最多的一年。太原市1987年至1989年3年给职业中学的基建投资547万元。一些贫困县也积极克服财政困难,改善学校办学条件。沁水县在拿出100多万元新建职业中学后,1989年又投资36万元为学校建起学生宿舍楼。柳林县在每年吃国家补助260万元的困难情况下,3年挤出103万元新建了职业中学教学楼。

各地在职教发展中还积极落实职业技术教育的有关方针政策,省颁发了职教条例后,各地认真贯彻执行。太原、阳泉、长治等市和一些农村县(区)的配套政策已相继出台。太原市政府还制定了科教兴市的发展规划,把职业技术教育摆到全市经济社会发展重要的位置。清徐县针对农村职业中学招生难的问题,由县政府发文,把职业中学的招生计划下到乡镇。并规定,职业高中毕业生返乡后,可享受村民委员会副主任待遇。这些工作和措施,都有力地推动了当地职业技术教育的发展。

3.实行教学、科研、生产、社会服务相结合的教学新体制,逐步发挥职业教育的社会效益。

全省97所合格的职业中学,培养出大批有文化、有道德、懂技术、会管理、善经营、成绩突出的优秀毕业生,已初步成为当地人才培养、科学实验、科技推广、社会服务的中心和基地。

全省有68个已合格的农村职业中学积极实施“燎原计划”,培养实用技术人才,为贫困地区脱贫致富发挥了重要作用。据统计,近几年这些学校共举办各类实用技术培训班1000多个,培训农村青年10多万人次,为农民修剪果树2万多株,推广农业新品种、新技术30多项。仅文水县职业中学推广的鹌鹑养殖一项,就为当地农民增加收入27万元。长治、运城、晋城等地有6所职业中学积极试办农村家庭经营专业,开始探索为农村培养人才的新路。

职业中学还积极投身本省能源重化工基地的建设。全省相继有40多所职业中学开设了煤炭类专业,近几年已毕业学生4000多人,绝大部分充实到各乡镇煤矿,技术力量的加强,使本省乡镇煤矿安全生产得到保障,效益越来越高。1989年底,全省职业中学煤炭专业的在校生达到2000多人。由省教委组织编写的职中煤炭专业9门课教材,于1989年11月由省人民出版社出版发行。

撰稿人 张忠政 孙 明 张静娴

审稿人 宋玉岫

附三

□太原工业大学坚持科技为经济建设服务

太原工业大学坚持教学、科研、生产一体化，不断开拓与经济建设结合的新路，为企业技术开发和经济开发作出了显著成绩。

1987年以来，该校与山东、东北及省内的100多个企业和工厂建立了科技协作关系和教学科研生产联合体。至1989年，全校共承担科研项目500多项，其中，有100余项已转让给生产部门，有10多项使工厂每年收到100万元的经济效益。

太原工业大学积极为老、少、边、贫地区培养人才。该校按有关部门规定，挖掘办学潜力，适当降低录取分数线扩大招收委托代培生和定向生，照顾边远地区的学生入学。该校焊接材料大专班从新疆、甘肃、内蒙以及省内贫困地区、乡镇企业定向招生，为焊接材料行业培养了80余名急需人才。其中为吕梁地区培养的20名大学生已回到当地工作。近年来，学校开办了以回乡知识青年和在职工人为主要对象的各种类型专业短训班12期，培训技术人员400余人，这些技术人员已成为各乡、镇企业的技术骨干。

该校还实行教师和科技人员定人定点，对口支援有关地、县、厂矿的技术开发。几年来，先后有40余名教师到吕梁、雁北、阳泉等地工作几个月至一年，为当地培训师资和专业技术人员。还有200余名教师、科技人员深入厂矿解决技术难题，为企业发展做出了贡献。如机械系程金生副教授，走出校门传授“新型柔性抗震接口铸铁管”技术，使太原铸造厂和大同铸管厂扭亏为盈，每年为国家创造100多万元的效益。并为阳城、离石、左权等县的乡镇企业设计铸管厂5座，这些厂投产后也取得了可观的经济效益。

该校在实践中探索了“联合体”形式，开展横向科技协作，进行技术攻关。精细化工研究所与北京石油化工科学研究院及抚顺三厂等单位，共同研制生产出“金——1876”催化剂，各项技术指标均达到了国际同类型催化剂的水平，仅一次填装量，就可为国家节约外汇近80万美元。

该校还根据山西省自然资源和基础条件开展研究。徐文赐教授根据本省储量丰富的高岭土资源，研制出的“活性白土”，已在新绛县合成化工厂投产，引起澳大利亚、伊朗、孟加拉等国的重视。1989年，仅意大利菲亚特公司一家的订货，每年可创汇275万元。用高岭土合成洗衣粉添加剂——A型分子筛，年产值达800万元。这个项目于1986年获山西省科技进步二等奖，已成为全省重点发展项目之一。该校研制的“ST801型常温氧化铁脱硫剂”，是以工业废物为主要原料研制的一种新型高效脱硫剂。转让到汾阳县催化剂厂进行合作开发，1988年建成500吨产品的生产流水线，30人的车间，每年可获利32万元。这项成果先后推广转让到17个省市、70多家用户，都取得很好的经济效益。

撰稿人　张忠政　张静娴
审稿人　宋玉岫

内蒙古自治区教育

一、10年改革中各类教育发展概况

1989年是建国40周年，也是我国执行“改革、开放”政策的10周年。40年来，内蒙古的教育事业从小到大，在曲折中前进，取得了巨大成就。特别是党的十一届三中全会以来的10年，自治区的教育事业，坚持“两个必须”的指导方针，主动适应经济建设和社会发展的需要，不断深化教育改革，使自治区的各类教育走上了健康发展的轨道。

党的十一届三中全会后，从自治区的实际出发，遵循“加强小学、稳定初中、压缩高中，重点发展职业技术教育和民族教育”的原则，集中力量调整了基础教育的内部结构，解决了十年动乱造成的“虚肿”现象，基本理顺了基础教育的内部关系。在此基础上，把及时普及初等教育列为全区教育工作的首要任务，把普及初等教育的难点放在农村、牧区，重点放在创造普及的条件上。1984年，自治区人民政府发布了《普及初等教育实施方案》，1988年，自治区七届人大常委会又颁布了《内蒙古自治区实施〈中华人民共和国义务教育法〉办法》，从立法的高度进一步明确了义务教育事业的领导管理体制，制定了从实际出发，因地制宜，按地区、分阶段、有步骤实施义务教育的原则。通过认真落实《实施方案》和宣传贯彻《义务教育法》及《实施办法》，有力地推动了初等教育的普及。到1989年，全区适龄儿童入学率、在校学生巩固率和毕业率分别达到97.5%、97.3%和94.0%；已有88个旗县市区基本普及了初等教育，普及地区人口覆盖率达到90.2%。

在此期间，全区幼儿教育和特殊教育事业也有了长足的发展。到1989年，全区幼儿园总数达到1515所，比1980年的314所增加了34.8倍；入园幼儿从1980年的3.8万人增加到38万人；平均每万人口中在园幼儿达184人，从全国第20位跃居第11位。幼教事业的发展，为全区普及初等教育奠定了良好的基础。盲聋哑学校由1978年的6所增加到9所，在校学生由380人增加到640人。

从1980年开始，全区集中力量进行了中等教育结构的调整与改革。自治区、盟市、旗县建立了中等教育改革领导机构。1984年，自治区政府公布了《改革中等教育结构，发展职业技术教育实施方案》。经过几年的调整，采取新建、改办、职办等多种形式，全区中等职业技术教育发展很快。到1989年，已办有农职业高中195所、初中138所，在校生11.18万人。按每万人口平均，农职业中学在校生为53.4人，居全国第2位。普通中专和技工学校分别比1978年增加了43所和34所。各类中等职业技术学校在校生已占高中阶段在校生的41.2%，初步改变了中等教育结构单一的状况。改革10年，累计培养中专生14.15万人，技工学校毕业生6.85万人，农职业中学毕业生13.88万人。缓解了初、中级技术人才的供需矛盾。

10年改革中，自治区高等教育经历了调整、充实和改革、发展两个阶段。到1989年，全区普通高等院校发展到19所，比1978年增加了10所。在校生3.31万人，增长了1.64倍，在1978年的基础上平均年递增11.9%。每万人口中的大学生数由1978年的7人增加到15.8人。在校研究生306人，比1978年增长 4.77 倍。

为了适应自治区经济建设和社会发展的需要,促进人才向下,改革了招生、分配制度。区内专科一律实行定向招生。与此同时,逐步调整了层次结构、科类比例和专业设置。1978 年,全区普通高校专业总数只有 66 个,1989年增加到 107 个。从 1984 年开始,有计划地逐年扩大专科招生比例,到 1989 年,高等学校文、理、工、农、财、医、师等各大科类都举办了专科层次的教育。1989年,自治区所属普通高校招生 9113 人,其中本科 4507 人,专科 4606 人。本、专科招生的比例达到 1:1.02。为了增强学校的活力,自治区政府扩大了高校的办学自主权。各学校积极建立教学、科研和社会实践三结合新体制,不断深化教学领域的改革,教育教学质量和科研水平逐年提高。1978 年以来,全区高等学校共培养研究生 723 人,本专科生 6.45 万人。

成人教育发展很快,初步形成了以岗位培训为重点的多层次、多规格的办学体系。中共中央《关于加强职工教育的决定》公布后,自治区成立了工农牧教育委员会,把职工教育纳入国民经济发展计划,并制定了发展规划和有关政策措施,从而使职工教育出现了蓬勃发展的局面。到1989年,经国家教委备案的成人高校发展到 22 所,设置专业 118 个,包括普通高等学校举办的函大、夜大,1989年招生 1.16 万人,在校学生达到 3.06 万人。职干(干部)中专发展到 125 所(含 55 所教师进修学校),1989 年招生 0.91 万人,在校学生 2.46 万人。以"专业证书"教育和岗位培训为主的初、中等文化技术培训也得到了加强。全区农牧民教育,由过去以扫盲教育为主转移到了以科学技术普及教育为主的轨道上来,到 1989 年,全区 88 个农牧业旗县中,经验收已有 76 个基本扫除了青壮年文盲。共兴办旗县级农牧民中专 3 所,培训中心 47 个,乡苏木、村嘎查农牧民文化技术学校 5700 余所。每年约有近百万农牧民受到不同层次的适用技术培训。

党的十一届三中全会以来,自治区本着"积极恢复、稳步发展"的方针,制定了一系列关于恢复和发展民族教育的政策,使民族教育得到优先、重点发展。1989年,全区各级各类少数民族学校已发展到 3663 所,占全区学校总数的20%以上。除农职业学校外,各级学校在校生中,少数民族学生所占比重均高于其人口比重,按每万人口平均也高于全区和全国平均水平(见第 483 页表 1)。

普通高校 107 种专业中有 23 种专业使用蒙语文授课,普通中专 175 种专业中,有30 种专业招收蒙语授课生。在各级学校蒙古族在校生中,蒙语授课和加授蒙语的比例均超过汉语授课的比例。十一届三中全会以来,全区累计培养少数民族研究生 139 人,本专科生 1.63 万人,中专生 3.75 万人,农职业中学毕业生 3.83 万人,为自治区社会主义建设培养了大批少数民族人才。

在 10 年改革中,自治区努力增加教育投入,着力改善办学条件,着力加强师资队伍建设和民族教材的建设,着力提高教育质量,取得了显著成效。

教育经费逐年增长的比例均超过自治区财政经常性收入(包括国家财政补贴)的比例。(见第 483 页表 2)

中小学专任教师的学历合格率有了明显的提高。(见第 483 页表 3)

到 1989 年,在普通高等学校教授、副教授、讲师占专任教师的比重分别达到 3.94%、15.86%和 37.0%;普通中专高级讲师、讲师占专任教师的比重为 8.92%和 30.86%;全区中小学幼儿园有高级职务的教师达到 4043 人,中级职务的 41636 人,中级以上教师占专任教师的 18.9%。

10 年改革,不仅使自治区的各类教育事业得到很大发展,而且积累了比较丰富的经

表1

	少数民族在校学生数（万人）	占少数民族人口比重%	蒙古族在校学生数（万人）	占蒙古族人口比重%	每万人口拥有在校学生数			
					少数民族	蒙古族	全区平均	全国平均
普通高校	0.89	23.9	0.78	23.67	24.0	25.5	15.8	19.0
普通中专	1.27	25.8	1.12	22.8	34.1	36.5	23.4	19.9
普通高中	4.61	23.4	3.96	20.1	123.9	128.7	94.1	65.3
普通初中	16.64	18.9	14.08	16.0	447.3	458.3	420.7	350.1
小　　学	45.45	19.3	38.06	16.2	1221.8	1238.6	1123.4	1128.8

注：1988年自治区少数民族人口比重17.9%，蒙古族为14.7%。

表2

	全区财政收入（包括中央财政补贴）	全区财政预算内教育拨款	中学在校生人均教育事业费	小学在校生人均教育事业费
1979年	20.06亿元	2.57亿元	54.18元	29.55元
1989年	47.07亿元	9.3亿元	268元	142元
年平均增长率	8.9%	13.7%	17.3%	17.0%

表3

	小学专任教师数	合格率%	初中专任教师数	合格率%	高中专任教师数	合格率%
1982年	131931	46	32662	14.1	12738	28.7
1989年	151269	64.5	61726	35.2	16012	38.5
合格率提高		18.5		21.1		9.8

验：第一，提高对教育在国民经济和社会发展中战略地位和作用的认识，逐步调整和理顺教育与经济发展的比例关系，坚持把教育摆在优先发展的战略位置，是教育事业健康发展的重要前提。第二，必须坚持党对教育工作的领导，坚持教育的社会主义方向，这是全区教育事业健康发展的根本保证，也是社会主义教育的根本原则。第三，改革是教育发展的唯一出路。第四，把工作重点放在创造事业发展的条件上，着力改善办学条件，着力加强师资队伍建设，是教育事业稳步发展的重要基础。第五，始终把民族教育作为自治区各类教育的重点，优先发展，是繁荣少数民族地区教育事业的重要措施。

二、坚持党对教育事业的领导，加强学校思想政治工作

1989年春夏之交的动乱和北京的反革命暴乱也波及到内蒙古自治区。在自治区党委和政府的领导下，教育部门和高校的各级领导干部做了大量艰苦细致的工作，使自治区局势迅速稳定。这场风波之后，自治区党委和政府根据十三届四中全会精神，采取了一系列措施，加强党对教育工作的领导，深入开展思想政治教育，收到了显著成效。

（一）高等学校的思想政治工作

1989年7月下旬，自治区党委和政府召开了全区高校工作会议，成立了自治区大中专院校工作领导小组和自治区思想政治工作领导小组。9月初，自治区党委批转了区教育厅有关文件，提出了做好当前自治区高校

几项主要工作的意见。1989年12月初，自治区党委召开了高校党的建设和思想政治工作座谈会，交流了各校加强党的建设和开展思想政治工作的情况和经验。自治区党委副书记张丁华在会上作了《大力加强党的建设和思想政治工作，坚持高等教育的社会主义方向》的重要讲话，代表自治区党委提出了加强自治区高校党建工作和思想政治工作的八条措施。各高等学校，按照党中央和自治区党委的要求、部署，做了大量工作，积累了不少有益的经验。

1.加强领导班子建设。各学校领导班子，在深入学习党的十三届四中全会精神的基础上，通过回顾和反思，认真地总结了制止动乱的经验教训，清理了思想，提高了认识，分清了是非。进一步提高了坚持社会主义办学方向的自觉性。

2.深入开展形势教育。为了进一步稳定高校局势，各高校及时利用期末和暑假组织师生员工认真学习十三届四中全会文件和邓小平、江泽民的重要讲话，深入开展了形势教育。学习中，着重领会经过40年实践检验的“四个基本结论”，以及当前党和国家工作中需要特别统一认识的“十个重要问题”。通过回顾40年来，特别是改革开放10年来我国取得的伟大成就，回顾学校的发展历程，使广大师生员工深刻地认识到，社会主义具有资本主义无可比拟的优越性和强大的生命力，高等学校只有坚持社会主义方向，才能培养出合格的社会主义事业的建设者和接班人。此外，还在高等学校学生中围绕“坚持社会主义道路”、“坚持共产党的领导”和“反对资产阶级自由化”等专题，进行了坚持社会主义道路和树立正确人生观的教育，初步澄清了部分师生的糊涂观念。

3.改进和加强马列主义理论课教学。根据国家教委在马列主义理论课中进行坚持四项基本原则、反对资产阶级自由化教育的指示精神，各高校对马列主义理论课的教学内容进行了改革，突出了马克思主义的基本原理，增加了坚持四项基本原则、反对资产阶级自由化的内容；同时，普遍开设了马克思主义民族理论与党的民族政策课，组织了有关《宪法》、《民族区域自治法》等专题讲座。为了加强思想政治教育，1989年底召开了专门会议，决定组织编写《大学生思想修养》、《人生哲理》、《职业道德》等教材和民族理论课教学大纲。

4.健全机构，提高政工干部的素质。1989年8月初，根据全国和自治区高校工作会议精神，区教育厅拟定了《关于加强高等学校思想政治工作队伍和工作机构建设的意见》，明确了高校政治工作机构和政工人员的基本条件。9月初开学后，内蒙古大学、内蒙古师范大学、内蒙古工学院等10多所高校相继建立了学生工作处(部)，进一步加强和健全了党、政、工、团等政工机构，配备比较得力的干部担任领导，选拔思想政治觉悟高、责任心强、作风正派、有威信的中青年教师充实政工队伍。对专职政工人员试行定编、定岗、定职。同时，各校注重了班主任和科任教师的思想政治工作及师德教育，要求每个教职工都要做到教书育人、管理育人、服务育人。

（二） 中小学的德育工作

党的十三届四中全会以后，自治区各级教育行政部门和中小学在深刻反思、认真总结经验教训的基础上，进一步提高了对德育工作重要性和紧迫性的认识，在落实德育的首要位置方面，做了大量卓有成效的工作。

1.深入贯彻落实《中共中央关于改革和加强中小学德育工作的通知》(以下简称《通知》)精神，制定了中小学德育工作的实施意见。全国中小学德育工作会议后，根据《通知》精神，结合自治区的实际，区教育厅制定下发了《关于加强中小学德育工作的通知》和贯彻《中小学德育纲要》、《中小学生守则》、《中小学生日常行为规范》的意见，使全区中小学德育工作做到了有章可循。各盟市、旗县教育行政部门和中小学普遍制定了符合本地本校实际、可操作的实施办法，把德育工作逐步摆到了学校工作的首要位置。针对资产阶级自由化对中小学生的影响和部分中小学暴露出来的一些问题，区教育厅于1989年8月中旬及时召开了全区普教工作会议。会议以十三届四中全会精神为指导，拟定了《关于做好近期中小学德育工作的意见》。《意见》重申了几个基本观点：一是学校必须把坚定正确的政治方向放在第一位，坚持用马列主义、毛泽东思想教育学生；二是旗帜鲜明地坚持四项基本原则，理直气壮地反对资产阶级自由化；三是德育在中小学教育中的主导地位不能动摇；四是继续贯彻中共中央《通知》精神，进一步加强和改进中小学的德育工作。《意见》还明确要求近期内要着力抓好三项工作：第一，按照国家教委的统一部署，认真组织中小学教职工学习四中全会精神；对高中学生进行形势教育，在中小学生中开展"热爱中国共产党、热爱社会主义祖国、热爱中国人民解放军"教育活动。第二，加强教职工队伍的思想政治工作，积极引导广大教职工教书育人、管理育人、服务育人。第三，从整顿校风、校纪入手，从严治校，强化学校管理，维护和建立良好的教学秩序。《意见》指导思想明确，任务具体，对全区中小学的德育工作起到了积极指导作用。

2.推动了中小学德育整体改革试点工作的深入发展。为研究和探索全面加强和改进中小学德育工作的规律，1989年全区确定了25所小学和10所中学作为首批德育整体改革试点学校。包头市东河区公园路小学是经国家教委批准的德育整体改革试点学校，该校贯彻中央和自治区关于整体改革的要求，结合本学校的实际，制定了《1988—1989学年度第二学期德育试点工作计划》，较好地体现了改革和加强德育工作的精神，符合小学生的年龄特点和心理特点，具有一定的可操作性。为了开阔思路，引导各地加强中小学德育工作，区教育厅及时向各盟市、旗县转发了这个计划。1989年4月初召开了全区小学德育改革试点学校汇报会。7月中旬又召开了呼和浩特市地区中学德育改革试点学校汇报会，汇报交流试点学校德育改革的具体做法和经验，分析研究试点工作中存在的问题，分别下发了会议《纪要》。《纪要》进一步明确了试点学校的任务；分别总结、推广包头市公园路小学、通辽市明仁小学和呼和浩特市第19中学、第34中学等试点学校的先进经验。会议进一步推动了全区中小学德育改革工作的开展。

3.改革中小学政治课和思想品德课教学内容。1989年，全区中小学除严格按照《小学德育纲要》和《中学德育大纲》的要求，精心组织思想品德课、政治课统编教材的教学外，为适应培养"四有"人才的需要，结合自治区的实际和学生的年龄特点，在小学高年级和普通中学还增加了马克思主义民族理论和党的民族政策的教学内容。党的十三届四中全会后，自治区教育厅还先后发文，要求中小学以"五爱"教育为基本内容，经常在学生中开展坚持四项基本原则和反对资产阶级自由化的教育；在语文、地理、历史等文科教学中，适时地进行爱国主义教育；在中学还要开展国情、区情和形势教育。各地在改革和落实德育工作的过程中，还开展了丰富多彩的教育活动，例如：以培养训练学生日常行为规范为中心，广泛开展了"学雷锋、学赖宁、争优秀、创三好活动"；以培养学生爱劳动、爱科学为中心、开展了"小发明"、"小创造"、"小制作"活动；以培养学生爱祖国、爱人民、爱社会主义为中心，开展了"读好书"、"唱好歌"活动等。寓德育于各项活动之中，使学生在道德情操、心理品质等方面受到了综合培养和训练。

1989年，内蒙古自治区有22所中学从初一和高一年级开始，采用北京师范大学政治课改革教材进行了试点。为了搞好试点工作，区教育厅举办了两期培训班，培训高中教师448人、初中教师80人。此后，有关盟市也相继举办了政治课教师培训班，为改革中学德育教学奠定了基础。

由于德育工作的不断改进和加强，全区中小学育人环境在治理整顿中有了明显改善，学生的思想觉悟和道德水平不断提高。1989年，全区有11个盟市、60个旗县、420所小学被评为自治区少先队工作达标创优“优胜单位”和“先进单位”。普通中学有925名学生、208名学生干部、120个班集体被评为自治区级“三好学生”、“优秀学生干部”和“先进班集体”。

三、1989年各级各类教育的改革

1989年，内蒙古自治区在区各级党委和政府的领导下，坚持教育的社会主义方向，认真贯彻治理整顿、深化改革的方针，稳步地推进了各类教育的改革。

(一)基础教育

1989年，内蒙古自治区以实施九年义务教育为重点，在进一步深化管理体制改革的基础上，着重抓了学校内部领导管理体制的改革，进一步修订了实施九年制义务教育规划，开展了五项督导检查，推动了基础教育的发展。

1. 不断深化学校内部管理体制的改革。随着教育管理体制改革的不断深入，自治区多数中小学从实际出发进行了校长负责制、教师定编聘任制和岗位责任制等多种形式的改革试验和探索，明显地增强了学校的活力，调动了教职工的积极性。根据深化改革过程中出现的新问题，区教育厅在调查研究的基础上，于1989年元月向区党委和政府作了汇报，提出了进一步深化学校内部管理体制改革总的指导思想和四项具体措施。这四项措施是：第一，扩大学校自主权，实行校长负责制。校长实行任期目标责任制，在任期内对学校的人财物有充分的支配和决定权。第二，以满负荷工作量为前提，实行教职工全员聘任制，以责定岗，以岗定员。对超编和落聘人员，实行扬长分流，广开就业门路，合理安置，自我消化。第三，实行学校经费总额包干制，包括工资总额包干(在包干年度中，增人不增资，减人不减资）和公用经费总额包干(结余归学校，超支不补偿)。第四，打破平均主义分配制度，实行校内结构效益工资制(由基础工资、岗位和课时工资、奖励工资等几部分组成)，使教职工的收入与其工作态度、工作效益和实际贡献紧紧挂起钩来。为落实这些改革措施，自治区政府在商计划、财政、劳动人事等部门后，及时批转了区教育厅制定的有关文件。自治区、盟市、旗县三级分别抓了试点。乌兰察布盟、赤峰、包头、呼和浩特市等地领导重视，措施落实，实验面较大。乌盟察右前旗是自治区综合改革试验点，该旗中小学全部实行了校长负责制和教师聘任制。多数学校通过内部体制改革，增强了办学活力，提高了管理水平、教学质量和办学效益。

2. 制定义务教育规划，加快实施义务教育的进程。自治区教育厅于1989年上半年就如何组织实施全区义务教育，拟定了《内蒙古自治区实施义务教育若干问题的暂行意见》，并于8月中旬召开了全区盟市教育处(局)长会议，进行了认真讨论和修订，会后报经自治区政府批准下发执行。《暂行意见》就组织实施义务教育，从指导思想、实施步骤、落实规划、法律程序、管理体制、监督考核、法律责任、建立工作制度等方面提出了明确要求。首先，《意见》强调修订好实施义务教育规划。为此，自治区政府办公厅于10月份下发了《关于认真组织好全区义务教育规划研制和建立义务教育目标责任制的通知》。《通知》要求：义务教育规划的研制，必须由政府负责，教育部门牵头，计划、财政、劳动人事部门参加。根据积极创造条件，按地区、分阶段、有步骤实施的原则，要搞好科学预测，提出分阶段的目标、任务和主要措施，由各级政府组织论证和确认。要分级规划、分级决策，以旗县为主，落实到乡镇苏木，自治区的规划要落实到旗县。各地区规划方案力争在1990年初基本完成。

自治区政府的《通知》下发后，引起了各级政府和有关部门的重视。巴彦淖尔盟、包头、呼伦贝尔盟和不少旗县，成立了由盟市、旗县主管领导牵头的义务教育规划领导小组，把义务教育规划纳入了当地经济建设和社会发展的总体规划，建立了政府领导人和有关部门实施义务教育的目标责任制，明确了各自的职责、任务和考核办法。自治区教育厅于10月中旬召开了全区义务教育规划研讨会，讨论了研制规划的有关问题，编制了一整套义务教育规划图表；同时，以会代训，为自治区和盟市培训义务教育规划专职干部50多人。此后，各盟市、旗县层层培训了干部，并选定了部分旗县和乡镇开始了试点。由于各级领导重视，工作进展顺利，到1989年底全区义务教育规划工作已基本铺开，有力地推动了义务教育的实施。

3. 开展五项督导检查。1989年下半年，按照国家教委《关于对中小学教育工作开展五项督导、检查的通知》精神，在全区开展了对中小学的“五查”工作。自治区各级政府对这项工作十分重视，分别成立了领导小组，并对“五查”工作做了具体部署。全区的“五查”工作分两步进行。第一步，从9月至11月，用两个月的时间由盟市进行自查，要求盟市和旗县政府切实做到逐项检查，边查边改，把自查的过程作为总结工作、发现问题、解决问题的过程，并要以整改措施为主写出书面报告。第二步，从11月中旬到年底，由自治区政府组织全面抽查。区政府从教育、计划、财政、审计等部门抽调了30多名干部，组成6个小组，深入12个盟市，共检查了51个旗县及大厂矿企业，178个乡镇苏木，645所学校。这次“五查”全面系统地检查了近年来全区中小学教育的发展状况，实事求是地分析了现状，总结了改革的成绩和经验，找出了差距和问题。“五查”结束后，向自治区党委和政府提交了专题报告；同时，从实际出发，以坚持社会主义方向、纠正片面追求升学率、加强中小学德育工作为重点提出了全区的整改措施。

（二）中等专业技术教育

1989年，自治区中等职业技术教育以培养大量农村、牧区中初级技术人才为重点，深入开展了“三教统筹”和农（牧）、科、教统筹的改革试验。

1. 把培养中初级技术人才摆到突出位置上来。近年来，自治区党委和政府把发展中初级职业技术教育作为提高农村、牧区劳动者素质，帮助广大农牧民脱贫致富的重要途径，采取一系列措施狠抓了落实工作。1989年9月，自治区政府作出了《关于为农村牧区培养家庭技术员的决定》。《决定》提出了“到1995年底，要为全区316万农牧户，每户培养一名初、中级的家庭技术员”的奋斗目标，确定了各类学校、社会力量办学以及通过电视、刊授教育自学成才等三条培养渠道，制定了各级党政部门统筹、增加投资等八项主要措施。《决定》颁布以来，不少盟市工作进展很快，如呼伦贝尔盟、伊克昭盟认真贯彻《决定》精神，因地制宜，制定了全面规划；哲里木盟召开了有盟和旗县主要领导参加的会议，拟定了贯彻决定的实施意见；呼和浩特市政府作出了《关于进一步发展农村职业教育和农牧民技术培训的决定》，明确了机构、目标、实施步骤和措施，建立了严格的市、区、乡目标管理责任制；赤峰市采取市、旗县（区）、乡、镇（苏木）、村（嘎查）四级层层定规划抓落实的办法，把培训任务落实到了每一个农（牧）户。全区出现了落实《决定》精神，重视发展中初级职业技术教育的令人欣喜的局面。

2.全面推广“3＋1”教育。1989年上半年，自治区政府在巴彦淖尔盟临河市召开了现场经验交流会，向全区推广了巴盟地区试办“3＋1”学校和开展农牧民实用技术培训的经验。近年来，巴盟以“教育奠基、科技兴盟”的经济战略为指导，从实际出发，贯彻“适应需要、降低重心、多种形式、稳步发展”的方针，以兴办“3＋1”学校为重点，着力发展农村、牧区中、初级职业技术教育，取得了显著成绩。到1989年，全盟农职业高中和“3＋1”初级农职业中学已分别发展到18所和34所，累计培养初、中级专业技术人员9000多人，建立旗县（市）、乡镇（苏木）、村（嘎查）三级科技培训中心211个，年培训农牧民达45万人次。经科技部门考核即将获得证书的农牧民技术员约7万多人。农职业技术教育的发展，促进了农牧经济的发展，全盟农牧民的人均收入由1978年的142元，分别增长到707元和1126元。1989年，盟委、盟公署又作出了《关于进一步发展“3＋1”初级职业技术教育的决定》，提出了继续大力发展“3＋1”、“3＋短（短期）”初级职业技术教育和以“三后（小学、初中、高中后）”教育为重点发展农牧民科技教育的指导方针，计划到1995年全盟农村、牧区60％的初中改办为初级农职业中学或开展“3＋1”教育。

巴盟的经验引起了各地的重视，很快在全区形成了全面推广巴盟经验，大力发展“3＋1”教育的好势头。到1989年底，全区12个盟全部开展了“3＋1”教育，共改办和兴办“3＋1”学校374所，“3＋1”班在校学生35601人。赤峰市当年就改办“3＋1”学校100所，做到了教材落实、教育计划落实、专业教师落实、专业课质量落实、基地落实等“五落实”。

3.建立和完善“三教统筹”的管理体制。为了推进农村牧区的教育改革，1988年自治区政府确定了在赤峰市郊区、镶黄旗、奈曼旗、丰镇县和达拉特旗进行“三教统筹”试点。1989年5月，国家教委批准镶黄旗、奈曼旗和敖汉旗为自治区农村教育综合改革试验县。为了抓好试点，取得经验，指导全局，1989年，自治区政府组织有关职能部门组成专门力量，以建立和完善“三教统筹”和农（牧）、科、教统筹的管理体制为重点，加强了对实验区的指导工作。一是赋于旗县政府更多的统筹权和决策权。在强化基础教育“地方负责、分级管理”的同时，把基础教育、职业技术教育、成人教育纳入当地经济、社会发展战略规划，实行人财物由县乡政府统筹，业务由教育部门主管，各有关部门密切配合的新体制。二是建立任期目标管理责任制。制定了自治区、盟市、旗县、乡苏木四级政府对“三教统筹”和农（牧）、科、教统筹的任期目标管理责任制，一级抓一级，层层抓落实。三是加强旗县政府的宏观管理职能。旗县政府要负责制订“三教统筹”和农（牧）、科、教统筹发展规划，负责协调有关部门抓好机构、经费和人才使用等措施的落实。同时，要把教育部门负责推行的“燎原计划”、科技部门负责推行的“星火计划”和农业部门负责推行的“丰收计划”，纳入“三教统筹”和农、科、教统筹总体规划中，有机地衔接起来，统一组织实施。

各盟市也分别选定了1至2个旗县进行“三教统筹”和农、科、教统筹的试点。地处乌兰察布盟东南部的和林县是个贫困县，前几年职业技术教育举步艰难，没有大的进展。确定为试点县以后，在盟公署等有关部门的指导下，成立了由县长挂帅、有关部门负责人参加的职业技术教育委员会，以发展中、初级职业技术教育为重点，实行“三教统筹”和农、科、教统筹。该县在县政府的统筹规划下，建立了综合性职业技术教育中心，作为全县进行职业技术教育、农牧民培训、科研和科技推广中心，幅射全县，服务到乡村。为办好这一中心校，县政府协调有关部门建设了林、田、渠、路“四配套”，占地900亩的农牧林综合实验实习基地，总投资达80多万元。到1989年底，全区已有50%以上的旗县建立了“三教统筹”和农、科、教统筹的管理体制和机构，并制定了统筹规划，为进一步实施“三教统筹”，依靠教育、科技振兴经济，创造了条件。

（三）普通高等教育

1989年，自治区的高等教育，适应经济、社会发展战略的需要，着重抓了以下几项改革。

1.进一步调整高等教育结构，理顺各层次、科类间的比例关系。1989年，通过社会调查、人才需求预测以及毕业生分配信息反馈，结合各高校的实际提出了进一步优化高校结构的意见。在层次结构方面，适当调减研究生教育规模，控制本科教育规模，继续加强专科层次的教育；在专业结构上，主要是改造老专业，拓宽专业服务范围，减少专业门类，调整专业服务方向；在学科比例上，适当压缩基础学科的规模，发展社会需求量较大的应用学科，着重培养应用性人才。对1988年全区有关高校新设的21个专业和本科专业开设的3个专门化专业，围绕加强实践环节，努力提高学生的适应能力，在教学时数和课程内容等方面进行了调整和改革。与此同时，在内蒙古大学，内蒙古工学院、内蒙古农牧学院、内蒙古林学院和内蒙古财经学院举办了成人函授教育，开设了经济管理、法学、化工、农、林、财经、教育管理等13个专业，招生1000名，进一步扩大了专科层次的培养规模。

2.加强学生劳动教育、生产实习和社会实践。1989年，全区各高校进一步贯彻落实中央和自治区关于加强学生劳动教育的文件精神，制定方案，采取措施，狠抓了实践、实习环节。

通过对1989年发生的政治风波的反思，进一步提高了对加强学生劳动教育和实践教育的必要性的认识。为了推动“三结合”教育的深入开展，1989年9月下旬，自治区政府办公厅印发了《关于加强高等学校学生劳动教育、生产实习和社会实践的通知》，要求各委、办、厅、局，大厂矿和高等院校认真讨论，提出修改意见。特别强调各高校要本着边修改边落实的原则，着手研究加强高校学生劳动教育、生产实习和社会实践的具体方案。为了贯彻区政府的意见，区教育厅在指导各校制定方案的同时，坚持把加强劳动教育和实践教育同科技兴农结合起来，协助内蒙古农牧学院等4所院校同巴彦淖尔盟临河等地草签了30个服务项目，落实了一批劳动实践基地。12月下旬，自治区政府召开了加强高等学校学生劳动教育、生产实习和社会实践工作会议。会议强调要进一步认识加强劳动教育和实践教育的重要性和紧迫性，同时从四个方面总结和肯定了近年来高校在劳动教育和实践教育中取得的成绩和经验：一是从实际出发，加强了实践性教学环节，在教学计划内安排保证国家教委规定的实践教育时间。不少学校在实践教学中，把学生的生产实习、毕业论文（设计）同科研课题、生产任务、技术开发结合起来。师生一起动手，真题真做，使学生受到了锻炼，提高了实际工作能力。二是多形式、多渠道建立“三结合”基地，推进教学、科研、社会实践相结合。1987年以来，内蒙古农牧学院、哲里木畜牧学院先后在乌兰察布盟凉城县、赤峰市、宁城县和哲里木盟开鲁县、奈曼旗建立了“三结合”基地。内蒙古医学院、内蒙古师范大学等几所医、师院校也分别联系了若干相对稳定的教学医院和实习中学。三是结合教学实习、毕业实习开展社会调查或专业考察。内蒙古大学经济系组织师生先后承担了自治区、呼和浩特市、包头市政府委托的旗县经济调查和经济发展战略调查。既写出了质量较高的调查报告，也锻炼了学生的工作能力。四是利用寒暑假、第二课堂等渠道，广泛开展多种形式的社会实践活动。1987到1989年，呼和浩特市地区的7所院校，有近万人次大学生利用寒暑假和其它时间深入基层开展社会调查、咨询服务、义务讲课，以及帮助当地制定经济发展战略规划等活动，撰写了一批很有价值的论文和调查报告。内蒙古农牧学院在学生的社会实践活动中，组建了“农牧民致富参谋部”，编印了“致富之路”科普丛书，开展多种形式的利民服务，深受农牧民欢迎。会议经过充分讨论，还对如何进一步加强劳动教育和实践教育，提出了明确的意见。

3.加强科研管理，充分发挥高校的科技、人才优势。为了使高等学校的科研管理工作逐步走上正轨，提高高等学校科研的经济效益，1989年初，自治区教育厅编写了《自治区普通高校科学研究项目指南》，制定了《内蒙古自治区普通高校科学研究项目管理试行办法》，同时重申了科研经费使用和管理制度。按照新的管理方法，将区教育厅负责的科研管理范围由过去的呼和浩特市7所院校扩大到全区的15所院校。由于管理制度的改革和完善，调动了高等学校和广大教师、科技人员的积极性。1989年是全区高校科研工作成绩比较显著的一年。据统计，这一年共有11780人参加科研活动，其中教授、副教授和高级技术人员1473人。新上课题182项，其中自然科学101项，社会科学81项，包括“七五”前后的课题共开展研究与发展课题671项。其中属于国务院有关部委的35项，自治区及企事业单位委托的360项，主管部门的133项，国际合作的1项，自选及其它课题142项。到1989年底，共出科技专著30部约551万字，发表学术论文983篇。1989年获研究与发展成果奖71项，其中经鉴定属国际水平的3项，国内首创的7项，国内先进的33项；上述成果中，获国家一等奖的1项，二等奖的12项，三等奖的21项。内蒙古林学院主持研究的“奈曼旗复合生态经济系统分析与调控研究”项目，坚持边研究、边示范、边推广，有力地推动了经济建设，使该旗人均收入由1986年的270元提高到1988年的714.3元。经过中国科学院林业、畜牧、沙漠研究所专家鉴定认为，该研究项目方法正确、手段先进，达到了国内先进水平。日本、联邦德国、荷兰、瑞典、亚太地区等国家的专家学者曾多次来该旗进行实地考察，对这项研究成果给予很高的评价。

为了促进高校的科研工作更好地为当地经济建设服务，按照国家教委、农业部、林业部的部署和要求，开展了评选支农、扶贫、为农村生产服务成绩突出的教师的工作。内蒙古农牧学院、内蒙古林学院、哲里木畜牧学院的9名教师受到一委两部的表彰奖励。

(四)成人教育

1989年，自治区的成人教育贯彻治理整顿、深化改革的方针，围绕重点转移和结构调整，采取了以下改革措施。

1.继续控制学历教育，把工作重点逐步转移到专业证书教育和岗位培训上来。第一，成人(职工)大中专院校缩减了学历教育的招生计划。同1988年相比，大专缩减11.2%，中专缩减17.7%。开办了社会急需且具有优势的专业短训班和岗位培训班，使非学历教育的规模高于学历教育的规模。第二，继续稳步发展专业证书教育。在1988年部分中专开展试点的基础上，1989年除扩大中专试点外，在部分职工大学也开展了试点。共招生7733人，其中中专4770人(比上半年增加770人)，大专2963人。4月中旬召开了全区专业证书教育座谈会，讨论制定了《专业证书教育的补充规定》，明确了抽考办法和教学质量评估办法。第三，认真总结试点经验，大面积开展岗位培训。经过试点，岗位培训愈来愈受到社会的重视，已成为职工教育的重点。具体表现在：岗位培训试点不断扩大，培训人员逐年增多；培训对象涉及的层次多、门类广。据不完全统计，参加培训的人员1987年为19.4万人，1989年达到了61万人；有党政干部、企业职工、业务人员、科技人员、管理人员等上百个岗位门类。国务院有关部委、地方行业、厂矿企业还层层制定了岗位规范。

2.调整成人（职工）高、中等教育结构，促进联合办学。针对自治区成人高、中等教育存在的条块分割、各自为政、布局不合理、专业设置重复、学习与使用相脱节以及办学条件严重不足等问题，从1987年开始着手进行调整和整顿。在此基础上，1989年3月区教育厅会同区计委联合下达了《关于职工（干部）中专检查评估的通知》。评估工作结束后，向自治区政府提交了调整整顿成人大、中专院校的报告。总体思路是：贯彻国家教委《关于促进成人高等教育联合办学的意见》，要求各级政府采取切实措施，推动地区性职工大学、管理干部学院、电大分校、教育学院、师专和短期职业大学实行不同形式的联合办学。成人中专，凡办学条件极差，且无力改善的学校；长期不招生或招生规模太小，达不到国家要求的学校；生源无保证，没有连续招生能力的学校；以及主管部门不明确或办学经费无保障的学校均予撤销。凡同一行业设立几所学校，各校培训任务都不大，属“一厂一校一个班”，要实行联合办学。原属职工中专，后经批准改为普通中专的学校，或与普通中专合并，实行“一个实体，两块牌子”的学校以及并入职工大学成为内设中专部的学校，要撤掉职工中专的牌子。根据这一调整方案，成人高校拟撤并7所；职工中专可撤并26所。1989年底，经自治区政府批准，内蒙古管理干部学院和内蒙经济管理干部学院合并；经包头市政府批准，包头市职工大学和包头机械局职工大学合并；同时，自治区还批准，农业银行系统的8所职工中专调整撤并为2所。

3.落实“燎原计划”，加强农牧民科技教育。1988年9月，全国“燎原计划”工作会议后，自治区教育厅制定了《“燎原计划”实施方案》，1989年元月，自治区政府批转全区执行。《实施方案》从指导思想、主要目标和基本措施，特别是领导管理、培训机构、师资队伍、经费筹措等方面，作出了明确规定。3月初，召开了全区农牧民教育科长会议，专门研究部署了全面落实《“燎原计划”实施方案》的工作。8月中旬，自治区政府在巴彦淖尔盟召开的全区职业技术教育和农牧民培训现场会，对实施“燎原计划”提出了更为明确的要求。一年来，全区各级政府和教育部门围绕实施“燎原计划”主要采取了如下措施：

第一，建立“燎原计划”示范乡，典型引路，幅射全区。1989年，全区建立“燎原计划”示范乡（苏木）30个。经自治区检查验收，有12个示范乡（苏木）达到了规定标准。奈曼旗青龙山镇自然条件很差，1980年人均收入仅30元。1986年建起了镇农牧民文化技术学校。确定为示范乡以后，第一批抓了两个示范村，15个示范户。第二批又抓了665个种植、养殖等各种类型的示范户。每户选择一两项实用技术开展实验。结果绝大多数取得了较好的成果，在全镇发挥了很强的示范幅射作用。1989年，全镇人均收入达到450元，为1980年的15倍。在抓示范乡的同时，还注重抓了示范项目建设。自治区将国家教委1988年和1989年下达的450万元“燎原计划”贷款，集中使用在60个农牧业生产和经济建设的重点项目中。经抽查，其中不少项目已经发挥了较好的经济效益和社会效益。

第二，狠抓县、乡、村三级办学，提高农牧民的文化科技素质。1989年，全区以培养农牧民家庭技术员为重点，一方面充分发挥普通中学和职业中学的优势，一方面着重抓了旗县、乡苏木、村嘎查三级办学。开鲁县吉尔格朗吐苏木政府投资14万元，建起了近1000多平方米、设施齐全的农牧民文化技术学校；通辽市大林镇农牧民文化技术学校有校舍23间，实习实验基地2800亩，1989年建立了电化教育视听中心，播放幅射面为15公里，收听收看培训面为100%。

第三，高标准，严要求，加快扫除文盲的步伐。要全面落实“燎原计划”，必须抓紧扫除剩余文盲。1988年底统计，全区剩余文盲、半文盲47万人。1989年初召开的农牧民教育科长会上，在具体落实各地脱盲指标的同时，提出了“加快速度、提高标准、扩大范围”的要求。对个别落后地区，采取了主要领导负责、限期完成任务的目标管理责任制。到1989年底，全区扫除剩余文盲 10 万人，88个农牧业旗县中有83个基本达到了国务院规定的脱盲标准。

（五）民族教育

1989年，内蒙古自治区的民族教育，围绕贯彻实施《义务教育法》，大力发展职业技术教育，在加快牧区、半农半牧区苏木中心校“两主一公”（寄宿制为主、助学金为主的公办学校）建设和继续改革民族语言文字授课教学的基础上，着重对少数民族杂散居地区的民族教育和民族语言文字授课中的理科教学这两个薄弱环节，进行了改革探索。

1. 召开第一次全区少数民族杂散居地区（以下简称“杂散居区”）民族教育座谈会，研究了杂散居区的民族教育问题。1989年，全区杂散居区共有民族中小学700多所，占全区民族中小学总数的20%。近年来，随着民族教育改革的不断深入，杂散居区的民族教育有了较大的发展。但是，用“优先、重点”发展的方针衡量，仍然是个薄弱环节。为此，自治区教育厅和民族事务委员会在调查研究的基础上，于5月初在集宁市联合召开了全区首次杂散居区民族教育座谈会。国家教委和国家民委派员出席了会议，自治区语委、社会科学院列席了会议。通过座谈讨论，会议认为，杂散居区民族教育存在的主要问题有：少数民族分散居住在汉族中间，一定程度地存在重多数、轻少数，重城镇、轻农村，重中学、轻小学的现象；民族语言环境差，失去母语的儿童日趋增多，致使学校授课用语不能稳定，教育质量受到影响；有些地区一乡一校，甚至一旗（县）一校，学生离家远、学习费用高，流失现象严重；民族职业技术教育薄弱，家长、学生追求升学率的思想较为突出；学生来源少，学校规模小，管理不得力，办学条件差，教育质量长期处于落后状态。针对上述问题，会议提出了加强杂散居区民族教育工作的意见：一是要求各级党政领导和教育部门要切实重视和加强这类地区的民族教育；二是以实施义务教育为重点，合理调整学校布局；三是从实际出发确定和相对稳定授课用语；四是采取有力措施，大力发展民族职业技术教育；五是重点放在改善杂散居区民族学校的办学条件；六是加强学校内部管理，不断提高教学质量。

会议提出的意见，引起了自治区各级党政部门的重视。自治区政府召开的全区牧区、半农半牧区苏木中心校“两主一公”建设现场会上，邀请了部分杂散居区的领导参加。会上强调：各级政府在解决内地苏木中心校“两主一公”的同时，要重视杂散居区的民族教育，要从改善办学条件入手，解决好学校布局和授课用语，争取在三五年内，使这类地区的民族教育有较大的变化，赶上和超过先进地区。会后，各地很快行动。哲里木盟、呼伦贝尔盟和呼和浩特市等地决定在“一无两有”建设中优先、重点改善杂散居区的办学条件和教学设备。哲盟库伦旗委、旗政府决定把1990年定为全旗“教育年”，以实施义务教育为中心，发动全社会八方抬“教”，重点改善少数民族杂散居区的办学条件。

2. 开展“明安图杯”（明安图是清代蒙古

族数学家、天文学家)竞赛，加强蒙语授课的理科教学。由于历史的原因和民族的差别，长期以来自治区少数民族人才比例失调，很不适应经济和社会发展的需要。主要表现在少数民族文、理科人才发展不平衡，特别是蒙古族从事编辑、翻译、文艺等工作的较多，而理、工科、经济、管理等方面的人才短缺。从教育结构上看，除高等教育和中等专业教育蒙语授课的理科专业少，学生出路窄外，关键是中小学蒙语授课的理科教学质量偏低，学生不愿学。近年来，针对这一问题，在教材建设、师资培养和教学研究等方面采取了一系列改革措施，取得了一定成效。

为进一步调动中小学蒙语授课学生学习数、理、化的积极性，开展了全区蒙语授课中学生“明安图杯”理科竞赛活动。各地把这项活动看作是提高蒙语授课的理科教学质量的有力措施，十分重视。有关盟市、旗县的教育处(局)都成立了领导小组，教研室成立了蒙语授课的理科活动小组，普遍采取了如下措施：一是各学校分别组织蒙语授课的数学、物理、化学课外学习(竞赛、攻关)小组，以这些小组为中心，带动全校的理科教学；二是盟市、旗县逐级培训教师，提高蒙语授课的理科教师的业务能力和教学水平；三是盟市、旗县两级教研室深入学校加强巡回指导和辅导，并积极开展了数、理、化各科的教学研究活动。由于这项活动时间长、开展广泛，不仅教育部门、学校和广大师生重视，而且受到全社会的关注。自治区民委、语委主动会同区教育厅联合召开了全区表彰大会，奖励了30名优胜者。盟市、旗县乃至乡苏木政府及有关部门也分别捐款予以支持，表彰预赛和选拔赛中的优秀学生。这一活动充分调动了师生教与学的积极性，对蒙语授课的理科教学的改革起到了明显的促进作用。

撰稿人 赵 逵

审稿人 朱成德 秦政奇

辽宁省教育

一、基础教育

(一)幼儿教育

1．幼教事业有了新发展。1989年，幼儿园（所、班）19905个，入托幼儿1334000人，占婴幼儿总数的40.2%，其中3至6岁入园幼儿1148000人，比1988年增加60000人，入园率62%，其中6个城市入园率已达90%以上。

综观全省幼儿教育，1989年有几个突出特点：（1）坚持实行“地方负责、分级管理”和有关部门分工负责的原则，“动员和依靠社会多方力量，有计划、有步骤、多渠道发展幼儿教育事业”的方针。农村重点抓学前一年教育，有条件的乡（镇）普及了学前两年教育。一般乡（镇）中心幼儿园的建设有较大加强。除贫困山区外，全省初步形成了以村办学前幼儿班，乡（镇）办中心幼儿园为重点的农村幼儿教育网络。（2）城镇通过多渠道筹集资金，拓宽了幼儿教育事业发展的渠道，形成了以教育部门办园为示范，单位、集体办园为主体，个体办园为补充的多形式、多渠道发展幼儿教育的体系。（3）加强各项规章制度建设，逐步走上科学化管理轨道。建立幼儿园（所）登记、备案制度，加强档案管理。制定幼儿园定级标准，完善幼儿园（所）升级制度，并坚持一年检查、验收一次。同时，对个别不符合建园标准的园（所）进行整顿。（4）制定《辽宁省幼儿个体园（所）管理办法》，印发《关于我省加强学前幼儿班管理的意见》和《辽宁省幼儿园工作评估方案》。（5）加强干部、教师队伍建设。注重搞好园长岗位培训。在辽宁师范大学内设不脱产的管理培训班，在辽宁省幼儿师范学校设短期脱产培训班，结业后统一考核验收。坚持搞好幼儿教师的培训，以自学为主，业余为主，不脱产为主。使有条件的地区和单位，有计划地举办各类幼儿教师培训班。对现有教师队伍进行调整、整顿，普遍实行聘任制，对学历没有达标的教师实行统一归口助学，对不合格的教师坚决进行调整，对优秀的教师给予表彰和奖励。1989年全省幼儿教育表彰400名优秀个人，100个先进集体，其中省级先进工作者70人，全国劳动模范5人。

2．幼儿教育改革向深度和广度发展。首先，理顺了市、县（区）幼儿教育的领导体制。全省100个县（区）中，有82个县（区）设置了领导机构，配备了专业人员，同时明确领导专人负责。

其次，进一步端正办园指导思想，破除旧的教育观念，改革旧的教育方式，纠正幼儿教育小学化的倾向，贯彻保教结合的原则，对幼儿实施体、智、德、美全面发展的教育，促进其身心和谐发展。为此，组织各级教育行政部门和教育学院对全省幼儿教育的教学活动进行评选，推动了全省幼儿教育的改革。（1）幼儿教育改革中强调了从实际出发选择教学模式。（2）体现了教师的主导作用和幼儿的主体作用，通过启发诱导，发挥了幼儿的主动性、积极性和创造性。（3）强化了“以游戏为基本活动，寓教育于游戏之中”的教学方式。

第三，较好地发挥各级教育科研、教研机构的作用，大力加强了幼儿教育的理论研究，努力探求幼教规律，不断把幼教改革引向深入。（1）切实把幼教科研、教研列入整个教育规划，统一部署，计划安排，配备和充实了必要的科研人员。(2)抓住科研典型,广泛宣传,总结推广。

(二)中小学教育

1989年底,辽宁省的普通中学2499所,其中高中415所,初中2084所;在校生183.1万人,其中高中在校生25.6万人,初中在校生157.5万人。小学15679所,在校生412.7万人。

在1985年全省基本普及小学教育的基础上,经过巩固提高,目前正在有计划、有步骤地实施九年制义务教育。教育改革初见成效,教育质量稳步提高。具体表现在以下几个方面:

第一、各级党委和政府重视和加强了基础教育的领导。

党的十一届三中全会以来,特别是党的十三大以后,辽宁省各级党委和政府认真贯彻中央提出的"百年大计、教育为本"的战略思想。对教育被列为国民经济发展的战略重点的认识不断提高,坚持把教育放在优先发展的突出的战略位置,使经济建设转到依靠科技进步和提高劳动者素质上来。各级党委和政府都把抓好教育特别是抓好基础教育纳入重要议事日程。许多市、县(区)、乡(镇)建立了主要领导抓教育的责任制,把教育搞得好不好作为考核各级党委、政府工作的重要内容。全省各地涌现出一大批领导积极主动抓教育、群众自愿捐资助学、社会力量支持教育的好典型。如大连市长魏富海1988年主持召开30多次会议研究教育工作;辽阳市长郭廷标举债兴学,贷款1000万元办教育。

《义务教育法》颁布后,省及各市、县人大常委会和政府,连续4年对办好基础教育和执行《义务教育法》的情况进行了视察和检查,促进了各级党政领导增强抓好基础教育的自觉性。省人大常委会审议通过了《辽宁省九年制义务教育条例》,推动全省逐步走上依法治教的轨道。省委、省政府坚持从实际出发,实事求是、量力而行,以条件定发展的原则,经过反复调查、修订和论证,制定了全省普及九年制义务教育规划,拟于2000年基本实现普及九年制义务教育。省教委发布了《关于初等义务教育办学条件标准和实施办法的规定》、《初中进入实施义务教育的条件和实现义务教育的标准》,以保证义务教育的质量。根据辽宁省普及九年制义务教育规划,到1989年末,全省已有622所初中,覆盖人口37%的地区,按照法律程序进入实施义务教育。普及义务教育总体规划的第一步目标,占人口40%的地区到1993年基本上可以实现。

第二、坚持社会主义办学方向,加强中小学德育工作。

各级党委、政府、教育部门和学校,重视对中小学的思想政治教育工作,认真贯彻落实《中共中央关于改革和加强中小学德育工作的通知》。省委宣传部和省教委提出了贯彻执行的具体意见和要求,许多市委都研究制订贯彻落实的措施。省教委与省委宣传部、团省委、省教育工会等部门联合召开全省中小学德育工作会议,认真总结德育工作的经验和教训,明确提出了加强和改革中小学德育工作的要求,起草《中共辽宁省委、省政府关于改革和加强中小学德育工作的决定》,制定了《进一步改进中学生思想品德评定的意见》,修订了《中小学教师职业道德规范》。这次会议明确了德育工作在学校的地位、体制、任务、内容。提出了工作方针,即坚定社会主义方向,狠抓基础文明建设,分层次开展教育,实现德育整体化,培养社会主义"四有"新人。同时搜集学雷锋好人好事,编写《中学生之歌》、《小学生之歌》。各地学校推广了沈阳黎明地区等社会力量帮教青少年的经验,宣传推广了大连宋振振、沈阳王阁文两个班主任典型。

第三、积极增加教育投入,努力改善办学

条件。

为普及九年制义务教育，各级政府积极采取措施，增加教育投资，努力改善办学条件。近几年来，辽宁省的教育经费有较大幅度增长，自1985年以来平均每年预算内支出增长18%。1989年全省教育事业费预算内安排为13.6亿元，比1988年增长14.3%。其中普教经费预算安排为11.8亿元，比1988年增加12.8%。在普教经费中，人员经费安排8.8亿元，比1988年增加1.2亿元，增长17.3%；公用经费安排2.9亿元，比1988年增长6%。1989年，全省预算外教育经费达到7亿元。使中小学教育经费严重紧张的状况，初步得到缓解。

近几年来，辽宁采取了许多措施，解决中小学危房问题。据1988年底统计，11年来全省中小学新建、翻建及大中修校舍累计为2021万平方米，占现有校舍的97%。总投资达17.1亿元，其中企业和乡村集资8.7亿元，占总投资的51%。危房比例由1978年的20.1%下降到1988年的2.9%。省委、省政府决定1988年为全省解决中小学校舍危房年。要求各级政府把中小学校舍中出现的危房全部修建完，并作为政绩的考核内容。各级党政主要领导根据省委、省政府的要求，亲自抓校舍修建工作，并逐级建立责任制，规定完成时间和奖罚办法。经过一年的努力，目前全省基本上修建完中小学校舍的危房，危房率在1%以下。同时，全省中小学已建实验室1.1万个，占应建数的50%；教学仪器设备投资1.5亿元，占应投资的30%。1990年1月上旬，省政府对1989年消除中小学校舍危房工作进行了表彰。

第四、加强师资的培养提高工作。

各级政府增加了师范教育投资，努力解决普及义务教育所需师资问题，省在“七五”计划期间，每年给各市师专和中师分别补助550万元和300万元。全省各类师范院校的培养和培训能力已具有相当规模，初步形成了较完整的师范教育体系。从1985年以来的4年间，全省中师已毕业1万人，高师已毕业2.3万人，教师队伍得到了充实。

在职教师的培训提高工作取得了很大成绩。从1985年以来，已有4万名中学教师从函授本、专科毕业，有6.4万名小学教师参加中师进修学习毕业。到1989年底，全省教师学历达标率高中为50.85%，初中为44.74%，小学为77.7%，教师的文化业务素质有较大提高。

干部培训工作也得到加强，从1985年以来，省、市教育学院和县(区)教师学校共培训中小学校长8400多人，占干部总数的28%，领导干部的管理水平有所提高。

第五、深入进行教育改革，教育质量稳步提高。

首先，进行了教育管理体制改革。1989年继续贯彻1985年以来全省农村普遍实行的“三级办学、分级管理”的体制和1987年省政府转发的原省教育厅制订的《辽宁省基础教育分级管理暂行规定》，明确规定各级政府的责任，调动各级政府和广大群众的办学积极性，推动了普及义务教育工作的开展。

其次，农村教育进行了改革，实行农、科、教对基础教育、职业教育、成人教育统筹，使教育为本地经济和社会发展服务。1989年实用技术培训70万人次，推广技术1105项，创产值1.77亿元，得效益6030万元。

再次，进行了教育教学领域的改革。目前全省有关学制、教材、学科等方面的重要改革项目共有16项，同时进行了中小学招生制度的改革。全省有85%的中学开设劳动技术课。城乡中学已建劳动基地的占65%，农村达80%。小学农村劳动基地达13719个，占87.2%，其中农业基地9729个，占62%。农村学生在农业基地劳动占71.2%。

1989年，全省小学适龄儿童入学率为

99.2%，巩固率为98.26%，毕业生合格率为97.6%，13—15岁少年儿童普及率为96.5%；初中毕业生及格率从1985年45%左右，上升到70%左右。高中毕业生合格率为80%，教育质量较以前有所提高。中学生的流失率由常年19.5%降到1989年的5.3%，小学已降到1%以下。

附一

□1989年基本消灭中小学校危房

辽宁省教委为消灭全省中小学危房，近几年来做了大量工作。省政府做出关于1989年为消灭中小学危房年的决定后，省教委会同省财政厅等部门，认真组织实施。经过全年的努力，不仅消灭了1988年留下的57万平方米危房，而且还解决了1989年新出现的危房17.8万平方米，基本达到了中共中央和国务院1980年提出的中小学无危房的要求。

一、省教委重视消灭危房工作。省教委把消灭中小学危房当做一件大事来抓，多次研究，明确在消灭中小学危房工作中省教委应抓的几个主要环节，发出开展消灭危房工作的通知，同时还召开委机关全体会议，号召全委上下行动起来，共同完成消灭危房的任务。委领导班子做了明确分工，委内实行分级责任制，计财处具体抓，各有关业务处室协助抓。教委主任与计财处分别签定责任状。

委内各有关处室按自己的责任，齐抓共管，消灭危房工作。计财处安排计划、做宣传、抓典型、搞检查评比等。督学室把消灭危房作为全年工作的重点，列为五项督导检查内容之一，先后听取13个市的市长、副市长关于维修危险校舍工作的汇报，督促各市抓紧工作，落实省政府的决定。初教处把“校校无危房”写入《关于初等义务教育办学条件标准和实施办法的规定》之中，并作为检查义务教育的重要内容，对锦州市及辽中、台安、西丰等县进行检查。民族教育处针对少数民族学校大多分布在偏僻、贫困地区，校舍简陋，危房较多的情况，全处同志都下去查看，发现危房就向当地政府呼吁解决。农村教育改革办公室把消灭危房同教改实验、实施“燎原计划”结合起来，省教委把消灭危房工作列为评选先进市县的重要条件之一。

二、深入基层调查研究，积极帮助各地解决困难。为了实现省政府消灭危房的工作目标，省教委领导带头深入基层调查研究，为省政府领导决策当好参谋。委领导分头带领调查组参加各市召开的校舍维修动员大会，到会必宣传省政府消灭危房的决定和要求，宣传开展消灭危房活动的重大意义。仅在清原、新宾两县调查，就走访检查了31个村的校舍。有的领导同志结合实施“燎原计划”，走访许多县、乡和学校，跑遍全省贫困县，检查抢修危房情况。在本溪县，了解到两所学校建房确有困难，就同计财处同志一起帮助研究解决办法，并及时同本溪县沟通情况，解决了两校困难。仅上半年，省教委就调查了7个市30多个县区。根据调查结果，省教委三次向省政府提出专题报告，为省政府领导同志决策及时提供信息。根据省教委的调查报告，省政府决定增拨专款300万元，其中200万元用于补充贫困县建校资金。在调查研究基础上，省教委会同省计经委、财政厅、物资局起草了《关于1989年消灭危房校舍的具体意见的通知》，经省政府批准下发各地，有力地保证了消灭危房工作的落实。

三、会同省财政厅等有关部门督促检查，落实省政府消灭危房的决定。年初，省教委将全省100个县区1988年维修校舍情况排列名次向全省发了通报。会同省财政厅召开消灭中小学危房工作会议，对消灭危房工作做了全面部署，印发了中小学校舍维修检查评比办法。并同省财政厅密切配合，检查督促全省抢修校舍工作。5至9月份，每月都及时地向各市政府、教育和财政部门通报抢修校舍进展情况，使各级政府、教育和财政部门有一种紧迫感、责任感，千方百计采取一系列有力措施，为实现省政府关于消灭危房工作的决策目标而奋斗。10至11月份两次部署校舍大检查工作，要求各地在上冻前将修建校舍的收尾工程搞完。

四、抓好典型，推动全省消灭危房工作。省教委注意抓消灭危房的各类先进典型，以典型推动全省消灭危房工作。委领导同志了解到抚顺市清原县土口子乡修缮危房进度快，措施得力，便组织召开了全省现场经验交流会，推广土口子乡的经验。土口子乡人均收入只有300多元，由于落实修缮危房责任制，制定“一无两有三配套”(校校无险房，班班有教室、有桌凳；图书室、实验室、音乐专用教室配套)的标准化措施，保证了修缮工作进度和质量。参加现场会的同志认为这是关键时间召开的关键会议，有力地带动了全省消灭危房的工作。鞍山市委书记、市长1989年4月分别与各县(区)书记、县(区)长签定修缮危房校舍的责任状，规定了责任、目标、奖惩办法；朝阳市危房多、条件差，但他们“不等不靠”抢修校舍，省教委及时推广了这两个典型，促进了全省各地特别是贫困市县的消灭危房工作。

附二

□筹措教育经费促进教育事业发展

1989年，辽宁省政府积极采取措施，多渠道筹措教育经费，促进了教育事业的发展和教育质量的提高。

辽宁省同全国一样，教育同经济和社会发展的需要存在着较大的矛盾，同实现“振兴辽宁、服务全国”的目标存在着很大差距。教育工作还面临着许多问题和实际困难，这些矛盾和困难集中反映在教育经费短缺上。1987年是辽宁省教育经费最困难的一年，全省教育经费仅占省财政支出的11.7%。一些地区，教师只能发给基本工资或按比例发工资。许多地区学校教学行政费严重不足。中小学校教学仪器设备极为短缺。教育经费不足的问题，引起了省委、省政府、省人大、省政协领导同志的高度重视，先后多次分别召开会议讨论。在讨论中，省几大班子领导成员一致认识到，中央提出“百年大计、教育为本”，是党中央、国务院从我国国情出发，为推动社会主义事业前进而采取的重大战略决策。重视不重视教育，是与党中央是否保持高度一致的原则问题。国家颁布的《义务教育法》明确规定，地方政府要对发展教育事业切实负起责任来，而责任就在省长、市长、县长和乡长身上。要象邓小平指出的“宁肯在其他方面忍耐一些，也要把教育搞上去”。关键是要增加教育投入来解决一些实际问题。省委书记全树仁多次到省教委听取关于教育经费问题的汇报，并召集省政府、省人大、省政协的领导同志共同研究解决教育经费问题的措施和办法。省长李长春亲自主持召开了三次有财政、计划、建设、统计、工商、税务、劳动、人事、教育等部门的负责同志参加的省长办公会议，研究多渠道筹措教育经费的问题，并责成省计经委、财政厅、教委的领导同志组成调查组，深入到城乡和基层学校调查研究，制定多渠道解决教育经费的政策和办法。省人大副主任张知远经常深入到基层学校视察教育情况，春节期间不休息，正月初三就同省教委领导及有关同志研讨解决教育经费的问题。省政协副主席沈显惠和牛平甫，多次带领政协的同志进行调查研究，为多渠道解决教育经费提出了许多意见。主管教育的副省长王文元带领省教委、计经委、财政厅的领导深入到市、县、乡和基层学校了解教育经费情况，帮助解决实际困难。

在调查研究的基础上，省委、省政府下决心为教育的发展大开绿灯，开辟多种渠道，努力增加教育投入。省政府于1988年8月印发了《关于解决中小学教育经费问题的决定》。全省各地在贯彻这个文件的同时，也结合本地区的实际制订了一些增加教育投入的具体办法。总的来说，从以下几个方面增加了教育投入，使辽宁省教育经费严重短缺的状况在1989年有了一定的缓解。

1.随着经济的发展和财政收入的增加，各级政府相应增加中小学教育经费，坚决做到“两个增长”。1989年全省实行递增包干财政体制，给各县支出基数增加100万元，进入教育包干基数，全部用于教育。各市财政超收部分要有20%以上用于教育事业。各级财政预备费的使用，应将抢修中小学危房包含在内。省给每县增加100万元教育包干基数，全省（不含沈阳、大连单列市）教育经费就增加3600万元。同时，各级财政给教育增拨了经费。

省委、省政府为了解决学校基本建设资金短缺的困难，决定省拿出专款给予补助。“七五”期间，每年给省属高校基建补助投资5000万元（后调整为4400万元），省属中专基建补助投资1000万元。城镇中小学住宅每年补助投资1000万元，中师校舍和设备补助投资300万元（1987年压缩为264万元），县教师进修学校校舍补助投资100万元，维修中小学校舍专项补助每年1800万元。给17个困难县，补助建农村初中校舍每年800万元。这几项专款，省政府准备在“八五”期间继续执行。1989年省政府又决定，每年给盲聋哑教育专项补助200万元。

2.征收城乡教育费附加，补充教育经费。省政府决定，适当增加城市教育费附加的征收比例，农村征收教育费附加，原则上按当地人均收入的2—3%征收。乡镇企业免税期间，从利润总额中拿出5%，免税期满后，以支农的15%的税前利润中拿出不少于四分之一至三分之一用于中小学教育事业。

全省13个市（锦西市含在锦州市和朝阳市内）有4个市将城市教育费附加征收的比例由“产、增、营”三税的1%提高到3%，其余9个市增加到2%，提高的1—2%作为地方教育附加费。1988年全省征收金额为1.1亿元，1989年预计可征收1.5亿元。农村征收教育费附加，一些地区采取征收人民教育基金的办法，多数地区采取集资的办法和从提留中提取的办法。1988年建立人民教育基金和集资等共收1亿元。因1989年全省大部分地区遭受旱灾，农民收入减少，预计仍可征收1.2亿元左右，乡镇企业税前提取和从利润中拿出一部分支援中小学，预计可达0.5亿左右。

3.各地城市建设税的收入，都提高了用于中小学校舍维修的比例（一般为5%）。凡中小学危房没有得到解决的地区，其党政机关一律不得兴建楼堂馆所，要把投资用于中小学教育。并规定：今后如发生校舍倒塌伤亡事故，要追究当地政府主要领导责任。各地认真贯彻这项规定，1988年全省用于维修中小学校舍的资金为0.23亿元，预计1989年可增加到0.3亿元。

4.各级政府制定优惠政策，扶持中小学校办工厂、农（林）场的发展。1989年10月，省政府批转《省教委、计经委、人事厅、财政厅、税务局关于进一步扶植中小学开展勤工俭学活动的报告》中规定，校办企业除免交所得税和能源交通基金外，还享受一些优惠政策。对校办企业所需的原材料、设备、燃料、电力和农用物资等，要积极给予支持。由于各级政府和有关部门大力支持中小学开展勤工俭学活动，全省校办企业和农（林）场发展很快，收益较多。

5. 对某些商品（主要是控购商品）价外增收教育附加费。如开征鞭炮税、宴席税、控购商品附加税。沈阳市政府规定，消费者在本市商店、个体业户或生产厂购买烟花爆竹时，必须另支付零售价 50% 的消费附加费；一次宴席250元以上的，征收10%的宴席费。其他各市也都有类似的规定。征收31种控购商品教育附加费，征收比例在 20—50% 之间。还有些市县规定，从违控罚没款和财政、审计部门的违纪收入中提取一定比例用于教育。

省政府还决定调整市属大学和中等专业学校，防止重复投资分散资金，以便集中资金普及九年制义务教育。对学校实行定编制、定岗位、定人员。对超编人员区别情况进行妥善处理。要加强教育经费的管理，提高教育经费的使用效益。

6. 1989年 8 月，省政府决定调整中小学杂费标准。小学每年每生由 6 元提高到12元，初中由 8 元提高到18元，高中由 10 元提高到24元，重点高中（含重点农业、职业高中）提高到36 元。中小学杂费收入全年可达 0.9 亿元左右。

7. 沈阳、大连、鞍山、丹东、朝阳等市和一些县区较为普遍地开展了厂校共建活动。即工厂企业用自己的富余力量支援学校，帮助学校解决各种困难，如校舍的建设和维修，支援教学仪器和设备，扶持校办工厂等。同时帮助学校搞好教学改革，加强对学生的政治思想教育，促进学校社会主义精神文明建设，不断地提高教育质量等等。到目前为止，沈阳市有620个厂矿企事业单位与282所大中小学建立了共建关系。鞍钢、三冶、矿山公司及省直大中型企业为鞍山市修建中小学校舍投资1130万元，其中鞍钢520万元。1989年鞍钢为了支援12所小学的基本建设，一次捐款320万元，在新校舍落成之后，又赠送了1600多件价值 63 万元的文体器材、教学仪器和基建物资。

8. 各市县结合本地区的实际情况，制定了筹措教育经费的办法。沈阳市对进市区人口开征城市基础设施建设费，所得收入用于中小学建设的比例不低于三分之一，每年可得500—700万元。沈阳市还规定对学校免收 7 种费，如垃圾清运费、排污费、治安巡逻费、绿化配套费等。大连市开征城区改造建筑配套费，将其二分之一用于中小学建设。

采取多种渠道筹集教育经费，除地方财政增加预算内拨款外，1989年达 7 亿元左右，约占预算内教育事业费预算13.6亿元的 50% 以上，在一定程度上缓解了教育经费的紧张状态，有力地促进了办学条件的改善，为提高教育质量奠定了坚实的基础。

附三

□中小学勤工俭学工作成绩显著

辽宁省重视中小学勤工俭学工作。几年来，省教委把开展中小学勤工俭学当作一件大事来抓，会同省各有关部门，对中小学勤工俭学实行优惠政策，使全省中小学勤工俭学活动持续取得好成绩，列入全国先进行列。

1989 年全省校办企业总产值达 16.9 亿元，比1988年增长24.9%，实现利润 3.2 亿元，比1988年增长20%；学生人均收入由 1988 年的46元增加到 51.2元。全省 14 个市中，有10个市的总收入超过千万元；在 100 个县（区）中，有73个县（区）总收入超过百万元。其中，大连市的金州区纯收入 1660 万元，甘井子区纯收入 1100 万元。沈阳市的沈河区纯收入1300万元，大东区纯收入1200万元，皇姑区纯收入 1000 万元。随着校办企业的深化改革，涌现出 21 个纯收入超百万的校办骨干企业。其中，大连市甘井子大辛寨中心校的大连天华水泥厂一年实现利润319万元；大连市金州区得胜乡中心小学的大连金州第三塑料厂获利润318万；新金县农业实验高中的大连第一互感器厂完成利润277万元。

随着全省中小学勤工俭学活动的深入开展，对中小学的劳动教育得到了加强。截止1989年底，全省开展劳动教育的学校达1.8万所，占全省中小学校总数的93.2%，有389万多人次到校办工厂、农场（林场、饲养场、药草园、果园）参加劳动，有85%的中小学创建了劳动基地。全省有17114所中小学校按照国家教委规定教学大纲的要求，开设了劳动教育课。达到劳动课标准的，占全省中小学总数的89%。通过劳动教育，使广大中小学生受到了劳动锻炼，增强了劳动观点，培养了热爱家乡、热爱劳动人民的思想感情，培育了学生艰苦奋斗、遵守纪律、爱护公物以及关心集体、珍惜劳动成果的优良品质。

补充教育经费，为改善办学条件作出了贡献。1989年全省中小学勤工俭学纯收入3.2亿元，补充教育经费1.3亿元，比1988年增长17.9%。全省购置双人学生桌凳15.6万套；购置了1400万元的教学仪器设备，大大加强了中小学校的校舍标准化建设。同时，投资1400多万元用于解决中小学校的危房，共解决学校危房17万平方米。补充学校公用经费达4000万元。

改善教师待遇，增加教师福利。1989年，全省中小学勤工俭学收入中用于教职工福利达4000万元，解决教工住房380户，校办工厂（农场等）安排7900名教职工家属、子女就业。这对于稳定教师队伍，最大限度地调动教师的工作积极性起到了促进作用。同时，中小学校开展勤工俭学活动推动了地方商品经济的发展。仅1989年校办企业投产的新产品就有300多项，全省有30个产品获省科技进步奖和优质产品奖，并向国家上缴税金6600万元。

二、中等职业技术教育

党的十一届三中全会以来，辽宁省的中等职业技术教育有了很大发展。根据经济建设和社会发展的需要，创办了一批新型的中等职业学校，改革了招生分配制度，调整了学校布局和专业设置，中等教育结构不合理的状况得到基本改变。据统计，截止1989年底，全省职业中学已达518所，高中阶段在校生13.8万人，中等专业学校167所，在校生10.3万人。各类中等职业技术教育在校生人数占高中阶段教育在校生总数的比例，已由1979年的2%上升到57.2%。辽宁省中等职业教育的发展与改革，有以下几个特点：

（一）认真抓好调整、巩固、提高职业技术教育工作

为了扭转职业教育发展中存在的分散办学、重复办学、规模小、条件差、效益低的局面，连续四年贯彻省政府提出的调整、巩固、提高职业技术教育的方针，促进按行业、系统集中办学，加快了企业办职业高中的调整步伐，积极探索农村地区职业高中为农村经济发展服务的改革路子。由于调整的指导思想明确，态度积极，步骤稳妥，避免了大起大落的现象，作到了稳步发展。全省职业高中在校生总数保持了1988年的13.8万人的规模，从而提高了办学效益。同时，积极推进农村地区职业高中在市的统筹规划下，打破县与县之间、城乡之间的界限，各县职业高中实行分工，面向全地区城乡招生的调整方案，已经扩大到全省8个市。

（二）调整、整顿地方中等专业学校

目前，辽宁省地方中等专业学校有123所。为了提高办学效益和教育质量，在1986年组织对普通中等专业学校办学条件进行大检查的基础上，确定了一批重点学校、一批合格学校和一批不合格学校，并对不合格学校提出了限期整顿的意见。1988年，省教委会同省计经委对不合格学校及其他学校进行

了审查，根据审查情况提出了调整设想发至各市、各部门征求意见。经过反复论证和充分协商，形成了地方中等专业学校调整方案，已经省政府批转各地、各部门贯彻执行。

（三）进一步加强重点学校的建设和管理

省确定了69所重点地方普通中等专业学校和职业高中，使其充分发挥示范作用。1989年4月，省教委举办了69所重点中专和职业高中校长学习班，宣讲全省经济体制改革形势以及对人才的需求情况，交流管理经验，促进中专、职业高中管理水平的不断提高。

在加强管理的同时，省教委着重抓了办学条件的改善。据不完全统计，1989年全省新建职业高中实习实验楼、学生宿舍楼14幢，建筑面积近4万平方米。同时，利用中央和省财政增拨的职业技术教育设备专项补助费装备了20个实验室，为提高教育质量创造了条件。

（四）以部分专业为试点，推进中等职业技术教育的总体改革

辽宁省教委根据地方经济建设和社会发展对中初级人才的需求情况，以部分专业为试点，推进中等职业技术教育的总体改革。通过社会调查，以服装、烹饪、商业服务、幼教、农学、建筑等专业为试点专业，确定具体的培养目标，根据培养目标研究设立专业课程内容，制订教学计划和教学大纲，选择教学方法和手段。经过反复论证，这一改革方案的实施将使培养的初级人才的质量不断提高，更进一步适应社会主义建设的需要。

三、普通高等教育

1989年，辽宁省继续采取积极措施，控制普通高等教育的发展规模，使全省普通高等学校稳定在63所，其中部委属院校25所，省属院校17所，市属院校21所；在校生共12.7万人。辽宁省的普通高等教育的发展与改革，有以下几方面特点：

（一）采取积极措施，加强思想政治教育，稳定高校局势

1989年春夏之交发生的政治风波过程中，省教委坚决按照《人民日报》四·二六社论精神和中央、省委的部署，指导高等院校以及全省教育战线的制止动乱工作。委领导还分别到重点高等院校，直接与师生座谈，做思想政治工作，收到较好的效果。

政治风波平息之后，省教委对高等学校的思想政治工作和马克思主义理论课教学进行了深刻的反思，进一步明确了要坚持社会主义办学方向，重视和加强思想政治教育和马克思主义理论课教学，教育学生树立马克思主义的世界观、人生观和方法论，坚定共产主义信念，成长为社会主义事业的建设者和接班人。为此，省教委于1989年召开了高校工作会议和高校马列主义教研室主任会议，与省委有关部门共同起草了《关于加强和改进高校思想政治工作若干意见》，明确提出了改革和加强高校马克思主义理论课教学工作的意见和要求。同时，加强了高校思想教育课教材的建设，先后组织编写出《大学生成长修养向导》等5种教材，并已出版使用。

（二）切实加强教学工作的宏观管理和辅导

1．积极开展普通高等学校优秀教学成果评审、奖励工作。根据国家教委的决定，制定了《辽宁省1989年普通高等学校优秀教学成果奖励工作试行方案》，组织全省普通高校推荐申报，省评审委员会共评审出省级优秀教学成果217项，其中一等奖49项，二等奖168项。省一等奖中推荐上报国家教委23项，经国家优秀教学成果评审委员会评审，国家教委批准，有3项成果获国家特等奖，20项成果获国家优秀奖。辽宁省是获国家奖励项目较多的省份之一。整个评审工作得到国家教委的好评，同时决定全国的评审工作总结会1990年在辽宁省召开。通过优秀教学成果的

评奖活动，极大地推动了高校教学改革工作的深入开展，提高了教学工作在学校各项工作中的地位，进一步端正了高等学校的办学指导思想，调动了广大教师从事本专科教学的积极性，促进教学质量的提高。

2.组织大学英语四、六级标准化和二年级学生大学英语三级水平测试。为了验证新颁发的公共英语教学大纲的适应性和英语教学质量，国家教委举行全国性的大学英语四、六级标准化统一考试。全省有30余所本科院校1.5万余名学生参加，组织工作量大，工作复杂，困难较多，从准备到考试工作结束，没发生任何问题，圆满地完成了任务，受到国家教委的表扬。

鉴于国家教委举行四、六级考试主要是针对重点大学的，对一般院校来说要求偏高。本省从实际情况出发，举行了大学英语三级水平测试，有17所学校6千余名学生参加，报考率为88.5%。通过对测试结果的认真分析，不仅了解掌握了一般院校二年级学生对国家教委颁发的《大纲》的适应情况，而且发现了目前在大学英语教学中普遍存在的听力和作文水平较差的问题，从而提出了今后教学工作的意见和要求。

(三)积极开展教学质量评估，促进教学质量的不断提高

为了深化实验课教学改革和促进高校图书馆服务质量的不断提高，在1988年进行三项评估工作取得经验的基础上，在全省普通高等学校进行了图书馆服务质量评估；在16所高校进行了实验课教学质量评估。根据评估结果写出了既有定性评语、又有定量分析的评估总结，并对今后图书馆工作如何为教学、科研服务和实验课教学改革提出建设性意见，促进了教学质量的不断提高。

(四)科研成果显著

1989年，辽宁省高等院校的科研工作逐步以科研的群体优势转向为经济建设服务的主战场。省教委积极采取一些改革措施，促进高等学校科研工作的开展，如科研立项采取合同制，凡是跨学科的校际合作的项目优先批准；设立青年科学基金，为35岁以下的教师脱颖而出创造条件；设立博士科研基金，对从1988年起到高等院校工作的每一位自然科学技术博士提供2万元，每一位社会科学博士提供1万元等等，充分调动了广大教师从事科研工作的积极性。1989年，辽宁省仅44所理工农医类院校的科研选题就达3899项，其中应用研究2571项，占65.9%；技术转让合同196项，成交金额701.4万元；鉴定科技成果378项，其中达到国际水平的103项，占27.3%；出版科学专著238部；发表学术论文7284篇，其中有713篇在国际学术刊物上发表，占9.8%。全省科研成果获省级以上奖励的达154项，其中国家发明奖1项，国家科技进步奖2项，部委科技进步奖44项，省(市)科技进步奖107项。

撰稿人 朱恩田 李东生
审稿人 陶增骈 齐红深

四、成人教育

(一)职工教育

1.岗位培训试点面逐步扩大。积极推行以岗位培训为重点的职工教育结构改革。在大型企业开展岗位培训取得经验的基础上，1989年全省又重点在297个中小企业开展了岗位培训试点工作。目前岗位培训试点单位已扩大到400多个，参加规范化岗位培训的职工近70万人。尤其是冶金、石油、铁路等行业，试点面大，标准配套，教材规范，培训效果好。鞍钢、本溪两大企业，岗位培训已全面铺开，同时制定出相应的政策规定，把培训同上岗、同职工的切身利益挂钩，调动起职工学习达标的积极性，促进了职工素质的提高。

2.《专业证书》教育努力实现规范化。全

省建立起严格的审批制度，同时各个部门、各个系统抓紧制定了岗位规范和开展《专业证书》教育的规章制度。对已经试办的《专业证书》教学班进行了一次全面教育质量检查，从而保证了试点工作的健康发展。一年中，全省先后两批招收几十个专业、12000名学员，并已有1000名学员毕业，核发了《专业证书》。

3.主动适应辽东半岛开放的需要，积极开展涉外培训。各地区、部门、学校和企业，紧密围绕外向型经济发展需要开展培训。据了解，凡是直接与外向型经济有联系的单位都程度不同地开展了这方面的培训，从而培养出一大批适应外向型经济发展需要的人才和大量的技术、业务人员，使数百名干部、职工得到了不同程度的提高，职工整体素质有了一定的改善。尤为突出的大连市，开展早，抓得好，职工教育为经济建设服务已经形成良好的发展势头。

（二）农民教育

1.加速乡镇农校的标准化建设。近几年，随着农民教育广泛、深入的开展，乡镇农民文化技术学校也得到了迅速发展，成为农民教育的一个重要阵地。据1989年底统计，全省已有1100余所乡镇农民文化技术学校，在校生达到30余万人。为加强乡镇农村的建设，全省认真贯彻落实了国家教委等部门《乡（镇）农民文化技术学校暂行规定》，并结合实际提出了建校标准，制定了达标计划，严格履行了审批手续。据初步统计，全省已有60%的乡镇农校达到了“一专四有”的要求，其中有231所达到了建制标准。乡镇农民文化技术学校正在向着规范化、正常化的方向发展。

2.农民中专深化改革见成效。首先进行了招生制度的改革，由过去单凭文化考试录取的办法，改为推荐、定向和文化考试相结合的办法，从而摆脱了农民中专生源少、规模小、效益低的局面，1989年全省20所农民中专学历教育部分共招生2930人，为历史上最多的一年。其次，拓宽了农民中专的服务范围。由过去单纯为农业培养人才扩展到为农村经济和社会发展培养人才。农民中专共增设20余个为社会服务的专业，更大范围地满足了不同需求的农民的学习要求。三是深化教学改革，强化技能训练，使学员学以致用，毕业后很快走上科技致富的道路，进而大大增加了农民中专的吸引力。

3.贯彻《条例》，扫盲形成热潮。认真贯彻落实国务院《扫除文盲工作条例》，省政府批转了省教委等部门《关于大力开展农村扫除文盲工作的意见》，明确提出了全省扫盲工作的目标、任务和方法。针对辽宁经济比较发达，沿海开放的城市较多，对劳动者素质要求较高的实际，将全省扫盲对象由国家规定的40周岁延至45周岁。特别是1989年入冬以来，全省各地为了迎接1990国际扫盲年，均在总结试点经验的基础上掀起了扫盲热潮。截止到1989年底，全省文盲、半文盲参加扫盲学习的人数已近11万人，超过计划任务的10%，从而为全省奋战三个冬春实现扫除农村剩余文盲30万人的目标，奠定了良好的基础。

（三）成人高等教育

1.坚持调整、巩固、提高的方针，调整职工高校专业设置。一年中，省教委先后对丹东、本溪、辽阳等8市18所职工高校的办学情况进行了调查，并与学校主管部门共同对学校所服务的范围、对象，以及学校的专业设置、规模、办学形式等进行了研讨。在此基础上，拟定了全省职工高校调整方案和职工高校评估方案；颁发了专业设置管理条例，并按照社会发展和经济建设的需求，调整了部分专业设置。在办学规模上，全省控制在6.1万人，较上年略有减少。根据各类成人高校学籍管理不适应职工在岗学习的情况，在调查的基础上，拟定了成人高校学籍管理规定，为职工在职学习提供了较为宽松的学习条件，也为企事业单位培养人才创造了方便条件。

2.加强高等函授教育管理。针对高等函授教育质量不高、规模过大、管理薄弱的问题，一是抓了管理机构的建设，推动各市根据实际情况建立函授教育管理总站，统筹管理本市的高等函授教育。目前，全省已有8个市相继建立起高等函授教育管理站，这在全国还是首例，引起了国家教委的重视。二是抓函授教育的质量，加强了对各类函授教育教学计划的审定，首先统一师范类各专业的教学计划，对部分函授、夜大学习在校生进行了教学质量检查。

3.适应经济建设需要，积极发展成人中专。为改变中等专业人才匮缺，而成人中专招生又很困难的局面，省教委、计委、人事厅等6部门联合发出了《关于各类成人中等专业学校扩大招生范围的意见》，制定相应的措施，将办学重心下移，面向农村、乡镇，扩大了成人中专的培养对象。与此同时，将成人中专招生由原来与成人高校统一进行改为单独招生，后移考试时间，进一步扩大了生源，促进了成人中专的发展。1989年，全省成人中专共招收13596人，比1988年扩大招生4135人，增长了30.4%。

为提高办学效益，重点抓了成人中专的办学质量评估。通过对抚顺市成人中专的试点评估，积累经验，并在此基础上，拟定了《辽宁省成人中等专业学校检查评估基本要求》，为全省范围内的评估、调整工作，奠定了基础。此项工作被列为国家教委科研课题。

(四)社会力量办学

近几年，全省社会力量办学较充分地发挥了机动灵活、拾遗补缺、见效快的特点，迅速发展起来，成为成人教育中一支重要的力量，在开发智力、培养人才以及活跃人民社会文化生活等方面发挥了积极的作用。但由于发展过快、管理不善等原因，也程度不同地存在着滥办学、乱发文凭的现象，影响了社会力量办学的信誉。为此，省政府批转了《省教委关于对全省社会力量办学进行清理和整顿的意见》，其中对社会力量办学的方向、资格、条件以及审批手续等作出了明确的规定。省教委还制定了《辽宁省社会力量办学财务管理暂行规定》，并召开全省社会力量办学管理工作会议。各市据此精神认真对社会力量办学进行了一次全面的清理、整顿，对于符合要求的，重新登记、注册、发证；对不符合要求的，限期整顿或撤销办学资格。通过清理和整顿，进一步理顺了社会力量办学的管理体制，端正了办学思想，提高了教学质量，促进了全省社会力量办学的健康发展。

撰稿人　马　莹
审稿人　陶增骈　齐红深

吉林省教育

一、教育事业发展概况

1989年，吉林省教育战线广大干部、师生员工在制止学潮，反对动乱的斗争中，坚定地同党中央保持一致，经受了锻炼和考验，为稳定局势作出了贡献；各级各类学校认真贯彻党的十三届四中、五中全会精神，坚持教育为社会主义建设服务的方向，积极推进教育战略地位的落实，治理整顿初见成效，各项改革逐步深化，教育事业持续稳定发展。

(一)旗帜鲜明地反对动乱，稳定了教育战线局势

在制止学潮和反对动乱的政治斗争中，吉林省坚决拥护党中央的正确决策，以稳定高校局势为重点，认真执行“坚持原则、坚持疏导、依靠高校党政干部、依靠广大教师、依靠学生骨干”的工作方针，各级领导干部及时深入到学校了解情况，传达上级精神，做艰苦细致的思想政治工作；召开各种会议，分析形势，研究对策措施；昼夜值班，坚守岗位，为稳定高校局势做了大量工作。使学潮和动乱在吉林省持续的时间较短，造成的损失较小，高校复课较早，绝大多数学校秩序正常，整个教育战线局势比较稳定。

平息北京地区反革命暴乱以后，根据中央有关文件和省委、省政府的部署，在各级各类学校中普遍开展了思想政治教育，统一思想，提高认识。先后召开了三次高校工作会议，分析形势，研究对策，进一步保持局势稳定，着重抓了四个方面的工作：

1.集中进行政治教育。在分期分批轮训学校党政领导干部，培训骨干队伍的基础上，组织高校师生紧紧围绕动乱和反革命暴乱的性质、原因、不可避免性、党和政府决策的正确性等根本问题，进行集中政治教育，帮助学生了解事实真相，明辨是非，转变情绪。

2.整顿学校秩序。主要是严肃考风考纪，对违纪者作出相应处理；严格各项管理，规范学生行为；修订和完善有关规定，加强了校风校纪建设。

3.加强高校领导班子建设。省教委考察了29所高校的校级领导干部，调整了部分领导班子。加强了学校党组织建设，一些学校恢复了撤并不当的党务机构，进一步明确了党委领导下的校长负责制，党的政治核心和战斗堡垒作用得到较好地发挥。

(二)加强基础教育的改革和建设，推动了义务教育的实施

重点采取了两项措施，一是建立基础教育双线目标管理责任制。省、市、县三级政府和教育行政部门层层签定责任书，落实工作任务和责任，把教育经费增长、办学条件改善、教师待遇提高等方面的硬指标落实到各级政府。通过对责任书的执行情况进行督导、检查、考评、奖励，形成竞争机制，发挥激励、导向作用，调动地方办教育的积极性。二是对基础教育的经费、教师待遇、学生流失、中小学收费、德育五个方面进行检查督导，有力地推动了基础教育事业的发展和义务教育的实施。1989年，全省小学有10831所，在校生283.4万人。学龄儿童入学率98.6%，巩固率97.2%，毕业率96.6%。在基本普及初等教育的基础上，全省城区和36%的乡镇开始实施六年义务教育。小学毕业生的升学率为85.6%。普通初中教育明显加强，全省共有

初中1624所，在校生100.7万人。经过检查验收，全省已有334所初中成为省首批达标校，占初中总数的20.6％。一般初中薄弱的状况有一定改善。经过调整充实，全省现有普通高中363所，在校生19.4万人，招生6.4万人，招生人数比1988年减少5.4％。

（三）调整和改革职业技术教育和成人教育

中等职业技术教育在调整改革中实行统一规划，相对集中，合理分工的原则，对职业高中进行跨县招生试点，扩大初等职业教育规模。1989年全省职业中学在校生15.2万人，中等专业学校在校生6.4万人。高中段职业技术教育在校生占高级中等教育在校生总数的49.4％。成人高等教育在校生2.7万人，规模有所压缩。参加短期、专项培训的职工达25万人。全省乡农民技术培训学校发展到1271所，在校生达到31.9万人，扫除文盲10万人，青壮年非文盲率达97％。全省有14个县、147个乡开始实施“燎原计划”，收到初步成效。

（四）稳定规模，调整结构，高等教育改革不断深化

1989年，省属普通高等学校招生10881人，比1988年减少2.6％，高等教育发展过快过猛的势头得到抑制。在层次、专业结构上，扩大了专科层次和工科专业比重。专科招生占招生总数的比例由1988年的53.3％提高到55.3％，工科招生占招生总数的比例由1988年的18％提高到23.3％。在抓好充实整顿的同时，强化了教学管理，调整了部分专业的课程设置，修订了教学计划，适当增加了实践性教学环节的课程比例，初步建立起比较完备的课程体系，系统地抓了重点学科和学术梯队建设，开展了课程建设、课程评估和课程达标活动，促进了教学内容和教学方法改革，提高了教学质量。

进一步改革招生和毕业生分配办法。为了促进人才培养与社会需求的有机结合，适当调整了定向科类和定向生比例，允许并鼓励城市考生报考定向专业。1989年录取定向生占招生总数的25.9％。保送生工作实行保送指标、保送条件、推荐名单、录取名单“四公开”，增强了透明度，并适当地扩大了师范学校保送生比例。毕业生分配工作，继续在计划编制、供需见面和双向选择方面进行改革，坚持面向基层的方针，大中专毕业生分配到基层的比例达到分配计划要求，农、林、医、师等科类突破了计划指标，分别为84％、74％、75％和86％。

高校科研体制改革取得新进展。在继续进行科技扶贫、选派科技副县长，建立教育、科技、经济结合体，科技协作和科技转让等项改革的基础上，抓了省属高校创办科技企业的试点工作，加强科技与经济结合，增加学校科技收入。经省教委申报的14项省科技进步奖，有10项获奖，中奖率71％，高于全省平均中奖40％的比例。

（五）提高教师的素质和生活待遇，加强了教师队伍建设

1989年全省有小学教师14.7万人，其中学历达标和取得专业合格证书的占80.3％，比1988年提高3.4个百分点；中学教师8.5万人，其中学历达标和取得专业合格证书的占48.8％，比1988年提高3.0个百分点，职业中学教师9973人，其中学历达标和取得专业合格证书的占27.5％，比1988年提高4.5个百分点。为提高教师生活待遇，制定了《提高教师社会地位，改善教师生活待遇的若干意见》，提高了中小学班主任津贴标准。教师人均收入由12个行业中的第11位提高到第7位。公办教师月平均工资水平从1985年的91元提高到102元，月平均收入140元。民办教师年平均收入880元。通过利用自然减员指标和中师招收民办教师等办法，使中小学民办教师的比例有所下降。在建国40周年

之际，省政府表彰奖励了1000名优秀教师。

(六)进一步明确办学方向，德育和思想政治工作得到加强

为认真贯彻中共中央《关于改革和加强中小学德育工作的通知》精神，省成立了德育工作指导委员会，县以上政府成立了德育领导小组。学校建立了校长负责德育工作体系，并把德育工作纳入各级领导目标管理责任制中。在对学生思想品德现状和德育工作情况进行调查、研究的基础上，总结推广了小学德育整体改革实验和坚持进行革命传统电影教育的经验。继续推行中学德育大纲、小学德育纲要和中小学生日常行为规范，开展德育改革实验，编写了教材，进行教育教学方法的改革。

高等学校继续贯彻中央关于加强思想政治工作的决定，抓紧政工队伍建设，培训了骨干；组织编写了高校专题教育和马克思主义理论课教材，开展了马克思主义理论课公共课观摩教学活动，提高了理论课教学效果；制定了高校学生管理暂行规定，强化了学校管理。同时，组织学生参加社会实践和军训，举办了一些大型的文体活动。进一步完善了德育工作领导体制，增设了专门机构，形成党政工团齐抓共管的局面。

二、加强党对中小学工作的领导

吉林省在进行基础教育管理体制改革和逐步实行校长负责制的情况下，加强各级党委对学校工作的领导，发挥教育行政部门党委对学校党的工作的指导作用，强化学校党组织的政治核心和保证监督作用，经过几年来的积极探索和实践，逐步理顺关系，收到一些成效。

(一)加强各级党委对中小学工作的领导

吉林省省、地、县三级党委对教育工作的领导，体现在三级党委常委对教育工作重大问题的集体领导上。几年来，三级党委及其常委会把教育工作列为重要议事日程，就学校的办学方向、思想政治工作、党的建设、知识分子政策和教育发展与改革中的重大政策性问题，进行研究，作出决策，并逐步建立了研究教育的例会制度。为了保证各级党委关于教育工作的各项重大决策得到落实，建立了层层负责的目标管理责任制。绝大多数地方党委成员都实行了联系学校的制度。建立各级党委及政府抓教育的“三项制度”（例会制度、目标管理责任制度、联系点制度），有利于形成全党抓教育的局面。

在组织形式上，省、地、县三级都有分管文教的专职书记，有的地方还设有文教工作委员会或文教工作领导小组。党委组织部门按照干部管理权限的划分，负责一部分学校领导干部的任免。省委宣传部门设有学校教育处，市(地、州)委宣传部设有教育科，县委宣传部设有专人负责教育工作。教师的思想政治工作和学生的德育工作一般是宣传部门同教育部门共同负责，从各自角度相互配合，加强领导，把学校党支部对教师思想政治工作的领导，同行政上对学生德育工作的全面负责有机地统一起来。

乡一级党委按照“三级办学、两级管理”体制的要求，领导乡初中和小学中心校，负责党的建设，学校领导干部的考核、任免，学校思想政治工作，研究和解决本地教育事业发展中的重大问题。

(三)发挥教育行政部门党组织的指导作用

吉林省各级教育行政部门党委，除负责机关党的工作外，还对系统和学校党的工作发挥指导作用。县级教育行政部门普遍设有党委，直接领导县镇所在地的普通中学、职业高中和实验小学的工作。其职责是加强党的建设，直接管理干部、教师的思想政治工作和学生的德育工作。

发挥县教育行政部门党委对学校党的工作的指导作用，各地在实践中，主要采取了以

下措施：

一是县级教育行政部门党委通过会议和办班等形式，主动向乡党委传达上级对教育工作的指示和工作部署，主动同他们一起研究解决当地教育工作存在的突出问题，使他们及时了解有关教育工作精神，更好地掌握领导教育的主动权。

二是县教育行政部门党委主动配合乡党委加强学校领导班子建设。对乡管的学校领导干部，由乡党委会同县教育行政部门党委共同考核确定，乡党委任免，县教育行政部门备案。

三是按照上级党委的统一部署和要求，共同抓好学生德育和教师的思想政治工作。

（三）强化学校党组织的政治核心和监督保证作用

吉林省中小学的领导体制，目前基本上有两种形式：一种是党支部领导下的校长负责制，另一种是校长负责制。

学校党组织的政治核心作用和保证监督作用，主要体现在以下几个方面：一是加强党的自身建设，做好组织工作和思想政治工作，充分发挥党支部的战斗堡垒作用和党员的先锋模范作用。二是认真贯彻落实党的教育方针和政策，坚持社会主义办学方向，培养“四有”新人。三是做好教职员工的思想政治工作，加强精神文明建设，努力做到教书育人、管理育人、服务育人。四是领导学校的工会、共青团（少先队）等群众团体组织，使其更好地发挥作用。

对实行校长负责制的学校，各地都注意处理好党政职能分开，建立党政工作联席会议制度，及时通报，沟通情况，协调工作。

加强党对学校工作的领导，目前还有些问题需要进一步研究，通过实践逐步理顺关系，形成一套科学的、完善的领导管理体制，真正把党对学校工作的领导落到实处。

撰稿人　杨胜超

审稿人　陈谟开

三、建立基础教育双线目标管理责任制

1989年，吉林省各级政府和各级教育行政部门内统一实行了双线《教育工作目标管理责任书》制度，并将其作为省政府和省教委抓全年教育工作的一项重点工作。

根据《中共中央关于教育体制改革的决定》中“基础教育管理权属于地方”的精神，1985年以来全省实行了分级办学、分级管理的新体制。与之相适应，需要建立一套新的管理制度和管理方式。签订年度双线《教育工作目标管理责任书》（以下简称《责任书》），就是在各级地方政府和教育行政部门之间建立契约式的教育工作目标管理责任制，以增强地方各级办教育的责任感，强化自我完善意识，依靠人民办好教育。

具体做法是：年度的双线责任制是以年初签订政府对政府、教委对教委的年度目标管理《责任书》形式来体现。政府系列《责任书》由分管文教的副省长与各市（地、州）负责文教的副市长（专员、州长）签字后生效执行；教委系列的《责任书》由省教委主任与市（地、州）教委主任签字后生效执行。市（地、州）把省制订的两个《责任书》的指标内容逐级进行分解，逐级签订，层层落实。

工作程序是：年初制订《责任书》的指标体系，明确年度工作目标。两个《责任书》的内容，包含了年度基础教育工作的奋斗目标。政府系列《责任书》指标包括：加强领导、落实教育战略地位的措施；积极筹措教育经费，改善办学条件；提高教师待遇；发展各项教育事业等5大项17条。教委系列《责任书》包括：全面贯彻教育方针；积极实施九年制义务教育；加强师资队伍建设；加强职业教育和成人教育；改善学校内部设施；完善管理体制等6大项30条。年初以省政府名义下达后逐级落

实执行。

年中组织力量对两个《责任书》的执行情况进行一次检查。1989年国家教委受国务院的委托对全国部署了五项督导、检查工作。"五查"的内容也是本省《责任书》的重点内容。因此，省教委把"五查"的自检、自查、抽查、整改阶段的工作与完成《责任书》的各项任务有机地结合起来，解决了一些教育的热点和难点问题。如教育的投入，中、小学危房校舍的改造，学生流失的控制，教师待遇的落实等都取得了较好的效果，受到了以国家教委副主任何东昌为领队的国家"五查"工作组的肯定。

年末进行考评，验收和奖励工作。省里组织考评组对全省8个市(地、州)逐个评估、验收。验收的《责任书》评估方案定名为:《吉林省教育工作目标管理责任书、市(地、州)政府(行署)执行情况评价指标体系》和《吉林省教育工作目标管理责任书、市(地、州)教委执行情况评价指标体系》(1989年度)。两个评估方案结合起来一起验收，共设三级指标68个，分A、B、C三等作出定性评价结论，使各项指标可测，可量化，可操作。在68个三级指标中，规定其中21个为必备指标，作为评先进的主要依据。

最后总结奖励，按两个《责任书》完成的情况，分别设成绩达标奖和成绩显著奖。共颁发奖金30万元。

《责任书》的实施，目标管理责任制的建立，推动了全省教育事业的发展，促进了教育战略地位的落实。有的县市把1989年定为"教育年"。1989年，教育经费有了较大幅度的增长，全省8个市(地、州)普遍比1988年增长10%以上，有3个地区增长15%以上。全省一年内基本上消灭了一级危房，危房比例由1988年的3.87%下降到1.8%。民办教师工资当年全部兑现，历年陈欠也解决了70%以上。初中学生流失率有了较大幅度的减少，小学普及义务教育的合格乡镇达到37%以上，加快了小学义务教育的进度。分期分批办好普通初中有了较大进展，经省验收的初中达标校已有334所，农村"三教"结合的新体制正在形成，扫盲工作和"燎原计划"的实施，职业技术教育等都有可喜进步。责任制在教育工作中很好地发挥了作用。

撰稿人　陆仁林
审稿人　梁植文

四、农村初等教育整体改革实验进入新的阶段

按照联合国教科文组织与吉林省教委签定的合同的要求，吉林省从1987年开始了农村初等教育整体改革实验，并选定12所学校为实验学校。这项为期七年的改革实验，分三个阶段进行:第一阶段，1987年，为实验的准备阶段;第二阶段，1988至1989年，为实验的开始阶段;第三阶段，1990至1993年，为实验的深入发展阶段。

1989年如期完成了第二阶段的实验计划，并向联合国教科文组织做了阶段性报告。

(一)实验的主要内容

1.改革管理体制。在明确了"分级办学，分工管理"的职责权限，建立了"财务由县、乡分管，人事由县、乡共管，教育、教学由县统管"的基础上，为进一步扩大地方政府、社会、家庭对教育的参与和管理意识，建立了三个委员会。

一是建立了有乡、村长、教育助理、校长和家长代表组成的教育管理委员会帮助学校解决实际问题，筹措资金，改善办学条件;帮助学校创办生产劳动基地;协助学校与当地农科站、农研所、卫生院联系，成立了教育协作单位，使他们向学校提供信息资料、技术指导，派出兼职教师;还牵头和农村各种专业户联系，成立了校村户教育联合体，使学校利用

专业户的场地、设施和技术力量,组织学习先进的生产和管理技术。

二是建立了由家长代表组成的家长委员会,参与学校和班级管理,沟通了学校和家庭的联系,共同承担起对学生的教育任务。学校聘请有一技之长的家长任兼职辅导员,协助学校建立起校外活动站、家庭科学种田试验角300多个。学校还开办了家长学校,有计划地向家长传授教育理论、方法和经验,宣传营养、卫生和保健知识,深受家长的欢迎。

三是建立了有校长、主任和教师代表组成的校务委员会,搞活学校的内部机制。校长是学校的法人代表,有聘任教师的用人权、财经支配权、学校管理权、资金使用权和奖惩权。校务委员会是校长的参谋和助手,协助校长完成学校的各项管理工作。教师由校长实行聘任,聘用教师实行基本工资加浮动工资加奖金的结构工资制。

2.改革教学内容。为使初等教育与农村的需要相适应,对教材进行了改革,建立了统编教材、补充教材和乡土教材相结合的教材体系。

(1)省教育部门组织编写了语文、数学教材。根据不同年级语文、数学的知识体系和儿童的接受能力,编写了以农村常用字、应用文为主的语文补充教材和速算、珠算、农村实用数学为主的数学补充教材,供实验学校在教学和课外活动中选用。

(2)县教育部门组织编写了乡土教材。遵循理论联系实际、培养能力为主和学生可接受性的原则,编写了具有地方特色的《家乡》教材,包括地方地理、自然经济、历史变迁、风土人情、名人轶事等,着重对学生进行“了解家乡、热爱家乡”的思想教育。《劳动》和《卫生常识》教材的编写,注重与实际的密切结合。劳动课对低年级学生进行自理能力与自我服务的劳动教育;对高年级学生进行劳动知识和简单生产劳动技术教育。卫生常识课以卫生习惯、疾病防治、营养卫生为主要教学内容。

县、校还联合编写了《生产技术》教材。内容以当地实用的生产技术为主,注重培养学生的劳动技能。已经编出的有《玉米优良品种与栽培》、《人参栽培技术》、《蔬菜栽培技术》、《经济动物饲养》等。这部分教学本着结合农时特点,用什么学什么的原则,有较大的灵活性。

为保证补充教材和乡土教材的使用,调整了教学计划和学科开设,把历史、地理和自编乡土教材《家乡》合并为社会课;把农业常识和自编劳动、农业生产知识教材合并为农业劳动课;把体育和自编卫生教材合并为体育卫生课。同时增加了劳动实践的时间,并把课外活动纳入教学计划。

3.扩大教育途径。为完成教育内容,实现教育目标,建立了课堂教学、生产实习和课外活动相结合的教育途径。

(1)优化课堂教学。在传授知识的过程中,注重学生读、写、算能力的提高,在保证基础课教育的同时,教学生多学习一些与农村生产、生活密切相关的知识。

(2)发挥学校生产劳动基地的作用。一是劳动实习作用。学校按农时季节,安排各年级学生在生产劳动基地参加必要的生产劳动,促进理论与实际的结合。二是科学实验作用。学校在当地教育协作单位的配合下,创造条件让学生进行各种科学实验。现在校校有科研项目,班班有实验田。通过实验活动,对学生进行学科学、爱科学的思想和技术教育。三是技术推广作用。小学生来自千家万户,他们不断地把先进的信息和科学实验成果传到千家万户,这种辐射作用推动了当地经济技术的发展。3年来12所实验学校承担当地农技部门的技术推广项目就有14个,学校优良品种制种田由1986年的23亩增加到1989年的110多亩。

（3）发挥教育联合体作用。为适应农村经济发展的需要，学校建立了校村户教育联合体。聘请专业户的技术人员做兼职教师，学生为专业户提供部分无偿劳动，同时利用专业户的生产基地从事生产实习，学习先进的生产技术和管理技术。利用这样的联合体，学生学到了奶牛饲养、笼式密集养鸡、珍贵毛皮动物饲养等技术。

（4）开展课外活动。根据教育和生产、生活相结合的需要，12所实验学校建立各种课外活动小组172个，学生从自己的兴趣与爱好出发，有选择地参加活动。这些小组中，有与学科教学相结合的珠算、速算、写作、报道等小组；有与农村生产相结合的动物饲养、植物栽培等小组；有与农村生活相结合的针织、编织、修理制做等小组。通过课外小组活动，学生开发了智力，陶冶了情操，发展了个性特长，素质明显提高。

（二）实验的初步成果

到1989年改革实验已进行了三年，成果是显著的。

1.改善了办学条件。实验学校1986年和1989年办学条件对比如下：

实验室由6个增加到12个，增长1倍；

图书室由4个增加到12个，增长2倍；

卫生室由3个增加到12个，增长3倍；

专用教室由1个增加到9个，增长8倍；

图书由5327册增加到21982册，增长3.1倍；

文艺器材由203件增加到423件，增长1.1倍；

体育器材由224件增加到374件，增长0.7倍；

教学仪器由895件增加到5391件，增长5倍。

2.加强了学校生产劳动基地的建设。建立的生产劳动基地累计有：农田318亩，山林920亩，果菜园8个共815亩，人参园4个共3800平方米，塑料大棚2个，鱼塘15亩，禽兔饲养场4个，食用菌养殖场2个。

3.建立起一支基本胜任改革实验的教师队伍。3年来，实验学校通过调整、充实、整顿，提高了教师队伍素质。实行教师聘任制，调整了部分不胜任的教师，用招聘的办法，在社会上选拔了一批优秀人才充实教师队伍；通过学历达标和岗位练兵等多种培训方式，提高了教师的文化水平和业务能力，使教师素质有明显提高。实验学校教师的学历水平与胜任情况较改革实验前的1986年有较大改变，教师的学历水平逐年提高，骨干教师不断增加，97.7%的教师能够胜任工作。

4.学生质量有了明显提高。实验学校与其它学校毕业统一考试成绩对比如下页表1：

1989年全省毕业班统一出题验收考试，实验学校与所在乡其它学校成绩对比如下页表2：

1989年，实验学校学生的行为习惯、劳动技能等素质与其它学校学生对比的抽样调查结果如下页表3：

实验学校学生的年巩固率逐年提高。1986年为95.42%，1987年为98.86%，1988年为99.7%，1989年为99.72%。

撰稿人　马文铎　孙义信
审稿人　张　茵

五、职业技术教育在调整中发展

吉林省职业技术教育，在有关部门共同努力下，得到了迅速的发展，特别是职业中学在数量上有较大的增长。到1988年底，全省有独立设置的职业高中373所，附设职业高中班357处，在校生人数达164000人；同时，通过大力推广"三加一"、"初三分流"、"四年制初中"等办学形式，使初级职业技术教育形成了一定规模。但是，现有学校发展不平衡，办学规模小，专业设置重复、不稳定，尤其是

表1

年度	学校类别	语文			数学		
		平均分	及格率	优秀率	平均分	及格率	优秀率
1986	实验学校	77.9	80.4	23.6	82.3	85.5	31.7
	对比学校	75.4	73.6	20.5	83.1	87.0	33.4
1987	实验学校	79.5	88.2	30.4	80.3	84.6	30.1
	对比学校	73.2	74.7	19.3	79.0	82.6	28.8
1988	实验学校	83.2	92.5	35.1	84.6	96.2	46.5
	对比学校	76.3	78.4	25.6	80.5	83.9	37.0

表2

学校类别	双科平均分	双科及格率	双科优秀率
实验学校	89.2	99.1%	39.9%
所在乡其它学校	85.9	97.7%	30.1%

表3

学校类别	测验人数	作息			卫生			礼貌			生产常识		操作能力	
		好	中	差	好	中	差	好	中	差	及格人数	平均分	及格人数	平均分
实验学校	240	162	44	34	145	88	7	204	36	0	186	81.3	214	88.5
对比学校	240	48	123	69	94	83	63	45	121	74	114	63.7	98	54.3

农村职业教育更为薄弱，这种现状亟待加以改变。

从1989年起，省教委根据中央治理整顿的精神，继续对职业高中实行调整、充实、提高的方针，从省情省力出发，侧重提高办学效益和教育质量。省教委在加强对全省职教宏观管理的同时，充分发挥各地（市、州）教委的行政领导作用，以地区为单位，适当调整了部分学校布局；紧密结合本地经济建设的需要，调整专业结构，压缩重复专业，积极兴办适需对路专业；并进行了职业高中跨县招生的试点，对79所学校的30多个专业（工种）进行了分工办学、跨县（市、区）招生，促进了骨干学校和专业的逐步形成。在学校设置上，在大中城市中，大力提倡企业办学和联合办学；在县级以下行政单位，则提倡每县先办好一所职业高中，全县人口在60万以上的，在财力允许的情况下，可以兴办2所职业高中，一所面向城镇及第三产业，一所面向农村。在调整的过程中，把面向农村大农业兴办职业技术教育作为重点工作来抓。

经过一年多的努力，职业技术教育有了新的变化，学校布局和专业设置逐步向合理的方向发展。

撰稿人 戚　欣
审稿人 韩英烈

六、坚持多渠道筹措教育经费

1989年，全省贯彻“依靠人民办教育，办好教育为人民"的方针，在国家不断增加教育投入的前提下，进一步拓宽筹措教育经费的渠道，使办学条件有了明显改善，教育质量逐步提高。

1.全省预算内教育经费支出(年末决算)为85960万元，比1988年76632万元增加9328万元，增长12.17%。超过年初计划增长10.2%的比例。

中小学生人均教育经费逐年增长。1989年中学生人均教育经费227元，比1988年增长17.04%；小学生人均教育经费118.4元，比1988年增长23.5%。

2.1989年全省预算外教育经费收入为35523.7万元，比1988年增长37%。其中主要收入项目有：学杂费3992.8万元；征收城市教育费附加2435.2万元；征收农村教育费附加9757.7万元；城乡厂矿企业、集体、群众集资5882.7万元。

3.筹措教育经费的渠道进一步拓宽，主要办法有：农村教育费附加继续按农业人口年人均收入的2%计征。城市教育费附加的计征比例，全省已有7个市、地、州由三税附加的1%提高到2%。对专控商品征收的教育附加费，1989年全省达到1100万元，全部用于中小学校舍改造。提高城市建设维护费用于教育的比例，有的城市已经提高到10%。征收城市建设教育网点配套费，1989年省内已有6个城市开始实行。减免中小学校舍建设各种税费。1989年开始，省及部分市县建立起人民教育基金，已筹集教育基金近1000万元。学校勤工俭学收入2.26亿元，比1988年增长22%；收入中用于补充教育经费11620万元。

4.办学条件得到明显改善。1989年，全省筹集校舍建设资金2亿元，新建翻建校舍85.1万平方米。校舍砖房化的比例由1988年的93.9%提高到96.2%，基本消灭了一级危房。一般危房校舍面积由1988年的58.5万平方米减少到24.6万平方米。危房占校舍总面积的比例由1988年的3.87%下降到1.8%。二部制班数由1988年的4980个减少到1734个，占总班数的比例由4%下降到1.4%。新增加实验室967个、图书室1045个、卫生室923个、课桌凳20万套。

撰稿人 匡 风
审稿人 杨长喜

七、勤工俭学又有新发展

1989年，在治理整顿的形势下，吉林省勤工俭学又有新的发展。全省13339所中小学校中，有12811所中小学、农职业学校和中等专业学校开展了勤工俭学活动，占学校总数的96%。通过勤工俭学创造条件，开展劳动教育的学校达到12635所，占学校总数的94.7%，其中按教学大纲要求，开设劳动技术教育课达标校有12290所，占学校总数的92.1%。校办工厂3115个，校办农、林、牧、副、渔场土地面积达到59.4万亩，校办商业、饮食、服务、修理业网点发展到2097个。全省勤工俭学总产值达到10.27亿元，比1988年的8.24亿元增长24%。全省勤工俭学总收入2.26亿元，比1988年的1.85亿元增长22%。全省勤工俭学的学生人均收入由1988年的40.72元增加到53.25元，平均每生增加12.53元，增长30.7%。长春市的勤工俭学总收入达到5785万元，吉林市达到4399万元；四平、白城、浑江、延边等市(地、州)达到2000万元以上；辽源、通化两个市也都超过1000万元，勤工俭学纯收入达到百万元以上的县(市、区)有51个，其中农安县达到900万元以上。

在全省勤工俭学总收入中，补助教育经费1.2亿元，占勤工俭学总收入的52.9%。

1989年，吉林省各级政府和教育行政部门认真贯彻全国勤工俭学工作会议精神和国务院有关文件精神，进一步加强了对勤工俭学的领导。3月初，省政府召开了全省勤工俭学工作会议，会上传达了全国勤工俭学会议精神，副省长刘希林代表国家教委、国家计委、财政部、人事部向荣获全国勤工俭学先进集体、先进个人的单位和同志颁发了奖品和荣誉证书，同时表彰了1988年在省勤工俭学工作中荣立一等功的长春、吉林、浑江等市和通化、四平、白城、辽源、延边等5个先进市(地、州)及36个先进县(市、区)、400个先进企业和400个先进个人。省财政厅拿出105万元分别奖励荣获一等功的单位和勤工俭学先进市县作为勤工俭学周转金。省教委、省税务局和省财政厅还联合下发了《关于校办企业税收问题的规定》，进一步放宽了全省大、中、小学校办企业的税收政策。

为了进一步加强对勤工俭学的宏观调控，1989年实行了省、地、县三级勤工俭学管理部门层层签定目标管理责任书制度，把勤工俭学活动中对学生进行劳动教育的任务和校办企业的产值、利润达到指标、增盈立功指标及校办企业发展目标，逐项签署在勤工俭学责任书内，增盈立功受奖，完不成任务受罚，并把它作为对干部政绩考核的一项内容，保证了全省勤工俭学按计划持续稳定地向前发展。

在加强对勤工俭学宏观管理的同时，继续深化校办企业的各项改革。

一是抓了经营决策的改革。根据市场变化和需求，合理地调整了产业结构和产品结构。全省校办企业经过自身调整，转产转向了400多种长线、滞销、质量低、性能差、消耗高和依附于大厂又没有发展前途的机械加工产品，增加了600多种人民生活需要的必需品、紧俏商品、出口创汇产品。

二是清理靠挂企业。国家对勤工俭学政策越优惠，勤工俭学自身管理越要严格。1989年以来，各级校办工业公司都采取了一些有效措施，清理了450个经营思想不端正及违法经营的个体靠挂企业，同时通过学校派人直接管理，改变了隶属关系，按国家有关政策规定实行承包等办法改造了185家靠挂企业为校办企业。通过清理整顿，提高了校办企业的声誉，增加了经济效益和教育效益。

三是稳定完善企业承包制，深化企业内部配套改革。1989年，全省有95%以上的校办企业分别根据各自不同情况实行了目标管理、全员承包、招聘承包或集资合股经营等有效形式，注意了科学合理地确定承包基数，解决了企业内部分配不公的问题和企业的短期行为，极大地调动了职工的积极性，保证了生产稳步增长，进一步健全了厂长(经理)负责制，保证了厂长(经理)在企业中的中心地位，强化了企业民主管理意识，进一步加强了思想政治工作，增强了主人翁责任感，为校办企业增添了新的生机和活力。

四是大力发展企业办学的勤工俭学。1989年全省企业办学的勤工俭学达到了721所，占企业办学总数的70%，涌现出象吉林造纸厂校办工厂年收入600万元以上的企业和吉林化学工业公司校办工厂等超百万元利润的校办企业。这些校办企业的发展，为改善企业办学条件和教职工生活条件，解决企业教职工子女就业等问题都发挥了积极作用。

撰稿人　孙　骥

审稿人　杨长喜

八、小学艺术教育生动活泼

1989年，吉林省为巩固和发展前几年小学艺术教育工作成果，加强艺术教育和德育的有机结合，重点抓了三项比较大的活动。

一是在全省小学广泛开展了“唱好歌、评校歌”活动。这项活动从1988年3月开始，到1989年6月结束，历时15个月。省教委曾两次下发文件，使活动健康发展并达到了预期目的。全省各类小学通过这次活动都有了自己的校歌，同时产生了一批优秀校歌和受学生欢迎、格调健康的校园歌曲，促进了各类小学确立本校的校风、校训。通过这项活动，全省共评出市级优秀校歌155首、省级优秀校歌14首、荣誉校歌2首、优秀校歌作词奖29个、优秀校歌作曲奖28个。

二是在全省开展了“小学师生和中幼师范学生《美在生活中》综合性美术教学展览”活动(以下简称“美展”)。“美展”以反映小学教师、学生和中幼师范学生的学习、工作、生活和精神面貌为主题，颂扬伟大的祖国，可爱的家乡及生活中的真善美。形式包括：美术教师的优秀录相课、教案、论文、自制的教具；师生的美术作品，如书法、绘画、雕塑、摄影、纸工(撕、拼、贴、剪等)；利废工艺品(秫秸、豆塑、树皮画、根雕等)。开展这项活动的目的在于，引导广大学校领导和艺术教师把艺术教育工作的重点放在抓好教学、努力提高艺术教学质量以及提高艺术教师的教学水平和辅导活动的能力上，进而促进全省小学美术教学活动质量的提高，更好地发挥艺术教育对学生思想品德的陶冶作用；同时，也是对近几年全省小学艺术教育成果的一次检验。“美展”共收到书法、绘画、摄影、雕塑、纸工、优秀教案和论文、美术优质课录相带等作品3350件，经省“美展”评委会评选，入选作品近千件，获一、二、三等奖的作品450件。

三是在全省开展了电影系列化教育活动。省委宣传部、省教委和省文化厅在调查总结了四平市中小学开展电影系列化教育活动做法的基础上，于3月24日至27日在四平市召开了现场会，推广了他们的经验。省委副书记谷长春到会讲话，省委办公厅转发了省委宣传部、省教委、省文化厅《关于在全省开展电影系列化教育活动的意见》。四平市中小学开展电影系列化教育活动的经验主要有五点：一是注意遵循德育规律，以爱国主义教育为主线，辅以革命传统教育和其它教育，形成了一个完整的系列。二是美育与德育有机结合，既提高了学生的审美意识、审美情趣和审美能力，又陶冶了学生的品德情操。三是根据学生的年龄段和德育、美育的基本要求，选择了必看片、选看片和参考片近400部，编制了影片目录，写出了内容简介，提出使用意见，供学校参照使用。四是明确了电影系列化教育活动组织原则，即：看片前加强指导；看片过程中认真组织，周密安排；看片后针对学生实际，按计划开展一系列教育活动，帮助学生理解、消化、巩固和扩展教育效果。五是同各科教学紧密配合，活化知识，增强形象性、趣味性，便于学生理解和掌握科学文化知识，有利于提高教育教学质量。

四平市在中小学生中开展电影系列化教育活动的效果还表明，电影系列化教育活动作为一种艺术教育形式具有一定的优越性。第一、形象生动，入耳入脑，易于接受。第二、感染熏陶，有利于发挥学生的主体作用。第三、有利于学生多视角、多层次了解社会。第四、有利于学生开阔视野，增长知识。第五、丰富了课外和课余生活，有利于学生全面和谐地发展。

此外，为了切实加强农村小学音乐、美术教学，省教委要求各级教育行政部门和教研部门，要把普及艺术教育的工作重点逐步移向农村。10月10日至12日，长春市在榆树县新庄乡中心小学召开了农村小学音乐教学现场会，推广了该校加强音乐教师岗位培训，狠抓音乐基准化教学，面向全体学生广泛开展课外艺术活动的经验。6月9日，吉林市在永吉县缸窑镇召开了农村小学音乐教学研究会，探讨了如何针对农村学生的特点改革教学方法，促进音乐教学在农村普及的问题，会上还交流了农村音乐教师进行教学方法改革实验的初步成果。这两次会议有力地推动了全省小学音乐教学，尤其是对农村小学音乐教学的规范化建设，起到了很大的促进作用。

吉林省1989年的小学艺术教育工作取得了比较可喜的进展，引起了国家教委的关注，11月24日在南京召开的全国学校艺术教育工作会议上，吉林省教委作了题为《加强艺术师资队伍建设，提高学校艺术教育水平》的经验介绍。

撰稿人　高长升
审稿人　张　茵

九、坚持高标准扫除文盲

1985年，吉林省12—40周岁人口中的非文盲率已达到了96％，59个县（市、区）全部达到了基本无盲县的要求，获得了联合国教科文组织颁发的“诺玛荣誉奖”。

吉林省现有文盲状况的特点是“三多一散”。即半文盲多，女文盲多，年龄偏高的文盲多；但文盲相对分散。就家庭来讲，全部成员是文盲的户数，基本没有。因此，文盲处于非文盲的包围之中。这些文盲曾多次参加扫盲学习，在当前开展这项工作仍然难度很大。

吉林省为了乘胜前进，并坚持高标准扫除文盲，认真分析和研究了新形势下扫盲工作的规律特点，初步建立起了扫盲工作新的运行机制，并在实际工作中发挥了效益。

（一）现阶段扫盲工作的指导原则

扫盲与普及初等义务教育相结合。经验证明，文盲堵不住就扫不完。从1989年起，吉林省已进入全面实施六年义务教育和标准化办学阶段。目前，农村学生入学率为98.37％，巩固率为99.07％，普及率为98.67％，毕业率为97.68％，流失生控制在1％以内。这就基本上堵住了产生新文盲的口子。

扫盲与实用技术教育相结合。把扫盲同农民文盲的切身利益联系起来，增强其参加扫盲学习的积极性。农民有发展生产、尽快致富的愿望。编好扫盲教材，将识字与学生产技术结合起来，是扫盲与农民致富愿望结合的纽带。德惠县编写的《致富识字课本》在这方面作了有益的尝试。这本教材共收入单字1438个，养殖、种植及家庭副业方面实用技术22项，课文还穿插了18个谜语，增强了趣味性和可读性。此书已被推荐为全省统一扫盲教材。试用结果表明，结合实用技术编写扫盲教材应注意识字规律，由简到繁，由少到多，由近及远，由实到虚，多次重复，加深记忆。

突击扫盲与常抓不懈相结合。冬春季节农村劳动力流动性小而且剩余时间较多，因此，规定每年的11月至第二年的4月为集中扫盲时间。进行突击扫盲，大造舆论，形成声势，使文盲感到有不参加学习不行的压力。成年人的记忆深度相对减弱，记得快，忘得也快；因此，集中时间突击还应同常年抓坚持不懈相结合，克服“年年上冬学，年年从头学”的恶性循环，提高了扫盲的社会声誉，增强了文盲学习的信心。

（二）现阶段组织扫盲的形式

双线包保。舒兰县在扫盲工作中采取了“双线包保”措施。一条线是县政府——乡（镇）政府——村民委员会——生产社——文盲，主要负责组织、动员工作；另一条线是县教育局——乡（镇）中心校——村小——教师（包括高年级学生）——文盲，主要负责教学活动。这种网状结构扫盲形式，为完成扫盲任务提供了比较坚实的组织保证和物质保证。

划片联保。动员学校的力量，由乡（镇）统一规划，给全日制学校下达扫盲任务。学校领导组织师生包户、包人。教师联包几户，学生则回自己家或亲属或邻居家当“小先生”。学校和教师加强面对面的辅导。乡（镇）政府组织验收，对任务完成得好的学校、教师、学生给予奖励，奖励额度由各乡（镇）自定。经费由地方财政或教育费附加中支出。

集中办班。有了以上两类组织形式的保证之后，教育部门及有关组织或团体适时集中办班。组织文盲入学，学员互相督促和比赛，不脱盲不毕业。吉林省不少村屯相当集中，一个屯子几百户人家，学校条件也好，运用以上几种形式开展扫盲，无论是寒暑假或是平日办夜校，农民都愿意参加学习。

（三）现阶段扫盲工作的政策建设

把扫盲工作列入各级领导的岗位责任制。各级政府责任书都将扫盲工作指标量化，作为考核干部政绩的依据。各级教育部门的岗位责任合同书更加突出了扫盲工作的要求，增强了各级政府、教育部门抓好扫盲工作的自觉性、主动性和责任感。扫盲工作与干部的政绩挂钩，调动了他们的积极性，增强了紧迫感，从而保证了扫盲工作有人抓、有人管，加强了领导和统一管理。

建立扫盲工作表彰制度。每年要对扫盲工作开展得好的县、乡和个人进行表彰。省对先进县还予以资金奖励。在省的带动下，各市、地、州、县（市、区）、乡都逐步形成了表彰制度。盘石县政府决定，扫盲经费以农村人口每人每年按 0.2 元支出，总金额达 7.3 万元。除了用于扫盲工作之外，设立了“扫盲奖”、“脱盲奖”和面向乡（镇）及其它有关部门的“工作奖”。

建立了农民文化技术卡片制。省教委颁发文件，要求对农村（不含国家干部）15—50岁的成人逐个建档立卡。卡片主要内容是文化程度、学习详细记录、受训经历、程度。卡片象户口一样，随着人的迁移而转移，由乡、村负责农民教育工作的干部统一填写和管理，省地两级教育部门定期进行检查。

撰稿人　李明泰
审稿人　梁植文

附

□东北师范大学坚持为基础教育服务

东北师范大学把适应基础教育发展形势与改革的需要，培养高质量的中学师资作为学校教育改革的主体，坚持为基础教育服务，主要做法是：

一、统一思想认识，明确高师教育改革的立足点

东北师大是国家教委直属的一所历史悠久、具有相当规模、师资力量雄厚、学科专业齐全、教学科研体系较为完备的高等师范学校。但学校曾一度存在盲目向综合大学看齐的倾向，对坚持为基础教育服务的办学方向，在思想认识上和具体实践中都有相当的距离，影响了学校优势的发挥。根据国家教委关于高师院校办学方向的指示，1986年以来，学校组织中层以上干部分别到东北三省教育行政部门及中学进行毕业生追踪调查，到部分师范院校进行考察学习，到学生实习点了解情况。在此基础上，围绕着高师院校办学思想与办学方向问题，先后在全校教职工中展开了几次大讨论。通过讨论认识到，师范院校应坚持学术性与师范性的统一，按分工和社会的需要，在各自的层次上办出自己的特色和水平。作为东北师大，应为社会主义建设培养、造就大批赶上世界发达国家水平的师资队伍。因此，学校教育改革的立足点必须坚持为基础教育服务的办学方向，在有效地为普及九年制义务教育、提高基础教育质量服务中，做出突出成绩。基于上述认识，从1987年起，学校陆续做出了几项重大决策：指派一名副校长并配备一名校长助理专抓为基础教育服务工作；设立了普教办公室；成立了以研究中学教育为主的普通教育研究所及课程教材教法研究所;修订本科教学计划,调整课程体系;实行青年教师到中学任教制度;毕业留校研究生一律到中学任课锻炼一年,并作为评职晋级的条件之一;建立从农村到城市的基础教育服务区与教改实验区。

二、突出高师特点,在培养学生全过程中强化师范教育

在修订后的教学计划中,学校明确规定:本科教育的培养目标是合格的中等学校师资。为此,学校从三个方面采取了一系列有效措施:

1.改革课程设置体系。加强基础课,适当拓宽专业面,调整选修课,相应增加了主干课的学时,并坚持每学期有近50%的高级职务教师承担本科教学任务。专业选修课力求多介绍前沿知识和应用知识,并与中学教学密切联系。同时,通过完善学分制,健全配套制度,利用学分计算学生的学习量和调整知识结构,合理解决各类课程的学分分布。从1985至1986学年以来,学校重点加强了“中学教材教法研究”课程,还增开了中学德育、教育心理学等46门多科性公共选修课,坚持文理科知识相互渗透与沟通,实行学生跨系选听课制度并使选修课规范化、系统化、制度化。

2.强化学生的教师基本功训练。学校制定了《东北师范大学学生基本功训练大纲》,对学生的语言、文字、书法、仪表等基本功培养的内容与途径提出了明确要求。一、二年级着重抓“三字一话”(钢笔字、毛笔字、粉笔字与普通话)和文字表达能力;三、四年级结合教育实践抓教案编写、板书编排、课程讲授、教具制作以及电教、微机应用的训练,并要求学生四学年中考试达标过关,不合格者不准参加教育实习,不授予学位。近两年,学校在抓学生的教师职业基本功训练的同时,还侧重抓了学生的自学能力、班主任工作能力与组织管理能力等综合能力的培养与训练。

3.实行系列化的实践教育体制。自1987年,学校就把组织学生参加社会实践纳入教学计划。学生参加教学计划内实践活动占四学年教学总周数的15%以上,一年级参加生产劳动,二年级参加军训,三年级参加社会和教育调查,二、三年级还分别安排了教育见习,四年级参加教育实习。从1985年起,学校试行了五日授课制,学生可充分利用周六和假日时间,参加学校组织或自己组织的学术报告会、读书演讲会、教师技能大赛、大学生艺术节等实践活动。近年来,不少学生还主动与长春20余所中学160多个班级挂钩,建立经常联系,开展义务为基础教育服务的实践活动。学校还重视组织学生利用寒暑假深入社会进行教育和社会调查活动,把社会实践活动同培养职业理想结合起来。1987年以来,参加寒暑假社会实践的学生已占全校学生总数的80%以上,走访各界人士万余次,调查学校、工厂千余家,写出调查报告1600余份。学生在参加社会与教育实践中,不仅提高了解决实际问题的能力,增长了才干,更受到了生动、具体、形象的国情教育与专业思想教育,培养了教师职业理想。

三、加强教育科学的研究与实验

近几年,东北师大把教育科研放在学校科学研究的突出地位,在加强教育理论研究的同时,把教育科研的主攻方向逐步转向面向基础教育的实际,配合地方政府进行普通教育综合改革的研究与实验。并逐步实行了科研“倾斜”政策。学校建立了教育科学研究基金,制定了教育科研项目(尤其是为基础教育服务项目)“三优先”政策(项目安排优先,经费保证优先,充实和加强研究力量优先),并对周期长的教育改革研究与实验项目,实行取得阶段性成果就予以承认。

四、建立基础教育服务区与教改实验区

1988年以来,东北师大相继以吉林省一

市(浑江市)、二县(通榆县、东丰县)、一厂(长春第一汽车制造厂)为重点,以附校(东北师大附中与附小)为中心,与东北三省50所中等学校建立校系长期协作关系,创建了一批基础教育服务区与教改实验区,积极探索为基础教育服务的新领域和新途径。目前,学校已为基础教育服务区与教改实验区主要提供了以下内容的服务:(1)从教育调查入手,协助地方制定基础教育发展的设想、规划,提出普及九年制义务教育的战略措施;(2)从基础教育的实际出发,对农村边远县和贫困地区实行扩大招收定向生、委托代培本(专)科生,并按协议计划重点保证输送合格毕业生;(3)在地方省市教委及有关部门支持配合下,积极组织学校各方面的力量,采取多种形式、多渠道地培训在职的中、幼师资与教育管理干部;(4)组织力量为基础教育编写出版有关教材与参考书;(5)举办讲座、培训班,介绍国内外教育经验和方法,研究和推广现代教育技术;(6)组织50余名教授、副教授和研究生参与和指导附校的教改与实验,并取得了初步的成效。

撰稿人　杨　丽
审稿人　范业本

黑龙江省教育

1989年黑龙江省教育战线在稳定局势、制止动乱中加强了各级各类学校的政治思想工作；进一步落实了教育的战略地位。全面深化教育改革，重点抓了农村教育的综合改革，各级各类学校稳步发展，使全省教育进一步适应了经济发展的需要。

一、基础教育

(一)落实“义务教育法”，普及义务教育

1989年黑龙江省已经普及了初等教育，并在此基础上开始实施九年制义务教育。根据《中华人民共和国义务教育法》，结合本省的实际情况，制定了黑龙江省实施初等义务教育《基本要求》，同时，制定了九年义务教育的实施规划和步骤。现在全省20%以上人口的地区，正在按实施规划的要求，开始实施初级中等义务教育。据统计，1989年全省有小学17395所，在校生4064063人，中学2808所，在校生1849635人。普通中、小学校分别比1949年增长了51倍和0.73倍，中、小学在校生分别比1949年增长82.7倍和3.5倍。

有效地控制了流失生。省政府办公厅1989年下发了《关于严格控制中小学生流失若干意见的报告》，对各地、市提出了具体要求。很多地方政府下发了《控制流失生的规定》、《意见》或《条例》；各地普遍制定了地方法规和乡规民约；建立了校、村、乡、教育行政部门的层层责任状，以流失率控制状况定奖惩；合理调整学校网点布局，方便学生入学。省里建立了流失生定期检查和报告制度，并将检查结果通报全省。及时总结经验，抓住典型，在全省推广，使中小学流失生得到了明显控制。1989年，全省小学巩固率已达到98.3%；初中流失率为7.6%；高中为4.3%。

继续推行中小学规范化建设工作。1989年9月，省在密山市召开了规范化学校建设经验交流会，推广了密山市等单位的先进经验，促进了全省规范化学校建设工作的开展。到1989年末，全省已有20%的小学达到了基本合格学校的标准，11%的小学达到了合格学校的标准，全省涌现出77所标准小学。规范化初中的建设工作也开始在全省实施，涌现出了兰西三中和汽轮机厂二中两个初中规范化建设的先进典型。汽轮二中被省命名为示范初中。规范化学校建设工作的开展，使全省普通中小学的办学条件、教学质量和学校管理有了明显的改善和提高。全省各地的小学大都按照规范化标准配备了图书资料、教学仪器。目前，18.5%的小学校图书可达到生均5册以上，10.3%的小学图书达到生均10册以上，30%的小学建立了图书室，70%的小学添置了教学仪器，30%的小学建立了实验室，体育器材和卫生保健用品都有新的增加，一些学校添置了高档次的艺术教育、电化教育设备。小学合格率已提高到94%，体育达标率达到65.2%。现在，多数学校都实行了目标管理，逐步实现和达到了学校管理制度化、科学化和规范化。

(二)深化教育改革，全面提高教育质量

改进和加强中小学德育工作。1989年黑龙江省根据党的十三届四中全会精神和国家教委制定的中小学德育大纲的要求，制定了《黑龙江省改革和加强中小学德育工作细则》，继续推行德育整体改革。省教委着重抓了省重点学校的德育改革工作，以重点学校的德育改革为龙头，带动和提高了整个中小学的德育水平。1989年，还对全省中小学生开展了形势任务和“三热爱”教育。通过学习和教育活动，广大中小学生消除了模糊认识，提高了思想觉悟，普遍增强了对中国共产党，对社会主义祖国，对中国人民解放军的热爱之情。

认真贯彻和落实了《中(小)学生日常行为规范》。为了提高广大中小学生对《规范》的认识，增强教育效果，在全省中小学开展了以贯彻执行《规范》为中心，以文明守纪、自爱自强、做文明的中学生为主要内容的教育月活动。目前，在全省中小学生中，已初步形成了认真学习《规范》，模范遵守《规范》，做文明学生的良好风气。

继续完善了学校、家庭、社会三位一体的教育网络。全省已有许多中小学成立了家长学校，对学生家长进行教育理论、教育方法的宣传教育，交流学校、家庭的教育情况。哈尔滨、齐齐哈尔和牡丹江市还分别成立了中小学德育研究会，重点研究“学校、家庭、社会”三位一体的教育。在全省各地、市、县，办家庭学校，开展军民、警民共建，已成为一项十分广泛的活动，形成了教育合力，为广大中小学生创造了良好的成长环境。

在全面改革的基础上，重点抓了农村教育的综合改革。1989年，进一步完善了讷河、桦南两个农村教育综合改革实验区，在全省推广了佳木斯红旗中学、讷河老莱中学和绥化西长发镇的经验，不断扩大典型，现已形成了由百所农村中学组成的综合改革典型群体，创办并扩大了“三加一”、“四年制”、“初二分流”等三教统筹的多种办学模式。实行了农科教三统筹，把农村教育综合改革与实施“燎原计划”结合起来，开展了多种形式的技术服务，推动了农村经济的发展。

继续深化了教学改革。1989年，继续推行和发展了小学语文教学的“注音识字，提前读写”实验和小学“三算”以及“幼儿——小学——中学”一条龙改革实验。目前，全省教学改革已由单科、单项、局部改革向综合、整体改革的方向发展，教学质量比过去有了明显提高。

坚持全面发展的教育方针，加强中小学的劳动技术、体育和美育教育。全省各地的中小学多数都开设了劳动技术课，省统编了初、高中农学、养殖、金工等多种教材，同时，允许各地根据实际情况编写乡土教材作为补充。现在，全省大多数中学都有供开课使用的校田地，城市中学的劳动技术教育中心已发展到4所。

1989年4月，全省召开了体育、美育工作会议，制定了《加强学校体育工作的意见》和《加强学校美育工作的意见》。进一步深化了学校体育教学和美育教学的改革，并采取各种措施推动体育和美育工作的开展。全省开展了大规模的合唱比赛，哈尔滨市举办了第一届学校艺术节，其它一些学校也通过艺术节等形式，开展了丰富多彩的群众艺术教育活动，促进了全省艺术教育的普及。年末，对全省中小学校体育工作进行了大规模的评估检查。

(三)积极创造条件，抓好幼教和特教工作

1988年着重进行了理顺幼儿教育管理体制的工作，经过一年的努力，已有97%的市、县变妇联管理为教育管理。及时制定了管理办法，使全省各级各类幼儿教育逐步走上了正规化、科学化的轨道。1988年8月，国务院办公厅转发国家教委等部门关于加强幼儿教育工作意见的通知后，省教委会同省内其它八个厅局起草了落实意见的报告；并由省政府办公厅转发各地、市、县。《报告》做出了三个决定：(1)教研、教材部门要配备专职干部，加强对幼儿教育的业务领导；(2)乡、村两级幼儿园、学前班教职员工的编制在中小学公、民办教师中调剂解决；(3)民办幼儿教师享受民办小学教师待遇。《报告》解决了多年没有解决的问题，调动了全省幼儿教育工作者的积极性，推动了幼儿教育事业的发展。

特殊教育是基础教育的薄弱环节，为了普及特殊教育，提高残疾儿童的入学率，把特殊教育纳入了初等义务教育的轨道。经过一年多的努力，取得了突出的成果。1989 年在原有的基础上，全省新建 2 所、扩建 6 所聋哑学校，新建了 2 所弱智学校，扩大了招生容量。开展残疾儿童随班就读的“一体化”实验，提高了三种儿童的入学率。全省聋哑儿童入学率由 1988 年的 41%提高到 52%；弱智儿童入学率由1988年的 8%提高到19.95%。

(四)多方筹措资金，改善办学条件

由于历史的原因，全省中小学办学条件较差，欠帐较多，在一定程度上影响了教育战略地位的落实。为了尽快改变这种现状，一方面依靠国家和省财政增加投入；另一方面，通过多种方式，多渠道筹集资金，积极改善中小学的办学条件。1989年全省用于改善办学条件的集资总额达 37491 万元(不含企业)，全省共建新校舍 65.6 万平方米，翻建危房 44.7 万平方米；比 1988 年新增教室 2265 间，实验室 1612 个，图书室 895 个，卫生室 485 个，音乐室 409 个；新增学生课桌椅 48 万单人套，教学仪器 39.1 万台件，体育器材 10 万余件，购置图书265.2万册，修建围墙 48 万延长米，植树495.9万株。全省已有 90%的学校实现了“一无两有”。在各级教育部门和财政部门的共同努力下，1989 年是全省中小学改善办学条件投资最多、效益最好的一年。

(五)加强师范教育，抓好师资队伍建设

加强师范教育，在投资中采取了“倾斜政策”，从普教基建投资中提出30%(354万元)，安排了15 所师范学校的校舍建设，1989 年全省各地自筹资金投入师范学校的基建费达到600多万元。大庆师范学校、哈尔滨幼儿师范学校等 7 所师范学校已达到标准化要求。

加强中小学在职教师的培训工作。省教委调整了全省教育学院的布局和学历教育专业，把教育学院的工作重点转到教师职后培训上来，对全省中小学教师进行职后再教育，提高了教师的素质，全省中小学教师《专业合格证书》考试及格率已达到27.5%。

为了吸引优秀毕业生报考师范学校，从根本上提高教师的素质，省教委制定了优惠政策，对坚持在农村及边远地区工作的教师普遍向上浮动一到二级工资；提高师范生助学金、奖学金标准；师范毕业生从事教育工作试用期满合格者，其工资起点比其它行业同期毕业生高一级。扩大了师范学校定向招生的比例，90%定在乡以下。

做好中小学教师职称评聘工作。全省现已评聘中学高级教师5338人，小学高级教师3万多人，提高了中小学班主任津贴标准，民办教师老有所养问题得到解决，离职后可享受离职前工资的60%的补助(最低不得低于国家发给民办教师的补助费标准)。

成立了黑龙江省教师奖励基金会。对优秀教师的奖励形成一项长期制度。全省各级基金会已募集资金1700多万元。

为优化教师队伍结构，省教委从年初开始着手进行安置多余人员的工作，目前，已安排1700余人。

附

□牡丹江市重视师资素质培养与队伍建设

牡丹江市是一座中等城市，辖 8 个县(市)。全市共有普通中小学和农职业中学2150多所，教育部门所办学校有教职工29400多人，其中专任教师24200多人。近几年，市各级领导认识到振兴牡丹江的希望在教育，教育的希望在教师。因此，重视加强师资素质的培养和队伍建设。他们的具体做法是：

1.加强师德教育，提高教师政治思想素质。

牡丹江市把加强师德教育，提高教师的政治思想素质和职业道德水平放在教师队伍建设的首位。重点抓了四项工作：

一是明确师德教育要求，由市委宣传部和教育局制定了教师政治思想、道德《修养》十条。根据这一要求，各地各校结合实际情况分别制定了加强教师政治思想修养细则。

二是广泛深入地开展"三自"、"三爱"教育活动。从1986年开始，牡丹江市连续四年在全市教师队伍中开展了自尊、自爱、自重和爱事业、爱学校、爱学生的教育活动，收到了明显的效果。

三是坚持行之有效的思想政治工作制度。1986年以来，他们坚持实行了每周一次的政治理论学习制度，党员教师"三会一课"制度。即每学期一次的学生、家长评论教师会，每季度一次的教师民主生活会制度，期末教师思想总结鉴定制度，学校思想政治工作和教师政治、思想、道德考核评估制度，每年一次侧重从思想、师德方面评优选模的制度。

四是明确教师思想政治工作责任。规定各级党委宣传部门和各级教育行政部门共同负责抓好思想工作；市、县两级宣传和教育部门每年对教师思想政治状况进行一次全面调查；县（区）乡党委领导每学期向教师作一次形势报告或思想政治工作报告；学校党组织和校长把思想政治工作纳入管理目标，做到有计划、有检查、有总结。

2.对现有教师的培训工作。

为切实提高在职教师文化业务素质，确定了"强化职能、突出重点、多种形式、注重实效"的原则。强化职能，即明确规定市县两级教师进修院校在教师培训、教学研究方面，有统筹规划、组织指挥、检查评估的行政职权。突出重点，即根据不同时期的情况，调整培训内容和重点。多种形式，即根据不同对象、不同情况、不同需要，采取离职学习、业余函授、自学考试、办短期培训班和业务培训班。注重实效，即防止和纠正只重文凭不重实际水平的倾向，注重实际能力的提高。

3.加强管理，建立和完善教师队伍管理制度和办法。

在师资队伍管理上，重点抓了两方面工作：一是逐步调整、严把"三关"，优化队伍。1986年以来，实行提前退休、逐级下调、调离岗位、转出口外的办法，对教师队伍进行了调整，共安排了380多人。为防止骨干教师外流，低质人员进口，民办教师随意聘用更换，上收了审查批准权，严把了教师出入的"三关"。二是引入竞争机制，调动教师积极性。从1988年开始，在15所中学进行定编、定岗，实行校长负责制、教师聘任制、工资总额包干和结构工资制的试点，效果较好。

4.积极改善教师工作条件，提高教师待遇，使教师安心教育工作。

在提高教师福利待遇方面，采取了四项措施：一是动员社会尊师重教，多办实事、好事。二是抓主要矛盾，用多种途径解决教师住房。三是拓宽渠道，增加投入，提高学校自筹资金用于改善教师生活福利的比例。四是制定导向政策，鼓励农村教师安心教育岗位。

经过几年的努力，牡丹江市已经初步建立了一支政治立场坚定、业务素质优良、结构合理、相对稳定的教师队伍，对推动牡丹江市教育事业的发展起到了积极作用。

二、职业技术教育

1989年，黑龙江省根据"大力发展，按需施教，灵活多样，注意实效"的方针，把发展农村职业技术教育列为职业技术教育的重点，按照"燎原计划"和农村教育综合改革的整体规划，加速了农村职业技术教育的发展。在城市继续巩固和提高职业中学教育，加强了对中等专业学校的宏观控制，调整和完善中等专业教育结构，加快中专教育的改革步伐。

1989年，黑龙江省中等专业学校108所(含中等师范学校31所)，招收新生21450人，毕业生21811人，在校生62876人。独立设置的农职业中学433所，附设农职业班的普通中学207所，教职工19751人，其中，专兼职教师12882人，毕业生48597人，招生57757人，在校生133729人。技工学校219所，在校生103500人，教职工18413人，其中教师7680人。以上各类中等职业技术学校总计760所，在校生300105人，占高中阶段在校生总数的51.5%。1949年全省只有各类中等专业学校11所，在校生3487人，40年来分别增长68倍和85倍。党的十一届三中全会以后，黑龙江省加快了中等职业技术教育的发展，特别是农职业中学，“文革”中已全部停办，1979年开始恢复时，全省只有11所，现在已增长38倍；在校生比1979年的4252人增长30.4倍。各类中等职业技术学校在校生总数由1978年的61283人，发展到300105人，增长3.8倍。特别是改革开放10年来的努力，黑龙江省已经建立起遍布城乡、门类齐全、结构合理的中等职业技术教育体系，为全省的经济建设培养了大量人才。

(一)实施“燎原计划”，进行农村教育综合改革，加速农村职业技术教育的发展

1989年，黑龙江省在发展农村职业教育工作中始终注意端正农村职业中学的办学方向，坚持面向农村、面向农民、服务农村经济建设的办学宗旨，培养农村社会主义事业的建设者和接班人。坚持人才培养、科技实验、技术推广、生产发展和经济服务相结合的办学模式。推广讷河、桦南县两个农村教育改革实验区的经验，逐渐扩大典型学校的辐射面，发展农村教育改革的典型群体，为适应家庭联产承包责任制的需要，积极改革教学内容和教学方法，为科技兴农，不断增强学校的适应性、实用性和提高学生的创业能力。

在大力发展农村职业技术教育中，注意发挥农业中专的骨干带头作用。利用农业中专的智力、设备等优势，带动农村职业技术教育的发展，采取帮助农村学校扩大四年制初中“三加一”班，试办初级职业中学，按农时季节举办实用技术短训班等多种形式，发展农村职业教育。省教委推广了佳木斯农业学校积极支持农村教育整体改革的经验和做法，这所学校在国家教委和农业部联合召开的1989年深化农业中专改革会议上做了典型发言。1989年9月，该校被农业部授予“中等农业教育改革先进单位”的称号。黑龙江省在大力发展农村职业技术教育中，注意与普教、成人教育紧密结合，协调发展。普通教育引进职教因素，成人教育走向职业化。培养造就接班人与培训提高当班人同步进行，职前教育与职后教育相结合。在少数经济文化发达的农村，青少年主要在初中毕业后接受职业技术教育；经济文化不发达的农村，着重发展初中阶段的职业技术教育；对不能升学的小学、初中和高中毕业生施以各种形式的短期职业技术培训。同时，在小学高年级和普通中学开设劳动技术课。

积极落实“燎原计划”，直接为经济服务。1989年，黑龙江省在23个县(市)、50个乡(镇)首批实施“燎原计划”。在实施“燎原计划”的县(市)、乡(镇)的职业学校，采取灵活多样、长短结合的办学形式，对农村劳动者进行实用技术培训，接受培训的农民达386424人，使当地53.3%的青壮年农民学到实用技术。实施和推广了197项适用技术，包括种植、养殖、加工业的水稻、大豆、烤烟、亚麻、甜菜、浆果、山野产品，良种培养，新技术推广，植物生产素试验及家禽、家畜良种繁育，加工、综合利用等。其中桦南、讷河、密山3县(市)已列入全国农村教育综合改革的实验县，桦南县

柳毛河乡、讷河县巨和乡、绥化市西长发镇和密山市连珠山乡，被国家教委授予1989年度实施“燎原计划”先进单位的称号。结合“燎原计划”的实施，黑龙江省还把教育和农业、科技紧密结合，充分发挥农职业中学和农村教育改革实验校在农业与科技之间的“二传手”作用，从而使“燎原计划”和“星火计划”、“丰收计划”衔接起来，较好地解决了教育、经济“两层皮”的问题，把“服务”和“依靠”真正落到实处。

（二）调整中等专业结构，加快中专教学改革步伐

1989年，继续加强对中等专业教育的宏观控制，调整和完善中等专业教育结构，增强中等专业教育的适应性和发展能力。对办学网点和专业设置有针对性地进行了调整。根据社会需要和学校自身条件，在牡丹江林业学校、黑龙江省建工学校等9所学校增设多种经营、建筑与装饰、家用电子电器等11个专业。

中等专业学校的教学改革有新的进展。一是把实践教育作为农业中专改革的突破口，省教委会同省农牧渔业厅一起组织有关教师，制定了农学、园艺等5个专业的实践技能考核规定，加强了实践性教学环节；二是召开了全省文科中专学校实践教学座谈会，交流了几年来黑龙江省文科中专学校的实践教学改革方面的做法和经验。推广了省税务学校创建文科“实验工厂”的实践教学改革经验。

改革了中等专业教育的招生分配制度，进一步打通人才通往农村的渠道。继续实行定向招生、委托招生，扩大自费和不包分配招生的比例。1989年中等专业学校（不含师范）招收定向生1280名；招收委托生459名；招收不包分配生850人，比去年增加480人；招收自费生1926人，比去年增加1196人。改革了成绩考核办法，从偏重考理论转变为同时注意实践操作技能的考核，为培养和训练学生掌握基础理论、基本知识、基本技能探索一条有价值的途径。

（三）加强了职教干部的培训和师资队伍的建设，提高职教工作的质量和管理水平

五次组织地、市、县、校四级职教管理干部培训班，在密山、宝清召开了“四长”现场会，专门研究发展职教和如何发挥农业中专在发展农村职教的中心作用。

为了建立一支数量足、素质好的职教师资队伍，1989年把农村职教师资队伍的培训作为重点。主要采取依托农业中专，脱产进修，单项技术培训和分配毕业生等多种途径，为农村职业教育培训师资。

附

□桦南县农村教育综合改革

桦南县是一个比较贫困的农业县。1987年底，省教委确定该县为深化农村教育综合改革实验县。两年来，他们从本县实际出发，发展农职业教育，深化农村教育综合改革，立足为当地经济建设培养人才，促进了经济建设的发展。与1987年比较，1989年全县工农业总产值达26503万元，增长24%；财政收入2586万元，增长44%；农民人均收入达457元。该县的主要经验是：

1. 建立高、中、初级职教网络，发挥“四个中心”作用。

发展农职业技术教育，是实施农村教育综合改革实验的主体工程。该县从1979年开始，调整中等教育结构，办职业技术教育，到1988年基本上建立了县、乡、村多层次、多形式、多功能的职业教育网络。目前，全县各类农职业技术学校已发展到6所，在校生达到2200人，农职业学校与普通高中招生数达到1:1。

发挥职业教育三个层次、“四个中心”作用。一是高层次教育，培养高等技术人才。以电大分校、教师进修学校和高校函授部为中心，依托高等院校，采取多种形式，培训了1363人。二是中层次教育，培养中等技术人才。以农业技术高中为中心，辐射全县19个乡(镇)。3年来，培养了农学、畜牧、园艺专业毕业生479人。以县职业技术高中、技工校为中心，辐射城镇，为工矿企业培养11个专业的1131名毕业生。三是初等层次教育，培训初等技术人才。以乡职业初中(班)和乡(镇)农民技术学校为中心，培养能掌握一两门实用技术的新型农民。

坚持上挂、横联、下辐射。几年来，该县先后与哈尔滨师范大学、佳木斯农业学校等6所院校挂钩，聘请专家、学者到县讲学，传授技艺，引进先进技术和优良品种。横联，在县内加强校际联合，互相支援，密切合作。下辐射，加强服务，送技术上门。实行校带乡，班带村，生带户。通过乡村联系户做示范，把优良品种、科学技术向农村传播、扩散。

2.职教与普教、成人教育紧密结合，协调发展。

为了提高劳动者素质，改变了普教、成人教育单一文化教育的模式，实行文化教育与劳动技术教育相结合。普通教育引进职业教育因素，成人教育走向职业化。该县重视职后教育，把培养造就接班人与培训提高当班人同步进行。结合扫盲工作，突出应用科学和实用技术教育。改革普通教育单一升学教育的模式，在加强基础教育，巩固提高质量的基础上，引进职教因素。培养学生家庭经营、科技致富的实践能力，适应农村发展商品经济的需要。

3.农科教统筹，形成合力，发挥整体效益。解决教育、经济“两层皮”的问题，把“服务”和“依靠”真正落到实处。在改革实验中，结合“燎原计划”的实施，把教育和农业、科技紧密结合，使其各展优势，为振兴经济服务。一是在组织上，健全了农科教统筹协调指挥体系，组建了县农科教统筹领导小组。县长出任组长，分管农业科技教育的副县长为副组长，由有关部门的主要领导组成。二是在规划上，实行三个同步，即经济结构调整与教育规模、专业调整同步进行；经济发展规划与人才培养同步进行；招生工作与未来招生工作同步进行。三是在人财物上，实行联合办学，一校多用，一师多能，统一培训人才。

4.采取四项措施，保证改革顺利进行。一是主要领导抓，抓主要领导。二是采取宏观调控措施。三是多渠道增加教育投资。四是提高教师素质，优化教师队伍。

三、高等教育

1989年黑龙江省高等教育在制止动乱、稳定高校局势、坚持社会主义办学方向、整顿教育秩序、加强学校管理的情况下，在治理整顿、深化教育改革、提高教育质量方面，取得了显著成绩。

(一)稳定学校规模，调整专业层次结构，促进高等教育与全省经济、社会协调发展

1989年，继续严格控制增加新校和学校升格，全省高校仍保持42所。其中中央部委所属院校14所，地方所属院校28所。招收本科新生23984人(专科生11211人)，比1988年减少4.2%；在校生79224人(专科生26531人)，比1988年增加0.4%，比10年前增长80%，比建国初期增长12.5倍；毕业生达23220人(专科生11173人)，比1988年增加14%，比10年前增长2倍，比建国初期增长79倍。全省16所院校招收研究生1189人，在校生4206人，毕业生1688人，比1988年分别减少18%、12.4%、7.3%，全省专科、本科和研究生的在校生比例大体为1：2：0.16。10年累计全省高校共向社会输送各类高级专门人才14万余人，相当于建国以来前30年的总

和，使全省每万人中科技人员的比例，由600人提高到1988年的782人。

增强高等教育的适应能力，进一步调整了部分高校的专业层次结构。在7所院校增设了计算机软件、塑料工程、对外贸易经济等14个本省急需的专业，在3所本科院校新增加了部分专科专业，在2所本科院校的部分专业拓宽了专业面。全省高校的专业设置已增加到230多种410多个。

（二）制止动乱，稳定局势，加强思想政治教育，整顿教育秩序

1989年春夏之交受北京学潮、动乱和暴乱的影响，黑龙江省高校也出现学潮和动乱。在50天的“风波”中，全省各院校自始至终地认真贯彻中央和省委的一系列指示，旗帜鲜明地制止动乱，既坚持了有理、有利、有节的斗争，又进行了耐心细致的教育和疏导，得到了广大师生的理解和支持，使全省所受到的损失减少到最低限度，迅速地稳定了政治局势，维护了安定团结，恢复了学校的正常秩序。

在学潮动乱之后，全省高校认真总结了几年来思想政治工作和管理工作的经验教训，采取有效措施，加强了学校管理，切实加强了思想政治教育工作，整顿了教育秩序。1.组织广大师生深入学习党的十三届四中、五中全会的精神和邓小平、江泽民的重要讲话，开展了集中教育和专题教育，使广大师生受到一次深刻的阶级斗争教育、坚持四项基本原则教育和法制教育，坚定了政治立场，端正了政治态度，明辨了是非，在思想上基本统一到中央精神上来；2.加强了学校管理，严肃了校风校纪，认真整顿了学校的政治环境和教学环境。各院校还从整顿教学和生活秩序入手，加强了学籍管理，制止校内的一些不良现象，取缔了在校园经商等不法活动；3.对近年来高校出现的乱办班、乱收费、滥发文凭的“三乱”现象，切实进行了治理。加强了计划管理，健全了审批手续。对全省35所高校的计划外办班（在校生达29500人），分别改为进修班、自学考试班、专业证书班，将其中14300人纳入了成人高校计划，对各种专业证书班严格完善了审批手续。与此同时，对乱办班、滥发文凭、出卖毕业证书的典型事件，配合有关部门，集中力量进行了认真调查并依照党纪、政纪对当事人进行了严肃处理。在此基础上制定了彻底治理“三乱”的措施。

（三）改革招生和毕业分配制度，进一步打通人才通往农村的渠道

在招生制度改革上，继续扩大了农、医、师院校的本、专科定向招生比例。本科定向招生比例由1988年的40%扩大到50%，专科定向招生比例由1988年的50%扩大到80%（其中50%的考生定在乡以下）。1989年全省招收定向生1280人，委托培养2534人（其中本科579人，专科1955人），自费生930人（其中本科299人，专科631人）。在考试录取方法上，取消了高考预选考试和中专与大学考试“一条龙”的办法，实行了中专、大学统一科目，分别考试，分别录取。

在毕业生分配制度改革上，坚持了面向基层，面向农村，择优分配的原则。1989年是师范院校毕业生最多，也是分配工作难度最大的一年。在大中城市大企业办学单位和中专以上学校接收毕业生数量明显减少的情况下，经过省教委和高师院校大量细致的工作，全省师范院校7571名本、专科毕业生全部分配下去，其中本科毕业生有85%分配到地方和企业办的高级中学，专科毕业生有98%以上分配到企业办的初级中学和地方，多数分配到乡中学。同时，还较好地坚持了择优分配的原则，使3%的优秀毕业生得到了优才优用。

（四）继续深化教学领域改革，提高教学质量

1989年进一步开展教学领域改革的内容是：1.积极进行了高教综合改革的试点。在

继续总结哈尔滨科技大学精密仪器专业、黑龙江大学法学专业、哈尔滨师范大学政治教育专业的综合改革经验的同时，重点组织了东北农学院和绥化师范专科学校的全面综合改革的试点工作，指导绥化师专进一步修改、完善和实施了综合改革的方案。2. 继续加强了重点学科的建设。在1988年确定省属高校38个重点学科的基础上，进一步指导了有关院校制定重点学科建设的规划，检查了组织实施的情况。同时，省教委还在总结10年来高校师资梯队建设经验的基础上，提出了《关于确定省属高等院校重点学科带头人、学术骨干的意见》，并在省属各院校普遍进行了重点学科及一般学科带头人、学术骨干登记考核工作，在此基础上确定了50名教师为重点学科带头人，100名教师为学术骨干。3. 加强了教学评估和监督。根据国家教委的要求，制定了《黑龙江省普通高校教师教学质量评估及奖励暂行办法》，并且迅速组织实施。经过5个多月的评审，评选出省级优秀教学成果奖242项，其中一等奖96项，二等奖146项，并向国家教委推荐了国家级优秀成果奖17项，其中特别奖4项，全部得到通过并受到奖励。在高等学校办学水平评估试点上，制定了大学物理和物理实验两门课程的评估方案及其实施细则，完成了两门课程的建设和教学质量评估工作，形成了10所工科院校两门课程建设和教学质量状况的综合分析报告，并建成了黑龙江省大学物理试题库和物理实验题卡，编写出版了大学物理学统编教材。4. 为了深化高师教育改革，省教委组织了全省高师院校校长和教务处长总结交流10年来高师教育改革的经验，讨论了今后深化高师教育改革应解决的主要问题，确定了师范专科学校根据办学条件和需求情况将学制由二年改为三年的转制工作。并组织有关专家研究制定了师范专科学校办学水平的评估方案；此外，还组织了优秀师专的评选推荐工作，绥化师专受到了国家教委的表彰和奖励。5. 为提高全省高校体育工作质量，省教委制定了《黑龙江省高校体育工作评估暂行办法》，并在黑龙江大学、哈尔滨工业大学、东北农学院、东北林业大学、哈尔滨机电专科学校、哈尔滨师专等6所院校进行试点，进一步使之完善，为建立新时期高校体育工作目标量化管理新机制，实现管理科学化、制度化、规范化，提高体育工作系统总体效益打下较好基础。

（五）科研工作稳步发展，在为经济建设服务和“科技兴省”中做出了贡献

1989年全省高校科研工作，坚持基础理论研究与应用课题研究相结合，取得了可喜的成绩。据不完全统计，全省高校共承担自然科学工程技术项目3100多项，其中有国家“七五”计划攻关项目110项（含二、三、四级子课题）、国家高技术49项、国家自然科学基金230多项、国务院有关部委攻关课题700多项、省级科研项目230多项，共获得科研经费4000余万元。已鉴定科技成果415项，其中达到国际先进水平65项，国内首创67项，出版各种专著283部，发表论文5882篇（含在国外学术刊物及国际学术会议发表364篇）。科技成果推广转让共196项，成交额为519万元。在科技成果中有209项获得省级以上奖励。其中国家自然科学奖1项，国家发明奖2项，国家级科技进步奖3项，国家星火奖2项。许多科技成果，都达到较高的水平。如，哈尔滨工业大学完成的“智能机器人双足步行技术”，是国家高技术计划项目，已达到国际先进水平；东北林业大学完成的“E级刨花板用DN—6号低毒性尿醛树脂胶”，达到了联邦德国的标准；哈尔滨医科大学完成的“人体肺癌的细胞遗传学研究”，10多项指标居于世界领先地位。

1989年全省高校文科科研也有较大发展。全年人文社会科学课题共有938项，其

中国家规划4项，国家教委规划5项，国务院有关部委规划3项，共获得课题研究经费28万6千多元，取得成果1708项，其中专著126部，教材112本，咨询和报告32篇，论文1438篇(含全国性学术刊物发表212篇，国外学术刊物发表13篇)，获得各种奖励94项。在所取得的成果中，黑龙江大学承担的“当代中国社会生产力考察”是国家“七五”计划攻关课题；该校出版的《经济民主论》是该领域中的第一部学术著作。哈尔滨师范大学完成的《中国近代民主党派史》是国内迄今最详实而有权威性的一部专著；该校完成的另一部著作《史论索引》，也属国内首创，受到社会好评。

全省高校很重视将科研成果迅速转化为生产力，直接为经济建设和“科技兴省”服务。截至1989年底，全省高校科研成果转化率已达25%。东北农学院在综合改革试点中组织师生和科技人员进入经济主战场，在推广科学技术服务方面，成绩十分显著。已有51%的教师参加科研，90%以上的研究课题属于与生产建设紧密结合的应用和开发研究项目。自“六五”计划以来累计获得科技成果和专利项目有40%得到推广和应用。仅1987至1989三年中创社会经济效益就达8.9亿元。几年来，该院还在全省11个地、市、县和国营农场建设各种类型的科学试验区，推广4种主要农作物的优良品种，以点带面，发挥生产示范作用，探索科技兴省、扶贫致富的路子。如在三江平原的富锦市长安乡高家村建立了以开发水稻机械化综合栽培技术为目标的试验区，在千亩稻田中获得平均亩产800斤以上的好成绩，全村25个水稻户中有4户纯收入超万元，其中有两户超两万元。全村人均收入由过去的250元左右跃增到500元以上，偿还了陈欠贷款和私人借款20多万元，取得了科技兴农的显著效果。

此外，全省还清理整顿了高校科技开发公司和科技有偿服务工作。省教委和工商局、财政厅联合下发了《关于进一步清理整顿高等学校科技开发公司有关问题的通知》，在哈尔滨市22所高校重新登记54个公司中，按照条件撤并掉30个。与此同时，省教委还下发《关于贯彻落实“国务院批转国家教委等部门关于深化改革鼓励教育、科研、卫生等单位增加社会服务意见的通知”的执行意见》，对全省高校开展科技有偿服务工作的有关问题做了明确规定，并监督各院校认真执行。

(六)继续开展职称改革工作，加强教师队伍建设，奖励优秀教师

1989年在前3年基本完成首批教师的职务评聘工作的基础上，继续进行了教师职称改革工作。经调查研究，在8所院校下放教授、副教授任职资格审定权之后，又在5所院校10个学科进行了下放教授学科评审权的试点，在6所院校19个学科进行了下放副教授学科评审权的试点，在4所专科学校进行了下放讲师任职资格审定权的试点，逐步扩大了高校评聘专业技术职务的自主权。与此同时，继续进行了教师职务评聘工作。全省高校又评聘教授80人，副教授541人。1989年全省普通高校专任教师共有15762人，其中教授626人，副教授3009人，讲师5567人，教员560人，助教6000人。教授、副教授合计占教师总数的23%。

在教师队伍建设上，还加强了高校师资外语培训中心的管理工作，组织162名大学教师参加了国家出国人员水平考试(EPT考试)，在此基础上选拔了60名教师出国进修提高。此外，全省评出全国教育系统劳动模范6名，全国优秀教师51名和全国优秀教育工作者3名；评出省教育系统劳动模范8名，省优秀教师76名和省优秀教育工作者12名，并在教师节期间隆重地进行了表彰、奖励。

四、成人教育

(一)职工岗位培训

1989年全省岗位培训试点企业由1988年

的492户扩展到694户，试点范围从大中型企业扩展到中、小型企业。全省参加各级各类培训的职工1944121人，约占职工总数的35%。其中，规范化岗位培训398989人，各种适应性专业培训1089331人，技术工人技术等级培训455801人。哈尔滨电机厂、哈尔滨汽轮机厂、东北轻合金加工厂等一批大型骨干企业，已经建立和完善了岗位培训和考核、使用、待遇相结合的制度。

(二)整顿各类成人教育学校

1989年省教委针对成人教育中存在的追求高学历、学校规模过小、教育结构、布局和科类比例不合理等问题，对职工大、中专及社会力量办学开始进行整顿。

1.职工大、中专联合办学。1989年集中抓了哈尔滨、牡丹江、佳木斯、鸡西、绥化等市(地)的联合办学工作。经过调查研究，征求有关部门的意见，制订了全省首批职工高校调整联合方案，经省政府上报国家教委已批复实行。至1989年末，全省已有22所职工高校实行总校、分校式的联合办学，另有3所职工高校实行实体联合办学。联合后的职工高校由1988年的80所减少到67所。职工中专的联合办学，先在绥化地区试点，将21所职工中专联合为10所。其他地、市的职工中专即将陆续开始调整联合。联合办学实行6个统一：统一专业设置，统一计划招生，统一教学计划，统一学籍管理，统一使用教师，统一使用设备。

2.整顿社会力量办学。1989年全省社会力量举办各级各类学校（班）2083所(个)，60多个专业，在校生经常保持11万多人。为了加强社会力量办学的管理和领导，1989年省教委制订了《黑龙江省社会力量办学管理暂行规定》，由省长签署政府第七号令正式下发。这是全省成人教育第一个地方性法规。省教委对全省98所社会力量举办的高层次学校进行了全面整顿。准予49所学校重新登记；有9所学校暂缓登记；撤销停办40所，其中包括26所跨省办的学校。对中、初级文化和技术社会力量办学也进行了整顿。准予1482所学校重新登记，占学校总数的73.5%；限期改善办学条件，暂缓登记的学校176所，占学校总数的8.7%；撤销363所，占学校总数的17.8%。

(三)农村知识青年实用技术培训

农村知识青年实用技术培训，1989年又有新的发展。各县(市)、乡(镇)、村以农村文化技术学校(农业技术推广中心)为阵地，坚持“实际、实用、实效”的原则，因人、因地、因时制宜，有计划地对农村各类从业人员，特别是回乡知识青年和乡镇企业职工进行周期短、见效快的实用技术培训。教育行政部门协同乡企业部门开展了乡镇企业职工培训，对其中的部分人员还实行了较系统的初、中级职业技术培训。一些农村学校和农业大、中专院校遵循“科技兴农”的战略方针，把教学同推广技术、科技咨询、生产经营结合起来，利用学校智力和技术优势，以各种方式直接为发展当地经济和农民致富服务。佳木斯农校经常按农时季节到农村举办实用技术培训班。几年来，举办短训班59期，受训达4670人次。东北农学院组织学生下乡下场开展智力支农社会实践活动，仅1987—1988学年度两个假期，全院就组成133个振兴家乡学习社会小分队，举办各种培训班和文化补习班23个，实施技术开发项目12个。这些“科技兴省”活动，增强了农村知识青年吸收和应用现代化农业科技的能力。据不完全统计，1989年全省共举办农、林、牧、副、渔、工、商、运、建、服务十大行业的农村实用技术培训班4.17万个，有110万农村知识青年接受培训，培训率达29%。全省县(市)、乡(镇)、村三级农村实用技术培训网络进一步得到了巩固和发展。

(四)扫除文盲

1989年全省的扫盲工作认真贯彻《扫除文盲工作条例》和《全国扫盲工作会议纪要》精神，出现了多年来少有的深入持续发展的好势头。1988年冬至1989年8月底，全省扫除10.2万文盲。农村15至40周岁的青壮年文盲，由1978年的126万人减少到56.7万人。文盲率由1978年的20％下降到现在的8％，达到了基本扫除文盲的标准。在全省1161个乡（镇）中基本扫除文盲的达1140个，占乡（镇）总数的98.2％。

近几年来，全省各市（地）、县（市）、乡（镇）普遍建立了由政府领导挂帅，各有关部门负责同志参加的扫盲工作领导小组。教育部门把扫盲纳入行政领导任期目标责任制，作为年终考核干部政绩的一项内容，并通过签定责任状的形式，把任务标准下到基层，落实到人。扫盲工作已经形成了由教育部门牵头，农业部门、共青团、妇联、民兵等组织互相配合，齐抓共管的局面。各县、乡（镇）政府始终坚持堵盲、扫盲、提高并举的方针。一些县（市）通过人大立法，对辍学生问题做了约束性的规定，把扫盲工作纳入法制轨道。为防止复盲，他们开辟了四条渠道组织脱盲人员继续学习。即组织技术班学习实用技术；组织读书读报班，阅读科技通俗读物；组织收听专题技术讲座；组织专业户、科技户的科技报告会和致富演讲会等。

为了推动全省扫盲工作持续健康地发展，省教委于1989年初会同省农牧渔业厅、省科协、省妇联和团省委等部门，检查验收了木兰县等10个扫盲先进单位的扫盲工作。

为了保证扫盲质量，省教委组织人员编写扫盲教材，培训扫盲干部和教师。1989年，全省有80％的地、市、县教育部门对扫盲专职干部和教师进行了培训。在曼谷召开的联合国亚太地区扫盲人员培训班座谈会上，黑龙江省派员介绍了培训扫盲人员的经验。8月，黑龙江省承办了中国联合国教科文组织全委会和国家教委召开的扫盲人员培训教材和扫盲培训工作研讨会，并在会上介绍了经验。

附一

□哈尔滨汽轮机厂开展岗位培训

哈尔滨汽轮机厂是我国生产大型电站汽轮机和船用汽轮机的骨干企业。自1985年以来，结合本厂实际，不断探索，逐步开展全员岗位培训。到1989年，已经形成比较完善的培训体系。

建立和完善了5种岗位培训制度。（1）岗前培训。对1433名新入厂的徒工、转业兵、合同工以及新调入厂的职工，经过岗前培训，使其具有上岗必备的政治、文化条件和专业知识及技能。对419名大、中专新毕业生进行了相应的岗前培训。（2）转岗培训。对在本企业调换技术工种的328名工人和调换到另一个岗位系列工作的152名干部，按照新的工作岗位标准进行培训与考核，使其取得上岗任职资格。（3）上岗培训。对1273名关键部位和生产骨干进行上岗培训，按岗位规范标准，考核合格并取得岗位合格证书的职工方可上岗。其中1110名中级工、100多名高级工获得了中、高级技术等级证书。（4）转正定级培训。根据规定的熟练期和定级年限，按规定的培训内容进行考核。（5）晋级（档）培训。坚持先培训后聘用，先培训后晋级（档）的原则，进行培训、考核。

该厂把适应性岗位培训和全员性岗位培训制度纳入了工厂管理标准，通过职工代表大会，形成法规。先后制定了《通用工人岗位标准》、《专业管理干部现代化管理方法应知应会标准》、《班组长岗位标准》等岗位规范。

为了适应全面开展岗位培训的需要，工厂建立了岗位培训的三级多种形式教学体系和管理体制，即职工大学承担工程技术人员和中层管理干部的岗位培训，职工中专负责一般管理干部的岗位培训，职工学校负责初、中高级工人的岗位培训。各办学单位还成立了培训部，选派具有实践经验的干部当专职培训员，加强培训工作的检查指导。各车间、科室也参与组织管理、培训和考核，保证了培训工作的顺利进行。

附二

□木兰县率先成为无盲县

党的十一届三中全会以来，木兰县十分重视扫盲工作。到1985年，这个县农村青壮年农民(15～40周岁)文盲率已低于15％，基本扫除文盲。1989年，青壮年文盲率下降到2％，达到了国务院关于青壮年文盲率低于5％的扫盲高限标准，被评为全国扫盲先进县。

“七五”计划期间，特别是国务院发布《扫除文盲工作条例》和全国扫盲工作会议以来，木兰县委、县政府实行扫盲、堵盲、提高并举的方针，实行扫盲工作领导责任制和目标管理。为了从组织上切实保证扫盲工作顺利进行，成立了由县长挂帅的扫盲领导小组，教育、共青团、妇联、武装部、科协等部门明确分工，齐抓共管。全县剩余的文盲一个不落地由县分解到乡，再由乡分解到村和当地学校，层层明确指标，落实到人头。全县组织了近千名教师，采取当地教师一盯一的办法，建立了包教责任制，做到层层有人抓，教和学双方任务明确。全县每年对文盲普查一次，采取查户口与识字测验相结合的方法，建立了每户一页的文化户口卡。县、乡、村各级领导做到情况明，数字清，心中有数。

为了提高质量，教育部门还自编了“四字经”式的教材，内容有农村实用技术，生活常识，法律常识，计划生育，勤俭节约等知识。有的乡、村还在文盲家里搞见物识字，给文盲买看图识字卡片和小画册，为学员扩大识字量创造了良好的条件，调动了他们的学习积极性。

木兰县在扫盲的同时，还堵住了新文盲产生的渠道。县人大立法对辍学生和家属以及录用辍学生的单位和辍学生所在村、屯领导都做了约束性的规定。流动的辍学生，都组织到补习班和少年速成班里学习，达到脱盲标准后，转入农民小学班学习。

撰稿人 王文运 赵 耀
毕德来 单雪丽
费秀天 孟昭庶
审稿人 谢 岚

上海市教育

一、普通教育

1989年，上海各级党委和政府进一步加强了对普通教育工作的领导。年初，市委、市政府领导同志分别深入区、县中小学作调查研究，针对普教工作中存在的一些突出矛盾，召集有关单位进行协调，并就加强德育工作、增加经费投入、改善中小学教师待遇和加强师资队伍建设等重大问题作出了相应的决定。下半年，对市和区、县进行了教育工作的督导、检查。年底，召开了全市学校思想政治工作会议，总结与反思近几年来的学校德育工作，制订了进一步加强学校德育工作的措施。

与此同时，上海市普及九年义务教育工作取得了一定成绩。在1988年市区小学妥善解决新增5.92万名学龄儿童入学之后，1989年又解决了新增6.2万名学龄儿童的入学问题，未出现两部制。市区和郊区小学、初中适龄儿童的入学率仍保持1988年的水平(市区100%，郊县98%以上)，流生率有所降低(小学下降0.02个百分点，初中下降0.15个百分点)。高中阶段教育，1989年遇到了市区初中毕业生人数增加，又有一批上海知识青年的子女从外地按政策回沪就读，而各类职业技术学校的招生人数又难以扩大的新情况。经各方努力，采取了调整招生计划、举办技术短训班和文化补习班等措施，使初中毕业生未能入学的人数减少到最低限度，缓解了矛盾，维护了社会的安定团结。

1989年，上海普教工作取得新的进展。主要是：

(一)贯彻《中共中央关于改革和加强中小学德育工作的通知》，进一步加强德育工作

1989年年初，江泽民同志带领市委、市政府及有关方面的领导同志深入中小学调查研究，直接了解和指导中小学德育工作，强调要对学生进行爱国主义教育、国情教育和自力更生、艰苦奋斗的教育，要教育学生发扬我国的民族精神和优良传统。

1989年中小学德育工作在继续抓好中学政治理论课和小学思想品德课的教学、德育大纲和行为规范的贯彻、社会实践的落实、校外教育基地及网点建设、青春期教育和家长学校的试点、贯彻《上海市青少年保护条例》、加强工读教育和违法犯罪青少年的综合治理等经常性工作的同时，根据中央《通知》和江泽民同志的意见，开展了以下几方面工作与活动：

1.3、4月份，组织上百万小学生广泛开展为环卫、公交、残疾人、烈军属、孤寡老人服务的"学雷锋、树新风、为社会服务"的活动。3月5日，对长期坚持学雷锋活动的113个中小学社会服务队和126个社会服务队的优秀指导教师进行表彰。这次活动对中小学生普遍进行了一次思想和道德教育，并对形成以社会服务队为基础的社会实践活动制度起了推动作用，在社会上也产生了良好的反响。

2.在春夏之交发生政治动乱的日子里，各级教育行政部门依靠基层党组织，团结广大教职工做了大量深入细致的工作，稳定了中小学的教育秩序，为稳定上海，稳定全局作出了贡献。

3.组织教育行政部门和学校干部、教师认真学习党的十三届四中全会、五中全会精神和邓小平同志、江泽民同志一系列重要讲

话，提高对春夏之交发生的政治斗争性质的认识，提高贯彻执行“一个中心，两个基本点”的基本路线和反对资产阶级自由化斗争的自觉性，并联系实际，总结与反思了近几年来的中小学思想政治工作。在统一思想认识的基础上，研究并制订了进一步加强德育工作的措施。

4. 1989年秋季，对中小学学生进行时事形势教育，明确春夏之交这场政治斗争的性质和平息反革命暴乱的必要性，同时结合国庆40周年，组织中小学生开展“红旗在我心中”主题教育和《祖国颂》影视节等活动，使学生热爱祖国，热爱共产党，热爱社会主义，热爱人民解放军。

5. 抓紧中小学德育工作的资料建设。1989年下半年先后编印了一批爱国主义教育的资料，举办了上海市德育信息资料展览会，拍摄了小学生日常行为规范电视录像片。

（二）贯彻党的十三届三中全会精神，治理整顿教育秩序

从1989年下半年起，针对上海普教系统收费问题一度比较混乱的现象，根据市政府的统一部署进行了清理整顿。原有收费项目，共有5大类，123项。经过清理，在123项中，有62项予以保留（将部分项目并入其中），并对其中7项原收费标准偏低的，予以适当调整；取消了“议价生”、小学一年级入学前教育班、中小学生实验费等不合理收费25项。1989年7月，制订了《关于进一步加强普教系统行政事业性收费管理的规定》，规定普教系统各级各类学校必须按统一的标准收费，市和区、县教育局要配备专人负责行政事业性收费的管理工作，并设立举报电话。《规定》下达执行后，乱收费的现象基本上得到了控制。对群众的举报，责成区、县和学校予以纠正。

由于片面追求升学率错误思想的影响和某些单位、部门追求经济收益，滥编滥印资料、滥发订单以及学校盲目代学生订购复习材料、参考书等书籍的现象屡禁不止，1989年7月，根据有关规定，制订了加强教材、图书、资料管理工作的规定。根据市里统一规定的书簿数量规定了小学、初中、高中书簿收费标准。据最近的检查，情况已有些好转。

另外，进一步提出清理整顿中小学破墙开店、出租出借校舍场地的意见，同时，明确审批制度，加以严格控制。1989年制止了13所学校破墙开店，另有31所学校待与有关单位的合同期满后，立即收回有关校舍场地。

在制止流失生工作、整治教育秩序方面所采取的主要措施有：1、进一步贯彻落实义务教育法规，健全执法机构，完善执法程序。总结推广了上海、青浦等县领导重视，明确职责，制定执法工作程序、制度、纪律的经验。把制止流失生工作的责任落实到各级政府和学校。学校内部加强学籍管理，完善流失生情况报告制度。2、按照劳动部等5部委《关于严禁使用童工的通知》，对童工、童商进行定期检查。1989年7月共查出童工456人，除4人外出务工无法追回外，其余全部清退。3、把制止流失生工作同改变薄弱学校面貌，大面积提高教学质量的工作结合起来，减少学生因多次留级而离校的现象。1989年秋季起，适当降低了小学一年级的教学难度，提高教学质量，把降低留级率作为评估学校的标准之一。初中，特别是农村初中，在适当年级实行普通科和职业科分科教学，试办初级职业技术教育班，使大年龄小学生和部分初中学生受到适合他们程度的教育。由于采取了这些措施，全市小学和初中的流失生率分别从1987—1988学年度的0.08%和0.83%下降到0.06%和0.68%。

（三）深化教育教学改革，提高教育质量

1989年，上海市中小学为全面贯彻党的教育方针，全面提高学生素质，继续进行教育改革，涌现出一批先进单位。全市共表彰了154个小教系统的先进单位。受表彰的小学

的共同特点：一是办学指导思想比较端正，重视全面提高学生素质；二是优化教育环境，开展社会实践活动，大力加强小学德育工作；三是加强教育教学管理，使办学水平不断提高；四是积极开展整体改革实验和教育科研，全面提高教育教学质量。

中小学的课程、教材改革。1989 年完成了课程改革总体方案（包括培养目标及小学、初中、高中分阶段培养目标，中小学的课程设置、课时安排等）的制订工作，并经专家审定原则通过。专家们认为，这个方案较好地体现了减轻负担，提高质量，重视基础，加强德育，培养能力，发展个性，全面提高学生素质的要求，有利于中小学从“升学教育”的轨道转变到“素质教育”的轨道上来。

教育科研工作得到加强。1989年成立了普通教育科学研究学术委员会和专业组，使普教科研管理逐步走向科学化、规范化。还改革了科研经费的管理办法。群众性的教育科研工作广泛开展，初步形成了专兼职科研人员与群众性科研结合，科研部门与行政部门结合，理论与实践结合，普及与提高结合的新格局。1989年举行了本市第三届普通教育科研成果评奖活动，从各区、县的数千项研究成果中，共评出一等奖 3 项，二等奖 24 项，三等奖 58 项，鼓励奖 63 项。

实施“燎原计划”，推进农村教育综合改革取得了新进展。正式确定了上海市“七五”期间实施“燎原计划”的 12 个示范乡，24所示范学校。市政府决定由市人民银行为燎原项目筹集500万元贷款，上海市人民政府教育卫生办公室（简称市府教卫办）、上海市教育局和县乡两级财政，也都分别安排拨款或经费，用于实施“燎原计划”。实施“燎原计划”的示范县和示范乡，根据各自不同的经济、教育基础，制订了实施方案。

坚持体育教学改革，中小学生体质得到增强。幼儿教育与特殊教育也取得新进展。1989年调查的数据表明，上海市中小学生体质的总体水平已从1985年居全国中下水平上升到中等水平。上海市的幼儿教育也取得新的进展，静安、闸北、杨浦、嘉定四个区、县1989年被评为全国社会办园先进单位。各县普遍建立了托幼办公室，加强了对幼教工作的领导。1989年还召开了上海市特殊教育工作会议，制定了进一步加强特殊教育工作的措施。

推进社区教育，探索学校教育与社会教育一体化的新路子。经过几年的试验和逐步推广，到 1989 年，社区教育得到了较大的发展。全市 12 个区中有 126 个街道、镇（占街道总数的 89%）建立了社区教育委员会。其中，由学校牵头组织的发展到44个，还有 4 个区成立了区一级的社区教育委员会。由于大多数社区教育委员会建立的时间不长，还处于摸索工作规律、完善工作制度的过程中（据调查分析，有20%左右的街道社区教育委员会已在不同程度上取得了一些经验，10%左右实际工作还没有真正开展起来），需要进一步扶持，加强领导，建立相应的规章制度。

（四）增加教育投入，改善办学条件

1989 年，上海市继续贯彻落实多渠道筹措教育经费的政策，努力增加普教经费。经过市和区、县各级政府的努力，1989年普教经费实际支出比 1988 年增长了 17.4%，大大超过增长11%的预算安排。同时市政府还决定从1989年起将城市教育费附加征收率从三税的 1 %增加到1.5%，全年多收4000 余万元。从 1989 年秋季起，又实施了对中小学实行收取杂费和调整高中学费的办法，当年增加了普教经费约 2000 万元。全市中小学校办企业的净收益也从 1988 年的 1.16 亿元增加到1.4亿元。1989年社会集资达到 2900 万元，是开展社会集资以来最多的一年。

教育经费的增加，为中小学办学条件的改善提供了保证。按照“七五”规划，上海市市区要改造64所弄堂小学。据统计，到1989年底已有55所竣工交付使用，11所正在施工，16所正在做工程前期工作。到“七五”期末，可以确保完成66所，比原计划超额完成2所。1989年市区共加层扩建了88所中小学，建筑面积达10.6万平方米。市区弄堂小学的改造，中小学校舍的新建、扩建，解决了386个班级、1.59万名小学新生的入学问题（占新增学生数的23.7%）。郊县陈旧校舍的改造，1988年和1989年计划改造189所学校，拆除面积9.8万平方米，翻建面积14.5万平方米，投资3736.94万元，经过各方面的努力，到1989年底开工、竣工项目已达185所。陈旧校舍改造工作与过去的危房改造相比，在改造的进度、质量、标准、造型、配套、投资效益和管理水平等方面都有所提高。

（五）加强师资队伍建设，改善教师待遇

为改善教师待遇，除按国家规定，从1989年10月起调整工资外，上海市又采取了两项措施：一是将中小学和幼儿园班主任的岗位津贴从每人每月5至7元，提高到20元；二是从1989年9月1日起，对从事中小学教育工作满30年的合格教师，退休后给予奖励，退休奖励金为原工资的5—15%，但奖励金和退休费之和最高不超过原工资。

1989年，中小学教师学历达标率有了提高。小学、初中和高中教师的学历达标率分别为71.9%、78.3%、66.8%，比1988年分别提高2.8、1.6和2.7个百分点。为切实提高教师的教育教学能力，适应改革的需要，把在职教师培训的重点，从学历教育转向职务培训，市政府于1989年12月发布了《上海市中小学教师进修规定》。为做好《规定》的实施工作，成立了中小学教师职务培训课程建设办公室，举办了职务培训试点班，市和区、县教师进修院校已开设了136门进修课程。

为提高教师的政治素质、思想素质和道德素质，引导教师热爱教育、端正教育思想、坚持教书育人，充分调动教师的社会主义积极性，各级党委和政府加强了教师思想政治工作。还在教师中开展了爱生教育，检查和制止体罚学生的现象。1989年，市教育局成立了教师思想政治工作小组，协助市教卫党委做好具体工作，以加强中小学教师思想政治工作的领导。

“五四”、“六一”期间，全市分别表彰了123名中小学优秀青年班主任和100名优秀少先队辅导员，发扬他们的先进思想，调动广大中小学教师教书育人的积极性，推动了中小学的德育工作。1989年教师节，全市有上万名中小幼教师获得市、区、县优秀教师园丁奖。

为改善师范院校的生源，1989年改革了高等师范的招生办法，采取10%保送、60%选送、30%统考录取的办法。选送生的质量明显提高，高师普遍反映较好。

（六）建立、健全督导机构和督导制度，开展五项督导、检查，促进有关法规和政策的贯彻落实

为进一步加强本市的教育督导工作，1989年，市政府批转了市教育局《关于本市普教系统建立教育督导制度的请示》，建立市和区、县两级政府的教育督导室。市政府还决定组成由分管教育的副市长主持，由有关委、办、局负责人参加的联席会议，统一领导和部署本市的“五查”工作，结合本市情况，确定了“摸清情况，总结经验，发现问题，提出措施，推动工作”的指导思想。市和区、县人大、政协也十分重视“五查”工作，分别组织了部分代表和委员参加督导检查。

在各区、县先后两次自查的基础上，市里组织力量对全市21个区、县普遍进行了复查。复查组深入到36个乡（镇）、200多所学校，听取了区、县、乡政府及学校的自查报告，查阅了有关书面资料，召开了干部、教师、学生、家长等各种座谈会240多个，参加人数达2500

多人，并进行了2600余份问卷调查。最后向各区、县政府反馈了复查的意见。各区、县对复查组提出的意见，认真进行了研究，提出了改进的措施。与此同时，市政府也本着边查边改的精神，对发现的问题分别采取了一些措施。国家教委督导检查组对上海各级政府开展“五查”工作的认真态度和中小学教育工作、德育工作给予了充分的肯定，也提出了一些中肯的意见和建议。此后，市、区、县继续根据自查结果和国家教委督导检查组的意见和建议研究改进工作。有些区、县在加强教育工作的领导、改进德育工作、增加教育投入、改造危房校舍、改善教师待遇和制止流失生等方面取得了比较明显的进展。

二、高等教育

(一)概况

上海高等教育事业经过40年的发展，已初步建成学科门类基本齐全、层次结构趋向合理、科学研究实力雄厚的高等教育体系。

1989年，上海有普通高校51所，在校生126091名，招收新生31777名，毕业生35800名。平均每所高校在校生为2472人。改变了40年前上海高校布局混乱，规模较小(1000人以上的11所，500人左右的3所，大都100人左右)的局面。

层次结构在不断调整中趋向合理。上海高等学校中的专科、本科、研究生教育各层次在校生，1949年分别为2802人、17406人、122人，其比例为23∶143∶1。到1989年，已分别为32127人、93964人、9120人，其比例为3.5∶10.3∶1。现有在校研究生中，博士生1055人、硕士生7528人、研究生班学员537人。有5所高校及中国科学院在沪11个研究所建立了博士后科研流动站。

上海高等教育为适应经济、贸易、金融中心对应用型人才的需要，有计划地发展了工科为主的专科教育。1952年，上海仅有1所高等专科(文科)学校。到1989年，全市高等专科学校已达20所，其中工科类10所，占工科院校总数的42%。在国家颁布的651种大类专业目录中，上海共设有291种，占44.7%。

人才数量逐步适应社会需求。据1989年9月统计，上海普通高校40年累计为全国各地和上海市各行各业培养输送了46.5万大学毕业生，是旧中国全国50年总数的2.2倍。其中毕业研究生1.8万余人，本科生29.6万余人，专科生15万余人。另成人高校毕业生近28万人，相当全日制普通高校毕业生总数的60%。

上海高校现具有科研开发能力的教师1.91万人，专职科研人员4800人；全市高教系统设有近400个科研机构。40年来共开展课题研究1万多项，获科技成果6000多项，其中近10年来获省市以上科技成果4100多项。近年来，历届上海市科技进步奖约1/3至1/4为上海高校获得，其中一等奖的1/2至1/3为高校所得，高校科研成果获奖数已连续几年居科研“五路大军”之首。1988～1989两年，在上海市政府组织的科技结合经济的14项重点工业产品攻关向社会公开招、投标中，上海高校中标近1/3，位居榜首。

(二)高校科技面向经济建设主战场

1989年，上海高校贯彻“教育要为社会主义现代化建设服务”的方针，大力开展科学研究，推动高校科技面向经济建设主战场，取得了可喜的成绩。1989年度，上海市科技进步奖中，上海高校就有97项成果获奖，占全市获奖总数的31.9%，其中一等奖2项，二等奖22项，三等奖73项。

1. 坚持高校科技为经济建设服务。

上海高校努力发展科技，强调基础研究和应用研究相结合，既重视提高科技成果的水平，也重视提高科技成果的经济效益，为上海经济建设作出了贡献。获得上海科技进步一等奖的复旦大学“络合均相沉淀法生产钨酸及其机理研究”成果，在理论研究中首次发现了新型的钨化合物。这项成果使工艺流程简化，工艺环境适应性增强，还节约了大量能源，延长了设备寿命，回收率较旧工艺提高10%。天津一家工厂应用该项成果后，4年新增产值730万元，获利润134万元，创汇202.7万美元。上海交通大学研究开发的“通用机械CAD系统”成果，是机械设计、分析仿真、绘图及辅助教育的综合性系统，在实用功能方面达到了国际先进水平。该成果自1985年以来已应用于全国23个省市的300余家工矿企业、科研院所和大专院校。华东化工学院的“相转移催化法合成邻氨基苯乙醚”的成果自1988年投入批量生产后，改变了我国对邻氨基苯乙醚产品依赖进口的局面，继而已出口日本等国，累计新增产值572.5万元，利税172万元，创汇78万多美元，折合人民币400多万元。

2.高校科技积极投入工业重点项目攻关。

1988年，上海市政府决定组织14项重点工业项目会战，以促进科技与经济的结合，加快上海外向型经济的转变。上海有关高等学校精心组织力量，积极投入到攻关的主战场。至1989年，上海交通大学、复旦大学、同济大学、华东化工学院、中国纺织大学、上海机械学院、上海工业大学、上海科技大学、上海工程技术大学、上海第二工业大学等10所高校，承接了近100项攻关课题(约为上海市攻关项目的1/3)，获得攻关经费1500万元。上海高校科技的攻关，有以下几个特点：(1)组织科技力量，抓好招标工作，落实攻关项目并精心组织实施。上海交通大学科技力量雄厚，中标23个项目，居各校之首。上海工业大学先后有600多人次参加招标和攻关活动，其参加人数、学科门类之多属前所未有。上海科技大学明确规定，攻关项目由学校直接抓，在人力物力上给予充分的保证。(2)敢啃“硬骨头”，高质量完成攻关任务。上海科技大学在“板材FMS”等重大课题中，组织了有机械、自动控制、计算机、数字通信、应用数学等专业20多位科技人员参加的联合攻关组。上海工业大学承接的“桑塔纳轿车浇注机器人”是高科技项目，该校在校内组织系、专业之间的横向协作，校办厂，实验室通力合作，研究成果的主要性能指标，达到国外80年代水平。(3)厂校协同，实现科研、生产、应用相结合。上海交通大学机械工程系承接的“成组技术应用”攻关任务，与上海第二机床厂紧密配合，在制订总体方案时，既考虑国内外的发展水平，又着眼于工厂的具体条件，多次下厂举办讲习班。工厂也相应成立了攻关组，双方共同讨论技术方案，互相学习，取长补短。上海工业大学在承接的“12.5万千瓦汽轮发电机提高效率计算分析”课题研究中，与上海电机厂派出的骨干工程师配合工作，主动提供图纸和技术数据，介绍设计经验，共同参加改型设计工作，加快了攻关课题的进程，提前一年完成了任务。复旦大学材料研究所和珊瑚化工厂共同承担研制的“有机膜”，是彩色显像管中的重要材料，在研制过程中，工厂及时提供了所需材料。应用单位上海电子管厂立即安排了应用试验，并随时反馈信息，形成了科研、生产、应用三结合的紧密关系。

3.高校在科技兴农中发挥作用。

上海高校科技积极开展科技兴农服务，取得了可喜的成绩。据部分院校统计，1979年以来的10年间取得100多项重大科技成果，仅复旦大学、上海农学院、上海水产大学等11所高校为发展农业服务的141项科技成果中，就有89项获国家、中央各部委、省市级奖励。1985年以来推广科技成果124项，取得了较好的经济效益和社会效益，并在农业科技人才培养等方面作出了积极的贡献。

(1)为“米袋子”“菜篮子”工程服务。上海农学院选育成功的“上农香糯”亩产量可达350—400公斤，高产田块达500公斤以上。5年来已在9个省市推广种植了10万余亩，并已逐渐开展了香稻（香糯、香粳）和色稻（黑籼、黑糯、红米、绿米）及其深加工的系列研究，至1989年累计经济效益达3600万元以上，获上海市科技进步二等奖。上海水产大学与有关研究、生产单位合作，开展池塘养鱼高产技术大面积综合试验，使上海市郊区的鱼塘亩产量居全国大中城市之首，为缓解上海人民吃鱼难作出了贡献。并获上海市科技进步一等奖。复旦大学的“种子、真菌及昆虫传播的几种麦类病毒病的鉴定及综合防治”研究成果，已在全国10个省市大多数病区推广应用。仅据河南省农业部门统计，每年就可挽回小麦损失1.2亿斤，折合人民币2000万元。

（2）农业资源的利用与开发。华东师范大学会同外省市政府部门和有关高等学校，应用遥感技术研究山西省农业资源、地下水资源和内蒙古草场资源、土地利用、地貌条件及牧草产量估算等方面的成果，已被有关地方政府采用，受到国务院有关部门的表彰。同济大学的“蜜源花粉资源与花粉营养成份研究”，对我国蜜源花粉资源进行了系统的调查，选用不同花粉进行营养成份分析，获得了2000个数据。并开展了花粉资源抗辐射损伤研究，也获得很好效果。上海铁道学院采用新工艺研究成功的“无臭大蒜粉”，更是受到食用大蒜消费者的欢迎，研制成功的“大蒜油”可进入高档调料行列。

（3）新技术的研究。上海农学院的“鸡法氏囊炎病毒单克隆抗体的研究”，达到了国际水平。经过不同鸡种的治疗试验，总有效率在80％以上。上海交通大学研究的“光合细菌”在稻田施用试验，制成饲料添加剂在仔鸡、蛋鸡和淡水鱼喂养等方面的应用，取得了明显的效果，推动了我国光合细菌的应用和发展。复旦大学研究的“鸡病毒病的鉴定诊断和疫苗防治”成果，填补了我国在禽病毒病研究方面的空白。上海师范大学研究的“棉花枯萎病抗性快速筛选法”成果，提供了一种新的棉花枯萎病抗性快速测定方法。该校研究的“蘑菇菌种快速制作法”，提高了菌种质量，达到了国际水平。该项技术已在全国23个省市推广应用。

（4）农业生态研究。上海交通大学的“生态农场的研究与实践”，运用生态工程原理和生物技术，以沼气开发利用为纽带，把养殖与种植业、工业，能源、电子技术应用，环境治理等紧密结合起来。他们与东风农场合作，每年节约生活用煤710吨，节约了日处理2000吨污水的费用和畜禽用饲料数百吨。该生态系统运转3年来，已增产值3000万元，增加利税600万元，获上海市科技进步二等奖。复旦大学与有关单位合作开展的“渔牧农复合生态工程研究”，经在上海南汇水产养殖场生产实践，取得了显著的效果。复合农业生态系统的工程理论与方法及其建设发展，对区域农业的规划、综合决策和科学管理有重要的推动和指导作用。

（5）基础理论研究。复旦大学的“水稻单细胞培养和植株再生”成果，属国际上首次研究成功，对培养高产优质水稻新品种具有重要意义。该校研究的“水稻雄性不育二型学说的论证及其在杂交水稻中的运用”，对我国选育具有强恢复和优势的粳型恢复系，有较大的理论指导作用。华东师范大学的“核磁驰豫提供电场加速鱼发育条件研究”，上海水产大学开展的“长江、黑龙江、珠江鲢、鳙、草鱼考种”等研究，都具有较大的理论指导作用，并达到了国际先进水平。

（6）人才培养。上海农学院、上海水产大学以及综合大学和师范院校中的生物系，10年来培养大专以上科技人才7000余人，并结合推广科技成果，培养农业科技和管理人才，举办了159期培训班，培训了约5000人次。上海农学院近2年每年为市郊农村开办蔬菜技术、农经助理、农村财会、畜牧、植保、管理等约20个培训班，培训科技人才600余人。

（三）建成首批市属高校重点学科

上海市高教局根据市政府《关于加强地方普通高等学校建设的报告》要求，于1984年评选审定了市属高校首批21个重点建设学科。这些学科经过5年重点投资建设，已经达到重点学科的水准。

在规划首批重点学科建设过程中，坚持按需布点、同行评议、择优扶植、突出重点、注重效益、分级管理的原则，按学科建设总目标认真地抓好实验室、学术梯队、人才培养、科学研究、管理体制等方面的建设。在实施规划时，采取了以下措施：

1. 重视决策指导。

为了把建设重点学科作为加强学校建设的战略措施，市高教局制订了《上海市属高等学校重点学科建设管理办法》、《重点学科评估指标体系》与《定性评分参考标准》、《制订重点学科建设规划的说明》等文件，在指导重点学科定点评选、制订规划、投资建设、评估检查中发挥了作用。

2. 争取多方支持。

重点学科建设投资以政府支持为主，同时发展横向联系，开展协作研究，争取多渠道支持。在5年内，市财政每年拨专项费1000万元。上海工业大学5个重点学科建设经费来源中，市拨专项费占73.8%，世界银行贷款占22.4%，科研专项费占3.8%。上海第二医科大学小儿心血管学科从国外合作中取得的资助比重点学科专项费多3.9倍。

3. 组织检查评估。

开展定点评议、规划论证、年度检查、审计调查、验收检查等多种评估活动。从1986年起，每年组织对重点学科建设进程和效益的检查。发现问题，给以警告，限期改进。1988年进行了审计调查。1989年进行了验收，总结了经验，加强了校际联系和交流。

4. 以任务促效益。

为了促进学科点在后两年出成果、出效益，从重点学科专项费中拿出一部分经费，资助近期能出效益的重点项目与培养人才结合的博士生课题、为外向型经济服务的项目。

首批重点建设学科，经过5年重点建设，取得了显著成效。

1. 改善了办学条件。

各学科点按专款专用的原则，将95%以上的资金用于购置仪器设备。5年内新购置2万元以上的设备278台（件），新建实验室63个，加上改建、扩建的实验室，共有实验室129个，改善了学科办学条件，满足了教学和科研的基本需要。

2. 促进了学术梯队的形成。

各学科采取引进与培养相结合的办法，给中青年教师压担子，提供留学、进修、研究和讲学的机会，提高了教学科研能力和学术水平，培养了学术带头人和骨干，改善了学术队伍的结构。首批学科高级职务人员从设点时的121人增至415人，增加243%；中级职务人员从设点时的348人，增至502人，增加44.3%。学术带头人平均年龄从62.2岁降到60.5岁。教师队伍凝聚力较强，中年以上人员稳定，第二医科大学陈竺夫妇在法国双获博士学位，于1989年回国效力。

3. 提高了教学质量。

首批重点建设学科的高等教育，既培养大学生，又培养研究生。在5年内新增了计算数学、外科（儿科）2个博士点，10名博士生导师和8个硕士点。目前共有10个博士点、24名博士导师，30个硕士点。5年内出版教材74种。培养本科生5209人、硕士生562人、博士生40人，接受进修生近2000人、外国留学生423人、访问学者256人。无线电电子学黄宏嘉教授指导博士生陈翼强解决了“融熔型耦合器”理论，被光波导理论奠基人称为“是继光波导弱导理论以来最重要的理论成果，是10年才出现一次的年代性工作”。中医针灸学科培养了该学科全国第一位博士何金森，以他为主完成的针刺治疗甲亢症的临床和实验研究，获国家中药管理局甲级奖。

4.提高了科研能力和水平。

首批21个学科在5年内新承担研究项目1005个，获科研经费3120.64万元，平均新接项目比设点时增长70%，年均获得经费比设点时增长28%。5年内鉴定科研成果387项，获专利12项，发表论文3345篇，出版专著191部，获自然科学奖2项，国家发明奖6项，国家科技进步奖12项，国家教委科技进步奖18项，上海市科技进步奖74项，其他部委及省市级以上奖39项。

5.取得了较好的经济效益和社会效益。

无线电电子学科完成的四次群通信实验系统已分别转至上海519厂和南京734厂生产。市“七五”攻关项目“高速公路交通监控系统模拟研究”已在沪嘉高速公路应用。由高校研制的上海2号机器人和5号机器人分获市科技进步、攻关振兴一等奖，为上海发展高技术及引进项目国产化作出了贡献。1988、1989年重点学科参加上海14项工业会战攻关项目，中标20项。小儿心血管学科受卫生部委托为北京、南京、杭州、武汉、苏州、广西、成都、温州、江西、沈阳等省市培训了10组小儿心血管专业组人员。

6.促进了国内外学术交流。

首批重点学科在5年内主办国际学术会议26次、国内学术会议25次，参加国际学术会议408人次，学科点接受国外来进修、合作研究137人，接受国内来进修、合作研究1160人，与国外合作研究项目26项，获得资助价值约220万美元。上海第二医科大学小儿心血管学科与美国HOPE基金会建立了双向协作关系，签订了在上海筹建中美儿童医学中心的协议。

7.促进了学科发展。

市属高校重点学科经过5年重点投资建设，创造条件，增强能力，保持了优势，形成了特色，带动了相关学科的发展。经过验收检查，21个学科都是好的或比较好的，检查总体评价都在B级以上，基本达到了建设规划的要求，其中$^2/_3$以上学科达到上海或全国的先进水平，内科（消化系病）和中医外科学已被国家教委批准为全国高校重点学科点。在市级重点学科带动下，上海第二医科大学确定20个、上海师范大学确定7个校级重点学科进行扶植。

8.增强了学校的科技实力。

上海首批市属高校重点学科的建成，增强了学校的实力，提高了学术地位。上海工业大学5个学科实验室固定资产增加2000多万元，相当于全校增加固定资产的40%，改善了办学条件，推动了教学质量和学术水平的提高。该校重点学科新立课题占全校课题总数的67.4%，全校承担的国家自然科学基金项目及“七·五”攻关项目，有75%是重点学科承担的，全校获省市以上科技奖励项目的71.2%是由重点学科完成的。

（四）高校的调整与整顿

上海高等教育，在1989年为贯彻国家“治理整顿”的方针，主要进行了三项工作：

1.逐步进行专业调整。

1989年，上海市属高校和部分部委属高校着手进行专业结构的调整。其指导思想是：从人才需求的实际出发，首先加强统筹规划，研究合理布点，提高办学效益；同时，贯彻教育要适当超前于经济发展的思想和“积极、慎重、稳妥”的方针，避免急上急下或大起大落。1989年主要做了以下调整工作：

（1）停办长线专业。市属院校200多个专业点中，调整了已无人才需求的专业7个，占总数的3%。如上海大学的半导体物理与器件、电子精密机械和统计等专业已相继停办。

（2）有3所专科学校进行了同类专业合并。上海轻工业专科学校将发酵工艺专业并入食品工艺专业内；上海科技专科学校将2个计算机专业合并为微型计算机应用专业；电子器件与应用和电子元件与材料2个专业合并为电子元器件与应用专业；上海纺织工业专科学校的服装设计、服装工艺装备专业合并为服装专业。

（3）按需采取减招、缓招、停招措施。对于一些明显供大于求的专业，或者一时难于掌握人才需求趋势的专业，采取削减1989年的招生计划和停招、缓招等措施。上海科技大学、上海第二医科大学两校的生物医学工程专业已暂停招生。上海师范大学的教育管理专业招生数较1988年减少了近80%。上海大学博物馆学、档案学专业及上海工程大学纺织学院染整专业的招生大部分已改为定向委托培养。上海市建设学院的市政工程、环境监测两专业采取隔年招生的措施。

（4）扩大专业内涵，按系招生。同济大学自1988年就已开始全面实施“按系招生、分类教学、淡化专业、按需定向”的16字方针；上海工业大学为稳定毕业生分配渠道，也按专业大类实行按系招生，拓宽专业范围。上海科技大学、上海工程技术大学、上海农学院等市属高校也全部或部分实行了按系招生。

（5）从专业自评着手，深入进行专业调整。为了在国家治理整顿期间更好地进行高校专业结构的调整，1989年下半年，市高教局要求全市23所市属院校对144个本科专业点和105个专科专业点从毕业生需求、办学条件和规模效益三方面进行自我评价，提出了续办、停办、缓办、转向、隔年招生或增减招生计划的初步设想。此项工作已于1989年年底完成，为1990年进一步进行专业调整做了前期准备。

2.清理整顿校办公司（企业）。

1989年，上海高校对校办公司（企业）进行了清理整顿。近几年来，高校校办公司（企业）有较大发展。1989年本市高校科技企业共签订2600多项技术合同。其中流向大中型企业的占70%，小型企业的占20%，乡镇企业的占10%。校办企业不仅密切了学校与社会的联系，而且还增加了学校的收入，部分改善了办学条件和教职工待遇。但也出现了过多、过乱和不符合社会的需要、经营管理不善、无证无照或超范围经营、私设金库等违反财经纪律、工商法规的现象，影响了学校声誉。

按照市政府的要求，多数学校成立了清理整顿公司领导小组，结合财税大检查，发动公司（企业）进行自查，并组织力量重点检查。全市高校中原有128个公司（中心），逐个进行了清理整顿。撤并了27个，撤并率为21%。此外还取消了一些企业经营医药品和工业消费品批发业务的资格。

按市科委关于清理整顿科技开发、咨询服务公司工作的意见，还对全市高校中174个科技类企业逐个进行了清理整顿。属撤并的有35户，其中公司17户，开发部18户，撤并率为20%。经市科委审定，首批批准保留126户，重新发给科技经营许可证或通过年检。

3.整顿行政事业性收费。

上海高教系统采取自上而下，以条为主，条块结合的方法，对行政事业性收费进行清理整顿。清理整顿分准备发动、清理登记和评审三个阶段进行。

据统计，34所高校申报的收费项目共1167项。其中国家教委和中央部委所属高校共800项，在统计所申报的收费项目中，属于国务院、中央部委、市政府、市财政局、物价局及主管局批准的174项，占21.8%；学校自定的626项，占78.2%。市属院校共367项，其中：国家、市政府、市物价局、财政局及主管局批准的130项，占35.4%；学校自定的237项，占64.6%。市高教局与物价局首先研究提出了区分收费项目保留与取消的主要依据，然后，对申报项目反复进行分析，梳理归类。先把中央部委所属学校的800项与市属高校的367项，归并为160项(其中学校自定的有95项，占59.4%)，再进行复审。经过反复讨论，多方听取意见后，确定了保留项目37项，占归并项目总数的31.4%。在保留项目中，属各级政府规定的项目有23项，占62.2%；由学校根据实际情况必须设置的3项，占8.1%。

撰稿人　龚宝国　谢仁业　肖庆玮
　　　　谈顺法　王少龙　桂水德
　　　　沈本良　包芝伦　毕升华
审稿人　卜中和

三、职业技术教育

1989年，上海市职业技术教育的规模基本稳定；学校布局和专业结构的调整迈开了步子；办学模式和教育改革逐步深化；职业技术教育经受住了经济困难的考验。

截止1989年底，全市共有中等职业技术学校522所(中专113所，职业学校89所，技工学校320所)，比1988年减少27所；在校学生总数15.2万人(中专6.4万多，职业学校3.5万，技校5.2万多)，比1988年减少近5千人；招生5.3万人(中专2万，职业学校1.6万，技校1.7万)；毕业生5.5万人(中专2.1万，职业学校1.6万，技校1.8万)。初、高等职业技术教育规模基本维持1988年水平。此外，还举办了技术短训班，吸收一批未能升学的初中毕(结)业生及按政策回沪就读的上海知青子女进行就业前的培训。

1989年，上海市职业技术教育主要进行了以下七个方面的工作：

(一)切实加强学校的思想政治工作

早在1989年5月初，市政府教卫办就召集了全市500多所职业技术学校的校长开会，旗帜鲜明地要求各校采取一切措施稳定学校，反对动乱。职业技术学校的广大干部与教师敢于做学生的工作，敢于旗帜鲜明地反对动乱，因而绝大部分学校能够做到坚持正常上课，绝大部分学生没有上街游行。

根据《中共中央关于改革和加强中小学德育工作的通知》的精神，职业技术学校普遍加强了对学生进行社会主义教育、爱国主义教育、职业道德教育和热爱劳动教育，注意把德育渗透到文化学习和技能训练的过程中。中专校普遍推行对学生进行德智体综合测评，努力做到德育科学化。许多职业技术学校还成立了由学校主要领导挂帅的学生工作指导委员会。轻工业局还成立了局系统的学校思想政治工作领导小组，从组织上加强学校思想政治工作。劳动局技工培训处还修订了《学生学籍管理制度》，制订了技工学校《学生日常行为规范》，从1989年9月1日起在全市技工学校试行。市委和市政府召开的学校思想政治工作会议明确市教卫党委要加强对职业技术学校思想政治工作的领导与指导。职业技术学校思想政治工作多年来缺乏统一领导与指导的大问题从根本上得到了解决。

(二)积极稳妥地调整整顿职业技术教育

为了从宏观上加强对调整整顿职业技术教育的指导，市政府教卫办会同市教育局、市劳动局共同研究后，提出职业技术教育调整整顿的基本方针是：稳定规模，适当发展，调整结构，深化改革。

市政府教卫办委托上海市智力开发研究所和上海市职业技术教育研究中心（筹）对本市中等职业技术教育的现状开展了综合调查，收集了近十万个数据，建立了上海市中等职业技术教育数据库。数据库包括所有中等职业技术学校的专业构成、学生构成、教职员工构成、经费投入与支出的总额及构成、学校基本办学设施的构成等，为职业技术教育的调整整顿提供了比较准确、全面的依据。

为了扩大学校规模，提高办学效益，全市撤并了27所中等职业技术学校。其中医卫类学校的调整步子比较大，已先后撤销了静安区卫生学校和徐汇区卫生学校，把上海第二医科大学所属新华卫校、瑞金医院护校和九院护校合并为上海第二医科大学附属卫生学校。

(三)逐步深化办学模式与教育教学的改革

为了适应企业组织结构的变化，上海市在职业技术学校的办学模式上进行了新的改革与探索。

职业学校与企业联合办学的形式有了新的变化。上海市商业系统与教育部门共同筹建了商业职业技术教育联合办学指导委员会，由市、区教育局、劳动局的代表，商业主管部门的人事、教育方面负责人，商店经理与学校校长组成。它的任务是对全市商业职业技术教育的专业设置、教学计划、技术考核、招生与毕业生安置进行统筹协调。这种联合办学的形式比起早期的一校一厂联合办学具有更多的优越性。中专校也在寻找校、企结合的办学模式。如：上海市二轻机械学校在前两年加入市二轻模具集团的基础上，又与市二轻局机关及企业组成了对外贸易教育工作管理委员会，负责研究解决外贸专业的教学、实习、课程改革、人才培养等方面的问题。校企结合深入到了专业点上。

教学改革也有新的进展。不少学校积极进行课程改革，以适应企业对人才知识结构的实际需要。如：上海市轻工业学校改革专业课教学的课程结构，打破传统的“三段式”，建立以专业教学为主线，阶段性与模块式相结合的新课程结构体系。教学改革的另一重点是加强实际操作能力的训练，普遍增加了实习教育的时间。市劳动局培训处选择上海柴油机厂等7所工厂的技工学校进行这方面的改革试点。

考核制度的改革进一步完善。为了统一搞好技工学校和职业学校毕业生的技术等级考核工作，全市成立了42个技术等级考核站，占应建数的90％以上。

为了推进职业技术教育的改革，1989年，在上海电视一厂、上海无线电四厂和上海无线电十八厂的3所技工学校全面推广“双元制”办学模式；还在另外21所技工学校吸收“双元制”的基本做法，改革现行的技工教学模式。

(四)基本完成《上海市职业技术教育暂行条例》配套文件的制订

按照1988年3月1日正式实施的《上海市职业技术教育暂行条例》的要求，市政府有关部门要制订相关的配套文件，保证条例的贯彻。1989年，市教育局、劳动局制订并发布了《上海市中等职业技术学校教师资格考核暂行办法》；市教育局、劳动局、人事局制订并发布了《上海市中等职业技术学校评选优秀毕业生办法》；劳动局拟订了《贯彻“先培训、后就业，先培训、后上岗”的实施办法》，已由市政府办公厅转发；高教局、劳动局分别拟订了《关于高等职业技术学校办学基本条件》、《关于高级技工学校办学基本条件》两个文件，已经市政府领导同意。至此，除财政局拟订的《关于中等职业技术学校生均经费综合定额标准》尚在征求意见外，连同1988年发布的两个文件在内，全部配套文件均已完成。

(五)继续开展职业技术学校办学水平评估工作

1989年初，中专学校基本完成了首次评估。职业学校在对上海市商业职业技术学校和上海市兴业职业技术学校评估试点的基础上，于1989年分两批对37所职业学校进行评估。通过评估，使学校和主管部门获得了比较客观的评价，找到了差距，增强了动力，调动了各方面的办学积极性，促进了学校办学水平的提高。上海市舞蹈学校、上海第五钢铁厂技校、上海市商业职业技术学校等37所中专、技校和职业学校以及上海市冶金工业局等12个主管局、企事业单位、社会团体被授予上海市职业技术教育先进单位称号，47位热心支持职业技术教育并作出显著贡献的社会各界人士被授予上海市职业技术教育先进工作者称号。职业技术学校的一批先进教师与干部已在“教师节”期间受到国家和市级的表彰。

(六)努力搞好师资队伍建设

1989年上海市职业技术教育师资队伍建设的重点是加强实习指导教师的培养。除了由上海技术师范学院与上海高级技术培训中心合作培养实习指导教师外，市劳动局还建立了机电、仪表、房地等5个培训基地，培训在职实习指导教师。对未达到《上海市职业技术教育暂行条例》规定的任职条件的教师也抓紧进行培训，开设了机械专业班和工业电器自动化专业班，共有90名教师参加培训。此外，还举办了技工学校校长岗位必备知识培训班，有29位校长参加培训。

技工学校于1989年全面开展教师职务评聘工作，评出高级讲师116人，讲师2088人，助理讲师1820人，教员663人，高级实习指导教师1人，一级实习指导教师85人，二级441人，三级532人。此外，参加其它职务系列评聘的技校教师444人，其中高级职务12人，中级职务192人，初级职务200人。技工学校教师职务评聘工作调动了教师的积极性。

(七)开始重视职业技术教育科学研究

1989年，上海市职业技术教育科学研究的组织机构发展较快。7月，市教育局建立了上海市中专、职业学校教育科学研究学术委员会，加强对职业技术教育科学研究的统筹与指导。目前，市教育局、劳动局所属1/3以上的中专校和华东师大、上海师大等有关高校都设有职业技术教育研究室。此外，还有中专研究会、职业技术教育研究会、技工培训学会以及1989年底成立的联邦德国职业技术教育研究会（筹）等群众性学术团体。1989年完成的重大课题有：上海市职业技术教育发展战略研究，上海市中等职业技术教育基本情况的调查，中学阶段职业指导等。11月，国家教委会同上海市教育局、中华职业教育社在沪召开了“中学阶段职业指导”研讨会。

上海市教育局供稿

四、成人教育

1989年，上海成人教育在治理整顿、深化改革的过程中稳步发展。全市职工参加各级各类成人学校或培训机构的在学人数有106万人，约占职工总人数的21%；农民参加各级各类成人学校或培训机构的在学人数近60万人次，约占农村劳动力的21%。成人高等学校经调整后全市现有115所(点)，1989年招生18043人，在校学员70722人，年内共有毕业生27918人，并有3503人通过市高等教育自学考试取得大专或本科毕业证书。成人中等专业学校有124所，招生（含专修班）18984人，在校人数共有52761人，年内毕业生(含专修班)16528人，并有6198人通过市中专自学考试取得中专毕业证书。自1986年以来，通过中专自学考试取得中专毕业证书的累计已达到3万余人。从业人员的岗位培训，自1987年经过试点大力推行后，1989年参加各类岗位培训人数已达180万人次。技术工人的培训以中、高级工为重点。一年内培训了中级技工11.5万人，高级技工1.2万人，并首批评聘高级技师38名，全市中、高级技工已占技工总数的48%。继续教育和社会文化生活教育的办学规模和参加人数都有所发展。

1989年，上海成人教育的主要工作是：

(一)拟订法规，进行执法检查

为了加强对社会力量办学的管理，健全法制，以法治教，制止乱办班、乱收费、乱发证等现象，上海市成人教育委员会在有关部门支持下于1989年拟订了《上海市社会力量办学管理办法》。朱镕基市长于1989年7月23日签发了市政府关于施行《上海市社会力量办学管理办法》的12号令，并决定于1989年8月1日起施行。《管理办法》公布后，全市各区、县教育、劳动等部门，各种社会力量的办学部门和已办的学校进行了学习、讨论和贯彻。各区、县成人教育管理部门按《管理办法》的要求对本地区社会力量所办学校进行逐校检查验收。对验收合格的学校发放办学许可证；对违反《管理办法》的学校作出了暂缓发放办学许可证或停止办学的处理；同时对办学有成绩、有良好教育效果的学校予以奖励。有些尚未办理审批手续的学校纷纷补办审批手续。静安、长宁、卢湾等区还严肃处理了一些乱办学、乱收费、乱发证的学校，维护了法令的权威性。

从1989年初开始，上海市成人教育委员会对《上海市职工教育条例》进行了执法检查。要求各区、县、局、大专院校、局级研究所对执行《条例》的情况进行自查。在自查的基础上，上海市成人教育委员会会同上海市人大教科文卫委员会、上海市政协教育委员会对各县、两个区和五个局进行了重点抽查。5月中旬又要求各单位进一步检查，重点是把职工教育列入所属单位负责人的任期目标，改善办学条件和改进自查中暴露出的问题。7月19日，上海市成人教育委员会召开了实施《条例》的经验交流会。谢丽娟副市长在会上提出，要“针对问题，依法促教，切实加强职工教育”。12月12日至15日，上海市人大教科文卫委员会组织教育界、企业界的部分市人大代表视察，对《条例》的贯彻执行情况进行了检查，促进了《条例》的实施。

《条例》的贯彻、实施取得了一定成效：1.不少单位进一步重视了《条例》的贯彻实施，自觉纠正和解决与《条例》不符的行为和做法；2.促进了职工教育的发展，参加岗位培训的人数有较大幅度的增长；3.办学条件有所改善，任意挪用职工教育经费，占用职工教育校舍和其他设施的情况得到纠正。上海市成人教育委员会和上海市总工会联合对实施《条例》较好的306名先进个人和110个先进集体给予表彰和奖励。

（二）转变成人教育的重点，加强各类岗位培训

上海市成人教育重点已转向岗位培训。据1989年统计，参加各类岗位培训的有180万人次。

全市工业、交通、财贸、建设、教卫、金融等有关单位已制订出2300多个岗位规范，组织编写了《工人岗位能力知识规范参考手册》、《各类干部岗位知识能力规范参考手册》等，使开展岗位培训有了依据。

1989年，各级各类干部参加岗位培训人数为27万人次。其中，市经委按照国家体改委的要求抓紧对大中型工业企业领导（厂长或经理、党委书记、总工程师、总经济师、总会计师）进行岗位培训，到1989年底培训了1500多人，约占此类干部的50％。另外，又培训了小型工业企业厂长或经理近3000人。市医药、仪表、海运、冶金、有色金属、轻工业、纺织、化工、机电、航天等行业对车间主任进行岗位培训，全市形成了一定规模，到1989年底，全市培训车间主任2000余人。同时，不少行业对办公室主任、教育科长（处长）等各职能部门的干部进行了岗位培训。

1989年，全市工人约有110多万人次参加了岗位培训。上海市班组长管理知识培训，已办了四期电视讲座，组织了四次统考，培训了13万人次。培训内容除学习班组长管理理论知识外，重点放在能力培训和考核上。1989年开展了上海市“劳动杯”班组长管

理知识竞赛活动，有30多个局(公司)参加了活动；开展了上海市班组长管理知识培训优秀学员、优秀成果奖和培训工作优秀组织者及先进集体的评选活动；年底，又在全市组织了班组长管理知识和能力考核检查活动。这些活动进一步推动了班组长岗位培训，提高了班组长的管理水平。班组长管理知识的培训、考核正转入正常化、制度化。

全市参加技术等级培训的约有33万人。其中，培养了中级工11.5万人，高级工1.2万人。从1986年开始到1989年底，全市累计评聘工人技师5100人。1989年首次在5个行业17个企业中评聘高级技师38人。

全市参加一事一训、应急培训、短期培训等适应性培训的职工有76万人。12月份，在全市适应性专项培训经验交流会上，上海无线电二厂等单位介绍了他们在生产性停工期间组织职工培训等经验。

在岗位培训中，许多单位注意把岗位培训和劳动人事制度改革结合起来。技师、高级技师等有岗位津贴。对培训后合格的班组长或车间主任，不少企业也给予岗位津贴。建工局在全市建筑企业施工、材料、安全等十一大员中实行持证上岗制度，建材局在局工业企业中实行了班组长岗位持证上岗制度。

(三)恢复和发展企业政治学校，继续开展职工政治轮训，加强政治思想教育

上海市企业在开展职工政治轮训过程中，建立了一大批政治学校。仅市属工业企业就成立了各级各类政治学校1400余所，配备办学干部和教师7千余人。在1987至1988年间，有些政治学校停办或处于半停顿状态，但仍有不少政治学校坚持开展政治思想教育。江南造船厂对全厂干部、职工分三个层次进行较有系统的政治思想教育，每年进行的政治轮训都列入厂的方针目标值进行考核。上海真空电子器件股份有限公司坚持从培养“四有”合格人才的要求出发，采取一系列措施坚持对职工进行系统政治思想教育，并且对各厂政治学校进行验收，鼓励各厂创办合格政校。宝山钢铁总厂针对思想政治工作被削弱的状况，为了提高职工的政治素质，于1989年4月18日正式成立了政治学校，并由江泽民同志亲自题写了校名。该厂政治学校对全厂职工进行每期10天的政治轮训，通过轮训，职工进一步懂得自己在社会主义建设中的地位、作用和历史使命，提高了主人翁的责任感。他们在轮训中还开展学习雷锋，争做好事的活动，重新开创为人民服务的一代新风，并通过政治学校军事化的管理，加强职工的组织性纪律性。

党的十三届四中全会召开以后，企业所办的各级各类政治学校陆续恢复和建立。市属工业企业政治学校已恢复到1200余所。全市各级各类成人学校和培训班较普遍地把加强思想政治工作作为成人教育的一项重要任务，采取各种形式对学员进行政治思想教育。为了适应工商企业单位、农村、机关事业单位对干部、群众进行以坚持四项基本原则为中心的政治思想教育，开展政治轮训或科室、车间、班组政治学习的需要，中共上海市委宣传部组织编写了基本国情、基本路线教育的教材《中国国情简明读本》，配合这本书的教学，市工业党委宣传处组织编写了《中国国情教学参考资料》，为进一步开展职工的政治思想教育创造了条件。

(四)进一步调整、整顿成人高等学校和中等专业教育

1989年，上海市继续进行成人高等学校和中等专业学校的调整、整顿工作，优化结构，增进效益，提高质量。

1.加强职工大学的调整、联合。

1989年上半年，市高教局对职工大学的进一步调整和联合办学提出了意见，要求各委、办、局根据各自的实际情况提出本系统职工大学调整、联合的方案。本市职工大学联

合办学主要有三种形式：（1）松散型的联合，由局组建总校，原公司(企业)职工大学为分校，各分校的人、财、物隶属关系不变，总校仅统管学历教育的教学业务工作；（2）紧密型的联合，即由局组建总校，总校成为实体，统一管理下设的分校，有关专业设置、教学管理、实验设备和教学物资等均由总校统管；（3）合并型，即将本系统原有各所职工大学合并组建成一所职工大学。经过调整和联合，上海市独立设置的职工大学调整到37所的方案已经各有关方面同意，比1988年的44所减少7所。

2.整顿成人高等专业证书教育。

成人高等学校的专业证书教育逐步开展后，为年龄在35岁以上，已有一定工作经验的在职人员进修岗位必备专业知识增辟了入学的途径，但是在部分办学单位中存在任意降低入学者年龄和工龄规定，并忽视入学人员文化基础的问题，有些教学班教学质量不高，造成不良的社会影响。为此，上海市高教局在1989年对成人高等专业证书教育采取初步措施予以整顿：（1）对专业证书教育班招生实行全市统一考试；（2）严格执行专业证书教育班入学人员的年龄规定，凡35岁以下的人员不准报名入学，违反这一规定的不准发证；（3）加强对专业证书教育班的教学管理。

3.改革和整顿成人中等专业教育。

(1)对全市成人中等专业学校进行检查评估。1989年，市教育局对全市成人中等学校分期分批进行检查、评估。通过调查教师教学情况，抽样调查毕业生反馈情况、教学计划与教学大纲实施情况以及学校管理情况等，对学校进行评估，凡评估合格的给予评估认可文件。检查评估工作促进了各校的整顿和改革。不少学校通过检查评估，修订了教学计划、教学大纲，加强了实验、实习考试、学籍管理和学生思想工作等环节，进一步坚持规格，保证质量，讲究效益。

(2)电视中等专业学校与工业局联合办学。上海市电视中等专业学校为了更好地为用人单位服务，先后与市农机局、港务局等发展联合办学。联合办学后，电视中专的课程设置进一步符合专业岗位的要求，如管理专业根据专业需要分为库场管理、外轮理货管理、调度计划管理等专业班；工业局的技术人员主动担任电视中专专业课的教学工作，发挥了工业局在教育中的优势。农机局与电视中专联合办学后，为郊区农机系统及乡办企业所需人才的培养创造了条件，参加电视中专学习的人数有较大的增长。

(五)进一步发展继续教育

1.办学单位普遍重视继续教育，参加学习的人数不断增加。

现在上海市从事继续教育或兼有继续教育任务的办学单位主要是高校。一是普通高校。已有上海交大、上海工业大学、华东化工学院等20多所院校与有关部门协作，举办了厂长、经理培训班，总工程师培训班，工程师进修班等。二是成人高校。由成人学历教育向岗位培训、继续教育方向转移。如第二工业大学、电大、各管理干部学院等都在继续教育方面作出了一定的成绩。此外，科协系统的各个学会也承担了大批科技人员的继续教育任务。由于办学规模扩大，全市各行各业接受继续教育的人数迅速发展。如市经委系统，科技人员参加计算机普及教育的人数至1989年累计已有7万余人，占该系统非计算机专业的科技人员总数的40%。各级经济管理干部接受不同层次培训的人数至1989年累计已有1万余人，占该系统经济管理干部总数的14%。其中大中型企业的厂长、经理、三总师参加高层次继续教育的人数已达到培训计划人数的40%。

2.坚持从社会需要出发，不断开拓、发展教育内容和形式。

继续教育的课程设置，多数由基础补缺型、普及型、专业补缺型向发展更新型渗透，累计课程达100多种。如市经委系统已从原来补外语、普及计算机应用、学习现代管理知识为主的课程体系，转移到适应技术改造、技术引进、产品更新换代需要的发展更新型课程体系；市邮电局系统努力开发数字传输、程控交换等新课程；市国防工业各有关单位在大力开发民用工业的同时，积极开发当前国民经济迫切需要的新的继续教育课程等等。

为了促进继续教育进一步发展，并能适应经济、社会发展的需要和生产技术革新的需要，市政府研究室和市成人教育委员会于1989年12月召开了继续教育研讨会，促进各办学部门和办学机构深化继续教育的改革，教育对象从科技干部为主转向科技干部与经济管理干部并重，教育内容从补缺型和普及型为主转向与经济建设紧密结合的发展型为主，教育模式从注重系统性、统一性、长周期为主转向注重实用性、多样性、短周期为主，教育途径从高等学校为主转向学校与企业紧密结合的轨道。此外，市政府研究室和市成人教育委员会对加强继续教育的宏观管理、制订规划、师资队伍和基地建设、确保经费渠道等方面进行了专题研究，提出了专题报告。

（六）继续改革农村成人教育，适应当地经济建设需要

1.加强农村实用技术培训。1989年，上海市郊区各县开展农村实用技术培训有较大的进展，参加乡镇企业岗位培训和农村实用技术培训的人数近40万人次，其中1140人接受了较长周期、较有系统的培训。许多农民通过培训掌握了新的生产技能和农业生产的先进经验，促进了生产，取得了明显的经济效益。崇明县各乡成人文化技术学校从当地资源优势和农业生产实际出发，选择技术先进又适合农民实践水平的项目进行培训，形成每一乡都有一个特色项目，称为“一乡一品”，再将其中适用于全县推广的项目面向全县进行培训，取得了良好效果。郊区各县的农村实用技术培训的项目在1989年都有新的发展，据统计有食用菌栽培、花卉栽培、水貂养殖、鱼蟹混养、快速养猪、花边编织等129项。农村实用技术的发展，促进了当地经济发展，并为农民开辟了致富的新途径。

2.积极实施燎原计划。为了实施燎原计划，建立“农、科、教”一体的农村教育新体制，使普通教育、职业技术教育、成人教育进一步统筹，协调发展。1989年，市农委、教卫办、成人教委、教育局共同批准公布了本市12个示范乡，24所示范校，并确定青浦、嘉定两县为国家教委在全国建立百县农村教育综合改革实验区的实验县，同时，市、县成人教育部门要求各级各类成人教育培训机构充分发挥已经初步形成的县、乡、村三级办学体系并有一支专业教师直接从事技术培训工作的优势，在实施燎原计划中发挥更大的作用。

3.乡（镇）成人学校逐步实行厂校挂钩或企校联合。乡（镇）成人学校工作重点转向以农、副、工为主的岗位培训后，教育与经济的关系更为密切，乡办成人学校由乡办乡管的单一管理体制已不适应乡（镇）成人教育发展的实际。1989年起，上海部分乡（镇）成人学校逐步实行与农、副、工企业联合办学，厂校挂钩，或建立有企业介入的学校管理机构，使学校与农、副、工三业沟通，促进人才培养同经济建设同步发展，增强了乡（镇）企业支持成人学校的积极性、主动性，学校也增强了面向生产、为生产服务的观念。

1989年上海成人教育工作中也存在着一些困难和问题，主要是：（1）某些成人教育单位乱办学、乱收费、乱发证书的现象还没有得到根本解决。（2）成人教育的有关政策不配套，影响了单位办学、教学与学生学习的积极性。（3）成人教育管理体制仍不合理，市级成人教育管理机构力量分散，为基层服务不

力，在治理整顿中有些基层单位还撤销或削弱了成人教育的管理机构，影响了对成人教育的综合管理工作。

上海市成人教育委员会办公室供稿

五、召开学校思想政治工作会议

中共上海市委、市政府于1989年11月30日至12月2日，召开了学校思想政治工作会议，研究如何坚持坚定正确的政治方向，加强和改进学校思想政治工作，把学校办成培养社会主义事业接班人的坚强阵地。

为了开好这次会议，中共上海市委书记、市长朱镕基和市委、市人大、市政府的领导从9月份开始，分头到36所学校进行调查研究，召开了几十次各种类型的座谈会，共有600多人参加。在此基础上，市委常委三次开会专门讨论，形成了《坚持坚定正确的政治方向，加强和改进学校思想政治工作》的报告，提交会议讨论修改。

会议以党的十三届四中全会、五中全会精神以及邓小平同志的一系列重要讲话和江泽民同志的国庆讲话为指导，联系春夏之交的动乱，认真反思学校思想政治工作的经验教训，本着"一要稳定，二要鼓劲"的精神，统一认识，明确任务。

会议总结和回顾了近年来在青年一代的培养和教育上的经验教训，提出贯彻稳定和鼓劲的方针，认为当前要深入开展坚持四项基本原则的教育，旗帜鲜明地反对资产阶级自由化。要开展以爱党、爱社会主义为主题的国情教育，以宪法为主要内容的民主和法制教育，以辩证唯物主义、历史唯物主义为核心的无产阶级世界观、人生观教育。团结、依靠广大教师，提高他们的思想、业务水平，调动他们教书育人的积极性。要努力为广大教师提供和创造良好的工作条件和生活条件。鼓励广大教师，尤其是哲学、社会科学、人文科学教师，在坚持四项基本原则的基础上，积极开展学术研究和教学活动。加强管理，从严治校，建设良好的校风校纪。同时，要进一步发扬校内民主，活跃校园文化生活。

会议认为，充分发挥党组织的政治核心作用，对于稳定学校，坚持党的基本路线和社会主义的办学方向，并从根本上加强学校的思想政治工作，具有十分重要的意义。要求各级各类学校要切实抓好四方面的工作：第一、加强党对思想政治工作的领导，健全和理顺学校思想政治工作体制。高校一般都要成立在党委领导下的学生思想政治工作小组或指导委员会，由党委主要领导负责，分管的校长协助。中、小学德育工作应在上级党委领导下，充分发挥党支部的政治核心作用和监督保证作用，并逐步实行校长负责德育工作的体制。第二、采取切实措施，努力建设一支精干的思想政治工作队伍。要尽快配齐和稳定第一线的专职学生政工干部。要从教师和管理干部中抽调一批优秀的同志充实这支队伍。对中、小学的政治工作队伍，可逐步试行招收优秀的在职职工进高校培养，选送品学兼优的应届高中毕业生进高等师范院校的办法，以保证政治教师和政工干部的来源和质量。第三、抓住当前有利时机，加强党的自身建设，从严治党。要选拔党性强、有较高马克思列宁主义理论素养和党的工作经验的干部，充实和加强高校校系两级党的领导班子。加强党总支和党支部的建设，挑选政治上比较成熟，又有一定思想政治工作经验的同志担任总支或支部书记。第四、充分发挥团队组织在做好学生思想政治工作中的作用，学校党组织要加强专职团干部队伍的建设。在中小学要指定一名有校级行政职务的党员负责分管团、队工作。学校应把团、队工作纳入学校教育的总体计划，并加强指导。

会议强调，要求全党全社会都要采取切实有效措施，把支持学校培养有理想、有道德、有文化、有纪律的社会主义接班人的大事落到实处；全市宣传理论、新闻书报、广播电视、文化艺术界，要把为青少年学生提供丰富健康的“精神食粮”作为义不容辞的社会责任；工矿、企业、农村、商店、部队等，都应支持师生参加社会实践、生产实习和军训、劳动锻炼，并积极提供必要的条件；有关部门和单位要帮助学校尽快建立一批学生社会实践、生产实习、军训、劳动锻炼的基地和中小学校外活动的基地；学生家长要加强对子女的教育，学校要主动指导家庭教育，进一步发挥学校、家庭、社会三结合教育的功能，提高家庭教育的水平。不断总结推广社区教育委员会的经验，并进一步采取多种方式加强学校和社会的联系。

市委、市政府为了进一步加强对学校思想政治工作的领导，还决定建立六项工作制度。第一、市领导把固定联系学校的做法进一步制度化、经常化。第二、市委至少每半年召开一次常委会，专门分析研究学校工作，尤其是学校思想政治工作。第三、建立由市委分管书记牵头，并有市教育领导小组成员和市委宣传部、市教卫党委、团市委等部门主要负责人参加的双月联席会议制度，协调和规划学校的思想政治工作。第四、建立定期向学校党政领导、政工干部和思想政治理论课教师作形势政治报告的制度。第五、要求市委党校、区(县)委党校、教卫党校以及其他大口党校要切实承担或积极支持对各级各类学校党的干部和思想政治理论课教师的政治培训任务，并落实具体培训计划。第六、市委要求全市各部门的党组织都要关心和支持学校思想政治工作，并加强督促检查。市委还决定加强市教卫党委领导学校思想政治工作的职能，对全市各级各类学校思想政治工作进行领导和指导。同时，还要求区、县委应有一名书记分管教育工作，建立工作制度，定期研究学校思想政治工作。区、县党政主要负责人都应直接联系一两所学校，具体指导学校思想政治工作的开展。

朱镕基在闭幕会上讲话强调，要采取各种生动活泼有效的形式，切实加强学校思想政治工作，努力开创学校思想政治工作的新局面。同时提出要稳定思想情绪，稳定教学秩序，稳定教师队伍，稳定政工队伍，稳定人心，稳定上海。

会后，市委、市政府发出了《关于进一步加强和改进中小学德育工作的通知》，并委托市教卫党委向各大专院校发出了《关于当前加强和改进本市普通高校思想政治工作的通知》。

撰稿人　顾继虎

审稿人　胡志宏　王生洪

江苏省教育

一、总述

1989年，江苏省各级各类教育事业，积10年改革之成果，以治理整顿、深化改革为指导思想，继续得到稳定、协调的发展。全省各级各类教育事业的基本情况如表：

表一　江苏省普通高等学校基本情况

	学校数（所）	毕业生数（万人）	招生数（万人）	在校学生数（万人）	教职工数（万人）	
					计	其中：专任教师
普通高等学校	71	4.45	4.46	15.52	6.93	2.79
研究生		0.27	0.20	0.73		
本专科学生		4.18	4.26	14.79		

表二　江苏省中等职业技术教育基本情况

	学校数（所）	毕业生数（万人）	招生数（万人）	在校学生数（万人）	教职工数（人）	
					计	其中：专任教师
总计	562	9.19	10.29	28.91	41674	23238
中等技术学校	159	2.58	3.45	10.82	19790	9596
中等师范学校	35	0.91	0.82	2.74	4730	2340
职（农）业中学	368	5.70	6.02	15.35	17154	11302

表三　江苏省基础教育基本情况

	学校数（所）	毕业生数（万人）	招生数（万人）	在校学生数（万人）	教职工数（人）	
					计	其中：专任教师
普通高中	1029	15.09	13.42	41.28	233162	32026
初中	4950	63.29	84.97	233.24		134833
小学	31496	106.53	102.39	631.49	305029	267417

为了促进教育事业的持续、稳定、协调发展，江苏省着重抓好调整学校布局和稳定招生规模的工作。其主要特点是：

1.按照全省教育发展的总体规划，对各级各类学校布局进行有计划、有步骤的调整。撤销一部分办学条件差、效益低的学校，合并一部分规模小的学校，实行联合办学，提高了办学效益。1989年，完成了徐州师专与徐州

表四 江苏省成人教育基本情况

	学校数（所）	毕业生数（万人）	招生数（万人）	在校学生数（万人）	教职工数（人）	
					计	其中：专任教师
成人高等学校	93	2.15	2.77	8.20	9939	4786
成人中等专业学校	249	2.36	2.80	10.58	11881	6121
成人中学	919	10.66	15.06	14.48	4355	2493
成人技术培训学校	2973	90.86	101.09	89.24	11315	5104
成人初等学校	8903	77.31	78.43	86.20	6772	1451

注：表列成人高等学校学生数包括普通高校举办函授部、夜大学的人数在内，不含普通高校举办干部专修科的人数。

师范学院，常熟职业大学与苏州师专的合并，撤消了不具备高校办学条件的南京育才大学，全省43所地方普通高等学校平均每校学生由1988年的1656人增加到1705人。在扬州6所省属高等学校联合的基础上筹建江苏大学的工作有了较大进展。

全省中等师范学校由1988年的37所调整到35所。普通高中由1988年的1049所调整到1029所。职（农）业中学由356所增加到368所。全省初中和小学分别比1988年减少166所和937所。小学“戴帽”初中由412所调整到216所。

在调整中小学布局过程中，农村学校调整的成效较为显著。农村普通中学由1988年的4357所调整到4094所，减少263所。县镇中学由1184所调整到1252所，增加68所。农村小学由24469所调整到23108所，减少1361所。县镇小学由5899所调整到6292所，增加393所。出现了中小学校由农村向县镇相对集中，布局效益、规模效益得到提高的势头。

2.调整教育结构，稳定招生规模。江苏省根据控制高等学校规模，稳定普通高中教育，大力发展中等职业技术教育，扎扎实实地实施九年制义务教育的总体要求，1989年，省教委重新核定了省属高校的规模，全省高等教育科类层次结构进一步优化，高等学校的招生规模得到控制。地方普通高校招生数比1988年减少2274人。

普通高中招生规模进一步稳定，招生数为13.42万人，与1988年基本持平。中等职业技术学校的招生数基本保持了1988年的水平。各类中等职业技术学校与普通高中的招生数之比由1979年的1:40提高到1:1.12。初中招生规模按照实施九年制义务教育的规划要求，继续得到扩大。全省招生84.97万人，比1988年增加2.25万人，在校学生数增加了4.1万人。小学毕业生升初中的比例达到79.8%。

3.调整专业结构之间的招生比例。首先，本着人才需求和学校实际情况，压缩长线专业，适当增加短线专业；有的专业拓宽了专业面，增加了适应性。在安排高校招生计划时，短线专业增加了招生人数。职业大学增加了急用实用性专业的招生人数。中等职业技术学校面向地方经济、社会发展，增加招收实际需要的学生。成人学校增加了岗位培训等非学历教育的招生人数，学历教育与非学历教育的招生比，成人高校达1:2.36，成人中专达1:2。

撰稿人 朱卫国

审稿人 朱之隆

二、基础教育

(一)义务教育稳步实施

根据“积极坚定、分区规划、因地制宜、保证质量”的指导思想，1989年，江苏省教委在进一步统一认识的基础上，修订了规划，汇总全省各地实施义务教育的进程计划，把实施目标落实到每一个乡镇。全省总的步骤是：78%的乡镇分两步走，即先实施小学阶段的义务教育，然后实施九年制义务教育；另外22%的乡镇一步实施九年制义务教育。1989年，全省有418个乡镇依法宣布实施义务教育，约占乡镇总数的22%，其中实施九年制义务教育的有80个乡镇，实施五年或六年义务教育的有338个乡镇。为了指导面上的工作，省教委总结推广了江宁县江宁乡“规划到乡、算帐到校、宣传到户、责任到人”的经验，扎扎实实做好实施过程中每个环节的工作。针对初中教育薄弱的状况，省教委召开了全省初中教育工作会议，明确初中教育是全省实施九年制义务教育的重点和难点，初中的发展要纳入义务教育的总体规划，统筹安排。在近几年内，认真抓好学校布局调整，从实际出发适当发展规模，加强初中标准化建设和规范化管理，提高初中整体办学水平。各地结合校舍建设和危房改造，抓紧布局调整，撤掉了一批附设在小学的“戴帽”初中，撤并了一批办学条件差、教育质量低的联办初中，提高了初中学校的规模效益。据统计，1989年有“戴帽”初中216所，比1988年减少196所；初中学校数比1988年减少166所，而在校生比1988年增加4万多人；初中入学率为79.8%，比1988年提高近一个百分点。在实施义务教育过程中，省和各地继续花大力气制止中小学生流失。1989年，全省小学生流失率为1%，初中生流失率为6.88%，均比1988年有所下降。

1989年，全省有特殊教育学校88所，比1988年增加20所，普通学校附设特教班239个，总计在校生9267人，比1988年增加1800多人。1989年，在无锡市新建1所工读学校，全省共有工读学校3所。

（二）幼儿教育巩固提高

1989年，江苏省的幼儿教育事业，以《幼儿园工作规程（试行）》和《幼儿园管理条例》为依据，遵循幼教规律，在巩固中稳步发展，在改革中逐步提高。全省共有3～6周岁幼儿298.96万人，已进入幼儿园的156.72万人，进入小学的29.76万人，入园率62.38%，比1988年稍有下降。幼儿园2.48万所，共有班级5.19万个，基本上与1988年持平，其中三班以上的幼儿园增加469所。教职工队伍建设得到了加强。1989年，共有教职工8.51万人，比1988年增加了0.38万人；其中园长0.50万人，专任教师6.90万人，保健员0.24万人。专任教师中，幼师、中师、高中毕业及以上的人数为3.35万人，占48.5%，比1988年提高了2.5%；其中受过一年以上学前教育专业训练的1.56万人，占22.6%，比1988年提高了4.4%。

全省各市继续根据省教委《关于制定幼儿园评估方案的意见》，修订和完善评估方案，并依据方案对申报的幼儿园进行检查、评估、定类。年底，全省除扬州市正在检查、评估外，共有159个幼儿园被评为一类园。

1988年，省教委、财政厅、物价局、妇联联合发出《关于改革我省幼儿园收费问题的通知》，对幼儿园实行分类收费，适当提高了收费标准。1989年，在试行的基础上进行调整、完善，继续实行。分类收费提高标准后，缓解了幼儿园经费紧张状况，改善了办学条件，促进了各类幼儿园在原有基础上的进展和提高。

（三）加强思想政治工作

1989年，江苏省各级教育行政部门和广大中小学认真学习、贯彻《中共中央关于改革和加强中小学德育工作的通知》，全面实施中小学生日常行为规范。年初，省教委举行了“学习、宣传行为规范”新闻发布会，吁请全社会动员起来，为青少年健康成长创造良好的社会环境。各地也采取有效措施，从学校、社会、家庭等诸方面，加强对学生日常行为习惯的教育和训练。年中，举行了全省中学生日常行为规范的知行电视竞赛等活动。年末，省教委组织人员对140多所中小学进行了检查视导，总结推广了一批贯彻行为规范的典型经验。广大中小学生的日常行为、精神风貌以及学校的校风、校纪都有了明显改善，涌现了一批治校育人的先进学校，1000多名“三好”学生和优秀学生干部、125个“学雷锋、创三好”先进集体受到省教委表彰。

在发生动乱期间，省和各地通过卓有成效的工作，稳定了中小学教育教学秩序。省教委发出了两个传真电报，要求各级教育行政部门和学校师生员工在政治上、思想上、行动上与党中央保持高度一致，坚守工作和学习岗位，做安定团结的模范。在平息反革命暴乱后，全省中小学开展了形势教育和热爱中国共产党、热爱祖国、热爱解放军的“三热爱”教育，引导广大干部和教师深刻反思中小学教育工作，进一步明确肩负的历史重任，为培养无产阶级革命事业接班人尽心尽责。

12月，省委、省政府在南京召开了全省中小学思想政治工作会议，省委副书记邓鸿勋、副省长杨泳沂出席会议并作了重要讲话。会议指出，中小学思想政治工作是社会主义精神文明建设的奠基工程，要求各级党委和政府把加强中小学思想政治工作作为一项重大战略任务认真抓紧抓好。会议表彰了59所德育先进学校。会后下发了《中共江苏省委关于加强和改进中小学思想政治工作的意见》。

(四)以师德为中心，提高中师质量

根据新时期对中等师范学校德育工作的要求，江苏省教委于1989年制订了《江苏省中等师范学校德育工作评估指标体系》、《江苏省中等师范学校学生日常行为规范（试行)》等文件，并组织实施。要求各师范学校的德育工作必须突出方向性，体现师范性，加强实践性，建立新格局。丹阳师范学校在一年级着重进行“树立专业思想，适应师范生活，做光荣的师范生”的定向教育，在二年级着重进行“巩固专业思想，珍惜人生价值，做合格的师范生”的正向教育，在三年级着重进行“正确评价自我，树立献身精神，服从国家安排”的去向教育。南通师范学校精心构建德育的“三台阶”，一是基本道德教育，二是政治思想教育，三是共产主义理想教育。使德育教育逐步趋向科学化、规范化。

按照国家教委制订的《三年制中等师范学校教学方案(试行)》的精神，江苏制订了《江苏省中等师范学校教学计划(试行)》，并首批组织了11所师范学校进行实施试点。各校努力把德育工作渗透于教学改革的全过程。晓庄师范学校总结“面向小学，注重实践，提倡自学，因材施教”的经验，在教育教学中科学地安排文化课、教育专业课、艺术课和教育实践，突出“爱当小学教师”、“会当小学教师”两个重点，确保培养目标的实现。淮安师范学校围绕“从事小学教育必备的中等文化知识”实行各科配套的整体综合改革。运河师范学校为了面向农村，培养农村小学需要的合格师资，重视对学生进行乡土知识的传授。

1989年，省教委还制订了《江苏省中等师范学校建设文明校园的意见》，按照思想性、艺术性、知识性、实用性、师范性的要求建设文明校园，创造良好的育人环境。新苏师范学校、无锡师范学校的校园文化，泰州师范学校、阜宁师范学校的宿舍文化，都办得各有特色，显示了塑造未来师表的教育力量。

1989年11月，国家教委在南京召开了全国中等师范教育工作会议。有关领导和与会代表考察了江苏的25所中等师范学校，给予的评价是：办学方向正，改革层次深，管理水平高；面面有典型，校校有特色。杨泳沂副省长要求全省各级各类学校都要学习中师的办学经验。

（五）教师素质有进一步提高

1989年，全省高等师范院校毕业生8685人，其中本科生2493人，专科生6192人；中等师范学校毕业生9087人。1989年，全省招收3500余名中学教师和10000余名小学教师的学历进修。另有50000余名中小学、幼儿园教师参加“专业合格证书”考试，累计已有20000余人通过“专业合格证书”全部课程考试。全省中小学教师的学历水平进一步提高，民办教师比例有所下降。中学公办教师中，有高级教师9729人，一级教师49433人；小学、幼儿园公办教师中，有高级教师58399人，中学高级教师223人；民办教师中，有中学一级、小学高级教师共1159人。

1988、1989年度江苏省中小学专任教师学历情况及民办教师比率表

年度	高中教师		初中教师		小学教师		中小学教职工	
	总数（万人）	其中大学本科毕业以上	总数（万人）	其中大学专科毕业以上	总数（万人）	其中中师、高中毕业以上	总数（万人）	其中民办的
1988	3.20	46.2%	13.06	54.1%	26.30	72.6%	51.52	32.43%
1989	3.20	48.4%	13.48	58.8%	26.74	74.8%	53.38	29.96%

（六）五项督导检查成效显著

为了迎接国家教委和有关部委组织的五个项目的督导检查（简称“五查”），江苏省政府要求各级政府和教育部门以“五查”为动力，推动全省中小学教育稳步健康地发展。在各地自查的基础上，1989年9月，省政府组织有关部门对常州市和武进县、南通市和海安县、连云港市和东海县进行了抽查。从检查情况看，全省中小学在校舍建设、危房改造、经费增长、改善教师待遇、加强德育工作、严格学校管理以及提高教育质量等方面取得了显著成绩，中央和省提出的各项教育政策、规定，在各地基本得到落实，中小学教育的各项改革在不断深化，各项事业出现了令人鼓舞的好形势。但同时也还存在一些亟待解决的问题。10月，国家五项督导检查组在国家教委副主任柳斌带领下，对南京、扬州、淮阴、无锡、宜兴、泰兴、宿迁等市、县进行了督导检查，对江苏省中小学教育取得的成绩给予了高度评价。

（七）勤工俭学稳步发展

1989年，江苏的勤工俭学事业保持了稳步发展的势头，取得了较好的成绩。全省开展勤工俭学的学校为31851所，勤工俭学总产值32.09亿元，纯收益3.65亿元。纯收益额连续五年居全国第一位。

1. 继续坚持育人第一的方针。这几年，江苏省在开展勤工俭学活动的过程中，主要探索在新形势下的育人途径。1989年，在组织集体劳动方面，一是在农村的学校和有条件的城市学校，努力发展校园经济。通过师生共同劳动，既绿化、美化、优化育人环境，又创造一定的物质财富。东海、如东等县通过发展校园经济，已经使农村学校的勤工俭学活动取得了相当进展。二是校办企业主动创造条件安排师生参加劳动。全省已有18427个校办厂、场建成了师生劳动教育的场所，25922所学校按照教学大纲要求完成了劳动教育课时。

2. 发挥优势，校办企业在整顿中发展。1989年，全省校办企业职工23万7千多人，其中教职工15191人。1989年，在银根收紧、市

1989年江苏省勤工俭学基本情况表

全省学校数	勤工俭学开展率	校办企业职工人数	固定资产净值(万元)	流动资金(万元)	总产值(万元)	纯收益(万元)	补助教育经费(万元)
38128	83.5%	237698	63339	117701	320904	36578	14021.6

注：学校数包括中等技术学校(不含技工学校)、中等师范、普通中学、职(农)业中学、小学、盲聋哑学校、工读学校。

场疲软的情况下，他们一方面努力改善外部环境。首先是大力宣传、认真贯彻国务院批转国家教委等部门《关于进一步发展中小学勤工俭学若干问题意见的通知》和省的配套规定，取得了社会的理解和支持。如，南京市当年获得减免税金578.19万元，取得财政部门贷款728万元，金融机构贷款909.8万元，大大缓解了资金紧缺问题。其次是积极进行治理整顿，取得了合法经营的主动权。各市、县都整顿了少数不合格的校办企业；苏州市主动配合物价、税收、工商等部门组织自查、复评，并组建了主要为校办企业服务的审计事务所，以监督保证校办企业遵纪守法健康发展。校办企业树立了良好的经营作风。另一方面，坚持改革，增强校办企业内在的活力。市、县勤工俭学管理部门帮助校办企业发展和逐步完善承包制，并重点抓好一批骨干企业以带动全局。1989年，全省骨干校办企业中，年收益超过5万元的有五千多个，超过10万元的有八百多个，年收益最高的达450万元。

3.农村学校的勤工俭学亟待加强。江苏省勤工俭学事业发展中的老矛盾是：苏南、苏北发展不平衡。1989年，苏南地区产值占58%，苏中地区占35%，苏北地区仅占7%。工业、农业产值比例悬殊。1989年，工业产值占99.1%，农业产值仅占0.9%。这是地区之间经济水平的差距的客观反映，同时也反映了勤工俭学活动中忽视农村学校的倾向。所以，在1989年江苏省勤工俭学工作总结会上，省教委领导同志明确指出：勤工俭学工作中一定要抓紧、抓好发展广大农村学校的校园经济。农村中小学在发展校园经济的同时，也要从各地的实际情况出发，努力发展校办企业。

撰稿人 张 行 成尚荣
殷天然 姜一平
审稿人 王世华 袁金华

三、高等教育

(一)在治理整顿中稳步前进

1989年，江苏省高等教育事业继续贯彻1988年提出的重点放在改善条件、调整布局、优化结构、提高效益的近期基本发展方针。对省属高校进行了调整。1989年高教事业与1988年比较如表：

年份	学校数(所)	在校研究生数(人)	本专科学生数(人)		
			毕业生数	招生数	在校生数
1989	70	7300	41800	42600	147900
1988	72	8132	39437	47780	147705

1989年，江苏高教继续贯彻“治理整顿”

的精神，着重进行了三个方面的工作：

一是对高校72个各类公司进行了清理。省教委成立了清理整顿公司领导小组。至年底，已宣布撤销各类公司22个，同时撤销有关高校联办的江苏高校劳动服务总公司。

二是对超国家计划的招生进行了清查。近两年来，“专业证书”教育发展很快，全省高校从1988年的32个单位51个专业点，招收学员5000人，上升到1989年80多个单位150多个专业点近12000人。一方面满足了社会各条战线培训工作业务骨干的需求，为高等学校直接服务于社会开辟了一条渠道；另一方面，由于缺乏经验，管理工作没有跟上，办班中也出现了混乱现象。省教委在全面核查高校超计划招生情况的同时，重点清查了省广播电视大学和江南大学无计划招生的问题，并分别作了处理。省教委、省人事局还联合下发了《关于我省普通高校和成人高校颁发毕业证书实行验印制度有关问题的通知》，决定从1989年起，对普通高校在籍专科生和函授、夜大学、广播电视大学的在籍本专科生，其毕业证书实行全省统一验印。同时，江苏省教育行政部门会同有关主管部门加强管理、建立健全管理规章制度，年底，省教委又发出《关于我省成人高等教育“专业证书”教学班审批工作的通知》，规定定期申报、定期审批。之后，又发出《关于对我省试办成人高等教育“专业证书”教学班进行教育质量检查的通知》，对办班点的办学条件、师资配备、教学管理及学员资格等情况进行全面检查，确保专业证书的质量和声誉，同时坚决撤销了一些违反办班规定的办班点，使专业证书教育逐步走上正常化轨道。

三是严格学校管理。1989年，江苏省高校普遍开展了治理整顿校园秩序、教学秩序、生活秩序的“三整顿”工作。及时全面清除校园的各种大小字报和标语；及时将损坏的门窗、报栏、橱窗等设施修配齐整，墙壁粉刷一新；有的学校还恢复了义务劳动日制度，组织师生参加美化校园劳动，打扫环境卫生；各高校普遍加强了校园治安管理，严格门卫制度，杜绝校园经商现象，使校园环境面貌一新。与此同时，各校还对思想文化阵地进行清理，对社团组织重新审批，理顺管理体制，加强管理。对书籍按规定清查，封存了一批查禁书刊；并加强学校校报、板报、橱窗、广播等宣传舆论阵地和讲坛、文化活动的管理，净化了校园环境。

1989年3月，省教委发布了《江苏省大学生行为准则》，以此规范学生的政治行为、学习行为、道德行为和基础文明行为，引导大学生健康成长。嗣后，又制订下发了以“行为准则”为基本考核内容的《大学生素质综合测评指标体系》，保证“准则”落到实处。在大量调查研究的基础上，江苏省在全国率先制订了《普通高校函授、夜大学学籍管理暂行规定》，以推动高校夜大学、函授教育的健康发展。

江苏省高校在贯彻执行教育行政部门制订的管理制度、规章的同时，还结合各校实际，抓了自身的规章制度建设。不少学校都制订、修订或重申了校园管理规则和校园文明条例，并就学生宿舍管理、就餐秩序管理及社团、宣传品管理，制订了一系列规章制度。在加强学生管理的同时，注意从严治教，促进教师教书育人、为人师表。南京大学制订了《教师教学工作规程》、《政治辅导员工作条例》，南京师范大学修订了《教师工作常规》，华东工学院制订了《年级班主任工作条例》。制定这些措施，使学校管理工作有章可循，促进了全省高等学校治理整顿工作取得实效。

(二)制止动乱，稳定高校局势

春夏之交，在北京发生动乱和反革命暴乱的影响下，南京、徐州等地也一度发生了动乱。江苏高校各级党的组织、大多数干部、教师，特别是高校领导班子，在这场政治斗争中，立场坚定、旗帜鲜明，做了大量艰苦细致、卓有成效的工作。在省委、省政府的领导下，省各有关部门通力协作，及早采取了措施，使高校的局势得到了及时控制。

江苏省教委在年初，及时向各高校传达了有关文件和精神，通报了有关动向，使学校各级党政领导，在思想上，对形势有了比较充分的认识和准备，保持了清醒头脑。同时，在向高校布置工作时，始终强调要把稳定局势放在各项工作的首位。要求特别注意极少数人利用某些纪念活动挑起事端。为了引导广大学生以正确的态度和方式纪念“五·四”运动，各校根据青年学生特点，组织和筹备了一系列以“五·四”为主题的校园文化活动。与此同时，省教委、团省委、省电视台联合举办了在宁高校纪念“五·四”运动七十周年电视演讲大赛和革命传统歌曲演唱比赛，在“五·四”前组织学生观看比赛电视实况，收到了一定效果。

动乱期间，江苏省高校各级领导纷纷走向第一线，顶住围攻谩骂，对学生进行说服教育，做了大量艰苦细致的工作。省教委及时发出《关于组织高校复课的紧急通知》，广大教师以高度的责任感严守教学岗位，坚持授课。6月4日以后，省教委又迅速组织大批高校党政领导、骨干教师积极维护和恢复秩序，将动乱造成的损失控制在最小的范围。

（三）总结反思，改进学校教学与管理

平息反革命暴乱后，江苏高教战线以党的十三届四中、五中全会精神和江泽民同志国庆讲话精神为指针，全面、系统地回顾、反思近几年在政治理论教育、教学管理、文科科研和研究生教育、高校后勤管理等方面的工作，实事求是地总结高校10年改革的经验教训，端正社会主义办学方向，促进高教管理和教学改革的发展。

在政治理论教育方面，针对这次动乱中暴露出的问题，省教委及时提出了在中国革命史、中国社会主义建设、马克思主义原理、法律基础四门课教学中，必须贯彻党的十三届四中全会精神的意见，并立即组织实施。同时，肯定了政治理论课改革的指导思想和方向是正确的，理论课教材的内容基本上坚持了四项基本原则，广大政治理论教师在宣传马克思主义、抵制资产阶级自由化思潮、坚决执行中央关于政治理论课改革决定等方面，做了大量艰苦工作，大多数人经受住了这次动乱的严峻考验。但由于前一段资产阶级自由化思潮的影响，教学中存在着放松政治方向的教育，淡化马克思主义的批判本质，以及强调阶级观念和阶级分析方法不够，极少数教师政治信念不够坚定，散布了一些资产阶级自由化的观点等方面的问题。通过回顾反思，对于统一思想、明确方向、加强领导，进一步搞好马列主义理论教学，起到积极的导向作用。

高校教学管理工作，围绕遵循社会主义办学方向、注重研究和探讨人才培养如何适应社会主义建设需要的问题进行反思。1985年《中共中央关于教育体制改革的决定》下达以后，不少高校从探讨教育思想入手，总结了教学改革应遵循的一系列原则，主要有：面向社会需求、主动服务的原则；拓宽专业面、增强适应性原则；在传授知识的同时，着重能力培养的原则；理论联系实际的原则；教为主导、学为主体的原则；坚持全面发展、因材施教的原则；严格管理、搞活教学的原则。遵循这些原则进行教学，近几年取得了较大的进展和成绩。1989年，高校教学改革在原有基础上又有所发展，主要表现在：一是根据社会需求，不少院校对一些老专业进行了调整和改造，以拓宽专业面，增强适应能力。二是在省高教主管部门组织下，进行了高校学生培养规格的制订和实施工作。在师范专科学校实施九个专业培养规格的同时，又根据培养目标，制订出工业专科学校和职业大学的机械、电子、土建、化工、管理五大类培养规格。三是在困难的情况下，不少院校千方百计加强学生实践环节，作了许多有益的尝试。中国矿业大学与本系统中的大中型企业挂钩，建立校董事会，探索“校企合作，双向参与”的新路子，通过协商，明确校企双方的权利与义务，概括为“四给、四要”。“四给”是：学校给参加校董事会的用人单位提供优惠培养各种人才，优惠转让科技成果，优先给企业提供国内外生产技术和管理信息，学校的先进设备优先为企业服务。“四要”是：企业要解决学校生产实习的场所，解决青年教师下基层锻炼的岗位，向学校提供科技攻关项目，向校董会提供基金。同时加强人才交流，双向聘用。中国矿业大学的做法，探索了一条解决学生“四脱离”的好路子。四是继续利用政策导向，搞好教学评优工作。1989年组织申报首次国家级优秀教学成果奖32项，获得通过31项(其中特等奖 6 项)，获奖数居全国第二。

高校文科科研的反思，主要围绕方向和管理两个问题。通过反思认识到，在文科科研领域，马克思主义的指导地位有所削弱，马克思主义的研究课题日渐减少，一些教师对某些资产阶级的思想观点不加批判分析，兼收并蓄，在学生思想上造成了不好的影响。针对这些问题，在总结经验的基础上，江苏省教委及时制订了《高校文科科研管理暂行办法》、《文科科研评估指标体系》，以端正高校文科科研管理和学报工作管理的科学化、规范化。

在研究生教育中坚持教书育人，使研究生在正确方向指引下健康成长。江苏省教委年内召开了全省高校研究生教育工作会议，总结了研究生教育取得的成绩和经验，表彰了78名教书育人成绩突出的研究生导师，并分析了当前研究生教育工作中存在的问题和困难，有针对性地对今后的工作提出了改进措施和意见。

撰稿人　陈乃林　徐子敏

四、中等职业技术教育

1989年江苏省各级教育行政部门，采取多种措施，防止职业教育的滑坡，继续保持了良好的发展势态。

(一)城市职业技术教育开展“双元制”试点

1989年，国家教委决定在全国六个城市进行“双元制”试点。江苏的苏州、无锡、常州三市均派人参加了国家教委举办的培训班，并赴联邦德国进行了实地考察。接着在无锡市召开了“双元制”国际研讨会。苏州、无锡、常州三市经过反复调查、论证，均制定了“双元制”职教模式的试点方案，并落实了参与试点的企业、学校。加上南京市自 1983 年起就与联邦德国合作按“双元制”办的建筑教育中心，目前，全省 4 个城市已有 10 个专业（工种)，15家企业，14所学校参加试点。此外，江浦县、丹阳市、常熟市、昆山市、大丰县等也有一些企业和学校按“双元制”的模式办学。

(二)农村职业技术教育的几种模式

江苏农村南北经济情况有很大差异，苏南乡镇工业发达，苏北是商品粮、棉基地。如何根据各地实际，建立适应不同发展需要的办学模式，各市、县的教育工作者进行了积极的探索和实践。至1989年，已初步形成三种模式：（1）亦工亦农模式。主要培养热爱农村，离土不离乡，做工又务农的新型劳动者。常熟市农副职业中学在农村财会和农机两个专业试行模块式教学计划，增开了“农业基础”、“畜牧基础课程”，并安排相关的验证性实验，增加学生的感性知识。使学生在精通本专业的同时，对先进农业技术、新兴养殖业有所了解，并具有一定的实践能力。丹阳市教育局规定，农村职业学校的所有专业，都必须把农业基础知识和基本技能作为必修课开设。（2）专业户模式。江苏根据各地不同的经济优势和专业户的情况，开设不同的专业，为专业户培养有技术、会经营的人才。苏南开设为乡镇工业及第三产业服务的专业较多；苏中扬中、南通开设建筑、淡水养殖、家禽家畜饲养等专业较多；苏北徐州、淮阴、盐城、连云港开设种植、养殖等专业较多。（3）农业综合经营模式。为了帮助农民在种好大田作物的同时，利用庭院、十边空地和小水面，运用现代农业技术进行综合经营，增加收入，加快致富步伐。铜山县张集职业中学、海安县农业工程技术学校、泗阳县爱园农业中学等都进行了这方面的探索。主要是三种方式：一是种、养、加工结合，一业为主兼搞其它各业；二是庭院经济，利用动植物生长的时间差、空间差，发展立体种植、养殖；三是走生态农业的路子，少投入多产出，如种粮、养鸡、养猪、养鱼等构成生物链，部分粮食用作饲料，鸡、猪粪便用作鱼饲料，渔塘沃土用于肥田，形成良性循环。

（三）开展中等专业学校办学基本条件评估工作

1989年4月，江苏省教委与省计经委、财政厅、税务局、人事局、劳动局联合制发了《关于加快和深化中等专业教育改革的意见》，对管理体制、办学体制，招生和毕业生分配制度，深化学校内部管理和教育教学改革，提高管理水平和办学效益等都作出了具体规定。为了落实《改革意见》，省教委同时制订了《江苏省普通中等专业学校办学基本条件评估标准与实施办法》。9月，省教委、省计经委组织省财政厅、农林厅、化工厅、卫生厅等业务部门及部分学校的同志组成评估组，对苏州农校、卫校、财经学校、太仓县工业学校等4所学校进行办学基本条件评估，经过定量定性综合评定：较佳级2所，认可级2所。通过这次标准化测评，对全省不同类型中等专业学校的办学条件、办学水平以及存在问题有了一定了解，同时对评估指标体系的可行性也作了检验，为在全省中等专业学校普遍开展评估提供了宝贵经验。

（四）中等农业学校努力为发展农业服务

江苏全省有8所中等农业学校，近年来在办学指导思想方面有新的突破。首先是改变只培养国家农技人员的单一办学模式，开始培养农民技术员和科技示范户。1989年，农校共招生1700人，比1988年增加40%；新生全部来自农村，国家分配的毕业生，定向到县，其中436人不包分配，定向到乡，主要培养农民技术员。不包分配的班级由县（乡）校联办。宜兴市铜峰乡是乡镇企业比较发达的“亿元乡”，以往乡里每年用于贴补农业的资金达60—80万元，但粮食产量总是上不去。乡领导认识到只补钱不补技术，农业是上不去的，主动与句容农校联办了一个乡校共管班。农校负责教学，乡政府负责学生管理。农校有教师蹲点在乡里，随时了解农业生产实际情况，有针对性地进行教学，“抓好一个班，指导两个百亩丰产方，带动一个乡”；学生不离乡、不离岗，可以很快将学到的农业技术推广到家家户户。1989年，全乡粮食比上年增产15.1%，学员家庭责任田242亩比上年平均增产21.6%。其次是在建设好校办农、牧场的同时，直接走上社会，建立校乡农业技术开发联合体，推广先进的农业实用技术。1988年初，盐城农校与建湖县冈西乡共同建立校乡农业技术开发联合体。联合体的管理机构设在乡政府，由乡长和农校有关负责人任正副主任；下设技术推广和经营服务两个组，由农校教师和乡农科站人员组成。学校抽调3名教师长期蹲点，与乡村干部同吃同住同工作，12名骨干专业教师定期或不定期参加农业咨询、项目开发和技术指导。主要抓了以下工作：（1）积极推广杂交稻制种新技术。1988年，全乡2204亩杂交稻制种田平均亩产200.8公斤，比上年增产99.8公斤。（2）积极组织参加省、市“丰产杯”竞赛，落实了14块稻、麦、棉百亩丰产片，2块小麦千亩丰产片，促进大面积平衡增产。

(3)建立良种繁殖基地,从外地引进良种,并在乡里繁殖,共繁殖小麦良种35万斤,棉花良种5万斤;引进油菜良种1万斤。改变了农作物品种严重退化的现状,增强了农业发展后劲。(4)指导发展庭园经济,扩大多种经营。除帮助搞好庭园经济规划设计和进行技术指导外,还向农民提供了杜仲、银杏等种苗2万多株,食用菌种6000瓶。(5)以巡回讲座、编印科技小报、举办学习班等形式,开展农业技术培训。联合体的建立还有力地促进了教学与生产实践的结合,使学生在校期间有更多的机会接触生产实践。

(五)农村教育综合改革的进展

1987年始,江苏省开始进行农村教育综合改革试验。至1989年,各市均已确定了一个实验县,全省共有11个实验县。每个县各有若干个实验乡和实验项目学校。11个实验县是:江宁县、宜兴市、丹阳市、东海县、宿迁市、大丰县、铜山县、昆山市、南通县、武进县、泰兴县。其中,国家级实验县7个,省级实验县4个。有"燎原计划"示范县3个,示范乡143个。初步形成了由国家教委、省、市、县层层建立实验区,进行农村教育综合改革实验的格局。1989年9月,省教委在丹阳市召开了全省农村教育综合改革实验区工作交流会,交流了综合改革的经验,研讨了有关问题,进一步推动农村教育综合改革向纵深发展。

撰稿人 张小林 王兆明
审稿人 李步斗

五、成人教育

1989年,江苏省的成人教育按照"一要改革,二要发展"的方针,坚持面向企业、面向生产、面向基层,大力开展各项培训,提高劳动者素质,为推动社会经济发展,发挥了重要作用。

(一)扫除剩余文盲进展较快

1979年至1988年,江苏农村共扫除青壮年文盲227万人。为了扫除剩余文盲,落实国务院《扫除文盲工作条例》,从市、县到乡村,层层落实扫盲责任制,把扫除文盲列入各级政府领导人的任期目标和考核政绩的重要内容。各级各类学校也都动员起来,组织教师分片包干开展扫盲。省教委成人教育局组织编发了15万册《农村成人识字课本》。经过一年努力,全省共扫除文盲14.9万人,超过国家教委下达给江苏扫盲12万任务数的24.4%,使青壮年农民非文盲率上升到90%以上。国家教委9月8日在兰州召开的全国扫盲工作会议上,表彰了江苏盐城市和盱眙、东海、扬中、高淳等县5位扫盲积极分子。年底,省教委召开全省扫盲工作表彰会,表彰在扫盲工作中做出优异成绩的100个先进镇和195名先进工作者。会议强调:扫盲是一项教育任务,又是一项经济、文化和政治任务,各级领导必须切实加强领导,认真落实扫盲规划,加快扫盲步伐,迎接国际扫盲年。

(二)组织实施"燎原计划",开展农村实用技术培训

为了发展农村经济、提高农民素质、推动农村生产力发展,省教委与农林厅、乡镇企业管理局、计经委、科委等,制定了江苏省《关于组织实施"燎原计划"的试行方案》,1989年4月由省政府办公厅转发。试行方案中规划全省分三期组织实施。1989年至1990年为第一期工程,建示范县3个(宜兴市、东海县、江阴市)、示范乡141个;"八五"期间为第二期工程,示范县扩展到20个,示范乡扩展到800个;"九五"期间为第三期工程,在全省各县、乡普遍推开。

为实施"燎原计划",1989年国家拨给江苏373万元专项贷款,用于农业技术的开发与人才的培养。宜兴市47个乡镇中,有10个乡镇利用43万元专项贷款,建立10个种植、养殖实验基地,1989年产值127万元,创利税25.8

万元，培训技术骨干2307人次。该市分水乡，用9万元贷款将原有90亩特种水产养殖场，改造成禽、畜、鱼饲料综合利用，以及蚌、虾、鱼立体生产和特种水产新品种试验的综合养殖及培训基地。他们循环利用鱼饲料，促进养鱼和养猪的发展，比1988年少用饲料2500公斤，多养肉猪118头，增加净收入5.4万元。赣榆县金山乡成人教育中心校，为发展当地生产，建起了以生产鹌鹑蛋肉加工为主的罐头厂，举办33期鹌鹑饲料培训班，培训技术骨干1200多人次，目前全乡鹌鹑年饲养量达到75万只，日产蛋4000公斤，年纯利50万元。

为了推动农业实用技术的培训，省教委会同农林厅、电教馆，录制了16种种植、养殖培训教学录象带。与省妇联组织编写、印发了30万册《农村妇女文化技术课本》。

（三）职工岗位培训蓬勃发展

江苏省成人教育实施重点转移、广泛开展岗位培训。1989年1月，省教委会同省委组织部、省计经委、人事局、劳动局、科技干部局、总工会，联合下发了《关于进一步开展岗位培训工作的意见》，就岗位培训的指导思想、目的要求，岗位培训的基础工作、部门分工、考核发证和有关政策，作了明确规定。

1989年，江苏共有188万职工参加岗位培训，培训人数超过往年。

培训情况如表：

在经济紧缩的形势面前，江苏省职工岗位培训继续保持良好的发展势头，一些有远见的部门和企业领导，把职工岗位培训作为提高劳动者素质，促进企业提高经济效益的重要手段来抓。淮阴市全市13个县（区）和市直各大系统，把职工教育任务与经济指标一起落实，列入各级领导任期目标和企业承包租赁合同。金湖县政府由县长和分管副县长召集会议，与各业务主管部门签订职工教育责任书。南京铁路分局南京西站结合铁路治理整顿，把1989年定为“教育年”，他们以运输生产为中心、保证安全为重点，把政治思想、职业道德、文化和技术教育有机结合，采取多种形式，组织全体干部、班组长、行车人员和机械操作人员参加岗位培训，全员培训率达84.5%，广大职工政治业务素质明显提高。1989年在有许多不利因素的条件下，南京西站仍分别完成货运和客运计划的103.6%和100.2%，当年实现全站历史上第一个“安全年”。江苏洋河酒厂在全厂大力开展岗位培训，分期分批轮训在岗人员。1989年该厂产值和上交利税均居全省同行业之首。厂长被省轻工业厅授予重视职工教育的“明星厂长”称号。各地还重视政策导向，省供销社坚持推行职工教育“一票否决权”，规定职工岗位培训没有完成任务的单位和个人，不得评为先进，企业不得升级。无锡市规定，新职工必须参加岗位培训，并经考核合格后才能定级。南京734厂把工人岗位技术培训的成绩，作为工人浮动升级的条件之一。开展岗位培训，各地一改过去重学历文凭、轻技能水平的状况，把提高工作能力和生产技能作为培训重点，干什么学什么，缺什么补什么，按生产

内容 年份	资格培训（万人）		技术等级培训（万人）		适应性培训
	学习	结业	学习	结业	
1989年	59.06	33.1	47.6	33.1	82.1
1988年	31.5	25.6	43.5	31	47.4
增长率%	87.3	29.6	9.4	6	74.1

需要组织教学，强调培训的针对性与实用性。在办学形式与教学方法上，突出自学为主、业余为主、短期为主。1989年参加专项适应性培训的职工达82万人，占岗位培训总数的43.6%。

(四)成人学校实行多功能办学

1989年，职工中专、干部中专、电视中专学历教育招生1.5万人，非学历的各类培训招生3万人，两者之比为1:2。职工大学、管理干部学院学历教育招生0.36万人，非学历教育入学0.86万人，两者之比为1:2.36。在办学形式上，业余学习的比重越来越大，成人中专在校生中，脱产学习的2万人，占在校生总数的35%，业余学习的3.7万人，占在校生总数的65%。

改革招生制度。在成人中专招生中，有计划地扩大专业证书教育的招生比例。1989年全科班与专修班的招生比例为1:0.6。在南京、镇江两市进行了招收高中毕业文化程度的职工免试进入初中文化起点的成人中专校学习的试点，受到了企业与职工的欢迎。

加强学校教育管理。省教委制定下发了《职工大学、管理干部学院学生学籍管理规定》、《成人中专校学生学籍管理规定》和《关于进一步办好成人中专专修班的意见》。制定并下发了职工大学文科类28个专业的教学计划。组织编写了成人中专语文、数学普通课教学大纲、教材，以及国家教委委托编写的机械、财经、管理类五门基础课教学大纲、三门基础课教材。

(五)社会文化生活教育的发展和整顿

随着两个文明建设的发展，人们对科学文化知识的追求和渴望也日益强烈。有些企业事业单位、民主党派、社会学术团体、集体经济组织，根据社会需要，举办了一些社会文化生活教育和职业技术教育。1989年，江苏经各级教育行政部门批准办学的单位共计945个，办班6490个，在校学生30万人。社会文化教育的兴起，对辅导青年学习、帮助在职人员进修、普及科学文化知识、弥补国家办学不足，发挥了积极作用。同时也为离退休的教师、科技人员提供了继续发挥作用的场所。但是，也有少数办学单位盲目举办高层次学历教育，高额收费；还有的未经教育部门批准，乱登办学广告、乱发文凭等。为了制止这些现象，保证社会力量办学健康发展，省教委成人教育局从2月至4月，派出调查组对中国农村智力开发函授学院江苏分院未经省教委批准、擅自挂牌招生问题作出了处理决定。10月，省教委会同省物价局、工商行政管理局、财政厅、公安厅等，制发了《关于加强社会力量办学管理的若干意见》，由省政府办公厅转发各市、县政府和有关部门。12月，省教委为贯彻落实上述文件的精神，在南京召开全省社会力量办学工作会议。各市教育局长、在宁高校成人教育部门负责人，以及基层办学单位、省新闻单位代表参加了会议。南京市第二教育局，徐州市、苏州市教育局等部门在会上介绍了加强社会力量办学管理的经验，省教委领导作了题为《加强宏观管理和指导服务，促进社会力量办学健康发展》的报告，江苏电视台报道了会议情况。

撰稿人 冯荣坤

审稿人 管仲夷 蔡霖林

金鱼为

浙江省教育

一、普通教育

(一)巩固和提高普及初等教育成果

1989年浙江省有小学32650所，在校学生375.73万人。1980年中共中央、国务院作出了《关于普及小学教育若干问题的决定》，提出“在80年代，全国应基本实现普及小学教育的历史任务”。经过全省人民近10年的共同努力，至1989年底，87个县(市、区)已全部通过了省组织的基本普及初等教育检查验收。1989年全省学龄儿童入学率达到99.07%，在校学生年巩固率达到99.40%，小学毕业班的毕业率达到99.24%。与此同时，继续巩固和发展普及初等教育的成果，逐步办好全部小学，并把工作重点放在加强村(完)小的建设上。1989年，在各县对普及初等教育状况普遍进行自查或互查的基础上，省、市(地)又组织了抽样复查。

(二)坚持改革，积极稳妥地实施九年制义务教育

1989年浙江省有初中2813所，在校学生137.46万人。全省已有1066个乡(镇)和城市的11个区约1720万人口的地区(占全省人口总数的42%)实施了九年或八年制义务教育，其余地区则实施了初等义务教育。

1989年3月，浙江省委、省政府召开了由各市(地)、县(区)党政第一把手参加的，以实施九年制义务教育为主题的全省教育工作会议，讨论制定了落实政府行政首长负责制，增加经费投入，加强师资队伍建设等一系列政策措施，并重新研究制订了全省实施九年制义务教育的规划。

根据李铁映同志1988年10月视察浙江教育工作时的指示，本着“动员全党、全社会和各阶层人民，用最大的努力，积极地、有步骤地实施九年制义务教育”的精神，省委、省政府提出了“拼死拼活在90年代全省实施九年制义务教育”的奋斗目标，经过全省由上至下和由下至上的反复讨论，初步确定了在2000年前全省实施九年制义务教育的规划，并分年度落实到每一个乡(镇)。之后，省教委又会同各市(地)，对规划的可行性进行了比较广泛的调查和论证。在此基础上，于1989年9月在宁波市北仑区召开了全省第四次实施九年制义务教育讨论会，进一步论证了规划的可行性。会议认为调整后的规划，是一个比较积极而又切实可行的规划。

努力办好农村初中，推动农村学校的教育改革，全面提高教育质量，是实施九年制义务教育的一个重要环节。1989年浙江省把加快农村初中教育的改革作为实施九年制义务教育的一个工作重点来抓，发掘和总结了一批象浦江县堂头初中、永康县长城初中、湖州市浔溪学校、湖州市重兆初中、开化县西坑初中、宁波市北仑区霞浦初中等办学卓有成效的改革典型。这些学校的基本经验是：

1.以高度的社会责任感和历史使命感，尽最大的努力，重视农村地区义务教育的实施。认真抓住国家颁布《义务教育法》和省《条例》的有利时机，组织广大干部和教师认真学习，较快地实现了由普及教育到义务教育的转变，促进了学校教育工作面貌的改观。

2.全面贯彻党和国家的教育方针，热爱和关怀所有学生。这些学校都有一个正确的教育质量观，着眼于全面提高素质，不仅重视

打好学生文化知识基础，而且重视打好思想政治、身体素质和劳动技能基础，促进了学生德、智、体诸方面的发展。重视面向全体学生，因材施教，改革教学，因而基本解决了初中流失生问题。

3.面向社会，把为当地经济和社会发展服务作为学校办学的主要任务。紧紧抓住克服教育脱离实际和纠正片面追求升学率的倾向这两个环节，从农村社会主义建设大环境的角度来认识农村初中教育的职能和责任，关心当地的经济和社会发展，努力把学校办成与人民群众的根本利益密切相关的事业。通过积极深化教育改革，加强思想政治教育，调整学校教学计划，充实乡土内容，重视劳动技术教育等等，使农村初中教育更好地为当地两个文明建设服务。

4.高度重视学校党的建设、领导班子建设和教师队伍建设，加强思想政治工作。学校党组织较好地发挥了战斗堡垒作用和党员先锋模范作用。学校领导乐于奉献、勇于开拓进取，开展科学管理并坚持以正确的教育思想领导和管理学校，充分调动全体教师的积极性，团结他们共同搞好学校的教学和改革。

为了认真总结和推广上述学校的经验，省教委于1989年底在永康县召开了全省农村初中教育改革研讨会，进一步探讨新形势下农村初中的办学新路子，以推动全省农村地区九年制义务教育的实施和农村初中教育事业的健康发展。

(三)特殊教育事业发展又上新台阶

1989年浙江省特殊教育事业有了新的发展。全省聋哑学校已达到26所，在校学生2633名。全省11个市(地)中，有8个市(地)完成了聋哑学校的布点任务。由单纯的聋哑教育发展到弱智教育和盲童教育。弱智学校于1982年开始试办，到1989年底已建成6所，另有普通小学弱智班7个。教育点亦由城市发展到农村，在校学生近400人。1989年11月，省盲童学校在富阳县建成并正式开学。此外，杭州、宁波、温州、湖州等市儿童福利院都开办了聋儿语言训练班，有的市还开展了残疾儿童学前教育的试点工作，建立了残疾人职业学校等。

1989年，省政府为省盲童学校第二期工程拨款130万元(先后两期已拨款260万元)，又拨出特教专项补助费70万元，连同国家教委下拨浙江省的75万元补助费，支持各地新建和扩建的16所特殊教育学校。同时各地通过财政、教育、残联等部门拨款和集体、个人募捐集资等多种渠道，积极为发展特教事业筹集资金。据不完全统计，1989年全省仅用于特教基建的资金就达500多万元。

1989年，全省结合普及初等教育复查验收工作，以县(市)为单位进行了3～6岁、7～11岁、12～15岁三个年龄段盲、聋哑、弱智儿童少年人数、分布的调查工作。为制订和落实全省特殊教育事业发展规划，提供了可靠的依据。

(四)加强思想政治工作，建立健全考核办法

针对中学德育工作和思想政治工作的新情况、新问题，经过近两年时间的调查研究，省教委于1989年制订了《高中学生思想政治品德考核暂行办法》(以下简称《办法》)。《办法》以马列主义为指导，遵循党关于社会主义精神文明建设的指导方针，依据《德育大纲》的基本精神，以及中学生的心理、生理特点，规定了较明确、具体的考核内容、项目和评比标准。《办法》包括四个方面：一是思想政治状况。包括爱祖国、拥护中国共产党和党的基本路线，遵守国家法律、法令，为实现"四化"勤奋学习，明辨是非、主持正义等四个项目；二是考核道德品质与行为习惯。包括诚实正直，言行一致，关心和爱护集体，遵守校纪校规，参加社会实践和生产劳动，节俭朴

素，真诚友爱，礼貌待人，尊敬师长，孝敬父母，注意仪表，讲究卫生，有文明健康的生活方式等九个项目；三是考核学生个人心理品质。包括自主自立、积极进取精神，意志和毅力，自我教育等三个项目；四是采取写实的办法，客观记载学生在校期间受表彰或处分情况和主要表现及突出事例。

《办法》提出，考核必须坚持一切从实际出发的原则，定性与定量相结合的原则，民主评议、教师与学生自我评定结合、加强学生自我评价和自我教育的原则，学年考核与平时表现记载相结合的原则。具体考核时，将有关考核内容分解成16个考核项目、55条内容计算，设计在一张考核表内，由学生自评、班级评议并班主任考评，然后按优秀、良好、及格和不及格四级评定等级，载入考核表。考核为每学期初评一次，一学年总评一次，高中段各年级均评一次。在每学期开始时，明确教育行政、学校领导和班主任在考核工作中的职责，学校向学生公布考核项目、内容和考评标准，并告诉家长做好配合工作。应届高中毕业生的思想政治品德考核结果，作为参加高校、中专招生录取工作中德育考核的依据。

《办法》于1989年在全省20所中学的14000余名学生中试行，受到了有关方面的好评，并得到了国家教委有关领导的充分肯定。学校教师学生认为，《办法》的实施使学生在思想政治方面有方向，言行有了标准，考核有了依据；按《办法》考核，反映学生的思想政治情况比较全面，且简单明了。

（五）中小学劳动、劳动技术教育进一步得到加强

在全省范围内自下而上对普通中学进行劳动技术教育检查的基础上，1989年省教委通报表彰了142所劳动技术教育工作先进学校。通过鼓励先进，树立榜样，进一步推动了中学劳动技术教育的开展。

全省小学劳动教育工作自1987年国家教委《全日制小学劳动教育课大纲（试行草案）》发布后，进展较快，表现在：对小学劳动教育的地位、作用的认识进一步提高；劳动课开设的面不断扩大，一些市（县、区）的乡（镇）中心以上小学劳动课的开设率达到100%；开展劳动教育的方法、途径越来越多，劳动内容在自我服务、手工制作的基础上不断拓展；一支既热心于劳动教育，又有一定专长的教师队伍正在形成；小学劳动教育科研工作正在积极开展，并取得初步成果。1989年底省教委在诸暨市召开了全省小学劳动教育工作座谈会，回顾交流了劳动教育工作情况和经验，研究和探讨了“八五”期间小学劳动教育的工作方针、发展规划和应采取的措施。

（六）进一步完善普通高中证书会考制度

1989年是浙江省实行高中证书会考制度的第二年，全省高中一、二年级共约19万名学生参加了考试。证书会考制度在实施过程中逐步得到完善。1989年主要在以下几个方面取得了较大的进展：

1.进行了证书会考考试目标的研究，初步制订了适合浙江省教学实际的会考要求。1989年已制订出历史、化学、物理、数学、英语、地理、生物、语文等8门学科的考试目标。

2.研究和实施了全省范围的大规模实验考查。研究制订了实验技能考查的具体方案，并进行了化学、生物两科全省范围内的统一实验考查，取得了令人满意的效果。

3.成功地把计算机技术引入考试管理系统，在对考试质量的控制、考务手段现代化方面的研究取得较大进展。具体实施了由计算机控制阅卷、主观题得分调整、成绩合成与转换、成绩统计与分析等项工作。

4.研究制订了“高中劳动技术考查方案”，针对劳动技术课门类多、内容杂、地区差异大的特点，采取了“省确定统一标准，市（地）负责监督检查和考查资格认可，学校组

织实施”的办法。

5.向各地公布高中证书会考参数和成绩统计表，对强化证书会考的评价导向功能逐步建立中学教学评估新体系起到了积极的推动作用。

撰稿人　鲁林岳　顾　玮
审稿人　徐可效　何　欣

二、师范教育

1989年，浙江省的师范教育与师资培训工作随着全省基础教育对师资需求的变化而进行深入改革。在高师教育方面，对部分专科专业进行了调整，个别专科专业进行了改制，同时还对高师提前招生进行了改革试点；在中师教育方面，制订了“浙江省中等师范学校教学计划”；在师资培训方面，加强了对中小学教师的继续教育工作。

(一)根据基础教育对师资需求的新变化，调整高师部分专科专业设置并改变个别专科专业学制

1989年，省教委、各高师院校围绕初中各科师资的需求情况进行了多次调查研究。调查结果表明，初中各学科之间的师资结构出现了不平衡，即初中化学、物理教师已趋于饱和，而英语、音乐、体育、美术等短线学科教师相对较缺。另外，农村初中规模小、编制紧，一位教师往往需要承担二门以上课程的教学任务。同时，初中的课程设置与教学内容正在逐步改革之中。根据上述情况，省教委与各高师院校、市(地)教委联合研究确定，调整高师部分专科专业设置和改变个别专科专业学制。

1.根据各市(地)初中师资的实际情况，调整高师的化学教育、物理教育专科专业，或实行合并，或隔年招生，减少这两个专业的年招生数。

2.对高师专科专业学制由二年改为三年问题，确定以下原则：(1)视市(地)初中师资的实际需求和财力、物力的可能；(2)不搞一刀切。有的专业继续实行二年制，有的专业有步骤地改为三年制；先改专业面向需作调整的个别专业，不改或缓改短线专业和专业面向需作重大调整的专业；(3)高师部分专科专业学制由二年改为三年，不是简单地恢复过去三年制的教学计划，而是根据实施九年制义务教育和农村教学改革的需要，深化各专业课程与教学内容的改革，加强劳动技术教育，拓宽知识面，加强各种能力的培养。三年制专科专业的培养目标是能胜任农村初中2门以上课程教学的教师，采取双学科制，主辅修制等教学形式。

(二)优化高师生源，改革高师的招生办法

为了进一步吸引广大品学兼优、立志从事教育事业并具有教师素质的青年报考高师院校，近几年，浙江省在高师招生中已采取了不少措施，1989年在绍兴师范专科学校进行了提前招生的改革试点。绍兴师专提前招生的主要做法是，首先利用各种形式、各种途径在中学师生和社会上进行广泛宣传，再由中学推荐，考生报名。考试分为文化考试和教师素质面试两部分。文化考试主要是参照高三毕业会考成绩，素质面试主要是考核考生的专业思想、口头表达能力、板书能力、音体美特长等。两部分成绩按适当比例综合平衡后得出总成绩。录取事宜由市教委与师专共同商定，报省招办备案。绍兴师专实行单独提前招生，有效地改善了高师生源：(1)考生报名踊跃，学校选择余地大，招生数与考生的比例大大超过往年。(2)新生普遍热爱教育事业，专业思想较为巩固，学习情绪较为高涨。(3)新教师基本素质好，相当部分同学的口头表达能力、工作能力、活动能力、自我教育能力及音体美素质都超过往届学生。(4)新生的文化知识水平，尤其是文科类新生比往

届学生有所提高。(5)农村户口、偏僻山区海涂乡的新生比例比以往有所增加，将有效地改变城乡师资不平衡的状况。(6)从一定程度上改变了社会对教师职业的认识，强化了教师职业的光荣感。

(三)制订了《浙江省三年制中等师范学校教学计划(试行)》

1989年，中等师范教育主要是贯彻国家教委制定的《三年制中等师范学校教学方案(试行)》。根据该方案精神，从浙江省经济发展需要和九年制义务教育对小学教师的要求出发，组织中等师范学校负责人、市(地)教委同志在充分调查研究的基础上，讨论制订了《浙江省三年制中等师范学校教学计划(试行)》。该计划的特点是结合省情，便于管理，进一步加强了对中师学生全面能力的培养。突破了原有的单一的必修课教学模式，使必修课、选修课、课外活动三者有机结合，体现了中师教育整体改革的精神，突出了师范性。在制订计划的基础上，又着重抓了中师选修课中乡土历史、地理和劳动技术课大纲、教材的编写工作，计划于1990年上半年出书。并已在衢州师范学校、温岭师范学校试行开设新的选修课。

(四)师资培训着重加强对小学教师的继续教育

1988年底全省小学教师的学历合格率已达62%，加上20年教龄以上、虽不具备合格学历但可免考的教师，已达75%以上。为此，1989年全省小学教师的进修，已从学历达标教育转向学历后继续教育。这一年，小学教师的继续教育工作，重点抓了骨干教师、缺门教师、新中师毕业生、选用新教材的教师等四部分人的培训。常山县教师进修学校与衢州师范学校联合举办中师毕业生一年使用期继续教育讲习班。具体做法分三个阶段：第一阶段是探访、调查、做具体的思想工作，使中师毕业生能安心教师工作。第二阶段是组织教学活动，通过对主要学科的讲座，增强感性知识，从理论上深化认识，提高适应教育教学的业务能力。第三阶段是汇报、评定、考核，这是中师继续教育班的总结，也是对毕业生质量的验收。这样的继续教育活动，是中师毕业生质量负责制的重要环节，也是培养新教师的有效途径，对中师和师训的教育改革也起到了推进作用。杭州市上城区教师进修学校在开展继续教育方面采取了以下措施，使继续教育增加了动力与活力。(1)落实规划。凡在一定年龄以下、身体基本健康的教师在1991年以前都要修完规定学分的课业。(2)政策配套。对积极参加继续教育，按时修完学分者，进行物质与精神奖励，并作为今后转正、晋级、评职、评先进的重要依据。(3)全面开班。为适应学科不同、起点不同的教师参加学习的需要，开设了各种学科、各种类型的培训班，使教师进修可以各得其所。(4)抓好管理。制定严格的学籍管理制度，对违纪者给予扣除学分的相应制约。

撰稿人 周晓英

审稿人 徐可敌 何 欣

三、高等教育

(一)大力加强高等学校的思想政治教育，坚持教育的社会主义方向

1989年春夏之交的政治动乱中，全省高校不同程度地出现了停课。省市领导、有关部门和高等学校为制止动乱稳定局势做了大量工作。动乱平息以后，各高等学校积极组织学生复课，到6月下旬复课率普遍达到90%以上。同时组织干部、教师、学生学习有关文件，联系实际进行回顾反思，采取措施大力加强师生的思想政治教育，坚持教育的社会主义方向。

1.1989年新学期开学后，各高校普遍集中10天时间，对学生进行形势教育，组织师

生学习文件，进行反思和总结，提高了认识。从10月份开始，各校各年级普遍开设“社会主义道路”教育课，每周2节、为改进高校的政治课教学，暑期举行了高校政治课教师备课会议，每校马列主义教研室有2名教师参加，着重解决马列主义理论教育如何联系实际和提高学生对马列主义认识问题。在日常的马列主义教育课中，加强了学生的革命人生观、爱国主义和国情教育。

2.校、系两级领导班子普遍进行了回顾反思，总结过去放松思想政治教育的教训，重视了思想政治教育，加强了学校党的领导和领导班子的建设。

3.加强了政治理论教师队伍的建设。全年组织了两批省属高校青年理论教师共17人到农村挂职锻炼（每批锻炼时间为半年），市（地）属高校的部分青年理论教师也由当地党委组织下乡锻炼。部属、省属院校还根据省委的统一部署，抽调一批青年教师分批赴各地农村参加党的基本路线教育，从而得到了锻炼和提高。

（二）普通高等教育事业在控制数量、稳定规模、优化结构方面取得新的成绩

研究生招生规模继续得到控制。1989年招收研究生817人，招生数比1988年减少76人，其中有267人实行定向招生。本专科招生18270人，比1988年减少1094人，下降5.65%，其中地方所属高校招生13320人，完成计划招生的99.18%。从办学形式看，国家任务招生15440人，比1988年减少1503人，委托培养、自费生招生分别为1399人和1147人，比1988年分别增加206人和371人。科类结构进一步得到调整，新增设了中医骨伤科学等短线专业，增加了医药、财经等科类的招生，招生人数分别比1988年增长12.1%和2.3%，减少文、理等长线专业的招生，分别比1988年下降39.4%和19.9%。继续调整本、专科比例，使之渐趋合理。专科招生占招生总数的比例从1988年的48.37%提高到53.09%。

（三）普通高校的教学改革和重点学科建设获得新的进展

根据国家教委决定，1989年在全省37所普通高等学校，全面开展建国以来第一次优秀教学成果评奖活动。教学成果包括教学改革、教学质量和教学管理等方面已被教学实践检验的、具有先进水平的成果。在各院校评选申报的基础上，由省高等学校优秀教学成果奖评审委员会评审，省教委批准，共评选出省级优秀教学成果一等奖14项，二等奖97项，其中13项获得国家级优秀奖。

为加强省属高校的重点学科建设，在总结第一阶段（1984—1988）重点学科建设的基础上，1989年重新评定了第二阶段重点扶持学科。此次评定实行应用学科和基础学科并举，突出应用学科的原则，优先选择为全省经济发展、社会发展急需的学科，同时考虑本省具有特色，在国内处于领先地位的基础学科。根据省财力的可能，把扶持的学科点的数量适当缩减，以增强对每个学科点的扶持能力。经过学科专家和管理专家的评审，确定了25个学科作为今后五年的重点扶持对象。它们是杭州大学的基础数学和计算数学、生物工程基础、区域与城市科学、中国古代文学、国际经济法、有机化学；浙江农业大学的农村能源学、土壤学、植物病理学、作物遗传育种、昆虫学；浙江医科大学的病理生理学、传染病学、劳动卫生、肿瘤外科学；浙江工学院的化工过程机械、工业自动化、精细化工、工业催化；浙江中医学院的针灸学；浙江林学院的经济林；浙江水产学院的水产保鲜加工和利用；宁波大学的固体力学结构工程；浙江师范大学的中国当代文学；温州医学院的眼科光学。其中应用学科15个，占60%；基础学科10个，占40%。

（四）继续进行高校招生和毕业生分配改

革

1.为了严格控制招生总量，促进毕业生流向基层，1989年全省高校招生坚持实行按需培养的原则，将招生与毕业后的去向统筹考虑。部分高校继续向23个教育基础较薄弱的县实行定向招生。职业技术教育师资班和师专招生指标分配到市(地)、县，并规定师专录取农村考生应占85%以上。多数市(地)的高等专科学校也将招生指标分配到县。扩大了研究生定向招生和招收在职人员的比例，省属高校的研究生定向招生占招生总数的50%，招收在职人员占招生总数的70.4%。

2.1989年对高等学校纳入国家任务计划的本专科毕业生，仍实行以计划分配为主，同时积极改革分配办法。由于高校毕业生供大于求，给高校毕业分配增加了困难，但各地、各有关部门采取措施、积极安排，或拓宽毕业生的就业门路，或采取行政手段，或给企业利税的优惠等等。1989年高校毕业生全省实际安排(包括毕业研究生在内)16413人，其中省属高校4990人，省属师范院校5120人，中央部属高校4148人，委托代培1445人，毕业研究生710人。

为解决山区、海岛和贫困地区人才缺乏问题，对来自这些地区的高校毕业生除所学专业完全不对口又无相近专业的外，原则上都分配回原地工作。对自愿去12个经济和文化基础较差县工作的高校毕业生不受计划限制。另外，继续在浙江工学院的机械、化机、工业自动化、电子仪表、工管、发酵6个专业，浙江医科大学的药学专业，浙江农业大学的畜牧、兽医、动物营养3个专业试行在切块计划范围内的“双向选择”试点，即由学校推荐、学生选报志愿、用人单位择优录用的分配办法。

撰稿人 张祖夔 徐可效
审稿人 何 欣

四、中等职业技术教育

1989年浙江省的中等职业技术教育，坚持为经济建设服务的方针，根据本省各地经济和社会发展的需要有计划地稳步地发展。全省共有全日制普通中等专业学校140所，招生23126人，在校学生达66106人；技工学校94所，在校学生17323人；农职业中学331所，还有部分普通中学附设职业班，年招生40222人，在校学生达88904人。一年来共向社会输送各类中专毕业生20228人，各类技工学校毕业生6377人，各类职业中学毕业生34363人。

全省各类中等职业技术学校大力加强了师生的政治思想教育。同时，中等专业教育改革进一步深化，推广了嘉兴市建立农村职教网络的经验，推行了技工学校、职业中学毕业生的“双证”制度。

(一)中专教育改革继续深化

在前几年进行领导管理体制、经费分配办法、毕业生有偿分配和不包分配等改革的基础上，1989年，省政府批转了省教委、计经委、劳动人事厅、财政厅、公安厅、粮食局、物价局联合提出的《关于深化中专教育改革的几点意见》，实行了以下几项改革：

1.加强中专招生计划的管理，改革中专毕业生分配办法。从1989年起，全省地方中专学校的招生计划，由省教委、计经委会同劳动人事厅、财政厅综合平衡后下达实施。从1989年开始，按国家指令性任务招收的中专学生，毕业后可以分配到全民所有制单位，也可以分配到集体所有制单位；可以当干部，也可以当技术工人，其身份随接收单位和所从事工作的性质确定。决定对原由国家统包统配的杭州综合中专、绍兴中专、宁波中专、嘉兴中专、湖州中专、温州商业学校、浙江供销学校、台州供销学校等8所中专学校纳入国家任务招收的新生，毕业后实行“双向选择”的就业办法试点。即毕业生在国家就业方针、政策、计划的指导下，由学校推荐(不负责包就业)，毕业生选择，用人单位考核择优录用或聘用。对被录用或聘用的，按毕业生派遣手续办理。对被乡镇企业和其他区、乡集体企事业单位录用或聘用的，学生户粮关系迁到录用或聘用单位所在区、乡的集镇，由国家供应商品粮。毕业生如在毕业后一年内未被录用或聘用，其户粮关系迁回入学前原户口所在地，原是农村户口的仍为农村户口。这8所学校1989年共招收毕业后实行"双向选择"的学生1765名。

2. 继续改革中专招生办法。1989年农业中专不包分配班继续实行由省农业厅单独命题、考试、录取，对为乡镇企事业单位培养人才的萧山市、绍兴县、诸暨市、鄞县等4所县(市)办的中专学校，按省下达的招生计划，由各县(市)招生办公室会同学校在参加中专统一考试的考生中录用，录取名单分别报上级市招生办公室审核。对部分中专学校招收自费不包分配学生，实行由省统一划定分数线，录取工作集中在省里进行，由省招生办公室审核录取名单的办法。

3. 实行学生交纳学杂费，改人民助学金为奖学金、贷学金制度。全省中专学校除师范专业外，新生一律交纳学杂费。学杂费标准每学期不超过75元。省教委、财政厅联合发布了《关于普通中等专业学校学生实行奖学金制度的办法》和《普通中等专业学校学生实行贷款制度的办法》，将原人民助学金制度改为奖学金和贷款制度。这一改革改变了长期以来中专学生上学不交纳学杂费，国家负担过多的状况，使学校经费紧张状况有所缓和。同时也促进学生树立刻苦学习、奋发向上、勤俭节约、艰苦朴素的良好学风。

(二)推广嘉兴市以农业中专为骨干，建立农村职教网络，促进"三教"沟通，农、科、教结合的经验

浙江省农村职业技术教育经过前几年的发展，有了一定的基础。特别是农业中专(包括林业、水产中专)全省已有12所，分布在全省9个市、地。有的学校已有几十年的办学历史，在师资、设备、场地等方面都具有一定的优势，农业中专的改革也取得经验，而近几年新发展的农职业中学各方面条件比较差。为了发挥农业中专在整个农职业教育中的骨干作用，使农职业教育在农村经济建设中更好地发挥整体效益，省教委和农业厅于1989年11月13日至17日在嘉兴农业学校召开了全省农村职业技术教育研讨会。这次会议介绍和推广了嘉兴市以农业中专为龙头，建立嘉兴市农村职业技术教育网络，实行"三教"统筹，促进农、科、教结合的经验。

嘉兴市农村职业技术教育网络的主要做法是：以嘉兴农业学校为主体，建立嘉兴市农村职业技术教育中心，作为整个网络的第一层次，其主要任务是充分发挥嘉兴农校的骨干作用和辐射功能，继续深化农业中专不包分配的改革试点，使嘉兴农校成为全市农村职业技术教育的示范性学校，使其毕业生成为农村科技致富示范户；负责实施全市农村基础教育、职业教育、成人教育互相沟通的有关教学业务工作，指导组织全市农村职业技术教育的教学工作、学术研究和交流工作，乡土教材编写、教学计划制订，以及师资培训、提供实验场地、开展农技推广和技术信息咨询服务等。各县(市、区)农技校为网络的第二层次，主要任务是立足办好职业高中班，与农业部门联合开展农村实用技术培训工作，为乡村一级的初级职业技术教育培训部分师资，提供实验辅导及场地，组织本地的职业教育教学研究活动等。第三层次是乡镇初中和成人教育中心。根据当地经济发展的需要，以普通中学初三分叉或初中毕业后再进行一年的职业教育为主要形式，开展以农业科技知识为主要内容的初等职业技术教育，以及

成人实用技术培训。乡镇初中和成人教育中心互相配合，互相支持，做到职前职后教育互相沟通衔接。另外，还把农业系统的农技推广中心(站)、农业广播学校、农业函授大学以及科委的星火培训计划，与“燎原计划”、“丰收计划”的实施有机地结合起来，纳入到整个网络之中。

为了保证网络计划的实施，嘉兴市政府成立了由分管农业、教育的副市长为组长，有市教委、农经委、农林局、科委等有关部门领导参加的市农村职业技术教育领导小组，同时还列出专款，用于网络计划的实施。

(三)推行技工学校、职业中学毕业生“双证”(毕业证书和技术、业务等级证书)制度

为了适应劳动人事制度的改革，同时为了促进技工学校、职业中学加强学生的操作技能训练，提高教育质量，使毕业生一被企事业单位录用，就持有县(市)以上劳动、业务部门颁发的技术、业务等级证书，把培养、提高劳动者素质的任务纳入工人等级技术培训的轨道。杭州、宁波、绍兴、义乌、江山等市在劳动部门的重视和支持下，都已开展对部分专业的职业高中毕业生进行技术等级考核工作。宁波市1989年开考的有车工、钳工、医药、服装、烹饪等5个专业，446名学生参加考核，其中考上三级工的195人，四级工的11人，并已实行毕业生对口录用后的工资定级与技术等级挂钩。为了使“双证”制度在全省逐步推行，省教委、劳动人事厅先后转发了杭州市、绍兴市、宁波市《技工学校、职业中学技术等级考核实施办法》。“双证”制度的推行，对技工教育、职业教育，特别是对城镇职业教育的发展，是一项十分必要和有力的措施。

撰稿人　王友葆
审稿人　钱根珊　王绍法
徐可效　何　欣

五、成人教育

1989年浙江省的成人教育，以提高劳动者的政治文化技术水平、有效地为本地区经济和社会发展服务为目标，继续深化各类型、各层次成人教育的改革。

(一)积极发展乡(镇)成人文化技术学校

浙江省教委于1988年确立了22所乡(镇)成人文化技术学校作为省级联系点。1989年，22所省联系点学校的建设得到了加强，并且在研究和探索农村成人教育的改革中，发挥了实验基地和示范作用。22所省联系点学校已建校舍总面积11862平方米，有63个专用教室、33个教师办公室、20个图书资料室，配备了专职干部、教师60名，有较稳定的兼职教师269名，建立实习、实验基地17个，有7所学校配置了电视录像等电教设备。11月底，省教委在绍兴县召开了省联系点学校第二次会议，总结了办好乡(镇)成人文化技术学校的经验，主要有：(1)有比较明确的办学指导思想，抓好实用技术培训，为当地经济建设服务；(2)各级政府，特别是乡(镇)政府的重视起着十分重要的作用；(3)有一个比较得力的成人教育专职干部和一支专兼职结合、以兼职为主的师资队伍；(4)有一个固定的办学基地；(5)积极争取农业、科技等部门的支持，做到农、科、教结合，普教、职教、成教相互沟通，共同协调发展。示范学校的建设促进了全省乡(镇)成人文化技术学校的发展。1989年全省建校1600多所，办校的乡(镇)约占全省乡(镇)总数的50%。其中独立建校的有200余所，占学校数的13%左右。同时，有宁波市、嘉兴市和12个县(市、区)建立了市、县级成人文化技术中心学校，不少乡(镇)还建立了村一级的成人教育培训点。县、乡、村三级培训网络正在形成，配合了农村“燎原计划”的实施，促进了农

村适用的科学技术迅速推广到最基层，传到农户手中，为发展乡、村经济，引导农民脱贫致富发挥了积极作用。德清县高林乡成人文化技术学校校长程伟和余杭县彭公乡成人文化技术学校校长金少闲，1989年被评为全国教育系统劳动模范。

（二）组织实施“燎原计划”

根据国家教委组织实施“燎原计划”的要求，结合浙江省的实际情况，省教委研究制订了《浙江省实施“燎原计划”方案（试行）》，经过各市（地）、县的广泛讨论，并征得省科技、农业、林业、财政等部门的同意，于1989年6月30日正式下发试行。《方案》提出了浙江省实施“燎原计划”的指导思想、主要目标、内容和措施。浙江省的“燎原计划”分三步实施：“七五”期间为第一期工程，在20个县内建设示范乡60个；“八五”期间为第二期工程，扩展到50个县、300个示范乡；“九五”期间为第三期工程，全面铺开，力争使全省50%以上的乡达到示范乡的水平。1989年，全省要求实施“燎原计划”的共有36个县的88个乡（镇）。根据“优先投向种植业、养殖业及农副产品加工业，并主要扶持县级骨干的职业学校和成人学校及乡级学校的实施项目”的原则，首批在14个县（市）的28个乡、镇（不含宁波市）的34所学校（其中乡、镇成人文化技术学校27所）安排了国家教委下拨的1988、1989年度专项贷款292万元。“燎原计划”的实施，取得了初步成效，不但推进了农村教育改革的深入开展，而且促进了当地经济发展和社会主义精神文明的建设，涌现了一些先进单位。德清县南路乡、绍兴县华舍镇和湖州市南浔镇被国家教委表彰为“1989年度实施‘燎原计划’先进单位”。

（三）抓紧扫除剩余文盲

全省各地农村继续贯彻国务院《扫除文盲工作条例》，对青壮年文盲、半文盲状况进行了认真的复查，在此基础上，各县、乡都制订了扫盲规划，并组织扫盲对象入学。1989年全省共组织近10万人参加扫盲学习，有6万多人脱盲，至1989年底，全省所有县（市、区）15—40周岁青壮年的非文盲率都达到基本扫除文盲县的标准（即85%以上）；有22个县（市、区）青壮年非文盲率达到95%以上的较高标准。

（四）深化成人高校、成人中专的改革

成人学历教育规模稳定，注重提高教育质量。1989年，36所成人高校和23所普通高校举办的函授、夜大学共有在校学员3.2万人，127所成人中专在校学员4.6万人。4月至5月，省教委对国家教委批准试办的6所成人高校的教学质量进行了考核验收，有5所学校验收合格。成人高校、成人中专配合各业务主管部门开展岗位培训和各种技术业务培训，积极提供教学服务。同时，突破单一的学历教育模式，扩大《专业证书》教育的试点。至1989年底，共有36个省级业务主管部门委托31所高校承办了高等教育《专业证书》教学班，专业布点114个，在校学员6300人，1989年有271人取得高等教育《专业证书》。中专《专业证书》教育有所发展，1989年共有44所学校招生5128人，有1300人取得中专《专业证书》。省教委还开办了农村成人教育管理中专《专业证书》函授班，700多名农村成人教育干部参加了学习。为了加强管理，省教委分别颁发了高等教育《专业证书》和中专《专业证书》学员学籍管理的暂行规定。

1989年浙江省成人中专招生采取了一些改革措施，主要有：（1）招收乡镇企业职工不受工龄、年龄限制；（2）允许面向农村青年和城镇待业青年招收自费生，毕业后国家不分配工作，自谋职业；（3）入学考试科目由5门减至3门；（4）对县级以上劳动模范、先进生产者以及高中毕业的职工报考初中起点成人中专的，实行免试入学。采取这些措施后，

1989年报考成人中专(不含师范)的人数增加到12300多人，录取新生7000多人，均为1988年的1.6倍。

(五)以岗位培训为重点，积极开展干部、职工教育

1989年全省共有71.85万名干部、职工参加各种文化和业务技术培训，参加培训人数占干部、职工总数的21.6%。其中，参加资格培训、技术等级培训和适应性培训的共有53.25万人，占参加培训人数的74.1%。一些行业和业务主管部门，在开展岗位培训中，认真做好制订培训规划、制订岗位规范、编写大纲教材和制订政策制度等工作，逐步做到规范化、制度化。

(六)社会力量办学在清理整顿中健康发展

民主党派、社会团体办学，在1988年进行检查清理，重新办理审批备案手续和颁发《办学许可证》之后，在为社会需要培养各类人才方面，继续发挥积极作用。1989年，全省社会力量举办的学校达308所，在校学员16.9万余人，初步形成了多层次、多学科、多规格、多形式的办学格局。5月，省教委召开了社会力量办学经验交流会，并就进一步端正办学指导思想、积极鼓励和支持社会力量办学、继续做好清理整顿工作和加强管理等方面，提出了意见。

(七)高等教育和中等专业自学考试取得新成果

1989年浙江省高等教育自学考试共开考20个专业的143门课程。全省有105407人参加了227120课次的考试，有67317人次取得课程合格证书，5260多人取得大学本科、专科毕业证书，其中首届本科汉语言文学专业毕业生54人，有9名由杭州大学授予学士学位。至1989年底，浙江省高等教育自学考试已有六届毕业生，计12630多人。

中等专业自学考试1989年共开考10个专业，有65773人参加了161194课次的考试，中师、财会、护士3个专业首届毕业5500多人。

(八)建立浙江省成人教育协会

为了进一步推动全省成人教育的改革实践和理论研究工作，1989年11月26日建立了“浙江省成人教育协会”，由全国政协委员、省对外友协会长王家扬和省政协副主席詹少文任名誉会长，浙江省教委副主任程文祥任会长，第一届理事58人。

撰稿人　白锡定
审稿人　金建雄　徐可政
　　　　何　欣

附

□湖州市南浔镇成人文化技术学校

南浔镇地处浙苏边界。1986年6月，实行乡镇合一，全镇总面积34.27平方公里，总人口41279人，其中农业人口24076人。

1984年完成扫盲任务以后，在当地党政领导的重视下，根据农村产业结构的变化和社会的需要，先后投资17.5万元，创办了南浔镇成人文化技术学校。现有校舍总面积2750平方米，专职教师9人(其中大专学历4人，高中、中专学历5人)和一个中等规模的校办家具厂，成为一个单门独院的、教育设备比较齐全的乡镇成人学校。1985年以来，共办班128期，受训学员5347人，其中一年制以上长班26期，学员863人。

1989年，该校按照实施“燎原计划”的要求，在为当地经济服务的工作上进行了初步的尝试。

一、组建了实施“燎原计划”领导小组。组长、副组长由党委分管同志和负责农业的

副镇长、科协主席、成人文化技术学校校长担任，组员分别由农办、农技站、农机站、电管站、水管站、兽医站、实验农场场长、专业户、工业公司各派一人参加，共13人组成。领导小组研究制订了实施“燎原计划”三年总体规划。三年内要求做到对全镇1.7万名（7000多户）成人每人培训一次以上，建立3个蚕桑基地，树立10个蚕桑大户试点，10个养殖专业户试点，10个粮食大户试点和5个经济作物种植示范点。在此基础上加以推广，争取到1992年底，全镇农业总产值超1750万元，每年递增150万元；农民人均收入达1540元，每年递增100元。领导小组做到职责明确，有分有合，并把实施“燎原计划”工作作为单项指标列入镇委、镇政府重要议事日程，作为镇、村干部岗位责任制的一项重要内容，半年一总结，一年一评比。

二、因地制宜，发挥当地优势。根据当地地理和经济的优势，确定了“以粮为纲，发展蚕桑，大上养殖”12字实施方针。在镇实施“燎原计划”领导小组的统一部署下，以成人文化技术学校为阵地，举办水稻栽培、科学养蚕、淡水鱼养殖、大小麦栽培、油菜丰产、家禽饲养、食用菌栽培技术、桑苗无根扦插、家禽家畜防病治疗、白肉蜗牛饲养技术等为农业服务的技术培训班，还利用一切宣传工具和渠道，全面宣传科学种田、科学养蚕和科学养殖，并且建立良种场，种好试验田，建立蚕桑基地和鱼苗基地，大力扶植养殖专业户。

三、“三教”统筹，不断提高办学整体效益。南浔镇农村的普教、职教、成教早在1986年就建立了“三教一体”的领导体制，为“三教”统筹、协调发展奠定了基础。实施“燎原计划”后，他们更加重视“三教”沟通与协作，广泛地实行教育、教学、师资、设备、教学场地、实习基地的交叉使用，充分发挥各自的优势，为实施“燎原计划”服务。小学开设劳动课、中学开设劳动技术课覆盖率达100%；初一至初三的职业技术教育覆盖率达100%；学生参加工场和农场的实习性劳动率达100%。初中毕业生实行两种证书制度，即对参加3＋0.1（一个月时间）班职业技术培训的学生发给职业技术培训结业证书和初中毕业证书；对未参加3＋0.1班培训的学生，督促其参加培训后才予以补发两张证书。从1989年9月起，该镇实施了九年义务教育，中、小学入学率均达100%，小学巩固率100%，中学巩固率98.5%。初、高中毕业回乡青年的培训率达到100%。

四、农、科、教形成合力，一个以“成人教育与示范实验技术推广”为课题的科普运动正在进行。实施“燎原计划”领导小组成员，人人都是科协委员，积极从事科学实验，提供科学信息，千方百计地进行宣传教育，把科学知识和科学技术传授给广大农业劳动者，推动农业发展，促使农民致富。

目前，镇成人文化技术学校拥有一个中等规模的实习工场和一个拥有63亩田、地、塘配套的实验农场。1989年投资10万元，放养鱼苗2.5万尾，已出售肉猪48头，种植桃、梨、葡萄25亩，还搞了一些实验示范项目，均取得成功，共获利润1.5万元。

这个镇的农、科、教人员融为一体，根据实施“燎原计划”规划的要求统一制订人才培训规划，统一教育步骤，统一安排实验项目和科普工作。自1989年9月以来，除联合举办各类农业实用技术的培训班外，还搞了“大麦高产栽培”、“优化独生子女教育”、“单份血清中乙型肝炎病毒标志物的反应模式”、“电子计算机运用”4种内容的讲座6期，听课348人。

五、进一步发挥镇成人文化技术学校毕（结）业证书在全镇范围内的效用。对4届3＋1职业班、2届职业初中班的岗前培训，实行凭证上岗，择优录用；对各乡镇企业在职职工的岗位技术培训实行凭证培养，量才使用。规定凡参加成人技校培训的乡镇企业干部职工，取得专业合格证书后，未定级的给予定级，已定级的给予晋级，并在技术和管理上加以重用。目前，乡镇企业2032名干部、职工中，90％的人已受到不同类型的培训，农村中有3500人次受到实用技术的培训，有34名应届初中毕业生接受了动物饲养和食用菌栽培的培训，23名青年职工参加了业余中专班学习。

撰稿人　潘永根

审稿人　白锡定　徐可效

安徽省教育

一、概述

1989年度安徽省的教育工作，在党的十三届四中和五中全会精神指引下，稳定教育战线的局势，全面加强和改进学校的思想政治工作，进一步治理整顿和深化改革，端正方向、加强管理、优化结构、提高质量，促进了教育事业的持续、稳定、协调的发展。

基础教育。全省现有普通高中624所，比上年减少16所；在校学生27.26万人，比上年27.79万人减少1.9个百分点。普通初中3766所，比上年3744所增加22所；在校学生188.92万人，比上年194.76万人减少2.97个百分点。初中毕业生升学率为26.5%，比上年减少0.4个百分点。其中城市82.4%，上升2.4个百分点；县镇65%，上升0.2个百分点；农村16.1%，下降0.4个百分点。小学35374所，比上年减少407所；在校学生653.9万人，比上年减少3.8%，其中六年制在校学生占总数的9.7%。适龄儿童入学率达到97.9%，比上年提高0.4个百分点；小学在校生的巩固率达96.2%，比上年降低0.4个百分点；12—14周岁儿童的普及率达94%，比上年提高0.9个百分点；小学毕业生升学率达到66.7%，比上年上升1.2个百分点，其中城市已普及初中教育，县镇升学率达94%，上升0.9个百分点，农村升学率达64.5%，上升4.4个百分点。全省有78个县级单位普及了初等教育。全省有幼儿园1732所，在园幼儿45.35万人，比上年增长8.9%。盲聋哑学校14所，在校学生1858人，比上年增长7.9%。弱智儿童辅读班21个，学生257人。基础教育的发展提高了人口素质，为职业、成人教育打下了基础。

职业技术教育。全省有中等专业学校134所，其中中技89所，比上年增加3所；中师45所，比上年减少14所。总计在校学生达7.9万人，比上年增加5390人。农职业中学528所，比上年增加26所。在校学生达15.5万人，比上年增加2334人。技工学校112所，比上年增加28所，在校学生4.16万人，比上年增加1.26万人。各类职业技术学校在校学生数已占整个高中阶段在校生的42%。

高等教育。全省现有普通高校39所。其中部属9所，省属30所。经国家教委批准，皖南农学院撤销调整，成立了合肥经济技术学校（属全国烟草公司主管）。高校在校本、专科学生64492人，其中省属院校在校生42359人，比上年减少1826人；全省共招生19159人，比上年减少3560人。其中省属院校共招生13679人，比上年减少3180人，在校研究生1995人，比上年减少233人。在调整发展规模的同时，对高校内部的层次结构、学科结构和专业结构也按压缩长线、发展短线的原则进行了调整。本专科的比例已由上年的1∶1.15提高到1∶1.22；工业科类比重占14.8%，比上年增长0.9个百分点；财经类比重为10.8%，比上年增长1.2个百分点；师范类比重占43.9%，比上年降低1.7个百分点。

成人教育。全省现有成人高校28所，在校学生5.3万人，比上年5万人增长6%。成人中等专业学校148所，比上年增加10所；在校学生6.3万人，比上年增加11.2%。成人中学68所，在校学生0.7万人。成人职业技术学校806所，在校学生17.47万人。另有初等文化补习和扫盲的成人小学4321所，招生36.96万人，组织49.86万人学习，毕(结)业27.41万人。在成人中小学内设扫盲班13643个，招收半文盲、文盲27.78万人，一年内共扫除文盲17.88万人，使全省文盲率由1982年的41%下降到20%。

全省各级各类学校教职工达60.3万人，比上年58.8万增长2.5%。其中专任教师达445012人，比上年434803人增长2.34%。

普通高校教职工26828人。在专任教师11523人中，有教授366人，副教授2416人，讲师4372人。中级以上职务教师占教师总数的62.1%，平均每一专任教师负担学生5.6人，比上年提高0.1人。其中，省属高校教职工14522人，在专任教师6859人中，有教授193人，副教授1343人，讲师2432人。中级以上职务占教师总数的57.9%。平均每一教师负担6.2个学生，比上年提高0.2人。

成人高校有教职工4318人。在专任教师1924人中，有教授3人，副教授286人，讲师1746人。中级以上职务占教师总数53.8%。平均每个教师负担27.61个学生。成人中专教职工3790人，其中专任教师1991人。成人中小学教职工2822人，其中专任教师2204人。

中等专业学校有教职工15455人。在专任教师7745人中，有高级讲师846人，讲师2682人。教师学历合格率为57.2%(其中中师为58.9%)。每个教师平均负担10.3个学生(其中中师为10.2个)，比上年提高1.1人(中师提高0.4人)。

技工学校教职工7327人，其中专任教师3129人。

普通中学教职工159409人，比上年增长2.5个百分点。专任教师122783人(初中102832人)，比上年增长3.84个百分点。其中，高级教师4692人，一级教师26167人，二级教师37784人，分别占教师总数的3.8%、21.3%、30.8%。学历合格率高中占57.1%，初中占41.7%，分别比上年提高0.7和4.6个百分点。高中、初中教师平均负担学生数为13.7人和18.4人，分别比上年下降0.7人和1.3人。

农职业中学教职工13676人，比上年增长10%。专任教师9668人(初中3996人)，比上年增长11.4%。教师中，高级教师303人，一级教师1946人，二级教师2703人，分别占总数的3.1%、20.1%和28%。农职业高中教师合格率为32.8%，农职业初中教师合格率为10.4%，分别比上年提高0.2和1.6个百分点。高、初中教师平均负担学生数为14.5人和18.1人，分别比上年降低1.5人和1.6人。

小学教职工有291495人，其中专任教师266654人，分别比上年增长0.3和0.63个百分点。合格率占65.7%，比上年提高2.3个百分点。教师中，高级教师23236人，一级教师62840人，二级教师49036人，分别占总数的8.7%、23.6%和18.4%。每一教师平均负担学生数由上年的25.7人降低到24.5人。小学教师中师范毕业的占37.3%。

在中小学中，有民办教职工156726人，占总数的33.7%(其中中学占10.5%，小学占47.6%，农职业中学占8.5%)，比上年下降3.8个百分点，其中中学、小学和农职业中学分别下降1.8、4.7和0.23个百分点。

幼儿园教职工20670人，其中园长、教养员17056人，分别比上年增长11.1%和9.3%。受过学前教育专业训练的占总数的24.5%，比上年提高2.2%。

特殊教育教职工388人，其中专任教师280人。

工读学校教职工109人，其中专任教师55人。

通过多渠道筹措教育经费，1989年安徽省中小学共新建校舍100.1万平方米，改造危房113.8万平方米，添置课桌椅67.9万件。总投资达2.84亿元。现在全省中小学、农职业中学校舍达2475.7万平方米，比上年增加71.9万平方米。平均每生占有校舍：中学4.2平方米、小学2.2平方米、农职业中学6.4平方米，分别比上年增加0.3平方米、0.1平方米和0.9平方米。全省共有危房76.81万平方米，比上年减少38.29万平方米。中学、小学和农职业中学的危房比重分别由上年的5.2%、4.5%和5.1%下降到3.7%、2.6%和4.0%。普通中学有图书549.46万册，平均每生2.54册；小学有图书218.6万册，平均每生0.33册；农职业中学有图书84.06万册，平均每生5.44册。均比上年稍有增加。教学仪器资金，中学平均每校6.3千元，比上年增加300元；小学每校170元，比上年增加60元；农职业中学校均9.7千元，比上年增加4700元。

开展勤工俭学的普通中小学由1988年的24220所发展到25472所，占总校数的比例由60%上升到64%。这些学校面对市场疲软、资金和原材料短缺的困难，发挥应变能力强，知识人才集中的优势，根据各自的条件，采取有力措施，取得了创历史的成绩。全年校办工业总产值达3.1亿元，纯收入达7165万元，分别比上年增长27%和24%。上交国家税金909.9万元，补助教育经费3082万元。支援了国家建设，改善了办学条件，加强了对学生的思想品德、劳动技能和科学文化等教育。

安徽省教育事业的治理整顿，使学校思想政治工作得到了加强。通过坚持四项基本原则的教育，抵制和批判资产阶级自由化思潮，加强了校风校纪建设，稳定了高校的局势。在中小学加强了德育工作，开展了形势教育和“三热爱”教育，进行了国情教育、劳动教育和社会实践教育，使青少年精神面貌发生了良好的变化；按照分类指导、积极推进的原则，教育的发展开始转移到端正方向、深化改革、优化结构、提高教育质量和办学效益上来。

安徽省教育工作中，还存在一些突出的问题和困难：一是按照社会主义现代化建设的要求，教育事业在总体上仍然比较落后。据1988年末统计，每万人口在校生在全国的名次是，高校为第25位，中等专业学校为第28位，普通高中为第24位，初中为第15位，职业教育为第11位，小学为第7位。全省15—40周岁的青壮年文盲、半文盲率为20%。二是学校思想政治工作仍比较薄弱。在马列主义理论教育、道德规范，文明习惯训练等方面，没有坚持不懈地把德育放在首要地位抓紧抓好。对新的历史时期研究和总结学校思想工作的规律、新鲜经验等方面均感不足。动员全社会的力量，进行综合治理的工作，虽然有好的典型，但面上还未落到实处。三是教育结构尚不尽合理，小学教育基础不够扎实，教育质量和办学效益不高；职业技术教育还比较薄弱，中等专业学校潜力还没有得到充分发挥；高等学校布点过多，投入不足，效益不高，专业、层次结构不能适应社会发展的要求。四是教育经费紧缺，办学条件差。基础教育“一无两有”的要求还未实现。公用经费逐年下降，1985—1988年，小学从28%下降到7.34%，1988年生均3.27元；中学从28.55%下降到15.71%，1988年生均19.73元。高等学校是在条件差、超负荷情况下办学的。此外，师资队伍素质不够高，而且教学和管理人员都有“青黄不接”、出现“断层”的危险。这些问题，将影响教育事业的发展和提高。

二、基础教育

(一)稳步推进九年义务教育

1.调整规划，分步实施。1987年制定的规划，将全省划分为各占人口20%、55%、25%的三个类别。1989年初，省教委经过调查研究、充分论证调整为各占人口16%、30%、43%、11%的四个类别。实践证明这样的调整是符合安徽省情和可行的。条件好的一类地区加快实施步伐，积极实现办学条件标准化和提高普及水平；二、三类地区着重抓普及初等教育，同时创造条件发展初中教育。全省普及九年义务教育有了新的进展。1989年初，全省已有78个县(区)普及了初等教育，占总县(区)数的74.3%。在省辖市中，有26个市区、49个县(市)城镇、142个乡(镇)，合计已有217个区乡(镇)，普及初级中等教育，人口覆盖率达14%。

2.制定验收标准，实行规范管理。1989年4月，省教委发布了《安徽省普及九年义务教育基本要求和验收办法》，从1992年开始对一类地区进行验收。“基本要求”的要点是：(1)初等义务教育。普及程度要求：有学习能力的适龄儿童入学率100%；在校生年巩固率99%以上；年留级率，城市和县镇3%以下，农村5%以下；14周岁人口中受完初等教育年限的普及率，城市和乡镇95%以上，农村90%以上。(2)初级中等义务教育。普及任务要求：小学毕业生升学率，城市和县镇98%以上，农村95%以上；巩固率98%以上；留级率，城市和县镇3%以下，农村5%以下；18周岁人口中达初中毕业程度的，城市和县镇80%以上，农村70%以上。(3)教师学历合格率达到：初等学校，城市和县镇90%以上，农村75%以上；初级中等学校，城市和县镇75%以上，农村60%以上。(4)农村原则上一乡(镇)一所初中，人口多的可增设一所农职业初中。教学班生额初中45—50人，小学45人，农村不少于30人。办学条件要求达到《安徽省中小学办学条件基本标准》的主要指标。“验收办法”公布后，各地市都制定了实施细则和分类要求，并更新、健全义务教育档案资料，实行规范化管理。

3.因地制宜，分类指导。对较早实现普及初等教育的一类地区，从1987年起，已把重点转到普及初级中等教育。一类地区的各级政府都做到了教育投资的“两个增长”，教育附加都能足额或超额完成计征任务。因此，办学条件得到较快改善，中小学都实现了“一无两有”。从1987年起，这些地区对新毕业的专科生均派往郊区，重点支持农村初中办学。8所地市教育学院放宽了一类地区初中教师离职进修指标，高师也增加了委托代培名额。1989年一类地区初中专任教师合格率已达69.8%，比全省平均高出28.1%。面对全省初中是基础教育中的薄弱环节的现实，为保证“基本要求”的贯彻实施，省教委确定合肥42中、安庆4中、芜湖25中、蚌埠市31中、阜阳市9中、天长县3中、祁门县历口初中、庐江县石山初中、怀宁县腊树初中、舒城县枫香树初中等10所学校为示范初中。同时制定了《安徽省示范初中办学基本要求》，要求这批初中从领导班子建设、机构设置和编制标准，学校规模与班级生额、办学条件、经费，全面贯彻教育方针和提高教育质量等方面，在3年内达到标准，为全省城乡初中全面达到规范化要求作出样子。

二、三类地区，由于条件较差、经费投入有限、师资素质低、缺口大，当前重点仍是抓好普及初等教育。1989年10月，省教委决定对已验收普及初等教育的78个县(区)，从1991年起至1994年，按《安徽省进一步提高普及初等教育水平的基本标准和复查办法》分批进行复查考核，要求各级政府从现在起加强法治，增加投入，抓紧对初等教育的各项建设。1989年在调查基础上，对流生增多，巩固率下降的8个县(市、区)限期解决问题，强化“四率”承包责任制和开展无流生班、无流生校、无流生乡的评比竞赛，到1989年秋，“滑坡”得到控制，使全省初等教育的流生率回落到1.36%。

对四类地区，根据国家教委的安排和联合国儿童基金会合作，1989年10月，省教委选择岳西、太湖、枞阳、霍邱、寿县、六安、风台、颍上、临泉、阜南10个重点扶贫县的97个乡(镇)进行为期5年的加强贫困地区小学教育实验。全员培训学校领导和教师，提高合格水平和管理能力。大力宣传义务教育法，树立依法治教、兴学治愚的意识。拓宽资金来源，改善办学条件，以及改革教学内容和方法，提高为发展当地经济服务的社会效益，推动初等教育的普及。

(二)加强思想政治教育，把德育工作放在首位

一是进一步改革政治理论课教学，扩大新教材使用范围。1989年秋季，高中和初中一年级全部使用改革后的新教材(上海版)，初二、初三年级将在1990年秋季全部使用新教材。在使用新教材的同时，还抓了教学方法、手段及考核、考试办法的改革试点。

二是深入贯彻全国中小学德育工作会议精神，创建德育工作新格局。1989年，按照中央和省的要求，马鞍山、芜湖、铜陵等市先后成立了有市委、市政府领导同志参加的中小学德育工作领导小组，加强了对学校德育工作的领导。规模大的中学普遍设立了政教处。继省成立中小学德育研究会后，铜陵、马鞍山、淮南、芜湖等市也先后成立了中小学德育工作研究会，建立和充实了德育工作机构，探索青少年思想品德形成、发展规律和德育的内容、方法等。马鞍山、蚌埠、巢湖、铜陵、芜湖等地市先后举办了中学党支部书记、校长、班主任、政治教师、团队干部培训班，提高德育工作队伍的政治理论和业务能力。全省中、小学进一步贯彻《小学生日常行为规范》、《中学生日常行为规范》和德育大纲。芜湖市还制定了教师和家长行为规范。

三是安徽省教委发布并试行《安徽省中小学德育工作暂行条例(征求意见稿)》，对学校德育教育提出了具体要求。第一、结合国庆40周年活动，开展了全省歌咏比赛和中学生征文活动，进行"三热爱"教育。第二、加强革命传统教育。蚌埠等市开展了"五代精神赞"系列活动，组织教师、学生学习30年代的"长征精神"，40年代的"张思德精神"，50年代的"黄继光精神"，60年代的"雷锋精神"和80年代的"老山精神"。第三、加强校风、校纪教育。第四、扩大了青春期教育实验。在省辖8市和部分县城及少数农村中学试用了省编《青春期常识》，并举办了教师培训班。第五、加强了法制教育。省编《法律知识讲座》，1989年秋始在初中和高一、高二年级中普遍开设。

四是切实抓好形势教育，坚定正确的政治方向。1989年秋季开学，在高中利用政治课教学时间进行一个月的形势教育。在初中进行形势教育讲座，学习邓小平同志讲话和党的十三届四中、五中全会文件等，提高师生对动乱和反革命暴乱的性质、原因、危害和制止动乱、平息暴乱的重大意义的认识，广泛开展坚持四项基本原则，反对资产阶级自由化，没有共产党就没有新中国，只有社会主义才能救中国、才能发展中国的教育。

(三)加强劳动技术教育，上好劳动技术课

在实施劳动技术课教学时，全省一抓认识，端正办学思想，把上好劳动技术课作为教学改革、全面贯彻教育方针的重要环节。如程集中学等一批学校，通过对历届回乡毕业生的跟踪调查，明确了本地社会和经济发展对教育的要求，转变了观念，提高了抓好劳动技术课的自觉性。并注意通过劳动实践培养学生热爱劳动、热爱劳动人民的思想感情和艰苦奋斗精神，培养学生灵活运用知识的能力，增强体质，陶冶情操。二抓坚持因地、因校制宜，创造条件上好劳动技术课。祁门县历口初中地处"祁红"茶乡，就把茶园管理与茶叶初制作为重要内容，让学生自己动手，在实践中掌握知识和技能。一些缺乏劳动基地的学校，组织师生垦荒，自建小农场、小饲养场，或承包附近农民的责任田。还有些学校采取在校学理论、回家搞实践、老师巡回辅导的办法进行实习。劳动技术课是门新课，

专业教师缺，各地通过“改、兼、聘、训”的办法解决。劳动技术课教材，省编了中学和小学城乡不同的两套教材。不完全符合本乡本土需要的，鼓励各校采取“订、编、摘、印”等办法予以充实补充。不少学校还制订了包括劳动态度、基本知识、实际操作三方面内容的考核制度。

（四）加强师资培训，提高师资素质

1985年《中共中央关于教育体制改革的决定》发布以来，1987年省人大在实施义务教育的办法中明确规定：“各级人民政府要优先发展和加强师范教育。”省教委从本省实际出发，采取一系列措施，加强师资培训工作。

一是加强了基地建设。1985年以来，安徽省从整体布局出发，报经国家教委批准，增设了淮北、宿县和宣州三所地市级教育学院。使全省教育学院达9所，其中省和合肥、芜湖、蚌埠4所教育学院分别面向全省和几个大区域服务，其余5所主要面向本地区服务。总体布局和分工基本上趋向合理。1987年起，针对安徽省中等师范学校设置过多、规模过小、效益不高的状况，先后将14所中等师范学校调整为小学教师进修学校，以增强培训小学教师的能力，提高教师队伍整体质量和适应小学教师学历达标后继续教育的需要。1988年，省教委又将中师函授教研室和中学师资培训部合并，在省教育学院内设立省中小学师资培训部，对安徽省教育院校系统内的函授教学，小学教师业务进修以及教材教法、专业合格证书的培训考试实施管理和指导。

二是重视师资培训的网络建设。为了加速师资培训的步伐，各地都建立了师资培训网络。例如，阜阳地区11个县（市）已有8个县（市）建立起卫星电视教育培训网络。六安地区在联合国儿童基金会的援助下，建起有60个培训点的电化教育网。淮南市和灵璧、泗县、阜南、亳州、濉溪、六安、霍山、望江、芜湖、宣城、宁国、祁门等10多个县，相继建立了县、区、乡三级师资培训网。对提高师资培训的质量提供了切实保证。

三是建立多形式、多层次的办学体系。安徽省师资培训工作坚持“业余为主、脱产为辅”的原则。全省9所教育学院近5年培训的毕业生中，业余进修占80％以上。根据“成人、师范、在职”的特点，在完成系统的学历培训任务同时，开展了对中小学教师《教材教法考试合格证书》和《专业合格证书》的培训辅导，1987—1989年参加考试的34万人中，有80％以上的小学幼儿园教师和50％以上的中学教师，均不同程度地接受了考前培训。各地针对中小学教师的现状，还举办了岗位培训班。省教育学院从1985年开始，与美国英语学会联合办班，到1989年已有1200名中学英语教师接受了培训，提高了教学能力。六安、徽州两所师范学校先后举办了3期全省小学语文、自然培训班。1989年，蚌埠市教师进修学校举办了小学高级教师教学研讨班；淮南市小学教师进修学校试办了小学骨干教师进修大专学历自学考试培训班等。讲师团对师资培训工作也起到积极的推动作用。1985—1988年，中央先后向安徽派出三批讲师团532人，省委、省政府也相应抽调559人组成培训中小学师资讲师团，使全省近3万名中小学教师接受了培训。1986年到1989年，安徽省2.5万名小学教师，通过考试被录取为卫星电视中师进修班学员。各地中师和进修学校主动以函授教学配合卫星电视教育，保证了教育教学质量的稳步提高。

四是加强教学研究和管理工作。从1985年起，安徽省相继成立了中师各科教研会，中师函授主要学科教研会，教育学院各专业中心教研组和高师教育研究会等。这些教学研究机构定期开展活动，团结广大教师积极研究提高质量的措施，起了良好的作用。省教委对全省中师函授、卫星电视中师进修、教育学院系统的高师和脱产进修等办学机构，都作出了管理工作制度化、规范化的要求。各办学单位通过不断实践和探索，管理水平有了明显提高。

经过认真的大规模的培训，安徽全省中小学教师学历补偿教育的任务已基本完成，中小学师资队伍的业务素质和知识水平得到了明显提高。5年来，全省有3.5万名小学教师和1.9万名中学教师经过各种形式的系统培训，取得了国家规定的合格学历，使全省小学、初中教师合格学历比率分别由1984年的53.98%和27.6%上升到1989年的65.7%和41.7%；高中教师中具有合格学历的比率也达到了57.1%。全省有10403名不具备合格学历的中小学幼儿园教师取得《专业合格证书》；有71117人取得了《专业合格证书》或文化专业考试的单科及格成绩；有96640名中小学教师取得了《教材教法考试合格证书》。目前，达到合格或已任教20年的小学、初中、高中教师已分别占同类教师总数的83.8%、60%和73.9%；1986年前任教的，学历未达到规定要求的中小学教师中，还未取得《教材教法考试合格证书》，没有达到考核合格证书最基本要求的，全省已不到1.6万人，约占中小学教师总数的4%。

三、职业技术教育

1989年，实行"整体推动，深化改革，主动适应，增强活力"的方针，努力建立和完善为经济社会发展服务的有效机制，保持了稳定、持续发展的势头。

（一）农科教统筹协调与"燎原计划"实施

1989年3月，省委、省政府推广休宁县溪口职业高中实行农科教结合，促进农村两个文明建设的经验。确定黄山市、滁县地区作为农科教统筹协调实验区，同时在10个县、102个"燎原计划"试点乡重点推开。省委、省政府发布了《安徽省农科教统筹协调实施方案》，明确提出六个统筹：规划统筹制订，项目统筹开发，经费统筹安排，技术力量统筹调度，培训教材统筹解决，基地设施统筹使用，把"丰收"、"星火"、"燎原"三个计划紧密结合起来，配套实施。并把抓好农科教统筹协调工作作为各级领导任期目标与述职考核内容。省委书记卢荣景等18位省级领导同志，各抓了一个试点乡作为联系点，带动各级党政领导抓点促面。据12个地、市统计，县以上负责人共联系乡（镇）280多个。省政府成立了农科教统筹协调领导小组和办事机构，并决定设立农科教统筹发展专项资金，组建农科教讲师总团，成立农村职业技术教育和培训教材编审委员会。1989年，共筹集经费1193.97万元；组建农科教讲师团143个，有成员2178人；推广科技开发项目517个；开展各种实用技术培训10167期，受训302217人次。

安徽省的"燎原计划"实施，按照农科教统筹结合的要求，以项目为"龙头"，分省、县、乡三个层次推行。省级示范项目有：皖西白鹅的繁育和药物活拔鹅毛、河蟹养殖、塘虱鱼饲养、大棚香菇。同时要求农村职业中学大力推广30项实用技术。县级以金寨县为试点单位，实施科技扶贫与"燎原计划"相结合的"119工程"。即组织以县办农业大专班和职业中学毕业生为主体的100多名科技人员，承包10多个重点扶贫项目，扶持9000多个贫困户在3年内脱贫。经过一年多的努力，全县农民靠科技增收1700多万元，有7030户贫困户已脱贫。102个试点乡（镇），通过开展以农户为基本单元的经济教育调查，制定了人才培训和项目开发规划，以农科教部门的培训、推广实体为依据，上挂横联下辐射，推动地方经济发展。据抽样调查，在64个"燎原计划"试点乡（镇）推广的23个项目中，共产生了120多万元的直接经济效益、3600多万元的社会效益。

1989年10月，中共中央政治局常委宋平、全国人大常委会副委员长孙起孟视察安徽，对安徽的农科教统筹协调给予高度评价。国家教委授予休宁县溪口镇、来安县新河乡、怀宁县腊树乡、潜山县黄柏乡"实施'燎原计划'先进集体"称号。

(二)城市职业技术教育探索行业化办学路子,正确引导社会力量办学

1989年,合肥、马鞍山、芜湖、阜阳、滁州等市进一步完善职业技术教育管理制度,建立了劳动、教育部门协调共管的机制,密切了职业教育与企业的关系,保证了"先培训,后就业"原则的落实。合肥市政府调整了职业技术教育办公室,吸收市计委、市人事局参加,和原成员市教育局、劳动局一起,分工负责全市中专(含中师)、技工学校和职业高中的计划编制、招生、教学管理、毕业生考核和录用等工作。并对办公室提出三项目标管理指标:每年市区初中毕业生的升学率不低于80%,其中职业技术学校招生数至少相当于普通高中招生数;职业学校每届毕业生的录用率不低于80%;每年社会招工总量中,经过职业技术培训的人员比例不低于80%。1989年,各市职业技术学校招生与普通高中招生比例均达到或超过1:1;毕业生录用率达80%以上,其中合肥市超过95%。

为适应城市产业结构调整和行业联合加强的趋势,各省辖市根据省教委部署,进一步调整布局、优化结构、按需办学。针对专业门类多、设置重复的状况,逐步调整专业布局,使同类或相近专业相对集中。合肥市把11大类71个专业调整为11个带行业色彩的专业中心。根据城市生产、生活需要,各市都压缩了干部类专业,增设了技工类和第三产业类专业,并注意拓宽专业面,增加选修课,以增强学生毕业后的适应能力。合肥、马鞍山、芜湖、淮南等市还对职业教育中心进行内涵改造,在联合办学的基础上实行行业归口办学。马鞍山市职教中心与市化工工业总公司对口联办后,成为市化工行业职业技术教育中心。根据行业需要,调整了专业设置和办学形式,实行校内校外结合,职前职后沟通。同时大力开展职工"双补"和对富余职工的培训。

1989年,经国家教委批准,安徽省确定在芜湖和合肥市开展"双元制"职教模式试点。秋季试点班共招生374名,开设了电子、机械、电工、金属加工4个专业,按1:2:3的比例,安排文化专业基础课、专业技能、实习训练的教学,强化实习训练和技能考核,培养学生的实际操作能力。芜湖市作为全国6个"双元制"试点城市之一,成立了由市长牵头,教育、劳动、计划等部门和有关行业负责人组成的试点领导小组,建立了"双元制"职业技术教育基金。以市职教中心和市第三职业高中作为试点基地,与几家企业合作,培训四级以上水平的技工。合肥市与联邦德国下萨克萨州合作,由市职教中心与几家企业结成伙伴关系,进行"双元制"试验,共同培训中级技工。

为使社会力量办学健康发展,省教委发布了《安徽省社会力量办学暂行管理办法》。并对中华职业教育社安徽分社的办学给予支持。1989年,该社办的5所职业学校已发展到21个专业、51个教学班,在校生2400人。这些学校以黄炎培倡导的"金的人格、铁的纪律、双手万能、敬业乐群"为校训,强化思想政治和职业道德教育,重视实践教学,并注意职业指导,探索发展城乡职业教育的经验,得到社会上的好评和海外人士的捐助。为发动企事业单位办学,合肥、淮南、芜湖、马鞍山等市,不仅把企事业办学纳入发展职业教育的总体目标,还建立了一套激励制度。即明确办学对象,用责任来激励;扶持企业办学,用优惠政策激励;全面评估企业办学的工作,用表彰来激励。形成了大中企业单独办学,一般企业与教育部门联合办学的格局。

(三)深化中专教育改革和整顿技工学校

1989年,安徽省中专教育从主动适应经

济建设需要出发，深化各项改革。一是端正办学思想，坚持为行业经济发展服务。合肥市的地方中专学校通过对本行业经济发展和毕业生跟踪调查，主动调整了办学的结构、形式和培养规格，深入进行了教育教学改革。安徽纺织工业学校打破单纯的部门观念，提出了"面向大纺织行业办学，为生产第一线服务"的办学宗旨。两年来，与纺织、轻工、司法、煤炭等系统100多家纺织企业联合办学，形成了普通中专、职业中专、职工中专、大专函授和各类短训班并举的办学体系，还为大中企业和新兴企业在校外开设了9个教学点，13个教学班，按需施教，强化管理，注重实践，赢得了企业的信任和支持。1989年10月，被纺织部授予"全国纺织教育先进集体"称号。香港国际富太纺织总公司总经理卓培迟为该校捐款15万元，作为教育奖励基金。二是农业中专试办自费不包分配中专班，直接为农村培养实用人才。省教委和省农牧渔业厅批准宿县农校、芜湖农校、屯溪茶校采取"以县定班，县校共管"的办法，与地方政府联办不包分配的农业中专班。招收具有高中文化程度的农村知识青年，学制2年，毕业后承认学历，回乡创业。学校根据当地经济实况，调整了教学计划，加强了实践技能的培训，并按季节安排教学工作，结合指导学生建立家庭农场，促使他们应用科技知识，劳动致富。三是建立教学、技术服务、生产实践三结合的教学体制。各中专学校重视加强教学生产实习基地建设，增强实践教学环节，面向社会开展科技服务活动。既促进了教学质量的提高，又增加了经济效益。1989年全省中专生产、科研和社会服务纯收入达237.9万元，大大增强了办学活力。

为促使技工学校走上规范化、标准化，提高教育质量，安徽省政府办公厅转发了省劳动局《关于整顿技工学校的报告》。省劳动局制定了《技工学校整顿检查标准细则》，对学校教育、教学和管理工作提出量化要求，在主管部门和学校自查基础上，组织地市互查，最后由省劳动局检查验收。合格者发给合格证。1989年，有20所技工学校通过验收。

四、普通高等教育

1989年，高等教育进一步贯彻治理整顿、深化改革精神，端正方向，稳定规模，优化结构，强化管理，充实条件，提高教育质量和办学效益。

(一)坚持社会主义办学方向，加强党的领导和思想政治工作

各高等学校在经受了政治风波的考验后，把学习邓小平同志重要讲话和贯彻党的十三届四中全会精神作为第一位工作，反思前几年思想政治工作的经验教训，批判资产阶级自由化思潮，广泛开展坚持四项基本原则的教育，使广大师生转变了思想，提高了认识促进了高校局势的稳定。为了改变一手硬一手软的状况，安徽先后召开了高校党委书记、校长和政治工作、学生工作及教务会议，明确高校实行党委领导下的校长负责制。对试行校长负责制后，效果不明显的皖南医学院，又恢复为党委领导下的校长负责制。强化了德育工作，把政治思想教育工作列为考核领导干部业绩的主要依据，各校普遍成立了学生处(科)，在聘请兼职辅导员的同时，允许在应届毕业生中选留2%担任政治辅导员，按1:120至150个学生配齐辅导员。还在政治工作人员中评定了职称，稳定了政治工作队伍。在政治理论课教学中强调理论联系实际，合肥工业大学、安徽师范大学和安徽大学等校，将学生受资产阶级自由化影响的重大问题，收集归类，用马列主义的基本原理加以澄清，帮助学生澄清迷惘、释题解惑，坚定走社会主义道路的信念。年底前，还加强了形势教育和爱国主义教育。并积极倡导和鼓励学生组织学马列小组、学哲学小组等。

(二)进行高校充实调整和优化结构的工作

10年来，我省高教事业规模翻了一番。在发展时，结构也得到调整。但由于投入不足，出现规模偏小、效益不高、质量不能保证等问题，导致了办学条件下降。因此，在治理整顿、深化改革过程中，调整了发展规模和速度，集中力量和资金。在高校内部，继续降低重心，面向本省经济和社会发展，调整学科专业结构，从布局上进行整体优化，提高办学的总体效益。按照"谁主管，谁负责"的原则，省教委发布了《安徽省普通高等学校专业设置管理和审批备案的暂行规定》。对安徽机电学院、安徽建工学院、安徽农技师院和池州师专四所省属院校的规模、专业设置、师资培训、图书、实验设备等提出充实整顿意见，在投入上予以适当倾斜，解决基建和设备费用。各有关地市也在充分论证后，对地市所属7所联合大学制定了充实整顿实施方案，由省进行督促检查，要求落实资金投入，限期完成。目前，蚌埠联大与蚌埠食品专科学校已合并办学，一个机构两块牌子。马鞍山联合大学正在迅速扩建校舍，努力改善办学条件。年底，省成立了高校领导小组，以促进充实，调整方案的认真实施。

对高等教育内部的层次、学科和专业结构，针对科类比例不合理、专业重复、服务方向较窄等问题，1989年重点对师范、农林、理科、医药和工科类专业进行了适当调整，根据社会需求和培养能力，增设了农产品贮藏加工、农副产品加工、公路桥梁工程和公路机械施工与管理等专科层次的新专业，并在安徽农技师院等校增设了职业师范班。各科类内部也按适应需要、讲究效益的原则进行调整、改造，以拓宽专业服务范围，增强适应性。

（三）开展优秀教学成果奖励活动和积极推进科学研究工作

1989年开展了普通高等学校教学优秀成果评奖活动，这是建国40年来第一次。全省申报人数达2800多人，占专任教师总数的23%。共评出优秀教学成果96项，其中13项获国家级优秀奖，15项获省级优秀成果一等奖。获奖人有170多人，90%是第一线的教师。为扩大影响，省教委编印了获奖人名录和成果内容介绍。安徽大学、安徽师范大学、安徽农学院、华东冶金学院等校还举办了成果展览，对推动教学工作的科学管理和提高人才培养质量起到了良好作用。

高校科研工作继续贯彻科学技术面向经济建设的方针。由于近几年高校规模控制，教学工作量相对减少，科研潜力得到增强。各高等学校结合实际，调动广大教师和科研人员的积极性，充分挖掘潜力，开展了以技术改造和技术革新为主要内容的不同类型、不同水平的科研活动。1989年全省共承担自然科学课题1604个，社会科学课题120个。已出鉴定成果的144个，推广应用42个，技术转让263个。出版科技专著115部。发表学术论文3074篇，其中在国外学术刊物上发表225篇，全国性学术刊物上发表1453篇，地方性学术刊物发表了1396篇。在这些成果中，有71项获得省级以上科技进步奖或发明奖。合肥工业大学辐射阱研究所的"异步电机分层多目标优化设计系统"，获国家科技进步一等奖。徽州师范专科学校蒋立科副教授的"花粉破壁研究"、安徽师范大学陈壁辉教授的扬子鳄研究，分别获国家科技进步三等奖和自然科学四等奖。在科技扶贫方面，安徽农学院的黄仲青、游庄信、江光辉三位教师坚持数年传授实用技术、培训各种科技人才，为贫困地区人民脱贫致富作出突出贡献，受到国家教委、农业部和林业部的表彰和奖励。

（四）继续完善招生政策和招生制度改革

1989年安徽普通高等学校招生工作是在加强廉政建设，净化招生环境，深化改革招生制度的情况下进行的。全省报考人数143642人，省内外各类高校共录取23783人，其中国家任务15482人，委托培养5404人，自费生392

人，电大、函大普通专科班2505人，招生计划的执行情况是好的，基本杜绝了无计划招生或超计划招生，增加了透明度，社会各方面反映良好。主要的措施：一是加强了监察工作和廉政建设。高考时，组织了高考巡视小组分赴以往考风不正的县进行检查，对223人次的舞弊考生取消了考试资格，严肃了考风考纪；严格要求招生人员廉洁奉公、遵纪守法、按章办事，领导干部更要作出表率；录取期间，由省监察厅、省教委监察室和各地市招办组成录取纪检组，接待来信来访和设立举报箱，严格检查录取程序和取消了一些弄虚作假考生的录取资格，起到了较好的监察作用。二是建立了公开办事制度。对招生计划、招生政策、分数线和分数段、录取程序和录取情况实行“五公布”，使考生和社会放心；允许考生查卷、查分，不仅提高了阅卷质量、避免了差错，也提高了高考的声誉；录取时设立接待部，解答考生和家长的问题，沟通信息，增强监督。三是调整和完善了招生政策。取消了大学、专科(国家任务)、高中专、专科(委托培养、自费生)依次录取的“一条龙”招生办法，避免了过去由于专科委托培养、自费生在高中专以后录取，而出现的高分进中专、低分进专科的不合理现象。委托培养招生实行面向社会，从高分到低分择优录取，改变了以往委托培养单位子女“吃小灶”的现象；实行少数民族考生在报考民族学院时方可照顾降分的规定，保证了民族学院的生源。

(五)政策导向，疏通渠道，把毕业生分到基层

安徽省从1979年到1988年的十年中，共接收高校毕业生近10万人。一些大城市、大机关和科研单位的人员编制已趋向饱和。1989年毕业生的分配去向主要是县及县以下基层单位。为了疏通人才通往基层的渠道，改革了分配体制，制定了合理的政策导向。一是切实加强毕业生的思想教育工作。针对大多数毕业生要到生产第一线和基层，与毕业生本人期望形成强烈反差的情况，各校都采取了有力措施，进行国情、省情教育，鼓励他们走与工农相结合的道路，到实践中去增长才干，主动服从国家分配，到基层去、到艰苦的地方去。大力宣传优秀毕业生的典型事迹，对他们进行生动现实的教育。二是坚持毕业生分配工作“五公开、两监督”制度。即公开毕业生分配方针、原则、政策和纪律；公开毕业生调配计划；公开毕业生德、智、体综合测评的结果和名次；公开有特殊困难需要照顾的毕业生情况和名单；公开每个毕业生的分配结果。让群众和纪检部门监督，使毕业生分配工作置于群众和社会的监督之下，取信于民。三是制定政策，明确导向。省教委在调查研究基础上，与省人事、卫生、农业等部门共同协商后，对农科、卫生、师范等专业的毕业生去向作了明确规定：农科专业毕业生主要安排到县及其以下区、乡农技站、种子站、兽医站或区、乡(镇)政府办事机构工作，充实基层科技干部及管理干部队伍；中医专业毕业生要分到县级中医医疗单位，凡县级医院中医专业毕业生未达到30%的都要接受安排；师范专业毕业生全部分到学校从事教育和教学工作，主要充实县以下中学师资队伍。一些地市还制定了毕业生到县以下农村工作的优惠政策。如安庆市规定：凡分配到县以下(不含县城)和郊区农村基层单位、乡镇企业以及市区集体所有制厂矿企业工作的毕业生，其全民所有制身份不变，从报到之日起，享受转正定级待遇。对分配到农村乡及乡以下单位(包括学校)工作的毕业生，试用3个月后能胜任工作者，其工资上浮一级。工作满5年以上转为固定工资并再浮动一级。在贫困山区乡以下单位工作满5年以上的毕业生，配偶属农业户口，可照顾“农转非”。这些政策，有力地把毕业生引向农村工作。四是严格学籍管理，建立学生档案制度。

规定各校必须上报经批准的录取新生名册，省教委核查后建立学籍档案。同时建立了学籍变动汇报制度，在毕业分配时，由省教委学生处逐一核对和审查无误，方可列入分配计划，由有关部门录用。实践证明，这些做法的效果是好的。1989年安徽共接收安排毕业生15900人，分配到地、市、县基层单位的有13898人，占分配总人数的87.1%。其中农科1032人，到县及县以下789人，占77%；中医专业144人，到县及县以下103人，占71.5%；师范专业7836人，到县及县以下6160人，占78.6%。

五、成人教育

1989年，在“一要发展、二要改革”方针指导下，理顺关系、加强管理、注重实效、调整布局与结构，重点已逐步从学历教育转到岗位培训，成人教育网络已逐渐形成。

（一）推动农民教育，迎接国际扫盲年

1989年，农村扫盲入学人数达32万人，经1990年春天考试，已达脱盲要求的有15万人。扫盲后教育受到普遍重视，乡（镇）农民文化技术学校已发展到630多所，有50万青壮年在这些学校中受到科普知识教育和实用技术培训。为迎接1990国际扫盲年，1989年工作重心放在检查评比和表彰先进上，有一大批单位和个人受到国家和省、地、市的表彰和奖励。评为全国教育系统劳动模范的有青阳县周希定、泾县肖必位；评为全国扫盲先进工作者的有临泉县周冈礼、滁县地区李学发、宣城地区马孝武、省教委徐宗亚。还有一大批单位和个人被评为省、地、市先进单位和个人。通过表彰，进一步提高了对农村扫盲和成人教育地位和作用的认识。

（二）坚持岗位培训，按需施教，发展干部、职工中等和初等教育

安徽省干部、职工中等和初等教育，从学用结合、服务于经济建设的原则出发，把岗位培训作为重点。全省建立了中央部委和省以及市县、企业三级培训网络，即大中型企业领导干部和总工程师、总会计师、总设计师由中央部委培训，省培训中层干部和小型企业领导干部，其他由市、县和企业负责培训。1989年全省共培训企业领导干部500多人、车间主任3141人、班组长73651人、高级技术工人19458人。培训主要根据岗位的实际需要，以适应性培训为主，直接有效地为经济建设服务。

为了解决安徽成人中专教育追求“小而全”、效益不高的问题，对发展规模作适当控制，并对达不到办学标准的学校进行了充实加强或调整撤并。新办学校和新增专业依据国家教委《成人中等专业学校暂行条例》的要求，对必要性和可行性进行专家论证后，才同意申报。为了推动各校提高教学质量，省教委拟定了《安徽省成人中专教育质量检查评估意见》，已在不同层次的学校进行试点，准备用3年时间，对全省各类成人中专进行一次全面检查评估，鼓励办出不同特色。

在招生制度上，简化了某些对象的入学手续。对工龄二年以上，1976年前和1982年后的高中毕业生，报考脱产、业余或函授中专的，采取由招生学校进行文化测试，省招生部门验证审核批准的办法录取，以体现适应社会需要、服务于经济的特点。

为适应经济发展、人才流动的形势，已在马鞍山市进行了干部中专专修班试行专业证书升转毕业证书制度的试验。

（三）成人高等教育持续、稳定、协调地发展

成人高等教育治理整顿的重点主要放在加强学历教育、《专业证书》教育和社会力量举办高层次教育的管理工作上。

为了制止学历教育中存在的乱办学、乱招生、乱收费和滥发文凭的现象，省教委、计委、财政厅、人事局、劳动局联合发出通知，坚持把好学校审批关、招生关、教学质量关和毕

业关，尤其是招生和毕业两关，更要严格控制。招生时，要求招生学校必须是经国家教委批准并备案的；招生计划必须纳入当年成人高等教育事业计划；新生必须通过全国成人高校统一招生考试并按规定审批录取。不符合上述要求的，国家不承认其学历。毕业时，由省教委对学校所报毕业生名单逐一进行审核，对毕业证书进行统一验印。对要求验印而未验印的毕业证书，国家不予承认。1989年全省共验印毕业证书11000份，强化了对学历证书以至整个学历教育的管理。

在加强《专业证书》教育的管理中，一是抓严格办班审批程序。明文规定，凡举办《专业证书》教学班，均需有省级主管部门根据本部门、本系统现有岗位的实际需要，向省教委、省人事局申报批准后，方可委托有关高等学校办班，任何学校不得自行办班。二是完善管理制度。省教委和省人事局在已施行的专业证书制度实施意见的基础上，又制定了“补充意见”，对跨行业办班、岗位规范、教学管理等问题进一步作了明确规定。省教委还与财政厅、人事局、物价局联合制定了专业证书教育收费办法，统一了收费标准。同时，省教委还同省人事局统一印制了安徽省成人高等教育专业证书。三是全面检查教育质量。省教委、省人事局成立了专业证书教育质量联合检查组，对全省45个业务主管部门举办的200多个教学班的教育、教学质量进行全面检查，发现问题及时解决。

近几年来，社会力量举办的非学历成人高等教育发展较快，至1989年底，其在校生已逾2万人，省外社会力量在安徽举办的这类学校，也有相当数量的学员。为促进社会力量办学健康发展，省教委从整顿社会力量办高层次教育入手，加强了管理。明文规定：1.社会力量办学属于地方教育事业，均需向省教委申报审批。各地教育行政部门要切实加强管理和领导，进行监督、检查、指导。2.严格控制审批程序。近两年内一般不再审批这类学校。省内外社会力量均不准在皖举办从属于总校并由总校批准面向社会招生的分校。助学性质学校，从实际出发，从严掌握。3.停办了安徽世界语专科学校。处理了中国行政函授大学安徽分校、北京财贸金融函授学院安徽分院停办后的善后工作。同时，进一步完善了管理办法。

撰稿人　章钟涛　邓英达　张守祥
　　　　张　杰　刘有鹏　徐宗亚
　　　　阮　阳　吴富信　胡桂芳
审稿人　朱仇美　王世杰　张耀宗
　　　　钱业荣　李仲谋　琚仲达
　　　　方徽聪　程秉谦　徐庆功
　　　　喻远宝　薛守学　冯言训
　　　　王　峰　吴　正　刘玉环

福建省教育

一、教育事业40年回顾

建国40年来，福建省教育事业取得了巨大的成就。基本普及了小学教育，小学在校生达336.77万人。学龄儿童入学率从1949年的16.3%提高到1989年的98.6%；普通中学在校生从1949年的4.6万增加到100.64万人，增长20倍多；职业中学从无到有，发展到268所，在校生6.9万人；中等专业学校从43所，在校生9794人发展到104所，在校生5.65万人；高等学校从1949年的9所，在校生3710人发展到36所，在校生5.68万人；成人教育从小到大，形成了从初等到高等的教育体系，成人高校、成人中专在校生已分别达到2.5万人和2.4万人。1989年参加文化、技术学习、培训的人数超过200万人。

随着教育事业的发展，福建省人口的文化素质有了很大的提高。解放初期，人口中文盲、半文盲占80%，在校小学生只占总人口的3.9%，在校中学生只占总人口的0.4%。这种状况已有了根本的变化。据1987年1%人口抽样调查推算，福建省人口中具有大学文化程度的占0.78%，高中占10.81%，初中占24.89%，小学占44.4%，文盲、半文盲占19.12%。

建国40年来，福建省教育为社会输送了数百万有初、高中文化水平的劳动后备力量，为各条战线输送了大学本、专科毕业生18.4万人、中专毕业生27.9万人；成人教育近十年来就输送大、中专毕业生10万人。这些建国后培养出来的专门人才，绝大多数已成为各条战线的主要骨干力量。

建立了一支忠于人民教育事业的教职工队伍。1949年，全省教职工总数只有27227人，到1989年已达到34.15万人，增长11.6倍。同时，基本建立起了能适应普及九年义务教育需要的师范教育体系和规模。近10年来，共培养了5.6万名中师毕业生和5万多名高师毕业生。1989年中小学教师学历达标率已有较大的提高，小学、初中教师分别达到70.7%和71.4%。

教育的改革取得了初步成效，使教育逐步走上适应经济、社会发展的轨道。通过领导管理体制的改革，基础教育实行地方负责、分级办学、分级管理的体制，调动了各地办学的积极性。1979年到1988年的10年间，全省社会捐资助学金额（用于普通教育改善办学条件）达8.72亿元（含集体和群众集资、华侨捐资等），加上其他渠道集资7.95亿元（含中央、省、地、县拨资金和勤工俭学收入等），共计16.67亿元。新建、扩建校舍竣工面积783万平方米，修复危房379万平方米。农村教育综合改革试验正在进行，“燎原计划”已开始实施。高等教育的层次、科类和专业结构经过调整有所改善。新办了许多适应全省经济、社会发展需要的专业。招生制度也进行了改革，实行了国家计划、委托代培和招收自费生、定向生等多种形式的招生办法。学校内部管理体制的改革、教学内容、教学方法等改革试验也在积极进行。

教育对外开放不断扩大。1978年以来，共有774人次的外国专家、学者来福建高校讲学、考察和进行合作科研。1500多名外国留学生到本省高校学习。福建共派出1021名留学生到国外学习，派出访问、讲学的有50多个团组，同8个国家的地方教育行政部门建立了友好关系。

但是，福建省教育事业从总体上说，还是比较落后的。全省国民人均受教育年限只有5.2年，在人口总数中尚有19.12%的文盲、半文盲。全省平均每万人口中具有中专以上学历的只有154人，比全国平均水平少32人。教育事业的发展、改革仍不适应全省经济、社会发展的需要，主要表现在：学校思想政治教育薄弱，把德育放在首位还没有从思想上、组织上、措施上落到实处。基础教育，特别是初中教育处于全国落后地位。教育结构还不够合理，特别是高校的布局、层次、科类专业结构有待进一步调整、充实和整顿。教育投入不够，生均公用经费比例有下降趋势，各地多渠道筹措教育经费发展不平衡。教育思想、教学内容、教学方法等还存在着不同程度地脱离实际的现象，教育质量不高。

二、1989年发展概况及主要工作成就

1989年全省各级各类全日制学校在校生455.9万人，加上幼儿园在园儿童69.77万人，各类成人学校学生138.23万人。合计663.89万人，占全省总人口的23.3%。

小学教育普及水准进一步提高。1989年，小学学龄儿童入学率98.6%，巩固率98.5%，均比1988年略有提高；留级率从1988年的9.29%降至7.77%。全省已有13个区、222个乡镇宣布实施初等义务教育。

幼儿园在园幼儿69.77万人，比1988年增加0.45万人；入园率达50.9%，比全国平均水平高26%。

普通中学招生、在校生减少。1989年，初中招生30.74万人，比1988年减少0.46万人；高中招生5.31万人，比1988年减少0.14万人；普通中学在校生100.64万人，比1988年减少6.83万人，减少6.4%。

中等教育结构有所变化。1989年，中等职业技术学校（含中专、职业高中和技工学校）招生5.9万人，比1988年减少0.89万人，占高中阶段招生数的比例为52.6%，比1988年降低2.4个百分点；在校生达14.75万人，比1988年减少0.16万人，占高中阶段在校生的比例达48.3%，比1988年提高3.5个百分点。

继续调整高等教育结构。社会急需的应用学科得到加强，本、专科在校生的比例从1988年的1:0.83提高到1:0.96，其中省属非师范类院校本、专科在校生的比例从1988年的1:0.83提高到1:0.93。1989年全省高校在校生56787人，比1988年减少272人；其中省属高校在校生45269人，平均每万人口省属高校在校生15.9人，居全国第6位。

多种形式的成人教育得到进一步发展。全省参加文化、技术等各种学习、培训的人数超过200万人，比1988年增加15%；据6个地（市）统计，应届初、高中毕业生接受职前实用技术培训共6.4万人，占毕业生总数的40%以上；扫除文盲10万人左右。

1989年，福建教育主要进行了以下几方面工作。

（一）制止动乱

从1989年4月中旬以后的近两个月时间里，福建大、中专院校在北京发生学潮、动乱和反革命暴乱的情况下，福州、厦门等一些城市的教学秩序受到影响。省委始终与党中央保持一致，及时采取对策。在出现学生上街游行时，省委、省政府对广大学生和群众始终坚持进行教育、疏导和劝阻，发动和依靠各高校领导、政工干部、教师及学生骨干以及学生家长共同做艰苦细致的思想教育工作。各级党政领导、各有关部门以及工会、共青团、妇联和各民主党派都发挥了积极的作用。在省委、省政府制止“空校”，努力恢复高校正常教学秩序时，省教委立即发出通知；各地、市、县党政领导和基层组织及时作出部署，有的还深入到学生家中和家长一道做学生返校复课的思想工作，铁路、交通等部门也为学生返校复课提供方便。由于各方面的配合，仅在10天时间内，省属各院校就基本恢复了正常的教学秩序，学生上课率达98％。

(二)学校普遍加强德育、思想政治教育工作

1989年7月底，全省高校工作会议在福州召开，传达了全国高校工作会议的精神，回顾了本省的工作情况，对今后高校工作作了部署。省委、省府领导同志陈光毅、王兆国、贾庆林等同会议的部分代表举行了座谈。

会议明确了当前高校的主要工作：一是加强党的领导。省委决定成立中共福建省高等学校工作委员会，作为省委的派出机构，受省委的委托，加强对高校工作的领导；省属高校的领导体制，实行党委领导下的校长负责制；近期内在认真考察的基础上，调整、充实、加强省属高校的领导班子，同时，加强和完善高校党委的工作机构和政工队伍建设。二是做好高校的清查清理工作。要求严格区分两类不同性质的矛盾，严格依法办事，防止走过场和扩大化。对大多数参加过游行等一般活动的青年学生，主要是教育问题，通过批评和自我批评，提高认识，总结经验，汲取教训。三是做好提高教师思想的工作，大力加强学生的思想政治教育。各高校组织教师学习，帮助他们提高认识，划分是非界限。要求学校今后在选留、任用教师，在教师提职、晋级、出国进修等工作中，都要规定明确的思想、政治、职业道德的具体要求，并严格执行。四是在新学年开学后，以中共十三届四中全会精神和邓小平同志的讲话为指导，充分利用这次政治风波的深刻教训对学生集中进行政治教育和法制教育，通过各种形式有针对性地做释疑释惑工作，通过学生自己的看、听、议、思、写，解开思想扣子，努力使学生分清是非，端正态度。高校要把四项基本原则作为育人之本，加强思想政治工作，坚持不懈地反对资产阶级自由化。在充分发挥党政领导、党团组织和广大教师作用的同时，必须建设好一支又红又专、精干的政工干部队伍。

全省各级教育行政部门和学校，根据省高校工作会议的部署，学校普遍进行反思，汲取教训。加强了思想政治教育。省教委配合省委宣传部，在高等学校先后采取多种形式培训了教师和政工骨干2000多人、学生骨干2000人，有计划、分层次地对师生进行了形势教育，引导他们尽快地把思想统一到党的十三届四中全会的精神上来。各高校还普遍加强了对学生的马克思主义基本理论、革命传统、社会主义、爱国主义、国情和法制教育。许多学生提高了思想觉悟和辨别是非的能力，重新激起积极上进的政治热情和学习积极性。福建师范大学等高校不少学生相继成立马列主义学习小组，学校党团组织通过举办马列著作和党章专题讲座、培训骨干，引导学习活动深入展开。

中小学德育工作也普遍加强。各级党委、政府普遍重视中小学的德育工作。漳州市市委、市政府召开了全市中小学德育工作会议，形成了市委《关于加强和改进我市中小学德育工作的意见》，表彰了一批德育工作先进单位和个人，并且抓好不同类型学校的德育工作试点。全省中小学普遍开展了各种有益学生身心健康的活动，开展学习雷锋的热潮，进行“三热爱”教育，唱革命歌曲，进行爱国主义、集体主义、革命传统教育和劳动教育；小学普遍开展学习“全国十佳少先队员”(其中有漳州市的吴燕)等活动，还开展了“读好书，反腐蚀”活动，使学生的思想面貌开始有了较大变化。

(三)省委、省政府采取措施为发展教育办实事

1989年6月初，省委、省政府联合发出《关于当前改善办学条件，提高教师待遇的若干措施》。主要内容是：今年内在全省消灭

中、小学一级危房，省拨出修缮专款2000万元；在治理整顿期间，省、地(市)、县、乡四级政府都应继续增加教育拨款，做到“三个增长”；提高城市教育费附加计征比例，从1989年7月1日起，由1%提高到2%；各级政府应把学校建设纳入当地城乡建设规划；开征教育建设配套费用于学校建设；拨出专款300万元用于扶持幼儿教育事业；提高中、小学的班主任津贴标准，每人每月调整到10—15元；凡教龄满30年的中等和中等以下学校的退休教师，其退休金补贴至本人退休时标准工资的100%；拨出专款500万元，用于解决省属高校教师住房的突出困难；安排民办教师转为公办教师指标3000名；改善教师的医疗条件，教师的公费医疗不搞个人包干使用；省提供700万元无息贷款扶持高校副食品基地建设，拨出100万元改善高校后勤设施；教师节期间，省、地(市)、县三级政府表彰优秀教师和教育工作者7000名，给从教30年的教师和教育工作者颁发荣誉证书；省委、省政府将定期召开教育恳谈会，邀请教育界人士和师生代表座谈，等等。

经过各级党委、政府和财政、人事、计委、教委等有关部门的共同努力，大部分的措施得到贯彻落实。解决中、小学危房修缮的专款下达后，又验收了一批县(区)实现小学“一无二有”，中小学危房面积从1988年的105万平方米、占总校舍面积的5.5%下降到77万平方米、占总校舍面积的3.7%，一级危房基本消除；高校副食品生产基地周转金投放使用后，已产生103万元的经济效益；用于解决高校青年教师住房困难的专款，已安排落实到11所高校；经考核合格的民办教师3000名已经转为公办教师；对教龄满30年的中等和中等以下学校的退休教师的退休金正在落实；对从教30年的教师和教育工作者已颁发了荣誉证书；教师节省政府表彰1025名优秀教师和教育工作者，加上地、县两级表彰，共表彰了近万名优秀教师和教育工作者；征收城镇教育建设配套费用于教育的规定也已制订出具体办法，正在贯彻落实。

(四)开展中小学教育督导工作

1989年4月，福建省对开展“五查”工作很重视，成立了以陈明义副省长为组长的“五查”领导小组，全省大部分地、市、县都成立了中小学教育“五查”领导小组并由分管教育的专员、市长、县长担任组长，财经、计委、物委、人事、劳动、工商、教委等部门的负责同志参加，并邀请人大、政协的同志一起监督、检查。全省的“五查”工作，首先从福清县试点开始，然后全面推开。各地普遍开展了“五查”的自查、复查和抽查工作。许多地方本着解决问题、推进工作、边查边改的精神，做了大量的工作，取得了初步成效。

(五)教职工队伍有所扩大，教师学历水平进一步提高

1989年，福建省高等师范院校、中等师范学校共培养本专科毕业生7544人、中师毕业生5750人，充实了中小学教师队伍，教职工数有所增加，教师学历水平进一步提高。

全省教职工总数达34.15万人，比1988年增加0.77万人。全省专任教师总数26.66万人。其中小学专任教师147437人，比1988年增加2007人；初中专任教师54042人，比1988年增加2538人；高中专任教师13877人，比1988年减少539人；职业中学专任教师5635人，比1988年增加360人；中等专业学校专任教师5861人，比1988年增加228人；高等学校专任教师9154人，比1988年增加95人；幼儿园专任教师(教养员)25033人，比1988年增加1175人。

在小学专任教师中，具有中师、高中毕业及以上学历的占70.7%，比1988年提高2.6个百分点；初中专任教师中具有专科以上学历的占71.4%，比1988年提高6.9个百分点；高中专任教师中具有本科以上学历的占57.3%，

比1988年提高2.3个百分点；职业高中专任教师中具有本科以上学历的占28.7%，与1988年持平；幼儿园专任教师（教养员）中具有高中以上学历的占49.8%，比1988年提高1.7个百分点。

普通高校专任教师中，有教授227人，副教授1478人，讲师3756人，教员366人，助教3327人。其中省属高校教授150人，占2.2%；副教授925人，占13.8%；讲师2559人，占38.3%；教员316人，占4.7%；助教2729人，占40.9%。在中等专业学校专任教师中，高级讲师386人，占6.6%；讲师1709人，占29.1%；助理讲师2371人，占40.5%；教员1397人，占23.8%。

继续抓好师范教育，搞好各项改革。师专全面实行“面向农村，按需培养”、“定向招生、定向分配”，坚持各地、市、县对师专生源按城镇和农村分别切线，从而保证师专招收的农村毕业生达到80%以上。经过几年的努力，农村中学教师缺额的状况已有了较大的变化。同时，各师专学校以年招生数的4%左右用于接受农村的优秀保送生和中师应届毕业班推荐的保送生。中等师范学校的招生也主要面向农村。在中师招生中，应届初中毕业生所占的比例已达90%左右，其余为民办教师（含教龄5年以上的顶编代课教师）。在专业设置上，除普师、幼师专业外，还在部分学校设有体育、音乐、美术和特教专业。长汀、龙岩、南安、云霄等师范继续招收老区师范预备班。1989年全省中师共招收新生6730人，其中招收初中毕业生6090人，民办教师640人。

在进行以上几项工作的同时，还有一批优秀教师、教育工作者得到国家教委、省政府等的表彰。1989年，国家教委人事部和全国教育工会表彰本省优秀教师和教育工作者487人，其中36人授予“全国教育系统劳动模范”称号，颁发人民教师奖章，其他451人颁发全国优秀教师奖章和全国优秀教育工作者奖章。此外，省人民政府还表彰了1025位优秀教师和教育工作者，由省教委授予“福建省优秀教师”和“福建省优秀教育工作者”称号，颁发奖章和证书。这些受表彰的教师和教育工作者，成绩突出，为发展本省教育事业作出了很大的贡献。

（六）多渠道筹措经费改善办学条件，取得可喜成绩

1989年6月初省委、省政府发出《关于当前改善办学条件，提高教师待遇的若干措施》，推动了各级党委、政府把教育放在突出的战略地位，动员全社会的力量，关心支持教育。1989年，全省多渠道筹措经费用于改善普通教育的办学条件的资金达55618.1万元，比1988年增加16073.6万元，增长40.6%。其中，财政预算内拨款15935.3万元，占28.7%；各级政府征收教育费附加及配套费9227.7万元，占16.6%；勤工俭学收入1292.4万元，占2.3%；学杂费收入2763.4万元，占5%；乡村集体及个人捐资17039.5万元，占30.6%；侨胞及港澳台同胞捐资7776.8万元，占14%；工矿企业捐资722万元，占1.3%；其他收入861万元，占1.5%。

通过多渠道筹措办学经费，普通教育的办学条件得到进一步改善。1989年普通教育校舍新建、扩建竣工面积151.6万平方米，其中教学用房竣工103万平方米，维修校舍面积80万平方米以及新建一批围墙、校门等附属工程，添置课桌椅23.7万套以及一批教学设备。1989年又验收了19个县（区）小学达到“一无二有”，全省除平和、福安、寿宁3个县外，都已基本实现小学“一无二有”。

农村教育事业费附加征收超额完成任务。1989年，福建省各地认真总结教育费附加征收的经验，加强对教育费附加征收工作的领导，做好征收工作，使教育费附加征收有较大的增加。全省共征收18106万元，比1988年增加7106万元，增长64.6%。其中城市教

育费附加按照省委、省政府文件规定，由原定按“三税”1％征收，改下半年起按“三税”2％征收，全年城市教育费附加征收2917万元，比1988年增长50％。农村教育事业费附加征收15189万元，比这一年省下达的征收任务超额完成192万元，比1988年增加6135万元，增长67.8％。有61个县（市、区）超额完成省下达的征收任务。1989年5月，省财政厅、省教委联合在长乐县召开全省第二次农村教育事业费附加征收工作会议，总结交流1988年的经验，表彰37个先进县（市、区）和250名先进工作者。

（七）中小学、职业中学学生流失有所减少

1989年，各地为巩固学额、控制流生做了大量的工作。不少县、乡、村把巩固学额工作列入干部的工作责任制，作为年终考核的一项重要内容，建立了相应的检查制度和招生制度。开学初，许多乡镇由政府发入学通知书，村委会组织学生入学，收到了较好的效果。1989年，普通初中流失的学生达11.24万人，比1988年减少2.79万人，流失率达12.56％，比1988年降低1.8个百分点；普通高中流失的学生达1.22万人，比1988年减少0.26万人，流失率达6.77％，比1988年降低0.42个百分点；小学流失的学生数达4.96万人，比1988年减少2.81万人，流失率达1.49％，比1988年降低0.77个百分点；职业中学流失的学生数达8085人，比1988年减少338人，流失率达11.17％，比1988年降低0.83个百分点。从全省各地、市来看，有的地市重视抓学生流失工作，情况就有所好转；有的地市抓得不紧，学生流失数又增加了。泉州市1989年对初中流失生抓得较紧，使初中学生流失率下降了7.8个百分点。福州市初中流失率从1988年的15.6％上升到1989年的16.93％，提高1.33个百分点。

（八）校园治安整顿工作成效显著

全省整顿校园治安秩序工作，从1988年10月开始，到1989年10月基本完成集中整顿的任务。收到了明显的成效：一是校内外治安环境得到治理，滋扰校园的案件大大减少。在整顿中把查处滋扰校园、侵害师生利益的各类案件作为重点，公安部门、教育部门和学校密切配合，对现行案件做到快速反应，快侦快破；对犯罪分子从重从快惩处。厦门市还解决了一批长期解决不了的“老大难”问题，如强占学校操场盖庙堂等。二是校容校貌明显改观，建立和完善校园管理的各项规章制度，将责任落实到有关处室和人员，定期组织检查；加强学校的门卫管理，对校外人员进出校门严格验证手续；大中专学校根据实际需要，适当配备校卫人员，中小学则由教职员工轮流值勤巡视。同时，与城市管理、工商、交通等部门配合，对校园内的商业网点、摊贩等和学校周围的书摊、营业性娱乐场所进行清理整顿，净化校园内外环境。三是充实和加强学校的保卫机构，建立、健全群众性的治保组织。1989年11月，召开了全省整顿校园治安秩序先进单位、先进工作者电话表彰大会，对150个先进单位和246名先进工作者进行了表彰；国家教委、公安部对本省的整顿校园治安秩序工作十分重视，在本省召开了全国高校整顿校园治安秩序工作经验交流会，充分肯定了本省所取得的成绩。

（九）教育的国际交流和合作继续扩大

1989年，福建省的教育外事工作有了长足的发展。全省有关院校共聘请了外国专家教师148人；共接收外国长短期留学生322人。共派出留学人员91人；与海外院校、单位、团体联系的达120多个；共接待来访团组9个、计67人次。本省筹备成立了中国教育国际交流协会福建分会，并设立了出国人员服务部。

本省提出今后聘请外国专家、教师的总体规划的初步设想，并决定试行目标管理办法，在聘请工作中，通过对外联系，不断开拓渠道，周密制定计划，为学校聘请到许多满意的专家、教师。在来华留学生工作上，加强管理工作，取得好的成效。在派出留学工作上，为完善派出工作，根据本省实际情况制定了一些派出留学管理措施，保证派出工作正常进行。除了国家公派、单位公派留学生工作外，1989年还组织了“福建省留学生奖学金基金会”的公开招考，选拔了12位候选人作为“基金会”派出人员。在日常工作中，注意做好来华外国专家、教师、留学生的工作，积极组织院校为外国朋友举办各种活动，增进了和外国朋友之间的友谊和感情，帮助外国朋友进一步了解中国、理解中国。

三、基础教育

(一)小学教育

1989年，全省小学招生57.77万人，完成省下达招生计划的107%；在校生336.77万人，比1988年增加2.78万人；毕业生49.52万人；小学“四率”稳中有升，入学率达98.63%，巩固率达98.51%，毕业率达99.73%，普及率达97.32%，全省所有的县、市、区小学“四率”均达到一类标准。农村小学教学质量有所提高，据60个县、市、区的统计，应届小学毕业生毕业考试成绩，语文、数学两科总分在120分以上的占84.45%，比1988年提高8.37%；双科均及格的占75.18%，比1988年提高11.18%；留级率为7.77%，比1988年降低1.52个百分点。小学毕业生升初中（普通初中和职业初中）的比例为62.5%，比1988年提高1.4个百分点。

1.积极推进初等义务教育的实施。为加快初等义务教育的实施步伐，做了以下几件事：（1）继续抓好制订初等阶段义务教育规划。在调查研究的基础上，分期分批帮助县、乡根据本地区经济、文化发展的状况，制定以乡镇为单位实施义务教育的总体方案和年度实施规划。到1995年全省实施初等义务教育的有17个区、913个乡镇（含乡级场、矿），占乡镇总数的95.18%；覆盖人口占全省总人口的97%；余下较困难的47个乡，90万人口，安排在1996年到1998年扫尾。（2）通过总结典型经验，以点带面逐步推开义务教育的实施。几年来，各地在实施义务教育的过程中积累了不少经验，通过调查，比较完善地总结出一个县（长泰县）和三个乡（泉州的城东、顺昌的大干、连城的曲溪）实施义务教育的经验，引导各地义务教育朝着健康方向发展。（3）把残疾儿童的教育问题纳入初等义务教育规划。通过对36个县、市、区的残疾儿童进行摸底调查，为制订特殊教育规划提供基础资料。到1989年已新办4所弱智儿童学校，三明、龙岩两地、市的聋哑学校筹办工作基本就绪，即将动工兴建。（4）建立、健全义务教育的工作制度。重新建立了一套义务教育档案，共有12种表册和8种学籍证件。还建立了乡镇实施初等义务教育申报制度、任期目标责任制度、学龄儿童入学通知制度和流失生复学通知制度等。

2.深化学校管理改革，提高办学质量。为了进一步改革和加强小学管理工作，制定了《关于改革和加强小学管理的若干要求》，对学校领导班子、教师队伍、教学、德育、体育、卫生保健和行政等工作的管理，作了明确具体的规定。特别是建立了教学质量管理责任制，明确规定农村小学的学期考试由学区把关，学年考试由县把关，考后必须进行质量分析，提出改进教学的措施，促进学校提高教学质量。

为了提高农村小学的办学水平，组织9个调查小组，到9个地市总结经验。在检查评估的基础上，全省确定27所办学有特色的农村小学，并在《福建教育》分期报道他们的办学经验，推动了全省各地更加自觉地抓好“办有特色学校”的工作。

根据山区生源逐渐减少的实际情况，组织各有关地区认真开展复式教学工作，总结复式教学经验。1989年11月，在福安县召开了有全国19个省、市、自治区参加的小学复试教学研讨会，介绍了福安等县复式教学的最新成果，受到了与会同志的好评。

小学校园治理和校风建设。1989年做了以下几件事：（1）在实现“一无二有”的同时，消除脏、乱、差，因地制宜绿化、美化、净化校园；（2）创设优良的教育环境，抓好爱国主义教育基地、革命传统教育基地、劳动教育基地的建设；（3）开展创建文明学校、班级活动；（4）在教师队伍中广泛开展“讲师德、育新人、讲奉献、争先进”活动；（5）加强学校图书室建设和文体器材的配备，活跃学生的课余生活；（6）加强少先队的组织建设和校外教育阵地建设，扩大少先队的活动领域，促进少先队工作社会化。

小学教育存在的主要问题是：（1）农村小学重复教育现象严重，小学留级率和在校学生中的超龄生比重都比较高；（2）虽然小学“一无二有”已在大多数县、市实现，但其他教学设施仍跟不上，特别是农村小学的办学条件较差；（3）学校把德育放在一切工作的首位，但德育工作专职干部和开展德育活动的必要经费还没有得到解决；（4）城市小学学生课业负担过重的情况和农村小学教学管理不严的问题仍然存在；（5）学校内部管理体制的改革进展不够快。

（二）幼儿教育

全省1989年幼儿园有6422所，比1988年增加687所；在园幼儿69.77万人，比1988年增加0.44万人；入园率为50.9%；离园数42.35万人。

继续鼓励、提倡社会团体、工矿企业、机关、街道、个体等办园，全省集体、个人等非教育部门办的幼儿园有4669所，占幼儿园总数的72.7%；在园幼儿数40.43万人，占在园幼儿总数的57.9%。

加强对幼教工作的领导和管理。9月底，省府办公厅批转省教委《关于加强幼儿教育若干问题的意见》，文件的主要内容是：改革、理顺全省各级幼教领导管理体制，幼儿教育归各级政府和教育行政部门统一领导管理，实行“地方负责、分级管理、各有关部门分工负责”的原则；建立健全各级教育行政部门幼教行政、培训、教研、督导机构设置；强调发展机关、企事业单位办园；规定幼儿教育经费的来源渠道、使用和管理原则；加强幼教队伍建设；端正办园指导思想，提高保育教育质量，等等。这一年，省财政拨出专款300万元发展幼教事业，不少地方通过多渠道筹措幼教经费，使幼儿园的办园条件有所改善。

（三）中学教育

全省1989年普通中学校1317所，比1988年增加32所，其中初中校891所，比1988年增加40所；完全中学（含高级中学）426所，比1988年减少8所。普通中学在校生100.64万人，比1988年减少6.83万人，减少6.4%，其中初中在校生84.87万人，比1988年减少4.6万人；小学附设初中班370所，比1988年减少73所，在校生6.04万人，占初中在校生数的7.1%，比1988年减少1.33万人。高中在校生15.77万人，比1988年减少2.23万人。

1989年，全省各地加强初中学校的建设，办学条件有所改善。普通中学校舍面积生均达6.4平方米，比1988年有所提高。

1. 为发展中学教育采取的几项措施是：抓初中流失生控制工作。2月，根据国家教委、省委办公厅关于控制流失生的意见，省教委组织力量分别到流失生较严重的泉州、漳州、莆田和福州等4个地、市调查情况。各地、市把制止在校生流失、巩固学额当作一件重要工作来抓，采取了具体的措施。如泉州市规定各种奖惩制度、设立使用童工举报箱等。由于各方面的努力，1989年本省初中流失率降为12.56%，比1988年低1.8个百分点。

组织首批重点中学办学水平的评估。3月，省、地两级教育行政干部40多人在福州一中和师大附中试评的基础上，对全省17所首批办好的重点中学进行办学水平评估。通过评估，促进中学的管理工作和教育质量的提高。

加强中学体育工作。1989年，全省完中执行体育不合格不能毕业、不能报考大学的决定，9月开始在全省普通中学全面实施《中学生体育合格标准的试行办法》，各地对执行情况进行了检查和总结。这一年，各地普遍加强了体育工作，增加了一批体育设施，各种形式的体育活动有所增加。评选出一些优秀体育教师，重视体育教材建设。

开展评优活动，努力提高教育质量。1989年共评选出52名优秀青年教师、8个先进单位；评选出中学"庄重文优秀校长"75名，"庄采芳奖学金"获奖学生249名。1989年，全省各地为提高中学教育质量做了许多工作，中学教育质量有所提高，高考录取最低控制线除文科的重点本科线有下降外，其他均高于1988年；中学考试及格率从1988年的49.9%提高到65.2%。

继续抓中学教育教学的改革。福州八中等学校对内部管理体制的改革进行了探讨，福州、泉州等地、市在初中阶段进行分流，试行初二后分流、"三加一"等，适当渗透职业技术教育的因素，既控制了流失生，又让学生学到一技之长，受到社会的欢迎；中学教学内容、教学方法的改革实验正在逐步开展。

2.中学教育存在的主要问题。初中教育落后。1989年全省平均每万人口初中在校生只有298.3人，比全国平均水平(350.1人)少51.8人，居全国第25位。初中流失生仍然较多，特别是在农村，1989年农村初中流失率达16.55%。

沿海地区初、高中教育发展水平与经济发展水平不相适应，出现反差现象。乡一级政府管理初中的机构、人员很薄弱，还没有真正把初中建设抓起来。中学的德育工作有待于进一步加强，德育工作专职干部没有配齐。

四、职业技术教育

1989年，全省中等职业技术学校(含中专、职业高中和技工学校)招生5.9万人。其中职业高中招生28821人，比1988年减少4544人，在校生63061人，比1988年减少3363人；中等专业学校招生19622人，比1988年增加2497人，在校生56453人，比1988年增加2408人；技工学校招生1.06万人，比1988年减少0.18万人，在校生2.8万人，比1988年增加0.23万人。

(一)抓好职业中学基本建设，不断深化教育改革

1.抓好师资队伍建设。1989年省有关高校招收职业师资班的学生270名，有282名职教师资班毕业生分配到职业中学任教。为提高专业课教师的技能，举办活拔鹅毛、牛蛙、毛蟹饲养等实用技术短训班，共有30多所职业中学的40名专业课教师参加了培训。为鼓励职业中学青年教师刻苦钻研教学业务，教书育人，1989年评选并表彰了30名"福建省职业中学优秀青年教师"，各地市表彰了一批地市级的职业中学教坛新秀。此外，有15名职业中学校长获得了"庄重文优秀校长"奖。

2.抓好教材和生产实习基地建设。1989年完成了农村实用技术教育丛书《名优水果》、《四季菇耳》、《新兴养殖》三本书的出版、发行工作，并拟定了《蔬菜新品》、《配合饲料》的编写工作。1989年，继1988年从省职教补助费中划出15万元用于贴付职业中学向当地银行贷款的利息、建立生产实习基地后，又拨出45万元作为生产周转金，支持职业中学厂(场)建设，鼓励职业中学创办生产、经营型的实习基地。

3.继续抓农村教育整体改革试验，开始实施"燎原计划"工作。1989年，福建省贯彻国家教委有关农村教育综合改革试验、实施"燎原计划"的精神，积极参与改革试点工作。闽清、永安、晋江、建阳、沙县等5个农村教育

综合改革试验县(市)列入全国115个试验县之内,这5个试验县(市)成立了由县(市)主要领导担任组长的农村教育改革领导小组,并拟定了改革试验方案予以实施。全省25个职业中学接受国家教委的“燎原计划”贷款239万元,建立了一批技术开发和人才培养相结合的“燎原”项目,发展了一批“短、平、快”项目。产值达700万元,纯利润70万元。这些学校1989年举办了实用技术培训班220期,受训人员1.2万人。永安市大湖乡、东山县陈城乡被列为国家教委实施“燎原计划”表彰的示范乡。东山县白埕农中1980年引进芦笋在学校生产基地试种成功后在所在陈城乡推广,1988年实施“万亩芦笋丰产片”的燎原计划,1989年全县种芦笋11456亩,产值达4200万元,人均收入1500元。永安大湖农业职业学校结合本地农村生产和商品经济发展的需要,教育学生立志务农,注重提高办学效益,发挥了农村职业学校的多功能作用。8年来培养的毕业生中,50%以上被县、乡等部门录用,200名学生成了各类专业户。永安市从事副食品生产的专业户、承包户,三分之一是该校学生。这些毕业生还带动农民发展生产,该校文龙村一毕业生不仅自己饲养家禽在1989年产值达7万余元,还帮助全村成为永安市第一个养禽专业村,使该村人均收入由1985年的200多元提高到1989年的980元。同安县十二中在有关部门的支持下,成立了同安县食用菌研究所,为全县举办23期食用菌培训班,培训4000多人,推动了全县金针菇的生产发展,产量达500吨,占全县金针菇产量的60%。该校把金针菇栽培技术扩大到千家万户,形成了燎原之势。明溪县夏阳乡文化技术学校积极配合乡政府实施“燎原计划”,引进“棵八两”大豆、“巨佳一号”茄子等29个品种以及饲养獭兔、长毛兔等,多数项目获成功向全乡推广,增加了农民的收入。

五、高等教育

1989年省普通高等教育努力控制规模、优化结构、提高质量。普通高校36所(比上年增加一所仰恩学院),招生17560人,比1988年减少2575人。

1989年,高等学校招生工作积极推行廉政制度建设,实行“九公开一监督”制度(即公开招生政策、政审和体检标准、招生计划、报名人数、录取分数线、投档比例、主要分数段、录取新生情况、检查监督措施和接受社会监督),并设立举报电话和群众来访接待站等,受到社会各方面的欢迎。实行按科系招生试点。1989年福州大学的轻工、机械、化工、计算机科学系,农学院的园艺系,福建师范大学教育系以及福建建筑工程专科学校等校系试行部分按系招生试点,在基础教学三年后,再按社会需求导向分流,以推动按需定向,淡化专业种类来调整专业类别、合并相近专业、减少专业种类的改革。为了使高等学校毕业生面向基层、面向农村,福建师范大学继续实行定向招生和保送生改革,全省师专招生80%面向农村,定向分配。为了解决农科高校“招不来、下不去、留不住”的问题,1989年福建农学院试行学校单独组织考试,招收有实践经验的农村知识青年入学,这项改革在全国受到肯定。1989年还面向全省老区和贫困地区招收预科班学生120名,以改变这些地区的文化教育落后状况。

(一)继续进行高等学校专业结构调整

各高校普遍成立了专业结构调整领导小组,组织社会调查,审核专业设置和调整方案。省教委组织力量分别到泉州、三明、建阳等地调查,写出专题调查报告,提出进一步调整专业结构意见,并在当年招生时开始实施。制定专业结构调整的指导思想和原则,把专业结构调整的重点,放在对原有专业的改造,扩大专业内涵,拓宽专业范围,调整服务方向,增强专业适应性上。严格控制新增专业点，除个别社会急需的专业外，一般不新设专业点。1989年新设专业只有8个（含1个专科专业升为本科）。1989年公布了18个长线专业，限制或停止其招生，促使专业改造和转向。下放部分本、专科专业设置审批权，学校可在专业目录中同类相近专业范围内调整专业，或在本专业范围内拓宽专业、改用名称及增设委托培养的专业班，报省教委备案。这些办法扩大了学校办学自主权，增强了学校主动适应社会需要，调整专业和招生计划的能力和活力。

（二）对部分普通高校进行充实整顿

根据国家教委全国部分普通高校充实整顿工作会议精神，召开了整顿工作会议。全面分析了我省高等教育的改革和发展的实际情况，对省属部分普通高校的充实整顿工作的基本要求是，对一些布局不合理、办学条件不够、规模偏小、效益较低的学校要实行联合办学、校际分工或撤并调整，大专班和教学点1990年不安排招生。

（三）高校科研工作取得进展

1989年，全省高校积极承担国家和省科研项目，推广科研应用成果，开拓技术市场，建立不同形式的科技协作和科研生产联合体。全省11所本科院校新承担的科研课题共有400多项，已有205项成果通过鉴定，其中具有国际水平的11项，国内先进水平的48项；申请专利38项，批准11项；获得各种奖励126项。福州大学研制的FDB—Ⅰ型低铬一氧化碳中温度变换催化剂，经化肥厂近两年的使用表明，具有低温、高活性、适应低汽气比、高负荷操作、热稳定性好、耐硫能力强、使用强度高等特点，其性能已达到国内低温中变催化剂的先进水平，且含铬量较低，达到国内外的先进水平，1989年通过了由化工部组织的鉴定。福州大学研制的LM—1000通用大容量图像处理系统，是一种可与微机联机的目前国内容量最大的图像处理系统，特别适用于医学图像、体育运动图像记录及训练分析、彩色电视动画片的制作等多帧或高速序列图像处理领域，该系统的指标及功能在国内居领先地位。由福州大学和福建医学院联合研制的LM—2000医用图像处理系统，除了具有存贮量大和运算速度快的特点外，还配备有效的诊断程序，适应于在放射医学、超声医学和心脏病学领域中应用，该产品还配备有福建医学院一教师在国外发明的“心室壁时间与空间运动的综合定量分析方法”的统计和诊断软件，使这一国际领先的早期冠心病诊断方法进入临床应用阶段。福建师范大学生物系在金霉素研究中，采用复合诱变处理和生物技术方法，选育出金霉素产生菌F—303高诱变株，该菌株具有孢子萌发率高、生长代谢旺盛、发酵性能稳定等优良特性，其发酵指数超过国内外先进水平，使我国的金霉素发酵技术跃入世界先进行列。福建农学院牧医系的教师在瘦肉型斯格猪中引入杜洛克猪的血液生产的“杜斯”猪，不仅改善了斯格猪的肉质，而且生长速度、饲料利用率以及瘦肉率等性状均得到提高，该猪良种比例和销价均居全国出口猪的前茅。

六、成人教育

成人高等学校招生比1988年减少3520人，在校生比1988年减少0.34万人；成人中专招生比1988年减少157人，在校生比1988年增加0.2万人。有9所成人高校举办第二学历教育，共招生563人。继续进行招收“三生”（预科生、资格生、往届生）的试点，共招收513人。专业证书开设专业39个，招收大专层次4073人，中专层次941人。此外还举办了大学后继续教育、单科合格证书教育以及各种类型的短训班。

（一）发展成人高校和成人中专工作采取的主要措施

第一，加强教学管理，提高办学质量。主要抓了三方面工作：一是专业设置和办学条件审查；二是教学大纲和教学计划审定；三是教学质量检查和考查。年初全省干部、职工业余大学系统在三明召开教学计划审定工作座谈会，会议听取了在当前形势下业余大学办学意见后，研究决定对8个专业调整学制和课时，加强实践性教学环节，培养应用型人才。对25所成人高校部分学科进行抽考，大专平均分达70.5分，及格率为81%。

第二，面向农村，发展成人教育。1989年省对中央农业广播电视函授学校福建分校进行了审批，正准备列为福建省的一所成人中专学校。该校目前已在73个县(市、区)办班210个，在校生达12730人，为农村培养了一批人才。批准9所县干部学校、职工学校改名成人中专，扩大招生范围，主要是面向农村培养技术员。一部分条件较好的成人中专和电大，延伸到乡镇办分班。还扩大中专普通班招生试点，在8个县招收应届初中生，招生数从1988年的几十人增加到1000人。

第三，继续开展专业证书试点工作。1989年，福建省加强对专业证书工作的管理和指导，对专业证书试点情况进行总结。省教委与有关厅局联合组织检查组，对试点班办学情况进行检查。1989年全省大中专专业证书班共80个，在校生达5014人。

开展成人中专“双优”评选活动，共评选出一、二、三等奖的论文和优质课50篇(节)。这个活动活跃了成人中等教育的教研气氛，提高了教学水平，涌现出一些优秀教师。

(二)农村成人教育有较大的发展

1989年，全省参加农村成人学校举办的文化、技术等各种类型培训班学习的总人数达209.6万人，扫盲工作走出低谷，农村三级办学网络进一步巩固发展。

扫盲工作认真贯彻国务院和省的有关扫盲工作条例和全国扫盲工作会议精神。4月初，省政府转发了《全省扫除文盲工作计划》。各地市将任务层层分解，落实到乡、村及扫盲对象。上半年和下半年两次召开地市成人教育科长会议，汇报交流扫盲工作情况，10—11月间在各地、市、县自查的基础上，省里抽调46名干部分四组赴24个县、74个乡镇、164个行政村检查扫盲工作情况。12月初在霞浦县召开全省农村成人教育工作会议。由于各地都采取了积极措施，1989年全省扫盲工作发动面广，入学人数多，各级政府已开始普遍重视这项工作。全省有496名专职教师和1.3万名兼职教师参加扫盲，各级筹集扫盲经费300万元左右。扫盲班在学人数14.13万人，比1988年增长44%；可脱盲10万人左右；巩固提高的业余高小班在学人数12.5万人，可毕业6.6万人，为历史上最多的一年。

在三级办学方面：1989年，县成人教育中心发展到25所，比1988年增加3所；乡镇文化技术学校共配备913名专职干部，其中66%被任命为专职副校长；约有30%左右乡镇文化技术学校有固定的办学场所和实习基地。在17所乡镇文化技术学校和1所农民中专开始实施“燎原计划”，共向国家贷款118万元，建立劳动生产实习基地，为职业技术培训和推广科学技术提供了实践场所。县、乡成人文化、技术学校培养了一大批初级和中级实用技术人才。成人中专培养农民技术员1900多名；乡镇文化、技术学校开办技术长班2800个、参加学习10万多人，比1988年增长30%；技术短班13696个，参加学习57万多人；科普技术讲座16583次，参加人数达102万人次。

1989年，推广邵武市成人电化教学经验，已在31个县(市、区)展开，推广到乡村面达70%，受电化教育达42万人次。

(三)成人教育存在的问题

1.扫盲工作所面临的问题还很严峻。一些地区小学流失生仍没有得到很好控制，新文盲还在产生；1989年下达扫盲任务13万人，只完成10万人；有些地方的扫盲工作不够扎实。

2.岗位培训工作进展缓慢。

3.社会力量办学还没有走上正轨。近几年来，社会各方面举办的学校，由于缺乏有效的管理，一部分学校乱办班、乱收费、乱发文凭的现象还没有得到制止。

撰稿人　杨炳明　王豫生
方彦富　郑开锦
审稿人　叶品樵

江西省教育

一、发展概况

1989年，江西省教育事业在治理整顿和深化改革中，得到了新的发展。

(一)基础教育工作进一步加强，九年制义务教育正在有计划、分步骤地实施

初中教育根据各地的经济条件和办学能力稳步发展，普通初中达2241所，较上年增加13所，增长0.6%；毕业生40.54万人，较上年增加9300人，增长2.3%；招生52.85万人，较上年减少3200人，减少0.6%；在校学生149.06万人，较上年减少1.38万人，减少0.9%。职业初中有所发展，学校44所，招生9820人，在校学生达23825人，较上年都有所增加。

小学教育得到巩固和加强，为有计划地实施义务教育奠定了较扎实的基础。全省有小学校数31306所，较上年减少2277所；招生74.59万人，较上年增加6822人，增长0.9%；在校学生475.50万人，较上年减少32.68万人，减少6.4%，在校学生人数是1975年以来最少的一年，也是十五年来在校学生人数第一次下降到500万人以下。这说明十几年来城乡计划生育工作已见成效，同时也为教育部门努力提高基础教育质量，不断充实办学条件提供了较好的基础。

中小学学额更为巩固，升学率比上年有较大提高，小学“五率”中比上年提高的有：应届小学毕业生升入普通初中的比例为60.77%，较上年提高1个百分点；升入初中阶段的比例为61.9%，较上年提高1.1个百分点。小学学龄儿童入学率为97.8%，较上年增加0.6个百分点。小学学生年巩固率为97.7%，较上年提高0.5个百分点。小学毛入学率为125.6%，较上年下降0.4个百分点。小学应届毕业班毕业率为94.9%，比上年下降0.1个百分点。

中小学的流生比例和留级率比上年都有较大幅度下降。全省初中、小学的流生率分别为7.78%和3.56%，分别比上年下降0.1%和0.7%，中小学流生增多，学额巩固滑坡的趋势初步得到控制；中小学留级比例有所下降，普通高中留级率为1.45%，初中为3.5%，小学为9.78%，分别比上年下降0.7%、0.6%和0.1%。

幼儿、特殊教育有所发展。全省幼儿园4520所，较上年减少27所，减少0.6%；招生幼儿18.7万人，较上年增加5898人，增长3.2%；在园幼儿33.07万人，较上年增加3140人，增长1.0%。特殊教育学校8所，较上年增加1所；招生271人，较上年增加86人，增长46.5%；在校学生1152人，较上年增加82人，增长7.7%。

(二)中等职业技术教育所占比例较上年有较大幅度提高，中等教育结构趋向合理

改革普通高中招生录取办法，严格控制并逐步压缩普通高中的招生规模。普通高中招生采取发学号的办法按号录取，基本控制了往年超计划，甚至不按计划招生的现象。全省普通高(完)中566所，较上年减少11所，减少1.9%；招生84653人，较上年减少7034人，减少7.7%，招生数是近几年最少的一年；毕业生83534人，较上年增加133人，增长0.2%；在校学生263564人，较上年减少8217人，减少3.0%。

充分发挥普通中等专业学校在职业技术教育中的骨干作用，在校生规模有所扩大，全省普通中等专业学校69所，较上年增加2所；招生13304人，较上年增加700人；毕业生11341人，较上年减少1188人；减少9.5%；在校学生33158人，较上年增加2253人，增长7.3%，在校学生人数是近三十年中最多的一年。教职工10400人，较上年减少220人，减少2.1%，其中专任教师4297人，较上年增加18人，增长0.4%。

中等师范学校的在校生规模得到控制，并比上年有所减少。全省中等师范学校仍为31所。招生8557人，较上年减少726人，减少7.8%；毕业生9130人，较上年增加891人，增长10.8%；在校学生27212人，较上年减少591人，减少2.13%。教职工3661人，较上年增加68人，增长1.9%，其中专任教师2105人，较上年增加61人，增长3.0%。

农职业高中得到迅速发展，招生、在校规模不断扩大，为社会输送了大批生产骨干、技术人员。全省农职业高完中278所，较上年增加26所，增长10.3%；招生38885人，较上年增加1331人，增长3.5%；毕业生24229人，较上年减少2249人，减少8.5%；在校学生82834人，较上年增加1854人，增长2.3%。

1989年全省中等教育结构改革进展较快，中等职业技术教育占整个高中阶段的比例较上年都有较大的提高。中等学校高中阶段招生155399人（含技工学校），其中中等职业技术学校招生70746人，占整个高中阶段招生人数的45.53%，与上年同口径相比所占比例提高2.83个百分点；高中阶段在校学生448593人（含技工学校），其中中等职业技术学校在校学生185029人，占整个高中阶段在校学生人数的41.75%，与上年同口径相比，提高4.90个百分点。

（三）普通高等教育在治理整顿中，逐步调整教育结构，继续深化内部改革，努力改善办学条件，教育质量和办学效益得到不断提高

办学规模基本稳定并有所调整。1989年全省普通高等学校仍为30所。招生16932人，较上年减少1996人，减少10.5%；毕业生15383人，较上年减少3210人，减少17.3%；在校学生53402人，较上年增加1250人，增长2.4%；教职工25717人，较上年增加28人，增长0.1%，其中专任教师9378人，较上年增长174人，增长1.9%。普通高等学校中，招收硕士研究生的学校11所，招收研究生126人，较上年减少104人，减少45.2%；研究生毕业数175人，较上年增加2人，增长1.2%；在校研究生562人，较上年减少56人，减少9.1%。

在普通高等学校中，地方所属学校仍为23所。招生数13108人，较上年减少1474人，减少10.1%；毕业生11737人，较上年减少3789人，减少24.4%；在校学生39389人，较上年增加1257人，增长3.3%；教职工18686人，较上年增加131人，增长0.7%，其中专任教师6914人，较上年增加289人，增长4.4%。地方所属高校中招收硕士研究生的学校6所，招生103人，较上年减少71人，减少40.8%；毕业生数133人，较上年增加1人，增长0.8%；在校研究生430人，较上年减少36人，减少7.7%。

调整高校内部结构，理顺招生类别、招生科类的关系，增强高等学校为社会经济建设服务的活力。1989年地方所属院校的招生数中，招生类别结构有所调整，国家任务招生12839人，占招生总数的97.9%，较上年提高4.1个百分点。委托培养招生46人，占招生总数的0.4%；自费生223人，占招生总数的1.7%，分别比上年减少0.2和3.9个百分点。在科类结构比例中，据全省经济和社会发展对人才的需求情况，逐步调整科类，工科招生比例由上年的19.7%增加到21.0%，加快了全省工程技术人才的培养步伐，其他各

大科类比例都按社会需求情况作了调整。在专业设置方面，增设了全省急需的短线专业。同时对原有专业进行了调整，拓宽了专业面，培养多用性专业，为全省发展职业技术教育，培养了大批师资。

（四）成人高等、中等教育继续调整整顿，坚持以岗位培训为重点，业余学习为主的办学方向，注重职业性、针对性、灵活性等特点，学用结合，按需授教。成人中小学教育规模不断扩大，扫盲教育又有新的进展。

1989年成人高等教育努力提高教育质量，不断调整内部结构，扩大岗位培训和业余学习的招生比例。全省成人高校28所，招收函授、夜大学的普通高等学校13所，共招收学生13514人，较上年减少906人，减少6.3%；毕业生10297人，较上年减少5357人，减少34.2%；在校学生37327人，较上年增加1902人，增长5.4%，其中全脱产学员7791人，占在校学生总数的20.9%，与上年相比下降6.7%。成人高等学校在办好学历教育的同时，充分挖掘学校办学潜力，积极开办成人在职《专业证书》班，到1989年止，普通高校、成人高校共25所开办了《专业证书》班，招生3183人，毕业1210人，在校学生1973人。为全省各行各业培训了大批专业人才。

成人中等专业教育也有所发展。全省成人中专160所，较上年增加2所，招生10505人，较上年增加3368人，增长47.2%，在校学生24704人，较上年增加1212人，增长5.2%。成人中专层次的《专业证书》班也有较快的发展，全省招生1001人，在校生600人，共培训相当于中专层次的毕业生401人。

在成人高、中专学校招生结构方面，按照社会人才需求结构，在招生科类方面予以调整，扩大了理工科招生计划，适当控制了大文科的招生规模，使成人教育办成真正培训经济和社会发展需要的人才阵地。

成人中小学教育稳步发展。全省成人中学、成人技术培训学校、成人初等学校招生数分别为1.8万、8.5万人、16.5万人，在校学生为2.1万、9.5万、19.6万人，较上年都有较大的增长。扫盲教育也有新的进展，全省扫除文盲11.48万人。

（五）中小学教职工队伍得到加强，高、中等师范院校培养、培训教师的体系已初步形成

1989年，全省中小学专任教师学历达标率比上年都有提高，民办教师比例逐年下降。全省普通中学教职工12.37万人，较上年增加3148人，增长2.6%，其中专任教师10.06万人，较上年增加3022人，增长3.1%。农职业中学教职工1.2万人，较上年增加163人，增长1.4%，其中专任教师7057人，较上年增加265人，增长3.9%。小学教职工236562人，较上年增加453人，增长0.2%，其中专任教师220750人，较上年增加777人，增长0.4%。

高、中等师范院校培养、培训教师队伍体系已初步形成。1989年全省高、中等师范院校培养、培训师资22759人，其中：中等师范院校13186人，高等师范院校为9573人，为全省中小学加强师资队伍建设，提高师资学历水平和教育质量作出了较大努力。据统计，1989年全省普通中学专任教师学历达标率为40.85%，其中普通初中为42.43%，较上年提高5.2%，高中为33.95%，较上年提高1%。农职业中学专任教师学历达标率为18.04%，其中初中29.78%，较上年提高9%，高中为15.78%，较上年提高1.1%。小学专任教师达标率为65.80%，较上年提高2.7%。同时合格专业证书考试和教师自学考试的人数不断增加，已基本形成了一支文化素质较高的教师队伍。

1989年度，全省教师和教育工作者被评为全国教育系统劳模48人，其中中学教师22人，小学教师17人，幼儿教师2人，中等师范

教师2人，高校教师2人；被评为全国优秀教师的527人，其中中学211人，小学209人，高校33人、中专3人，中等师范教师6人，幼儿教师11人，其它54人；被评为优秀教育工作者64人，其中中学33人，小学7人，幼儿园3人，高校3人，其它18人。

二、基础教育

(一)进行中小学教育五项督导检查

根据国家教委的部署，省教委于1989年6月发出了《关于对中小学教育开展五项督导检查的通知》。各地对此非常重视，相继成立了领导小组，加强了对“五查”的领导。在各地自查的基础上，省教委先后分两批组织6个工作组，对有关地(市)县(区)进行了抽查。抽查中，广泛听取了各级政府和教育部门的汇报，深入到乡镇、学校查阅有关资料，察看校容校貌，召开各种座谈会议。11月中旬，省教委召开了各地市教育部门的“五查”汇总会议。通过“五查”，总结了经验，看到了问题，进一步明确了办学方向，为推动全省中小学教育事业的发展起了促进作用。

(二)推进实施九年制义务教育

1.修订实施义务教育规划。江西省曾于1985年规划过全省实施义务教育的目标和步骤。在实施过程中，虽然多次作过修订，但总的来说，对办学条件要求偏低，而对速度要求过快，难以实现。从1988年冬开始，全省组织以乡镇为基础自下而上的逐级规划。在汇总全省101个县(市、区)的规划基础上，对原规划作了比较全面的修订。确定以2000年为规划目标，以1989——2000年为规划周期，大致划分1990年以前、1991——1995年、1996——2000年、2000年以后四个时间段，以逐步推行“五四”学制为方向。但根据全省的实际情况，目前仍应以现行的“五三”、“六三”制为规划的基本学制，在1995年以前原则上以实施五年义务教育为主。修订后的规划，在教育内部条件(经费、师资)上更符合江西的县情、乡情，只要态度坚定，措施积极，既定目标是可以达到的。

在修订规划的同时，各地努力创造条件，积极推进初等义务教育的实施。1989年，全省实施义务教育迈出了新的步伐，经当地县人民政府正式批准，已有抚州市、资溪县、上高县、南丰县和270个乡(镇)，依法宣布实施五年(六年)义务教育。

2.建立实施初等义务教育“三配套”乡、镇。1989年6月，省教委下发《关于建立实施初等义务教育“三配套”乡(镇)的实施意见》，要求从1989年开始，用三五年时间，每年重点建设一批实施义务教育“三配套”(校舍、设备、师资)的乡(镇)，其中含校园建设“六配套”：教学和行政用房、生活用房、卫生设施、运动场地、道路和绿化环境。当年先建设300—400个乡、镇，以摸索经验，作出示范。实施初等义务教育“三配套”的乡、镇，必须是经过法定程序宣布了实施小学五年(或六年)义务教育的乡、镇，并应同时在校舍、设备、师资等方面具备了一定的条件。经检查验收认可者，由省教委授予适当称号，并酌给一次性奖励。

3.制止中小学学生流失。1989年初，经省政府批准，将小学的入学率和中小学的巩固率列入行署、市政府的年度考核目标。省教委按年报汇总的计算口径，对各地提出了全学年流失率小学不超过3%，初中不超过5%的控制目标。各地对此采取了多种措施，取得明显效果。吉安地区小学、初中流失率分别由1988年的5.7%、7.90%，下降为1989年的2.5%、2.8%。宜春地区一些县通过开学前对流生户户走到、人人见到、原因找到、耐心动员，全区有11091名小学生和9511名初中生复学。

4.开展九年制义务教育新教材试验工作。1989年10月，江西根据国家教委审定和推荐的6套新的适应不同省情的义务教育教材，选用人民教育出版社编印的九年制义务教育教材作为试用课本，确定南昌、景德镇市为试验点，两市各选6所中学、4所小学为试验学校。新教材试验工作正按计划积极进行。

（三）全面贯彻教育方针

1.贯彻中央精神，加强德育工作。1989年初召开的全省教育工作会议，强调把贯彻《中共中央关于改革和加强中小学德育工作的通知》列为当前教育工作的重点，把中小学校风、校纪和学生思想品德教育状况作为教育评估的重要标准，对全面贯彻党的教育方针，提出了具体要求。各地、市、县采取措施，做了许多实际工作，收到良好的效果。在春夏之交的政治风波中，由于当地党政和教育部门的重视与正确引导，全省广大中小学保持和维护了正常的教学秩序，除个别地区的个别中学外，没有发生学生上街游行、张贴大字报和停课现象。北京政治风波平息之后，各级党委、政府对加强中小学的思想政治工作引起了高度重视，进一步健全了组织领导。全省中小学教师就地参加了暑期政治学习班，由当地党政主要负责同志宣讲和辅导，受教育面之广、学风之好，为多年来所少见。

2.纠正中小学乱收费。1989年，省教委把制止中小学乱收费作为整顿教育秩序的重要内容。8月，省教委、省财政厅、省物价局联合行文，适当调整了中小学收费标准，规定城市每生每学期高中收杂费10元，学费15元；初中收杂费8元；小学收杂费6元。农村中小学收费标准普遍比城市低1—2元。代收费只限于收取课本费和作业簿费。对家庭经济困难的学生，还规定可在学杂费总额内减免5——10%。各地在贯彻省颁新的收费标准的同时，加强了收费管理。全省中小学统一实行"收费许可证"制度，统一制订收费专用票据。同时，增加透明度，接受群众监督。省订新标准在江西日报、信息日报刊登。在广播电台、电视台播发，从而使一度收费混乱的现象有所好转。

三、职业技术教育

1989年，全省职业技术教育积极发展。普通中专学校适当增设了新专业，扩大了定向招生比例，完成招生计划的101.8%，是近几年完成得较好的一年。69所中专学校招收13304人。城乡职业中学实际招生比1988年增加1100人。中等职业技术教育高阶段的招生和在校学生占整个高中阶段的比例，分别较上年提高3.5和1.48个百分点。

在各级政府领导下，职业技术教育与基础教育、成人教育正在协调发展。一批职业技术学校坚持为当地经济建设服务的办学方向，实行教学、科技推广、生产经营三结合，办学条件有所改善，教育质量不断提高。赣州地区在1989年有8个县的职业中学先后建起了教学大楼、实验楼和宿舍。

示范性职业中学正在起着骨干的作用。全省21所示范性职业中学在出人才、出经验、出成果方面上了新的台阶。为了加强学校基地建设，添置教学仪器设备，省教委1989年对示范性学校戴帽下达职教补助经费50余万元。

农村职业技术教育有了新的进展，围绕全省农业开发总体战略的农村教育改革正在不断深化，具有江西特色的农业科技培训推广体系、职教网络正在逐步形成。继宜丰、弋阳县的"三教统筹"实验，新增宁冈县、井冈山市为实验点。宜丰县继续发挥业务主管部门的办学积极性，实行部门分散办学，教育部门统筹管理规划的联合办学形式，在实践中得到巩固提高。萍乡市宣风农职业中学的专业设置，紧密结合当地生产实际。园艺专业提出"人毕业，树挂果；人毕业，靠致富"，为当地培养了一批有文化、懂技术、爱家乡的有用人才。针对老区贫困区和职业技术教育的特点，赣州地区的南康、大余、崇义、上犹县联合举办第三产业中的某些专业，采取"由县统招，等量输送，各负其责，保证质量"的办法，入学巩固率达98％。联办形式还推广到吉安地区、南昌等地，为发展职业技术教育创造了一条新路子。

1989年进一步重视了职业技术教育的质量提高。南昌、九江、宜丰、赣州、吉安、上饶、萍乡等地市，对职业中学开展了办学检查、评估活动。南昌市还开展了教学管理、科技推广、生产经营三佳评比，有14所职业中学获奖；宜春地区表彰了3个先进县、14所先进学校和36名先进个人。评估活动促进了职业技术教育的发展。

省职业中学农学、林学、畜牧、家电、财会5个中心教研组和省中专10个教学研究会，1989年分别开展了各项教研活动，进行了各项专题性研究，编写了一部分教材和教学参考资料。4月份在南昌市召开了省职业中学教材编写座谈会，确定了二、三年内将农、林、牧方面的教材大致配齐。1989年新编和重印的教材有9种。

农村"燎原计划"的实施有了进展。全省25个县50个乡镇的"燎原计划"实施，在"三教统筹"中促进了农科教的紧密结合，"燎原计划"的贷款项目，正顺利进行，开始发挥效益。宜丰县的新计乡、弋阳县的葛溪乡和萍乡市的宣风镇，被国家教委评为实施"燎原计划"的先进单位。

为了形象地宣传职业技术教育的发展成就，省教委于1989年国庆期间，在南昌省展览馆举办了全省职业技术教育成果图片展览，通过展览，扩大了职业技术教育在社会各界的良好影响。

四、高等教育

(一)坚决制止动乱，稳定高校局势

1.旗帜鲜明地制止动乱。1989年春夏之交，北京发生的由学潮到动乱到反革命暴乱，波及到南昌等地市，曾一度出现了部分学生上街游行。各高校在省委、省政府领导下，加强思想政治工作，把工作做在前头，保持了全省总的局势相对稳定。

2.加强思想政治工作。8月上旬，省委宣传部、省教委在井冈山召开了全省高校负责人会议和高校思想政治工作研讨会。着重围绕高校通过制止动乱认真进行反思，总结经验教训，切实加强了思想政治工作：第一，加强了党对学校的领导，根据省委的决定，省属高校仍继续实行党委领导下的校长负责制，充分发挥了高校党委的领导作用和政治核心作用。第二，省委宣传部、省教委在几次有关会议的基础上，下发了《关于加强高校政治思想工作的几点意见》、《高等学校教书育人工作暂行规定》等文件，加强对高校思想政治工作的指导。第三，下半年集中进行了一次思想教育活动，使广大学生提高了对动乱根源、性质、危害的认识，增强了抵制资产阶级自由化思潮的能力。第四，把坚定正确的政治方向放在学校各项工作的首位，如招生、毕业分配、评定职称以及评先、评奖都坚持标准，把好政治关。第五，开展了清查清理工作，为进一步稳定高校局势打下了基础。

(二)稳定规模，优化结构

1.控制高教事业的发展规模。根据稳定规模、优化结构、深化改革、提高质量的原则，1989年采取有效措施控制了全省高教事业的发展规模。第一，严格按计划招生。1989年本专科招生16932人，比1988年实际招生人数下降了10.55％；研究生招生126人，比1988年下降82.50％。第二，为普通高校的调整、整顿工作作了准备，对3所办学条件与国家规定设置标准相差太大的学校已停止招收新生。第三，严禁乱办学、乱收费、乱发文凭，严控计划外招生。对1988年11所高校计划外自行超招的545人，按国家教委要求进行了严肃处理。

2.逐步优化高教结构。1989年继续对高教的层次、科类、专业结构进行了调整，增设了部分急需专业，扩大了专科招生比例；控制长线专业招生，扩大了专业服务范围。全省高校在校学生中，本科生 28777 人，占学生总数的 54%；专科生 24625 人，占学生总数的 46%，比 1988 年提高了 0.50%。1989年全省高校设置专业 169 个，专业点 317 个，与1988年相比，增设专业 67 个，专业点 181 个。

(三)整顿学校秩序，建设良好校风

1.省教委作出关于整顿学校秩序的决定。1989年 4 月，省教委针对高校思想政治工作薄弱，管理松懈，学生存在不良现象等情况，作出了《关于整顿学校秩序、建设良好校风的决定》，对全省高校提出了 8 项要求：(1)统一思想，提高认识，明确整顿学校秩序的重要性和紧迫性；(2)制订计划，组织队伍，集中一段时间整顿高校秩序；(3)整顿教风，树立教书育人的良好风气；(4)严格学籍管理，树立良好学风；(5)严格校纪校规，整顿校园秩序；(6)加强社团组织的管理，积极开展有利于学生身心健康的各种活动；(7)疏通民主渠道，调动学生自我约束、自我教育的内在积极性；(8)开展检查评估，使整顿学校秩序落到实处。各校抓紧有利时机，积极开展工作，取得很好的效果。

2.开展校风校纪检查。省教委在12月份组织了一次全省高校"整顿学校秩序，建设良好校风"的大检查。各校利用20天左右时间，根据检查的目的要求和检查提纲进行了自查，然后由省教委组织 7 个检查组逐校检查。通过检查，江西农业大学、华东地质学院、九江师专被评为先进单位，12所高校被评为单项先进。15 个系、处、室、班被评为先进集体。省委宣传部、省教委对先进单位和先进集体进行了表彰。通过真抓实管，全省高校面貌发生了显著变化，育人环境进一步得到改善。

(四)深化高教改革，提高教育质量

1.招生、分配制度不断完善。1989年在招生制度改革方面，继续进行了招生指标分配到县的试点；对思想品德特别优秀的学生干部或"三好"学生在录取时给予了优惠；实行了应届高中毕业生体育不达标不得报考；严格控制了自费生的最低录取分数线；实行"两公开、一监督"制度，严肃处理了 166 名违纪考生。在毕业生分配制度改革方面，扩大了高校毕业生供需见面范围；制定了企事业单位接收毕业生同时增加干部指标、增加工资总额的政策，拓宽了人才需求的渠道；提高了分配工作的透明度，派遣毕业生计划的执行情况良好。

2.推进教学领域的改革。省教委在 3 月份召开了全省高校第三次教学改革成果汇报会，总结交流了近几年来深化教学改革、提高教育质量的经验，在会上交流的经验材料计94份。同时首次奖励了省级优秀教学成果87项，其中一等奖 9 项，二等奖 31 项，三等奖47项。还举办了全省高校优秀教学成果展览，用了一个多月的时间在南昌地区各高校巡回展出，收到了很好的效果。

3.积极开展科学研究工作。1989年全省高校科研工作取得了一批新的研究成果。有15项研究成果获得 1989 年省级科技进步奖，有 31 项自然科学研究成果、209 项社会科学研究成果在全省高校第三届科研成果汇报会上受到表彰和奖励。省教委会同有关部门举办了全省高校纪念五四运动 70 周年理论研讨会、孔子文化教育思想研讨会。成立了江西省高校社会科学发展研究中心，有力地推动了高校学术研究的开展。

4.加强了对外交流与合作。1989年高校继续加强了对外籍教师的管理和出国留学人员的派遣工作，聘请外籍专家和教师85人次，派遣出国留学人员仅省属院校就有47人。对外合作也有新的进展，与联邦德国东亚研究院联合开办的"中德联合研究院（江西——OAI)"已开始工作，并将于1990年秋季招收研究生；与美国美中教育服务机构合办的“中美特种高等教育研究中心(江西——ESEC)”，已正式成立董事会，并派员赴美接受管理培训。

(五)加强师资队伍建设

在加强师资队伍建设方面，着重抓了三项工作：一是抓教书育人，制订并印发了《江西省高等学校教书育人工作暂行规定》。二是表彰优秀教师，1989年除省和学校表彰优秀教师、颁发优秀教学成果奖外，全省高校还有一批教师和教育工作者受到国家教委、人事部、全国教育工会表彰，荣获国家教委奖励的国家优秀教学成果8项。三是抓青年教师的培养，8月份省教委决定在全省高校青年教师中试行教师岗位证书制度，并下发了《关于试行江西省高等学校教师岗位证书制度的意见》，要求1980年及以后毕业参加高校教学工作的教师都要参加教师职业培训，主要学习高等教育学、大学生心理学、大学教学理论与方法、大学班主任工作等4门课程。培训形式分脱产和函授两种。经考核合格者，发给职业培训合格证书，作为晋升教师职务的条件之一。

五、成人教育

(一)农民教育

1.实行目标管理，建立扫盲责任制。1989年省人民政府在《关于大力开展扫除文盲工作的通知》中指出：“要把扫除文盲工作列入县人民政府的目标管理。凡有扫盲任务的乡村，必须把扫盲作为乡、村长任期目标，推行扫盲工作责任制，层层签订合同。”根据省人民政府的要求，各级地方政府采取措施，把扫盲任务层层分解，落实到人。宜春行署召开全区扫盲工作会议，行署专员和各县分管教育的副县长、地区教委主任和各县教育局长分别签订责任书，使扫盲真正成为各级政府和群众都来参与的一项普及农民教育的重要工作。

2.采取有力措施，加快扫盲步伐。为了使扫盲教育有一个稳定可靠的经费来源，省人民政府在有关文件中规定：“农民教育经费占教育经费的实际支出比例不低于2%；农村教育经费中用于成人教育，一般不低于3%”。各地区还采取了一些督促和鼓励扫盲的措施。萍乡市湘东、城关、上栗区政府规定，每扫盲1人，奖给扫盲教师酬金10元，并在区教育局增设成人教育机构，加强管理。上高县1988年被评为全国扫盲先进县后，1989年扫盲工作又上新台阶，全县培训扫盲干部180人次，培训扫盲教师200余人，编印扫盲教材5000余册，投入扫盲经费13.6万多元，全县扫除文盲2735人，使农村15—40周岁人口中的非文盲率达到96.80%。1989年，全省组织扫盲学习人数达15万多人，通过验收脱盲的有11.48万人。

3.加强教学管理，提高扫盲质量。全省绝大多数乡村，除已建立农民文化户口簿外，1989年对参加扫盲的对象还建立了扫盲学员登记卡。12月，赣州、宜春、吉安、南昌、萍乡、景德镇等地市组织力量进行扫盲抽查与验收。12月下旬省人民政府委托省教委组织了34人，对申报基本无盲的波阳、余江、庐山等县区进行验收。至此，全省96个有扫盲任务的县区，已有92个单位达到了国务院关于基本扫除文盲的标准。全省15—40周岁人口中的非文盲率达到90%。1989年，各地市县评选扫盲先进单位和个人。省教委在全省范围内表彰了30名扫盲先进工作者，其中雷大铨等4位同志被评为全国扫盲先进工作者，为了使表彰先进制度化，促进农民教育的健康发展，新建、大余、宜春、上高等县市区还多方筹措设立了扫除文盲奖励基金。

(二)职工岗位培训

1.加强了职工干部的短期培训。根据学用结合、按需施教的原则，短期培训突出了办学的灵活多样，教学的实用性，因此效果很好。据不完全统计，1989年职工干部参加各类岗位培训的人数为：工人技术等级培训23万余人；班组长培训9万多人；厂矿企业中层干部培训7200余人；厂长、书记、三总师培训1245人。

2.严格《专业证书》教育管理。到1989年底，经省教委审核批准，有33个厅、局、委办，委托29所大专院校，举办了77个成人高等教育《专业证书》教学班，经过考试，招收学员3171人，已结业569人。同时，经省教委审核批准，有11个厅、局，委托14所中等专业学校举办了20个成人中专《专业证书》教学班，经过考试招收学员1001人，已结业401人。

为了确保《专业证书》教育质量，防止滥办，损害《专业证书》教育社会声誉，省教委加强了有关管理工作：（1）严格申报审批程序，未经批准不得办班；（2）严格学员入学资格审查，实行年龄要看“身份证”，学历要看毕业证；（3）坚持对《专业证书》教学计划的审订，并由省教委普遍进行结业抽考；（4）制订了《江西省成人高等教育〈专业证书〉班学员学籍管理暂行办法》；（5）严格《专业证书》颁发制度，由省教委统一印制，主办厅局验印。从而保证了《专业证书》的规范化。

（三）成人大专、中专学历教育

1.严格教学管理。（1）坚持了新增专业的审批制度；（2）坚持教学计划每科必审，1989年共审定大专教学计划121种，中专84种；（3）严格考试制度，坚持对毕业证书的验印和管理。从1982年开始的8年间，全省职工大学、管理干部学院、函授、夜大学，没有发现乱发毕业证书的现象，维护了成人大、中专学校毕业证书的严肃性。

2.加强了成人高校的校风校纪建设，育人环境进一步得到改善。1989年12月，由省教委组织6个检查评比小组，对全省职工大学、管理干部学院进行了10年来首次的校风校纪检查，评出了6个先进单位，即：南昌飞机制造公司职工学院、江西电力职工大学、新余钢铁厂职工大学、萍乡煤矿职工大学、江西行政管理干部学院、江西财经管理干部学院。

六、中等师范教育和中小学师资队伍建设

（一）中等师范教育

1.加强思想政治工作，改进德育工作方法。全省大多数中等师范学校把德育工作放在各项工作的首位，坚持一手抓德育，一手抓教学，把思想政治工作贯穿到各项工作的始终。上饶师范在这方面总结了有益的经验：（1）抓思想政治工作责任制及其考核，建立从校领导到教师的政治思想教育目标责任制。（2）建立校党委、团委、班主任为骨干的思想政治工作队伍。（3）建立校党委负责，党政工团齐抓共管，教导处主管，年级组分管，班主任负专责的级级抓、层层管的思想政治工作网络，使工作系列化、制度化、科学化。

2.加强教育教学管理，不断提高办学水平。（1）1989年3月，省教委委托省教育学院举办了中师校长、书记教育管理学习班，经过学习理论和实地考察学校，提高了教育理论和管理水平。（2）加强教育教学管理，治理育人环境。宜春师范抓了两个方面的工作：一是在教师管理上，制订和实施教师工作条例，建立教师教学工作档案和评估制度。二是在学生管理上，严格执行中师学生行为规范、学籍管理条例，注意发挥中师学生自我管理和自我教育的作用，使中师学生热爱教育专业，忠诚人民教育事业。1989年10月，上饶师范、宜春师范和景德镇师范由于成绩突出，受到国家教委表彰。

3.加强对民师班学员的管理。为了加强农村小学师资队伍的建设，江西省从1989年中师招生指标中划出30%的比例招收民办

教师。印发了《关于考入中等师范学校民师学员的编班、教学安排和生活待遇的意见》、《江西省中等师范学校民师班教学计划（试行）》规定。根据入校民师现有水平编班。制定不同的教学方案。入校前未达中师学历标准的学员单独编班，学制两年，统一采用卫星电视师范教材；入学前已取得国家规定学历标准的学员，学制两年，其中在校学习一年半，回县进行教育实践和总结半年。民师在校学习期间，享受中师学生的待遇，其工资属国家补贴部分一律照发；地方补贴部分由各地市自定。

4．为特殊教育培养师资。根据国家教委有关精神，省教委确定南昌幼儿师范学校开办特殊教育师范班，面向全省招生，招收学员40名，学员毕业后一律回原地市聋哑、弱智学校（班）任教，学员在校学习期间的费用由学员所在地市按每生每年1000元支付，特殊教育师范班纳入中等师范学校管理系列。

（二）中、小学师资队伍的培训

1．加强师资培训工作的领导和管理。1989年1月根据国家教委的要求，省教委对经国家教委批准试办的赣州教育学院、吉安教育学院、九江教育学院、南昌教育学院八九届毕业班309名学员进行了文化专业课抽考。通过省自考办的考试和评估，绝大多数的学员文化专业知识基本符合要求。在抽考的16门课程中，有半数以上课程，学员成绩平均在80分以上。

为了加强对全省教师进修院校的领导和管理，严格计划和毕业证书的管理，杜绝和纠正滥发毕业证书的现象，省教委印发了《关于重申对省、地、市教育学院、江西师大函授部颁发的毕业证书进行验印的通知》，规定1987年以后颁发的学历证书一律实行省教委验印后方能生效。

2．加强领导，稳步发展卫星电视师范教育事业。1989年，全省卫星电视师范有教学班500多个，在籍学员23263人，其中高师13426人，中师9837人。同年8月，省教委统一组织了全省卫星电视师范第一次考试，平均及格率达到83.4%。为保证这一事业的稳步发展，理顺和协调有关部门之间的关系，省教委分别印发了《江西省卫星电视教育暂行规定》、《关于卫星电视师范教育工作的几点意见》，其主要内容是：（1）地、市、县均应成立卫星电视师范教育工作领导小组，由教育局领导任组长，有关科和电教馆负责人任成员，下设办公室。地、市、县教师进修院校为电视师范教育的主要办学形式。（2）卫星电视师范教育的经费在各级教育附加费中拨出5—10%作为办学的正常费用。拨款标准为：中师每人每年80—120元；高师每人每年120—160元。（3）卫星电视师范的学员享受函授学员的同等待遇。（4）在册学员凡入学前取得符合省教委文件规定的成绩，可与卫星电视师范成绩互通。

3．认真组织教材教法考核和专业合格证书考试。1989年全省组织高中教师参加专业合格证书考试1790科次，及格率52%，比上年提高12百分点；高中教师教材教法考核881次，及格率73%，比上年提高43百分点。初中教师参加专业合格证书考试11202科次，及格率51%，比上年提高10百分点。小学教师参加专业合格证书考试4080科次，及格率为17%。幼儿园教师参加教材教法考核和专业合格证书考试3422科次，及格率为46%。

七、教育经费和校舍建设

（一）教育投入增长15%

1989年，全省在努力增加地方财政拨款的同时，多渠道筹集教育经费，取得可喜的成绩。据统计，当年全省地方教育的总投入为112473.8万元，比1988年增加14680.3万元，增长15%。在教育经费的支出中，国家预算内教育事业费支出为75641.3万元，比1988

年增加 5733.8 万元，增长 8.2%。在预算外总收入中，中小学预算外收入为 31757 万元，较 1988 年增加 471.3 万元，增长 20.3%；学费杂费收入为 6915.4 万元，较 1988 年增加1477.8 万元，增长 27.2%；城乡教育费附加 5560 万元，较 1988 年增加 2057.1 万元，增长58.7%；各项资助办学收入为 14000.7 万元，较 1988 年增加 2025.8 万元，增长 16.9%；其他收入 2319.4 万元，较 1988 年增加 299.7万元，增长 14.8%。

1989年是全省教育经费历年来投入最多的一年，同时公用经费支出比例逐年下降的趋势开始扭转。这对于改善办学条件，促进教育事业发展具有十分重要的作用。但国家预算内教育经费仍低于同期经常性财政收入的增长；公用经费开支定额标准偏低，与事业发展的需要不相适应，乡财政包干后对贫困县、乡的教育事业发展产生了不少实际问题。

（二）中小学危房比例下降到 2 %

1989年全省中小学危房改造达到了预期目标，危房面积由 1988 年的 145 万平方米下降到 50 万平方米，危房比例下降到 2 %，比 1988年减少 4 个百分点。经检查验收，全省 80%以上的县（市、区）基本消除了中小学危房。与此同时，全省有 17%的乡镇（314 个）的村完小基本实现了教学行政用房、生活用房、卫生设施、运动场地、围墙校门、道路绿化的“六配套”。

1989年中小学危房改造继续被列入省政府的目标管理。省政府除两次召开专员市长会议专题研究危房改造问题外，还召集省直 11个部门就中小学危房改造的资金、材料、质量等问题进行了研究与部署。在省财力很困难的情况下，省财政专项安排中小学危房改造经费 520 万元；其他渠道安排资金 653 万元。同时，地县两级从财政中拨出中小学校舍修建专款 4585 万元。新开辟集资渠道增加中小学校舍修建资金近 3000 万元；各级党政机关、企事业单位公职人员及社会各界人士捐资助学金额共达 2500 万元。通过多渠道筹集，1989年全省教育经费总投入中用于中小学校舍修建资金共达 3.05 亿元。在钢材资源紧缺的情况下，省地县计划物资部门专项安排中小学危房改造钢材指标 6308 吨。1989年全省修建中小学校舍 31 3万平方米。为中小学扩展土地 3133 亩，建筑围墙31.75 沿长米，校门 2602 个，饮水设施 3885 处，修筑路面 72.39 平方米，植树 314.98 万株。

经过近几年的连续努力，全省中小学危房改造取得了显著成绩，校园面貌发生了看得见的变化。据统计，1984—1989年，全省多渠道筹集的中小学校舍修建资金 共达 12 亿元，新建、改造和维修校舍 1550 万平方米（约占现有中小学校舍总面积的3/5），校舍总面积由 1984 年的 2056 万平方米增加到1989年的 2508 万平方米，净增校舍 452 万平方米。但由于历史的原因，全省中小学现有办学条件仍然很差，存在不少问题和困难，诸如现有和自然增长的危房全省仍有 100 万平方米；危房比例虽然降下来了，但扩建校舍的任务十分繁重；学校的必要附属设施及教学仪器设备、图书资料、文体器材等与实施义务教育的要求相距甚远。

（三）高校办学条件继续得到改善

在压缩基本建设规模的情况下，1989年省财政继续安排高校投资 2300 万元，保持了 1988年的水平。此项投资除划出368万元安排医科院校外，由省教委直接安排投资为 1932 万元，加上中央补助投资和地市及学校自筹投资，到年底由教委安排投资的院校共完成投资 2433.3 万元，完成目标的 126%，竣工校舍面积达 8.48 万平方米，完成目标的 106%。省财政还拿出专项补助经费 91.8 万元，解决了江西大学、江西工业大学、江西师范大学、江西教育学院、江西医学院的危房翻修、食堂及水电改造等问题，促进了高校局势的稳定。

经过连续几年的努力，全省高校“两楼一馆”(教学楼、实验楼和图书馆)及学生食堂、浴室、宿舍等项目基本建成，办学条件有了明显的改善。

撰稿人：何少加 周兴发 梁必骞 余印根
郑勋烈 陈小平 王万福 杨慧文
胡 军
审稿人：黄定元 周绍森 倪少成 胡寿根
李国祥 郑勋烈

山东省教育

一、概述

(一)山东教育40年

从1949年到1989年，山东各类教育的发展速度和取得的巨大成就是历史上任何一个时期都无法比拟的。

1.普通教育。新中国成立之初，山东的普通教育基础十分薄弱。1949年，全省有幼稚园30所，在园幼儿2603人；有小学2.74万所，在校生193万人，适龄儿童入学率只有20%；有初中44所，在校生3.31万人；有高中22所，在校生0.58万人。到1956年，山东省提前一年完成第一个五年计划，普通教育也相应地得到了发展。全省有幼儿园1535所，在园幼儿5.29万人；有小学5.23万所，在校生501.57万人，学龄儿童入学率达到57.1%，全省平均每村1所小学；有普通初中231所，在校生20.09万人；有普通高中101所，在校生2.74万人。

从1957年到1965年，山东的基础教育经历了一个曲折的发展过程。1958年"大跃进"，基础教育不讲条件盲目发展，造成经费、校舍、师资的全面紧张，教育质量严重下降。经过全面调整和收缩，到1965年基础教育的发展出现了好形势。全省幼儿园588所，在园幼儿4.83万人；小学14.32万所，在校生966.72万人，学龄儿童入学率达到94.1%；初中859所，在校生44.88万人；高中212所，在校生7.04万人。

"文化大革命"期间，普通中学出现了再次的盲目发展。1969年同1968年相比，高初中学校数和在校生数均翻了一番。1977年，达到建国40年来的最高峰。有初中15280所，在校生387.67万人，有高中4891所，在校生134.66万人。由于经费、师资不足，办学条件差，中等教育结构单一，教育质量下降，与当时经济和社会的发展很不适应。从1978年开始，山东省通过调整初中布局、压缩普通高中和改革中等教育结构等措施，对中等教育进行了整顿。同时，全省各级财政逐年增加对教育的投入；开征农村教育费附加和城市教育费附加；发动群众集资改造中小学校舍；利用多种形式培养培训中小学师资；办学条件得到明显改善，教育质量相应提高。到1989年底，全省有幼儿园4.93万所，在园幼儿208.31万人；有小学6.23万所，在校生823.19万人，学龄儿童入学率达到98.3%；有普通初中6260所，在校生316.48万人；有普通高中737所，在校生47.26万人。全省普及了初等教育，开始实施义务教育的乡镇达到1702个，其中开始实施九年制义务教育的乡镇385个，占乡镇总数的15%。

从1949年到1988年，全省共毕业小学生4073.18万人，毕业初中生2156.21万人，毕业高中生533.62万人。

2.职业教育。1949年，全省只有34所中等专业学校，在校生1.37万人。其中，中等技术学校12所，在校生1688人；中等师范学校22所，在校生12050人。第一个五年计划期间，山东职业技术教育有了较大发展。各类中等职业技术学校达到93所，在校生4.58万人。其中，中等技术学校40所，在校生2.01万人；中等师范学校(含中师、初师和速师)50所，在校生2.56万人；创建技工学校3所，在校生1227人。

1958年以后，随着半工半读教育的发展，职业教育有了较大发展，到1956年，共有各类中等职业技术学校273所，在校生69907人，其中，各类中等技术学校160所，在校生36958人；中等师范、工读师范64所，在校生20866人；技工学校18所，在校生6662人；职业学校30所，在校生5146人。高中阶段各类中等职业技术学校在校生占高中阶段在校生总数的比例接近50%，全省中等职业技术教育的布局基本展开，种类也基本齐全，出现了建国后职业技术教育的第一个鼎盛时期。

"文革"期间，山东省职业技术教育遭到严重破坏。1976年学校仅存204所，在校生5.01万人，占高中阶段在校学生总数的比例下降到4.6%。党的十一届三中全会以后，山东省大力改革中等教育结构，压缩普通高中，积极发展职业技术教育，进一步明确办学方向，合理安排布局和专业，使城乡职业技术教育出现了前所未有的好形势。1989年，全省有各类高中阶段的职业技术学校1113所，在校生47.3万人，占高中阶段在校生总数的比例达到49.4%。

从1949年到1989年，全省共毕业中等技术学校学生17.19万人，中等师范学校学生34.4万人，技工学校学生17.83万人，职业高中、职业中专学生22.73万人。

3.高等教育。1949年，全省仅有7所普通高等学校，在校生3969人。1952年经过院系调整，山东省正式确定的高等学校有：山东大学、山东工学院、青岛工学院、山东师范学院、山东农学院、山东医学院、山东财经学院。从1958年到1960年，山东高等教育一度盲目发展。1960年达到63所，在校生3.47万人。从1961年开始进行调整整顿，到1965年普通高校保持在16所，在校生2.22万人。

"文革"期间，山东高校连续5年停止招生，教学质量、办学效益急剧下降。1971年以后，学校陆续恢复招生，并新设了几所高校。1976年，全省有高校22所，在校生2.13万人。学校规模尚未达到1965年水平。1978年以后，山东普通高校以较快的速度稳步发展。到1989年，全省共有普通高等学校51所，在校生10.6万人。其中，部委属院校12所，省属院校39所；综合性大学3所，理工科院校12所，农业院校2所，医科院校9所，师范院校16所，财经院校3所，公安、体育、艺术院校各1所，职业大学3所。形成了层次比较合理、门类比较齐全的高等教育体系。

从1949年到1989年，全省共毕业本专科学生31.77万人。

4.成人教育。新中国成立之初，山东省对农民教育、干部教育和职工教育极为重视。1950年创办了工农速成中学，当年招收学生200人；建立职工业余学校675所，参加学习的工人7.5万人；开办机关业余学校178所，学员1.26万人；建立农民冬学3.86万所，学员161万人。此后，成人教育在数量、层次、科类、形式等方面不断发展进步，到1965年，各类成人学校在校学员已达541.86万人，不仅有扫盲班、业余小学和业余中学班，而且有了广播大学、函授大学、夜大学等业余成人高校。

"文革"10年，成人扫盲班和业余小学发展较快；成人高校——"七二一"工人大学、劳动大学和"五七"大学等，一般起点低、学制短、无统一的大纲和教材，大部分名不副实。党的十一届三中全会以来，是山东教育健康发展的时期，与过去相比，办学渠道拓宽，形式多样，内容广泛，水平提高，成为教育事业的重要组成部分。1989年，全省共有成人初等学校2.53万所，在校学员158.30万人；成人中学258所，在校生3.15万人；成人中专330所，在校生18.19万人；独立设置的成人高等学校53所，在校生11.58万人；通过自学考试，获得大专学历者累计达2万余人，获得中专学历者2.15万人。

从1949年到1989年，全省共扫除文盲1390万人，成人小学毕业学员617.64万人，成人中学毕业学员343.79万人，成人高校毕业学员23.55万人。

(二)山东10年集资30亿元办教育

改革开放10年来，山东省委、省政府把基础教育列为“战略产业”，重视“长效投资”，在财力比较紧张的情况下，依靠全省8000万人民，广开筹资渠道，努力改善办学条件。1988年，全省对教育的总投入是30亿元，从1979年开始进行农村中小学校舍改造以来，社会各方面和群众对教育的集资、捐资也达30亿元，共修建农村中小学校舍140万间，2800万平方米，相当于1979年实有校舍的106%，全省90%以上的农村中小学实现了校舍、课桌凳、校门、操场、院墙、厕所“六配套”。后来按照爱国主义教育的要求，又增加了国旗、旗杆。许多地方还建起了图书资料室，配备了文体器材，开辟了生产基地，兴建了教师宿舍等。城镇中小学校舍改造也取得了重大进展，全省有20个县市区完成了城镇中小学校舍改造任务。山东省省长赵志浩在全国筹措教育经费、改善办学条件山东现场会上介绍了经验。这些经验主要是：

1.坚持“科教兴鲁”方针，把教育真正当作战略重点来抓。从省市地县乡村，都把教育纳入了领导任期目标责任制，把教育工作的好坏纳入了考核领导干部政绩的内容，把教育发展规划纳入了各级经济和社会发展总体规划，把教育作为两个文明建设的战略重点来抓。加强对教育工作的领导，省委决定，省政府领导成员由赵志浩省长分工抓教育，副省长宋法棠、省政府特邀顾问马长贵协助，管城乡建设和重点工程建设的副省长张瑞凤负责抓城镇中小学校舍改造。市地县的领导分工也作了适当调整。向教育倾注这么多领导力量，在山东省的历史上是少有的。

2.坚持“依靠人民办教育，办好教育为人民”的方针，发动全社会“八方招教”，广开经费渠道。全省共有中小学8万多所，在校学生1200万人，其中农村中小学校和在校学生均占80%以上。新中国成立以来，全省教育事业虽然有较大发展，但农村办学条件仍相当艰苦。直到1978年，“黑屋子、土台子，里边坐着泥孩子”的状况，尚占农村中小学的半数以上。有人曾算过一笔帐：农村中小学校舍改造任务如果全由国家包下来，按每年最多投入校舍改造费2000万元计算，约需130年才能完成。发展教育光靠国家财政单一渠道不行，必须坚持多渠道、多形式增加教育投入。在这方面，主要抓了以下几点：(1)财政拨款确保“两个增长”。到1988年，全省财政预算内教育经费支出18.4亿元，占财政总支出的18.6%，比1978年增长3.4倍，平均年递增15.9%，超过了同期财政支出递增11.6%的增幅。(2)用足用好教育费附加政策。自1986年开征教育费附加以来，到1988年全省累计征收教育费附加达12.55亿元。(3)开辟地方性经费渠道。1986年，省委、省政府提出，凡征收城市维护税的地方，都要从中提取一定比例用于中小学校舍修缮。城市和乡镇建设必须配套建设中小学和幼儿园，所需投资列入建设总投资之中。1988年，省里决定征收社会集团购买专项控制商品附加费，全部用作发展教育的周转金。(4)开展集资办学。(5)用勤工俭学收入补充教育经费。1985年以来，全省勤工俭学、校办工厂收入用于补充教育经费的数额逐年增加。1988年达1.1亿元，3年翻了一番。适当调整了学杂费收费标准，全省每年收入可达1亿多元。(6)发动企业办好职工教育。自1981年以来，县属以上企事业单位从职工工资总额中提取1.5%用于职工培训，1988年这项提取可达1.3亿多元。乡镇企业职工教育投资，1985到1988年全省累计可达4231万元，不少企业还从企业基金、利润留成、包干结余、税后留利中拿出一部分用于职工教育。

3.以校舍改造为主，推动中小学办学条件的全面改善。10年来，大体经历了三个阶段。第一阶段，从1979年到1983年，调查研究，总结经验，推广典型，实现“一无两有”(校舍无危房，班班有教室，学生人人有课桌凳)。第二阶段，提出校舍改造“六配套”要求，实行对中小学分级办学、分工管理体制，调动各级办学的积极性，全省出现了热火朝天搞校舍改造的局面。1987年全省90%以上农村中小学达到“六配套”要求。第三阶段，1988年开始，一方面巩固发展农村校舍改造成果，另一方面积极开展城镇中小学校舍改造。对城镇中小学提出了“规模、校舍、课桌凳、操场、校园环境”五项标准。一些经济条件好的地方提出了“八配套”、“十配套”要求。

4.加强对校舍改造工作的具体指导。(1)统筹规划、制定标准，坚持检查验收制度。(2)建立校舍改造工作队伍，负责对校舍改造检查督促，进行具体指导。(3)树立典型，分类指导，区域推进。

(三)1989年山东省教育事业新发展

1989年，山东省教育工作认真贯彻党的教育方针，坚持教育的社会主义方向，排除学潮、动乱的干扰，治理教育环境，整顿教学秩序，学校思想政治工作明显加强，教育领域的各项改革逐步深化，教育质量和办学效益不断提高，各级各类教育事业持续、稳步、协调发展。

1989年全省有幼儿园49285所，在园幼儿208.31万人，比1988年分别增长6%和3%。普通小学62321所，在校生823.19万人，学龄儿童入学率达到98.3%。小学毕业生升学率由1988年的71.3%提高到72.3%。普通初中6260所，在校生316.48万人。普通高中737所，在校生47.26万人，分别比1988年减少3.2%和3.6%，规模基本得到了控制。各类高中阶段的职业技术学校1113所，其中城乡职业高中568所，普通中专230所，技工学校315所。共有在校生47.3万人，占高中阶段在校生总数的比例由1988年的45.22%，提高到49.4%。普通高等学校51所，在校生103928人，比1988年增加2647人。在校研究生2158人。独立设置的成人高等学校53所，在校生115753人，比1988年增长13.9%。成人中等专业学校330所，在校生181887人，比1988年增长12%。通过自学考试，获得大专学历者累计达到2万余人，获得中专学历者2.15万人。卫星电视教育地面站建站总数达到383座，教育电视台2座，放像点2500余处，收看人数近20万。开展各种各类的短期技术教育，培训500余万人次。扫除农村青壮年文盲25万余人。

本年度全省教育工作主要有以下几方面特点：

1.把稳定学校局势放在首位，全面加强学校的思想政治工作。

年初，省政府发出了《进一步整顿教育秩序、优化育人环境的通知》。根据通知精神，全省各级教育行政部门和学校，从稳定学校局势、加强管理出发，对存在的各种问题进行了认真检查。健全和完善了各项规章制度，强化了思想政治工作的领导。

四、五月份学潮、动乱发生以后，各学校在省委、省政府的领导下，经过艰苦细致地工作，全省51所高等学校基本稳定。平息反革命暴乱以后，省里召开了两次高校党委书记会议，部署加强学校党的建设，进一步稳定高校局势的工作。各高等学校根据中央精神和省委的要求，从总结学潮、动乱的深刻教训入手，运用宣讲会、座谈会、读书会、举办学习班等多种形式，广泛开展了四项基本原则教育和形势政策教育。在明确高校领导管理体制的基础上，重视抓好校系两级领导班子建设和骨干队伍的培训，并在加强学校政工队伍建设、加强师德教育、加强劳动教育和社会实践等方面做出了一些具体规定。

中小学重点抓了《中共中央关于改革和加强中小学德育工作的通知》精神的贯彻落实，制定了《中学德育大纲实施细则》、《小学德育纲要实施细则》和《中小学思想品德评定试行方案》，普遍开展了“五爱”教育和道德行为规范教育。10月份，省委宣传部、省教委联合召开了全省中小学德育工作会议，进一步提出了工作任务和目标。

2. 筹措教育经费、改善办学条件有了新的进展。

1989年，全省教育总投入为36.50亿元，比1988年增长23.10%。其中，国家财政预算内教育经费为21.77亿元，比1988年增长18.51%，自1978年以来，平均年递增16.1%。各级政府征收用于教育的税费6.99亿元，比1988年增长29.78%。还有企业办学校教育经费1.16亿元，勤工俭学、社会服务用于改善办学条件1.31亿元，其他财政资金用于教育的经费0.09亿元，学费、杂费收入1.82亿元，社会集(捐)资收入2.56亿元，其他收入0.80亿元。各类学校学生每生每年平均占有教育事业费，高等学校学生为4136.35元(其中公用经费2900.30元)，居全国第2位；中等师范学校学生为1383.49元(其中公用经费684.94元)，居全国第13位，普通中学生为176.84元(其中公用经费31.64元)，居全国第25位；小学生为68.28元（其中公用经费5.18元)，居全国第24位。1989年，全省共征收教育费附加68546万元，比1988年增长27.32%。其中，城市教育费附加9077万元，比1988年增长47.35%；农村教育费附加59469万元，增长24.73%。全省农业人口人均教育费附加8.72元，占农民人均纯收入的1.49%。近年来，勤工俭学、校办工厂收入用于补充教育经费的数额逐年增加，1985年为5400万元，1989年达到1.6亿元，4年增长了2倍。

1989年，继续筹集改造校舍资金，城镇中小学校舍改造和农村学校的标准化建设也已全面铺开。全省共筹集校舍改造资金4.18亿元，比1988年多筹集1.13亿元。新建、维修校舍220万平方米，其中新建成教工住宅22.9万平方米。全省有20多个县、市、区完成了城镇中小学校舍改造任务。12月份，国家教委、财政部在山东省召开了全国筹措教育经费、改善办学条件现场会，肯定了山东省依靠人民办教育的成绩和路子。

3. 面向全省经济和社会发展实际，积极稳步地推进教育改革。

农村教育，围绕为当地经济建设服务，广泛开展了学习平度教育经验的活动，制定了推广平度经验“五年基本普及，七年巩固提高”的规划和具体措施。1989年，全省有长清县、胶南县、即墨市、张店区、临淄区、薛城区、广饶县、招远县、栖霞县、荣城市、寿光县、昌邑县、嘉祥县、邹县、莱芜市、博兴县、平原县、梁山县、郯城县、临清市、荷泽市等21个县市区被省政府授予“学平度先进县”称号，受到表彰。基础教育，在进一步完善分级办学、分工管理的同时，狠抓了内部管理改革和教学领域的改革，总结推广了阳信等地教师双向选择、滕州一中教师结构工资制和诸城市“五四”学制改革的经验。制定了中小学管理评估标准和中小学教学改革实验暂行条例。截止1989年底，全省基本普及了初等教育。实施初等义务教育的乡镇达到2087个，占全省乡镇总数的84.8%。其中开始实施九年义务教育的乡镇达到385个，占乡镇总数的15%。职业技术教育，在办好职业高中、职业中专的同时，有计划地开展了初中阶段的职业技术教育，推广了胶南县教学、科研、生产、经营一体化的经验，选择12所学校进行了“双元制”教学改革试点，狠抓了实践教学环节，进一步端正了办学方向。高等教育，把工作重点放在改善内部结构、充实办学条件、提高教育质量和办学效益上，重点抓了招生、毕业生分配制度的改革，专业结构的调整和优秀教学成果的评定工作。实行了招生政策、招生计划、录取分数线等“八个公开”，加强了监督检查。提出了全省高等学校专业设置和改造的基本思路，并开始对一些重复设置和供需脱节的专业进行调整。全省高校共评出优秀教学成果168项(其中国家级优秀成果19项)，促进了高校的教学改革。成人教育，从提高劳动者素质的需要出发，大力开展职工岗位培训和农村实用技术的推广。着重抓了“燎原计划”的实施和国务院《扫除文盲工作条例》的贯彻落实。在100个乡镇进行了实施“燎原计划”的示范试点工作，并积极探索农业、科技、教育统筹的路子，全省有8个县市被国家教委定为全国“百县农村教育综合改革实验区”的实验县。

4.采取切实措施，加强师资队伍建设。

1989年底统计，全省有普通高等师范院校16所，教育学院16所，中等师范学校66所，教师进修学校122所。有小学专任教师40.85万人，普通初中专任教师20.87万人，普通高中专任教师3.66万人，普通高等学校专任教师1.82万人，职业中学专任教师1.9万人，中等专业学校专任教师1.47万人，成人高校专任教师4754人，成人中等学校专任教师8156人。“七五”以来，狠抓了师专建设，省和市地用于师专基本建设的投资累计达1.02亿元，建成校舍23.5万平方米，扩大招生能力6000人。同时制定了中师建设的规范标准和分步建设的实施规划。积极开展了现有教师的培训和继续教育，通过函授、夜大、卫星电视教育、举办培训班等多种途径，扩大培养、培训规模。全省普通高校举办的函授大学有32处，夜大学33处。其中师范院校函授部12处，夜大学13处。全省建成卫星电视教育地面站383座，放象点2500多处。平均每县有两座接收站，每乡一处放象点。收看学习的近20万人。在全省范围内分层次开展了以学校常规、学校管理为主要内容的中小学校长短期培训，受训人数达2万多。经过培训，全省小学教师合格率由1980年的51%，提高到75%；初中教师合格率由5.6%，提高到30%。

为使尊师重教形成风气，教师节期间，山东省委、省政府召开了表彰大会，对在教书育人、教育管理、教育科研等方面做出显著成绩的2992名优秀代表进行了表彰。受表彰的有全国教育系统劳动模范109人，全国优秀教师1206人，全国优秀教育工作者142名；有省优秀教师1355名，省优秀教育工作者180名。各市地对评出的优秀教师、教育工作者也都进行了表彰和奖励。两年来，省财政先后拨出专款100万元，作为中小学幼儿教师的奖励基金。青岛市用作教师奖励基金的资金达200万元。为了稳定民办教师队伍，烟台、青岛、德州、潍坊、枣庄、聊城、淄博等7个市地，恢复了中等师范学校招收民办教师的制度，共招收民办教师2000人。全省有30多个县市实行了民办教师退休保险制度，较好地解决了民办教师的后顾之忧。

(四)山东省艺术教育委员会成立

1989年11月20日，山东省教委在济南召开了省教委艺术教育委员会成立大会。艺术教育委员会委员共54人，主任委员由省教委副主任周志仁兼任，艺术教育委员会下设三个组：音乐组、美术组、综合艺术组。会议通过了“山东省教委艺术教育委员会工作条例”，规定艺术教育委员会的主要任务是，在贯彻执行国家教委关于学校艺术教育的方针政策、制定山东省学校艺术教育发展规划、进行艺术教育行政管理、教学改革和教育科研等工作中，向省教委提供咨询；协助省教委指导、督促、检查各级各类学校的艺术教育工作，使学校美育得到有效的实施。会议还学习贯彻了国家教委发布的《全国学校艺术教育总体规划》，提出了加强山东省艺术教育的要求和措施，拟定山东省学校艺术教育实施方案及山东省中小学艺术教育基本要求。

艺术教育委员会的成立，对贯彻德、智、体、美、劳全面发展的教育方针和国家教委有关艺术教育的指示精神，加强全省各级各类学校艺术教育工作的统筹规划和指导，推动山东省学校艺术教育事业的发展，将起到积极作用。

(五)对外教育交流广泛开展

党的十一届三中全会以来，随着对外开放政策的贯彻执行和教育改革的逐步深入，山东省各级教育机构和学校同外国教育团体和学校之间的教育交流不断扩大。到1989年底，全省有18所大学与国外54所大学签署了校际交流协议；15所中小学与外国中小学建立了校际关系；全省教育系统共选派出国留学人员1354人；全省高校共聘请外国专家和外籍教师448名，邀请短期讲学的外国专家700余人次。1980年至1989年，山东大学、山东师范大学、山东工业大学等学校共接受外国留学生708人。到1989年，省教委共组派教育出国团组14个，95人；接待外国教育团组45个，共322人。

山东省教育对外交流的主要形式，一是互聘学者、专家讲学、任教；二是互派留学生；三是互换学术资料；四是根据双方协议，组织代表团(组)互访。

(六)李铁映、何东昌同志视察山东省教育工作。

1989年3月6日至7日，中共中央政治局委员、国务委员兼国家教委主任李铁映在国家教委副主任朱开轩的陪同下，到山东省视察工作。6日，在济南听取了省委副书记、省长赵志浩的汇报，并就教育经费、教师待遇、推广平度经验、进一步加快教育改革和发展问题进行了座谈。7日，由赵志浩、苗枫林、马长贵陪同，实地考察了潍坊市、平度县。在潍坊，察看了昌邑县围子镇中心初中、中心小学和潍坊一中。在平度，视察了平度八中、职业中专、职教中心、教师培训中心和明村镇、香店乡、三堤乡的中心中学和小学。在视察过程中，李铁映对山东教育工作给予了充分肯定，并就加强教育规划和法规建设、搞好教育战线的治理整顿、加强师资和校长的培训提高、加强职业学校的技能培养等问题，提出了希望和要求。

9月15日至18日，国家教委副主任何东昌到山东省视察教育工作。听取了省教委主任吕可英的汇报，先后察看了山东大学和济南、潍坊、诸城、莱芜市和沂水县的23所大、中、小学。何东昌对山东省和上述市、县多渠道筹集教育资金、改善办学条件的做法给予充分肯定，就加强中小学德育工作、坚持农村教育为当地经济建设服务等问题，发表了重要意见。

12月17日至20日，李铁映同志再次来到山东，先后到沂蒙山区老革命根据地的平邑县、临沂市、沂南县、沂水县、蒙阴县和济宁、泰安市的曲阜、泗水、新泰、莱芜等县市，视察了18所中小学、职业中学、乡镇农民文化技术学校和师范院校。李铁映在视察过程中，反复强调学校一定要端正办学思想，坚持社会主义的办学方向。他说，振兴民族的希望在教育，振兴教育的希望在教师，培养合格教师的任务在师范院校，因此一定要把师范院校办好。他热情赞扬老区“教育为人民，人民办教育”的精神，反复强调“办好教育，致富人民”的思想。随同视察的还有国务院副秘书长李昌安、国家教委专职委员朱育理。

二、基础教育

(一)义务教育的进展情况

1989年，全省各级地方政府认真贯彻《中华人民共和国义务教育法》和《山东省实施〈义务教育法〉办法》，落实各地的义务教育规划，义务教育有了较大的进展。主要工作情况是：

1.明确乡镇实施义务教育的程序，指导

乡镇按程序实施义务教育。根据国家有关规定，提出以乡镇为单位（在城区，以区为单位）实施义务教育，程序是：乡镇人民政府拟定实施方案，经乡镇人代会审议通过，报县、市、区人民政府批准后，在全乡镇宣布并组织实施。据此，省教委抓了5个乡镇的试点，调查分析了24个县、市、区的35个乡镇的义务教育现状，分别在泰安市、平原县、高密县召开了分片汇报会，及时了解情况，发现和解决存在的问题。

2.普遍开展了实施水平的评估。1989年下半年，全省所有乡镇都建立了适龄儿童少年的义务教育档案和义务教育学校办学条件、管理状况的档案，并按《评估方案（试行）》的要求，认真进行了实施水平的评估，提出了评估报告。有的乡镇政府本着边评估、边完善的原则，针对存在的问题，及时采取措施，提高了义务教育的实施水平。全省涌现出平度市香店乡、诸城市吕标乡、淄博市南定镇、淄川罗村镇、高密县河崖乡等一批实施水平高的乡镇。

但从整体来看，山东省的义务教育实施水平仍然不高。影响全省义务教育实施水平的主要因素有：有些地方对依法实施义务教育的要求不够明确，措施不得力，适龄儿童少年的辍学现象未得到依法制止；义务教育学校的实验设施不足，音体美器材、图书资料缺乏；公用经费不足；教师的学历达标率达不到国家规定的标准。

（二）进行五项督导检查

1989年9月，省政府组成基础教育督导检查团重点对全省教育经费增长和教师经济待遇的提高落实情况、校舍改造和配套情况、制止中小学生流失的情况、纠正乱收费的情况、《中共中央关于改革和加强中小学德育工作的通知》贯彻情况等五项内容进行了督导检查。

督导检查工作在省政府的直接组织领导下进行。由省教委牵头，有省计委、建委、人事局、劳动局、财政厅、税务局、工商管理局和省人大教科文卫委员会、省政协教科文卫委员会等有关部门参加，组成省“五查”工作团。分成8个检查组，每组由一名厅局级干部任组长，分赴全省各市地进行检查。

检查组分别听取市地政府负责同志的自查汇报，深入到不同类型的县（市、区）进行重点抽查：查阅资料；走访乡镇和学校；召开座谈会等。督导检查结束后，都与当地政府负责同志交换了意见，写出了总结报告。

通过督导检查，推动各地进一步加强了基础教育工作，落实了教育的战略重点地位，中央在治理整顿期间确保教育发展的方针进一步得到贯彻。各地认真执行《义务教育法》，同时，改革和加强了中小学德育工作，改变了学校思想政治工作薄弱的状况。

（三）关于贯彻《中共中央关于改革和加强中小学德育工作的通知》的意见

1989年5月，省委、省政府发出《关于贯彻〈中共中央关于改革和加强中小学德育工作的通知〉的意见》，提出10条贯彻意见，这些意见主要是：

（1）各级党委和政府，各中小学的领导和教职工，要集中一定时间，深入学习中央《通知》精神。要层层制定贯彻落实中央《通知》的具体措施，切实把德育放在学校工作的首位，始终如一地抓紧抓好。

（2）各级党政部门和学校必须明确，中小学教育是公民素质教育，是为青少年儿童健康成长打基础的教育，一定要端正教育思想，全面贯彻德、智、体、美、劳全面发展的方针。

（3）各级党委、政府和教育行政部门都要有领导干部分管德育工作，建立健全德育工作的领导管理体制。

（4）要建立一支素质优良的德育工作队伍。

（5）要把培养“爱国的具有社会公德、文

明行为习惯的遵纪守法的好公民”作为中小学德育工作的基本任务，把“五爱”教育作为中小学德育工作的基本内容。

(6)要从中小学生的实际出发，适应他们生理和心理发展的规律，改革中小学德育工作的方式方法，避免不分层次“一刀切”、成人化、空洞说教等弊端。

(7)各级党政部门和中小学都要有长期的和近期的德育工作规划，使之有计划、成序列地进行，并建立必要的制度和基地。

(8)要加强德育工作的理论研究，使德育工作适应社会主义商品经济、民主政治不断发展和对外开放的需要，创造出新的路子。

(9)要改进和完善德育考核办法，纠正当前存在的德育考核无标准、升学就业不重视德育表现、学生操行评语千篇一律、不切实际的现象，使德育考核科学化、制度化。

(10)要把社会教育、家庭教育与学校教育有机地给合起来，使全社会都来关心中小学生的健康成长，为教育青少年儿童做出贡献。

(四)特殊教育事业发展情况

1989年，山东省特殊教育事业有了新的发展。到1989年底，全省有盲校14所，盲班(组)43个，在校盲生397人；聋哑学校56所，聋班(组)272个，在校聋生3760人；弱智学校16所，弱智班(组)1547个，在校弱智学生10469人；共有盲、聋哑、弱智学校86所，1862个班(组)，在校学生14626人(不包括随班就读学生数)。

为了扶持各地发展特殊教育事业，山东省决定从1989年至1997年设立特殊教育补助费，每年230万左右。由省财政厅每年拨80%补助新建、改建、扩建的市地属和贫困县属残疾少年儿童学校；省计委每年安排20%扶持省属特殊教育学校基建项目。并从1989年9月起，将盲、聋哑、弱智学生助学金由原每生每月2～3元提高到每生每月5～8元。

为了提高特殊教育师资水平，省和各市地都举办了各类特教师资短训班。1989年省举办各类培训班5期，培训教师500多人；各市地培训特教师500多名。

三、职业技术教育

(一)省教委等7部门制定《关于进一步发展职业技术教育的意见》

山东省教委、计委、科技委、财政厅、劳动局、农业厅、多种经营乡镇企业局于1989年10月21日联合制定下达了《关于进一步发展职业技术教育的意见》。提出山东省近期发展职业技术教育的目标、要求，制定了进一步发展职业技术教育的10项新措施：(1)统筹规划专业设置；(2)建立教学、生产、科技推广、经营管理、社会服务等多位一体的办学新体制，发挥学校的多功能作用；(3)改革招生制度和办法，扩大招生范围；(4)因地制宜，进行“双元制”和“两期制”教学体制改革试验，走企校结合、产教合一、联合办学的道路；(5)改革和加强职业学校的德育工作和管理工作；(6)采取多种渠道解决实验学习基地，并将竞争机制引入生产实习基地管理；(7)加强对在职专业教师的培训与提高；(8)多种渠道筹集职业技术教育经费，逐步推行青岛市关于统一筹集职业教育经费的办法；(9)认真做好职业学校毕业生的安排使用，积极为回乡参加农业生产的职校毕业生制定优惠扶持政策；(10)加强领导，分工协作，努力促进职业技术教育的稳步发展。

(二)在北方11省、市、区农村职业中学科技小发明、小论文比赛中荣获团体总分第一名。其中平度市职教中心林修鹏同学发明的“同步发电机自动调压器”获小发明一等奖；莱西县职业中专李悦强等四位同学的论文《山楂幼旺树提早结果技术》、东平县职业中专许红霞同学的论文《几个小麦新品系选育技术》均荣获小论文一等奖。另有二等奖2

个，三等奖6个，新星奖2个。还有5名教师获园丁奖。

在北方11省、市、自治区职业学校服装专业技能竞赛中由济南第二职业高中组成的山东二队和山东一队分获团体总分第一名和第三名。

四、高等教育

(一)奖励高校科技进步和社会科学优秀成果

根据《山东省教育厅科学技术进步奖励试行办法》和《山东省教育厅哲学社会科学优秀成果奖励试行办法》，经学校推荐，省教委科学技术进步奖和哲学社会科学优秀成果奖评审委员会评审，评选出经济效益、社会效益显著，技术先进的优秀科研成果247项。为了表彰高校在科学技术文化方面做出重要贡献的教师和科研人员，鼓励他们为振兴山东经济、发展教育、科技事业勤奋工作，省教委于1989年12月26日召开了山东省高等学校科学技术进步、哲学社会科学优秀成果奖励大会，进行了表彰、奖励。

(二)实行招生工作"八公开"

1989年5月，省招生委员会发布了《山东省招生系统廉洁勤政守则》。《守则》规定，全省招生系统工作人员要认真贯彻执行国家招生工作的方针政策，发扬廉洁奉公优良传统，做到严守法纪，不贪赃枉法；秉公尽职，不以权谋私；勤奋工作，不敷衍拖拉。《守则》强调，要建立健全规章制度，做到招生政务"八公开"，即：公开招生政策；公开体检标准；公开招生计划；公开报名人数；公开全省(市地)录取最低控制分数线；公开各校录取分数线；各校公开新生录取名单；公开检查监督措施。为了便于群众监督，各级招生办公室都设立了举报信箱和举报电话。"八公开"的实行，对于加强全省招生队伍的廉政建设，抵制招生录取工作中的不正之风起到了积极的作用，受到社会各界的好评。

(三)组建济南联合大学

1989年11月18日，国家教委发文批准济南师范专科学校和济南职业大学合并，成立济南联合大学。文件规定，济南联合大学是专科层次的普通高等学校，保留两校原有高等师范专科和高等职业教育的性质。在校生规模为3500人，其中师范生不少于一半，由省市两级管理，以济南市为主。并规定，学校要努力办好专科，将来根据社会需要和学校条件，可向国家教委申报设置少量本科专业。

原济南师专正式建立于1984年，设有中文、政治、历史、数学、物理、化学、地理、体育等9个专业。1989年在校生1371人。原济南职业大学建立于1983年，设置企业管理、财务会计、工业与民用建筑、机械制造工艺与设备、工业自动化、电器工程、纺织工程、计划统计、中文秘书等15个专业。1989年在校生891人，毕业生不包分配工作。两校自成立以来，为济南市教育、经济及社会发展培养了一批人才，取得了一定的成绩。但由于财力、物力、人力分散，学校办学条件达不到教委的要求，办学效益和办学质量受到了影响。根据国家教委稳定规模、优化结构、深化改革、提高质量的精神，为了集中财力、物力、人力，加速改善办学条件，优化学校结构，提高教育质量和办学效益，将两校合并成立济南联合大学。

为加强学校的管理，便于学校今后的发展，促进学校建设，省政府批准济南联合大学为正厅级事业单位，原师专部分的基建投资按1750人计，仍按原定投资比例由省市共同负担。并要求学校要努力办好现有专业，尽快改善办学条件，提高办学水平。

五、扫盲教育

(一)贯彻《扫除文盲工作条例》，尽快扫除青壮年文盲

截止1989年上半年，全省共扫除文盲1600多万人，总人口中文盲、半文盲的比例由

建国初期的农村90%以上、城市80%以上下降到20%左右，全省15至40周岁青壮年中的文盲比例由1982年的20%下降到7.11%。但是，目前面临的任务仍然十分艰巨。现在全省8000多万人口中，文盲、半文盲仍有1500余万。其中15至40周岁人口中还有文盲、半文盲235万。另外，全省每年因小学辍学和脱盲后教育跟不上而造成的复盲达6万多人。

根据国务院《扫除文盲工作条例》要求，省政府提出：力争在1990年基本完成全省扫除青壮年文盲的任务。凡是普及了初等教育的地区，1990年必须完成扫盲任务。少数山区、湖区、经济贫困地区也要在1990年前完成。具体安排是：全省共扫除文盲70万，1989年扫除25万，1990年扫除35万，1991年扫尾。

为了尽快扫除青壮年文盲，部署全省扫盲工作，1989年12月16日，宋法棠副省长发表了《深入贯彻〈扫除文盲工作条例〉，尽快扫除我省青壮年文盲》的电视讲话，要求各级党委、政府要提高认识，加强领导，切实把扫盲工作当作一项大事来抓。首先，要进一步明确责任，实行行政领导负责制；第二，要建立在党委和政府领导下齐抓共管扫盲工作的制度；第三，要恢复和健全扫盲和成人教育机构，充实加强专职扫盲队伍；第四，要妥善解决好扫盲经费。

（二）全省扫除文盲工作检查督导

为了进一步贯彻落实国务院发布的《扫除文盲工作条例》和全国扫除文盲工作会议及省政府办公厅《转发省教育厅关于进一步开展扫除文盲工作的报告的通知》精神，确保完成1989年扫除25万青壮年文盲的任务，5月20日，省教委、农业厅、妇联、团省委、省科协5部门联合发出《关于对全省扫除文盲工作进行检查督导的通知》。12月下旬，5部门联合组成扫盲检查督导组，首先对济宁、枣庄、淄博、德州、荷泽、临沂6市地的扫除文盲工作进行检查督导。检查督导组通过对14个县市区，32个乡镇的抽查，进一步了解了扫盲工作发展的情况，总结了各地扫盲工作的经验，有力地推动了全省扫除文盲工作的开展。

六、勤工俭学活动

山东省在发展教育事业中，注意把勤工俭学作为全面贯彻党的教育方针的一项重要工作来抓，在实践中创造了"靠领导、靠政策、靠发动"和"抓普及、抓管理、抓基地建设"的"三靠三抓"经验，有力地推动了全省勤工俭学活动的开展。1989年底统计，全省有校办工厂5621个，校办农（林）场地面积11万亩，第三产业网点5960个；全省70285所中初等学校中有67655所开展了勤工俭学活动，开展率为96.3%，居全国第一位；各项勤工俭学总收入30181万元，居全国第三位；学生人均占有勤工俭学纯收入24.65元，高于全国平均水平；勤工俭学收入用于补助教育经费的支出达1.68亿元，居全国第一位。勤工俭学活动的广泛开展对全面贯彻落实党的教育方针，加强学生的思想品德教育和劳动教育，改善办学条件起到了重要的作用。其主要作法是：

（一）靠领导。党的十一届三中全会以来，山东省委、省政府十分重视学校勤工俭学工作，多次发文强调和部署这项工作。历届省委、省政府主要领导也都亲自过问，帮助解决实际问题。赵志浩同志出任省长后，亲自分管教育工作，更是经常关心学校勤工俭学工作，多次提出希望和要求。各市、地、县一直到乡、镇、村的领导，也都注意加强对学校勤工俭学工作的领导，协调解决工作中的实际困难。不少市地制定了勤工俭学的目标责任制。各级计划、经济、物资、财政、工商、税务等部门，制定了一些优惠政策，分别从资金、材料、经营、税收等方面给学校以必要的照顾，从而加快了勤工俭学的发展。自1980年以来，全省勤工俭学收入连年增长，到1989

年，10年累计纯收入达12.5亿多元。

（二）靠政策。积极发挥政策的导向作用，保证勤工俭学活动沿着正确的轨道健康发展。一方面，认真贯彻执行国务院、国家教委和省委、省政府有关勤工俭学的方针、政策。要求各级教育部门和学校全面掌握政策，开展活动一定要从是否有利于学校教书育人，是否有利于全面贯彻教育方针出发，不搞唯利是图。另一方面，根据上级有关文件精神，制定一些勤工俭学的具体规定，对开展勤工俭学活动的范围、形式、管理、改革等问题都提出了具体的要求，保证了勤工俭学活动的正常发展。1989年虽然社会上出现了市场疲软，经济滑坡，还有动乱、暴乱的干扰，但全省勤工俭学活动仍有较大发展，纯收入比1988年增加8000多万元。

（三）靠发动。首先是发动教育部门和学校的领导，充分认识开展勤工俭学的重要性和必要性，组织带领师生发扬艰苦奋斗、勤俭创业的精神，克服困难，创造条件开展好勤工俭学活动。同时大力宣传勤工俭学的意义和好处，积极争取社会各方面的支持。全省有很多乡、镇、村，积极为学校划拨土地、出工、出料、出资，帮助学校整修校园，发展校园经济；一些厂矿、企事业单位，帮助学校办工厂、上项目，给学校提供技术、信息。还出现了个体户捐资、捐厂，发展学校勤工俭学的事迹。

（四）抓普及。在工作实践中认识到，开展勤工俭学活动是实行教育与生产劳动相结合，培养社会主义一代新人的重要途径。因此应当把这项活动普及到每一所学校。1979年，在当时勤工俭学基础十分薄弱的情况下，提出了"因地制宜，小型多样，不怕项目小，要求校校搞"的要求，并把勤工俭学活动的普及率作为考核市、地、县、乡勤工俭学工作的一个重要条件，列入统计指标。1985年，又提出了开发校园经济的课题，推广了平度、高密开发校园经济投资少、风险小、好管理、收入稳定的经验，为农村学校普及勤工俭学活动摸索出了一条路子。从而，使全省勤工俭学普及率逐年提高：1979年为30%，1983年达到87%，1989年普及到96.3%。

（五）抓管理。积极促进地县两级勤工俭学管理机构的建立健全。全省16个市地有15个建立了独立的勤工俭学管理机构。80%的县、区建立了独立的管理机构，使勤工俭学工作有人抓、有人管。同时狠抓了勤工俭学管理人员的培训工作，省和各市地层层举办了多种形式的培训班。建立了多种勤工俭学管理制度，如《校办企业评优晋级评审办法》、《勤工俭学先进集体、先进个人评选办法》、《市地勤工俭学管理工作评比办法》、《中小学勤工俭学会计制度》，并会同省财政厅联合印发了《山东省中小学勤工俭学收益分配暂行规定》。通过狠抓管理措施的落实，大大提高了勤工俭学的综合效益。校办工厂产值，1983年为1.13亿元，1989年达到8.23亿元，6年增加6.3倍。校办农业单位面积纯收入，由1983年的每亩78.01元，提高到1989年的285.96元，增加了2.7倍。

（六）抓基地建设。为了保证勤工俭学稳步发展，不断提高，提出了校校建立农（林）场基地，并积极创造条件办工厂，发展第三产业服务网点，建立相对稳定生产基地的要求。同时省政府发出文件，提出了落实校办农场用地的规定，小学每班半亩，中学10个班以内的，每个班1亩；超过10个班，可控制在15亩以内。在农村学校校办工厂方面，实行了区别对待，分类指导的做法。即：要求县区属的初中以上学校每校办1个小工厂；乡镇属初中联办1个小工厂；乡镇、村属小学，以中心小学为基点联办1个小工厂，有条件的学校多办不限制。发展幅度上，要求每个县区每年建立两个小工厂。同时，推广了平度县政府把建立生产基地作为学校配套建设的一部分，统一规划安排的做法；寿光县解决学校生产基地，实行“分级负责，层层把关”的做法；博兴县采取县里组织工作队，以乡镇为单位逐校落实验收的做法；沾化县为学校划拨沿海养殖滩涂的做法，有力地促进了学校勤工俭学基地的建设。1989年，全省有校办农场土地11.46万亩；校办工厂5621个，居全国第三位；第三产业网点5960个，居全国第四位；劳动基地42824个，居全国第一位。

附

□青岛市劳动局、教育局互相配合开拓职业教育新局面

青岛市劳动局、教育局互相配合，开通就业渠道，使1988年市区职业学校毕业生录用率达90%以上；统筹市区职业教育经费，使1988年第三、四季度经费收取率达99.37%；试行“两种证书”，使毕业生获得技术考核等级，开拓了青岛市职业教育的新局面。

一、开通就业渠道

近年来，青岛市随着职业教育的大力发展，培养了大批初、中级专业技术人才。但由于企业改革不配套，不少企业单位实行承包后出现短期行为，缺少教育目标配套，致使职业学校的毕业生就业分配遇到了困难。面对这个问题，青岛市劳动局采取积极措施，为妥善安置职业学校毕业生，开通了三条就业渠道：一是对教育部门与企业部门联办职业学校的毕业生，优先下达招工指标，提前就业；二是对教育系统自办的职业班毕业生，专门组织专业劳务市场；三是在组织全市劳务市场时，明确规定，凡招收与专业相关的工种，必须优先对口录用职业学校的毕业生。同时，对分配的办法也进行了相应的改革。前几年，职业学校学生毕业后，档案一律从学校转往毕业生所在街道办事处；自1988年开始，招工单位可直接到职业学校录取，由毕业生所在学校直接将档案转到招工单位。这样，使学校和用人单位做到了供需双方直接见面，一方择优推荐，一方择优录用，从而完善了职业学校毕业生分配安置办法。为了保证职业学校有稳定的新生来源，青岛市劳动局改变了过去单独提前组织技工学校招生考试的做法，于1988年与青岛市教育局统一了技校中专、普通高中和职业学校招生考试时间，结束了过去因考试时间不统一而造成的录取工作中的混乱现象。

二、统筹职教经费

为加速发展职业教育，市政府作出决定：自1988年7月1日起，实行市区统筹职业教育经费。市劳动局主动到企业单位宣传统筹经费的意义，对拒不缴纳职业教育统筹经费的企业单位，按规定收取滞纳金。由于措施得力，从而保证了职业教育经费的来源。

三、试行“两种证书”制度

为加强职业学校毕业生的专业技能培养，提高职业教育质量，市劳动局又积极支持教育局深化职业教育改革，它们于今年3月联合下发文件，决定在全市职业中学毕业生中逐步实行技术等级考核制度。1989年首先在市区部分职业学校的烹饪、汽车维修、服装3个专业的应届毕业生中试行。学生经毕业考试合格，方可参加技术等级考核。考核合格，由青岛市劳动局颁发相应等级的《工人技术等级证书》。技术等级证书是证明毕业生技术水平和确定工资待遇的主要依据。学生获得毕业考试合格和技术考核等级“两种证书”，可进入劳动市场竞争。这样，不仅促使学校加强专业技术技能的教学训练，还促使学生提高专业技能水平，改变了过去单纯以毕业考试成绩为依据安排就业的办法。为了加强试行专业技术等级考核的组织领导工作，市劳动局与教育局联合成立了“青岛市职

业中学应届毕业生技术等级考核领导小组”，设立了办公室，并制定了“青岛市区职业学校烹饪、汽车修理、服装专业应届毕业生技术等级考核实施办法”。

撰稿人　王景华　郭思民
审稿人　马　钊

河南省教育

一、各级各类教育事业进一步发展

1989年，河南省教育战线贯彻党的十三届四中全会、五中全会精神，克服动乱造成的干扰，狠抓学校的思想政治工作，努力提高教育质量，完成了省政府1989年目标管理责任书中的各项任务，全省教育事业又有新的发展。

河南省现有各级各类学校56470所，在校学生1551.76万人。普通高校47所，在校研究生1190人，本专科生80119人，比上年略有增加。现有成人高校53所和23处函授、夜大学，在校生78868人，与上年大体持平。高等教育自学考试共考本、专科专业20个，其中新开专业7个；报考人数达134980人，毕业人数为5880人。各类中等职业技术学校781所，在校生37.6万人，占高中阶段在校生比例由33.4%提高到37.9%。现有成人中专234所，在校生6.5万人，成人中初等文化技术学校共培训65.9万人。全省有普通中学8 961所，在校生349万人；小学43951所，在校生969.8万人。小学适龄儿童入学率和在校学生巩固率均达98%，毕业率97.2%。特殊教育学校(班)28处，在校生2407人。入园幼儿113.4万人。全省有教职工98.21万人，其中专任教师77.6万人，民办教师30.4万人。

(一)基础教育进一步加强

为了加快初等教育的普及步伐，省教委制定了巩固提高的基本要求及检查验收办法，同时，采取了倾斜政策，进行分类指导。经过努力，年内又有长垣、平舆、正阳、光山、潢川、新县、商城等7个县基本达到普及小学教育的要求，使全省普及小学教育的县达到102个，占总县数的91.9%。继续加强薄弱初中，进一步落实乡办初中的管理体制，合理调整农村中学布局，取消了一批戴帽初中，使全省初中校数减少17.9%，提高了办学的规模效益，教学质量有了进一步提高。河南省参加全国第六届中学生物理竞赛的7名选手全部获奖，其中开封高中古健获一等奖，郑州铁路一中罗岳和郑州一中彭先兆获二等奖，古健、罗岳被国家奥林匹克集训队录取。郑州一中孔亚挺和开封高中汤振宇获得1989年全国奥林匹克化学竞赛二等奖。在全国中学生冬运会田径比赛中，河南省夺得男子团体总分第二名，并获得金牌二枚，银牌三枚，铜牌四枚。

(二)继续调整中等教育结构，办好示范性职业技术学校

各市地普遍制订了发展职业技术教育的政策，促进了职业技术教育的发展。1989年各类中等职业技术学校招收新生132583人，占高中阶段招生总数42.9%，省辖市市区职业技术学校招生已占50%。新增中专11所，增设社会急需专业35个。在发展职业技术教育中，狠抓了示范性职业技术学校的建设。全省共办示范性职业学校23所。为调动企业办学的积极性，推动企业职业教育的发展和提高，确定4所厂办职业学校为企业示范性职业学校。在职业技术教育中，普遍注重了学生能力的培养。在北方11省市职业学校服装专业技能技巧比赛中，河南代表队获团体总分第二名。

(三)以岗位培训为重点，改革和发展成人教育

在加强宏观管理的同时，注重成人教育的办学效益和教学质量的提高，打破单一的学历教育办学模式，实行多种证书制度，坚持业余为主，解决工学矛盾。1989年入学新生中靠业余学习的占65.23%。在办学体制上，有6所职工高校同普通高校联合办学，6所成人高校办电大教学班，15所高校开展专业合格证书教育，5所高校开展大学后继续教育，13所高校开展岗位技术培训。同时，加强了对成人教育的整顿工作。全省审查批准了郑州医学专科学校等71所社会力量举办的高层次学校(班)，清理整顿了乱办学、乱收费、乱发证书的问题。扫盲工作有了新进展，涌现出一批先进典型，西平、林县、清丰、新安、邓县等5县受到国家教委的表彰。1989年全省扫除青壮年文盲31万多人，已有74个县成为基本扫除文盲县。知识青年培训工作取得新成绩，省教委与其他委、局协同，超额完成省政府下达的培训100万回乡知识青年的任务。全省确定41个县的94个乡作为“燎原计划”示范乡，在96所学校安排“燎原计划”项目120多个，有些项目已初见成效。

(四)高等教育在治理整顿中得到充实提高

为了克服本省高等学校办学规模小，条件差，结构不尽合理，师资队伍和思想政治工作相对薄弱的状况，省教委对黄河大学等13所学校进行充实和整顿，提出整顿调整的具体步骤和措施。在整顿中，对普通高校超计划招生进行了严肃处理，清理超计划招生1.5万人。同时，大量提倡高校科研为工农业生产服务，及时将科研成果转化为生产力，充分发挥经济效益。河南大学有7项发明成果获河南省第二届发明展优秀成果奖。全省高校有100多项优秀成果参加省政府举办的庆祝国庆40周年河南科技成果博览会。

(五)师资培训工作取得显著成绩

根据全省基础教育发展和中等师范学校布局需要，新建漯河艺术师范等5所中等师范学校。许昌师范、商丘师范、郑州幼儿师范、河南特殊师范、南阳师范等被定为1990—1994年接受联合国儿童基金会援助项目的学校。首批进行办学条件标准化建设的18所学校，多数已经接近实现国家和省规定的标准要求。全省共有7808人通过教育学院和普通高校函授教育，取得了本专科毕业证书；有29304人获得了中等师范毕业证书。中小学教师合格证书考试的整体效益有较大提高，参加考试6万多人，计11万多科次，有4万多人，5.8万多科次及格，及格人数与科次比上年有明显增长。实行合格证书考核，调动了中小学、幼儿园教师进修提高的积极性。全省建立自学互教小组4.4万多个，参加自学互助活动的教师15.7万多人；举办专业合格证书培训班6200多个，受训教师20.2万多人次。目前全省已有14.8万多名中小学、幼儿园教师取得了一科以上单科合格证书。为鼓励教师终身从事教育事业，在建国40周年前夕，省教委、省劳动人事厅表彰了各级各类学校优秀教师和先进教育工作者4038名，其中受到国家教委、人事部和全国教育工会表彰的1381名，有101名被评为部级劳动模范。

(六)多渠道筹措教育经费，办学条件得到很大改善

1989年，全省通过征收教育费附加、集资办学、勤工俭学等多种渠道筹措教育经费11.53亿元。勤工俭学普及率达90%，纯收入1.47亿元。涌现出村集资30万元以上、乡集资40万元以上的先进单位350多个。沈丘县张新亚个人捐资80多万元；洛阳市郊区刘宏欣个人捐资41万元。全省共消除中小学危房150万平方米，危房比重已下降到1%以下。新购置课桌凳60多万套，教学仪器150多万件，图书200万册，实现“一无两有”的中小学达95%左右，实现“六配套”的达70%。城市中小学教职工住房条件进一步改善，1989年

全省建成教职工宿舍20多万平方米，使4000多户中小学教职工乔迁新居。“一比三，三三制”（中央和省的补助为一，地、市要拿三；国家、学校、教职工各拿三分之一）筹资建教工宿舍的办法，国家教委召开部分省市会议予以推广。

二、把思想政治教育放在学校工作的首位

1989年春夏之交的政治动乱也波及河南。这次学潮与动乱，学生卷入人数之多，思想动荡之大，造成社会危害之严重，是建国40年来所未有的，充分暴露高等学校思想政治工作十分薄弱，教训是十分深刻的。

在赢得这场斗争的胜利之后，省教委根据中央和省委的部署，及时发出关于对全省大中专学生集中进行政治思想教育的通知，各高校迅速展开了形势教育。暑假期间，各高校普遍培训学生骨干，使他们看清事实真相，进一步认清这场动乱、暴乱的性质和发生的原因，认识到在北京部分地区实行戒严及平息暴乱的正确性。掌握了思想武器，坚定了做好工作的信心。秋季开学初，各高校普遍对师生员工集中进行一段时间的形势教育。这次教育以党的十三届四中全会精神和邓小平同志接见首都戒严部队军以上干部时的讲话为指导，紧紧围绕这场反革命暴乱发生的原因、性质、不可避免性，以及党和政府平息反革命暴乱政策的正确性这个中心，联系本单位实际，分清是非，端正态度，转变立场。为帮助高校师生学习，省教委印发学习文选15万册，全省各高校印发学习资料10万多册。学校普遍组织师生收看《血与火的考验》、《五十天的回顾与反思》等录像片，利用校报、黑板报、广播站等形式，配合开展思想政治工作。在学习中强调理论联系实际，在学习、反思的基础上，写出个人小结，引导学生从学潮、动乱中吸取教训。通过集中形势教育，师生受到一次深刻的教育，对动乱、暴乱的起因、性质、严重性和危害性有了较为正确的认识，加深了对党中央制止动乱、平息暴乱决策的正确性、必要性的认识，提高了坚持四项基本原则、反对资产阶级自由化的自觉性，青年学生的法制观念有所增强，学习马列主义、毛泽东思想的积极性有所提高，学校的校风校纪进一步得到加强。思想政治工作出现良好的转机。

在制止动乱的同时，各地认真执行中共河南省委贯彻中共中央关于改革和加强中小学德育工作的通知的意见，坚持把德育工作放在学校工作的首位。为了加强领导，成立了河南省中小学德育工作协调小组，副省长于友先为组长，省委宣传部、省教委、省公安厅、团省委等单位负责同志为成员。全省中小学普遍组织广大师生学习党的十三届四中全会精神和有关文件，开展热爱党、热爱祖国、热爱解放军的“三热爱”教育。郑州市组织的3000名中小学生“唱好歌”活动，在社会各界反映很好。同时，省教委还表彰了一批德育工作先进单位和有突出贡献的德育先进工作者。各市地普遍抓了对中小学生日常行为规范的训练，使青少年的精神道德面貌发生了明显的变化。在开展学雷锋、学赖宁的活动中，中小学校涌现出许多以雷锋、赖宁为榜样，胸怀大志，从小事做起，勤奋学习，勇于实践的英雄少年。信阳地区光山县十里庙乡王寨小学五年级13岁女学生胡迪秀，为抢救三名落水儿童献出了自己宝贵的生命。河南省教委决定授予胡迪秀“赖宁式英雄少年”的光荣称号，在全省中小学认真开展学习胡迪秀的活动，努力培养中小学学生成为“有理想、有道德、有文化、有纪律”的社会主义事业的接班人和建设者。

三、高等学校坚持为当地经济建设服务

河南省的8100万人口80%在农村，经济相对落后，资源相对贫乏。为振兴河南经济，省委、省政府确定了“科技兴豫，教育为本”的战略方针，把经济发展转移到依靠科技进步和不断提高劳动者素质的轨道上来。教育如何为当地经济建设服务，已成为河南教育事业的一项重大课题。

河南省重视发挥高等学校知识密集、科技力量较强、信息比较灵通的优势，为当地经济建设服务。各校根据不同条件，面向社会需要，大力开展技术开发、推广应用和咨询服务，发展与地方、产业部门、研究机构的横向联系，建立各种形式的教学、科研、生产联合体，挖掘潜力，创办或同地区和部门合办技工贸结合的科技产业，使科技成果尽快转化为生产力。

1989年，全省高等学校同200多家中小企业和科研单位建成联合体，开发新技术、新工艺6000余项，获利润2亿多元。郑州大学脱硫研究与长葛县八七活性碳厂联合体，8年获利400万元。郑州粮食学院、郑州工学院、郑州轻工业学院、洛阳工学院、焦作矿业学院、河南大学等，与政府有关部门和乡镇企业组成的联合体，也都取得了良好的经济效益。高等学校社会科学领域的广大师生和研究人员，走向社会开展横向联合，直接为社会主义建设服务。郑州大学经济系与驻马店地区联合举办经济研究所，进行地方经济模式的研究，走出了一条新路子。

高等学校部分教师在工厂企业和有关管理部门担任兼职工程师和技术顾问，使一批濒临倒闭的企业扭亏为盈。并在促进企业发展的过程中发现了新的研究课题。河南农业大学组织大批教师和科研力量，在禹县、扶沟、睢县等地建立泡桐科研开发基地，取得显著的生态效益和经济效益。林业部多次在禹县召开现场会，推广经验。联合国粮农组织先后组织50多个国家参观学习，产生较好的国际影响。高等学校为经济建设服务的显著成果，促使社会上愈加重视知识，重视人才。许多乡镇企业纷纷到大学寻求技术援助，聘请科技人员做顾问和兼职工程师。高校科研工作也找到了自己的研究方向，同时也为自身发展争取到更多的科研经费。

遵照国家和省委、省政府开发贫困山区，进行科技扶贫的指示精神，省教委推广了河南农业大学开发太行山区的经验，要求各高等学校把科技扶贫作为一项重要工作来抓，鼓励科技人员上山下乡，帮助贫困地区脱贫致富，促进农村经济发展。高等学校扶贫工作主要采取三种形式。一是以高校为技术依托单位同贫困县建立松散型的技术联合体；二是单项技术服务；三是组织科技咨询和技术培训。1989年，全省高校有教师、科技人员1009名上山下乡，进行资源调查，科普宣传，技术推广和培训管理人员，无偿转让科技成果100余项。向贫困县派出8名副教授任科技副县长，高校扶植的一批乡镇企业已成为当地的主导产业。河南农业大学等5所院校有12位教师受到国家教委、农业部和林业部的表彰。以河南农业大学为主研究推广的小麦高产、稳产、低成本化生产模式推广10年，增产小麦15亿公斤，获得国家科委重大科技成果奖。李先念主席称赞这是“中国农业史上的一大创举”。河南职业技术师范学院黄光正教授研制的“百农3217”小麦新品种，在全省推广后，取得极大的增产效益，获国家科技发明一等奖。黄光正教授被评为全国劳动模范。河南师范大学支援商城县的“羽毛蛋白粉的制备”项目，利用家禽多的优势，从羽毛杆等下脚料中，提取高能饲料“蛋白粉”，变废为宝，经济效益显著。信阳师范学院利用当地珍珠岩矿蕴藏量大、质量好的优势，进行珍珠岩开发综合研究，目前已取得初步成果。郑州大学化学系任翠萍教授致力农村科技服务，使三个濒临倒闭的化肥厂起死回生，当年创产值670多万元，利润200多万元，创外汇67万元。河南大学化学系张奉贤教授的皮革揉剂新工艺，参加在波兰举行的"中国科技日"活动，受到好评；该校历史系和计算机专业联合利用计算机处理古文字和古代文献，获河南省第三届发明选拔赛优秀奖。

河南省高等学校科研坚持为当地经济建设服务，促进了经济发展，也推动了学校的教学与科研。全省高校有1000多项科研成果获国家、省和有关部门的奖励，其中有300余项成果在实际应用中取得经济效益。

四、切实抓紧中等师范学校的建设

实现小学教育的真正普及和实施九年制义务教育，关键在于有一支质量合格的师资队伍。办好中等师范学校是加强基础教育的中心环节。1989年，河南省中等师范学校46所，年招生能力21000多人（含民师5000人，下同），在校学生达58000人。1979到1989年，10年内共培养毕业生124500多人，为小学教育和幼儿教育输送了一大批合格师资，这是建国40年来培养中师毕业生最多的10年。经过调整布局，恢复和新建幼儿师范、艺术师范、特殊教育师范，出现了中师教育同普及和提高义务教育良性循环的局面。中等师范学校的建设，主要是集中力量实现办学条件标准化，端正办学思想，不断提高教育教学质量。

（一）提高认识，落实措施，尽快实现中等师范办学条件标准化

近年来，河南的师范教育虽有较大发展，但是，由于基础薄弱，办学条件仍然落后，同国家要求办好中等师范的标准有很大差距。全省中等师范每生平均占有校舍面积只有14.86平方米，达到国家规定标准的67%。在图书仪器设备、办学经费和合格教师数量等方面，均达不到国家的规定。面对这种情况，省教委决定自1988年开始，适当集中力量，用5年时间基本实现全省中等师范的标准化建设，使办学条件分期分批达到国家教委规定的标准。

1988年3月，省教委公布了实现中等师范办学条件标准化的标准，包括学校规模、领导班子、机构设置、教师队伍、经费、校舍、教学设备和图书资料等8个方面的标准要求。标准化建设分两批进行，各办学单位要做好统筹规划。第一批1988年开始，1990年完成；第二批1990年开始，1992年完成。要求市、地教委、教育局对所管中等师范办学条件标准化进行"四定"，即定完成期限、定办学规模、定机构编制、定建校规划。同时，签订协议，落实投资，适当集中财力、物力，限期达到目标。经过按程序申报和审核，全省确定郑州师范等18所中等师范作为第一批实现办学条件标准化的学校。

省教委按照省政府下达的发展师范责任目标和实现办学条件标准化的实际需要，在经费紧缺的情况下，划拨师资培训专项经费1150万元，并从中划出800万元，作为中等师范标准化建设的补助专款。同时规定，实现办学条件标准化，除省给予必要和可能的补助外，所需投资主要依靠各市、地统筹落实。对市、地投资比例大的项目或总投资额大的市和地区，省教委从优补助。1988、1989两年，省和市、地用于首批中等师范标准化建设学校的投资共3742万元，其中市、地投资达2442万元，确定基建项目68个，新规划建筑面积14万平方米。新增仪器、设备、图书资料折款347.7万元。郑州、开封、信阳、漯河、许昌等市、地先后涌现出一批办学条件接近标准要求的中等师范学校。首批标准化建设的迅速发展，影响并加快了全省中等师范改善办学条件的步伐。1988年，全省中等师范校舍建筑面积67.2万平方米，1989年新增当年完成建筑面积1.5万平方米，正在施工的建筑面积5.59万平方米。现有仪器设备价值853万元，图书资料价值404万元。这些变化在河南省师范教育发展史上是空前的。

在办学条件标准化建设中，中等师范的师资队伍也得到加强。1989年专任教师3764人，其中具备大学本科以上学历的2346人，占62.3%；具有高、中级教师职务的1441人，占38.3%。

进行标准化建设的指导思想是，既要坚持标准，又要因地制宜。贯彻艰苦奋斗、勤俭办学方针，力求创造良好建筑环境，体现各自的优势和特色。郑州师范学校是首批实现办学条件标准化的学校之一，这所学校原是条件简陋的郊区师范，从1982到1989年，校舍建筑面积由2070平方米发展到27064平方米，扩大了12倍多。教学设备、图书资料也有极大发展。同时硬化校内道路场地6000平方米，植树2500棵，创造出一个优雅干净、文明卫生的育人环境。该校实现办学条件标准化的每一项成果，浸透着全校师生的汗水和心血。在郑州市政府和省、市教委拨给的建设经费之外，学校广开门路，自筹资金占建设总投资的27%。师生参加建校劳动，发扬无私奉献精神，自己动手修建田径运动场，进行部分设备安装，绿化、美化校园。在参加劳动中，培养了学生的文明习惯和高尚情操。

首批中师办学条件标准化建设，推动了全省中等师范标准化建设的进程。荥阳师范学校是创建于1951年的老校，校址偏僻，设备陈旧，建校35年仍保持建国初期的面貌。自1986至1989年，在标准化建设的影响下，学校经过搬迁，建成了24班规模的教学楼、学生宿舍楼、综合实验楼、办公楼、食堂、餐厅、澡堂等13个建设项目，共完成建筑面积1.85万平方米，铺设路面4052平方米，绿化校园1800平方米，架设管道1450米。省市拨付基建投资300多万元，学校自筹资金100多万元，师生勤俭节约，自己动手，节省资金13万多元。该校虽没有列入首批标准化建设，然而校舍校貌已经发生了深刻变化。

（二）明确中等师范学校的办学方向，全面提高教学质量

河南是一个农业人口多的大省，基础教育的重点和难点在农村。中等师范坚持社会主义办学方向，必须坚持面向农村、面向小学，培养学生热爱农村、热爱家乡、热爱小学教育事业的献身精神，具有为家乡建设、为教育事业做贡献的知识与本领。

1.中等师范教育认真总结历史经验，把德育放在学校教育的首位。1988至1989年，中等师范普遍建立了德育工作领导机构，拟定德育工作计划，加强德育研究，使政治思想工作逐步得到加强。1989年的政治动乱和北京暴乱中，绝大多数学校教学秩序正常，校内教学活动和课外教育活动照常进行，对稳定当地形势起到了很好的作用。许昌师范学校和濮阳师范学校加强思想政治工作，经受动乱考验的事迹在报刊和电视进行报道。在1989年11月全国中等师范思想政治教育会议上，信阳师范学校介绍了开展思想政治工作的经验，漯河师范学校、许昌师范学校也在会上交流了经验材料。

但是，由于资产阶级自由化思潮影响，思想政治教育被严重削弱，有些学校也存在重智育、忽视德育的倾向。经过认真反思，各中等师范正本清源，总结历史经验和教训，普遍对学生进行坚持四项基本原则和马克思主义基本理论的教育。1989年下半年，全省中等师范在加强学生的政治教育和教职工思想建设，开展社会实践活动，倡导精神文明，优化育人环境等方面，做了大量卓有成效的工作。

2.中等师范坚持为初等教育，尤其是为农村初等教育服务的办学指导思想，把培养合格小学教师作为根本任务。各地中等师范有计划地组织师生深入农村、山区，开展调查研究。开封第一师范学校通过调查，举办面向小学的各类培训班，编辑培训刊物，发挥了培训中心和一校多功能的作用。许多中等师

范组织学生带着“农村、山区最需要什么”的问题，深入到贫困乡村调查研究，激发了他们为改变教育的落后面貌而贡献青春年华的情感，把青年学生远大的理想抱负、高尚的献身精神，同发展农村基础教育的实际工作结合起来。

三门峡市豫西师范学校，在坚持面向农村、山区，办好乡村师范方面，取得了可喜的成绩。他们通过对全市50多个乡镇调查研究，摸清了市情：一是市辖区县少，贫困县多，全市山区占85%，经济、文化、教育均低于全省水平；二是农村经济发展迅猛，种植、养殖是山区开发主要项目，农民迫切需要脱贫致富的科学知识和丰富的文化生活；三是全市小学1382所，其中1132所在农村山区，复式教学班普遍存在，师资水平亟待提高。面对现状，学校把立足点放在着力培养农村和山区需要的小学教师上。培养他们不但要具备小学教育教学的各种能力，还要掌握帮助农民及农村经济、文化、科技发展的实际本领。这所学校以全新的意识深化教育、教学改革，培养出一批批扎根山区，无私奉献的优秀教师。截止1989年，学校毕业生有95%分配到各县区的农村、山区，其中90%的毕业生下得去，留得住，用得上。他们在山区扎根奋斗，成为建设山区小学教育的栋梁。分配到陕县工作的毕业生中，有130多人先后被评为先进工作者和模范教师，有2人获省级劳动模范，有1人被评为全国教育系统劳动模范。

3. 中等师范的教学改革，既要适应农村小学、幼儿教学需要，又要培养学生建设农村的实用技能。全省中等师范根据培养目标和当地实际，调整了课程，改革了教学。在课程上，继续全力上好语文、数学等必修基础课，同时也教好其他多门课程，做到“一专多能”，使学生毕业后到偏远乡村学校，什么课都能教。针对农村小学体育、音乐、美术教师奇缺的现状，开办艺术班、体育班。在教学上，根据河南民间文化特点，音乐专业把民族乐器的弹、拉、吹、打和民族唱法做为教学的主要内容；美术专业把美术字、实用美术、手工制作等作为基本技能加强训练；体育专业联系小学教学实际，增设儿童游戏、儿童广播操、韵律操等教学活动。

山区和偏远农村小学规模小，教师少，有的甚至是一人一校，教师既要上课，又要管理，还要参加社会活动，制作教具，修理桌凳和电器用具，传播先进科学技术。省教委要求，中等师范在加强基础课、专业课教学的同时，举办专题讲座，组织各种兴趣小组，建立实验基地，采取多种形式培养学生掌握更多的知识和技能。努力做到，农村小学需要什么样的教师，中等师范就培养什么样的人才；农民需要小学教师做什么，中等师范就通过教学和其它活动教给学生掌握什么。

五、农村教育综合改革的新发展

河南省有12个农村教育综合改革试点县。汝南县是其中之一。全县人口74万，在校学生13.3万人。有各类学校350所，其中普通高中3所，农职业高中4所，初中36所，小学304所，中等师范、教师进修学校和聋哑学校各1所。近几年，县委、县政府在领导全县经济建设和社会发展的过程中，逐步认识到，改变农村落后面貌，加速农业现代化进程的根本出路，在于使农村建设真正转到依靠科技进步和提高劳动者素质的轨道上来。1988年2月，县委制定《关于实行科技、教育立县的意见》，提出了发展经济要依靠科技和教育的指导思想，以及振兴科技和教育的措施。经过一个时期的努力，教育事业得到加强，农村教育综合改革有了新发展。

(一)实行“三教”统筹，促使教育事业协调发展

汝南县教育综合改革，紧紧围绕提高劳动者的素质，培养大批中初级技术人才和新型劳动者的需要，在加强基础教育的同时，积

极发展职业技术教育和成人教育，全面提高教育质量和办学效益。

在基础教育方面：一是实行初中以乡为单位合理布局定点，取消戴帽初中。1989年初中校数由1988年的28所发展到36所，招生人数由5829人增加到8338人；在校学生由16903人增加到24556人。每校平均12班，学生682人。彻底改变了长期存在的“队队办戴帽初中”的混乱局面，使小学毕业生升学率由1988年的35.5%上升到51.9%，大大提高了办学的规模效益。

二是高中阶段的结构调整已见成效。全县有普通高中3所，农职业高中4所。1989年普通高中招生944人，农职业高中招生456人。农职业高中招生占高中阶段招生总人数的32.57%，加上中等师范和其他中专招生人数，职业技术教育的招生比例达到40%左右，这个结构和格局，较为符合当地农村的实际。

三是每个乡镇都建设一所中心初中、中心小学、中心幼儿园，使各级教育事业都有一批骨干学校，带动其他学校全面贯彻教育方针，改进教学内容和教学方法，提高教学质量。同时，密切了学校间的相互联系，有利于学习先进经验，共同提高。

在职业技术教育方面：一是调整中等教育结构，将部分普通高中改办成农职业高中。早些年改办水电高中为农职业高中，开设与发展当地经济紧密结合的农学、果林、养殖等专业，已毕业的650名学生，从这里学得一技之长，有的成长为种田能手和经营管理人才；该校还举办多期编织、蔬菜、种植和食用菌栽培等短训班，深受当地农民欢迎。此后，他们又把一所县办重点中学马乡高中改成农职业高中。

在校生555人，6个专业，有73亩实验田，17亩鱼塘，3个校办工厂和门市部，形成一个教学、科研、生产、经营实体，这所学校已被确定为河南农村中等职业技术教育的示范性学校。

二是根据当地生产需要，新建起一所办学形式更加灵活的城镇职业高中，开什么班，办什么专业，与县里新建或扩建企业同步进行。哪里施工建厂，学校就为哪厂培养岗位技术工人；工厂开工，学生毕业，凡合格者可以免试进厂，并取消试用期。学校1988、1989年所招的两届4班学生，分别为本县麻、棉纺织和造纸、酿酒等4家工厂培养出200名工人。这种变招工为招生，变岗位培训为岗前施教的作法，提高了青年工人的素质，较好地适应了企业部门的需要。

三是职业技术教育同劳动就业政策密切结合，制定有利于发展职业技术教育的政策、法规。该县规定，凡没有接受职业技术高中培训者，城镇招工一律不准上岗。乡镇企业和林牧、渔业聘用干部或管理人员、技术人员，必须以职业高中毕业生为主要对象。在职的35岁以下的村委会干部，必须在3年内分期分批到职业高中接受一次培训；新配备的行政村干部，必须是职业技术高中的毕业生。职业高中毕业生同普通高中毕业生在应征入伍、参加高考等方面同等对待；农村职业高中毕业生回到生产第一线，还可以在贷款和农用生产资料供应等方面受到特殊照顾。这些具有吸引力、驱动力的政策规定，对发展农职业技术教育发挥了很好的推动作用。

在成人教育方面：汝南县建立成人教育委员会。全县21个乡镇，每个乡镇办起一所中心成人学校。这21所成人学校，本着讲实用、求实效的原则，充分发挥多种教育功能，扫除青壮年文盲，对职工进行文化补课，对回乡高、初中毕业生进行实用技术培训，成为本乡镇的人才培训中心，科技推广中心，信息服务中心，政治学习中心和文化娱乐中心。一个县、乡、村上下衔接，农、工、商专业齐备的农民教育网络正在形成。

（二）多渠道筹措教育经费，建立人民教

育基金制度

汝南县为改革和发展教育事业，在多渠道筹集资金方面，采取了许多有效的措施。1985至1989年，全县用于改善办学条件的投资达3752万元，其中群众集资3052万元，国家拨款300万元，地方投资250万元，勤工俭学收入投资150万元。县财政在教育上投资的比重逐年增长。1988年县财政收入增长7.9%，教育经费增长13.47%；1989年县财政收入增长10.6%，教育经费增长19.33%。

1989年，汝南县实行人民教育基金制度。县人代会作出了决议。成立了由县委书记为主任委员的人民教育基金委员会。由教育、财政、粮食、银行等部门和部分乡镇负责同志担任委员，下设办公室。基金的征收办法，按上一年全县人均纯收入的2%计征。农业人口每年夏季随农业税一次交纳，非农业人口和国家工作人员同时向所在地乡、镇交纳。1989年按上一年农民人均纯收入357元计征，平均每口人7元，全县共征收519.2万多元。使用办法是，留给乡镇20%，计103.8万多元，县提留80%，计415.4万多元。县提留部分由基金委员会统筹安排，用于六个方面的支出。一是用于民办教师工资247.2万元，占59.6%；二是弥补中小学办公费不足，计45.6万元，占10.9%，补助办法为每月每班小学10元，初中20元，高中40元；三是用于职业技术教育32万元，占7.7%；四是用于师资培训35万元，占8.4%；五是用于幼儿教育10万元，占2.4%；六是用于中小学图书、仪器、体育器材等教学设施45.6万元，占11%。乡留部分，主要用于成人教育、幼儿教育和乡镇小学教学设施的装备。

(三)转变观念，端正方向，进一步加强领导

汝南县形成教育综合改革实验的决策，是县委、县政府在长时间探索实践的结果。汝南县于1984年普及了小学教育，是1986年“教师节”河南省表彰的10个基础教育先进县之一，校舍建设、仪器装备、勤工俭学等有较好的基础。但是，他们看到了教育事业面临着改革的任务。改革的关键在于如何转变教育观念，端正办学方向，使农村教育由升学为主转到主要为当地经济建设和社会发展服务的轨道上来。自1988年至1989年，汝南县的县委书记、县长，有关局委的领导和各乡、镇主要负责人，先后分批四次到山东平度考察学习，然后结合本县实际，研究制定改革和发展本县教育的方案。1989年1月，召开全县教育工作会议，确定把深化教育改革，实行“三教”统筹，搞好教育综合改革实验列为首要任务。同时，县委再次制定更为具体的行动方案，进一步组织实施教育综合改革的各项工作任务。

六、实行农、科、教统筹培训农村实用人才

河南省在农村教育综合改革中，加强了农科教统筹，取得初步成效。综合改革试点县淅川县为改变山区贫困面貌，将教育、科技的发展纳入全县农村经济发展的总体规划之中，依靠农、科、教等部门相结合的优势，集中力量培训发展农村经济的技术人才。成立了由县长牵头，县科委、农委、经委、人事、劳动、教育、财政、计划等部门领导参加的教育改革和实施“燎原”计划领导小组，办公室设在县政府。负责协调解决联合办学、培训农村技术人才中的问题。县里选择香花、大石桥和城关镇为示范乡，先后在这三个乡镇的3所农职业技术高中，有针对性地开设机电、工艺、柑桔、湖桑、家禽、养殖等专业，由3位副县长分别兼任三所学校的名誉校长，以协调解决办学中的问题。这3所职业学校的人才培养，由农业部门出项目，科技部门提供技术和专业课教师，教育部门提供基地，组织教学和实验。

职业技术教育在专业课师资、教材、实验场地等方面遇到问题，由领导小组办公室统

筹解决。师资问题，采取选送培训、引进调入、聘请兼职等办法进行充实。先后从全县教师中选送一批到有关院校接受专业培训，又从农、林、水等部门选调11名科技人员到职业学校任教，同时还聘请了包括县林业局长在内的4名兼职教师。在教材方面，按照发展本地经济需要，组织科委、农委、教育局和有关学校教师编写出《河南小麦种植技术》、《柑桔栽培与管理》、《种烟与烤烟》等乡土教材，作为有关专业的必修课。县里要求各乡镇按规定配置实习场地，全县已拥有各类实习场地2656.4亩，其中，普通教育844.4亩，职业技术教育512亩，成人教育1300亩。

县政府经过与各有关部门协商，将原先都掌握在各部门的干部职工和专业技术人员培训费82万元集中起来，建设起县职业技术培训中心。由农业、科技等部门根据人才需求提出专业设置和培训数量，由教育部门组织教学，按计划实现培训要求。

淅川县实行农、科、教统筹，培养了农村经济技术人才，为当地脱贫致富发挥了重要作用。过去，农村经济建设许多方面都需要补充技术力量，但是一两个单位往往难以组织培养。自1987年以来，县、乡统一组织解决培训农村人才中的经费、校舍、基地、师资等问题，各部门需要培训专业技术力量，可以直接将计划报送县政府，由政府统一安排实施。1988至1989年，为县外贸公司、工艺美术公司培训刺绣女工2806名，为乡镇企业培训财会人员720名，为县农机总站培训技术人员334名，解决了这些部门和单位的用人之急。同时，教育部门发展职业技术教育需要的经费、实验场地、器材、专业课师资，也都能顺利得到解决。大力开展农村经济发展实用人才的培养，又促进了普通小学、中学重视开设劳动课和劳动技术课，促进了农村成人教育。全县16个乡镇都办起了农民成人学校，80%的村办有农民技术培训班。到1989年，共举办种植养殖、农副产品加工、农机等专业技术培训981期，参加培训人数达108646人次。

淅川县把培训农村实用技术人才作为引进新项目、推广新技术的基础工作。至1989年，全县引进技术资料150余种，15000多册，引进技术试验项目15个，此外还有人工育牛黄、快速育肥、无毒农药、菌种等"短平快"项目，有的已经产生明显的经济效益。

县政府依靠农、科、教统筹形成的合力，重点抓住"三百系统工程"的落实，即在本县建立100个科技示范村，每乡培养100个科技示范户，动员100名科技人员下乡。为使三项工程与培养农村实用技术人才的工作结合起来，县里采取一些有力的措施：科技示范村的干部，注意从职业技术学校毕业生中选拔；科技示范户，注意从职业学校毕业和受过成人教育培训的知识青年中培养；职业学校、成人技术培训班的专业课师资，注意从带有项目和技术的下乡科技人员中聘请，使人才培训同科技推广密切结合。全县近10年来回农村的初、高中毕业生，有84%的受到不同层次的技术培训，许多人已为农村的现代化建设发挥了专业技术特长，为促进农村经济快速发展，作出了贡献。

撰稿人　介　新　孙增福

审稿人　徐玉坤

湖北省教育

一、综述

(一)四十年教育工作成就

建国40年来,湖北省教育事业有了巨大发展,取得显著成绩。

1.基础教育稳步前进。建国之前,湖北省基础教育十分薄弱,1948年,小学在校学生为120万人,学龄儿童入学率为28%,普通中学在校学生6.37万人,平均每万人中仅有小学生465人,中学生25人。

解放后,湖北省基础教育发展较快,截止1988至1989学年度,全省有小学33132所,在校学生647.8万人,分别比1949年增长2.9倍和8.3倍;初中4582所,在校学生189.3万人,分别比1949年增长40倍和56.1倍;高中720所,在校学生37.1万人,分别比1949年增长12.84倍和66.39倍;幼儿园4315所,在园幼儿63.6万人,分别比1949年增长430.5倍和1557.8倍。盲聋哑学校由1949年的5所,发展到12所,在校学生1570人。

基础教育的发展,不仅表现在数量的增长,更表现在办学水平的显著提高。

(1)九年制义务教育顺利实施。1989学年度,全省适龄儿童入学率达98.8%;98个县级行政单位,已有86个基本普及初等教育,大中城市城区和部分县镇基本普及初中教育,全省小学毕业生升入初中比例为72.7%,高于全国平均水平。

(2)教育内部结构调整取得明显效果。湖北省采取"控制发展高中,积极稳步地发展初中,切实加强小学,有计划地进行分流"的方针,经过调整,全省高中、初中、小学在校学生人数之比由1978年的1:2.1:5.3,提高到1:5.4:17.2,基础教育内部结构趋于合理,促进了职业技术教育的发展。

(3)办学条件明显改善。在各级财政增加教育投资的同时,通过征收教育费附加、集资、捐资和勤工俭学等渠道筹集教育经费,使中小学办学条件明显改善。截止1989年,全省中小学校舍建筑面积比1978年增长33%以上,危房面积所占比例由1980年的22.4%下降到3.7%;添置课桌凳500多万套,基本实现了"一无两有"。同时,中小学实验室建设发展较快,已建成初中实验中心1142个,在全国处于领先地位。

(4)教育教学改革逐步深入。近几年来各级各类学校广泛开展了端正教育思想的讨论,办学方向正在由升学教育向全面的素质教育、面向当地社会主义建设兼顾升学的方向发展。全省中小学以理想、纪律教育为重点,抓"四有"、四项基本原则和中小学生日常行为规范的教育,涌现出一大批先进集体和个人。近几年,全省有14名学生在国际竞赛中获奖,竞赛成绩和获奖人次居全国前5名之列。

2.职业技术教育得到加强。解放前,湖北省职业技术教育极为落后,仅有高、初级职业学校8所,且办学条件极差。经过近40年的努力,现全省共有普通中专228所,在校学生12.23万人;职业高中335所,在校学生10万余人;技术学校158所,在校学生6.7万人。中等职业技术教育年招生数占高中阶段学生总数的45.5%。全省还试办职业初中109所。1981年以来,各类中等职业学校共培养毕业生39.3万人。

3. 成人教育显示出强大生命力。解放前，湖北省成人教育近似空白，寥寥无几的民众教育馆也是有名无实。如今，全省建起成人高等学校88所，省内的50多所普通高等学校还举办函授、夜大学、干部专修科，共有在校学生13.5万人，比1983年增加了6倍，居全国首位。成人中专277所，在校学生13万多人。1980到1989年共培养成人大中专毕业生近20万人。高等教育自学考试自1984年开考以来，参加者达300万人次，开考22个专业，有近3万人获得了专科毕业证书。全省建立乡镇成人文化技术学校1500所，仅"六五"期间就培训初级技术人员416.4万人次。全省已有69个县市成为基本扫除文盲单位。成人教育的发展，对提高劳动者的素质，促进城乡物质文明和精神文明建设，起到了积极的作用。

4. 普通高等教育成就显著。1989年全省高等学校数已由1949年的11所增加到63所（其中中央部属院校27所）；在校学生数由0.44万人增加到13.74万人，其中研究生由13人增加到7359人；每万人口中的大学生数由1.7人增加到26人，高于全国平均水平。40年来，共培养本专科毕业生40多万人，研究生1万余人，为国家输送了大批各类高级专门人才。

在改革开放方针指引下，高等教育的学科、专业建设趋向完整与合理。1984年以来，中共湖北省委、省政府决定拨款1亿多元，重点建设湖北大学、湖北工学院、湖北农学院，同时还有计划地建设了一批重点专业和学科，使省属院校的专业学科面貌有了较大的改观。目前全省高校共设有专业759个，其中11所院校有博士点103个，博士导师近200人，在校博士生535人；22所院校有347个硕士生专业。初步形成了学科配套、专业较齐全的高等教育体系。

在事业规模不断扩大、办学条件不断改善的同时，各高等学校大力进行了体制改革。打破了封闭的办学模式，扩大了学校自主权，增强了办学活力。在招生工作上，实行了以国家计划为主，用人单位委托培养、学生自费等形式。毕业生分配工作在实行国家计划分配的同时，部分院校试行了"供需见面，双向选择"。各校在教学思想、教学制度、教学内容和方法上的改革，都有一定的效果。

各高校都注意发挥科技智力优势，努力为经济建设服务。全省高校共设研究机构101个，10年来承担研究项目2.4万项，其中70%的课题已取得成果。如华中农业大学推广的11个重点项目，累计创经济效益20多亿元。

湖北省高校还积极开展国际学术交流活动，已同10多个国家和地区的100多所高等学校建立了校际交流协作关系，截止1989年，共聘请长期外国专家760多人，短期讲学教师2500多人次，接受了41个国家和地区的留学生570多名，并派出2800多人（次）出国留学、考察和讲学。

5. 教师队伍发展壮大。湖北省把师资队伍建设作为一项重要战略措施来抓。1983年以来，全省师范院校为中小学培养8万多名师资。10多万名中小学教师参加了各种形式的进修和培训。教师的政治地位、工作条件和生活待遇全面提高。近5年来，全省有7800多名教师的家属子女由农业户口转为非农业户口，有2.6万余名民办教师转为公办教师。有近万名教师加入中国共产党。"尊师重教"越来越成为社会的共同心愿和自觉行动。全省教师队伍不断壮大，素质明显提高。1989年与1949年相比，小学教师增长了11倍，中学教师增长61倍，中等专业学校教师增长51倍，高等学校教师增长43.5倍，分别达到29.3万人、15.56万人、1.28万人、2.45万人。中小学教师学历达标率上升较快，1988年，小学教师为67.2%，初中教师为28.1%，高中教师为39.2%，与1979年相比，分别提高27.2个百分点、24.1个百分点和14.2个百分点。中等专业学校、成人高等学校、普通高等学校获高级职称的教师分别由1979年的31人、53人、2265人，增加到1989年的2194人、872人、7283人。

撰稿人 张 杰 张维春 杜海鹰

(二)成立老解放区教育研究会

湖北老解放区教育研究会，于1989年2月27日在武昌成立。

早在大革命时期，董必武、陈潭秋等同志就创办了武汉中学，毛泽东同志主持了武昌农民运动讲习所，另有许多共产党员和革命者在湖北省各地兴办了平民学校；许多革命前辈在武汉及湖北各地教育界进行了革命活动，传播马列主义，培养了大批优秀革命人才和农民运动干部。在土地革命、抗日战争和解放战争时期，湖北有60个县、市建立了革命根据地。各根据地积极兴办教育，彭德怀、贺龙、徐向前、李先念等老一辈无产阶级革命家，先后创办了彭杨军事学校、洪湖军事学校、抗日军政大学第十分校、鄂豫边区洪山公学、建国公学、江汉公学等著名的干部学校，以及大批有影响的列宁小学、抗日小学。革命根据地的各级各类教育，坚持“教育为革命战争和根据地建设服务”的方针，从实际出发，发动和依靠群众，团结革命知识分子，发扬艰苦奋斗的创业精神，为革命战争的胜利和创建新中国培养和训练了各种人才，为改革旧教育、创建新教育积累了丰富的经验，在中国教育史上谱写了光辉的篇章。研究会的任务是总结研究湖北老区教育的成就和基本经验，在改革、开放，发展社会主义经济的条件下，继承和发扬老区教育的优良传统，全面贯彻执行党的教育方针，促进教育的全面深化改革，培养“四有”人才。

对老区教育的研究，中共湖北省委和政府有关部门一致很关心和支持。近几年来，一些曾在湖北老解放区从事教育工作的老同志和编纂研究湖北地方革命史以及教育史志的同志，收集整理了大量的湖北老区教育的历史文献和资料，1986、1988年先后编写了《鄂豫皖苏区教育史》(河南大学出版社出版)和《湖北老解放区教育史稿》(武汉大学出版社出版)，徐向前、李先念以创建革命根据地领导者的特殊感情，分别为这两本书题写了书名。参加研究会的除了有在湖北老区做过教育工作的老同志和现在从事湖北老区教育史志编纂和研究的教育工作者外，还有红安、阳新、洪湖、监利、随州、枣阳、天门、汉川、黄陂等9个老区县、市的代表。原省顾委会主任许道琦为研究会名誉会长，省人大常委会副主任黄正夏为会长。

研究会成立后，及时落实研究课题，积极开展收集资料和部分课题的研究工作。1989年11月在咸宁温泉举行了首届年会。会议以中共十三届四中全会和江泽民同志在国庆40周年庆祝大会上讲话的精神为指导，交流了老区教育情况的调查报告和研究论文共15篇，黄正夏作了“弘扬老区教育优良传统，坚持教育的社会主义方向”的报告。

撰稿人 何辅良

(三)建立董必武教育奖励基金会

为了推动全社会关心和支持教育，促进全省教育事业的发展，1988年9月2日，中共湖北省委常委会议决定：建立湖北省董必武教育奖励基金会。1989年3月30日省委常委会讨论教育工作时，再次强调“要认真做好建立省董必武教育奖励基金会的工作”。遵照省委的指示，经过广泛征求各界人士的意见，于同年4月13日，湖北省董必武教育奖励基金会(以下简称教育基金会)正式成立。全国政协主席李先念为教育基金会题写了会名。

教育基金会是省级社会性团体。主要任务是：募集教育奖励基金，对各级各类学校优秀教师、优秀教育工作者、教育先进单位和尊师重教、支教先进单位与个人等进行奖励。其宗旨是：提高人民教师的社会地位，推动全社会关心和支持教育，以促进本省教育事业的发展，为实现湖北在中部崛起的战略目标服务。

省委书记关广富、省长郭振乾、中顾委委员韩宁夫、省顾问委员会主任陈明、省人大常委会主任黄知真、省政协主席沈因洛、原省顾问委员会主任许道琦、省顾问委员会副主任李尔重等担任了教育基金会名誉理事长。副省长韩南鹏出任基金会理事长。

1989年省七届人大二次会议通过的省政府工作报告中，进一步提出要做好教育基金会的工作，要求在年内募集基金2千万元。教育基金会成立以来，在社会各界的大力支持下，工作取得了一定进展。已有海内外250多个单位和1万多人认捐，款额共达480余万元。

撰稿人　黄木生　孟庆金

（四）以财政投入为主，多渠道筹集教育经费

几年来，湖北省贯彻执行《中共中央关于教育体制改革的决定》，根据“分级办学，分级管理”的体制，各级政府采取措施，开辟多种渠道筹措教育经费，打破了过去只靠国家拿钱办教育的格局，调动了社会各方面办学的积极性。

1.政府所拨教育经费逐年增加。1984年省委、省政府《关于加强普通教育的决定》中要求，省、市（县）都要增加对教育的投资，教育经费的增长速度要高于财政支出增长的速度，从1984年起，若干年内，各级教育经费应在上年决算数的基础上平均每年递增8%以上。1985年至1989年，预算内教育事业费逐年增长，每年平均增长率为15.5%，高于同期财政收入增长12.4%的幅度。

2.基建投资有所增加。1983年以前，省拨中小学基本建设投资每年仅615万元，1983年全省普通教育工作会议后，增加到1015万元。经过近几年来各地从地方财力、城市维护建设费、农业税附加中拨出一些经费用于学校建设，到1989年全省安排中小学基建指标1.2亿元，有些地方还另有增加。

3.在城乡开征教育费附加。1986年省政府印发《关于在农村征收教育费附加试行办法》的通知，按国务院规定于同年在全省城市开征教育费附加。1988年开始，又将农村教育费附加计征率由不低于上年人平均收入的1%提高到1.5%。全省城乡征收教育费附加金额逐年上升，3年累计征收5.12亿元。

4.开展群众性集资，改善办学条件。1984年，本省印发了《关于筹集资金改善中小学办学条件的试行办法》，随后，又在实际工作中不断修改、完善。1986年省政府发文明确指出校舍修建以地方为主，国家予以补助。农村征收教育费附加后，校舍的大型维修或兴建，仍可实行一次性集资。近几年每年群众集资办学金额都在1亿元以上，1982年以来累计已达10.7亿元。

5.大力开展勤工俭学。1982年全国勤工俭学工作会议后，本省对中小学勤工俭学在资金周转、物资供应、税收等方面采取了一系列优惠政策，促进了勤工俭学活动的广泛开展。到1989年底，全省开展勤工俭学的学校占中小学总校数的93%，当年总产值7.1亿元，纯收入1.32亿元，学生人均纯收入14.73元。1982年以来，全省勤工俭学累计收入4.57亿元，其中2.6亿元用于补充教育经费，相当于同期国拨普通教育事业经费的6%。

撰稿人　胡喻山

（五）武汉市实现1989年教育发展目标

武汉市政府1989年提出了全市经济建设和社会发展6项奋斗目标，发展教育为其中之一。经过一年的努力，截止1989年底，教育发展达到预定目标。

1.各类教育事业继续发展。

城区幼儿入园率达到90%，郊县学前班入班率达到65%。

小学学龄儿童入学率达99.5%，巩固率达98.9%，小学毕业及格率城区达98.2%，农村达97.5%。

初中入学率城区达99.2%，郊区达91.0%，郊县达88%；初中毕业及格率城区达86%，郊区达80.8%，郊县达77.3%，均高于目标要求。

高中阶段招生数达到3.66万人，为目标的107%，其中普通高中招生1.76万人，未突破年初确定的招生控制数；中等职业教育招生1.84万人，完成目标的113.6%。

目标要求市属普通高等学校招生控制在2400人以内，实际招生1959人。

乡村适用技术培训人数达到15万人次，职工全员培训人数达到40万人次，均达到目标要求。

2.中小学生体育达标率提高。

中学生体育达标率城区为80%，农村为65%。

小学生体育达标率城区为80%，农村为65%，均达到目标要求。

3.教师学历水平上升。

培训教师1.55万人，为目标的103.3%。

小学教师学历达标率城区为91.03%，郊区为84.1%，郊县为79.4%，分别达到目标。

中学教师学历达标率城区为77.2%，郊区为53.5%，郊县为49.3%，均高于目标要求。

4.勤工俭学覆盖面和校舍改建面积扩大。

中小学勤工俭学覆盖面达到83%，高于目标的要求。

按目标要求已改造一、二级校舍危房5万平方米，改扩建39所中小学校，面积达17450平方米。

但是，继续发展教育事业的任务仍然十分艰巨。1989年11月，武汉市政府政策研究室为了解市民对政府工作的意见和要求，曾以等距抽样的方式，向市民散发1500份调查问卷。据调查结果分析，要求重视教育工作已从市民关心的衣、食、住、行方面上升到最为突出的位置。有62.54%的人希望提高中小学教学质量，59.1%的人要求制止学校乱收费，39.17%的人提出应重视中小学的德育教育。调查报告集中市民意见，建议市政府在1990年内集中办好12件实事，其中，加强中小学教育位在前列。

撰稿人　胡　坚

二、基础教育

（一）推进九年义务教育的新进展

1989年全省经过调查研究，自下而上地修订了实施九年义务教育的规划。3月6日，省教委印发了《湖北省实施九年义务教育近期工作的意见》，要求全省普及初等教育验收工作于1990年底以前基本完成；8个省辖市城区1990年实现小学阶段义务教育，到1992年实现初中义务教育的区、镇达到80%左右；平原和条件较好的山区县、市从1989年开始，每县安排一个乡、镇作为实现小学阶段义务教育的试点，到1992年实现小学义务教育的乡、镇达到40—50%；从1990年开始，以乡、镇为单位开展实施初中义务教育的试点，到1992年实现初中义务教育的乡、镇达到15—20%；教育、经济基础较差的县、市，到1992年实现小学义务教育的乡、镇达到20%，实现初中义务教育的乡、镇达到10%左右。

为了促进各地在普及初等教育的基础上进一步提高小学阶段义务教育水平，省教委提出了现阶段小学义务教育的基本条件和要求，并决定从1989年起，以乡、镇为单位，分期分批进行小学阶段义务教育评估。10月，省教委又制定了《湖北省乡镇实施小学义务教育评估指标〈试行〉》。《评估指标》对依法治教、办学条件、教育经费、教师队伍、普及程度等五个方面分别提出了具体要求。11月，省教委组织近百名干部，按照《评估指标》对分布在全省13个地、市经济、教育基础较好的39个乡镇进行了小学阶段义务教育实施情况的评估。评估结果表明，本省义务教育，一是广泛深入地宣传、执行了《义务教育法》，把实施小学阶段义务教育的工作纳入了依法治教的轨道，政府、社会、学校、家庭等各方面都较好地履行了应尽的义务。二是小学办学条件得到较大改善，普遍实现了"一无两有"，并逐步建成一批校舍、设备规范化的学校。三是教师待遇明显提高，民办教师报酬合理，按时兑现；部分学校民办教师评职后，职称与工资挂了钩。四是师资队伍的政治、文化、业务素质有了较大提高，普及指标基本合格。

截止1989年底，全省98个县级行政单位中，已有86个基本普及初等教育，约占88%。

撰稿人　雷方圣

(二)开展中学青春期教育试点

湖北省从1981年起就在中学开展青春期教育。先在武汉市第十八中学部分班级试点，然后逐步推到全校。其他地、市也有少数学校结合人口教育，开展了青春期教育的试验。根据国家教委"严肃认真、积极稳妥、经过试点、逐步推开"的工作方针，到1989年，全省开展青春期教育的试点中学已发展到28所。

为了切实搞好全省的试点工作，1989年1月省教委举办了全省首期中学青春期教育短训班。参加学习的有地、市、班及厂矿企业的教育行政干部，试点学校的领导和教师。5月6日省教委印发了《全省首期中学青春期教育短训班纪要》，要求试点学校把青春期教育纳入学校德育工作的轨道，并作为一门选修课纳入教学计划，列入课表，采取灵活多样的形式，搞好这一教育。

撰稿人　雷方圣

(三)积极发展特殊教育

中共十一届三中全会以来，到1989年底，湖北省的特殊教育有了很大的发展。全省现有特殊教育学校13所，在校盲、聋哑、弱智儿童共1580人，有教职工503人，其中专任教师343人。学生数比1978年增长52.7%，教职工数比1978年增长132.8%。

大部分特教学校的办学条件都有不同程度的改善。武汉市投资200多万元，为3所特教学校建了教学楼、教师住房和学生宿舍；宜昌市、沙市市、襄樊市也都为特教学校建了教学楼；大悟县聋哑学校由偏远的乡村搬进县城的新校舍。

师资队伍有所加强。1989年3月，省教委开始举办了为期3个月的聋哑学校师资培训班两期，培训了40名学员。全省多次举办特教师资短期培训班，先后培训100多人(次)，并通过考试选拔了30多名学生到南京特殊师范学校学习。襄樊市特殊教育师范学校经过筹办已于秋季招生，首批招生60人。

7月1日，省政府办公厅转发了省教委等8个单位《关于发展我省特殊教育的意见》，要求各地要把残疾少年儿童教育切实纳入九年制义务教育的轨道，同当地普及义务教育工作统一规划，统一领导，统一部署，统一检查。到1995年，大中城市盲、聋哑儿童及弱智儿童的入学率要达到80%以上；《意见》还对特殊教育的领导管理、办学形式、经费筹措、师资队伍建设等提出具体要求和办法。

12月25日至27日，经省政府同意，省教委、民政厅、残疾人联合会联合召开了建国以来全省第一次特殊教育工作会议。参加会议的有各地、市、州教委、民政局、残疾人联合会的负责人及盲、聋哑学校、特殊教育师范学校的校长共120人，省计委、财政厅、人事厅、劳动厅也派人参加了会议。会议传达贯彻了全国特殊教育工作会议精神，交流了各地发展特殊教育、办好特殊教育学校的经验，研究了全省特殊教育的现状和问题，制订了《关于发展我省特殊教育事业的若干意见》。

撰稿人　苏以权　雷方圣

（四）提高农村中小学实验室建设的质量

湖北农村中小学实验室建设分为打基础阶段和全面普及阶段。打基础阶段从1983年到1987年，全省72个县市完成农村初中实验中心建设任务、建成1142个实验中心。

在全面普及阶段，从1987开始，首先在平原、丘陵、山区和城市四种类型地区各选一个县市试点。1988年是全省普及中小学实验室建设的第一年，有33个县市完成实验室建设任务，共有1499所中学建了实验室，10760所小学建了自然课程实验室，平均普及率达到80.96%。

1989年是全省农村中小学实验室建设巩固和提高并进一步普及的阶段，主要的工作是：（1）各级党委和政府及教育行政部门贯彻分级办学、分工管理的原则，进一步采取领导分片包干，督促检查，层层签订责任书等措施。（2）多种渠道筹措资金，加快普及中小学实验室的步伐。据不完全统计，一年来各地采取地方财政补一点，教育经费挤一点，教育费附加划一点，勤工俭学收入凑一点，社会集资一点等多种渠道，共筹措资金9495万元，到年底，又有32个县市普及了中小学实验室。这些县市的11911所中小学配备了总价值为2447万元的仪器，建起了物理、化学、生物和自然实验室或仪器室，普及率达89.17%。实验室达到二类标准的中学有710所，小学有3903所，达标率分别为48.6%和32.01%。

撰稿人　雷方圣

三、职业技术教育

（一）拓宽职教办学门路

湖北省城市职业教育在坚持教育部门和业务部门联合办学的基础上，开始推行产教结合，企校合一的办学体制。据8市79所职业中学统计，其中企业部门办的49所，占62%；附设职业高中班77处，其中企业部门办47处，占61%。1989年，8市职业高中招生17209人，其中企业部门学校9422人，占55%；在校生5.6万人，其中企业部门学校3万人，占54%。教育部门一家办职教的状况有了根本改变，企业部门办职教的比例明显上升。这一趋势表明，城市职业教育服务于当地经济建设的功能正在加强。

经过专业、科类调整，农村职业教育更趋于接近农业经济的实际需要。农类专业已成为农村职业中学的主体专业，部分职业学校办起了为农村千家万户服务的“家庭经营”专业。不少农村职业中学结合本地实际，开展“五个一”活动，即办好一个骨干专业，培养一批实用人才，抓好一个拳头产品，推广一批实用技术，致富一片乡镇村户，收到了明显的效益。房县林业特产高中把教学、技术服务、经营结合起来，获得6项研究成果，建立23个技术联系点，1300多个科技扶贫联系户，3年内培训和技术咨询服务达2万余人次，大面积推广食用菌培养技术，促进了全县香菇生产的发展。

撰稿人　林春赞　杨永才

（二）第二汽车制造厂适应企业发展需要办好职业高中

第二汽车制造厂（以下简称二汽）建厂20年来，一直坚持把发展教育事业放在企业建设的战略地位。目前已建成从幼儿教育到研究生培养，以至老年人大学一套完整的教育体系。尤为可喜的是已实现了普及三年幼儿学前教育和九年义务教育。初中毕业生升学率达87％，高中毕业生升学率稳定在70％左右，远远超过了一般大中城市的水平，从根本上消除了职工子女上学难的现象。在此基础上，为了适应企业发展的需要，及时调整了高中的教育结构，大力发展职业高中。目前已有职业高中6所和2个办学点，在校学生2060人。高中阶段的职业教育（包括职业高中、中专、技校）与普通教育在校学生人数之比已达到7:3。

二汽的职业教育，坚持为企业生产实际服务的方针，统筹人才预测和专业设置，长短结合，灵活办学。对需求量大、稳定性强的专业，在师资、设备、教材等方面进行重点投入和建设。对需求量小但是短线的专业，则与用人部门联合办学。

职业高中实行招生与分配同步考虑，即招生时在厂领导主持下，由厂劳资部门提供各类人员需求情况，教育部门提供办学条件和招生能力，共同议定招生人数及培养方向；毕业分配时，按议定的人数统一择优录用。

二汽职业高中努力提高教学质量。统一制订了教学计划和大纲，统一进行学籍管理，各门课程结业时进行统考。并注重学员的生产实习环节，6所职业高中都建有实习场地，其中3所学校有较完善的实习工厂。在课程设置上，文化知识、专业理论、专业技能按3:3:4的比例安排。为了提高教学质量，还由厂成立了各类学科的中心教研组，开展教学研究和有关科研活动。

12年来，职业高中（包括教学点）已输送18个专业的毕业生2618人，他们在生产岗位上体现出较高的技术素质和职业道德水准，被誉为“主干线上的干将”。

（根据二汽有关材料整理）

四、普通高等教育

（一）武汉地区高校从严治校，出现新气象

1989年下学期开学之初，武汉地区高等学校认真贯彻中共十三届四中全会精神，采取一系列措施，狠抓从严治校，确保开学后有一个良好的学习环境和正常的教学秩序。

1. 认真做好学生的政治培训工作。开学前，各校都举办了专职政工干部、班主任、骨干教师、学生党员、学生干部培训班，武装骨干的思想，为开学后全体学生集中进行政治教育打下了基础。开学后，各校集中一周左右时间组织全体学生进行政治培训，并按1:10的比例配备政工干部，班主任深入到学生中辅导学习。一些学校还采取“走出去”或“请进来”的办法，配合搞好这次政治培训。同济医科大学组织学校共青团干部赴红安对他们进行为期3天的革命传统教育；湖北中医学院请武汉钢铁公司的同志来校作报告，有针对性地解决同学们对形势的认识问题。华中师范大学还组织学生观看录相，当学生在录相中看到有人在人民英雄纪念碑前挥舞美国的星条旗时，许多同学感到气愤，从而进一步看清了动乱策划者的真面目。武汉测绘科技大学在政治学习中充分发挥学生骨干的带头作用，让一些骨干深入学生中广泛收集反映，开展调查研究，使学校能及时掌握学生的情况。各校普遍反映，这次集中政治培训声势大，政治气氛强，绝大多数学生在学习中严肃认真，组织纪律性强，发言踊跃，讨论热烈，这是近年来所没有的好现象。

2.精心安排组织教学。各校开学后从本校实际出发，修订、调整教学计划，认真组织补课、补考工作，弥补因动乱造成的学生在学业上的损失，一些学校还根据新的情况，重新安排教学计划和教学内容，各校在马列主义理论课教学中，都增加了学习党的十三届四中全会精神的内容；德育课对一些针对性不强的内容作了删减，增加了批判资产阶级自由化的内容；同时开展爱国主义、国情、艰苦奋斗、遵纪守法等方面的专题教育。

3.加强管理，从严治教，转变学风校风。开学后，各校努力克服动乱期间无政府主义的影响，狠抓整顿、恢复正常秩序的工作。许多学校向学生重申校规校纪，从严管理。武汉水运工程学院、武汉大学、同济医科大学、中国地质大学、武汉工业大学、中南财经大学等校对违反校规校纪的学生，严格按照有关规定进行了处理。武汉大学、华中师范大学等校加强对学生社团活动的指导和管理，对未经批准成立的非法社团、“沙龙”，一律取缔。武汉大学还明确宣布大学生不许经商，并对校园内的咖啡馆、小卖部进行清理整顿，学生经办的一律停止营业。华中理工大学从1989年的新生开始，入校进行6周的军训后，仍保持军事建制一年，按军事化管理，从一年级起就培养学生良好的思想作风和生活作风，全面提高大学生的素质。

4.切实加强教师管理。近年来，教师外出承接教学、科研、咨询业务的越来越多，无统一管理，影响学校统一安排教学、科研任务。为了加强教师的管理，关心教师的身体健康，合理安排教师的培养和使用，中南财经大学制订了《关于加强教师管理的几项暂行规定》，规定教师必须在完成学校规定的教学、科研任务的前提下，先校内后校外，经学校有关领导批准方能承接校外任务，教师在校外承接的业务量不得超过本人教学工作量的1/2。违反以上规定的教师给予扣发奖金、课时津贴的处分或其它校纪处分。

5.学生中兴起学习马列主义理论新风。各校在正确引导学生联系实际认真反思，加强和改进政治理论课教学的同时，学生中自发学习马列主义理论的新风在一些学校兴起。曾一度受到冷落的《马克思恩格斯选集》、《列宁选集》、《毛泽东选集》、《邓小平文选》等经典著作，现在开始受到学生们的青睐。马列主义毛泽东思想学习小组、党章学习小组在一些学校相继出现。华中农业大学参加学习小组的学生达700多人。为正确引导学生有针对性地学习马列主义理论，各校的政治理论课教师、图书馆，根据学生的思想实际，向学生推荐、提供了科学社会主义、马克思主义哲学、政治经济学等马列原著，如《共产党宣言》、《资本论》、《社会主义从空想到科学的发展》、《矛盾论》、《实践论》、《建设有中国特色的社会主义》等。对学生在学习中提出的疑难问题，一些学校还组织有关教师进行专题辅导和答疑，组织学习心得体会交流和问题讨论会。一些学生深有体会地说：发生在今年春夏之交的政治风波平息之后，冷静地反思，深感这几年由于受资产阶级自由化思潮的影响，对马列主义理论缺乏兴趣，政治思想素质低，导致在动乱中盲从轻信，是非不清，干出了一些亲痛仇快的蠢事。有的学生说：中国革命的历史和国情决定了必须以马列主义、毛泽东思想作为指导我们思想的理论基础。身为社会主义的大学生，不努力学习马列主义、毛泽东思想，着力于政治思想素质的培养，将来就无法接好社会主义事业的班。

撰稿人　何辅良

(二)普通高等学校招生工作的新进展

1989年，在湖北招生的有普通高等学校和电视大学、函授大学(含普通高等学校附设函授部）348 所，共录取新生 35014 人。其中普通高等学校录取指令性计划内新生 24347 人（含定向招生 1452 人），委托培养新生3121 人，自费生 1004 人，自费走读生 871 人，广播电视大学和普通高等学校函授部招收普通高中毕业生5671人。普通高等学校录取国家指令性计划内新生比原计划增加 713 人。

在湖北省的 29 所高等学校和 16 个科学研究单位，共录取研究生 2021 人。

1989年湖北省普通高校招生工作，在原有的基础上有了新的进展。

1. 对高中应届毕业生不实行高考预选。高考前，在普通高中应届毕业生中进行预选考试的办法已实行了 9 年，这对减轻高考管理的压力，严肃考风考纪，公正选拔人才，曾起到积极作用。随着招生条件的变化和招生制度的改革，预选考试增加一次考试工作量，影响中学教学秩序的正常进行，加重了学生负担；预选指标分配难以做到十分合理。鉴于以上原因，本省决定1989年高中应届毕业生不实行预选。对往届生和社会青年由各地、市采取一定措施加以控制，对农村职业中学的应届高中毕业生只限报考对口的几所高等学校的相应专业。由于采取以上措施，全省1989 年参加高考人数为 12.3 万人，在能够承受的范围内，稳定了中学教学秩序，减轻了学生负担，基本杜绝了社会上为谋求高考指标而出现的某些不良风气。

2. 实行化学、政治两科目分卷考试，采用计算机统一编排准考证号次的办法。本省在继英语全科实行标准化考试的基础上，增加了化学、政治两科的分卷考试，对客观题答卷使用机器阅卷。省招生办公室选购 22 台 CD—1 型光电阅读器，培训了技术操作人员和考务干部，加强机器阅卷的组织工作，使阅卷工作顺利完成。这种分卷考试是向标准化考试的过渡，对推进考试科学化有较大作用。1989年本省第一次采用计算机编排考生的准考证号次，其编排原则是：任一考生的前后左右相邻的考生不是同一学校的，至少不是同班的。从而加强了考务管理，防止考场发生舞弊现象。

3. 实行公布分数线后考生填报志愿。从1984年起，本省实行在高考后、公布分数线以及发放考生成绩单前由考生填报志愿。根据招生工作的新情况，1989年改为公布分数线、考生得到高考成绩通知单后填报升学志愿。这样安排填报时间，优于过去的“估分填志愿”的办法，适应近年来对毕业生实行不包分配、双向选择的分配体制改革，使考生根据自己的高考成绩选报志愿，比较切合实际。

4. 对农、林、水等10类艰苦专业实行适当降分照顾录取的政策，对归侨、侨眷子女的政策得到落实。为了鼓励广大考生立志于国家急需的艰苦专业，缓解考生志愿向财经、外贸等专业严重倾斜的矛盾，根根国家教委有关招生规定，本省对第一志愿填报农业、林业、水利、地质、矿业、石油、师范、军事与公安等院校以及海洋运输类专业的考生，按本科、专科分别降分（理科降 5 分，文科降 3 分）调档录取。实行这一政策，使填报上述专业的考生大为增多，往年填报农业、石油、林业等院校专业志愿的考生严重不足，1989 年按照顾线仅专科就录取理科考生344人，录取文科考生 20 人。对归侨、侨眷、高级知识分子的子女、优秀学生干部、三好学生、体育优胜者、烈士子女、定向生等均按有关政策照顾录取，还录取了 26 名残疾生。

5. 继续试行招生指标分到部分市、县的改革。1988 年开始对沙市、潜江、红安、南漳 4 县、市按 1987 年该县、市的升学人数为基数，分配招生指标。1989 年根据招生计划数减少的比例相应进行了调整，不按科类只分总数，给 4 个县、市共计下达指标712名，录取 693 名，比指标少 19 名。

6. 加强录取工作的管理。（1）实行“两公开一监督”制度，将招生政策、措施公开，接受群众监督。严格按录取原则办事，根据考生填报志愿顺序，从高分到低分择优录取。(2)职责分明，批次明确。录取工作中各项政策的落实，由各个环节具体把关，各组各人按分管职责办理，严密手续，签名负责。(3)严格把好高分考生落选关。第一批院校录取时规定高分的线段和退档截止时间，严格控制，及时调配。使理科高分生(570分以上)录取率为96.37%，文科高分生(515分以上)录取率为82.51%。

撰稿人　何辅良

(三)聘请外国专家和招收来华留学生工作取得较好成绩

1989年，湖北普通高等学校克服动乱和暴乱带来的困难，积极主动地进行工作，在对外联系，聘请外国专家和招收来华留学生工作方面取得了较好成绩。

在我国发生动乱期间，一些外籍教师和来华留学生受到形势的影响离开了湖北。反革命暴乱平息之后，部分外国专家和来华留学生受其政府、组织和亲友的催促，不少人仍要求提前离华。在交通紧张、时间紧迫的情况下，按照有关规定，比较妥善地安排了108名外国文教专家和少数来华留学生的离华工作，专家和留学生对我方的态度和提供的方便均表示满意。

为了尽快挽回因动乱和反革命暴乱给学校教学带来的损失，湖北省委、省政府要求各校积极主动进行工作，抓紧对外联系，力争在最短时间内争取外籍教师和外国来华留学生返校，恢复正常的教学秩序。经过宣传和劝说，少数专家短暂离华后又返回湖北继续工作，有的坚持工作到合同期满后才离华，有的还延长了在华的聘期。

在形势逐步好转的条件下，1989年秋季全省28所高校还新聘请了92名长期外国文教专家和一般外籍教师，基本上保证了各校教学和科研的需要。1989年下半年，省教育国际交流协会与英国海外语言服务社建立了联系，将在1990年为省属院校聘请10—12名外籍教师。

1989年底在鄂留学生人数与1988年同期相比，还有所增加。武汉大学、华中理工大学、同济医科大学、湖北医学院和武汉水运工程学院等9所院校共接受来华留学生220人，比1988年底增加52人。留学生来源由原来的44个国家和地区，扩大到54个国家和地区。本省各高校还邀请了19个国家的331名短期专家及学生来鄂讲学和参加科研协作。

撰稿人　孙望安

(四)武汉工学院继续实行“双向参与”

武汉工学院于1988年在探索教育体制改革的途径中，实行“双向参与”。一年来，初步形成了学校与社会相互结合、密切合作的有效机制，增强了办学合力。

所谓“双向参与”，就是学校参与社会实践，了解社会，适应社会需要，为社会服务；社会参与学校，了解学校，支持学校办学，以形成学校与社会固定联系和密切合作的有效机制。武汉工学院实行“双向参与”的做法和采取的主要措施是：

1.成立武汉工学院董事会。在中国汽车工业联合会领导下，于1988年11月，在武汉工学院成立了有一汽、二汽、南汽、重型汽车集团等汽车(含摩托车)行业的33家企事业单位参加的武汉工学院董事会。它的任务是：在实现教育改革总目标的过程中，指导武汉工学院逐步建立与企业、院所的固定联系和密切合作的有效机制，增强学校为汽车工业服务的活力，以适应我国社会主义有计划的商品经济的发展和人才市场的竞争形势；对武汉工学院的办学方向、发展规模、专业设置、体制改革等重大问题提出建议或作出决策；董事单位以不同方式帮助学校解决改革和发展中遇到的问题和困难。

2．学校在校董会的指导下，面向社会，建立多种形式的科研、生产、教育联合体，参加企业集团，为社会发展和经济建设服务。武汉工学院先后与武汉市汽车工业公司、武汉柴油机厂、南京汽车制造厂等单位建立了教育、科研、生产联合体；与一汽、二汽签订了厂校全面合作的协议或意向书；参加了北京吉普车有限公司国产化共同体，第一拖拉机工程机械联营公司等8个企业集团、公司；自办或联办科、工、贸经济实体9个。其中的机械电子工业部高校科技成果展销中心，由武汉工学院抽调人员筹集资金创办，负责推广、展销机械电子工业部所属高校的科研成果。该中心通过二次开发"腋臭治疗仪"，1988年下半年就创产值22万元，1989年仍取得产值90万元，上交利税37万元的好成绩。与一汽、二汽、南汽的合作课题有20多项，1989年有2项通过鉴定。并先后完成了"武汉柴油机厂2000万马克引进项目的可行性论证"、"在武汉发展轿车工业的条件分析"、老河口市和长阳县的社会、科技、经济协调发展总体规划制订、海南汽车冲压件厂引进设备的技术改造等合作项目，从而加强了学校与企业、与科研单位的联系，既直接为经济建设作出了贡献，又加强了教学的实践环节，提高了办学水平。

3．聘请企业专家参与学校办学，学校主动为企业培养急需人才。学校现已聘请了中汽联、一汽、二汽等单位的5位知名高级工程师担任兼职教授。他们参加学校的教学、科研、指导研究生及教学质量评估等工作。学校根据企业需要，实行计划内定向招生和对口培养。经厂、校商定，联合开办了模具设计与制造专业，1989年已为一汽、二汽定向招生58人，还准备为武汉柴油机厂、佛山市、随州市培养外贸专业人才。

4．实行"一校两制"，扬长分流，充分调动教职工积极性。"一校两制"是优化学校内部运行机制的措施之一，是编制管理改革的一个尝试。就是从定编入手，把教职工分为教育事业编制和自筹编制两大系列，并把指标落实到各系(部)、科(室)。凡从事计划内教学、科研的人员属教育事业编制，从事科技开发、科技服务、计划外办学的人员为自筹编制。教育事业编制人员吃"皇粮"，自筹编制人员的工资和全校的奖金通过社会服务解决。实行"一校两制"，扬长分流，既解决了人浮于事的问题，又保证大多数人安心从事国家计划内的教学、科研工作，也落实了从事社会服务的自筹编制人员，从而保证了教学、科研和社会服务三者良性循环。该校还成立了校内银行，直接参与社会金融活动。校内银行集中全校资金，开展校内外资金调节，仅半年时间就发放贷款130多万元；还制定了较为合理的分配政策等，以调动各方面的积极性，保证教学、科研任务的圆满完成。

撰稿人　漆新莲

五、成人教育

(一)扫盲工作取得新的进展

近10年来，湖北省累计扫除文盲190万人，取得了很大成绩。但是，目前全省还有文盲985万多人，其中15—40周岁的青壮年文盲有255万人。由于全省还没有普及初等教育，新的文盲还在不断产生。近几年来，扫盲工作又出现了滑坡现象，因而本省扫除文盲工作的任务还很艰巨。

1989年，本省认真贯彻执行国务院发布的《扫除文盲工作条例》和省政府《关于进一步做好扫盲工作的通知》，全省共办扫盲班28540个，组织入学30多万人，经过考核验收，已有22万人脱盲，完成全年扫盲任务的

110.7%，取得了可喜的进展。

一年来的扫盲工作主要采取了以下措施：

1．把扫盲教育的责任交给各级政府，把任务交给各级教育部门，普遍推行了双轨双向责任制。大多数地方把扫盲教育工作列入干部任期目标责任制，并由政府和教育部门双向进行考核，从组织和人员上保证了扫盲工作的推进。

2．增强扫盲工作的整体效应。普遍推行了各部门配合协同的工作制度，教育、农业、科技、妇联、共青团、民兵等部门和组织都发挥各自的优势，积极宣传发动参与扫盲工作。

3．普遍实行"一校两教"承包合同制。各地教育部门在具体落实扫盲任务时，要求各村小学承包所在村的扫盲教育和普及初等教育的双重任务。村小在摸清文盲数量的情况下，分解扫盲任务指标，具体落实扫盲教师与扫盲对象，并因时因地、因人制宜，形式多样地开展扫盲教育。

4．普遍实行"两学两验收"制度。在扫盲工作中，大办"两学"班，既学文化，又学实用技术。检验工作时也实行"两考核"，将"治愚"与"治穷"结合起来，调动了农民参加扫盲的积极性。

5．各级教育部门建立了部署与检查的工作制度。省教委在抓扫盲工作中，采取年初布置，分段实施，检查考核，及时通报的办法，不断给各级教育行政部门传送扫盲工作的信息，使扫盲工作真正落实到抓紧抓实的行动上，保证扫盲工作的进度和质量。

6．由教委及时总结各地经验，加以推广，不断提高扫盲工作水平。

7．多渠道筹集扫盲教育资金，为扫盲工作提供条件。扫盲经费主要由扫盲单位自筹解决；乡镇财政负责支付扫盲对象学习期间的费用补贴；县（市）教委掌握的农民教育经费，主要用于培训扫盲专职工作人员和教师，编写或购买教材、读物，开展有关研究、交流经验和奖励先进。

省教委成教处供稿

（二）成人高教10年改革的成绩

党的十一届三中全会以来，湖北省成人高等教育蓬勃发展，取得了很大成绩。主要表现在：

1．事业有很大发展，培养了大批实用技术人才。1989年全省成人高等学校在校学生13522人，比1979年增长近10倍。依靠社会力量举办助学性质的自修大学38所（不含武汉市批准的），有5万人参加学习。据统计，自1982年至1989年的8年间，成人高校共培养大专以上毕业生20万人，相当于同期普通高校毕业人数的92.5%。

2．近几年来，本省强调参加成人高校学习的学员必须"专业对口，学以致用"。很多学校特别是企业和部门办的学校，坚持面向企业、面向部门、面向基层办学，根据实际需要开设专业。并从1988年开始，在一些条件较好的学校试办"专业证书班"，培养经济和社会发展急需和适用的各种专业人才。

3．从实际出发，多形式、多规格、多渠道办学。成人高校的办学形式，按学校类型分，有广播电视大学、职工大学、管理干部学院、教育学院、卫星电视师范学院和函授、夜大学；按层次和规格分，有本科、专科、单科结业证、专业证书教育和大学后的继续教育；按管理体制分，有国家办、部门办、地方办、企业办、民主党派和社团办以及民办。近几年来，本省结合成人教育特点，还发展了函授、电大与自学考试互相沟通的试验和学分制试验，使办学形式更加灵活。

4．加强宏观调控，使各类成人高校协调发展。1982年至1986年，全省成人高校在校学生数以每年33%的速度递增，1986年达到高峰，在校学生达15.5万人。从1986年下半年起，全省贯彻调整、整顿、改革、提高的方针，对成人高教发展规模加以宏观控制。经过努力，各类成人高校规模比例逐步趋于合理。

5．办学条件不断改善，教育质量逐步提高。这些年来，各办学单位加强了成人高校的领导班子、师资队伍和教学基地的三大建设，使办学条件逐步改善。

省教委成教处供稿

六、师资培训

(一)首次举行中小学师资培训工作表彰会

1989年1月6日至9日，省教委在武昌举行中小学师资培训工作表彰大会。总结和交流了10年师训工作经验，表彰师训工作的先进单位，研究部署今后的师训工作。召开这样的大会，是本省教育史上第一次。会上，表彰了高师函授、卫星电视教育、专业合格考试等方面的先进单位共54个，印发了25篇经验材料，有16个先进单位在会上介绍了经验，展览了5个先进单位的师训工作成就。

会议总结的工作和介绍的经验，主要有五个方面：一是在培训工作面貌上，师范函授稳步发展，卫星电视教育蓬勃兴起，专业合格考试效果明显，各类短训生动活泼。二是在培训层次上，有本科、专科、中师和幼师，培训内容有专科和本科的专业合格证、教材教法合格证等。三是在培训的形式和方法上，基本形成以“业余为主，短训为主，自学为主”的格局。四是在培训的基地上，省、地(市、州)、县(市)和部分乡(镇)建立了固定的师资培训基地，各高等师范院校设立了师范函授部。五是在培训的效益上，10年来，共有7万名中小学教师经过系统培训获得了相应的学历，其中小学教师获中师学历4万余人，初中教师获专科学历2万余人，高中教师获本科学历近万人，占目前各学段学历教师的41%；有25万余名中小学教师获取教材教法合格证，有2.8万余名中小学教师获取专业合格证。全省教师的学历达标率已由1981年的高中30%、初中6%、小学52%，分别上升到1988的39.2%、28.1%、67.2%。现在还有8万余名教师正在各类院校接受学历培训，有10万余名教师正在接受专业合格培训。已经培训和在训人数加起来，占应培训人数的37%。教师的文化业务素质都有很大的提高，促进了中小学教育质量的提高。

会议明确今后几年全省师训工作的指导思想是：为本省教育事业的不断发展和深化改革、优化师资队伍、提高质量服务。逐步实现“四个转移”，即：从单纯的学历培训转移到多层次的学历培训、岗位培训和继续教育的轨道上来；从长线学科培训为主转移到按需培训上来；从脱产培训为主转移到业余培训为主上来；从“小师训”转移到“大师训”上来，逐步把幼教、特教、职教、成人教育师资培训工作有计划地开展起来。

为此，会后修改了《关于加强和改革全省中小学师资培训工作的意见》、《关于理顺多种形式师资培训考试成绩互相承认的试行办法》和《关于进一步发展和办好我省卫星电视师范教育的意见》等3个文件，以促进和保证师训工作的进一步发展。

撰稿人　谈云龙

(二)卫星电视师范教育稳步发展

贯彻中共中央关于教育体制改革的决定，开展卫星电视师范教育，是发展湖北省教育事业的重大措施之一。1986年建站以来，至1989年全省已建卫星电视师范教育转播台10座，地面接收站150座，教学放像点1300多个。全省现有8万多名中小学在职教师接受卫星电视师范教育，其中参加师专学习的有22000多人，中师学习的有58000多人。卫星电视师范教育已成为本省培训提高中小学在职教师的重要形式和措施之一。

全省发展卫星电视师范教育工作有以下几个特点：

1．多种渠道筹措经费。全省采取“四个一点”的办法，即地方财政拨一点，教育行政部门挤一点，学校自筹一点，向学员收一点。全省共筹措并已用于卫星电视师范教育的经费达2000多万元，其中，各级财政拨款580万元，教育行政部门和学校自筹1100多万元。

2．分级办学，分工管理。1989年春省教委《关于进一步发展和办好我省卫星电视师范教育的意见》，进一步明确了“分级办学，分工管理”的领导体制。对各级教委、电教馆以及有关师范院校、各县(市)、乡镇教育行政部门领导和管理有关卫星电视师范教育的职责相应地作了规定。

3．科学管理，有章可循。几年来，省教委制定并下发了《关于办好电视中师的试行意见》、《关于办好电视师范专科的试行意见》、《关于切实加强我省卫星电视师范教育教学管理工作的意见》、《卫星电视师范学员守则》、《卫星电视师范辅导教师条例》等一系列文件，使卫星电视师范教育工作有章可循，逐步做到科学管理。

4．开展教学研究，提高教育质量。全省共成立卫星电视中师、高师各专业(课程)中心教研室18个，中心教研室设在师资力量较强的院校。各中心教研室已召开20多次教研会议，培训各专业辅导教师1000多人，促进了教学质量的提高。

5．注重效益。为了充分发挥卫星电视教育的优势，省教委规定：在保证卫星电视师范教育正常培训的前提下，各地可以拓宽教材教法，专业合格考试，教育行政干部、职业技术、成人岗位职务培训等服务渠道；还可以主动为社会服务。近两年除了8万多名电视师范教育学员外，全省共培训中小学校长、行政干部1万余人次，培训中小学专业合格考试5万人次，培训农业科技人员上万人次。

6．总结经验，表彰先进。为了进一步发展和办好卫星电视师范教育，省教委在1989年1月召开的全省中小学师资培训工作表彰大会上，表彰了当阳、天门、武昌等17个卫星电视师范教育先进县、市，有6个单位在大会上介绍了经验，印发了17篇经验材料。

撰稿人　谈云龙

（三）建立幼儿教师培训中心

为了适应湖北省幼儿教育工作迅速发展的需要，1985年经原省教育厅批准建立了湖北省幼儿教师培训中心。该中心附设在湖北省武昌幼儿师范学校内，实行“两块牌子，一套班子”的管理体制。几年来，在省教委的领导下，幼儿教师培训中心作了大量工作：

1．举办了各种类型的培训班，毕业结业2698人，其中80%来自本省农村、厂矿、部队的幼儿园(所)，也培训了北京、上海、江苏、浙江、辽宁、吉林、山东、陕西、广东、江西、湖南、河南、西藏等14个省、市、自治区的幼儿教师。

2．举办单项或专题讲座等，进行“教材教法合格证书”、“专业合格证书”的培训，共培训幼儿师资18000余人。

3．重视教材的建设。组织编写了20门进修课程“自学指导”、“面授提纲”等辅导材料，编写了《琴法》、《音乐》、《美术》、《手工》、《舞蹈》等幼儿教材。

4．充分发挥联合国儿童基金会提供的先进设备的作用，制作了配套的大量软件。已制作教学片4个2480分钟，转录教学资料带102200分钟，编辑整理幼儿教学资料带2730分钟；为基层幼儿园录制教学录像带4080分钟，复制教学录音带1500盒。配合教学播放教学片、教学资料650场，960课时，有40000人次收看。该“中心”制作的教学录像片《一物多用开展幼儿体育活动》、《幼儿园一日生活的组织》均获国家教委电视教学片调演三等奖；自制的艺术教学片在全国中师艺术教学片比赛中，获二等奖一个、三等奖一个；自制的幼儿园教学片《认识企鹅》获全省中师毕业生优质电教课比赛二等奖。

5.向省内外幼儿园提供幼儿园师资培训资料20000多册，录制了一批教学录像带、录音带和幼儿故事录音带。

撰稿人　谈云龙

审稿人　罗成杰

湖南省教育

一、概况

1989年，湖南省教育工作在治理整顿和深化改革中，取得新进展。

基础教育稳步发展和提高。全省又有9个县普及了初等教育，使已普及的县、市达到115个，占县、市(区)总数的92%。全省现有小学49486所，招收新生120.21万人，在校学生为705.71万人，毕业学生112.07万人，全省每万人口中有小学生1193人，比1988年减少52人。小学学龄儿童入学率为98.26%(其中农村为98%)；毕业率为96.22%，巩固率为97.7%，比1988年提高0.74个百分点；小学生流失率为1.6%。

初中教育基本稳定原有规模。全省初中4375所，平均每1.3万人中有一所普通初中。初中招收新生76.113万人，占小学毕业生的67.91%。加上农村职业初中招生，占小学毕业生的比例达到68.15%。初中在校学生203.3万人；初中应届毕业生的毕业率为92.13%，比1988年下降0.7个百分点。

普通高中规模得到控制。全省高中876所，比1988年减少24所；高中招收新生153699人，初中升普通高中比率为27.7%，高中在校生为450674人，比1988年减少5.2%；高中毕业生为154438人，应届毕业生的毕业率为95.32%。

中等职业技术教育继续得到发展。全省中等专业学校140所，农业职业高中371所。中专、技工学校和农业职业中学共招收学生9.5万人，占当年高级中等学校招生总数的38.2%，比1988年减少1.55%。中等职业技术教育在校学生达到23.98万人，占高级中等教育在校学生总数的34.72%(含技工学校)，比1988年增长2.41%。

普通高等教育发展规模有所控制，教育质量有所提高。全省普通高等学校46所(含部属院校，不含军事院校)。招生26237人，比1988年减少8.2%。本、专科学生之比为1:1.67。全省普通高等学校在校学生88833人，比1988年增加1.8%，其中省属院校有在校生54845人，比1988年增加2.4%。全省每万人口中有普通高校在校学生15人。

全省成人高等学校48所，毕业学生19075人，招生32654人，在校学生106013人(含普通高校举办的函授、夜大学生)，每万人口中有成人高校学生18人。有成人中专257所，毕业学生24704人，招收新生27372人，比1988年减少30%，在校生96292人，比1988年减少1.9%。另有成人技术培训学校2372所，参加技术培训学习的41.1万人。成人中学501所，参加学习的6.7万人，成人初等学校18054所，参加农民技术班、小学班学习的99万人，参加扫盲班学习的23.6万人，较1988年有较大增加。

撰稿人　戴次一
审稿人　沙省之　周衍桐

二、基础教育

(一)初步开展教育督导

省教委于1988年9月设立督导室，至1989年底，已配备督学6名，其中主任督学1名，副主任督学2名，正处级督学2名，副处级督学1名，工作人员2名。1989年10月，省教委、人事厅联合发出《关于在全省建立教育督导制度的意见》，要求县市以上人民政府在其教育行政部门内设立督导机构。1989年底，已有2个地区和10个县市建立了督导室。

省督导室成立后，即着手开展工作。1989年1月，报请省教委发布了《湖南省普通中学教育评价方案(试行)》，9月，又报请省教委发布了《湖南省县市教育督导评估方案(试行)》；10月，编写了《教育督导》一书，由湖南教育出版社出版；11月，举办了全省首届教育督导研讨班，有各地、州、市、县90余人参加，为在全省建立教育督导制度培训了骨干。1989年教育督导，主要开展了以下几项工作：

1. 督县市政府，推动农村教育整体改革。

县市教育督导评估方案，着眼农村教育改革和发展的宏观问题，从县市政府抓教育的角度提出要求。其指标体系由6个一级指标(教育地位、教育投入、师资建设、办学条件、管理与改革、教育发展水平)、18个二级指标、70个三级指标构成，评分细则按120分分配权重；按先进、较好、一般、较差四个等级评分。3月，召开专门会议进行论证。4月20日至5月6日，省教委组织有督学、干部、专家、教授共40人参加的督导团，先后在醴陵市和郴县进行试点。评估方法实行三个结合，即：点面结合，吃透情况；定量定性结合，逐项评分；静态考察与动态考察结合，对被评估县市的教育工作作出整体评价。评估结果在《湖南日报》公布。《中国教育报》、《人民日报》、《中国青年报》等也介绍了醴陵、郴县试点情况。

教育督导坚持激励原则，注重总结先进经验。试点后，省教委对高度重视教育、成绩显著的郴县进行了表彰；将郴县定为全省农村教育先进县，发给奖金5万元，奖励该县对教育有较大贡献的党政干部；1990年3月又奖给郴县50万元，支持该县发展教育事业。

1989年9月省教委发出通知，从1990年起将在全省范围内分批开展县市教育督导评估。程序是：县市自评，地州市教委初评，省教委组织终评。通过督导评估，凡指导思想明确，坚持社会主义办学方向，工作扎实，成绩显著，达到省颁方案先进等级的，定为全省农村教育先进县市并给予适当奖励。各地州市教委经过初评推荐参加全省首批终评的计22个县市。

2. 督重点中学，促进普通中学规范化建设。

1988年秋，省教委督导室、普教处着手研究制订普通中学教育评价方案，12月在长沙市雅礼中学、湘乡市一中进行试点，然后进行修订报省教委颁发试行。该方案的指标体系分为办学条件和学校工作两部分，权重各为100分，适用于各级教育部门、企事业单位、社会团体以及私人举办的全日制普通初级中学、高级中学、完全中学。评价的程序是：学校自评，地、州、市教委检查评价，省教委抽查。省教委于1989年1月发出通知，要求各地州市教委，在学校自评的基础上，分期分批地对本地区的普通中学进行检查评估。经省教委抽查，凡办学思想端正，办学实绩突出的，给予适当奖励经费，属于非重点中学的可定为省重点中学；省重点中学凡违背教育方针和教育规律，管理紊乱，未能办出应有成绩的，要限期改进，到期仍无起色的，取消其重点中学称号。1989年，各地州市教委已对55所省重点中学和近20所非重点中学进行了评估。省教委将于1990年下半年组织抽查。

3. 开展“五查”，推动基础教育中“热点”问题的解决。

1989年6月，省教委转发了国家教委《关于对中小学教育工作开展五项督导、检查的通知》，要求各行署和州、市、县(市)人民政府就加强中小学德育、落实教育经费增长政策和教师经济待遇、改造学校危房、制止中小学生流失、纠正乱收费现象五项工作进行督导、检查(以下简称“五查”)，并对各地自查和上级抽查等项工作进行了部署。“五查”的目的是为了解决基础教育方面社会各界普遍关注的一些问题，推动中小学教育改革的深入和教育事业的发展。“五查”工作以各级自查为主，上级进行抽查。要求边查边改，推动工作。在各地自查的基础上，省教委受省政府委托，牵头组织有督学人员和省计委、劳动厅、人事厅、工商局、政协文教卫体委员会、教育工会等部门的同志共30余人，分成五组，于9月15日至29日，对10个地州市、15个县市、122个乡镇、313所学校进行了检查。10月20日至11月2日，国家教委受国务院委托，派出以副主任王明达为领队的“五查”组一行7人，赴湘考察了7个地市、7个县市、16个乡镇、60多所学校。检查结束时，同副省长王向天及省政府、人大、政协的有关部门负责同志交换了意见。“五查”工作取得了明显效果。既肯定了各地教育工作的成绩，也指出了一些需要继续解决的问题。其主要情况是：中小学德育工作逐步加强，但仍需多方努力，从根本上扭转德育工作薄弱的局面；教育经费近几年来基本实现了“两个增长”，1985年省委、省政府提出的增加教育经费的“五个口子”，多数地县做到部分落实，但全面落实的很少；教师经济待遇，多数地方基本落实，但在有些地方、有些方面，问题仍然突出；中小学危房改造是建国以来成绩最好的一年，全省1989年共筹集改造危房资金6.2亿元，改造、扩建和新建校舍329万平方米，其中当年竣工244.5万平方米，使危房比例由5.94%下降到1.9%，取得了突破性进展，但仍然存在工作发展不平衡、个别地方领导重视不够、抓得不力等问题；学生流失和乱收费现象基本得到控制，但学生流失特别是初中学生流失问题仍然严重，收费秩序还需进一步治理、整顿。年底“五查”结束，省政府办公厅向国家教委报送了“五查”总结，同时将“五查”情况刊载在《经济通报》1990年第3期上，供地、县各级和省直各部门领导参阅。省教委督导室将“五查”情况分项进行了综述，于1990年在省教委主办的《教育导报》上分五期连载，发至地县各级教育行政部门，以交流情况，促进工作。1990年将开展“五查”的复查工作。

撰稿人　邓武魁　王展经
审稿人　沙省之　周衍桐

(二)中小学危房改造取得重大成果

截止1988年9月底，湖南省中小学仍有危房274万平方米，其中严重危房105万平方米。为了切实做到“校校无危房”，各地广泛发动群众，掀起了改造危房的热潮。至1989年底止，全省一年内共筹集改造危房的资金6.2亿元，改建和新建校舍329万平方米(当年已竣工244.5万平方米)，比湖南历史上改造危房和新建校舍最多的1985年还多137万平方米；并对127万平方米一般危房也进行了维修和加固，危房比例由1988年的5.94%下降到了1.9%。筹资总额在5000万元以上的有长沙、衡阳、邵阳、岳阳、益阳5个地、市；总额在500万元以上的有长沙县、宁乡、浏阳、涟源、沅江、望城等39个县、市。

1989年，湖南中小学危房改造工作取得突破性进展的主要原因是：

1.各级党政领导空前重视。

省委、省政府在1989年2月召开的教育工作会议上，对危房改造工作作了专门的部署。4月20日又召开地、州、市、县负责人电话会，省委常委、副省长王向天在会上就中小学危房改造问题向各级党委、政府和有关部门提出了加强领导和全力支持的要求。6月8日和14日，省政府召集主管教育的专员、州长、市长和教委主任开会，再次研究危房改造问题，并由王向天代表省政府与各地、州、市的负责人签订了限期改造中小学危房的责任书。8月2日，省人民政府召开常务会议，专门听取省教委的汇报，并当场作出五条政策规定：第一、对1983年全省包干下去的3500万元中小学维修费，要认真清理，严格专款专用，凡挪作他用的，要坚决纠正，由各地政府按原额拨给教育部门。第二、省委、省政府1985年在《贯彻〈中共中央关于教育体制改革的决定〉的意见》中，为增加教育经费作出的五条政策规定（简称“五个口子”），各级政府要逐一检查，认真落实。第三、1989年所收专控商品附加费，省级按100%，地、州、市、县按70%以上比例拨给教育部门用于中小学危房改造。第四、各地清理干部营建私房的违纪收入，凡属于财政收缴的部分，全部拨给教育部门用于危房改造。第五、为支持贫困地区和少数民族地区的中小学危房改造，省政府在1989年5月已增拨危房改造专款1000万元的基础上，再增拨专款100万元，以解决贫困地区的实际困难。8月17日至21日，省政府又在校舍建设搞得好的郴县召开专员、州长、市长会，要求各级党委和政府要象郴县县委、县政府那样，廉政兴教，不买小车不盖楼，舍得花钱办教育。9月15日至29日，省政府组织教育、计划、建筑、财政、物资等部门的干部，到10个地、市对危房改造进行检查。10月22日，省政府再次召开地、州、市、县负责人电话会，要求各地切实打好改造危房的扫尾战。

各地、州、市的党政领导也十分重视危房改造工作。长沙市的主要领导1989年一年下县、乡检查危房改造和现场办公32次，共92天，并由市长与各县县长、区长签订了危房改造责任书。益阳地委、行署就中小学危房改造发出明传电报、通知8份。行署领导带领有关部门负责人，在全区各县、市现场办公。历时8天，实地察看了36个乡、镇，56所学校。总结时，各县县长和主管教育的副县长参加了会议。

县、市、乡、村各级党政领导切实负起了改造危房的责任。在全省125个县、市中，书记、县、市长出席危房改造工作会议，并在会上讲了话的有117个县、市。在3485个乡、镇中，有危房改造任务的3218个乡、镇都由书记或乡、镇长向县、市长签订了危房改造责任书。

2.宣传发动空前广泛、扎实。

宣传发动的形式主要有三种：一是利用会议进行宣传发动。长沙市在1989年中，市委、市政府、市人大、市政协，以及市教委就改造危房问题召开专题会议57次；新化县委为了把全县学校危房改造好，专门召开了县委六届四次扩大会议，号召干部、农民、专业户积极为改造危房集资捐款。二是利用电视、广播、宣传车、标语等形式进行宣传。长沙县各区、乡经过宣传危房改造工作后，积极捐资助学，全县一年集资888万元，人均近12元。三是及时编办简报、简讯。长沙、衡阳、邵阳、怀化、娄底等地，市教委为改造危房每月编印一期简报；临澧县每半月编印一期简报。宣传政策，推广典型，交流经验。

3.干部、群众集资捐款空前踊跃。

1989年全省仅群众集资、捐款总额就达2.42亿元，比1988年增加1.68亿元，增长2.27倍。群众捐款总额在2000万元以上的有衡阳、长沙、邵阳、岳阳、益阳、娄底6个地、市；总额在200万元的有长沙、涟源、沅江、衡南、宁乡、岳阳、衡阳、双丰、攸县、浏阳等44个县（市）。

4.部门支持空前热情。

1989年，各有关部门按照省委、省政府的要求，都把危房改造作为本部门的一项重要工作来抓，尽职尽责给予了全力支持。

省教委和地、州、市、县教育行政部门积极当好党委和政府改造危房的参谋，把危房改造作为自己的本职工作，不但主要负责人抓，而且还配备了专职干部和技术人员经常下基层进行检查督促。各地教委在指导危房改造工作中，坚持做到了三个结合：一是把改造危房与扩大校园面积、解决运动场地结合起来。如邵东县1989年通过改造危房就扩大校园面积 663 亩，新建运动场地 210 亩。二是把改造危房与调整学校布局结合起来。如临澧县 1989 年通过改造危房撤销小学点 8 个，合并高小 8 所。三是把改造危房与创建合格学校结合起来。邵东县通过改造危房，使 8 所初中、22所中心小学、103 所村小学成为合格学校；临澧县通过改造危房，使有生产基地的学校由297所增加到 329 所，有围墙的学校由 158 所增加到 274 所，有校门的学校由146 所增加到 263 所。

省各级财政部门在1989年财力相当紧张的情况下，除较好地落实了"五个口子"的经费外，还安排了危房改造专款。省财政厅两次安排专款 1100 万元；地、州、市财政安排专款2576 万元，平均每个地、市184 万元。其中安排专款在300万元以上的有岳阳、株洲和湘潭市；200万元以上的有长沙和衡阳市；100万元以上的有郴州、邵阳、零陵 3 个地、市。县、市财政安排专款 5155 万元，平均每个县、市 41.2 万元。其中安排专款在 100 万元以上的有宁乡、长沙县、资兴、怀化、武陵区、浏阳、沅江、湘乡、桃江、醴陵、华容、郴州、衡阳 13 个县、市；安排专款在 50 万元以上的有祁东、湘阴、望城、汉寿、衡山、衡南、桂阳、宜章等22个县、市。乡、镇财政安排专款 6374 万元，平均每个乡、镇近 2 万元。在财政部门的精心组织下，农村教育事业费附加 1989 年全省共征收 23090 万元，比 1988 年增加 6612 万元，增长 40.1%。

各级计委和物资部门对中小学危房改造也给予了大力支持，不但增拨了钢材和木材，还在办理危房改造计划方面主动给予方便，简化报批手续。县、市建委为支持中小学危房改造，做到了少收或免收图纸设计费和建筑管理费。质量监督部门不仅对中小学在建项目加强了质量监督，而且在收费上也给予了很多优惠。国土部门除保证了中小学危房改造的建设用地外，还简化了征用土地的手续，及时处理了征地中的纠纷，少收或免收了土地管理费。税务部门为支持中小学危房改造，积极组织征收城市教育费附加，1989年全省共征8565万元，比1988年增收4482万元，增长1.1 倍。林业部门在审批木材砍伐指标，交通运输部门在运送基建物资等方面，都为中小学危房改造提供了方便和优惠。

撰稿人 鄢东洋

审稿人 沙省之 周衍桐

三、高等教育

(一)高等教育的三项整顿

1989年，湖南省对高等教育从以下几个方面进行了认真的整顿：

1. 认真清理乱招生、乱办班的问题。

省政府于1989年 1 月21日批准了省教委《关于认真清理乱招生、乱办班问题的报告》，文件要求：要把清理乱招生、乱办班问题作为学校治理环境、整顿秩序、稳定局势的一件大事来抓，各级教委主任、校长要亲自负责。并规定：凡未经国家批准的所谓"超前班"、"预备班"，于放寒假时结束；未经国家统考统招的"插班生"，要坚决请退，学校不得发给证书；从1989年起，新招收的"夜大"、"函大"生一律不得住校；各类招生指标按现行管理体制统一由省教委省计委负责管理；对各类高校毕业生的毕业证书实行统一验印，未经国家统考统招的无学籍学生，学校不得发给毕业证书等。为了搞好清理工作，省政府决定，由省教委、省科教办、省计委、省人事厅组成专门办公室，督促检查清理工作。对不认真清理，造成严重后果的，要追究领导责任。

1989年8月28日，省教委又发出《关于进一步制止乱招生、乱办班的通知》，要求各高校严格履行国家赋予的办学权，不得擅自下放、扩大或转让。对各种形式的短训班、进修班、联合办学、校外设点等均应由学校根据自身的性质、办学能力统筹安排，需要报批的必须报请主管部门批准。各地市、各高等院校都认真执行了这两个文件精神，共清理出无计划招收的学生9732名，并进行了处理。

2.加强了学生毕业证书的管理。

省教委于1989年3月28日发布了《关于加强各级各类大中专学校毕业证书管理的规定》。规定只有国家正式批准的学校才有权颁发毕业证书；颁发毕业证书的学生必须具备三个条件：一是国家招生计划内招收的学生；二是参加国家（或省）统一招生考试并经招生部门审批录取的；三是按国家规定的学制（学分）、教学计划学完规定课程，经考试成绩合格的。从1989年起，在湘就读的普通高校和成人高校各类学生的毕业证书均由省教委验印颁发，据此，人事部门才承认其学历，分配工作，享受有关规定的毕业生的待遇。

3.加强教学管理，整顿教学秩序。

1989年上半年的学潮和动乱，使湖南高等学校的教学秩序受到了干扰和破坏。为了建立健全高等学校良好的教学秩序，保证培养人才的社会主义方向，省教委于1989年8月19日发出了《关于当前高等学校加强教学管理整顿教学秩序的几点意见》，主要内容是：（1）坚持正确的政治方向。组织好政治学习和教育，1989年下学期开学时，安排两周时间集中组织学生进行政治学习，认清动乱的性质、根源及危害。各学校认真清理教学内容。文科特别是政教类专业的课程必须坚持以马列主义、毛泽东思想为指导，坚持党性和科学性的统一。凡有违背四项基本原则和宣扬资产阶级自由化内容的课程，坚决停开。（2）认真选聘教师，严肃教学纪律。对坚持搞自由化的教师不予聘任或暂不安排教学任务。本科院校的教授、副教授应有70%以上的人数担任本、专科学生的主讲任务，专科学校的教授、副教授应一律担任主讲任务。教师在教学中应按照党的路线、方针、政策教书育人，严禁在学生中散布资产阶级自由化思想和违反四项基本原则的观点。如有违背，应视情节给予纪律处理。对教师讲课内容“错位”以及其它违反教学准则和纪律的行为，要给予必要的处罚。（3）严肃学习纪律，强化学籍管理。凡规定的政治学习，学生必须参加。严格执行学籍管理的各项规定，实行淘汰制，本科学生达不到毕业要求的，不得降格改发专科毕业证书，等等。各院校分别制定了具体的实施办法，学校秩序迅速地得到了恢复，并进一步向好的方向发展。

撰稿人　蒋易春
审稿人　沙省之　周衍桐

（二）加强思想政治工作，稳定高校局势

1989年春夏之交，湖南省高等学校一部分学生卷入学潮和动乱，造成了严重的后果和影响。在制止动乱和平息反革命暴乱后，湖南省教委及时明确提出，以党的十三届四中全会精神和邓小平同志重要讲话为指导，联系实际，从思想上、政治上、组织上为彻底制止动乱、稳定高校局势，深入开展反对资产阶级自由化的斗争，坚持社会主义办学方向奠定基础。

1.统一高校党政领导的思想。

7月21日至26日，省教委召开了高校党委书记和党员正副校长及地、州、市教委主任参加的高校工作会议，学习了邓小平同志的重要讲话和党的十三届四中全会精神。着重解决三个问题：一是认清这场斗争的性质、根源及危害，坚定斗争到底的决心；二是提高对

清理清查工作重要意义的认识，树立高度的政治责任感；三是加深认识资产阶级自由化思潮在高校造成的严重危害，进一步坚定高校的社会主义办学方向。

2.层层培训骨干。

8月中旬，省教委举办了全省高校政工干部、马列主义理论课教师骨干培训班。在提高思想认识、坚定正确立场的前提下，研究了改进加强思想政治教育和马列主义理论课的有关问题，重点研究了下学期开学初集中政治学习的指导思想、主要目标、内容及实施等问题。各高等学校在暑假期间也分期分批培训了中层干部和教师、学生中的骨干，从而为开学初集中进行政治教育做好了准备。

3.开学后，集中两周对学生进行思想政治教育和法制教育。

一是帮助广大学生正确认识动乱、暴乱的真相与实质，使大多数学生分清是非、端正态度、转变感情、提高认识；二是联系动乱的深刻教训、联系本校和学生的实际，进行法制教育，通过学习宪法及有关法律，认识违宪、违法的严重危害，在此基础上认真整顿政治纪律。省教委印发了《湖南省高等学校学生政治纪律及违反政治纪律暂行处理办法》(征求意见稿)后，各高校选派了大量干部、教师骨干深入学生之中，参与、组织学习，带头联系思想实际进行反思，与学生进行个别谈心，有针对性地做好思想工作。省教委加强指导，及时发现、解决问题，总结、推广经验。各高校根据省教委的有关规定，发布了学校政治纪律条例，同时还制订了一系列学习、生活纪律。两周集中学习后，高校的面貌开始发生了可喜的变化。转入正常的教学后，学校风气持续良好。

4.开设政治教育专题讲座。

各高校在开学后第三周起，每周安排两到三个下午时间，围绕中国为什么只能走社会主义道路，为什么要坚持共产党领导等问题，组织专题讲座，对学生进行坚持四项基本原则、反对资产阶级自由化的教育。省教委抽调力量在暑假编写了《回顾过去　思考未来》一书作为大学生专题讲座的教材，并进行了教师培训，组织了集体备课。专题讲座使广大学生进一步解决了深层次的思想认识问题。

5. 调整、充实马列主义理论课教学内容。

根据动乱暴露出来的问题，省教委组织高校部分教师编印了马克思主义理论5门课的教学要求和主要内容。要求理论课教师联系实际，对学生进行马克思主义基本理论教育，结合学生的思想实际，批判资产阶级自由化的错误观点，解决学生当前带普遍性的思想问题。省教委还组织选编了《马克思著作选读》，选取14篇马克思主义著作，供各高校进行教学。各高校积极引导学生利用业余时间和党团活动认真学习马克思主义著作。新学期开学以来，在大学生中兴起了一股学习马克思主义原著的热潮，不少学生自发成立了学马列原著小组、党章学习小组。越来越多的大学生从困惑中走出来，逐步消除疑虑，有了新的精神支柱和追求。

撰稿人　马宏铁
审稿人　成　清　沙省之
　　　　周衍桐

（三）招生工作的四项改革

1989年全国普通高等学校计划在湖南招收新生27574人，普通中等专业学校计划招收新生26007人。省教委、省招生委员会的指导思想是："以整顿为动力，以选材为目标，以改革为中心，不断完善招生机制，强化招生纪律，理顺工作秩序，提高管理水平，积极、稳妥、创新、高效、圆满完成1989年的招生任务。"经过努力，从参加全国高考的182835名高中毕业生中，为大学、中专择优录取新生34339名，其中，大专院校录取新生27891名，中专学校录取新生6448名。此外，招收飞行学员67名，研究生798名，第二学士学位学生8人。

根据全国招生工作会议提出的招生工作要进行治理整顿、深化改革的要求，湖南省1989年的招生工作进行了几项重大改革：

1.取消预选，凡高中毕业会考合格者均可参加全国高考。湖南省从1980年起，规定在全国高考之前进行一次预选，这在当时的历史条件下是必要的。随着国家招生计划体制的改革，招生管理水平的提高和电子计算机在招生领域的广泛运用，省招生委员会研究决定，从1989年起取消预选，毕业会考合格者均可报考。参加高考人数由1988年的9万多人猛增到18万多人，是1980年以来参加高考人数最多的一年。

2.首次推行英语标准化考试，政治、化学两科实行分卷考试，客观性试题采用机器评卷。

3.改革传统的录取办法，实行电子计算机投档，全封闭式录取与“三公开一监督”（计划公开、政策公开、录取结果公开，接受群众监督）的录取办法。面向全省招生的专科以上学校录取，均用电子计算机按考生所填志愿顺序投放档案；录取工作人员进入录取场地以后，必须工作结束以后才能离开，非录取工作人员一律不准进入录取场地；为接受群众的监督，每天录取结果通过传真电报及时向地（市）、县公布，并在录取场地以外设立了接待站、举报室和举报电话，既保证全封闭录取，又把整个录取工作置于群众的监督之下。

4.实行高中毕业会考制度。这是改革高校招生考试和录取办法的配套措施。湖南省从1988年秋季入学的普通高中学生开始试行，学完一科考一科，分三年考完。这一届高中毕业生将实行新的高校招生考试办法。

为了保证上述几项重要改革的推行，省招生办制定了一系列实施办法和措施：（1）加强宣传教育，大造改革舆论；（2）制定了一系列实行“三公开一监督”的措施和规章制度；（3）细规划，严管理，勤督导，奖优罚劣，保证工作质量；（4）制定完备的工作细则，做到有章可循；（5）整顿和净化录取环境；（6）加强场地管理，提高管理水平；（7）严格招生计划的管理。

由于全省上下贯彻实施招生改革的精神，社会效益良好，工作效率明显提高。1989年的评卷工作，由于采用机器评卷（客观题部分），不仅准确度高，效率也很高，一个技术熟练的机评人员每小时可送阅600—800份，误差只有十万分之三点八，有效地保证了评卷质量。

撰稿人　肖世孝
审稿人　沙省之　周衍桐

四、职业技术教育

（一）农职业中学创办农村家庭经营专业

1987年5、6月间，省委、省政府和省教委的领导同志，多次深入农村调查，特别是走访了一些运用科学技术，开展家庭立体生态农业生产经营而致富的农户，从中得到启示：要发展农村经济，农业再上新台阶，使广大农民富起来，就必须提高农户的生产技术水平；而现有农业中专和农职业中学的专业面很窄，不能适应农村实行生产承包责任制，广大农户开展多种生产经营而尽快致富的需要。鉴此，省教委决定，在农职业中学创办农村家庭经营专业。经过有关专家论证后，于1987年10月，开始在长沙、汨罗、永顺等6个县市的农职业中学进行试点。1988年9月，副省长王向天在汨罗市主持召开有副专员、副市长和部分副县长参加的农村家庭经营专业试点工作会议，总结试点经验，部署扩大该专业的试点规模。经过近3年的努力，到1989年底，湖南已在80多个县市的90多所农职业学校开办了农村家庭经营专业，在校学生近1万人。

农村家庭经营专业的培养目标是，面向广大农户，培养热心农村建设，掌握种植、养殖、农副产品加工等实用技术和现代农业经营管理知识，按生态农业规律建立小型、集约、高效的家庭生产技术体系，进行多技术组合生产的农户技术人才。课程设置，文化基础课占总课时的30%，专业课和实用技术课占70%。文化课着眼于为学好专业课服务；专业课开设了农艺、园艺、畜牧养殖、农产品储藏与加工、农用机电、家庭农场经营管理、庭院生产综合化技术、林木培育等；实用技术课因地制宜开设，供学生选修。主要办学形式是“上联下挂”和实行“三结合”。向上与对口的农业院校和农业科技部门紧密联系，请他们提供技术资料和技术力量，进行经常性的指导与帮助；向下与有关专业户和学生的家庭紧密挂钩，作为学生专业实习联系点；学校实行教育教学、生产经营、科技推广三结合，实行师生生产经营承包责任制，采取专业技术教师牵头，带领学生承包校内各种生产项目的方式，让学生结合专业课学习，参与生产实践和经营管理的全过程，同时把学校的生产实习场地办成当地应用先进农业技术的高效示范基地，并指导学生把学到的技术及时带到家庭应用。在教学方法上，加强实践环节，注重学生动手能力培养，专业技能的训练贯穿整个教学过程，边学边用，及时反馈；生产实习课占专业课和实用技术课的50%。

湖南省各级党政领导和教育部门对办好这个专业采取了下列措施：

1．理顺办学体制。改变过去由县教育部门一家办学的局面，实行农业、科技、教育三个部门联合办学的体制。农业部门指导学校生产实习基地的规划和建设，选派农业技术干部到学校任专业课教师，筹集部分办学经费，安排学生到农口所属各农、林、渔、牧场、站实习，与乡镇政府一道，扶持和使用回乡毕业生；科技部门给学校下达有关科研项目和科技推广项目，支持和指导学校开展农业科技推广工作。

2．资金上重点扶持。农村家庭经营专业开办3年以来，省教委先后拨出400多万元专项经费给予支持。同时，省财政拿出500万元周转金，扶持学校开展生产经营。学校所在的地、市、县也普遍拨出了专项经费，据6所试点学校统计，地、市、县拨给学校专业开办费182万元。

3．着力抓教材建设。省教委拨出专款，由湖南农学院牵头，组织农业厅、省科委、长沙农业学校、湖南林业学校、湖南农机化学校等10个单位的50多位专家教授，深入农村调查研究，总结了致富的各类科技示范户、专业户的家庭生产经营模式，制订了专业教学计划，编写出版了7科12种200多万字的全套专业课教材。

4．多途径解决师资。据不完全统计，开办这一专业的县市，从农、林、牧、渔等业务部门抽调各类技术干部近300人到学校担任专职专业课教师。省教委从长沙农校挑选了60多名优秀毕业生组成家庭经营专业大专师资班，进行专门训练后，1989年底已分派到对口学校工作。并对开办这一专业的学校现有专业课教师进行分批轮训，对文化课教师进行一专多能的训练。1988和1989两年中，湖南农学院先后为这个专业举办了5期专业课师资培训班，有200多位教师参加了学习；省教委还举办了两期共200多人参加的暑假校长培训班，重点学习这一专业的教学计划，了解这一专业的教学特点和要求，培养既懂教育又懂经济的管理者。此外，一些学校还从专家、教授、能工、巧匠中聘请兼职教师。

5.加强生产实习基地和专业实验室建设。各级政府和有关部门，按照省教委颁发的建设标准，帮助学校解决实习基地和专业实验室建设所需的资金、仪器、设备、场地及生产资料。仅就37所学校统计，当地政府划拨、征收土地近1000亩，养鱼水面500多亩，新建猪、鸡、鹅等禽畜场1万多平方米，办饲料加工厂18个，新建农艺、园艺、畜牧水产、机电等专业实验室70多个。使这些学校初步建立的生产实习场地和专业教学实验室形成一定规模，能多技术组合经营，并取得了较好的教育效益和经济效益。

湖南开办农村家庭经营专业的时间不长，这项改革实验还在不断完善，但这一新型专业的出现在社会上引起了强烈的反响，得到各级党政领导的普遍重视和大力支持。国家教委副主任何东昌于1987年10月和1989年3月，两次指示湖南要认真办好这一专业，并批示："农村家庭经营专业是一条路子，要支持。"《中国教育报》、《光明日报》多次报道，还配发了评论员文章。1988年以来，先后有20多个省市派员到湖南考察这一专业的办学情况，有15个省市和地区订购了湖南编印的农村家庭经营专业教材。

撰稿人　彭酉滨

审稿人　沙省之　周衍桐

(二)"燎原计划"湖南第一期工程在实施

国家教委1988年8月在河北省南宫市召开"燎原计划"工作会议后，湖南省在汨罗市召开的全省职业技术教育工作会议上，向地州市专员、市长、地(市)教委主任及部分县(市)政府、教委负责同志传达了会议精神。以后又专门召开了全省"燎原计划"贷款工作会议。转发了国家教委《关于印发有关"燎原计划"两个文件的通知》。省教委根据这两个文件精神，制订了全省实施"燎原计划"的方案，第一期，1989年至1990年，在全省25个县市内建设94个示范乡。省教委建立了领导机构，由分管职教、成教的副主任牵头，有普教、职教、成教、师训、政研、教科所等处室负责人参加，统一指导和协调实施"燎原计划"的工作。1989年全省发放了"燎原计划"贷款两批，共424万元，并在1989年召开了实施"燎原计划"的县市分管教育的副县长和教委主任座谈会，汇报了前段实施"燎原计划"的情况，研究和部署了进一步实施"燎原计划"的工作。湖南省实施"燎原计划"的主要特点是：

1.在重点县市首先展开。选择了教育基础好，资源丰富，有发展前途，在本地区有代表性的郴县、汨罗、桃江、江永、醴县、衡山、凤凰、岳阳、醴陵、隆回、祁阳、长沙、黔阳、冷水滩等县市率先实施"燎原计划"，并重点进行资助。两批"燎原计划"贷款都用在这些县市，让这批县市先走一步，进行试点。

2.选择和建设好示范乡。确定示范的要求是"三教"基础较好，建设好乡农校，建立和健全与生产发展相适应的人才培训、技术推广、示范实验、信息传递、经营管理中心。"燎原计划"贷款重点用在示范乡。全国分配给湖南的424万元"燎原计划"贷款，用在14个试点县市的92个项目上，其中有72个用在示范乡镇。如桃江县龙拱滩乡，在实施"燎原计划"的过程中，建立了以柑桔为主的小水果生产区。在马迹塘电站库区周围，选定了7所中小学、40个柑桔重点户、1个科技专业村，建立和完善小果园。还组织对全乡13万亩桔苗实行了技术承包，为农民提供了技术服务。

3.在开发项目上花力气。凡给予"燎原计划"贷款的开发项目，都必须经过认真调查研究，反复论证，经济效益好，辐射能力强。省里在批准贷款项目时严格把关，不符合要求的坚决不予批准。全省92个"燎原计划"贷款项目，都是种植业、养殖业和加工业方面的，对当地很有推广作用。如郴县白露塘镇，在实施"燎原计划"贷款项目时，实行了四个结合：一是选择贷款项目与开发当地经济相结合；二是农科教结合；三是培训人才与示范实验结合；四是引进重点项目与创收项目相结合。全镇引进实用技术60项，开发新品种24个。在杂交水稻中，"郴红A不育系"已在全镇推广，仅此一项，人均纯收入就达64元。

4.在面上开花。全省实施"燎原计划"已呈现出"点亮一盏灯，照亮一大片"的趋势。如澧县九垸乡、澧澹乡、中武乡、方石坪乡、城关镇5所乡镇农校实施"燎原计划"以来，共开发养猪、培植食用菌、栽培果树、活拔鹅毛、养鱼、养蚕等30多个项目，办班57个，培训技术骨干2315名，骨干回去以后，又带动了周围的农民。这5个乡镇农校去年共引进鱼种杂交、地膜覆盖、果树修剪、多层施肥等新计划25项，为广大农民提供信息上千条，处理和接待群众技术咨询的来信来访3900多人次，建立联系点157个，为农民上门服务2140次，解决疑难问题8400多个。他们还利用有线广播教学和函授教学，使受技术教育的覆盖面达到90%以上。

撰稿人　罗元保

审稿人　沙省之　周衍桐

附

□郴县的农村教育改革实验

郴县是湖南省一个山区小县，32.5万人口，其中农业人口29.2万。1984年以来，重视加强和改革农村教育。5年内，全县教育总投资7995.78万元，县财政的47%、乡财政的75%、农民人均纯收入的8%用到了教育上。全县共新建、改建校舍27.3万平方米，占校舍总面积的85.1%，达到了"水泥地面白粉墙，油漆大门玻璃窗，室内装上天花板，室外花木栽成行，还有校门和围墙"的要求。多数学校的图书、仪器、文体设施基本配套。1985年全县普及了初等教育。几年来，小学适龄儿童入学率、年巩固率、普及率分别一直保持在99.3%、98.4%、95.2%、99.1%以上；小学毕业生升入初中的人数全县平均为70.4%，26个乡镇已有10个乡镇在85%以上；初中毕业生升高中（含职业高中）的比例达到5%。全县教育结构有了很大变化，有农业职业中专、农民中专、卫生中专各1所，农机化成人学校、教师进修学校各1所，乡镇农民文化技术学校26所。1989年全县普通高中与职业高中的招生比例达到1:1。

这个县改革发展教育的主要经验是：(1)坚持把教育放在优先发展的战略地位。县委、县政府提出"致富必先育人，为民必须兴教"，"干部要当教育先行官"。建立和完善了县、乡、村一把手抓教育的岗位责任制与各级干部的教育职责。在干部任期目标管理责任制中，9个项目共100分，其中教育占20分。教育办不好的干部，不能评先进，不能提拔，未办好教育之前乡干部不能调动。县党政领导清正廉洁，把一切可以节省的钱用于办教育。多年来，县委县政府坚持不修办公楼，不盖干部宿舍，不买小轿车。县委办公楼是一栋50年代建造的旧房，里面没有一件新设施。县领导机关几年13次退掉上级分配的小轿车指标，县委书记坐的是已跑了18万公里的旧北京吉普。(2)完善了分级办学体制，坚持人民教育人民办。基础教育实行县、乡、村三级办学，县、乡两级管理、两级统筹的体制。全县形成了村办初小、联村办高小、乡办三校（中心小学、初中、农民文化技术学校）、县办普通高中和职业高中的布局合理的新格局。群众集资办学热情经久不衰。全县13.6万个农村劳动力，近5年内，仅建校资金一项，每个人平均贡献165元，年均33元；各部门、各单位、团体捐献建校资金168万元。(3)尊重教师，加强教师队伍建设。县长发布了《尊师爱校布告》，乡、村普遍制订尊师爱校乡规民约。公办、民办教师的工资及各项福利待遇均按时兑现，每月先于党政干部发放。许多乡村教师住房优于党政干部。建立民办教师基金会，解除了民办教师后顾之忧。教师奖励基金会已三度颁奖，20％的教师受到了奖励。教师进修培训工作抓得扎实。多年坚持开展“自尊、自爱、自强”教育和创优争先活动。(4)坚持了教育改革“一个目标，两个结合”的正确方向和路子。即坚持农村教育以主要培养农村建设者为目标，实行文化教育与技术教育相结合，培养人才与科技开发相结合，较好地克服了片面追求升学率和教育脱离实际的倾向。几年来，每年回乡的初、高中毕业生有80％左右受到了短期职业技术培训。各级农职业学校，对5.84万农民进行了实用技术培训，其中农户主4.3万人，占农户主总数的57％。全县12.7万青壮年农民中，已有4.5万人掌握了一门以上实用技术。县中等职业技术学校培养了2400余名中、初级农业技术人才。分布在各乡镇的农科站、林管站、兽医站、发电站、农机站的910名农民技术员，都是县里自己培养的。教育促进了经济的发展，1989年全县工农业总产值比1983年增长了158％，农民人均纯收入增长198.8％。

1989年10月，全国“燎原计划”与农村教育改革实验县工作会议在郴县召开。国家教委主任何东昌、王明达等视察了郴县一些学校。王明达指出，郴县的经验把我国农村教育综合改革提到了新的水平，值得各地认真研究学习。

撰稿人 戴次一

审稿人 沙省之 周衍桐

五、成人教育

(一)农民学校人口教育试点项目成功

中国政府和联合国人口基金合作在湖南实施的为期五年的农民学校人口教育试点项目，到1989年底周期届满，已实现了预期的目标。联合国人口基金驻华代表处主任拉奎安于1989年10月在他发表的论文中，对这一试点项目的评价是：“本项目在使农村学生接受人口和计划生育方面是十分成功的。”联合国人口基金、教科文组织和中国政府在北京举行的最后一次三方评审会中，一致认为，这个项目投入少，产出大，取得了预期的效果。

1.项目取得的主要成果。

(1)超额完成了项目协议规定的目标。协议书规定，在5年间的最终目标是发展到34所学校，培训教师和干部1000名，受人口教育的学生达25000人。经过5年的努力，试点学校扩展到34所，建立以乡、村农民学校为基地的校外人口教育联系点34个。通过出国(三批8人)、省级、县级、校级和联系点5个渠道，共培训教师和干部1317人。通过调整农民中专各专业的教学计划，开设人口课，5年来，校内接受人口教育的学生达27711人，在联系点接受人口教育的农民达到32000多人。培训内容有：人口教育的概念、本质、目标和范围；中国、亚洲、世界的人口形势；马克思主义关于人口问题的基本理论和观点；人口、资源与环境；人口、农业与食物生产及人口与教育发展；人口与生态及经济；人口与优生、家庭生活教育、性教育；青春期生理卫生；控制生育的原理与方法等。教学时间是，校内人口教育二年制以上长班授课32节，短训班16节。

(2)超额完成了协议规定的资料编写任务。协议书规定，编写10本补充读物，绘制10套教学用图、10套挂图，制作5套幻灯和录音材料，1套培训手册和直观教材。项目实施5年间，共编写农民中等专业学校人口教材1本、教学参考书1本、讲义2本、培训手册2本、培训计划5份、补充读物38本、教学用

图35套、幻灯、录像11套、联系点教材1本。

（3）为试点学校配置了教学视听设备。5年来，配置幻灯机34台、投影34套、投影仪屏幕20套、投影仪消耗材料34套。还为少数学校配置了照相机5架、配件的录像机1部、监视器2台、盒式录音机27台、录音磁带1700盒，配件的摄像机2台、胶印机1台、幻灯盘5个。另给该项目配备面包车1辆。

（4）使教育对象增长了人口知识，在观念和行为上发生了显著的变化。受到人口教育的教师、学生、干部、农民，学到了人口知识，懂得了人口理论，多子多福、传宗接代、男尊女卑等旧观念逐渐为男女平等、晚婚晚育、计划生育等新观念所代替。他们认识到人口问题和计划生育问题是和国家的繁荣、民族的未来紧密相连，从而自觉地执行我国的人口政策。

2.实施项目的基本经验：

（1）领导重视。省教委成立了人口教育项目办公室，主任1人，专职工作人员1人，兼职人员（翻译）1人。34所学校所在县均成立了有县委或县政府、县教委、县计生委、试点学校主要领导参加的领导小组。各校都成立了以校长为组长、专兼职教师参加的教研室，从组织上保证了人口教育的顺利进行。

（2）有必要经费作保证。联合国人口基金援助本项目20万美元，实际为222526美元。省教委给予项目配套经费50万元人民币，分5年支付。

（3）重视师资培训和教材资料建设。

（4）抓好教学。农民中等专业学校为此调整了教学计划，正式开设人口课，并和其他课程一样进行考试考核，理论联系实际，强调观念和行为的改变，提高了人口教育的质量。

（5）部门密切配合和争取外力支援。在项目实施过程中，始终注意与计生委、统计部门、人口研究单位、有关高等院校紧密配合。还得到了联合国人口基金驻华代表处、教科文组织亚太地区人口教育顾问小组的指导和帮助。

（6）发挥试点学校人口教育的辐射作用。试点学校通过办培训班、讲座、调查、座谈、展览、办联系点、广播、出墙报黑板报等多种形式，对学校周围的兄弟单位和农村传播人口理论知识，推动了计划生育工作。如桂阳县农民中等专业学校在燕塘乡建立了人口教育联系点，仅一年多时间，就办人口教育培训班4期，培训计划生育专业干部、妇女主任、医生和教师123人。利用广播举办讲座6次，受教育者128人。召开大小座谈会20余次，378人受到教育。还利用本乡卫星地面收转站，每月定期播放人口教育专题节目，收视者达8千余人，覆盖面占全乡总人口的50%。

撰稿人　罗元保

审稿人　沙省之　周衍桐

（二）扫盲教育的新发展

1989年国家教委给各省下达扫盲指标以后，湖南省扫盲教育有了新的发展，出现了扫盲和学技术、学政治结合的新局面。

1989年初省教委向各地州市下达了国家教委要求湖南扫盲20万的任务。3月份，召开了全省农村成人教育工作会议，重点贯彻全国扫盲工作会议精神，部署了1989年的扫盲工作。在会上有湖南的5个全国扫盲先进县介绍了扫盲经验；转发了澧县人民政府《关于进一步抓好扫盲工作的意见》，推广了该县实行双包共管责任制的经验，即党委、政府包宣传发动和政策落实，教育部门包组织教学和师资、教材。全省14个地州市除正在筹建的大庸市外都召开了扫盲工作专题会议，全省有近半数的县（市）召开了扫盲工作会议，有约90个县(市)政府下发了扫盲文件。全省共办扫盲班21826个,参加学习的文盲、半文盲达409457人,其中脱盲265120人,青壮年非文盲率达到93.8%。全省有77个县(市)2437个乡镇基本扫除了青壮年文盲。湘潭市教育局农民教育科长程健仕、郴州地区教委成人教育办副主任李晓平、澧县教委成人教育组秘书戴承树、祁东县教委成人教育办主任高智杰等四位同志被评为全国的扫盲先进工作者。戴承树同志还出席了在兰州召开的全国扫盲工作会议,并在大会上介绍了经验。

湖南扫盲工作的特点是:

1.集中力量高标准扫除青壮年剩余文盲。

国务院《扫除文盲工作条例》规定扫盲对象是15—40周岁的青壮年文盲、半文盲,非文盲率达到85%,就达到了基本扫除文盲单位的要求。湖南大部分地区青壮年非文盲率虽已达到85%,但是各地没有停留在此目标上。湘潭市全市有青壮年剩余文盲仅8253人,不仅组织绝大多数入了学,而且还有4230名40周岁以上文盲参加了学习,年底共有5028人达到了脱盲标准。全市青壮年文盲率降到0.52%。

2.扫盲与学技术学政治相结合,提高了文盲学习的积极性,增强了致富的本领。澧县在扫盲工作中,把扫盲与学技术学政治有机地结合起来,举办了养猪扫盲班、缝纫扫盲班、计划生育扫盲班、普法学习扫盲班,较好地推动了全县扫盲工作,成为全国的扫盲先进县。永州市在组织文盲学文化的同时,有针对性地讲授一些快速养猪、柑桔栽培、禽畜疾病防治等技术。该市大湘桥乡有竹篾编织传统,乡政府就举办了竹垫最新技术扫盲班,使他们既学到了文化,又学到了新技术,现在该乡非文盲率达98.5%,在10岁以上的人口中,懂竹篾技术的占98%,竹垫新产品远销广东、广西、湖北等省、区。

3.建立责任制,增强扫盲单位和扫盲工作者的责任感。全省扫盲实行的责任制主要有三种:一是把扫盲工作纳入各级行政领导的任期目标,一级管一级。湘潭市政府把扫除剩余文盲工作列入全市工作计划,作为精神文明建设指标与经济指标一起下达到县(市、区),纳入了各级干部的岗位目标责任制,层层分解,落实到人,并印发了《限期脱盲通知书》和《扫盲合同》,使扫盲工作落到了实处。二是建立各级政府和各级教育行政部门、学校的双线承包责任制。三是建立包干制。涟源市政府和各乡镇主要领导签订了限期完成扫盲任务合同,市党委分片包乡,乡党委书记、乡长分片包村,村干部分片包组。益阳地区建立了教育"三包二定五落实"制度,即乡镇联校包乡镇、村小学包村、教师包到人;定期检查指导,定期考核验收,做到对象落实、经费落实、教材落实、师资落实、教学落实。

4.采取鼓励措施提高文盲学习积极性。全省开展了评比扫盲先进县和先进工作者活动,并进行了表彰。隆回县在扫盲过程中设立了三种奖:一是"重视奖",是专门为各级党政领导部门和教育行政主管部门的领导对扫盲工作的重视而设立的。二是"支持奖",专门为农业、科技、妇联、共青团等有关部门支持配合而设立的。三是"热心奖",专门为鼓励专业干部、教师扫盲而设立的。由于采取了这些奖励措施,该县1989年青壮年无文盲率由过去的89.7%提高到92%。常德和益阳洞庭湖地区的县(市)在扫盲过程中,对积极参加扫盲学习的文盲免除水利工,提高了文盲学习的积极性。

5.提高扫盲的质量。在扫盲过程中,各级都注意抓好三个环节:一是搞好扫盲教材建设。省教委组织编写并出版了扫盲和扫盲后巩固提高教材:《让我们学习》、《让我们继续学习》、《实用语文》、《实用算术》、《实用科技》。常德、益阳和邵阳等地市编写了扫盲教材《农民文化技术课本》，益阳发行5万余册。二是培训专职干部和师资。郴州地区全区共办专职干部培训班27期，241名农民教育专职干部受到了一次以上的培训，提高了干部素质。桂阳县举办了快速养猪、柑桔栽培师资培训班，40多人参加学习，提高了扫盲教师功能性的扫盲能力。三是搞好脱盲验收。湘潭市进行验收考试时发准考证，对号入座，严禁弄虚作假。

6.扫盲和堵盲同时并举。群众说："堵盲堵不住，永远扫不完"。各级扫盲时都强调了抓好普及初等教育的工作，堵住新文盲的产生。武冈县是邵阳市普及初等教育的第一个县，年初，县教委组织调查了489所小学，发现有流失生回升的趋势，教委立即召开紧急会议，采取措施堵住流失的产生。洞口县秀丰乡还动员15岁以下流失学生免费入学，大大减少了学生的流失。

撰稿人　罗元保

审稿人　沙省之　周衍桐

广东省教育

一、普通教育

(一)综述

1989年，广东省普通教育工作，贯彻省委、省政府关于普通教育体制改革的决定，进一步落实分级办学、分级管理体制，积极推行学校内部管理体制改革，稳步地普及九年制义务教育，发展职业技术教育，加强学校德育工作，拓宽教育投资的渠道，努力改善办学条件，提高教师待遇。并紧密依靠各级党政部门，发挥了教育行政部门的职能作用，普教战线局势基本稳定，教育事业继续向前发展，取得了较大的成绩。

教育管理体制改革进一步深化。省委、省政府《关于普通教育体制改革的决定》发出后，各地纷纷组织实施。1989年2月，省教育领导小组根据省委、省政府的指示，派出检查组对各市贯彻落实的情况进行了检查督导。据调查，全省已有80%的乡(镇)和70%的村基本实行了分级办学、分级管理的体制。一些城镇地区，如湛江市的霞山区、遂溪县的附城镇以及韶关市各区都不同程度地建立和落实了城镇办学的体制。学校与附近的企业、事业单位以及所在的街道、居民委员会建立学区教育委员会，社会参与办学，拓宽了办学的路子。在基本理顺教育外部管理体制的基础上，5月上旬，省委、省政府在东莞召开全省普教体制改革工作会议，部署和指导学校开展内部管理体制改革工作，在全省范围内推行以“两聘两制一包一奖”(聘任校长、聘任教师，实行校长负责制、教师岗位责任制，学校工资总额或经常费包干，部分浮动奖励工资)为主要内容的改革。至年底，全省有18%的县(区)和25%的小学基本实行了“两聘两制一包一奖”的改革，其中汕头市已有10个县(区)普遍开展。这项改革，把竞争机制引进学校，增强了学校的活力，调动了校长和教师的积极性，促进了教学质量的提高，并使办学单位更加重视和关心学校工作，积极创造条件，参与和促进学校的内部管理体制的改革，形成了内外结合、多管齐下的良好势头。

广东省继续按积极、求实、持续、协调的方针普及九年制义务教育和发展其他各项教育事业，并根据国务院、国家教委的有关指示，对中小学教育工作开展了五项督导检查，推动了教育事业的发展。

尊师重教蔚然成风。为迎接国庆40周年和1989年教师节，广东省首次举办了“广东普通教育发展和改革十件大事”的评选活动，评选出的“十件大事”是：一、省委、省政府作出重大决策，普教工作上了三个台阶；二、基本实现普及小学教育，向普及九年制教育迈进；三、华侨、港澳同胞热心捐资助学；四、教育投入不断增长、教育事业稳步发展；五、多方集资40亿元，兴建校舍2000万平方米；六、培养培训师资，优化教师队伍；七、提高学生身体素质，为国培育体育新苗；八、潮州市成为全国中小学德育工作先进市；九、勤工俭学结硕果，年纯收入超亿元；十、学前教育蓬勃发展。同时，全省还广泛地进行了优秀教育工作者和优秀教师的评选工作。共评出全国劳动模范11名，全国教育系统劳动模范60名，全国优秀教师和优秀教育工作者784名，省优秀教育工作者960名，市、县的优秀教师和优秀教育工作者3000名，分别得到中共、省、市、县的表彰奖励。9月5日，省委、省政府决定对树立尊师重教的社会新风、发展教育事业作出了积极贡献的东莞、中山、潮州、陆河、宝安、南海、番禺、新会、澄海、南雄、云俘等11个市，县的党委、政府予以通报表扬。

(二)德育

德育得到进一步加强。1989年，广东省各级教育行政部门和中小学校，认真贯彻《中共中央关于改革和加强中小学德育工作的通知》，积极组织实施《中学生日常行为规范》、《小学生日常行为规范》，继续大力推广潮州市德育工作的先进经验，发动全社会齐抓共管，使全省中小学德育工作水平逐步提高。动乱期间，省教育厅为贯彻省委关于稳定广东大局的决定和国家教委关于维护中小学正常的教学秩序的通告，连续发出3份电报，要求各地教育部门和中小学校坚决维护安定团结，维护中小学正常的教学秩序。6月中下旬，省教育厅组织了6个组分赴19个市42个县(区)155所中小学，对全省中小学德育工作进行检查督导。暑假过后，各地认真贯彻省高校工作会议精神，组织师生认真学习党的十三届四中全会精神和邓小平同志的重要讲话，统一思想，进行反思。11月下旬，在开平县召开省中小学德育工作会议，交流各市、县学校开展形势政治教育的情况，推广了江门市加强对青少年学生教育、建立德育“五个网络(即青少年教育研究网、校外活动网、法制教育与保护网，文化生活网，家庭教育网)”，分别由教育、团委、政法、文化、妇联等有关部门牵头，齐抓共管的经验，使德育出现良好局面。很多市、县在校中小学生违法犯罪率明显下降，潮州市连续六年没有一个中小学生犯罪，有36个县(区)全年没有一个学生犯罪。

(三)义务教育

1989年，广东省教育厅结合贯彻《义务教育法》，制定并下发了《广东省小学办学基本要求的暂行规定》、《广东省普及九年制义务教育初中阶段必备办学条件暂行标准》、《关于改革初中招生办法》，编辑发行了《小学教育法规与管理》、《初中教育法规汇编》等，为各地调整和完善义务教育的规划，普及小学教育提供了政策依据。为巩固和提高普及初中教育，总结和推广了中山市初中各科实行二类教学要求的经验和做法，并转发各市进行试点，对九年制义务教育的普及起到积极作用。普及教育得到巩固。全省小学24625所，在校生715万多人，比1988年增加26万多人；适龄儿童入学率达99.1%，在校学生年巩固率为98.71%，小学毕业班的毕业率为97.46%，12至15周岁少年儿童普及率为98.13%。全省现有初级中学3107所，在校生200多万人，初中入学率为84.5%，比1988年增长4.42百分点，初中毕业生升学率为42.29%，比1988年提高了1.49个百分点，至1989年底，已有18个县(区)通过了省组织的验收，基本上普及了九年制义务教育。在学校基本建设方面，全省乡镇中心小学1858所，已有70%以上建设了“四室一场”(即：图书阅览室、教具仪器室、体育器材室、少先队部室以及200米的环形跑道运动场)。教学仪器设备、图书资料、体育器材等得到了充实和完善。另外，还举办了9期共1357名中心小学校长和部分完小校长参加的校长培训班。提高了小学校长的政治素质、政策水平和管理水平。由于各级党政重视贯彻实施《义务教育法》，中小学生流失的现象有了改变，小学非正常流动率控制在1%，初中非正常流动率从1988年的5.9%下降到4.9%。

(四)高中教育

全省有普通高中、完全中学821所，在校生35万多人，毕业生升学率为32.31%，学生流动率为3.37%。为全面贯彻党的教育方针，在大力加强德育的同时，抓好劳动技术教育，初步开展美育。1989年6月，省教育厅在深圳市召开美育研讨会，交流深圳市部分中学开展美育的做法，提出加强美育的意见。11月，在韶关市北江中学召开劳动技术教育会议，推广北江中学实施劳动技术教育的做法。全省各地继续抓好生物园、地理园的建园用园工作。据统计，至年底，已建生物园的有337所学校，占全省完中的41%；已建地理园的有184所学校，占全省完中的22.4%。

（五）职业技术教育

现有职业高中505所，比1988年增加了31所；在校生20多万人，比1988年增加近万人。现在职业高中在校生已占整个高中阶段在校生的37%，加上中专、中师和技校学生，则占50.5%，使中等教育结构得到明显的改善。在发展职业高中数量的同时，全省各市、县已逐步着重抓职业高中的巩固提高，并积极开展教学研究活动，提高教育质量。除已成立的全省职业高中电类、建筑、财会三个专业中心教研组外，又成立了农学、服装两个专业中心教研组，对职业技术教育进行研究和指导。

（六）幼儿教育、特殊教育

1989年，在园幼儿数为141.9万人，比1988年增加了9万多人。全年省筹集投入特殊教育经费156万元，广东省残疾儿童教育基金会从1988年5月成立以来，已募集基金130多万元。全省共有6所聋哑学校，在校学生798人；共有弱智辅读班49个，在校学生598人；广州市新建的一所盲人学校已开学，还把一所普通中学改办成聋哑学校的分校——启智学校。佛山、惠州、肇庆市政府决定拨款和多渠道集资建聋哑学校。

（七）中等师范学校、教育学院和教师进修学校

全省共有中等师范学校45所，在校学生30244人。1989年2月，省政府办公厅转发了省教育厅《关于进一步办好中等师范学校的意见》，对中师管理体制作了适当调整，设在县的原实行“省、地（市）共管，以地（市）为主”管理体制的师范学校，均改为实行“省、市、县共管，以市为主”的管理体制；广东省幼儿师资培训中心设在江门的幼儿师范学校，担负培养和培训全省幼师的双重任务。全省还抓紧了加速实现中师办学条件标准化和深化中等师范教育改革的工作。经济条件较好的市，一般都能立足于发挥市、县两级的积极性，增加对中师办学条件标准化建设的投资。部分市制定了本市关于进一步办好中等师范学校的意见，对正常经费来源，跨县招生各县地方财政的分担标准，基建经费和图书资料、设备费的筹集办法都作了具体规定。为了加强中师学生基本功训练，全省中师统一增设说话课和写字课。另外，省直属、省市共管和省市县共管的中等师范增设英语课。省政府办公厅还分别于1988年底和1989年初批准东莞师范和中山师范实行三、二分段学制。

教育学院和教师进修学校的培训工作有所加强。1989年，经过全省统一的成人高考，教育学院录取了4761名在职教师参加学历培训，其中本科729人（脱产313人，函授416人），专科生4032人（脱产1707人，函授2325人）。在录取的教师中有1922名民办教师。现在，在校生总数22703人（含普师班2000人和部分中师保送生），其中脱产9960人，函授12743人。省教育厅为尽快完善教育学院的办学条件，分别向省委和省政府呈报了《关于进一步办好教育学院若干问题的意见》，对解决教育学院的建制、编制和经费来源问题，特别是使教育学院成为当地教学、资料、实验等方面具有指导作用的教育中心问题提出了明确的意见。3月份，召开了全省师专函授9个专业中心教研组长会议，讨论、研究和制订了新的函授教学计划。还召开了全省教育学院院长会议，对教育学院今后的任务、规模和如何改善办学条件等问题进行了研究。广东省还受国家教委的委托，参加了在职中学教师进修高等师范专科7个专业的教学计划修订工作，经国家教委全国修订计划论证会论证，受到好

评。根据国家教委的统一部署，广东省教育厅组织了4900多人(科)参加中学教师《专业合格证书》的考核，约1000人取得单科合格资格。11月份，召开了全省教育学院院长、教务科(处)长会议，针对广东省初中教师队伍学历培训任务基本完成的现状，讨论研究了从1991年起，培训工作重点转移到岗位培训上来以及继续教育的问题，并拟定佛山、肇庆两教育学院为试点学院。教师进修学校方面，全省继续组织小学公、民办教师参加系统进修，共录取新生15409人（其中脱产班招生5036人），毕业生11827人(其中脱产4077人)。为开展学历后的继续教育，在新会县举办了小学一级教师岗位培训试点班，招生40人。同时组织了部分文化水平较高，有丰富教学经验的高级讲师编写了小学教师岗位培训和小学教育大专班的教学计划，教学大纲和部分教材。为了优化小学教师队伍，提高教师的业务素质，继续在韶关、湛江、佛山教育学院和教师进修学校进行小学教师大专班试点，招生200人。此外，全省有21971人(科)参加了小学幼儿园教师《专业合格证书》考试，其中小学教师报考17043人科，及格率为33.2%，幼儿园教师报考4928人科，及格率为64.4%。目前，教师学历达标率小学为76.39%，初中为56.16%，高中为43.09%，均比1988年有所提高。

(八)成人教育

从提高全民族素质高度着眼，广东省注意发展成人教育。农民教育方面，全省各地认真贯彻国务院《扫除文盲工作条例》，继续抓紧扫除剩余文盲。一年来，参加扫盲学习的有6.8万多人，有3.8万多人脱盲。全省青壮年中非文盲率未达95%的县(区)由1988年的18个下降至13个。农村成人初等学校5260所，18159个班，在校学生906634人，毕业545595人。农村成人中等学校536所，1609个班，在校学生71592人，毕业48109人，在校生和毕业生数均比1988年有较大增长。乡镇农民文化技术学校有较大发展。全省1668个乡镇，已有1446个办起了这类学校，办学面达86.7%，较1988年增加12.7%，其中有148所为初级中学建制，445所为中心小学建制，建制面占总校数的42.3%。一年来，有96万多人参加各种长短班实用技术培训，举办了12.5万期(班)各种实用技术讲座，有355万多人次参加了学习，总计参加各类文化技术学习的人数约占农村青壮年人口的15%。这类学校的基地建设也有一定的发展。目前有专用校舍14.8万多平方米，有实习农场3.6万多亩，实习工厂2.8万多平方米。不少学校进行了“教学——科研——生产——经营——服务”五位一体的改革尝试。实施“燎原计划”的示范乡镇，农民文化技术学校在推广和辐射实用技术方面起了示范作用。经国家教委批准，从化、南雄被定为全国农村教育综合改革试验县。经省审批，分布在57个县(区)的116个乡镇被定为实施“燎原计划”示范乡镇。1989年全省投入200万元，用于28个项目开展工作，其中22项创产值486.6万元，纯收入95.4万元，取得初步成效。职工教育方面，进一步贯彻中共中央、国务院《关于加强职工教育工作的决定》，在搞好文化基础教育的同时，把学习专业技术和开展岗位培训作为职工教育的重点。一年来，参加50个学时以上学习的干部达45.7万人，占全省干部统计人数的29.9%，其中参加高中文化学习的有2.1万人，有1.4万人毕业；参加初中以下文化学习的有0.97万人，毕业0.29万人；参加岗位培训的职工有26.2万人，结业9.1万人，占全省职工总人数的19.9%，其中参加高中文化学习的有2.8万人，毕业1.7万人，参加初中以下文化学习的有1.5万人，毕业0.91万人；参加岗位培训的有71万人，结业26.3万人。各类职工学校1039所，比1988年增加224所；职工教育专用校舍建筑面积为198万平方米，较1988年增长19.8%；职工人均占有校舍面积为0.35平方米，比1988年增加0.06平方米，达到了国家最低的要求。1989年，广东省职工教育经费支出占职工工资总额的1.79%，超出中央提出的要求。

撰稿人 陈 钢 彭红光
审稿人 林受光

二、高等、中专教育

1989年，广东省高等、中专教育事业，进一步治理整顿，深化改革，各项工作稳步前进，教育质量和办学效益均有提高。

(一)控制发展规模，稳步发展高教事业

1989年，广东省高等、中专教育事业根据中央指示精神，结合广东实际，对发展规模进行了调整，基本实现了宏观控制，走上稳步发展的轨道。当年，省属普通高校招生计划为18489人，1989年，部属和省属高等院校在广东共招收新生35903人，部属和省属中专学校招收新生9740人。现全省45所普通高校在校生达100393人，年增长速度为3.2%，比1988年的年增长速度减少9.5个百分点。办学规模基本控制在1988年的计划水平上。全省普通高校1989年本、专科毕业生25969人，毕业研究生1574人。在学校建设方面，省属高校1989年度基建投资为4100万元（其中国家投资3315万元，自筹基建投资785万元），共新建校舍10万平方米，为学校发展提供了新的办学条件。全省64所成人高校和30所普通高校举办的函授、夜大学及120多个电视大学（包括教学点），1989年共招生30125人，成人高校在校生达63499人，毕业生有26673人。在中专教育方面，全省218所普通中专学校，1989年招生40802人，在校生达113500人，毕业生28423人。全省167所成人中专学校招生29746人，在校生77905人，毕业生31413人。

自学高等教育认真贯彻国务院发布的《高等教育自学考试暂行条例》和"加强、完善、提高、发展"的工作方针，正在稳步地发展。1989年全省开考33个专业，310门课程，报考人数为293885人次，颁发单科合格证书74652个，毕业证书18252个。广东自学考试还面向港澳台胞和海外侨胞，在港澳开考的专业14个，报考人数达1500多人。

在改革、开放政策指引下，广东一些新办的高校得到了进一步的充实和提高。汕头大学，是1981年经国务院批准，由香港知名爱国人士李嘉诚先生捐资兴办的一所综合性高等学校。经过8年的发展与改革，已日臻完善。1989年在校生3540人，其中本科生2808人，专科生732人。从开办至今，已为社会输送本、专科毕业生1981人(其中1989年本、专科毕业生813人)。学校总面积为1620亩，建成校舍面积20多万平方米。学校办学力量不断加强，现有专任教师539人，其中教授15人，副教授119人；建成实验室71个，添置设备5761台，图书馆藏书量达44万多册。几年来，该校主动适应地方经济建设和社会发展的需要，采取灵活多样的办学形式，积极培养社会急需人才，已初步形成了独具特色的办学模式。

(二)坚持社会主义办学方向，把德育放在教育工作的首位

1989年，在北京发生的"政治风波"也影响到广东，部分高校和少数中专学校停课。在这场政治斗争中，广东省教育主管部门和各院校党政领导、广大教职工，在省委、省政府的正确领导下，与党中央在思想上、行动上保持一致，立场坚定，坚守岗位，坚持工作，积极疏导，减少了损失。动乱平息后，广东高等、中专教育战线通过认真地反思，认识到，为了保证社会主义的办学方向，必须切实加强学校的思想政治工作，坚持把德育放在教育工作的首位。

1.加强学生思想政治工作，维护社会和

学校安定团结的局面。主要做法是：首先，组织广大师生员工学习党的十三届四中全会文件和邓小平同志的重要讲话，联系高校的实际，认真反思，总结经验教训，提高认识，把师生员工的思想统一到四中全会精神上来。其次，在新学年开始时，集中了一段时间对学生进行政治形势和法制教育，把坚持四项基本原则，坚持改革开放，反对资产阶级自由化的教育纳入正常的教学程序。为了更好地开展这项工作，暑假期间，广东省教育主管部门举办了全省大、中专学校政治形势和法制教育课教师骨干培训班，为开学后的政治教育打下基础。开学后，全省高校共组织了近万名教师和干部下班指导学生学习。第三，进一步完善马克思主义理论课教学内容，在编写好《法律基础教程》、《马克思主义原理》、《中国革命史》和《中国社会主义建设》等4门新教材的基础上，组织教师撰写专题论文，批判资产阶级自由化言论，组织编写新教材和学习指导书，帮助学生更好地掌握马列主义基本理论，树立正确的人生观。第四，加强学校思想政治工作队伍的建设，挑选一批优秀教师和选留一批优秀毕业生充实到思想政治工作队伍中来。通过学习党的路线、方针、政策和时事政治，把提高政工人员的思想政治素质和理论水平，同注意提高政工人员的待遇结合起来，稳定政工队伍。第五，加强高校党团组织建设，发挥党组织的领导和政治核心作用，进一步加强了党组织的战斗力，促进了党的思想和组织建设。第六，严格整顿高校社团组织。第七，建立和健全民主制度，许多学校实行了校领导"接待日"、建立校领导"信箱"，定期与师生和民主党派人士座谈，通过多种渠道听取师生员工的意见、要求和建议，不断改进工作。经过一系列的思想政治教育工作，全省高校大多数学生的思想觉悟有了明显提高。为了帮助大学生了解社会实际，解决一些较深层的思想认识问题，省委和高校工委于12月份组织广州地区首批5所高校100名师生，由高教局的负责人亲自带队，到广东开放改革搞得比较好的宝安县进行为期8天的社会调查活动。使学生接触社会，了解国情，参加调查的师生受到了深刻的教育和强烈的感染。许多学生通过调查活动，亲眼看到了改革开放的巨大成就和社会主义的美好前景，从而解开了思想上的一些困惑，端正了对共产党的认识，增强了对党的领导和走社会主义道路的信心。

2.坚持正确的政治方向，把德育放在首位。1989年高校的招生、毕业分配和留学生派遣工作，均贯彻德智体全面衡量的原则。在招生时，首先要求中学对考生的政治思想品德做出鉴定；在录取时，把考生的政治条件放在首位来考查，对于政治思想表现突出的考生、"三好"学生、优秀学生干部，在其他条件相同的情况下，优先录取。对毕业学生，要求学校认真做好思想鉴定，凡又红又专的毕业生，可以享受选择工作单位的优惠政策。选派留学生，也把政治条件放在首位，对那些业务上虽好，但政治上有严重问题的则坚决不予派遣。初步扭转了近几年来在招生和派遣工作中只重视业务标准，忽视政治要求的偏向。广东工学院、雷州师专、嘉应师专等院校还恢复了劳动教育制度，有的学校开设了劳动课，使师生不脱离生产，不脱离劳动，自觉走与工农相结合的又红又专道路。

(三)加强高校布局和结构的调整，努力提高教育质量

1989年，是广东省高等、中专教育事业进行治理整顿的第一年，省教育主管部门和各院校着重抓了以下几个方面的工作。

1.调整事业布局，优化教育整体结构。1989年，广东高等、中专教育根据"控制规模、优化结构"的要求，结合广东实际，拟定并部分实施了对全省高等、中专教育事业的布局调整工作。首先是积极进行师范专科学校与

地方职业大学合并办学的探索，建设为地方经济发展服务的师范教育、职业技术教育相结合的综合性高等学校。经省政府批准，1989年韶关师专与韶关大学合并，实行一套人马两块牌子，有效地发挥了两校的作用，也加强了韶关市地方高等职业技术教育的办学力量。其次是调整专业科类结构，按照加强针对性和适应性的原则，压缩、改造长线专业，适当发展短线专业及应用学科专业，拓宽专业口径。华南农业大学、广东工学院等院校均试验按系招生，积极为社会培养“适销对路”的人才，受到社会的欢迎。

2.加强管理，优化育人环境。根据培养无产阶级革命事业接班人和社会主义建设者的总体要求，广东各高等、中专学校，在加强思想政治工作的同时，认真抓好学校的管理工作，建立和健全各项规章制度，完善各项管理措施。华南理工大学等院校成立了校风校纪建设领导小组。学校领导亲自挂帅，从抓考试风气入手，加强学籍管理，严格考勤登记和生活作息制度，强化学生行为规范，树立良好的校风校纪。华南师范大学也把学风、校风建设作为学校的重要工作来抓。一是抓学生上课考勤制度的落实；二是抓课堂纪律；三是抓学生宿舍纪律；四是整顿校园秩序；五是严格执行学籍管理规定和校规校纪，对违纪学生进行必要的处理。从而使学校风气明显好转。

在后勤管理工作方面，各院校认真做好提高后勤服务质量，完善和加强生活服务设施等工作。省教育主管部门多次召开高校后勤负责人会议，会同有关部门，研究解决学校的粮食、副食品等生活必需品和煤、电的供应问题。通过组织各高校学习推广中山大学、华南师范大学学生宿舍管理经验，加强了学生宿舍的管理工作。各院校积极做好师生的医疗卫生保健工作，建立师生健康卡片档案，定期进行体检和防疫工作。加强校园建设，开展了评选学校优质建设工程和“文明校园”的活动，美化校园环境。广州中医学院开展“四美化活动”（美化校园、课室、宿舍、个人），把学校建成一个整齐、美观、宁静的教学、学习、生活场所，被评为1989年省的“文明校园”单位。广东工学院到1989年已基本收回“文化大革命”中被占的校园校舍，教学、生活用房建设及校园的绿化、美化都出现了新的面貌。

广东各高等、中专学校认真整顿办学秩序。整治滥办学、滥招生、滥发文凭、滥收费等“四滥”现象，整顿高校办学分教点，教育秩序和教育环境有所改善。同时，根据中央和省的有关指示精神，开展财务税收大检查，加强学校财务工作的管理，重点检查了华南师范大学、广东医药学院等7个单位，对没有列入重点检查的省属高校，采取分片互查的办法，做到百分之百的互查，受到省有关部门的表扬。清理整顿公司的工作也在各院校积极开展，1989年对省属高校27个校办公司进行了清理整顿。面对教育经费短缺的情况，广东省高教主管部门号召各院校厉行节约，保证教学经费的合理安排和使用。惠阳师范专科学校等院校，制订了增收节支措施。中山医科大学积极开源节流，面向社会开展科技有偿服务，校本部全年基金收入277.9万元，既增加了学校的办学经费，也改善了教职工的生活福利条件。

（四）深化教育改革，教学、科研等取得新成绩

1989年，广东高教主管部门在总结教育经验的基础上，组织力量，抓好教育改革的研究探索工作，拟订了《广东省教育发展和改革方案》（修改稿）和《广东省普通高等教育发展改革规划》（第四稿），为深化广东高等、中专教育改革，提出具体的实施方案。华南师范大学、广东工学院、广东商学院等8所院校试行招收插班生制度，为社会知识青年创造继

续深造的机会。各院校加强了教学内容的改革和建设，组织编写了《体育基本理论》、政治理论课系列教材和中专学校《法律基础知识》、《计算机应用基础》等教材；不断改进教学方法，增强教学计划的柔性，加强实践性教学环节。雷州师专建立课程档案，把本课程使用的教材、有关参考书、教学方法、考核办法、教改措施、教研成果、教学进度、学生成绩、教学情况调查材料、教师的情况、教学仪器设备及使用情况等列为档案收集内容，加强对课程的管理，开展课程质量评估，使课程教学质量显著提高。高校电化教育工作和图书馆工作在原有的基础上进一步提高，受国家教委的委托，拟订了《全国普通高等学校电化教育水平评估方案》，推广了图书馆电脑管理的经验。群众性的体育运动在高校广泛开展，华南理工大学学生体育运动成绩突出，在1989年全国青少年运动会上，该校田径运动员获撑竿跳高金牌，在全国田径冠军赛中获400米栏银牌和400米铜牌。学生军训工作进一步加强，全省开设军训必修课的学校有中山大学、华南理工大学、华南师范大学和深圳大学。根据国家教委的部署，在1989年举办了普通高校优秀教学成果评奖活动，广东省有134项成果被评为省级优秀教学成果奖，17项成果被评为国家级优秀教学成果奖，中山大学的《根据高校研究机构特点，精心培养高层次人才》和华南理工大学应用数学系的《综合改革给我系带来活力》两项成果被评为国家级优秀教学成果特等奖。

高校科研工作在搞好基础研究的同时，把主要的科技力量投入为经济建设服务的主战场，大力推进高校科技与经济建设的结合，促进科研成果向生产转移，鼓励和提倡高校在保证教学、科研任务，并有利于全面提高教育质量的前提下，采取有偿服务的形式，向社会提供科技服务，建立各种形式的教学、科研、生产联合体，取得了较显著的成绩。华南师范大学的固氮植物研究项目，在全省推广扩种11万亩，对控制水土流失、改良土壤、改善生态环境等方面有显著成效，取得了较好的社会效益和经济效益。华南农业大学积极向社会提供科技服务，一年来，推广科技成果69项，其中技术转让13项，提供技术服务35项，科技开发21项，当年学校获得经济效益85.79万元；该校还先后与英德、高要、东莞、宝安等县、市建立全面的科技协作关系，积极开展地方人才培训，促进科研成果尽快转化为生产力，有力地促进了这些市、县农业经济的发展。1989年，全省高校举行科技成果评奖，有28项成果获省政府颁发的科技进步奖，73项成果获省高教局颁发的科技进步奖，21项成果获省高教局和省卫生厅联合颁发的科技进步奖。1989年广东高校申报登记的科技成果119项，有6项科技成果获国家专利。暨南大学的"七五"科技攻关项目《人HCG避孕疫苗的研究》获国家计委、国家科委、财政部联合颁发的"在七五国家重点科技攻关中做出成绩"的荣誉证书。

广东省高教系统对外学术交流进一步发展。至1989年底，在广东高校工作的外国文教专家和教师156人，在广东高校就读的外国留学生420人，他们来自世界五大洲72个国家。广东先后接待外宾32批，249人次，先后公费派出60名教师到国外进修或攻读学位，办理237人出国自费留学。1989年，广东高教系统派出到国外或港澳地区进行学术交流、参观考察、参加国际会议、合作科研的专家、学者与代表团共170多人次，有力地促进了对外的科技、文化的交流与合作。在对外经贸部、农业部和外交部的领导和协助下，华南农业大学建成了中国国际农业培训中心，并举办了第一期培训班，参加培训的有坦桑尼亚、乌干达等5个国家的25名农业官员。嘉应大学接受港、澳、台同胞的资助，建设了丽群图书馆、田家炳科学馆和畹香学宫等教学设施。香港同胞温惜今先生为暨南大学捐建的学术会议厅已竣工交付使用，邵逸夫先生捐资1000万港元为暨南大学兴建一座综合性体育馆，已动工建设。

（五）教师队伍建设进一步加强

1989年，广东高等、中专学校根据“定员定编，优化结构”的原则，进一步充实整顿师资队伍。除继续选派教师出国留学深造外，省高教局举办了7期学习研究生课程的助教进修班，有200多名青年教师参加了培训；各校还通过保送读研究生、鼓励报考定向研究生班等办法，促进青年教师业务理论水平的提高。广东工学院、佛山兽医专科学校等校，通过举办青年教师任职培训班，对青年教师进行上岗前的思想和业务导向教育，引导其树立教书育人的责任感。全省高校结合重点学科建设，确定了重点教师118名，通过加强思想、业务培养，使他们尽快成为学科带头人。在教师队伍管理方面，建立和健全各项管理措施，通过交流、考核、培训等办法，使全省教师队伍得到充实提高，促进了教师队伍的整体优化。1989年，全省选留489名优秀毕业生充实到教师队伍，其中毕业研究生160名，本科毕业生329名。到年底，全省普通高校有专任教师15700人，其中教授769人，副教授3582人，讲师6206人；成人高校专任教师3455人，其中副教授以上有553人，有讲师1587人；普通中专学校有专任教师9842人。基本适应了广东高等、中专学校教学、科研的需要。1989年，广东高教系统评选出全国先进工作者2名，全国教育系统劳模和优秀教师150名，省级优秀教师115名。

撰稿人　郑建辉　朱锦銮
审稿人　周鹤鸣

广西壮族自治区教育

一、综述

1989年，广西壮族自治区贯彻执行中共中央、国务院关于教育工作的一系列方针政策，坚持教育的社会主义方向，从广西的实际情况出发，抓住对全局具有影响和带动作用的关键环节，稳定形势，使全区教育事业继续沿着正确的方向稳步、健康地发展。

各级各类教育有所发展，在校学生不断增加。

普通高等学校仍为24所，在校学生为37757人，比1988年增长0.6%，比1980年增长47.9%，比建国初期的1950年增长39倍。建国以来，共培养本、专科学生达10.7万多人。成人高等学校为24所，在籍学员28452人，比1988年增长5.2%，比1980年增长近10倍，近十年来共培养各类专门人才6万多人。高等教育自学考试继续发展，目前，开考专业已达19个，1989年参加考试的达12.72万人次，已有4201人通过自学考试取得了大专毕业证书。

普通中等技术学校现有94所，在校学生50790人，比1988年增长9.94%，比1980年增长1.07倍，比1950年增长97倍。中等师范学校(含幼师)现有26所，在校学生21547人，比1988年增长5.05%，比1980年增长42.78%，比1950年增长14倍。

成人教育发展迅速，1989年共扫除青壮年文盲8.2万多人。目前，有初等成人学校7704所，学员111.86万人，比1988年增加84.2%。成人中学200所，教学点559处，在学人数达15778人，比1988年增长6.4%。乡镇农民文化技术学校1074所，教学点5821处，在学人员44.24万人，比1988年增加11.3%。成人中等专业学校(含农民中专)111所，在学人员达35778人，比1988年增长37.7%。各类成人教育的发展，为工农业生产第一线特别是为广大农村培养了数以万计的中初级实用技术人才、能工巧匠、种养能手，为山区农村脱贫致富发挥了积极的作用。职业技术中学，现有独立建制的218所，在校学生5.76万人，比1988年增长4.72%，比1980年增长1.43倍。

基础教育稳步发展。现有普通中学2692所，在校学生131.91万多人。其中初中在校生112.66万人，普通高中在校生19.25万人，当年初中毕业升学率为33.5%，与1988年基本持平。在校中学生比1988年增长0.37%，比1980年减少18.17%，比1950年增长34倍。在校中学生从1950年每万人口有9.5人，发展到1989年的322.7人。现有全日制小学15728所，在校学生547.58万多人，比1988年增长1.87%，比1980年增长8.97%，比1950年增长10.2倍，在校小学生从1950年每万人口有90人，发展到1989年的1339.5人。建国初期7—11周岁小学适龄儿童入学率只有25%左右，并且巩固率、毕业率极低，1989年全区小学适龄儿童入学率已达96.45%，年巩固率为96.4%，毕业率为96.3%。全区现有幼儿园2456所，在园儿童64.34万多人，比1988年增长12.96%，比1980年增长1.75倍，比1950年增长320倍。在园儿童中农村儿童达445290人，占在园儿童总数的70.3%，大大改变了长期以来幼儿教育只在城镇办的历史。

教育改革正在许多方面展开，教育主动为社会主义经济建设服务的方针不断得到落实，并取得新的成绩，一是中等教育结构得到了进一步的改善，职业技术教育有所扩大，高中阶段职业技术教育在校学生与普通高中在校学生之比由1987年的1:1.71变为1:1.37。专门人才培养结构进一步得到合理调整，不但调减了本科、扩大了专科教育规模，发展了短线专业，而且拓宽了专业面，增强了专门人才培养的针对性和适应性。目前，全区低重心、多层次的专门人才教育结构正在逐步形成，1989年大学本科、专科和中专在校生比例已由1987年的1:0.57:2.58变为1:0.76:3.38，当年招生比例由1987年的1:0.95:4.43变为1:1.23:5.02。1989年各类中等职业技术教育设置的专业已达150多个。各级各类专门人才的培养逐步适应全区经济、社会发展的需要。二是教育管理制度、教学内容和教学方法等方面有了较大幅度的改革，基础教育质量稳步上升，中等专业教育办学效益和社会效益有所提高，高等教育教学、科研、生产（社会实践）三结合更趋于扎实有效，新的科研成果不断扩大。1987年以来的三年间，高等学校经鉴定的科研成果有654项，其中获自治区级以上奖励的65项，转让科技成果144项，经专家评定具有国际水平的20项，达到国内先进水平的68项。农科院校积极开展教育扶贫取得良好成果。广西农学院与河池地区的宜山、环江、罗城、河池等少数民族县挂钩，实行教学、科研、生产相结合，推广先进科学技术，指导生产实践，仅粮食生产一项就增长400万公斤，并为各地少数民族培养了一大批中初级农科人员，获得当地党委和社会的高度评价。三是基础教育分区规划、分类指导、分级管理的地方负责制正在形成，逐步增强了地方政府发展教育的责任和义务，群众集资办学的积极性空前高涨，全区多渠道筹集抢修中小学危房经费1988—1989年两年累计共达7.4亿元。四是教育综合改革进行了有益的探索，目前，在柳州市和横县的两个实验区已经总结了一批有推广价值的新鲜经验。“燎原计划”在农村部分乡镇开始实施。五是农村成人教育已从学习文化为主逐步走上了政治、文化教育与实用技术培养相结合的新路子，吸引了广大农民的学习积极性，1989年全区农民参加实用技术培训达222.13万多人，比1988年增加46%。

各级各类学校师资队伍不断壮大。普通高等学校现有专任教师6812人，比1980年增加1827人，比1950年增长了50.6倍；现有专任教师中，高级职务的有1448人，中级职务的2494人。成人高等学校现有专任教师1733人，比1980年多950人，专任教师中有高级职务的193人，中级职务的655人。中等技术学校现有专任教师5285人，比1950年的72人增长了72.4倍；现有专任教师中、高级职务的427人，中级职务的1634人。中等师范学校现有专任教师1872人，比1950年的161人增长10.6倍；现有专任教师中，高级职务的97人，中级职务的466人。农职业中学现有专任教师4259人，比1980年的1339人增加了2.2倍。普通中学现有专任教师79991人，比1980年减少12808人，比1950年增长近29倍。现有专任教师中，按国家规定的学历或达到标准的高中专任教师占62.7%，比1987年提高了30%，初中教师为47.7%，比1987年提高了25%。中学专任教师中，高级教师3568人，一级教师22065人。小学现有专任教师206159人，比1980年增加了4180人，比1950年增加5倍。小学专任教师中，达到国家规定的学历和标准的占88.4%，比1987年提高了47%。小学专任教师中，高级教师26655人。幼儿园现有教师15573人，比1980年增加8324人，比1950年的64人增长了242倍。

民族教育有新的发展。1989年，为了加速民族地区的社会主义建设，培养民族地区各种建设人才，在原已采取的各种特殊政策和措施的基础上，又增办民族师专班、民族扶贫中专班，原有各种民族寄宿制中小学和各级学校民族班规模有所扩大，使少数民族在校学生逐年增加。1989年普通高等学校在校少数民族学生12114人，占在校学生总数的32.08%，比1980年的4924人占在校学生的19.29%，增长了1.46倍，比1950年的30人，占在校学生的3.12%，增长了402倍。成人高等学校在校少数民族学生4484人，占在校生总数的20.65%，比1980年的910人，占在校学生总数15%，增长近4倍。中等技术学校在校少数民族学生15898人，占在校学生31.3%，比1980年的6180人，占在校学生总数的25.19%，增长1.57倍，比1950年的14人，占在校学生总数的1.73%，增长1134倍。中等师范学校在校少数民族学生7341人，占在校学生总数的34.07%，1980年为7080人，占在校学生总数的46.91%，比1950年占在校学生总数的5.12%，增长71倍。普通中学在校少数民族学生495308人，占在校学生总数的37.55%，比1980年的461110人，占在校学生总数的29.58%，增长7.4%，比1950年的8257人，占在校学生总数的21.78%，增长近59倍。小学在校少数民族学生231.81万人，占在校学生总数的42.33%，比1980年的189.8万人，占在校学生总数的37.77%，增长20%，比1950年的11.58万人，占在校学生总数的23.65%，增长19倍。

二、加强学校思想政治工作和德育工作

近年来，“社会气候”严重影响、干扰和冲击着学校。面对这一现实，自治区党委和人民政府采取了许多有效政策和措施，尽一切努力，稳定学校秩序。1989年春夏之交北京由学潮、动乱发展到反革命暴乱，广西高等学校受到了冲击及影响，但由于各级党、政和教育行政部门和学校，积极疏导，努力工作，采取了有力措施，总的来看，被有效地控制在局部地区和校园内，避免了更大范围的蔓延和损失，基本稳定了学校秩序。

1985年，自治区党委针对思想政治工作严重削弱的实际，发出了《关于加强普通高等学校思想政治工作的通知》，1988年中共中央发出了《关于改革和加强中小学德育工作的通知》。自治区教育行政部门和各级各类学校组织广大师生员工认真学习，深刻领会，坚决贯彻，并制定了许多相应措施。

一是坚持加强和改善党对学校工作的领导，特别是在高等学校，多年来一直坚持党委领导下的校长负责制，把学校党委置于学校的核心领导地位，从而保证了学校教育沿着党指引的社会主义方向健康地发展。

二是加强学校领导班子建设，对全区高等院校的领导班子认真进行考核，进一步加强充实领导班子，对于尚未配齐的领导班子作了必要的充实，把那些党性强、坚持四项基本原则、有能力、在群众中有较高威信的骨干分子调整到领导岗位上来，使学校领导权掌握在忠于马克思主义的人手中。

三是加强政治工作队伍建设，把本校政治素质好、学习优良的学生骨干毕业后留校安排作政治工作，并适当从国家机关和企事业单位选派少量的先进分子到学校担任政工干部。为了鼓励政工干部积极工作，认真贯彻落实自治区党委有关文件精神，较好地解决了政工干部的职称待遇问题，对于稳定政工队伍等方面起到了积极作用。为了提高政工队伍素质，1989年以来，先后组织了政工干部参加各种脱产或在职学习马列主义、毛泽东思想和党中央的有关重要文件，提高他们的政治思想和业务素质。目前全区24所普通高等学校，已配有专职或兼职政工干部500多人，平均每校有20.8人，做到每74个学生有一名政工干部。

四是组织师生参加社会实践，广泛接触工农兵，并与之建立经常联系，每学期除有计划、有目的地组织师生下厂下乡参加必要的生产劳动和社会调查外，还组织师生与边防

部队通信和到边防哨所与解放军官兵联欢。广西民族学院共有数百名学生保持与法卡山守备部队通信，互相学习，互相鼓励。广西大学、广西师范学院等院校每年亦有计划地组织学生到少数民族地区进行社会调查，增强师生的使命感，加深对工农的感情。1989年广西师范学院许多毕业生积极要求到边远山区少数民族地区任教。

五是加强学校党团建设，充分发挥学生会的作用。1989年据不完全统计，全区大中专学校共发展了新党员210人，新团员841人，并注意发挥他们的先锋模范作用。与此同时，在校党委或党支部的领导下，积极引导学生开展各种有益活动，并通过学生会了解学生在学习各阶段深层的思想动态，并协助学校做好和解决学生中某些思想疑惑。

六是积极进行校园文化建设。全区各大中专学校基本建立了艺术节、体育运动会，近年来逐步形成制度。1989年全区分别举行了大型的大学生、中专生体育运动会，有一万多人参加。"艺术节"一年举行一次。把思想教育、团结向上寓于体育运动和艺术活动之中，对于陶冶学生的高尚情操，起到了一定的作用。与此同时，每学期都有计划的组织学生进行军训。

七是加强后勤工作，改善学校师生的生活、工作条件，充分发挥管理育人、服务育人的作用。1989年自治区教委共拨出专款210万元，专项用于南宁市、桂林市高等院校架设供电专线，保证了学校的正常供电。在部分普通高等院校开始建立了副食品生产基地。学校师生生活、学习、工作条件有了一定的改善。

八是为了加强学校的思想政治工作，自治区教委成立了学校政治思想教育处，同时，加强学校的社会治安工作，使师生有一个安全的环境学习和工作。

九是制定了《中小学德育工作规范》二十条、《文明学校标准》五个方面二十条，印发全区中小学学习贯彻执行。各地根据实际情况进一步具体制订出实施方案，纳入经常工作计划，每年由地、市、县组织评比一次，自治区教育行政部门不定期地抽查或组织评比一次。

十是依靠各级党政领导和各部门的支持和协助，加强舆论导向工作。1989年当"政治风波"向广西袭来时，自治区党委和自治区人民政府坚决贯彻执行党中央、国务院的方针政策，并深入学校具体指导，有关部门给予很大的支持和协助，及时进行正确的舆论导向，自治区教委主要领导组织精干队伍深入到各大专院校了解情况，亲自指挥，并亲自起草了有关通告，运用报刊电视等，开展政治宣传，教育了广大党员、群众和师生员工，旗帜鲜明地坚决反对动乱，以最大限度孤立了极少数搞资产阶级自由化的人，使整个广西的形势比较稳定，绝大多数学校的教学、生活和工作秩序基本正常，维护了社会的安定团结，保证了全区工农业生产和人民日常生活的正常秩序。在北京平息反革命暴乱后，广西坚决执行政策，严肃认真的开展清理清查工作，收到了预期效果。

三、大力整顿办学秩序

近两年来，广西部分大中专学校出现了办学秩序混乱的情况，招生计划失控，盲目扩大规模，偏重经济效益，以致学校计划外办班多。据统计，全区大中专学校计划外招生，普通高等学校为29809人，其中学习一年以上的有4162人，住校班5829人，计划外办班的学校有19所，占全区高等学校总数的79.2%；成人高校计划外办班招生24095人，其中学习一年以上的有1504人，住校班1326人；中等专业学校计划外招生为5393人，其中普通中等专业学校招3518人，中等师范学校招生1875人。个别高校计划外招生数占计划内招生数的20%，以致教师严重超工作量，学校服务严重超负荷。造成学校本来已经困难的办学条件更趋紧张。为了纠正这种混乱情况，加强办学宏观管理，自治区教委于1988年10月成立了以区党委常委、区教委主任侯德彭为组长的整顿办学秩序领导小组，对大、中专学校计划外办学进行清理整顿，对所有超计划招生的学校进行认真调查了解和分析研究。对问题比较多的学校派出专门调查组，在此基础上相应采取的措施是：

（一）加强对计划外办班的管理。各普通高校指定一名院校领导分管这一工作，配备了专职工作人员，有关的系还成立了领导小组来管理这项工作；地市行政领导部门和地方教育行政部门，分别发文并从有关单位抽调人员负责对本地市社会力量办学进行检查整顿，在整顿中注意总结经验，理顺关系，促进社会力量办学的健康发展。

（二）制定和健全各种规章制度。对计划外办班、招生作了若干明确规定，即不得挤占学校条件；收费标准要严格按照有关规定执行；非学历教育办班由学校统一管理，统一报批；一切非学历教育的班次，学校不得以任何形式发给毕业、结业证书。与此同时，又下发了《关于加强大中专学校学历管理的暂行规定》，对整顿办学秩序，加强办学计划的宏观管理，优化育人环境，稳定学校教学和生活秩序起到了积极作用。1989年8月26日，自治区教委发出《关于加强大中专院校招生、办班和社会力量办学管理的若干规定》，使学校招生、办班有章可循，乱招生、乱办班的混乱现象基本得到了克服。

（三）严格组织纪律。对凡不按规定擅自登报办班、招生的学校，自治区教委及时予以通报处理。

（四）通过整顿，进一步端正办学指导思想，逐步从扩大规模、增加数量、搞创收转移到稳定规模、优化结构、增强效益、提高质量上来。

（五）计划外招生、办班，必须由学校统一规划、统一安排、统一办理报批手续，进行统一管理。招生简章（广告）要报经批准办学的教育行政部门审查批准方能刊登、广播和张贴。高等学校的教师到校外兼课，必须由学校领导批准，由教务处统一安排。在保证和满足校内正常的教学和学生思想政治工作的前提下，确有余力，方能办非学历教育的短训班和培训班、派人到校外兼课。

（六）重申国家和自治区的规定，进行学历教育必须是具备资格的学校和单位，招生必须列入国家计划，并参加全国统一的招生入学考试，择优录取。各类培训班、进修班、自学考试辅导班均属非学历教育，其学习时间一般应为一年以内，个别的经批准不得超过一年半。学习结束不得颁发任何形式的毕业、结业、肄业等学历性质的证书，只能发学习证明、进修证明。

（七）重申社会力量办学首先要具有法人资格，同时必须具备与学校性质、任务、规模相适应的办学条件，即：（1）要有健全的领导班子，并有学有专长的学校主持人；（2）要有明确的办学宗旨、培养目标和办学方案、教学计划及教材；（3）要有适应教学需要的、能胜任教学工作的专兼职教师和管理人员，教师要相对稳定，本校教师要有一定的比例；（4）有必要的教学场所（包括教室、宿舍和必要的实习、活动场所，如属租用，需签合同）和教学设备；（5）要有可靠正当的经费来源（包括收取合理的学费）；（6）要有切实可行的教学和行政管理制度。

（八）按有关规定，重新审核、换发《社会力量办学许可证》。

四、贯彻“人民教育人民办”的指导思想，群策群力，大力抢修中小学危房

广西是少数民族聚居的自治区，由于历史的原因和现实条件的限制，经济比较落后，发展教育受到一定的客观条件制约，基础教育办学条件较差 据1987年的统计，全区中小学校舍危房面积达747.183万平方米，占校舍面积3019.93万平方米的25.3%。妨碍了少数民族地区基础教育的发展，影响到全面提高民族素质，同时也影响到其他各类教育事业的发展。为了实施《义务教育法》，1988年3月12日，自治区人民政府发出了《关于抢修中小学危房的紧急通知》，确定了具体的集资政策和奋斗目标，要求两年左右基本消灭危房。经过全区各级领导、广大干部群众的共同努力，抢修危房工作取得了显著成绩，截至1989年12月底统计，两年时间全区共集资7.4亿元（此项投资相当于前10年全区中小学校舍改造经费的1.26倍），其中各级财政拨款19071.48万元，占25.68%，单位集体资助5699.5万元，占7.7%，干部群众个人捐资（包括投工献料折款）49274.51万元，占66.62%。共修复中小学一般危房469.38万平方米，推倒严重危房326.42万平方米，已翻建284.94万平方米，正在回建的面积80.6万平方米，新建校舍186.23万平方米，使全区中小学危房面积由1987年占校舍面积的25.3%下降到1.44%。经各地、市或自治区人民政府组织检查验收，完成“抢修”任务的已有37个县市，占全区县市总数的42%。

在这样短的时间内取得如此显著的成绩，是建国40年来人民政府在教育方面做了一件深得人心的大好事。其基本经验是：

（一）党政领导重视。自治区党委、政府主要领导和分管领导亲自深入调查，召开有关会议动员，要求各级党政要把抢修中小学危房当作为子孙后代造福的一件大事来抓，制定了有关政策和措施。自治区人大常委会主任就政府的《紧急通知》发表了专题电视讲话。各地、市、县党委、人大、政府的主要领导直接主持研究制定本地区有关抢修危房工作的重大政策和措施。各级人大常委会运用立法形式，作出相应决议或决定。各级政府分管教育的领导亲自挂帅。在抢修中小学危房工作中，全区涌现了一批“抢修专员”、“抢修书记”、“抢修局长”、“抢修乡长”、“抢修支书”、“抢修村长”、“抢修校长”的党政领导干部，“村看村、户看户、群众看干部”，在各级领导干部的组织和模范带动下，全区形成了从上到下干部群众都来抓“抢危”的局面。

（二）加强组织领导。逐级建立“抢危”机构，成立“抢危”领导小组，组长由各级分管教育的书记或副专员、副县长、副乡长担任，领导小组下设“抢危”办公室，从各有关单位抽调强有力的干部。

（三）广泛宣传大造舆论。自治区编印抓紧抢修中小学危房宣传提纲。各级政府、教育行政部门、各级各类学校组织宣传队伍，利用电影前后、广播、电视、山歌、黑板报等各种宣传机会和形式，向广大干部群众宣传“抢危”的重大意义，做到深入人心，家喻户晓，“抢危”变成了广大干部群众的自觉行动，涌现了“有钱出钱，有物出物，有力出力”，人人为“抢危”作贡献，个个为子孙后代做好事的许多新人新事。

（四）严格管理，专款专用。在“抢危”过程中，各地对干部群众为抢修危房捐献的财物，做到严格管理，实行专户、专库储存，严防贪污、挪用、浪费、丢失、盗窃，各地普遍制定了具体措施确保专款专用，不冒不漏，坚决按照财物管理制度审查，做到财务公开，捐资、献物都张榜公布，许多学校还把干部、群众捐资助学的姓名树碑立传，为后人铭记。

（五）加强质量检查。各级人民政府、教育行政部门专门组织质量验收机构，从计划到设计，从施工到竣工，都经严格审查，保证了抢修工程质量。目前，在许多地方，已经逐步出现“最好的房子是学校”的新气象。

五、大力开展勤工俭学

为了全面贯彻教育方针，促进教育与生产劳动相结合，培养学生的劳动观点和劳动习惯，以及掌握一定的生产技能，根据广西的实际情况，采取“靠山吃山，靠水吃水”，因地因人制宜的办法，宜农则农，宜林则林，宜工则工，宜养则养，在农村以种养为主，在城市以加工和发展第三产业为主，积极开展勤工俭学。目前，全区中小学已有17730所开展了勤工俭学，占中小学总数的94%；在大中专院校普遍建立和发展校办产业、副食品生产基地等。一年来，全区中小学勤工俭学纯收入已达10865万元，突破了一亿元大关。通过勤工俭学，不但有效地加强了学生的思想教育和劳动教育，而且增加了学校的收入，对弥补教育经费不足，改善办学条件和师生的工作、学习条件，起到了积极的作用。

1989年全区开展勤工俭学活动之所以有了新的突破，主要有以下几条体会：

第一，明确指导思想。各级各类学校始终把学生思想政治教育放在首位，注意培养学生热爱劳动，树立劳动观点，增进工农感情。同时，紧密联系课本知识，加强理论联系实际，巩固和加深已学的课本知识，提高教学质量。

第二，加强宣传，树立典型，以点带面。区、地、市、县分别举办勤工俭学展览（展销）会，向社会、家长和各级人民政府、各部门宣传勤工俭学的重要意义和取得的成果，争取全社会的重视和支持。同时，抓好典型，及时总结推广典型经验，先后召开了多次勤工俭学现场会，有效地推动了全区勤工俭学健康发展。

第三，从实际出发，因地因校制宜，选好勤工俭学项目，努力提高勤工俭学经济效益。

第四，依靠当地人民政府、各有关部门和广大群众，为开展勤工俭学提供必要的条件，给予必要的支持，不少市、县把学校开展勤工俭学活动纳入本地区的总体规划，积极帮助解决勤工俭学中的困难和问题。在农村，不少地方人民政府和群众拨给一定土地、林场、农场、养殖场等。据不完全统计，一年来全区各地拨给学校土地、林场、农场、养殖场10万亩，为农村学校开展种养提供了必要的物质条件。

第五，加强了对勤工俭学的组织和领导。区、地、市、县都有专人专管，并明确分工一位领导同志具体负责。区、地、市成立了勤工俭学机构，抽调骨干力量，大中学校加强了后勤和科研生产的领导和管理，加强了领导，使全区勤工俭学有领导、有组织、有计划地开展。

六、制订《实施义务教育必备办学条件暂行标准》，推进基础教育向前发展

根据广西经济、教育的实际情况，经过调查研究，坚持积极稳步、分类要求、逐步提高的原则，制订了《实施义务教育必备办学条件暂行标准》，印发全区各地、市、县、乡、镇、村基层行政单位贯彻实施。

关于实施小学阶段义务教育办学条件暂行标准

（一）学校布局与规模

1. 学校要合理布局。校点要全面覆盖所辖行政区，在方便儿童、少年就近入学的情况下适当集中，不宜过于分散，以提高办学效益。学校环境必须保证学生的安全，有利于教学和学生身心健康。

2. 全日制完全小学规模，人口分散地区以每个年级1个班为下限，人口密集地区一般以每个年级4个班为上限。距离村完小较远、生源较充足的自然村可设教学点。

3. 村完小以上学校每班学额以45人为宜，最多不超过50人。村小教学点每年级学额低于15人时应办复式教学班，每个复式班最多不超过三个年级（盲、聋、哑、弱智儿童教学班不在此限）。

（二）校舍

4. 教学用房。校校无危房，班班有教室。城市和县城小学、乡镇中心小学，应有符合国家规定标准的各类教室、图书室、览阅室、实验室、少先队活动室和科技活动室。村完全小学(含教学点)均应有符合国家标准、内部设备符合教学要求的普通教室和必要的辅助用房。

5. 办公用房。城市和县城小学、乡镇中心小学,应有学校行政办公室和教师办公室。村完小有教师办公室。

6. 生活用房。要妥善解决教师宿舍,居住标准不低于当地同级专业技术人员的住房标准。寄宿制学校要有安全、卫生、符合国家标准、满足住宿生需要的宿舍、床架,有伙房、食堂和洗澡房。

7. 城乡村完小以上小学都应有校门、运动场地、旗杆、饮用水源以及蹲位足够的厕所。视需要与可能建围墙。

8. 1989 年以后新建或改建的城市小学,校舍面积定额按照 1982 年教育部发布的《城市一般中小学校舍规划面积定额》规定执行。农村小学参照执行。

9. 学校校舍建设必须执行《中华人民共和国国家标准〈中小学建筑设计规范〉GBJ99—86》。

(三)设备

10. 课桌椅。学生人人有木制或铁木结构的课桌椅。课桌椅规格按《中华人民共和国国家标准〈学校课桌椅功能尺寸〉》执行。实验室、图书阅览室、电教室、音乐教室等专用教室有相应配套的桌、椅、架、柜。

11. 教学仪器和电教器材。教学仪器按教育部1984年发布的《小学数学、自然仪器配备目录》配备,实验小学、县城小学、城市小学按一类标准配备;乡镇中心小学和城市其他小学,按二类标准配备;农村其他小学按三类标准配备,或有小学数学、自然课的教具箱。电教器材按国家教委 1986 年印发的《小学电教器材配备目录》配备,实验小学按一类标准配备,城市和县城小学、乡镇中心小学按二类标准配备,村完小按三类标准配备。

12. 音乐、美术器材。按照音乐、美术教学大纲要求,有能基本满足教学和课外活动的器材。

13. 体育设施与器材。城乡小学均应有能满足学生做早操、课间操和上体育课、开展课外体育活动所需要的场地,新建和有条件的学校应修建田径场,有按照体育教学大纲要求开展教学和课外活动所需要的器材。

14. 保健设施。城市小学、县城及乡镇中心小学应设立简易卫生保健室,配备常备的急救药品、常备器械用品等。农村其他小学应有保健箱。

15. 劳动课设施。农村小学一般应有每班0.5亩左右的土地或果园、林场。城市和县城小学有结合当地实际进行劳动课教学所必需的工具、实习设备和场地。

16. 图书。藏书量要求城镇小学、乡镇中心小学平均每生 10 册,其他农村小学平均每生 5 册,已达到要求的学校逐步提高标准。各类学校每年平均每生至少增加 1 元钱的新书。教师应有教学必备的工具书和教学参考书。每学期都应为师生订购一定数量的报纸、杂志。

(四)教职工

17. 按照教育部 1984 年《关于全日制中小学教职工编制标准的意见》配备小学教职工。任课教师数量足够,质量合格,学科配套,能按教学计划规定开全课程。

18. 小学负责教育行政工作的主要干部必须具有中等师范学校毕业以上学历或同等学历和领导管理教育工作的能力。

19. 任课教师要胜任或基本胜任教学工作,必须具有中等师范学校毕业以上学历或同等学力。在现阶段,中师毕业程度(包括 1987 年底前满 20 年以上教龄取得专业合格证书)的合格教师,城市达到 80%以上,农村达到70%以上。

20. 教师必须热爱学生,具有高尚的思想品质和良好的作风,为人师表,教书育人。

（五）教育经费

21. 义务教育经费有可靠、稳定的来源。政府用于义务教育的财政拨款逐年增长；按在校学生人数平均的教育经费及其公用部分逐年增长；公用经费在小学教育事业费中所占比重不低于25%。公用费开支标准由区教委、区财政厅另行制定。

22. 教育费附加征收及时，社会集资稳定可靠，勤工俭学开展广泛，效益良好。

23. 民办教师工资能及时兑现。民办教师的福利待遇、生活困难补助和“老有所养”的问题得到妥善解决。

关于实施初中阶段义务教育必备办学条件暂行标准

（一）学校布局与规模

1. 初中的设置要合理布局，适当集中，讲求效益。城镇初中按城市、县城所在的市、镇总体规划布局设校。农村初中以扩建乡（镇）独立初中为主。人口多的乡（镇）可适当分片联办初中，合理设校，分片入学。学校环境必须保证学生的安全，交通方便，有利于教学和学生身心健康。

2. 城市和县城初中规模，每校每个年级一般为6—8个班，不少于4个班，最多不超过10个班。农村乡镇初中规模，每校每个年级一般为4至6个班，不少丁2个班。

3. 每班学额一般为50人，不少于40人（个别边远山区也不少于30人），最多不超过54人。

（二）校舍

4. 教学用房。校校无危房，班班有教室。城乡初中应有符合国家规定标准的图书室、阅览室、仪器室和物理、化学、生物实验室、电教室、少先队活动室及科技活动室，还要创造条件，设置音乐、美术专用教室。教室、实验室要符合标准。

5. 办公用房。城乡初中应有校党政和办事机构办公室、教师办公室。

6. 生活用房。要妥善解决教师住房，城乡初中教师住房不低于当地同级专业技术人员的住房标准。寄宿制初中要有安全、卫生、符合国家标准、满足住宿生需要的宿舍、床架，有伙房和饭堂以及足够的洗澡房。

7. 城乡初中都应有校门、围墙、运动场地、旗杆、饮用水源以及蹲位足够的厕所。

8. 1989年以后新建或改建的城市初中，校舍定额按照1982年教育部发布的《城市一般中小学校舍规划面积定额》规定执行。农村初中参照执行。

9. 学校校舍建设必须执行《中华人民共和国国家标准〈中小学建筑设计规范〉GBJ99—86》。

（三）设备

10. 课桌椅。学生人人有木制或铁木结构的课桌椅，课桌椅规格执行《中华人民共和国国家标准〈学校课桌椅功能尺寸〉》。实验室、图书室、阅览室、电教室、音乐美术等专用教室有相应配套的桌、椅、架、柜。

11. 教学仪器和电教器材。按国家教委1986年印发的《中学理科教学仪器和电教器材配备目录》配备。城乡完全中学、实验中学按一类标准配备；城乡一般初中按二类标准配备；办学条件较差的初中可暂按三类标准配备。

12. 音乐、美术器材。按照音乐、美术教学大纲要求，有能基本满足教学、课外活动和一定数量的学生练习用的器材。

13. 体育设施与器材。城乡初中均应有能满足学生做早操、课间操和上体育课、开展课外体育活动所需要的场地，新建和有条件的学校应修建田径场；有按体育教学大纲要求，开展教学和课外活动所需要的器材。

14. 保健设施。城乡中学都应设立卫生保健室，配备常备的急救药品、常备器械用品等。

15. 劳动技术课设施。有按中学劳动技

术课教学要求的劳动工具、实习设备和场地；农村初中根据当地实际应有必要的劳动基地。

16. 图书。藏书量要求城镇初中平均每生15册以上，乡镇初中平均每生10册以上，联办初中平均每生8册以上。已达到要求的学校逐步提高标准。各初中每年平均每生至少增1.5元的新书。应有教师教学必备的工具书和教学参考书。每学期都应为师生订购一定数量的报纸、杂志。

（四）教职工

17. 按照教育部1984年《关于全日制中小学教职工编制标准的意见》配备初中教职工。有数量足够、质量合格、学科配套、结构合理、按教学计划规定开全课程的任课教师。

18. 初中负责教育行政工作的主要干部必须具有大学师范专科毕业以上学历或同等学力和领导管理教育工作的能力。

19. 任课教师要胜任或基本胜任教学工作。初中教师必须具有大学专科毕业以上学历或者同等学力。在现阶段，大学专科毕业以上（包括1987年底前满20年以上教龄取得专业合格证书）的教师，城镇初中达到85%以上，乡镇初中达到60%以上。

20. 教师必须热爱学生，要具有高尚的思想道德品质和良好的作风，为人师表，教书育人。

（五）教育经费

21. 义务教育经费有可靠、稳定的来源。政府用于义务教育的财政拨款逐年增长，按在校学生人数平均的教育经费及其公用部分逐年增长，公用经费在初中教育事业费中所占比重不低于30%。公用经费开支标准由区教委、区财政厅另行制定。

22. 教育费附加征收及时，社会集资稳定、可靠，勤工俭学开展广泛，效益良好。

23. 民办教师工资能及时兑现。民办教师的福利待遇、生活困难补助和"老有所养"的问题得到妥善解决。

七、采取特殊政策和措施，努力发展少数民族教育事业

为了提高民族素质，培养当地急需的建设人才，自治区从实际出发，加强民族教育，采取了一系列切实可行的特殊政策和措施。一是在教育投资上实行适当倾斜的政策。继续执行1983年以来中央和自治区每年分别拨专款1100万元的规定，用于少数民族地区的小学校舍建设。目前，49个老、少、边、山穷县已有13个县实现了消除中小学危房的任务。90%以上的乡镇中心小学都建有钢筋混凝土结构或砖瓦结构的教学楼（教室）。二是大力加强师资队伍建设。中师招生指标定向到乡镇，全区4所民族师范学校专门举办山区师资班。三是积极举办各级各类民族班。目前，中小学办有寄宿制民族班，中专办有扶贫民族中专班，大学办有民族预科班、民族师专班。全区已形成每年招生121个民族班、在校学生1.64万人、毕业生6000人的办学规模。四是改革大中专院校招生、分配制度，对少数民族地区实行定向招生、定向培养、定向分配。1989年大专院校录取少数民族学生4389人，占新生数的32.3%，其中区内院校3412人，占37.9%，比上一年有所增长；中专学校录取少数民族新生5860人，占41.7%，其中区内学校5341人，占43.4%，高于少数民族人口的自然比例。

八、加强教师队伍建设，促进师资素质和教育质量的提高

1989年全区各级政府采取了一系列措施加强教师队伍建设，主要有：一是把师范教育摆在优先发展的位置。全区现有普通高等师范院校7所、教育学院10所、中等师范学校26所，还创建了小学教师培训中心、幼儿教师培训中心各1个，全区已建立起布局基本合理、学科专业比较完整的师范教育体系，形成了每年输送小学教师7000人、中学教师4500

人的培养能力。二是大力抓好教师培训提高工作。通过函授教育，在职自学，脱产进修，短期培训，电视师专、中师等多种形式的培训，教师队伍得到了充实和提高。1989年全区小学专任教师学历（中师及高中毕业以上）合格率达到71.3%，初中专任教师学历（大专毕业以上）合格率达到38.6%，高中专任教师学历（大学本科毕业以上）合格率达到51.8%，比1987年分别提高5.1个百分点、8个百分点、5.2个百分点。三是提高教师经济待遇，改善他们的工作条件和生活条件。近几年来，认真贯彻执行国务院和地方政府为提高中小学教师工资待遇而采取的增加工资、评定专业技术职务等政策，中小学教师工资待遇得到了一定提高。中小学民办教师的工资（包括国家补助和乡镇自筹部分）也基本兑现，且有所改善。四是表彰和奖励优秀教师。1988年，全区评定了215名中小学特级教师；1989年自治区又表彰1000名优秀教师和优秀教育工作者，其中有607人受到国家教委、人事部和全国教育工会的表彰。从而树立了教师的榜样，提高了教师在社会的地位，激励了教师忠诚教育事业、为教书育人尽职尽责。

撰稿人　覃盛裕　梁全进

审稿人　杨　伦

海南省教育

一、1950～1989年发展概况

在中国共产党领导下，40年来海南省教育取得了令人瞩目的成就。特别是党的十一届三中全会以来，教育事业有了很大的发展。目前已初步建立起从幼儿教育、小学、中学直到大学的正规教育体系和多层次、多类型的成人教育体系。

幼儿教育发展迅速。1950年海南解放时，全省仅有幼儿园1所，在园幼儿120人。解放后，特别是近几年来，学前教育发展规模逐年扩大，目前从省到各市、县及部分乡（镇）都建立了幼儿教育机构。到1989年，全省有幼儿园385所，2916个班（包括小学附设学前班1586个），在园幼儿93082人，比1950年增长了774.7倍。现有幼儿园教职工24235人，其中专任教师2855人、保育员707人；专任教师中具有中师、高中毕业以上学历者1908人，占66.8%。

小学教育基本普及。1950年，全岛有小学2960所，在校学生163436人。解放后，经过40年的努力，1985年经检查验收，各市、县已基本普及了小学教育。自1986年4月颁布《义务教育法》后，各级政府有计划、分步骤地实施九年制义务教育。1989年，全省有小学4759所，教学点1686个，比1950年增长60.8%。在校学生918914人，比1950年增长4.6倍。学龄儿童入学率达到98.1%，小学在校生年巩固率达到97.2%，毕业率达到96.3%，升学率为73.1%。

开始有计划地普及初中教育。1950年海南只有中学39所，在校学生12082人。近几年来，海南省开始有计划地实施普及初中教育。1989年有普通中学480所，比1950年增加11.31倍；在校学生264230人（初中生207555人，高中生56675人），比1950年增加20.87倍。

普通高等教育取得了可喜的成绩。1950年，海南仅有普通高等学校2所，在校学生241人。到1989年有全日制普通高等学校5所，在校本专科生9475人，比1950年增长38.32倍，还有研究生20人。有各类成人高校5所，其中广播电视大学1所，教育学院2所，职工业余大学2所，在校本专科生3681人。普通高校设函授部、夜大学2所，学生共3681人，初步形成“两条腿”协调的发展。

中等教育结构单一的局面有了改变。海南解放时，仅有中等专业学校11所，其中中等师范学校5所，中等技术学校6所，在校学生共2010人。近年来，中等专业教育有了一定的发展。1989年中等专业学校、技工学校共34所，其中中等师范学校8所，其他中等专业学校16所，技工学校10所，比1950年增长2.1倍，在校学生11124人，比1950年增加了4.5倍；有农职业中学42所，在校学生12712人（初中生1245人，高中生11467人）。中等专业学校在校学生占高中阶段学生人数28.5%。

发展师范教育，加强师资培训。1950年，海南仅有师范学院1所，中等师范学校5所，在校学生分别为82人和957人。解放后，建立了各级师资培养和培训基地，1989年有高等师范学校2所，中等师范学校8所，教育学院2所，教师进修学校17所，在校学生达到18772人。这些学校已培养毕业生4.6万人，充实了中小学教师队伍。此外，还举办各种岗位培训班；实行中小学教师职务聘任制和教师考核合格证书的制度，促进了教师政治业务素质的提高。据统计，1989年举办了300多名中学政治教师参加的培训班，组织了1265人参加的中小学和幼儿园教师《专业合格证书》考试，其中高中、初中、小学和幼儿园教师的及格率分别为36.7%、43.5%、45.3%和96%，均比上年有所提高。

1989年，全省各类普通学校教职工94023人，其中专任教师65381人。教职工比1950年增长了12.4倍。各类成人学校教职工2489人，其中专任教师1055人。

成人教育有较大的发展。建国前，海南的教育事业非常落后，劳动人民几乎没有学习的机会。解放后，面向工农群众，积极开展成人教育。1989年，全省成人中等、初等学校达到325所，其中成人中学26所，成人初等学校299所，在校学生17154人。另外，切实实施"燎原计划"，各地乡(镇)、村民委员会办文化技术学校，组织广大农民学技术、学法律和扫盲，参加学习的人数多达12万人次。

自1984年以来，实行高等、中等专业教育自学考试制度，截至1989年，全省参加自学考试的共10360人，已取得大专毕业的1940人，中专毕业的564人，有44128人次取得了单科合格证书。使全省一大批干部职工通过在岗位学习得到了提高。

40年来，海南教育事业为各条战线输送了8.4万专业人才，其中普通高校、成人高校本专科毕业生3.4万人，中等专业学校、技工学校毕业生4.9万人。此外，还有普通中学毕业生200.8万人。

撰稿人　唐和亲
审稿人　谢　峰　陈业群

二、基础教育

(一)幼儿教育

一年来，学前一年教育发展较快，学前幼儿班在班幼儿达到54961人，占在园幼儿总人数的59.05%，其中，农村学前幼儿班在班幼儿占农村在园幼儿总数的71.6%。

1.1989年，省教育厅制订了全省"七五"学前教育规划，争取在"七五"期间全省六周岁儿童入班率达到85%；同年9月又制订了《关于加强我省幼儿教育工作的意见》，并由省政府于10月批转全省执行。

2.幼儿教育是普及义务教育的起点教育，已越来越为各级领导和社会所关注。幼儿教育事业不断得到扶持和发展。1989年各企业部门、群众团体、私人等办园有所增加，比较突出的是琼海县，自1980年以来，依靠社会力量办幼儿园(班)共投资501万元，使全县幼儿园(班)基本实现"一无五有"(无危房、有教师、有教室、有课桌椅、有活动场地、有基本玩具)，促进了幼儿教育事业的发展。1989年全县适龄幼儿入园(班)率达97%，被国家教委授予"全国幼儿教育先进县"称号。

3.对幼儿师资进行培训。1989年，海南省除师范学校有计划培训师资外，还充分利用函授、夜校、广播、电视、自学考试、寒暑假短训班等多种形式，组织幼儿教师进行以自学为主、业余为主、缺什么补什么的在职进修。9月，省教育厅和省妇联举办了一期民族地区学前班教师培训班，有85名骨干幼儿教师参加。琼海县教育局还聘请琼台师范学校、琼海师范学校的教师给幼儿教师讲授幼儿教育的"三学六法"，组织幼儿教师观看优秀教学录像电视、观摩幼师自制教玩具，到外地参观学习；同时，发挥学前试点班和县示范园的传帮带作用，使幼儿教师克服幼儿教育"小学化"，不断提高保教质量。

(二)贯彻实施《义务教育法》

1. 进一步修订普及义务教育的实施规划。1989年上半年，省教育厅草拟了《海南省普及九年制义务教育实施办法》，将提交下次省人大常委会会议审议通过后实施。省教育厅又制订了《海南省中小学办学必备条件标准》和《海南省初中办学必备条件标准》（讨论稿），作为全省普及九年制义务教育的办学统一标准，从而使改善办学条件有了明确的要求。下半年，省教育厅还从海南经济和教育发展的实际出发，对原制定的普及九年制义务教育规划作了调整，并将规划落实到了市、县、乡、镇。

2.严格控制中小学生流失。据不完全统计，1988—1989学年度，全省中小学生流失23000人，其中男生7354人，女生15646人，流失率3.1%；初中生流失14144人，其中男生5375人，女生8769人，流失率8.8%；高中生流失2591人，其中男生1865人，女生726人，流失率为7.6%。

由于各级党政、教育部门抓得早、抓得紧，措施得力，1989—1990学年度第一学期学生流失大为减少，流失率小学为1.68%，初中为6.4%，高中为3.9%，基本上控制在接近常年的水平。国家教委督导司肯定了本省制止小学生流失的作法，并作为经验印发全国各地。

对中小学生的流失去向及其原因，做了调查与分析。小学生的流失去向：辍学回农村的占90%；流向乡镇做小工的占10%。小学生流失的主要原因：一是因家庭经济困难而退学，约占流失生的51%；二是因学习基础差，无心上学而中途辍学的约占39%；三是因家庭劳力和因疾病而退学的约占10%。中学生的流失去向有90%流向当地农村；有4%当个体户，做工或经商；有6%被乡镇企业和个体私营企业招工。中学生流失的主要原因，一是因家庭经济困难的约占流失生的30%；二是因学习基础差厌学的约占50%；三是弃学从商务工的约占9%；四是因表现差自动退学或其他原因而辍学的约占5%。

中小学生流失问题，引起了各级党委和政府的高度重视，并采取了一系列制止学生流失的具体措施：（1）每学期开学前，各级政府和学校都通过各种形式，把学习宣传《义务教育法》同普法教育、同发动学生回校紧密结合起来，使广大家长和抚养人自觉送子女上学。（2）各乡镇政府、管区和学校普遍实行“三定三包”制度。即定人员、定村庄、定对象，包发动、包入学、包巩固。（3）市县政府和教育局每学期开学初都组织检查一次，各乡镇各学区，期初检查入学，期中检查巩固。（4）对学习成绩差，产生厌学情绪的学生，各校都耐心引导，加强辅导，鼓励上进，组织学习成绩好的学生进行传帮带，认真做好“双差生”转化工作。（5）对家庭经济有困难的学生采取缓、减、免交学杂费的办法，先让学生报名上学。对家务重的学生合理安排他们的学习和参加家务劳动时间。有些小学还规定女生减半甚至免费上学。

（三）中小学教育与教学

1.加强中小学思想品德教育

1989年春，省教育厅成立了由省、市县教育部门领导参加的德育工作指导小组，并选定了琼山县灵山镇中心小学、海口市二十七小学为德育教育试点。在总结这两所学校经验基础上，制订了德育实施方案。在施行过程中，不断总结推广经验，随后，各市县也建立起德育试点学校，中学20所，小学30所，经过实践，效果很好。

认真抓好中小学生德育工作。1989年初，省德育工作指导小组组织了各市县教育局、各中小学管理思想政治工作的领导和政治教师，学习《中学德育大纲》、《小学德育纲要》和中小学生日常行为规范等文件，组织市县电教站在学校巡回播放全国德育工作经验选辑录像，大力推广各地的先进经验，在全省中小学开展了中小学生日常行为规范教育。

结合学校实际、开展丰富多彩的德育活

动。在教师中开展向全国优秀班主任任小艾学习活动；对学生开展“三热爱”教育、法制教育；“六一”国际儿童节，省教育厅、省团委联合举办主题为“我爱海南”的“银鹤杯”电视大奖赛；结合勤工俭学开设劳动课，加强劳动教育；举办“做文明中学生”征文比赛；举行了全省中小学文艺录像调演赛；组织大、中、小学校以歌颂社会主义为内容的歌咏比赛；开展“扫黄”活动等，使学校思想政治教育和德育得到了生动活泼的开展，校风校纪有了明显的好转。

2.进一步深化教学领域的改革

海南省教研室在对1988年秋季开始进行的语文、数学同步教改实验的一年级30个班加强指导的同时，对1989年已完成“注音识字、提前读写”第一轮（五年）实验的海口九小、屯昌小学、保亭小学、通什一小、海口十一小学等5所小学的实验班，组织了验收，奖励了有关人员，并总结经验加以推广；制订中学语文、数学、英语、物理、化学和小学语文、数学等学科的课堂教学质量评估方案，并在各市县试点；化学科组织海口等7个市县的中学投入初中教学目标教改试验；数学科举办全省学术报告会活动；为了适应特区建设需要，7月份，省教研室召开了外语教育座谈会，专门研究大、中、小学外语教育宏观管理的“一条龙”教改实验问题，并写出《加强外语教育的意见》，9月在海口、三亚两市设立小学英语教学试点；根据高考会考制度的需要，制定了高中历史、地理、化学、生物等四科的毕业会考标准；组织力量编写了海南省历史、地理乡土教材，已完成初稿，计划1990年开始使用。经过开展教改活动，调动了教与学两方面的积极性，教学质量不断提高。1989年组织中学生参加全国中学各学科竞赛活动，举行全省数学竞赛，参加人数共560人，评出优秀者60人；举办化学科竞赛2次，参加人数2100人，评出优秀者20人，推荐2名参加全国竞赛，分别获三、四等奖；物理科竞赛一次，参加人数270人，评为优秀者22人，推荐3名参加全国竞赛，一人获三等奖、二人获四等奖。

（四）中等师范教育和在职中小学教师培训

海南省现有中等师范学校8所，其中省直属2所，农垦系统2所，省属县管4所，在校学生4255人。招收应届初中毕业生和民办教师，学制3年。学校实行省、县两级管理，教职工共874人，其中专任教师453人，专任教师中，高级讲师56人，讲师129人，助理讲师122人，教员146人。教师进修学校17所，在校学生3812人，教职工652人，其中专任教师311人。近几年来，省教育厅坚持把师资队伍建设作为重点来抓，师范教育体系基本理顺，师资培养、培训基地初具规模，教师队伍的思想和文化素质有了进一步提高。主要抓了如下几项工作。

1.加强思想政治工作

1989年春，省教育厅制订了《关于加强中等师范学校建设的意见》，并经省政府同意印发各市县教育局、各中等师范学校贯彻执行。根据《意见》提出的要求，各校均成立了思想政治工作领导小组，有计划有步骤地开展思想政治工作，把马列主义教育、专业思想教育、“四有”教育、爱国主义教育、法制教育、革命传统教育以及劳动教育、形势和政策教育有机结合起来，把丰富多彩的内容和生动活泼的形式有机结合起来。做到教育内容系列化、教育方法科学化、教育形式多样化、教育管理制度化。

在1989年北京发生的政治动乱和反革命暴乱期间，省教育厅的领导同志深入学校，和学校领导一起研究如何做好疏导学生思想工作。全省8所师范学校，除个别学校有少量学生参加游行和所谓“声援”活动外，绝大多数学校的师生坚守岗位，教学秩序井然。琼海师范学校和海南农垦师范学校做得较好，分别受到国家教委和农业部的表彰。

平息反革命暴乱后，省教育厅又及时布置各学校组织师生学习邓小平同志和中央领导同志的重要讲话。并分五个专题，系统地教育师生认识这场反革命暴乱发生的原因、性质、目的，引导师生认真的反思、吸取教训。在新学期开学后，各学校均用一个月的时间进行形势教育和专题学习。琼台师范学校、琼海师范学校、临高师范学校、海南农垦师范学校还对新生进行为期一周的军训，增强了学生的组织纪律性。

1989年底，省教育厅在琼海县召开加强德育、全面提高中师教育教学质量座谈会，研究和制定实施全国中师德育纲要和中师学生行为规范的办法，把思想政治工作推向一个新阶段。

2.深化教育改革，培养合格的师资队伍

省教育厅《关于加强中等师范学校建设的意见》中提出：中等师范教育是培养合格的小学教师的职前教育，必须把立足点放在全面提高中师生的素质上。各中等师范学校根据这个要求，组织师生认真学习国家教委发布的《三年制中等师范学校教学方案》(试行)，制订实施计划和意见，切实加强中师生从事小学教育教学工作的基本训练，7月，又印发《中师生手册》，明确规定各学科基本功训练的13项要求和标准，建立了定期考核，考核不合格者不予毕业的制度。并根据《关于深化改革加强中等师范建设方案》提出的要求，加强校园文化建设，着意优化育人环境，使学生置身于一种全新的观念、丰富多彩的校园文化环境之中，着眼于德、智、体、美、劳全面发展。成为献身社会主义农村小学教育事业的合格人民教师。

师资培训工作在“转轨变型”上狠下功夫。1989年初，省教育厅召开了全省师资培训工作会议，颁发了《关于加强在职中小学教师培训工作的意见》，强调把培训工作的重点逐步转移到岗位职务培训上来，努力全面提高教师队伍的政治、文化、业务素质。7月，组织力量编写小学语文、数学教师培训教材，下半年举办了这两科骨干教师培训班。各市县也分别办了一至二期小学教师的岗位培训班。

为了稳定教师队伍，省教育厅还与有关部门商定，对1980年底前经市、县教育部门批准在册的民师，给予生活补贴，发出了《关于教龄满30年的退休教师提高退休金标准问题的意见》，规定从1989年1月起凡教龄满30年的中小学退休教师可按原工资百分之百领取退休金；颁布了《关于提高中小学班主任津贴和建立中小学教师超课时酬金制的办法》；上半年完成了1362名教师职称评定的扫尾工作。教师节期间，还表彰了一批在教书育人中做出突出贡献的教师，其中受国家表彰的131名、省级表彰的296名，市、县表彰的580名。有力地激发了广大教师的积极性和光荣感。

(五)集资建校，改善办学条件

1989年，海南省教育厅把中小学危房改造工作当做一项重要任务来抓，取得了显著成绩。9月份，召开全省改造中小学危房工作会议，总结了1986年以来改造危房的情况，并安排了今后工作。据统计，近三年来，中央和省拨款1.53亿元，各市县财政配套金额2519.4万元，群众集资7634.8万元，共计投入改造危房资金达25454万元，已完成改造危房校舍面积165万平方米，其中1989年全省完成校舍基建工程27万平方米。目前钢筋水泥结构校舍已占校舍总面积的49.8%，中小学的办学条件有了很大的改善。10月间，连续遭到三次强台风袭击，陵水、三亚等7个市县就有3137间校舍倒塌，8967间砖瓦教室被毁坏屋顶。台风袭击时，没有造成伤亡事故。省政府对灾区学校的修复工作和全省的危房改造工作十分重视，做了妥善安排。灾区学校广大师生全力投入抗风救灾复课工作，使在较短时间内，各校都陆续开了课。正在海南检查工作的国家五项教育督导检查组对灾区广大师生抗风救灾复课的行为表示赞赏。

在抓紧改造中小学危房的同时，有计划安排一批资金用于城镇教师住房的建设，1988年和1989年安排各市、县用于建设教师村和新建教职工住房的专款达570多万元。新建教师住房3500多套，面积13万多平方米，解决了一批骨干教师的住房问题。

近几年校舍基本建设中，19个市县有9个市县的重点中学、师范学校，都建有科学馆或图书馆。1989年，省教育厅又在普教基本建设投资中拨出156万元，给各民族市、县重点中学、师范学校建科学馆或图书馆。同时也专门安排了125万元，给农职业中学建设校舍，改善办学条件。

1989年上半年，省教育厅还组织力量对1988年底初评出的校容校貌建设较好的学校，进行了复评，分别评出琼海县长山园小学、文子小学等32所在校风校纪、集资办学、学校布局、配套设施、仪器设备、绿化美化等方面做得较好的学校、给予奖励，树立榜样，推动全省校容校貌建设的发展。

（六）勤工俭学工作

1989年，全省中小学校、中等师范学校和农职业中学共5289所，开展勤工俭学活动的有4444所，占学校总数的84％。全省现有学农基地4670个，作物面积89938亩，其中农场面积有50539万亩，林场39399万亩；第三产业网点381个，校办工厂79个。学校勤工俭学纯收入达1121.7万元，学生人均收入9.3元。比1988年增加371.7万元，其中农业纯收入308.3万元，第三产业利润及其他收入727.6万元。

学校勤工俭学纯收入中：用于统筹基金（扶持勤工俭学）67.3万元；用于企业留利（包括发展生产基金）231.5万元；用于补助教育经费822.9万元。在补助教育经费中：用于改善办学条件的439.8万元；集体福利的184.9万元；补助个人福利的178.9万元；余19.3万元作为机动资金。

开展勤工俭学主要做法是：

1．总结经验、表彰先进，推广全面。1989年6月，省教育厅、经济计划厅、财税厅和人事劳动厅联合召开了全省中小学勤工俭学工作会议，传达全国中小学勤工俭学工作会议精神，总结经验，表彰了66个勤工俭学先进集体和24名先进工作者。推动了勤工俭学的开展。

2．制订《海南省中小学勤工俭学七年规划（1989—1995年）》，提出了奋斗目标和具体措施。

3．搞好校办产业立项，写好每个项目的可行性报告。为进一步发展校办产业，省教育厅结合实施“燎原计划”，在立足本地原材料的基础上，制订《海南省校办产业经营项目计划》，确立可立项目有100项，总投资额达3000万元，这些项目包括旅游服务、食品加工、服装缝纫、教具生产、建筑材料、海水养殖、畜牧饲养、营造果林，以及热带作物加工出口等。目前，已有一部分项目投产。

4．加强领导，放宽政策。省政府结合海南建省办大特区的优惠政策，发布《海南省人民政府关于进一步发展中小学勤工俭学的意见》，对校办产业放宽政策，积极鼓励和支持勤工俭学的开展。

经过几年来的实践，海南省开展勤工俭学方面，开辟出一条新路子，形成了自己的特色。

一是把勤工俭学与职业技术教育结合起来，实行学校与企业相结合、生产与教学相结合、培养人才与创收相结合，做到教学、科研、生产三位一体，为发展当地经济培养人才。

二是发展校园经济。许多学校根据各自的地理环境和自然条件，建立起主动依附于本地区主要商品经济生产的橡胶、槟榔、咖啡、胡椒、南药、林果等，生产基地形成一定的规模经营。

三是通过外引内联和自筹资金等方式，创办校办工厂和第三产业。近三年来第三产业，商业服务业发展比较快，在整个经济收益中，第三产业占41.8%。

四是把开展勤工俭学活动与对学生进行政治思想教育和劳动教育结合起来。有利于培养学生德智体美劳全面发展。

(七)电化教育

1989年，各级教育部门、各级各类学校加强了电化教育工作，取得了一定成绩。一是建成海口、文昌、保亭等市县9个卫星地面接收站，开通了中央教育电视台二套教育节目频道，为培养中小学师资和开展农职业技术教育提供现代化服务手段；二是各市县重点中学、师范学校等均已装备电子计算机、语音教学系统设备，并建起语音教学实验室6间，增添电脑40多部，海南中学、海口市九小还建起微电脑室；三是自编自制了一批教育教学材料，其中初中物理教学录像资料片，10月在上海获全国电教教材优秀奖。

(八)中小学体育卫生工作

1.认真贯彻执行《学校体育工作暂行规定》，努力抓好《国家体育锻炼标准》的施行工作。海南自1982年实施《标准》以来，取得了较好的成绩。建省后，省教育厅、省体委继续加强领导，把它作为学校体育工作的一项重要任务来抓，建立总结评比、表彰奖励制度，树立典型、带动全面。1989年4月在琼山县召开全省体育工作现场会，推广琼山县体育与教育部门密切配合，加快学校体育场地建设，体育教学改革，学生体育达标和业务训练等方面的经验。11月国家教委、国家体委对施行《标准》工作成绩显著的单位和个人进行表彰，本省海南中学、琼山中学和乐东县小学获得先进单位奖，莫禹成、柯运武等9人获得先进工作者奖。

2.1989年是全国高等院校招生执行体育不合格不得报考的第一年。为了进一步贯彻执行《中学生体育合格标准试行办法》，10月，省教育厅派人到海南大学、海南师范学院、海南医学院等3所高校，检查了1989年招收的新生1352人，及格率69.68%，并将情况通报全省。

3.按照国家教委、国家体委关于认真做好体育后备人才试点学校的意见。加强对海南中学、海南华侨中学、文昌中学、琼山中学、加积中学、海南农垦中学等6所试点学校的领导，进行整顿和重新命名传统项目学校。并做好发现小学体育苗子的培养和输送工作。

4.开展体育竞赛活动，推动学生体育锻炼，增进学校相互交流和提高运动技术水平。1989年5月至12月，省教育厅先后举行了全省性的中学生足球邀请赛，第二届小学生田径运动会、中学生排球邀请赛、第二届中学生田径运动会。同时，还多次组织运动队参加全国体育竞赛，获得多项奖励。

5.继续贯彻执行《学校卫生工作暂行规定》，进一步加强对学生的健康教育、体质调研和监测、多发病的防治等工作。11月成立了中国学生营养促进会海南分会，加强对学生营养保健的指导。这一年，全省学校卫生工作成绩显著。琼山中学和校医符国顺等4人，于11月被国家教委授予学校卫生工作先进单位和先进个人的称号。

撰稿人 唐和亲

审稿人 谢峰 魏学甫 陈业群 何家忠 张盛虎 林北平 杨儒柏

三、普通高等教育

(一)高等学校发展概况

海南省普通高等院校共有5所，即华南热带作物学院、海南大学、海南师范学院、通什师范专科学校、海南医学院(筹)，共设有40多个本专科专业，还设有4个学科9个研究方向研究生专业。教职工共有3445人，其中专任教师1199人，在专任教师中，教授30人，副教授215人，讲师452人，教员4人、助教498人。普通高校共招收本专科生2406人，在校本专科生共9475人，比上年增长3.7倍，其中本科生3962人，专科生5513人，研究生20人。各院校从创办以来，已为国家培养了毕业生22576人。

(二)继续进行教育教学管理的改革

各院校继续加强了教学管理和教学改革。一是继续完善教师岗位责任制，对教师的教学、科研和思想政治工作量，进行了科学管理；二是完善教师教学质量评估，推行教学质量管理目标制，使之逐步由经验型向科学型转变。三是拓宽专业口径。根据海南人才需求量有限，专业门类广的特点，从课程设计上加大专业主干课，增加学生的知识量，培养海南特区需要的多面实用型人才。四是增设跨学科的课程，对原有专业课进行调整，扩大学生知识面，实行文理渗透、理工科学生开设经济管理课，文科学生开设自然科学概论课的试验。五是改革课堂教学和实验教学，加强实践教学环节。采用谈话法、讨论法、演示法、提问启发等教学法。六是健全专业教研室，完善各种教学管理制度，建立教学观摩、评估、听课等制度。

(三)进一步加强思想政治工作

1989年春夏之交，北京发生的学潮动乱，反革命暴乱事件波及了海南。在此期间，省教育厅领导分头多次深入各高校调查研究，积极做好宣传和疏导教育工作，遏止了事态的发展。北京平暴后，省政府、省教育厅针对当时学生的思想情况，召开了全省高校政治思想工作会议，布置各高校学习党的十三届四中全会、五中全会有关文件，开展坚持四项基本原则，反对资产阶级自由化教育。同时省教育厅还发出《关于加强当前我省高等学校政治思想教育工作的六点意见》(下简称《意见》)要求各高校要积极引导师生总结经验教训和认真反思。

1.稳定高校局势，进行反思教育。各高校根据国家教委的通知和省教育厅《意见》的精神，9月1日开学后都对师生进行为期一周的教育，从正面教育入手，引导广大师生认识这场风波的起因、性质和目的，理解和拥护党中央为平息暴乱而采取的英明果断措施，增强了学生对党的信任感。

2.进行爱国主义，革命传统教育与现代化教育。海南师范学院举行每周星期一升旗仪式，增强师生热爱祖国的自豪感；举行四十年中国电影回顾展、“革命传统与现代化”等系列专题报告和座谈会，邀请革命老前辈给师生作关于海南革命斗争史的报告；邀请海南省全国劳动模范代表团介绍先进事迹；举行“让历史告诉未来”知识竞赛和革命歌曲系际歌咏比赛，开展学习雷锋等活动，增强师生的爱国热情，发扬自力更生、艰苦奋斗的精神。

3.调整政治课的教学内容。海南医学院根据当前学生的思想实际，除了开辟“坚持社会主义道路教育”系列讲座外。还调整了政治课的教学内容，把政治经济学、哲学、党史改为中国社会主义建设、马列主义哲学原理、中国革命史。在教学方法上，采用看、议、查相结合，效果很好。

4.严格校风校纪，抓好法制教育，加强综合治理。结合法制教育纪律教育，开展“扫黄除邪”活动，清理不健康的图书；要求干部和教师，要服务育人，教书育人。

5.进行军训。增强学生的国防观念和纪

律观念。

6.加强党员思想建设。华南热带作物学院加强党员政治理论学习，开展比贡献、赛情操活动；海南医学院(筹)开办业余党校，组织党支部书记、副主任医师和副科长以上的党员干部、每隔一周用一个晚上上课，进行系统的马列主义基本理论教育，引导党员干部掌握马克思主义的基本原理和立场，观点、方法，在捍卫和发展马克思主义的斗争中充分发挥作用。

(四)加强师资队伍建设

1989年，各高校都把建设高质量的师资队伍作为一项战略任务来抓，主要是抓了如下几项工作：

1. 利用海南优惠政策和改革开放的时机，积极、稳妥地引进教师。一年来，共引进教授、副教授、博士、硕士等91人。逐步改善了教师队伍的专业结构，职务结构和年龄结构，对优化人才组合起到了积极的作用。

2.抓好培训工作。在培训工作中，贯彻“三主三副”的原则：在职培训为主，脱产培训为副；校内培训为主，校外培训为副；国内培训为主，国外培训为副；1989年，选派出国攻读博士学位的3人，向国家教委推荐出国访问学者7人，自费出国进修的2人，考取省外高校助教进修班的17人，短期培训班的6人。

3.严格师资考核制度。建立教师业务档案，进行教师职称评定和教学质量评估制度，开展评选教学质量优秀奖活动，

(五)重视科研工作

海南普通高等学校，1989年共有科研项目51个。论文和其他文章在全国各种刊物发表的共200余篇，公开出版的编著、专著和教材40多部、作品66种。科研项目中有18个项目经过有关专家学者评定，获得优秀教学成果奖，其中华南热带作物学院的“教学、科研、推广”三结合获省级特等奖和国家级优秀成果奖。海南医学院(筹)人体解剖教研室的“创建人体标本陈列室，精心培养高能医学人才”项目，获省级一等奖。

(六)加强后勤工作管理

1.修订管理制度和建立监察机构。各院校先后制订了学校基建工程管理、固定资产管理，学生宿舍管理、学校车队管理、食堂管理等制度，使学校行政管理工作有章可循，增强管理人员依法办事的意识。同时加强廉政建设，建立监察机构，强化对干部作风和规章制度的检查监督工作，提高各部门办事效率。

2.进行综合治理，实现财务、后勤工作单项改革。整顿校容校貌，创造良好的校园环境。改革财务管理制度，经费实行切块目标管理，将经费指标下达各院系、各处室，并采取“剩余留用，超支自理”的办法，克服了经费使用上浪费和资金投向不准的现象，实现了教育经费紧缺情况下仍略有节余的目标。

3.改善办学条件。1989年中央和省政府共投资4085万元，比1988年增长17.85%，其中基建费1553万元，占总投资38.02%，进一步改善了办学条件。

(七)认真做好高校、中等专业学校招生工作

1989年是海南独立组织普通高等院校和中等专业学校招生的第二年，省教育厅对1988年第一次招生工作进行了认真的总结。提出了《1989年招生工作初步意见》，制订了各项具体措施。首先，与省纪委联合发出认真抓好考风的紧急通知，严明纪律。其次，订出三项制度：一是领导包干负责制，那一级或那个环节出问题，追究该有关领导责任；二是监考员轮换制；三是考场和监考员考核制度，定出优秀、合格、不合格考场的标准，考试期间随时检查，不合格监考员可及时撤换。对录取考生这一关键环节，则采取了十分严格和缜密的措施，录取场实行全封闭制，由省纪委派人严格监察，对录取场工作人员立下“约法

五章”：（1）进场后如无特殊情况而未经领导批准不得离场，非档案管理人员不得进入档案室，非工作人员不得进入院校录取场地；(2)不会客、吃请、收礼，如有索贿将严格查处；（3）不收、递条子，不向学校提供不合格的考生档案；（4）实行个人岗位责任制，非经领导指示不做不属自己职责范围的工作；（5）对违纪者先送离场后做处理。为增强透明度，还随时向报社、电台、电视台记者介绍录取情况，通过招生简报公布录取名单，在场外设立信访接待站等。从而让社会各界及时了解录取情况，并便于各市县招生办和考生做好复检或补送材料等工作。1989年全省参加高校招生考试共20782人，全国有270所普通高等、中专学校在海南共录取6461人。由于政策性强，管理严格，措施落实，整个招生过程秩序井然，没有发现徇私舞弊现象，受到社会各方面的赞扬，省政府还把这次招生作为廉政建设的一个典型例子，加以通报表彰。

撰稿人　唐和亲

审稿人　符大榜　吴世淑

四、职业技术教育

（一）中等职业技术教育基本概况

1989年，海南省有中等专业学校、技工学校、农职业中学和技术培训中心等108所，其中中等专业学校16所，技工学校10所，职工中专中技学校6所，农职业中学42所，技术培训中心34所，在校学生25230人，培训学员15万人。

（二）制定职业教育发展规划

省教育厅确定海南教育结构应是“低重心，宝塔型”，强化职业技术教育的战略指导思想，1989年初，组织了高中职业技术教育研究小组，负责研究海南职教状况，编写职教改革方案，制定职业教育发展规划，并为省政府草拟了《海南省人民政府关于发展职业技术教育的意见》，《意见》中对于办学层次、规格、形式、学制年限、专业设置、招生对象、管理体制、办学经费、师资队伍等问题，都作了具体规定和要求，这个《意见》已由省政府于10月份发布实施。

（三）进行职业技术教育改革

为了办好一批骨干职业中学，总结经验，指导全面，省教育厅重新调整原定的示范学校，协同市县办好海口市第六中学，陵水县职工中学、文昌县文西中学、儋县大成职业中学和农村职业中学的示范学校。

各市县也立足于当地生产实际，办起1至2所骨干农、职业中学，并切实做好这些学校的招生、设备、师资配备等工作。同时对职业中学的优秀毕业生，也积极与有关部门协商安排就业。

按照国家教委要求，省教育厅还确定琼海县的文市、新市和白沙县的打安、育新等4所初级中学，作为“燎原计划”的初中教育综合改革实验联系学校，并在这些学校试行基础教育渗透职业技术教育，即：初三以后的“三加一”教育等，摸索多形式发展职业教育的经验。

（四）切实解决职业技术学校专业师资

海南省职业教育基础薄弱，专业师资紧缺，为了解决这个问题。省教育厅除采取有专业特长或学科接近的教师改教、校际间调剂、聘请技术员或行家兼教等应急办法外，还做好选送培训和定向招生培养工作。1989年3至6月，省教育厅在海南教育学院举办了第二期职业技术学校师资培训班，培训家用电器专业教师30多名；同年秋，高等院校招生，又从农职业中学毕业生中择优录取了120人，进入高等院校的师资班学习，毕业后分配到职业中学任教。

撰稿人　唐和亲

审稿人　谢　峰

五、成人教育

1989年，海南省由于认真贯彻落实国务院批转的《国家教委关于改革和发展成人教育的决定》，深化改革，取得了可喜的成绩。

（一）深化农民教育改革，培养农村实用型人才

农民教育的任务是给农民致富本领，为发展生产，振兴经济服务。省教育厅在这方面，主要抓了以下两方面工作。

1.切实抓好三级办学、多形式、多规格、多渠道培养人才。县办农业技术学校3所（即万宁、定安、保亭等三县），设有农业、热带作物、畜牧、农副产品加工、英语等专业。这3所学校的毕业生国家承认其中专学历，在校学生348人。乡（镇）办农民文化技术中心学校（或培训中心）。村民委员会办农民初级文化技术学校。乡、村的农民学校，办学形式是长短结合，以短训班和专题讲座为主。专业设有水稻良种高产试验、胡椒栽培、育林、水产养殖、家用电器、机械维修、缝纫、手工业等。同时组织广大农民学政治、学法律知识和扫除文盲等。参加学习的共12万人次，有2万人脱盲。

农民学校做到培训、就业、致富一体化，办学越来越活，效果显著，如昌江县乌烈镇农民科技学校，因地制宜，长短结合，开设推广良种、反季节苋菜、甘蔗、花生、养鱼、水稻、芒果、蘑菇、电焊、电器维修等专业。白石区黎族农民王兴吉运用学到的知识，改造酸性责任田，使水稻原来亩产从200公斤增加到600多公斤，成为全镇有名的售粮万斤户；农民王秀之学习科学技术后，在一亩地上种西瓜，三个月收入4000多元；琼山县咸来镇排田村农民谢赛梅通过学习禽畜饲养技术，积极发展家庭饲养业，养猪40头，鸡700只，每年收入一万多元。如今农民悟出了一个道理，有文化能发家，懂技术能致富。

2.先办试点，总结经验，推广全面。省教育厅根据国家教委“燎原计划”的要求，1989年选定琼海县、白沙县为实施这一计划的农村教育综合改革实验县，同时各市县都确立了3至5个乡（镇）为实施“燎原计划”示范乡（镇）。为了加快实验县和示范乡的学校建设，经国家教委批准贷款150万元，贷给有关实验学校搞生产基地建设。11月，省教育厅又在琼海县文市乡召开实施“燎原计划”现场会，总结推广该乡农民教育的先进经验。

（二）成人高等、中等教育进一步发展

1989年，海南有成人高等学校5所，其中职工大学2所、教育学院2所、广播电视大学1所，在校学生共5185人；普通大学办函授部、夜大学2所，在校学生3681人；职工中专6所，在校学生共1394人；附设职工中专班的普通中专学校13所，在校学生共1394人；农业技术学校3所，在校学生348人。这些学校的学制除了短训班外，有二年三年不一。海南省成人高等、中等教育逐步走向正规化，它不仅是普通高等、中等教育的补充，而且在继续教育，岗位职业培训等方面发挥了作用。

（三）社会力量办学成绩显著

1988年12月，海南省人民政府发布《海南省社会力量办学管理的暂行规定》后，一年来，经省教育厅批准备案的学校有55所，其中高等层次的16所，中等层次的20所，实用型短期培训的16所，幼儿园3所，学员共计11万多人。设有经济管理、企业管理、中文秘书、行政管理、财务会计、对外贸易、钟表和家用电器维修班以及英语、日语等47个专业。课程有100多门。还举办社会文化和生活教育等短训班。这对促进全省社会主义物质文明与精神文明建设，改善社会风气，加快培养人才，弥补国家办学的不足，发挥了重要的作用。

（四）成人高等、中专学校招生和成人自

学考试的进展

1989年，在成人高等、中专学校招生中，全省报考高等学校的人数共7223人，报考中等专业学校人数共1486人，被录取的分别为4487人和885人。全省上半年和下半年两次自学考试，大专类开考20个专业，中专类开考12个专业，报考人数有大专2874人、中专1132人，其中大、中专全部科目及格而取得毕业证书的分别为1745人和564人。全省一大批干部职工通过在职岗位学习得到了提高。

撰稿人　唐和亲

审稿人　南新燕　陆建坦

四川省教育

一、综述

1989年，四川省坚持党的十三届四中全会决议，继续推动教育是首要战略地位的落实，争取增加教育投入，继续宣传贯彻实施《中华人民共和国义务教育法》，完善基础教育各项管理体制，消除中小学危房，全面深化高教改革，稳定高校局势，发展职业技术教育，加强教师队伍建设，加强农村教育和民族教育，着重在整顿学校秩序，优化育人环境，提高教育质量和办学效益等方面做了大量工作，并取得一定成效。

(一)教育事业发展概况

四川省教育事业发展情况如表。

(二)教育投入

1.1989年，四川省各级政府将教育列入国民经济的重点，不断增加投入。据统计，全年国家财政预算内教育经费实际支出20.07亿元，比1988年增加1.93亿元，增长10.6%，

各级普通学校基本情况

工读、特殊教育学校：人
其他学校：万人

	学校数(所)	毕业生数	招生数	在校学生数	1990年预计毕业生数	教职工数 计	教职工数 其中：教师
一、普通高等学校	60					6.51	2.49
研究生		0.23	0.17	0.61	0.24		
本科		2.14	2.04	8.95	2.15		
专科		1.80	1.89	5.09	2.00		
二、普通中等学校	6 863	112.07	154.96	425.67	124.21	36.05	26.20
1.中等专业学校	281	4.31	5.06	15.02	4.84	3.62	1.59
中等技术学校	170	2.33	2.94	8.96	2.78	2.67	1.09
中等师范学校	111	1.98	2.12	6.06	2.06	0.95	0.50
2.普通中学	5 964	103.76	142.56	393.32	114.86	30.06	23.21
高中	1 220	16.46	18.04	51.94	16.90		4.06
初中	4 744	87.30	124.52	341.38	97.96		19.15
3.职业中学	605	3.98	7.22	17.29	4.51	2.34	1.39
高中	487	3.45	6.04	14.55	3.94		1.27
初中	118	0.53	1.18	2.74	0.57		0.12
4.工读学校	13	149	267	440		271	143
三、小学	77 277	217.21	160.73	1 010.61	194.61	48.73	43.46
四、特殊教育学校	38	175	482	1 792		499	383
五、幼儿园	16 409	72.04	72.71	123.03	63.53	6.72	5.18

各级成人学校基本情况

万人

	学校数（所）	毕业生数	招生数	在校学生数	教职工数 计	教职工数 其中：教师
一、成人高等学校	92	2.92	4.65	12.16	1.26	0.57
广播电视大学	2	0.84	1.24	3.59	0.10	0.03
职工高等学校	60	0.51	0.32	1.16	0.52	0.23
管理干部学院	11	0.16	0.16	0.40	0.24	0.10
教育学院	18	0.65	0.79	1.87	0.34	0.17
独立函授学院	1		0.35	0.89	0.06	0.04
普通高校举办						
函授部		0.61	1.17	2.98		
夜大学		0.15	0.62	1.27		
二、成人中等学校	6 628	164.65	142.40	154.98	2.95	1.85
1.成人中等专业学校	310	2.25	2.96	11.90	1.08	0.62
广播电视中专	4	1.06	1.84	8.96		
职工中专	72	0.75	0.50	1.49	0.36	0.18
干部中专	11	0.09	0.19	0.39	0.12	0.06
农民中专	26	0.10	0.17	0.32	0.05	0.04
教师进修学校	197	0.25	0.26	0.74	0.55	0.34
2.成人中学	999	4.35	6.48	10.12	0.63	0.48
职工中学	140	1.25	1.32	1.58	0.14	0.08
农民中学	859	3.10	5.16	8.54	0.49	0.40
3.成人技术培训学校	5 319	158.05	132.96	132.96	1.24	0.75
职工技术培训学校	212	5.00	5.74	5.74	0.25	0.12
农民技术培训学校	5 107	153.05	127.22	127.22	0.99	0.63
三、成人初等学校	9 891	211.04	211.95	213.87	1.87	0.74
1.职工初等学校	2	0.01	0.01	0.01		
2.农民初等学校	9 889	211.03	211.94	213.86	1.87	0.74
其中：扫盲班	3 419	16.59	49.75	49.75	1.18	0.39

其中，教育事业费增加1.79亿元，增长10.2%。除国家和各级政府安排的教育经费外，通过多渠道筹集教育经费94304.3万元，比1988年增加28360.4万元，增长43%。

2.教育经费的划拨和管理。

基础教育经费。继续按照“分级管理、分级办学”的原则，财政实行“分灶吃饭”，由县、乡负责，全年按教师人头和学生人头数确定定额预算，分月拨付的办法，部分由县拨付到区；实行乡财政的地方由乡财政分月直接拨付到学校。1989年全省基础教育经费实际支出180528.4万元，比1988年增加18581.8万元，增长 11.5%。

普通高等教育经费。国家拨款和中央专项补助投资总额中，国家拨款部分仍由教育主管部门依照普通高等学校教师人头平均数和学生人头平均数确定全年预算，分月拨付到校；中央专项补助部分则根据实际需要分别对各高校进行一次性补助。1989年四川全省省属普通高等教育经费预算总额为12995.7万元，实际支出12995.7万元，比1988年增加946.9万元，增长7.5%。

其他经费。1989年四川实有教育预算外资金92697万元，用于改善办学条件57995万元，教职工奖励6764万元，公务费开支7271万元，业务费4062万元，其他支出15064万元，结余未交1541万元。

（三）教师队伍状况

1.1989年四川全省普通高等学校有专任教师24878人，其中教授1055人，副教授5192人，讲师9705人，教员723人，助教8203人。全省高校6.51万名教职工，其中42893人获得了专业技术职务任职资格，获得高级职务的有8435人，占19.66%，获得中级职务的有18108人，占42.22%，获得初级职务的有16350人，占38.12%。

全省普通中学教师23.21万人，比1988年增加3.1%，其中初中教师19.15万人，比1988年增加3.6%，高中教师4.06万人，比1988年增加1%，平均每班教师数由1988年的2.81人减少到2.68人，平均每一教师负担学生数由1988年的17.7人减至16.9人；教师中，具有高等学校本科及以上学历的，高中有20961人，占高中教师总数的51.6%，初中有13405人，占初中教师总数的7%；具有本科肄业两年以上及专科毕业学历的，高中有616人，占高中教师总数的1.52%，初中有6126人，占初中教师的3.2%；高级中等学校毕业及以下学历的教师，高中2943人，占高中教师总数的7.25%，初中114913人，占初中教师总数的60.01%。

1989年四川全省有204589名中学教师获专业技术职务任职资格，其中高级教师12910人，占6.3%；中学一级教师70085人，占34.3%；中学二级教师82059人，占40.1%；中学三级教师39535人，占19.3%；有271311名小学教师获专业技术职务任职资格，其中评为中学高级教师235人，占1%。小学高级教师71869人，占26.5%；小学一级教师132630人，占48.9%；小学二级教师55673人，占20.5%；小学三级教师10904人，占4%。

全省中等技术学校教师10915人，本科及以上学历的6164人，占总数的56.47%；专科毕业及专科肄业两年以上学历的2877人，占总数的0.81%；中专及以下学历的1786人，占总数16.36%。

2.师资培养。1989年四川全省有高等师范院校17所，设置专业近20种，约140个点，布局基本合理、学科基本配套。教职工总数10487人，其中专任教师5206人，包括教授92人，副教授868人，讲师1936人。全省共招收本、专科师范生11928人，在校生37334人，毕业学生11432人。

1989年四川省高等师范教育着重在加强学生社会实践环节上努力。省教委制定了《关于加强高等师范院校教育实习工作的意见》，提出：（1）加强对多种形式的教育实习工作的领导。根据中学实际，各高师院校可以采取集中实习与分散实习等多种形式，安排落实学生的实习任务，教育实习要做到各地、市、州、县、高师院校和实习中学三方面共同负责，有管理机构、有当年计划、有检查、有落实，切实保证实习质量。（2）建立稳定的教育实习基地。各高师院校要根据相对集中，合理分布、就地就业等原则，逐步确定一批具有指导学生实习条件的中等学校作固定的实习基地。（3）高师院校与实习学校之间要加强联系，互相支持，既要解决好教育实习中存在的问题，又要为中学教育的改革和提高，提供有利的条件。（4）合理解决教育实习经费。《意见》下发后，引起了各地、县对高师教育实习工作的进一步重视，全省已先后有600多所中学被列为四川省高等师范教育实习基地学校。

全省中等师范学校专任教师4984人中，

高等学校本科毕业以上的2785人，学历合格率为55.88%，高级讲师840人，讲师1564人，分别占专任教师总数的16.85%，31.38%。

四川省中等师范教育继续深化改革，按“先试点、后推开”的原则，确定重庆第一师范学校、成都师范学校、宜宾师范学校、泸州师范学校、广元师范学校从1989年秋季起进行《三年制中等师范学校教学方案(试行)》试点，并对14所中师学校进行办学条件和学校管理的量化评估。用量化手段评估中师工作，在四川尚属首次。

1989年四川全省中等师范学校共招收新生21213人，比1988年增加661人。其中委托代培生2179名，比1988年增加1772名。1989年全省定向到乡适当降分录取新生4038人，占普师招生数的26.3%，比1988年增长6.2个百分点，定向乡2367个，比1988年增加264个。1989年有92所学校(除甘孜、阿坝、凉山三州的师范学校)试行面试，占全省中师校数的84%，改变了过去录取中师新生只重知识忽视专业素质和能力的状况。1989年全省安排了77所学校为厂矿、企事业单位培养小学教师和幼儿园教师，比1988年多安排65所。

1989年是四川省教育学院对在职中学教师开展合格学历培训规模最大的一年，共招收本、专科学员7861人，在校学员达18734人。在招生政策上有新的调整，规定考生必须具有中学《教材教法考试合格证书》。

1989年四川继续进行《小学在职教师岗位培训教学方案(试行草案)》试点工作。绵阳市市中区教师进修学校在实践中积累了好的经验。

1989年四川继续试行中小学、幼儿园教师考试合格证书制度，相继进行了中小学、幼儿园教师《专业合格证书》文化专业知识考试和中小学教师的音乐、体育、美术三科技能考试工作。全省初中教师参加考试报名的17295人，占不合格学历教师的25.9%，比1988年报名率上升6.3个百分点；按科次平均计，考试及格率为45.94%，比1988年上升1.94个百分点；高中教师参加考试报名的2604人，占不合格学历教师的24.3%，比1988年报名率上升4.3%；考试及格率为54.98%，比1988年上升1.68个百分点。音乐、体育、美术教师参加技能考试的共659人次，考试及格率分别为：91.3%，97%和85.2%。

四川现有小学教师434595人中，学历达标率由1988年的68.36%上升到70.92%。尚有3万左右的教师需进行学历教育培训。据统计，全省有73个县(不含重庆)的小学教师学历达标率不到70%。

1989年参加考试报名的小学教师56569人，占学历不达标教师的80.58%，考试及格率为18.5%；全省首次举行幼儿园教师《专业合格证书》文化专业知识考试，参加考试共5056人，占学历不达标教师的83.38%，科次平均及格率为71.66%。

3.教师奖励活动。1989年教师节前，四川全省受国家表彰的优秀教育工作者1507人，其中教育系统劳动模范113人，全国优秀教师1253人，全国优秀教育工作者141人；获省表彰的优秀教师1329人，优秀教育工作者169人，各市、地、州、县表彰的优秀教师和教育工作者14688人。

(四)加强德育工作

四川省领导重视德育工作，各地区、各部门密切配合，为1989年稳定学校局势，培养学生德智体美劳全面发展起了重要的作用。按照省教委对加强基础教育思想政治工作的部署，各地加强了政工队伍建设，各市、地、州教育行政部门配备了专人具体抓中小学德育工作。重庆、自贡市教委专门设立了德育(政教)处；新都等县教育局(委员会)设立了主管德育工作的政教处。许多地方制订了加强中小学德育工作规划，并把德育工作列入政府的年度计划，建立了领导联系学校制度。1989

年，四川开展了对全省中学进行思想品德系列教育工作，在49所中学进行了中学德育大纲的试点，开展了对全省小学德育纲要的试点，并在1195所小学进行推广。继续贯彻《中共中央关于改革和加强中小学德育工作的通知》，进行中小学生行为规范试行工作，广泛开展学习少年英雄赖宁，组织赖宁事迹报告团，编写、拍摄赖宁事迹宣传材料、录像片等。

为稳定高校局势，进一步维护安定团结的局面，1989年四川省认真总结过去几年加强德育工作的经验，进一步加强了思想品德和政治教育工作。各高等院校在加强民主管理，搞好教学、科研工作的同时，积极引导学生参加和开展社会实践活动，对学生进行爱国主义、集体主义、“鲜明的公民意识”、“健康的心理素质”、“良好的道德品质”、“科学的世界观”和“坚定的政治态度”等教育；对教职工开展教书育人、服务育人活动，学校教育继续探索建立学校——家庭——社会、大学——中学——小学思想政治工作“一条龙”体系，进行此项工作试点的自贡市、成都市、重庆市及西南师范大学“一条龙”试点单位已经取得初步经验。

全省继续加强成人高校和职业技术学校的思想政治工作，着重在坚持社会主义办学方向，为社会主义事业培养具有坚定正确的政治方向的合格人才方面狠下功夫，收效较大。根据成人学生的特点，成都电力职工大学在学生中开展以“自我管理、自我教育、自我服务”为中心内容的学生思想政治工作，培养学生的劳动观念和集体主义观念，教育学生遵章守纪，通过争优创先等活动，增强了自我教育能力，学校违纪现象大大减少，“三好生”、“优干生”人数增加，学校秩序稳定，积累了成人高校如何做好学生思想政治工作的好经验。

二、基础教育

1989年四川省基础教育的各项工作有所加强。

（一）实施九年制义务教育

1.1989年四川省继续大力推进九年制义务教育，全省又有13个县（区）经检查验收合格，达到依法实施九年制义务教育的条件。其中，泸定县经四川省、甘孜州两级检查验收合格，成为四川第一个实现基本普及初等教育基本要求的川西少数民族县。1988年前验收合格的141个县（市、区）不同程度地提高了初等义务教育的普及程度和普及水平。截至1989年底止，四川全省有成都、重庆、自贡、德阳、遂宁、绵阳、广元、内江、泸州、南充、达县、涪陵等12个市、地及占全省人口91%的154个县（市、区）具备了依法实施初等义务教育的条件。全省以县（市、区）为单位的实施初等义务教育的进度为71.62%，达到或接近全国平均水平。

1989年，四川省宣传贯彻《中华人民共和国义务教育法》工作分三步进行。首先，大力推进小学阶段义务教育，在尚未基本普及初等教育的地方，努力完成年度计划，力争达到基本普及的要求；其次，抓好已经普及初等教育的141个县（市、区）的巩固提高工作，创造条件逐步达到小学阶段义务教育的必备标准和条件，力争条件成熟的地方依法宣布实现小学阶段义务教育；最后，在普及初等义务教育的基础上，争取实施九年制义务教育，并按照省教委提出的《四川省合格初中标准》（基本要求），在有条件的地方和城镇，在校舍、设备、师资及经费方面创造条件，发展初中，逐步提高小学毕业生升初中的比例。

2.进一步控制中小学生流失。1989年四川全省学龄儿童入学率由1988年的95.4%上升到95.9%，年巩固率达96.32%，毕业班的毕业率提高到90%左右，小学生的流失趋势得到有效控制，流失率由1988年的3.68%下降到2.68%，达到正常年份水平（3%）以下，农村学龄儿童入学率达到94.26%，女儿童入

1989年全省中、小学入学率、升学率情况(%)

	四川			全国		
	1988年	1989年	+、-	1988年	1989年	+、-
学龄儿童入学率	95.4	95.9	0.5	97.2	97.4	0.2
小学毕业生升学率	57.9	57.9		70.3	71.5	1.2
初中毕业生升学率	30.5	32.1	1.6	34.7	34.9	0.2
高中毕业生升学率	28.4	23.9	-4.5	26.7	24.6	-2.1

注：小学升学率包括升入普中、职中，初中升学率包括升入普中、职中和中专，不包括升入技工学校部分，高中升学率包括升入普通高校本专科，不包括升入中专、技工学校部分。

学率达到93.56%；中学生的流失现象尚未得到遏制。

全省继续贯彻1988年11月省人民政府发出的《关于严格控制中小学生流失的通知》，把控制中小学生流失当作实施九年制义务教育的重要内容。1989年秋季开学后，由省教委对温江、中江、金堂、什邡等14个市、地、州的42个县(市、区)流失生情况进行调查研究，根据中小学生继续流失的状况及原因，省政府再次发出《关于严格控制中小学生流失的补充通知》，继续对广泛、深入宣传《义务教育法》、严禁使用童工及如何增强学校吸引力等提出了明确、具体的要求，并针对大龄学生和女儿童就学问题制定了具体措施。各级政府建立了主要负责人和分管负责人控制流失生的目标责任制，各级教育行政部门和学校建立了学生流失报告制度。

3.继续消除中小学危房。1989年四川全省新建校舍423万平方米，财政增加经费和多渠道集资5.16亿元，改造(含消除)中小学危房410万平方米，中小学危房占校舍面积的比重由1988年的4.8%下降到2.1%。攀枝花市、乐山市、涪陵地区所属各县(区)基本消除了中小学危房；双流县、南充市、重庆南岸区等18个地、市、州的104个县(市、区)经过检查验收，基本达到消除中小学危房(比例1%以下)的要求，为1990年全省基本消除中小学危房打下了坚实基础，省政府对实现要求的市、县特别给予表彰，并发给《基本消除中小学危房证书》。

四川省各级政府和教育行政部门继续把消除中小学危房作为发展基础教育事业的大事来抓。1989年省政府进一步制定了《关于改进中小学危房改造附加费和农村教育费附加征收办法的通知》，规定对从事农村工业、商业、建筑、运输和其他服务业经营的农户和联户，乡(镇)从事工业、商业、建筑、运输和其他产业经营的非农业个体户，按实际缴纳的产品税、增值税、营业税税额的1%同时缴纳教育费附加，进一步完善了农村教育费附加的征收办法，保证危房改造经费的落实。消除危房工作在四川受到群众积极拥护，像经济相当贫困的山区县武隆县也真正做到了乡里最好的房子是学校，目前全省中小学的办学条件明显改善。

4.管理体制不断完善　1989年四川省继续实行基础教育“分级办学、地方负责”的管理体制改革，出现了一批重教育的好典型。全省涌现了一大批尊师重教的“教育书记”、“教育市(县)长”、“教育乡长”，各级党委和政府在财力十分紧张的情况下，优先保教育，基本达到了财政拨款的“两个增长”。成都市建立分财政实行包干制后，继续实行教育经费由县下拨到乡的办法，保证了经费来源。

全省中小学内部继续试行校长负责制、教职工岗位责任制和教师聘任制。据不完全统计，全省实行校长负责制的小学有475所，中学1000所左右，约占中学总数的20%。1989年全省有广汉、大竹、仁寿、温江、简阳、叙永、江北、江油、涪陵、合川、壁山、洪雅、青神、大邑、什邡等22个县、市参与了农村教育综合改革实验，其中广汉、江油、涪陵市和大竹、仁寿、温江、简阳、叙永、江北等县列入全国百县教育综合改革实验县。

5、“五查”受到好评。四川省1989年对中小学教育工作进行的五项督导检查，受到国家教委的好评。四川省各级政府对此项工作十分重视。1989年4月以来，各有关方面根据五项督导检查工作的内容，普遍进行“自查”。各市、地、州政府（行署）对占全省三分之二的144个县进行抽查，省政府对10个市（地、州）、21个县进行了重点检查。国家督导检查组1989年10月下旬对四川实地抽查了3个市（地）、8个县（区）后，评价认为：四川省“五查”工作领导重视，抓得早，抓得认真，以查促改，收到了明显效果。

（二）中学教育继续深化改革

1.端正教学思想，推动中学教育“转轨”。1989年四川省中学教育继续采取综合治理的措施，认真纠正片面追求升学率的倾向，狠抓中学教育“转轨”工作。全省贯彻省政府1988年发布的《关于当前普通中学克服片面追求升学率倾向的暂行规定》和《四川省普通中学劳动技术教育合格的基本要求》，在继续办好重点高中的同时，对一般高中从经费、师资、办学条件方面给予一定扶持，使之逐步缩小与重点中学的差距，倡导“合格加特色”的办学思想，变“补短教育”为“扬长教育”，在全面发展基础上，加强劳动技术教育和社会实践活动，培养学生个性。全省普通中学明显减少了单纯以升学率高低定奖惩，随意增减课时，忽视差生等现象。重庆、成都、绵阳、内江、遂宁、涪陵、达县、万县、德阳、自贡等10个市（地）取得较好成效。据对部分市（地）情况初步统计：中学开设劳动技术课的面达90%以上，乐山达98.7%。劳动课师资和实习基地建设也有较大进展。校均劳动技术课师资，广元达到4.45人，内江达到4.35人；落实了实习基地的学校，乐山达98.89%，达县、凉山也在70%以上。各地还对中学毕业生进行“短、平、快”实用技术培训，绵阳市95%以上的中学毕业生受到短训，乐山、德阳也在85%以上。省教委在洪雅召开全省中学劳动技术教育经验交流及表彰会，表彰奖励了乐山等26个县（市、区）及达到优秀级标准的114所中学，进一步推动了中学教育继续“转轨”工作。

2.加强初中，办好重点高中，全面提高教育质量。1989年四川省通过《义务教育法》的继续实施、控制学生流失和“五查”督导检查初中教育薄弱状况有所好转。成都、乐山等地采取切实措施，加强初中工作，取得比较明显的成效。全省初中毕业会考结果，教学质量呈上升趋势，与1988年相比，平均及格率由50%上升到53.4%，各科平均及格率由20.3%上升到27.2%，优生率由15.8%上升到20.2%，后进生率由18.9%下降到17.1%。

通过贯彻执行《关于当前普通中学克服片面追求升学率倾向的暂行规定》和有关纠正乱办班、乱收费、滥编乱用各种复习资料、练习册等措施，进一步整顿教学秩序，全省中学质量稳步上升。以1989年高考为例：四川省送档线有较大上升，重点院校录取新生人均成绩，文科达500分的有33所、理科达550分的有21所，分别占该类院校的79%和23%，比1988年的62.7%和19.1%有较大提高；另外，高考录取新生中应届生占58.55%，超过往届生。录取新生中获省级以上科技发明奖和单学科竞赛优胜奖者437人，比1988年多167人，增长61.85%。

3.整顿学校秩序，治理育人环境。1989年省教委发出《关于普通中学不得举办全日制升学补习班、不得接受往届生插班复读的通知》，着手整顿重点中学乱办班的问题，全省129所中学不同程度地接受了整顿。

4. 全省成立了中小学教材审查委员会，规定凡未经国家和省审查批准的教材、教学参考书、复习资料等，各级教育行政部门不能推荐，各类学校有权拒绝使用。省教委还会同物价、财政部门再次发布了《关于清理整顿中小学收费项目有关问题的通知》，重申了中小学收费项目、标准、原则及管理办法，要求有关部门定期公布收费情况，接受群众监督。

(三)小学教育

1. 1989年重点抓了13个山区民族县小学阶段义务教育的基本普及工作。省教委对13个县(区)普及初等教育的情况进行了检查验收，并提出《义务教育办学条件规范》、《四川省义务教育实施办法》，同时对温江、中江等11个县(市、区)进行“义务教育阶段学生辍学和留级问题”专题调查研究，部署了“四川省加强贫困地区小学实验项目”工作；对成都市东城、西城及金堂、什邡等县进行了“书包过重”和“家长经济负担过重”情况调查。

2. 1989年四川省社会力量办普通教育学校有发展，私立中小学已达353所，在校学生2.75万人。弱智、残疾儿童的特殊教育也有所发展。

(四)幼儿教育

1989年四川着重办好示范幼儿园，继续进行幼儿教师的培养培训工作。省教委编写了《幼儿教育文件选编》、《幼儿教育工作手册》(第一集)，系统指导幼儿教育工作，提高幼儿教师的业务素质。

三、普通高等教育

1989年，四川省以稳定规模，优化结构、深化改革、改善条件、提高质量为工作重点，继续深化高等教育领域内各项改革，围绕全面贯彻落实党的教育方针，端正社会主义办学方向，培养多层次、多规格、各级各类社会主义建设人才的目标，使高等教育主动适应经济和社会发展需要。

全省高等学校发展规模基本稳定。本、专科和研究生的层次结构、学科和专业结构及生源结构均有所调整。1989年全省国家级重点学科19个，其中，成都科技大学4个，电子科技大学、西南交通大学各3个，成都地质学院2个，四川大学、重庆大学、西南石油学院、华西医科大学、成都中医学院、重庆医科大学和西南农业大学各1个。高等学校根据社会需求，适当拓宽专业口径和业务范围。1989年四川申报的第四批学位授予单位中，新增设四川工业学院为硕士学位授予单位，增列9位博士生导师。在专业调整方面，重视工程技术、临床医学、应用文科等培养高级专门人才的专业。学校着重加强了教学质量的管理，对各类专业、学科、特别是文科类专业、学科的教学计划、课程设置、教材、教学内容等进行了检查与清理。

(一)为推动高等教育改革，提高教育质量，1989年四川省开展了建国以来普通高等学校首次优秀教学成果评奖活动。全省60所高校共评出优秀教学成果253项，其中获国家级特等奖5项，国家级优秀奖25项，省级一等奖62项，省级二等奖191项。四川大学缪钺教授的《六十五年育才之经验与艺术》获国家级特等奖；西南交通大学朱玲教授的《教书育人，提高中国革命史教学质量》获全国普通高等学校政治理论课教学唯一的国家级特等奖；西南师范大学34岁的青年副教授赵健的“创建立体构成基础教学新体系”，把国外形态构成理论与我国师范教育相结合，形成了较完备、独具特色的立体构成教学新体系，在全国美术、设计基础教育中居领先地位，获国家级优秀奖。

(二)高校科研工作又有新进展。据在自然科学方面有系统研究的30所高校统计，1989年共有各类科研项目5381项，比1988

年增长7.3%，其中由中央和地方有关部门下达的重点科研项目以及企事业单位委托的研究项目共4174项，占项目总数的77.6%；从各种渠道拨入的科研经费达8053万元，比1988年增长7%，其中非主管部门拨款5780万元，占当年拨入科研经费总数的71.8%；评审签定科研成果541项，有272项获国家和省(部)级科技奖，较1988年增长25.34%；推广应用科研成果528项，新增经济效益19亿元，较1988年增长1.22倍。科研成果在生产中推广应用后，年经济效益在百万元以上的有70项。出版科学专著395部，发表学术论文9019篇，其中在国内外学术刊物上发表或在国内外学术会议上宣读的有4730篇；同292个地方、企事业单位建立了科技协作关系，新建教学科研生产联合体44个。哲学社会科学方面，据四川大学等10所院校统计，科研项目有589项，承担国家"七五"重点项目21项，国家教委"七·五"重点项目23项，青年社会科学研究基金项目8项，博士点专项科研基金项目27项，在省级以上刊物发表论文2270篇，出版专著、译著165部，教材96册。

(三)大学英语四级、六级标准化考试水平有提高。1989年四川高等学校有21000名本科大学生参加大学英语四级、六级考试，成绩良好。全省高校大学英语教学质量和外语水平，由起点低、基础差状态，跃入全国大学生外语中上等水平的行列，受到国家教委好评。

(四)继续进行高校招生和毕业生分配制度的改革。1989年四川招生工作，开始实施高等学校毕业生分配制度中期改革方案，126所在川招生的高校实施此方案。全省增大了定向招生计划，农、医、师院校全部实行定向招生。在招生工作的主要环节上开始实行计算机全方位辅助管理，全省面向社会接受考生查分。四川还对贫困山区和少数民族地区等实行降分照顾政策，对职业中学毕业生采取单独命题、单独考试的办法，从各方面保证了社会对人才的需求。

1989年的高校招生工作，在连续遭受风灾、水灾等恶劣条件下，如期圆满完成国家下达的招生任务，全省共录取新生65268人，其中录取本、专科新生39572人(含预科)，中专21308人，硕士生1768人。

在毕业生分配工作上，继续在绝大部分学校实行由学校与用人单位"供需见面"提出分配建议计划的办法进行。

(五)四川继续在全省师范专科学校中文、数学、物理、化学、英语专业中实行优秀学生升入本科师范院校学习办法。经过推荐、选拔、统考，共录取了210名优秀学生分别到四川师范大学、南充师范学院、重庆师范学院、四川外语学院对口专业继续学习。

四、职业技术教育

(一)中等专业技术教育

1989年针对中等专业学校受部门所有的限制，服务范围窄，办学效益不高的主要问题，着重抓了中专内部结构的调整，办学条件的检查评估，深化教育改革工作。

1.加强宏观调控，调整、完善中专教育结构。

理顺学制，完成改制工作。1989年四川省继续调整中专学制，把招收高中毕业生学制两年半或三年调整为二年，对招收初中毕业生学制三年的，除少数特殊专业外，逐步调整为四年。

调整专业设置，增强服务功能。全省中专现有专业673个(重复计算)，1989年省教委批准部分学校增设了计量、产品质量监督检验、公共关系、市场营销、电子技术及应用、化工机械等专业，调整、撤并一些长线专业。

整顿学校布局结构，拓宽服务范围。1989年新设了四川省技术监督学校、乐山市工业学校，撤消了筹建多年仍不具备招生条件的涪陵地区林业学校。

2.开展办学条件评估工作，促进办学条件逐步改善。1989年在成都市工业学校试点的基础上，第一批（122所）学校由省级主管部门及重庆市教委分别组织评估小组在各校自评的基础上全面开展复评工作。据省计经委系统对所属21所工业、财贸中专复评总结报告：达到合格级的3所，占14.3%；达到基本合格的12所，占57.1%；试办级的6所，占28.6%。据不完全统计，此次评估中，市、地、州财政拨款100万元，给学校增添设备、图书资料等。

3.探索联合办学的路子。四川省轻工学校在已有的部门之间、地区之间、校际间联合办学基础上，其纸浆造纸专业与雅安地区造纸厂联合；轻工分析专业根据各轻工业工厂分析化验室一般较小的特点，采取同时与同一地区（或相邻地区）若干工厂联合的办法，把实践教学与技术推广、技术服务结合起来，使工厂产品产量增加，质量提高，成本降低，取得明显经济效益，教师获得生产的第一手资料，最新的信息，学生实践能力增强。温江农业学校在全国率先举办农村青年不包分配班，打通中专毕业生通向农村的路子后，又对学校进行全方位改革，新设果蔬园艺专业、农资专业、乡村建筑专业，将教学与实践教学由过去的6:4调整为5:5，将三段式教学改为从一年级起就结合农村进入专业训练。学校与新都县挂钩，建立了三个校外基地，把科研成果转化为生产力，使该县农业增产增收；省农牧厅提出中等农业教育面向基层、面向农村、面向农业生产，打通人才通往农村之路，提高农民素质，培养下得去，留得住，用得上的新型农民和中等农业技术人才的目标，为中等农校尽快建立主动适应社会经济需要的机制提出了积极的建议。

(二)中等职业技术教育

1989年四川省各类中等职业技术学校招生数和在校生，与普通高中之比均为0.84:1，中等教育结构单一的状况基本改变。

1.1989年四川各地检查验收了市、地、州和各县重点职业中学90所，绝大多数学校办学条件达到或超过了要求。

2.强调职业技术教育师资队伍突出职业教育特色。1989年全省对口招收726名职业高中毕业生升入高校10个专业学习，其中，职教师资班招收了408名，占53.5%，是四川普通高校举办职业技术教育师资班以来招生数量最多的一年。

3.对职业技术教育师资的培训注重实用性。1989年全省为农村职业中学举办了农学、果树、蚕桑、植保、农产品加工、乡镇企业管理等6个专业的本、专科函授，招收在职教师196人(其中专科56人，本科140人)；组织了种植、养殖专业教材教法培训班，参加培训130人，同时还培训了工艺美术等专业的职业技术教育师资。全年培养培训在职教师共1132人，其中为农业生产第一线服务的专业教师639人，占56.4%。

五、成人教育

(一)成人高等和中等专业教育

1989年四川省成人高等和中等专业教育，继续加强对学校的管理，进一步理顺关系，清理和整顿乱办学、乱收费、乱发文凭的现象。着重提高教育质量和办学效益，进一步促进成人高校联合办学。

1.职工高等教育。经国家教委批准，将原东风电机厂职工大学、东方锅炉厂职工大学、东方汽轮机厂职工大学进行实体联合，建立四川东方动力职工大学。继续试行《专业证书》制度，改变单一的学历教育模式，发挥学校的多功能作用。

2.完成了对全省6所试行成人高等学校教学质量的考核验收工作和对省农业干部学校管理体制的改革、调整和整顿工作。

3.成人高等和中等专业自学考试。1989年全省共进行28个大专专业和5个中专专业的两次自学考试。全年报考人数达284431人,共643331科次,比1988年分别增长2.5百分点和3.3百分点;全年有11万多人获单科合格证书,有16个专业的6650余人获大专毕业证书,累计已有自学考试毕业生23000余人。根据社会急需,增开了师范类数学专业及语文本科、统计本科、文秘、出版等6个专业自学考试科目。

(二)成人普通教育

1.农民教育。(1)扫盲工作。1989年四川省继续贯彻落实国务院《扫除文盲工作条例》。年初省教委向各地发出了认真调查研究,制定扫盲规划的通知,并向各市、地、州正式下达了1989年扫盲任务数。主管教育工作的副省长韩邦彦在《四川日报》上撰文,要求“全川人民积极行动起来,大力开展扫除文盲工作”。各地普遍实行承包责任制,由地方政府领导、教育部门负责人层层签订扫盲承包合同,同时制定扫盲措施和千方百计筹集扫盲经费,省里明确提出农民教育经费占教育经费实际支出的比例不低于2%。省教委还及时组织力量编写扫盲课本,并举办新课本教材教法培训班。到1989年8月底止,全省文盲已入学624707人,脱盲242910人;1989年底止,完成脱盲40万的任务,并做到了1990年要求脱盲的40万扫盲学员大部分已入学。全省15——40周岁青壮年非文盲率达87%以上,比1988年提高一个百分点以上。1989年10月四川省召开了全省扫除文盲工作会,暨表彰先进集体、先进个人会议,经省人民政府批准,表彰了45个扫除文盲先进县和80名扫除文盲先进工作者。(2)农村实用技术教育。1989年四川注重“短、平、快”实用技术教育。全省办有各级各类农民文化技术学校15146所,参加学习259万人,参加短期技术培训759万人次,其中乡(镇)农民文化技术学校比1988年增加358所,总数达到5728所,相当于全省乡镇总数的66%,经审查符合初中、中心小学建制条件要求的1643所,约占乡镇农民文化技术学校总数的30%。1989年全省参加农民文化技术学校(班)接受技术培训的约1000万人次,其中经过正规学校培训的约200万人次。

2.职工岗位培训。1989年全省培训职工160万人次,其中岗位职务培训35万人次,技术业务培训110万人次。成人教育培训学校(中心)总数达到40所左右。

六、少数民族教育

(一)基本情况

基础教育。民族自治地区(含甘孜、阿坝、凉山三州、黔江地区和乐山市的马边、峨边两县)已有小学8361所,在校生766148人,毕业学生101017人;中学409所,在校生452522人,毕业学生58062人。其中甘孜、阿坝、凉山少数民族聚居的三州有中小学5724所,在校学生452522人,少数民族学生占在校生的比例,甘孜达到49.1%,阿坝达到31.1%,凉山达到26.5%。

民族自治地区有中等职业技术学校81所,在校学生21915人,其中中等专业学校30所,技工学校19所,职业高中32所。此外,有职业初中5所,职业高、初中班13个;州、县教师进修学校36所。

在民族自治地区已有11个县基本实现或接近脱盲标准,其中用彝、藏文扫盲的分别是9个和1个县;有成人农牧民文化技术学校176所,在校学生39512人;成人初等学校8456所,在校学生233685人。

招收民族学生的高等学校5所,少数民族在校生4150人;成人教育学院1所,在校生1452人。

1989年四川省少数民族教育,继续完善以非寄宿制为主体,以寄宿制为骨干的办学体系，共有各类寄宿制中小学1771个班，寄宿的学生51525人，占少数民族中小学在校生总数的20%。1989年，民族地区学龄儿童入学率、年巩固率、毕业率分别为76.13%，89.69%和92.03%，比1988年提高1.33个百分点，1.19个百分点和3.23个百分点，已有4个民族自治县163个民族乡基本普及初等教育。

（二）开展民族语言教学

1989年四川民族地区双语教学得到进一步发展。开展双语教学的学校共1315所，在校生83884人，比1988年增加318所学校和25147名学生。其中，开展藏语文教学的中小学794所，开展彝语文教学的中小学521所。另外，在民族地区开设藏、彝文专业的大专院校有4所。

（三）教师队伍建设

1989年四川省民族教育加强了师范教育，有15所中等师范学校、3所高等师范学校分别输送毕业生1966人、966人充实民族地区教育师资。民族自治地区现有中小学教职工261668人，其中专任教师50948人。民族教师在专任教师中的比重，小学为50.17%，中学为40.44%，高中为24.22%，分别比1988年提高4.27个百分点、7.94个百分点、2.02个百分点。民族地区教师学历达标比例，小学为76.82%、初中为50.84%，高中为43.83%，小学、初中分别比1988年提高6.02个百分点，12.44个百分点，高中下降2.27个百分点。

（四）民族中小学危房改造成绩显著

1989年四川仅甘孜、阿坝、凉山三州就消除危房343138平方米，危房比例明显下降。已有24个县经验收合格，达到基本消除危房的要求，约占四川甘孜、阿坝、凉山三州48个县的50%。

撰稿人　彭润商
审稿人　王可植

贵州省教育

一、概况

1989年，在省委、省政府的领导下，教育事业有了一定的发展。在整顿治理教育环境、深化教育改革方面取得了进展，为社会主义现代化建设培养了一批人才。

贵州教育坚持社会主义方向，始终把改进和加强思想品德和政治教育放在重要位置，坚持以德、智、体、美、劳全面发展的方针培养学生。加强社会实践环节，使学生在实践中理解党和国家的重大方针、政策，提高思想觉悟，立志为祖国、家乡的社会主义建设事业而努力学习。全省中小学通过贯彻《中共中央关于改革和加强中小学德育工作的通知》精神，在加强德育工作中，注意中学政治课和小学思想品德课的改革，实施了中小学生日常行为规范教育、品德教育和劳动技术教育，建立了升国旗、唱国歌制度，培养学生的爱国主义思想和感情。1989年，还在全省中小学开展了以“三热爱”为主要内容的形势教育，整顿校风、校规、校纪，优化育人环境。在高等院校贯彻执行了《中共中央关于改进和加强高等学校思想政治工作的决定》。各高校认真传达学习中央文件和领导同志的讲话，对广大师生进行坚持四项基本原则和坚持改革、开放“两个基本点”的教育，提高大学生对反对资产阶级自由化斗争的重要性、必要性和长期性的认识。组织学生利用假期，结合所学专业开展“走向社会、学习社会、服务社会”的社会实践活动，增强社会责任感，树立为人民服务的思想，培养实事求是、艰苦奋斗、脚踏实地的精神，提高实际工作能力。开展法制教育，加强校风、校纪建设，同时开辟和健全经常的、多形式、多层次的反映与倾听意见的渠道，促进师生之间、干部与学生之间的相互理解。在加强高校马列主义理论课教师队伍和政工干部队伍建设的同时，强调广大教师教书育人的双重任务，寓思想教育于教学之中。各级各类学校为社会主义现代化建设培养了一批有理想、有道德、有文化、有纪律的建设人才。

贯彻中央关于治理、整顿的精神，为创造良好的育人环境，认真治理、整顿了全省各级各类教育的办学秩序。按照国家教委《关于对中小学教育工作开展五项督导、检查的通知》精神，省人民政府成立了“五查”工作领导小组，在全省范围内部署并开展了中小学教育五项督导检查工作。在“五查”过程中，对全省中小学生的流失情况进行了调查，并认真分析了流失原因，提出了控制措施，使下半年中小学生的流失率明显下降。有的地方不仅有力地控制了中小学生的流失，还使入学率有所上升。制订了《贵州省中小学学杂费收费标准》，划清了合理收费与不合理收费的界限，对中小学收费情况进行清理，初步纠正了收费的混乱现象。针对全省各地都不同程度存在的滥编、滥印、滥发教学参考、辅导资料的现象，省有关部门联合对教学参考、辅导资料的编写、出版、发行工作进行了清理整顿，并对今后中小学教材、教学参考、辅导资料的编写、出版、发行工作作出了具体规定。及时调整了全省普通高校的招生计划，清理、纠正了普通高校1988年超计划招生的问题，制止了招生计划中的混乱状况。还建立了高校毕业证书验印制度，有效地堵住了滥发文凭的漏洞。对三年来中小学危房改造资金使用情况进行了审计，经过审计调查，各地对危房改造资金基本做到了专款专用，无严重违纪现象，使用效果是好的。

各级各类教育的办学条件得到进一步改善。1987至1989年的三年中，全省共改造维修中小学校8410所，改造维修危房面积282万平方米。普通高校图书馆、实验楼、教学楼到1989年建成并投入使用的共35幢，计20万平方米。1989年，新装备了1000所小学的教学仪器设备。勤工俭学创产值5100万元，比1988年增长27.5%；纯收入突破1000万元，比1988年净增200多万；生均收入约1.70元，比1988年增长约25%；勤工俭学开展面从18%增至40%；勤工俭学收入用于补助教育经费544.2万元，使办学条件得到改善。1989年，建成卫星电视接收站166个，比1988年的147个增长12.9%；建立放像点30个，累计放像点已达384个；电化教育手段得到改进。与此同时，全省各级各类学校教师队伍得到了充实和提高。其中，普通高中教师9728人，比1988年增长1.9%；高等学校本科毕业的占高中教师总数的52.2%，比1988年提高1.3个百分点；每一教师负担学生13.3人，比1988年减少0.7人。普通初中教师43551人，比1988年增长3.5%；高等学校专科毕业及以上的占初中教师总数的47.8%，比1988年提高4.3个百分点；每一教师负担学生18.5人，比1988年减少1.8人。小学教师164298人，比1988年增长0.5%；中师、高中毕业的占小学教师总数的57.7%，比1988年提高1.9个百分点；每一教师负担学生26.8人，比1988年减少0.7人。

按照“多层次、低重心、重质量、讲效益”的原则，针对社会的实际需求，调整高校专业设置和层次结构，提高教育质量；加强基础教育；大力发展以初、中等为重点的职业技术教育。通过贯彻执行《义务教育法》，全省各级党政领导重视教育，全社会关心、支持教育，积极改善办学条件，推动了各级各类教育的发展。全省小学22389所，普通中学1578所，幼儿园1035所；学龄儿童入学率已达88.75%；农民教育有了新的发展，每年约有15万人跨进扫盲学习班；15—40周岁的少、青、壮年中文盲率下降了20%左右，有57个县(市、区)实现了基本无文盲。中等教育在发展中结构渐趋合理。各类高中阶段的职业技术学校在校学生达9.26万人，占整个高中阶段在校学生总数的42.45%，各类职业学校开设了60多个专业，培养的学生颇受社会欢迎。高等教育事业在调整改革中发展。全省普通高校24所，具有10大科类和应用类的短缺专业及新兴学科，每年平均有本专科毕业生7000多人。成人高校20所，每年平均毕业4000多人；有广播电视大学、职工大学、教育学院、管理干部学院、普通高校办的函授部、高教自学考试等6种类型的多层次、多规格的(包括学历教育、专业证书教育、继续教育、岗位培训在内的)成人高等教育体系开始形成。

从多民族省份的省情出发，着重抓了民族教育工作。全省已恢复和建立了100多所民族中小学和民族师范学校、3所民族师专、2所民族干部学校，还有5所大专院校开办了少数民族学生预科班。1989年，仍然针对边远民族乡村小学教师数量缺、民办教师多、师资水平低、队伍不稳的现状，优先重点发展民族师范教育。相对集中人力、财力和物力，在黔东南、黔南和黔西南3个民族自治州和少数民族人口多的毕节、铜仁、安顺三个地区优先重点办好民族师范学校，面向广大农村招生，以招收边远民族乡村的少数民族学生为主。为了扶助边远民族地区培养民族乡土人才，各地除努力提高教育质量，适当调整，降分照顾政策外，针对特别落后民族地区和后进民族的实际情况，从中小学基础教育抓起，切实办好小批量的高小寄宿制民族班、初中寄宿制民族班、高中寄宿制民族班以及大中专院校的少数民族预科班。扶助民族贫困县发展民族职业技术教育，重点扶助17个民族贫困县每县办起了1所民族职业技术学校，对当地培养、培训乡土初、中级技术人才，推广农村实用技术，进行科学实验，发展商品经济起到了一定的作用。

撰稿人　鲁源安
审稿人　符康荣

二、基础教育

(一)全省普及初等教育的县已达41个

1989年，凤冈、长顺、独山、三穗等4县经省、地政府验收，基本达到普及初等教育县的标准。至此，全省共有41个县普及了初等教育，占全省87个县的47.13%。此外，全省还有404个乡经县政府验收，基本达到普及初等教育的标准。至此，全省已有2649个乡普及了初等教育，占全省总乡数的67.35%。到1989年底，全省普及初等教育县、乡的人口数，约占全省总人口3171.2万人的64%。全省已普及验收的县乡，目前正认真进行复查巩固工作，力争大面积提高教育质量，并采取有力措施改善办学条件。

(二)超额完成危房改造任务

1989年是执行省委、省人民政府“三年完成中小学现有危房改造维修”决定的最后一年。1989年12月上旬，全省组织8个检查组，分别到9个地、州、市检查了25个县、259所学校的危房改造情况，有效地推进了中小学的危房改造。1989年，全省共投入中小学危房改造资金11417万元，其中省和中央补助的专款3719万元，地(州、市)级财政拨给的专款1817万元，县级财政拨的专款2710万元，群众集资3171万元；改造学校3182所，其中中学388所，小学2794所；改造危房面积99.17万平方米，超额24.9%完成省下达的计划。在上述改造总面积中，属于拆除重建的面积67.28万平方米。

(三)调整全省中小学学杂费标准

由省教委、省财政厅、省物价局联合制定的《关于整顿我省中小学学杂费收费标准的意见》经省人民政府同意，于1989年8月1日由省人民政府办公厅转发各地。这个《意见》的主要内容是：(1)制定了贵州省中小学学杂费新的收费标准。贵州省中小学学杂费收费标准，一直沿用1964年《贵州省公办中学、小学、幼儿园学杂费收支管理办法》的规定。20多年来，物价发生很大变化，上述收费标准已不适应当前情况，为此，《意见》根据《义务教育法》关于国家对接受义务教育的学生免收学费的规定，提出贵州省中小学杂费收费标准为：每生每学期，地州(市)所在城区初小5元、高小6元、初中8元、高中10元；县镇初小4元、高小5元、初中7元、高中8元；农村初小3元、高小4元、初中6元、高中7元。高中另收学费每生每学期，地州(市)所在城区15元，县镇10元，农村7元。(2)规定了学杂费的减免比例。对统一收费标准后，部分家庭经济确有困难的学生规定可以减免学杂费，减免比例按收取学费和杂费的总金额，杂费，城市控制在5%以内，农村控制在15%以内；学费，城市控制在3%以内，农村控制在10%以内。对贫困地区和少数民族地区，经县人民政府批准，学杂费的减免比例还可以适当放宽。(3)规定了学杂费的管理和使用办法。学杂费的收入列入预算外资金，按专项资金管理，单独设帐核算。学杂费的用途是：购置小型教学器材、图书资料、零星房屋修缮以及学校办公、水电、灯油、报刊杂志等方面的开支，严禁用学杂费收入给教职工发奖金和搞集体福利。《意见》还要求各级教育行政部门要加强对学杂费的管理，与物价、财政和审计部门密切合作，对学杂费的收支情况进行监督检查。对违反收费规定的要严肃处理。

（四）召开省勤工俭学工作会议

1989年3月30日至4月1日，省教委、计委、经委、财政厅、劳动局、人事局等6个部门在贵阳联合召开贵州省勤工俭学工作会议。会议的主要内容是：传达全国勤工俭学工作会议精神，总结、部署全省勤工俭学工作，学习1989年《国务院批转国家教委等部门关于进一步发展中小学勤工俭学若干问题意见的通知》精神，讨论省教委等12个部门起草的《关于贵州省开展勤工俭学发展校办企业的若干意见》，表彰奖励勤工俭学先进集体和个人，为荣获全国勤工俭学先进集体、先进个人光荣称号的10个先进集体、6个先进个人发了奖；为省教委、计委、经委、财政厅、劳动局、人事局等6个部门共同表彰的36个勤工俭学先进集体、18个先进个人颁发了奖状和证书。会上组织了经验交流、现场考察和参观展览，考察了贵阳31中和龙里中学的校办厂，参观了贵阳、遵义、安顺等5个地州市联办的勤工俭学成果展览。与会代表充分肯定了龙里中学、赤水县旺隆职业中学在开展勤工俭学、改善办学条件、促进经济发展中的先进经验，充分肯定了贵阳市政府和各有关部门重视勤工俭学工作、为勤工俭学办实事的做法。

（五）加强全省中小学课本和教学辅导资料的管理

在全省五项督导检查工作中发现，各地中小学生使用的教材、教学辅导资料过多过滥，学生的课业负担和家长的经济负担过重，造成不少学生因此辍学，影响了学校的教育秩序和教学质量，在社会上引起了强烈反响。针对这种状况，省教委、省新闻出版局于1989年12月召开了全省中小学教材工作会议。会后，省教委、省物价局、省新闻出版局联合发出通知，就加强全省中小学课本、教学参考书、教学辅导材料的出版、发行管理工作提出了几点意见：（1）一切进入全省中小学课堂的课本（全国中小学教材审定委员会审查的除外）、教学参考书和供本省各地选用的教学辅导资料必须经过贵州省中小学教材审查委员会审查通过后才能列入省教委的统一用书目录。（2）课本用书目录由省教委负责制定；教学参考、辅导用书目录由省教材办公室负责审查，由省教委制订，并与课本用书目录一并下发各地、县教育行政部门和新华书店。新华书店要按上述目录制订、印发订单。（3）所有中小学课本、教学参考书、辅导资料的征订工作，由新华书店与各级教育行政部门共同负责，各中小学校要按照省教委正式颁发的课本、教学参考、辅导用书目录统一组织学生征订，并报当地教育行政部门审核汇总后交新华书店，任何单位不准硬性配套供应或搭配所开课程之外的任何课本，各地新华书店和其他部门也不得组织征订发行省外各种教学辅导资料。各地、县教育、教研部门未经省教委和省中小学教材审查委员会同意，也不得自编、自印、自发在本地区使用的各种教学辅导资料，否则将视为非法出版物予以处理。学校教师结合本学科教学实际需要，帮助和指导学生自愿征订、购买省教委制发的用书目录以外的个别教学辅导读物时，一定要本着提高教学质量，减轻学生负担和绝对自愿的原则。中小学教材、教学辅导资料的出版应本着微利的原则。（4）各级教育、教研部门和学校以及各级新华书店都要严格遵守和认真执行有关规定，切实把好教材的征订发行关。对违反规定编写、出版和强行征订搭配以及乱收费、收取“回扣”的，由省教委、出版局以及物价部门进行检查，并追究当事人的责任，予以行政处分、没收非法所得，并处以罚款。特别对出版、印制、发行单位要从严惩处。

（六）加强基础教育科研工作

1989年，贵州省的基础教育科研工作有

所加强，取得了一定的成果。省教育科学研究所的《基础教育规划方法概论》，获全国首届教育科学优秀成果报告类一等奖；编写出版了《贵州民族教育调查报告集》和《贵州少数民族双语教学调查报告集》，并写出研究论文；完成了《贵州省少数民族学前儿童学习汉语实验研究》。还承担《西部八省地区九年制义务教育研究》（国家七五重点课题）、《贵州省少数民族地区教育发展战略研究》（国家七五社科课题子课题）、《县及县以下教育综合研究》（省社科联课题）、《贵州省各民族儿童智力发展研究》（省科委课题）、《贵州省双语文教学研究》、《中学思想政治课改革实验研究》等，均已取得阶段性成果。《“IEA”测查》（全国协作课题）、《目标教学研究》、《为大农业服务的人材培养、技术推广、生产示范、经营创收的综合实体研究》、《小学复式教学研究》、《小学目标教学研究》等正在进行工作，有的已取得初步成果。

附

□遵义市和贵阳市云岩区的幼儿教育

党的十一届三中全会以来，这两个市、区政府及有关部门把幼教事业摆上了政府工作的议事日程，经过不懈的努力，使幼教事业出现了较大的飞跃。1989年，遵义市各类幼儿园（班）由1987年的109所发展到157所，入园幼儿从1987年的3413人增加到9512人，市区幼儿入园率达87%；贵阳市云岩区1979年城镇儿童入园率为15%，农村为2.2%；1989年全区幼儿入园率达到60%，其中农村为15%，城镇为85%，幼儿入园难的问题得到缓解。这两个市、区的经验主要是：（1）坚持“两条腿走路”的方针，一面抓公办幼儿园的恢复和兴办，一面有效地动员社会各方面的力量举办幼儿园，形成社会、集体、个体一齐上的多渠道、多形式的新格局。（2）地方政府采取措施，坚持地方财政投入，有计划地扶持一批公办、民办幼儿园。（3）坚持因地制宜，灵活多样的原则。（4）重视对幼儿教育工作的科学指导，坚持保教结合，提高教育质量。（5）加强师资队伍的建设。

为推动幼儿教育事业的进一步发展，国家教委于1989年8月30日授予遵义市和贵阳市云岩区全国幼儿教育先进市、区的称号。

撰稿人　陈敦佐　刘祖辉
　　　　李学明　鲁源安
　　　　邱富常　王化敏
审稿人　符康荣

三、职业技术教育

（一）农村教育综合改革实验和实施“燎原计划”初见成效

贵州省开展农村教育综合改革实验和首批实施“燎原计划”的县共25个，1988年经省政府同意，列入全国“百县农村教育综合改革实验区”的有贵阳市乌当区、清镇县、独山县、黔西县。他们的作法是：

1. 成立有计委、经委、农委、科委、教育、财政、劳动人事等部门参加的协调领导小组，下设办公室，抽专人负责处理日常工作。各区、乡也建立了相应的组织，使农村教育综合改革在组织上有了保证。

2. 落实分级办学、分级管理，把办好基础教育的责任分解到县、区、乡各级，形成了县校县管、区校区管、乡校乡管的体制。

3. 农业科技教育初步形成合力。贵阳市乌当区在政府的统筹下，农、科、教开始融为一体。农业、科技、教育等有关部门根据《乌当区1988—1990年教改实验方案》，统一制订培训计划，统一部署，组织实施。清镇县根据规划任务要求，由政府把培训人才的任务分到各有关部门，明确责任，分头组织实施。

4.普教、职教和成人教育开始相互沟通，协调发展。上述三县一区的县职校(中心)已开始发挥其“三教”统筹的龙头作用。职校(中心)除招收一定数量的三年制学生外，大多数学校还根据本县经济发展需要，举办各种类型的短期职业技术培训班。

5.大力发展校园经济。三县一区均在“燎原计划”试点学校。结合“燎原计划”贷款项目，根据地方特点，积极发展种植业、养殖业和农产品加工业。黔西县林泉区职业技术学校把现有146亩土地和养猪场，逐步办成农、林、果、畜牧、兽医专业实习的示范基地。乌当区在区政府的直接领导下，全区共调出土地1700亩，给各类学校作劳动生产实习基地。现全区校办厂、场已发展到32个，其中工厂12个，农场20个，1988年实现利润28.15万元。

1989年，实施“燎原计划”的重点为种植业和养殖业，为保证所定项目顺利实施，向中国科技财务公司二次贷款330万元。种植业方面，省教委决定在25个县推广“交三单交”玉米良种，并委托贵州省农业管理干部学院副教授杨多贤作制种和栽培管理的技术指导；养殖业方面，省教委委托省广播电台实用技术培训部为25个县举办快速养猪培训班。据各地反映，实施“燎原计划”项目的经济效益较好，目前大多数实施项目已具备还贷能力。

1989年，本省印江县木黄镇和贵阳市乌当区新场乡被国家教委评为实施“燎原计划”先进单位。

(二)中等专业学校

1989年，贵州省有中等专业学校112所(含中师、幼师29所)，在贵州省招生的中等专业学校共238所，国家下达的招生计划16941人(其中招初中生12711人，招高中生4230人)，实际完成16863人。在录取的新生中，高中应届生2570人，往届生1602人，应届生占计划数的60.8%；初中应届生4823人，往届生7868人，应届生仅占计划数的37.9%。

根据国家教委有关规定，省教委从1987年起对全省中等专业学校实行毕业证书验印制度。三年来共验印毕业证书22337份。1989年共对69所中专学校的6725份毕业证书进行了验印。毕业证书验印制的实行，对制止部分学校滥发毕业文凭，优化育人环境，配合治理、整顿都起了积极作用。省教委还统一印制了《贵州省中等专业学校学生学籍卡片》和《贵州省中等专业学校毕业证书》，要求各校一律从1989年新生起启用。

贵州省有10所中等农牧学校进行了教育改革。这些学校分布在各地、州、市，已开办农学、园艺、牧医、农畜产品加工、土地规划管理、茶叶、蚕桑、植保、土肥等专业，在校学生5068人，专任教师517人，其中高级讲师68人，讲师160人。占地1524亩，校舍总面积15.2万平方米。建国以来，农牧学校已培养16000多名合格毕业生。农牧学校的教育改革着重抓了以下两项：(1)加强实践性教学环节，搞好校外实习基地建设。全国重点中专遵义农校在凤冈县建立了桑蚕教学基地，又帮助山区农民搞桑蚕规划，还组织师生参加遵义地区“油菜生产”工程，育苗移栽40亩。遵义农校、安顺农校根据人才培养目标要求，加强了课堂实验、生产实习和科技开发等实践性教学环节，使理论教学与实践教学比例达到1:1。安顺农校实验开出率达85%，铜仁农校实验开出率达90%。黔西南农校基本实现了种养殖业配套，除向学生提供了练功田、实验田、鱼塘外，还建立了大型食用菌厂房。(2)招收不包分配的学生。全省农业生产第一线急需人才，而由于种种原因，技术人才下不去，留不住，农业科技人员40%已改行。为此，省农业厅在各有关部门支持下，改革招生和毕业生分配制度，从1985年起，招收部分农村初、高中毕业生，举办不包分配班，毕业后回家乡直接从事生产经营和技术服务。这一改革使毕业生下得去，留得住，促进了农业经济建设。目前，全省已先后招收不包分配班学生1750人。1989年，首届毕业生已回乡或应聘到农业厂、场工作。

撰稿人 陈　宁 赵辅廷
钱光祥 陈文举
胡　晓
审稿人 符康荣

四、成人教育

(一)扫盲

1989年，根据省有关文件规定，由省人民政府委托地区行署、州、市人民政府组织了基本无盲单位验收团，委托省教委具体办理验收手续，共验收了10个基本无盲县（市、区），并由省人民政府颁发了《基本扫除文盲证书》。这10个单位是：黄平县、六盘水市钟山区、沿河土家族自治县、德江县、凯里市、黔西县、平塘县、长顺县、镇宁布依族苗族自治县及兴义市。

(二)成人高校和成人中专学校

1989年，全省成人高等学校和成人中等专业学校继续贯彻中央关于治理整顿的方针，加强院校建设、教学改革和思想政治工作，注重教育质量和办学效益，并得到稳步发展。

1989年，省教委制定了《贵州省成人高校学生学籍管理暂行规定》；完善毕业证书验印制度；加强专业证书教育管理；对职工大学和农业广播电视学校进行检查评估和整顿；召开全省成人高校党委书记、校长和教务处长会；成立贵州省成人高等教育研究会。在动乱期间，各成人高校和成人中专学校的党政工团组织重视思想政治教育，旗帜鲜明地反对动乱，大胆细致地做学生思想工作，基本保持了正常的工作和教学秩序。

1989年，在贵州省招生的成人高校有236所，608个专业（其中，省内院校32所，242个专业），共录取新生10036人；大专起点的教师本科班招生专业13个，录取新生681人。成人中专招生学校83所，117个专业（其中，省内学校63所，84个专业），共录取新生11276人。1989年成人招生全面试行预科生、资格生、往届生的“三生”改革，取得较好效果。

1989年，开始对成人高等教育应届本科毕业生授予学士学位，计有22人成为贵州省通过成人高等教育形式培养的首批学士。

1989年5月至6月，省教委组成评议小组，对贵州铝厂职工大学、贵州航空工业职工大学、贵州机械职工大学、贵州航天工业职工大学和贵阳职工业余大学进行整顿检查。从办学单位重视程度、学校领导班子与机构、师资队伍建设、办学条件、思想政治工作、基础工作、学生德智体发展等方面进行检查和评议。评议小组认为，贵州省职工大学已具备基本办学条件，能保证教育质量，办学效益显著。

1989年，贵州省继续试行专业证书制度，由省教委组织招生考试；试办成人中专专修班的学校14所，22个专业，录取新生839人；试办成人高等教育《专业证书》班的学校14所，24个专业，录取新生1978人。9月，省教委组织力量对已办的成人高等教育《专业证书》班和成人中专专修班进行教育质量检查，重点检查专业设置、教学计划、教材建设、师资配备、学员资格审查、考试成绩及评定、教学管理制度等方面，受检的有普通高等院校、职工大学、管理干部学院、广播电视大学、地(市)委党校和普通、成人中专共33所学校。大部分学校能按国家规定和要求办学，基本保证了教育质量。

(三)职工教育

1989年，全省共培训职工406662人，占所统计职工总数1922889人的20.6%。其中岗位资格培训101026人，技术等级培训73622人，适应性培训169342人，职工高等教育29568人，职工中专26314人，高中以下基础教育6790人。与1988年比较，培训总人数净增112303人，培训面提高4.2%。从此结束了全省职工培训多年来一直在30万人左右徘徊的局面，使全省职工培训自1982年以来累计总人数达到250万人次。

（四）自学考试

1989年，全省自学考试继续坚持“巩固、充实、发展、提高”的方针，认真抓紧国务院《高等教育自学考试暂行条例》的贯彻执行。省人民政府于2月下达《贵州省关于贯彻〈高等教育自学考试暂行条例〉的通知》后，各地认真贯彻执行，自学考试工作机构不健全、经费困难和管理不够完善等主要问题得到了不同程度的解决。贵阳市鉴于考试办公室编制过少，特增加了2个编制。安顺地区增加考试办公室人员编制，改善办考条件，每年拨给考试办公室2万元经费，提供用房，供应教材。六盘水市成立了由副市长任主任委员的自学考试委员会，为考试办公室增加编制，决定对取得大专单科合格的行政事业单位干部奖励50元，对取得中专单科合格的奖励30元。毕节地区成立了由副专员任主任委员的自学考试委员会，下设办公室，经费由地区财政拨款，对地直机关自学考试毕业生每人奖励500元。

1989年，全省自学考试坚持“质量第一”的办考思想，严密组织、严格要求、严肃纪律、严格把关，按时按质按量完成两次全国统一考试任务。大中专共计开考19个专业、138门课程，报考70117人次，实考54963人次，发单科合格证34405张，专科毕业883人，本科毕业8人。三级命题中，贵州省命题大专280套、中专45套。贵州省大专参加建立全国标准题库的课程5门，命题教师5人；建立西南题库的课程5门，命题教师10人。完成10多门教材大纲编写，并对试题进行评估、分析研究，以改进和提高命题质量。

撰稿人　陈　璨　赵辅廷
　　　　钱光祥　周世林
　　　　蒙兴昌　鲁源安
审稿人　符康荣

五、民族教育

1989年，在全省盲聋哑学校、幼儿园、小学、普通中学、农职业中学、中等师范学校、中等技术校学、普通高等学校中，共有在校少数民族学生1779760人，占在校学生总数的31.6%；共有少数民族专任教师69686人，占专任教师总数的29.0%。

1989年，贵州民族学院有在校学生1728人，黔东南、黔南、黔西南3所民族师范专科学校合计有在校学生2288人，黔南民族医学专科学校有在校学生276人。省内外高等学校民族班（预科班）继续招生（全部招收少数民族学生），贵州农学院、贵阳医学院和贵州民族学院共招收少数民族班（预科班）学生160人。

1989年，黔南、黔东南、黔西南3所中等民族管理干部学校共有在校学生1543人、专任教师142人，毕业687人，其中绝大部分分奔赴各少数民族聚居的区乡工作，他们多为本地本民族干部，是推动当地经济和社会发展的骨干。黔南、黔西南民族农业学校共有在校学生1012人，专任教师111人。

1989年，省教委对优先、重点办好的凯里、都匀、安龙、镇宁、铜仁、威宁、黎平、三都等8所中等民族师范学校投资430万元，进行校舍和设备建设，其中用于校舍基建384万元，用于购置教学设备46万元。各有关地（州）继续充实中等民族师范学校的师资力量，从数量和质量上进一步加强师资队伍建设。1989年，8所民族师范学校有专任教师416人，其中高级讲师38人，讲师112人，少数民族教师占教师总数的38.2%。省教委加强了中等民族师范学校的科学管理工作。1989年7月，专门组织了8所民族师范学校中层以上干部集中学习学校管理理论，并联系实际讨论本校的管理问题；请专家讲课，讨论修改了《贵州省中等民族师范学校评估制度的意见》和《贵州省中等民族师范学校评估指标体系》，并逐步试行。1989年，8所民族师范学校共有在校学生5558人，其中少数民族学生4204人，占75.6%；招生1707人，其中少数民族学生1245人，占72.9%。毕业生中有1173人分赴少数民族地区的乡村小学任教，占毕业生1370人的85.6%，其中有806人到355个贫困乡的小学任教；少数民族毕业生863人，占毕业生总数的63%。

附一

□黔西南州从实际出发逐乡推进普及初等教育

黔西南布依族苗族自治州地处贵州省西南角，是边远贫困的少数民族地区。全州有8个县(市)、330个乡(镇)，总人口为242.89万人，其中少数民族人口占40%。该州针对当地教育发展极不平衡，在1984年全州无一个县(市)达到普及初等教育验收标准的情况下，没有勉强采取以县(市)为单位进行普及初等教育验收的做法，而是从本州的实际出发，积极灵活地以乡(镇)为单位进行普及初等教育验收工作，逐乡推进普及初等教育。该州在以乡(镇)为单位推进普及初等教育的过程中，不走过场，对各个环节的工作都周密部署、狠抓落实，帮助各乡(镇)创造条件，尽快普及初等教育；对达到普及初等教育的乡(镇)，做到成熟一乡(镇)、验收一乡(镇)，并广为宣传，介绍经验，促进其他乡(镇)加快实现普及初等教育的步伐。州政府在财力紧张的情况下，拨出专款，对实现普及初等教育的乡(镇)发给1000元奖金，各县(市)政府也按该乡入学儿童数每人发给一元奖金，这些奖金的一半用于添置学校设备，调动了群众办学的积极性。从1984年到1989年的6年间，全州共有161个乡(镇)实现了普及初等教育，占全州乡(镇)总数的48.8%；实现普及初等教育的乡(镇)人口为140.33万人，占全州总人口的58%；全州适龄儿童入学率增长了12.44个百分点，年巩固率增长了2.03个百分点，毕业率增长了29.16个百分点，普及率增长了11.2个百分点，校舍面积增加了219094平方米。

附二

□榕江县实行分级办学初见成效

榕江县辖5区、1镇、36个乡(镇)，全县总人口为26万人，其中侗、苗、水、瑶、壮等少数民族人口占总人口的71%。该县自1986年3月以来，对全县各级学校实行了分级办学、分工管理，分为县、区、乡、村4级管理制，即：县直属中学和县示范幼儿园由县教育局直接管理，区中学和区中心完小由区公所管理，乡中心完小由乡政府管理，村级小学和教学点由村民委员会和村民小组管理。这样，各级主要领导同志亲自抓教育，把教育办得好坏列为干部政绩考核的重要内容，并实行了目标责任制，村、乡、区、县逐级签订了教育责任合同书，每年评比一次，奖惩兑现。实行分级办学、分级管理以来，充分调动各级领导、干部和广大群众办学的积极性，为教育办实事、集资办学蔚然成风。从1986年到1989年的4年间，县委和县政府从地方财政收入中拿出了300万元来维修、新建校舍，添置教学设备和增加民办教师工资；各区、乡也从乡镇企业收入中拿出一定经费资助学校办学，如较边远贫困的八开、计划、宰牙、色边、腊友等10多个乡（镇）对少数民族女生全部实行免费入学，由乡政府直接补贴，使这些乡（镇）的适龄儿童入学率由1985年的60%左右分别上升到80%至90%；4年中，全县群众先后集资和献工献料办学约合人民币100多万元，新建了32所乡、村学校校舍8000平方米，维修危房65幢13000平方米，修建篮球场13个。1989年仅中宝乡群众集资就达21万元，给4所村级小学新建了教学楼和教师宿舍；乡政府把民办教师报酬统筹管理起来后，解决了过去一直未落实的民办教师报酬（民助部分）问题，并把多年来的欠款也兑现补清了，一改过去“谁读书谁拿钱”的状况，使民办教师解除后顾之忧，安心任教。

附三

□黎平县举办初中寄宿制民族班取得成果

黎平县40万人口中，少数民族人口占77.8%，为解决边远落后的苗乡侗寨子女生高小毕业后不能继续升学的问题，该县从1984年开始，举办初中寄宿制民族班，设在办学条件较好的县城第一中学内。到1989年，已先后招收了5个初中寄宿制民族班，学生共计250人（其中1988年还专门招收了1个初中寄宿制少数民族女子班），已毕业两个班，学生100人。

为使边远区、乡学生进得来、留得住、学得好，采取了特殊措施。初中寄宿制民族班的招生按指标分配到最边远落后的龙额、水口、尚重等区乡，择优招收高小毕业生；黎平县从财政每年拨专款1.25万元补助初中寄宿制民族班办学（到1989年共拨款6万元），由学校每月平均发给学生每人20元生活费，一年冬、夏装各一件、10元医疗费和每班100元烤火费，并用民族经费购置被褥、蚊帐等生活用具，借给特别困难的学生使用；专配生活管理员，选派了有丰富经验的教师任课和担任班主任，帮助他们解决生活上的困难和尽快提高学习成绩，让他们感到在学校读书的温暖。针对学生文化基础差、汉语水平低的特点，改进课堂教学，因材施教，开展了演讲、讲故事会等多种课外活动，帮助学生学习汉语文，提高书面和口头的表达能力；数、理、化等课的教学，尽量结合农村生活、生产实际，以利学生理解。经过3年学习，已毕业的两届学生的毕业成绩列全校榜首，升学率超过同届所有普通班，做到了“低进高出”，1988年升学统考中，初中寄宿制民族班语文、英语两科成绩的及格率和人均分数居全县第一名。初中寄宿制民族班学生发奋向上，在德智体诸方面都得到长足发展，在两届毕业生中有26名同学加入了共青团；少数民族女子班在1989年元旦迎春运动会上分别获广播和女子篮球比赛第一名。

撰稿人　潘建春
审稿人　符康荣

六、高等教育

（一）大学生政治思想教育

省高校工委、省教委联合召开高校工作会议后，各高等学校于1989年新学年开学前后，对全体大学生集中进行了一次政治思想和法制教育。这次教育以党的十三届四中全会精神、中央有关文件和邓小平同志三次重要讲话为教育内容，联系实际，使广大学生对春夏之交的动乱和暴乱的实质及危害性有一个正确的认识，懂得“没有共产党就没有新中国”，“只有社会主义才能救中国”的道理。这次教育，参加人员多，受教育面广。计划27264人参加，除因病请假及特殊情况未参加者外，实际参加人数占96.7%；学校各级党政领导高度重视，做到了准备工作落实，师资训练落实，时间安排落实，视听教材落实和经费开支落实；方法多样，形式活泼。采取了专题报告与学习讨论、重点发言相结合，会上学习与会下思想工作相结合，当前形势教育与革命传统教育相结合，理论教育与形象教育相结合。通过学习教育，绝大多数学生了解了动乱的真相，提高了对动乱性质的认识。在一些主要问题上分清了是非，端正了态度，转变了立场；通过学习教育，总结了经验教训，认识到必须坚持四项基本原则，反对资产阶级自由化；通过学习教育，提高了对民主和法制辩证关系的认识。

（二）科研工作稳步发展

1989年，贵州省普通高等学校科研工作继续稳步发展，主要表现在：承担了259项科研课题，其中，国家自然科学基金项目13项，国务院各部门下达项目20项（含“七五”攻关项目15项），省下达项目118项（含“七五”攻关项目3项），国际合作项目6项，企、事业单位委托项目15项；有65项科技成果通过鉴定，其中，达到国际先进水平的3项，属国内首创或达到国内先进水平的422项，有62项科技成果获得国务院有关部门、省人民政府颁发的科学技术进步奖；转让技术成果3项，成交额为45000元；出版科技专著34部，在国内外刊物上发表学术论文1216篇。

（三）实行高等学校毕业证书验印制

1989年开始，贵州省高等学校实行毕业证书验印制，即对全省高等学校应届毕业生的毕业证书，逐个审核是否具有正式学籍，在校期间的表现和学业成绩等，对合格者加盖验印专用章，不合格者则宣布该毕业证书无效，国家不承认学历。验印结束，23所普通高等学校报验的7494份毕业证书（其中含成人高教711份），通过验印7469份（其中成人高教704份），未通过25份（其中成人高教7份）。验印制有效地制止了滥发文凭，促进了教学质量的提高和维护了高等学校的声誉。

（四）普通高校招生

1989年，在贵州省招生的高等院校共263所，国家下达的指令性计划10621人，其中，省外3758人，省内6863人。实际录取新生10558人，完成计划的99.4%。在录取的新生中，理科7173人，文科2599人，外语424人，体育159人，艺术203人；应届高中毕业生7532人，占录取总数的71.34%，往届高中毕业生2912人，占录取总数的27.58%。此外，国家下达给贵州省的指导性指标为1812人，实际完成1352人。1989年，国家下达给贵州省的研究生招生指标为115人，根据“确保质量、宁缺毋滥”的精神，通过参加全国统一招生考试，德智体全面考核，择优录取了28名硕士研究生。

1989年，贵州省在治理整顿的基础上，继续深化普通高校招生改革。主要内容有：

1.继续招收保送生。1989年，共招收保送生103人，其中，从省属部分中等专业学校志愿从事教育工作的优秀应届毕业生中选送到高等学校深造19人；在省属部分重点中学保送德智体一贯优秀的应届高中毕业生29人；从中等师范学校的优秀应届毕业生中直接选拔到贵州师范大学深造30人；从省属重点中学和农职业技术学校保送到贵州农学院学习的25人。

2.继续实行定向招生。省属农、医、师本科院校，按招生计划的30%的比例定向到贫困县。为保证一些院校专业的生源，采取降分照顾或指标到地区的办法。省内师专招生计划全部实行“定向招生、定向分配”。继续实行签订定向合同的办法。对不服从定向分配的毕业生，要赔偿在校学习期间培训费的25%。1989年，共录取定向生3196人，其中，定向到贫困县的考生 904 人。

3. 继续实行委托培养招生。为加强管理，对委托培养合同进行审查，凡不符合规定的合同，提请学校和委托单位修改或取消。委托培养招生人数，招生学校、委托单位、类别、专业、降分幅度等均向社会公布，供考生填报志愿参考。1989年，委托培养有 3 种情况：(1)省级单位委托，面向全省招生；(2)大企业委托，面向厂矿企业所在地区招生；(3)乡镇企业委托，面向农村招生。共录取委托培养学生686人。

4. 招收自费生。为使具有自费能力，统考成绩达到一定水平的考生获得平等竞争的机会，以利于社会安定，为社会主义建设培养人才，贵州省坚持择优录取的原则，面向社会公开招收自费生。自费生招生计划确定在省属院校招生计划的3%以内，由省统一下达到各院校，其录取工作放在国家统招、定向、委托之后进行，降分照顾幅度为 20 分。报考自费生由考生本人申请，省统一投档，学校审查，省招生办公室批准。自费生在校期间，按国家规定的标准向学校缴纳培养费和学杂费，实行走读，毕业后不包分配，自谋职业。1989年共录取全自费生 163 人。

5. 英语学科试行标准化考试。1989年贵州省对高考英语学科试行标准化考试。考前，省举办了 3 期英语学科标准化考试培训班，培训地、县教育局长、招生办公室主任和考务人员 455 人，并组织考生进行 3 次适应性考试，参加人数约 10 万人次。通过培训和预考，全省考务人员和考生基本上掌握了标准化考试的基本知识、操作方法和技能技巧，避免了工作差错和失误。由于标准化考试实行主、客观题分卷，客观题试卷使用了机器评卷，大大减少了评卷教师数量，由往年的120人左右减少到 36 人。同时，使用阅卷器评分，使评卷准确率达 100 %。

1989 年，贵州省普通高校招生工作的几项照顾政策主要是：

1. 继续坚持对少数民族考生实行降分照顾录取的政策。对贵阳、遵义、安顺 3 个市少数民族考生仍降 10 分照顾，对其他地、县少数民族考生降 20 分照顾。共录取少数民族考生 3454 人，占录取新生总数的 29 %。

2. 对在贵州省 3 个民族自治州所属各县和各民族自治县连续工作满 15 年以上的民族干部和公办中小学教师子女，其总分低于省的最低录取控制分数线 10 分以内的，省属本科院校录取时，可提供档案，由学校审查录取。共录取此类考生 94 人。

3. 对残疾考生照顾录取，仍然实行“高分段的考生在高分段落选后，参加中分段录取时，学校应予录取；中分段的考生在中分段落选后，参加低分段录取时，学校应予录取；低分段的考生，由学校充分择优录取”的原则。共录取 37 名残疾考生。

4. 对归侨考生、华侨子女、归侨子女和台湾省籍考生，其总分低于省最低录取控制分数线 10 分以内的，可提供档案，由学校择优录取。本省上线的上述考生共25人，全部被录取。

5. 对地区级以上优秀学生干部、三好学生、体育尖子等，均按国家规定给予照顾，共录取 902 人。

(五)大专毕业生分配

1989年，全省共接收分配省内本科毕业生3456 人，专科毕业生 3006 人；省外本科毕业生2344人；毕业研究生206人。省内外本专科毕业生分配到 9 个地、州、市 6121 名，占总数的69%。省内 9 所本科院校 3456 名毕业生中，分配给 3 个少数民族自治州 863 名，占 3 个自治州生源数的 117.4%；分配给六盘水市铜仁地区、毕节地区741名，占 3 个地市生源数的 91.6%。

1989年的毕业生分配工作，继续坚持了改革的方向。在加强宏观控制的同时，进一步将分配工作放开、搞活。进一步下放权力，在供需见面的基础上，采取自下而上、自上而下相结合的办法制定分配计划。

继续贯彻面向基层、充实生产第一线的方针。短缺专业优先保证国民经济、科技、教育等方面的重点建设及技术改造项目的需要。对省内9所本科院校中来源于3个民族自治州、31个贫困县的毕业生，只要所学专业是这些地方（包括中央和省在这些地方的直属单位）所需要的，基本上都分回去。

认真贯彻“择优分配”的原则。各院校对毕业生派遣实行“四公开”（公开毕业生分配计划、派遣名单、择优分配的毕业生德智体情况，需要照顾的毕业生的特殊困难情况），增加毕业生分配工作的透明度。

为疏通毕业生流向基层和企业的渠道，鼓励企业尽可能创造条件多接收毕业生。对分配到企业的毕业生，当年相应增加工资总额，第二年进入工资基数。1989年还有少量毕业生进入集体企事业单位。

撰稿人 赵 莉 周世林 鲁源安
审稿人 符康荣

云南省教育

一、发展概况

1989年，云南省有小学54145所，在校学生4574202人，其中一师一校23993所，占44.3%。与1988年相比，学校数减少1009所，一师一校增加35所；适龄儿童减少14.5万人，在校学生减少229750人。小学教职工190665人，其中专任教师173953人，比上年增加1345人；民办教职工41740人，占21.9%，比1988年下降1.1个百分点。全省适龄儿童入学率94.5%，在校生巩固率91.9%，毕业率94.7%。

普通中学1994所(含高完中506所)，在校学生1255339人，比1988年增加61536人。中学教职工86775人，其中专任教师65802人(高中教师12096人，初中教师53706人)，比1988年增加3460人(高中教师156人，初中教师3304人)。全省初中毕业生升学率38%，比1988年下降4.6个百分点。

普通中等专业学校138所(含中等师范学校29所)，在校学生71807人，比1988年增加3890人。专招收初中毕业生的比例为81.4%。中等专业学校教职工12878人，其中专任教师6917人，比上年增加373人。

农业、职业中学215所(含农职业初中37所)，在校学生64779人(含农职业初中生16927人)，比1988年增加4403人。教职工5084人，其中专任教师3371人(含农职业初中教师687人)，比1988年增加447人。全省高中阶段职业技术教育在校生总数占高级中等教育在校生总数的45%(含中师、技工学校)，比1988年提高2.5个百分点。高中职业技术教育(含中师、技工学校)与普通高中招生数的比例为0.85:1。

普通高等学校26所，在校学生45114人，比1988年增加129人。本、专科学生招生比例为1:1.34；与1988年相比，本、专科在校学生比例从1988年的1:0.79上升为1:0.83。教职工17004人，其中专任教师7990人。10所高校、8个科研所培养在学研究生690人，比1988年减少261人。

成人高校21所(不含普通高校夜大、函大)，招生5535人，在校学生14039人，比1988年减少407人。教职工3115人，其中专任教师1405人。普通高校函授部在校生12312人，夜大在校生2575人。成人高等教育在校学生中，本、专科学生的比例由上年的1:8.5上升为1:25.2。

成人中等专业学校149所，在校学生34783人，比上年增加3011人。教职工3259人，其中专任教师1641人。成人农、职业技术学校246所，在校生85327人。成人中学14所，在校生2533人。成人初等学校1743所，在校生239767人。

全省各级各类学校在校生总数6603018人，占全省总人口的18.68%，比上年减少136877人。教职工总数334905人，比上年增加7245人。

1989年，云南省恢复并建立督导制度。建立了督导机构，省委、省政府任命白祖诗担任教育厅督导室主任(正厅级)，有9个地、州、市及22个县建立督导室，配备专职督学52名。全省选送17名干部到国家教委举办的督导研讨班培训，同时省教育厅又委托云南师范大学举办第1期督导研讨班，培训了56个县及

4个厅(局)教育处的干部69名。

1989年，云南省卫星电视教育取得长足进展。教育部门自建自管的教育电视台、收转台达65座，比1988年增加51座；接收站达175座，比1988年增加72座；放像教学点达1427个，比1988年增加158个。1989年9月1日起，利用省内建成的卫星电视上行站，正式开播云南电视教育节目，每周1、3、5下午播出农村实用技术、学校教学参考各1小时。各地电教部门积极与师训、教研、职教以及农业局、科委、民委、计划生育办公室等部门配合，依托各地教师进修学校、乡完小和农职业学校、农民文化技术学校，组织农村实用技术和职业技术培训512.8万人次，组织培训中小学教师490多万人次。会泽县教育电视收转台建立仅半年，就针对当地实际需要播出“快速养猪法”、“玉米营养袋纸袋育苗”等农村实用技术节目；会泽县一段时间疥疮流行，教育部门及时制作“疥疮防治”节目；建水县缅甸乡利用卫星电视教育推广杂交水稻、青贮饲料等实用技术；开远县小龙潭的农户从卫星电视教育中学习到“德国小麦栽培方法”，使当地小麦获得高产，荣获省、地科技奖。卫星电视教育的发展带动了学校电化教育的开展。1989年，全省中小学电教试点学校达270所，有186所中小学实现班班有投影仪，少数学校还做到投影仪、收录机、电视机进教室。全省县、乡、镇所在地学校，已有1500所不同程度地开展了电化教育，占该类学校总数的48.6%。1989年，全省电教专职人员达751人，电教经费支出达1779万元。

二、基础教育

(一)进行了德育、教育经费和教师经济待遇、危房改造、控制流失生、纠正乱收费等5项工作的督导检查。

1．贯彻《中共中央关于改革和加强中小学德育工作的通知》的情况：1989年，各级党委、政府和教育部门普遍加强对中小学德育工作的领导，分期分批培训学校德育管理干部、教师和班主任，聘请了一批校外辅导员；大多数中小学按照教学计划开设了思想政治课和思想品德课。普遍对师生进行以热爱党、热爱社会主义祖国和热爱人民解放军为主要内容的形势教育。许多学校还结合“扫黄”和“除六害”，开展整顿校风、校纪活动。多数学校开设了劳动技术课，组织学生参加社会实践活动。

2．关于教育经费和教师待遇：1979年以来，中小学教师经济待遇明显提高。1988年，全省中学公办教职工的年平均工资性收入达1729元，小学公办教师达1564元。1983年到1988年各级财政拨款和集资1.5亿元，建教职工住宅83万平方米，教职工人均居住面积已达8.75平方米，其中小学教职工达6.53平方米。一些县对长期坚持在边疆、山区工作的教师采取特殊政策，工资浮动一级或给予适当补助。给中学一级教师、小学高级教师的家属办理了“农转非”。1979年以后，经过考核，边疆民族地区35个县的民办教师已全部转为公办教师，同时又3次划拨专项指标把2.5万多民办教师转为公办教师。到1989年全省民办教师比例已从1978年的56%下降到23%。一些地区的民办教师还评定了职称，实行了结构工资制。1985年，省财政拨出专款给民办教师增加工资。1989年，省政府又筹集100万元经费给41个贫困县的民办教师每人每月增资7元。民办教师报酬属国家补助部分和公办教师一样按月发给，集体筹集部分按学年或学期一次付清。1989年，全省有1.6万名教师和教育工作者受到各级政府的表彰和奖励。在落实教师待遇方面反映出来的主要问题是：民办教师与公办教师收入差距较大，不能同工同酬，如昆明市中小学民办教师比公办教师的实际年收入分别少771.78元和721.04元；公办教师医药费严重不足，一些教师有病得不到治疗，有的揣着报账单无处报销。

1985年以后，云南省教育经费逐年增长。1988年，教育经费达122451万元，全省人均教育经费34.18元。教育基本建设投资3.3亿元，中小学校舍面积增至2355万平方米。1985年至1989年的5年间，全省教育事业费中用于购置中小学仪器设备的投资达5000多万元。1978年至1988年全省教育经费增长5.4倍。省级预备费、不发达地区发展资金、民族机动金、边境建设事业费、城市维护费、老少边穷补助费等项资金中都有一定的比例用于教育。1985年以来，征收城市教育附加费等税费用于教育的达1.5亿元。但是教育经费短缺仍然是制约和困扰云南教育事业发展的突出问题。1988年与1985年相比，中学公用费所占比重由39.25%下降到36.32%，小学公用费所占比重由22.48%下降到20.10%。小学生人均业务费只有0.86元，公务费4.5元，设备购置费1.32元。还有个别县根本不安排农村学校的办公费，使学校仅靠收取学费维持教学所需。

3、中小学危房改造情况：1981年至1988年，全省各级拨款用于排除中小学危房的资金为8.2亿多元，群众集资2.2亿多元，共改造危房65.3万多平方米，扩建校舍142万平方米。除地震灾区外，全省中小学危房比例已下降到3.2%，多数县基本解决“一无两有”问题，有的地区还新造了一批钢筋混凝土结构的校舍。1989年，全省中小学有危房130多万平方米(含地震灾区)，缺课桌椅34万套，有损坏房204万平方米。在贫困地区乃至一些较富裕地区，还存在大量的土房子与黑房子，每年都有一定比例的房舍转为危房。

4、制止中小学生流失的情况：1988—1989学年度云南省中学生流失率为2.51%，小学生流失率为4.30%，比1988年有所上升。为制止学生流失，1989年，各地进一步宣传贯彻《义务教育法》，并把制止学生流失列入各级干部、教师工作责任目标；学校加强学籍管理，建立流失生报告制度和检查制度；社会和各级政府帮助贫困地区中小学生解决口粮和生活困难；学校从办学形式到教学内容注意适应各地经济、社会发展的需要，尽量满足具有不同职业理想的学生的需要，使学生流失情况得到控制。

5、纠正乱收费现象：云南省绝大多数中小学能按照国家有关规定收费。其中，很多山区、少数民族地区的小学还减收、免收学杂费，有的还供给书籍费，增加生活补助费。但也有一些城市中小学违反规定，任意扩大收费范围，擅自增加收费项目，提高收费标准。

(二)拟定省实施义务教育办学条件标准及县教育局长、中小学校长岗位职务规范等文件。

1989年7月，省政府发布《云南省实施小学阶段义务教育必备办学条件的标准和要求》、《云南省实施初中阶段义务教育必备办学条件的标准和要求》。《标准和要求》是结合云南省经济和教育的实际，按照分类指导、分类要求的原则制定的。对不同层次、不同情况的学校的办学条件(包括学校的布局、规模、班额、学校建筑、设备、教师和教育行政干部、教育经费等)提出了具体要求。《标准和要求》的发布，是云南省基础教育逐步规范化、制度化的重要步骤，对保证义务教育的质量有重要意义。1989年，省教育厅还拟定下发了《云南省地州市县教育局长(教委主任)岗位职务规范(试行意见)》、《云南省中学校长岗位职务规范(试行意见)》、《云南省小学校长岗位职务规范(试行意见)》，《规范》对教育局长(教委主任)、中学校长、小学校长提出知识、能力等方面的要求，并明确规定其岗位职责。

(三)发展特殊教育事业。

1984年以后，云南省的特殊教育事业有了很大的发展，除原有的昆明市盲哑学校外，大理、红河、楚雄、曲靖等地均先后建立聋哑学校，昆明市的五华区、盘龙区各建一所弱智儿童辅读学校。1989年，在中央和省的扶持下，玉溪、思茅、保山3个地区开始新建聋哑学校，其中思茅地区聋哑学校预计1990年即可招生。1989年，昆明、曲靖、个旧、泸西、腾冲等地共举办12个弱智儿童辅读班；昆明市拓东一小进行了弱智儿童随班就读的试点；昆明市盲哑学校、楚雄州聋哑学校的聋儿语训工作取得初步成效；省残疾人联合会创办的云南省残疾人中等专业学校和云南省聋儿康复学校即将竣工。至1989年秋，特殊教育学校（班）在校学生总数为1085人，比1988年增加134人；教职工总数为229人，比1988年增加8人。学生增长数居全国第13位。1989年，聋哑学校学生享受人民助学金的名额比例增至20%，盲童学校（盲部）学生享受人民助学金的名额比例增至40%。定额标准按享受人民助学金的人数计算，每生每月15元，由学校统一掌握，按困难多的多补助、困难少的少补助、不困难的不补助的原则评给学生。1989年8月，省教育厅、省民政厅、省残疾人联合会联合召开全省第一次特殊教育工作会议，会议提出到1995年和2000年云南省特殊教育的发展目标，并拟定了《关于发展云南省特殊教育的意见》、《聋哑学校必备办学条件标准》、《弱智儿童学校必备办学条件标准》等文件。

（四）开展勤工俭学活动

1989年，云南省开展勤工俭学活动的中、小学35340所（含农职业中学、中等技术学校），占中小学总数的63%，比1988年增长8%。纯收入2490万元，比1988年增加925万元，增长59%，提前一年完成“七五”计划（修订）指标。勤工俭学纯收入超百万元的已由1988年的昆明、曲靖、楚雄、玉溪4个地、州、市增加到7个地、州、市（加文山、红河、保山）。在校生人均纯收入4.26元，比1988年增加1.68元，其中昆明市为17.32元，比1988年增加6.02元，名列全省第一。1989年，全省有工厂、农场、第三产业等生产经营基地23000多个，比1988年增加3000多个，其中学农基地20980个，比1988年增加2500多个；土地面积97650亩（其中，橡胶8214亩，茶叶11561亩，果树及经济林木10739亩，用材林17500亩），比1988年增加26920亩。中小学勤工俭学收入除用于扩大再生产经营外，1989年上缴国家税收216万元，占8.6%；补助教育经费1794万元，占72%。另外，1989年师生参加建校劳动，为国家节约投资595万元，义务植树24400亩。

（五）组织教材试验

1989年，云南省中小学教材审定委员会办公室组织九年制义务教育的课程、教材试验。首批试验选用人民教育出版社、四川教委和西南师大编写的两套“六·三”学制教材，以及云南省教育厅组织编写的小学1—3年级的语文、数学教材和初中毕业后进行劳动技术教育的教材作为试验内容。有10个乡的小学、55个县属中学、10个地、州、市的115个小学班和132个初中班分别试用这些教材。

（六）评选特级教师和筹措教师奖励基金

1989年，云南省人民政府授予235名中小学教育工作者“特级教师”称号。被批准的特级教师中，有中学教师135人，占总数的57.4%；小学教师100人（含幼儿园教师6人），占42.6%。这批特级教师覆盖全省17个地、州、市，101个县（市、区），85所中学，84所小学，7所中等师范学校，5所教师进修学校，6所幼儿园，9个地、县（区）教研室。

1988年7月，云南省成立了中小学、幼儿教师奖励基金会，云南省党政领导和社会各界人士、港澳同胞积极捐赠，到1989年，已募集到基金300余万元。

三、民族教育

1989年，为加速云南省民族教育改革和发展的步伐，使民族教育更好地为振兴民族经济服务，省教育厅提出发展和改革云南省民族教育的意见。

1.明确发展民族教育的指导思想。把教育摆在民族地区经济发展的战略首位，针对各民族各地区的特点，因地制宜，分类指导，采取特殊措施，继续加强基础教育，大力发展职业技术教育，广泛开展扫盲教育和成人技术培训，稳步增加高等院校少数民族学生的比例，努力提高民族素质，促进民族地区社会经济的发展，逐步缩小与先进地区的差距，实现各民族的共同繁荣。

2.提出改革和发展民族教育的基本思路。(1)加强基础教育：要求40所寄宿制民族中小学到1990年有85%以上的学校在师资、办学条件、教学质量等方面达到或超过县一中和示范性小学的办学水平；3000所半寄宿制高小在提高质量的基础上保证每年能培养出15万合格的高小毕业生。32个贫困县的县一中民族部要按照省定民族中学的标准要求充实师资，增添教学设备，提高教学质量，保证民族部毕业生具有县一中毕业生的水平。地、州、市、县办的寄宿制民族中学，要求加强领导，充实师资力量，改善办学条件，提高教学质量，并由地方财力拨款，给予生活补贴，帮助学生克服生活上的困难。在昆明举办民族实验中学，招收云南省12个文化教育落后，办学困难较大的少数民族学生入学；同时按照国家教委和国家民委的意见，从1989年起逐年减少云南省师大附中“西藏班”的招生名额，改办为云南省的“民族部”。实行分类要求，分类指导，改变“千校一面，万人一书”的状况。以县为单位，划分城镇(坝区)、山区、边远贫困山区等三类地区，制订不同的要求、对策和措施，落实到乡；小学以六年制为主体，山区小学可实行“四·二”分段的六年制，加强学前教育，抓住儿童语言、智力发展的最佳时期，学习汉语会话，为入学打好基础；城镇和坝区的中小学执行国家制订的教学计划，使用统编教材，边远山区的初小执行全国统一教学计划，教材内容在统编教材的基础上进行适当删补；加强对一师一校校点的管理，每年进行一次检查督导，根据生源情况，学校可采取隔年招生、复式教学的办法，分期分批轮训一师一校的教师，并为他们提供必备的教学设备和资料，进行教师短期交流，县、乡、村完小的教师定期到一师一校的校点任教，让一师一校的教师到县、乡、村完小工作半年到一年，指定教学水平较高的教师帮助其在工作中提高业务水平；将布点过密、教学质量低的相邻村寨的学校合并办学，或在乡、村中心完小举办寄宿制班，或采取其他办学形式，提高教学质量和办学效益。民族地区的小学都要从实际出发，认真上好劳动课，使劳动课与勤工俭学相结合，学习科普知识和掌握实用技术相结合，使小学毕业生能掌握一两门简单的农业生产实用技术。普通中学要积极引进职业教育因素，试行“双轨”制，在初、高中开办职业班或初、高中的三年级实行分流，对一部分学生进行定向职业技术培训。(2)大力发展民族地区的职业技术教育。中专实行定向招生、定向分配、定向到乡，在部属、省属和地、州所属中专举办民族班，增加少数民族在校生比例；充实、巩固、提高民族地区的职业中学，使民族地区的职业中学尽快达到职中的验收标准，逐步建设成各县的职业技术培训中心；逐步发展一批初级农职业中学；对未能升学的民族中、小学毕业生进行多层次、多形式的技术培训，选择一两个经济文化条件较好的乡，进行小学后“六加一”和初中后“三加一”的职业技术培训试点；由省拟定“六加一”和“三加一”的教学大纲，编写教材，各地再结合实际自编部分乡土教材。(3)积极开展成人教育。民族地区的扫盲教育要因地制宜。通汉语的地区，直接用汉文进行扫盲，不通汉语、又无民族文字的地区，可用汉文扫盲，再用民族语言进行辅助教学，不通汉语，但有民族文字的地区，可先用民族文字扫盲，然后再过渡到用汉文扫盲；以乡为单位，建立科技和适用技术培训中心；根据"实际、实用、实效"的原则，有计划地开展"短、平、快"的实用技术培训，使一半的农户，每年每户有1人(次)受到实用技术培训。（4）稳步增加高等院校少数民族学生的比例。云南民族学院在办好现有本、专科的基础上，扩大预科招生名额；有条件的地、州、市的教育学院和师专应举办提高班，招收高考落选但距录取分数线较近的农村少数民族考生，补习1年高中课程，第二年再参加高考，仍未被录取的学生，由学校负责对他们进行短期职业技术培训后回乡劳动；高等院校把帮助少数民族贫困地区培训，提高师资水平作为扶贫的主要内容之一，同时也要帮助贫困地区培训各种脱贫致富的适用人才。（5）改革师范教育，建设民族教育师资队伍。中等师范学校面向民族地区，培养适应民族地区小学教育要求的合格教师，试行定向到乡招生；试行"1＋3"的学制，第1学年补学文化课，强化音乐、美术教学，后3年按中师教学计划授课；民族师范学校和民族师范班增设民族政策课；结合勤工俭学，学习劳动技术知识，掌握小学劳动课所需的知识和技术；根据当地开展民族语文教学的需要，选修民族语言文学课，加强普通话和民族语的口语训练；学习和掌握复式教学法；加强师德和专业思想教育。

为加强民族地区的基础教育，保证半寄宿制高小按国家教委发布的教学大纲扎扎实实地完成教学任务，全面提高教学质量。1989年6月，云南省举行第一次半寄宿制高小毕业班的语文、数学统测和劳动课考核。全省有3100多个校点的126164人参加统测。统测结果：语文平均分为56.1分，及格率为49.5%；数学平均分为55.1分，及格率为48.1%；劳动课平均分为34.1分，及格率为12.1%。7月，各地按《云南省半寄宿制高小检查评价量化表和等级要求》以及《检查评估办法》，对3000所半寄宿制高小逐校进行检查评估。全省共评出"优"级学校154所，"良"级学校378所，获单项奖的学校45所。以上学校除由省教育厅给予通报表彰外，评为"优"级的学校，每所奖人民币3000元；"良"级学校，每所奖1500元；获单项奖的学校，每所奖1000元。

四、职业技术教育

云南省规定的"七五"期间中等教育结构调整计划指标提前完成。到1989年底，全省共恢复和新建农职业中学215所，其中农职业初中37所，农职业高中178所。另有222所普通中学附设职业班。农职业中学在校生64779人，比1980年增长7.2倍。加上138所中专和68所技校，中等职业技术学校在校生共161778人，占高中阶段在校生总数的45%。普通高中与职业技术教育在校生的结构比例为1∶0.82(部分地区达到1∶1)，提前1年实现1986年提出的"到1990年结构比例达到1∶0.8"的计划。

1989年10月，《云南省职业技术教育条例》公布施行。《条例》是云南省第一个关于职业技术教育的地方性法规。《条例》共12章51条，包括总则、领导管理体制、培养目标和基本学制、办学途径、开办与审批、教学和实践、实习、教师、经费、学生的毕业、使用和待遇、少数民族地区的职业技术教育、附则等内容。

制定和发布《云南省农业广播电视学校评估审核标准》，从机构设置和人员配备、师资队伍、办学经费、办学基地和教学设备、管理制度、办学效益等6个方面规定评估审核的内容及标准。并对地、县级农业广播电视分校的机构设置、办学条件作出规定：一是改革管理体制，实行分级办学、分级管理；二是健全领导班子，完善管理机构，改善办学条件；三是认真评估审核，提高办学质量；四是加强教学的组织管理工作，建立健全各种规章制度，完善教学辅导体系，充实辅导力量，加强教学班建设，组织好学员的自学、收听及收看；五是重视各级农业广播电视学校的建设。

1989年4月，省教育厅分别对昭通、曲靖、丽江、楚雄、玉溪、保山、德宏、昆明等8个地、州、市的26所职业高中进行检查验收。按照《云南省职业高中检查验收标准》和《云南省职业高中检查验收办法》，重点对领导重视、办学基本条件、办学质量和办学效益等方面进行检查评议。经过"坚持标准，实事求是"的检查评议，昆明市旅游职业中学等24所职业高中通过验收。

举办各类教学班。中等师范学校招收小学民办、代课教师班，学制一年，自拟教学计划和自选教材，结合小学民办教师的实际开设课程。昆明市官渡区第一职业技术中学开办家庭经营专业实验班，为部分地州农村培养能种、会养、会加工、懂经营管理、立志务农的新型农民。学制三年，学生毕业后发给职业高中文凭，国家不包分配，回乡从事农业生产和经营。到1989年底，全省各地共开办家庭经营专业实验班14个，在校学生639人。昆明市第二职业中专面向全省开办电子电工、文书打字、微机应用等专业实验班，招收职业中学在职干部和教师。全省有84所学校开展中专专业证书教育，其中普通中专学校28所，职工中专学校5所，党校28所，各类干校17所，其他学校6所。共开办47个专业，教学点遍及全省17个地、州(市)。办学形式有一年制全脱产，二年制业余函授，一年半半脱产等。昆明市财贸学校、云南省劳改警官学校、昆明市委党校等10所学校试办二年制干部中专专业证书函授班，开办经济管理、行政管理、政治管理、财务会计、商业经济和劳改工作管理等6个专业，招生9278人。取得专业证书的学员，如要求继续进行全科班学习的，可持专业证书报考相同专业成人中专全科班函授学习一年半，各科成绩合格者，可换发函授中专毕业证书，国家承认中专学历。

农业中专学校实行单独招生。1989年，农业中等专业学校实行单独招生考试，单独录取的办法，解决以往农业中专教育中存在的培养与需要不相适应的矛盾，打开人才通向农村的道路，使农业中等专业学校能直接为集体所有制单位和农村培养生产者和经营者，为农民脱贫致富服务。1989年，全省8所农业中等专业学校共录取不包分配学生398人，其中有40%左右的学生是初中毕业回乡参加多年农业生产，有一定实际生产技能，热爱农业生产的青年。

中专学校部分学科举行统考。为检查中专学校教学情况，促进中专教学改革，省教育厅于1989年6月和12月分别在全省中专学校组织统一考试。6月，对5所职业中专学校二年级学生进行统考，考试课程为语文、微型计算机及其应用、固定资产投资统计、经济法基础知识、植物生理以及中文打字的实际操作等。12月，对普通中等专业学校一年级学生进行政治经济学统考。

五、成人教育

1989年，云南省逐步实施"燎原计划"，2月和11月，先后确定50个"燎原计划"示范乡(镇)。一年来，首批20个示范点在当地乡(镇)党委和政府的领导下积极开展工作，制定规划，筹措资金，培训人员，结合当地自然优势和生产实际，开发了种植业、养殖业、加工业等20多个项目，取得了一定的经济效益。有13个乡(镇)得到90万元的专项贷款(贷款利息由省政府补贴1/3，近11万元)。1989年10月，昆明市西山区团结乡、宣威县热水乡、禄丰县仁兴镇被国家教委评为实施“燎原计划”的先进单位，受到表彰。为保证该项计划的顺利进行，1989年省教育厅给首批示范乡拨出20万元的试点专款。

为加快开发云南省农村人力资源，1989年制定并实施《云南省农村人力资源开发近期规划》。《规划》的主要内容是：1989—1992年，每年向农户进行实用技术培训300万人次；通过培训和扶持，每年按农户总数1/30的比例建立科技示范户；每年对1/3的县、乡党政部门和企事业单位的干部进行各种形式的岗位培训或在职继续教育；认真开展小学后、初中后、高中后的教育。1989年，全省600多所农民文化技术学校开展多种形式的适用技术教育和培训。省教育厅成人教育处在呈贡县武装部军地两用人才培训中心举办缝纫培训班，省、地、县三级教育部门联合在澜沧县竹塘乡举办科学养猪培训班，思茅地区教育局还向澜沧、西盟、孟连等县发放科学养猪贷款周转金5000元，促进了地震灾区的生产自救工作。

为进一步贯彻落实国务院《扫除文盲工作条例》，加快扫除文盲进程，1989年，省政府拨出100万元专项补助费，用以支持各地开展扫盲及扫盲后继续教育工作。各级政府也相继采取措施部署扫盲工作。（1）加强领导，成立由副县长任组长，有关部门的领导为成员的领导小组。在县（市）教育局设立成人教育办公室，各乡（镇）也建立相应的组织，配备专职人员。把扫除文盲列为党委、政府领导干部的责任目标。除在教育经费中安排扫盲经费外，县、乡、村还多渠道筹集经费，保证扫盲需要。组织推广扫盲先进经验，号召和组织社会各方面参与扫盲工作。（2）把扫盲教育纳入教育规划，与普通义务教育同步实施，做到“以堵为主，堵扫结合”。推行“一长管两校”（全日制小学校长既管全日制学校的工作，又管扫盲夜校的工作）、“一师教两班”（全日制小学教师白天教日校，晚上教扫盲班）的做法。（3）实行责任制，做到任务、措施、经费落实。确定单位和个人的责任目标，逐级签订责任（合同）书，奖惩挂钩。如：江川县分别对乡、村抓扫盲教育的领导和全日制学校实行“双线承包”。乡、村扫盲工作干部承包宣传动员、组织实施；学校负责教学工作。超额完成任务10%以上奖100元，完成基本任务奖80元。在教学上，乡、村学校采取分点、分班、分人同任课教师签订承包合同的办法，脱盲1人，奖给教师20元；半脱盲1人奖10元。县上还奖给每个脱盲学员5元。完不成任务的扣除当年奖金。同时，各级政府和村民委员会为保证责任目标的完成，经群众讨论，制定了鼓励性与强制性相结合的政策和乡规民约。如：把扫除文盲作为评选先进，优先承包，优先提供技术、种籽等的条件；限制文盲应招当工人（包括乡镇企业）；限制文盲办理营业执照；未婚青年不脱盲，结婚暂缓登记；向在规划期内未脱盲者征收扫盲费。为保证扫盲任务的完成，各地还协调有关方面，使经费、师资、教材、灯油等得到落实。（4）坚持扫盲后继续教育，巩固扫盲成果。在乡（镇）和一部分村、寨创办农民文化技术学校（培训中心），组织脱盲人员或回乡中、小学生学文化、学政策、学技术。如：曲靖市组织农民文化技术学校推广科学养猪技术，1987年至1989年已培训10万多人次，沿江乡已将此项技术推广到98%的农户。由于以上措施的实施，1989年共扫除文盲、半文盲17万人，比1988年增加近8万。曲靖地区、怒江州、文山州、保山地区、玉溪地区等地州超额完成或基本完成省下达的扫除文盲指标；有423个乡（镇）实现青少年基本扫除文盲的目标；217个乡（镇）实现青壮年基本扫除文盲的目标。1989年11月，由省、地、县三级教育、统计、科协、妇联、共青团等部门组成的检查验收组，分别对曲靖等6县（市、区）的扫盲工作进行检查验收。经验收，曲靖市、江川县、玉溪市、昆明市西山区、普洱县、腾冲县等县（市、区）的非文盲率均超过85%，达到基本扫除文盲的标准。经省政府批准，成为云南省第一批基本扫除文盲的具（市、区）。

云南省的自学考试从1983年开始，到1989年，开考专业从原来的5个发展到26个，开考课程从3门发展到109门，报考人数从5千人发展到5万余人。几年来，已培养大专毕业生7998人（含本科生68人，获得文学士学位的34人）、中专毕业生10811人。1989年，经全国高等教育自学考试指导委员会和中国残疾人福利基金会的评选，云南省有3名优秀残疾人应考者荣获自学考试荣誉证书和残疾人自学成才奖金。1989年7月，云南省成立了自学考试招生考试委员会，各地州、各主考院校也努力创造条件，建立健全自考机构，全省在建立机构的同时，进一步完善规章制度，制定发布了《云南省社会助学暂行管理条例》、《云南省自学考试学籍管理条例》、《云南省自学考试财务收支办法》等文件。

1989年还制定了《云南省成人高等教育试行〈专业证书〉制度的若干规定》和《补充规定》，有19个专业系统被批准试行成人高等“专业证书”教育。1989年，有17所普通高校、12所成人高校、2所省外的普通高校举办“专业证书”教学班共94个。截至1989年底，已有14所普通高校、6所成人高校、1所省外普通高校的18个专业的“专业证书”教学班的1015名学员，学完教学计划所规定的课程，成绩合格，取得了由省教育厅验印、学校颁发的大专层次的“专业证书”。

六、高等教育

1989年下半年，云南省高校通过多种形式开展形势教育。（1）8月，全省召开高等学校马克思主义理论课教学工作会议，会上就马克思主义原理、中国革命史、中国社会主义建设3门课如何贯彻四中全会精神，以及如何开展理论研究，提出初步意见。要求在马克思主义原理课教学中，运用马克思主义的基本原理，研究中国的国情，分析改革开放和社会主义建设的客观实际，使学生加深对党的十一届三中全会以来路线、方针、政策正确性的认识，有针对性地回答学生中带有倾向性的问题，从思想理论的深层次上帮助学生解决政治原则和政治方向方面的问题。正确评论和介绍教材中涉及的一些西方理论流派的观点，在教学过程中有计划地组织学生读几本马克思主义原著，并进行考试，让学生写出体会认识。组织教师有计划地开展科学研究，编写有质量的资料，撰写有针对性的文章，使教学和科研有机地结合起来。组织必要的集体备课，互相听课，评论教学。在《中国革命史》的教学中，坚定不移地贯彻党的十三届四中全会精神，突出重点，深入批判有代表性的资产阶级自由化观点。批判在对待马克思主义问题上的“过时论”，人民民主专政问题上的“取消论”，党领导问题上的“多党制”和社会主义道路问题上的“渺茫论”。在《中国社会主义建设》课的教学中，强化国情教育；强化“一个中心，两个基本点”的教育；强化社会主义民主和法制的教育；强化坚持党的领导的教育。并在讲清基本原理的基础上，澄清模糊认识，如“全盘西化”、资本主义与社会主义“趋同论”及“替代论”、“拜金主义”等。（2）9月—11月，省教育厅分别在云南师范大学、重庆建筑工程学院昆明分院、云南中医学院3次召开昆明地区高校校风校纪现场检查及情况汇报会，促进了高等学校的校风校纪建设，使各高校的校风校纪情况有了显著的好转。（3）1989年，省委宣传部、省教育厅、团省委还联合举办“五·四”杯大学生歌手大奖赛和大学生最佳形象评选活动。昆明地区的22所大专院校400多名选手参加了比赛，评选出52名获奖歌手。大学生最佳形象评选活动新颖，吸引了广大的学生。在各校普遍评选的基础上，推选出80多名各方面条件较好的学生参加决赛，最后评选出“最佳形象”4名、“优秀形象”16名。最佳形象评选活动在大学生中倡导了仪表美、语言美、心灵美和行为美，在一定程度上提高了大学生的审美情趣。

1989年，云南省部分高等学校继续充实整顿。成立了由省教育厅、省计委、省财政厅联合组成的充实整顿领导小组，先后到16所高校实地了解情况，使充实整顿的具体目标、措施及分项目、分年度的计划落实到每一所学校。经过一年的工作，16所高校在校舍建设、教学实验设备条件、实习基地建设等方面取得进展。1989年，省教育厅制定了《云南省普通高等学校专业设置实施细则》，《细则》对本、专科专业的增设和调整原则、条件，审批权限、程序等作了具体规定，并要求各高等学校近几年内一般不增设专业，重点放在专业的调整和改造上。凡是主干学科基本相同的专业，合并为一个专业，如云南工学院的铸造专业和金属材料及热处理专业合并为热加工工艺及设备专业。设置专门组（或专门化），在基础课、专业基础课基本相同的情况下，不新增专业，根据需要在原专业设置专门化，增开相应的专业课，如云南农业大学在作物专业设菸草专门化，不仅培养作物专业的通用人才，同时又培养烟草种植方面的人才；在水利水电工程建筑专业设农田水利专门化和农村小水电专门化，为农村培养农田水利和小水电方面的人才。调整教学计划、课程结构和教学内容，如昆明工学院70％的课程由教务处安排，30％的课程由系安排，根据用人部门对人才知识结构的要求，在不同的专业增加有关方面的课程，如在铸造专业、金属材料及热处理专业增加塑料工艺方面的课程。按系招生，淡化专业，分段教学，强化基础，按需分配，因才施教，双向选择。一、二年级上基础课和专业基础课，三、四年级按社会需要分专业方向进行培养。1989年，云南省高校还与地方、部门开展联合办学，省建委与重庆建筑工程学院昆明分院联合办本科班，招收建筑学专业本科生30名；给水排水工程专业本科生30名，办学经费由省建委承担，毕业生由省建委负责分配。云南师范大学与禄丰县、南华县联合办学，以两县参加高考的考生中按专科录取分数线降低50分录取30名英语专业预科生，在禄丰县进行1年的预科学习，补习高中文化课程，第2年由学校组织考试，考试合格者，进入云南师范大学英语专科班学习，学制2年，毕业生由两县安排工作，办学经费由禄丰、南华县承担。

1989年，为促进云南省高校实验教学质量的提高和加强实验教材的建设，省高校实验室工作委员会组织了校际间的实验教学观摩，分别对云南大学、昆明工学院等12所院校的化学实验室、物理实验室的实验教学情况进行观摩；调查、了解实验教学文件、实验室设施、实验室人员配备及实验教学改革情况等。为逐步对实验室进行规范化、科学化管理，1989年，省教育厅委托省高校实验室工作委员会拟定《云南省本科院校实验室管理工作评估指标体系（试行）》、《云南省师范专科学校系级实验室工作评估方案（试行）》，同时对保山师专物理系实验室工作进行评估。1989年，省财政厅继续给10所师专安排教学仪器设备专项补助费450万元。近几年省财政已给10所师专共安排了教学仪器设备补助费1250万元。1989年，省财政给12所本科院校共安排教学仪器设备专项补助费650万元，主要照顾办学条件较差的云南农业大学、云南中医学院和大理医学院等院校。1989年，全省高校共有各类实验室752个，实验室房屋使用面积119063平方米。教学科研仪器设备86167台（件），价值13861万元，其中2万元以上的有968台（件），价值5705万元。平均实验开出率为82%。实验室工作人员2500人，其中教师1421人（教授、副教授260人），实验室技术人员874人（高级工程师34人）。

1989年，云南普通高等学校首次评选奖励优秀教学成果，有9项教学成果获国家级优秀奖，28项获省一等奖，62项获省二等奖。获国家级优秀奖的教学成果是：《奇异摄动方法及应用的教学与研究》、《高师几何系列课程的建设》、《计算机科学理论的学科人才培养质量》、《编写民族语文教材，培养民族语文干部》、《实行挂牌选课，提高教学质量》、《人体解剖学教学法的研究》、《创办高等农业技术师范教育》、《矿井通风防尘课的全面建设》、《编写便于自学的逻辑教材，调动学生学习的主动性积极性》。1989年，云南省21所普通高等院校共出版科技专著40部，约1551万字；发表学术论文1109篇，其中在国外学术刊物上发表的76篇，全国性学术刊物上发表的408篇，地方性学术刊物上发表的625篇。鉴定科研成果68项，其中达到国际水平的4项，国内首创的4项，达到国内先进水平的32项。有46项成果获奖。

1989年，云南省高考中英语、化学两个科目的全部考生均采取标准化考试(分卷考试)。1989年，云南省有8所师范专科学校开办预科班，招收自愿为家乡教育事业做贡献的农村户口考生，入学后补习高中课程1年，经考试合格可升入师专的相应专业，毕业后定向分配，不能升学的回所在地安排担任小学教师。1989年，云南省允许高校部分专业实行文理兼招，一部分系实行按系招生，以达到淡化专业、优化结构的目的。1989年按系招生的有：云南大学的中文系、法律系、化学系、生物系，云南工学院的建筑系、汽车工程系，云南农业劳动大学的水利系、农机系，云南财贸学院的会计系。云南财贸学院的投资经济管理、计划、统计、会计专业，云南民族学院的经济管理系等实行文理兼招。1989年，云南省制定推进毕业生分配工作的几项具体措施。(1)凡按计划分配到全民所有制企业的大中专及技校毕业生，年终按实际接收人数核(调)增工资总额。实行工资总额和经济效益挂钩的企业，当年在工资总额基础数外单列，第2年按上年单列数加翘尾数核入工资总额基数。自愿到私营企业的大中专及技校毕业生的工资待遇，可由双方协商确定。(2)经国家统一分配到城乡集体企业工作的大中专毕业生，在合理流向的前提下，不受增干计划指标的限制，分配后保留其全民所有制干部身份，由各级人事部门负责统一管理。(3)国家统一招收入学的自费毕业生，经学校推荐或自荐以及通过人才市场交流，有单位接收的，人事部门一律准予录用，保证增干指标(或增劳动指标)，并与国家统一分配的同等学历的应届大学毕业生享受同等待遇。(4)计划内的委托代培生，在委托单位确实无法安排的情况下，由委托单位报省计委、省教育厅批准，另行安排工作（主要安排去企业单位）。(5)定向毕业生到规定的地、州、县服务，成绩优秀者，允许他们在定向范围内选择工作单位。(6)所有用人单位的增人指标，首先用于接收国家统一分配的大中专毕业生和毕业研究生。(7)所有用人单位、高等学校，必须认真贯彻执行省政府批准下达的毕业生分配、调配计划，用人单位不得随意退毕业生，特别是女毕业生。(8)成立由省教育厅牵头，有计划、组织、人事、劳动、公安、粮食等部门参加的毕业生分配协调工作小组。(9)成立由省监察厅牵头，有省委纪委、高校工委、省级国家机关工委纪委、省教育厅纪检组参加的毕业生分配工作监督小组。1989年，全省共接收分配大中专毕业生、毕业研究生28741人，其中省内外本专科毕业生11262人，分配到17个地、州、市的7758人，占总数的68.89%，是自1985年以来比例最高的一年；

分配到省属厅局2343人，占总数的20.81%；分配到中央在滇单位978人，占8.68%；分配出省183人，占1.62%。

撰稿人　文　萍
审稿人　蔡寿福

西藏自治区教育

西藏自治区教育，认真贯彻“重点加强基础教育，优先发展师范教育，积极发展职业技术教育和成人教育，巩固提高高等教育”的方针，各级各类教育稳步发展。特别是基础教育和师范教育发展较快，成人教育有所突破，电化教育发展迅速，民族语文的学习、使用和发展也取得了一定成绩。思想政治教育得到重视，教育管理得到加强。1989年是西藏进行民主改革，人民当家作主30周年。30多年来，西藏现代民族教育从无到有，从小到大，基本建立起较为完整的民族教育体系，为西藏进行社会主义建设培养了大批各级各类人才。

一、政治思想教育

1987年以来，在拉萨发生了多起妄图分裂祖国的骚乱事件，1989年3月达到了高潮。1989年春夏之交在北京及全国部分城市发生了动乱和反革命暴乱。这些都对青少年学生产生了消极影响，极少数学生卷入了骚乱或动乱。教育战线广大干部、教职工，作了大量的思想政治工作，各学校局势基本稳定。

7月中旬开始，自治区教科委组织人力到各大中小学进行调查，提出了加强思想政治工作的具体要求。各学校利用多种形式，组织广大干部、教职工和学生，认真学习有关文件、重要讲话和社论，学习西藏历史。充分认识骚乱、暴乱及动乱的性质、根源、危害。通过学习，澄清了是非，提高了认识，统一了思想。广大干部、教职工和学生，认识到西藏是祖国领土不可分割的一部分，自元朝以来就已纳入中国版图，藏民族是祖国多民族大家庭中的一员。拉萨发生的骚乱事件，是国内外分裂主义分子挑起的旨在分裂祖国的严重事件，是阶级斗争激化的具体表现。在北京及全国部分城市发生的动乱及反革命暴乱，是资产阶级自由化长期泛滥的结果。其根本目的就是推翻中国共产党的领导，颠覆社会主义制度。通过学习、讨论，充分认识到必须加强思想政治工作，在西藏尤为重要。

11月，自治区教科委分别组织召开了高校政治思想工作座谈会和中专学校思想政治工作座谈会，明确指出学校必须把坚定正确的政治方向放在学校工作的首位，把思想政治工作放在第一位，把学生培养成有理想、有道德、有文化、有纪律的德、智、体诸方面全面发展的社会主义建设者和接班人。强调各学校必须加强党的领导，加强热爱中国共产党、热爱社会主义教育，加强爱国主义、民族团结教育，加强艰苦奋斗、勤俭节约教育和法制教育。同时，自治区教科委派人到各地、各校进行调查研究，积极筹备召开中小学德育工作会议和教育系统党的建设工作会议。为加强学校思想政治工作的研究，11月底成立了西藏自治区教育学会德育研究会。

二、各级各类教育基本情况

在各级各类教育中，重点加强了基础教育和师范教育。长期的实践证明，只有从中小学抓起，才能形成教育事业内部的良性循环，才能培养大批有理想、有道德、有文化、有纪律的新一代社会主义劳动者，才能提高民族的素质，更好地促进西藏社会主义建设事业。为此，西藏自治区教科委努力增加基础教育投资，改善办学条件。1989年，用于基础教育的事业经费达9810.3万元，占教育经费总数的69.48%。同时，努力增加中小学基建经费，1987年至1989年3年间，用于中小学的基建经费投资达11040万元，占全部基建投资的77%。广大中小学办学条件得到明显改善，在很多地方，最好的建筑是学校。中小学校舍危房比例大幅度下降，1989年危房比例已由1986年的21%降低到13%。加强了中小学教育管理工作，1989年先后制订和转发了《中学生学籍管理暂行规定》、《建立学校卫生、健康卡片试点方案》、《中学生日常行为规范》、《小学生日常行为规范》、《西藏自治区全日制中小学生教育管理工作的暂行规定》等文件。认真贯彻落实1987年全区第三次教育工作会议关于集中办好一批寄宿制中小学的精神。1989年，普通中学住宿学生达7260人，占中学少数民族学生的44.27%，普通小学住宿学生20687人，占小学少数民族在校生的15.78%。继续贯彻"三包"和人民助学金政策。1989年，普通中小学共有享受"三包"待遇的少数民族在校生31263人，占少数民族在校生的21.2%；享受人民助学金的中小学少数民族学生共24723人，占中小学少数民族在校生的16.77%，农牧民家庭子女因生活困难不能入学的问题基本得到解决。内地西藏班1989年招生1180人。首届内地班初中毕业生1200多名，分别升入各中等专业学校或普通高中，1989年，适龄儿童入学率达53.1%，在校生巩固率达91%，毕业率达60.3%，比1986年分别提高了13.8个百分点、11个百分点和10个百分点。同时，普通中学职业技术教育正在兴起，部分地市已经建立了职业中学或职业班。拉萨市二中开设了烹饪、文秘、财会、服装、导游、建筑等6个专业9个职业班。日喀则地区、日喀则县中学、江孜县中学等学校也开设了文秘、师资等专业的职业班。各地市还选派了部分教师到内地学习有关职业技术知识，为职业技术教育准备师资。

4月10日至15日，召开了全区高等教育工作会议，交流了各院校近年来在学校建设、学校改革和政治思想教育等方面的经验，讨论了深化高校改革、加强思想政治工作、加强学校管理等问题。本着巩固、提高高等教育的原则，着重加强了各高校的管理工作，开展了高校评估尝试，组织有关领导、专家对西藏民族学院进行了试评。评估内容分为校级领导班子、组织管理、思想政治教育、教学管理、后勤管理等5个一级指标；下设28个二级指标，129个三级指标，600多个量化等级。通过评估，促进了各校各项工作。组织了首次高等学校优秀教学成果表彰活动。共有19项教学成果受到表彰。其中获国家级优秀成果奖2项；获自治区级一等奖2项，二等奖4项，三等奖11项。通过表彰活动，有力地促进了各高等学校教研活动的开展。继续实行多层次、多规格、多渠道办学。1989年，全区4所高校共有本专科在校生1973人，其中专科1085人，占55%，此外还有预科在校生87人，进修生129人，短期培训在校生270人。

在大中专教育中，重点加强了师范教育。1月20日，自治区教科委制订下发了《关于优先发展师范教育的意见》。强调指出，师范院校是培养各级教育师资的基地，是教育这个系统工程的工作"母机"。师范教育的发展快慢决定着各级各类学校发展的速度和效益，所培养的师资的质量决定着各级各类学校教育质量的提高。必须充分认识师范教育的战略地位，把重视师范教育落到实处，从人、财、物以及招生等方面予以支持和帮助。决定从1990年起，各中等师范学校的教育经费由自治区教科委戴帽下达；优先为师范院校配备高质量的师资；保证合格生源，实行按国家计划统一招生，列入第一批招生院校，实行定向招生、定向分配；在基建、图书资料、电教器材、体育和音乐器材、实验器材等方面予以特殊照顾。师范教育得到加强，1989年普通高校师范本专科在校生698人，占在校生总数的35.38%。中等专业学校中师范专业在校生1548人，占在校生总数的39.09%。

成人教育工作也有所突破，重点加强了农牧民教育和职工教育。先后在乃东、扎囊、林芝、墨竹工卡、堆龙德庆、那曲等10个县开展了农牧民扫盲教育试点工作，在日喀则、林芝、山南地区等地开展了职工教育试点工作，均取得了良好效果。

截止到1989年底，全区共有普通高等学校3所，中等专业学校15所，普通中学68所，普通小学2398所。教职工15186人，专任教师11631人，其中少数民族教师8533人，占专任教师总数的73.36%。在校学生共168034人，其中少数民族学生151713人，占在校生总数的90.29%。详见下表：

1989年全区各级各类学校在校生、专任教师基本情况

	学校数（所）	在校学生数（人）		专任教师（人）	
		计	其中少数民族	计	其中少数民族
高等学校	3	1073	1104	756	261
中专学校	15	3960	3049	619	279
普通中学	68	23226	16398	2317	901
普通小学	2398	138875	131072	7939	7092
合　　计	2485	168034	151713	11631	8533

三、电化教育发展迅速

1989年，全区已经建起教育卫星地面单收站63座，自治区卫星上行站工程也已基本完工，正式投入使用。5月1日，自治区电教馆和西藏电视台联合开通了西藏教育频道，每天播出教育节目90分钟，各地收看率很高，收到良好效果。为贯彻《教育系统贯彻落实〈西藏自治区学习、使用和发展藏语文的若干规定的实施细则〉的意见》，根据双语教学和师资培训的实际需要，1989年，自治区电教馆制作了小学藏语文、藏语数学、初中藏文文法、藏文因明学、西藏天文星算、西藏教育发展史等藏语教学片和藏语讲座节目共计525课时。收录或委托中国教育电视台录制了电视大学、电视中专的专业课节目600多课时。为加强爱国主义教育，自治区电教馆拍摄了《省会拉萨》《西藏地热》等电视专题片，其中《省会拉萨》获全国电视教材大奖赛优秀奖。11月20日，自治区教科委组织召开了全区首届电教工作会议，强调指出，西藏地处祖国西南边陲，到处是高山大川，人口居住分散，交通十分不便，给教育带来很大困难，发展电化教育，可以在很大程度上克服上述困难，因此具有特殊意义，必须予以高度重视。明确指出，电化教育必须加强管理，坚持社会主义方向，为全面贯彻党的教育方针，提高教育质量服务。以师资培训为重点，面向基础教育、成人教育和职业技术教育。

四、加强藏语文学习，积极培训藏语教学师资，开办中学藏语授课试点班

1989年初，自治区教科委下发了《教育系统贯彻落实〈西藏自治区学习、使用和发展藏语文的若干规定的实施细则〉的意见》（下简称《意见》），要求充分发挥各地（市）教体委、各学校及广大教师的积极性，克服困难，积极创造条件，开展藏语教学。（1）决定在拉萨中学、拉萨市一中、日喀则地区中学、山南地区二中等条件较好的学校，各选一个1989年秋季入学的初中藏族班开展藏语教学试点工作。从1992年开始，开办高中藏语文授课试点班。（2）确定西藏大学为全区初中以上藏语授课师资的培养培训基地，切实在经费、人员编制、教材、招生、实习场地等方面加强基地建设。决定从1989年秋季招收的新生开始，对西藏大学师范专业在招生、分配、待遇等方面给予一定的优惠，以保证西藏大学师范生的数量和质量。决定西藏大学从1989年秋季招生开始，招收师范专业本科生，学制四年。前三年按大专三年制相应专业用汉语授课，每周学习藏语文时数不得少于六节。第四年根据实际工作需要集中学习藏语文，并用藏语文研究初中相应学科教材，改进教法，加强实践。要求西藏大学从1993年起，每年向区内输送250名能用藏语文授课的合格中学教师。还规定，西藏大学1989年前毕业分配在教育系统工作的毕业生（藏文、汉语文、英语专业除外），挑选其中具有小学四年级以上藏语文水平者，回母校学习两年藏语文，经考核合格者，发给本科文凭，上浮一级工资。决定西藏大学培训部承担全区中学用藏语文授课师资的培训任务，在1989年秋季开办“数学藏语文授课”和“自然常识藏语文授课”两个培训班。（3）要求把各中等师范学校建设成为培养培训用藏语文授课小学师资的基地，并在用藏语文授课方面先行一步。现阶段，要增加藏语文授课时数，切实提高学生的藏语文水平。在学生毕业前一年，要用藏语文讲授各科小学教材教法课程，实习期间要求用藏语文授课。凡藏语文考试不及格者，不予毕业。决定从1989年开始，各中等师范学校开办各科培训班，培训用藏语文授课确有困难的小学教师。（4）决定建立中学用藏语文授课师资资格考核制度。从1990年起，逐年对全区用藏语授课教师分学科进行考核。凡区内中学在职教师，包括数学、物理、生物、历史、地理、政治等学科的教师，均可报考，经对专业、藏语文考试合格，教学思想端正，教学能力较强的教师，颁发合格证书，并上浮一级工资。

各地（市）、各学校认真贯彻《意见》要求，拉萨中学、拉萨市一中、日喀则地区中学、山南地区二中，分别开办了藏语授课试点班，各科（汉语文除外）均用藏语授课。现有在校生160多人。

为了促进藏语文教学，1989年第一学期期末，自治区教科委组织了西藏大学师范专业和中等师范学校藏语文统一考试，进行了评比和奖励。

五、西藏民族教育的巨大变化

民主改革30年来，西藏民族教育取得了巨大成就，教育的各个方面发生了前所未有的变化。彻底改变了旧的教育制度，创办了各级各类社会主义现代学校，教育向广大藏族劳动人民敞开了大门。在学校教育发展过程中，坚持了宗教与教育分离的原则。教育已成为西藏经济发展的原动力，在西藏社会发展中具有举足轻重的地位，在教育形式上，已初步建立了从幼儿教育、小学教育、中学教育到职业技术教育、师范教育、高等教育的结构基本合理的学校教育体系，改变了单一的教育结构。职工教育、农牧民教育也初具规模。教育内容也发生了根本性变化，由学习宗教教义和宗教仪规改为科学文化知识的全面传授。在教学中，加强了藏语文教学，建立了继承和发扬民族优秀文化的学校和专业，在几乎空白的基础上发展了理科教学，编写了理科教材，为藏语言文字的发展，提高藏民族的科学文化素质做出了一定贡献。教育从封闭走向开放，从无计划无要求走向科学制订规划，进行理论和实践研讨。微机、电视等现代化教学手段正越来越广泛地应用于教学。自治区和各地市已成立了的教育教学研究机构和群众性学术研究团体，专兼职教研人员已发展到300余人。

30年来西藏教育的办学条件发生了很大变化。全区教育经费由1959年的182.1万元逐年增加到1989年的14118.8万元，增长了76.5倍，极大地促进了全区办学条件的改善和教育的发展。昔日帐篷小学，破旧的校舍，今日变成了高楼大厦，窗明几净。1958年全区小学校舍建筑面积仅有4000平方米，1989年已达59.86万平方米，是1958年的149.65倍，中学校舍建筑面积由5800平方米增加到29万平方米，为1958年的50倍。高校、中专学校建筑面积达30万平方米。1959年我区中小学除少数有仪器外，其他学校教学设备非常短缺。现在全区已建成教育卫星地面单收站63座，全区高校和部分中专、中学也建立了电化教育馆(室)、图书馆、语言教学室、微机室等，各中学均配备了电视放像机，建立了物理、化学、生物等实验室，教学设备基本齐全。一些重点小学也有了一些现代化教学设备。

1989年，全区共有高等学校4所，在校本专科学生1973人，分别为1965年的4倍和3.7倍；中等专业学校15所，在校生3960人，分别为1961年的15倍和28.29倍；中学68所，在校生23226人，分别为1959年的34倍和67.91倍；小学2398所，在校生138875人，分别为1959年的5倍和8.51倍。适龄儿童入学率由1959年的2%，提高到1989年的53.1%，文盲半文盲由90%下降到70%左右。

教职工数量有了较大增长，质量有了较人提高。1989年全区共有高校教职工1791人，为1965年396人的4.52倍，其中少数民族教职工674人，占37.63%。教职工中专任教师756人，其中教授3人，副教授63人，讲师283人。中等专业学校共有教职工1258人，为1961年的2.5倍，其中少数民族教职工717人，占57%。教职工中专任教师619人，其中高级讲师18人，讲师148人。中学共有教职工3065人，为1959年42人的73倍；教职工中专任教师2317名。其中高级教师16人，一级教师258人；中学教师中本专科学历以上的已达69.23%。小学共有教职工9072人，为1959年580人的21倍，其中少数民族教职工8045人，占88.7%；教职工中专任教师7939人，其中高级教师136人，一级教师937人；小学专任教师中，中师、高中以上学历的已达20.7%。小学民办教职工已由1961年的占小学教职工总数87.1%，降为1989年的31.67%。全区教职工队伍逐步由以民办教师为主，以汉族教师为主，以援藏教师为主，发展为以公办教师为主，以少数民族教师为主，以本区自己培养的教师为主。

30年来，共培养本专科毕业生9904人，中专毕业生18008人，初、高中毕业生68314人，小学毕业生近30万人。全区农牧民文化素质有了很大提高，干部、科技人员素质也发生了很大变化，全区干部中大专学历的已占19%，科技人员中，具有高级职务的500余人，中级职务的4300多人。

撰稿人　李炳灿

审稿人　强俄巴·多吉欧珠

陕西省教育

一、普通教育

建国40年的陕西省普通教育事业，是在继承陕甘宁边区教育革命传统和接管改造旧教育的基础上发展起来的。新中国成立时的1949年，全省仅有小学14334所，1989年，达到37349所，增长了2.6倍；在校学生351万人，是1949年的4.7倍。普通中学由1949年的127所增加到3095所，增长了23倍；在校生由3.9万人增加到135.6万人，增长了33倍。党的十一届三中全会以来，普教战线出现了前所未有的新局面，初等教育的办学条件不断改善，入学儿童逐年增多，特别是1983年以来，在各级党政部门的领导和支持下，全省掀起了集资办学热潮，中小学的校容校貌有了较大的改观。1983—1989年，多渠道筹资总额达10.23亿元（其中群众集资7.09亿元），新建校舍872.2万平方米，维修校舍890.4万平方米，新添课桌凳118.1万套，新修围墙514.6万米。全省107个县（区）小学全部实现"一无两有"，普及了初等教育，经县（区）政府验收批准，已有550个乡镇依法宣布实施六年义务教育。普通中学也在调整改革中不断前进，教育质量逐年提高。1977—1989年，全省中学共为大中专学校输送了41万名合格新生，涌现出了2658名"三好"学生，学校教育已开始转向全面提高学生素质的轨道上来。城乡职业技术教育、师范教育、成人教育也都得到迅速的发展。

1989年，陕西省普通教育2000年前改革发展的思路开始形成，依法治教迈出了新的步伐。在反思"两乱"的基础上，学校德育工作得到了加强，教育质量稳步提高。

（一）落实教育奠基战略方针，制定了《纲要》和《规划》。

从1989年元月中旬开始，省教育厅抽调干部参加省政府奠基调查工作、前后历经40多天，涉足9个地（市）、49个县（区），在所在地（市）的配合下，调查各级各类学校、有关部门和单位292个，召开各种座谈会157次，参加座谈和接受访问的达1100多人次。这次调查掌握的数据和资料，为省委、省政府进行教育决策，落实"教育奠基，科技兴陕"方针提供了重要依据。9月，省委、省政府召开了全省教育奠基工作会议，制定了《陕西省教育发展和改革纲要》（1989—2000年）和《陕西省1989—1992年教育发展和改革实施规划》两个重要文件。《纲要》提出了陕西教育发展和改革的总目标是：初步建立起功能基本完善、结构比较合理、能够适应全省经济社会发展、适应新技术革命挑战和21世纪需要的社会主义教育体系。《纲要》要求：1.基础教育必须认真贯彻执行《中华人民共和国义务教育法》，到本世纪末，全省实施六年义务教育，60%以上的乡（镇）实施八年义务教育，全省人均受教育的年限由5.8年提高到7.3年。2.职业技术教育要按照职业学校教育同多种形式的实用技术培训相结合的原则。到本世纪末，高中阶段在校生人数、职业技术学校要大于普通高中，形成普通教育和职业技术教育平行发展，合理分流的新格局。3.成人教育从理顺管理体制入手，到本世纪末，党政机关和企业干部的80%以上要达到任职资格要求，大中型企业初、中、高级技工比例要达到3:5:2；农村要有一批生产经营带头人，多数农户能掌握一定的实用科学技术，要在近三五年内扫除青壮年文盲。《规划》依据《纲要》提出的目标任务，按照深化改革、提高质量、注重效益、调整结构、合理布局、分区规划、分步实施、协调发展的原则，对1989—1992年教育事业发展的规模与速度、教育质量的具体要求、完成目标任务的措施对策等。做出了52条规定。这两个文件相互配套，是陕西教育发展史上的一个新的里程碑。

（二）深化德育改革，加强学校思想政治工作。

在1989年春夏之交的动乱和反革命暴乱中，陕西省教育厅坚持与党中央在政治上保持一致，在稳定全省中小学局势方面做了大量工作、针对中小学量大面宽，学生年龄小、政治上不成熟的特点，对维护正常教学秩序，防止中小学生卷入动乱提出了明确的要求。在"两乱平息之后，及时召开教育界知名人士、劳动模范、中小学校长和教师代表座谈会，对德育工作进行了反思：1.没有把坚定正确的政治方向放在首位，德育和智育的关系没有摆正。2. 四项基本原则教育不够经常，部分学生没有确立坚信党和社会主义的信念。3.实行改革开放后，对和平演变缺乏应有的警惕性。针对以上问题，提出了深化德育改革，加强学校思想政治工作。首先，改变以往对不同年级施行同一内容教育的做法。省教育厅推广了大荔中学实施德育序列化的经验，引起了各地的重视。到1989年，全省许多学校都积极进行这方面的探索，切实改革中小学德育工作。其次，根据新形势的要求和青少年的思想状况，及时扩展了中小学的德育内容，除进行法律教育、劳动技术教育外，还在部分中学开设了"三防"（防核武器、防生物武器、防化学武器）知识课或人口教育课，并在一些中学进行军训或青春期教育试点。第三，注意把学校教育纳入整个社会教育的大系统中，加强了学校与社会、家庭三者教育的沟通、渗透和协调。不少学校成立有街道办事处、村民委员会干部和学生家长参加的德育工作委员会，共同负责学生的校内外教育。有的学校还与当地驻军或公安部门开展了共建文明单位活动。渭南、汉中等地（市）还先后创办了1000多所"家长学校"。第四，学校推行目标责任制和教师工作责任制。西安等地的一批学校，有计划地对德育目标进行分解，试行了量化管理，在德育管理科学化方面迈出了新步伐。第五，部分地（市）确定一批试点学校，依照《中学德育大纲》和《小学德育纲要》的要求，进行中小学德育整体改革。第六，有步骤地开展思想政治课的改革实验。自编和选用了小学思想品德课和中学思想政治课新教材，并结合使用新教材，进行教学改革，针对学生的思想实际，采用提问、讨论、演讲等方法，变单向传授为双向探讨，激发学生的学习兴趣。在考试方法上，不少教师采用了结构分数制，对学生的思想品德、日常行为和学生水平分别进行考评，综合后作为政治课成绩，促进了学生知与行的统一。第七，突出地进行爱国主义教育与形势教育。全省中小学普遍进行爱国主义教育，实行了每逢周一、学校庆典或重大的纪念节日，都举行隆重的升旗仪式。在庄严肃穆的国歌声中，学生接受爱国主义熏陶。在日常教育、教学实践中，学校还注意通过社会调查、参观访问、听革命传统报告等，帮助学生了解一百多年来中华民族的灾难史和中国共产党领导人民艰苦奋斗的创业史。不断激发和培养学生热爱党、热爱社会主义祖国的思想感情。平息"两乱"后，省教育厅专门发出通知，要求中学集中时间进行形势教育，小学广泛开展热爱中国共产党、热爱社会主义、热爱人民解放军的"三热爱"活动。第八，加强中小学日常行为规范的养成教育。渭南、咸阳等地先后集中地开展了"行为规范月"和"德育月"活动。西安、宝鸡等地分别确定了一批试点学校，安康、榆林等地也结合创建文明学校活动，加强了文明礼貌和行为规范的检查、评比工作。各校在组织学生实施行为规范中，采用放映录像、骨干示范、问答竞赛和模拟情境表演等多种方式，帮助学生了解《规范》内容，引导他们进行行为训练，促进了中小学生文明行为习惯的养成。第九，各地在进行思想政治教育中，还重视了中小学德育工作队伍建设。一是完善德育管理体制，在教育行政部门设立了德育机构或确定德育专兼职干部；在一些规模较大的中学成立了德育处或政教处。基本配齐了团的专兼职大队辅导员。二是团、队专职干部按学校中层领导对待，实行并适当提高了班主任津贴。三是恢复工会、学生会等群众组织，使德育工作队伍得到壮大和加强。1989年，全省涌现出197名德育先进工作者，受到省委、省政府的表彰，其中10人被评为省劳动模范。广大中、小学生的精神面貌发生了明显的变化，“三好”学生、优秀学生干部不断涌现，榆林中学学生崔涛被评为“中国小英雄”。学校德育工作的加强，有力地促进了教育质量的提高。在第20届国际中学生物理奥林匹克竞赛中，西安电子科技大学附中学生葛宁和西安交通大学附中学生林晓帆分别获银牌和铜牌。在全国第六届中学生物理竞赛中，西安交大附中学生吴明扬获一等奖。在第五届全国中学生数学冬令营考试中，西乡县一中学生汪建华获一等奖，被选入参加第30届国际中学生数学奥林匹克竞赛的国家集训队。

（三）因地制宜，有步骤地实施义务教育。

1989年10月，定边、靖边、府谷三县通过了普及初等教育的检查验收。至此，全省107个县（市、区）完成了普及初等教育的任务。在此基础上，各地继续宣传贯彻《中华人民共和国义务教育法》和《陕西省义务教育实施办法》。全省通过1988年的试点和积累经验，以乡（镇）为单位依法实施六年义务教育。大部分地（市）已经起步，按省颁八条标准，宣布实施六年义务教育的乡（镇）已达550个，其中西安市城郊六区全部实施，办学条件大多超过了省颁标准的要求。咸阳、宝鸡等地的实施工作也都扎实细致，初等教育普及水平有了明显提高。接着，省教育厅又修订了九年制义务教育初中阶段的验收标准，促进了全省普及九年制义务教育工作。

西安市碑林区端正办学思想，狠抓初中教育这一薄弱环节，积极工作，成效显著，于1989年冬，在全省107个县区中，第一个依法宣布实施九年制义务教育。该区的主要经验，一是由偏重抓高中到从初中抓起。过去由于片面追求升学率，全区30所中学大都只重视高中教学工作，把重点放在毕业班，在教师力量配备上，能力强的教师放在高中，集中放在高中三年级，一般教师、能力较差的教师都放在初中。结果，初中教学工作搞不好，高中教学质量也呈下降趋势。碑林区教育行政部门从正反经验教训中认识到，初中阶段是整个中学阶段的基础，而起始年级、起始学科又是基础的基础。据此，各校把有经验的教师调往初中。同时区教委还对全区651名初中教师采取各种形式培训，提高了教师的业务素质。二是由抓尖子生到好、中、后进生一起抓。以前各校在培养尖子学生身上花大气力，结果抓了少数而丢掉一大片。1989年，各校取消补习班、重点班，把注意力转向中、后进生。市二中还对后进生作跟踪调查，建立后进生档案，使大多数后进生赶了上来。由于各校采取多种形式对中、后进生进行辅导、答疑、补课和面批作业，教学质量得到大面积提高。三是由重视智育到德、智、体、美、劳全面抓。过去只抓文化课，目标只在分数上，忽视德育，不讲全面发展。1989年各校广泛组织学生学习、贯彻《中学生日常行为规范》，全区普遍开展“学雷锋、创三好、争先进”活动。涌现出区级三好学生和优秀学生干部334名，各校表彰校级三好学生、优秀学生干部2500名。表彰助人为乐的学生1600余名。四是由抓传统的教学到抓教学改革，他们广泛开展教改实验，改灌注式、填鸭式为启发式、诱导式，提倡上课提问、答疑讨论，活跃课堂气氛，开发学生智力。全区204名教师参加教改实验活动，教改点33个，涉及到10个学科25个专题。区教研室组织的初中学生心理能力的培养和发展实验，有10所学校参加，涉及到4个学科，均取得明显效果。区上还把市八中、八十二中作为管理体制改革试点，调动了教师的积极性，学校面貌发生了很大的变化。五是由抓重点学校到抓办好每一所学校，过去他们觉得抓重点学校容易出成果，抓差学校费功夫，于是出现“两极分化”。1989年区教委调整、加强了薄弱学校的领导班子，帮助学校调动教师，优先拨款，解决实际问题，使一些条件差的学校逐步摆脱了落后局面。

(四)职业技术教育有所突破。

1989年，全省职业中学的办学出现三个新的突破：第一、在办学体制上，城固等县实行政府统筹、部门联办、教育部门管理的模式，开始在各地城乡实施。第二、在办学路子上，平利县西河职中实行农、科、教结合培养致富人才，岚皋县民主中学有计划地渗透职业技术教育，洛川县以职业中学为龙头、三教沟通，府谷县职业中学实行半工半读、自我发展等，都很有推广价值。第三、在毕业出路上，西安市开辟职业学校毕业生小劳务市场，为解决城市职中毕业生就业问题开辟了新的途径。

同时，省教委在1988年批准西安市艺术师范职业学校、西安铁路分局职业高级中学和洛川县职业中学为全省示范职业高中的基础上，1989年7月又正式批准安康市新安职业高级中学、韩城市新农职业中学和蒲城县龙阳职业中学为全省示范职业高中。

新安高级职业中学原是安康市一所普通完全中学，1983年开办职业班，1985年改为全日制职业高中。近几年来，该校以改革为动力，打破封闭的独家办学的旧格局，走开放的联合办学的新路子，现在开设的8个专业，其中4个专业的8个班有联办单位，建筑专业与市城建局、乡镇企业局联办，绢纺专业与市绢纺厂联办，财会专业与市物资局联办，化工专业与地区化工厂联办，与地区宗教民族事务办公室联办的少数民族班，分插在各专业中。各专业根据社会和联办用人单位的需求，确定培养目标，落实任务，双方签订合同，共同招生。学校负责制订教学计划，进行正常教学管理。专业课教师由联办单位推荐，学校聘请使用。联办单位在经费、实习场地等方面大力支持，学生毕业后双方共同考核，由联办单位择优录用。联合办学调动了用人单位、教育部门和学生学习的积极性。由于是定向培养，学生就业有机会，报考人数多，录取分数线超过了一般普通中学。由于择优录用，学生学习勤奋努力，学习成绩普遍良好。为了使毕业学生进入社会后迅速适应工作和生产实践需要，学校突出职业教育的职业性和专业性特点，加强实践教学。规定凡设置新专业，必须首先解决实验实习场所。1986年招收烹调班，招生之前学校就筹办了新安餐厅。1989年招收工艺美术班，也是先贷款1万元，开办工艺美术装潢门市部才招生。校内无法解决的，便面向社会，陆续在校外建立了32个实习点，给学生创造实践机会，锻炼学生的动手能力和组织管理能力，培养学生的劳动观点，扩大了学生视野。此外，他们还由消费型教学向生产型教学转变，逐步使学校成为经济实体；试行专业负责制，使学校管理走向科学化、条理化、制度化。1986年到1989年9月，学校创收近20万元，1989年，被评为全国勤工俭学先进集体。该校近几年来共毕业学生246人，有192名参加了专业对口工作，占毕业生的75%，还为社会培训了320多名建筑技术、会计、家电修理等专业人才，促进了当地经济建设的发展。

新农职业中学的办学特色是从为农村经济建设服务出发，把职业教育与农民技术教育拧在一起，把农村职中办成当地农民技术教育的中心。建校头几年，由于照搬中专办学模式，不仅招生困难，而且学生流动严重，经过调查，他们认识到，农村职中教育如果不同农村产业结构变化相适应，总是囿于职前教育，不但办学效果差，学校发展也受到限制。近几年来，学校实行了一系列改革措施：1.学校停办农学班，把农学课改为所有专业的公共课，每周开设两课时，根据当地农业生产特点讲授农业知识，种、收、管季节举办专题讲座。2.与乡镇联办农民技校，由乡镇提出专业教学内容及要求，提供校舍、经费、实习基地。学校提供教材、师资、技术信息和校内实验、实习设施。仅3年，他们就与附近4个乡镇的10个行政村实行联办农技校并定期巡回举办各种农业技术讲座，直接听众达5.1万人次；3.广泛开展农技咨询。1985年，学校就正式成立农业科技咨询站，又在当地农村建立起3个咨询分站和10个咨询点，重点扶持了一批科技户，3年接受咨询和技术指导的农户达5000多个，增产总值达100多万元。4.举办各种实用技术培训班，学校充分发挥校舍、师资、实验实习设施等方面优势，不定期的在校内举办传授西瓜栽培、棉花地膜覆盖、食用菌培育等10多种短训班40多期，结业3000多人。5.对毕业回乡学生实行扶持指导。学校对历届毕业生定期进行调查摸底，为这些学生举办农技专题讲座和巡回辅导，不断更新其知识技能结构，使其成为当地农业科技应用和推广的骨干力量。此外，他们还举办毕业生成果汇报会，鼓励毕业生扎根农村、服务农村、建设农村。

龙阳职业中学在全省首创毕业生联合就业的经验，为农村职中学生就业开辟了新途径，被评为全国教育先进集体。该校设有畜牧兽医、机电维修、缝纫刺绣、美术摄影4个专业12个教学班。现已建立起联合就业点38个(其中兽医22个、机电9个、美术摄影4个、缝纫3个)，就业人数达280名，占毕业人数的93%。兽医专业毕业生144人，联合就业66人，个人单独办站行医29人，成为养殖专业户41人。这些学生3年共为当地治愈大家畜8.9万头(次)，防疫猪羊5.9万头(次)，防疫鸡20万只，提高了职业中学的社会效益。1989年，他们扩大联合就业规模和服务范围的主要做法：一是根据当地畜牧业发展的需要，专业教师下乡指导联合点发展畜牧养殖业。七一村联合点的2名学生在老师的帮助下，除开展治病防疫外，还养牛1头、猪5头、鸡100只、羊3只、种责任田7亩，试验种殖牛黄7头，年收入万元，添置药物和医疗器械，盖起6间大瓦房，买了电视机、缝纫机，成为群众羡慕的亦医亦农、兼牧兼养，劳动致富的带头人。二是帮助指导联合点开展人工种黄技术，学校除邀请毕业生回校参加种黄培训外，还在金星、七一、五更等联合点种黄30余头，使联合点开展了新的服务项目。三是指导帮助联合点学习引进牛体外胆汁引流，提取胆红素技术，为开发当地经济建设作出了贡献。四是指导毕业生试行畜牧兽医综合技术开发。在学校支持下，一些毕业生先后与县农牧局、所在乡镇政府签定了合同，承包了4个乡兽医站，开展防疫、配种、畜牧、养殖等综合技术服务，取得较好的经济效益。

(五)成人教育迈出新步子。

1989年，陕西省成人中初等教育有了较大发展，取得了显著成效。

在全省农村成人教育工作会议上，总结了农民技术教育的新经验：1.以教促富，以富促教。全国基础教育先进县南郑县走“以教促富，以富促教”的新路子。形成教育与农村经济发展的良性循环机制，从根本上解决了"教育必须为社会主义建设服务，社会主义建设必须依靠教育"的问题。他们以农村知识青年为培养对象，使6万人学到了一项或几项实用技术，有力地促进了农民致富和全县经济的发展，提高了农村成人教育的声誉。县以上各部门先后集资200多万元，用于成人学校的校舍、资料建设和贫困户学员、残疾学员的补助，推动了成人教育的发展，受到了全国首次农村教育改革工作会议的肯定，并通过《人民日报》向全国介绍。2.实行目标责任制。渭南地区把农村成人教育作为农村教育整体改革的一个突破口，从地委、行署到教育部门，对成人教育工作非常重视，行署专员在县、市长会议上亲自安排成人教育工作。为了加强成人教育的管理，建立了地、县、乡三级领导双向目标责任制和政府领导抓点包校制度。西安市把成人教育与其他各种教育实行统筹管理。全省大部分地、县教育行政部门也普遍对成人教育工作实行了岗位责任制，坚持逐年检查评比，实行奖惩兑现。3.加强政府统筹，搞好联合沟通。延安地区工农教育委员会加强与各部门的横向联系，每年由工农教委主任、行署专员主持召开全体委员会议，协调各方力量，落实工作计划。宝鸡县政府在县级20多个部局分别配备了成人教育专职干部，每年年初订出各部门的培训计划，每月举行一次成教工作办公例会，年终由成人教育部门统一检查评比，形成了齐抓共管的局面。韩城、蒲城、泾阳、洛川等进行农村教育整体改革的县(市)，还对普通教育、职业教育和成人教育实行了三教沟通。韩城市以农业科技研究推广中心为龙头，统领三类教育的协调发展。洛川等县的县办农技校与县办农职业中学实行了联合办学，使农村成人教育的效益得到了充分发挥。4.发展三级办学，加强基地建设。宝鸡市教育局在农村成人教育工作中，建立县、乡、村三级办学体系，推进农民文化技术学校的建设，把农技校的发展量化为具体的工作指标，层层分解下达，同时，市教育局先后推广了岐山县岐星村办农技校、凤县黄牛铺镇联合办学、岐山县马江乡农技校正规化建设、扶风县法门寺镇农技校外引内联、宝鸡县天王镇农技校自编技术培训教材等经验。并按照国家和省的要求，开展创建合格校活动。经检查验收，全市乡(镇)农技校合格率达83.3%。不断深入教学改革，安康地区抓好扫盲和扫盲后教育。1989年开始，他们把扫除文盲与科技普及相结合，识字教育与学习技术相结合，大大促进了贫困山区扫盲工作的开展。全省大部分县、乡在"三教"沟通，农、科、教统筹等方面，进行了有益的探索，使成人教育在农村教育改革和促进农村经济、社会发展中，显示了特殊功能。1989年，全省共举办各种实用技术培训班3800期，有200多万人次接受了多种实用技术培训，全省已有3000多名农民获得了初级技术员职称。一些地(市)还对初、高中毕业生抓了职前培训工作，其中渭南地区92%的高考预选落选生、90%的初中毕业生参加了培训。

1989年，陕西省开始实施"燎原计划"，首批在8个地市的41个县建立示范乡55个，项目71个，其中种植业20个、养殖业18个，分别依托普通中学1所、职业中学9所、县办农技校6所、乡镇农技校55所。到1989年底，首批项目中，产生明显经济效益的有49个，占70%。渭南地区和宝鸡、洛川、三原等县在实施"燎原计划"工作中，重视农业科技、教育等部门的统筹协调。洛川县以职业中学为中心，乡、村农技校为阵地，地方投资12万元资金，选定苹果、烤烟栽培技术为"燎原计划"的主要项目，把职业技术教育与农民技术教育有机地结合起来，形成人员培训和科技推广的幅射网络，为当地苹果、烤烟两个基地建设服务。泾阳县食用菌技术学校在全县建立了8个教学点(教学基地)，采用面授函授、请进来、走出去多种教学形式，为农村培养了一大批人才。1989 年，该校培训中学毕业生和脱盲青壮年5000多人，推广食用菌技术 8 项，学校创收 7.8 万元，社会效益达 60 多万元。"燎原计划"示范乡，扶风县召公镇和三原县西阳镇农技校，从回乡中学毕业生中为当地培训了一批掌握蜂花粉精及系列优化产品蜂花粉营养蜜、花粉饮料和杂交种桑的技术人才，使这两项"星火"新成果得到推广。

1989年，全省不少企业结合自己的实际，开展岗位培训，创造了许多好的经验：西安仪器厂在企业承包中，实行职工教育目标管理，奖惩兑现；西北国棉五厂在中级技工培训中实行考核、发证和工资挂钩的配套政策；西安秦川机械厂在高级工培训和技师考评中实行"内部粮票"(由本部门认可执行)；机械委203研究所把继续教育作为科技干部岗位培训的重点。抓好新技术、新知识的应用和专业学习；西安飞机制造公司以新产品出发和企业升级为突破口，推动岗位培训；西安航空发动机公司根据生产、经营的实际需要，首先抓了无损检修工、发动机单品焊工、计量工、司炉工、水处理等 6 个主要工种的岗位培训试点工作。325 名经过培训、严格按标准考核，首批取得了岗位合格证书，这 6 个工种先后实行了无证不能上岗的操作制度，使企业在提高产品质量、增加产量、降低消耗和增加经济效益等方面取得了显著效果。西安市经委和市委组织部分期分批对大、中型企业 5 种领导干部进行岗位培训。市属大、中型企业领导干部参加岗位培训的有党委书记、总工程师、总会计师、总经济师 200 多人，由国家经委颁发了岗位合格证书；82.4%的厂长经理参加全国统考，180 多名厂长经理、40 多名党支部书记领到了市经委颁发的岗位合格证书。为了搞活职工岗位培训，铁路、煤炭、物资等业务主管部门和大、中型企业制定局部岗位规范标准，体现了实用性、通用性、专业归类性、层次性和动态性，许多企业还制定了一系列配套政策。西安冶金机械厂规定岗位培训不合格的不能担任车间主任和班组长，并实行班组长岗位津贴。国棉五厂对七大车间的保全、保养、检修等级工中的 4 — 6 级技工进行与工资挂钩的岗位技术培训及考评，按级拿工资，达不到相应级别要求的降低工资，调动了职工参加岗位培训的积极性。据不完全统计，到1989年底，全省有各类职工学校663所，专职教师 6000 多名，职工参加岗位技术培训的达 56.6 万人，已结业 26.8 万人。

1989年，全省社会力量办学进一步发展。各民主党派、社会团体及其它社会力量举办的各类学校达1000多所，15万人参加了学习。

(六)勤工俭学。

1989年 8 月，省政府发出《关于进一步开展中小学勤工俭学有关问题的通知》，对勤工俭学所得收益的分配办法，勤工俭学企业核发营业执照、优惠政策、生产基地的划定、开展勤工俭学所需的资金、免征税种、管理机构、从事勤工俭学工作人员的待遇等，作出了相应的规定，为全省勤工俭学工作持续稳定地向前发展奠定了政策基础，使中小学经费增加、教育质量提高，有力地促进了教育改革。

1989 年，全省勤力俭学工作呈现出三大特点：

一是校办企业稳步发展。在生产滑坡、市场疲软的经济形势下，各地对校办企业进行更新、挖潜、改造，充分利用现有的设备技术，不断开发新产品，做到一主多副，依靠质优价廉来提高市场竞争能力；省、地两级多次组织厂长经理出外考察学习，并分别举办厂长经理和财会人员讲习班，提高了校办企业的管理水平。通过落实各级经济承包责任制，加强经济核算，降低生产成本，加快技术改造步伐，企业活力普遍增强。老企业注重市场信息，调整产品结构、生产适销产品，并经科学论证，根据因地制宜、量力而行的原则新上了 300 多个校办工厂。省、地两级管理机构，对校办企业自我积累形成的流动资金采取了统一调配的办法，重点扶持骨干校办企业，稳定了勤工俭学大局；鼓励厂校、校校、乡校联合办厂。咸阳市政府要求驻咸的部、省及地方企业单位从项目、技术、设备等方面定点扶持校办企业的发展，收到了明显效果。坚持合法经营、文明创收，各级勤工俭学管理机构通过定期检查和清理整顿，使校办企业沿着正确的道路健康发展。注意开发投资小、见效快、管理灵活的校办第三产业。不少县（区）因地制宜发展商业网点，拾遗补缺，增加创收，弥补校办工业的损失。大力发展校园经济，针对本省农业比重大多数学校分布于工业基础薄弱的农村的实际，各地把校园经济作为勤工俭学的一个重要形式去抓，不仅从经济上支持了教育事业，而且使学生通过校园经济活动达到自我服务、美化校园、受到劳动教育的目的。1989年全省有校办工厂1496个，比1988年增加303个；学农基地23904个，比1988年增加1166个，土地面积98706亩；校办第三产业2639个，比1988年增加182个，整体上呈上升趋势。

二是加强勤工俭学管理机构和队伍建设，不断强化管理职能和提高管理水平。全省10个地（市）和107个县（区）基本上建立并理顺了勤工俭学管理机构。省设有勤工俭学管理处，地（市）县（区）设勤工俭学办公室（少数县为勤工俭学管理股）。相当一些县（区）建立起县、乡、村三级勤工俭学管理网络，各乡配有勤工俭学专（兼）职干部，负责协调全乡各校勤工俭学活动，各校至少有一名中层以上干部主管勤工俭学工作。一些县（区）还成立了由政府牵头、各有关部门参加的协调小组，指导全县的勤工俭学工作，帮助学校解决具体问题，效果较好，省勤工俭学管理处已总结推广绥德等县的经验。

三是经济效益和社会教育效益明显。1989年全省中小学勤工俭学纯收入达6057万元，比1988年增长56%，其中校办工业收入1885万元，比1988年增长40.2%；校办农业收入943万元，增长50.4%；校办第三产业及其它收入3229万元，增长68.6%。韩城市大池埝乡初级中学的1000多名师生积极开展勤工俭学，不仅弥补了每年2万多元的经费缺口，而且修建了教师宿舍和校内花园，添置了大量图书仪器，教学质量大幅度提高，连续4年获得全市中考第一名。西安市八中过去一直是教学条件和教育质量“双差”的学校，利用勤工俭学取得的经济效益，学校建立了两幢教师住宅楼，安置了教师子女在校办厂就业，还设立了校长奖励基金，各种教改措施落到了实处，教学质量迅速提高，近两年一直处于全区前列，并获市“文明学校”称号。临潼县新沣职业中学是一所农村学校，过去的状况是“上课缺粉笔，下课没水喝，雨天教室水汪汪，晴夜宿舍见星星，优秀教师留不住，年轻教师请不来”，学校一度陷入了没师资、没生源的困境，是勤工俭学彻底改变了该校的旧面貌，教育质量得到了明显提高。据统计，1989年全省开展勤工俭学活动的中小学校有39185所，占学校总数的96.3%，有89.6%的学校利用勤工俭学对学生进行劳动教育。全省勤工俭学收入用于弥补教育经费的达3854万元，占收益分配的63.6%；校办企业安置教职工家属及其子女1991人就业，为学生提供“一免”到“三免”（免收学杂费、书本费、文具费）的学校达5573所，受免收的学生有20多万名，免收金额100多万元。

（七）艺术教育。

1989年3—4月，省教育厅抽调干部分赴陕南、关中、陕北三个不同区域的山区、城镇、农村和艺术教育搞得好的、较好的、差的7个县市的中小学，对学校艺术教育的师资教学、校内艺术活动、器材设备等方面进行了系统的调查，基本上摸清了全省艺术教育的现状和存在的主要问题，制定了《陕西省艺术教育发展总体规划》和实施细则,对学校艺术教育工作的领导和管理,加速艺术师资队伍建设,加强学校艺术教学、大力开展学校课外艺术活动,丰富学生业余文化生活,不断改善艺术教学条件等提出了明确的要求。

为了培养学生健康的审美观念和审美能力,陶冶高尚的道德情操,增强爱国主义感情,促进智力与个性心理品质,全省各地在1989年做了大量工作,取得了一定的成绩。西安市新城区成立艺术教育领导小组,配备专职管理干部,建立艺术教育研究网络,采取区拨经费统一、上下结合、学校主动自己配的办法,为全区所有中学配齐了钢琴等设备,使所有实验小学和中心小学音美设备达到国家规定的一类标准,普通小学均达到二类标准。1989年4—6月,在西安动乱、北京暴乱的日子里,他们排除干扰,克服重重困难,把艺术教育与思想教育紧密结合,发挥艺术教育的特殊作用,在全区中小学开展了"唱好歌"活动,稳定了学校的正常教学秩序。动乱平息后,区属各校学生自觉地写了3000多封慰问信,向首都戒严部队表示高度敬意。勉县多次举办音、美教师培训班、青少年美术书法训练班、少儿电子琴训练班和美术、书法作品展览及音乐、舞蹈文艺汇演,培训艺术教育师资和艺术人才。全县所有学校都把音、美、写字教学列入课表,县一中不仅在初中各年级,而且在高中一年级开设了每周一节音乐、美术课,县四中每年举行一次毛笔、钢笔、粉笔书法竞赛,培养了一批新秀。县三中专门设置了音乐教室,购置了10多种乐器供教学使用,有力地促进了艺术教育,该校先后有近200多名师生在省地文艺会演及书法、绘画比赛中获奖,集体奖也多达10多次。

(八)教育督导。

1989年5月起,省教育厅在全省各地(市)普遍开展了五项督导检查,使一些长期困扰教育事业发展的问题,初步或基本得到解决。通过督导检查,推进了五项工作:第一、全省各级各类学校认真贯彻《中共中央关于改革和加强中小学德育工作的通知》,思想政治教育普遍得到加强。具体表现,一是确定了德育在学校各项工作中的首要地位;二是全省普遍开展了以坚持四项基本原则、坚持爱国主义教育为主要内容的歌咏、体育、书法、绘画、讲演等各种竞赛活动;三是优化育人环境,建立社会、家庭、学校三结合的教育网络;四是普遍重视了德育队伍的建设。第二、教育经费有了大幅度的增长,教师待遇逐步得到落实。在督导检查中,汉中市财政一次拿出45万元解决拖欠民办教师的工资问题。泾阳县民办教师工资由每人每月55元提高到85元。宝鸡市在"五查"中解决了教师32万元医疗费的超支拖欠问题。第三、依靠群众,多渠道集资、改善办学条件。宝鸡1989年投资和集资3244万元,新建校舍15万平方米,维修19万平方米,基本消除了一级危房。关中地区新建的楼房校舍占到新建校舍面积的70%。南郑县在"五查"中,县、乡两级财政一次性拨出专款180万元,基本消除了小学危房。第四、中小学流失状况基本得到控制。经过1989年的五项督导检查,大部分流失学生及时返校,全省小学生流失率已控制在2%以下,初中学生流失率为4%,高中为3.98%。第五、中小学乱收费问题基本得到纠正。1989年9月,各县(区)在"五查"中,利用开学之机,和物价部门配合普遍对学校收费问题进行了检查,省教育厅就新华书店等部门对学生乱搭配,对学校乱摊派问题作了专题调查,与省物价局共同制定了新的学杂费收取标准,提出了新标准的执行办法及有关规定,迅速刹住了乱收费的歪风。

(九)多渠道筹措教育经费取得突破性进展。

1989年,全省集体和个人捐资助学款达1.84亿元,加上国家基建和其他方面的总投入，总额达到2.75亿元，是1983年以来学校基本建设投入最多的一年。渭南、咸阳、西安、宝鸡四个地（市）的群众集资占到全省群众集资数额的80%，共新建校舍114万平方米，维修校舍100万平方米，消除一级危房31万平方米，全省中小学危房比例下降了一个百分点。60%以上县（区）按照省政府发布的文件开征农村教育事业费附加，使这些地方民办教师的工资待遇基本得到解决，学校公用经费水平相应提高。提高城市教育费附加率和学杂费标准的文件出台，其它筹措教育经费的渠道正在开通。接受世界银行中学师资培训和小学教材两个项目的贷款共335万美元。对教育专款实行项目管理、目标管理，加强了专款的宏观指导性，提高了资金使用效率。

（十）加强师资队伍建设。

1989年暑假期间，陕西各校普遍以县为单位，分期或分片举办中小学教师学习会，集中进行坚持四项基本原则、反对资产阶级自由化的教育，并就师德方面存在的问题进行了整顿。1988年和1989年，全省共投资600万元，用于中等师范学校的标准化建设，同时，有计划地推行中小学教师合格证书制度。1989年全省开考的科目和参考人数是近几年来最多的一年，通过考试，全省已有3500名中小学和幼儿园教师获得了《专业合格证书》。当年还解决了数千名合同制公办教师户口“农转非”问题，并决定有30年教龄的中小学教师退休后享受全工资待遇。

在1988年全省建成94座卫星地面接收站的基础上，1989年实现了中师函授和卫星电视教学的有机结合，全省1万多名在册学员做到了教学计划、教材、教学进度、结业考试和学籍管理“五统一”。

撰稿人　李　愿　王掌印
审稿人　屈应超

二、高等教育和中等专业教育

（一）高等教育和中等专业教育的调整和发展。

1989年，陕西高等教育结构进行调整后的基本情况是：全省共有高等学校49所，比1988年减少1所（即冶金医学专科学校迁往河北）。其中：中央部属院校25所，占51%；地方院校24所，占49%。学校类别：综合大学1所，理工院校17所，农业院校2所，林业院校1所，医药院校3所，师范院校11所，外语院校1所，财经院校4所，政法院校1所，体育院校1所，艺术院校2所，短期职业大学5所。

全省高校在校本专科学生共98641人，其中本科生72647人，占73.6%；专科生26000人，占26.4%。按隶属关系分，中央部委院校71033人，占72%；地方院校27614人，占28%。按科类分：工科48806人，占49.5%；农科2500人，占2.5%；林科1214人，占1.2%；医药4300人，占4.4%；师范18475人，占18.7%；文科3840人，占3.9%；理科4094人，占4.2%；财经10908人，占11.1%；政法2505人，占2.5%；体育1216人，占1.2%；艺术类781人，占0.8%。按办学形式分：国家任务的86694人，占87.9%；委托培养的7114人，占7.3%；自费生3224人，占3.3%；干部专修科1147人，占1.1%；教师本专科408人，占0.4%。

全省有23所高等学校招收研究生，在校研究生6225人，比1988年减少了528人。其中有11所大学招收博士研究生，在校生606人，占研究生总数的9.7%；有23所院校招收硕士研究生，在校生5603人，占研究生总数的90%；有3所院校招收研究生班，在校学生16人，占在校研究生总数的0.3%。

全省高校共有教职工50663人，教职工与学生之比为1∶2。其中有专任教师19567人，占教职工总数的38.6%，专任教师与学生之比为1:5.4。专任教师中，有教授774人，占教师总数的4%；副教授4098人，占教师总数的20.9%；讲师7282人，占教师总数的37.2%；教员485人，占教师总数的2.5%；助教6928人，占教师总数的35.4%。专任教师中，研究生毕业的4035人，占教师总人数的20.6%。

全省共有各类成人高等学校42所，其中广播电视大学2所，职工高等学校31所，管理干部学院3所，教育学院6所。另外有普通高等学校举办的函授、夜大学39所。共有在校学生65204人，其中广播电视大学21986人，占在校学生总数的33.7%；职工高等学校3313人，占学生总数的5.1%；管理干部学院1619人，占学生总数的2.5%；教育学院9602人，占学生总数的14.7%；普通高等学校函授部学生23066人，占学生总数的35.4%；普通高等学校夜大学学生5618人，占学生总数的8.6%。按本专科分，本科学生8098人，占学生总数的12.4%；专科学生57106人，占学生总数的87.6%。1989年自学考试工作进一步完善，全年共开考43个专业，216门课程，报考人数达35万人次，共颁发单科合格证121472张，毕业生5000余人。

全省共有中等专业学校107所。其中中央部委的学校18所，地方所属的学校89所。按学校的类别分：工业学校25所，农业学校12所，林业学校3所，医药学校14所，财经学校16所，政法学校5所，体育学校6所，艺术学校4所，中等师范学校21所，其它学校1所。共有在校学生59474人，其中，中央部属学校10903人，地方所属学校48571人。1989年共招收新生18558人，其中招收高中毕业生4995人，招收初中毕业生13663人。共有教职工17241人，其中有专任教师6954人。在专任教师中有高级讲师764人，讲师2487人，助理讲师2174人，教员1529人。

（二）深入开展“教育奠基”的工作。

陕西省委制订了“教育奠基、科技兴陕”的发展战略。在省委、省政府的领导下，组织省级有关单位进行调查研究。由省委、省政府召开了“教育奠基”大会。省委书记张勃兴到会讲了话，省长侯宗宾作了题为“坚持坚定正确的政治方向，落实教育奠基的战略方针”的报告。会议讨论并在会后印发了《陕西省教育发展和改革纲要》、《陕西省1989—1992年教育发展和改革实施规划》。

《纲要》和《实施规划》提出高等教育发展和改革的总目标是：初步建立起功能基本完善、结构比较合理、能够适应陕西经济社会发展和21世纪需要的社会主义的教育体系。普通高校在校学生总规模达到13万人，12年共培养毕业生31万人。到1992年，全省普通高校在校学生达到10万人，完成科研成果1000项，完成“科技兴陕”的10项任务。各级党委、政府、教育部门，都必须坚持社会主义的办学方向，把学校办成培养社会主义接班人的坚强阵地。高等教育要适应陕西经济建设的需要，改革和完善管理体制。加强地方政府的管理职能，发展和完善部属院校与省属院校相互结合、相互补充、联合办学的新格局。并建设一支数量足够、结构合理、素质优良、相对稳定的教师队伍。增加教育投入，改善办学条件。在保证“两个增长”的基础上，省级财政每年的增收部分中，用于教育的比例不低于20%。要使人员经费与公用经费的比例逐步提高到3:7，学生人均经费到1990年力争达到全国平均水平以上。

（三）反思高教工作，总结经验教训。

陕西省高教系统在贯彻落实党的十三届四中全会精神中，对高教工作认真进行了反思。省高教局邀请了一些教育界的前辈、退居二线的领导、高校现任的领导、省级有关厅局和用人单位的同志及各高等学校的研究人员进行了研讨，对10年来高等教育的发展和改革进行了分析，提出了许多好的意见和建议。这一工作受到国家教委的赞扬。研讨的主要问题是：

1. 对当前的形势和10年高等教育发展和改革统一认识。其次，充分肯定10年来教育事业发展和改革的成就。第三，对资产阶级自由化和争夺青年一代斗争的严重性提高认识。

2. 关于党的教育方针。经过几十年的实践证明，毛主席提出的“教育必须为无产阶级政治服务，必须与生产劳动相结合”、“应该使受教育者在德育、智育、体育诸方面都得到发展，成为有社会主义觉悟的有文化的劳动者”的教育方针，是比较完善的，也是符合中国国情的。在新的历史条件下，应该总结正反两方面的经验，进一步在贯彻执行中应该赋予新的内容。

3. 关于高等学校的思想政治教育工作。邓小平关于这几年“最大的失误”是“思想政治工作薄弱”的论断，完全符合高教工作的实际。在反思过程中，要全面的辩证的从指导思想、教育内容到教育方法，在社会与学校、政治与业务、灌输与疏导、成绩与问题、继承优良传统与改革创新的关系等一系列问题上，采取实事求是的分析态度。既要看到政治动乱暴露出来的严重问题，又要充分肯定高等学校广大教职员工辛勤努力所取得的成绩和经验。

对青年学生，对青年一代应该有一个客观的科学的估计。今后对青年大学生的思想素质一定要高标准，严要求。

近几年来，在马列主义理论宣传中，有一些人不把党和国家几十年来取得的成绩看作是马列主义、毛泽东思想的理论与实践的胜利，反而把失误同马列主义、毛泽东思想联系起来，使青年真伪不辨，造成马列主义理论的混乱。高等学校马克思主义哲学、政治经济学的教育，需要进一步完善。对小学、中学、大学的政治教育应作出长期的整体的安排。

加强政工队伍的建设。要建立一支专兼职结合、素质优良的政工队伍，并要采取坚决的措施稳定队伍，提高素质，调动他们的积极性。

4. 关于知识分子的估计和教师队伍建设的问题。知识分子是工人阶级的一部分，对知识分子政治上信赖、工作上依靠、生活上照顾的政策应该坚持。但认为知识分子是工人阶级中“最优秀的”、“最先进的”一部分，或者否认知识分子是工人阶级的一部分，这两种估计都是不正确的。要加强对教师的思想政治工作。提高广大教师特别是青年教师的思想政治素质，是高校师资队伍建设的当务之急，具有长远的战略意义。陕西高校青年教师占教师总数的40%左右，他们是未来教师中的骨干，必须加强对他们的培养，提高他们的政治和业务素质。

5. 关于几项重大改革的认识。

关于学校领导体制。无论是实行党委领导下的校长负责制还是一些高校仍试行校长负责制，都要加强党的领导。坚持党的领导就是坚持社会主义大学的方向。同时，对出国留学和教育对外交流，要加强爱国主义教育。关于职称评定、招生计划、大学生毕业分配中实行双向选择等改革需要进一步完善。

（四）陕西高校在实施“科技兴陕”的战略中，取得了显著成绩。

1. 1989年获国家重大科研项目奖148项，其中全国自然科学奖4项，国家发明奖7项，科学技术进步奖21项，国务院各部委奖116项。获省级科研成果奖92项。共出版科学专著615部，其中文科333部，理科282部。在全国性学术刊物、国际学术刊物发表学术论文7155篇，其中文科1741篇，理科5414篇。

2. 积极参加全省攻关课题的研究。据统计，各高校共承担课题70个，占课题总数的21.9%。其中承担的农业和医药方面的课题均占30%以上。这些课题的研究工作正在有计划、有组织地顺利实施。

3. 大力开展农业集团科技承包。按照陕

西省的统一规划，西北农业大学、西北林学院、陕西师范大学在12个县承包了835万亩耕地。西北农业大学乾县承包集团开展了村办百亩试验田、乡办千亩试范田、县办万亩丰产田活动，使该县粮油产量达到历史最高水平。69.7万亩夏粮总产1.6亿多公斤，平均亩产232公斤，比高产的1986年增长14.2%。8.2万亩油菜总产1226万公斤，比历史上最高年分增长11.8%。夏粮和油菜均受国务院的达标嘉奖，并获陕西省人民政府夏季粮油增产一等奖。

4.广泛进行科技服务，推广科技成果。1989年，高等学校推广转让科研成果249项，到工厂、农村组织科技开发服务3400多人次，促进了科技与生产的结合，推动了全省经济的发展。西安交通大学与陕西彩色显像管总厂合作，并解决了批量生产的技术和设备问题，为发展我国的彩色显像管事业作出了重大贡献。西北轻工业学院与陕西缝纫机厂、风雷仪表厂、钟表机械厂分别结成联合体，合作开发高速平缝机自动生产线、第四代温度变送器和分度凸轮机构。这三个项目完成后，预计可创年产值2亿元，净增利税5000万元。该院的玻璃专业与南郑县玻璃厂组成联合体，承担了省科委下达的“微晶玻璃极自动生产线”项目的研制开发。该项目投产后，每年可新增产值1亿多元，新增利税1500多万元，还将带动本省一批新兴产业的发展。

5.组织科技人员下厂下乡，扶植中小企业，培养技术人员。陕西高等学校按规划的要求每年应组织2500～3000人次，据20所院校的统计，1989年已组织3491人次参加的科技开发服务活动。在进行科技服务中，各高等学校为中小企业和乡镇企业培养各类技术人员和管理人员共1万多人次，超过计划的28%。西安公路学院为省交通系统举办了公路测量班、路面设计新标准培训班、桥梁设计新标准培训班、企业管理培训班等，共培训408人。

6.积极开展科技扶贫，选派科技副县长。西北农业大学1986年把丹凤县确定为科技扶贫基地，组织了15个专业的400多名师生参加，开展了11个综合课题的研究，引进推广了86个农牧良种，推广先进技术78项，研制新产品14个，促进丹凤县经济得到较快的发展。至1989年农村人均收入可达300元，比1985年增长了143.9%。全县40416贫困户中已有31221户解决了温饱问题，占77.2%，其中16364户脱贫，脱贫率达40.5%。同时，陕西省为了扶持县、区经济的发展，从西安交通大学、陕西财经学院等11所院校选派了19名科技副县长。这些同志任职后对当地经济发展起了较大的作用。西北轻工业学院一位讲师任高陵县科技副县长后，在“娘家”选派了16名专业人才，进驻该县的有关企业进行技术承包，使一些企业有了较大的变化。

(五)涌现出一批先进教师和优秀大学生。

1989年，陕西高校共评选出优秀教学成果173项，其中一等奖38项，二等奖54项，三等奖74项，鼓励奖7项；获国家级特等奖2项，优秀奖19项。获奖教师中，有著名的学者教师，也有优秀的中青年教师。同年表彰了青年教师教书育人先进个人58人。

在青年大学生中，涌现出一些闪耀着共产主义思想光辉的新人。1989年4月16日，西北大学学生郭峰、西安石油学院学生唐春雨、崔继荣等奋不顾身抢救落水游人；石油仪器总厂职工大学学生、共产党员罗培森奋力抢救处于危难中的同学等。郭峰、唐春雨同学光荣献出了自己年轻的生命。省高教局、省团委决定授予郭峰、唐春雨、崔继荣同学“模范共青团员”称号，授予郭峰、唐春雨、崔继荣、罗培森同学“优秀大学生”称号，号召全省各级各类学校的广大学生和青年向英雄们学习。

撰稿人　杨汉名
审稿人　张光恩

甘肃省教育

一、概述

1989年，在治理整顿、深化改革中，甘肃省各级各类教育事业取得了显著的成就，得到了持续稳步的发展。

——积极稳步地推行九年制义务教育，基础教育大大加强。自《义务教育法》颁布以来，甘肃省从本省实际出发，因地制宜，有计划、分步骤地实施九年制义务教育，落实了分级办学、分级管理的体制，推动了基础教育的发展。1989年，全省有小学24483所，在校学生2431397人；学龄儿童入学率达到93.9%，比上年提高0.7个百分点，其中女童入学率达到89.2%，比上年提高2.5个百分点。民族地区儿童入学率达到82.8%，比上年提高1.1个百分点；小学在校生巩固率达到94.1%；应届小学毕业率达到92.9%，升入初中的比例达到77.8%。全省有普通中学1510所，其中初中1012所。在校初中生790602人，高中生203987人。全省普及初等教育的县达到42个，占总县数的48.6%；在5个城区首批普及了初级中等义务教育。

——充实办学条件，提高办学水平，职业技术教育蓬勃发展。1989年，甘肃省教委制定了《甘肃省职业中学评估验收评分标准》。在各地自查的基础上，省教委对全省首批办好的26所职业中学进行了全面的检查评估和验收工作，摸清了现状，总结交流了经验，培训了干部，促进了工作，使之进一步巩固提高，发挥其示范作用。制定了《甘肃省中等专业学校体制改革试点意见》，推进了中等专业学校在招生、分配、管理体制等方面的改革实验。全省现有普通中等专业学校114所，在校生49443人；职业中学199所，在校生46857人；技工学校60所，在校生26000人。各类职业技术学校在校生占整个高中阶段在校生总数的37.8%。各类职业技术学校招生与普通高中招生比例为0.67:1，中等教育结构得到较大改善。

——调整结构，提高质量，高等教育稳步发展。甘肃省根据省情和实际需求，挖掘老校潜力，在积极稳妥地发展高等教育的同时，调整了高等教育结构，抓了办学条件的改善和教育质量的提高等工作。1989年，新建了兰州工业专科学校，使甘肃有了自己培养高等工科人才的基地；新增短线专业9个，本、专科专业门类达到158种；全省现有普通高等学校18所，其中省属院校13所。1989年，招收研究生293人，本科生4862人，专科生4704人。在校本科生22263人，专科生10923人。本专科招生比例达到1:0.99。通过调整，使全省高等教育的结构、专业、层次逐步趋于合理。对高等学校教学、科研、办学条件等方面进行了检查评估，促进了教学质量和科研水平的提高。1989年，获得省级优秀教学成果奖67项，国家级优秀教学成果奖7项。有10个科研项目获省科技进步奖，17个项目获“兴陇杯”发明奖。建立起师范院校第一批实习基地25个。

——以岗位培训为重点，以实施“燎原计划”为突破口，成人教育工作取得了新进展。1989年，全省有各类成人高校24所，招生4545人，在校生13710人；成人中专94所，招生9280人，在校生28079人；专业证书教育大专开设专业22个，中专82个，共4000人参加学习；自学考试和电视教育开展联合办学，为开放式教育增添了新的活力，参加电大学习和自学考试的人数达到80000人。使全省高等教育初步形成了普通高等教育和成人高等教育“两条腿”协调发展的新局面。全省农村建立起了469所农民文化技术学校，40多万农民接受技术培训，在乡知识青年培训面达到62%。1989年，全省又有4个县基本扫除文盲，基本扫除文盲的县数达到22个，少青壮年文盲率下降到28%。

——师资队伍建设得到加强，教师社会地位有所提高。1989年，全省高等和中等师范学校为中小学输送8415名新教师。通过多种渠道培训，中小学教师职务聘任制度和教师考核专业合格证书办法的实施，促进了教师政治业务素质的提高。据统计，1989年，全省普通中学有高级教师3337人，一级教师12627人，幼儿园、小学高级教师14191人。为全省民办教师评定了职务，其中取得中学一级教师职务的101人，小学高级教师职务的2258人。全省教师合格率小学达到72.8%，比上年增长1.5个百分点；初中达到33.9%，比上年增长4.5个百分点；高中达到39.3%，比上年增长2.4个百分点；

——为各条战线输送了大批专业人才。1989年，全省研究生毕业412人，普通高校本专科毕业生9257人，电大毕业生2509人，职工大学毕业生1409人，自学考试大专毕业生1824人、中专毕业生1041人，普通中专毕业生14373人，成人中专毕业生6316人，技工学校毕业生9000人，农业、职业中学毕业生14910人，这是全省近几年各类高等学校和中等职业学校毕业生最多的一年。此外，还有初中毕业生245156人，高中毕业生71037人。

二、旗帜鲜明地制止动乱，积极做好稳定高校局势的工作

1989年春夏之交，受北京地区动乱形势的影响，甘肃兰州地区正常教学程序受到影响。在省委、省政府的统一部署和领导下，省教委、各高校的党组织负责人，始终站在制止动乱的斗争第一线，克服重重困难，耐心细致地做疏导、劝阻工作。多次召开高校负责人和教委机关、直属单位干部会议，及时传达、贯彻党中央、国务院、国家教委和省委、省政府的指示精神，统一思想，部署稳定局势的工作；先后几次发出通知，要求各级教育部门和学校劝导学生复课；省领导多次与高校学生座谈，稳定学生情绪；对学生的一些非法行为，坚决进行劝阻。从学潮一开始到制止动乱，省委、省政府领导，广大干部、教师和学生骨干做了大量的工作。

动乱平息后，根据党的十三届四中全会精神，省委、省政府在7月下旬召开了全省高校工作会议，进一步稳定了高校局势。

1989年秋季新学期开始，各高校按照全省高校工作会议精神，对加强高校政治思想教育工作作出了部署安排，制定了措施。

第一，集中进行思想政治教育。全省高校工作会议要求各高校把加强思想政治教育做为开学后最紧迫的工作来抓，务必抓出成效。各校党委根据会议精神，结合本校实际情况，对学生思想政治教育的主要内容、问题、措施、办法进行了认真的研究，建立了领导小组。开学前，各高校利用3天时间，举办了教师、团干、班干、学生会干部等骨干培训班。全省高校共培训学生骨干3000多人，占全部在校生的10%。通过培训，各校的学生骨干在政治思想教育工作中，表现出较高的政治思想觉悟和认识水平，起到了骨干带头作用。新学期开始，各高校集中一到二周时间，进行思想政治教育，以党的十三届四中全会文件和邓小平同志的几次重要讲话为指导，围绕由学潮发展到动乱和反革命暴乱的事实，引导学生了解这场斗争的真相、性质、原因及不可避免性，党和政府决策的正确性，提高认识，分清是非，端正立场。

第二，从国情教育入手，深入进行坚持四项基本原则、反对资产阶级自由化的教育。各校组织学生认真学习邓小平同志关于坚持四项基本原则、反对资产阶级自由化的重要论述；省教委及时调整了马列主义理论课、政治教育课的教学内容；组织力量编写了1989年第二学期《形势与政策教学纲要》；增设了“形势与政策”、“法律基础”、“大学生思想修养”、“人生哲学”、“职业道德”等思想教育课程，总课时达288学时。兰州大学等9所院校还成立了思想政治教育教研室；各校制订了在马列主义理论课和思想政治教育课中贯彻党的十三届四中、五中全会精神的教学安排意见；开展国情系列教育，把国情教育作为马克思主义理论课的主要任务；广泛开展革命传统教育活动和多种形式的社会实践活动，组织大学生进行假期调查访问，撰写调查报告、论文；各校积极创造条件，让大学生参与食堂、宿舍等方面的管理工作。

第三，加强管理，整顿校规、校纪，建设良好校风。各校开展了以端正党风、教风，整顿校规、校纪，带动学风、校风建设，优化育人环境的活动。严格学校行政管理，完善各种规章制度，抓好落实和监督检查；严格了宿舍、食堂、门卫等管理制度；认真宣传执行《大学生行为准则》，开展“扫黄”和扫除“六害”工作；严肃处理了一些旷课、迟到、考试作弊、打架酗酒等影响很坏的学生；为建立健康的校园文化，各校举办了“艺术月”、“艺术节”活动，举办了全省高校“优秀歌手赛”。通过整顿校风、校纪，进行健康的校园活动，优化了教书育人，服务育人，管理育人的环境，大学生读书风气浓了，教学秩序稳定了，各种违纪现象明显减少，有利于学生健康成长的良好风气初步形成。

三、以集资办学为突破口，努力摆脱农村基础教育发展的困境

党的十一届三中全会以来，甘肃省教育事业有了较快发展。但是，从总体上看，各类教育，尤其是基础教育经费不足，危房严重，教学设施短缺，仍然是困扰全省教育发展的主要难题。1989年，省政府提出，以集资办学为突破口，努力摆脱农村基础教育发展困境的思路，和“抓永登、带兰州、促全省”的口号。在总结前几年集资办学工作的基础上，广泛发动群众，在全省开展了一场大规模的集资办学活动。截止1989年底，全省集资已达1.8亿元，超过前6年全省集资的总和。使解决全省70万平方米严重危房的资金落到了实处，为1990年全省实现小学“一无两有”打下了坚实的基础。

第一，领导重视，干部带头，形成发动群众集资办学的核心。全省各地、县普遍成立了集资办学、排危建校领导小组或办公室，由党政一把手任组长。各级主要领导亲自动员，直接部署，率先捐资，深入实际指导工作。武威、庆阳、定西等地主要领导亲自抓，分管领导全力抓，部门领导具体抓，扎扎实实地开展工作，使集资办学迅速打开局面。白银市立足于早抓，全市所有中小学普遍建立了校舍档案，在核定校舍规模和危房面积的基础上，市、县、乡层层签订责任书，集资办学迅速由局部扩展到全市。特别是白银区政府1989年拨专款68万元，用于小学、初中的配套建设，经验收，全区基本达到普及九年制义务教育条件的标准。嘉峪关市、金昌市由于一把手重视，做了大量工作，人均集资数分别达12.18元和15.28元，名列全省前茅。永登县充分发挥县委书记、县长的示范作用，县委常委的带头作用，党委、政府、人大、政协“四大班子”的表率作用，党员干部的榜样作用。领导纷纷解囊，主动奉献，使集资办学迅速在全县掀起高潮，带动了广大群众集资办学的积极性。

第二，深入发动，广泛宣传，在全社会造成一个集资办学的强大声势。这次全省性集资办学活动的显著特点是决心大，行动快，有声势。集资办学伊始，首先是由各地、县党政部门主持召开动员大会，发布告人民书，号召各级干部、共产党员和广大群众热爱家乡，捐资助学，造福桑梓。其次是党政分管领导同志分工负责，各部门、各单位分工协作，齐抓共管，划区包干，统一行动。三是通过报刊、广播、电视及文艺演出、光荣榜等各种形式，大力宣传集资办学的深远意义、典型事例，激励广大群众的集资办学热情。四是省教委随时掌握各地的集资工作进展情况，上下联系，及时通报，并将各地典型经验制成录像，广为传播。经过上述工作，使集资办学的重要意义逐步深入人心，变成了广大干部和群众的自觉行动。

第三，抓点带面，总结经验，把集资办学不断推向高潮。1988年以来，省政府在不同类型的地区召开了三次集资办学现场会。第一次于1988年6月在东部的平凉地区召开了以总结推广静宁县集资办学，改善贫困山区教育落后面貌经验为主的现场会；第二次于1989年8月在中部的兰州市召开了总结永登县全社会动员集资、排危建校经验的现场会；第三次于同年11月，在西部的武威地区召开了总结推广武威市高标准、全方位改善办学条件经验现场会，对全省集资办学工作进行了分类指导、全面总结和交流。这三次现场会所起到的促进作用，为全省1990年基本排除危房做好了前期准备，形成了东、中、西联片，先进促后进，农村推动城市的好势头。为了有效地推广典型经验，以指导全面工作，省政府于1989年先后印发了兰州和武威集资办学现场会纪要，转发了省体改委、省教委、省政府办公厅科教办联合调查组关于《以集资办学为突破口，带动农村教育的改革和发展》的调查报告。各地对照典型经验和省政府的要求，学先进、找差距、提方案、定措施，竞相把这件利国利民的实事办好办快，办出成效。

第四，制定措施，狠抓落实，管好用好集资经费。省委、省政府要求各地一定要十分珍惜人民省吃俭用，挤出来的血汗钱，集资款必须管好用好，全部用于解决学校危房和改善办学条件，对乱花集资款的要严肃处理。各地普遍制定了关于排危建校资金的筹集、管理、使用的若干规定和排危建校实施方案。为保证工程质量，实行了排危建校责任制，层层签订责任书，责任到人，限期完工，严格验收。有些地方实行了教育、财政、建委、审计四家共管。维修施工规定了项目、预算、承包人和决算四公开。不准领导亲属承包，不搞剪彩典礼，不准请吃请喝，不准乱花一分钱。接受群众监督，保证集资款使用的透明、增效、群众满意、家长放心。永登县从1989年8月起到年底，通过集资将全县363所学校（占总校数的75%）修建一新，翻建、新建面积3.7万平方米，全县2.4万平方米的严重危房全部排除，老区庆阳在国家扶持和群众集资的共同努力下，1989年已将全区361所五年制窑洞小学全部搬迁到宽敞明亮的瓦房校舍，告别了在阴暗潮湿窑洞里上课的历史。

大规模的集资办学活动，使甘肃省农村基础教育办学条件发生了明显的变化。1989年又有20个县实现了小学"一无两有"，全省实现"一无两有"的县达到68个，占总县数的81%，有的县已向"一无多有"发展。继酒泉地区之后，1989年张掖地区也实现了全区小学"一无两有"。1989年，全省学龄儿童入学率比1982年的80.5%提高了13.32个百分点，其中农村学龄儿童入学率达到92.8%，比1983年提高了13.5个百分点；又有6个县普及了初等义务教育，全省普及初等义务教育的县占总县数的48.6%；全省有5个城区首批普及了初级中等义务教育。在表彰1989年集资办学先进单位、集体和个人大会上，兰州、庆阳、武威3个地、市和永登等16个先进县、区、甘草店水泥厂等88个先进单位和177名先进个人获得了省政府的嘉奖。

四、认真进行五项督导检查，切实抓好整改工作

1989年4月，国家教委发出《关于对中小学教育工作开展五项督导检查的通知》后，甘肃省立即进行了转发。同年6月，省政府又发了《关于做好全省中小学教育工作五项督导检查的通知》，对“五查”工作进行了部署安排。《通知》要求，各级政府要把“五查”工作列入当年政府工作的内容，做出具体安排，认真组织实施。要求各级政府加强领导，变“五查”为“五抓”，即：抓落实经费、教师待遇问题，抓改造危房，抓制止流失生，抓《中共中央关于改革和加强中小学德育工作的通知》的贯彻执行，抓纠正乱收费问题。根据省政府的部署，全省各地、县深入检查，层层着手，突出整改，使这项工作有组织、有计划、分步骤地开展，收到了预期的效果。

首先，领导重视，安排具体。各地、县根据国家教委和省政府的部署，成立了由主管领导为首，教育、计划、财政、人事、工商、税务等部门参加的“五查”工作领导小组，并取得各级人大、政协的指导和帮助。确定“五查”工作的重点、方法，培训督导检查人员，召开专门会议进行了动员和具体部署。省教委派出督导人员到各地督促、指导，以查促抓，推动工作。

其次，开展全面自查，督导检查。1989年6月至7月，省有关部门和县、市、区组织自查；8月，各地、州、市组织督导检查，帮助解决存在问题，研究改进措施，省组织督导人员对天水、武威、张掖、酒泉等7个地、市进行了督导检查；9月，省教委配合国家教委赴甘肃督导检查组，听取了兰州、平凉、酒泉、定西、张掖、武威及所属10个县、市、区，17个乡、镇的自查情况汇报，对敦煌市、永登县、静宁县的“五查”工作逐项作了重点检查。国家教委检查组对甘肃省的“五查”工作予以充分肯定，并对存在的问题，提出了改进意见。针对“五查”工作中存在的问题，省政府于11月发出明传电报，要求各地行署、政府切实抓好整改工作。12月上旬，又派出3个检查组分赴甘南、临夏、天水、金昌、嘉峪关、陇南等6个地、市、州督查整改情况。

再次，边查边改，讲求实效。各地在“五查”工作中注意将督查和整改结合起来，一些久拖不决的问题，通过“五查”得到了解决，或提出了解决的计划和办法。省委、省政府及各地的党政领导召开专门会议，听取“五查”工作汇报，研究改进措施，并将任务分解落实到了有关部门。

从“五查”的情况看，近几年来，全省中小学教育发展较快，各项工作取得了明显的进步。

第一，全省教育经费有了较大增长，提高教师待遇的政策基本落实。近几年，甘肃省教育事业费平均每年递增18.9%。1989年，在治理整顿的情况下，仍有增长，突破了5个亿；教育基建投资3035万元，比上年增长10.2%；全省勤工俭学收入达到1800多万元，比上年增长66.7%，生均4.5元，比上年增长1.3元。公办教师经济待遇的有关政策得到落实，工资收入水平在全民所有制12个行业中占到第六位。1989年，省财政又拨出50万元，各地、县也拨出一定专款，初步解决了公办教师医疗费拖欠问题。全省已有1/3的县、市将民办教师国家补助部分从每年10个月的工资增发到12个月。全省85%左右的民办教师工资能够按时兑现。一些地区提高了民办教师民助工资。兰州市及河西4地区民办教师年收入平均达到840元。高台县新坝乡从1989年开始，给民办教师发适量的职称工资、工龄工资、班主任津贴、医药费、奖金。1989年，省里安排6万元，解决民办教师“老有所养”问题。全省首次给民办教师评定了专业技术职务。表彰了一批优秀教师和教育工作者，其中受到国家奖励的367名，获得省“园丁奖”的996

名。全省又评选出90名特级教师。

第二，改造学校危房取得了明显效果。1983年，省委、省政府作出决定，每年拨出2000万元专项补助，用于改造中小学危房。1989年，全省共筹集资金1.8亿元，新建校舍9.12万平方米，维修和改造危房72.7万平方米，危房比例已由1988年的12.1%下降到8.71%。添置新课桌凳112067单人套。

第三，中小学生流失基本得到控制。1988年以来，省人大、省政府和省教委的领导同志相继到流失比较严重的贫困地区和少数民族地区进行调查，督促当地做好制止学生流失的工作。1989年2月，省教委根据国家教委的有关通知精神，对控制全省中小学生流失问题提出具体意见和措施，动员辍学儿童返校。对家庭经济困难的学生免收学杂费，举办女童班、半日班。各地把提高"四率"作为实施《义务教育法》的大事来抓，列入乡、村和校长的目标管理责任制。学校、家庭、社会互相配合，有效地控制了中小学生流失，全省初中生流失率下降到3.3%，小学生流失率下降到2.6%，均低于全国平均流失率。

第四，乱收费现象基本得到纠正。省教委、物价委和财政厅于1989年7月联合下发了《关于清理整顿中小学收费项目有关问题的通知》，对收费项目及标准、开支范围等作了明确规定。各地对中小学收费情况进行了检查、清理和整顿。金昌市在清理整顿中，对4所学校乱收费问题在全市进行了通报，并责令将多收的钱如数退还。平凉地区规定：学校要有地、县财政部门颁发的收费许可证，并且使用县统一印制的专用收据。收支情况要定期公布，年终上报决算，并接受有关部门的检查监督。

第五，《中共中央关于改革和加强中小学德育工作的通知》逐步得到贯彻落实。中央《通知》下达后，甘肃省委立即转发，省委、省人大、省政府专门听取有关中小学德育工作的汇报，研究了贯彻意见和措施。

一是充实、加强德育工作队伍。根据省委、省政府部署，各地党政部门召开了专门会议，提出了加强学校德育工作的措施办法，充实了德育工作机构和队伍。庆阳地区在重点中学设立了政教处，配备了专职团委书记、年级组主任；有的县设立了德育教研室，嘉峪关市教育局建立了德育工作领导机构，确定一名副局长抓德育工作。安西县成立了德育工作领导小组，进行德育工作加强和改革的试点。

二是各地中小学普遍抓了中小学生日常行为规范的教育和训练，开展了以"三热爱"为主要内容的各种形式的教育活动，使德育工作内容充实，效果增强。中小学生的文明礼貌风气逐步形成，涌现出了不少好人好事。临洮县西街小学三名同学见义勇为，抢救落水儿童；岷县城关小学一名学生奋不顾身在大火中抢救人民的生命财产，身负重伤，不下火线，坚持把火扑灭。

三是加强思想品德课和政治课教学。省教委确定在全省20所学校进行实施中小学德育大纲实验，积极研究和探索新时期德育工作的方法和途径。酒泉地区成立了德育工作研究会，对少先队工作、班主任工作和中学政治课教学进行专题研究。全区开展了思想品德课最佳评选活动。小学劳动技术课开设率达到90%以上。

四是逐步建立起学校、社会、家庭"三位一体"的教育网络，开展多种形式的教育活动。兰州市已有100多所学校建立了"家长学校"，有60多所学校成立了"家长委员会"，各校普遍开展了"军民共建"、"警民共建"活动；天水市的一些乡、镇也成立了由村主任、村民代表、校长、教师组成的德育工作领导小组；平凉地区成立了老干部关心下一代协会。学校德育工作开始向全方位和立体化形势发展。

五、深化“农、科、教统筹”，推行“燎原计划”，促进农村经济发展

甘肃省的“燎原计划”工作是在1987年推行“培训——就业——致富一体化”计划的基础上形成和起步的。1988年，根据国家教委关于在全国实施“燎原计划”的方案，结合甘肃“一体化”试点的经验，制订了《甘肃省实施“燎原计划”的方案》，在国家教委召开的部署实施“燎原计划”的会议后，全面进行了试点。

第一，提高认识，不断完善“燎原计划”的实施方案。省委、省政府重视“燎原计划”方案的制订和实施，在1988年全省科教大会上进行了专题讨论，并写入了省委、省政府《关于加快和深化教育体制改革的决定》。各试点县、乡都分别制订了实施方案，省里组织了试点县方案论证会，经同级人民政府批准下发执行。实施“燎原计划”采取边试点、边总结、边提高、边完善的办法，从总体设计要求到施工办法作了全面规定。提高了执行“燎原计划”的领导与工作的水平。1989年，抱罕等四个示范乡被评为全国“燎原计划”先进单位，受到国家教委的表彰。

第二，加强领导，深化两个“统筹”。在省委、省政府的领导下，动员各方面的力量，同心协力，齐抓共管。在“八方统筹”的基础上，抓了教育外部和内部的“统筹”。各试点县都建立了由教育、科技、农业、财政等部门参加的协调领导小组。武威地区教育、科技部门共同建立“星火”、“燎原”示范点。在教育内部，加强了对各类教育的统筹：一是在中小学开设劳动技术课，实行普教与职教的早期结合；二是在普通中学实行“三加一”（初中三年加一年职业技术课）教育，安西县这类培训已达到农村普通中学毕业生的98%；三是职业中学在正常教学的同时，普遍开展了对农村知识青年的技术培训；四是对职业中学毕业生进行定向强化培训和追踪指导；五是抽调职业中学专业课教师，巡回指导、重点帮助，引进和推广农业新技术等。1989年全省各试点县培训在乡初高中毕业生28000人，普通中学毕业生强化培训2300多人。同时也促进了试点县扫盲工作，试点县中已有8个县基本扫除文盲，脱盲率有了普遍提高。

第三，抓好项目开发，促进两个基地的建设。在项目开发工作中，主要抓两点：（1）抓立项，各试点县选择对当地经济有影响、农民脱贫致富急需的种植、养殖、加工等实用项目，进行自上而下的反复论证，集中突破；（2）抓管理，国家“燎原计划”贷款项目和地方自筹资金项目，都建立了管理制度和办法，会同省财政厅下发执行。1989年“燎原计划”安排贷款380万元，省内安排100万元培训费，试点县为项目开发自筹配套资金860多万元。全省立开发项目54个，有些项目已初见成效。如静宁县开辟了2000亩优质果园，已开始给广大农民提供树苗，兰州市红古区千只鸡场已建成，武威市年产值570万元综合化工厂、临夏市抱罕乡农民文化技术学校年产值68万元机械化养鸡场均已建成投产。项目开发，使农民看到了实效，尝到了甜头，促进了“燎原计划”的全面实施。1989年试点县发展到32个，示范乡70个。承担项目开发工程的农民文化技术学校，采取厂、校合办都建立起自己的实习实验基地。

第四，开展科学研究，培训工作人员，提高“燎原计划”的实施水平。在抓好试点工作的同时，积极开展了对“燎原计划”的研究，1989年已将研究课题列入省科委的软科学研究项目。在实施“燎原计划”过程中，针对不同的发展阶段，专门培训工作人员。从1988年到1989年，省里先后举办了制定方案、实施办法、项目开发等三次培训班，共有300多人参加了培训。同时各地、县也相继开展了研究，举办了培训班。

第五，开展农村教育综合改革试验。在实施“燎原计划”的基础上，甘肃省确定陇西、合水、清水、武威4县、市为全国百县实验单位和全省农村教育综合改革试验区。省领导机关召开了试验区的总结汇报会，邀请高校专家，对4县、市实施方案进行了研究论证，并和甘肃农业大学一起，对4县、市的重点技术开发和训练问题作了研究，达成了协议。

第六，加快扫盲步伐，提高农民文化素质，取得了一定成绩。采取培训骨干、集中办班、分散包教、建立乡镇农民文化技术学校等多种形式开展扫盲。每年有50万人参加扫盲学习，25万人脱盲。同时大抓扫盲后继续教育，加强技术培训。省有关部门编写了《实用数学》、《实用技术》等教材。1989年甘肃省政府发布了《关于加快农村扫除文盲工作的指示》，要求继续解决好对扫盲工作的认识；因势利导，开展多种形式的扫盲工作；加强领导，力争1995年在大部分地区基本扫除文盲。1989年全国扫盲工作会暨国际扫盲日纪念活动和第六次西北西南农牧民教育协作会在兰州召开，极大地促进了全省扫盲工作。省教委副主任于忠正在大会上做了题为《积极扫除文盲为农村经济建设服务》的发言，受到了国家教委领导同志和兄弟省市的肯定和好评。

六、深化教育改革，加强宏观管理和指导

1989年，甘肃教育工作，认真贯彻治理整顿、深化改革的精神，努力探索、实践不发达省份发展教育的路子，推动各级各类教育稳步协调地发展。

第一，制定符合省情的指导思想，即一切从实际出发，讲求实效，追求最大效益，并在发展教育事业过程中，寻求与经济发展良性循环的道路。通过调查研究，从省情出发，提出了各级各类教育发展的工作方针：基础教育以实施九年制义务教育为重点，发展幼儿教育，加强初中，控制高中；职业技术教育继续扩大统筹联合，增强办学实力，提高办学水平，在城市促联合，在农村促统筹；高等教育调整结构，挖潜改造，提高办学质量和效益，以适应甘肃经济、社会发展的需要；成人教育以完善岗位培训为重点，建立健全岗位规范标准，控制成人高校规模，扩大专业证书教育，加快扫盲步伐，加强扫盲后的应用技术培训。按照上述方针和思路，进一步加强计划管理。1989年，普通高中控制在6万人左右；对首批办好的26所职业中学进行了评估验收，合格22所，由省教委颁发了合格证书；认真查处了高校、中专计划外招生问题；加强了对社会力量办学的管理，建立了审批、检查制度；全面实行了对普通中专、成人高校、成人中专毕业证书验印制度，基本纠正了滥发文凭的现象，使办学秩序有了明显好转。

第二，充分发挥政府行政部门的职能作用，为教育发展创造一个良好的环境。一是充分发挥政府行政领导统筹作用。主要体现在统筹协调各部门实现共同目标上。如在农村教育整体改革上，省政府提出加强县政府领导，实行多方统筹，就是通过政府行政职能使分散在农、林、科技等各方面的办学力量集中组合发挥最大效益。二是发挥政府制订政策导向调控的作用。如庆阳地区制定“三证”齐发的政策，使学生走上社会，就能就业致富，有力地促进了职教的发展。三是制定法规、规章，发挥规范保证作用，树依法治教的观念，保证教育事业的健康发展。四是运用经费的筹措、扶持作用。政府除了增加对教育的投入外，还多渠道筹措教育经费。1989年省政府发动的一次群众性集资办学活动，对农村教育事业的发展起到了积极的促进作用。

第三，全面部署，重点突破，典型引路，以点促面。1989年，甘肃省在基础教育的发展上，以集资办学改善办学条件为突破口，提出了“抓永登，带兰州，促全省”的口号；在农村教育整体改革试验中，以实施“燎原计划”为重点，加强普通、职教和成人教育的“三教统筹”，促进农科教结合；在中小学校长负责制、开展督导评估、农村综合改革试验、高校后勤工作改革等方面，主要抓了骨干培训，从省到地、县，层层举办培训班，1989年，省里先后举办各种培训班7次，1000多人参加学习。

第四，加强教育工作规范化、制度化建设。1989年恢复了中共甘肃省教委党组建制，并制定了《党组议事规则》和《关于廉政建设的几项具体规定》，要求各级干部“不得超标住房；领导干部不得以个人名义和职权为子女、亲属索要住房”。“不得以任何名义和借口收受礼品，接受馈赠或象征性交费低价购买物品”。制订《干部调配、任免办法》，公开办事程序和结果，增强了工作透明度。省教委内部健全了会议、文书处理、信访等一系列制度，改进了工作作风，提高了工作效率。

撰稿人　张兴江

审稿人　于忠正　王继正

附

□充分发动和依靠群众集资建校造福桑梓

甘肃省永登县属全省中部18个干旱贫困县之一，辖22个乡、镇，228个行政村，44万人口。全县有各类学校530所，在校生79996人。校舍总建筑面积23.94万平方米。近两年，经过努力翻建、维修了一部分校舍危房。但是，由于教育面大量广，欠帐较多，经1988年底逐校普查，全县还有危房50558平方米，其中一级危房24722平方米，师生安全受到严重威胁。全县尚缺7200套课桌凳。为此，1989年，县委、县政府认真贯彻省政府“抓永登，带兰州，促全省”的决策，领导带头，各方动员，广泛发动群众集资建校。截止年底，全县共集资403.5万元，翻新校舍危房33974平方米。配备新课桌凳2000套，维修2500套。43所学校实现了“六配套”，30所学校实现了校园“净化、绿化和美化”。中小学二级危房压缩到1.2万平方米，办学条件得到了较大改善。永登县集资办学的基本作法和经验有以下几点：

一、提高思想认识，加强组织领导

1989年初，永登县委、县政府把排危建校、改善办学条件的工作提到重要议事日程，确定了年底实现小学基本无严重危房的奋斗目标，列入为全县群众办的六件实事之一。在加强领导、制定投入和激励政策、实行排危建校责任制、领导带头捐资、开展宣传活动、制定规划等方面做了六项决定。成立了由县委书记、县长挂帅，分管领导及计划、教育、财政、城建、审计等部门负责同志参加的集资建校领导小组。抽调130多名干部到各乡、镇、校协助工作。县党、政、人大、政协“四大家”领导分片包干，乡、镇领导分工包村、包校，使集资工作落到实处。

二、领导带头捐资，广开捐资渠道

永登县县委、县政府、县人大、县政协的领导带头捐出一个月的基础工资。县委、县政府召开集资办学广播动员大会，发出《告全县共产党员和各族人民书》，号召全县各级干部、共产党员、各族群众，有物出物，有钱出钱，有力出力，排危建校，兴学育人。各部门、各乡、镇积极响应，层层召开了集资建校动员大会。县集资建校领导小组又召开了驻我省、市企事业单位、部队负责人座谈会，发出了《致外地工作的永登籍同志的信》，并由县委主要领导同志带队前往武威、兰州、西宁等地慰问永登籍干部职工，向他们汇报家乡经济建设和教育发展状况，宣传省政府的决策和县集资办学的决定，赢得了在外地工作的永登籍同志的大力支持。同时，在县电视插转台开办了集资办学专题新闻节目，办了

《集资办学简报》,并及时红榜公布集资名单,大造声势,很快在全县掀起了集资办学的热潮。县人大副主任石占祥在病危期间听到县委号召后,立即让子女将154元捐款送到县人大办公室。1989年全县人均集资9.18元。个人集资千元以上的有104人,在外地的永登籍干部职工也寄来捐资款1.2万元。

三、制定激励政策,激发群众热情

为激励全县群众集资办学的积极性,永登县委、县政府制定了集资办学的激励政策,规定凡个人捐款100元以上者,由本单位给予表扬,并记入档案;捐资300元以上者,由县委、县政府颁发荣誉证书;捐资500元以上者,由县教育局赠送锦旗;捐资千元以上者,由县教育局挂匾;捐资3000元至5000元者,由县委、县政府为其树碑,并写入县教育志;凡捐款者不论数额多少,均载入《永登县捐资兴学人名录》。同时制定下发了《关于排危建校集资的收集、管理和使用的若干规定》和《排危经费的安排意见》,以保证群众集资全部有效地用在排危建校上。县委、县政府还决定,今后县、乡财政对教育的投入要高于财政增长幅度的1—3%。这些政策的制定,鼓舞了干部群众的热情,激发了全社会办学的积极性。古山乡有31名农民捐款在千元以上。苦水乡专业户王宝庆两次捐款1万元,被群众誉为"捐款万元户"。国家教委委员兼计划建设司司长朱育理,在永登县"五查"工作期间,为群众慷慨捐资助学的热情所感动,捐款100元,以支持集资建校工作。

四、边集资、边建校,集资建校同步进行

永登县集资建校领导小组从加强基础教育,"三教统筹"出发,对排危建校工作作了统筹安排和规划,并根据资金筹集的情况分三批下达了排危任务,拨付了补助资金。要求各乡、镇和学校,树立"两个观念",一是要树立人民教育人民办的观念,广泛发动群众,全社会集资建校;二是要树立质量和时间观念,要在保证质量的前提下,加快排危建校进度,迅速排除中小学严重危房。坚持"三个原则",一是坚持集资建校同步进行的原则;二是坚持当前和长远相结合的原则,认真规划,合理布局;三是坚持因地制宜的原则,分类推进。为把有限的资金用到刀刃上,保证排危建校工程质量,县、乡、村还层层签订了责任书,并实行"五定一追查"制度,即定排危建校面积,定投资数额,定材料规格,定施工时限,定施工责任;凡偷工减料、出现质量事故者,要追查领导和当事人的责任。

各乡、镇、村、校都制定了排危建校规划和管理制度,从集资到排危建校,都有专人负责,专项设帐,专款专用,按质量要求施工。经过全县广大干部、群众的努力,有排危建校任务的363所学校,95%以上按期完成了任务,工程质量合格率达95%以上。群众看着崭新的校舍,满意地说:"十三届四中全会精神好,共产党好,把我们农民娃娃上学的心都操到了。"一些群众还编了顺口溜:"政策象太阳,校校盖新房,后代有希望,群众喜洋洋。"

在集资办学取得突破性进展的形势下,永登县不失时机地将人民群众关心教育的热情变成推动农村教育改革和发展的动力。为此县委、县政府提出了全县人民支持教育,教育怎么办的思考题,发动各级领导干部与教育工作者从分析现状和问题入手,清醒地认识教育的形势,理清今后发展教育的思路。县委、县政府坚持一手抓经济,一手抓教育,把教育纳入重要议事日程,定期研究、解决教育发展中遇到的实际问题,各项教育工作取得了显著的成效。

一是教育管理体制改革初见成效。全县各乡、镇、教育委员会下设文教办公室,由乡文教专职干部、农民教育专职干部和会计3人组成,使基础教育实行地方负责、分级管理的体制在组织、人员上落到了实处,增强了乡、村办学的积极性和责任心,为农村教育的发展带来了生机。

二是普及初等教育的成果得到巩固和发展。遵照《义务教育法》规定，永登县加强领导，落实措施，实行“四定四包。”“四率”已连续五年超过国家要求，全县小学基本上实现“一无两有”。

三是扫盲教育取得了可喜成绩。少青壮年非文盲率达到94.6%，被国家教委授予全国扫除文盲先进县。

撰稿人　张兴江

审稿人　于忠正　王继正

青海省教育

一、全年工作的主要成绩

1989年，青海省教育工作的指导思想是坚持“一个中心、两个基本点”，坚持社会主义办学方向，积极贯彻治理整顿精神，深入开展教育改革，努力建设适应青海社会发展的教育机制。全年工作的主要成绩有：

（一）坚决制止动乱

当年春夏之交，发生在首都由学潮到动乱最后发展成反革命暴乱的政治风波也波及到青海。省教育厅及时传达了党中央、国家教委和省的有关文件精神，厅领导分赴各高校协助院校领导共同做好学生的思想工作，清除各校内各种诱发因素；并向各高校派出联络员，搞好超前预测；同时加强厅机关和各高校值班，预防不测事件。从而，基本上保证了正常的教学秩序。事后，在统一部署下认真总结动乱中的教训和育人上的失误，普遍开展坚持四项基本原则、反对资产阶级自由化、树立正确人生观的专题教育。通过这些活动，使各校进一步明确了社会主义办学方向，提高了加强德育工作的自觉性。

（二）贯彻治理整顿精神

一年来，这方面的主要成绩有：1.省教育厅在认真执行国家招生计划、控制大中专院校办学规模的同时，还认真贯彻省政府对各类中专的调整意见，努力敦促各地区、部门联合办学，使全省大中专院校的规模逐步接近青海社会的实际需要。2.在中央和省的统一部署下，教育系统全面开展了扫黄工作，清理黄色的书刊、录音、录相等，净化了育人环境。3.省教育厅会同有关部门加强教育审计，制订各类教育收费标准、整顿学历教育，控制了乱办班、乱收费和滥发文凭等现象。4.根据国家教委部署，全省开展中、小学五项督导检查。与此同时，并对西宁、格尔木、德令哈等三个城市的教育工作进行了全面评估。5.省内各级教育行政部门举办了不同形式的教育管理培训班、讲座，建立和健全教职工岗位责任制，强化了学校管理。6.省内许多地区严格履行义务教育法，严禁招雇童工，严禁少儿入寺为僧，使许多流失学生重返校园，降低了中、小学生的流失率。

（三）深化教育改革

1989年，在教育改革上又有了新的进展，表现在：1.地（市、州）、县、乡三级政府统筹教育的新体制开始形成。如海南州将教育摆在政府工作的首位，明确了州、县、乡、村四级办学的权力、责任和义务，出现了各级政府挤钱办学的好势头。2.州、县两级政府基本明确了统筹基础教育、职业技术教育和成人教育中各自的职责，使农、牧业区教育整体改革拉开帷幕。3.各级政府已将“燎原”、“星火”、“丰收”三项计划提到重要议事日程，着手进行农、科、教一体化建设。如海东八县及大通、贵德等县已开始实施“燎原计划”。4.省内部分地区开始在基础教育中适当引入职业技术教育的因素。如乐都、民和、湟源、湟中等县及海南州都在一些乡的初中进行“三加一”教育试点。5.各地方政府与省政府签订了扫盲责任书，将扫盲列入州、县、乡各级领导的任期目标，使扫盲教育步入了新的台阶。湟源县已成省内第一个基本无盲县。6.在继前几年大学办民族班之后，1989年，省司法学校等2所中专也办起了民族班。同时，大中专民族班的管理也步入了正规化轨道，并取得了一些成功的经验。7.在教学方法改革和试用新教材上，省教育厅召开了全省教改经验交流会，在总结城市和农村小学“注音识字、提前读写”经验的基础上，向西部牧业区推广；并总结推广西宁钢厂中学初中物理“有序启动式”教改经验；西宁十四中等学校试用高中语文新教材经验和全省约50％学校试用政治新教材的经验。8.教育厅编写了《中小学体育教学基本要求》，结束了体育课无统一要求的历史，使本省中小学体育教学逐步走向规范化。此外还编写了初中地理、历史课乡土教材。

（四）重视师资队伍建设

全省教育战线经过制止动乱后的反思，各学校在建立和健全政工机构、改善育人环境的同时，普遍重视了师德教育，结合推行教职工岗位责任制，加强思想政治工作。通过这场风波的锻炼和考验，广大教职工的社会主义觉悟有了明显的提高。

在师资队伍的文化素质上，青海省召开全省在职教师培训会议，检查和落实各地区师资培训计划。通过举办中师专业自学考试、中小学及幼儿教师《专业合格证书》文化专业知识考试、卫星电视培训师资、师资培训班、青年教师讲课大奖赛等多种手段，提高在职教师的文化素质。据统计，全省具有合格学历的小学专任教师所占的比例由1988年的68.1％上升到1989年的70.5％；初中由39.2％上升到43.6％；高中达到37.7％。

在师资队伍数量上，全省各级各类学校教职工的总数，1989年比1988年净增696人，年增长率为1.2％。其中，普通高校增加59人；中等学校增加94人；小学增加246人；各类成人学校增加405人。

（五）加速中、小学危房改造

1988年，全省集资7350.9万元（人均17元），计划改造中、小学危房34.9万平方米，占1986年普查危房总数的54％。由于1988年改造危房的计划下达较晚，所以至年底仅完成投资4898万元，其余投资都转到1989上半年来完成。在此基础上，1989年又集资3230.2万元，计划改造危房16.02万平方米，计划至1990年8月能使1986年普查危房时的64.56万平方米全部得到改造。

经过几年的努力，全省中、小学校舍已有所改观。其中土木结构校舍在总校舍中所占的比例已由1986年的67％下降到1989年的56％。

尽管青海省在改造中、小学危房上进行了很大努力。但由于原有校舍大部分是“大跃进”、“文化大革命”中修建的，“干打垒”式的土平房比例特大，故每年新增危房占现有校舍总数的5.9％，据1988年底统计，全省中、小学仍有危房57.12万平方米。因此，今后改造危房的任务仍相当艰巨。

二、10年来的简要回顾

10年来，青海省一直把教育作为经济发展战略的重点之一，认真贯彻落实《中共中央关于教育体制改革的决定》，及“百年大计，教育为本”的指示精神，使全省各类教育跨上了一个新的台阶，表现在：

（一）高等教育

高等学校由1979年的6所发展到1989年的7所，在校学生由3736人发展到6435人，增长了72.2％。同时，根据本省实际需要调整了专业设置及本、专科的招生比例，改革了招生和毕业生分配制度。在师资队伍建设上，青海省采取委托代培、派到国外进修等多种途径，使全省各高校师资的数量基本上满足了需求，专任教师总数由1979年的947人，增加到1989年的1510人，教师的素质也有所提高，教授和副教授在专任教师中的比例由1980年4.7％，上升到1989年的18.9％；讲师由35.6％上升到39.7％。全省教育事业费，由1980年的794.8万元，提高到1988年的1663万元，年平均递增11.57％，高于同期财政收入的年平均增长率。在校舍建设上，全省各高校在1980年时共有校舍13.95万平方米，到1989年已达到399.09万平方米，增加了27.6倍。

（二）中等教育

在“调整、改革、整顿、提高”的方针指引下，调整了教育结构。普通中学由1979年的585所收缩为1987年的478所；中专由29所发展到39所；农职中由1所发展到28所，还在47所普通中学内附设了职业班。在师资队伍建设上，青海省扩大高等师范院校招生的同时，还采取委托外省代培和在职培训等途径，解决了青黄不接的矛盾。中专专任教师由1979年的786人，增加到1989年的1680人，其中具有合格学历的由27.3％，提高到46.1％；普通中学专任教师由1979年1.02万人，增加到1989年的1.59万人，其中具有合格学历的高中教师由占35.2％提高到37.7％，初中教师由占23.8％提高到43.6％；农职业中学专任教师由1980年的4人，增长到1989年的451人，具有合格学历的达到27.9％。在教育事业费上，全省各普通中学（包括农职中）由1980年的1704万元，提高到1988年的5367.8万元，年平均增长15.4％，高于同期省财政收入的年平均增长率。在校舍建设上，全省各中等学校在1980年时共有校舍91.43万平方米，到1989年已达到181.89万平方米，增加了98.9％。

（三）小学教育

随着学龄人口的减少及教学点的相对集中，小学由1979年的6256所，收缩为1989年的3870所，在校学生由60.11万人减少到51.01万人，但学龄儿童的入学率却提高了半个百分点。在师资队伍建设上，青海省通过扩大中师招生、民办教师转正和在职提高等途径，从数量上满足了小学教育的需求，从素质上也有了相应的提高。专任教师总数由1979年的2.49万人，增加到1989年的2.63万人，其中具有合格学历的小学教师也由41.9％提高到70.5％。在教育事业费上，全省各小学由1980年2007.9万元，提高到1988年的6211.1万元，年平均增长15.2％，高于同期省财政收入的年平均增长率。在校舍建设上，全省1980年共有小学校舍140.51万平方米，到1989年已达到191.20万平方米，增长了36.1％。

（四）民族教育

八十年代，青海省曾采取降低录取分数线、提高助学金和口粮标准、增设民族寄宿学校、普通学校办民族班等多种扶植措施，使少数民族教育有了可喜的进展。少数民族大学在校生由1980年的859人增加到1989年的2044人；中专生由4238人增加到4446人；普通中学生由2.65万人增加到4.73万人；小学生由15.53万人增加到17.96万人。

（五）成人教育

随着经济建设和各项事业的发展，青海省的成人教育也获得相应的发展。办起了广播电视大学、教育学院等规模较大的成人高校，开展了大、中专自学考试，整顿了社会力量办学，煞住了社会上乱办班和滥发毕业证等歪风。与此同时，在农牧民中大力开展扫盲教育和新技术推广，使成人教育的重心逐步由学历教育转向岗位技术培训。成人高等学校的在校生由1984年的3620人减少到1989年的2863人；中等学校的在校生由8724人增加到10715人；成人初等学校的在校生由3.69万人增加到5.98万人。

回顾十年来，青海教育虽然取得了长足的进展，但仍存在一些问题：学校政治思想工作亟待加强；大、中专和普通高中在整个教育中的比例仍然偏大；民族教育、职业技术教育仍是整个教育中的薄弱环节；各类教育的质量和小学教育的普及率急需提高；教育投资不足，办学条件亟待改善。

三、中小学教育工作五项督导检查

1989年，根据国家教委关于对中小学教育工作五项督导检查的部署，青海省在人民政府的领导下，成立了领导小组，抽调24名干部，组成5个督导检查组，于6月初分赴全省各地开展五项督导检查工作，共督导检查了26个县（区）51个乡（镇），154所中小学。9月8日国家教委副主任王明达率国家督检组来青海进行抽查，听取了关于“五查”情况的汇报，实地考察了玛多、共和、贵德、湟中及西宁市城北区的16个乡，47所中小学、师范学校和职业学校。

五项督导检查表明，近几年青海省中小学教育有了长足发展：

（一）教育经费的“两个增长”和有关教师待遇的政策基本落实

1985年，省委、省政府决定，从中央支援不发达地区发展资金中拿出30%（900万）用于民族教育事业，从省财政机动财力中每年拿出580万元用于教育事业。近几年，教育经费的年平均增长率高于同期财政收入的增长率，中小学生人均经费增长率也高于同期地方财政的增长率。详见下表：

年度	财政收入	教育事业费	中学教育事业费		小学教育事业费	
			总额	生均	总额	生均
	（万元）	（万元）	（万元）	（元）	（万元）	（元）
1985年	105338.9	12275.0	4038.0	213.9	3768.6	79.7
1986年	120018.1	13606.3	4387.7	225.2	4370.4	87.2
1987年	136205.9	14434.8	4847.1	231.6	4929.3	99.2
1988年	138184.2	16637.0	5367.8	257.1	6211.1	126.2
年均增长率	9.47	10.67	9.95	6.32	18.12	16.56

国家和青海省决定提高中小学教师工资待遇的各项政策措施，如班主任津贴、教龄津贴、职务工资、行业工资、学历浮动工资等在公办教师中都已兑现。民办教师工资分公助、民筹两部分。因各地经济发展不平衡，待遇有较大差异。如海西州公助部分每人每月64元，民筹部分最高的是每月67元，最低的是19元，年工资最高的1568元，最低的998元；海北州门源县公助部分每月最高40元，最低19元，民筹部分最高60元，最低30元，年工资最高1200元，最低588元；海南州兴海县公助部分每月60元，没有民筹部分；黄南州同仁县公助部分每月31元，民筹19元。民办教师工资若与当地同等条件的公办教师相比，相当于公办教师的一半或三分之一，若和当地其他公职人员相比则更低。民办教师不仅工资低，而且公费医疗、福利待遇，出差费等都不能享受。针对上述情况，1989年6月，经省政府同意，省教育厅、财政厅、劳动人事厅联合制定了《解决年老病残民办教师生活补助费的暂行规定》，解决了民办教师老有所养问题，对稳定民办教师队伍起了较好作用。

（二）中小学危房改造效果显著

1986年，根据中共中央办公厅、国务院办公厅《关于进一步加强中小学危房修缮和改造的通知》，对全省中小学校舍进行了全面普查和鉴定。普查结果，全省中小学共有危房64.56万平方米，占校舍总面积的22.5%。近几年，各级党委和政府十分重视中小学危房改造工作。1987年，全省共改造危房11万多平方米。1988年5月，省人民政府召开了全省中小学危房改造工作电话会议，要求各级政府多渠道集资改造危房，会议提出：力争在三年内基本消除全省现有中小学危房，在已基本消除了危房的地区和学校不失时机地实现“一无两有”，然后再经过三五年的努力，使全省大部分中小学的办学条件基本达到实施普及九年制义务教育的标准。1988年和1989年，全省共集资10581.1万元，其中省财政的配套资金4280.1万元，占40.45%；地方自筹1965.82万元，占18.55%；群众集资4335.18万元，占41%，计划改造危房51.72万平方米。全部投资将在1990年完成。

青海省改造危房的主要作法是：广泛宣传落实教育的战略地位，克服“等、靠、要”思想，转变单纯依靠国家办学的旧观念，贯彻“地方负责，分级办学”的原则，远学山东，近学湟中县、海南州，大张旗鼓地表彰捐资助学的先进典型，以点带面，推动全局。

（三）中小学生流失情况有所好转

近两年来，青海省中小学生流失人数有所增加。1988—1989学年，小学生流失17424人，流失率为3.2%，初中生流失7752人，流失率为4.17%，高中生流失2412人，流失率为3.85%，农职业中学生流失1067人，流失率为11.39%。从地区看，西宁市区小学流失率为0.48%，初中流失率为1.67%，高中流失率为0.88%，海东地区小学流失率为4.4%，初中流失率为6.6%，高中流失率为2.8%；牧区六州小学流失率为3.23%，初中流失率为3.4%，高中流失率为2.47%。城市学生流失率低于全国平均值，牧业区流失率略高于全国平均值，农业区的流失率超过全国平均值。

从学生流失的去向看，大部分回家务农放牧或做家务，仅有一部分经商、采金、搞副业；另有极少数的当童工。

从流失原因看，一是农牧业生产方式比较落后，对劳动者文化素质要求不高，加之部分家长受旧的习惯势力影响，义务教育法观念淡薄，不愿送子女上学；也有的家长认为女孩子早晚要嫁出去，无需多读书。如平安县1989年全县共流失中小学生1172名，其中女生占63%。此外，有少数宗教意识严重的家庭，将学龄儿童送往寺院念经。如贵德县1989年中小学共流失学生631人，其中7～12岁男生入寺院当“完德”、“满拉”约有101名，占流失生总数的16%。二是基础教育的起点低，教育质量差，学生毕业后独立生活能力弱，多数学生升学无望，就业无一技之长，家长便让子女辍学，另找门路。三是近几年来学生学习费用也不断增加，迫使部分家庭困难的学生辍学。大通县1988—1989学年度中小学生共流失2945名，其中因家庭困难而辍学的占4%。

为了制止中小学生的流失，各级政府和教育部门积极采取措施：广泛宣传《义务教育法》，增强家长送子女入学的法律意识。省教育厅要求各地建立流失生定期报告制度，加强学籍管理及在校生巩固率的督导检查制度。有的乡镇把入学率、巩固率作为考核乡镇干部的重要内容，并与其签订合同，年终考核兑现；有的乡镇成立了劝学委员会，动员流失生返校；一些回族聚居的地区开办了回族女子小学和中学，提高女儿童入学率。通过上述措施，中小学生的流失情况有所好转，但从全省看，中小学生辍学现象尚未得到根本有效制止。

（四）乱收费的状况逐步得到纠正

青海省绝大多数中小学做到按规定标准收费，少数城镇学校存在着一些乱收费现象。对此，1988年8月，省教育厅、物价局、财政厅联合下发了《关于调整中小学学杂费等收费标准及管理办法的通知》，规定了中小学学杂费标准，同时对考试报名费、住宿费，计划外招生的学费等都做了明确规定。1989年5月，省物价局、教育厅又联合下发了《关于全面检查中小学各项收费的通知》。同年8月，省人民政府下发了《关于贯彻国家教委、国家物价局、财政部关于清理整顿中小学收费项目的有关问题的通知的意见》，《意见》规定，鉴于群众收入低，承受能力差，全省中小学学杂费、报名费、住宿费等仍执行1988年的有关规定，暂不作调整。此外，还要求各学校严格控制代办费项目和按规定标准收费。通过以上措施，初步纠正了中小学乱收费的现象。

(五)中小学德育工作得到加强

青海省委、省政府十分重视中、小学德育工作，认真贯彻《中共中央关于改革和加强中小学德育工作的通知》并采取了以下措施：

1.建立和健全德育机构。1989年，省政府决定在教育厅设置专门的德育行政机构。多数州、地、县成立了德育领导小组，大多数中小学组成以党支部为核心，共青团、教育工会、学生会紧密配合的德育小组，规模较大的中学成立了政教处。学校德育工作开始形成层层有人抓，事事有人管的新局面。

2.探索德育工作的新路子。1988年，教育厅在全省范围内确定20所中小学进行德育工作试点。1989年3月，教育厅召开了全省德育工作试点会议，认真讨论制定了贯彻《中学德育大纲》、《小学德育纲要》的意见，研究了德育改革和试验的具体措施，并结合本省实际提出了“当代少年心理特征”、“中学德育教育的方法和途径”、“培养学生自我教育，自我管理能力”、“日常行为规范的实施”及“德育教育一体化”等实验课题，为中小学德育工作科学化、序列化、规范化、制度化探索新路子。

3.加强德育师资的培训。1988年以来，教育厅在教育学院分别举办了初、高中政治课教师培训班，为全省培训政治课骨干教师600多名；又开办了全省首届班主任理论与实践讲习班，有140名教师参加学习。与此同时，教育厅还同团省委开办了辅导员学校。

4.开展形式多样的教育活动。近年来中小学以爱国主义教育为核心，集中开展了“三教育”、“五热爱”运动，寓德育于各科教学和各种活动之中。同时，广泛开展了“创造杯”、“小主人开拓杯”、“红领巾奔向二十一世纪”、“学雷锋、学赖宁”及“读好书、唱好歌、看好影视片”等活动，把爱国主义，集体主义，共产主义理想教育同热爱家乡，增强民族团结，关心集体，学习先进结合起来，使中小学生学有方向，干有目标，做有榜样。

由于加强了德育工作，旗帜鲜明地坚持四项基本原则，反对资产阶级自由化，使全省中小学保持稳定，收到了较好的效果：(1)1989年，全省中小学共评出地(市、州)级精神文明学校49所，优秀班集体164个，星星中队94个。“三好”学生1037名，优秀班干部431名。(2)湟川中学初三学生康雷患了败血症，家里又比较困难，同学们闻讯后发扬互助友爱精神，为康雷同学捐款1850元。互助土族自治县东山乡什巴小学全校200多名学生，人人参加学雷锋小组活动，常年帮助五保户、军烈属和贫困户，受到了人们的普遍赞扬。(3)据有关部门统计，中小学在校生犯罪率呈下降趋势，而且所占比重较小。如海北藏族自治州在校生犯罪率占少年犯罪的0.5%，祁连县占0.2%。

通过“五查”，深感全省中小学教育还存在一些迫切需要解决的问题。教育经费虽然超过财政经常性收入的增长比例，但在财政总支出内所占比重却从1985年的17.12%下降到1988年的15.42%。全省中小学危房改造任务还十分艰巨；学生流失情况尚未得到根本解决；个别中小学仍有乱收费的现象；德育教育还不够扎实等。

四、农村教育整体改革实验

1989年8月，省教育厅颁发了《青海省农村牧区教育整体改革实施方案(试行稿)》。《方案》提出：农村牧区教育整体改革必须突出整体意识，树立基础教育、职业技术教育、成人教育有机协调发展的大教育观。要求各地根据经济发展的现状和前景，从教育思想、教育结构、教育管理体制、教育内容和方法等方面进行全面改革，同时还要同步改革劳动人事等相关的制度。其目标是：按本省经济发展规划，本着加强基础教育，积极发展职业技术教育，大力搞好成人扫盲教育的原则，统筹规划教育、科技、经济，使“星火计划”、“燎原计划”、“丰收计划”衔接起来。力争本世纪末在全省农村初步建立起结构完整、布局合理、相互沟通、协调发展的“三教”统筹的农村教育体系。

全省农村牧区教育整体改革拟分三步进行。

第一步，“七五”期间，在狠抓观念转变的同时，重点抓好试点工作，确定乐都县、湟中县、海南州为全省整体改革实验地区。各州、地、市也要选择自己的实验点，进行改革探索。

第二步，“八五”期间，在发展、完善、提高试点工作的基础上推广点上经验，逐步向全省范围发展。东部农业区三分之二的县，牧区六州三分之一的县逐步实施整体改革。

第三步，“九五”期间，东部农业区的全部县，牧业区的二分之一的县逐步实施整体改革。

1989年，农村牧区的教育整体改革实验开始起步。一是州县两级政府明确了统筹基础教育、职业技术教育和成人教育的职责。湟中、乐都两县，已列入全国百县农村教育综合改革实验县，成立了由县领导挂帅，有关部门参加的教育改革领导小组，推出整体改革方案。二是全省办起了具有“三教”一体化特点的27所乡镇农民文化技术学校。三是各级政府统筹农、科、教一体化建设，将“燎原”和“星火”、“丰收”三项计划提上重要议程。海东地区及大通、贵德等县开始实施“燎原计划”。民和县巴州乡、乐都县雨润乡被评为全国实施燎原计划先进单位，受到国家教委表彰。四是乐都、民和、湟源、湟中等县的雨润、巴州、大华、多巴等乡镇和海南州进行了初中“三加一”教育试点，在基础教育中引入了适当的职业教育因素。五是一些骨干农职业中学紧密联系当地需要，注重培养学生自立能力，因地制宜调整和拓宽专业面，推动职业教育的发展。如格尔木市职业中学走“社会需要—学校培养—学员上岗”的办学路子，为柴达木开发建设输送了急需人才。

五、藏族教育的发展与改革

近几年，青海省的藏族教育有了新的发展，主要表现在：

（一）各类普通学校中藏族学生增长幅度较大

1984年，高校藏族在校生663人，中专2459人，中学11165人，小学67012人；1989年，高校藏族在校生761人，中专3141人，中学18486人，小学74944人。这两年相比，高校增长14.8%，中专增长27.7%，中学增长65.5%，小学增长11.8%。

（二）加强了藏族地区师资队伍建设

1986、1987两年，青海省从支援不发达地区发展资金中拨专款200万元，为州民族师范配备电教设备，进一步改善了办学条件，加快了藏族小学教师的培养。为了培养藏、汉“双语”师资，1981年经省委、省政府批准，在青海教育学院设立民族师资培训部，专门培训藏族中学理科“双语”师资，现已培训258名。1985年国家教委批准，成立了青海民族师范专科学校，专门培养藏族初中“双语”教学师资，40名首届毕业生已进入藏族中学执教。

（三）藏文教材编译工作进展较快

完全小学9门课程的教学大纲、教材和教学参考书全部完成；初中16门课程的教学大纲、教材和教学参考书，除4册大纲和2册教学参考书外，其余均已完成；高中12门课程，已完成教学大纲2册、教材33册、教学参考书6册。另外，自编民族师范和简易小学教材14册。

（四）大专院校办民族班成绩显著

到1989年底，省属5所普通高校和1所成人高校共办民族班50个，招生1811名，已毕业781名，在校生1030名，占高校学生总数的

14%。设有兽医、草原、农田水利、教育等17个专业。省属16所中等专业学校中，有8所办民族班24个，招生1512名，已毕业961名，在校生551名，设有气象等16个专业。

(五)牧区藏族学校普遍开展了勤工俭学活动

全省大部分寄宿学校办起了校办农牧场。1989年底，六州藏族学校共办农牧场303个，总产值1617万元，纯收入为83.8万元。这不仅弥补了教育经费的不足，而且培养了学生热爱劳动和劳动人民的思想感情。但是，青海藏族的初等教育相当薄弱，师资队伍还不稳定，教育质量较低，职业技术教育发展缓慢。

发展藏族教育，出路在于深化改革。1988年，国家教委主任李铁映视察青海时，对民族教育特别是藏族教育的改革作了重要指示。1989年，省教育厅根据李铁映的指示精神，进一步端正了办学的指导思想，坚持实事求是的思想路线，从实际出发，重视藏族教育的特殊性，不照搬汉族教育的模式，注意吸取被实践证明了的成功经验，积极探索发展藏族教育的新路子。认真抓了以下几项工作：

一是开展在基础教育阶段引进职业技术教育因素的试点。1989年，在海南州的两所藏族中学和6所寄宿小学进行试点。其主要内容是：(1)在小学高年级和初中，开设劳动技术课和职业技术课(每周二课时)，学习畜牧兽医、医药卫生的基础知识和基本技能。(2)组织小学、初中、高中毕业升不了高一级学校的学生接受一年的职业技术培训，学习农牧业基础知识和技能。

为了及时提供试点教材，省教育厅与海南州教委分别组织人员，编写了浅显易懂、实用性强、切合实际的职业技术课教材。两所试点中学和6所寄宿小学分别于1989年秋和1990年春采用新教材开设了职业技术课。

二是举办民族职业中学。海南藏族自治州于1989年成立了以藏族为主的民族职业中学，秋季招生60名，设有畜牧兽医草原和农牧机械两个专业，原该州共和县的藏医和西医两个职业班，也并入该校，现共有学生156名，还办起了农牧场。海南州开办职业中学是适应藏族地区对中初级人才的需要，曾受到国家教委的鼓励，并资助50万元。

三是加强民族教育管理干部培训。省教育厅于1988年委托青海教育学院开办了以藏族为主的六州教育局长培训班和六州民族中学校长、教导主任培训班，参加学习的县教育局长16人，民族中学校长、教导主任25人；1989年又委托青海师范大学开办了“六州民族中学校长、教导主任以及部分普通中学校长培训班”，参加学习的23人。这两期培训班主要学习教育方针和管理学知识。他们回原工作岗位后，能运用学得的知识指导工作，提高了教育管理水平。

四是普通中学办藏族班。果洛藏族自治州达日县，是一个约20000多人的牧业县。全县1979年至1988年仅培养出高中毕业生20名，远远不能适应当地经济建设的需要。为了尽快培养当地藏族人才，该县在大力加强基础教育的同时，委托青海师范大学附中办藏族中学班。1988年9月1日开学时，40名藏族小学毕业生进入了师大附中，先补习一年文化课，再升入中学，到高中毕业后将回当地。师大附中为达日县举办藏族中学班，开创了重点中学为牧区办藏族班的先例。

六、农牧民扫盲教育的新发展

近几年，青海省的扫盲教育有了较大发展。1980年至1989年，全省累计组织入学扫盲40万人次，脱盲10万余人。海东地区的湟源、湟中、乐都、平安等县达到或接近基本无盲县标准，三分之一的乡和村基本完成扫盲任务，全地区文盲率由1982年的49.69%下降到33.7%。牧区各州也积极开展了扫盲工作，取得一定成绩。1989年全省扫除文盲2.5

万人，超额完成了国家教委下达的任务，出现了可喜的局面。

但是，青海的扫盲教育任务还十分繁重。据统计，全省12至40周岁的人口中文盲率达45.5%，大大高于全国的比例。同时，由于初等教育还未普及，每年又增加新文盲。因此，扫除文盲是全省面临的一项艰巨任务。为了加快扫盲步伐，青海省主要采取了如下措施：

(一)加强领导，依法治教

省委、省人大、省政府十分重视扫盲工作，制定了扫盲法规。在继1987年9月省人大常委会颁布了《青海省扫除文盲暂行条例》，1988年12月，省政府发出了《关于大力开展扫除文盲工作的指示》之后，1989年6月，省政府又发布了《青海省扫除文盲条例实施细则》。省教育厅、财政厅、编委等有关部门制订了有关扫盲经费、人员编制、扫盲标准、验收办法、扫盲规划等，从而调动了各级政府和教育等有关部门的积极性，促进了全省扫盲工作的健康发展。

省政府于1989年11月召开全省扫盲工作会议，传达贯彻全国扫盲工作会议精神，交流情况，总结经验，找出差距，改进工作，落实责任。在这次会上，省政府与各州（地、市）政府，省教育厅与州（地、市）教育行政部门，分别签订了扫除文盲的责任书。通过会议，提高了认识，振奋了精神，明确了目标，增强了责任感。会后，各州（地、市）进一步采取措施，开展扫盲工作：海南州人民政府发出了《关于贯彻全省扫盲工作会议精神的意见》，要求各县组织力量，全面检查扫盲法规、政策的贯彻情况，总结经验，落实措施。海西州在传达省扫盲会议精神，提高认识的基础上，州政府、州教育局分别同各县（市）政府、教育行政部门签订了扫盲责任书。海北、玉树、果洛州发了扫盲工作通知和实施办法，要求各县建立成人教育机构，配备专职人员，还规定对验收达到省基本无盲标准的县，奖励3至5万元。

为了加强对扫盲工作的领导，从省到州（地、市）都成立了由政府领导挂帅，教育、农牧、共青团、妇联、科协、武装部等部门领导参加的扫盲领导小组，协调各方面力量，共同开展扫盲工作。

(二)落实机构、人员和经费，保证扫盲工作正常进行

各州（地、市）根据省的有关规定，设置了成人教育机构，配备了专职人员，全省共配备专职人员224人。海东八县的专门机构，配备了1至3名专职人员，全地区150多个乡（镇）共配备专职干部122名，县、乡主要负责人兼任农民教育机构的领导。海南州州县两级政府都设置了成人教育机构，全州40个乡、镇都配备了专职人员。

通过多渠道筹资，合理解决扫盲经费。省财政1989年拨专款41万元，作为全省扫盲基金。各州（地、市）决定从教育经费中拿出2%，从教育费附加中提取20—30%，还发动群众资助，妥善解决了扫盲经费。

(三)结合实际，因地制宜

青海省由于自然和历史原因，经济和教育发展很不平衡，因此，扫盲教育必须因地制宜，采取多种形式。农业区群众居住相对集中的地方，主要采取办扫盲班的形式。农闲季节集中办，农忙季节分散教，还采取个人承包、办家庭学习班等形式。根据牧业区流动放牧的地区特点，采取分片承包，巡回教学等方式；在穆斯林群众聚居地区，根据其风俗习惯，单独举办妇女识字班。这些做法符合实际，因而效果较好。

(四)扫盲教育与普及初等教育、职业技术教育相结合

近几年，省教育厅对包括扫盲教育在内的成人教育、普及初等教育、职业技术教育，统筹规划，分类指导，分别要求。在扫盲教育方面，要求扫盲以学文化为基础，以学技术为重点。通过各乡、镇举办农民文化技术学校，

科技、农牧部门举办实用技术培训，省妇联举办“双学双比”（学文化、学技术，比成绩、比贡献）活动，开展文化技术教育，既巩固了扫盲成果，又增强了治穷致富的本领。此外，各级教育行政部门在检查、部署普及初等教育的同时，检查、部署扫盲工作，并充分利用中小学的设施和师资帮助开展扫盲工作。这样，既提高了小学普及率，又减少了新文盲的产生。

撰稿人 郑为羌 郭存福 赵宗哲

审稿人 程庆麟 蒋焕东

宁夏回族自治区教育

1989年，在自治区党委和人民政府领导下，宁夏教育战线取得了制止动乱，稳定局势，坚持四项基本原则，反对资产阶级自由化斗争的重大胜利。通过学习贯彻党的十三届四中、五中全会精神，在端正教育指导思想，坚持办学的社会主义方向方面发生了可喜的变化，学校的思想政治教育工作得到了加强，农村教育综合改革开始起步，比较薄弱落后的职业技术教育和民族教育有了新的进步。各级各类教育事业在治理整顿、深化改革的方针指导下，正在逐步走上协调发展的轨道。

一、基础教育

1989年全自治区高中在校学生61102人，其中回族8727人，占14.3%；初中在校学生215682人，其中回族39516人，占18.3%；小学生在校学生684833人，其中回族219793人，占32.1%。小学适龄儿童入学率已从1980年的86.2%提高到1989年的93.9%。从1984年11月至1989年底，已有17个县(区)通过检查验收，达到了基本普及初等教育的要求，即占全自治区人口65.27%的地区普及了初等教育。上半年召开了全区基本普及初等教育县(市)教育科(局)长会议，研究制定了《关于巩固提高普及初等教育成果的意见》。教育厅于7月21日至22日召开了全区第一次特殊教育工作会议，传达贯彻了全国特殊教育工作会议精神，提出了《关于发展我区特殊教育的意见》。全区小学毕业生升学率为84.4%，初中毕业生升入各类高级中等学校的升学率为42.7%。

1989年冬，国家教委督导检查组对宁夏进行了中小学“五查”工作。检查结果表明，全区中小学教育尽管还存在许多问题和不足，但党的十一届三中全会以来的十年，确实发生了很大变化。1981至1988年，全区修缮改建校舍118万平方米，总投入达1.3亿元。1988年自治区人民政府发动群众大规模集资，共投入5207万元，全区基本上消灭了严重危房，校舍砖瓦化程度达到80%。1989年全区中小学危房比例下降到4%，区、县两级又筹集资金400万元，为11个市县的中小学配备课桌凳3.4万套，为14个市县的57所中学配备了教学仪器。教师待遇也有了提高。全区小学民办教职工的比重，已由1980年的48.5%下降到21%。教育厅对全区中小学生流失情况进行了调查研究，向全区转发推广了吴忠市制止中小学生流失的做法和经验，使中小学生辍学蔓延的势头有所控制。全区小学在校生年巩固率为96%，中小学生总流失率控制在2.1%。对学校乱收费的现象进行了清理，教育厅会同财政厅、物价局印发了制止中小学乱收费的通知。为全面了解宁夏中小学课堂教学质量，研究改进课堂教学，大面积提高教学质量的措施和途径，自治区教研室组织全区各市县及各大口教研室，从1988年10月到1989年5月，对全区516所中小学5610名教师进行了课堂教学现状调查。中小学德育工作也得到进一步加强。在春夏之交学潮、动乱和北京发生反革命暴乱期间，全区中小学教学秩序稳定。10月召开了全区中小学德育工作会议，总结推广了石嘴山市关心后进生、转变后进生等经验，提出了加强和改进中小学德育工作的意见。一些地、市、县也相继召开会议，因地制宜地研究制定了加强和改进本地区德育工作的措施。

二、职业技术教育

1989年全区农职业中学发展到30所，在校学生11994人，各类职业技术学校在校生占全区高中阶段学生的比例达到33.85%。农村教育由升学教育模式转到为当地农村社会主义建设服务的轨道上来的必要性，已经逐步引起各级领导的重视。自治区人民政府决定将盐池县、吴忠市列入全国百县农村教育综合改革实验区，成立了自治区指导实验区工作的领导机构。两个实验县在调查研究县情的基础上，制定了实验方案。同时选择青铜峡市小坝乡和平罗县高庄乡等10个乡作为实施“燎原计划”的示范乡。基础教育、职业技术教育和成人教育“三教”结合，农科教统筹的试点工作已经起步。教育厅与计委、劳动人事厅、财政厅组成联合调查组，对全区16个县市、22所职业中学现状进行了调查，总结交流了职教工作的经验，草拟了《宁夏回族自治区中等职业技术教育工作条例》，并将11名农职业中学校长送出去代培。全区已有盐池县柳杨堡中学等6所农村初中试办“三加一”职教班。

三、成人教育

1989年全区成人高等学校已有在校生6390人，成人中专在校生5635人。10年来共扫除青壮年文盲15万多人，全区已有15个县(区)达到了基本扫除文盲的标准。1987年1%人口抽样调查资料表明，全区文盲、半文盲率已从1982年的43%下降到35.5%。1989年，贯彻全国扫除文盲工作会议精神，成立了自治区扫盲工作领导小组，对全区扫盲工作情况进行了调查研究，举办了全区扫盲干部培训班，召开了全区扫盲工作会议，编写了扫盲课本。全区已建立了107所乡镇农民文化技术学校，对农民进行长短结合的实用技术培训。自治区高等教育自学考试自1985年开考以来，开考专业8个，在册学员已达一万多人。卫星电视教育已建成63个卫星地面接收站，拥有学员8300多人。多种形式的成人教育的发展，对提高广大劳动者的思想道德、文化科学素质和劳动技能起到了积极作用。

四、高等教育

1989年全区普通高等学校7所，在校本、专科学生7870人，硕士研究生61人，1979年以来全区普通高校已向社会输送毕业生14854人。《中华人民共和国学位条例》实施以来，宁夏依靠自己的力量，已为国家培养出硕士研究生124人。学科门类也发生了很大变化，从1958年的6个专业发展到1988年的43个专业，53个专业点，基本形成了包括工、农、医、师四大门类的高等教育体系。1989年高等院校专任教师达1625人，其中教授26人，副教授277人。在春夏之交北京发生的动乱，也波及银川地区。各高等院校党委都能旗帜鲜明地制止和反对动乱，为尽快稳定高校局势，恢复正常教学秩序，做了大量艰苦细致的工作。

在1989年全国普通高等学校优秀教学成果奖励工作中，有24项成果获自治区级优秀成果奖，其中宁夏大学刘士强的《多值解析函数和数学分析题解方法的教学》，宁夏农学院王兴祥的《农经科学教学、科研、社会实践三结合的探索》，宁夏农学院舒志俊等人的《组织学与胚胎学教材建设与教学方法改革》三项，获得国家级优秀教学成果奖。为了促进科研和实验室建设，当年经教育厅评审选定了13项改革实验教学的研究课题。

五、少数民族教育

宁夏1988年底有回族人口145.4万，占全自治区总人口444.5万的32.7%。党的十一届三中全会以来，随着党的民族政策的进一步落实和自治区改革开放的深入，对回族教育采取了一系列有效措施和特殊政策，回族教育发展迅速，成效显著。1989年全自治区已有回民中学16所，其中回民寄宿制中学7所；回民小学100所，其中回民寄宿制小学77所。10年来各级各类回族学生占在校生的比例从21.3%上升到26.8%，共增长了5.5个百分点，其中高等学校由11.9%提高到16.5%，中等专业学校由15.2%提高到17.1%，普通中学由16.5%提高到17.5%，小学由23.3%提高到32.1%。全自治区小学在校生中的回族比例已接近回族人口的自然比例。1989年，全自治区小学回族学龄儿童入学率也达到85.9%，为历史最高水平。与此同时，各级各类成人教育也迅速发展，培养了一批回族人才。

1989年，宁夏继续确定把民族教育作为全年教育工作的重点之一，认真落实自治区党委对民族教育和民族聚居地区教育实行的倾斜政策。全年安排全自治区中小学课桌凳项专经费150万元，制作课桌凳3.4万套，其中分配给回族聚居的固原地区6县和同心县131万元，占经费总数的87%。在有关部门支持下，1989年还拿出10万元，为10所回民中学配备了图书。经过各方面的努力，宁夏大学民族预科部的筹建工作已基本完成，1990年可扩大原民族预科班的招生。为了加速固原山区回族师资的培养，1989年，在固原民族师范学校首批招收了80名高考落选的山区回族应届高中毕业生，学制一年，以解决山区小学教师尤其是回族教师的严重不足。

六、师资队伍建设

10年来，宁夏中小学教师队伍数量有了很大发展，质量有了一定提高。普通高中专任教师已从1980年的1862人增长到3952人，学历合格率由52.2%降至47.4%；普通初中专任教师从1980年的8575人增至11926人，学历合格率由20.9%提高到61.2%；小学专任教师由1980年的22657人增至26467人，学历合格率由50.1%提高到75.9%。

为了使中小学和幼儿园教师奖励工作制度化，1989年6月成立了自治区中小学、幼儿园教师奖励基金会。在建国40周年之际，国务院授予宁夏大学张德徵、银川二中胡介文、吴忠市利通一小吴生才、宁夏医学院戴寿芝"全国先进工作者"的称号。国家人事部授予下列6位同志"有突出贡献的中青年专家"称号：宁夏农学院胡子诚、郭思加、宁夏医学院张德利、周德华，宁夏大学吴家麟、俞灏东。全自治区获国家教委、人事部和全国教育工会授予全国教育系统劳动模范、全国优秀教师和优秀教育工作者称号的90名，其中全国教育系统劳动模范7名。自治区人民政府表彰了优秀教师和教育工作者86名，在教师节为1476名从事教育工作30年以上的老教师举行了庆教龄活动。暑期组织了各级各类学校130名教师到外地疗养，推荐37名教师参加了国家教委和中国中小学幼儿教师奖励基金会组织的夏令营活动。

年内教育厅对全自治区4所中等师范学校的学校管理、思想教育、教育教学改革、学校标准化建设进行了检查评比。固原民族师范学校受到国家教委的表彰奖励。同时对区内9所教师进修学校进行了检查评估，对宁夏教育学院进行了初评，召开了师资培训工作座谈会。开展了全区中等师范学校青年教师教育科研论文评比活动，经国家教委评选，有2篇获二等奖，7篇获三等奖。

在全国教育科学优秀成果评选活动中，宁夏教科所周卫、贺守中、王建平、李进启、谢韫嫱等人的《宁夏回族聚居六乡小学五年巩固率调查》报告获一等奖。在纪念中国教育学会成立十周年优秀论文（论著）评选活动中，宁夏大学汪朝元的《"工人尽可能多方面的发展是社会生产的普通规律"初探和续探》一文获二等奖。

一年来，宁夏教育工作取得的成绩是显著的。存在的主要问题是：在办学指导思想上，一些地方忽视劳动技术教育，片面追求升学率的倾向比较突出；在教育体制改革方面，分级办学，分工管理进展不够平衡；教育结构不够合理，重心偏高，普通高中比例较大，基础教育薄弱；职业技术教育在广大农村还没有真正被重视起来；教育投入不足，办学条件亟待改善，民办教师待遇低；教育思想、教育内容和方法程度不同地脱离实际，教育质量不高。

民族教育存在的突出问题是回族师资严重不足，成长缓慢，特别是回族聚居地区的初等教育，回族教师比例大大低于回族人口的自然比例，严重影响了初等教育的发展；回族女教师奇缺，直接影响了回族女儿童的入学率和巩固率。1988年，固原地区小学全部在校生中一年级学生竟占43%，回族儿童的入学率、巩固率都很低，能上到五年级的回族学生很少，回族女儿童的情况尤为严重，不少地方到四五年级就很少有回族女生了。回族初等教育存在的问题又严重影响了回族中、高级人才的培养。1986年全自治区 238 名教授、副教授中有回族 10 名，仅占 4.2%；1988 年全自治区评聘的 682 名中学高级教师中有回族 51 名，仅占7.5%。大力发展回族基础教育仍是今后一个时期宁夏民族教育的重点。

撰稿人　周　卫　高鹏飞

审稿人　王凤峨　王世福

附

□石嘴山市转化后进生有成效

1989年，石嘴山市教育局以转化后进生教育、行为规范教育为突破口，大力加强中小学德育工作，取得明显效果，受到学生家长和社会各界的好评。

一、分析研究薄弱环节，寻找德育工作的有效途径和突破口。

近几年来，由于受片面追求升学率的影响，学校思想政治工作被淡化，重智育、轻德育，重视尖子学生的培养、忽视对后进生进行教育的现象非常突出，由此导致部分青少年学生思想道德素质下降，法纪观念淡薄，文化课学习掉队，既影响了教育质量的提高，也使少数青少年学生走向歧途。石嘴山市教育局通过认真调查研究，认为产生这种状况的原因之一是学校教育思想不够端正，放松了对学生的思想政治工作，尤其是忽视了对后进生的教育。为此，必须端正广大教育工作者的教育思想，提高教师职业道德，狠抓转变后进生的工作。石嘴山市教育局在1988年重点抓了师德教育、端正对后进生态度的基础上，1989年初又结合学习贯彻《中共中央关于改革和加强中小学德育工作的通知》(以下简称《通知》)精神，明确提出把转化后进生工作作为全市中小学德育工作的重点。并制定了《关于在全市中小学开展以转化后进生为中心，深化师德教育的安排意见》，从目的、意义、内容和形式等方面做了全面安排和布署。开展这项工作的指导思想是：通过发动广大教师多方面、多形式地对后进生进行正确引导和各种行之有效的帮助教育，切实提高后进生的思想道德素质和科学文化素质，降低青少年学生的罪错率，促进他们树立做“四有”新人的信心，推动教书育人、为人师表活动的进一步开展，大面积提高教育教学质量。

二、加强具体指导，全面推进转化后进生工作。

为了使转化后进生工作迅速开展，将工作计划落到实处，石嘴山市教育局注意从多方面加强对这项工作的具体指导：

(一)提高教育部门和学校领导的思想认识。利用各种会议组织县(区)、厂(矿)教育行政部门的领导和学校党政负责人学习中央

《通知》精神，提高对做好转化后进生工作重要意义的认识，要求他们把该项工作提到培养"四有"新人的高度，采取有效措施，抓好本地区、本系统、本单位的转化后进生工作。

(二)端正教师的教育思想。爱生是教育的基础，师德的核心。首先扭转教师喜爱好学生，厌弃歧视后进生的思想情绪。明确提出"转化一个后进生同培养一个优等生同样光荣"的口号，要求各地区、各学校认真学习《中共中央关于教育体制改革的决定》和《义务教育法》，从五个方面实现教师思想的转变：(1)由过去偏重智育、着眼升学转变为德、智、体、美、劳五育并举，从整体上提高学生的素质。(2)由过去偏爱好学生转变为面向全体学生，侧重抓好后进生，对后进生的不良品质和行为对症下药，耐心帮教；对后进生的学习查漏补缺，逐步提高。(3)由过去只重教法变为教法学法一起抓，以促进后进生迎头赶上。(4)由过去重课内、校内转变为课内、课外，校内、校外一起抓，注意在活动中开发后进生智力，调动其积极因素，培养他们的学习兴趣。(5)由过去认为后进生智能低、朽木难雕转变为教育后进生知难而进，积极开发其非智力因素，促进其智能的提高。

(三)为学校提供一些可资借鉴的经验材料。市教育局精选了全国中小学德育工作的10份典型材料，印发到基层，供学习参考。

(四)要求学校优化育人环境，用集体的力量影响感化后进生，发动全校师生齐抓共管。有的学校给班主任、科任老师定对象、定措施、定目标，抓薄弱学科，从而形成人人关心、爱护、帮助后进生的局面。石嘴山市一中、平罗县中学等校制定了后进生转化登记表、转化后进生先进个人登记表，设立了后进生进步奖。石嘴山市第三小学校长有一个特殊笔记本，专门记录那些不守纪律、有一定劣迹的学生，以便帮助教师共同做好这类后进生的转化工作。在市教育局统一要求和指导下，各基层教育行政部门和中小学普遍把转化后进生工作列入计划，作为学校德育工作的重点来抓，并成立了转化后进生领导小组，建立了班主任、年级组或教研组转化后进生工作考核制度。使这项工作有领导、有计划、有步骤地开展起来。

三、深入贯彻中小学生日常行为规范，巩固和推进转化后进生工作。

中小学生日常行为规范发布以后，石嘴山市教育局及时组织广大师生学习讨论，并把全面贯彻落实规范作为德育工作的基础工程来抓。1989年初，市教育局将《教师职业道德要求》和中小学日常行为规范汇编成册，全市师生基本做到人手一册。同时，还印发了《告社会各界和学生家长的公开信》，号召社会各界、各行各业以及学生家长配合学校共同抓好规范的贯彻实施，强化对青少年学生日常行为规范的训练。市教育局同时还决定，将每年3月份定为全市中小学生日常行为规范的训练和教育月，使学生能够学规范，讲规范，以规范来检查约束自己的言行举止。

结合规范的贯彻实施，石嘴山市教育局在教师中开展了以转化后进生为中心，创建优秀班集体的活动；在学生中开展了以贯彻规范为重点，创建文明班级的活动。3月5日，全市31000多名师生走出校门，走向社会开展各种公益活动。群众高兴地说："雷锋又回到了我们身边。"

石嘴山市大武口区对贯彻落实规范十分重视。区委书记亲自做动员报告，区教育科很快就制定出实施细则，许多校长登台宣讲规范。宁夏钢厂中学利用闭路电视向家长宣讲规范；平罗中学分阶段开展了以"讲究卫生、净化校园"，"遵规守纪、勤奋学习"，"文明礼貌、无损坏公物"等为主题内容的活动周，并制定了规范达标情况考核表，把学生的日常行为表现作为学期鉴定的重要依据。

四、认真进行检查评比，进一步推进转化

后进生工作。

在开展转化后进生工作过程中，市教育局领导和有关科室的同志经常深入基层，检查了解情况。5月，市教育局对全市各区、校贯彻规范的情况进行了全面检查，对一些好的经验和做法及时予以推广，对贯彻不力的学校进行了通报批评。年底又在各区、校交流评比的基础上，与市委宣传部、市公安局、团委、妇联等领导部门联合召开了全市中小学德育工作经验交流及表彰大会，表彰奖励了15个先进集体，45名先进教师和14名进步显著的学生。还会同市委宣传部，选出成绩较为突出的2个先进集体和3名先进个人，在各县区巡回演讲，组织了10场报告会，听讲教师达4000余人。在大武口区演讲时，能容纳800多人的礼堂座无虚席，自治区人民政府副主席杨惠云和教育厅副厅长专程赶来参加，对石嘴山市第一职业中学、基建公司一中转化后进生工作的经验和吴耕等教师的先进事迹给予了高度评价。

通过开展转化后进生工作，全市广大教育工作者进一步端正了办学指导思想。有些校领导深有体会地说：转化后进生工作是教书育人的重要环节，是加强学校德育工作的突破口；一个科任老师，一个班主任，一个学校转化后进生工作做得好，学校的面貌就会焕然一新。1989年春夏之交北京等地发生动乱和暴乱期间，石嘴山市教育系统始终保持了安定团结的局面。300多所中小学，1万多名教职工无一人上街游行，14万名中小学生没有停一节课。外地个别学生来宁夏一些学校串连，均被老师或学生劝阻回去。

开展转化后进生工作以后，师生关系更加融洽了。后进生逐渐把教师当作可以信赖的良师益友，师生间沟通了思想，建立了和谐融洽的关系。

开展转化后进生工作，使大量的后进生在思想品德和文化课学习方面有了长足进步。据不完全统计，各校的后进生80%以上有了不同程度的转变，在校生罪错率明显下降，不少后进生成为品学兼优的好学生。有的成了体育尖子，遵守纪律的模范，热爱劳动的标兵，有的由“末等生”一跃跨入优等生的行列。有一些已考入了大中专学校。

通过开展转化后进生工作，教学质量大面积提高，1989年全市小学在校生巩固率为97.1%，小学生毕业率达95.7%，初等教育普及率为98.2%，应届初高中毕业生升学率都有了较大提高。

1989年，在全市中小学开展的转化后进生工作中，涌现出了一批师德高尚、转化后进生成绩突出的先进集体和个人。市第一职业中学领导重视，措施得力，转化后进生成效显著。基建公司一中，1985年起就开始建立后进生档案，着眼于抓后进生转化工作，1989年又设立后进生进步奖和转化后进生成效显著育人奖，大张旗鼓地表彰转化后进生成绩突出的教师和进步明显的学生。育新学校、下营子中学、火车站中学、市第九小学、市一中初二年级等都能从实际出发，多形式、多层次抓后进生转化工作，取得明显效果。许多教师把爱的阳光雨露洒向学生，用辛勤的汗水挽救培育了一个个后进学生。市一中吴耕老师为创造一个良好的班级环境，树立了“刻苦、上进、求实、自信”的八字班风，创作了《我们是一个团结的集体》的班歌，并让学生轮流办《班级日报》，以此促使后进生在良好的班风和集体的温暖中努力进步。市第七小学青年教师黄秀荣，为寻找离家出走的学生，不顾年幼的孩子和夜深天寒，同家长跑遍了大武口的车站、店铺。基建公司一中苏成智老师为挽救一名参与打架被拘留的学生，多次与公安机关联系，保释该生回班，使家长学生深受感动，经过老师的耐心帮教，该生有了很大进步。

开展转化后进生工作和中小学生日常行

为规范的落实，使全市中小学校风、学风大为改观。师生精神面貌发生了变化，道德素质明显提高，文明、礼貌、勤俭、节约、好学、团结、助人为乐已蔚然成风，学雷锋做好事的良好风尚逐步形成。市第六小学学生因作好事几个月内收到感谢信、表扬信213封。平罗县城关第三小学一名学生拾到7000多元存折，主动交到派出所。市七中一女生不幸遇到车祸，校长、班主任、学生先后多次探望，并伸出友谊之手，捐款700多元，帮助解决医疗费用的困难。

撰稿人　石嘴山市教育局
审稿人　王世福　周　卫

新疆维吾尔自治区教育

新疆自治区教育事业在为适应自治区"两个文明"建设和为社会主义建设服务的前提下,继续进行教育体制改革,控制数量,提高质量,以条件定发展,科学地确定教育事业的规模、结构、布局和发展速度,使教育工作稳步前进。

1989年,全区有幼儿园1127所,在园幼儿131645人,其中少数民族幼儿37019人,占28.12%;专任幼儿教师5500人,其中少数民族教师1233人,占22.41%。全区有小学7494所,在校生1842100人,其中少数民族学生1205627人,占65.44%;小学专任教师94397人,其中少数民族教师57737人,占61.16%。全区有盲聋哑学校5所,在校生730人,其中少数民族学生126人;有专任教师111人,其中少数民族教师17人。全区有普通中学2008所,在校生893198人,其中少数民族学生387682人,占43.40%;专任教师65833人,其中少数民族教师27996人,占42.52%。全区农职业中学119所,在校生64979人,其中少数民族学生13755人,占21.16%;专任教师2680人,其中少数民族教师441人,占16.45%。全区有中等专业学校112所(其中师范学校22所),在校生44920人(其中师范生11295人),在校生中少数民族学生22914人(其中师范生7287人),占51.01%;专任教师5989人,其中少数民族教师2831人,占47.26%。全区普通高等学校20所,在校学生31661人,其中少数民族学生18041人,占56.98%;专任教师6898人,其中少数民族教师2450人,占35.51%。

1989年全区成人教育继续发展,共有各类成人高等学校41所,在校学生30610人,其中少数民族学生10380人,占33.9%;专任教师1927人,其中少数民族教师727人,占37.7%。有成人中等专业学校105所,在校学生45516人,其中少数民族学生12925人,占28.39%;专任教师2073人,其中少数民族教师781人,占37.6%。有成人中学37所,在校学生12869人,其中少数民族学生7510人,占58.35%;专任教师319人,其中少数民族教师54人,占16.92%。有成人农业职业技术学校74所,在校学生23936人,其中少数民族学生10193人,占42.58%;专任教师399人,其中少数民族教师100人,占25.06%。有成人初等学校176所,扫盲班5522个,共有学生247593人,其中少数民族学生217442人,占87.8%;专任教师1013人,其中少数民族教师809人,占79%。

一、基础教育

(一)幼儿教育发展提高

1989年全区幼儿入园率达12.7%。加强了农村幼教建设,发展了农村中心幼儿园,农村幼儿园达731所,占全区幼儿园的64.9%。独立设置的少数民族幼儿园164所,加上大量的民汉合一的幼儿园,少数民族幼儿在园达37019人,占全区在园幼儿的28%。转变了办园观念,改变了管理体制,实行"地方负责,分级管理";理顺了领导关系,实行"统筹规划,因地制宜",多渠道、多形式地发展幼教事业,国家、厂矿、群众团体、公民个人办园并举。1989年国家教育部门办的示范性幼儿园只占总园数的16.8%,非教育部门办的占83.2%。提高了办园水平,克拉玛依市幼儿园全部达到园舍配套，设施齐全的标准化要求。乌鲁木齐、昌吉、石河子、喀什也建成一批符合规范要求的幼儿园，并出现了一批初具规模的农村中心幼儿园。幼教师资队伍建设取得成效，克拉玛依、昌吉、乌鲁木齐等地幼教师资已普遍轮训一遍。教材建设也有进展，除出版了民族文字的大纲教材外，印制挂图64幅(种)，语言教学配音磁带400套。开展了幼教改革的实验工作，从各民族幼儿的不同特点出发，贯彻"以幼儿为主体，教师为主导，游戏为主线"的原则，让幼儿动手、动口、动脑、轻松愉快地获得知识，发展智力，从而突破了传统的教学模式，初步纠正了幼儿教育小学化的偏向。幼儿教育战线涌现出26名优秀的幼儿教育工作者。

(二)普及初等教育检查验收

加强了《义务教育法》的宣传贯彻，制订了普及九年义务教育的规划和以乡镇为单位检查验收普及初等教育的办法，对阿合奇等12个县普及初等教育的工作进行了检查验收，并为新疆生产建设兵团的70个农牧团场颁发了普及初等教育合格证书。

(三)中小学教改实验

中小学教改实验进一步拓展。原进行的民族幼儿园双语实验、民族中学单科教改实验、中学整体改革实验，都在继续进行。近年来引进的小学"现代数学实验"已有63班进行；"马芯兰教学法"有10多班进行；小学数学"尝试教学法"(邱学华法、赵宗光法)有30班进行。此外还有"利用统编教材提前读写"，"三环六步教学法"及新疆教育学院实验小学教师张平设计的"小学数学设疑教学法"，中学语文"六课型教学法"，"单元整体教学法"，"生物'三课型、两重复'教学法"及"教学目标管理"等也在实验。教改实验中存在的主要问题是：教学行政部门领导管理跟不上，使具体实验工作处于自发状态。在实验布局上，乌鲁木齐市、昌吉、石河子多，其他地区少，农村少；汉族学校多，民族学校少；小学低年级多，小学高年级和初中少，高中更少。实验学科上，语文、数学多，其他学科少；单科多，全科少。实验项目引进的多，重复的多，自行设计的少，独创的少。

在中学开展了人口教育的试点工作。自治区教委与自治区计生委联合组成领导小组，指导人口教育工作，选定乌鲁木齐实验中学、第五中学、第九中学，昌吉回民中学、喀什民族高中、阿勒泰地区一中、伊宁市七中、哈密四中、吐鲁番一中、石河子一中为人口教育试点学校。为开展好人口教育，安排了教材的编译和师资的培训工作，新疆教育学院建立人口教育师资培训中心，承担培训任务。

(四)农村教育综合改革实验重点开展。

结合"燎原计划"的实施，开展了农村教育综合改革的试点，确定以阜康、吐鲁番、轮台三县为试验县，同时确定以阜康县九运街乡、吐鲁番市胜金乡、轮台县阳霞乡等20个乡为实施"燎原计划"示范乡。自治区教委成立了农村教育综合改革办公室，各试验县也成立了相应机构，进行综合指导和具体领导。各试验县及示范乡，根据农、科、教结合，普通教育、职业技术教育、成人教育结合的原则，把培养人才、推广实用技术、发展经济、治穷致富统筹起来，发挥教育部门在校舍、设备、基础课师资方面的优势，科技部门在技术、信息、专业课师资方面的优势，农业部门在资金、材料、实习场所方面的优势，使农、科、教优势互补，提高办学效益。

阜康县成立了县职业中学，并在普通中学引进了职教因素，开设劳动技术课，并编写了生物、地理等乡土教材。以县职业中学为实施"燎原计划"的龙头，上挂、横联、下辐射，引进新技术、新良种、新项目，加强技术合作，实行联合办学，把技术传到千家万户。各乡设立农民文化技术学校。九运街乡举办实用技术培训班245期，培训19025人次。该县

1989年人均收入较1988年增加90元。

吐鲁番市采取稳定规模、巩固成果、全力提高各类教育质量的方针，以普及九年义务教育为主体，以积极稳妥地发展职业技术教育和成人教育为侧翼，加强小学、初中、高中毕业后的实用技术培训，充分利用现有学校师资力量，实行"三教统筹"、"一校多用"，建立"三教一体"的教育体系。县成立职业技术学校，乡建立农民文化技术学校。1989年共举办葡萄栽培、缝纫、牲畜饲养管理、棉花、蔬菜、园艺、罐头加工、家电维修等实用技术培训班44期，共培训4052人次。

轮台县成立了县、乡农牧民文化技术学校，开展了农村实用技术培训，举办培训班75期，共培训3363人次，专业有土壤改良、农作物栽培、园林、家禽养殖、缝纫、植保、小型农机维修、蔬菜瓜果种植、家畜育肥等。全县各部门开展对口专业培训，举办培训班338期，培训15711人次。

（五）五项督导检查

按国家教委部署，由区教委、计委、财政厅、劳动人事厅、审计局共同组成3个检查组，对昌吉州、伊犁地区、喀什地区的7个县市、150所中小学进行了检查，重点是落实经费增长、教师经济待遇、危房改造、制止学生流失、纠正乱收费、德育工作等方面。这次检查促进各级党政领导重视教育工作，引导和激励各级政府、教育部门和学校认真贯彻教育方针政策，端正办学思想，加强教育管理，深入教育改革，提高教育质量，对推动教育事业健康发展起了积极作用。

（六）基础教育教师专业合格证书考试

1989年中小学幼儿园教师专业合格证书开考，其中汉语系中学有61门考试课程，6门技能技巧考核课程；小学有10门考试课程，幼儿园有6门考试课程。维、哈语学校进行专业合格证书考试试点，维语初高中只考1门，小学考5门；哈语小学考5门。考试结果：汉语系高中实考2590人，及格1349人，及格率52.08%；初中实考3168人，及格1206人，及格率38.06%；小学实考6742人，及格1308人，及格率19.4%；幼儿园实考2081人，及格1382人，及格率66.4%。维语高中实考1479人，及格400人，及格率27.04%；初中实考2558人，及格561人，及格率21.93%；小学实考5964人，及格656人，及格率10.99%。哈语小学实考1872人，及格388人，及格率20.72%。

（七）中小学教材出版

1989年，出版维吾尔文小学课本60种（其中再版47种），印735.95万册；中学课本88种（其中再版71种），印314.56万册。哈萨克文小学课本55种（再版42种），印178.47万册；中学课本73种（再版57种），印92.52万册。蒙古文小学课本43种（再版26种），印12.87万册；中学课本23种（再版7种），印4.61万册。柯尔克孜文小学课本51种（再版38种），印18.62万册；中学课本47种（再版33种），印4.61万册。锡伯文小学课本28种（再版25种），印0.9万册。汉文小学课本18种，印1344.07万册；中学课本25种，印1342.75万册。与1988年相比，锡伯文课本下降34.9%，蒙古文课本增加71.4%，汉文课本增加45.5%（包括租型），维、哈、柯文课本也略有增加。

（八）中小学勤工俭学

1989年，自治区共有7407所中小学开展勤工俭学活动，占全区中小学数的76.1%，比1988年增长6.9%；劳动课达标学校5548所，增加360所；中小学勤工俭学纯收入3292.2万元，增加970.5万元，提高41.8%；年利润5—10万元的学校58所，10—20万元的14所，30万元以上的3所；学生人均收入11.62元。1989年全区共有校办工厂448个，比1988年增加46个；学农基地4083个，土地面积13.6万亩；第三产业网点1080个，增加

119个；从事勤工俭学的职工7718人，增加1688人。

1989年勤工俭学收入用于补充教育经费的有1944.9万元，比1988年增加567.8万元，增长41.2%，其中用于改善办学条件的为1298万元，用于集体福利的为294万元，用于师生个人福利的为250万元。

全区大部分地县设立了勤工俭学管理机构，配备了专职人员。勤工俭学管理网络也基本形成。

（九）评选第二批中小学特级教师

为提高教师的政治社会地位，增强教师的光荣感和责任感，激励他们献身教育事业，根据国家教委的规定，评选并经自治区人民政府批准，公布了自治区第二批中小学特级教师名单（共128名），召开了命名大会，颁发了特级教师证书。

二、中等职业技术教育

1989年新建4所中等专业学校，即：阿克苏文化艺术学校、伊犁文化艺术学校、阿克苏供销学校和新疆黄金工业学校。中等专业学校继续调整专业结构，面向社会、面向生产、面向乡镇企业和农村，开展短期技术培训；在教学上继续加强应用学科的教学，加强实验、实习，提高学生的技能和素质。

1989年全区独立设置的职业中学119所，加上普通中学举办的各类职业班，共有1556个教学班。1989年职业中学共招生31361人（其中初中生4012人），毕业14650人（其中初中生624人），在校生64979人（其中初中生5416人），加上中等专业学校和技工学校，校数共达301所，在校生共达142000余人，占高中阶段在校学生总数的35.8%。

职业中学设有农学、畜牧、养殖、园艺、建筑、机械、工艺美术、幼儿师范、财会、统计、商品经营、家用电器、微机、服装、美容、美发等近百个专业。农村综合改革实验县阜康、吐鲁番、轮台三县的职业中学，为帮助农民脱贫致富，发展农村经济，从当地实际出发，对农民和中小学毕业生进行实用技术培训。

1988—1989年，国家和自治区财政共拨职业技术教育经费290万元，其中职业技术教育补助费190万元，用于购置专业教学设备，重点装备示范性职业中学；基建补助费100万元，用于示范性职业中学的校舍建设。1989年国家教委给自治区职业中学提供贷款91万元，用于农村职业中学的实验基地建设。

自治区教委和乌鲁木齐市教委于1989年联合举办了新疆职教干部研讨班，有150名职教管理干部参加。自治区教委还委托区内高等学校开办职业中学师资班11个，定向招生323人，培训在职教师123人。

自治区教委对和田、喀什、克孜勒苏、阿克苏、巴音郭楞5地州的17所职业中学进行了调查。上述5地州采取了教育部门与民政、水利、农牧等部门联合办学的形式，把发展职业教育与脱贫致富结合起来，为发展少数民族职业技术教育开辟了广阔的道路。

目前职业技术教育发展不平衡，农牧区职业技术教育至今仍是薄弱环节；全区大多数职业中学办学条件依然很差，教学质量和办学效益不高；部分学校仍然未摆脱普通教育的模式；对农村职业中学毕业生的优惠政策没能认真执行。

三、高等教育

（一）优秀教学成果评选

1989年，在全区20所普通高等院校开展了优秀教学成果评选评奖活动。评出自治区级特等奖7项，自治区级优秀奖36项。报经国家教委评审，有2项定为国家级特等奖，3项定为国家级优秀奖。国家级特等奖的二项为：新疆工学院李耀增教授的《探索民族教学规律，培养民族专业人才》，新疆大学讲师木哈买提·哈斯木（女，维吾尔族）的《改革维吾尔语言教学》。国家级优秀奖的3项是：新疆医学院李干臣、王宝英、王疆燕的《视听教材建设和研究》，新疆八一农学院安峥皙的《严格要求，为提高民族生质量，认真教好基础课》，新疆大学教授夏熙等的《化学系四大基础实验课的教学改革》。定为自治区级特等奖的7项中除上述5项外，还有石河子医学院王桂生的《研究医学教育理论出版医学教育学专著》，喀什师范学院库特鲁克（维吾尔族）的《教材建设》。

（二）科研工作

1989年普通高校科研工作有较大发展。据19所高校统计，投入科研工作的人员总数达13313人，其中有高级职务的1782人；研究与试验发展人员达2733人，其中有高级职务的777人。科研机构有所增加，经上级主管部门批准建立的研究与发展机构有27个。在自治区没有下达专项科研经费的情况下，各高校克服困难，挤出170余万元支持科研工作。全年共提出科研课题477个，其中基础研究76个，应用研究212个，试验发展158个，其他31个；以上课题中，当年鉴定的94项，其中国内首创的4项，国内先进的48项；这些项目中获奖的65项，其中有国家部门科技进步奖4个，省市科技进步奖61个；当年技术转让22项。有些科研成果对自治区经济建设有直接意义，获得了应有的经济效益和社会效益。如新疆大学的“俄汉英电子打字机”、新疆八一农学院的“SC704玉米三系配套不育化制种的研究”、新疆工学院的“DDZ—I型多种文字电脑编辑照排系统”、新疆医学院的“ABO血型不合骨髓移植与HLA单倍型骨髓移植”等。许多成果已在工农牧业中推广，收到了显著的经济效益。1989年还出版科技专著32部，发表学术论文1171篇，其中发表在全国性学术刊物的312篇，发表在国外学术刊物的35篇。

（三）普通大、中专招生

1989年全区有12万余人报考大、中专，其中应届高中毕业生9.2万人，经过预选，实际参考的有54212人。录取学生中，理工农医专业的占74％，文史类专业占26％；女生占42.6％。国家部属和自治区属中等专业学校招收高中生4135人，其中少数民族学生1931人，自费生1222人；招收初中生8603人，其中少数民族学生4217人。整个招生工作遵循“保证重点，保证质量，统筹兼顾，照顾边远、高寒、艰苦贫困地区”的原则，尽量将高分线上的学生录取到内地院校，对低分区报有农林、师范、地质、石油等专业的一般都降分录取，对和田、喀什、吐鲁番、克孜勒苏地区凡在380分以上的汉族考生，只要填报新疆学校志愿的基本上都予录取。此外还与一些学校协商，录取39名残疾学生。为了在招生工作中杜绝不正之风，制定了《自治区普通高校招生干部保持廉政的若干规定》、《自治区普通高校招生工作九公开》、《自治区普通高校招生处罚的若干规定》，组成了高校招生监督检查领导小组，设立接待室、举报箱和举报电话。

（四）派遣留学生

1989年自治区教育系统派出34名留学生，其中少数民族学生12人。据不完全统计，1989年有29名研究进修人员和访问学者结业，从美、英、日、新西兰等国返国工作。1989年，自治区区教育代表团与日本私立大学协会续商了选派进修生赴日学习事宜，将有30名各族教师于1990年赴日进修二年。

（五）内地高校支援新疆教育

1989年10月，根据新疆自治区教委的请求，由国家教委和国家民委主持在北京召开了内地与新疆高等教育支援协作规划会议。会议决定：1990—1992年内地50所高等学校招收新疆少数民族学生2400人，21所高等学校招收新疆定向研究生300人，12所高等学校接受新疆420名助教进修；中央教育行政学院培训新疆地州教育局长和高校处长以上干部120人；国家教委同意新疆选派260人出国留学（国家公派和地方公派）；中央民族学院和西北民族学院帮助新疆办民族预科，招480人。此外，1990年还将有15所内地高校代新疆招收民族预科生400人。以上除150名地方公派留学生外，均列入国家计划，由国家负担经费1400万元。

（六）召开高校工作会议，研究加强思想政治工作

1989年9月召开了高校工作会议，各高等院校党委书记、校院长，各地州市主管教育的书记、专员、州市长，各有关厅局、委办，各中等专业学校有关干部共200余人出席了会议。自治区党委副书记贾那布尔到会讲了话，常委巴岱作了“关于当前国内外政治形势”的报告。自治区教委党组书记张扬传达了全国高校工作会议精神和江泽民、李鹏、李瑞环、李铁映的讲话。与会者联系实际讨论了加强党对高校的领导，加强思想政治工作，坚持四项基本原则，反对资产阶级自由化，坚持社会主义办学方向和培养社会主义接班人等问题。

（七）师范院校毕业生分配

1989年共分配师范院校毕业生1978人，其中内地院校321人，区内院校1657人；民族毕业生1077人，汉族毕业生901人；本科生1203人，专科生775人。

四、成人教育

（一）成人大中专招生

1989年自治区成人高校共招生15030人，其中少数民族占21.3%。招生总数中，职工大学和职工业余大学2831人，教育学院3598人，管理干部学院773人，普通高校夜大学2354人，函授大学2621人，干部专修科447人，教师班191人，广播电视大学2215人。成人中专共招4704人，其中职工中专1920人，教师进修学校286人，干校141人，普通中专职工班873人，广播电视学校859人，学历证书班625人。此外，大专录取1988年保留的资格生108人，转入对口专业的预科生60人。

（二）成人高校教学质量抽考

1989年1月，对自治区职工大学、职工业余大学、管理干部学院和普通高校的夜大学、干部专修科进行了第三次教学质量抽考。这次抽考25所学校88级的97个班级，每生考2门必修课，共7325人次，其中少数民族考生1258人次。抽考科目共33门，其中民族文字10门。抽考结果，在7325人次中，及格5557人次，及格率75.9%；汉文考生及格4521人次，及格率74.5%；民族文考生及格1036人次，及格率82.4%。对考试不及格的学生又进行了补考，补考仍不及格，又无级可留者，以退学处理。

（三）自学考试

1989年1月和7月，分别举行自治区第七、八两次高等教育自学考试，第七次考16个专业28门课程，第八次考17个专业36门课程。两次共有94301人报考，应考225252科次，实考166618科次，及格69249科次。1989年共有3165人获得毕业证书。经国家教委同意，自治区在统计学专业和物价专业中试行了专业证书制度，经审核，有306人获统计专业证书，55人获物价专业证书。在高等教育自学考试的同时，举行了第四、五次中等专业教育自学考试。两次考试开考科目有中师专业的民族理论等6门课，金融专业的财政基础知识等5门课。报考的共有23008人，其中汉文16772人，维文4493人，哈文1743人。报考中师专业的应考44748科次，实考40628科次，合格19827科次，合格率49.26%；报考金融专业的应考29255科次，实考25037科次，合格13695科次，合格率54.69%。全年共有900人获得中师毕业证书，其中汉文775人，维文69人，哈文56人。

（四）社会力量办学

1989年自治区社会力量举办的各类学校共261所，比1988年增加110所。这些学校开设有财会、中医、维吾尔语、汉语、外语、无

线电维修、裁剪缝纫、美容理发等实用技术学科，还举办了成人高考辅导班、高等教育自学考试辅导班。据不完全统计，在学人数约3万余人，其中少数民族生占20%。中国国民党革命委员会、中国民主同盟、中国民主促进会等民主党派，科协、文联、音协、老年协会等群众团体和个人办学已发展到30余所。自治区各级教育行政部门重点抓了社会力量办学的质量监督和检查。自治区教委对社会力量办学从校名确定、学校规模、专业设置、教学计划、教学活动、教师配备等方面提出具体要求。乌鲁木齐市教委组织了教学观摩活动，对同类学校进行了评比，对办学条件差、质量无保证的学校予以撤并，集中扶植办学有特色、质量有保证、社会信誉较好的学校。各地教育行政部门对当地社会力量办学进行了一次清理整顿，撤销36所，限期整顿29所。通过清理整顿，普遍建立了严格的管理制度，使自治区社会力量办学保持良好的秩序。

(五)职工中等专业教育

1989年，自治区教委主管的职工中等专业学校(包括广播电视中专)有34所，当年招收新生8131人(少数民族生677人)，毕业6177人(少数民族生326人)，在校生32005人(少数民族生6909人)；教职工2152人(少数民族教职工388人)，其中专任教师1044人(少数民族教师162人)。有副教授79人，讲师347人。此外，有兼职教师1126人。职工中等专业学校共设有计算机、电子电气、工民建、棉纺、家电、机制、化工、农学、农经、医士、药剂、公安、企业管理、审计、统计、政法、文科、财经等62个专业。校舍建筑面积共235565平方米。

(六)职工岗位培训和基础文化教育

1989年，自治区参加各类岗位培训的职工385779人，轮训各类干部93354人，有3456名厂长、经理通过了国家考试。大中型企业厂长、经理、三总师、党委书记的岗位培训也已开始，到年底已有109名党委书记经过培训。职工文化基础教育及学历教育也有较大发展，当年职工高中在校生6619人，初中以下在校生4428人，职工高校在校生34179人。当年经检查验收颁发合格证书的职工学校有27所，职工学校总数已达154所，职工教师达5047人，校舍面积达101.05万平方米。通过对干部、职工的教育和培训，缓解了企业特别是中小型企业对专门人才的需求，改善了各级领导班子的专业知识结构，提高了领导水平。

(七)扫盲及农牧民实用技术教育

1989年共组织185589人参加扫盲学习，当年有94198人脱盲，占51.8%。当年有昭苏县、布尔津县、温泉县、吉木萨尔县、沙雅县、乌什县、塔城市，乌鲁木齐市天山区、新市区、水磨沟区，阿合奇县、阿勒泰市、和硕县、焉耆县、博湖县、石河子市、奎屯市、克拉玛依市经检查验收由自治区人民政府批准为无文盲单位。到1989年底，全区已有58个县(市、区)成为基本无文盲单位，占自治区县(市、区)的62.4%。全区青壮年非文盲率提高到86.5%。在基本完成扫盲任务的基础上，大部分县将工作重点及时转移到技术教育上来，开展农牧民实用技术培训，为发展农村经济和帮助农牧民脱贫致富服务。当年全区参加实用技术培训的有227223人次。1989年新建农牧民文化技术学校15所，全区农牧民文化技术学校共达72所。

五、人才普查

自治区人才预测与教育规划办公室从1987年即开始人才普查工作，1989年对普查数据进行了汇总、校核和审定，将普查成果汇编成《新疆维吾尔自治区干部普查资料》、《新疆维吾尔自治区专门人才普查资料》，按行业、部门、地区、县(市)反映了全区干部及专门人才现状。

自治区1987年共有专门人才378074人，

其性别构成：男236435人，女141639人；民族构成：汉族236679人，少数民族141396人；政治面貌：中共党员122123人，共青团员73346人，民主党派成员953人，群众181652人；学历构成：研究生332人，大学生104166人，中专生227231人，高中生10158人，初中以下36187人；职务构成：高级职务1388人，中级职务22653人，初级职务97211人，无职务256822人；专业构成：工科类33118人，管理科类8844人，农科类14979人，林科类1581人，医科类51601人，师范类21049人，文科类51960人，理科类47417人，财经类45191人，政法类5385人，体育类625人，艺术类2539人，行政管理类84519人，其他9239人。

这是建国以来较系统地介绍自治区干部及专门人才情况的第一套数据资料。

六、教育科学研究

1989年自治区教委安排216个教育科研课题，其中自治区重点课题24个。研究内容有：教育发展战略，教育指导思想，民族教育，德育工作，学校管理，教育史志，比较教育，教育情报，学科教改等。216个课题中，自治区教委承担36个，地县教育处(局)承担25个，高等学校承担66个，中小学承担30个，教育学会所属学科研究会承担59个。主要课题进展情况是：

“新疆教育发展战略研究”是把原“少数民族教育发展战略”、“新疆教育发展战略指导思想”两课题与国家教委下达的“区域教育发展战略研究”合并组成的一个总课题，由自治区教委主持，自治区教育科研所与有关部门协作研究。1989年在理论指导、资料搜集等方面作了一些准备，培训了少量干部。

“农村教育整体改革实验研究”，是自治区综合性重点研究课题，以教改实验的应用研究为主，结合“燎原计划”的实施，选定阜康、吐鲁番、轮台3个实验县和20个示范乡。1989年自治区教委设立农村教育综合改革办公室，各实验县也成立了相应的领导机构，并着手调整教育结构，兴办了一批职业中学和农民文化技术学校；普通中小学开设劳动生产课并办职业班。各县依靠职业中学和农民文化技术学校，对中小学毕业生和农民进行职业技术教育和实用技术培训。

“少数民族儿童双语学习研究”，是中国儿童发展中心接受联合国儿童基金会的项目，由自治区教委、新疆教育学院、新疆大学、乌鲁木齐红旗幼儿园和第二十小学共同承担。从1987年9月起，到1989年底，已编出双语实验教材4册，拍摄了双语电视教学片，举办了一期双语实验教师理论讲习班。

“维汉哈蒙回民族儿童智力发展水平与教育的比较研究”，是全国重点项目“中国儿童与青少年心理发展与教育”的子课题。该课题是把5个民族5岁半至16岁半的儿童和青少年分为12个年龄组，采用国际通用的CRT瑞文测试量表，采取分层、整群、随机抽样的方法对儿童进行智力测试。1989年已在乌鲁木齐、哈密、博尔塔拉、伊犁、昌吉等地州取样8574个，计划再在南疆采样4000个，然后进行分析统计。研究目的是摸清本区5个民族儿童智力素质与发展趋势，同其他省区进行比较，对新疆不同地区不同民族儿童的智力素质与教育、环境、宗教、社交等相关因素进行分析，整理出5个民族儿童智力常模及发展曲线图表。

“中小学教育评价实验”，由自治区教科所承担。自1986年以来陆续派出人力到内地学习参观，对开展教育评价研究作了理论和人力方面的准备，也吸取了内地的一些经验。1989年组织了一批中小学领导和教师，在学习评价理论和外地经验的基础上，制定了自治区《城镇普通中学教学工作评价试行方案》和《城镇小学教育工作评价试行方案》。制定上述方案的目的是运用现代教育评价的理论和方法，引导学校端正办学思想，深化教育改革，坚持不懈地提高教育质量，彻底摆脱片面追求升学率的束缚，把学校办成培养“四有”人才和建设社会主义精神文明的基地。评价方案制定后，由教委督学室和教科所联合举办了教育督导讲习班，培训干部157人。讲习班学习了两个评价方案，教育评价的基本理论与教育督导制度的发展和实施等，提高了对教育评估的认识水平。讲习班结束后，即在每个地、州、市各选一所中学、两所小学(民、汉各一)进行评价试点。

“中小学教育管理、化学CAI、维文CAI”课题，由新疆师范大学承担。研究目的是解决计算机在基础教育方面的应用问题。1989年已完成学生成绩档案及分析、维文DOS、微机与录音机之间的接口研制等项。

七、教育经费、基建和设备

(一)教育经费

1989年自治区教育经费总计117514万元，其中中央在疆各类学校教育经费21378万元，占18%；地方各级各类学校教育经费96136万元，占82%。经费来源：各级财政预算内、预算外教育经费98931万元，占84%；各级政府用于教育的税和费2067万元，占1.7%；企业办学经费13808万元，占12%；勤工俭学收入用于教育的经费2708万元，占2.3%。

在教育经费总额中，地方教育部门学校教育事业费66720万元。全疆教育事业费中，个人部分占74%，公用部分占26%。其中，高等学校个人部分占56%，公用部分占44%；中等师范学校个人部分占59%，公用部分占41%；普通中学个人部分占79%，公用部分占21%；小学个人部分占85%，公用部分占15%。地方教育事业费较1988年增长11.36%，高于同期地方财政总支出3.54个百分点。教育部门学校生均教育事业费，高等学校为3056.21元，较1988年下降29.46%；师范学校1654.67元，较1988年增加305.32元；普通中学321.85元，较1988年增加21.85元；小学182.64元，较1988年增加12.64元。

在多渠道筹集教育经费方面，1989年新开征社会集团购买专控商品附加费、高校本科生学杂费(学费100元，住宿费20元)；各地普遍成立人民教育基金会，动员企事业单位、社会团体和个人捐资助学。1989年多渠道筹集资金达16821万元，相当于国家财政预算内教育事业费的19.54%。

(二)教育基本建设

1989年实际完成基建投资9964.8万元，比1988年增长22.7%。其中，高等教育2409万元，占24.2%；中等师范451万元，占4.5%；教育学院335万元，占3.4%；教师进修学校73万元，占0.7%；普通中学2874.5万元，占28.8%；农职业中学228万元，占2.3%；小学3379.3万元，占33.9%；其他215万元，占2.2%。施工面积610319平方米，竣工331876平方米。新增固定资产7693万元。实际完成投资占当年计划投资总额10964.3万元的90.8%。

(三)筹集教育资金

1989年制定《新疆维吾尔自治区教育基金筹集、管理和使用办法》，广泛发动党政军机关、企事业单位、社会团体和个人捐资。3月1日召开自治区捐资助学大会，自治区党政领导同志王恩茂、铁木耳·达瓦买提等带头捐资。截止1989年底，自治区和各地教育基金会共收到捐资1795万元。当年用教育基金21万元表彰了优秀教师和教育工作者1000余人。

(四)中小学实验室和仪器配备

1989年自治区教育部门验收中小学实验室合格的，中学106所(一类11所，二类95所)，小学278所(一类11所，二类267所)。截止1989年，验收合格的中学累计468所(一类226所)，小学累计764所(一类235所)。1989年自治区教委调拨普教仪器价值450万元，各地自筹经费购置价值51.89万元。

撰稿人　陈声远
审稿人　努尔提也夫

文件选编

综合部分

□国务院批转国家教委等部门关于进一步发展中小学勤工俭学若干问题意见的通知

（1989年1月15日）

国务院同意国家教委、财政部、人事部、国家税务局《关于进一步发展中小学勤工俭学若干问题的意见》，现转发给你们，请结合本地区、本部门的实际情况贯彻执行。

中小学开展勤工俭学活动，有利于全面贯彻党的教育方针，促进教育事业发展；有利于改善教师的生活、福利待遇，充分发挥他们的积极性、创造性。各级人民政府和各有关部门对这项工作要加强领导，本着统筹兼顾、积极稳妥的原则认真组织和管理，及时解决出现的问题，并注意总结交流经验，推动勤工俭学活动进一步发展。

国家教委、财政部、人事部、国家税务局关于进一步发展中小学勤工俭学若干问题的意见

近几年来，中小学开展勤工俭学活动有了新的发展。为进一步把这项工作搞好，现就贯彻执行《国务院批转教育部等部门关于进一步开展勤工俭学活动的请示的通知》国发〔1983〕25号，提出如下补充意见：

一、中小学开展勤工俭学应采取多种形式。可以举办各类进修班、培训班等；可以组织以对学生进行劳动教育为主并按照教学计划安排的生产经营活动；也可以由学校抽调少数人员，兴办以专业人员劳动为主并按市场需求经营的校办企业。

发展校办企业要因地制宜，宜工则工，宜农则农，有条件的经县以上教育主管部门批准，也可以开展商业、服务业等第三产业活动。应创造条件，发展学校联合经营的校办企业，并逐步发展成为对学生进行劳动教育的基地。校办企业可根据其不同性质，分别按照国家对全民所有制企业或集体所有制企业的有关政策、规定执行。

二、各级人民政府和有关部门应制定优惠政策和采取具体措施，帮助中小学办好一批勤工俭学基地，并将其生产经营活动纳入有关经济部门的管理范畴，在人财物、产供销等方面统筹安排，予以支持。可通过调借教育事业费、建立勤工俭学统筹基金等方式，帮助中小学解决勤工俭学所需资金；也可由有关专业银行根据信贷原则，在当年信贷计划内择优扶持，解决所需资金。有条件的地区，经学校申请，当地人民政府可以根据实际情况划拨一部分土地（包括山林、水塘、牧场等）作为学校的生产经营基地。

三、对中小学开展勤工俭学兴办的各类企业，除按照原有规定免征校办工业、农业的

所得税和能源交通重点建设基金外，属于下列情况的，在税收上要给予优惠。

(一)小学校办企业，除生产销售全国统一规定不许减免税的产品需按规定征收产品税、增值税外，对生产销售的其他产品及兴办的服务性企业原则上可给予定期减免产品税、增值税、营业税的照顾，此事由省、自治区、直辖市税务局确定。兴办的商业企业，需按规定征收营业税，纳税有困难的，可由税务机关批准，给予定期减免税照顾。

(二)中学校办企业生产的产品和提供的劳务，凡为本校教学、科研服务的，免征产品税、增值税、营业税；非为本校教学、科研服务的及商业、服务业等第三产业，照章征收产品税、增值税、营业税。纳税有困难的，可按税收管理体制的规定，由税务机关批准，给予定期减免税的照顾。

(三)中小学兴办的商业、服务业等第三产业，在所得税上需要给予定期减免税照顾的，属中央管的学校由国家税务局批准，属地方管的学校由各省、自治区、直辖市税务局批准。

(四)对中小学举办各类进修班、培训班等所得的收入，暂免征收营业税、所得税。

(五)对中小学生从事勤工俭学的服务、劳务等收入，免征营业税。

(六)中小学在原校办工厂(农场)基础上吸收外单位投资联合兴办的企业，实行税前分利，各自纳税的办法。学校所得部分仍执行勤工俭学免税待遇。中小学向外单位投资兴办的企业，学校分得的利润仍按原规定照章纳税。

四、中小学的教育经费主要依靠各级人民政府拨款和多渠道社会集资解决。中小学开展勤工俭学的根本目的是发展基础教育事业，培养有理想、有道德、有文化、有纪律的一代新人。所得的经济收益，除留一部分用于发展生产外，其余用于补充教育经费，改善办学条件、增加师生集体福利及个人奖励。

中小学奖金的免税限额，放宽到四个半月基本工资。教职工从事劳务活动取得的酬金，免缴奖金税，个人所得达到征税标准的，按国家规定征收个人收入调节税。

五、中小学兴办的各类外向型企业所得外汇，大部分给学校。

六、中小学在定编定员的基础上，经有关部门批准可以试行工资总额包干，增人不增工资总额，减人不减工资总额。

七、对中小学开展勤工俭学活动，要按照中央关于治理经济环境、整顿经济秩序的精神，加强领导、认真管理，使其健康发展。

(一)一切勤工俭学活动，要在国家法律、法规和政策允许的范围内进行，要注重职业道德，不得有损教育工作和人民教师的形象，不得给学生的学习和身心健康带来不良影响。中小学教师的主要任务是搞好教学工作，除抽调出来从事勤工俭学工作的以外，不提倡教师个人从事第二职业，并严禁教师、学生个人经商。

(二)各级教育主管部门要对勤工俭学活动实行统一领导、统筹规划，并创造条件逐步在面上展开；要经常了解情况，发现问题及时解决；对开展勤工俭学有困难的学校，应给予帮助，可根据当地情况从学校勤工俭学收入中适当提取一定比例的统筹基金，专项用于支持有困难的学校；要积极进行学校联合办企业的试点，取得经验后加以推广；应促成社会各界对中小学办企业给予支持；要健全和充实勤工俭学的管理机构，按照《国务院办公厅转发国家教育委员会关于教育部门勤工俭学管理机构有关问题请示的通知》(国办发[1987]72号)精神执行。

(三)中小学开展勤工俭学活动，要从实际情况出发量力而行，暂不具备条件的不要勉强开展。各级教育主管部门和各学校一律不得硬性摊派创收指标。

(四)勤工俭学活动必须有组织地进行。校办企业的生产经营，一般可实行所有权和经营权“两权分离”的管理体制。校长的主要精力应放在全面抓好学校的教育工作上，另派得力人员负责勤工俭学工作。校办企业要配备专人对生产经营活动全面负责，有关部门应对这些人员组织进行培训。要结合学校综合改革和优化教师队伍的工作，在内部人员合理分工的基础上，组织一部分人员主要从事勤工俭学工作，这些人员应相对稳定。教师被抽调从事勤工俭学工作的，可保留教师职务及待遇，并在聘任职务时，考虑他们的工作特点和实绩。

(五)在开展各项勤工俭学活动中，要加强财务管理，健全核算制度，严格执行财经纪律。要做到收费合理，凡由国家统一管理收费标准的，严格按规定收费。

(六)中小学组织学生参加勤工俭学活动，应以劳动教育为主要任务，并严格按照教育计划的安排进行。在义务教育阶段，学生劳动创造的价值，原则上用于改善学习条件，不直接分配给个人。校办企业要创造条件，尽可能接纳学生参加力所能及的生产劳动或辅助劳动。

八、以上意见的适用范围与国务院国发[1983]25号文件相同。按照《中共中央关于教育体制改革的决定》中关于把发展基础教育的责任交给地方的精神，各级人民政府可根据本意见，结合当地实际情况，从普及九年制义务教育的要求出发，制订进一步扶植中小学勤工俭学的政策。

□国务院批转国家教委等部门关于深化改革鼓励教育科研卫生单位增加社会服务意见的通知

(1989年1月15日)

国务院同意国家教委、财政部、人事部、国家税务局《关于高等学校开展社会服务有关问题的意见》，国家科委、财政部、人事部、国家税务局《关于深化改革科研单位事业费拨款和收益分配制度的意见》，卫生部、财政部、人事部、国家物价局、国家税务局《关于扩大医疗卫生服务有关问题的意见》，现转发给你们，请结合本地区、本部门的实际情况贯彻执行。

随着经济发展、社会进步，科学技术的重要作用愈来愈突出。教育、科研、卫生事业单位，是我国科技力量较集中的地方，有数百万专业技术人员，有大量的设备、仪器、图书资料，还有源源不断的科技信息。但是，目前有相当多的单位，这些有利条件没有得到充分利用，各自的优势尚未充分发挥，潜力是很大的。必须通过深化改革，从政策、制度上采取措施，调动他们的积极性和创造性，正确引导和鼓励他们以多种形式增加社会服务，为社会主义建设多作贡献。特别要鼓励科技人员到工农业生产第一线，直接为经济建设服务。

另一方面，教育、科研、卫生事业单位通过挖掘内部潜力，增加社会服务，还可以适当改善专业技术人员的生活待遇。党的十一届三中全会以来，国家为改善专业技术人员的生活待遇采取了一系列措施，并取得一定成绩。今后国家仍将随着经济发展、财政收入增加，有计划、有步骤地继续改善他们的生活待遇，这是主要方面。同时，他们为社会增加服务，取得合法收入，除一部分用于事业发展外，另一部分可以用于改善他们的生活待遇，这样就使问题解决得快一点、好一点。

教育、科研、卫生事业单位增加社会服务，是一项政策性很强、影响面很广的工业，各级人民政府和各有关部门要贯彻中央关于治理经济环境、整顿经济秩序和全面深化改革的指导方针，加强领导，认真管理，及时研究和正确处理各种问题和矛盾。各教育、科研、卫生事业单位，必须执行党和国家的方针、政策，遵守国家的法律和规定，讲究职业道德；必须统筹兼顾，首先保证完成国家任务，保证教学、科研、卫生工作的质量，保证正常的工作秩序，不能影响科技水平的提高和专业技术人员必要的业余进修，以及他们的身体健康；一定要从实际出发，量力而行，有计划有组织地开展社会服务。各单位要建立、健全各项管理制度，认真组织实施，发现问题及时解决；应当按个人完成国家任务的情况和社会服务中的贡献大小，尽量做到合理分配；要注意不断总结经验，切实保证这项工作健康、顺利地进行。

本通知转发的三个《意见》，仅适用于《意见》限定的范围。其他单位仍按现行规定执行。

国家教委、财政部、人事部、国家税务局关于高等学校开展社会服务有关问题的意见

为了充分发挥高等学校智力密集、多学科综合及信息灵通的优势，结合教学和科研，直接为社会提供较高层次、较高效益的服务，现对高等学校开展社会服务的有关问题提出如下意见：

一、高等学校开展社会服务，要以为社会主义建设服务，推动教育改革和教育事业发展为宗旨，在切实保证促进教育质量和科研水平不断提高的前提下进行；要根据学校和学科特点以及自身的优势和潜力，适应社会的需要，统筹兼顾，有计划、有组织地进行；要注重社会效益，有利于促进物质文明建设和精神文明建设。

二、高等学校开展社会服务，可以承包科技项目，参与科研协作，转让科技成果，开展技术、经济和法律等方面的咨询服务；根据国家有关部门的规定，可以接受委托培养学生，在不影响正常的办学条件下，可以举办非学历的短期人才培训活动；可以开放学校实验室，利用学校设备和技术条件对外服务；可以充分发挥校办工厂、印刷厂和出版社等内部单位的潜力，在保证教学科研服务的同时，为社会提供产品和服务；可以和企业、科研机构联合办厂，共同开发新产品或合股经营；可以组织教学、科研、生产联合体，或兴办技、工、贸结合的经济实体。

高等学校教师在保证完成本职工作，不断提高工作质量，并不损害本单位经济技术权益的前提下，可按照学校的有关规定从事兼课、兼职活动。兼职活动一般应与教师本人的教学、科研业务相结合，有利于与社会实践的联系，为社会主义物质文明和精神文明建设服务。

三、高等学校开展社会服务，可以取得合法收入。国家对高等学校开展社会服务，应给予鼓励和支持。

（一）高等学校校办工厂生产的应税产品，凡用于本校教学、科研方面的，免征产品税、增值税；对外销售的，按规定征收产品税、增值税；对其营业所得，免征所得税。

高等学校举办的为本校教职工和学生服务的服务性企业（不包括商店、宾馆、对外营业的招待所），免征营业税、所得税。

高等学校举办的各类进修班、培训班的收入，免征营业税、所得税。

高等学校进行技术转让、技术咨询、技术

服务、技术培训、技术承包、技术出口的收入所得，免征所得税。

高等学校以技术入股形式与外单位联营分得的利润，免征所得税；以其他形式与外单位联营分得的利润，给予三年减半征收所得税的照顾。

对高等学校自用房产和土地免征房产税、土地使用税。

学校和独立核算的校办企业为纳税义务人。

（二）高等学校兴办的外向型科技企业所创外汇，大部分留给学校。

（三）高等学校开展社会服务，必须进行严格的成本核算。成本核算的内容，包括折旧费、仪器设备占用费、材料费、专用设备购置费、水电费、差旅费、资料费、工资、奖金、津贴等。对国家计划外的横向协作的科研项目、各类科技服务活动和举办的各类短训班，可以从纯收入中按一定比例提取劳务酬金。具体比例由各地根据实际情况自行规定。国务院有关部门所属高等学校按所在地方的规定执行。按规定比例提取的劳务酬金，不计征奖金税。

各项服务的收入，扣除成本开支、应纳税金和劳务酬金后，其余纳入学校基金。

（四）高等学校的学校基金，除按不低于40%提留作为事业发展基金外，其余部分由学校自主分配，用于改善教职工的工作和生活条件。鼓励学校基金较多的学校，用较多的收入投入事业发展。学校基金较少的学校，经主管部门和同级财政部门批准，自主分配的比例可适当提高。

（五）高等学校全年发放奖金的免税限额，放宽到人均四个半月基本工资。

对教职工个人收入，包括按规定比例提取的劳务酬金、超工作量酬金、兼课兼职酬金等，要按国家规定征收个人收入调节税。

四、对于学校基金中用作分配给个人的部分，要统筹安排、合理分配，妥善处理校内各方面人员的利益关系，切实体现按劳取酬的原则。在分配上要体现鼓励承担基础课教学和基础研究任务的教师和某些党政管理人员，对完成教学科研任务成绩显著的教师报酬从优。具体分配办法，由学校自定。

五、在实行岗位责任制，合理定编定员的基础上，有条件的学校经教育主管部门会同有关部门批准，可以试行经费包干和工资总额包干。增人不增工资总额，减人不减工资总额。结余的工资基金由学校自主使用。

六、高等学校开展社会服务，必须加强领导，严格管理。

（一）高等学校要本着既要放宽搞活，又要管住管好的原则，加强领导，全面规划，建立、健全各项管理制度，发现问题及时解决，正确引导。校长的主要精力要放在抓好教学、科研上，保证学校教学、科研等各项工作的正常秩序。各地高教主管部门要对当地高等学校开展社会服务活动加强指导和管理，通过不断总结经验，存利去弊，使之沿着正确的轨道健康进行。

（二）开展社会服务要从实际出发，以各自的学科优势为依托，扬长避短，量力而行。服务的广度、深度，具体的服务途径和内容，都应当因地区、学校、学科专业的情况不同而有所不同，不能一刀切。需注意不要一哄而起，更不要搞层层包干、强压任务，一些没有条件开展社会服务的学校和系科不要勉强，特别是新建院校，当前首要的任务是充实办学条件、提高教育质量。承担国家重要基础研究任务、国家攻关项目的单位和人员，以及学校某些管理和政工人员不宜进行有偿服务活动。技、工、贸一体化科技企业从事的贸易活动，应当是与本校教学、科研及生产活动有关的贸易，包括在国内技术市场和国际市场销售自己的产品以及与此相关的技术性服务性贸易。

高等学校学生在学校统一领导和组织下，可以适当进行有益于学生健康成长的勤工俭学活动。这些活动要在维护校风校貌，遵守法纪，不影响学生学习的前提下进行。除商业、旅游类学校及系科可举办实习性的商业经营实体，组织学生参加经营管理外，高等学校的学生不得从事商品贩卖活动。

（三）正确处理教学、科研和开展社会服务的关系。学校的根本任务是培养人才。为了保证大多数教师专心致志地从事教学、科研工作和进修提高，一般应组织起来，开展服务。可以将现有人员合理分工，各司其职，有计划地组织少数人员专门从事社会服务活动，人员相对稳定，也可以定期轮换。对被抽调专门从事社会服务活动的教师，可以保留原有待遇，在聘任职务时，要考虑到他们的工作特点和实绩。

（四）要根据高等学校教学活动的规律和教师劳动的特点，加强岗位责任制，对学校教职员个人兼课、兼职实行科学管理。兼课、兼职要适度，以免影响本职工作和教职员的身体健康。

（五）开展社会服务，必须严格遵守国家有关政策法令，讲究职业道德，维护高等学校的声誉和教师形象。

（六）学校在各项社会服务活动中要按照等价有偿的原则合理定价和收取服务费用。凡由国家统一管理价格的，未经物价部门批准，不得自行制定收费标准和产品价格。要加强学校财务管理和审计监察工作，管好用好学校预算外资金。

七、各级政府、各有关部门以及社会各界都应当积极支持高等学校开展社会服务，不得以任何名义向学校摊派或变相摊派。

八、中等专业学校和职业学校原则上可以参照上述意见办理。高等学校划给科委归口管理的独立科研机构，可以按照国家对科研单位的有关规定执行。

国家科委、财政部、人事部、国家税务局关于深化改革科研单位事业费拨款和收益分配制度的意见

为贯彻落实《国务院关于深化科技体制改革若干问题的决定》，充分挖掘我国的科技潜力，发挥科技人员在经济建设中的作用，促进科研单位具有自我发展的能力，现对深化改革科研单位事业费拨款和收益分配制度的有关问题，提出以下意见：

一、科学技术工作一方面要搞好基础理论研究，一方面要面向社会、面向经济建设。科研单位应充分利用现有设备、技术条件，发挥科技人员的聪明才智，积极为科技进步作贡献，通过各种形式增加社会服务，主动把科技与生产结合起来，促进我国生产力的发展。有条件的科研单位要积极推行各种形式的承包经营责任制，纳税后留用的纯收入用于事业发展和改善职工的生活待遇。创收较多的单位，应逐步走向经济自立。

二、事业费完全自立的技术开发类型科研单位，实行经费长期自理、自主使用。对这类单位纳税后留用的纯收入，在保证事业发展的前提下，国家不再规定事业发展、奖励、福利三项基金的比例和具体的分配形式。其中用于分配给个人的部分，可以搞浮动升级，也可以发奖金和建立津贴、补贴等。

三、事业费部分自立的技术开发类型科研单位，实行奖励福利基金提取比例与减拨事业费幅度挂钩，以奖励福利基金占纯收入的50％为基数，事业费每减拨10％，奖励福利基金提取比例增加2％。奖励福利基金由单位自主使用。鼓励创收多的单位把更多的收入用于事业发展。

四、对事业费部分自立和完全自立的科研单位，国家根据其减拨事业费的程度，给予

相应的专项奖励。

(一)减拨科学事业费达到10%的单位，专项奖励为人均0.1个月基本工资。

(二)减拨科学事业费分别达到20%、30%、40%、50%的单位，专项奖励分别为0.2、0.4、0.6、0.8个月基本工资。

(三)减拨科学事业费分别达到60%、70%、80%、90%的单位，专项奖励分别为1.1、1.4、1.7、2.1个月基本工资。

(四)科学事业费全部减拨的单位，专项奖励为人均2.5个月基本工资。

专项奖励不计入科研单位奖金总额，免征奖金税，由科研单位自主使用。专项奖励的资金来源，由主管部门和科委各自从减拨下来的事业费中按相应比例支付。

五、已经划为社会公益类型，而又具有创收能力的科研单位，应积极挖潜，创造条件，逐步向事业费部分自立或完全自立过渡。这类单位按其事业费自立程度，享受与技术开发类型科研单位同等的待遇。

六、难以创收的社会公益类型科研单位及某些从事基础研究的科研单位，实行科学事业费包干，并在定编定员基础上，经主管部门会同有关部门批准，可以实行基本工资总额包干，增人不增钱，减人不减钱。同时，也鼓励这些单位积极挖潜创收。事业费包干结余和创收部分，在保证事业发展和完成科研任务的前提下，除提留不低于40%的事业发展基金外，其余部分由单位自主使用。

七、各类科研单位全年发放奖金的免税限额，放宽到人均4.5个月基本工资。全年发放奖金总额超过免税限额的部分，按规定征收奖金税。个人收入达到国家征税标准的，要按国家规定征收个人收入调节税。

八、上述减拨下来的事业费，除用于发放减拨科学事业费专项奖励外，其余部分仍按国务院《关于科学技术拨款管理的暂行规定》(国发〔1986〕12号)办理。

九、各类科研单位可从其纳税后留用的纯收入中，建立事业发展基金和奖励福利基金。对各项基金的分配和使用要先收后支，留有余地。

十、各类科研单位减少科学事业费拨款比例的核定，仍由其主管部门按国家科委(87)国科发条字0422号文《关于科研单位减少科学事业费拨款比例的核定办法》办理。

十一、各科研单位在科技、服务、经营等活动中，一定要加强领导，从实际出发，统筹兼顾，认真管理，做好思想教育工作。所有单位、集体和个人，必须遵守国家法律、法规和有关政策，树立社会主义职业道德。凡由国家统一管理的价格和收费，未经物价部门批准，不得自行制定收费标准和产品价格。用于分配给个人的收入，要按照完成国家任务情况和社会服务中的贡献大小，进行合理分配。

十二、各地区、各部门应结合自己的实际情况，积极支持科研单位的改革工作，指导他们正当地开展经营、服务等活动，及时帮助解决问题，正确处理各种矛盾，保证这项工作健康、顺利地进行。也可以根据上述精神，制定具体实施办法。

卫生部、财政部、人事部、国家物价局、国家税务局关于扩大医疗卫生服务有关问题的意见

近几年来，随着经济发展和人民群众物质文化生活水平的提高，社会对医疗卫生服务的需求不断增长，现有医疗卫生设施的服务能力不能满足需要，供需矛盾十分突出。而另一方面，还有相当一部分医疗卫生事业单位的技术、设备条件没有得到充分发挥，具有扩大医疗卫生服务的潜力。为了深化卫生工作改革，增强医疗卫生机构的生机和活力，充分发挥医疗卫生人员的积极性和技术、设

备潜力，扩大医疗卫生服务，为社会多作贡献，现对有关问题提出以下意见：

一、积极推行各种形式的承包责任制。根据国家关于卫生工作的方针和政策，医疗卫生事业单位可以与卫生主管部门签订定任务、定编制、定质量和经费包干合同。在确保按合同要求完成任务的前提下，单位可以根据国家有关规定，自行管理、自主经营、自主支配财务收支，并决定本单位集体福利和奖励基金分配形式。卫生主管部门必须按照合同内容对承包单位进行严格的监督和检查。

国家对医疗卫生事业单位的经费补助，除大修理、大型设备购置及离退休人员经费外，实行定额包干。包干期限，由各地根据实际情况自行确定。包干基数，应根据国家财政收入情况，并考虑单位在承包期内收支变化因素，合理确定。包干后，在合理定编、定员的前提下，减人不减钱，增人不增钱。

医疗卫生事业单位经费包干以后的收支结余部分，除提留一定比例（县以上医疗卫生事业单位不低于40%）的事业发展基金外，其余部分由单位自主分配。

医疗卫生事业单位奖金税的免税限额，放宽到四个半月基本工资。各单位发放多少奖金，应根据单位收支结余情况和规定的奖励基金提取比例确定。个人所得达到国家征税标准的，要按国家规定征收个人收入调节税。

二、允许有条件的单位和医疗卫生人员在保质保量完成承包任务，确保医疗卫生服务质量，坚持把社会效益放在首位的前提下，从事有偿业余服务，有条件的项目也可进行有偿超额劳动。医疗卫生人员的业余医疗卫生服务收入（不含药品收入），在扣除必要物质材料消耗费用和适当的仪器设备折旧后，作为个人酬金全部由单位自主分配，不计入奖金总额。医疗卫生人员超额劳动的收入提成，应计入奖金总额。医疗卫生人员在其他单位兼职，从事技术咨询、技术服务、人才培养和用医疗卫生技术知识为群众服务，可参照国务院办公厅转发国家科委《关于科技人员业余兼职若干问题的意见》（国办发[1988]4号）执行。

三、医疗卫生服务的收费，要根据不同的设施条件、医疗技术水平拉开档次。专家挂牌门诊，以及根据病人的特殊医疗服务要求开展的各种优质服务项目，允许在收费上适当高一些。部分城市大医院在保质保量完成正常医疗任务前提下，可建立特诊室，配备高水平医护人员，提供高质量服务，实行高收费（公费、劳保医疗不予报销），向社会开放，以满足不同层次的医疗保健服务的需要。特诊服务收入要由医院统筹分配，并与特诊服务人员个人适当挂钩。

利用新技术、新设备开展的医疗卫生服务项目，要实行按成本（不含工资）收费。

收费标准应与服务内容一致。收费标准中没有包括的使用一次或几次的低值易耗品（如一次性注射器等），按实际消耗计算收费，其范围和品种要经过核定。

对外国人的医疗卫生收费价格，应予合理调整，适当提高。根据对外国人医疗收费管理权限和有关规定，由各地卫生、物价部门确定具体标准。

现行门诊挂号、住院床位、手术收费标准偏低的，应予以合理调整。具体调整范围、幅度和时间，由各省、自治区、直辖市按国家物价改革的统一部署，经物价部门会同卫生、财政等部门研究确定。医用商品价格变动较大时，有关的医疗收费标准应适时进行调整。医用商品价格指数计算办法、范围，由物价、卫生部门确定。

四、卫生防疫、妇幼保健、药品检验等单位根据国家有关规定，对各项卫生检验、监测和咨询工作实行有偿服务的收入，应全部留给单位，在扣除必要的物质材料消耗和适当的仪器设备折旧后，用于改善职工的工作条件和生活待遇。具体分配比例由各省、自治区、直辖市和计划单列市自行确定。国家不减少对其正常的经费补助。

五、医疗卫生事业单位实行“以副补主”，组织多余人员举办直接为医疗卫生工作服务的第三产业或小型工副业，应按国家规定办理工商登记手续，内部应实行独立核算、自负盈亏。其中，全民所有制企业或经营单位，自1988年至1990年底国家暂免征收所得税；集体所有制企业或经营单位，需要在税收上予以照顾的，由纳税人提出申请，按税收管理权限，由税务部门酌情减征或免征所得税。这些企业和经营单位，有条件的，要将收入的一部分上交其卫生主管单位，用于补偿和发展卫生事业。

六、扩大医疗卫生服务是一项涉及面广、政策性很强的工作，为了保证这项工作顺利进行，各地区和各有关部门要加强领导，统筹兼顾，认真做好各项管理工作，并切实注意以下问题：

（一）要把改革放在统揽全局的位置上，进一步开阔思路，开拓创新。医疗卫生事业单位的改革必须坚持社会主义方向，以为社会提供优质服务为宗旨，要有利于保护人民健康，有利于保证卫生工作任务的落实，有利于医药卫生人才的成长，有利于促进卫生事业的发展。

（二）继续加强精神文明建设，开展以医德医风为主要内容的职业道德教育，一定要改善服务态度，提高服务质量。各级各类医疗卫生事业单位都要根据各自的工作特点，制订严格的纪律，并把职业道德、服务态度、医疗卫生服务质量列为承包责任制和岗位责任制的重要内容，严格进行考核。

（三）医疗卫生事业单位扩大服务，要符合国家规定，坚持因病施治，合理检查、合理用药、合理治疗的原则；要严格执行物价政策，不得巧立名目滥收费，增加群众负担和公费、劳保医疗不合理开支。

（四）要处理好事业发展和改善职工生活待遇之间的关系，避免发生短期行为。要针对单位内各科室创收能力差异较大等情况，在开展扩大服务工作时，应统筹安排，有组织地进行。同时注意不要影响医疗卫生人员的身体健康和必要的业余进修。

（五）各级政府和有关主管部门应积极支持卫生部门进行改革，帮助解决改革中出现的问题，对医疗卫生事业单位收支结余和业余服务收入不得任意截留，对卫生事业的财政补助应随着财政收入的增长逐年有所增加。

七、各地区应根据以上意见精神，结合本地区实际情况，制定具体的实施细则和管理办法。

□国家教育委员会行政法规、规章发布办法

（1989年3月17日国家教育委员会发布）

为改进行政法规、规章发布工作，提高行政法规、规章的权威性、严肃性和时效性，使行政法规、规章能够及时为社会和公众知晓，便于国家机关、社会团体、企业事业单位及全体公民执行和遵守，现就国家教育委员会依照授权和职权发布行政法规、规章的办法规定如下：

一、经国务院批准，授权国家教育委员会发布的行政法规，由委主任签署发布令。

二、国家教育委员会根据法律、行政法规的规定，在职权范围内发布的规章，由委主任签署发布令。

三、行政法规、规章发布令包括批准机关和发布机关、序号、行政法规或者规章的名称，通过或者批准日期、生效日期和签署人等

项内容。

四、国家教育委员会发布行政法规、规章的具体工作，由委政策法规司负责。

行政法规经国务院批准后，由委政策法规司送交委主任签署发布令。

国家教育委员会制定的规章，由负责起草的单位送委政策法规司审核，并提交国家教育委员会全体会议或委办公会议审议通过后，由委主任签署发布令。

五、经国家教育委员会主任签署发布的行政法规、规章，《国家教育委员会政报》、《中国教育报》应全文刊登。国家教育委员会办公厅印发少量文本，供有关部门和单位存档备查。

六、本办法自1989年4月1日起施行。

附件一：

中华人民共和国国家教育委员会令（格式一）

第 × 号

中华人民共和国××××条例（规定、办法），已于××××年×月×日经国务院批准，现予发布施行。

主　任：×　×　×

××××年×月×日

注：此格式适用于经国务院批准，由我委发布，发布日期与施行日期一致的行政法规。经国务院批准，由我委发布，发布日期与施行日期不一致的行政法规，将"现予发布施行"改为"现予发布，自××××年×月×日起施行"。

附件二：

中华人民共和国国家教育委员会令（格式二）

第 × 号

××××规定（办法，等），已于××××年×月×日经国家教育委员会办公会议（或全体会议）通过，现予发布施行。

主　任：×　×　×

××××年×月×日

注：此格式适用于国家教委办公会议（或全体会议）通过，发布日期与施行日期一致的规章。发布日期与施行日期不一致的规章，将"现予发布施行"改为"现予发布，自××××年×月×日起施行"。发布的规章如系两个及其以上部委会签的，则作相应改动。

□地方教育电视台站设置管理规定

（1989年8月1日国家教育委员会发布）

第一条　为加强地方教育电视台、教育电视收转台、卫星教育电视接收站（以下简称教育电视台、站）的管理，根据国家无线电管理委员会《关于地方小功率教育电视台频道管理的通知》，特制定本规定。

第二条　各地教育电视台、站，在地方政府领导下，由教育行政部门统筹规划，统一管理。

第三条　各地教育电视台、站的建设要从实际出发，贯彻"小功率，多布点"和"谁建站、谁受益、谁管理"的原则，调动各方面的积极性。根据教育的需要和可能，按下列范围建立：

（一）省（自治区、直辖市）、计划单列市、地（市）教育行政部门可建立教育电视台；

（二）县（市）教育行政部门可建立教育电视收转台；

（三）教学单位可建立卫星教育电视接收站。

第四条　教育电视台、站的任务：

（一）教育电视台可以转播中国教育电视台播出的教育电视节目，并可制作、播出适合当地教育需要具有地方特点的教育节目；

（二）教育电视收转台可收转中国教育电视台、地方教育电视台播出的教育节目，不自制教育电视节目；

（三）卫星教育电视接收站只接收或收录、复制中国教育电视台、地方教育电视台播出的教育节目；

（四）教育电视台、站播出的节目必须坚持四项基本原则，严禁播出有害于青少年身心健康的节目，并应按其服务范围和对象，根据教学的实际需要，选择、组合、编排教育节目，按照教育对象合理调整安排播出时间；

（五）凡需接收外国卫星电视教育节目的院校，须经省教育行政部门批准，报国家教委备案，方可接收指定国家卫星播出的特定教育电视节目。收录节目应有专人严格管理，只做内部参考，不准复制外传。

第五条 建立教育电视台和收转台应具备下列基本条件：

（一）有必要的建设投资和事业经费。根据国家教育委员会、国家计委、财政部等九部委《关于利用卫星电视开展教育工作的通知》的有关规定，地方建台的投资和事业经费纳入地方财政预算或部门预算，经地方政府批准也可向受益部门集资。各地用地方机动财力和预算外资金建立教育电视台和收转台，其电视发射功率不超过三百瓦的建设投资，经省计划部门和教育行政部门审核同意后，可不纳入地方基建计划控制规模；

（二）有必要的设备和供电条件；

（三）有适宜建立电视发射台的场地和工作用房；

（四）有必要的技术和管理人员。他们应坚持四项基本原则，具有较高的政治素质、业务能力和高尚的职业道德。

第六条 教育电视台、站的建设应贯彻勤俭节约的原则，尽可能依托现有电教单位和学校建立，充分利用现有条件和人员编制。

第七条 电视发射台的功率、天线高度和辐射方向应以电视覆盖人口密集区域为原则。除大中城市外，一般建中、小功率的电视发射台。

第八条 需要设置、使用教育电视台和收转台的单位，必须提出书面申请，经省（自治区、直辖市）教育行政部门审核同意后，向无线电管理委员会提出书面申请，经批准并领取执照后方可使用。

第九条 卫星教育电视接收站的设置、使用，由县教育行政部门批准，并报省级教育行政部门备案。

第十条 教育电视台、站应建立严格的管理制度和操作规程。工作人员应忠于职守，并采取各种措施确保台站的安全运行，对频道干扰及其他危害工作正常进行的情况和行为，应坚决制止并及时向上级单位和有关部门报告。播出机房要有安全保卫措施；播出磁带必须严格管理；播出机房不得设置话筒和摄像机，不得作现场直播。

第十一条 省（自治区、直辖市）教育行政部门应有职能机构负责本系统教育电视的台、站和频道的管理工作，参与地方无线电频率协调，并向上级教育行政部门报告工作。

第十二条 凡违反本规定的单位，由国家教委和地方教育行政部门区别情况处理，责令其限期整顿、停播。对直接责任者给予行政处分。对触犯刑律的，应交司法部门处理。

第十三条 省（自治区、直辖市）教育行政部门，可根据本规定，结合本地区的实际，制定具体管理办法。

第十四条 本规定由国家教育委员会负责解释。

第十五条 本规定自颁布之日起施行。

□农业部、国家科委、国家教委、林业部、中国农业银行关于农科教结合，共同促进农村、林区人才开发与技术进步的意见（试行）

（1989年8月20日）

广大农村劳动者的思想道德和文化技术素质如何，直接影响农村经济和社会的发展，决定着我国社会主义现代化的进程。几年来，教育、科技、农林等部门在开发农村智力资源，推广科学技术，促进农村经济发展方面做了大量工作。“星火计划”、“丰收计划”、“燎原计划”的实施为农村的技术进步和生产发展增添了活力。当前，需要农林、科技和教育部门加强协调，密切结合，以提高整体效益。为此，农业部、国家科委、国家教委、林业部、中国农行等部门经过反复研究，对农（含林业，以下同）科教结合，促进农村和林区人才开发与技术进步问题，提出以下意见：

（一）

我国人口多，耕（林）地少，农、林业资源相对不足。依靠科技进步，提高农村劳动者素质，是振兴农村、林区经济，建设社会主义新农村的必由之路。目前由于劳动者素质不高，致使许多科技成果得不到推广应用，制约了我国农业的有效发展。因此，发展农业生产，必须在依靠政策，增加投入的同时，积极依靠科技进步，不断提高劳动者素质　各级政府和部门一定要把发展科学技术和教育事业放在战略的首要位置。农村、林区教育和科技工作则应坚持为当地经济和社会发展服务的方向，努力培养坚持社会主义方向，有较高思想道德和文化技术素质的新型劳动者，为农村、林区社会主义建设做出积极贡献。

农科教各部门之间有着共同的目标和有机的联系。近几年不少地方的实践证明，实行农科教结合，有利于农村、林区开展人才培训和发展农村、林区教育；有利于各部门在农村、林区开发智力方面紧密配合，取得更好的整体效益；有利于克服教育、科技脱离农村经济和社会发展需要的弊端，使教育、科技部门内部的改革向内外结合的方向深化；有利于促进“星火”、“丰收”、“燎原”三项计划互相配套，互相沟通，使“服务”和“依靠”的关系真正落到实处。总之，农科教结合，是增加农村、林区智力投入并获得更好效益的有力保证，是促进农村和林区社会主义建设事业的一项重要措施。

（二）

实行农科教结合，要以发展农村、林区生产和精神文明建设为中心，坚持科技、教育必须为农村、林区社会主义建设服务，农村、林区社会主义建设必须依靠科技、教育的原则；要齐心协力，因地制宜，把农村、林区人才开发和技术开发、推广密切结合起来，以加速文化科学知识的普及和技术成果的推广，促进农村、林区经济的发展和社会主义文明新风的建设。为此，应努力实现以下主要任务：

1.积极推进农村以及林区各类教育的协调发展，作到三教（基础、职业技术、成人教育）统筹，相互促进。农科教各部门要统筹规划，建立职前与职后教育互相衔接，多层次、多形式、多功能的农村、林区职业技术教育体系。

2.加快建立和完善农村、林区成人教育体系。各乡都要建立农民文化技术学校。要从发展农村以及林区经济，农民脱贫致富的需要出发，共同抓好农民技术教育。要围绕种植业、养殖业、加工业以及开发性农业和商品基地建设的需要，广泛开展各种实用技术培训和初、中级农民技术人才的培养。

3.广泛开展对在乡小学、初中、高中毕业生的实用技术培训。各省、自治区、直辖市要分别作出规划，制定实施办法，对未受过职业技术培训的在乡小学、初中、高中毕业生，要本着“实用、实效”的原则，分期分批进行培训，使之具备一些从业致富的本领。

4.大力开展对乡镇企业和林区集体企业职工的技术培训和岗位培训。特别要加强对管理干部和技术骨干的岗位培训，把企业发展的着眼点真正转移到依靠科技进步，提高职工素质上来。同时要抽调农科教各部门的技术力量，支援乡镇企业的建设。

5.统筹安排好共同的培训任务和技术推广项目。为了避免不必要的重复，提高培训的效益和质量，要对各项培训任务进行统筹协调，安排给合适的学校和培训基地完成，以发挥各自的特长和优势。农村的科技推广站、所，及试验场和学校（尤其是职业技术学校和乡、村农技校）应在实施“星火”、“丰收”、“燎原”计划中紧密合作，为推广技术、发展农村、林区经济贡献力量。

为了实现上述任务，农科教各部门要密切结合，不断扩展合作的内容和项目。当前要共同制订好农村以及林区各项建设对人才的需求规划；合理使用培训经费，多方集资，开辟多种渠道，确保各项培训经费的落实；通过多种途径解决好专业师资和技术力量缺乏的困难；农业院校和各类专门高等学校应分配一部分毕业生充实农村、林区职业技术教育和培训的师资力量；协调和综合利用仪器、设备、基地等设施，充分发挥农科教等部门现有的学校、培训基地、站、所、场的作用。

（三）

实行农科教结合，必须加强领导，采取有力的措施和政策：

1.农业部、国家科委、国家教委、林业部、中国农业银行联合成立农科教统筹与协调指导小组，由农业部牵头。指导小组的任务是负责制定有关政策，进行宏观协调指导，了解掌握各地情况，表彰推广先进典型等。

2.省、地政府和农科教部门，要把农科教结合作为振兴农村、林区的大事，加强领导，从实际需要出发，建立相应的组织，明确分工与职责，定期部署与检查工作，积极支持县、乡搞好农科教结合，认真解决实际问题，不能因“结合”而削减正常下拨的经费和物资，确保这项工作的顺利进行。

3.农科教结合的重点是在县、乡两级。要发挥县、乡政府的领导作用。县、乡政府的主要领导人要抓统筹协调工作，要坚持从当地实际出发，采取灵活多样的形式，把农科教的力量组织协调起来。农科教各部门在政府领导下，既要密切合作，又要独立开展本部门的业务工作，各负其责。

4.建立一支专业配套、水平较高、专兼结合的师资队伍，是搞好农村、林区人才开发的重要保证。农科教各部门都要积极支持这项事业，共同努力，做好师资队伍的选拔与组织工作。对长期在农村、林区兼任教师的科技人员及长期在农村、林区从事科技开发与推广工作的教师，要在政策上给予鼓励，评定职称、工资福利待遇、评先晋级等在相同条件下优先考虑。

5.对职业技术学校的毕业生和经过培训合格的人员，由有关部门发给技术等级或合格证书，技术岗位要优先录用上述人员。对其回乡从事农业生产的，要在承包土地、果林，提供贷款、化肥、农药、良种等方面给予优惠，并制订相应的政策。

农科教结合作为一项改革，尚缺乏经验，各地农村、林区情况的差别也很大，因此，从形式到内容、作法都必须坚持因地制宜，从当地实际出发。各地应本着实事求是、积极探索的精神，制订具体的措施，力求取得更大的实施效益。在作法上各地可选择一些有条件的县搞好试点，积累经验，再逐步铺开。

□国家教委、国家保密局关于印发《教育工作中国家秘密及其密级具体范围的规定》的通知

（1989年12月13日）

根据《中华人民共和国保守国家秘密法》第十条规定，国家保密局会同国家教委制定了《教育工作中国家秘密及其密级具体范围的规定》，现予下发。请认真组织学习并予执行。

教育工作中国家秘密及其密级具体范围的规定

第一条 教育工作中国家秘密的具体范围包括：

（一）地区（市）级以上政府教育行政部门及其所属考试机构组织的各类高等及中等教育统一考试在启用之前的试题（包括副题）、参考答案和评分标准，命题工作及其人员的有关情况；

（二）全国出国人员的选派计划、名册，国外留学人员的党务工作，来华人员计划、名册，双边和多边交流项目及协议（含备忘录），在国外留学人员中特殊人员情况及其处理意见；

（三）全国性学潮和秘密结社情况及防范、处理措施；

（四）国家批准的重大科研项目（不包括已公布的专利），高等学校的科研项目中可能成为发明的阶段成果及其研究过程中未公布的资料，国外虽有但系保密的其他科研成果及其研究过程中未公开的资料，高等学校为国防和国民经济建设的保密工程配套科研项目及其科研工作进程；

（五）尚未公布的全国各级各类学校统计数字、年度计划、发展规划。

第二条 教育工作中国家秘密的密级具体范围如下：

（一）绝密级事项

各类高等及中等教育全国统一考试在启用之前的试题（包括副题）、参考答案和评分标准。

（二）机密级事项

1.全国性学潮和秘密结社情况及防范、处理措施；

2.国外留学人员中特殊事件、特殊人员情况及其处理意见；

3.各类高等及中等教育省级和地区（市）级统一考试在启用之前的试题（包括副题）、参考答案和评分标准。

（三）秘密级事项

1.地区（市）级以上高等及中等教育统一考试前的命题工作和人员的有关情况；

2.全国出国人员的选派计划、名册和在国外留学人员的党务工作；

3.来华人员的计划、名册和尚未公布的双边和多边交流项目（含备忘录）；

4.尚未公布的全国各级各类学校统计数字、年度计划及发展规划。

第三条 高等学校科研项目的密级划分，按项目所涉及的业务系统的有关规定执行。

第四条 教育工作中下列事项不属于国家秘密但应当作为内部事项管理，不得擅自公开：

（一）按国家教育委员会规定，考试后不应公开的试题；

（二）教育工作中尚在酝酿、讨论而未作

出正式决定并公布实行的方针、政策和措施。

第五条 本规定自1989年12月13日起生效，国家教育委员会1987年4月制定的《机关保密工作暂行条例》中规定的保密范围同时废止。

□国家教委、国家计委关于计划单列市教育计划单列问题的通知

（1989年12月31日）

经研究，现将计划单列市在教育计划中实行单列的有关问题通知如下：

一、计划单列市的各级各类教育计划由市计委（计经委）和市教委（教育局、第二教育局）根据国家计委、国家教委编报教育事业长远规划和年度计划的要求编制，经与所在省计划、教育部门协商后，直接上报国家计委、国家教委，同时抄报本省计委、教委（高教局、教育厅）。

国家对计划单列市的教育事业计划及有关专项拨款单列户头，直接下达。

国家教委对计划单列市的大专院校毕业生（包括研究生）分配计划单列户头，直接下达。

二、市属普通、成人中等专业学校的建立、撤销及其专业设置可由计划单列市直接审批，同时抄报国家教委、国家计委及本省教委（高教局、教育厅）、计委。

计划单列市申请建立普通高等学校和成人高等学校，可直接上报国家教委、国家计委，但应先与所在省教育、计划部门协商，并在申报报告中附所在省教育、计划部门的意见。

计划单列市设置高等学校和中等专业学校时，应与所在省教育发展规划相协调，注意总体布局和效益，避免追求“小而全”的办学倾向。

三、市属普通高等学校本科专业设置按国家教委《普通高等学校本科专业设置暂行规定》办理，各计划单列市可直接履行该规定中学校主管部门的审批权限。普通高等学校专科专业的设置由各计划单列市自行审批，并将审批结果报所在省和国家教委备案。

四、市属普通高等学校举办的专科函授、夜大学，可按规定由计划单列市审批，报国家教委备案，同时抄报本省教委（高教局、教育厅）。普通高等学校举办的本科函授、夜大学，可按规定直接上报国家教委审批。

五、计划单列市的广播电视大学、教育学院享有相当省级广播电视大学、教育学院的权限和待遇。

六、国家教委、国家计委召开的教育工作会议、计划会议及有关专业会议和有关外事、业务交流等活动可直接通知计划单列市教育、计划部门参加。国家教委、国家计委的有关教育文件、简报、资料可直接发计划单列市教育、计划部门。

以前有关计划单列市教育计划单列的规定与本通知不一致的，以本通知中规定为准。

基础教育部分

□参加国际中学生体育竞赛活动若干问题的暂行规定

（1989年1月9日国家教育委员会发布）

参加国际中学生体育竞赛活动旨在促进我国中等学校体育的发展，提高我国中学生体育运动水平，并增进各国青少年学生间的友谊和了解。为此，特做如下规定：

一、参赛人员的基本条件

1. 运动员：有正式学籍的在校中学生。原则上从体育传统项目学校、试点学校中选拔品德优良、各门文化课达及格以上成绩，长年坚持体育锻炼，体育运动技术水平较高，并符合比赛规程要求的在校中学生。

2. 教练员：由工作认真负责，并在课余训练工作中做出一定成绩的在职体育教师担任。

3. 翻译人员：英语或其它工作语言水平较高，有一定涉外工作经验，并对体育及有关知识有一定的了解。

4. 团长、领队等工作人员：由国家教委业务主管部门和承办单位选派有一定组织领导能力和外事工作经验的干部担任。

5. 参赛人员应身体健康，符合出国政审条件。

6. 参加国际中学生体育竞赛人员的选拔应严肃认真，严禁弄虚作假、冒名顶替及违反其他有关规定。

二、组队办法

1. 参加世界中学生运动会等综合性体育比赛，以及个别较有影响的单项比赛，由国家教委统一选拔组队。其它各项体育比赛一般由省、自治区、直辖市为主选拔组队。

2. 参加集体项目体育比赛，原则上由一所学校的学生组成代表队；个人项目可在全国范围内选拔，组成混合队。

3. 为形成我国学校课余体育训练体系和培养体育人才，选拔组队工作应结合体育试点学校、体育传统项目学校、业余体校的工作和国内中学生体育比赛进行。

4. 妥善安排运动员集训和参赛期间的文化学习，并做好赛后的补课工作。

三、参赛项目和审批程序

1. 参加国际中学生体育比赛的项目，主要是世界中学生运动会，某些有影响的国际体育比赛及部分单项体育比赛。

2. 参加国际中学生体育比赛组队审批工作由国家教委体育卫生司会同外事局提出方案，报委主管副主任审定。

3. 每年由国家教委统一下达外事任务，举办选拔赛。各有关省（自治区、直辖市）教育行政部门应对学生进行全面考核、审查合格后，报国家教委体育卫生司，由体卫司会同外事局办理出国审批等手续。

四、经费

1. 由国家教委组派的团、队，外事经费由国家教委的出国费中支付；委托地方组派的团队，其外事经费由地方负担。

2. 代表团、队的置装、差旅费、集训费等国内费用，由派出单位（参赛人员所在单位）负担。

3. 选拔代表团、队时举办的测验赛的费用由国家教委和地方共同负担。其中，组织比赛的费用由国家教委负担；参赛人员的食宿、交通费用由派出单位自理。

□国家教委关于严格控制中小学生流失问题的若干意见

（1989年1月30日）

近两年来，不少地方中小学学生中途辍学的人数增加。对此，我委曾几次部署，要求各地采取措施加以解决。据了解，有些地方经过努力，情况有所好转，但从全国看，中小学学生辍学现象尚未得到有效制止。1987至1988学年度，全国城乡小学在校学生即流失了428万多名，平均流失率为3.3%；初中在校学生流失287万多名，平均流失率为6.9%，均比1986至1987学年度有所上升。

中小学学生辍学现象，以前多发生在经济比较困难和地理条件较差的农村；而最近，在一些城市和商品经济发展较快的乡、镇也呈上升趋势。其原因是多方面的。既有社会的和家庭的因素，也有教育自身的因素。如：一些集体企业、私营企业和个体工商户无视国家法律和政策，擅自招用童工；一些家长只顾眼前利益，迫使子女去做工、从商，或在家参加生产劳动；而学校又存在着办学形式单一、教育内容脱离实际、教育方法不当等弊端，使一些学习有困难的学生失去学习兴趣和信心，从厌学发展到弃学；还有一些地方收费项目、办法不合理，收费标准过高，加重了学生家长的负担，使家庭经济困难的学生被迫停学等。

中小学学生辍学，势必导致新文盲大量产生，影响我国劳动者素质和整个民族素质的提高。为此，必须采取强有力的措施，坚决制止中小学学生流失的现象。

一、要认真贯彻执行《中华人民共和国义务教育法》。只有政府、社会各界、家庭和学校都严格履行法律规定的义务和职责，才能从根本上解决中小学学生流失的问题。为此，要反复深入地进行《义务教育法》的宣传教育工作，使干部、群众树立起依法普及义务教育的观念。并把《义务教育法》的宣传，同克服“读书无用”、“重男轻女”等错误观念结合起来，同处理违法案例、制止招用童工、动员流失生复学等工作结合起来。各地还要根据各自的职权范围，制订有关实施义务教育的地方法规和规章，推动广大农村制订乡规民约。

二、加强中小学学生学籍管理，建立学生流失情况的报告制度。学生无故不到学校上课，班主任老师应即向校长报告，并分析原因，采取措施，进行教育，使其到校上课。经过教育仍未到校上课的，农村中小学校长应向乡（镇）人民政府；城市中小学校长应向市、区人民政府（或其指定的单位）报告。属于社会、家庭因素造成流失的，还应报告有关原因和建议。

国家教委要求各省、自治区、直辖市教育行政部门在最近五年内于每年5月和11月分别对小学、初中、高中在校生流失情况作出报告。各省、自治区、直辖市亦应建立此种报告制度。

三、认真贯彻执行劳动部等五单位《关于严禁使用童工的通知》（劳力字[1988]22号文件）。各地发现城乡企业单位和个体工商户违反国家规定，擅自招用学龄儿童少年做工、从商的，应即交当地劳动、工商等行政管理部门强令其辞退，并由工商行政部门对招用单位和责任人员给予重罚；情节严重、屡教不改的，应责令其停业整顿，或吊销其营业执照。诱骗、虐待童工的包工头，应交人民法院依法追究刑事责任。

四、城市市、区人民政府（或指定的有关单位）农村乡（镇）人民政府对不按规定送儿童少年入学的父母或其他监护人，应及时组织当地居民委员会或村民委员会以及其他有关组织，认真分析原因，有针对性地进行批评教育，并帮助解决某些实际困难，使其改正错误。经教育帮助仍不改正错误的，应加重罚款，强制其送子女入学。罚款数额及办法，由省、自治区、直辖市人民政府制订。

五、地方教育行政部门要指导中小学端正教育思想，改进教育教学工作，大面积提高教育质量。

义务教育是国民基础教育，必须保证学龄儿童少年按时入学，受完规定年限的教育。因此，学校的教育教学，必须坚持面向全体学生。对品德有缺陷、学习有困难的学生，要认真辅导，热情帮助。学生旷课，要及时同家长联系，共同进行教育。留级生的数量要严格控制（一般情况下不得超过学生数的5％）。防止学生因多次留级或经常旷课，丧失学习信心，流入社会。学校更不得歧视，排斥品学有缺陷的学生，或将他们挤出学校。

中小学在办学形式、教育内容等方面，都要从实际出发进行改革，探索文化知识教育同劳动技术教育结合的途径，以适应当地经济、社会发展和群众生产、生活的需要。城乡中小学都要按照教学计划规定，上好劳动课或劳动技术课；积极创造条件，建立劳动基地，开展课外科技活动，编写和使用乡土教材，适当参加社会实践活动。在农村，还要根据本地实际需要，改革初级中等教育结构，举办初级职业技术中学、初级职业技术教育班，或在普通初中适当年级实行分流培养。各地应创造条件大力开展小学后、初中后，乃至高中后的短期实用技术培训工作。在贫困地区小学高年级，也可使一些年龄较大学生在学习文化知识的同时，学习一点劳动技艺。城市初中，也应根据实际情况，组织学习有困难的学生学习一定职业技能，或试办初级职业技术教育班。

六、对因年龄较大、不宜随班就读的小学生，和未考入初中的小学毕业生，可因地制宜地采取非正规教育形式组织他们学习。如将12至15周岁未读完小学三年级的学生单独编班，使他们一方面达到扫盲标准要求，一方面学习一定的劳动技艺。又如将年龄不满16岁但未考取初中的小学毕业生，单独编班，采取一周学习一天或每日学习半天等办法，继续接受一定的文化知识和劳动技术教育。

七、重视解决造成农村中小学女学生流失的特殊性问题。县、乡（镇）人民政府应组织妇联等人民团体和村民委员会加强对群众的宣传教育，形成重视女童教育的社会舆论。教育部门和学校要针对女童就学的实际困难，采取适当的教学形式，增授所需的知识和技艺。在一些少数民族聚居地区还可根据群众需要，举办女童班、女子中小学、女子职业技术学校。在这些学校，要注意选拔培养本民族的女教师任教。

八、加强对中小学收费工作的管理。小学、初中收取杂费，高中收取学费、杂费，一定要严格执行省、自治区、直辖市和计划单列市人民政府规定的标准。对家庭经济困难的学生，还应免收或减收学费、杂费。学校一律不得自立项目、自订标准、滥收费用。

农村教育事业费附加，由县、乡（镇）人民政府负责计征。民办教师待遇，由县、乡（镇）人民政府负责筹措资金予以落实兑现。群众集资办学，由县、乡（镇）人民政府本着鼓励、自愿、量力原则，制订具体办法，统筹办理。以上各项工作，均不得转给农村中小学或通过学生去征集。

九、建立责任制和检查制度。

基础教育由地方负责，分级管理。解决中小学学生辍学问题，县（市、区）、乡（镇）两级的工作至关重要，要建立政府主要负责人员和分管负责人员的岗位责任制。对中小学生辍学，不掌握情况，不分析原因，不采取措施解决，也不如实向上级报告的，应视为失职行为。中小学校长、教师以及其他有关部门的人员，在各自岗位上因未及时采取工作措施而造成学生辍学的，也均属于失职行为。对有上列失职行为的人员，应进行批评教育，直至给予相应的处分。

从1989年起，各省、自治区、直辖市应建立学龄儿童少年入学与在校生巩固情况的督导检查制度，通过督导检查，要及时发现问题，改进工作，要表彰先进单位和个人，批评那些不负责任的部门和人员，以保障不同年限义务教育的顺利实施。

□特殊教育补助费使用办法

（1989年2月3日国家教委、国家计委、财政部、民政部、中国社会福利有奖募捐委员会、中国残疾人联合会发布）

为扶植各地发展对残疾人的特殊教育事业，根据国务院批准实施的《中国残疾人事业五年工作纲要（1988年—1992年）》，从1989年起，设立特殊教育补助费。按照专款专用和讲求效益的原则，现制订具体使用办法如下：

一、补助经费的来源和管理

特殊教育补助费主要来源有以下几个方面：

1.财政部专项拨款；

2.国家教委在国家计委和财政部拨给的有关专项补助费中划拨的基建投资和经费；

3.中国社会福利有奖募捐委员会募捐资金；

4.中国残疾人福利基金会募集的资金。

以上资金由国家教委、民政部、中国社会福利有奖募捐委员会、中国残疾人联合会成立的协调小组统筹考虑，提出分配方案，商国家计委、财政部等有关部门后，分别不同资金来源并根据预算内事业费和基建投资的划分规定，由国家教委与有关部门联合下达。

各地对特教补助费要实行项目管理，制定符合项目管理要求的具体实施办法。

二、使用范围

1.对下列学校基建投资和设备购置费不足部分的补助：

（1）新建或由普通学校改办的各类残疾儿童学校，为扩大招生规模而改建的残疾少年儿童学校，普通小学附设的残疾少年儿童班；

（2）新建或由普通中等师范等学校改办或附设的特教师资培养、培训机构；

（3）省、自治区、直辖市新建或改办的残疾青年职业教育机构；

2.残疾少年儿童学校统编教材编写费；

3.残疾儿童早期教育机构（包括民政部门办的儿童福利机构中残疾儿童教育部分）的教学设备补助；

4. 少量其他特殊需要的残疾人教育项目。

三、补助原则

1.申请补助的项目必须是地方安排的基建投资和设备购置费的主要部分已经落实，经过补助即可形成招生能力；

2.参照申请项目的学校规模、招生人数、师资来源和设备条件等因素确定补助金额；

3.参照当地对项目的投入情况确定补助金额，投入多的多补助，投入少的少补助；

4.在执行1、2、3条的前提下，对经济困难的地区酌情照顾；

5.经审查、确认符合补助条件的项目，原则上只给予一次性补助。

四、补助办法

1.各省、自治区、直辖市及计划单列市教育行政部门会同有关部门负责对申请项目进行筛选、平衡和审核，于每年12月底以前将下年度拟向中央申请补助的特殊教育发展项目（一式六份）报国家教委。

2.由协调小组会同有关部门对上述项目

计划进行汇总审查，一般于每年4、5月间，按项目将补助款下达有关省、自治区、直辖市及计划单列市；各省应按核拨的补助金额如数下达有关学校、班，不得截留或挪用。凡使用特殊教育补助费中第3、4项资金来源所列非基建投资安排的基建项目，需由有关省、自治区、直辖市及计划单列市纳入当年自筹基建计划。

五、检查总结

各省、自治区、直辖市及计划单列市教育部门会同有关部门应认真管好用好补助费，充分发挥其效益，并对补助费的使用情况进行检查总结，其中包括：

1.各项补助项目的经费、投资安排情况和完成情况；

2.补助项目在当年秋季新建、改建各类特教学校数、基建面积和仪器设备购置数量，当年招生数及今后学校招生容量；

3.未完成项目的原因及补救措施，完成项目的基本经验。

以上检查总结于每年12月底以前连同下年度项目计划一并报国家教委备查。

□国家教委、文化部关于加强少年儿童艺术教育的意见

（1989年2月20日）

党的十一届三中全会以来，随着党的工作重点的转移，在学校恢复正常的教育教学秩序和文化工作得到了进一步发展的同时，少年儿童艺术教育工作和课外艺术教育活动进入了恢复和发展的新阶段。在党和政府的领导下，在教育、文化等部门的共同努力下，少年儿童艺术教育工作逐步得到了加强，改变了“文革”中小学艺术教育课程停顿和被取消的状态，重新将音乐、美术课和课外文娱活动列入教学计划，并增加了课时，制订了教学大纲，编写了全国通用教材；少年儿童课外、校外艺术教育活动在许多地区蓬勃开展；各级文化部门把少年儿童文化艺术工作纳入自己的工作范围，做了许多富有成效的工作；少年儿童艺术教育的研究与交流有所加强；涌现出一批热爱少年儿童艺术教育事业，具有艰苦奋斗和勇于创新精神的少年儿童艺术教育工作者和开展少年儿童艺术教育卓有成效的先进单位。特别是全国少年儿童文化艺术委员会和国家教委艺术教育委员会成立以来，教育和文化部门密切配合，更加有力地推动了少年儿童艺术教育的广泛开展，出现了一个新的局面。

但是，必须看到，我国少年儿童艺术教育工作在许多方面与培养一代新人的要求、同改革开放的形势不相适应，基础薄弱，发展很不平衡；对少年儿童艺术教育的重要性缺乏应有的认识，实际工作中业务指导思想的问题没有完全解决；少年儿童艺术教育工作者队伍不够稳定，数量不足，素质有待提高；少年儿童艺术教育设施和设备亟需改善和充实。

为了进一步加强少年儿童艺术教育工作，特提出以下意见：

一、国务院在关于“七五”计划的报告中，明确地把美育和德育、智育、体育并列，重新确立了美育在国家教育方针中的地位。没有美育的教育是不完全的教育。艺术教育是美育的主要内容和途径，是基础教育的重要组成部分，它对建设社会主义精神文明，培养有理想、有道德、有文化、有纪律的一代新人起着重要的作用。对艺术教育的重视程度，反映了社会的文明程度。我们需要的是与社会主义精神文明建设相适应的艺术教育，而且要从小抓起。

艺术教育对少年儿童有特殊的重要性，它生动、形象、感人，为少年儿童所喜爱，易于为少年儿童所接受，对培养少年儿童在德、

智、体、美诸方面全面和谐地发展，具有不可取代的作用。加强少年儿童艺术教育，有利于培养少年儿童的良好品德，陶冶高尚情操，增强爱国主义感情；有利于培养他们的审美情趣，启迪智慧，发挥想象力和创造精神；有利于从小培养他们对艺术的初步的感受、理解和表现能力；有利于丰富和充实少年儿童的课余生活，抵制资本主义、封建主义腐朽思想的影响和侵蚀。各级教育、文化部门，各有关方面和广大教育工作者、文艺工作者，必须进一步提高对少年儿童艺术教育重要性的认识，把它放在应有的位置，认真抓好。

二、少年儿童艺术教育的根本目的在于提高广大少年儿童的艺术素质，为培养合格的社会主义公民奠定良好的初步的基础。这是少年儿童艺术教育的重要指导思想。

少年儿童艺术教育，要从全面培养教育少年儿童出发，不仅要通过艺术教育给少年儿童以音乐、美术等方面的基础知识，培养各方面的技能和才干，而且要重视通过艺术教育培养学生的良好品德，寓爱国主义、革命传统、文明礼貌等方面的教育于教学和各种活动之中，培养学生心中有他人，心中有集体，心中有人民，心中有祖国的思想感情和讲文明、懂礼貌、热爱劳动、勤俭节约、不怕困难、积极进取、勇于创造、诚实谦虚、团结友爱、讲民主、守纪律、有毅力、讲信誉等好品德。

少年儿童艺术教育，必须有利于少年儿童身心的健康发展，符合少年儿童生理、心理发展的规律和教育规律。我们需要的是与社会主义精神文明相适应的，为少年儿童所喜爱，并易于接受的艺术教育。它要有民族的、时代的特色，又要符合不同年龄少年儿童的心理特征和审美能力发展的特点、知识水平、理解能力和兴趣爱好，要搞好各年龄段之间的衔接，改进教学方法。少年儿童艺术教育活动要克服“成人化”的作法，组织活动的各单位要加强协调，活动要适量，安排要合理，避免给少年儿童造成过重负担和影响正常的教学秩序。

少年儿童艺术教育，要面向全体少年儿童，面向学校，面向农村，正确处理普及和提高的关系。普及少年儿童艺术教育，首先要上好艺术教育课，同时，要充分利用课外活动时间开展群众性的艺术教育活动，校外教育机构和文化等有关部门在积极开展阵地性的艺术教育活动的同时，还要为学校开展活动提供有利条件。学校和校外教育单位，既要努力搞好各种艺术兴趣小组，又要十分重视组织普及性的艺术教育活动，形成传统，坚持下去；既要对少数有艺术特长的少年儿童加强培养和训练，又要对多数有各种艺术兴趣的少年儿童加以辅导。教育和文化部门均需正确处理普及和提高的关系。

少年儿童艺术教育，必须从我国国情出发，从各地实际情况出发。因地制宜，扎扎实实，讲求实效，提倡以开展经常性、群众性的小型、分散、灵活多样的活动为主，避免只追求形式上的轰轰烈烈，热衷于搞大活动，而不讲实效的倾向。要根据本地区不同民族和经济、文化条件，充分发挥本地的优势，充分利用现有的人力物力，搞出自己的特色，取得更大的效益。

三、切实加强少年儿童艺术教育，必须全面贯彻实施《全国学校艺术教育总体规划》，采取必要而有力的措施。

加强少年儿童艺术教育，关键是建立相对稳定的合格的艺术师资队伍。各地教育行政部门要对艺术师资的培养、配备和培训工作，做出全面规划。要为具有一定规模的小学配齐音乐、美术教师。要抓好新师资的培养，有条件的省、市尽可能开设中等艺术师范或在普通师范中设音乐美术专修班或选修班，也可在职业高中开办音乐美术师资班，在中等师范学校要加强艺术教育课，培养一专多能的教师后备军，要教育学生热爱教育事业。要抓好在职师资的培训提高工作，采取办短训班，组织参加电视、广播、函授学习及脱产、半脱产进修，观摩学习等多种形式，使不合格教师取得专业合格证书，不断提高在职教师的文化、业务水平。教师进修部门和教研部门要担负起这一任务，文化部门和艺术院校也要积极协助教育部门做好培训工作。对待音乐、美术教师，在评选先进、调资晋级、评定职称等方面要与其它学科的教师同等对待；要为他们提供必要的工作条件；他们担负课外艺术教育任务，应按其实际负担计算工作量；艺术教育工作成绩卓著应给予表彰和奖励。

加强少年儿童艺术教育，各级教育行政部门必须加强对音乐、美术课教学的领导，行政和教研部门都要配备专职或兼职人员抓好此项工作，督促和帮助学校按教学计划开课，按教学大纲要求上好课，建立和健全音乐、美术教研机构，逐渐形成教研网络，加强教学研究，努力提高教学质量，加强少年儿童艺术教育的理论研究和改革实验。

加强少年儿童艺术教育，开展课外、校外艺术教育活动是一个重要途径，它可以丰富活跃少年儿童课余生活，培养兴趣爱好，发展多方面的艺术才能。学校要在搞好课堂教学的同时，积极创造条件，广泛开展课外活动。文化部门、团体和校外教育机构要积极协助学校开展课余文艺活动，抽出一定力量到学校进行辅导或帮助建立各种课余艺术组织或兴趣小组，暑假期间还可协助举办少年儿童文艺夏令营，组织艺术表演，美术创作和音乐欣赏等活动。

加强少年儿童艺术教育，必须有计划有步骤地改善艺术教育的教学设施和设备。各地教育行政部门要在实施义务教育、配备教学器材的同时，对进行艺术教育所必需的教学设备逐步予以配齐。所需经费，除教育部门要尽最大的努力增加对音、美教学设备的投资外，还可采取从勤工俭学费中拿一点，争取社会各方面资助一点的办法逐步解决。

加强少年儿童艺术教育，教育、文化部门必须密切配合，并争取社会力量的支持。各级教育文化部门要将加强少年儿童艺术教育作为全面贯彻教育方针的重要一环来抓，都要树立“育人”思想，发挥各自的优势，协调一致，密切合作，共同抓好这项工作。各部门不仅要有负责同志亲自过问，还要指定专人具体负责，要主动加强与其它部门的联系与配合，定期研究，统筹安排。各级文化部门要建立、健全少年儿童文化艺术工作机构，有计划地开展工作。群艺馆和文化馆（站）也要为广大少年儿童敞开大门，对他们进行艺术培训，并依靠自己的人才优势配合教育部门培养艺术教育师资。在节日或适当时机举办少年儿童艺术教育活动。要争取新闻出版、广播电视等部门和文化艺术团体的支持和帮助，争取有关部门为少年儿童艺术教育提供活动场所、设备、师资和辅导力量，要争取广大作家、作曲家、艺术家努力创作为少年儿童所喜爱的文艺作品；要争取厂矿、企业、机关、部队、大专院校、街道和乡村并鼓励集体和个人，尽可能为开展少年儿童艺术教育工作给予资助。广泛依靠社会力量，多方协作，推动少年儿童艺术教育工作进一步蓬勃发展。

□国务院办公厅转发国家教委等部门关于发展特殊教育若干意见的通知

（1989年5月4日）

国家教委、国家计委、民政部、财政部、人事部、劳动部、卫生部、中国残疾人联合会《关于发展特殊教育的若干意见》已经国务院同意，现转发给你们，请研究执行。

国家教委、国家计委、民政部、财政部、人事部、劳动部、卫生部、中国残疾人联合会关于发展特殊教育的若干意见

建国以后，特别是近十年来，我国的特殊教育事业有了一定发展。但由于种种原因，我国特殊教育，特别是残疾少年儿童教育，已经成为普及初等教育最薄弱的环节，目前全国盲、聋学龄儿童入学率还不足6％。这一状况引起了有关部门和社会各界的普遍关注。为加快特殊教育的发展步伐，进一步提高包括残疾人在内的全民族素质，现提出以下意见：

一、方针与政策

1.我国宪法规定："国家和社会帮助安排盲、聋、哑和其他有残疾的公民的劳动、生活和教育。"有计划、有步骤地发展残疾人教育事业，切实保障残疾人受教育的权利，是国家、社会和残疾人家长的共同责任。

发展特殊教育，是提高残疾人素质的根本途径，是社会主义人道主义精神的具体体现。它对促进残疾人自强自立，平等参与社会生活，从而成为社会主义建设的参加者具有重要作用。

2.发展特殊教育要贯彻普及与提高相结合，以普及为重点的原则。在当前和今后一个时期，发展特殊教育事业的基本方针是：着重抓好初等教育和职业技术教育，积极开展学前教育，逐步发展中等教育和高等教育。

把残疾少年儿童教育切实纳入普及义务教育的工作轨道。各级教育部门要把残疾少年儿童教育同当地实施义务教育工作统一规划，统一领导，统一部署，统一检查。今后，要将残疾少年儿童教育发展规划执行情况作为检查、验收普及初等教育的内容之一。

3.各级各类特教学校都应贯彻执行德、智、体、美、劳全面发展的方针，在对残疾学生进行思想品德教育、文化教育和身心缺陷补偿的同时，切实加强劳动技能和职业技术教育，为他们参与社会生活，适应社会需要创造条件。

4.发展残疾少年儿童教育应遵循地方负责，中央给予指导帮助，有关部门分工协作，社会各界积极支持的原则。

5.多种渠道办学，充分调动各方面办学的积极性。在国家办学的同时，积极提倡并鼓励社会团体、工矿区、林区、垦区、集体经济组织、私营经济组织和个人办学或捐资、捐物、出力助学。欢迎港澳同胞、海外侨胞和国际友好人士捐资助学。

6.多种形式办学，加快特殊教育事业的发展。

——各地要充分利用现有普通小学，积极招收虽有一定残疾，但可以在普通班学习的残疾儿童入学。

——在普通小学附设特教班，吸收随普通班学习困难较大的残疾儿童入学。

——积极创造条件，举办多种形式的特教学校，可以直接办校，也可以先办班后办校；可以办全日制学校；也可以办半工半读学校；可以办课程设置齐全的学校，也可以办课程设置暂不齐全的学校；可以每年招生，也可以隔年招生。

——各地学校要继续创造条件，积极吸收肢体残疾和有学习障碍、语言障碍、情绪障碍等少年儿童入学，并努力改进教学方法，探索教学规律，使他们受到适当的特殊教育。

——高等院校、中等专业技术学校和技工学校要继续认真贯彻落实招收残疾学生的有关规定。有条件的省、自治区、直辖市，要选择一、两所大专院校，试招盲、聋等残疾学生在适合的专业中学习。

——儿童福利机构要积极创造条件，采

用多种形式，对残疾儿童进行特殊教育和训练。

——各地还可因地制宜，积极探索其他办学形式。

7.特殊教育的布局。

——盲童教育，原则上以省、自治区、直辖市为单位划片设校，或以地市为单位设校；并有计划地在聋童学校和普通小学附设盲童班，或吸收掌握盲文的盲童在普通小学随班就读。

——聋童教育，根据生源情况原则上以县为单位办班办校。

——弱智教育，城市可以在普通小学、残疾儿童福利机构分散办班或随班就读，也可以集中办校；农村实行就近入学，随班就读，加强个别辅导；有条件的县、乡（镇）也可以办班或建校。

——在特教学校（班）合理布局的基础上，各省、自治区、直辖市及其所属地、市，应有重点地办好几所盲、聋和弱智学校或特教班，作为教学研究中心，发挥以点带面、典型示范的作用。

8.学制和入学年龄。目前，我国残疾少年儿童实行义务教育的年限原则上与当地健全儿童相同。各类特教学校的学制应根据各地的不同情况和各类残疾少年儿童教育的特点，确定不同年限。

——盲童初等学校（班）和初级中等学校（班），原则上实行五、四制，如果需要也可以实行六、三制。各地应在盲童中，先普及五年或六年初等教育，有条件的地方可适当发展四年或三年制初级中等教育。

——聋童学校（班）原则上实行九年制，即在现行八年制的基础上，再增加一年职业技能教育。条件不具备的地方，可实行六、三分段，先在聋童中普及六年教育。

——弱智儿童学校（班）的学制一般为九年，条件不具备的地方，可实行六、三分段，先普及六年教育。

——招收残疾少年儿童随班就读的普通学校，其学制不变。

残疾少年儿童的入学年龄现在一般为七至九周岁，有条件的地方可以逐步过渡到六、七周岁。初等教育阶段，在校学生的年龄一般不得超过十八周岁。

二、目标与任务

9.《中国残疾人事业五年工作纲要》（国发〔1988〕59号）提出："今后五年，要采取多种措施，使盲童、聋童的入学率从现在的不足6％，分别提高到10％和15％，弱智儿童入学率要有大幅度提高；发达地区的残疾儿童入学率应有更大的提高。"各地要制定具体计划和措施，切实完成或超额完成这一任务。

各地应加强调查研究，摸清各类残疾少年儿童的人数，并从当地经济、文化的发展情况出发，统筹规划，分类指导，既要积极创造条件，又要稳妥可行，自下而上，上下结合，逐步制定发展残疾少年儿童教育事业的近期年度计划和中、长期规划，争取在"七五"后两年和"八五"期间打好基础，并有较大的发展，到2000年，力争全国多数盲、聋和弱智学龄儿童能够入学。

10.各地应根据本地区经济、文化发展的不同情况，分别制定发展特殊教育的规划目标。

——大、中城市和经济、文化比较发达的沿海地区，以及经济、文化中等发达的地区中经济条件较好的县（市），到"八五"的最后一年，盲、聋和轻度弱智学龄儿童入学率达到70％以上。"九五"期间，在继续发展、巩固、提高初等教育的基础上，使初级中等以上的残疾人教育有适当的发展。

——经济、文化中等发达地区中的一般县（市），到2000年，盲、聋、轻度弱智学龄儿童入学率达到50％左右，并创造条件发展初级中等以上教育。

——经济、文化不发达的地区，在普及初等教育的进程中，要积极创造条件，发展残疾少年儿童教育。

——大、中城市应积极创造条件发展残疾人的初级中等以上的职业技术教育和普通教育。今后五年内，各省、自治区、直辖市的残疾人联合会应会同当地民政、劳动、教育部门，为残疾青年举办一所职业技术教育机构。

11.早期发现、早期矫治、早期教育对于残疾儿童的身心发展具有重要意义。要在特殊教育学校、残疾儿童康复机构和普通幼儿园举办残疾儿童学前班，并依靠家庭的配合，对残疾儿童进行早期智力开发和功能训练。

12.采取多种形式，积极开展残疾成人教育，加强在职岗位培训、农村实用技术和文化学习。要积极创办扫盲班，对残疾青少年文盲进行扫盲教育。

13.积极开展优生优育的宣传教育，采取有力措施，降低残疾儿童出生率。残疾儿童出生率比较高的地方，要努力探索通过特殊教育提高残疾人素质的方法与途径。

三、领导与管理

14.各地要认真贯彻执行《中华人民共和国义务教育法》及国务院有关文件中对发展盲、聋和弱智等各类残疾少年儿童教育的规定，并根据本地实际情况制定具体办法。

要加强特殊教育的法制建设工作，尽快制定有关残疾人教育方面的法规。各地应按照实际情况，积极制定地方性法规和规章，以保障残疾人受教育的权利。

15.在各级人民政府的统一领导下，以教育部门为主，民政、卫生、劳动、计划、财政和残疾人联合会等部门和组织紧密配合，各司其职，共同做好特殊教育工作。

——教育行政部门负责贯彻执行国家关于特殊教育的方针政策；制定教学计划、教学大纲和有关规章制度；会同计划等部门做好特殊教育规划；对特殊教育工作进行宏观指导和具体管理；负责特教师资的培训和组织特教教材的编审。

——民政部门要负责组织儿童福利机构和社区服务机构，对残疾儿童进行学前教育、文化教育和职业技术教育。

——劳动部门要积极协助有关部门，组织推动残疾青年的就业前培训和在职培训。

——残疾青年的就业，在国家统筹规划和指导下，实行劳动部门介绍就业、自愿组织起来就业和自谋职业相结合的方针，由民政、劳动部门共同负责安排和指导。

——卫生部门负责残疾少年儿童的残疾分类分等和检查诊断，并配合做好招生鉴定工作；对特教学校（班）的残疾少年儿童的康复医疗进行指导；宣传、普及康复医学的知识。

——计划和财政部门要对特殊教育事业发展规划做好综合平衡，并制订政策，在基建投资和经费方面给特殊教育事业以积极的支持。

——残疾人联合会要把发展特殊教育作为自己的重要任务之一，协助政府，动员社会，做好特殊教育工作。

——请工会、共青团、妇联等社会各界热情支持特殊教育事业。

16.各级教育部门要加强对特殊教育的领导和管理。要充实国家教委和各省、自治区、直辖市教育部门管理特殊教育机构的人员，切实抓好特殊教育。地、市、县教育部门要有人专职或兼职管理特殊教育。

17.多渠道筹措办学经费和基建投资。

——按照基础教育由地方负责、分级管理的原则，发展特殊教育所需经费，应由地方人民政府负责安排。根据中央关于教育经费“两个增长”的原则，特殊教育经费应随着教育事业费的增加逐步增加。这是解决特殊教育经费的主要渠道。

——国家举办特殊教育学校（班）所需基

建投资，由各级地方政府统筹安排，列入当地基建投资计划。

——各地应从已征收的教育费附加中，拨出一定比例用于特殊教育。

——各地社会福利有奖募捐委员会和残疾人福利基金会要从募捐资金中拨出一部分用于发展特殊教育。

——各地政府要积极扶持特教学校开展勤工俭学，以弥补办学经费之不足。

——财政部、国家教委、中国社会福利有奖募捐委员会和中国残疾人福利基金会从1989年起，设立残疾人教育专项补助费，专款专用，扶持各地发展特殊教育事业。

18.加强师资队伍建设。

——各省、自治区、直辖市应根据本地特教事业发展的需要和实际情况，本着师资先行的原则，在五年内，积极创造条件筹办特教师资培训机构。可以单独设立特教师范学校，也可以在普通中师、特教学校或其他教育机构附设特教师范班、特教师范部。

——为补充特殊教育急需的师资，各地应统筹规划，选调一部分应届中师毕业生和普通中小学、儿童福利机构的在职教师进行专业培训，分配到特教学校（班）和残疾儿童福利机构任教。同时，还可选调一部分高中毕业生或民办教师进行专业培训，分配到特教机构任教。所需劳动指标，由省、自治区、直辖市及计划单列市在国家下达的年度增加职工人数计划指标内解决。

——各地要采取多种形式，对在职特教师资进行培训，提高他们的业务素质。

——国家教委要统筹安排，积极创造条件，在部分高等师范院校开办特教专业，为各地培训特殊教育的专门人才。

——各地普通中等师范学校、幼儿师范学校的有关专业课，可根据当地需要适当增加特殊教育内容；高等师范院校应有计划地增设特殊教育选修课程。

19.改善特教学校（班）和残疾儿童福利机构教职工的待遇，提高他们的社会地位。各地在表彰教师时，要从特殊教育的实际出发，给予适当照顾。

20.各地应根据特教学校（班）的特点和实际需要，本着节约、精简的原则尽快制定各类特教学校（班）的公用费标准和人员编制比例。国家教委要编制各类特教学校的校舍建筑面积定额及有关设计规范、通用教学设备和特殊教学设备的参考目录。要搞好特教学校教具、学具的研制和供应工作。残疾儿童福利机构也要根据特殊教育的需要，努力改善办学条件。

21.特教教材工作由国家教委有关机构归口管理，负责组织教材的编写、审定，并会同有关部门做好出版、发行工作。要鼓励地方和学校自编教材，经省、自治区、直辖市教育部门审定后供学校择优选用。

22.要高度重视特殊教育的科学研究和教改实验工作。国家教委所属的特殊教育科研机构，要充实人员，逐步完善。有条件的省、自治区、直辖市也可以在教育科研机构或师范院校建立特教研究机构。特教研究机构要坚持理论联系实际和为教学实践服务的方向，积极开展工作。各地特教学校也要积极开展教学研究工作。

□幼儿园工作规程（试行）

（1989年6月5日国家教育委员会发布）

第一章　总　　则

第一条　为了加强幼儿园的科学管理，提高保育和教育质量，制定本规程。

第二条　幼儿园是对三周岁以上学龄前幼儿实施保育和教育的机构，属学校教育的预备阶段。

第三条　幼儿园的任务是：实行保育与

教育相结合的原则，对幼儿实施体、智、德、美全面发展的教育，促进其身心和谐发展。

幼儿园同时为幼儿家长安心参加社会主义建设提供便利条件。

第四条 幼儿园适龄幼儿为三周岁至入小学前。

幼儿园一般为三年制，亦可设一年制或二年制的幼儿园。

第五条 幼儿园保育和教育的主要目标是：

促进幼儿身体正常发育和机能的协调发展，增强体质，培养良好的生活习惯、卫生习惯和参加体育活动的兴趣。

发展幼儿正确运用感官和运用语言交往的基本能力，增进其对环境的认识，培养有益的兴趣和动手能力，发展智力。

萌发幼儿爱家乡、爱祖国、爱集体、爱劳动的情感，培养诚实、勇敢、好问、友爱、爱惜公物、不怕困难、讲礼貌、守纪律等良好的品德、行为、习惯，以及活泼、开朗的性格。

萌发幼儿初步的感受美和表现美的情趣。

第六条 幼儿园可分为全日制、半日制、定时制、季节制和寄宿制等。上述形式可分别设置，也可以混合设置。

第二章 幼儿园的招生、编班

第七条 幼儿园每年秋季招生。平时如有缺额，可随时补招。

幼儿园对烈士子女，家中无人照顾的残疾人子女和单亲子女入园，应予照顾。

第八条 企业、事业单位和机关、团体、部队设置的幼儿园，除招收本单位工作人员的子女外，有条件的应向社会开放，招收附近居民子女入园。

第九条 幼儿在入园前，须按照卫生部门制定的卫生保健制度进行体格检查，合格者方可入园。

幼儿园招生除进行体格检查外，严禁任何形式的考试和测查。

第十条 幼儿园规模以有利于幼儿身心健康，便于管理为原则，不宜过大。

幼儿园每班幼儿人数一般为：小班（三至四周岁）二十五人，中班（四至五周岁）三十人，大班（五周岁至入小学前）三十五人，混合班三十人，学前幼儿班不超过四十人。寄宿制幼儿园每班幼儿人数酌减。

幼儿园可按年龄分别编班，也可混合编班。

第三章 幼儿园的卫生保健

第十一条 幼儿园必须切实做好幼儿生理和心理卫生保健工作。

幼儿园应严格执行卫生部颁布的《托儿所、幼儿园卫生保健制度》以及其他有关卫生保健制度。

第十二条 幼儿园应制订合理的幼儿一日生活作息制度。两餐间隔时间不得少于三小时半。幼儿户外活动时间在正常情况下，每天不得少于二小时，寄宿制幼儿园不得少于三小时，高寒地区在冬季可酌情减少。

第十三条 幼儿园应建立幼儿健康检查制度和幼儿健康卡或档案。每年体检一次，每半年测身高一次，每季度量体重、测视力一次，并对幼儿身体健康发展状况定期进行分析、评价。

应注意幼儿口腔卫生，保护幼儿视力。

第十四条 幼儿园应建立卫生消毒、病儿隔离制度，积极做好计划免疫和疾病防治工作。

幼儿活动场所严禁吸烟。

第十五条 幼儿园应建立房屋、设备、消防、交通等安全防护和检查制度，以及食品、药物的管理和幼儿接送等制度，防止发生失火、触电、走失、砸伤、摔伤、烫伤、溺水、食物中毒、药物中毒、煤气中毒、吞食异物和防止幼儿将异物放入眼、耳、鼻、口内以及交通安全等事故。

应加强对幼儿的安全教育。

第十六条 供给膳食的幼儿园应为幼儿提供合理膳食。有条件的要编制营养平衡的幼儿食谱，定期计算幼儿的进食量和营养素摄取量。

第十七条 幼儿园应保证供给幼儿饮水，为幼儿饮水提供便利条件。

要培养幼儿良好的大、小便习惯，不得限制幼儿大、小便的次数、时间等。

第十八条 积极开展适合幼儿的体育活动，每日户外体育活动不得少于一小时，加强冬季锻炼。

要充分利用日光、空气、水等自然因素，有计划地锻炼幼儿肌体，增强身体的适应和抵抗能力。

对体弱或有残疾的幼儿予以特殊照顾。

第十九条 幼儿园夏季要做好防暑降温工作，冬季要做好防寒保暖工作，防止中暑和冻伤。

第四章 幼儿园的教育

第二十条 幼儿园教育工作的原则是：

体、智、德、美诸方面的教育应互相渗透，有机结合。

遵循幼儿身心发展的规律，符合幼儿的年龄特点，注重个体差异，因人施教，引导幼儿个性健康发展。

面向全体幼儿，热爱幼儿，坚持积极鼓励、启发诱导的正面教育。

合理地综合组织各方面的教育内容，并渗透于幼儿一日生活的各项活动中，充分发挥各种教育手段的交互作用。

创设与教育相适应的良好环境，为幼儿提供活动和表现能力的机会与条件。

以游戏为基本活动，寓教育于各项活动之中。

第二十一条 幼儿园一日活动的组织应动静交替，注重幼儿的实践活动，保证幼儿愉快的、有益的自由活动。

第二十二条 幼儿园日常生活组织，要从实际出发，建立必要的合理的常规，坚持一贯性、一致性和灵活性的原则，培养幼儿的良好习惯和初步的生活自理能力。

第二十三条 幼儿园的教育活动是有目的、有计划引导幼儿主动活动的，多种形式的教育过程。

教育活动的内容应根据教育目的，幼儿的实际水平和兴趣，以循序渐进为原则，有计划地选择和组织。

组织教育活动应根据不同的教育内容，充分利用周围环境的有利条件，以积极运用感官为原则，灵活地运用集体活动与个别活动的形式，为幼儿提供充分活动的机会，注重活动的过程，促进每个幼儿在不同水平上的发展。

第二十四条 游戏是对幼儿进行全面发展教育的重要形式。

应根据幼儿的年龄特点选择和指导游戏。

应因地制宜地为幼儿创设游戏条件（时间、空间、材料）。游戏材料应强调多功能和可变性。

应充分尊重幼儿选择游戏的意愿，鼓励幼儿制作玩具，根据幼儿的实际经验和兴趣，在游戏过程中给予适当指导，保持愉快的情绪，促进幼儿能力和个性的全面发展。

第二十五条 幼儿园的品德教育应以情感教育和培养良好行为习惯为主，注重潜移默化的影响，并贯穿于幼儿生活以及各项活动之中。

严禁虐待、体罚和变相体罚等损害幼儿身心健康的行为。

第二十六条 幼儿园应在各项活动的过程中，根据幼儿不同的心理发展水平，注重培养幼儿良好的个性心理品质，尤应注意根据幼儿个体差异，研究有效的活动形式和方法，不要强求一律。

第二十七条 幼儿园应当使用全国通用的普通话。招收少数民族幼儿为主的幼儿园，可使用当地少数民族通用的语言。

第二十八条 幼儿园和小学应密切联系，互相配合，注意两个阶段教育的相互衔接。

第五章 幼儿园的园舍、设备

第二十九条 幼儿园应设活动室、儿童厕所、盥洗室、办公用房和厨房。有条件的幼儿园可单独设保健室、音乐室、游戏室、体育活动室和家长接待室等。

寄宿制幼儿园应设寝室、隔离室、浴室、洗衣间和教职工值班室等。

第三十条 幼儿园应有与其规模相适应的户外活动场地，配备必要的游戏和体育活动设施，并创造条件开辟沙地、动物饲养角和种植园地。

应根据幼儿园特点，绿化、美化园地。

第三十一条 幼儿园应配备适合幼儿的桌椅、玩具架、盥洗卫生用具，以及必要的教具、玩具、图书和乐器等。

寄宿制幼儿园应配备儿童单人床。

幼儿园的教具、玩具，应符合安全、卫生、教育的要求。

幼儿园应因地制宜，就地制材，自制教具、玩具。

第三十二条 幼儿园建筑规划面积定额、建筑设计要求和教具、玩具的配备，参照国家有关部门的规定执行。

第六章 幼儿园的工作人员

第三十三条 幼儿园按照编制标准设园长、副园长、教师、保育员、医务人员、事务人员、炊事员和其他工作人员。

各省、自治区、直辖市教育行政部门可会同有关部门参照国家教育委员会和原劳动人事部制订的《全日制、寄宿制幼儿园编制标准》，制定具体规定。

第三十四条 幼儿园工作人员应热爱幼儿教育事业，爱护幼儿，努力学习专业知识和技能，提高文化和专业水平，品德良好，为人师表，忠于职责，身体健康。

第三十五条 幼儿园园长除符合本规程第三十四条要求外，并具有幼儿师范学校（包括职业学校幼儿教育专业）毕业程度，或取得幼儿园教师专业合格证书者。此外，还应有一定组织管理能力和实际工作经验。

幼儿园园长由设置者任命或聘任。非地方人民政府设置的幼儿园园长应报教育行政部门备案。

幼儿园园长负责幼儿园的全面工作，其主要职责如下：

（一）贯彻执行国家的有关法律、法规、方针、政策和上级主管部门的规定；

（二）领导教育、卫生保健、安全保卫工作；

（三）负责建立并组织执行各种规章制度；

（四）负责聘任、调配工作人员。指导、检查和评估教师以及其他工作人员的工作，并给予奖惩；

（五）加强工作人员的思想工作，组织文化、业务学习，并为他们的政治和文化、业务进修创造必要的条件；

关心和逐步改善工作人员的生活、工作条件，维护他们的正当权益；

（六）管理园舍、设备和经费；

（七）组织和指导家长工作。

第三十六条 幼儿园教师除符合本规程第三十四条要求外，还应具有第三十五条第一款规定的资格之一。

幼儿园教师职务实行聘任或任命制。

幼儿园教师对本班工作全面负责，其主要职责如下：

（一）根据国家规定的幼儿园教育纲要，结合本班幼儿的特点和个体差异，制订教育工作计划，并组织实施；

（二）观察、分析并记录幼儿发展情况；

（三）严格执行幼儿园安全、卫生保健制度，指导并配合保育员管理本班幼儿生活和做好卫生保健工作；

（四）与家长保持经常联系，了解幼儿家庭的教育环境，商讨符合幼儿特点的教育措施，共同配合完成教育任务；

（五）参加业务学习和幼儿教育研究活动；

（六）定期向园长汇报，接受其检查和指导。

第三十七条　幼儿园保育员除符合本规程第三十四条要求外，还应具有初中毕业以上程度，并受过幼儿保育职业培训。

幼儿园保育员的主要职责如下：

（一）负责本班房舍、设备、环境的清洁卫生工作；

（二）在教师指导下，管理幼儿生活，并配合本班教师组织教育活动；

（三）在医务人员和本班教师指导下，严格执行幼儿园安全、卫生保健制度；

（四）妥善保管幼儿衣物和本班的设备、用具。

第三十八条　幼儿园医务人员除符合本规程第三十四条要求外，医师应当具有医学院毕业程度；医士和护士应当具有中等卫生学校毕业程度，或取得卫生行政部门的资格认可；保健员应当具有高中毕业程度，并受过幼儿保健职业培训。

幼儿园医务人员对全园幼儿身体健康负责，其主要职责如下：

（一）协助园长组织实施有关卫生保健方面的法规、规章和制度，并监督执行；

（二）研究调配和改善幼儿膳食，检查饮食、饮水和环境卫生；

（三）密切与当地卫生保健机构的联系，及时做好计划免疫和疾病防治等工作；

（四）向全园工作人员和家长宣传幼儿卫生保健等常识；

（五）妥善管理医疗器械、消毒用具和药品。

第三十九条　幼儿园其他工作人员的资格和职责，参照政府的有关规定执行。

第四十条　对认真履行职责，成绩优良者，应按有关规定给予奖励。

对不履行职责者，应给予批评教育；情节严重的，应给予行政处分；构成犯罪的，由司法机关依法追究刑事责任。

第七章　幼儿园的经费

第四十一条　幼儿园的经费由设置者负责筹措。其经费标准，地方人民政府设置的幼儿园，由省、自治区、直辖市人民政府制定；其他幼儿园，由设置者或其上级行政主管部门参照上述标准制定。

第四十二条　幼儿园收费应按省、自治区、直辖市教育行政部门会同有关部门制定的收费项目、标准和办法执行。

幼儿园不得以培养幼儿某种专项技能为手段，另外收取费用；亦不得以幼儿表演为手段，进行营利性活动。

特殊情况的临时性收费，应征得家长同意，并向上级行政主管部门报告。

第四十三条　省、自治区、直辖市教育行政部门应会同有关部门制定各类幼儿园经费管理办法。

幼儿园的经费应按规定的使用范围合理开支，坚持专款专用，不得挪作他用。

第四十四条　集体性质的幼儿园和公民个人设置的幼儿园筹措的经费开支，应保证保育和教育的需要，有一定比例用于改善办园条件，并可提留一定比例的幼儿园基金。

第四十五条 幼儿膳食费应实行民主管理制度，保证全部用于幼儿膳食，每月向家长公布帐目。

第四十六条 幼儿园应建立经费预算和决算审核制度，严格执行有关财务制度，经费预算和决算，应提交园务委员会或教职工大会审议，并接受财务和审计部门的监督检查。

第八章 幼儿园与幼儿家庭

第四十七条 幼儿园应主动与幼儿家庭配合，帮助家长创设良好的家庭教育环境，向家长宣传科学保育、教育幼儿的知识，共同担负教育幼儿的任务。

第四十八条 应建立幼儿园与家长联系的制度。

幼儿园可采取多种形式，指导家长正确了解幼儿园保育和教育的内容、方法，定期召开家长会议，并接待家长的来访和咨询。

幼儿园应认真分析、吸收家长对幼儿园教育与管理工作的意见与建议。

幼儿园可实行对家长开放日的制度。

第四十九条 幼儿园可成立家长委员会。

家长委员会的主要任务是：帮助家长了解幼儿园的工作计划和要求，协助幼儿园工作；及时反映家长对幼儿园工作的意见和建议；协助幼儿园组织交流家庭教育的经验。

家长委员会在幼儿园园长指导下工作。

第九章 幼儿园的管理工作

第五十条 幼儿园实行园长负责制。园长在设置者和教育行政部门领导下，依据本规程负责领导全园工作。

幼儿园可建立园务委员会。园务委员会由保教、医务、财会等人员的代表以及家长代表组成。园长任园务委员会主任。

园长定期召开园务会议（遇重大问题可临时召集）对全园工作计划，工作总结，人员奖惩，财务预算和决算方案，规章制度的建立、修改、废除，以及其他涉及全园工作的重要问题进行审议。

不设园务委员会的幼儿园，上述重大事项由园长召集全体教职工会议商议。

第五十一条 幼儿园应建立教职工大会制度，或以教师为主体的教职工代表会议制度，加强民主管理和监督。

第五十二条 幼儿园园长应依靠党的基层组织，并充分发挥工会、共青团及其他群众组织的作用。

第五十三条 幼儿园应制订年度工作计划，定期布置、总结和报告工作。每学年末应向行政主管部门和教育行政部门报告工作，必要时随时报告。

第五十四条 幼儿园应接受上级教育督导人员的检查、监督和指导。要根据督导的内容和要求，如实报告工作，反映情况。

第五十五条 幼儿园应建立教育研究、业务档案、财务管理、园务会议、人员奖惩、安全管理以及与家庭、小学联系等制度。

幼儿园应建立工作人员名册、幼儿名册和其他统计表册，每年向教育行政部门报送统计表。

第五十六条 幼儿园在相当小学寒假、暑假期间，以不影响家长工作为原则，工作人员可轮流休假，具体办法由设置者自定。

第十章 附 则

第五十七条 本规程适用于城乡各类幼儿园。

第五十八条 各省、自治区、直辖市教育行政部门可根据本规程，制订具体实施办法。

各省、自治区、直辖市教育行政部门，

可根据本规程对不同地区、不同类别的幼儿园分别提出不同要求，分期分批地有步骤地组织实施。亦可制订本地区不同类型幼儿园的工作规程。

第五十九条 本规程由国家教育委员会负责解释。

第六十条 本规程自1990年2月1日起试行。

□国家教委关于试行普通高中毕业会考制度的意见

（1989年7月26日）

一、普通高中毕业会考是国家认可的省级考试。它是水平考试，与高校招生选拔考试具有根本不同的性质。会考是检查、评估高中阶段教学质量，考核高中毕业生文化课学习是否合格的一种手段。实行会考制度必须有利于全面贯彻教育方针，有利于推动高中阶段的教学改革，加强教学管理，提高教学质量。

会考成绩合格，思想品德表现、社会实践、体育成绩等均达到毕业标准的学生可以取得高中毕业证书。

二、会考科目分为考试科目和考查科目。考试科目一般应包括高中阶段教学计划规定开设的九门文化课。劳动技术及物理、化学、生物学科的实验等为考查科目，着重考查动手能力。

三、省、自治区、直辖市教委、教育厅（局）要根据教学大纲的基本要求和本地区的实际情况制订会考标准，作为会考命题的依据。命题以学科结业学年所学内容为主。

四、考试考查应在学科教学全部结束后进行，学完一门考一门。为了便于合理安排考试考查科目，省、自治区、直辖市教委、教育厅（局）可以对现行教学计划进行适当的合理的调整。在调整中应保证学科总课时不变，周总课时不得增加。

五、考试科目由省、自治区、直辖市统一命题，制定参考答案和评分标准。考查科目由市、县或学校根据省、自治区、直辖市制订的会考标准命题。

六、会考由省、自治区、直辖市统一组织，统一阅卷登分。有困难的地区，在具备监测和成绩平衡手段的条件下，可由地市进行阅卷登分。为保证会考的严肃性、真实性，各地应建立健全考务管理制度。

七、考试科目的成绩可分为若干等第。考查科目的成绩只分合格、不合格。

八、会考成绩不合格者，允许参加一次补考。补考由省、自治区、直辖市统一命题，统一考试时间，由县（区）组织考试评卷。补考成绩只分及格、不及格。

因病或其他特殊原因经批准缺考的，原则上参加下一年度的会考；毕业年级缺考的补考办法，由各省、自治区、直辖市制定。

九、会考证书由省、自治区、直辖市的考试机构统一发放。其中考试成绩由省级考试机构填写成绩等第并签章，考查科目成绩、补考成绩由组织考查、补考的机构填写、签章。

十、各地高中综合改革试点校，以及经地方教育行政部门评估考察，办得好的部分学校，经省、自治区、直辖市教委、教育厅（局）审查批准后，可以不参加会考。这些学校高中毕业考试由学校自行命题，组织实施，省级考试机构给予承认发证。

十一、高中会考作为教学检查、评估的一种手段，势必涉及教学模式、课程结构、教学大纲及教育思想、办学条件、师资队伍等一系列问题。因此，进行会考试验的省、自治区、直辖市应当端正教育思想，改善办学条件，提高教师的思想业务水平，加快高中阶段结构和教育、教学的总体改革步伐，力争使会考的试验与高中阶段总体改革结合进行。

十二、为保证会考顺利进行，省、自治区、直辖市应建立有权威的考试机构，配备必要的编制，拨付一定的经费。考试机构应包括命题、考务、考籍管理、成绩统计分析及报告等人员。经费不足时，可向考生适当收取试卷费，标准由省、自治区、直辖市决定。

□幼儿园管理条例

（1989年8月20日国务院批准，
1989年9月11日国家教育委员会发布）

第一章 总 则

第一条 为了加强幼儿园的管理，促进幼儿教育事业的发展，制定本条例。

第二条 本条例适用于招收三周岁以上学龄前幼儿，对其进行保育和教育的幼儿园。

第三条 幼儿园的保育和教育工作应当促进幼儿在体、智、德、美诸方面和谐发展。

第四条 地方各级人民政府应当根据本地区社会经济发展状况，制订幼儿园的发展规划。

幼儿园的设置应当与当地居民人口相适应。

乡、镇、市辖区和不设区的市的幼儿园的发展规划，应当包括幼儿园设置的布局方案。

第五条 地方各级人民政府可以依据本条例举办幼儿园，并鼓励和支持企业事业单位、居民委员会、村民委员会和公民举办幼儿园或捐资助园。

第六条 幼儿园的管理实行地方负责，分级管理和各有关部门分工负责的原则。

国家教育委员会主管全国的幼儿园管理工作；地方各级人民政府的教育行政部门，主管本行政辖区内的幼儿园管理工作。

第二章 举办幼儿园的基本条件和审批程序

第七条 举办幼儿园必须将幼儿园设置在安全区域内。

严禁在污染区和危险区内设置幼儿园。

第八条 举办幼儿园必须具有与保育、教育的要求相适应的园舍和设施。

幼儿园的园舍和设施必须符合国家的卫生标准和安全标准。

第九条 举办幼儿园应当具有符合下列条件的保育、幼儿教育、医务和其他工作人员：

（一）幼儿园园长、教师应当具有幼儿师范学校（包括职业学校幼儿教育专业）毕业程度，或者经教育行政部门考核合格。

（二）医师应当具有医学院校毕业程度，医士和护士应当具有中等卫生学校毕业程度，或者取得卫生行政部门的资格认可。

（三）保健员应当具有高中毕业程度，并受过幼儿保健培训。

（四）保育员应当具有初中毕业程度，并受过幼儿保育职业培训。

慢性传染病、精神病患者，不得在幼儿园工作。

第十条 举办幼儿园的单位或者个人必须具有进行保育、教育以及维修或扩建、改建幼儿园的园舍与设施的经费来源。

第十一条 国家实行幼儿园登记注册制度，未经登记注册，任何单位和个人不得举办幼儿园。

第十二条 城市幼儿园的举办、停办，由所在区、不设区的市的人民政府教育行政部门登记注册。

农村幼儿园的举办、停办，由所在乡、镇人民政府登记注册，并报县人民政府教育行政部门备案。

第三章 幼儿园的保育和教育工作

第十三条 幼儿园应当贯彻保育与教育相结合的原则，创设与幼儿的教育和发展相适应的和谐环境，引导幼儿个性的健康发展。

幼儿园应当保障幼儿的身体健康，培养幼儿的良好生活、卫生习惯；促进幼儿的智力发展；培养幼儿热爱祖国的情感以及良好的品德行为。

第十四条 幼儿园的招生、编班应当符合教育行政部门的规定。

第十五条 幼儿园应当使用全国通用的普通话。招收少数民族为主的幼儿园，可以使用本民族通用的语言。

第十六条 幼儿园应当以游戏为基本活动形式。

幼儿园可以根据本园的实际，安排和选择教育内容与方法，但不得进行违背幼儿教育规律，有损于幼儿身心健康的活动。

第十七条 严禁体罚和变相体罚幼儿。

第十八条 幼儿园应当建立卫生保健制度，防止发生食物中毒和传染病的流行。

第十九条 幼儿园应当建立安全防护制度，严禁在幼儿园内设置威胁幼儿安全的危险建筑物和设施，严禁使用有毒、有害物质制作教具、玩具。

第二十条 幼儿园发生食物中毒、传染病流行时，举办幼儿园的单位或者个人应当立即采取紧急救护措施，并及时报告当地教育行政部门或卫生行政部门。

第二十一条 幼儿园的园舍和设施有可能发生危险时，举办幼儿园的单位或个人应当采取措施，排除险情，防止事故发生。

第四章 幼儿园的行政事务

第二十二条 各级教育行政部门应当负责监督、评估和指导幼儿园的保育、教育工作，组织培训幼儿园的师资，审定、考核幼儿园教师的资格，并协助卫生行政部门检查指导幼儿园的卫生保健工作，会同建设行政部门制定幼儿园园舍、设施的标准。

第二十三条 幼儿园园长负责幼儿园的工作。

幼儿园园长由举办幼儿园的单位或个人聘任，并向幼儿园的登记注册机关备案。

幼儿园的教师、医师、保健员、保育员和其他工作人员，由幼儿园园长聘任，也可由举办幼儿园的单位或个人聘任。

第二十四条 幼儿园可以依据本省、自治区、直辖市人民政府制定的收费标准，向幼儿家长收取保育费、教育费。

幼儿园应当加强财务管理，合理使用各项经费，任何单位和个人不得克扣、挪用幼儿园经费。

第二十五条 任何单位和个人，不得侵占和破坏幼儿园园舍和设施，不得在幼儿园周围设置有危险、有污染或影响幼儿园采光的建筑和设施，不得干扰幼儿园正常的工作秩序。

第五章 奖励与处罚

第二十六条 凡具备下列条件之一的单位或者个人，由教育行政部门和有关部门予以奖励：

（一）改善幼儿园的办园条件成绩显著的；

（二）保育、教育工作成绩显著的；

（三）幼儿园管理工作成绩显著的。

第二十七条 违反本条例，具有下列情形之一的幼儿园，由教育行政部门视情节轻重，给予限期整顿、停止招生、停止办园的行政处罚：

（一）未经登记注册，擅自招收幼儿的；

（二）园舍、设施不符合国家卫生标准、安全标准，妨害幼儿身体健康或者威胁幼儿生命安全的；

(三)教育内容和方法违背幼儿教育规律,损害幼儿身心健康的。

第二十八条 违反本条例,具有下列情形之一的单位或者个人,由教育行政部门对直接责任人员给予警告、罚款的行政处罚,或者由教育行政部门建议有关部门对责任人员给予行政处分:

(一)体罚或变相体罚幼儿的;

(二)使用有毒、有害物质制作教具、玩具的;

(三)克扣、挪用幼儿园经费的;

(四)侵占、破坏幼儿园园舍、设备的;

(五)干扰幼儿园正常工作秩序的;

(六)在幼儿园周围设置有危险、有污染或者影响幼儿园采光的建筑和设施的。

前款所列情形,情节严重,构成犯罪的,由司法机关依法追究刑事责任。

第二十九条 当事人对行政处罚不服的,可以在接到处罚通知之日起十五日内,向作出处罚决定的机关的上一级机关申请复议,对复议决定不服的,可在接到复议决定之日起十五日内,向人民法院提起诉讼。当事人逾期不申请复议或者不向人民法院提起诉讼又不履行处罚决定的,由作出处罚决定的机关申请人民法院强制执行。

第六章 附 则

第三十条 省、自治区、直辖市人民政府可根据本条例制定实施办法。

第三十一条 本条例由国家教育委员会解释。

第三十二条 本条例自1990年2月1日起施行。

□国家教委关于加强全国中小学校长培训工作的意见

(1989年12月19日)

为贯彻中央关于干部队伍"四化"建设方针与加强干部培训工作的重要指示,原教育部于1982年下发《关于加强普通教育行政干部培训工作的意见》,各级教育行政部门采取多种形式,积极开展中小学校长培训工作,提高了这支队伍的政治觉悟和工作能力,中小学校的教学与管理工作有所改善。但是,目前从全国中小学校长队伍的整体上看,其政治、业务素质还不能适应基础教育事业发展和深化改革的需要。特别是一批新走上校长岗位的中、青年同志,需要提高马克思主义的理论和政治素养,把握坚定正确的政治方向,进一步明确办学指导思想,懂得教育、教学管理的规律和方法;一些在校长岗位上工作时间较长、经验丰富的同志,在改革、开放时期也应根据形势发展的需要学习新的内容。为此,进一步搞好中小学校长培训工作,积极推进这支队伍的"四化"建设,是全面贯彻落实党和国家的教育方针,改革与发展我国基础教育事业,不断提高教育质量的一项十分紧迫的战略任务。

现就改进和加强中小学校长培训工作,提出如下意见:

一、培训工作的基本要求

开展中小学校长培训工作,应以马克思主义为指导,贯彻理论联系实际的原则,并做到按需施教,学用结合,注重实效。要将干部的培训与考核、任用紧密地结合起来,逐步建立起比较完善的中小学校长培训制度。

要采取多种形式开展培训工作,争取用3至5年时间将全国中小学校长再轮训一遍,使大多数中小学校长的政治、业务素质得到较大提高,能够具有一定的马克思主义理论和政治素养，自觉地坚持四项基本原则和社会主义办学方向，反对资产阶级自由化，正确理解和贯彻执行党和国家的教育方针，确立正确的教育思想，掌握教育基本理论和学校管理知识与方法，基本适应学校办学、育人以及基础教育改革与发展任务的需要；还应通过长期努力，培养一批具有较高马克思主义思想水平和丰富管理经验、办学卓有成效的中小学教育专家。

二、培训的内容与方式

开展岗位职务培训，是中小学校长培训工作的重点。要求中小学校长按照岗位职务规范标准，学习政治理论，党和国家的教育方针、政策、法规，教育基本理论，学校管理知识与方法等内容。

政治理论包括马列主义、毛泽东思想基本原理、中国社会主义建设基本问题等，是中小学校长的必修课。应根据不同学校的情况，分别提出选学内容和要求，重点是学习马克思主义包括邓小平同志的主要著作，努力掌握马克思主义的世界观和方法论。

中小学校长的岗位职务培训，以业余、自学、短期脱产为主，有组织地配合高质量的辅导。经考核合格，才能发给证书。各地应有计划、有步骤地开展该项培训工作，逐步使岗位职务培训规范化。

对已经过岗位职务培训或已较系统学过教育管理知识的校长，还要以多种方式开展继续教育，进一步提高其理论水平和管理能力。如举办专题研讨班，总结交流经验，探讨学校管理与教育改革的某些专题。各级教育行政部门领导可亲自参与组织一些层次较高的短期研究班，集中一批德才兼优、实绩突出的校长，学习理论，总结经验，研究问题，开展实验，使他们成为教育改革和按社会主义方向办学、育人的带头人。

应特别重视和以切合实际的方式加强对老、少、边、穷地区中小学校长的培训工作。

对文化程度尚未达到规定要求的校长，各地要采取多种方式支持他们学习教育管理专业或进行专业证书培训。

要利用卫星电视教育手段，开设中小学教育管理有关课程，各地可以多种方式组织收看，尽可能使广大中小学校长都能获得适合自己情况的学习条件。

三、搞好培训工作的主要措施

1.提高认识，加强领导。

各级教育行政部门都要重视和加强中小学校长培训工作，确定一名负责同志及有关机构分管，将其列入重要议事日程，每年研究一二次，切实解决培训工作中的重要问题。

应从现有校长的素质和以往开展培训工作的基础出发，制定切合当地实际的省、地、县三级培训规划及具体措施，坚持改革，搞好试点，加强管理，狠抓落实。

中小学校长培训工作及校长素质提高情况，应列为考核、评估各级教育行政部门领导水平、工作实绩的基本内容之一。

2.积极改善培训工作的条件。

各地现有师范院校、教育学院、教师进修学校和其它培训机构，除了培训中小学师资外，也要培训中小学校长及基础教育管理干部。各地教育行政部门应充分调动学校的积极性，明确分工，落实对口培训任务。中央教育行政学院及国家教委所属各教育管理干部培训基地，也要参与中小学校长培训工作，并积极地起指导作用。

各省、自治区、直辖市教育行政部门要加强对各地中小学校长培训基地的指导，促进其交流培训工作的信息，开展联合办学和校际合作，努力提高办学的整体效益。

中小学校长培训工作所需经费、教学设施等，应列入地方教育事业发展计划。地方核定的教育事业费、教育附加费以及中央拨给的师资培训专项经费中，应有一定比例用于培训中小学校长的工作。

3.编写好适用的培训教材。

教材编写要以马列主义、毛泽东思想为指导，注重于我国中小学管理与改革实践基本经验的科学总结，吸收国外教育管理科学的有益成分，使之具有针对性、实用性及科学性。国家教委将制定和颁布中小学校长岗位职务培训指导性教学计划供各地参考；并组织有关专家和工作实绩突出、有丰富管理经验的校长及教师参加教材的编写工作，在现有一批比较优秀教材的基础上，争取尽快选编出包括教育学科基本知识、教育法规、学校管理理论与方法等教材供各地选用。各地教育行政部门也应组织力量，根据当地的实际情况，抓好教材、教学参考资料的选编工作，以保证培训工作的质量。当前特别要注意总结管理与改革搞得好的学校的典型经验，以丰富教材的内容。

4.加强干训师资队伍建设。

各地应采取有力措施，尽快解决目前许多院校干训师资力量弱、业务水平不高、队伍不稳定等问题。承担培训中小学校长讲课任务的师资主要从学校现有教师中选聘。专职教师应少而精，并相对稳定，以便积累经验；还应有一定数量的兼职教师（包括教育行政部门领导和优秀的校长）。从事培训工作教师的教学、研究成果，应同样得到上级和学校的认可；其专业技术职务的评聘和各项待遇的确定，应与其他教师同等对待。要为他们创造不断提高业务水平的条件。

5.培训与干部考核、任用相结合。

中小学校长参加岗位职务等较系统培训的成绩，应存入本人档案，与工作实绩一起，作为其被考核、任用、晋级的重要依据之一。要积极创造条件，安排在职校长分期分批接受岗位职务培训，并达到规定要求；对将任校长职务的，先进行岗前培训，并经考核合格后，再上岗任职。各地可根据当地的实际情况，制定具体的政策性规定。

中小学校长在参加组织上安排的培训期间，其职务、工资和有关福利待遇不变。

各地在重视培训中小学校长的同时，应加强农业、职业中学校长和教育行政管理干部的培训工作。培训要求参考本规定的有关精神执行。

师范教育部分

□三年制中等师范学校教学方案(试行)

(1989年6月21日国家教育委员会发布)

中等师范学校是培养小学教师的中等专业学校。

三年制中等师范学校要坚持四项基本原则，主动适应社会主义现代化建设发展的需要，培养学生热爱社会主义祖国，热爱中国共产党，热爱小学教育事业，初步树立马克思主义的基本观点，具有良好的社会公德和教师的职业道德，艰苦奋斗和求实创新的精神；使学生掌握从事小学教育教学工作必备的文化知识、技能和基本能力，懂得小学教育教学的基本规律，具备一定的审美能力、初步的生产劳动知识和技能，养成良好的卫生习惯，具有健康的体魄，使他们成为合格的小学教师。

一、制定三年制中等师范学校教学方案的原则

(一)根据社会主义现代化建设发展的需要和九年制义务教育对小学教师的要求，规定中等师范学校的课程和教学内容，安排学校的教育教学活动。

(二)根据我国幅员辽阔、经济文化发展不平衡的实际情况，实行统一性与灵活性相结合的原则。国家对中等师范学校的教学工作规定统一的基本要求，各省、自治区、直辖市教育行政部门依据国家的基本要求，从本地经济、文化的发展和九年制义务教育对于小学教师的需求出发，确定本地区中等师范学校的教学内容并制定相应的教学计划。

(三)根据中等师范教育的特点和规律，实行以课堂教学为主，必修课与选修课相结合、课堂教学与课外活动相结合、学校教育与社会实践相结合的原则，使中等师范学校的教育教学活动成为由必修课、选修课、课外活动和社会实践有机结合的整体。

(四)根据培养小学教师的需要和中等师范学校学生的特点，加强中等师范学校的思想教育工作，把思想政治教育和道德品质(特别是师德)、心理品质的培养贯穿于教学活动始终，坚持教书育人，教育学生坚持四项基本原则、反对资产阶级自由化，使学生成为有理想、有道德、有文化、有纪律、能履行公民义务、并具有良好的职业道德及心理品质的小学教师。

(五)根据中等师范教育对未来小学教师进行职前教育的需要，科学地安排文化课、教育专业课、艺体课和教育实践，贯彻理论联系实际的原则，加强实践环节，注重培养能力和训练技能，使学生全面掌握从事小学、尤其是农村小学教育工作必备的中等文化知识、专业知识、技能技巧以及科学的教育教学方法。

(六)根据中等师范学校学生的身心发展规律，因材施教，培养学生的广泛兴趣和特长，使学生得到生动、活泼、主动、全面的发展。

二、三年制中等师范学校教学方案的内容

(一)时间安排：

全学程共156周，时间分配如下：

教学活动107周左右，教育实践10周左右，寒暑假36周左右，机动3周(用于社会活动、集体教育活动)。

(二)课程设置:

三年制中等师范学校设置必修课和选修课。

1.必修课:

必修课是中等师范学校教学活动的主体,是培养学生在品德、智力、体质等几方面全面发展,对学生进行小学教师职前教育的主要途径。

必修课包括思想政治、文化知识、教育理论、艺术、体育和劳动技术教育等类课程。思想政治课要对学生进行马克思主义基本知识的教育,坚持四项基本原则、改革开放的教育,爱国主义教育,社会主义教育,理想、道德(特别是师德)教育,公民教育,民主、法制教育,独立自主、艰苦奋斗的教育,切实反对资产阶级自由化;文化课要在初中文化基础上讲授从事小学教育工作必备的中等文化知识,并进行基本技能训练,特别是普通话、写字等小学教师必备的基本功的训练;教育理论课和小学各学科教材教法课程,要根据小学教育的实际需要讲授教育理论基本知识和科学的教育教学方法,注重实际能力的培养;艺术、体育课要加强基础知识的教学和适应小学教育、教学需要的基本技能训练,培养学生一定的审美能力,提高学生的身体素质;劳动技术课要对学生进行劳动观点和开展小学劳动教育必备的生产、技术知识的教育,进行一定的技能训练,并培养学生的劳动习惯。

各类课程都要重视乡土知识的传授。主要为农村培养小学师资的学校,要重视对学生进行农村实现社会主义现代化,加强物质文明和精神文明建设有关知识的教育。生物、地理等学科要重视对学生进行人口、生态、环境保护等方面知识的教育。

三年制中等师范学校必修科目及基本课时:

思想政治	190课时左右
语文(包括小学语文教材教法)	570课时左右
数学(包括小学数学教材教法)	420课时左右
物理学	170课时左右
化学	130课时左右
生物学(包括少年儿童生理卫生)	130课时左右
历史	130课时左右
地理	130课时左右
小学心理学教程	100课时左右
小学教育学教程	130课时左右
体育	190课时左右
音乐	190课时左右
美术	190课时左右
劳动技术	150课时左右

2.选修课:

选修课是中等师范学校教学活动的重要组成部分。它可以使中等师范学校教学主动适应当地经济、文化发展的需要;可以拓宽学生的知识,发展学生广泛的兴趣和特长;可以进一步培养学生从事小学教育教学工作的能力,特别是担任多学科教学的能力。

选修课一般应开设文化知识、小学各科教材教法、艺术、体育以及适应本地经济发展需要的职业技术教育等类课程。选修课的内容应注意体现小学教育教学的实际需要,反映当地历史、地理、文化特点以及经济发展的状况。三年制中等师范学校的选修课时应为总课时的7～15%(约250～540课时)。

各地中等师范学校在完成必修课教学任务的基础上,根据师资力量、设备条件确定具体选修科目和教学时间。教师要根据学生毕业后担任多学科教学的需要和学生的特长进行指导,确定选修科目。每类课程至少选修一门。

(三)教育实践:教育实践是中等师范学校思想教育、文化知识、教育理论的综合实践课,是小学教师职前教育的必要环节,对于学生了解小学教育,熟悉小学学生,巩固专业思想，培养实际能力，初步掌握科学的教育教学方法，具有特殊作用。

教育实践包括参观小学、教育调查、教育见习和教育实习。

教育实践的安排要尽可能与教育专业课、文化课的教学进度和各种社会实践活动结合，并贯穿于三年教学活动的始终。

教育实践的时间为10周左右。其中一年级2周，二年级2周，三年级6周。

(四)课外活动：

课外活动是中等师范学校教学活动的有机组成部分，对于学生学习文化知识、发展个性和培养能力，特别是小学教育、教学工作的实际能力，具有重要意义。

中等师范学校通过举办讲座，组织兴趣小组等多种形式开展学科、科技、文体以及社会调查等课外活动。

学校要制定课外活动计划，安排教师辅导，使课外活动有计划、有目的、有组织地进行。要充分调动学生开展课外活动的积极性和主动性，培养学生自我服务、自我教育、自己管理自己的能力。

(五)三年制中等师范学校必修课周课时参考表：(见右表)

科目	第一学年	第二学年	第三学年
思想政治	2	2	2
语文	6	6	4
小学语文教材教法			2
数学	5	5	
小学数学教材教法			3
物理	3	2	
化学	2	2	
生物学(包括少年儿童生理卫生)	4		
历史		2	2
地理		2	2
小学心理学教程	3		
小学教育学教程		2	2
体育	2	2	2
音乐	2	2	2
美术	2	2	2
劳动技术	2	2	

三、关于实施本教学方案的几点说明

(一)本教学方案的必修科目和基本课时供各省、自治区、直辖市制定本地区中等师范教学计划参考，可根据需要进行调整，有条件的地方还可以进行设置自然科学、社会科学综合课程的试验。暂不具备实施本方案条件的省、自治区、直辖市可以继续执行国家教委(86)教师字008号《关于调整中等师范学校教学计划的通知》，但要积极创造条件，深入开展教育教学改革，待条件成熟后实施本方案。

(二)民族师范学校(或班)的教学计划，由各省、自治区、直辖市根据本教学方案的要求，制定符合民族地区实际的教学计划。民族师范学校(或班)的必修课应达到国家规定的基本要求，应加强双语教学，开设民族语文课，用民族语言授课；同时要根据宪法关于“国家推广全国通用的普通话”的规定，学习普通话，将汉语文作为必修课程。选修课应根据各民族的特点，安排民族政策，民族历史、文化，区域地理以及经济发展状况等方面的教学内容。

(三)艺术、体育、外语等类中等师范学校(或班)，根据其培养目标，由各省、自治区、直辖市依据本教学方案精神，从实际出发制定教学计划。这类中等师范学校(或班)的必修课应加强专业学科及该专业学科的小学教材教法，还应开设思想政治、语文、数学、体育、小学心理学教程、小学教育学教程等课程，使学生重点学好某一专业，同时在思想政治、文化知识、教育教学能力等方面基本达到普通中等师范学校毕业生水平。

(四)本教学方案适用于三年制中等师范学校。四年制中等师范学校可依据本方案的原则精神制定相应的教学计划。

□电视师范教育管理办法(试行)

(1989年9月14日国家教育委员会发布)

第一条 为加强电视师范教育教学组织管理，确保教学质量，提高办学效益，制定本办法。

第二条 卫星电视师范教育的主要任务是：

(一)开展在职中小学教师培训，使未达到中等师范毕业的小学教师、未达到高等师范专科毕业的初中教师，通过系统学习达到国家规定的学历要求；

(二)开展中小学校长岗位培训，提高学校管理水平；

(三)开展中小学教师的继续教育，提高教学业务水平。

第三条 国家教委设置中国电视师范学院(简称电视师范学院,下同)，根据国家教委有关中小学教师培养层次的规格要求，组织拟定教学计划。组织编制文字与视听教材。

第四条 电视师范教育的有关招生、教学组织、管理工作，由省、自治区、直辖市及计划单列市教育行政部门组织落实。

各省、自治区、直辖市和计划单列市教育行政部门，应创造收看条件，保证在职学员不间断地收看卫星电视师范教育的课程。地面接收网点的建设，应采取政府拨款、群众集资以及捐助等形式筹集资金。

第五条 电视师范学历教育的招生，高师纳入国家成人高等教育广播电视大学招生计划；中师纳入省、自治区、直辖市及计划单列市成人教育广播电视中等专业学校招生计划。电视师范教育执行函授成人教育的有关政策。

第六条 电视师范教育高等师范专科的教学组织管理工作，依托教育学院、教师进修学院、广播电视大学或其他高等学校；电视师范教育中等师范的教学组织管理工作，依托教师进修学校、中等师范学校或其它小学教师培训机构。

第七条 承担电视师范教育教学组织管理的院校或其它教学单位(简称“承办单位”)，应把这项任务作为学校工作的一部分，并由一名院(校)长分管教学组织管理工作。

承办单位的主要职责是：

(一)执行电视师范学院高等师范专科和中等师范教学计划，以及有关的教学要求；

(二)制定实施计划，组织好教学的全过程；

(三)按国家的有关规定统筹安排发展规模、机构、人员编制、经费、基建项目、教师配备。

第八条 教学班是承办单位进行教学辅导、开展思想工作的基本组织形式。承办单位应根据学员实际情况，加强组织管理。

第九条 电视师范学院不设专职主讲教师。电视师范学院可聘任水平较高的兼职教师参与工作，编写教材，讲授课程。这些教师的此项工作应计入其所在学校的工作量。

第十条 承办单位应根据招生和教学的实际情况，配备相应的专职或兼职辅导教师。

辅导教师应热心电视师范教育、胜任辅导工作，熟悉远距离教育特点。可由各级各类学校的优秀教师充任或从社会上聘任。辅导教师的任用由承办单位审核决定。

第十一条 凡在职初中、小学教师及教育行政管理干部，经所在学校、单位同意，均可参加电视师范教育的学习。

系统进修高等师范专科的学员，应具有高中毕业或同等学力文化程度，并须参加全国各类成人高校统一招生考试；系统进修中等师范的学员，应具有初中毕业或同等学力文化程度，并须参加省、自治区、直辖市组织的统一招生考试；

要特别注意招收民办和代课教师；

参加单科进修的，须由本人申请，所在学校同意，承办单位批准并登记；

未经统一招生考试而自学收看的学员，可参加自学考试。

第十二条 学员所在学校应当为学员参加学习创造必要的条件，并在政治思想和生活上给予关心。

第十三条 经统一招生考试录取的学员，必须按规定时间到承办单位报到，并办理注册手续，方为在籍学员。学员应按教学计划要求，以业余、自学为主参加学习的全过程。

在籍学员因工作调动，须办理转学手续。调往地区应允许转入同类学校同届班次学习。

学员的学籍管理具体办法，由省、自治区、直辖市教育行政部门制定。

第十四条 电视师范教育的成绩考核，颁发结业、毕业证书等工作，由省、自治区、直辖市和计划单列市教育行政部门统筹安排。

第十五条 学员修完本专业教学计划所规定的全部课程，经考试成绩及格，德育考查合格者，由承办单位颁发毕业证书，国家承认其学历。

进修单科课程学习的学员，参加单科结业考试，成绩及格者，由学校发结业证书。

自学收看学员，可由自考办组织考试，考试成绩全部合格，颁发自学考试毕业证书。

第十六条 学员经本人申请，所在学校同意，承办单位批准，可适当延长学习年限，修完规定的课程并经考试及格后，再行颁发毕业证书。

第十七条 在培训提高中小学教师的现有办学形式之间，应加强横向联合、互相沟通。

举办成人函授师范教育的普通师范院校、教育学院和教师进修院校，可采用电视师范教育的教学计划、大纲和教材，充分利用电视师范教育的课程，扩大招生规模。

各省、自治区、直辖市自学考试办公室应采用电视师范教育的教学计划、大纲和教材，组织自学收看的中小学在职教师、干部考试。

进修单科课程学习的学员，单科结业成绩，应根据国家教委(86)教师字014号文件规定，与教师专业合格证书文化专业知识考试"互通"或"单通"。

第十八条 各省、自治区、直辖市及计划单列市教育行政部门和承担教学组织管理工作的院校或其它教学单位，根据本办法，结合本地区的实际，制定具体管理办法。

第十九条 本办法由国家教育委员会负责解释。

第二十条 本办法自公布之日起试行。

□中等特殊教育师范学校教学计划(试行)

(1989年11月16日国家教育委员会发布)

一、培养目标

中等特殊教育师范学校培养学生热爱社会主义祖国，热爱中国共产党，初步树立马克思主义基本观点，具有良好的社会公德和艰苦奋斗、求实创新精神，热爱并愿意从事特殊教育事业，理解和尊重残疾儿童，掌握从事初等特殊教育所必备的中等文化科学知识与专业技能，具有健康体魄，使他们成为合格的初等特殊学校教师。

二、适用范围

培养盲、聋、智力落后(弱智)儿童初等教育教师的三年制或四年制中等特殊教育师范学校(或班)。

三、时间安排

（一）三年制特师：全学程共156周，时间分配如下：教学活动107周左右，教育实践10周，寒暑假36周左右，机动3周（用于社会活动、集体教育活动等）。

（二）四年制特师：全学程共208周，时间分配如下：教学活动144周左右，教学实践不少于12周，寒暑假48周左右，机动4周。

四、课程设置

中等特殊教育师范学校的课程有必修课和选修课。

（一）必修课：

必修课是中等特师教学活动的主体，是培养学生全面发展、进行职前教育的主要途径。

1.公共必修课：开设思想政治、语文、数学、物理、化学、生物学、历史、地理、音乐、体育、美术、教育学基础、心理学基础、特殊教育概论、劳动技术教育等。思想政治课对学生进行马克思主义基本知识的教育，进行坚持四项基本原则、改革开放的教育，爱国主义教育，社会主义教育，理想、道德（特别是师德）教育，公民教育，民主、法制教育，独立自主、艰苦奋斗的教育，切实反对资产阶级自由化。文化课、艺术课和体育课要在初中文化基础上对学生进行从事初等特殊教育工作必需的基础知识教育和基本技能训练。教育基础理论课要对学生进行教育基础理论知识的教育和教学基本能力的训练，为学习专业特教理论和方法打下基础。劳动技术课要对学生进行劳动观点、劳动习惯和手工、家务劳动、生产技术知识和技能的教育与训练。

2.专业必修课：

（1）聋教育专业：开设耳聋儿童心理学、耳聋儿童教育学、手语基础、耳聋预防及康复、小学语文教学法、小学数学教学法、小学常识教学法；

（2）盲教育专业：开设盲童心理学、盲童教育学、盲字基础、目盲预防及康复、小学语文教学法、小学数学教学法、小学常识教学法；

（3）智力落后教育专业：开设智力落后儿童心理学、智力落后儿童教育学、儿童精神发育迟滞及测查、行为矫正基础、小学语文教学法、小学数学教学法、小学常识教学法。

专业必修课要根据不同类型残疾儿童教育的实际需要，对学生进行与实际密切结合的基本理论的教育，要突出实用性，注重各种形式的实践活动（特师专业必修课程说明附后）。

四年制特师必修课科目与三年制特师相同，教学内容和时间可在三年制特师必修课基础上根据各地实际需要与可能有所增加。

（二）选修课：

选修课是中等特殊师范学校教学活动的重要组成部分，可以使学校主动适应当地需要，拓宽学生知识，发展学生特长，进一步培养学生担任多学科教学的能力。选修课一般应开设文化知识、艺术、体育、普通小学各科教材教法、其他特殊教育专业必修课以及适应当地特殊教育发展需要的职业技术教育等类课程。选修课内容应注意适应初等特殊教育教学的实际需要，反映当地历史、地理、文化特点及经济发展状况。特别应鼓励学生选修其他特殊教育专业必修课的课程。

各校在完成必修课教学任务的基础上，根据师资力量、设备条件确定具体选修科目和时间，并根据学生特长和毕业后的工作需要进行指导，确定选修科目。三年制特师选修课为184课时，四年制特师选修课应不少于总课时的7％（约为280课时）。

五、教育实践

教育实践是中等特殊教育师范学校思想教育、文化知识、教育理论的综合实践课，是使学生熟悉特殊教育和培养从事特殊教育、教学工作能力的重要环节。教育实践包括参观、见习、教育调查、协助特殊教育教师组织活动和做学生工作、教育实习等。三年制特师教育实践共10周,四年制特师为12周。时间可分散使用,也可集中使用,但最后一年的教育实习应集中使用。

教育实践应安排到普通小学见习,以便学生了解普通教育,并与特殊教育进行比较,从而加深对特殊教育特殊性的理解。

六、课外活动

课外活动是中等特殊教育师范学校教学活动的有机组成部分,是课堂教学的补充和延伸,对于学生学习文化科学知识、发展个性、增强实际能力具有重要意义。具体形式可以有讲座、学科活动、科技文体活动、参观访问、社会调查、兴趣小组等,应鼓励学生到普通小学、特殊学校或社会福利机构从事有益的社会工作或志愿性辅导活动。

七、教学时数参考表(附后)

八、几点说明

(一)我国各地经济、文化和教育发展很不平衡,各省、自治区、直辖市可以在本计划的基础上,结合当地的实际情况和需要,对本计划作适当调整。必修和选修课时不得少于本计划规定,可适当调整课外活动时间。

(二)特师教育既要考虑当前的状况,也要考虑到特殊教育的未来发展。因此,应注意普通教育知识和特殊教育知识的相互渗透,使学生具有较为广泛的知识基础。

(三)一年制或二年制的特殊教育师资培训班的教学计划可参照本计划拟定,其中特教专业课科目和课时原则上应按本计划的要求进行安排。

(四)普通中等师范学校应开设特殊教育基本理论和基本教学能力训练的选修课,使学生具有在普通小学对随班就读的残疾儿童进行教育的初步能力,以适应各地初等特殊教育事业发展的需要。

特师专业必修课程说明

(一)特殊教育概论:讲授特殊教育的发展简史,特殊教育方法,各类特殊儿童的定义、鉴定、特点和教育安置,特殊教育教师与家长的合作,特殊教育师资培训,特殊教育概况和未来发展,优生优育等基础知识。

(二)缺陷儿童心理学:分为聋童心理学、盲童心理学、智力落后儿童心理学。讲授聋童、盲童和智力落后儿童心理过程的规律和特点,心理的发展和缺陷补偿。

(三)缺陷儿童教育学:分为聋童教育学、盲童教育学和智力落后儿童教育学,介绍聋童、盲童和智力落后儿童教育的基本理论,教育目的、任务(包括一般任务和特殊任务),特殊学校的教育教学原则、内容和方法,教学组织和教育管理的基本原则、方法和特点。

(四)手语基础:讲授中国通用手语(包括手势语和手指语)的基本规律,注重掌握手势语和手指语的基本规律,注重掌握手势语和手指语的实际运用技能,培养学生用手语与耳聋学生会话的能力。另外,各地特师还可讲授地方手势语。

盲字基础:讲授汉语盲字的历史、特点和符号系统,利用书写工具进行盲文书写,培养阅读盲字的熟练技能。除现行盲文外,应使学生了解中国盲字"七五方案"。

(五)耳聋预防及康复:讲授人耳的解剖、生理和耳聋的病因,耳聋的分类、临床表现、诊断、治疗和预防,耳功能检查及常用仪器使用,听力学基础。

目盲预防及康复:讲授人眼的解剖、生理和致盲(包括低视力)的原因,视觉障碍的分类、诊断、治疗和预防,眼功能检查及常用仪器的使用,低视力的矫正等基础知识。

儿童精神发育迟滞及测查:讲授人神经系统(主要是大脑)的解剖和生理,造成智力

三年制中等特殊教育师范学校教学时数参考表

周课时 科目		学年	一	二	三	上课总时数
1	公共必修课	思想政治	2	2	2	190
2		语文	5	5	4	445
3		数学	5	5		325
4		物理	2			66
5		化学		2		64
6		生物学	2			66
7		历史	4/0			66
8		地理		0/4		64
9		体育	2	2	3	220
10		音乐	2	2	3	220
11		美术	2	2	3	220
12		心理学基础	0/4			66
13		教育学基础		4/0		64
14		劳动技术教育	2	2		130
15		特殊教育概论	2			66
		小计	30	26	15	2272
16	智力落后教育专业必修课	智力落后儿童教育学		0/4		64
17		智力落后儿童心理学		4/0		64
18		儿童精神发育迟滞及测查			2	60
19		行为矫正基础			2	60
20		小学语文教学法			3	90
21		小学数学教学法			2	60
22		小学常识教学法			1	30
23		小计	0	4	10	428
24		每周必修课时	30	30	25	2700
25		选修课		2	4	184
26		课外活动	3	2	5	313
27		每学年上课周数	33	32	30	

三年制中等特殊教育师范学校教学时数参考表（续）

科目　周课时　学年			一	二	三	上课总时数
28		教育实践(周数)	1	3	6	
16	盲教育专业必修课	盲童教育学		0/4		64
17		盲童心理学		4/0		64
18		盲字基础		2		64
19		目盲预防及康复			2	60
20		小学语文教学法			2	60
21		小学数学教学法			4	120
22		小学常识教学法			1	30
23		小　计	0	6	9	462
16	聋教育专业必修课	聋童教育学		0/4		64
17		聋童心理学		4/0		64
18		手语基础		1		32
19		耳聋预防及康复			2	60
20		小学语文教学法			3	90
21		小学数学教学法			3	90
22		小学常识教学法			1	30
23		小　计	0	5	9	430

注：计划表中周课时4/0为该学年第一学期每周4课时

落后的原因、分类、鉴定、治疗和预防，智力测验和适应行为的测验与检查。

行为矫正基础：讲授行为矫正的基础理论，问题行为的鉴定、性质、表现方式、行为矫正的策略，行为治疗的一般原则等基础知识。

（六）小学语文教学法：结合盲、聋、智力落后儿童小学教育的语文教材，讲授与普通小学语文相对应的教法和该类儿童语文教学的特殊方法。聋教育专业应讲授聋童发音和形成语言、发展语言的方法；智力落后教育专业应讲授语言矫正的方法。

小学数学教学法：根据盲、聋、智力落后儿童小学教育的数学教材，讲授数学教学的目的、任务和各部分的具体教法，使学生掌握该类特殊儿童数学教学大纲、内容、方法和教学特点、教具特点等。

小学常识教学法：根据盲、聋、智力落后儿童小学自然和社会常识的教学大纲和教材，讲授各部分的基本内容和教法、教具，弥补该类儿童常识缺陷的任务和方法。

小学体育、音乐、美术、劳动技术教学法和各类残疾儿童的教学特点分别在体育、音乐、美术和劳动技术课中讲授。

四年制中等特殊教育师范学校教学时数参考表

周课时 学年 / 科目			一	二	三	四	上课总时数
1	公共必修课	思想政治	2	2	2	2	246
2		语文	5	5	5		475
3		数学	4	4	4		413
4		物理		2	3		154
5		化学	2	2			130
6		生物	4				132
7		历史		2			64
8		地理	2				66
9		体育	2	2	2	2	246
10		音乐	2	2	3	3	304
11		美术	2	2	3	3	304
12		教育学基础		4/0			64
13		心理学基础	3				99
14		劳动技术教育	2	2	1		160
15		特殊教育概论		0/4			64
		小计	30	29	23	10	2921
16	智力落后教育专业必修课	智力落后儿童教育学			2	2	116
17		智力落后儿童心理学		2			64
18		儿童精神发育迟滞及测查			4/0		60
19		行为矫正基础			0/4		60
20		小学语文教学法				4	112
21		小学数学教学法				3	84
22		小学常识教学法				2	56
23		小计		2	6	11	552
24		每周必修课时	30	31	29	21	3473
25		选修课		1	2	7	288
26		课外活动	4	2	2	6	
27		每学年上课周数	33	32	30	28	

四年制中等特殊教育师范学校教学时数参考表(续)

周课时 科目		学年	一	二	三	四	上课总时数
28		教育实践(周数)	1	2	3	6	
16	盲教育专业必修课	盲童教育学			2	2	116
17	盲教育专业必修课	盲童心理学		2			64
18	盲教育专业必修课	盲字基础			2		60
19	盲教育专业必修课	目盲预防及康复			2		60
20	盲教育专业必修课	小学语文教学法				3	84
21	盲教育专业必修课	小学数学教学法				4	112
22	盲教育专业必修课	小学常识教学法				3	84
23	盲教育专业必修课	小　计		2	6	12	580
16	聋教育专业必修课	聋童教育学			2	2	116
17	聋教育专业必修课	聋童心理学		2			64
18	聋教育专业必修课	手语基础			2		60
19	聋教育专业必修课	耳聋预防及康复			2		60
20	聋教育专业必修课	小学语文教学法				4	112
21	聋教育专业必修课	小学数学教学法				4	112
22	聋教育专业必修课	小学常识教学法				2	56
23	聋教育专业必修课	小　计		2	6	12	580

高等教育部分

□普通高等学校校办工厂管理的规定

(1989年1月28日国家教委、财政部发布)

第一章 总 则

第一条 为全面贯彻国家的教育方针，适应改革的要求，充分发挥高等学校校办工厂(简称高校工厂)在建设具有中国特色的社会主义大学中的作用，特制定本规定。

第二条 高校工厂是学校教学、科研、生产三结合的基地，是学校工作的重要组成部分。其根本任务是为培养社会主义现代化建设需要的高级专门人才和发展科学技术文化服务，同时通过生产活动增加收入，为学校发展积累资金。

第三条 高校工厂必须坚持四项基本原则，坚持改革、开放、搞活的方针，坚持为教育事业服务的方向。

高校工厂应发挥学校科学技术优势，面向教育，面向经济建设，积极开展实践教学、科学研究、中间试验，逐步办成技术密集、效益较高的工厂。

第四条 高校工厂是事业单位，内部实行企业化管理，独立核算。工厂必须建立和健全各项规章制度以及各级岗位责任制，逐步采用现代化管理手段进行科学管理。

第五条 高校工厂的主要任务有：

一、根据教育计划和教学要求，安排教学实习和其他实践教学活动，不断提高教育质量。

二、承担校内教学、科研和其他方面的研制、加工、试验和维修任务。

三、引进先进技术，运用科研成果进行新技术、新材料、新工艺、新产品的研究、中间试验和生产。

四、在完成教学、科研任务的前提下，根据社会需要，进行各类产品的研制和生产，不断提高社会效益和经济效益，为学校创收，以改善办学条件。

不同学校工厂的任务，可因学校的类型、层次、规模和实践教学的要求而有所不同。

第六条 高校工厂的基本建设(包括自筹资金)要纳入学校的总体规划和年度计划，由学校统一报上级主管部门审批。

第二章 管理体制

第七条 高校工厂由校(院)长领导。根据学校的特点和实际情况，可设立主管工厂的管理机构，实行业务归口管理，协助主管校(院)长对工厂进行具体指导，协调工厂与其他部门的关系，解决工厂发展中的问题。仅为一个系的教学、科研加工服务的工厂，也可由系领导。

第八条 高校工厂厂长由学校任命或聘任。工厂可参照《全民所有制工业企业厂长工作条例》，结合实际情况，实行厂长负责制和任期目标责任制。规模较大的工厂可根据其条件和实际需要，逐步实现一长三师(厂长、总经济师、总工程师、总会计师)的管理体制。

第九条 高校工厂参照《全民所有制工业企业职工代表大会条例》，实行职工代表大会制度。职工代表大会既要积极支持厂长行使工厂管理决策和统一指挥生产活动的职权，又要积极发挥审议工厂重大决策、监督行政领导、维护职工合法权益的作用。

第十条 高校工厂参照《中国共产党全民所有制工业企业基层组织工作条例》，结合学校的实际，设立党的组织，对工厂实行思想政治领导，充分发挥保证监督作用。

第十一条 高校工厂应参照《中华人民共和国全民所有制工业企业法》，深化管理改革，根据教学、科研和生产任务的需要，结合学校的具体情况，内部可实行多种形式的承包责任制。

第十二条 高校工厂的建立和撤销，应报上级主管部门审批。

第三章 教学管理

第十三条 高校工厂是学校开展实践教学的重要基地之一，要把培养人放在首位。除接纳学生教学实习、劳动之外，有条件的还要接纳学生专业实习、毕业实习、科研活动等多层次的实践教学和勤工俭学活动。

第十四条 实践教学环节要尽可能结合生产实际、产品开发和技术改造进行。通过实践教学，对学生进行基本知识教育和基本技能训练，加强学生的思想政治工作和组织管理工作，对学生进行劳动观点、群众观点、实践观点、经济观点的教育和安全纪律教育。

第十五条 高校工厂实践教学指导人员必须由思想好、作风正派，既有一定的理论知识又有较熟练的操作技能，具备一定的教学经验和组织能力的人员组成。要配备一定数量和相对稳定的实践教学指导人员。对于实践教学指导人员的考核，应以教学水平、技术水平和组织管理能力为主要内容。

第十六条 实践教学训练所用机床及其他设备的数量、质量要符合教学要求，要逐步完善实践教学的教材。

第四章 科技管理

第十七条 高校工厂要运用生产技术条件，根据学校科研需要，积极承接科研试制和设备加工任务，为学校科研基本建设和多出成果服务。

第十八条 高校工厂应充分发挥高校学科齐全、技术密集的优势，制订长远的发展规划和新产品开发计划，有计划地引进、消化国外新技术，努力开发技术密集的产品，使工厂逐步向科技开发型发展，成为学校科研、新产品研制的重要基地之一。新产品开发计划应报送上级主管部门审批。

第十九条 高校工厂应采取多种形式加强与校内系、研究所的协作，共同开展科学研究和新产品的开发工作，并参与成果权益的分享。有条件的工厂可建立自身的科研机构（研究所或研究室），增强工厂科学研究和学校各种研究成果转化为生产力的能力。

第二十条 高校工厂要根据《技术市场管理暂行办法》，鼓励校内的科研成果优先向本校工厂转让；充分发挥技术优势，加强横向联合，积极开展对外技术咨询、技术转让、技术服务等多层次科技合作活动。

第五章 生产管理

第二十一条 高校工厂必须根据学校教学、科研任务和市场预测，结合工厂长远发展规划，认真编制年度生产、技术、财务计划。年度计划报送上级主管部门审批。高校工厂的生产计划和物资供应计划应纳入国家或地方计划，产品按行业实行归口管理。

第二十二条 高校工厂要面向社会，重视信息，搞好市场的调查和预测，进行科学的经营决策，开展经营活动。

第二十三条 高校工厂应根据生产特点，建立以厂长为中心的强有力的生产指挥系统，负责执行年度计划，对生产过程进行组织、协调、控制，加强安全生产和文明生产，不断提高劳动生产率。

第二十四条 高校工厂要贯彻《工业产品质量管理条例》，坚持"质量第一"的方针，推行全面质量管理，加强计量管理及产品检测，做好质量跟踪和售前、售后服务工作，逐步做到产品的标准化、系列化、通用化。

第二十五条 高校工厂应加强管理基础工作，采用先进技术标准，加强定额、统计和设备管理，不断提高管理水平。

第六章 劳动人事管理

第二十六条 高校工厂必须建立一支素质良好、结构合理、相对稳定的职工队伍。职工编制（不包括印刷厂），理（包括综合大学和师范院校等的理科）、工科全国重点高等学校，按该院校在校学生人数的3～5%的幅度核编；其他院校可按在校学生人数的1～3%进行核编。高校工厂职工的编制，由学校报上级主管部门审定。定编内职工的工资及福利费用由学校在核定的教育事业费预算内支付。工厂根据工作需要，经上级主管部门批准，可以增加职工，但超过编制标准的职工的工资及福利费用由工厂自己支付。

第二十七条 高校工厂要配备专职的工程技术人员，其占工厂职工总数的比例一般可按15～30%配备。为充分发挥工程技术人员的特长和工作积极性，应在工作、学习、生活等方面尽可能创造条件，使他们为工厂的发展作出更大的贡献。

第二十八条 高校工厂要做好全员培训工作，不断提高职工队伍的思想政治、文化、技术和管理素质。建立职工技术培训和考核升级的制度。做好特种工艺的老技术工人带徒传艺的工作。工厂职工享受当地同类国营企业同工种的劳保用品、保健津贴等。

第二十九条 高校工厂要贯彻执行专业技术职务聘任制或任命制。高、中、初级技术职务要有合理的结构比例。

高校工厂要贯彻执行工人技师聘任制。

第七章 财务管理

第三十条 高校工厂必须贯彻勤俭办厂的方针，加强财务管理，提高经济效益。工厂独立设置财会机构，其财务活动接受学校财务、审计部门的指导和监督。

第三十一条 高校工厂财务会计应遵循《中华人民共和国会计法》以及政府有关政策规定，根据教学、科研、生产计划，编制和执行工厂的财务计划，进行会计核算，定期向学校财务部门编报会计报表，提出工厂财务和经济活动分析报告，为经营管理和决策提供依据。

第三十二条 高校工厂应建立严格的成本核算制度，其成本开支范围应执行国务院颁布的成本管理条例和财政部颁发的有关实施细则，努力降低成本，提高经济效益。

第三十三条 高校工厂承担校内教学实习、科研和行政加工及修配任务，应按成本（不包括职工工资）收取费用。

第三十四条 高校工厂生产的产品（包括加工、修配），用于本校教学、科研方面，免征产品税、增值税、营业税；对外销售和接受校外加工、修配业务所得的收入，应按照规定缴纳产品税、增值税、营业税；对其所得免征所得税。

第三十五条 高校工厂奖金发放和免税额度按照国家有关规定办理。

第三十六条 高校工厂在实行定编定员的基础上，可试行工资总额包干，增人不增工资总额，减人不减工资总额。

第三十七条 高校工厂的产品或劳务出口所得外汇，大部分返回学校，由学校统筹安排使用。高校工厂的利润全额上交学校，纳入学校基金。各院校可根据工厂的实际需要，将上交给学校利润的一定比例返还给工厂，作为生产发展基金、新产品研制基金、后备基金、集体福利基金和奖励基金。

第八章 奖惩办法

第三十八条 有条件的学校，要逐步实行工厂用人制度和工资制度的改革，贯彻各尽所能、按劳分配的原则，把精神鼓励和物质鼓励结合起来，做到奖罚分明，鼓励先进，充分调动和保护职工的积极性。

第三十九条 实行厂长负责制和任期目标责任制的高校工厂，根据责权利统一的原则，对完成和超额完成承包指标的，要给予奖励；对完不成承包指标的，要给予处罚。

第四十条 高校工厂按照国家有关规定，对在创造发明、科研试制、技术革新、技术竞赛、能源及原材料节约、安全生产等方面取得优异成绩的，可按国家有关规定给予奖励。

第四十一条 对由于渎职、失职，造成国家财产重大损失或人身伤亡事故者，要给予行政处分，直至追究法律责任。

第九章 附 则

第四十二条 高校工厂与外资合办的企业，按国家有关规定管理。

第四十三条 各高等学校应根据本规定，制定具体办法，报上级主管部门备案。

第四十四条 本规定由国家教育委员会负责解释。

第四十五条 本规定自发布之日起施行。教育部(80)教供字028号和财政部(80)财事字193号联合印发的《教育部部属高等学校校办工厂暂行管理办法（试行)》同时废止。

□国家教委关于改革普通高等学校招生考试及录取新生办法的意见

（1989年7月26日）

在普通高中省级会考的基础上，改革普通高等学校招生考试科目设置及录取新生办法。

一、考试科目设置

1.必考、选考科目

必考科目：语文、数学；

选考科目：政治、外语、物理、化学、生物、历史、地理。

各高等学校根据其专业特点，提出1～2门选考科目建议。国家教委在综合各校建议的基础上，将高考科目编排为若干组，供高等学校暨专业招收新生考试时选用。

2.考试根据报考学校的要求，参加指定科目组的考试。报考考试科目不同的学校、专业，须参加相应科目组的考试。

3.艺术、体育院校及系科招生，在普通高中会考合格的考生中，加试术科。

4.普通高等学校招生考试为选拔性考试，由国家教委依据全日制普通高中教学大纲命题。

5.从1990年开始，高考各科考试科目在时间安排上全部单独排列。已实行普通高中会考的省、自治区、直辖市按本办法考试；未实行会考的省、自治区、直辖市，仍按现行办法考试。自1994年起，高考全部按新的科目设置组织考试。

二、录取新生办法

1.省、自治区、直辖市招生办公室根据各考试科目组考生的考试情况，按略多于招生计划数的原则分别划定各科目组的最低控制分数线。

2.以学校、专业为单位，根据高考总分，从高分到低分，德智体全面考核，择优录取。

3.在高考总分相近的情况下，应录取会考成绩优秀的考生。

4.会考成绩只分合格、不合格两等的省、自治区、直辖市，其考试机构须向高等学校提供考生会考的原始分数。

5.对督导评估证明办学指导思想端正、教学质量好且稳定的中学，经国家教委（或由国家教委授权省、自治区、直辖市教育部门）批准，可扩大免试保送生的比例。具体办法另定。

□国家教委直属高等学校工作咨询委员会章程（草案）

（1989年8月16日国家教育委员会发布）

第一条 为了进一步办好直属高等学校，发挥直属高等学校领导参与宏观管理和协调直属高等学校工作的作用，建立科学化的决策机制并增加决策工作的透明度，国家教委成立直属高等学校工作咨询委员会。

第二条 直属高等学校工作咨询委员会是国家教委直属高等学校工作的咨询机构。其主要任务是对直属高等学校的办学方针、事业发展方针及重大改革方案等进行咨询，以利于国家教委研究、探索办好具有中国特色的社会主义大学的路子，不断提高教育质量和办学效益，更好地为社会主义建设服务。

第三条 直属高等学校工作咨询委员会由国家教育委员会聘请所属高等学校的一名校长或党委书记和国家教委有关司的司长组成。委员会下设综合大学、工科大学、师范大学及外语、语言院校四个分组委员会。

第四条 咨询委员会根据咨询议题，不定期地召开全体委员会会议、分组委员会会议或专项议题会议。讨论专项议题时，委员会成员可委托本校一名熟悉议题情况的校级领导出席会议。

第五条 直属高等学校工作咨询委员会咨询工作的主要方面：

1.直属高等学校的办学指导思想、办学方向、专业建设、事业发展的中长期规划及方针；

2.直属高等学校有关不断提高教育质量和学术水平及加强思想政治工作等重大事项；

3.直属高等学校综合改革方案及其有关方针政策并组织交流信息和经验；

4.直属高等学校教职工队伍的建设；

5.直属高等学校基建投资的方向、重点与布局和教育事业经费合理的分配原则；

6.接受国家教育委员会委托讨论的事项。

第六条 直属高等学校工作咨询委员会的成员以专家身份参加有关直属高等学校全局性议题的咨询活动。

第七条 直属高等学校工作咨询委员会设执行主席一人，执行副主席三人，秘书长一人。主席、副主席由国家教委直属高校工作司与直属高等学校工作咨询委员会协商产生，秘书长由国家教委直属高校工作司司长兼任。执行主席、副主席分别担任四个分组委员会主席。分组委员会可视需要协商产生副主席一至二人。

第八条 直属高等学校工作咨询委员会执行主席、副主席和委员任期为两年。期满后经协商重新产生，其中二分之一以内的成员可以连任。直属高等学校工作咨询委员会成员在任期内，因工作变动需要更换人选时，应由成员所在学校及时报告国家教委直属高校工作司。

□国家教委、国家物价局、财政部关于普通高等学校收取学杂费和住宿费的规定

（1989 年 8 月 22 日）

为贯彻《国务院批转国家教委关于改革高等学校毕业生分配制度报告的通知》精神，现对普通高等学校收取学杂费和住宿费作如下规定：

一、长期以来，我国普通高等学校招收学生均实行免收学杂费制度。这种制度同当前我国经济、社会发展与改革很不适应。继续实行这种制度，不仅国家财政难以承担，而且也不利于高等教育进一步发展和提高，这种状况必须改变。为此，从1989学年度开始，对新入学的本、专科学生（包括干部专修科和第二学士学位班学生），实行收取学杂费制度。

二、考虑到当前各地经济发展水平、人民群众的收入水平和经济承受能力，收取学杂费的标准，本着起点从低，逐步调整的原则，一般地区以每学年 100 元为宜。经济特区和广东、上海等经济比较发达的地方可适当高些，但最高不得超出国务院国发[1989]19号文件中规定的标准。

三、从1989学年度开始，对新入学的住学校宿舍的本、专科学生要收取住宿费，一般每学年 20 元左右，住宿条件好的可适当多收一些。住学生公寓的，仍按各地规定执行。

四、学杂费、住宿费具体标准由各省、自治区、直辖市教育、物价和财政部门根据本地经济发展水平、群众的收入水平和经济承受能力以及学校条件等实际情况研究确定，报国家教委、国家物价局和财政部备案。

五、对师范院校享受专业奖学金的学生免收学杂费和住宿费。其他享受专业奖学金和定向奖学金的学生免收学杂费，只收取住宿费。

六、家庭经济确有困难的学生，可以酌情减免学杂费，住宿费不予减免。学杂费减免的比例和办法，由各省、自治区、直辖市教育和财政部门制定。

七、中央、国务院各部委所属高等学校收取学杂费、住房费标准，以及学杂费减免的比例和办法，按学校所在的省、自治区、直辖市的规定执行。

八、各院校收取的费用，按预算外专项资金管理，用于与学生学习和住宿等有关支出，不得挪作他用。

九、实行收费学年度以前入学的在校学生不执行本规定。

十、有些地方或部委所属院校，如1989学年度实行收取学杂费和住宿费条件尚不具备，要积极创造条件，争取在 1990 学年度实行。

□普通高等学校档案管理办法

（1989年 10 月 10 日国家教委发布，并经国家档案局同意）

第一章 总 则

第一条 为了加强高等学校的档案工作，提高档案管理水平，充分发挥档案的作用，根据《中华人民共和国档案法》制订本办法。

第二条 本办法所称的高等学校档案（以下简称高校档案），是指高等学校从事教学、科研、党政管理以及其他各项活动直接形成的对学校和社会有保存价值的各种文字、图表、声像等不同形式的历史记录。

第三条 高校档案工作是办好学校的重要基础工作之一。各高等学校必须把档案工作纳入学校整体发展规划，加强对档案工作

的领导和管理。

第二章 领导体制和机构设置

第四条 高校档案工作由各级教育行政管理部门和有关业务主管部门领导，同时接受国家各级档案行政管理部门的指导、监督与检查。

第五条 各高等学校应在校(院)长统一领导下做好档案工作，确定一名校(院)长分管,并根据学校的实际情况,建立综合档案室或档案馆。

综合档案室的建制应按学校规模确定。凡全日制在校生规模三千人以上为副处级，三千人以下为正科级，由校(院)长办公室领导。

档案馆为系处级建制，由校(院)长直接领导。

高等学校设立档案馆须经主管部门批准，并报所在地档案行政管理部门备案。应具备以下条件：

(一)建校历史悠久，一般应在五十年以上；

(二)学校规模大，全日制在校生规模为五千人以上；

(三)已集中保管的档案、资料在三万卷(长度三百米)以上；

(四)具备符合要求的档案库房和管理设备。

第六条 高等学校档案馆属事业单位档案馆。它既是学校档案工作的职能管理部门,又是永久保存和提供利用本校档案的科学文化事业机构。

第七条 高校档案部门的基本任务如下：

(一) 贯彻执行国家关于档案工作的法令、政策和规定,规划全校档案工作；

(二) 制订本校关于档案工作的规章制度,并负责监督、指导和检查执行情况；

(三)负责接收(征集)、整理、分类、鉴定、统计、保管全校的各类档案及有关资料；

(四)开展档案的开放或利用工作；

(五)负责编辑档案参考资料，编制检索工具，积极开发档案信息资源；

(六)参加档案信息工作的整体化建设，开展多方面协作，进行档案信息交流；

(七)负责对全校档案工作人员的业务培训；

(八)开展档案宣传工作和利用者教育活动；

(九)开展档案学术研究和交流活动。

第八条 对于某些需特殊条件保管或利用频繁且具有一定独立性的档案，可根据实际需要设立分室管理。分室是档案部门的分支机构，受档案部门和业务主管部门双重领导。

高校附属单位（如附属医院、校办工厂等）的档案工作受学校档案部门和附属单位双重领导。其档案机构的设立和档案管理、移交等,由学校根据实际需要自行确定。

第九条 高等学校各部、处、院、系、所等部门，须有一名负责人分工主管该部门的档案工作，并视情况配备一至二名专(兼)职人员，负责本部门档案的收集、整理和移交工作。

第三章 高校档案工作人员

第十条 高校档案工作人员必须坚持四项基本原则,认真执行党和国家的方针政策,热爱档案事业,忠于职守、遵守纪律，具备档案业务知识和一定的科学文化知识。

第十一条 高等学校档案馆设馆长一名，并视需要设副馆长一至二名。综合档案室设主任一名（可由校长办公室副主任兼任),副主任一名。

馆长、副馆长、综合档案室主任人选由认真执行党的方针政策、热心档案事业、有馆员

(或相当馆员)以上专业技术职务，有组织管理能力，身体健康的人员担任。

第十二条 高校档案工作人员列入学校事业编制，其编制人数由学校根据本校规模及馆藏档案数量等实际情况确定。

第十三条 高校档案工作人员（包括档案部门和各部门中的专职档案工作人员以及以做档案工作为主的兼职人员）属档案专业技术人员，按《档案专业人员职务试行条例》(职改字[1986]第39号)，实行专业技术职务聘任制。

第四章 经费、库房和设备

第十四条 高校档案工作所需经费，应单独立项，列入学校预算，统筹解决。学校各职能部门应对用于保存本部门归档文件所需的档案装具等设备，在其经费中给予支持。

第十五条 高等学校必须为档案部门提供专用的、符合档案管理要求的档案库房。存放声像等特殊载体档案，应设有专门库房并配置恒温、恒湿设施。

凡设置档案馆的高校，应充分考虑学校的发展规模，馆藏档案的增加数量，适应现代化管理的需要，合理安排档案馆库房建设。有条件的学校可单独建设馆库，档案库房建设要符合《档案馆建筑设计规范》的要求。

第十六条 高等学校应有计划地为档案部门配置复印、录音、照相、录像等设备，逐步实现电子计算机管理与档案缩微化。

第五章 文件材料的归档、移交和接收工作

第十七条 高等学校应建立和完善归档制度，并纳入教学、科研和管理人员的职责范围内，做到每项重要的教学、科研、党政管理等工作，都有完整、准确、系统的文件材料归档保存。

第十八条 高等学校应做到各项工作与档案工作实行“四同步”管理，即布置、检查、总结、验收各项工作时，要同时布置、检查、总结、验收档案工作。

第十九条 高等学校对科研成果、产品规划与试制、基建工程等进行鉴定、验收时必须有档案部门的人员参加。有关业务主管部门应会同档案部门对应归档的文件材料加以审查，签署意见。没有完整、准确、系统的文件材料的项目，不予验收，不予上报成果。

第二十条 高等学校实行文件材料形成部门、课题组立卷的制度。一般由立卷人按文件材料的自然形成规律，加以系统整理组卷，编排页号或件号，填写卷内目录，交本部门档案工作人员检查、装订后向学校档案部门移交。档案部门应派人指导立卷工作。

第二十一条 高等学校文件材料的归档范围：

(一)党政管理类

主要包括高等学校党委、行政、工会、团委、民主党派等组织的各种会议文件、会议记录；各党政部门的工作计划、总结；上级机关与本校关于人事管理、行政管理、党务管理的文件材料。

(二)教学类

主要包括反映教学管理、教学实践和教学研究等活动的文件材料。按国家教委、国家档案局发布的《高等学校教学文件材料归档范围》〔(87)教办字016号〕执行。

(三)科研类

按国家科委、国家档案局发布的《科学技术研究档案管理暂行规定》(国档发〔1987〕6号)执行。

(四)基本建设类

按国家档案局、国家计委发布的《基本建设项目档案资料管理暂行规定》(国档发〔1988〕4号)执行。

(五)仪器设备类

主要包括各种国产和国外引进的精密、

贵重、稀缺仪器设备(价值在五万元以上)的全套随机技术文件以及在接收、使用、维修和改进工作中产生的文件材料。

(六)产品生产类

主要包括学校自行研制、试制产品的文件材料及在生产过程中形成的文件材料、样品或样品照片、录像等。

(七)出版物类

主要包括学校自行编辑出版的学报、其他学术刊物及本校出版社出版物的审稿单、原稿、样书及出版发行记录等。

(八)外事类

主要包括学校有关人员出席国际学术会议(含在国内举办的)、出国考察、讲学、合作研究、进修及学校聘请的外籍、港澳专家与教师在教学、科研及其有关活动中形成的文件材料;授予中、外学者、著名社会活动家名誉职务的有关材料等。

(九)财会类

按财政部、国家档案局发布的《会计档案管理办法》(财预字(84)第85号)执行。

以上各类系指归档范围。归档的文件材料包括纸质、照(胶)片、录像(录音)带等各种载体形式。

第二十二条 归档的文件材料应质地优良,书绘工整,声像清晰,符合有关规范和标准的要求。

第二十三条 归档时间应按以下要求:

(一)学校各党政部门和能按年度归档的部门,应在次年六月底前归档;

(二)各教学部门和能按学年度归档的部门,应在次学年度寒假前归档;

(三)科研、基建等部门,应在项目完成后两个月内归档。

第二十四条 凡由本校与其他单位分工协作完成的项目,由主办单位保存一整套档案,协作单位除保存与自己承担任务有关的档案正本以外,应将复制件送交主办单位保存。

第二十五条 高校档案原则上由各校档案部门永久保管。在国家需要时,或学校所存部分档案列入有关国家档案馆接收范围时,应向有关国家档案馆提供所需部分档案原件或复制件。

对因学校分立或合并,其分设或合并前的档案,应本着集中保管、方便利用的原则,经协议由一校或合并后的学校档案部门统一保存。有关学校在利用这部分档案时,应予优先照顾,并提供方便。

第二十六条 高等学校中的个人在其从事教学、科研、党政管理等职务活动中形成的各种载体形式的文件材料,必须按照规定向本校档案部门移交,集中管理,任何个人不得据为己有。

对于个人在其非职务活动中形成的重要文件材料,高校档案部门可通过征集、代管等多种形式进行管理。对个人向本校档案部门捐赠档案的,学校应予以奖励。

第二十七条 高校档案部门要注意向国内外征集与本校有关的各种档案和资料。

第六章　档案管理

第二十八条 高校档案部门要对档案进行分类、编号和排列。

高校档案的分类方法另行规定。

第二十九条 高校档案部门应对保管期限已满的档案进行鉴定。对已失去保存价值的档案,应在征得有关部门同意,并造册报经校领导批准后,予以销毁。未经鉴定和批准,不得销毁任何档案。

第三十条 高校档案部门应指定专人负责进行下列统计工作:

(一)对档案的收进和移出、全宗和案卷数量、档案的利用等情况进行统计;

(二)按照有关规定,向所在地档案行政管理部门和上级主管部门报送档案工作基本情况统计报表。

第三十一条 档案库房的技术管理工作，应有专人负责，建立和健全有关规章制度。

第三十二条 高校档案部门应研究和改进档案保护技术。对已破损和字迹褪色的档案，应及时修复或复制。

第三十三条 高校档案部门应对所存档案和资料的保管情况定期进行检查，遇有特殊情况，应立即向校领导报告，及时处理。

第七章 档案的利用与开放

第三十四条 高校档案馆应按照规定向全校和社会开放档案。

高校档案馆开放档案，应遵循下列规定：

（一）凡持有合法证明的单位或个人，在说明利用档案的目的和范围后，均可查阅利用属开放范围的档案，并可以摘录和复制；

（二）利用者要求复制档案一般由档案馆负责办理，并按规定合理收费；

（三）港澳和台湾同胞、海外华侨要求利用档案，须经有关主管部门介绍；

（四）外国机关或个人要求利用档案，应按国家有关规定办理；

（五）未经学校授权或上级主管机关批准，任何组织或个人无权公布档案。

第三十五条 高校档案馆应设立专门的阅览室，并提供档案目录（属开放范围的）、全宗指南、档案馆指南等。

第三十六条 馆藏档案属下列情况之一者不宜开放：

（一）涉及党和国家秘密的；

（二）涉及专利或技术秘密的；

（三）涉及个人隐私的；

（四）档案形成部门规定限制利用的。

第三十七条 对于要求查阅、摘录、复制属尚未开放的档案，需经档案馆长同意；涉及未公开的技术问题须经科研主管部门负责人同意，必要时要报请校领导审查批准。

第三十八条 高校综合档案室所保存的档案，主要供本校利用。如其他单位或个人需查阅时，应持介绍信，经综合档案室主任或校（院）长办公室主任同意后，方可查阅。如需利用的档案涉及重大问题或党和国家秘密，须经校领导批准。

第三十九条 高校档案部门必须编制必要的检索工具。著录标准按国家标准3792.5～85《档案著录规则》执行。

第四十条 高校档案部门应积极开展档案的编研工作。出版和公布档案，须经档案形成部门同意，并报请校领导批准。

第四十一条 对于重要的、珍贵的档案和资料，一般不得提供原件使用。如特殊需要，须经档案部门领导批准。

第四十二条 高校档案部门应采取多种形式，如举办档案展览、陈列等，积极开展档案宣传工作。有条件的高校，应在高年级开设有关档案管理的选修课。

第八章 考核、奖励与处罚

第四十三条 高校档案部门应建立检查、考核和评估制度，明确岗位职责。对优秀的工作人员和突出的服务成果、研究成果给予奖励。

第四十四条 对于违反《中华人民共和国档案法》的行为，应按照《中华人民共和国档案法实施办法》规定的程序和处理方法予以处罚，并按有关规定建立备案制度。

第九章 附 则

第四十五条 本办法适用于普通高等学校。其他高等学校可参照执行。

第四十六条 高等学校根据本办法可制订实施细则。

第四十七条 本办法由国家教育委员会

负责解释。

第四十八条 本办法自发布之日起施行。原教育部所发的《高等学校科学技术档案工作办法》〔(82)教办字254号〕、《关于高等学校文书档案保管期限的规定》〔(84)教办字210号〕同时废止。

□国家教委关于加强高等学校专利工作的几点意见

(1989年10月19日)

我国实行专利制度和实施专利法以来，高等学校及其主管部门在普及专利知识、培训专利工作干部、组织申请专利和推广应用专利技术等方面做了大量工作，收到了良好的效果。由于专利工作是一项新的工作，为了理顺关系，改进工作，现提出如下意见：

一、专利制度是利用法律和经济手段确认和保护发明创造，促进发明创造的推广应用，推动科学技术进步的重要制度。各级教育部门和高等学校要加强领导，创造条件，建立和健全制度，做好专利工作。

二、国家教委科技管理中心成果专利处是受国家教委委托从事高等学校专利管理工作的机构，依照专利法行使专利管理职能。其职责是：制订高等学校专利工作规划、计划，拟订专利工作规章制度和实施办法，总结、交流、推广专利工作经验，培训专利工作人员，调处专利纠纷，负责国家教委直属院校向国外申请专利的审查和保密专利的审查。

国务院各部委和省、自治区、直辖市人民政府所属高等学校的专利工作，由学校上级主管部门指定机构负责管理。

三、专利管理工作是科技管理工作的重要内容。高等学校专利管理工作，一般由科研处的成果管理机构承担，在专利管理任务繁重的学校也可设立专门从事专利管理工作的机构。学校专利管理机构的职责是：指导本校的专利工作；审查申请专利的项目；审查许可证贸易合同；调处专利纠纷；指导本校专利事务所的工作。并按照专利法实施细则的规定，办理本校获得专利权的专利发明人（或设计人）的奖励工作，组织本校的专利普及教育工作。

高等学校可视需要与实际条件设立专利基金。

四、为了保证高等学校的专利申请和专利技术推广应用工作的顺利进行，专利申请量较大的学校，可以单独或校际联合设立专利事务所。成立专利事务所必须具有3个以上的专职专利代理人，并按规定办理报批手续。

专利事务所的任务是承担专利代理业务、提供专利咨询、承办专利许可证贸易和专利文献服务工作。有条件的专利代理人也可根据需要承担有关专利教学工作及知识产权的研究工作。

学校专利事务所的人员编制，由学校从专职科研编制中核拨，活动经费从专利服务收入中提取，确有困难者，由学校酌情补贴。

五、专利代理人可以是专职的或是兼职的，专利代理人应具有大学本科理工科毕业文化水平、受过系统的法律和专利知识的培训，通过考核取得专利代理资格。专利代理人必须注重职业道德、依据法律秉公办事，不得徇私舞弊、弄虚作假。对工作中取得优异成绩者应给予表彰和奖励；对不能履行职责、因失职造成不良影响和重大损失者，应给予批评教育，以至撤销专利代理人资格，依法追究刑事责任。

专利代理人的专业技术职务，按照中央职称改革工作领导小组职改字〔1987〕第4号文件（“关于转发中国专利局《专利技术人员靠用自然科学研究人员职称系列、实行〈自然科学研究人员职务试行条例〉的实施细则》的通知”)的规定予以评定。各校也可按教学或工程技术人员职称系列予以评定。

各高等学校要重视专利代理人的培养提高工作，注意解决他们工作中的实际问题。

以上意见，请结合学校实际情况贯彻执行。在执行过程中注意总结经验、调查研究，并把意见及时报告我们。

□国家教委关于颁发《高等学校学生行为准则(试行)》的通知

(1989年11月17日)

为了全面贯彻党的教育方针，加强高等学校学生思想政治教育工作，引导学生坚持坚定正确的政治方向，树立良好的道德品质，养成文明行为习惯，勤奋学习，成为合格的社会主义建设专门人才，现将《高等学校学生行为准则(试行)》(以下简称《行为准则》) 颁发试行。

一、《行为准则》体现了党和国家对高等学校学生在政治、思想和品德等方面的基本要求。高等学校学生应自觉遵守。教师和职工应教书育人，服务育人，管理育人，用《行为准则》教育和要求学生。

二、各高等学校要依据《行为准则》，对学生的政治、思想和品德进行考核、鉴定(考核、鉴定办法另行规定)。

三、各地教育行政部门、各高等学校可规定本《行为准则》的具体实施意见。也可从本地、本校的实际情况出发，依照本《行为准则》制定本地、本校的《行为准则》颁布实施。

四、本《行为准则》自颁发之日起试行。原教育部 1982 年 2 月 27 日颁发的《高等学校学生守则(试行草案)》〔(82)教政字 002 号文件〕即行作废。

高等学校学生行为准则(试行)

高等学校的大学生、研究生，应当有坚定正确的政治方向，热爱社会主义祖国，拥护共产党领导和社会主义制度，努力学习马克思主义；应当热心于改革和开放，有艰苦奋斗的精神，走与工农群众相结合的道路，努力为人民服务，为实现具有中国特色的社会主义现代化而献身；应当自觉地遵守宪法、法律，严格遵守校纪校规，增强法制观念，有良好的品德；应当勤奋学习，努力掌握现代科学文化知识。立志成为有理想、有道德、有文化、有纪律的社会主义现代化建设事业的合格人才，做无产阶级革命事业的接班人。在日常生活中须自觉遵守以下行为准则。

1. 维护祖国的利益。不得参与任何有损祖国尊严和荣誉、违背四项基本原则、危害社会秩序的活动，反对破坏安定团结的行为。

2. 遵守宪法和国家的各项法律、规定。努力作维护民主和法制的典范，反对无政府主义。

3. 维护各民族的平等、团结、互助关系。尊重不同民族的风俗习惯和宗教信仰，反对损害民族团结的行为。

4. 坚持社会主义集体主义。个人利益要服从国家利益、集体利益；同学之间团结友爱，互相学习，互相帮助；关心集体；反对极端个人主义。

5. 坚持实事求是原则。说话要有事实根据，办事力求从实际出发；正确开展批评和自我批评。

6. 热爱劳动，积极参加社会实践。积极参加公益劳动、生产劳动和勤工俭学活动，虚心向工人、农民学习；不参与经商活动。

7. 发扬艰苦奋斗精神。勤俭节约；不浪费水、电、粮食；不向学校和家庭提出超越实际可能的生活要求。

8.注重个人品德修养。服饰整洁，讲究卫生；诚实守信，谦虚谨慎；说话和气，待人有礼；男女交往，举止得体；尊敬师长，尊重他人；敬老爱幼，乐于助人；勇于同不良行为作斗争。

9.积极参加体育锻炼和健康的文化活动，增进身心健康。

10.勤奋学习，刻苦钻研。在努力完成各项学习任务中树立科学性和革命性相结合的学风。

11.维护教学秩序。遵守学习纪律，考试不作弊。

12.维护公共秩序。遵守公共场所的有关规定，不扰乱秩序，不起哄；遵守学校校园管理制度，不打架斗殴，不赌博，不酗酒，不观看、传播反动、淫秽书刊和声像制品；不在禁烟区吸烟。

13.遵守宿舍管理规定。按时熄灯就寝，不喧哗、打闹，不影响他人的正常学习和休息；不损毁和私自拆装宿舍设备；不留宿异性；未经有关部门同意，不留宿校外人员。

14.爱护公共财物。保护公共设施，爱护花草树木；珍惜教学、科研设备；损坏公物要赔偿。

15.遵守外事纪律。在涉外活动中不做有损国格、人格的事；与外国留学生平等、友好相处；对外籍教师和国际友人以礼相待，不卑不亢。

成人教育部分

□国家教委、劳动部、人事部、国家体改委、全国总工会关于开展岗位培训若干问题的意见

（1989年12月27日）

国务院批转《国家教育委员会关于改革和发展成人教育的决定》以来，不少地方和部门把开展岗位培训，提高从业人员素质作为成人教育的重点，提高了认识，加强了领导，制定了一些文件，许多地方、部门，特别是一批大中型企业和单位积极进行了岗位培训的试点工作，积累了不少好的经验，并取得了较为明显的效果。岗位培训的理论研究工作也十分活跃，对开展岗位培训起到了一定的推动作用。目前一个多形式、多层次的岗位培训正在各地区、各部门逐步展开。成人教育正向着以岗位培训为重点的方向发展。为了不断推进和完善岗位培训工作，使之积极、健康、有效地发展，现就有关问题，提出以下意见：

一、开展岗位培训工作的指导思想、目的要求

岗位培训是对从业人员按岗位需要在一定政治、文化基础上进行的以提高政治思想水平、工作能力和生产技能为目标的定向培训。它主要包括按照岗位规范要求取得上岗（在岗）、转岗、晋升等资格的培训和根据本岗位生产（工作）发展需要而进行的各种适应性培训。

岗位培训要重视马克思主义、毛泽东思想的教育，要把"一个中心，两个基本点"和艰苦创业精神作为培训教育的基本指导思想，坚持为两个文明建设服务的方向。

岗位培训工作应该从实际出发，面向生产、工作，强调针对性、实用性、注重实效。要贯彻学用结合、按需施教、干什么学什么、缺什么补什么的原则。要注重能力培养，加强行为规范或职业道德教育。

岗位培训要区分不同情况，提出不同要求，要突出重点，有计划、有步骤地展开。当前应围绕管理现代化和科技进步、设备更新、提高质量、提高经济效益和社会效益的需要，强化各种应急、专项等适应性培训，作为生产（工作）的重要组成部分和岗位培训的经常性任务，切实抓好；有条件的地区、部门和企事业单位要积极稳妥进行资格培训的试点。通过试点总结经验，逐步展开。主要岗位的培训必须逐步规范化、制度化。

二、岗位培训的实施

1.适应本岗位工作需要的政治理论和职业道德、专业知识、实际技能，是培训的内容。要处理好政治与业务的关系，知识与技能的关系。工人技术等级培训应按岗位实际需要进行。

文化程度未达到岗位规范规定起点要求的人员，应先学习相应的文化知识。为提高培训效益，应注意避免重复培训。

2.中央和地方各业务主管部门负责制定指导性的培训计划、教学大纲，组织编写教材或讲义，为基层提供教学服务。

要充分利用现有的教育、文化、科学设施。各级各类成人学校要发挥多功能作用，积极承担岗位培训的任务。

要加强教师在专业、技术和实际能力等

方面的培训提高，改进教学方法，适应岗位培训的需要。

岗位培训应分级进行。培训单位应具备相应的条件。

3.企事业单位和地(市)、县(市)级国家行政机关根据本地区、本单位的实际需要和上级指导性的意见，可制定本地区、本单位岗位规范，确定培训对象、形式、内容和方法，制订教学计划、大纲，编选教材。

三、岗位培训的考核与发证

建立岗位培训的考核与发证制度是保证培训质量的重要环节。要按行业分级建立、健全考核机构。各级考核机构应有权威性，要经过相应的有关主管部门的审批。要充分发挥专业技术人员、各方面专家和学术团体等在考核中的作用。

国家行政机关干部、列入专业技术职务序列的人员、国家规定的必须持证上岗的特种作业人员等分别按国家有关规定由主管部门组织考核或授权进行考核。

工人岗位培训的考核与发证，按劳动部有关规定由各级工人技术业务考核委员会进行。

具备条件的单位受主管部门委托和报请同意，可以对某些岗位的培训进行考核。

岗位培训合格证书，是上岗任职的资格证明之一。有关部门对岗位培训合格证书的印制、颁发要有严格明确的规定。接受岗位培训的人员经考核合格者，可由培训、考核机构颁发岗位培训合格证或专项培训结业证，证明其受过何种培训。证书在有关部门规定的范围内有效。

各地区、各部门和企事业单位可根据国家或上级主管部门的有关规定，在各自的职权范围内制定本地区、本部门、本单位人员培训、考核等具体规定或办法。

四、岗位培训的宏观管理和分工

国务院有关部门对岗位培训主要是进行宏观管理，在各自职责范围内负责提出政策措施。

国家教委负责指导和推动开展岗位培训；会同有关部门制定岗位培训的工作方针、政策和法规；汇总全国岗位培训工作情况和信息经验交流等服务工作。

国家体改委、劳动部、人事部分别负责制定企业管理干部、工人、国家行政机关干部和专业技术人员岗位培训的规划、指导性文件以及制定培训、考核、使用相结合的政策等。

国务院各业务主管部门负责本系统岗位培训的实施、管理。

工会要积极参与岗位培训的管理工作，搞好调查研究，发挥监督作用，负责组织发动、评比表彰等群众性工作。

省及省以下各级教育、劳动、人事、企业主管等部门和工会在地方人民政府领导下，按照党和政府确定的职责范围，可从各地实际情况出发，参照上述国务院各部门和工会的职能分工的精神进行协商，分别负责具体实施。

五、健全和完善相应的政策措施

1.要把开展岗位培训，提高从业人员素质的责任与机关、企事业单位负责人(企业承包人)的任期目标等结合起来，作为考核的重要内容之一。

2.要逐步建立、健全在职人员培训、考核制度。要在今后几年内，逐步实行必须取得考核合格证书才能上岗的制度。国务院业务(行业)主管部门应根据本部门(行业)人员的实际情况，对需要持证上岗的岗位分步骤提出实行持证上岗制度的具体要求。

岗位培训的考核成绩应列入本人档案，作为上岗(在岗)、转岗、晋升的依据之一。

3.岗位培训制度的建立应与建立完善以德才兼备、实际能力为基础的用人政策和以实际贡献为基础的分配政策相结合。对需要持证上岗人员实行未经培训考试合格，不得上岗、晋升的制度。

4.基层用人单位可根据国家有关规定，在各自的职权范围内，制定本单位人员培训、考核、使用和奖惩等具体规定和办法，并报主管部门备案。

各地区、各部门（行业）可参照本《意见》，结合实际情况制定具体的实施意见和办法。

□国家教委、人事部关于加强成人高等教育试行《专业证书》制度管理的若干意见

（1989年12月30日）

国家教委、人事部(88)教高三字006号文下发后，各地教育主管部门和国务院有关部委根据用人主管部门申请，批准部分学校试办《专业证书》教学班，受到用人部门的普遍欢迎，取得了不少经验。实施过程中也出现了一些值得重视的问题。有的未严格按006号文件的有关规定履行办班审批手续，降低入学条件，扩大培养对象和范围；有的对《专业证书》制度的性质和作用认识不清，将“专业证书”与“学历文凭”相混淆；有的为“创收”招揽学员，擅自刊登广告面向社会招生；有的办学规模过大，教学质量得不到保证。为使成人高等教育《专业证书》制度试点工作健康开展，切实做到按需培养，确保教育质量，各地教育、人事主管部门和国务院有关部委要加强对试行《专业证书》制度的领导和管理。现提出以下意见：

一、要严格执行006号文件的有关规定，目前应主要抓好《专业证书》制度的试点工作，严格控制办班规模，在总结经验的基础上有计划、有步骤地实施。

各地教育、人事主管部门和国务院有关部委要加强对《专业证书》性质与用途的宣传和解释工作。《专业证书》制度，是对已在专业技术岗位或专业性较强的管理岗位上工作的人员进行有针对性的专业知识教育，使其达到岗位所要求的大专层次专业知识水平。用人主管部门申请举办《专业证书》教学班，应纳入本部门人才结构调整和培养规划，避免盲目培养和办学。

二、《专业证书》的办学机制是用人单位按工作需要选送学员，委托学校培养，不是学校招生办学。举办《专业证书》教学班，必须由用人主管部门提出申报，不得交承办学校和其它单位代理。地方或国务院有关部委教育主管部门不得受理学校提出的办班申请。

三、必须严格《专业证书》教学班审批程序，防止乱办、办滥。举办《专业证书》教学班由地方教育主管部门会同地方人事主管部门审批，一般只限在本地区举办和招生。已批准的专业，由申报部门报送国务院有关业务主管部委。

国务院有关部委直属企事业单位举办《专业证书》教学班，由所属部委教育主管部门会同人事主管部门审批。行业性较强的部门确需跨地区举办《专业证书》教学班和招生的，须征得学员所在省、自治区、直辖市及计划单列市教育、人事主管部门同意后，报国务院有关部委教育主管部门批准实施，并报国家教育委员会备案，抄送人事部。

四、《专业证书》教学班招生工作，要严格遵守006号文件规定的学员应具备的四个条件，不得任意放宽入学年龄，降低入学要求。

参加《专业证书》学习的学员，应由省、自治区、直辖市及计划单列市用人主管部门或国务院有关部委直属企事业单位根据岗位和工作的需要组织推荐和选拔，经学校考核（含文化考试和专业知识考查）后入学。学校不得以任何借口，刊登广告面向社会招生。

五、国家机关单位、社会团体、培训中心、中等专业学校和未经国家教委批准备案的高等学校等不得承办《专业证书》教学班。经批

准承办《专业证书》教学班的学校也不得与上述单位或学校联合办学。《专业证书》教学班的教学管理，应由承办学校负责，不得由其它单位代管。

六、实施《专业证书》制度尚属试点阶段，以函授、广播电视、自学考试方式举办《专业证书》教学班要从严控制。个别确需举办的，由地方或国务院有关部委教育主管部门会同人事主管部门审核后向国家教委提出申报（抄送人事部），经批准后方可开办。已开办的由审批部门对办班情况（包括委托单位、承办学校、教学计划、学籍管理、学员名单等）进行一次严格的检查，并将检查情况报国家教育委员会和人事部。

七、为使《专业证书》制度切实符合行业或系统的培养规格和质量要求，国务院有关部委要加强对制订《专业证书》教学计划的指导和服务工作。不能将普通专科教学计划进行简单删减作为《专业证书》教学计划，而应根据本行业、本系统岗位和工作的需要，结合各地的实际情况，确定《专业证书》应开设的专业和培养目标，制订相应的教学计划和教学大纲，组织编写好教材。凡国务院有关部委已确定和制订有上述培养目标和教学计划等规定的，各地教育、人事、用人业务主管部门应按照执行。

国务院有关部委未制订《专业证书》教学计划的，各地业务主管部门可按上述要求制订本地区《专业证书》教学计划，并报国务院有关业务主管部委备案。

八、承办《专业证书》教学班的学校要按国务院有关部委或地方业务主管部门制订的《专业证书》教学计划认真组织教学，确实保证教学质量。学校要建立严格的《专业证书》教学管理制度，对经常无故旷课或连续几门课考试不及格者，要按有关管理规定严肃处理。

九、加强对《专业证书》制度的检查和监督，发现问题要及时纠正或处理。对少数办学思想不端正，教学质量不能保证的学校，经查证核实，要限期整顿或不再安排其承办《专业证书》教学班；对不按岗位和工作需要选送学员或未经严格审核就批准用人部门委托办班，带来学员学非所用，无对口的工作岗位和“专业证书”泛滥等不安定因素，以及在办学中弄虚作假，严重违反006号文件规定并造成严重后果的，必须追究有关用人部门、教育部门负责人的责任，并根据情节轻重，作出严肃处理。

十、鉴于国家正在考虑专业技术职务聘任工作的改革和转入经常化的问题，今后涉及此事的提法和规定如有新的要求，以新的职称改革文件为准。

民族教育部分

□内地西藏中学班(校)管理暂行规定

(1989年3月17日国家教委办公厅发布)

内地省市西藏班(校)是为西藏自治区培养中高级人才打基础的普通中学，为了加强西藏班(校)的管理，贯彻执行国家的教育方针和民族政策，特做如下规定：

第一条 内地西藏班(校)由所在省市教育部门和西藏自治区教科委实行双重领导，以内地省市教育部门管理为主。

第二条 设有西藏班(校)的省、市要有政府负责成立协调小组，协调有关部门和学校的工作，处理办学过程中的重大问题。

有关省、市教育部门要指定一位负责同志主管这项工作，加强对西藏班(校)工作的指导和管理。

第三条 西藏自治区教科委要设立专门机构，负责制定西藏班(校)的招生、选送学生、经费分拨、学籍管理、派遣藏族教师、毕业生分流等工作的制度和办法，并会同国家教委有关部门、内地省市协调机构，解决办学过程中的问题。

西藏自治区各地市教育行政部门要指定专人负责内地办学事宜。

第四条 设西藏班的学校(单设学校除外)应成立西藏班领导小组，由校长领导，指定一名副校长负责，下设西藏部(处、办)负责西藏班的全面工作。

第五条 内地西藏班(校)的学制年限初中为四年，高中为三年。初中招收西藏区内合格的藏族和其他少数民族小学毕业生，高中招收内地西藏班(校)成绩优秀的初中毕业生。

第六条 内地西藏班(校)教学用语以汉语教学为主，同时加强藏语文教学。

内地西藏班(校)按国家教委制定的中学教学大纲和西藏自治区教科委制定的教学要求拟定教学计划，安排和检查教学工作。

第七条 西藏班(校)各科教研组负责组织西藏班(校)教学的研究工作，探索教学规律，总结教学经验，提高教学质量。

第八条 内地西藏班(校)执行西藏自治区教科委颁发的学籍管理规定，加强对学生的管理。学生未经学校和教育行政部门同意，不准以任何借口私自退学或转学。

第九条 西藏班(校)要重视思想政治教育工作，要委派专职人员负责。中学政治课除按教学大纲组织教学外，还要进行爱国主义教育、民族团结教育、行为规范教育和革命传统教育。学校要将思想政治工作寓于各科教学和社会活动之中。

第十条 西藏班(校)的各项经费由主管校长负责管理。财务收支要单独列帐核算，专款专用。经费的使用要讲求社会效益和经济效益。

西藏班(校)经费要在年终结账，编造预算，将收支账目和预算上报教育主管部门审核、批准。

第十一条 凡为西藏班拨出专款所建的用房，要优先保证西藏班师生使用，当地学校不得以任何借口挤用。

第十二条 西藏班(校)教职工编制可参照普通中学的标准适当增加，其工资、福利待遇应高于当地中学。

西藏班（校）的领导和教职工要选派思想、业务素质好的，责任心强并有一定经验的人员担任。对不适合做西藏班（校）工作的人员由教育主管部门负责调离。

在西藏班（校）工作的人员要相对稳定，教职员工的调整必须经过主管校长的同意。

第十三条 西藏班（校）应有专人负责生活管理，明确生活管理人员和后勤人员的职责，建立生活管理制度。

派到内地西藏班（校）的藏族工作人员及当地聘任的工作人员应服从当地党委、政府和学校的领导，在学校的领导下进行工作。

国家教委办公厅档案处整理审阅

1989年教育大事记

1月4日 《中国少年报》初中版创刊。何东昌题词祝愿初中版帮助初中同学健康成长。

1月5日 外交部发言人在新闻发布会上谈1988年12月下旬南京发生的中国学生和非洲留学生冲突事件及平息情况。强调中国政府依法保护在华外国人的正当权益，同时，根据国际法和中国法律，在中国境内的外国人必须遵守中国的法律；此事件与种族歧视毫无关系。

1月6日～9日 国家教委在北京召开全国中小学图书馆工作会议。柳斌在开幕词中说，每所中小学要有图书馆，这是实施义务教育的必备条件之一。

1月9日 国家教委发出《参加国际中学生体育竞赛活动若干问题的暂行规定》。

1月9日～12日 国家教委与河北省政府在石家庄召开了河北省农村教育改革实验区第四次工作会议。

1月10日 中国教育代表团团长李铁映在第41届国际教育会议上发表了题为《建立适应21世纪我国经济科技社会发展需要的新教育体系》的讲话。

△ 文化部、国家教委联合发出通知，从1989年起全国中等艺术学校的招生工作，执行国家教委的《普通中等专业学校招生暂行规定》。

△ 第3期教育督导人员培训班结业，国家教委向80名教育督导工作者颁发了结业证书。

1月11日 国家教委召开委属高校计划财务基建工作会议。何东昌强调高等教育要"控制规模、提高质量、调整结构、深化改革"，委属高校要把注意力集中到提高教育质量上来。

1月14日 全国优秀青年思想教育工作者表彰会和青年思想教育研究中心第一届年会在北京结束。百名优秀青年思想教育工作者受到中宣部和团中央的表彰。

1月15日 国务院批转国家教委、财政部、人事部、国家税务局《关于进一步发展中小学勤工俭学若干问题的意见》的通知。

△ 国务院批转国家教委、财政部、人事部、国家税务局《关于深化改革鼓励教育科研卫生单位增加社会服务意见的通知》。

1月15日 国家教委高校学生司主办的《毕业生就业指导》报正式创刊。

△ 中国学生营养促进会在北京成立，著名营养学专家于若木任会长，卫生部副部长何界生、国家教委副主任邹时炎任副会长。成立该会的目的是动员和促进社会各方面重视学生的营养问题，促进学生营养事业的发展，不断提高学生的营养水平与身体素质。

1月16日 全国高校毕业生供需信息交流会在北京召开。国家教委副主任朱开轩在会上重申，凡按国家任务招收入学的本届高校毕业生，只要是合格的大学毕业生或毕业研究生，国家均负责安排工作，但分配的方法将进行改革。

国家教委考试管理中心与华北教育管理干部中心联合举办的考试管理干部岗位培训班，在北京师范大学开学。

1月17日 各报刊载中共中央1988年12月25日发出的《关于改革和加强中小学德

育工作的通知》。《中国教育报》还刊载何东昌就贯彻《通知》精神向该报记者发表的谈话，指出要高度重视、转变观念、认真落实。《中国教育报》发表社论，题为《培养“四有”新人的奠基工程》。

△ 国家教委、人事部印发《关于改进1989年高等学校毕业生分配工作的报告》的通知。

1月18日 《人民日报》刊登何东昌就如何正确理解和贯彻中央通知精神回答该报记者的提问，指出德育工作要有一个较大转变。

△ 《光明日报》报道：国家教委考试管理中心决定推广广东省高考标准化实验成果，今年首先在全国实行英语标准化考试。

1月19日 《中国教育报》在第一版发表了李铁映1988年6月5日在全国中小学德育工作会议上的讲话。

1月20日 国家教委、国务院学位委员会印发《关于普通高等学校农科、林科本科专业授予学士学位名称的意见》。

1月23日 国家教委印发《高等学校教育系教育专业改革座谈会纪要》和《高等学校教育系教育专业改革的意见》。

1月27日 国家教委举行春节招待会，首都54位高校优秀青年教师参加，李铁映到会并讲话，向高校教师祝贺新春。

1月28日 国家教委、财政部联合发出《普通高等学校校办工厂管理的规定》。

1月29日 国家副主席、全国中小学幼儿教师奖励基金会理事长王震在珠海市会见100多位教师时说，现在教育战线上出现的学生厌学、教师厌教的现象值得注意，应采取有力措施加以克服，这关系到国家兴衰民族存亡。

1月30日 国家教委发出通知，提出严格控制中小学生流失问题的若干意见。

△ 在全国老龄问题委员会领导下，由《中国老年报》社、中国老年大学协会、国家教委老干部局、中央广播电视大学共同建立的北京中国老年教育中心成立大会今天在人民大会堂举行。名誉主任为王首道，主任为杨海波、王照华。

1月31日 国家教委发出通知，要求继续做好中小学教师考试合格证书的试行工作。

△ 《中国教育报》报道：国家教委所属设计单位1989年度优秀设计评选活动揭晓，共评出一等奖2个，二等奖6个，三等奖12个，表扬项目7个。

△ 国家教委、人事部联合发出通知指出，高校毕业生仍实行计划分配制度，同时有领导地试行按计划推荐录用，逐步实行提前一年预分配等改进办法。

△ 全国人大教科文卫委员会第5次会议，听取副主任委员刘冰关于浙江、黑龙江、甘肃三省实施义务教育法检查情况报告。

2月1日 李铁映主持召开国家教委第16次全体委员会议，讨论1989年的工作部署。

△ 国家教委体育卫生司召开学校体育卫生工作座谈会，回顾1988年工作，通报1989年主要工作。邹时炎到会讲话。

△ 中国中学生的业余通讯组织中国中学生通讯社在北京成立。该社的主要任务是义务扶持中学生文学、新闻爱好者，并向中学生提供国内外中学生的情况，主动义务担任中学生合法权益的代言人和团中央、国家教委中学工作的助手。

2月3日 国务院批转国家教委、人事部联合提出的《关于改进1989年高校毕业生分配工作的意见》。

△ 国家教委、国家计委、财政部、民政部、中国社会福利有奖募捐委员会、中国残疾人联合会联合印发关于《特殊教育补助费使用办法》的通知。

△ 康克清、柳斌到北京第41中学看望教师。

2月4日　李铁映前往北京大学向季羡林、闻家驷、陈岱孙、江泽涵、冯友兰、朱德熙等老教授拜年。

△　国家教委办公厅发出《关于调整中国电视师范学院高师专业教学计划的通知》。

2月5日　国家教委举行新春教师茶话会。李铁映代表党中央和国务院向全国的教师拜年，向广大的教师家属问好。

2月6日　全国人大常委会副委员长习仲勋参加了西安地区22所大专院校联合举办的新春茶话会。

2月12日～16日　中国民主同盟中央召开教育问题研讨会。

2月12日～17日　国家教委1989年工作会议在北京召开，讨论发展和改革教育事业战略决策的有关问题，部署1989年的工作。李铁映作了题为《振奋精神，把教育搞上去》的总结讲话。

2月14日　国家教委邀请10多名综合大学校长、学者及公司企业负责人座谈如何了解和使用理科人才，为理科人才施展才干开拓广阔的领域。何东昌、朱开轩到会并讲了话。

2月15日～24日　奥地利教育和科研部长图波应国家教委邀请访问我国，签署了中奥教育交流与合作会谈纪要。

2月20日　国家教委、文化部联合发出通知，要求进一步加强少年儿童的艺术教育。

△　国家教委办公厅转发了上海市卢湾区教育局在中等学校开展职业指导工作的经验。

2月21日～25日　国家教委研究生司会同国务院学位委员会办公室在北京召开高等学校培养工程类型硕士生经验交流会，并研究进一步造就更多应用型高级人才的改革试点工作。

2月27日　国家教委发出《关于成人中等专业学校招生工作改革的若干意见》。

△　国务院学位委员会发布《关于授予国外有关人士名誉博士学位暂行规定》。

△　国家教委、共青团中央、文化部、新闻出版署联合发出通知，要求进一步广泛开展全国红领巾读书读报奖章活动。

2月28日　国家教委办公厅印发中国电视师范学院中学教师进修高等师范专科政治、音乐、美术专业教学计划。

3月1日　国务院学位委员会发出《关于做好第四批博士和硕士学位授权学科、专业审核工作的通知》。

△　国家教委民族教育司在呼和浩特市召开了全国民族文字教材出版发行工作座谈会。

3月1日～12日　中国大学生运动队参加第14届世界大学生冬季运动会，共获5枚金牌、2枚银牌、6枚铜牌，金牌总数居第三位。

3月2日　国务院批转国家教委关于改革高等学校毕业生分配制度的报告。

△　由国务院教育工作研讨小组召开的、为期四天的教育经费与教师工资待遇研讨会在北京结束。李铁映、何东昌到会讲了话。

3月7日　李铁映到山东考察教育工作，先后考察了平度县、潍坊市、昌邑县的县、乡、村三级各类普通学校和职业技术教育，并看望了师生，鼓励学校领导、教师努力办好教育，要学生为振兴中华努力学习。

3月8日　全国妇联、农业部、林业部、国家科委、国家教委、国家民委、水利部、商业部、广播电影电视部、中国科协、中国农业银行、国务院贫困地区经济开发领导小组联合发出通知，决定在全国各族农村妇女中深入开展“学文化、学技术、比成绩、比贡献”（简称“双学双比”）的竞赛。

3月14日　何东昌、柳斌、邹时炎、王明达等会见了出席中国教育工会第三届全国委员会第三次会议的委员，听取他们对教育改革和发展的意见和建议。

△ 《中国教育报》发表了全国人大教科文卫委员会、国家教委克服片面追求升学率倾向调查组的综述文章，题为《深化改革，推进治理》。

3月15日～17日 国家教委在北京召开全国高校图书情报工作委员会秘书长会议。

3月16日 中国教育工会三届三次全委会结束。会上表彰了在1988年对改革和发展教育做出了突出成绩的10位教育工作者。

3月17日 李铁映主任签署国家教委第1号令，发布《国家教育委员会行政法规、规章发布办法》，《办法》自1989年4月1日起施行。

△ 国家教委办公厅发出关于印发《内地西藏中学班(校)管理暂行规定》的通知。

3月20日 国务院总理李鹏在第七届全国人大二次会议上作政府工作报告，要求各级政府、各部门、各行各业进一步提高对教育的认识，高度重视教育的长期重要的战略地位，在治理整顿期间努力保证教育事业的发展。

3月22日 李铁映、何东昌、朱开轩、柳斌同出席全国政协七届二次会议的教育界委员们座谈。

△ 国家教委办公厅发出《关于国家教育委员会的职责和机构设置的通知》。新的机构设置从1989年4月1日起运行。

3月23日 中央军委主席邓小平在接见乌干达总统约韦里·穆塞韦尼时指出，我们最近十年的发展是很好的。我们最大的失误是在教育方面，思想政治工作薄弱了，教育发展不够。最重要的一条是，在经济得到可喜发展、人民生活水平得到改善的情况下，没有告诉人民，包括共产党员在内，应该保持艰苦奋斗的传统。有了这个传统，我们就能抗拒腐败现象，老干部就能管好他们的子弟。我们经过冷静考虑，认为这方面的失误比通货膨胀等问题更大。

△ 国家副主席王震参加七届全国人大二次会议新疆代表团讨论时指出，教育是涉及国家前途和命运的百年大计，要动员全社会力量齐心协力把教育办好。

△ 李铁映向七届全国人大二次会议的辽宁代表汇报教育情况。汇报分三部分：一、关于教育工作的形势；二、关于解决教育工作中几个主要问题的思路；三、关于当前的教育工作。

3月24日 李铁映、何东昌、朱开轩出席七届全国人大二次会议新闻发言人举行的记者招待会，就教育问题回答了中外记者的提问。

3月25日 今天出版的《半月谈》杂志第6期，刊登了国家主席杨尚昆为半月谈中学生奖学金获得者的题词“祝你成才”，并指出：提高5000万中学生的素质是件大事，不论他们继续升学深造，还是走上工作岗位，他们的文化、思想品德和作风如何，都将关系着中华民族的前途，我们国家进入21世纪要靠他们了，中学生是祖国的未来，全社会都应当关怀他们。希望中学生不辜负国家和人民的希望，努力使自己尽快成长为国家有用之才。

3月26日 中国中小学幼儿教师奖励基金会理事会第三次会议在北京召开。王震呼吁各级政府、各企业、单位和个人慷慨解囊，在全国形成一个筹集中小学、幼儿教师奖励基金的热潮。

3月28日 国家教委发出关于庆祝1989年教师节活动的通知。

3月29日 中共中央书记处致函中国民主促进会中央，赞扬他们提出切实贯彻义务教育法的好意见。

3月30日 国家教委办公厅发出《关于高等学校经济学专业深化改革的若干意见》

的通知。

3月31日 国家教委办公厅印发世界经济(国际经济)、国际贸易、国际金融、国际经济合作等四个专业的教学计划。

△ 国家教委公布第九批批准的国务院有关部委,各省、自治区、直辖市所属普通高等学校举办的本科函授、夜大学名单。

4月1日 《中国教育报》报道:李铁映最近在同青海省海南藏族自治州州委书记东主加商谈少数民族地区的教育工作时指出:文化教育要和技术、技能教育同步进行,学生要成为传播科学技术的能手、致富的能手。

4月1日～29日 国家教委副主任柳斌访问了设在美国纽约的联合国儿童基金会总部及加拿大。

4月2日 第四届全国中学生读书评书活动揭晓。

4月3日 国家教委有关方面负责人就当前中小学教材的印刷质量、发行和滥编复习资料问题向新闻界发表了谈话。

△ 国家教委、卫生部、国家计生委、国家医药管理局、国家中医药管理局、解放军总后勤部发出关于成立全国高等医药教育领导管理协调委员会的通知。

4月4日 国家教委印发《普通高等学校本科专业设置暂行规定》。

△ 国家教委印发二年制师范专科学校8个专业84门课程教学大纲。

4月5日 国家教委发出《关于1988年普通高等学校超计划招生问题的通知》。

4月7日 国家教委发出《关于重申大学毕业生分配工作中几项规定的通知》。

4月8日 中共中央政治局召开第17次全会,讨论《中共中央关于教育发展和改革若干问题的决定》(草案),并决定将此草案在党内外更大范围内进一步征求意见,适当时候召开中央全会予以审议。

△ 国家教委发出《关于对中小学教育开展五项督导、检查的通知》。

4月9日～21日 国家教委副主任王明达回访了联邦德国。

4月10日 卫生部发布1988年全国13个省学生健康监测情况的通报,首次向社会公布了中小学生的视力低下率、蛔虫感染率、口腔卫生不良率、补牙率和贫血患病率的数字。

4月12日 国家教委新闻发布会宣布,1989年高校毕业生仍主要按计划分配,多数毕业生已有去向,只要服从分配,国家负责安排工作。

另外,在新闻发布会上宣布:今年高校招生将实行一项新规定:体育达标方准报考。

△ 国家教委办公厅发布《全日制初级中学音乐、美术教学器材配备目录(试行)》和《全日制小学音乐、美术教学器材配备目录(试行)》。

4月13日 国家教委召开全国高等学校纪念“五四”运动70周年学术讨论会。与会者呼吁:当前最为紧迫的任务是振奋民族精神,凝聚全民族的力量搞好改革和建设。

4月17日 中共中央召开民主党派和无党派人士座谈会,商讨教育发展和改革大计。18、19两日,分组讨论。

△ 国家教委印发《普通高等学校体育本科专业设置审定意见》。

4月20日 《中国教育报》报道:经国家教委批准,中央教育科学研究所聘请了首批21位兼职研究员。

4月20日至23日 国家教委、国家民委在湖北省鄂西土家族苗族自治州恩施市召开了全国民族地区职业技术教育及电化教育研讨会。

4月21日 李铁映代表党中央举行座谈会,听取各民主党派和无党派人士讨论《中共中央关于教育发展和改革若干问题的决定(草案)》的情况和意见。

4月21日前后 一些人打着悼念胡耀邦同志的旗号，掀起动乱。发生了高校学生到人民大会堂请愿和冲击新华门等事件。

4月25日至26日 国家教委召开部分高校党委书记会议，研究稳定高校局势的问题。

4月26日 《人民日报》发表题为《必须旗帜鲜明地反对动乱》的社论。4月27日，《中国教育报》全文转载。

4月28日 国家教委成立农村教育综合改革实验领导小组。

4月29日 国务院发言人袁木，国家教委副主任何东昌，北京市委常委、秘书长袁立本，北京市副市长陆宇澄受李鹏总理的委托，同首都部分高校学生进行座谈，就惩治“官倒”、清理公司、廉政建设、发展教育、新闻报道和学生罢课、游行等问题交换了意见。

△ 《人民日报》发表《维护大局、维护稳定》的社论。

5月2日 加拿大和中国政府共同举办“加中友好月”，开展教育培训、校际交流等活动。

5月3日 国务院发言人袁木和国家教委副主任何东昌在全国记协举行的中外记者招待会上，就北京市一些高等院校部分学生向全国人大、国务院、中共中央递交“请愿书”的有关问题，回答记者的提问。

△ 共青团中央、全国青联、全国学联主持召开纪念五四运动70周年大会。

5月4日 国务院办公厅转发国家教委、国家计委、民政部、财政部、人事部、劳动部、卫生部、中国残疾人联合会《关于发展特殊教育的若干意见》。

△ 国家教委副主任滕藤、王明达与6位教育界杰出青年座谈，认为思想政治教育要从小抓起。

5月5日 国家教委发出通知，要求做好高校毕业生的思想教育工作。

△ 国家教委还印发《1989年普通高等学校试行招收自费生意见》。

5月5日～13日 何东昌、滕藤、朱开轩、柳斌、王明达、邹时炎等带领几十名司、处级干部，先后分别同北京大学、清华大学、北京师范大学、中国人民大学、北京航空航天大学、首都医学院、北京理工大学、北京师范学院、清华大学附中及西安、安徽等地一些高等院校的干部、教师座谈，就维护社会安定团结、坚持四项基本原则、加强和改进学校政治思想工作和严格校纪校风、恢复学校正常教学秩序等问题，共谋良策。

5月6日 国家教委办公厅发出关于加强中小学安全工作的几项要求的通知。

5月6日～13日 中华职业教育社召开1989年全国社员代表会议。

5月7日 李鹏总理在邀请首都部分农业专家、教授座谈以科学技术成果发展农业等有关问题时，指出：科技推广离不开教育，离不开人才。我国农村文盲这么多，要研究农村教育如何适应农村特点，使学生学了有用。要结合“燎原”、“丰收”、“星火”计划的实施，狠抓农村教育，提高广大农民的科学文化素质。

5月8日 经国务院办公厅同意，国家教委印发了1988年9月召开的全国对外汉语教学工作会议的纪要。

5月10日～12日 中国教育国际交流协会在北京召开了第二届理事会议。

5月11日 李铁映会见并宴请联邦德国职业技术教育专家组全体成员。王明达、联邦德国联邦经济合作部国务秘书冷格尔分别代表本国政府在两国有关职业教育合作方面的纪要上签字。

5月13日 国家教委发出《关于适当集中财权加强财务管理的意见》。

5月14日 李铁映等领导同志与首都30多所高校学生代表进行座谈。

5 月 15 日　李铁映等与全国学联、北京市学联继续邀请首都高校 50 多位学生进行座谈，希望大家以高度的理智，在民主和法制的轨道上解决问题。

△　国家教委印发《全日制小学劳动课教学器材配备目录(试行)》和《普通中学劳动技术课教学器材配备目录(试行)》。

5 月 15 日～19 日　国务院学位委员会办公室在镇江召开了全国"七五"学位和研究生教育科学研究重点课题负责人座谈会。

5 月 18 日　上午11时，李鹏、李铁映、陈希同、李锡铭等在人民大会堂会见在天安门广场绝食请愿的学生代表。

△　国家教委发出通告，要求教育行政部门和中小学干部、教师坚持正常教学秩序，对少数学生上街游行要加以劝阻。

5 月 19 日　中共中央、国务院召开中央和北京市党政军干部大会，李鹏、杨尚昆讲话，号召大家紧急动员起来，坚决制止动乱。

△　国家教委、国家物价局、财政部发出《关于清理整顿中小学收费项目有关问题的通知》。

△　第四次世界继续工程教育大会闭幕。国际继续工程教育协会在京成立。

5 月 22 日　国家教委办公厅发出《关于加强教材、图书、资料管理工作的通知》。

5 月 23 日　国家教委发出紧急呼吁，希望社会各界劝导高校学生尽快复课。

△　国家教委发出关于在全国建立"百县农村教育综合改革实验区"的通知。

5 月 24 日　国家教委、国家计委、国家民委、人事部联合发出《关于内地西藏班1989年初中毕业生分流问题的通知》。

5 月 25 日　国务院发出紧急通知，制止各地学生冲击铁路，强行乘车进京。

△　国家教委发出关于中小学危房修缮、改建工作的通知。

5 月 29 日　国家教委召开办公会议研究 1989 年高校招生和分配问题。确定高校应届生如期毕业，高考时间不变。

5 月 31 日　邓颖超给全国少先队员写信，祝贺"六一"国际儿童节 40 周年。

△　共青团中央、国家教委决定授予赖宁"英雄少年"的称号。

5 月　首届国际奥林匹克信息学竞赛在保加利亚举行。中国中学生参赛 3 人，均获三等奖。他们是：柴海新(河南师范大学附属中学)、庄骏(中国人民大学附属中学)和杨洪波(北京师范大学附属实验中学)。

6 月 1 日　国家教委、文化部、广播电影电视部、国家体委、全国科协、全国总工会、共青团中央、全国妇联、解放军总政治部等 9 个单位联合发出《关于全国各类文化设施向中小学生免费或优惠开放的意见》。

6 月 2 日　国家教委、共青团中央、文化部、新闻出版署联合发文，公布 1989－1990 学年度"全国红领巾读书读报奖章活动"的推荐书目。

6 月 3 日　由一小撮人策划的动乱终于在首都北京发展成反革命暴乱。

6 月 4 日　凌晨，在天安门广场绝食的大学生，全部撤离。

6 月 5 日　李铁映主任签署国家教委第二号令，发布《幼儿园工作规程(试行)》。

6 月 5 日～8 日　国家教委在甘肃庆阳召开座谈会，研究我国西部 11 省(区)的职业技术教育问题。王明达副主任到会讲话。

6 月 6 日　国务院发言人袁木举行记者招待会，揭露首都反革命暴乱的事实真相。

6 月 8 日　国家教委发布通告，要求恢复各级各类学校正常的教学和工作秩序。

6 月 12 日　国家教委再次郑重发布通告，要求维护中小学的正常教学秩序。

△　李铁映到北京崇文区宝华里小学参加学校的升国旗仪式，全市 4800 多所中小学今天以这一形式开始恢复正常的教学秩序。

随后，李铁映到26中学察看学生的上课情况，看望学校食堂炊事员，并与教职工座谈。座谈时，李铁映强调，当前中小学十分重要的是，上好爱国主义这一课。

△ 国家教委发出通知，试行《高等教育自学考试教育管理专业考试计划》。

6月13日 全国高等教育自学考试指导委员会发布《全国自学考试考籍管理试行办法》和《关于高等教育自学考试免考课程的试行规定》。

△ 何东昌到北京语言学院看望外国来华留学生时说，中国政府完全有能力控制局势，留学生在校的安全是有保证的，并对留学生愿意在中国继续学习表示欢迎。

△ 国家教委发出《关于招收自费外国来华留学生的有关规定》。

6月18日 李铁映与原教育部副部级以上的18位老同志看望和慰问首都戒严部队指战员。

6月19日 国家教委办公厅发出通知，要求各地教育部门和学校组织应届高中毕业生学习平息北京反革命暴乱的有关文件。

6月21日 国家教委发出通知，发布《三年制中等师范学校教学方案(试行)》。

6月22日 李铁映会见世界银行中国局局长沙希德·伯基时指出，中国在教育方面开展广泛的国际合作的方针不会改变。

△ 国家教委、国家体委、卫生部、国家民委、国家科委联合发出《全国学生体质、健康状况监测实施方案》。

6月23日 国家教委发出《关于加强培养工程类型工学硕士研究生工作的通知》。

6月27日 中央宣传部召集教育系统的部分领导干部和教师，座谈党的十三届四中全会精神，论讨如何加强学校的思想政治工作。

△ 国家教委发布《普通高等学校招生全国统一考试标准化实施规划》。

6月29日 国家教委办公厅发出《关于认真组织好中小学生暑假工作的通知》。

6月30日 国家教委批转试行全国高等教育自学考试指导委员会制定的《高等教育自学考试数学专业本科段考试计划》。

7月4日 国家教委发出通知，要求各地认真组织中小学教职工学习党的十三届四中全会公报等文件。

7月5日～9日 第21届国际中学生化学奥林匹克竞赛在民主德国的哈雷市举行。4名中国中学生共获3块金牌、1块铜牌和1项特别奖。获金牌的是：北京清华大学附中的陈晖、福州市一中的沈周新和马鞍山市二中的周沛。获铜牌的是：杭州市学军中学的宋越扬。周沛还获得了最佳理论竞赛特别奖。

7月7日～10日 全国教育社会学专业学会在杭州成立，并举行首次研讨会。

7月7日～15日 中苏经贸、科技合作委员会教育合作工作小组第三次例会在北京举行。苏方组长、苏联国民教育委员会副主任舒克舒诺夫和中方组长、中国国家教委副主任朱开轩签署了“会议纪要”。13日，李铁映在会见苏联客人时重申，中国派遣出国留学人员的方针政策不会改变。

7月11日～13日 第四届全国中学生运动会预备会在河北省唐山市举行，确定要改变学生运动会会风，将以全新的方法举行全国中学生运动会。

7月11日 国家教委办公厅发出《关于对高中学生进行形势教育的通知》。

7月12日 国家教委发出通知，要求高等学校在新学年开学后集中时间对学生进行政治教育，并加强理论课教学工作。

7月12日～15日 全国高校工作会议在北京召开。江泽民、李鹏、李瑞环14日与部分同志座谈，分别发表重要讲话。李铁映在会上作了题为《高等教育必须坚持社会主义方向》的报告。何东昌在会议开幕和结束时讲话。

7月13日～22日　第30届国际数学奥林匹克大赛在联邦德国不伦瑞克举行。中国代表队获总分第一。获得金牌的是：罗华章（重庆永川中学）、霍晓明（江西景德镇景光中学）、蒋步星（新疆石河子第五中学）和俞扬（东北师范大学附属中学），获得银牌的是：唐若曦（成都树德中学）和颜华菲（中国人民大学附属中学）。

7月15日～26日　中国教育国际交流协会组派了以国家教委秘书长朱育理为团长的代表团，赴日本参加日中美三国藏王研讨会。

7月16日～23日　第20届国际物理奥林匹克竞赛在波兰华沙举行。中国学生在理论部分考试中成绩突出，团体总分第一，实验部分的成绩获第六名，两部分成绩相加，名列参赛各队第二。北京市第四中学燕京、杭州市第四中学毛甬、长沙市第一中学邱东昱和西安电子科技大学附属中学葛宁获得银牌，西安交通大学附属中学林晓帆获得铜牌。

7月17日～8月5日　国家教委农村教育综合改革实验办公室与中央教育行政学院共同举办农村教育综合改革实验县工作研讨班。全国百余个实验县主管教育的县长、教委主任或教育局长共200多人参加。

全国30个省、自治区、直辖市教委职业技术教育处长参加的职业技术教育研究班也同时举办。

7月18日　江泽民同北京第二外国语学院师生代表座谈时指出，加强对青年学生的思想政治工作，是高校教育的一项十分紧迫的任务。对外语院校来说，特别要加强爱国主义教育。李铁映、朱开轩参加了座谈。

△　全国高等学校自学考试委员会、机械电子工业部联合发出《关于开考高等教育机电一体化工程专业本科段自学考试和组织机电工程技术人员学习的通知》。

△　国家教委发布《关于委属单位自筹基本建设投资审计试行办法》。

7月20日　国家教委办公厅发出通知，要求在小学生中开展"热爱中国共产党、热爱社会主义祖国、热爱中国人民解放军"的教育活动。

7月21日　国家教委发言人宣布，根据当前高教事业发展过程中存在的实际问题以及高等学校面临的繁重的整顿任务，今年普通高校招生计划有少量调整，拟在年初安排64万基础上核减3万人左右。

7月22日　国家教委发出《关于九年制义务教育课程、教材试验工作的通知》。

7月26日　国家教委发言人就当前国内外共同关心的出国留学人员有关问题回答了记者的提问。

△　国家教委发出《关于北京大学今年入学新生试行军政训练一年的通知》。10月12日，北京大学1989级新生训练队在石家庄陆军学院举行了开学典礼。

△　国家教委发出《关于试行普通高中毕业会考制度的意见》和《关于改革普通高等学校招生考试及录取新生办法的意见》。

7月27日～31日　内地五院校对口支援西藏大学第二次协商会于拉萨召开。9月8日，国家教委办公厅发出会议纪要。

7月28日～8月11日　国家教委举办高等学校思想政治工作研究班。全国96所高校的宣传部长、学生部（处）长、团委书记及国家教委所属的7个教育管理干部培训中心的主任参加。何东昌在开班典礼讲话中要求做好深入细致的思想工作，把广大师生团结在党的周围。今年5月至7月，我国选派参加国际科学奥林匹克竞赛的18名中学生队员全部获奖。国家教委、中国科协和国家自然科学基金会为此举行颁奖仪式。

△　《国家教育委员会政报》创刊。

7月31日～8月4日 我国内地60余名幼儿教育工作者和专家赴香港出席“21世纪婴幼儿”国际学术讨论会。

8月1日 李铁映前往中央教育行政学院看望农村教育改革实验县工作研讨班和高校思想政治工作研究班学员。

△ 国家教委机关干部职工与驻地解放军官兵联欢共庆“八一”建军节。

△ 李铁映主任签署国家教委第3号令，发布《地方教育台站设置管理规定》。

8月3日～17日 国家教委在山东长岛召开中小学语文、数学实验教材审查会议。

8月3日 何东昌在广播电视大学工作座谈会上指出，广播电视大学要加强思想政治教育。

8月5日 何东昌在武汉大学同校、院、系负责人座谈，强调高等学校要牢牢把握社会主义办学方向，对青年学生既要满腔热情、又要严格要求。

8月7日 国家教委发出《关于公布废止与自行失效规章及规章性文件目录的通知》。

8月16日 《求是》杂志第16期发表李铁映在全国高等学校工作会议上的讲话，题为《高等教育必须坚持社会主义方向》。

△ 国家教委在河北唐山召开的全国学校培养体育后备人才试点工作座谈会结束。

△ 国家教委发出通知，成立国家教委直属高等学校工作咨询委员会，同时印发了咨询委员会章程(草案)及成员名单。

8月18日～20日 第四届全国中学生运动会在河北唐山市第一中学举行。何东昌致开幕词，邹时炎致闭幕词。本届运动会13人次打破6项全国中学生运动会记录，辽宁男女队分获甲组团体总分第一名。

8月20日 农业部、国家科委、国家教委、林业部、中国农业银行联合发出通知，试行《关于农科教结合，共同促进农村、林区人才开发与技术进步的意见》，并成立农科教统筹与协调指导小组及其办公室。

8月22日 国家教委、国家物价局、财政部联合做出《关于普通高等学校收取学杂费和住宿费的规定》。

△ 《中国教育报》报道：本报编辑部最近邀请北京部分高校和有关领导部门的负责同志、就本报8月8日报导的“蛇口风波”问题进行座谈，何东昌、滕藤参加座谈会并讲了话。

△ 《中国教育报》发表蒋南翔1985年8月7日在中国高等教育学会全体理事会和学术讨论会上的发言，题为《论在我国大学生中进行共产主义教育和爱国主义教育》。

8月24日 《人民日报》发表《新学年寄语大学生》的社论。

8月25日 江泽民同清华大学部分师生座谈时，强调党的知识分子政策不变，希望广大学生要振奋精神、通过学习，提高认识、吸取教训、把自己培养成为社会主义、共产主义事业可靠的接班人。

△ 国家教委成立城市教育改革领导小组。

8月26日 国家副主席王震会见全国农垦教育先进表彰会的代表时说，教育工作要坚持把德育放在首位，认真贯彻教育与生产劳动相结合，德智体全面发展的方针，努力培养有理想、有道德、有文化、有纪律的一代新人。

△ 国家教委、解放军总参谋部、总政治部联合发出《关于1989年学生军训有关问题的通知》。

△ 《中国教育报》报道，国家教委党组制定廉政建设七条措施。

8月29日 国家教委为庆祝教师节五周年，与有关单位联合摄制完成专题片《共和国之光》，将在教师节期间由中央电视台播出。

8月30日 国家教委在京举行表彰仪

式，85个县、市、区获全国幼儿教育先进县、市、区称号。

△ 柳斌发表中小学新学年电视讲话，指出中小学必须进一步端正教育思想。

9月1日 《人民日报》报道：最近，中共中央政治局常委、中央组织部部长宋平主持召开了首都部分高校党委书记、校长座谈会，座谈加强高校党的建设工作。

△ 国家教委办公厅印发《高等师范学校本科化学专业化学学科教学基本要求》(试行稿)。

△ 国家教委印发河北省教委转发的邯郸地区行署《关于加强扫除文盲工作的意见》。

9月2日 《人民日报》转载何东昌在《人民教育》1989年第9期上发表的文章《思想政治教育要从中小学抓起》。

9月6日～8日 1989年全国扫盲工作会议及国际扫盲日纪念活动，同时在兰州举行。国家教委表彰了100名扫盲先进个人。国家教委副主任王明达主持会议并作了"总结经验，振奋精神，坚持不懈地把我国扫盲工作推向前进"的报告，甘肃省委副书记卢克俭到会讲话。联合国教科文组织及中国教科文全国委员会向大会发了贺信。

△ 首届全国优生优育优教讨论会在北京召开。李鹏到会祝贺，并发表了题为《全社会都来关心下一代的健康成长》的讲话。柳斌作了专题发言。

9月7日 王震、李铁映在沈阳出席辽宁省实验小学教学楼落成仪式，并与教师座谈。

9月8日 全国庆祝第5个教师节和表彰大会在北京举行。党和国家领导人江泽民、李鹏、宋平、李瑞环、王震、李铁映、王平、王首道、习仲勋、陈希同、方毅等出席大会，并向获表彰的近2万名教育系统劳动模范和先进工作者的代表颁发奖状。李鹏同志代表党中央和国务院讲话。

△ 国家教委办公厅印发《内地五院校对口支援西藏大学第二次协商会议纪要》。

△ 国家教委、全国教育工会发出《关于加强国家教委与全国教育工会联系的几点意见》的通知。

9月9日 中共中央政治局常委、国务院总理李鹏到北京师范大学同师生一起欢度教师节，并同部分师生就如何办好社会主义大学的问题进行座谈。

△ 中共中央政治局常委宋平受党中央、国务院委托，到北京大学参加教师节座谈会，向教师们祝贺节日，并就党的建设、知识分子政策、如何办好北京大学等问题进行座谈。

△ 朱开轩到北京外国语学院，与该院负责同志座谈。

9月11日 经国务院批准、李铁映主任签署国家教委第4号令，发布《幼儿园管理条例》。

△ 何东昌在中央广播电视大学教师节座谈会上说，电视大学要研究自身的特点和规律，办出特色来。

9月11日～10月2日 国家教委副主任邹时炎访问德意志民主共和国、捷克斯洛伐克和保加利亚。

9月12日 朱开轩参加北京高校、中专80多名优秀教师代表及校院长的座谈会。

9月14日 李铁映主任签署国家教委第5号令，发布《电视师范教育管理办法(试行)》。

9月15日 亚洲及太平洋地区13个国家职业技术教育专家参加的职业教育研讨会，在中国长春市召开。

9月16日 国家教委、财政部、国家物价局、新闻出版署联合发出通知，调整大学、中专教材的价格。

9月18日 国家教委发出通知，决定在全国百县农村教育综合改革实验区建立农村初中教育改革实验联系学校。

9月20日～10月10日 中央教育行政学院举办第一期成人高等教育管理研讨班。

9月21日 国家教委办公厅发出通知，公布1989年国家教委教学仪器优质产品的审定结果。

9月22日 李铁映在《光明日报》发表国庆抒怀文章:《满怀信心创造教育事业的未来》。

9月25日 国家教委发出通知，确定在全国102个大、中型企业进行教育综合改革实验。

9月27日 国家教委党组发出《关于在高等学校学生中进行坚持社会主义道路和树立正确人生观教育的意见》。

9月28日 国家教委发出《关于普通高等学校举办函授、夜大学专科教育审批权限下放后有关问题的通知》。

△ 国务院授予223名教育界人士为全国劳动模范和先进工作者的光荣称号。

9月30日 国家教委邀请出席全国劳动模范和先进工作者表彰大会的30名教育界代表座谈。李铁映在会上强调指出：中央将一如既往，把教育放在经济发展战略的首位，把教育作为四化建设的根基。

10月3日 李鹏总理为中央广播电视大学创建10周年题词：努力办好广播电视大学，为社会主义建设培育更多更优秀的人才。

10月4日 国家教委就西安工业学院计划外招生问题发出通报。

10月6日 江泽民、李鹏、李铁映、宋健等接见近年来从海外学成归来、在国内有所建树的31名中青年代表。江泽民热情赞扬学子归来，报国有志。

△ 国家教委发出《关于认真学习江泽民同志在庆祝国庆40周年大会上的重要讲话的几点意见》。

10月6日～11日 农业部、国家教委在河北省吴桥县联合召开全国农业中专深化改革现场会。

10月7日 国家教委发出通知，决定在上海华东师范大学建立国家教委中学校长培训中心。

10月8日 李鹏为赖宁同学题词。

10月10日 在中国少年先锋队建队40周年前夕，邓小平给全国少先队组织题词：“培养有理想、有道德、有文化、有纪律的无产阶级革命事业接班人。”

△ 经国家档案局同意，李铁映主任签署国家教委第6号令，发布《普通高等学校档案管理办法》。

10月11日 邓颖超撰文:《学习赖宁》。

10月11日～16日 全国教育工会召开全国农村教师家属扶贫工作四川省万县地区现场经验会。1990年3月14日，国家教委办公厅转发了该会纪要。

10月11日～16日 我国与联合国人口基金会合作在南京举办人口教育10年成果经验交流会。

10月12日 党和国家领导人江泽民、李鹏、乔石、宋平、李铁映、丁关根、胡乔木、康克清等会见全国十佳少先队员和少先队工作者、辅导员代表。

10月13日 江泽民给少先队员和少先队工作者写贺信。

△ 国家教委办公厅发出《关于严格管理全国大学生体育竞赛的通知》。

10月14日 由国家教委和河南省共同召开的24省、区、市中小学教职工住房会议在郑州结束。

10月16日 中宣部文艺局、教育局举行座谈会，向社会热情推荐电影《豆蔻年华》。

10月16日～25日 中共中央政治局常委、中组部部长宋平在安徽考察时说，使农业、科技、教育三者结合，既可挖掘农业潜力.

又可造就人才，提高劳动者素质。

10月17日～20日 中国——联邦德国“双元制”职业技术教育研讨会在江苏省无锡市召开，王明达宣读了李铁映的书面讲话。

10月18日 李鹏总理视察亚运会部分场馆时，为北京体育师范学院题词：“当体育教师光荣”。

10月19日 李铁映为庆祝广播电视大学成立10周年，发表了署名文章，题为《努力办好广播电视大学》。

△ 国家教委发出《关于加强高等学校专利工作的几点意见》。

△ 《中国教育报》报道：国务院整顿书报书刊及音像市场工作小组组长刘忠德邀集北京市教育、新闻出版、妇联及公安系统的有关负责同志举行座谈，对黄色书刊及音像制品的毒害进行揭露和批判。

△ 国家教委发出《关于做好1990年研究生招生工作的通知》。12月26日又发出《关于对1990年研究生招生工作进行若干调整的通知》。

△ 李铁映主持会议，听取关于国家教委对吉林、山东、青海、黑龙江、辽宁、甘肃、新疆、湖北等八省区中小学教育工作进行五项督导、检查情况的汇报。

10月20日 国家教委、农业部、林业部发出《关于表彰奖励高等农林院校在支农、扶贫和为农林生产服务中成绩突出的教师的评选结果的通知》。11月7日，两部一委联合召开了全国电话表彰大会。

△ 国家教委发出《关于1989年全国本专科毕业生和毕业研究生分配工作情况的报告》。

10月21日～24日 国家教委、国家民委在北京召开内地与新疆维吾尔自治区高等教育支援协作规划会议，研究落实1990～1992年内地与新疆在高等教育方面开展支援协作的三年规划。

10月24日 国家教委与联合国儿童基金会共同商定召开的学前教育国际研讨会在南京开幕、160人到会、其中国外学者30人。

10月25日～31日 全国“燎原计划”与农村教育改革实验县工作会议，在湖南省长沙市举行。在会上表彰了100个在实施计划中作出突出成绩的先进乡（镇）。李铁映到会讲话。

10月26日 国家教委发出通知，试行《高等教育自学考试农科农学专业、果树专业、蔬菜专业专科考试计划》。

10月27日 中央广播电视大学召开历时两天的国际远距离高等教育研讨会在北京结束。加拿大、联邦德国、澳大利亚及我国共100余位专家、学者参加会议。

10月28日 《中国教育报》发表何东昌为祝贺广播电视大学创建十周年撰写的文章：《建设具有中国远距离教育特色的广播电视大学》。

△ 在联合国教科文组织第25届大会上，国家教委副主任滕藤当选为该组织执行局委员，任期四年。

10月29日 何东昌在天津市高校工作会议上指出，现在是把办学方向和思想教育放在首位的好时机。今后教师评职称、奖励学生、招生、分配、授学位等，都要把政治上的要求放在第一位。

10月29日～11月14日 国家教委副主任滕藤率中国教育代表团访问扎伊尔、加蓬、尼日利亚和喀麦隆，签署了《中加教育会谈纪要》和《中尼教育合作谅解备忘录》。

10月30日 由共青团中央、全国青联、全国学联、全国少工委共同创办的中国青少年发展基金会决定，设立救助贫困地区失学少年基金会，这项活动被命名为“希望工程”。

10月31日 国家教委发布《国家教育管理信息系统总体规划纲要》。

11月2日～6日 国家教委在成都召开

农村成人教育研讨班及全国农民教育点协作会。

11月5日 国家教委在南京召开全国中等师范学校思想政治教育会议，强调把德育放在学校各项工作的首位。

11月6日 国家教委发布《全国学校艺术教育总体规划》(1989年至2000年)。

11月6日～10日 国家教委民族地区教育司在四川省成都市召开全国部分高等学校少数民族预科教育改革座谈会。

11月7日～10日 国家教委、国家体委在南京联合召开全国施行《国家体育锻炼标准》工作经验交流会。

11月8日 国家教委发出《关于在中小学语文、历史、地理等学科教学中加强思想政治教育和国情教育的意见》。

△ 国家教委印发《中学体育器材设施配套目录》和《小学体育器材设施配备目录》。

11月9日 国家教委与联合国儿童基金会合作十周年项目成果展览及项目主任经验交流会、在河南郑州开幕。

11月11日 国家教委发出《关于做好推荐和接收应届本科毕业生为硕士生工作的通知》。

11月13日 国家教委发出《关于1988年普通高等学校超计划招生问题处理情况的通报》。

11月13日～12月4日 李铁映率中国政府代表团对乍得、中非、刚果、扎伊尔4国进行友好访问。同扎伊尔签署了高等教育和科学研究合作协定议定书。

11月16日 国家教委发布《中等特殊教育师范学校教学计划(试行)》。

11月17日 国家教委发布《高等学校学生行为准则(试行)》。

△ 国家教委与阿拉伯也门共和国教育部在北京签署了《萨那实验中学合作执行协议》。

11月18日 国家教委办公厅发出《关于全国中小学卫生工作先进集体和先进个人评审情况的通报》。

11月21日～25日 中国教育学会第三次学术讨论会在天津举行。集中论讨了如何估计过去10年我国的教育工作和未来我国发展教育所面临的问题。

11月21日～28日 国家教委成人教育司受教科文全委会秘书处委托，在武汉召开老年教育国际研讨会。与会的有澳大利亚、日本、苏丹、美国、苏联、民主德国和中国、香港等国家和地区的代表。联合国教科文教育官员穆巴拉克先生及两名专家到会指导。

11月22日 国家教委分别发出通知，下达高等学校医学和农学重点学科点名单。

11月22日～12月14日 国家教委副主任朱开轩率中国教育代表团访问泰国、孟加拉国、尼泊尔和巴基斯坦，与泰国亚洲理工学院签署了教育合作备忘录。

11月23日～24日 国家教委在北京召开政治理论教育丛书和文科教材建设座谈会，中共中央宣传部部长王忍之、国家教委副主任何东昌到会讲话。

11月25日 国家教委发出《关于做好1990年高等学校毕业生分配工作的通知》。

11月27日 国务院发布《关于依靠科技进步振兴农业加强农业科技成果推广工作的决定》。

△ 国家教委办公厅发出《关于普通高校函授普通专科班颁发毕业证书问题的批复》。

11月27日～12月初 公安部、国家教委在福州召开全国高等学校整顿校园治安秩序工作经验交流会。

11月27日～12月2日 联合国教科文组织第一次在中国召开面向21世纪教育国际研讨会。会议围绕教育如何使年轻人受到良好的培训，使他们能积极并富有建设性地参加下一个世纪的社会与职业生活问题，进行研讨。世界五大洲19个国家和地区的83人参加了会议。11月30日李鹏总理会见了各国教育界代表。

11月28日　全国政协妇女青年委员会、教育文化委员会举行座谈会，共商“除害兴益，优化青少年成长环境”。全国政协副主席王任重发表了题为《动员起来，为培养社会主义的一代新人而奋斗》的讲话(载12月1日《人民日报》)。

11月28日～12月2日　中国陶行知研究会和四川省陶行知研究会联合在成都市举办全国性“生活教育”理论讨论会。

11月29日　北京大学、清华大学、北京航空航天大学、北京科技大学、中国人民大学、北京师范大学等10所大学校长致函美国大学校长，就美国国会通过所谓“中国移民紧急救援法案”问题，真诚希望美国同行们能从维护中美两国和中美大学之间的友好关系出发，向美国议员和各界人士及校内师生说明利害关系，敦促美国国会和政府恪守中美双方已往达成的教育交流协议和谅解，不要采取违背中美两国人民意愿的错误决策。

△　联合国教科文组织委托中国教科文组织全国委员会召开的亚太地区发展中学科学教育研讨会在北京举行。

11月30日　国家教委发出《关于做好1990年毕业研究生分配工作的通知》。

11月30日～12月2日　国家教委在南京召开学校艺术教育工作会议，何东昌和江苏省副省长扬咏沂到会并讲了话。

11月30日～12月4日　全国高等农林专科教育研究协作组在昆明云南农业大学举行年会。

12月5日　国家教委召开全国教育科学优秀成果评选会。何东昌讲话强调教育科学研究要以马克思主义为指导。

△　国家教委发出《关于思想政治教育专业本科招生工作几个问题的通知》。

12月5日～12日　全国19省、区教委民族教育处长和民委文教处长会议在内蒙呼和浩特市召开。国家教委副主任柳斌，国家民委副主任江家福出席并主持会议。

12月6日　国家教委印发《1990年普通高等学校招生统一考试范围》。

12月8日　国家教育委员会就美国政府有关中国留学人员问题的备忘录发表声明、抗议美方违背中美两国教育交流协议，干涉我国内政。

△　中共中央政治局委员、北京市委书记李锡铭及李运昌、韩天石、袁木，徐惟城等同首都大学生、团干部代表举行座谈会。

△全国学联邀请当年投身学生运动的老前辈段君毅、袁宝华、刘导生座谈，纪念“一二、九”运动54周年。

12月9日　国家教委新闻发布会宣布，今年由国家教委承办的全国人大代表和政协委员的建议、提案共501件，到8月底已全部答复完毕。

12月11日　江泽民总书记给北京医科大学医疗系89级蒙古族学生布仁巴雅尔回信指出，年轻一代是纯洁的，主流是好的。只有那些不仅在顺风之时，而且在逆流之中都能始终如一地坚持自己的信念的人，才是真正的共产主义战士。

12月11日～15日　国家教委在北京召开义务教育文科教材编写研讨会。

12月12日～16日　全国高校思想政治教育研讨会在南京召开1989年专题研讨会。何东昌到会讲话说，思想政治工作是办好高等学校的生命线。要警惕这样一种倾向：伤疤未好就忘了痛。学校不能恢复到动乱之前那种轻视思想政治教育的状态。

12月13日　国家教委、国家保密局联合发出《教育工作中国家秘密及其密级具体范围的规定》。

△ 国家教委有关部门向《中国教育报》记者表示：10年来，我国与联合国儿童基金会合作培训特殊教育师资的项目取得丰硕成果。已经培养了盲、聋、弱智教育专业毕业生400多人，培训了在职教师700多人，还有在校学习各专业的学生1300多人。

12月15日 李鹏在人民大会堂会见我国首批211名高级技师。

12月15日～17日 国家教委国际合作司在上海同济大学召开外国留学生工作座谈会。

12月16日 国家教委发出《关于实施〈幼儿园管理条例〉和〈幼儿园工作规程（试行）〉的意见》。

12月17日～21日 国家教委在北京召开全国中小学教学工作座谈会，讨论和修改《关于加强和改进教学研究室工作的若干意见》等文件。

12月18日 全国高等院校外国留学生教育管理学会成立。

12月19日 国务院发出《批转人事部、国家计委、财政部1989年调整国家机关、事业单位工作人员工资实施方案的通知》和《批转劳动部、国家计委、财政部关于1989年国营企业工资工作和离退休人员待遇问题安排意见的通知》，规定从今年第四季度起适当调整专业技术人员的工资，提高研究生、大中专毕业生的初期工资和见习期工资待遇，改革大中专毕业生的定级工资办法。

△ 国家教委发出《关于加强全国中小学校长培训工作的意见》。

△ 国家教委发出通知，要求继续做好1990年中小学教师《专业合格证书》文化专业知识考试工作。

12月19日～23日 国家教委在石家庄召开全国师范专科学校工作会议。

12月20日～25日 全国首届大学生课外科技活动成果展览及技术交流会在清华大学举行。李鹏为展览题词：勤奋学习，勇于实践，努力奋斗，振兴中华。聂荣臻、薄一波、宋任穷、张爱萍、宋健、何东昌、卢嘉锡等也分别题词。

12月21日～24日 国家教委、财政部联合召开全国筹措教育经费、改善办学条件山东现场会。各省、自治区、直辖市主管教育工作的副省长、副主席、副市长，教育和财政部门有关人员200名到会，并于17日至20日分6路到山东12个地市进行实地考察、学习。会议集中交流经验，讨论和研究集资办法。李铁映出席开幕式，并受李鹏总理委托，代表国务院，对山东省10年来依靠人民办教育所取得的突出成绩给予肯定和表彰，并作了重要讲话。

12月22日～24日 国家教委召开1989年科学技术委员会全体会议。要求把高校科技主力组织到经济主战场。朱开轩到会听取意见。

12月23日 李铁映在七届全国人大常委会第11次会议上作《关于我国教育工作若干问题的汇报》。

12月25日 全国政协教育文化委员会的《北京高校学生思想政治工作调查报告》，提交七届全国政协第二次常委专题座谈会讨论。

12月25日～28日 国家教委在河南省郑州市解放军高炮学院召开高等教育评估工作会议。

12月25日～28日 国家教委在广州中山大学召开部分高等学校文科教育座谈会。

12月26日 幼儿品德教育丛书座谈会在北京举行。北京15家新闻单位及国家教委、全国妇联、北京市教育局等有关人员参加。该丛书由北京市教育局编写，由人民美术出版社出版。

12月27日 国家教委、劳动部、人事部、国家体改委、全国总工会发出《关于开展岗位培训若干问题的意见》。

12月28日 国家教委发出《关于奖励全国普通高等学校优秀教学成果的决定》。

△ 国家教委批转试行全国高等教育自学考试指导委员会制订的《机械制造工艺与设备专业本科段考试计划》。

12月30日 国家教委、人事部发出《关于加强成人高等教育试行〈专业证书〉制度管理的若干意见》。

△ 国家教委发布试行《国家教委所属勘察设计院(所、室)职工职业道德准则》。

12月31日 国家教委批转试行全国高等教育自学考试指导委员会制订的电气工程、电子技术、计算机及其应用3个专业专科考试计划。

△ 国家教委、国家计委就计划单列市教育计划单列问题发出通知。

撰稿人 吴伯康

审稿人 马樟根 荣文珂

《中国教育年鉴》编辑部

北京西城区大木仓胡同37号

邮政编码 100816